1月5日　东南大学2015新年音乐会在九龙湖校区焦廷标馆剧场举行，美国好莱坞电影乐团应邀以大型视听音乐会的方式进行专场演出。

1月9日　2014年度国家科学技术奖励大会在京召开。东南大学作为第一完成单位共摘取五项国家科技大奖，通用类项目获奖数在全国高校名列第三。

1月27日　东南大学研究生支教团成员、土木工程学院研究生许德旺同学高票当选"全国大学生自强之星标兵"。

2月9日　东南大学交通学院陶涛同学、杰出校友于敦德喜获"南京好市民"荣誉称号。

2月25日至3月2日　东南大学大学生艺术团合唱团的作品《烟花·三月》荣获了全国第四届大学生艺术展演一等奖、优秀创作奖和优秀指导教师奖,舞蹈团的作品《青·春》荣获了二等奖、优秀指导教师奖。

3月12日　植树节当天,东南大学在九龙湖校区组织开展了群众性植树活动,美化绿化校园。

3月21日 由共青团中央、全国学联主办，中国青年报社、中国高校传媒联盟承办，新东方教育科技集团协办的2014年度寻访"中国大学生自强之星"活动颁奖典礼在东南大学九龙湖校区焦廷标馆剧场举行。

3月25日 爱立信集团董事长雷夫·约翰森应邀到东南大学访问，并做客由国际合作处和校团委联合主办的"东南大学人文大讲座"之"著名国际企业总裁系列高层演讲活动"。

3月28日　东南大学2015年第一期博士、硕士研究生毕业典礼暨学位授予仪式在四牌楼校区举行。

4月11日　2015年东南大学学生科技节开幕式在四牌楼校区举行。

4月22日 意大利帕多瓦大学副校长Lucia Regolin率代表团到东南大学访问交流。

4月23日 由江苏省教育厅主办,东南大学承办的"2014江苏省大学生年度人物暨高校辅导员年度人物"提名人选风采展评在东南大学九龙湖校区润良报告厅举行。

4月23日 国家教育行政学院第44期高校中青年干部培训班的20多位学员到东南大学调研交流。

4月24日 第43届日内瓦国际发明展在日内瓦巴莱斯堡展览会议中心举行。东南大学3个具有自主知识产权的发明项目参加了本届展会并取得了优异成绩。

4月26日　东南大学在四牌楼校区举行仪式,聘请诺贝尔生理学或医学奖获得者Tim Hunt博士名誉教授。

4月29日　国家大学科技园"发展众创空间,推进大众创新创业"(江苏片区)工作座谈会在东南大学四牌楼校区举行。

5月14日　东南大学大学生艺术团合唱团在南京市文化艺术中心举办了2015南京公益合唱音乐会——《烟花·三月》专场音乐会。

5月18日　东南大学医学院、附属中大医院在丁家桥校区联合举行了跨越80年院庆大会。

5月28日　东南大学在四牌楼校区群贤楼三楼报告厅召开"三严三实"专题党课暨专题教育动员部署大会。

6月6日　在东南大学113周年校庆之际，东南大学与新华社江苏分社在四牌楼校区大礼堂二楼会议室签署综合合作备忘录。

6月8日　著名经济学家、东南大学经济管理学院名誉院长、杰出校友华生教授在大礼堂作"漫谈中国经济新常态"的专题报告。

6月26日　东南大学——蒙纳士大学苏州联合研究生院2015年研究生毕业典礼暨学位授予仪式在苏州举行。

7月10日　在第28届世界大学生运动会游泳比赛中,东南大学人文学院周翌霖同学获女子200米蝶泳冠军。

7月21日　东南大学与日本爱知大学合作交流协议签约仪式在东南大学四牌楼校区举行。

7月28日　东南大学《基于公交卫星定位数据的城市交通运行状态识别与发布系统》项目获得第十四届"挑战杯"全国大学生课外学术科技作品竞赛"智慧城市"专项赛的最高奖项。

8月31日　东南大学2015级本科生开学典礼在九龙湖校区体育馆举行。

9月1日　东南大学2015级研究生开学典礼在九龙湖校区焦廷标馆举行。

9月3日　东南大学组织师生收看"纪念中国人民抗日战争暨世界反法西斯战争胜利70周年"大阅兵并举行座谈会。

9月26日 欧洲介入放射学会授予了东南大学附属中大医院院长、著名介入医学专家滕皋军教授杰出贡献奖（Distinguished Fellow）。

9月29日 在"阳光与美丽乡村"为主题的"2015'台达杯'国际太阳能建筑设计竞赛"上，东南大学建筑学院的3个参赛作品获得了两项二等奖、一项优秀奖、两项最佳指导教师奖的好成绩。

9月30日　东南大学团委在九龙湖校区焦廷标馆大厅隆重举行2015年"国家烈士纪念日"主题教育活动。

10月10日至11日　东南大学博士后网球代表队获得了第三届全国博士后网球大赛团体赛冠军,刘超阳博士后获得男子单打冠军。

10月20日　"东大—朗峰纳米磁性材料与器件联合研发中心"在江苏省启东市揭牌成立。

10月21日　江苏省科技期刊学会数字化工作委员会成立暨"互联网＋时代下的数字出版"研讨会在东南大学举行。

11月12日　中共中央 国务院任命易红为东南大学党委书记。

11月12日　中共中央 国务院任命张广军为东南大学校长。

11月13日至15日　2015年国际剑联女子重剑世界杯赛（南京站）在东南大学九龙湖校区体育馆举行。这也是东南大学九龙湖校区体育馆落成后第一次承接国际性赛事。

11月14日至15日　第五届中国教育机器人大赛总决赛在东南大学九龙湖校区举行。

11月20日　在第十四届"挑战杯"全国大学生课外学术科技作品竞赛竞赛中,东南大学共有六件作品入围终审决赛,获得了1个特等奖、1个一等奖、4个二等奖,捧得了"优胜杯"。

12月3日　首届全国高校学生钢结构住宅体系创新竞赛决赛答辩在济南举行,东南大学土木工程学院两个学生团队分别获得一等奖和二等奖。

12月7日　中国工程院公布了2015年工程院院士增选结果，东南大学建筑学院王建国教授当选土木、水利与建筑工程学部院士。

12月17日　2015"东南大学新生文化季"闭幕式暨新生文艺汇演在九龙湖校区举行。

12月20日　东南大学"中国特色社会主义发展研究院"首届高层论坛在东南大学四牌楼校区举行。

12月30日　"东南大学2016年新年音乐会"在九龙湖校区焦廷标馆剧场举行。澳大利亚墨尔本歌剧院交响乐团携于江苏省演艺集团交响乐团共同演出。

东南大学年鉴

(2015)

东南大学校长办公室 编

东南大学出版社
·南京·

图书在版编目(CIP)数据

东南大学年鉴. 2015 / 东南大学校长办公室编. — 南京：东南大学出版社，2021.11
 ISBN 978-7-5641-9053-8

Ⅰ.①东… Ⅱ.①东… Ⅲ.①东南大学—2015—年鉴 Ⅳ.G649.285.31-54

中国版本图书馆 CIP 数据核字(2020)第 149056 号

东南大学出版社出版发行
(南京四牌楼 2 号　邮编 210096)
责任编辑：唐　允
网　　址：http://www.seupress.com
电子邮件：press@seupress.com
全国各地新华书店经销　江苏凤凰数码印务有限公司印刷
开本：787 mm×1092 mm　1/16　印张：66.75　彩插：24 面　字数：1 620 千字
2021 年 11 月第 1 版　2021 年 11 月第 1 次印刷
ISBN 978-7-5641-9053-8
定价：238.00 元

本社图书若有印装质量问题，请直接与营销部联系。电话：(传真)025-83791830

主　　审　冀　民

主　　编　姜平波

副 主 编　赵　光

主要编写人员（以姓氏笔画为序）

丁　苏　刘海涛　汤咏梅　许启彬　李　昕　李丹凝
李国锦　李建梅　李庭红　杨盈珂　吴　敏　吴　婵
吴明全　张建树　周　林　郑苗苗　赵会泽　郝庆九
胡　娟　贺　庆　夏建春　徐　军　徐继红　高　明
黄红富　董世坤　焦淑琳　舒晓梅　滕　航

目 录

概 况 …… (1)
  学校概况 …… (1)
  机构与干部 …… (4)
    党群系统 …… (4)
      中国共产党东南大学第十三届委员会组成名单 …… (4)
      中国共产党东南大学纪律检查委员会组成名单 …… (4)
      东南大学第七届教代会暨第十四届工会委员会组成人员名单 …… (5)
      共青团东南大学第十九届委员会组成人员名单 …… (5)
      党群系统机构及干部名单 …… (6)
      中共东南大学各校区工委、基层党委、党总支、直属党支部及干部名单 …… (8)
    行政系统 …… (12)
      校长及校长助理 …… (12)
      行政机构及干部名单 …… (12)
      院系及干部名单 …… (16)
      直(附)属单位及负责人名单 …… (19)
      各级人大代表、政协委员、民主党派成员、省政府参事任职情况及有关机构设置 …… (22)
      2015年成立或调整的各类委员会、领导小组名单 …… (25)

重要文件与讲话 …… (42)
  中共东南大学委员会2014年工作总结和2015年工作要点 …… (42)
  中共东南大学委员会2015年上半年工作小结和下半年工作补充要点 …… (53)
  东南大学2014年工作总结和2015年工作纲要 …… (60)
  东南大学2015年上半年工作总结和下半年工作补充安排 …… (67)
  深入贯彻落实十八届三中、四中全会精神以综合改革创新推进学校治理结构和治理能力现代化——在中共东南大学十三届代表大会2014年年会上的报告 …… (73)
  在东南大学第十三届纪委十一次全会上的讲话 …… (80)
  建设先进机关文化 提升作风建设境界——在2015年全校机关作风建设大会上的讲话 …… (82)

在东南大学建校113周年庆祝大会上的讲话 ……………………………………… (87)
全面深化综合改革,用好一流大学建设关键一招——在2015暑期工作研讨会上的讲话 …………………………………………………………………………… (90)
在2015秋季中层干部大会上的讲话 ……………………………………………… (95)
请为你们的选择而坚守和拼搏——在2015年本科生开学典礼上的讲话 …… (104)
为你们的出彩而自豪和骄傲——在2015届本科生毕业典礼上的讲话 ……… (107)
做一个踏实、高尚和感恩的人——在2015届研究生毕业典礼暨学位授予仪式上的讲话 ……………………………………………………………………… (110)
凝心聚力　奋勇拼搏为加快推进世界一流大学建设而努力奋斗
　　——东南大学第七届教职工代表大会第四次全体会议工作报告……… (112)
在2015年庆祝教师节大会上的讲话 …………………………………………… (118)
在2015年东南大学教职工荣休典礼上的讲话 ………………………………… (121)
谋划新思路　开启新奋斗　努力开创学校未来发展的新局面——在2016年新年茶话会上的致辞 ……………………………………………………………… (123)
东南大学董事会章程(暂行) …………………………………………………… (126)
东南大学房产出租管理实施细则(暂行) ……………………………………… (128)
东南大学公务接待费用报销管理补充规定 …………………………………… (131)
东南大学关于创新创业教育改革的实施方案 ………………………………… (134)
东南大学关于科研项目结题结账及结余经费管理办法 ……………………… (137)
东南大学行政印章管理规定 …………………………………………………… (140)
东南大学会议费核算管理办法 ………………………………………………… (143)
东南大学企业国有资产监督管理暂行办法 …………………………………… (148)
东南大学人才引进工作办法(修订) …………………………………………… (154)
东南大学学位授权点合格评估和动态调整实施办法 ………………………… (156)
关于规范东南大学校领导班子成员薪酬管理的规定 ………………………… (158)
关于进一步严肃财经纪律防范财务风险的若干意见 ………………………… (159)
东南大学学风建设实施细则 …………………………………………………… (165)

发展规划工作 …………………………………………………………………… (168)
综述 ………………………………………………………………………………… (168)

党建与思想政治工作 …………………………………………………………… (170)
党风廉政建设与纪检监察工作 ………………………………………………… (170)
组织工作 ………………………………………………………………………… (173)
宣传思想工作 …………………………………………………………………… (177)
安全保卫工作 …………………………………………………………………… (180)
统战工作 ………………………………………………………………………… (182)
老干部工作 ……………………………………………………………………… (183)
国防教育人民武装工作 ………………………………………………………… (185)

工　会　工　作 …………………………………………………………………… (186)
共青团工作 ……………………………………………………………………… (189)

学科建设与研究生教育 (196)
综述 ……………………………………………………………………………… (196)
2015—2016 年度博士学位研究生招生专业及指导教师 ……………………… (199)
2015—2016 年度硕士学位研究生招生学科、专业 …………………………… (204)
入选江苏省 2015 年度普通高校研究生科研创新计划项目名单(省立省助) … (208)
入选江苏省 2015 年度普通高校研究生科研创新计划项目名单(省立校助) … (212)
入选江苏省 2015 年度研究生培养模式改革成果项目 ………………………… (228)
入选江苏省 2015 年度研究生创新与学术交流中心特色活动项目及长三角合作项目
……………………………………………………………………………………… (229)
入选江苏省 2015 年度研究生教育教学改革研究与实践课题(省立省助) …… (229)
入选江苏省 2015 年度研究生教育教学改革研究与实践课题(省立校助) …… (230)
入选江苏省 2015 年研究生工作站名单 ………………………………………… (230)
2015 年度东南大学新增博士研究生指导教师名单 …………………………… (232)
2015 年度东南大学新增硕士研究生指导教师名单 …………………………… (233)
江苏省优秀博士学位论文获奖名单(2015) …………………………………… (235)
江苏省优秀学术型硕士单位论文获奖名单(2015) …………………………… (235)
江苏省优秀硕士专业学位论文获奖名单(2015) ……………………………… (236)
2015 年博士学位授予名单 ……………………………………………………… (237)
2015 年学术型硕士学位授予名单 ……………………………………………… (241)
2015 年硕士专业学位授予名单 ………………………………………………… (251)

科　技　工　作 (259)
综述 ……………………………………………………………………………… (259)
2015 年国家自然科学基金项目 ………………………………………………… (268)
2015 年度东南大学科技成果鉴定项目 ………………………………………… (294)
2015 年度国际合作项目 ………………………………………………………… (295)
2015 年度新增国际合作实验室与基地 ………………………………………… (296)
2015 年重大专项表 ……………………………………………………………… (296)
2015 年江苏省自然科学基金项目 ……………………………………………… (298)
2015 年国防科技活动大事记 …………………………………………………… (304)
2015 年国防科技项目 …………………………………………………………… (304)
2015 年各部委项目 ……………………………………………………………… (308)
2015 年江苏省环保科研课题 …………………………………………………… (310)
2015 年成立的校企产学研联合科研机构清单 ………………………………… (310)
2015 年江苏省重点研发计划——产业前瞻与共性关键技术项目 …………… (311)
2015 年江苏省重点研发计划——社会发展项目 ……………………………… (311)

2015年江苏省重点研发计划——现代农业项目 (312)
2015年省产学研联合创新资金项目 (312)
2015年省重大科技成果转化专项资金项目 (313)
2015年度国家科学技术奖奖励项目 (315)
2015年度江苏省科学技术奖奖励项目 (315)
2015年度高等学校科学研究优秀成果奖(科学技术)奖励项目 (318)
2015年度其他级别科学技术奖奖励项目 (319)
2015年东南大学专利授权表 (321)
2014年被SCI、EI、CPCI、CITA收录论文统计(2015年发布) (431)

人文社会科学研究工作 (432)

综述 (432)
2015年人文社会科学主要科研项目统计表 (437)

本 科 教 育 (449)

综述 (449)
本科专业设置一览表 (453)
2015年江苏省高等学校重点教材立项建设项目 (456)
2015年国家级视频公开课建设项目 (456)
2015年"万人计划"教学名师特殊支持经费获批名单 (456)
2015年国家级虚拟仿真实验教学中心 (456)
2015年医学教学基地名单 (457)
2015年校级教学改革与研究立项建设项目一览表 (459)
2015年入选第二批"三类"课程立项建设一览表 (466)
江苏高校品牌专业建设工程一期项目 (470)
2015年入选江苏省高等教育教改研究立项项目 (471)
2015年国家级大学生创新创业训练计划项目立项信息一览表 (472)
2015年江苏省高等学校大学生创新创业训练计划项目立项信息一览表 (478)
2015年东南大学基于教师科研的SRTP项目立项结果一览表 (485)
2015年文化素质教育中心讲座及活动一览表 (491)
2015年本科毕业生名册 (493)

国际交流合作与港澳台合作 (513)

综述 (513)
2015年与国(境)外高等院校及科研机构合作交流一览表 (516)
2015年授予国外(或地区)学者名誉教授、客座教授和名誉顾问名单 (518)
2015年举办国际会议/两岸会议情况 (521)
2015年出国(境)人员名单一览表 (522)
2015年东南大学举办台湾、香港研习营情况 (593)

东南大学2015—2016年华英文化教育基金会奖助回国教学访问学者一览表………… (593)

东南大学2015—2016年华英文化教育基金会推荐资助"华英学者"出国研究一览表 ………………………………………………………………………………………… (595)

人才与人事工作 …………………………………………………………………… (598)
综述 ……………………………………………………………………………… (598)
院士名录 ………………………………………………………………………… (600)
"万人计划"专家名单 …………………………………………………………… (601)
"千人计划"专家名单 …………………………………………………………… (602)
"青年千人计划"专家名单 ……………………………………………………… (602)
全国杰出专业技术人才名单 …………………………………………………… (603)
"长江学者奖励计划"特聘教授、讲座教授名单 ………………………………… (603)
"长江学者奖励计划"青年学者名单 …………………………………………… (605)
人事部"百千万人才工程"入选人员名单 ……………………………………… (605)
2015年度江苏省双创人才入选人员名单 ……………………………………… (606)
江苏省"333高层次人才培养工程"第四期培养对象名单 …………………… (606)
江苏省突出贡献青年专家名单 ………………………………………………… (607)
2015年度江苏省"六大人才高峰"项目入选人员名单 ………………………… (608)
江苏特聘教授名单 ……………………………………………………………… (609)
2015年东南大学新聘兼职专家一览表 ………………………………………… (610)
2015年度东南大学"优秀青年教师教学科研资助计划"人员名单 …………… (611)
2015年度入选东南大学青年特聘教授人员名单 ……………………………… (612)
2015年晋升高级专业技术职务人员名单 ……………………………………… (613)
2015年专任教师年龄情况 ……………………………………………………… (617)
2015年专任教师学历情况 ……………………………………………………… (617)
2015年度入选东南大学校特聘教授人员名单 ………………………………… (618)
博士后科研流动站一览 ………………………………………………………… (619)
2015年年底在站博士后名单 …………………………………………………… (622)
2015年博士后获中国博士后科学基金面上资助情况 ………………………… (625)
2015年博士后获江苏省博士后科研资助计划资助情况 ……………………… (627)
2015年博士后获中国博士后科学基金特别资助情况 ………………………… (628)
2015年毕业生进校名单 ………………………………………………………… (629)
2015年调入引进人员名单 ……………………………………………………… (630)
2015年离校人员名单 …………………………………………………………… (630)
2015年退休人员名单 …………………………………………………………… (631)
2015年死亡人员名单 …………………………………………………………… (632)

学生工作 ……………………………………………………………………………… (633)
　　综述 …………………………………………………………………………………… (633)

实验室建设与设备管理 ………………………………………………………………… (646)
　　综述 …………………………………………………………………………………… (646)
　　2014—2015年度实验室利用情况统计 ………………………………………………… (650)
　　2014—2015年度教学科研仪器设备院系分布情况统计 ……………………………… (659)

财务与审计工作 ………………………………………………………………………… (661)
　　财务工作 ……………………………………………………………………………… (661)
　　审计工作 ……………………………………………………………………………… (667)

继续教育 ………………………………………………………………………………… (669)
　　综述 …………………………………………………………………………………… (669)
　　2015年远程教育专业设置一览表 …………………………………………………… (671)
　　2015年远程教育学生人数统计表 …………………………………………………… (672)
　　2015年远程教育高起专毕业生名单（春季） ………………………………………… (672)
　　2015年远程教育专升本毕业生名单（春季） ………………………………………… (674)
　　2015年远程教育高起专毕业生名单（秋季） ………………………………………… (679)
　　2015年远程教育专升本毕业生名单（秋季） ………………………………………… (680)
　　2015年成人高等教育专业设置一览表 ……………………………………………… (683)
　　2015年成人教育学生人数统计表 …………………………………………………… (684)
　　2015年成人教育业余高起专毕业生名单 …………………………………………… (684)
　　2015年成人教育业余专升本毕业生名单 …………………………………………… (685)
　　2015年成人教育函授高起专毕业生名单 …………………………………………… (689)
　　2015年成人教育函授专升本毕业生名单 …………………………………………… (691)

教学科研服务工作 ……………………………………………………………………… (696)
　　图书馆2015年工作综述 ……………………………………………………………… (696)
　　档案馆2015年工作综述 ……………………………………………………………… (700)
　　出版社2015年工作综述 ……………………………………………………………… (703)
　　学报（自然科学版）2015年工作综述 ………………………………………………… (705)
　　学报（哲学社会科学版）2015年工作综述 …………………………………………… (706)
　　学报（医学版）2015年工作综述 ……………………………………………………… (706)
　　网络与信息中心2015年工作综述 …………………………………………………… (707)

后勤管理与基建工作 …………………………………………………………………… (710)
　　总务处2015年工作综述 ……………………………………………………………… (710)
　　基本建设处2015年工作综述 ………………………………………………………… (713)

医疗卫生工作 ... (718)
 东南大学附属中大医院 2015 年工作综述 ... (718)
资产经营管理工作 ... (724)
 综述 ... (724)
合作共建与校友会工作 ... (727)
 基金会 2015 年工作综述 ... (727)
 2015 年东南大学教育基金会奖助项目设置一览表 ... (728)
 校友总会 2015 年工作综述 ... (735)
校区与院系及其他 ... (759)
 丁家桥校区 ... (759)
 建筑学院 ... (760)
 机械工程学院 ... (763)
 能源与环境学院 ... (767)
 信息科学与工程学院 ... (769)
 土木工程学院 ... (772)
 电子科学与工程学院、微电子学院 ... (776)
 数学系 ... (783)
 自动化学院 ... (785)
 计算机科学与工程学院、软件学院 ... (788)
 物理系 ... (791)
 生物科学与医学工程学院 ... (795)
 材料科学与工程学院 ... (798)
 人文学院 ... (801)
 艺术学院 ... (808)
 法学院 ... (815)
 经济管理学院 ... (821)
 电气工程学院 ... (824)
 外国语学院 ... (826)
 体育系 ... (829)
 化学化工学院 ... (837)
 交通学院 ... (840)
 仪器科学与工程学院 ... (849)
 医学院 ... (852)
 公共卫生学院 ... (857)
 马克思主义学院 ... (861)
 吴健雄学院 ... (864)

海外教育学院……………………………………………………………………………（867）
　　东南大学无锡分校………………………………………………………………………（870）
　　东南大学成贤学院………………………………………………………………………（876）
　　东南大学苏州研究院……………………………………………………………………（882）
　　东南大学建筑研究所……………………………………………………………………（884）
　　学习科学研究中心………………………………………………………………………（885）
　　智能运输系统(ITS)研究中心……………………………………………………………（887）
　　生命科学研究院…………………………………………………………………………（889）

奖励与表彰……………………………………………………………………………………（893）
　　2015年获上级表彰的先进集体、先进个人名单………………………………………（893）
　　东南大学校级荣誉名单…………………………………………………………………（899）
　　2015年科研成果获奖情况………………………………………………………………（899）
　　2014—2015学年教学奖励金获奖名单…………………………………………………（901）
　　本科生2014—2015学年各级各类学科竞赛获奖名单…………………………………（902）
　　2016年度学习优秀名单…………………………………………………………………（924）
　　2016届本科毕业生免试攻读研究生的推荐名单………………………………………（928）
　　2011级七年制生物医学工程专业本硕连读学生名单…………………………………（934）
　　2010级七年制临床医学专业本硕连读学生名单………………………………………（936）
　　2015年江苏省优秀本科毕业设计(论文)获奖名单……………………………………（940）
　　2015届校级优秀毕业设计(论文)名单…………………………………………………（941）
　　2015东南大学第五届大学生学术报告会"优秀报告"…………………………………（946）
　　2015东南大学第五届大学生学术报告会"十佳报告"…………………………………（951）
　　2015年江苏省高校微课教学比赛本科组获奖名单……………………………………（952）
　　2014—2015学年三好研究生、优秀研究生干部、单项奖和先进班集体名单………（953）
　　2015届第一批优秀硕士毕业生名单……………………………………………………（967）
　　2015届第二批优秀硕士毕业生名单……………………………………………………（969）
　　2014—2015年江苏省级三好学生、优秀学生干部和先进班集体名单………………（971）
　　2014—2015学年先进班集体、三好学生标兵、优秀学生干部、三好学生表彰名单 …
　　………………………………………………………………………………………………（972）
　　2015届最具影响力毕业生表彰名单……………………………………………………（979）
　　2015届本科优秀毕业生名单……………………………………………………………（980）
　　2015届到基层就业的本科生表彰名单…………………………………………………（981）
　　2014—2015学年校长奖学金表彰名单…………………………………………………（986）
　　2014—2015学年东南大学获国家奖学金本科学生名单………………………………（990）
　　2014—2015学年奖学金、奖教金获奖名单……………………………………………（993）

大　事　记……………………………………………………………………………………（1021）

概　　况

学　校　概　况

　　东南大学是中央直管、教育部直属的全国重点大学，是"985 工程"和"211 工程"重点建设的大学之一。学校坐落于历史文化名城南京，占地面积 5 888 亩，建有四牌楼、九龙湖、丁家桥等校区。

　　东南大学是我国最早建立的高等学府之一，素有"学府圣地"和"东南学府第一流"之美誉。东南大学前身是创建于 1902 年的三江师范学堂。1921 年经近代著名教育家郭秉文先生竭力倡导，以南京高等师范学校为基础正式建立国立东南大学，成为当时国内仅有的两所国立综合性大学之一。郭秉文先生出任首任校长，他周咨博访、广延名师，数十位著名学者、专家荟萃东大，遂有"北大以文史哲著称、东大以科学名世"之美誉。1928 年学校改名为国立中央大学，设理、工、医、农、文、法、教育七个学院，学科之全和规模之大为全国高校之冠。1952 年全国院系调整，学校文理等科迁出，以原中央大学工学院为主体，先后并入复旦大学、交通大学、浙江大学、金陵大学等校的有关系科，在中央大学本部原址建立了南京工学院。1988 年 5 月，学校复更名为东南大学，校庆日为每年 6 月 6 日（原国立东南大学校庆日）。2000 年 4 月，原东南大学、南京铁道医学院、南京交通高等专科学校合并，南京地质学校并入，组建了新的东南大学。

　　东南大学不断探索办学、育人之道，积淀了优良深厚的历史传统。从两江优级师范学堂"嚼得菜根，做得大事"的理念，到"民族、民主、科学"的南高精神；从国立东南大学"止於至善"的校训，到国立中央大学"诚、朴、雄、伟"之学风，到南京工学院"严谨、求实、团结、奋进"的校风，百余年来，东南大学为发展科学、振兴中华而自强不息、追求卓越的奋斗精神，激励着每一个东大人去创造辉煌的业绩。

　　经过一百多年的创业发展，如今的东南大学已成为一所以工科为主要特色，理学、工学、医学、文学、法学、哲学、教育学、经济学、管理学、艺术学等多学科协调发展的综合性、研究型大学。全日制在校生 30 000 余人，其中研究生 14 440 余人。专任教师 2 700 余人，具有博士学位的教师 2 148 人，占教师总数的比例为 78.5%，正、副高级职称 1 800 余人,博士生指导教师835人,硕士生指导教师1 889人,两院院士13人,国务院学位委员第七届学科评议组成员13人,入选国家"万人计划"专家13人,入选国家"千人计划"专家42人,"长江学者奖励计划"特聘教授、讲座教授43人,长江学者青年项目5人,国家级教学名师奖获得者5人,国家杰出青年科学基金获得者41人,国家"十二五"863计划主题专家3人、国家科技计划专项专家1人,国家重大专项专家2人,人事部"百千万人才工程"国家级人选22人,全国十大青年法学家2人。

目前,学校设有29个院(系),拥有75个本科专业,30个博士学位一级学科授权点,49个硕士学位一级学科授权点,5个国家一级重点学科(涵盖15个二级学科),5个国家二级重点学科,1个国家重点(培育)学科,13个江苏高校优势学科建设工程二期项目立项学科(群),1个江苏省重点序列学科,14个江苏省一级学科重点学科,30个博士后科研流动站。有3个国家重点实验室,3个国家工程研究中心,2个国家工程技术研究中心,11个教育部重点实验室,5个教育部工程研究中心,并以此为依托形成了一批重点科研基地。近年来,学校大力加强学科建设,取得丰硕成果。在2012年第三轮全国学科评估中,15个学科进入前20%,有12个学科进入全国前七,有10个学科位列全国前五,其中生物医学工程、交通运输工程、艺术学理论等3个学科位列全国第一,建筑学、电子科学与技术、风景园林学等3个学科位列全国第二,土木工程、城乡规划学等2个学科位列全国第三,信息与通信工程位列第四,仪器科学与技术位列第五,动力工程及工程热物理位列第六,公共卫生与预防医学位列第七,排名第一的学科数并列全国高校第七位。工程学、材料科学、数学、物理学、化学、临床医学、计算机科学、生物与生物化学等8个学科进入ESI世界前1%,其中工程学列第58位,计算机科学列第94位。

在长期的办学实践中,东南大学坚持"育人为本"的办学理念,不断加大教学投入,深化教育教学改革,努力推进素质教育,着力培养学生的创新精神和实践能力。学校在坚持"重基础、重实践、重素质"的本科教育教学传统的同时,又进一步提出"卓越化、国际化、研究型"的本科教育教学的新境界。东南大学是教育部、中国工程院联合实施高等工程教育改革试点的十所高校之一,是教育部"卓越工程师教育培养计划"和"国家大学生创新性实验计划"首批实施高校;是教育部、卫生部第一批"卓越医生教育培养计划"项目试点高校之一,是拔尖创新医学人才培养模式改革试点和五年制临床医学人才培养模式改革试点学校之一。学校共有5个专业入选国家级综合改革试点项目,23个专业入选国家特色专业建设点,8个专业入选江苏省品牌专业立项建设项目,40门课程入选国家精品课程,36门课程入选国家级资源共享课程立项建设项目,14门课程获国家级视频公开课荣誉称号,8个实验中心入选国家级实验教学示范中心及建设点,3个中心入选国家级虚拟仿真实验教学中心。52位教授当选新一届全国教学指导委员会委员,其中5位教授当选高等学校相应专业教学指导委员会主任委员,7位教授当选高等学校相应专业教学指导委员会副主任委员。11个团队入选国家级教学创新团队。连续三届获得国家级教学成果一等奖。41种64本教材获批"十二五"普通高等教育本科国家级规划教材。学校建有4个国家级基地、12个国家级人才培养模式创新实验区和12个国家级工程实践教育中心。吴健雄学院依托学校的重点学科,汇集学校一流教师,享用学校一流资源,配备个性化学习导师,是东南大学精英教育的"人才培养特区"。学校建有一大批校内外实践基地,课外科技文化活动丰富多彩。在第十四届"挑战杯"全国大学生课外学术科技作品竞赛中获得1个特等奖、1个一等奖和4个二等奖,并捧得"优胜杯"。在2015年全国大学生电子设计竞赛获得10个一等奖和8个二等奖,一等奖数位列全国高校第一。在研究生教育方面,东南大学以"培养高素质拔尖创新人才"为己任,积极推进研究生教育教学改革,不断转变教学模式,优化课程体系。

学校2013年获得全国百篇优秀博士学位论文4篇,获全国百篇优秀博士学位论文提名奖3篇。目前,学校共获得全国百篇优秀博士学位论文20篇,全国百篇优秀博士学位论文提名奖31篇。2007年起,学校连续开展"国家建设高水平大学公派出国留学项目"的选拔和推荐工作,共派出研究生1 141名,其中攻读博士学位369人。同时积极开展广泛的国内外学术交流,大力推进联合办学,与澳大利亚蒙纳士大学合作的东南大学—蒙纳士大学苏州联合研究生院是教育部批准的第一所中外联合研究生院,已正式招生573人,已毕业148人;与法国雷恩一大的合作,开辟了研究生培养和科研合作的新渠道。

东南大学以"科教兴国"为己任,从国民经济和社会发展的需要出发,积极开展基础研究、应用基础研究和重大战略高技术研究,已成为在国内外具有较大社会影响的高新技术研究和辐射的重要基地。2015年,科研经费到款18.01亿元。发明专利申请2 120件,发明专利授权1 453件,申请PCT专利14件。SCI论文收录2 160篇,列全国高校第19位;EI收录论文2 170篇,排名第13位。学校吕志涛院士牵头获得2014年度国家科技进步一等奖。2014年,以第一完成单位获得国家科技进步一等奖1项,国家自然科学二等奖1项,国家技术发明二等奖1项,国家科技进步二等奖2项。"十二五"期间,共牵头获得教育部高校人文社会科学优秀成果奖16项,其中一等奖1项;共牵头获得江苏省人民政府哲学社会科学优秀成果奖41项,其中一等奖7项;共牵头获得国家社会科学基金96项,其中重大项目3项。

学校服务地方经济建设成效显著。江苏省内高校科技工作为江苏服务情况统计结果显示,东南大学的科技项目及团队、科技经费、科技基地、"四技"经费、科技成果转化及科技项目验收鉴定、专利情况、科技成果获奖等七项指标每年均位列前茅,而且多数指标居全省高校第一。东南大学国家大学科技园作为科技成果转移转化、创新创业人才培养、高新技术企业培育和发展战略性新兴产业的平台,目前,创新创业载体达20余万平方米,在园企业300余家,毕业企业1 000余家,已成功培育了以江苏金智科技股份有限公司、途牛旅游网等为代表的一批高新技术企业。东南大学是我国具有较大国际影响的大学之一。改革开放以来,国际交流活动更加活跃,已与英国剑桥大学、美国麻省理工学院、美国马里兰大学、美国理海大学、瑞士苏黎世理工学院、日本东北大学、德国慕尼黑工业大学、德国乌尔姆大学、澳大利亚蒙纳士大学、法国雷恩第一大学、瑞典皇家理工学院、俄罗斯莫斯科国立鲍曼技术大学等100多所大学和研究机构签订了合作交流协议。在校留学生人数达到1 813人,其中学历留学生1 313人,占总人数的72.4%;留学研究生495人,占学历留学生的37.7%,学历留学生和留学研究生数均居全省第一。学校在美国和白俄罗斯设有3个孔子学院。

2006年夏季起,学校主教学区迁至九龙湖校区,由此掀开东南大学发展史上崭新的一页。九龙湖校区位于江宁经济技术开发区南部,总面积3 752.35亩。九龙湖校区建筑规划以东南大学的历史文脉为依据,采取公共核心教学组团与专业教学族群组团相结合的校园建筑形态,形成中西合璧、绿色开放的森林之城和活力之城。九龙湖校区已建成教学区、科研实验区、行政区、本科生生活区、研究生生活区、教师生活区、后勤保卫区等,总建筑面积约78.97万平方米。学校图书馆目前面积6.69万平方米,藏有各类图书资料404.68万册。

今日的东南大学将秉承优良办学传统,按照"开拓创新、争先进位"的跨越式发展思路,凝心聚力,集成创新,团结奋进,坚持快速发展、特色发展、内涵发展、和谐发展,力争在2020年前后建设成为国际知名高水平研究型大学,在2035年前后跻身世界一流大学行列。

机构与干部

党 群 系 统

中国共产党东南大学第十三届委员会组成名单

书　　　记　郭广银(—2015.11)　易　红(2015.11—)
常务副书记　刘京南
副 书 记　刘　波　刘鸿健
常 务 委 员　(以姓氏笔画为序)
　　　　　　丁　辉　王保平　刘　波　刘京南　刘鸿健　沈　炯
　　　　　　张广军(2015.11—)　林萍华　易　红　郑家茂
　　　　　　郭广银(—2015.11)　浦跃朴　黄大卫
委　　　员　(以姓氏笔画为序)
　　　　　　丁　辉　王　炜　王志功　王保平　仲伟俊　刘　波　刘乃丰
　　　　　　刘京南　刘鸿健　时巨涛　沈　炯　张广军(2015.11—)　陆祖宏
　　　　　　林萍华　易　红　郑家茂　赵启满　胡汉辉　郭广银　高建国
　　　　　　浦跃朴　黄大卫　管　平

中国共产党东南大学纪律检查委员会组成名单

书　　　记　刘京南
副 书 记　吴荣顺
委　　　员　(以姓氏笔画为序)
　　　　　　史兰新　朱小良　任祖平　刘京南　李久贤　李和渝　张　星　吴荣顺
　　　　　　陈宝安　孟　新　孟怀义　施建宁　秦　霞　郭小明

东南大学第七届教代会暨第十四届工会委员会组成人员名单

一、第十四届工会委员会委员(51名,以姓氏笔画为序)

王滢	王兴平	王跃东	归柯庭	冯莉莉	任卫时
刘汉义	刘国兴	江伟新	孙伟锋	杜国平	李军
李旗	李坤宇	李蓓蕾	步兵	吴应宇	吴国新
吴荣顺	吴映红	邱振清	张建琼	张福保	陈烨
陈文彦	范斌	范克勤	周勇	周克毅	周建成
赵志远	胡汉辉	胡伍生	姜平波	洪宗训	姚建楠
姚润月	贾宁	贾民平	顾灿美	钱卫平	高庆华
郭正兴	唐萌	唐慕萱	黄晓明	崔长征	蒋珉
蒋明霞	管平	缪江			

二、第七届教代会执行委员会委员(25名,以姓氏笔画为序)

归柯庭	任卫时	刘国兴	孙伟锋	李旗	李坤宇
步兵	吴应宇	吴国新	吴荣顺	吴映红	张建琼
张福保	陈烨	周勇	周克毅	周建成	胡汉辉
姜平波	姚润月	贾民平	钱卫平	唐萌	黄晓明
管平					

三、工会主席、副主席

主　席:胡汉辉
副主席:吴映红　刘国兴　吴国新(兼职)　贾民平(兼职)

四、工会经费审查委员会

主　任:张宇欣
副主任:张福保　李智敏
委　员:郝艳娟　刘汉义　周建成　赵志远

共青团东南大学第十九届委员会组成人员名单

一、共青团东南大学第十九届委员会委员

丁小丽(女)	王安懿(女)	王玲艳(女)	凤启龙	生沛文	付小鸥(女)

孙文倬	纪 静(女)	李 花(女)	杨文燮	邱 峰	宋美娜(女)
张 华	张 璐(女)	陆 挺	陆 娟(女)	罗 磊	周 勇
周文娜(女)	赵剑锋	袁 琴(女)	袁煜昶(女)	钱怡君(女)	
徐志芳(女)	彭 丽(女)				

二、共青团东南大学第十九届委员会常务委员会委员

王安懿(女)	付小鸥(女)	纪 静(女)	杨文燮	宋美娜(女)	张 华
张 璐(女)	陆 挺	周 勇	周文娜(女)	赵剑锋	

三、共青团东南大学委员会第十九届委员会书记、副书记

书 记:周 勇

副书记:陆 挺 赵剑锋

党群系统机构及干部名单

党委办公室

主 任 仲伟俊

副 主 任 周 虹(兼) 杨树东(兼) 李昭昊(2015.01—)
　　　　　赵会泽(兼,2015.11—)

副处长级秘书 赵会泽(2015.11—)

党委统战部

部 长 仲伟俊

副 部 长 杨树东 周 虹(兼)

党委发展规划部

部 长 冯建明

副 部 长 张 胤(兼)

党 校

校 长 郭广银(兼)

副 校 长 孟 新(兼)

社会主义学院

院 长 郭广银(兼)

副 院 长 孟 新(兼)

党委组织部
 部   长 孟 新
 副 部 长 邢纪红
 组 织 员 陆 玲 李庭红 施春陵(2015.01—)

党委宣传部
 部   长 毛惠西
 副 部 长 施 畅 李小男
 《东南大学报》主编 宋业春

纪委办公室
 主   任 吴荣顺(兼)
 副 主 任 李吉海
 纪 检 员 李 瑛(兼) 夏建春 刘 静(—2015.11)

党委武装部
 部   长 姜亚辉
 军事教研室主任 姜亚辉

党委学生工作部
 部   长 孙莉玲
 副 部 长 张晓坚
 心理咨询中心主任 孙莉玲(兼)

党委研究生工作部
 部   长 金保昇
 副 部 长 赵松立

党委保卫部
 部   长 任祖平
 副 部 长 吴 扬(兼) 刘培高(兼) 李建平(兼)

党委老干部处
 处   长 许映秋(—2015.05) 张俊琴(2015.06—)
 副 处 长 张赛娟(—2015.07) 胡建人(2015.08—)
 丁家桥校区办公室主任 张赛娟(兼,—2015.07) 胡建人(兼,2015.08—)

工　会
　　主　　　席　胡汉辉(—2015.06)　华为国(2015.06—)
　　副 主 席　吴映红(—2015.05)　刘国兴　张赛娟(2015.07—)
　　兼职副主席　吴国新　贾民平

团　委
　　书　　　记　陆　挺
　　副 书 记　赵剑锋(—2015.06)　张　璐(2015.06—)
　　大学生艺术指导中心主任　洪海军

中共东南大学各校区
工委、基层党委、党总支、直属党支部及干部名单

丁家桥校区工委
　　书　　　记　蒋　波(—2015.04)　张立武(2015.04—)
　　副 书 记　王　亮

建筑学院党委
　　书　　　记　陆卓谟
　　副 书 记　李向锋

机械工程学院党委
　　书　　　记　张立武(—2015.04)　张志胜(2015.05—)
　　副 书 记　张志胜(—2015.05)　王　斌(2015.06—)

能源与环境学院党委
　　书　　　记　朱小良
　　副 书 记　司凤琪

信息科学与工程学院党委
　　书　　　记　李久贤
　　副 书 记　孙　威

土木工程学院党委
　　书　　　记　张　星(—2015.11)　刘　静(2015.11—)
　　副 书 记　陈　镭(—2015.06)　张豪裕(2015.06—)

电子科学与工程学院　集成电路学院党委
　　书　　记　施建宁
　　副 书 记　宋晓燕

数学系党委
　　书　　记　李　涛（—2015.04）　吴映红（2015.05—）
　　副 书 记　曹海燕

自动化学院党委
　　书　　记　袁晓辉
　　副 书 记　金立左

计算机科学与工程学院　软件学院党委
　　书　　记　金远平（—2015.05）　程　光（2015.05—）
　　副 书 记　裴　峰

物理系党委
　　书　　记　王勇刚
　　副 书 记　潘勇涛

生物科学与医学工程学院党委
　　书　　记　洪宗训
　　副 书 记　程　斌（—2015.08）　周　平（2015.09—）

材料科学与工程学院党委
　　书　　记　封卫东（—2015.12）
　　副 书 记　李　磊

人文学院党委
　　书　　记　王　珏（—2015.04）　李　涛（2015.04—）
　　副 书 记　王　兵（—2015.09）　何　熠

经济管理学院党委
　　书　　记　陈良华（—2015.12）
　　副 书 记　陈志斌（2015.12—，主持工作）　祝　虹

电气工程学院党委
　　书　　记　顾永红

副　书　记　杨　蕙

外国语学院党委
　　书　　　记　马　强
　　副　书　记　汤顶华

化学化工学院党委
　　书　　　记　肖　健（—2015.04）　蒋　波（2015.04—）
　　副　书　记　陆　娟

交通学院党委
　　书　　　记　秦　霞
　　副　书　记　陈　怡

仪器科学与工程学院党委
　　书　　　记　王　军
　　副　书　记　张豪裕（—2015.06）　赵剑锋（2015.06—2015.12）　张　力（2015.12—）

公共卫生学院党委
　　书　　　记　蒋羽飞（—2015.05）　李　涛（2015.05—）
　　副　书　记　张　力（—2015.12）

附属中大医院党委
　　书　　　记　刘乃丰（兼）
　　副　书　记　陈宝安
　　纪委书记　陈宝安（兼）

医学院党委
　　书　　　记　谭东伟
　　副　书　记　张俊琴（—2015.06）　程　斌（2015.08—）

无锡分校党委
　　书　　　记　徐　悦
　　副　书　记　王　斌（—2015.06）　殷　缨（2015.06—）

继续教育学院党委
　　书　　　记　陆　海（—2015.12）　封卫东（2015.12—）

成贤学院党委
　　书　　记　李和渝
　　副书记　王　荣

苏州研究院党委
　　书　　记　顾　芳
　　副书记　于向军

校机关党委
　　书　　记　吴　娟

离休干部党委
　　书　　记　钱炳昌
　　副书记　张　楠　殷　立

丁家桥校区离休干部党委
　　书　　记　方明宇
　　副书记　付逊芳　张赛娟(—2015.07)　胡建人(2015.08—)

后勤党工委
　　书　　记　何　林
　　副书记　邱佳川

产业党工委
　　书　　记　周　勇
　　副书记　王松林　高　嵩(兼,—2015.12,不再保留正处级)
　　　　　　李　涛(兼,—2015.05)

体育系党总支
　　书　　记　王　强

吴健雄学院党总支
　　书　　记　李爱群(兼,—2015.05)　雷　威(兼,2015.05—)
　　副书记　钟　辉

艺术学院党总支
　　书　　记　王和平
　　副书记　徐　进

法学院党总支
   书　　　记　孟　红
   副 书 记　高　歌

马克思主义学院党总支
   书　　　记　袁久红（兼）
   副 书 记　袁健红

图书馆党总支
   书　　　记　黄松莺

东南大学医院直属党支部
   书　　　记　李向阳

生命科学研究院直属党支部
   书　　　记　邱振清

行 政 系 统

校长及校长助理

校　　　长　易　红（—2015.11）　张广军（2015.11—）
副 校 长　林萍华　浦跃朴　刘　波（兼,女）　郑家茂　沈　炯　王保平　黄大卫
总 会 计 师　丁　辉
校 长 助 理　刘乃丰

行政机构及干部名单

校长办公室
   主　　　任　李　鑫
   副 主 任　华为国（—2015.06）　姜平波　赵会泽（兼,2015.09—2015.11）
              芮振华（2015.09—）
   副处长级秘书　赵会泽（—2015.11）
   合作共建办公室主任　李　鑫

网络与信息中心主任　金志军
　　　　　　副主任　王　健

国际合作处(港澳台办公室)
　处　　　长　史兰新(—2015.07)
　副 处 长　梅汉成(2015.06—)　王　利
　兼职副处长　李启明
　港澳台办公室主任　史兰新(兼,—2015.07)
　　　　　　副主任　王　利(兼)

研究生院
　院　　　长　沈　炯(兼)
　常务副院长　金保昇
　副 院 长　袁榴娣(2015.05—)
　兼职副院长　王修信　董寅生　苟少华
　学科建设办公室主任　赵林度(—2015.01)　郭　彤(2015.04—)
　　　　　兼职副主任　张为公
　研究生招生办公室主任　宛　敏
　研究生培养办公室主任　袁榴娣(—2015.05)
　　　　　兼职副主任　舒华忠
　研究生学位办公室主任　郭　彤(—2015.04)
　研究生管理办公室主任　赵松立(兼)

教务处
　处　　　长　雷　威
　副 处 长　朱　明　王栓宏　张继文(—2015.06)　吴　涓　沈孝兵
　兼职副处长　丁德胜　梅姝娥
　教育技术中心主任　姜昌金

科研院
　常务副院长　孙岳明
　副 院 长　黄培林(—2015.07)　张晓兵(2015.09—)
　基础研究与海外合作办公室主任　费庆国
　先进技术与装备办公室主任　张晓兵(—2015.09)
　高新技术与社会发展办公室主任　叶智锐(2015.04—)
　重大专项与协同创新办公室主任　任　刚
　科研成果与基地管理办公室主任　方　红
　先进技术与装备院(国防科学技术院)院长　孙岳明(兼)

　　　　　　　　　　副院长　　张晓兵（—2015.09）
　　　　　　　　　　　　　　　王继刚（挂职西藏民族学院科研处副处长3年）
　　应用技术院院长　　黄培林（兼，—2015.07）　张晓兵（兼，2015.09—）

社会科学处
　　处　　　长　周佑勇
　　副　处　长　甘　锋　邵永生（2014.09，挂职新疆医科大学人文社科部副主任3年）

人事处
　　处　　　长　郭小明
　　副　处　长　达飞鹏　刘明芬　吴凌尧
　　兼职副处长　孙子林

学生处
　　处　　　长　孙莉玲
　　副　处　长　蔡　亮　江雪华　宋健刚（2015.01—）

发展委员会
　　主　　　任　浦跃朴（兼）
　　常务副主任　刘松玉
　　副　主　任　李　爽　米永强（保留正处级待遇）　姚志彪

发展规划处
　　处　　　长　冯建明（兼）
　　副　处　长　张　胤

保卫处
　　处　　　长　任祖平
　　副　处　长　吴　扬　刘培高（兼）　李建平

财务处
　　处　　　长　任卫时
　　副　处　长　张晓红　孙红霞　刘　岚　王绍灵
　　校园一卡通管理中心主任　高　进

审计处
　　处　　　长　冀　民
　　副　处　长　季永华　张宇欣

兼职副处长　周　勤

监察处
　　处　　　长　吴荣顺
　　副 处 长　李　瑛
　　监 察 员　李吉海(兼)　夏建春　刘　静(—2015.11)

总务处
　　处　　　长　梁书亭
　　副 处 长　章荣琦　冯国强　周建华　胡建人(兼,—2015.08)　沈建辉
　　　　　　　丁　乐(兼,2015.11—)

基本建设处
　　处　　　长　李维滨
　　副 处 长　汤　磊

保密办公室
　　常务副主任　孙岳明(兼)
　　副 主 任　周　虹　张宁馨(—2015.06)　陈　镭(2015.06—)

资产经营管理处
　　处　　　长　江　汉
　　副 处 长　过秀成　单　良(2015.01—)

实验室与设备管理处
　　处　　　长　熊宏齐
　　副 处 长　孟正大　汪　丰(—2015.08)　刘加彬(2015.11—)

丁家桥校区管理委员会
　　主　　　任　蒋　波(—2015.04)
　　党政办公室主任　王　亮(兼)
　　保卫办公室主任　刘培高
　　后勤办公室主任　胡建人(—2015.08)　丁　乐(2015.11—)

院系及干部名单

建筑学院
  院   长 韩冬青
  副 院 长 董 卫(—2015.01) 段 进(—2015.01) 冷嘉伟
       龚 恺(—2015.01) 吴 晓(—2015.01) 石 邢(2015.01—)
       葛 明(2015.01—) 张 彤(2015.01—) 孙世界(2015.01—)
       李向锋(兼)

机械工程学院
  院   长 倪中华
  副 院 长 陈云飞 张志胜(兼) 孙蓓蓓 殷国栋 王 斌(兼,2015.06—)
  工业发展与培训中心主任 张远明

能源与环境学院
  院   长 钟文琪
  副 院 长 黄亚继 朱光灿 李舒宏 司凤琪(兼) 肖 睿 李益国(—2015.12)

信息科学与工程学院
  院   长 洪 伟
  副 院 长 崔铁军 孙 威(兼) 高西奇 张在琛 黄永明(2015.09—)

土木工程学院
  院   长 吴 刚
  副 院 长 叶继红 舒赣平 童小东 陈 镭(兼,—2015.06) 王景全
       张豪裕(兼,2015.06—)

电子科学与工程学院 集成电路学院
  院   长 孙伟锋
  副 院 长 汤勇明 孙立涛 宋晓燕(兼) 王著元 仲雪飞

数学系
  主   任 曹进德
  副 主 任 林金官 陈文彦 曹海燕(兼) 虞文武

自动化学院
  副　院　长　魏海坤(主持工作)　孙长银　金立左(兼)　李世华

计算机科学与工程学院　软件学院
  院　　　长　罗军舟
  副　院　长　曹玖新　舒华忠　耿　新　程　光(—2015.05)　裴　锋(兼)
  　　　　　　李　伟(2015.09—)

物理系
  主　　　任　杨永宏
  副　主　任　戴玉蓉　潘勇涛(兼)　邱　腾　倪振华

生物科学与医学工程学院
  院　　　长　顾忠泽
  副　院　长　徐春祥　谢建明　程　斌(兼，—2015.08)　赵祥伟
  　　　　　　周　平(兼,2015.09—)

材料科学与工程学院
  院　　　长　薛　烽
  副　院　长　张亚梅　李　磊(兼)　沈宝龙　储成林

人文学院
  院　　　长　王　珏
  副　院　长　高晓红(—2015.01)　张天来(—2015.01)　王　兵(兼，—2015.09)
  　　　　　　何　熠(兼)　王　俊(2015.01—)　乔光辉(2015.01—)
  　　　　　　王　兵(2015.09—)

艺术学院
  院　　　长　王廷信
  副　院　长　崔天剑　徐　进(兼)　李轶南(2015.01—)

法学院
  院　　　长　刘艳红
  副　院　长　高　歌(兼)　欧阳本祺　李煜兴

经济管理学院
  院　　　长　赵林度
  副　院　长　周　勤　张玉林　祝　虹(兼)　陈志斌(—2015.12)　舒　嘉

电气工程学院
　　院　　　长　赵剑锋
　　副 院 长　吴在军　高　山　杨　蕙(兼)　黄允凯

外国语学院
　　院　　　长　陈美华
　　副 院 长　汤顶华(兼)　刘克华　马冬梅　朱善华

体育系
　　主　　　任　蔡晓波
　　副 主 任　沈　辉　金　凯　王青禾

化学化工学院
　　院　　　长　林保平(—2015.12)
　　副 院 长　熊仁根(—2015.12)　刘松琴　陆　娟(兼)　周建成　杨　洪

交通学院
　　院　　　长　刘　攀
　　副 院 长　黄晓明(—2015.01)　陈一梅(—2015.01)　陆　建
　　　　　　　丁建明(—2015.12)　程建川　陈　怡(兼)　钱振东(2015.01—)
　　　　　　　顾兴宇(2015.01—)　陈　峻(2015.12—)

仪器科学与工程学院
　　院　　　长　宋爱国
　　副 院 长　李宏生　张豪裕(兼,—2015.06)　王立辉　严如强
　　　　　　　赵剑锋(兼,2015.06—2015.12)　张　力(兼,2015.12—)

医学院
　　院　　　长　刘乃丰(兼)
　　副 院 长　孙子林　王立新　张俊琴(兼,—2015.06)　赵春杰　姚红红
　　　　　　　程　斌(兼,2015.08—)

公共卫生学院
　　院　　　长　尹立红
　　副 院 长　张　力(兼,—2015.12)　金　辉　梁戈玉

吴健雄学院
　　院　　　长　易　红(兼)
　　常务副院长　李爱群(—2015.05)　雷　威(2015.05—)
　　副 院 长　况迎辉　钟　辉(兼)

海外教育学院
  院 长 邱 斌
  副 院 长 陶 咏(—2015.01) 徐 健
  白俄罗斯孔子学院院长 许克琪(副处级)

马克思主义学院
  院 长 袁久红
  副 院 长 袁健红(兼) 盛凌振 叶海涛(2015.11—)

直(附)属单位及负责人名单

图书馆
  馆 长 顾建新
  副 馆 长 范 斌 李爱国 钱 鹏

档案馆
  馆 长 钱杰生
  副 馆 长 肖太陶(—2015.06) 李宇青 刘云虹
  校史研究室主任 刘云虹(兼)

高等教育研究所
  所 长 冯建明(兼)

学报(自然科学版)编辑部
  主 编 毛善锋

学报(哲学社会科学版)编辑部
  主 编 徐 嘉

学报(医学版)编辑部
  主 编 唐 萌

继续教育学院
  院 长 归柯庭(—2015.05) 许映秋(2015.05—)
  副 院 长 曹效英 王燕蓉

校医院
　　院　　　长　卫平民
　　副 院 长　龚丽萍　叶 伟

无锡分校
　　校　　　长　沈　炯(兼)
　　常务副校长　郑建勇(—2015.05)　张继文(2015.06—)
　　副 校 长　王　斌(兼,—2015.06)　殷　缨(—2015.12)　刘　威(2015.11—)
　　　　　　　殷　缨(兼,2015.12—)

苏州研究院
　　院　　　长　沈　炯(兼)
　　常务副院长　张为公
　　副 院 长　李成明

常州研究院
　　副 院 长　张小松

附属中大医院
　　院　　　长　滕皋军
　　副 院 长　刘必成　邱海波　卢　斌　陈　明

建筑研究所
　　所　　　长　齐　康

学习科学研究中心
　　名 誉 主 任　韦　钰
　　主　　　任　陆祖宏(—2015.11)
　　副 主 任　郑文明(2015.11—,主持工作)　刘晓芸　柏　毅　钱卫平

生命科学研究院
　　院　　　长　谢　维
　　副 院 长　韩俊海

智能运输系统(ITS)研究中心
　　主　　　任　黄　卫(兼)
　　副 主 任　钱振东

空间科学与技术研究院（AMS研究中心）
　　副　主　任　罗军舟（兼）

汽车工程研究院
　　院　　　长　易　红（兼）

教师教学发展中心
　　主　　　任　李霄翔（—2015.07）

东南大学—南京通信技术研究院
　　理　事　长　易　红（兼）
　　院　　　长　尤肖虎（兼）
　　常务副院长　宋铁成

九龙湖校区建设一期工程后期工作处理小组
　　组　　　长　郭学军（兼）
　　副　组　长　陆惠民　倪秋云

出版社
　　社　　　长　江建中（2015.12起不再保留正处级）

建筑设计研究院
　　院　　　长　葛爱荣（2015.12起免去副处级调研员职务）

城市规划设计研究院
　　名誉院长　齐　康
　　院　　　长　王建国（兼）
　　常务副院长　段　进
　　总规划师　　段　进（兼）

江苏东南大学资产经营有限公司
　　总　经　理　潘久松（2015.12起不再保留副处级）
　　副总经理　　陆卫兵（—2015.12，保留原待遇）

成贤学院
　　常务副院长　郑建勇（2015.05—，保留正处级待遇）

（组织部　李庭红）

各级人大代表、政协委员、民主党派成员、省政府参事任职情况及有关机构设置

一、各级人大代表

全国十二届人大代表：　　　易　红　崔铁军
江苏省十二届人大代表：　　马向真（常委）
南京市十五届人大代表：　　张建琼
鼓楼区十七届人大代表：　　汤文浩
玄武区十七届人大代表：　　吕晓迎　李建清　陈永平
江宁区十六届人大代表：　　黄大卫

二、各级政协委员

全国十二届政协委员：　　　洪　伟
江苏省十一届政协委员：　　罗立民（常委,科技）　舒华忠（教育）
　　　　　　　　　　　　　何小元（党派）　周　勤（党派）　薛　涛（党派）
　　　　　　　　　　　　　滕皋军（党派）　肖国民（常委,科技）　李启明（党派）
　　　　　　　　　　　　　尹立红（党派）　赵春杰（党派）　王雪梅（教育）
　　　　　　　　　　　　　刘灿铭（党派）　达庆利（常委,宗教）
　　　　　　　　　　　　　吴智深（常委,教育）　王建国（教育）
南京市十三届政协委员：　　许苏明（常委）　仇向洋　陈庆宁　杨永宏　陈　薇
鼓楼区十二届政协委员：　　王彩莲
玄武区十二届政协委员：　　赵剑锋（政协副主席）　孔令龙　徐盈之
浦口区四届政协委员：　　　王大勇
江宁区十一届政协委员：　　陈文彦（常委）

全国第九届伊斯兰教协会副会长：达庆利（2011.09）
江苏省第六届伊斯兰教协会会长：达庆利（2013.11.28）
全国中央文史馆馆员：　　　陶思炎（2011.02）

三、民主党派成员、侨联成员在各级组织任职情况

民盟十一届中央委员：　　　刘灿铭
农工十五届中央委员：　　　成　虎
九三十三届中央委员：　　　罗立民
农工党十五届中央科技工作委员会委员：吴智深

（各民主党派省委换届于 2012 年 6—7 月完成）

民革十届江苏省委员会： 常　　委　马向真

民盟十一届江苏省委员会： 常　　委　肖国民
委　　员　梅姝娥

民建八届江苏省委员会： 委　　员　苟少华

民进九届江苏省委员会： 常　　委　尹立红
委　　员　吴国新

农工党十一届江苏省委员会：副主任委员　吴智深
常　　委　何小元
委　　员　孙子林

农工党江苏省直属工委： 副主任委员　贾民平

农工党江苏省科教文委： 主　　委　黄培林
副主任委员　刘松琴
委　　员　衡　伟

农工党江苏省中青委： 副主任委员　陈惠苏
委　　员　张绍东

农工党江苏省经济联络委：副主任委员　林保平
委　　员　高建明

农工党江苏省妇女委员会：委　　员　徐　隽
委　　员　王玉华

农工党江苏省医卫委： 副主任委员　刘志勇
副主任委员　孙子林

致公党五届江苏省委员会：常　　委　赵春杰
委　　员　薛　涛

九三七届江苏省委员会： 副主任委员　罗立民
　　　　　　　　　　　委　　员　王修信　刘胜利

江苏省归国华侨联合会六届：常　委　吕晓迎

省、市政府参事任职情况

江苏省政府参事室聘任参事：高祥生　缪昌文（中共）　林保平
　　　　　　　　　　　　　成　虎　徐康宁（中共）
南京市政府参事室聘任参事：许苏明（2011—2016 年）

民主党派东南大学机构设置

民革二届东南大学总支部委员会（24 人，2016.12.27 换届）
　主 任 委 员：马向真
　副主任委员：周　勤　马坤岭

民盟东南大学委员会（221 人，2014.06.26 换届）
　主 任 委 员：肖国民
　副主任委员：钱瑞明　梅姝娥　王世和　薛星美　魏家泰
　委　　　员：王秋严　陆建明　周子华　何　平　金志军　徐立臻
　　　　　　　杨舒惠　吴祖民　康学军　毛世怀　陈文彦　丁建东

民建一届东南大学总支部委员会（22 人，2012 年 12 月 5 日成立总支并换届）
　主 任 委 员：李启明
　副主任委员：苟少华　滕皋军
　委　　　员：周革利　朱纪军

民进四届东南大学委员会（50 人，2012.05.07 换届）
　主 任 委 员：尹立红
　副主任委员：董寅生　郭　毅　曹玖新
　委　　　员：孙　瑾　郭　斐　韩俊海　梁衡弘　戴启明　高　冲

农工四届东南大学委员会（120 人，2016.11.29 换届）
　主 任 委 员：徐春祥
　副主任委员：孙子林　陈惠苏
　委　　　员：徐春祥　孙子林　陈惠苏　王玉华　糜长稳　章美华　蔡永胜
　　　　　　　刘松琴　张绍东

致公党三届东南大学总支委员会(38人,2011.12.27换届)
  主 任 委 员:赵春杰
  副主任委员:李智群 薛 涛
  委   员:马民华 程明震

九三三届东南大学委员会(172人,2013.05.18换届)
  主 任 委 员:王修信
  副主任委员:赵剑峰 刘胜利 舒华忠 叶行舟
  委   员:戴 丽 祁争建 辛海洋 郑意楠 柳 萍
            徐启平 徐盈之 施智祥 俞 燕 袁榴娣

社会团体机构设置

东南大学侨联四届(2012.12.08换届)
  名 誉 主 席:林中达 林金明
  主   席:吕晓迎
  副 主 席:李先宁 丁锡宁 李 丽
  委   员:孙清江 李俐平

东南大学无党派知识分子联谊会(2014.01.08成立)
  会   长:崔铁军(信息)
  副 会 长:杨永宏(物理) 田玉平(自动化) 肖 睿(能环) 李维滨(基建处)
  秘 书 长:杨永宏(物理,兼)
  副 秘 书 长:李黎藜(统战部) 何 勇(经管)

2015年成立或调整的各类委员会、领导小组名单

"东南大学武器装备安全生产标准化"领导小组和工作小组成员名单

一、领导小组

  组   长:易 红
  副 组 长:王保平 郑家茂 刘鸿健
  成   员:(以姓氏笔画为序)
            任卫时 任祖平 孙岳明 李 鑫 郭小明 梁书亭 熊宏齐

二、工作小组

组　　长：孙岳明
副组长：张晓兵
成　　员：（以姓氏笔画为序）
　　　　　王绍灵　孙立涛　李宏生　李建平　吴凌尧　汪　丰　沈宝龙　沈建辉
　　　　　陈云飞　陈　镭　姜平波　高西奇
秘书组组长：张晓兵
成　　员：（以姓氏笔画为序）
　　　　　朱国锋　朱菊芬　刘　军　刘丽勤　孙思远　李大琨　陈　扬　殷振球

"南京通信技术国家重点实验室"筹建工作领导小组与筹建办公室人员名单

"南京通信技术国家实验室"筹建工作领导小组组成人员如下：
组　　长：张广军
常务副组长：王保平
副组长：尤肖虎
成　　员：（以姓氏笔画为序）
　　　　　仲伟俊　任卫时　孙伟峰　孙岳明　李久贤　李　鑫　罗军舟　金保昇
　　　　　洪　伟　郭小明　梅汉成　梁书亭　熊宏齐
秘　　书：方红

"南京通信技术国家实验室"筹建办公室组成人员如下：
主　　任：尤肖虎
副主任：洪　伟　李久贤　方　红
成　　员：（以姓氏笔画为序）
　　　　　王海明　任　刚　芮振华　高西奇　黄永明
秘　　书：李林亮　胡学坤　张　文

2015年东南大学岗位聘用与考核委员会成员名单

主任委员：张广军　易　红
副主任委员：王保平
成　　员：（以姓氏笔画为序）
　　　　　丁　辉　王建国　王保平　刘乃丰　刘京南　孙忠良　孙岳明　沈　炯
　　　　　张广军　陆祖宏　林萍华　易　红　金保昇　周佑勇　郑家茂　郭小明

浦跃朴　雷　威　樊和平
秘　　书:姜平波

2015年重大科技项目岗职务评审委员会成员名单

主任委员:王保平
委　　员:(以姓氏笔画为序)
王保平　孙岳明　孙伟锋　刘　攀　吴　刚　宋爱国　罗军舟　金保昇
洪　伟　赵林度　赵剑锋　钟文琪　倪中华　顾忠泽　郭小明　黄培林
谢　维　韩冬青　滕皋军　薛　烽　魏海坤

撤销部分领导小组名单

为认真落实党的群众路线教育实践活动的整改任务,有效解决各类领导小组过多过滥问题,根据教育部、江苏省有关文件的要求,经校党委常委会、校长办公会同意,对以下工作任务已完成、工作职能可以归并或转入正常工作轨道的领导小组予以撤销:

1. 撤销东南大学"两课"建设领导小组,职能归并到东南大学思想政治理论课建设工作领导小组。
2. 撤销东南大学清房工作领导小组,任务已完成。
3. 撤销领导干部研究生课程进修班工作领导小组,任务已完成。
4. 撤销东南大学校办企业负责人招聘工作领导小组,任务已完成。
5. 撤销第十五届人民代表东南大学直属选区领导小组,任务已完成。
6. 撤销第十五届人民代表东南大学直属选区办公室,任务已完成。
7. 撤销十六大期间校园网应急处置工作领导小组,任务已完成。
8. 撤销校领导班子和领导干部年度考核工作领导小组,职能转入正常工作轨道。
9. 撤销东南大学保密资格审查认证工作领导小组,任务已完成。
10. 撤销东南大学"十一五"规划制定领导小组,任务已完成。
11. 撤销东南大学教育信息工作领导小组,职能归并到东南大学网络安全管理领导小组。
12. 撤销东南大学思想政治理论课新课程方案实施工作领导小组,职能归并到东南大学思想政治理论课建设工作领导小组。
13. 撤销东南大学选举有关区新一届人大代表工作领导小组,任务已完成。
14. 撤销东南大学研究生思想政治理论课新课程试点领导小组,职能归并到东南大学思想政治理论课建设工作领导小组。
15. 撤销东南大学保密资格重新申请审查认证工作领导小组,任务已完成。
16. 撤销2011年度校领导班子和领导干部考核领导小组,任务已完成。
17. 撤销区人大代表换届选举东南大学直属选区选举工作领导小组,阶段性任务已完成。

18. 撤销东南大学创先争优活动领导小组,任务已完成。
19. 撤销外国留学生教育管理评估领导小组,任务已完成。
20. 撤销并校审计工作领导小组,任务已完成。
21. 撤销东南大学网络教育领导小组,任务已完成。
22. 撤销建设部土木工程专业东南大学自评领导小组,任务已完成。
23. 撤销火电机组振动国家工程研究中心国家验收准备工作领导小组,任务已完成。
24. 撤销"浦口校区图书馆"工程建设领导小组,任务已完成。
25. 撤销"科技信息大楼"工程建设领导小组,任务已完成。
26. 撤销"五五楼"维修工程领导小组,任务已完成。
27. 撤销长江后街校区管理领导小组,任务已完成。
28. 撤销开展企业重新占有和换发新的产权登记证工作领导小组,阶段性任务已完成。
29. 撤销东南大学临床医学硕士专业学位试点工作领导小组,任务已完成。
30. 撤销东南大学浦口校区领导小组,任务已完成。
31. 撤销丁家桥校区青年教工公寓分配工作领导小组,任务已完成。
32. 撤销东南大学创建国内外知名高水平大学规划领导小组,任务已完成。
33. 撤销东大集团总公司产权与改制工作小组,任务已完成。
34. 撤销"我的祖国——宁港学生交流营2001"领导小组,任务已完成。
35. 撤销东南大学贯彻落实"面向21世纪教育振兴行动计划"领导小组,职能转入正常工作轨道。
36. 撤销东南大学第二期基础课教学实验评估工作领导小组,任务已完成。
37. 撤销东南大学住房分配货币化领导小组,任务已完成。
38. 撤销学校门面房及经营性用房领导小组,任务已完成。
39. 撤销丁家桥校区拆迁安置领导小组,任务已完成。
40. 撤销重点实验室评估领导小组,任务已完成。
41. 撤销东南大学校园电子化办公系统领导小组,职能归并到东南大学数字化校园领导小组。
42. 撤销清理检查东南大学资金往来工作领导小组,任务已完成。
43. 撤销东南大学丁家桥校区领导小组,职能归并到丁家桥校区工委和管委会。
44. 撤销"我的祖国——宁港学生交流营2002"组织工作领导小组,任务已完成。
45. 撤销东南大学资金往来清查工作领导小组,职能转入正常工作轨道。
46. 撤销教育部重点实验室评估小组,任务已完成。
47. 撤销东南大学"211工程"建设领导小组,任务已完成。
48. 撤销南京市玄武区第十五届人民代表大会代表选举东南大学直属选区工作领导小组,任务已完成。
49. 撤销校区规划研究领导小组,任务已完成。
50. 撤销东南大学法学本科专业评估工作领导小组,任务已完成。

51. 撤销东南大学推荐江苏省委组织部2003届选调生领导小组,任务已完成。
52. 撤销东南大学账外资金、自购自制票据清理检查工作领导小组,阶段性任务已完成。
53. 撤销东南大学人事工作领导小组,阶段性任务已完成。
54. 撤销浦口校区出租门面房管理工作领导小组,任务已完成。
55. 撤销东南大学国家电工电子基础课程教学基地验收评估领导小组、工作组及专家组,任务已完成。
56. 撤销东南大学国家电工电子基础课程教学基地建设和改革领导小组及工作组,任务已完成。
57. 撤销东南大学大学生课外创新活动领导小组,任务已完成。
58. 撤销晓庄校区搬迁领导小组,任务已完成。
59. 撤销东南大学南京东大科技实业(集团)总公司改制工作领导小组和工作组,任务已完成。
60. 撤销东南大学专业学位教育指导委员会,任务已完成。
61. 撤销"经典阅读与人文教育高层论坛"筹备委员会和筹备工作小组,任务已完成。
62. 撤销东南大学国家大学科技园评估工作领导小组和工作组,职能转入正常工作轨道。
63. 撤销东南大学迎接贯彻《学校体育工作管理条例》检查评估工作领导小组,任务已完成。
64. 撤销东南大学2003年"十大科研基地"评估领导小组,任务已完成。
65. 撤销东南大学推荐江苏省委组织部2004届选调生领导小组,任务已完成。
66. 撤销东南大学工程管理专业评估领导小组,任务已完成。
67. 撤销东南大学建筑学专业评估领导小组和工作组,任务已完成。
68. 撤销东南大学城市规划专业评估领导小组和工作组,任务已完成。
69. 撤销东南大学国家电工电子基础课程教学基地验收评估迎评工作领导小组及工作组,任务已完成。
70. 撤销东南大学交通部公路工程监理工程师职业资格考试阅卷工作领导小组,任务已完成。
71. 撤销搬迁工作领导小组,任务已完成。
72. 撤销创建"文明食堂"和"文明宿舍"工作领导小组,任务已完成。
73. 撤销贷款资金管理工作领导小组,阶段性任务已完成。
74. 撤销东南大学新校区建设领导小组,任务已完成。
75. 撤销东南大学土木工程专业评估领导小组,任务已完成。
76. 撤销省级品牌、特色专业建设点检查验收工作领导小组和专家小组,任务已完成。
77. 撤销东南大学艺术硕士(MFA)教育领导小组,任务已完成。
78. 撤销研究生教育咨询委员会,职能归并到教学督导领导小组。
79. 撤销九龙湖校区搬迁工作领导小组,任务已完成。

80. 撤销东南大学"一卡通"建设领导小组、"一卡通"项目专家组及"一卡通"项目建设工作组，职能归并到东南大学数字化校园领导小组。
81. 撤销东南大学贯彻国军标建立质量管理体系及认证工作领导小组，任务已完成。
82. 撤销东南大学电气工程及其自动化专业评估领导小组和工作组，任务已完成。
83. 撤销国防"973项目"申报工作领导小组，任务已完成。
84. 撤销东南大学武器装备科研生产许可审查工作领导小组，任务已完成。
85. 撤销东南大学汉语国际推广工作领导小组，职能转入正常工作轨道。
86. 撤销东南大学外事工作领导小组，职能转入正常工作轨道。
87. 撤销东南大学2007届选调生推荐工作领导小组，任务已完成。
88. 撤销分配制度改革领导小组，职能转入正常工作轨道。
89. 撤销东南大学本科教学工作评估领导小组，任务已完成。
90. 撤销东南大学资产清查工作领导小组和资产清查办公室，阶段性任务已完成。
91. 撤销校资产清查技术鉴定小组，阶段性任务已完成。
92. 撤销东南大学出版社体制改革工作领导小组，任务已完成。
93. 撤销机械工程及自动化专业评估领导小组和工作组，任务已完成。
94. 撤销公房管理领导小组，任务已完成。
95. 撤销放心消费创建活动领导小组，职能转入正常工作轨道。
96. 撤销校太阳能利用技术工作小组，任务已完成。
97. 撤销校规范管理流程领导小组，职能归并到东南大学数字化校园领导小组。
98. 撤销东南大学医学学科本科教学评估工作小组，任务已完成。
99. 撤销东南大学2008届选调生推荐工作领导小组，任务已完成。
100. 撤销东南大学质量管理体系监督审核迎检领导小组，任务已完成。
101. 撤销东南大学国家科技重大专项组织实施协调小组，任务已完成。
102. 撤销东南大学"211工程"三期建设领导小组，任务已完成。
103. 撤销东南大学留学生工作领导小组，职能转入正常工作轨道。
104. 撤销东南大学视觉识别系统（VI）建设和实施工作领导小组和专家组，任务已完成。
105. 撤销校环境保护领导小组，任务已完成。
106. 撤销2009届选调生推荐工作领导小组，任务已完成。
107. 撤销水电管理领导小组，职能转入正常工作轨道。
108. 撤销东南大学"文明食堂"和"文明宿舍"创建工作领导小组，阶段性任务已完成。
109. 撤销工程管理专业评估领导小组，任务已完成。
110. 撤销计算机科学与技术专业认证领导小组和工作组，任务已完成。
111. 撤销传感器网络技术研发工作领导小组，任务已完成。
112. 撤销2010届选调生推荐工作领导小组，任务已完成。
113. 撤销国有资产对外投资、出租出借等事项清理核实领导小组，职能归并到国有资产经营管理委员会。
114. 撤销城市规划专业本科教育评估领导小组和工作组，任务已完成。

115. 撤销城市规划专业研究生教育评估领导小组和工作组,任务已完成。
116. 撤销建筑学专业本科教育评估领导小组和工作组,任务已完成。
117. 撤销军事课课程建设检查工作领导小组和工作组,任务已完成。
118. 撤销 2011 届选调生推荐工作领导小组,任务已完成。
119. 撤销教育部"跃升专项"申报领导小组和工作小组,任务已完成。
120. 撤销《人民日报》社新大楼设计项目领导小组,任务已完成。
121. 撤销 110 周年校庆筹备领导小组,任务已完成。
122. 撤销交通运输专业认证领导小组和工作组,任务已完成。
123. 撤销 2013 国际太阳能十项全能竞赛领导小组,任务已完成。
124. 撤销土木工程专业本科教育评估领导小组和工作组,任务已完成。
125. 撤销机械工程及自动化、环境工程、电气工程及其自动化专业认证领导小组和工作组,任务已完成。
126. 撤销东南大学深入开展贯彻执行中央八项规定严肃财经纪律和"小金库"专项治理工作领导小组,任务已完成。

第十届东南大学学术委员会成员名单

主任委员:缪昌文
副主任委员:王保平　尤肖虎　樊和平　滕皋军　曹进德
委　　员:(以姓氏笔画为序)
　　　　王金兰　王　炜　王建国　王保平　尤肖虎　尹立红　叶继红　刘　魁
　　　　孙岳明　李霄翔　沈　炯　陆祖宏　陆　巍　陈晓平　罗军舟　周佑勇
　　　　郑家茂　赵林度　赵春杰　倪中华　徐子方　徐晓苏　黄庆安　曹进德
　　　　程　明　缪昌文　樊和平　滕皋军　戴先中
秘 书 长:孙岳明

东南大学"十三五"规划编制领导小组成员

组　　长:易　红　张广军
副组长:刘京南　王保平
成　　员:(以姓氏笔画为序)
　　　　毛惠西　冯建明　仲伟俊　任卫时　刘松玉　华为国　孙岳明　孙莉玲
　　　　江　汉　许映秋　吴荣顺　李　鑫　李维滨　邱　斌　陆　挺　周佑勇
　　　　孟　新　金保昇　郭小明　梁书亭　梅汉成　雷　威　熊宏齐　滕皋军

东南大学 EMBA 专业学位研究生招生考试委员会成员的通知

主任委员：沈 炯
副主任委员：赵林度　金保昇
委　　员：(以姓氏笔画为序)
　　　　　王海燕　李吉海　陈志斌　宛　敏　袁榴娣
秘　　书：朱晓红　姚建平

东南大学党风廉政建设和反腐败工作领导小组名单

组　长：易　红　张广军
副组长：刘京南　王保平
成　员：(以姓氏笔画为序)
　　　　任卫时　华为国　仲伟俊　吴荣顺　吴　娟　李　鑫　孟　新　郭小明
　　　　冀　民

原东南大学党风廉政建设责任制考核领导小组（东大委〔2011〕50号）同时撤销。

东南大学党务公开领导小组名单

组　长：易　红
副组长：刘京南　刘　波　刘鸿健
成　员：(以姓氏笔画为序)
　　　　毛惠西　冯建明　仲伟俊　任祖平　孙莉玲　吴　娟　吴荣顺　张俊琴
　　　　金保昇　孟　新

校党务公开领导小组办公室主任由仲伟俊同志兼任，成员为：周虹、邢纪红、李吉海、施畅、朱保叶。

东南大学第十三届学位评定委员会下设
部分学位评定分委员会成员名单

1. 建筑学、城乡规划学、风景园林学学科学位评定分委员会

主　席：齐　康
副主席：韩冬青
委　员：王建国　成玉宁　刘博敏　阳建强　孙世界　张　彤　张　宏　张十庆

　　　　　陆卓谟　陈薇　郑忻　段进　董卫
秘　书：王海华

2. 机械工程学科学位评定分委员会

主　席：易　红
副主席：倪中华
委　员：王兴松　吕家东　孙蓓蓓　汤文成　苏　春　张立武　张远明　张志胜
　　　　陈云飞　钱瑞明　薛澄岐
秘　书：陈　斌

3. 信息与通信工程学科学位评定分委员会

主　席：洪　伟
副主席：崔铁军
委　员：王　桥　王志功　方世良　杨绿溪　李久贤　胡爱群　赵春明　徐金平
　　　　高西奇
秘　书：房　芳

4. 电子科学与技术、光学工程学科学位评定分委员会

主　席：孙伟锋
副主席：崔一平
委　员：王著元　汤勇明　孙小菡　孙立涛　李伟华　李晓华　陆生礼　时龙兴
　　　　施建宁　黄庆安　屠　彦
秘　书：牛文娟

5. 数学、物理学学科学位评定分委员会

主　席：曹进德
副主席：杨永宏
委　员：王金兰　王勇刚　刘继军　杨文星　李　涛　邱　腾　陈建龙　林文松
　　　　林金官　倪振华　徐君祥　董　帅　虞文武
秘　书：沈辰立

6. 控制科学与工程学科学位评定分委员会

主　席：魏海坤
副主席：孙长银
委　员：田玉平　李世华　汪　峥　费树岷　袁晓辉　路小波　戴先中
秘　书：厉其敏

7. 计算机科学与技术学科学位评定分委员会

主　席：罗军舟

副主席：曹玖新

委　员：王红兵　李小平　汪　芸　沈　军　陈汉武　吴国新　罗立民　金远平
　　　　耿　新　高志强　龚　俭　舒华忠　漆桂林

秘　书：汤　玫

8. 生物医学工程学科学位评定分委员会

主　席：顾忠泽

副主席：顾　宁　陆祖宏

委　员：万遂人　吉　民　孙　啸　李志勇　汪　丰　洪宗训　袁春伟　徐春祥

秘　书：徐　锋

9. 材料科学与工程、化学工程与技术、化学学科学位评定分委员会

主　席：薛　烽

副主席：林保平

委　员：孙　伟　孙岳明　肖　健　余新泉　周钰明　封卫东　钱春香　董寅生
　　　　蒋建清　储成林　熊仁根　缪昌文　潘　冶

秘　书：穆　伟

10. 哲学、法学、中国语言文学、心理学学科学位评定分委员会

主　席：王　珏

副主席：刘艳红　袁久红

委　员：王　兵　王　珂　田海平　乔光辉　许苏明　李林艳　肖　冰　孟　红
　　　　施建辉　贾鸿雁　高晓红　龚向和　董　群　樊和平

秘　书：王　缨

11. 经济学、管理学、系统科学学科学位评定分委员会

主　席：赵林度

副主席：周　勤　张玉林

委　员：王文平　王海燕　仲伟俊　刘晓星　李　东　何建敏　邱　斌　陈志斌
　　　　陈良华　陈淑梅　顾建新　徐盈之　徐康宁　舒　嘉

秘　书：张秀娟

12. 电气工程学科学位评定分委员会

主　席：赵剑锋

副主席：陆于平

委　员：王念春　李　扬　余海涛　郑建勇　林明耀　林鹤云　顾永红　黄学良
　　　　程　明

秘　书：杨　燕

13. 医学、生物学学科学位评定分委员会

主　席：浦跃朴
副主席：刘乃丰　滕皋军　谢　维
委　员：王立新　尹立红　刘必成　孙子林　邱海波　沈孝兵　陈　明　陈　瑞
　　　　赵　伟　赵春杰　黄培林　梁戈玉　韩俊海
秘　书：胡向阳

14. 交通运输工程、测绘科学与技术、水利工程学科学位评定分委员会

主　席：刘　攀
副主席：秦　霞　陆　建
委　员：王　炜　刘松玉　何　杰　胡伍生　钱振东　黄　侨　黄晓明　蔡先华
秘　书：李天明

15. 艺术学理论、美术学、设计学学科学位评定分委员会

主　席：王廷信
副主席：凌继尧　陶思炎
委　员：王和平　刘灿铭　李倍雷　汪小洋　张乾元　胡　平　崔天剑　程明震
秘　书：周　渝

东南大学国有资产经营管理委员会成员名单

主　任：易　红
副主任：沈　炯　刘京南　丁　辉
成　员：（以姓氏笔画为序）
　　　　任卫时　江　汉　步　兵　吴荣顺　陈志斌　周　勇　赵林度　郭小明
　　　　梁书亭　潘久松　冀　民
秘　书：孔庆燕

东南大学深化"打非治违"和专项整治工作领导小组名单

一、学校领导小组

组　长：刘鸿健
成　员：（以姓氏笔画为序）
　　　　王勇刚　朱小良　任祖平　刘乃丰　江　汉　李　涛　李维滨　邱振清
　　　　张立武　张远明　张　星　封卫东　胡仁杰　洪宗训　秦　霞　梁书亭

蒋　波　雷　威　谭东伟　熊宏齐

二、领导小组办公室

领导小组下设办公室,负责领导小组日常工作。办公室挂靠在保卫处,任祖平同志兼任办公室主任。

三、专项工作组

领导小组下设3个专项工作小组,协调推动有关工作的实施。
（一）危险化学品安全检查工作组
组　长:熊宏齐
成　员:王勇刚　刘乃丰　洪宗训　封卫东　蒋　波　谭东伟　邱振清　张立武
（二）消防安全检查工作组
组　长:任祖平　梁书亭
成　员:江　汉　秦　霞　朱小良　张立武
（三）教学及施工安全检查工作组
组　长:李维滨
成　员:雷　威　张　星　张远明　胡仁杰　张立武

东南大学学风建设委员会成员名单

主任委员:张广军
副主任委员:王保平　刘京南　刘　波　郑家茂　沈　炯
委　　员:(以姓氏笔画为序)
　　　　孙岳明　孙莉玲　李　鑫　吴荣顺　陆　挺　金保昇　周佑勇　郭小明
　　　　雷　威

东南大学学术不端行为评判工作委员会成员名单

主任委员:王建国
副主任委员:陆祖宏
委　　员:(以姓氏笔画为序)
　　　　王建国　王金兰　叶继红　陆祖宏　陈晓平　周佑勇　赵林度　倪中华
　　　　黄庆安　滕皋军　戴先中
秘　　书:华亮量

东南大学学习型党组织建设工作领导小组成员名单

组　　长:易　红
副组长:刘京南　刘　波　刘鸿健
成　　员:(以姓氏笔画为序)
　　　　毛惠西　冯建明　仲伟俊　孙莉玲　吴荣顺　孟　新　金保昇
领导小组下设办公室。办公室成员名单如下:
主　　任:刘京南
成　　员:(以姓氏笔画为序)
　　　　毛惠西　仲伟俊　吴荣顺　孟　新
秘　　书:施春陵

东南大学综合改革领导小组名单

组　　长:易　红　张广军
副组长:刘京南　王保平
成　　员:(以姓氏笔画为序)
　　　　毛惠西　冯建明　仲伟俊　任卫时　华为国　刘松玉　江　汉　孙岳明
　　　　孙莉玲　李维滨　李　鑫　吴荣顺　吴　娟　邱　斌　陆　挺　金志军
　　　　金保昇　周佑勇　孟　新　郭小明　梅汉成　梁书亭　雷　威　熊宏齐

分析测试中心管理委员会和工作组成员名单

一、管理委员会

主　　任:郑家茂
副主任:熊宏齐　孙岳明　薛　烽
委　　员:(以姓氏笔画为序)
　　　　尹立红　叶继红　刘松琴　孙立涛　邱　腾　肖忠党　陈云飞　孟正大
　　　　姚红红　钱振东　谢　维　雷　威
秘　　书:梅建平

二、中心工作组

中心主任:薛　烽
常务副主任:梅建平

副主任：晏井利　黄海波　祁争健
成　员：(以姓氏笔画为序)
　　　　王　晓　司丽芳　齐齐郑　姚　生　洪庆月　姚　芳　赵古田　黄庆海
　　　　龚文涛　崔梦晶　韩苏闽

校务委员会成员名单

学校各部门、单位：

　　因工作需要，经研究决定，对校务委员会成员进行调整，现将调整后的校务委员会成员名单公布如下：

　　主任委员：郭广银
　　副主任委员：易　红　陈笃信
　　委　员：(以姓氏笔画为序)
　　　　丁　辉　王　炜　王志功　王建国　王保平　王颖灵　尤肖虎　冯建明
　　　　吕志涛　仲伟俊　任卫时　刘　波　刘乃丰　刘京南　刘鸿健　齐　康
　　　　孙　伟　孙忠良　孙岳明　孙载阳　李　鑫　杨树林　吴介一　吴荣顺
　　　　沈　炯　张耀明　陆祖宏　陈笃信　林萍华　易　红　金保昇　周佑勇
　　　　郑家茂　孟　新　赵启满　胡汉辉　钟训正　徐康宁　郭广银　浦跃朴
　　　　黄大卫　梅　林　谢　维　熊宏齐　缪昌文　樊和平
　　秘书长：李　鑫（兼）

信息工程专业认证领导小组和工作组成员名单

（一）领导小组

　　组　长：郑家茂
　　副组长：洪　伟　李久贤　尤肖虎　雷　威
　　成　员：(以姓氏笔画为序)
　　　　达飞鹏　朱　明　江雪华　孙红霞　李小男　李爱国　李　鑫　沈建辉
　　　　张在琛　姜昌金　熊宏齐
　　秘　书：朱　明（兼）

（二）工作组

　　组　长：洪　伟　李久贤
　　副组长：张在琛　孙　威
　　成　员：(以姓氏笔画为序)
　　　　王　欢　王志功　王　蓉　朱鹏程　孙庆庆　杜新新　杨晓辉　杨绿溪

张圣清　张树林　陈晓曙　苗慧贤　孟　桥　赵鑫泰　胡爱群　贾　宁
顾青瑶　徐金平　徐琴珍　黄　蓓

秘　书：张在琛（兼）

学校国有资产处置管理领导小组成员名单

组　长：王保平
副组长：郑家茂　丁　辉　黄大卫
成　员：（以姓氏笔画为序）
　　　　任卫时　吴荣顺　顾建新　梁书亭　熊宏齐　冀　民
秘　书：林　俐

学校国有资产经营管理委员会成员名单

主　任：张广军
副主任：沈　炯　刘京南　丁　辉
成　员：（以姓氏笔画为序）
　　　　任卫时　江汉步兵　吴荣顺　陈志斌　周　勇　赵林度　郭小明
　　　　梁书亭　潘久松　冀　民
秘　书：孔庆燕

学校基本建设管理规范化专项检查领导小组名单

为贯彻落实《教育部办公厅关于开展直属高校基本建设管理规范化专项检查的通知》（教发厅函〔2014〕167号），进一步建立、完善学校基本建设领域相关制度，经研究决定，成立东南大学基本建设管理规范化专项检查领导小组，领导小组下设工作小组。人员组成名单如下：

一、领导小组

组　长：黄大卫
成　员：（以姓氏笔画为序）
　　　　冯建明　任卫时　李维滨　李　鑫　吴荣顺　梁书亭　冀　民
秘　书：汤　磊　梅震宇

二、工作小组

组　长：李维滨

成　　员：(以姓氏笔画为序)
　　　　　田　健　汤　磊　孙红霞　纪　强　杜桂清　张明杰　张　胤　季永华
　　　　　夏建春
秘　书：姚　辰　周　林

学校江苏高校优势学科建设工程领导小组及办公室成员名单

一、领导小组

组　　长：易　红
副组长：沈　炯
成　　员：(以姓氏笔画为序)
　　　　　冯建明　史兰新　任卫时　孙岳明　李　鑫　周佑勇　金保昇　郭小明
　　　　　顾建新　梁书亭　雷　威　熊宏齐

二、领导小组办公室

主　　任：金保昇
副主任：郭　彤
成　　员：(以姓氏笔画为序)
　　　　　王　纯　何正球　陈　桂　陶　敏　黄红富

学校信息公开工作领导小组及相关工作机构成员名单

一、学校信息公开工作领导小组

组　　长：王保平
成　　员：(以姓氏笔画为序)
　　　　　毛惠西　史兰新　仲伟俊　任卫时　任祖平　许映秋　孙岳明　孙莉玲
　　　　　李　鑫　吴荣顺　陆　挺　金保昇　孟　新　胡汉辉　姜亚辉　郭小明
　　　　　梁书亭　雷　威　冀　民
秘　书：刘丽勤

二、学校信息公开工作办公室

主　　任：李　鑫
副主任：张宁馨　金志军　周　虹　施　畅　姜平波
成　　员：(以姓氏笔画为序)
　　　　　刘丽勤　芮振华　李　震　陶　桦

三、学校信息公开工作监督检查办公室

主　任:吴荣顺

成　员:(以姓氏笔画为序)

　　　　李吉海　吴映红　季永华

学校学风建设委员会和学风建设办公室成员名单

一、学风建设委员会

主任委员:易　红

副主任委员:王保平　刘京南　刘　波　郑家茂　沈　炯

委　员:(以姓氏笔画为序)

　　　　孙岳明　孙莉玲　李　鑫　吴荣顺　陆　挺　金保昇　周佑勇　郭小明
　　　　雷　威

二、学风建设办公室

主　任:孙岳明

成　员:(以姓氏笔画为序)

　　　　王栓宏　达飞鹏　刘　静　江雪华　张宇欣　甘　锋　赵松立　施　畅
　　　　黄培林

秘　书:华亮量

研究生招生工作领导小组成员名单

组　长:张广军

副组长:沈　炯　刘　波

成　员:(以姓氏笔画为序)

　　　　吴荣顺　金保昇　雷　威

秘　书:宛　敏

重要文件与讲话

中共东南大学委员会
2014年工作总结和2015年工作要点

一、2014年工作总结

2014年,校党委按照中央统一部署,在教育部、江苏省委省政府的领导下,深入学习贯彻落实党的十八大,十八届三中、四中全会精神,以中国特色社会主义理论体系为指导,以习近平总书记系列重要讲话精神为根本遵循,以立德树人为根本任务,以加快特色发展和内涵发展、提高质量为主线,以改革创新为动力,以巩固拓展教育实践活动成果为抓手,持续推进作风建设、和谐校园建设,深入实施"十二五"改革和发展规划,各项工作取得长足进展。

(一)认真学习贯彻落实党的十八大,十八届三中、四中全会精神和习近平总书记系列重要讲话精神

1. 坚持把学习习近平总书记系列重要讲话精神作为首要政治任务

校党委多次召开常委会专题传达学习习近平总书记系列重要讲话精神,组织校党委理论中心组集体学习会12次,编发学习材料4期,系统安排、专题学习,进一步增强了同以习近平同志为总书记的党中央保持高度一致的思想自觉、政治自觉和行动自觉,进一步坚定了扎根中国大地、办世界一流大学的信心和决心。

2. 认真学习贯彻党的十八届三中、四中全会精神

深刻理解三中全会关于全面深化改革、推进国家治理体系和治理能力现代化,四中全会关于全面推进依法治国、建设社会主义法治国家等一系列重大战略部署的丰富内涵和

重大意义,紧密结合学校实际,深入学习交流和调查研究,明确工作思路,落实具体举措,开启并实施新一轮全面深化综合改革和全面推进依法依规治校,加快推进学校治理结构和治理能力现代化,把党的重大战略决策落实到建设国际知名高水平研究型大学和世界一流大学的办学实践中。

3. 认真学习贯彻习近平总书记关于高等教育发展和加强党的建设的系列重要讲话精神

深刻领会习近平总书记五四讲话、第三十个教师节讲话、视察江苏省时的重要讲话精神和对第23次全国高校党建工作会重要批示精神等。坚持把培育践行社会主义核心价值观融入教书育人全过程,引导青年学生勤学、修德、明辨、笃实。坚持"四有"好老师标准和要求,培养造就高素质专业化教师队伍。坚持强化思想引领,把意识形态工作放在极端重要的位置抓紧抓好。牢固树立党建是最大政绩的理念,认真履行管党治党责任,落实全面从严治党要求,严明党的政治纪律和政治规矩,奋发有为地推进学校快速发展、特色发展、内涵发展、和谐发展。

(二) 全面加强党的建设,统领事业发展能力进一步提升

1. 思想和宣传工作有力加强

坚持唱响主旋律、用好主阵地、提升影响力,牢牢掌握意识形态工作领导权、管理权、话语权。学校召开了2014年全校宣传工作会议,进一步拓展宣传思想工作思路,构建宣传工作大格局。认真研究、结合实际,初步制订了贯彻落实中央《关于进一步加强和改进新形势下高校宣传思想工作的意见》的具体实施办法。宣传工作成果丰硕,中央电视台报道学校新闻17次,其中《新闻联播》报道5次。全年在各级报刊媒体刊发宣传稿件1040篇次,发稿数量和质量持续攀高。学校新闻百度搜索超过38万篇,比去年同期增长一倍。建设了新浪、腾讯、新华、人民网微博和人人网公共主页、微视、微信等七大官方新媒体平台,粉丝受众达51万人次,影响力位居全国高校前列。出版发行《东南大学报》31期。获教育部高校文化建设优秀成果特等奖1项,江苏教育新闻一等奖1项。获"江苏省教育信息工作先进单位"和"江苏省教育宣传工作先进单位"荣誉称号。

2. 干部队伍建设不断强化

进一步完善和优化干部选任工作程序,对《东南大学中层领导干部选拔任用工作条例》部分条款进行修订,干部选任工作更加管用有效、简便易行。顺利完成了28个院系的行政领导班子换届工作,任命院系行政班子成员114人。召开了新任院长系主任集体谈话会。通过行政换届,院系领导干部队伍配优配强,一流学科一流院系建设有力续航。中层干部轮岗交流、岗位调整20人次。启动17个岗位的公开选拔和民主推荐程序,考察竞岗人选31人,考察谈话达600人次。新提拔中层干部14人。做好援疆、援藏、滇西扶贫、江苏科技镇长团等14名干部的选拔、服务工作。接收5所兄弟高校12名干部来校挂职锻炼。

3. 基层党组织和党员队伍建设不断加强

大力推进学习型党组织建设,加强了党员干部的学习培训,举办各层各类培训班 7 期,培训党员和干部 4 467 人次。选派优秀党员干部参加全国和省级干部培训班 25 人次。持续开展最佳党日活动评比,评出先进典型 13 例,有力带动了服务型党组织建设。开展了 12 个党建研究项目和优秀实践项目中期检查,有力促进了基层党组织工作创新。推进组织工作全面信息化,党建工作服务能力进一步提升。按照"控制总量、优化结构、提高质量、发挥作用"的总体要求,发展党员 2 105 人。

4. 党风廉政建设不断深化

校党委认真履行党风廉政建设党委主体责任,支持纪委转职能、转方式、转作风,落实党风廉政建设监督责任,聚焦党风廉政建设和反腐败工作,强化监督执纪问责。坚持和完善了党委常委会定期研究纪检监察工作制度,制定了《中共东南大学委员会关于落实党风廉政建设党委主体责任和纪委监督责任的实施意见》和《东南大学贯彻落实〈惩治和预防腐败体系 2013—2017 年工作规划〉实施意见》。结合院系行政换届,开展了党风廉政建设巡视检查。完善了"信、访、电、网"四位一体的信访举报体系。开展了科研经费、"小金库"等专项检查,加强了对人、财、物等重点部位和关键环节权力运行的监督检查。严肃执纪问责,加大了信访案件查处力度。成立了江苏省教育纪检监察学会东南大学分会,深入开展党风廉政研究。开展党风廉政宣传教育月、廉洁文化活动周等活动,营造良好的校园廉洁文化氛围。

(三) 着力加强顶层设计,综合改革力度不断加大

1. 开展了世界一流大学建设路径大讨论活动

开通了专题网站,举办专题报告会 2 场;开辟校报专栏,刊发讨论文章 19 篇;组织各院系撰写专题研究报告。深入分析了当今世界高等教育发展的趋势和特点,深入研讨了国际典型高水平大学建设的路径和经验,凝聚了建设世界一流大学的共识,增强了广大师生员工创建世界一流大学的自信心和自觉性。

2. 制定实施综合改革方案,着力推进内涵发展

从建设国际知名高水平研究型大学和世界一流大学的总目标出发,研究制定了《东南大学综合改革方案》,明确了新一轮综合改革的思路、目标、重点任务和保障措施。试点院系改革有序推进,为全面深入实施改革创新积累了经验。结合《高等学校学术委员会规程》,依据《东南大学章程》,制定了《东南大学学术委员会章程(暂行)》及教学委员会、学位委员会章程,科学界定学术权力和行政权力之间的关系,现代大学制度建设进一步深化。

(四)落实立德树人根本任务,学生思想政治教育切实加强

1. 深入开展社会主义核心价值观主题教育活动

打造了4个生活教育学园,将核心价值观教育融入学生日常生活。开辟了九龙湖"耕读园",开展爱劳动主题教育。利用校内建筑工地围挡开展艺术绘画主题活动,创新美育工作。通过解读校训精神、演绎校训时代内涵、寻访校友感悟校训等活动,实施校训育人、培养大学精神,为培育和践行社会主义核心价值观营造良好氛围。

2. 学生思想政治工作进一步加强

深入开展五四运动95周年纪念活动,组织青年学生认真学习习近平总书记五四重要讲话精神。创新新生入学教育工作,荣获江苏省高校学生教育管理"创新奖"一等奖1项。顺利通过全省普通高校武装部规范化试点建设验收。组织开展了研究生党员干部系列专题讲座及培训,研究生思想政治工作持续加强。广泛提升研究生综合素质,举办研究生人文与科学素养讲座150场。设立了研究生心理健康专项,支持院系开展心育工作。开展了"我最喜爱的研究生导师"评选活动,激励研究生导师以学术造诣和人格魅力培育优秀人才。

3. 创新创业和实践育人体系进一步完善

围绕科技育人、创新驱动主线,以学生科技节为载体,举办4大类285场学术报告和科技活动,参与学生突破1万人次,形成了系列化、多层次的全校性科技活动。成功承办了2014年全国青少年高校科学营,接待全国13省市自治区和港澳台地区师生1 300余人,产生了良好的社会影响。开展了"为祖国勤学修德·以实践明辨笃实"主题暑期社会实践活动,5 000余名学生组成数百支社会实践队伍深入农村、企业和社区,了解国情、接受锻炼。打造志愿服务平台,推进江苏大学生志愿服务西部计划和苏北计划,形成4个研究生支教团服务点。组织800余名青奥志愿者服务南京"青奥会",受到各级领导和社会各界广泛赞誉。

(五)坚持以人为本发展理念,和谐校园建设扎实推进

1. 校园民主建设持续深化

出台了《东南大学教职工代表大会实施办法》,积极推进校园民主建设。召开了党代会年会和教代会全会,党代会、教代会机制得到坚持和完善。教代会电子提案系统投入使用,教职工代表参议校政渠道更加畅通。改善了民主党派、侨联及无党派知联会等组织的办公空间和条件。协助各民主党派和侨联加强组织和队伍建设,学校民主党派组织新一轮换届工作顺利完成。指导召开了第八次研究生代表大会,加强和改进了学生会、学团联等学生组织建设,充分发挥学生组织"三自"作用。

2. 校园民生进一步改善

根据国家政策,结合学校财力,自筹资金预补发了 2010—2011 年校内岗位绩效津贴,较大幅度增加了教职工的收入。构建了"五位一体"学生资助帮扶体系,提供勤工助学岗位 892 个,发放助学经费、困难补助、助学金共 1 190 余万元,在"江苏省学生资助绩效评估"中获评"优秀"。加强毕业生就业创业指导和服务工作,荣获教育部"全国毕业生就业典型经验高校"和"江苏省高校毕业生就业工作先进集体"荣誉称号。为老校区学生宿舍安装了空调,改善了教师休息室条件,新建了沙塘园教职工餐厅。出台了公费医疗管理补充规定,新增用药品规 364 种。增加了教职工体检相关检测项目及经费。26 个机关部处全部完成服务项目梳理和服务流程简化。健全完善办事服务大厅 5 个。逐步推进机关部门后台服务,机关服务师生质量进一步提高。多方合作共建的社区居家养老服务成效显著。出台了进一步加强离任、退休等工作的实施意见,加强对干部离任、教职工退休、教职工离世等的人文关怀。

3. 大学文化建设不断深化

坚持举办新生文化季,开展八大版块数十场活动,增强了新生对学校的文化自豪感和认同感。坚持举办毕业文化季活动,开展了最具影响力的毕业生评选活动,精心组织了毕业典礼。广泛开展"文化育人"专项活动,涌现了一批有思想内涵、有形式创新的精品文化活动项目。开展了国防文化季活动,增强学生国防意识和爱国情感。成立了校史研究室,充实了校史研究力量。积极改善文化宣传硬件条件,41 块人民日报电子屏基本覆盖九龙湖校区。落成了"中华全国体育协进会成立大会旧址"纪念碑。开展了平安校园文化系列活动,加强师生安全教育。荣获"江苏省高等学校和谐校园"荣誉称号。

4. 平安校园建设持续推进

坚持以人为本和"防范、管理、教育、服务"四大职能并重的安全保卫工作理念,着力打造平安校园。深入开展各类安全教育宣传活动,全校累计教育培训 4 000 多人次,营造了"我要安全、我会安全"的校园氛围。开展了"百日攻坚"隐患排查整改工作,加强消防安全管理。加大科技创安体系建设,实现了学校重点和要害部位的物防、技防全覆盖。深入开展校园安全治理活动,校园安全整体情况得到上级部门充分肯定。

(六)切实加强为民务实清廉为重点的班子自身建设

1. 认真贯彻落实党委领导下的校长负责制

党委在发挥好领导核心作用的同时,支持校长依法独立负责地行使职权,党政密切配合,同心协力推进学校改革发展。修订和完善了党委常委会和校长办公会议事决策规则,认真贯彻民主集中制,坚持和完善"三重一大"决策制度,决策民主化、科学化水平进一步提高。认真贯彻落实中共中央办公厅印发的《关于坚持和完善普通高等学校党委领导下的校长负责制的实施意见》,启动了贯彻落实实施意见具体办法和党委全委会议事规则的制定工作。修订和完善了党务公开、校务公开、信息公开等工作条例，保证权力在阳光下规范运行。

2. 持续巩固和拓展教育实践活动成果

深入推进教育实践活动整改任务落实，5大类74项重点整改任务完成70项，完成比例95%，4项涉及长远发展的整改事项正加紧加快推进。领导班子成员深入课堂听课、深入教学科研调研、与党外代表人士交友联系等成为新常态。开展了文山会海、"门难进、脸难看、事难办"、公款送礼、公款吃喝、奢侈浪费、"三公"经费开支过大等21个专项整治活动，校领导班子成员公务用车、办公用房、秘书配备、公务出国等各个方面严格按照中央规定执行。加强了全校规章制度的梳理，推进制度的废改立行。梳理规章制度1 423项，废除制度289项，新制定和修订制度114项。通过建制行制，现代大学制度体系和作风建设长效机制逐步完善。

3. 认真召开校、院系部处两级领导班子民主生活会

召开了以"严格党内生活，严守党的纪律，深化作风建设"为主题的民主生活会。召开征求意见座谈会13场，参会人数达263人次，新征求到意见建议4大类56条。领导班子全体成员坦诚、深入、务实地开展自我批评和批评帮助，明确了整改思路和举措，中央督导组和教育部领导给予充分肯定。民主生活会后，补充更新了整改台账，持续推进整改落实。以院系行政换届和党风廉政巡视检查为契机，组织院系、部处等二级单位召开领导班子年度民主生活会。通过召开校、院系部处两级领导班子民主生活会，进一步严肃了党内政治纪律，严格了党内政治规矩，规范了党内政治生活，增进了班子团结，巩固拓展了教育实践活动成果。

2014年，学校各项事业发展再创佳绩。进入ESI全球前1%的学科排名显著提高，工程学进入全球前1‰。江苏高校优势学科建设和立项取得优秀成绩。在国家教育教学成果奖励和国家级视频公开课建设中取得优异成绩。国家级科技奖励再创历史新高，持续保持良好态势。在国家2011协同创新中心建设方面取得突破。国际化办学水平进一步提升。学校附属中大医院医疗、教学、科研等工作进一步增强，基本建设、后勤管理和服务、资产管理、发展和校友工作、图书档案、学报、独立学院、继续教育等均取得长足发展。

二、2015年工作要点

2015年校党委的工作总体思路是：以中国特色社会主义理论为指导，深入贯彻落实党的十八大、十八届三中、四中全会精神，以习近平总书记系列讲话精神为根本遵循，围绕国际知名高水平研究型大学和世界一流大学的建设总目标，以学校综合改革方案的实施为主线，以"十二五"改革发展总结和制定"十三五"改革发展规划为重点，以巩固拓展教育实践活动成果和院系基层党组织换届为抓手，全面深化综合改革、全面推进依法依规治校、全面加强从严治党，完善学校治理结构，提升治理能力现代化，加快推进内涵发展。

（一）全面加强从严治党

1. 加强思想建设和理论武装

把思想建设放在首位，着力把学习贯彻习近平总书记系列重要讲话精神引向深入。进一步完善校、院系两级党委中心组织理论学习制度，改革创新中层干部学习形式，提升学习实效。进一步加强和改进宣传思想工作，强化党委对宣传思想工作的统一领导，制定贯彻落实《关于进一步加强和改进新形势下高校宣传思想工作的意见》的配套制度和实施办法，健全党委统一领导、党政工团齐抓共管的宣传思想工作体制机制。围绕学校教学科研、师资队伍建设、试点院系改革、现代大学制度建设、中国梦主题教育等开展有导向、有重点、有价值的思想宣传工作。（党委宣传部、马克思主义学院）

2. 加强宣传思想阵地建设和管理

认真落实意识形态工作责任制，创新宣传工作手段方法，做大做强正面宣传，管好导向、管好阵地、管好队伍，坚决抵御敌对势力渗透，把牢意识形态工作领导权、话语权。推动文化传承创新，继承和发扬中华优秀传统文化，将网络宣传和传统文化活动形式紧密结合，深入开展中国特色社会主义和中国梦宣传教育。加强系统化研究平台、多层次教学平台、立体化传播平台、多元化实践平台建设，着力构建社会主义核心价值观教育体系，进一步增强理论认同、政治认同、情感认同，营造充分传播正能量的育人大环境。（党委宣传部、党委学工部、党委研工部、团委、社科处、马克思主义学院）

3. 加强领导班子和干部队伍建设

在上级党组织的指导下，做好学校第十四次党代会的筹备工作。进一步修订和完善学校中层领导干部选拔任用工作条例，拓宽选人用人视野和渠道，构建有效管用、简便易行的干部选任机制。切实加强青年干部的培养和使用力度。发挥党委对人才工作的领导核心作用，建立和完善党委常委会定期研究人才工作制度。健全和完善人才工作领导小组工作机制，加强人才工作的总体规划和政策创新，统筹协调力量、资源，更好地服务和凝聚各类人才。（党委组织部、党委办公室、党委宣传部、纪委办公室、人事处）

4. 认真做好院系基层党组织新一轮换届

以2015年院系基层党组织换届为契机，进一步加强基层服务型党组织建设。认真制定换届工作方案，选好配强院系党组织班子，在院系党组织班子中增设纪检委员，在符合条件的基层党委中试行设立纪委，规范和拓展基层党组织职能与分工。组织开展好对新任院系书记、党务秘书的专题培训，进一步提升院系党组织班子及工作队伍的党务工作能力，有效发挥院系基层党组织的政治核心作用和共产党员的先锋模范作用。（党委组织部、党委办公室、各院系党组织）

5. 加强党风廉政建设

以深入实施《中共东南大学委员会关于落实党风廉政建设党委主体责任和纪委监督责任的实施意见》《东南大学贯彻落实〈惩治和预防腐败体系2013—2017年工作规划〉实施意见》为抓手，全面落实党风廉政建设主体责任和监督责任，大力加强各级领导班子和领导干部政治纪律、组织纪律和廉政纪律建设。在院系基层党组织换届中，严肃换届纪律。严格干部监督管理，强化权力运行的监督制约，继续完善廉政风险防控体系。强化责任追究，对违反中央八项规定的"零容忍"，形成有力震慑。进一步加强纪检监察组织建设，聚焦监督执纪问责，加大案件查处及问题线索审查处置力度，加强招生、基建、干部任用、校办企业等重点领域和关键环节的监督检查。继续举办廉洁文化活动周、党风廉政建设教育月等活动，持续开展警示教育，推进廉洁校园建设。以"反腐败法治研究中心"获批江苏省高校哲学社会科学重点研究基地为契机，推升反腐倡廉工作的理论化、科学化水平。（纪委办公室、监察处、党委宣传部、社科处）

6. 巩固和拓展教育实践活动成果

着眼推动作风建设常态化，完善持续整治"四风"的长效机制，制定并实施《关于深化"四风"整治、巩固和拓展党的群众路线教育实践活动成果的指导意见》。深入贯彻落实校、院系两级领导班子民主生活会后整改方案，认真开展教育实践活动整改落实情况"回头看"工作。加强机关作风监督员队伍建设，加强机关工作纪律建设，持续改进机关作风，提升服务效能。持续开展机关党支部与学生党支部共建活动，拓展机关与服务对象的沟通渠道。严格执行师德"红七条"，参照"四有"好老师标准，努力构建师德建设长效机制。认真实施《东南大学学风建设实施细则》，进一步完善学风建设工作体系，营造风清气正的育人环境和求真务实的学术氛围。（党委组织部、党委办公室、校长办公室、机关党委、纪委办公室、研究生院、人事处、教务处、各院系）

（二）全面深化综合改革

1. 深入推进改革创新

全面贯彻落实《东南大学综合改革方案》。围绕一流学科、一流院系建设目标，加快推进院系综合改革试点，在课堂和实践教学质量保障机制、终身教职聘任制度、院系内部治理改革等重点环节形成东大特色的改革亮点，及时总结成功经验，适时在全校推广。启动学校管理服务综合改革，遴选校机关改革试点，按照先行先试、重点突破的原则，加快推进学校治理结构和治理能力现代化。（发展规划部（处）、相关院系、相关部处）

2. 加强"十三五"改革发展的顶层设计和战略谋划

认真总结"十二五"改革发展的经验，积极借鉴世界一流大学建设经验，科学分析学校事业发展实际、国家经济社会发展形势和国际高等教育竞争态势，启动"十三五"改革和发展规划编制工作。制订规划编制工作方案，动员全校各层面力量，凝聚智慧，凝练新五年的改革发展思路和发展战略,着力破解制约学校事业发展的深层次矛盾和问题,为实现国际知名高水平研究型大学建设目标做好顶层设计。(发展规划部(处)、各部处、各院系)

(三) 全面推进依法依规治校

1. 构建完善的党内生活制度体系

制定落实《关于坚持和完善普通高等学校党委领导下的校长负责制的实施意见》的实施细则,修订和完善党委常委会议事决策规则,制订党委全委会议事规则,完善党委常委会、校长办公会会议记录和会议纪要制度,完善并严格执行院系党政联席会议制度,完善基层党支部制度规范建设,着力推动落实党内生活制度化、常态化。(党委办公室、校长办公室、党委组织部、各基层党组织)

2. 健全和完善师生民主权利保障制度

进一步提升校园民主管理,认真落实教职工代表大会实施办法,修订和完善学代会、研代会章程,使师生的民主权利得到更加有效的制度保障。继续推进党务公开、校务公开、信息公开,切实保障广大师生员工的知情权、参与权、表达权和监督权。坚持法治思维,健全教师学术等权利申诉仲裁机构、学生维权申诉仲裁机构,完善师生权利申诉流程和校内申诉终结制度,使师生的合法权利得到更加有效的制度保障。(校长办公室、工会、科研院、学生处、研究生院、团委)

3. 加快完善学术权力运行保障制度

以实施《东南大学章程》为牵引,以构建现代大学制度为重点,紧扣章程导引制度建设方向,认真实施学术委员会、学位评定委员会、教学委员会等学术组织章程,科学合理地界定行政权力和学术权力,使学术权力更加得到尊重,使学术权力与行政权力更加协调、合理地运行。(发展规划部(处)、科研院、教务处、研究生院)

(四) 加强和改进立德树人工作

1. 加强思想引领工作

强化政治意识、责任意识、阵地意识和底线意识,以立德树人为根本任务,健全完善社会主义核心价值观教育体系,使社会主义核心价值观成为全体师生的价值追求和行动自觉。深入推进中国特色社会主义理论体系进教材、进课堂、进头脑,不断提高教师队伍思想政治素质和育人能力,进一步坚定广大师生中国特色社会主义道路自信、理论自信、制度自信。(党委宣传部、党委学工部、党委研工部、团委、马克思主义学院)

2. 提升学生关爱体系建设

健全学生心理健康关爱机制,加强业务培训,提升心育工作专兼职工作队伍的业务技能。完善学生资助体系建设,多渠道筹集资金,帮助家庭经济困难学生和学习困难学生顺利完成学业和就业。高度重视民族团结教育,促进各族学生相互学习、相互尊重、相互理解。加强对少数民族学生的管理、教育和服务,配备素质优、善管理、懂少数民族语言的辅导员。进一步提升研究生科学与人文素养系列讲座质量。成立东南大学青年研究中心,着力推进青年工作科学化建设。(党委学工部、党委研工部、团委)

3. 完善实践育人工作机制

制定和实施《东南大学研究生支教团招募选拔细则》,以研究生支教团服务点为核心,全面规划整合学校志愿服务工作体系。举办社会实践大型项目对接会,进一步规范社会实践学分的认定和管理,实现社会实践活动管理项目化、运作团队化、考核学分化。整合大学生科技创新资源,建设学生科技创新成果展览馆。积极筹备"挑战杯"全国大学生课外学术科技作品竞赛等重大赛事的参赛工作,力争取得优异成绩。结合全国学生军训工作30周年纪念活动,深入开展具有东大特色的国防文化教育和实践活动,提升学生国防意识和爱国情怀。(团委、教务处、科研院、党委武装部)

(五)深化和谐校园建设

1. 推进校园民主建设

推进《东南大学教职工代表大会实施办法》的全面落实,认真推进院系二级教代会建设,健全院系民主制度。完善教代会提案网络办理系统,提高提案办理效率。完善基层统战工作制度建设,加强对院系统战工作的指导和考核。结合院系基层党组织换届,在院系党组织班子中增设统战委员。结合2017年全国民主党派换届,加大各民主党派成员的发展和人才储备工作。加强政策设计,充分发挥民主党派、侨联、无党派知联会等的参政议政作用。加强党委对群团工作组织的领导,发挥好工会、共青团、学生会、研究生会、退离休协会等群众组织的桥梁纽带作用。完善常委会研究决定群团工作重大事项制度。指导召开好第24次学生代表大会。(工会、党委统战部、团委、人事处)

2. 加强大学文化建设

进一步凝练东大精神,培育现代大学精神,建设具有东大特色的先进大学文化,为一流大学建设提供强大的精神动力和价值认同。深入开展校训育人活动,充分发挥校训的精神引领作用。进一步加强校史研究工作,挖掘校史丰富的精神资源。编写《东南大学史话》。梳理校内各级荣誉评比,建立健全表彰师生员工和校友的荣誉体系。(党委宣传部、团委、党委组织部、校史研究室、人事处、工会、发展委员会)

3. 推进校园民生建设

持续关注和改善校园民生,促进学校事业发展与师生互惠共生。不断加强师生关爱工作,完善家庭经济困难学生资助体系,加强师生大病救助基金募集工作。根据上级政策,结合学校财力,进一步改善教职工的工作条件和福利待遇。打造与高水平大学建设相适应的后勤保障体系,满足师生员工不断增长的服务需求。加强院系二级关工委常态化和制度化建设。持续推进多方合作共建的社区居家养老服务体系建设。更新四牌楼校区门禁系统,规范校园车辆管理,解决停车难问题。(学生处、研究生院、人事处、后勤党工委、工会、校医院、党委老干部处、党委保卫部)

4. 加强平安校园建设

以江苏省示范平安校园建设为抓手,加强校园消防建设、技防建设和安保队伍建设。完善校园突发事件应急处置预案,强化信息研判和报送工作常态化机制。争取驻区政府部门支持,进一步加强校园周边综合治理。加强实验室安全管理督查力度,强化各类化学制剂、易燃易爆品、实验动物的安全使用和管理。创新安全教育形式,加大安全教育力度,进一步提高师生安全意识和能力。进一步落实保密工作职责,加强保密教育培训,持续提高保密技术防范和保密管理水平。(党委保卫部、党委办公室、校长办公室、党委宣传部、实验室与设备管理处、保密办)

东大委〔2015〕11 号

中共东南大学委员会2015年上半年工作小结和下半年工作补充要点

一、上半年工作小结

2015年上半年,校党委全面贯彻党的十八大和十八届三中、四中全会精神,以中国特色社会主义理论为指导,深入学习贯彻习近平总书记系列重要讲话精神,围绕国际知名高水平研究型大学和世界一流大学建设的总目标,以学校综合改革方案的实施为主线,以总结"十二五"改革发展规划和制订"十三五"改革发展规划为重点,以"三严三实"专题教育和院系基层党组织换届为抓手,全面深化综合改革,全面依法依规治校,全面从严治党,完善学校治理结构,提升治理能力的现代化,加快推进内涵发展,年初确定的各项任务顺利推进。

(一)"三严三实"专题教育扎实开展

1. 认真制订专题教育方案

根据中央统一部署,校党委成立专题教育工作协调小组,制订周密的教育方案,在全校处级以上领导干部中认真开展"三严三实"专题教育。对完成好专题党课、专题学习研讨、专题民主生活会、整改落实和立规执纪等4个关键动作作出了具体安排,确保专题教育与推动学校和各单位工作紧密结合起来。

2. 校党委书记以及基层党组织书记带头讲好专题党课

校党委书记讲授专题党课,校领导班子带头开展"三严三实"专题研讨,坚持高标准、严要求,紧密联系实际,带头学习提高,带头查摆解决"不严不实"问题,以坚定的信念、决心、行动作出了示范。各基层党组织书记立足本职岗位讲授专题党课,引导广大党员干部真正从思想上、工作上、作风上严起来、实起来,把"三严三实"要求体现在履职尽责、做人做事的方方面面。

(二)宣传思想工作不断加强

1. 理论学习进一步加强

坚持和完善校理论学习中心组学习制度,组织校理论学习中心组学习会2次、中层干部理论学习报告会3次,认真学习习近平总书记系列重要讲话精神,学习党和国家新的教育政策和精神,充分把握好新常态下高等教育的发展形势和要求。

2. 新闻宣传工作进一步提升

围绕学校荣获五项国家科技大奖、承办2014年度寻访"中国大学生自强之星"颁奖典礼、承办2014年度江苏省"大学生年度人物暨高校辅导员年度人物"风采展评及颁奖典礼、瑞士太阳能飞机南京站活动、本科招生工作等开展主题宣传报道，形成集中化、凸显型的宣传效果，进一步提升学校的办学声誉。深化与主流媒体合作，与新华社江苏分社签署综合合作备忘录。新媒体平台建设全面推进，学校各类官方微信、微博平台关注人数近30万，影响力居全国高校前列。出版《东南大学报》14期。学校荣获江苏省教育宣传先进单位。

（三）干部队伍建设和基层组织建设持续深化

1. 干部队伍建设不断强化

认真落实中央《党政领导干部选拔任用工作条例》，进一步完善干部选拔任用各个环节，继续实行推荐预告等制度，加大推荐力度。继续推行党委委员、纪委委员、中层正职推荐干部制度和干部推荐责任制度，进一步提高干部岗位的匹配度和选拔任用工作的公信度。做好干部选拔任用工作，中层干部轮岗交流、岗位调整15人次。完成12个岗位的公开推荐，考察竞岗人选27人，参加考察测评788人次，考察谈话534人次。新提任中层干部12人，试用期满经测评正式任用干部7人。做好75名新任中层领导干部培训。做好援疆、援藏、滇西扶贫、江苏科技镇长团等干部的选拔、服务工作。接收3所兄弟高校5名干部来校挂职锻炼。

2. 基层党组织建设和党员队伍建设不断加强

认真做好基层党委、党总支、直属党支部换届选举工作。完成26个单位的党组织换届工作，选举产生基层党委委员154名，书记、副书记49名。继续实施党建创新项目，带动基层党建工作上台阶，荣获江苏省2013—2014年度高校党建工作创新奖一等奖1项。进一步加强党员发展和管理工作，新发展党员602人，培训发展对象1 540人、预备党员735人。

（四）综合改革和"十三五"改革发展规划编制积极推进

1. 综合改革方案进一步完善

根据教育部修改意见，进一步完善《东南大学综合改革方案》。参照世界一流大学的运行体系，加快推进校部机关、直附属单位的结构布局与功能调整和完善，充分激发和释放机关在服务世界一流大学建设进程中的潜力与活力。根据《东南大学学术委员会章程（暂行）》《东南大学教学委员会章程》《东南大学学位评定委员会章程》，提高各院系学术委员会、学位委员会和教学委员会等学术组织中教授和一线教师的比例，充分发挥教授在办学治学中的作用，为进一步深化院系综合改革提供更广泛的智力支持。

2. "十三五"改革发展规划编制工作全面展开

在认真总结"十二五"改革发展规划经验的基础上，结合世界一流大学建设经验，校领导结合分管工作领域,开展专题调研,为"十三五"改革发展规划编制工作做好顶层设计。召开各层级党员干部、各院系师生代表座谈会,广泛征求师生员工对学校发展实际的分析和建议,凝聚师生智慧,凝练新的五年改革发展举措。

(五)立德树人工作进一步强化

1. 核心价值观教育持续推进

全面推进社会主义核心价值观宣传月系列活动,通过团日活动、社会实践、征文比赛等各类形式,吸引广大学生积极参与其中,让核心价值观进一步入脑入心。开展核心价值观教育精品项目建设,遴选出10个精品项目进行重点建设。继续推进"耕读园"学生劳动实践项目,22个学生班级认领参加耕耘养护实践教育。围绕核心价值观主题,举行研究生"最佳党日活动"、"十佳"研究生党支部和优秀研究生党员评比评选活动。

2. 学生思想政治工作队伍建设有力增强

实施一线优秀辅导员在职读博政策,推进学生工作队伍专家化建设。公开招聘选拔10名专职辅导员,遴选9名优秀本科应届毕业生以流动助教方式担任辅导员。完善多层次辅导员职业技能培训体系,选派25名辅导员参加省部级交流培训、10人参加高校就业指导人员培训、13人参加国家心理咨询师培训,稳步推进辅导员队伍职业化发展。举办辅导员工作感悟分享会暨2015年离岗辅导员欢送会等活动,进一步凝练辅导员职业的核心价值。1人获2014年"江苏省高校辅导员年度人物"。

3. 文化育人和实践育人工作成效显著

构建培养、树立、宣传和锤炼一体化的学生榜样选树体系,发挥榜样力量,引领青春成长。当选2014年度"中国大学生自强之星标兵"和2014年"江苏省大学生年度人物"各1人。举办东大好青年、最具影响力毕业生、优秀研究生等评选活动,充分提升榜样文化的育人实效。举办2015年学生科技节,开展4大类227场活动,参与学生上万人次。举办"创青春"大学生创业比赛,着力提升青年学生创新、创意、创造、创业的意识和能力。改革社会实践工作模式,实现社会实践管理项目化、运作团队化、考核学分化。结合全国学生军训工作30周年纪念活动,开展国防文化季活动,提升学生国防意识和爱国情怀。

(六)党风廉政建设稳步推进

1. 信访办案和基层党风廉政建设力度加大

加大信访办案力度,认真完成好每起信访举报的受理工作,严肃执纪问责。继续完善廉政风险防控体系,加强招生、基建、干部任用、校办企业等重点领域和关键环节权力运行的监督检查。共完成12个岗位、27人次中层干部选拔任用的监督工作,完成231项招投标、议标监督工作。以院系基层党组织换届为契机,在新当选党委委员中增设纪检委员,提升基层党组织监督执纪的能力。

2. 廉洁文化建设继续加强

以江苏省高校哲学社会科学重点研究基地为依托,成立全国高校首个"反腐败法治研究中心",进一步加强反腐败的理论与实践互动互融,不断提高纪检监察工作的科学化水平。开展党风廉政建设教育月、廉政文化作品展等活动,推进廉洁校园建设,不断净化育人环境。以"推进高校重点领域风险防控"为主题,深化警示教育和岗位廉政风险教育。

(七)和谐校园建设继续推进

1. 校园民主和民生建设不断完善

全面落实《东南大学教职工代表大会实施办法》,认真推进院系二级教代会建设,健全院系民主制度。完善教代会提案网络办理系统,提高提案办理效率。结合院系基层党组织换届,在院系党组织班子中增设统战委员。结合2017年全国民主党派换届工作,加大各民主党派成员的发展和人才储备。结合"十三五"发展规划预研,调动民主党派、侨联、无党派知联会等组织积极参与专题调研,为发展规划的制订建言献策。根据国家统一部署,启动了学校事业编制人员的养老保险工作。校园基本建设不断加强,校园网络基础设施建设进一步优化。奖助学金项目数和资金数进一步增长。组织开展女教职工健身操舞比赛、第四届教职工智力运动会、校机关龙舟比赛等职工文化活动,进一步营造融洽和谐的校园氛围。

2. 平安校园建设继续深化

围绕服务学校安全稳定大局,加强校园消防建设、技防建设和安保队伍建设。坚持实施校园安全定期检查和整改,及时化解各类安全隐患。通过校园网和电子屏等渠道,常态化开展安全防骗警示教育,累计制止电信诈骗60多起。规范和加强特种设备安全管理工作,在全校范围内进行特种设备的清查建账和隐患整治工作。启动四牌楼校区门禁系统升级工程,规范校园车辆管理,解决停车难问题。坚持教育培训与日常督促检查相结合,加强和改进保密工作。

二、下半年工作补充要点

下半年,学校党委将按照年初确定的工作总要求和总部署,以全面深化综合改革为主线,以完成"十三五"改革发展规划编制为重点,以深入开展"三严三实"专题教育为抓手,全面依法依规治校、全面从严治党,加快国际知名高水平研究型大学建设进程。

(一)认真完成"三严三实"专题教育,切实增强理论武装和宣传思想工作

1. 继续深入推进"三严三实"专题教育

着重抓好专题学习研讨、专题民主生活会、整改落实和立规执纪,进一步激发全校党员干部干事创业的斗志,砥砺敢于担当的勇气,弘扬改革创新的精神,以奋发有为的进取

姿态、"三严三实"的过硬作风,不断开创国际知名高水平研究型大学建设的新局面。(党委组织部、党委办公室、党委宣传部)

2. 持续加强思想建设和理论武装

围绕"四个全面"战略部署等主题开展学习教育,切实将全校师生的思想和行动统一到中央决策部署上来,落实到学校建设一流大学和一流学科的实践中去。探索干部理论学习的新形式,进一步加强和改进理论学习,端正和优化学风,延请理论名师,切实提升理论学习实效。实施集中理论学习与分组、分期、分专题观摩学习、现场教学、实例研讨等相结合的学习模式。在学习内容上,着重把理论学习与业务能力、个人素养的提升相结合,提高干部参加理论学习的积极性、参与度。(党委宣传部、马克思主义学院、各院系)

3. 大力提升宣传工作

加强新闻预判与策划机制建设,根据学校重要工作的时间节点和项目内容,及时做好相关宣传工作。进一步健全师生宣传队伍,整合网络媒体宣传队伍。进一步推进与主流媒体的深度合作,探索高校与大型传媒机构综合合作共赢机制,提升东南大学的品牌影响力。在与新华社江苏分社签署合作协议的基础上,进一步细化落实双方各项综合合作事宜。推进与凤凰网江苏频道深度合作。(党委宣传部)

(二)继续做好干部队伍建设和基层党组织建设

1. 不断深化干部人事制度改革

深入贯彻中央《党政领导干部选拔任用工作条例》,推进干部人事管理科学化、规范化、制度化。修订和完善学校中层领导干部选拔任用工作条例,拓宽选人用人视野和渠道,构建有效管用、简便易行的干部选任机制。从严管理监督干部,认真做好领导干部个人有关事项报告工作。继续做好干部人事档案专项审核工作,开展违规办理和持有因私出国(境)证件专项治理等干部监督管理工作。(党委组织部、纪委办公室)

2. 继续做好基层党组织建设

全面完成好基层党委、党总支、直属党支部换届选举工作。开展新任基层党组织书记集体谈话,提升新任基层党组织书记的履职能力和水平。做好《中国共产党发展党员工作细则》贯彻实施情况专项检查和我校相关文件的修订工作。按照中央有关文件精神,稳步做好党员发展工作。继续开展好"最佳党日活动"评选工作。(党委组织部、各基层党组织)

(三)着力做好"十三五"改革发展规划编制和综合改革实施

1. 完成"十三五"改革发展规划编制

在认真总结各专题调研的基础上,结合"十二五"改革发展规划的总结情况,参照国际一流大学办学指标，完成学校"十三五"改革发展规划编制工作。依据《东南大学章程》，加快推进各院系学术组织章程修订工作，充分发挥各院系学术委员会、学位委员会等学术组织在办学理校中的重要作用。（党委发展规划部、各院系）

2. 全面实施《东南大学综合改革方案》

以提升学校创新能力为核心，以现代大学制度建设为着力点，以深化人事分配制度改革、建设高水平师资队伍为突破口，全面深化各主要领域综合改革。参照世界一流大学运行体系，结合学校实际和特色，深入推进现代大学制度建设，进一步实现学校内部治理结构和治理能力的现代化。进一步破解制约队伍建设、人才培养和科技创新的深层次因素，推动人事制度和薪酬体系、人才培养机制和教学模式、学科布局和科研管理体制机制改革，充分释放和激发学校的发展活力。（党委发展规划部、各院系）

（四）持续加强立德树人工作，提升学生思想政治教育工作水平与实效

1. 进一步提升学生思想引领工作

深入学习贯彻习近平总书记系列重要讲话精神，以"我的中国梦"主题教育活动、培育和践行核心价值观活动为重点，构建全面的思想引领工作体系。进一步完善辅导员队伍考核制度及奖励机制，做好2016年专职辅导员的选聘工作，为加强学生思想政治教育工作提供有力保障。深入推进毕业生就业质量提升工程，加强学生社会责任感和历史使命感教育，提高毕业生在国家重点行业和国防重点单位的就业覆盖率。继续举办好"新生文化季"品牌活动。结合纪念抗战胜利七十周年，开展好新生军训工作和大学生国防教育工作。（党委学工部、党委研工部、党委武装部、团委）

2. 着力做好创新创业与实践育人工作

积极参与第十四届"挑战杯"全国大学生课外学术科技作品竞赛全国决赛，力争取得优秀成绩。全面启动2016年"创青春"全国大学生创业大赛的筹备工作，培育和提升优秀种子项目。进一步完善以"挑战杯"赛事为龙头的大学生科技创新实践活动体系，推动学生科技创新活动高位发展。成立大学生志愿者学校，通过志愿服务工作进一步培养学生责任感和家国情怀。（科研院、教务处、团委）

（五）全面深化党风廉政建设

成立学校党风廉政建设和反腐败工作领导小组，进一步完善工作体制机制，保障"两个责任"落实到位。严格实施《中共东南大学委员会关于落实党风廉政建设党委主体责任和纪委监督责任的实施意见》《东南大学贯彻落实〈惩治和预防腐败体系2013—2017年工作规划〉实施意见》。实行典型问题通报制度，用好用活反面教材，发挥震慑和教育作用。组织开展党风廉政建设责任制检查，督促基层党组织履行好党风廉政主体职责。继续加强对院系基层党组织换届监督，严肃换届纪律。开展二级单位纪委委员专题培训，提升基层党委监督执纪能力和水平。深入推进廉政文化建设，继续开展校园廉洁文化周活动，不

断净化育人环境。依托"反腐败研究中心",开展好高校反腐倡廉理论研究。(纪委办公室、监察处、社科处、法学院)

(六)进一步推进和谐校园建设

1. 加强校园民主和民生建设

继续做好"三育人"积极分子评选工作,树立先进的育人榜样,带动育人工作水平提升。继续开展好机关作风督促、考评,提升机关作风建设。根据国家政策和学校财力,稳妥推进我校事业编制人员养老保险及医疗保险改革工作,稳步提升广大教职工福利保障和待遇。做好第七届教代会第五次全体会议的提案征集工作,充分凝聚广大教职工智慧建设高水平大学。进一步发挥老干部、老同志在关心下一代工作中的作用,加强院系二级关工委工作的常态化、系统化、特色化建设。探索构建"家庭自助、邻里相助、老年互助、社区扶助、志愿帮助、学校辅助、政府资助"的"七助"养老模式,服务好离退休同志。(工会、机关党委、党委老干部处、团委)

2. 做好平安校园建设

以江苏省平安校园建设示范高校创建工作为抓手,进一步完善校园安全稳定工作的体制机制建设,进一步提升校园安全稳定的人防、技防和物防的水平与能力。结合网络诈骗高发的形势,进一步做好防范教育机制建设。继续完善校园稳定工作机制,加强教育和培训,落实好突发事件应急处置预案。进一步加强对师生尤其是新生的安全教育。结合新《国家安全法》的实施,进一步加强师生国家安全意识教育。进一步修订完善各项保密制度,加强日常保密教育和规范管理,加大保密检查力度,为迎接2016年二级保密资格重新认证夯实基础。(稳定工作领导小组、党委保卫部、保密办等)

东大委〔2015〕63号

东南大学2014年工作总结和2015年工作纲要

一

2014年,学校在教育部和江苏省委、省政府的正确领导,以及广大师生员工的共同努力下,全面贯彻落实党的十八大和十八届三中、四中全会精神,认真学习领会"深化教育领域综合改革"总体要求,紧密结合党的群众路线教育实践活动整改落实工作,坚持改革,不断创新,各项事业进展顺利,取得了较为优异的成绩。

(一)学科建设和研究生教育工作取得新进展

学校不断加强学科内涵建设,优化学科布局,促进学科建设迈上新的台阶;从研究生招生、培养、管理、学位授予以及国际化等多方面整体推进研究生教育综合改革。进入ESI的7个学科排名均大幅提升,其中工程学上升至第75位,进入全球前1‰。工程学在《美国新闻与世界报道》中位列全球第31,中国大陆高校第5位;计算机科学名列全球第50位,中国大陆高校第5位。在江苏高校优势学科建设工程一期立项学科验收中,11个立项学科全部获得A等,入选二期立项学科13个。推免研究生接收人数较上一年增长36%,本科直博、硕博连读、申请考核的选拔比例从上一年的37%提高到60%。获江苏省优秀博士学位论文11篇,优秀学术学位硕士论文17篇,创历史新高。入选第七届国务院学位委员会学科评议组成员13人。被国家留学基金委录取研究生142名,较上一年增加40%以上;录取博士生导师短期访问项目22人,位列全国第一。建设全英文教学课程55门,获批江苏省企业研究生工作站57家。

(二)本科教学和人才培养工作获得新成效

进一步深化教育教学改革,推动人才培养模式及体制机制创新,以大力提高课堂教学质量为重点,创新教育教学方法,着力培养学生的创新精神和实践能力,进一步提升教育质量。在国家第七届高等教育教学成果奖评选中,获一等奖1项、二等奖5项,获奖总数并列全国高校第八位。获第三批国家级精品资源共享课17门,国家精品资源共享课立项总数达到36门。新增国家级视频公开课建设课程7门,立项数位列全国第一;获国家精品视频公开课称号2门。获国家"十二五"普通高等教育本科国家级规划教材(第二批)17种,教材总数达到38种,位列全国第九位。获"宝钢优秀教师特等奖"1项、"宝钢优秀学生特等奖"1项,连续五年同获宝钢师生特等奖。成功申报国家级虚拟仿真实验中心,支持校内50个虚拟仿真实验项目的建设。获2014年美国数学建模竞赛特等奖2项,位列全球所有参赛学校第二位,创历年最好成绩。获批国家留学基金委优秀本科生国际交流项目20项,获交流资助67人,位列全国高校前十。新建校级实践基地22个、卓越计划培养基地1个。认真开展评教工作,推动全校大范围听课,建立健全课堂教学质量监控机制。较好地完成本科生招生工作,在江苏省内理科投档分位列全国高校第8名。获"2014

年度全国毕业生就业典型经验高校"称号,为教育部直属高校获此荣誉的四所高校之一。学生资助工作在"江苏省学生资助绩效评估"中获评"优秀"。在思想政治教育、日常管理与服务等方面取得较好成绩。

(三) 科学研究和科技服务工作取得新突破

进一步创新科研管理思路,强化科研服务意识,增强科研组织协调能力,扎实推进制度建设,在项目申报、平台建设、团队建设、产学研合作等方面取得较好成绩。以第一完成单位获得国家级科技奖励5项,在国家奖通用类项目排名中位列全国高校第三位,其中吕志涛院士团队牵头完成的"现代预应力混凝土结构关键技术创新与应用"喜获国家科技进步一等奖,是继2011年我校牵头获得1项国家技术发明一等奖后的又一项重要突破;另外牵头获得国家自然科学二等奖1项,国家技术发明二等奖1项,国家科技进步二等奖2项,取得历史最好成绩。无线通信技术协同创新中心获国家2011协同创新中心认定。牵头获得"973计划"项目2项。SCI收录论文1 790篇,较上一年增加315篇;EI收录论文1 969篇,较上一年增加351篇。据中国科学技术信息研究所发布的2013年度中国科技论文统计数据显示,我校有3篇论文入选2013年中国百篇最具影响国际学术论文,入选3篇以上的机构仅有7个。3位教授荣获首届汤森路透中国引文桂冠奖"高被引科学家奖",入选人次在全国高校中并列第五。获国家自然科学基金项目资助221项,资助总额达1.61亿元。国家社科基金立项16项,其中重大项目1项;教育部人文社科基金立项16项,立项数位列全省第一;获江苏省社科基金立项资助16项,其中重点项目6项,重点项目数名列全省第一,取得历史最好成绩。获江苏省哲学社会科学优秀成果奖27项,获奖总数是上一届的两倍。科研经费到款16.58亿元,较上一年度增长近8%;人文社科科研立项经费与到账经费均较上一年度增长近50%。发明专利申请量1 914件,发明专利授权量703件。组织并完成了2013—2014年度质量管理体系内部审核、管理评审工作,接受中国新时代认证中心对我校质量管理体系民品的第二次监督审核和军品的第三次监督审核。新建校企产学研联合研发中心12家,新成立东南大学技术转移分中心7家。与企业联合申报江苏省科技厅重大科技成果转化项目17项,居全国高校前列,较上一年增长一倍多;江苏省科技厅产学研合作前瞻性联合研究项目15项,较上一年增长50%。

(四) 师资队伍建设与人事工作取得新进步

继续坚持"人才强校"战略,积极推进人事分配制度改革,不断完善人才考核评价、专业技术职务评聘等工作制度,加大人才引进力度,加快青年教师培养,不断优化教师队伍整体结构。新增"长江学者"5人,新增"万人计划"科技创新领军人才2人、哲学与社会科学领军人才1人,新增第十批"千人计划"外专千人2人,青年千人3人,新增全国十大杰出青年法学家1人。新增江苏省"青蓝工程"科技创新团队2个。引进具有博士学位的教师126人,其中具有海外博士学位44人。引进急需的学科带头人7人;派出青年骨干教师出国进修(含访问学者)85人。专任教师2 659人,具有博士学位的教师占教师总数的比例为78%。博士后科研流动站设站总数达到30个,基本覆盖了我校所有一级学科博士学位授权点。启动实施新进专任教师合同聘用制度,提高了新进教师科研启动费、购房货币化补贴和首聘期房租补贴,调整了35岁优秀青年教师、青年特聘教授的支持体系。修改了专业技术职务评审条例,出台并实施了在职教职工管理、用人激励机制及公派出国考核管理等相关文件。自筹资金预补发2010—2011年校内岗位绩效津贴。

(五)国际合作交流与港澳台工作取得新成绩

坚定不移地走国际化办学的强校道路,积极借鉴世界一流大学的办学经验,着力在高层次国际交流、国际重大科技项目合作、与国际知名高水平大学合作办学和具有国际影响力的海外高水平创新人才引进等方面开展工作,取得了明显成效。东南大学—蒙纳士大学苏州联合研究生院和联合研究院的各项工作进展顺利,在读学生近400人,联合培养的首届研究生正式毕业。与法国雷恩一大签署了3个合作办学项目协议,联合培养的在校生140人。与德国乌尔姆大学等20余所高校开展了学生联合培养工作;与美国乔治城大学等签署了32份合作交流协议,正式建立校级交流关系;顺利完成"20+20援非计划"。新增孔子课堂4个,达拉斯得克萨斯大学孔子学院荣获"2014年度全球先进孔子学院"称号。派出赴国(境)外参加国际学术会议、交流和访问的教师958名。派出赴国(境)外攻读学位、短期进修和学习交流的学生2 118人,较上一年增长34%。聘请来校讲学、合作研究的外国专家近900人。举办国际学术会议21次。在校海外留学生达到1 656人,其中学历生1 219人,占总人数的73.6%。

(六)围绕学校中心工作,其他各项工作进展良好

继续按照中央统一部署,在中央督导组的指导和学校党委的领导下,更加扎实有效地开展党的群众路线教育实践活动整改落实工作,广大师生热烈响应、积极参与,整改活动进展有序,确定了5大类74项重点整改任务,70项已按时整改并长期坚持,其余4项均为长期整改项目并在进行之中,达到了预期目标,取得了明显成效。加快推进现代大学制度建设,提高学校依法治理能力,全面实施《东南大学章程》,并依据章程重点对学校现行规章制度开展了废、改、立等相关工作。依法制定《东南大学学术委员会章程》,调整并健全学术委员会、学位委员会、教学委员会等学术机构的职责,充分发挥学术权力的作用。根据"深化教育领域综合改革"总体要求,颁布实施《东南大学院系综合改革试点实施办法》,选择土木工程学院和电子科学与工程学院进行综合改革试点;试点学院依据学校实施办法的精神和要求,广泛开展调研,着手制订实施细则,条件成熟的改革举措已逐步实施。结合学校实际和综合改革试点工作经验,研讨并制定《东南大学综合改革方案》,重点在体制机制改革创新、内部治理结构、人才培养模式、师资队伍建设等方面推进综合改革。加强对人、财、物等重点部位和关键环节权力运行的监督检查;做好教育部科研经费管理和"小金库"专项检查。实施领导干部出访公示制度,出台了"三公"经费预算支出控制相关规定。增加了教职工体检相关检测项目,出台了公费医疗管理补充规定,新增了用药品规种类。精简优化了新进教师入职手续。完成了校园网新一轮提速,启动了第二轮数字化校园建设。精简会议数量和各类领导小组、议事协调机构。梳理行政服务项目,简化服务流程。

调整后勤管理体制机制,撤销后勤管理处、后勤服务集团,成立了总务处。完成了教学楼环境改善工作,实施四牌楼和丁家桥校区电力增容和配电设施改造、空调安装工程,为学生宿舍安装空调2 923台。落实完成四牌楼校区图书馆、体育馆、校东运动场等改善基本办学条件专项18个,完成四牌楼教工食堂改建工作,改善教职工就餐条件和环境。基本完成九龙湖校区研究生宿舍三号院建设,顺利推进土木交通教学科研楼建设。大力开展节约型校园建设,强化师生"节水、节电、节粮"的节约意识,建设低碳校园。九龙湖校区桃园食堂、桃园学生宿舍工程已通过教育部可研报告评估,并基本完成施工图设计,进入施工招标阶段。提前预研并初步制订了地铁站接驳方案。

此外,校园民生不断改善,民主渠道建设进一步加强;安全稳定工作卓有成效,有力地保障了各项工作的开展;财务运行情况良好,财政收入较上一年增长约10%;各种审计监察规范有效;对外宣传成效明显;依法治校工作取得新进展;机关服务意识进一步增强,服务质量有所提高;学校教育基金会和校友工作取得新的成绩,设立奖助学金、奖教金项目202项,资金总额较去年增长11.6%;进一步加强学校经营性资产的规范化管理和效益提升,继续推进大学科技园的品质建设、公共服务平台建设和学生创业扶持;信息公开、对口支援等有关工作顺利推进。附属中大医院医疗服务、学科建设、科学研究、教育教学等各项事业取得较快发展。各校区、各院系、各直属单位在学校领导下顺利开展工作,均取得较好成绩。

二

2015年,我们将围绕学校既定的发展目标,继续贯彻党的十八届三中、四中全会精神,结合党的群众路线教育实践活动整改落实工作,认真落实"十二五"发展规划纲要,按照学校"三个坚定不移"发展战略,坚持"快速发展、特色发展、内涵发展、和谐发展",振奋精神,励精图治,以加快建设世界一流大学为目标,以提升教育质量为主线,以加强内涵建设为重点,全面推进各项事业的综合改革,进一步提升办学水平和综合实力。

(一)编制"十三五"规划,推进学校综合改革,构建现代大学制度,完善大学治理结构

加强战略谋划,启动并完成"十三五"发展规划的预研和编制工作,对学校当前发展现状和水平做出科学、客观的评价,充分研讨学校未来若干年改革与发展总体思路,以及"十三五"期间学校发展的主要任务和改革发展的主要举措。以立德树人、大力提升人才培养质量为核心,以深化人事分配制度改革、建设高水平师资队伍为突破口,解放思想,开拓创新,全面深化各主要领域改革。推动学校管理重心下移,扩大院(系)在师资聘任与考核、职称评审等方面的自主权,切实加强院(系)内部管理体制改革。创新院(系)教学科研管理体制机制。启动优化校部机关组织架构研究,以服务教学科研、服务师生需求为导向,系统梳理党政、教辅和后勤单位职责,逐步建立新的架构并强化服务功能。健全各级学术组织及其运行机制,实施《东南大学学术委员会章程》《东南大学教学委员会章程》和《东南大学学位评定委员会章程》,健全学术委员会、学位委员会、教学委员会等学术组织及其运行机制。完善院(系)学术权力运行机制,结合专业与学科特点,采取灵活多样的组织形式,组建院(系)学术机构。进一步加强学部建设,总结学部运行经验,充实学部职能,发挥学部在学术事务管理中的作用。围绕大学章程的实施,健全行政工作相关配套制度及议事决策程序,健全师生权益保障体系。依据《东南大学章程》,继续开展各项制度的"废、改、立"工作,深化科研、人事、教学等各项改革,推进学校制度体系建设。

（二）学科建设与研究生教育工作

重点加强学科顶层设计，制订科学的发展规划，优选学科发展新方向，以优势工科为依托，以产出原创性成果为目标，促进理工、医工、文工之间的交叉融合，逐步建立起鼓励和支持交叉学科快速成长的机制与环境。重点推进研究生招生录取机制改革，根据学科特点推进硕士研究生分类复试试点工作，进一步扩大本科直博、硕博连读、申请考核等优质生源的招生比例。完成新一轮学术学位硕士研究生培养方案的修订工作，进一步规范和优化研究生课程体系，加强研究生课程建设，推进传统教学模式向研究型教学模式转变，加快实施课程考试改革。制定和完善硕士研究生各专业学位类别和工程硕士专业学位各领域的学位标准。参照国际一流学科建设标准，制订学科发展目标和评估体系，调整学科设置，确保在国际学科评估中取得较好成绩。大力提升学科实力，力争有更多新的学科进入 ESI 世界前百分之一和前千分之一，做好教育部新一轮学科评估准备工作。继续推进全英文授课专业课程资源建设，建设全英文授课专业 15 个。继续做好国家公派留学生工作，确保选派 100 名以上优秀研究生至世界一流大学攻读学位或进行联合培养。支持研究生出国参加会议、短期研学和交流，硕士研究生国际交流比例达到 20%，博士研究生国际交流比例达到 80%。

（三）本科教学与人才培养工作

重点推进本科生招生录取制度改革，在国家本科招生政策下探索本科优秀生源的选拔录取途径，努力提高本科招生录取的科学性与公平性。重点深化人才培养模式改革，优化、重构具有东南大学特点、有利于与世界一流大学开展课程学分互认的本科人才培养方案，扎实推进"本、硕、博"统筹的"卓越工程师（医师）教育培养计划"，推进启发式、互动式、探讨式等研究型教学，着力培养复合型优秀人才。重点深化课堂教学质量监控保障机制建设，强化教学过程管理和质量考核，完善校、院（系）教学督导制度和学生评教制度，切实提高课堂教学质量。继续深化国家级专业综合改革，省级重点专业、省级品牌专业、校级特色专业、全英文授课专业改革与建设，启动东南大学专业综合改革项目 5 个，强化专业内涵建设。加强虚拟仿真教学活动的组织和管理，开展若干个虚拟仿真教学实验平台建设。启动各类教改项目的结题验收工作，立项建设新一轮教改项目 100 项左右。新建 MOOC 课程 5 门左右，开展新一轮的教学模式改革。继续加强教师教学发展示范中心、实验教学示范中心和大学生校外实践教育基地建设，大力开展大学生科研训练计划（SRTP）项目，力争获国家级大学生创新创业训练计划项目 120 项左右。本科生出国交流人数较上一年度增加 15%。

（四）科研创新与科技服务工作

重点推进新型科研机构建设，积极推动现有科研机构管理体制及运行机制改革，大力提升科技创新能力，完善"学术特区"用人方式、薪酬体系和考核机制，进一步加强"学术特区"扩展与深化工作；总结城市科学与工程研究院学术特区建设经验，组建 1~2 个新型科研机构。重点推进公共科研平台建设和科研资源共享机制改革，统筹各种大型仪器设备和各类科技资源的管理,建立公共科研平台,提升科研资源的共享利用水平,显著改进其对高水平教学科研的服务能力。确保自然科学基金项目资助数量有大幅增长,力争突破300项。加强校内资源整合和申报工作,积极争取国家重大专项和重点研发计划项目,力争获自然科学基金委创新群体1个。科研经费在去年的基础上力争增长10%以上,逐步提升发明专利申请的质量,申请PCT专利40件以上。加快两个产业研究所建设,确保顺利通过验收;力争新建产业研究所1个。继续加强政策引导与激励,确保高水平论文的持续快速增长。重点做好科技奖励的申报工作,力争获得牵头国家级科技奖励3项,提前酝酿和培育部省级科技奖励。大力推进协同创新中心培育、建设与考核工作,力争获教育部2011协同创新中心1个。进一步加强国防科研,在国防重大重点科研项目、国防重大专项等方面有新的突破。完善质量管理体系相关制度,新增进入质量管理体系的项目组3~5个。力争新建校企产学研联合研发中心10家以上,加大考核淘汰力度,力争运行良好的校企联合研发中心数稳定在100家左右。加强异地研究院建设,规范运行管理,探索异地研究院的新型管理模式。加大人文社科科研工作,大力推进人文社科科研管理创新,确保国家社科基金、教育部人文社科研究项目、省社科基金等各级各类项目的立项数量取得进一步增长。

(五)队伍建设与人事工作

重点实施高层次人才全球招聘制度,完善同行评议机制,结合学科发展需要和岗位需求,积极探索和采用新型的聘任方式,加大力度引进高端人才和优秀青年人才。重点实施岗位分层分类管理制度,推进定岗定编工作,对不同层次和不同类别的教职员工,分别制订和完善岗位职责与要求,完善职务晋升、聘期考核政策。重点推进新进教师"弹性聘期"制度,对于杰出人才,根据其层次和不同学科的特点,决定聘期;对于一般新进专任教师以3年为一个聘期,采用两个聘期的试聘管理模式。重点构建以岗位绩效工资为主体,年薪制、协议工资、项目工资等并存的多元化工资体系,探索建立规范化的薪酬调整机制和相应的考核激励机制;改革职称评聘和考核工作,下放考核权限和部分职称评审权。切实做好院士工程相关工作,力争新增院士1名。认真做好国家"千人计划""长江学者""万人计划"候选人的选拔推荐工作,力争新增"千人计划"国家特聘专家2~3人、"青年千人计划"6~8人,新增"长江学者"2~3人。做好江苏省双创团队、双创个人、江苏省特聘教授、"333"工程、青蓝工程和"六大人才"工程等人才建设项目。继续引进具有博士学位的教师100名以上,其中具有海外博士学位的教师不少于40名,专任教师中具有博士学位的比例力争达到83%以上。根据发展规划,引进急需的学科带头人10人以上。

(六)国际交流与港澳台工作

重点加强与国际知名大学和著名跨国公司的长期合作,加快建立多种形式的国际合作载体和平台,大力推动教授与教授、课题组与课题组之间的学术交流与长期合作。继续将与澳大利亚蒙纳士大学的合作作为重点,进一步推进东南大学—蒙纳士大学苏州联合研究生院和联合研究院的工作。继续深化与法国雷恩一大的合作办学。聘请来校参与教学、科研的外国专家900名左右,重点完成3个国家引进智力"111计划"专项工作,吸引更多大师级专家来校讲学或合作科研。派出赴国（境）外进修、学习和参加国际学术会议的教师900人次左右。重点做好高水平大学研究生和本科生留学项目，加大学生出国交流、进修和攻读学位的力度，派出赴国（境）外学习和交流的学生2 000人次左右。召开国际学术会议15次以上。在稳定和适度增加海外留学生规模的基础上，继续保持和扩大学历生的比例，力争学历生与中美、中澳交流机制学生总数占留学生总人数的比例达到80%。进一步做好我校在美国和白俄罗斯3所"孔子学院"的工作，通过"孔子学院"加强与美国田纳西大学、得克萨斯达拉斯大学和白俄罗斯国立明斯克语言大学的交流与合作。

（七）需要努力推进的其他工作

进一步巩固党的群众路线教育实践整改落实工作所取得的成果。科学规划各校区功能定位和建设方案，进一步提高校园的整体规划和建设水平，着力改善教师教学、科研工作环境。加强统筹规划，建立大学文化建设的长效保障机制，积极推进校园文化和大学精神建设。完善学校内部监督体系，全面实行财务预决算制度、重大事项委员会决策制度、经济业务和经费收支内部控制管理制度、财务信息公开制度、经济责任审计监督制度等。进一步加强科研经费的使用监管，落实教育部科研经费管理专项检查反馈意见的整改工作。完善学校经营性资产管理体制机制建设，加强国有资产经营预算管理，提升经营性国有资产的使用效率和收益能力。有效整合校内外资源，在政策引导、管理体制和市场机制等方面集成创新，进一步探索和推行采用授权许可和直接转让等多种方式的知识产权转移转化试点工作。加强全资、控股、参股企业管理，促进各类校办企业依法依规规范经营，加大对与学科建设、科研及人才培养紧密相连的全资控股企业的扶持力度，继续支持效益好有发展前景的参股企业。积极推进大学科技园建设与发展，鼓励和支持在校学生在大学科技园开展创新创业活动。继续加强校友会、基金会工作，丰富办学资源，拓宽学校财源，壮大学校财力，重点加强奖助学金、奖教金工作。不断加强保密工作监督、检查的力度。在基础网络改造和升级、提升网络速度、云数据中心建设等方面进行硬件基础设施建设，狠抓校园数据质量，进一步完善校园核心系统、通用系统和特色系统，实现各类系统数据与部省两级的数据对接。不断加强师生关爱工作，完善家庭经济困难学生资助体系，根据国家政策，结合学校财力，进一步改善教师与学生的工作条件和学习环境。大力推进校务、院（系）务公开、信息公开等工作，提高决策的透明度，增进学校与教职工之间的沟通和理解，增强学校凝聚力。创新后勤服务机制，完善公益性投入与市场化运营相结合的后勤运行机制，提高服务保障能力。完成九龙湖校区研究生宿舍三号院和土木交通教学科研楼建设，推进桃园学生宿舍、桃园食堂工程建设。完成丁家桥校区规划方案调整工作，调整九龙湖校区二期用电规划方案，启动九龙湖校区信息科学与工程教学科研楼和电子科学与工程教学科研楼的建设。完善地铁站接驳方案，为广大师生提供便利。

全校各部门单位要认真学习贯彻党的十八大和十八届三中、四中全会精神，紧紧抓住实施"十二五"发展规划纲要的重要机遇，改革创新，团结拼搏，深入推进学校综合改革，加快提升学校的整体实力和核心竞争力，为东南大学加快建设国际知名高水平研究型大学和世界一流大学而努力奋斗！

校发〔2015〕44号

东南大学2015年上半年工作总结和下半年工作补充安排

一

2015年上半年,学校认真贯彻落实党的十八届三中、四中全会和习近平总书记一系列重要讲话精神,进一步巩固党的群众路线教育实践活动成果,紧密结合"三严三实"专题教育,围绕年度工作计划,开拓创新,积极进取,全方位推进学校综合改革,推动学校内涵式发展,各项工作均取得较好成绩。

(一) 继续推进内涵发展,学科建设与研究生教育工作取得新成绩

进一步优化学科布局,积极鼓励和支持新兴、交叉学科发展;深入推进研究生教育综合改革,做好研究生招生、管理、培养与服务工作。进入ESI的7个学科排名稳步提升,其中工程学上升至第59位,计算机科学首次进入百名,列95位。出台了《东南大学学位授权点合格评估和动态调整实施办法》,推进学位授权点专项评估和动态调整工作。继续深化博士生招生制度改革,本科直博、硕博连读和申请考核三类优质生源所占比例已达到66%。参照国内外一流学科培养方案,启动新一轮学术学位研究生培养方案修订工作。经过"国家建设高水平大学公派出国留学项目"的选拔与推荐,被国家留学基金委录取研究生181名,其中攻读学位39人,联合培养142人;被国家留学基金委录取博士生导师短期访问项目22人,继续位列全国第一位。

(二) 深化教育教学改革,本科教学与人才培养工作取得新进展

进一步优化人才培养模式,不断提高教育教学质量,加强创新创业教育,着力培养更多的创新创业优秀人才。较好地完成本科生招生工作,理科录取分数线高出当地重点线100分以上的省份数和录取考生成绩排名在2 000名以内的省份数均较去年增长50%。获江苏省高校品牌专业建设工程项目8个,数量并列全省第一;获2015年江苏省高等教育教改研究立项课题10项,立项总数和重中之重项目数位列全省第一。立项建设英文(双语)课程、系列研讨课程和校企共建课程(简称"三类"课程)134门。122项大学生科研训练计划(SRTP)进入国家级项目公示。修订校企课程管理办法、卓越专业毕业设计环节管理办法,制订关于规范国际和校外毕业设计的学分替换与管理要求等系列管理办法。大力推进和实施青年教师培训和发展项目、云南省骨干教师和高职培训项目。在第三届全国微课程(体系化)大赛中有6门继续教育类微课程获一等奖,数量位列全国第一。在首届江苏省继续教育微课资源大赛中11门微课程全部获奖,数量位列全省第一。

(三) 着力提升创新能力,科学研究与科技服务工作取得新突破

进一步加强科研制度建设和创新工作,提升科研服务水平和组织协调能力,推进高层次科研项目、高水平科研平台、团队建设和产学研结合等工作。申报国家自然科学基金项目1168项,较去年增加了56.8%;立项310项,较去年增加了46.9%,其中获国家杰出青年科学基金资助项目6项,位列全国高校第五位,国家自然科学基金项目数和国家杰出青年科学基金资助项目数均取得历史最好成绩;获自然科学基金国际合作项目与重点项目12项。成立江苏省产业技术研究所2个。组织并完成了2014—2015年度质量管理体系的内部审核、管理评审工作,通过中国新时代认证中心对我校质量管理体系军品的综合评议和民品再认证。新建校企联合研发中心8家,获批江苏省产学研前瞻性联合研究项目27项,立项数比去年增长80%。获国家社科基金项目32项,并列全国第十二位,创历史最好成绩。获江苏省高校哲学社会科学研究重大重点项目6项,其中重大项目3项,立项总数及重大项目数均居全省第一。

(四)加快人事制度改革,高水平师资队伍建设成效明显

继续大力实施"人才强校"战略,积极推进人事制度改革,不断完善人才引进与培养、专业技术职务评聘、劳资与劳动社会保障等办法,高水平师资队伍建设取得新成效。积极推进院士工程相关工作,新增"青年千人"7人,"万人计划"青年拔尖人才进入公示4人。引进具有博士学位的教师48人,其中具有海外博士学位的比例达到66.7%。专任教师2734人,其中具有博士学位的教师占教师总数的78%;青年教师基本具有博士后或海外留学经历,具有一年及以上海外留学经历的教师人数占师资总数的47%。派出青年骨干教师出国进修(含访问学者)50人。启动实施新的教师聘用方式和支持体系。出台《东南大学工程系列专业技术职务评聘基本条件(试行)》等6个文件,修改完善现行专业技术职务评聘条件和评价指标,顺利完成各类专业技术职务评审工作,修订了《东南大学人才引进工作办法》。根据国家统一部署,着手启动学校事业编制人员的养老保险工作,已完成人员信息入库等基础性工作。

(五)大力加强国际交流,积极推进国际合作与港澳台工作

坚定不移地走国际化办学的强校道路,借鉴世界一流大学办学经验,着力在高层次国际交流、国际重大科技项目合作、与国际知名高水平大学合作办学和具有国际影响力的海外高水平创新人才引进等方面加强国际化建设。东南大学—蒙纳士大学苏州联合研究生院各项工作稳步推进,102名同学顺利获得了东南大学和蒙纳士大学双硕士学位。派出赴国(境)外参加会议、交流、合作和考察的教师605人,派出赴国(境)外攻读学位、短期进修和学习交流的学生近1000名。聘请来校讲学、合作研究的外国专家475名,顺利推进教育部和外国专家局重点支持的"学科创新引智基地项目""海外名师"项目和"学校特色"项目3个项目。举办国际学术会议7次,主持香港大学生研习营2个。各类国家留学基金自主招生名额大幅提高,较去年同期增加40%。海外留学生生源结构进一步优化,欧美学生比例接近20%。三所孔子学院各项工作进展良好,在三所孔子学院学习汉语的学生人数达到3724人,创历史新高。

（六）围绕学校中心工作，其他各项事业进展顺利

加快实施《东南大学章程》，积极推进现代大学制度建设。完成《东南大学综合改革方案》制订工作，大力推进院系综合改革试点和学校综合改革工作。进一步修订、完善了《东南大学学部制实施方案》，调整并健全了学术机构职责。

完善监督机制，逐步规范权力运行，不断强化对人、财、物等重点部位和关键环节权力运行的监督检查。积极推进经济责任审计，完成工程项目竣工结算审计310项。

加快推进后勤事务管理与服务体制机制改革，不断加强后勤事务的精细化管理。强化师生"节水、节电、节能"意识，不断完善水电管理，完成了四牌楼校区路灯改造工程。开通运行地铁东大九龙湖校区站至九龙湖校区循环接驳车。完善丁家桥校区建设规划，对九龙湖校区建设规划进行局部调整。竣工交付九龙湖校区研究生宿舍三号院，土木交通教学科研楼完成高层办公楼的主体验收，九龙湖校区桃园宿舍工程完成施工招标，启动九龙湖校区信息电子教学综合楼的建设前期工作。

进一步健全和完善学校国有资产的管理和绩效考核，出台了《东南大学企业国有资产监督管理暂行办法》，按照国家相关法规，积极推进国有经营性资产的规范化运营和建设，强化国有资产经营管理和企业对外投资的监督管理与绩效考核。以大学科技园江宁园区为主体的"九龙5G创业谷"成功入选省级众创空间，成为南京市唯一由大学科技园作为运营主体的众创空间。以大学科技园玄武园区作为主要载体，成功申报省经信委"互联网众创园"项目实施基地。

教育基金会设立奖助学金项目211项，总金额达到1 456万元，项目数和资金数较去年均有进一步增长。新签各类捐赠协议51份。

进一步建设和优化校园网络基础设施，完成九龙湖校区网络架构扁平化设计及光缆铺设；对数字化校园服务器进行优化调整，保障各应用系统安全可靠运行；进一步做好校园应用系统的建设工作，完成移动校园微门户的正式上线。

继续加强"平安校园"建设工作。加大保密工作力度，进一步强化保密意识，提升保密工作水平。中大医院不断改革创新，各项事业取得新成绩，中大医院江北院区开业，使中大医院的事业发展扩展到南京江北地区，影响力进一步扩大。

上半年，学校各项工作稳步推进，为全面实现全年工作目标打下了坚实基础。下半年，我们需要进一步坚定信心，改革进取，扎实有效地推进各项工作。

二

2015年下半年工作的基本思路，是继续贯彻党的十八届三中、四中全会和习近平总书记一系列重要讲话精神，大力推进"三严三实"专题教育，认真研讨制订"十三五"发展规划纲要，紧紧围绕年度工作计划，大力实施《东南大学章程》，全面实施《东南大学综合改革方案》，进一步加快推进创新创业教育，凝心聚力，振奋精神，不断提升学校办学水平和综合实力。下半年学校要重点推进和完成的工作任务有：

（一）全面实施学校综合改革

在上半年完成《东南大学综合改革方案》编制工作的基础上，加大力度全面推进《东南大学综合改革方案》的实施工作。以大力提升人才培养质量与创新能力为核心，以现代大学制度建设为着力点，以深化人事分配制度改革、建设高水平师资队伍为突破口，全面深化各主要领域综合改革。建设现代大学制度，进一步完善大学内部治理；深化人才培养机制和教学模式改革，完善研究型大学创新型人才培养体系建设；加强学科顶层设计，完善学科调整机制；推进科研管理体制机制改革，激发科技创新活力；深化人事制度和薪酬体系改革，完善人员的分类管理，建设高水平师资队伍。

（二）学科建设与研究生教育工作

继续重点推进学科建设工作，加强学科顶层设计规划，优选学科发展新方向，促进学科交叉融合，提升学科综合实力。继续重点推进研究生招生录取机制改革、课程教学与培养等工作，巩固和扩大研究生教育综合改革成效。继续做好教育部评估中心专项评估工作，确保取得好成绩。统筹谋划学位授权点布局结构并进行合格评估，依据评估结果对学位授权点进行动态调整。根据《东南大学学部制实施方案》，遴选产生第二届学部委员会组成人选。继续推进博士生招生制度改革，进一步扩大申请考核制的比例。继续支持研究生出国参加国际学术会议、短期研学和交流，使硕士研究生国际交流比例达到20％，博士研究生国际交流比例达到80％。继续推进全英文授课专业课程资源建设，建设全英文授课专业15个。

（三）本科教学与人才培养工作

深入贯彻《国务院办公厅关于深化高等学校创新创业教育改革的实施意见》，以培养能够在科技、经济、文化、社会等相关领域发挥栋梁作用的领军人才为目标，坚持"育人为本"的办学理念，进一步深化创新创业教育改革，完善创新创业教育体制机制，营造良好的创新创业氛围，着力培养学生的创新精神、创业意识和创新创业能力。根据东南大学特点，借鉴世界一流大学人才培养方案，结合创新创业教育改革的新要求新趋势，完成《2015级人才培养方案》的修订工作。继续稳步推进卓越计划的实施工作，不断推进启发式、互动式、探讨式为特点的研究型教学。继续加强课堂教学质量监控保障机制建设，强化教学过程管理和监控机制建设，进一步提高课堂教学质量。大力推进省级品牌专业建设工程一期项目建设，继续加强校级特色专业建设。通过组织优秀教师、选取优质题材、组建教学团队开展精品MOOC课程建设工作，新建MOOC课程5门左右；开展新一轮教改项目申报和规划教材立项建设，立项新一轮教改项目100项左右。继续加强教师教学发展示范中心、实验教学示范中心和大学生校外实践教育基地建设。采取多种形式和渠道，进一步推进本科生教学国际化工作，本科生出国交流人数较上一年度增加15％。

（四）科研创新与科技服务工作

继续加大科研管理与服务力度，不断提高基础研究和创新能力，重点加强自然科学基金重大专项和重点研发计划项目申报工作,力争获自然科学基金委创新群体1个。获部省级科技奖励一等奖6项。科研经费在去年的基础上增长10%以上,发明专利申请1 160项以上,发明专利授权350项以上,PCT专利申请量30项左右。积极准备江苏省产业技术研究院对我校产业技术研究所的验收工作,确保验收通过;力争新建产业技术研究所1个,加强对已建产业技术研究所的规范管理。加强无线通信技术"2011协同创新中心"和其他省级协同创新中心的运行管理和考核工作,力争获教育部"2011协同创新中心"1个。着力抓好产学研合作的载体建设,重点加强校企产学研联合科研机构和地方技术转移分中心建设工作,新建校企联合科研机构5家以上,完成对已建校企联合科研机构的考核,有效运行的校企联合科研机构保持100家以上。进一步加强基地建设,积极筹备国家实验室、国家重点(工程)实验室、省部级重点实验室和工程技术中心的申报建设工作。大力推进人文社科科研管理工作,制订落实哲学社会科学繁荣计划的工作规划和措施,提前酝酿国家社科基金、教育部人文社科基金、省社科基金等项目申报工作。

(五)师资队伍建设与人事工作

重点推进高层次人才全球招聘制度,完善同行评议机制,结合学科发展需要和岗位需求,积极探索和采用新型的聘任方式,加大力度引进高端人才和优秀青年人才。重点做好院士工程等相关工作,力争新增院士1名。认真做好国家"千人计划""长江学者""万人计划"的推荐申报工作,力争新增"千人计划"国家特聘专家2~3人,新增"长江学者"2~3人。做好江苏省双创团队、双创个人、江苏省特聘教授、"333"工程、青蓝工程和"六大人才"工程等人才建设项目。继续做好东南大学特聘教授、青年特聘教授、优秀青年教师教学科研资助计划等校内人才的考核和遴选工作。继续做好新教师引进工作,加强优秀青年教师的引进力度,特别是海外博士和海外经历人员的引进工作,力争全年引进50名海外博士学位获得者,专任教师中具有博士学位的比例达到83%以上。进一步做好青年教师公派出国培养工作;推进新进教师"弹性聘期"制度,对于杰出人才,根据其层次和不同学科的特点,决定聘期。重点构建以岗位绩效工资为主体,协议工资、项目工资等并存的多元化工资体系,探索建立规范化的薪酬调整机制和相应的考核激励机制。根据国家政策规定稳妥推进我校事业编制人员养老保险及医疗保险改革工作。

(六)国际合作交流与港澳台工作

继续重点加强与国际知名大学和著名跨国公司的长期合作,进一步扩大国际交流与合作的广度与层次。进一步深化与澳大利亚蒙纳士大学的合作,推进东南大学—蒙纳士大学苏州联合研究生院和联合研究院的工作。继续扩展与深化和法国雷恩一大的中外合作办学项目,做好中国与非洲"20+20"合作项目。做好外国专家的聘请工作,继续聘请来校参与教学、科研的外国专家500名左右。力争派出赴国(境)外参加会议、交流、合作和考察的教师300人次,继续加大学生出国交流、进修和攻读学位的派出力度,派出赴国(境)外学习和交流的学生1 000人次。召开国际学术会议10次以上。在保持海外留学生规模的基础上,大力提高学历生比例,优化留学生生源结构。进一步做好在美国和白俄罗斯3所孔子学院的各项工作。

(七) 其他工作

进一步加强学术特区的拓展与深化工作,组建新型科研机构1~2个。

在网络、数据中心以及应用系统等建设方面,加强项目管理,推进校园信息化工作。完善网络安全体系建设,修订和制订网络与信息安全规章制度。

推进对全资、控股及参股企业的全成本核算、经营考核目标,落实相关经济责任。推介和转化科技成果,充分利用大学科技园这一载体,配合创新创业教育体系改革,在大学科技园南京"一园六区"的基础上,在北自浦口高新区和南至江宁九龙湖校区,积极打造具有东大特色的"地铁3号线众创带",为学生创新创业提供体验、实践、实训和实战平台。

颁布《东南大学董事会章程》,组成新一届东南大学董事会,并完善相应的工作机制。积极推动海外和地方校友分会的建设,探索校友会工作新机制,设立校友投资基金,为学生创新创业提供支撑。进一步完善保密工作责任体系,提高保密意识和能力。

启动九龙湖校区信息电子教学综合楼、桃园学生宿舍的立项建设工作,完成桃园食堂施工招标工作,调整九龙湖校区建设规划,基本完成九龙湖校区土木交通教学科研楼建设。做好公用房调配及调整工作,确保公用房配置规范、合理。完成九龙湖、四牌楼校区部分区域绿化景观恢复、升级工作。完成对九龙湖校区桃园、梅园学生广场改造工程。

进一步加强对招生、基本建设、物资采购和校办企业等重点领域和关键环节的监管,继续完善廉政风险防控体系。按照教育部有关规定和部署,加强对信息公开情况的监督检查,加强对特殊类型招生工作的监督,加强国有资产监管和规范化建设,建立和健全国有资产绩效评价和考核体系。

继续加强校园安全、稳定及综合治理工作,重点推进江苏省高校平安校园示范校建设。继续积极支持附属中大医院建设,推进中大医院新门急诊楼项目,帮助其提高医疗水平和教学科研水平。

学校各单位和机关各部门,特别是各级领导干部,要进一步深化改革,抢抓机遇,紧紧围绕学校中心工作,不断奋发进取,努力工作,确保圆满完成2015年度工作计划。

校发〔2015〕153号

深入贯彻落实十八届三中、四中全会精神
以综合改革创新推进学校治理结构和治理能力现代化

——在中共东南大学十三届代表大会2014年年会上的报告

党委书记 郭广银

(2015年1月7日)

各位代表,各位同志:

这次党代会年会,是在全党全国深入学习贯彻党的十八届三中、四中全会精神,我校党的群众路线教育实践活动成果不断巩固和拓展,学校新一轮综合改革即将启动之际召开的。会议的主要任务是:回顾2014年校党委工作,动员全校广大党员干部和师生员工深入贯彻落实党的十八大、十八届三中、四中全会精神,凝心聚力、开拓创新,积极投身新一轮综合改革,全面推进依法依规治校,全面加强从严治党,加快推进学校治理结构和治理能力现代化,为加快建设国际知名高水平研究型大学和世界一流大学而团结奋斗。

一、关于2014年校党委的工作

2014年,校党委按照中央统一部署,在中组部、教育部、江苏省委省政府的领导下,深入学习贯彻落实党的十八届三中、四中全会精神和习近平总书记系列重要讲话精神,以中国特色社会主义理论体系为指导,以立德树人为根本任务,以加快特色发展和内涵发展、提高质量为主线,以改革创新为动力,以巩固拓展教育实践活动成果为抓手,持续推进作风建设、和谐校园建设,深入实施"十二五"改革和发展规划,各项工作取得长足进展。主要表现在以下几个方面:

一是世界一流大学建设共识凝聚和顶层设计进一步加强。开展了"世界一流大学建设路径"的全校大讨论活动,系统分析了世界高等教育发展趋势和内在规律,深入研讨了国际典型高水平大学建设的路径、特点和建设经验,凝聚共识,坚定信心,切实增强了广大师生员工创建世界一流大学的自信心和自觉性。从建设国际知名高水平研究型大学和世界一流大学的总目标和总要求出发,研究制定了《东南大学综合改革方案》,针对制约学校事业发展的体制机制障碍和核心问题,明确了学校新一轮综合改革的思路、目标、重点任务和保障措施,学校改革发展的顶层设计进一步加强。制定并出台了《东南大学学术委员会章程》,科学界定学术权力和行政权力之间的关系,现代大学制度建设进一步深化。

二是宣传思想工作有力提升。牢牢掌握意识形态工作的领导权管理权话语权,坚持和完善党委理论学习中心组和领导干部集中学习制度,及时组织中层及以上领导干部深入学习十八届三中、四中全会精神和习近平总书记系列重要讲话精神,保持同以习近平同志为总书记的党中央高度一致。召开了2014全校宣传工作会议,进一步拓展宣传工作思路,全面构建宣传工作大格局。在《新闻联播》等中央级媒体发稿量进一步增加,网络宣传

工作形成特色。

三是干部队伍和基层党组织建设不断强化。根据中央新出台的干部选拔任用规定，修订了《东南大学中层领导干部选拔任用工作条例》部分条款内容，选人用人视野更加开阔，干部选任工作更加管用有效、简便易行。着眼学校长远发展，顺利完成了28个院系的行政领导班子换届工作，为学校新一轮改革发展提供了有力的干部队伍保障。按照中组部"控制总量、优化结构、提高质量、发挥作用"的总体要求，全年发展党员2105人。举办各类培训班7期，培训党员和干部4 467人次。实施了党建研究项目和优秀实践项目，有力带动了党建工作创新。以党组织管理和党员管理为切入点，推进组织工作全面信息化，简化流程，增强了党建工作服务能力。

四是立德树人根本任务不断落实。开展了培育和践行社会主义核心价值观和校训育人等主题教育活动，打造了4个生活教育学园，将核心价值观教育融入学生日常生活。组织开展了青奥会学生志愿者服务，受到各级领导表扬和中央级媒体连续关注，学生社会实践效益和影响力不断扩大。举办了2014年新生文化季、大学生学术科技节、研究生科学与人文素养讲座、国防文化季等系列活动，校园文化品牌优势持续巩固。

五是党风廉政建设扎实推进。结合院系换届，开展了院系党风廉政建设巡视检查。制定了《中共东南大学委员会关于落实党风廉政建设党委主体责任和纪委监督责任的实施意见》《东南大学贯彻落实〈惩治和预防腐败体系2013—2017年工作规划〉实施意见》，反腐倡廉工作体制机制建设进一步加强。完善了"信、访、电、网"四位一体的信访举报体系，信访办案平台建设进一步完善。成立了江苏省教育纪检监察学会东南大学分会，深入开展党风廉政研究。开展了党风廉政宣传教育月、廉洁文化活动周等活动，营造良好的校园廉洁文化氛围。

六是和谐校园建设扎实推进。改善了民主党派、侨联、无党派知识分子联谊会等组织的办公空间和办公条件。完成了老校区电力增容并为学生宿舍安装了空调。增加了教职工体检相关检测项目及经费，出台了公费医疗管理补充规定，新增用药品规364种。教代会电子提案系统投入使用，教职工代表参议校政渠道更加畅通。深化利用社区资源服务离退休教职工，多方合作共建的社区居家养老服务体系建设成效显著。根据国家政策，结合学校财力，自筹资金预补发了2010—2011年校内岗位绩效津贴。

七是学校各项事业取得新进展。进入ESI全球前1%的学科排名显著提高，工程学进入全球前1‰。江苏高校优势学科建设和立项取得优秀成绩。在国家教育教学成果奖励方面和国家级视频公开课建设中取得优异成绩。国家级科技奖励再创历史新高，持续保持良好态势。在国家2011协同创新中心建设方面取得新突破。国际化办学能力和水平进一步提升。学校附属中大医院医疗教学科研等工作进一步增强，基本建设、后勤管理和服务、资产管理、发展和校友工作、图书档案、学报、独立学院、继续教育等均取得长足发展。

在这里需要向大会特别报告的是，按照中央统一部署，2014年12月25日，我校召开了以"严格党内生活，严守党的纪律，深化作风建设，奋发有为加快国际知名高水平研究型大学和世界一流大学建设步伐"为主题和主要内容的校领导班子民主生活会。中央督导组及教育部领导到会指导。我代表学校领导班子进行了对照检查，分析检查了领导班子在贯彻执行民主集中制、遵守党的各项纪律、落实中央八项规定精神、履职尽责等方面存在的突出问题和主要不足,并对问题产生的根源进行深入剖析。领导班子成员对照"三严三实"的要求,认真查摆了在遵守政治纪律、组织纪律,勇于担当、攻坚克难,深入基层、服务师生等方面存在的问题和差距,结合自身实际认真分析了原因,并提出今后的努力方向和改进措施。班子成员对照会前征求到的意见、分管工作中存在的具体问题以及上次民主生活会提及的问题,做了自我批评。民主生活会上,校领导班子成员从学校发展大局出发,相互之间坦诚地开展了批评帮助。朱玉泉同志代表中央督导组对我校领导班子民主生活会进行了评价,认为这次领导班子民主生活会主题明确、聚焦准确、气氛很好,是一次高质量、有成效的民主生活会。中纪委、监察部驻教育部纪检组组长王立英同志指出这次民主生活会开得坦诚、深入、务实,并肯定东南大学领导班子坚强有力,自觉与党中央保持一致。

教育实践活动开展一年多来,校领导班子深入推进整改任务落实,校级领导班子5大类74项整改任务已完成70项,完成比例95%。紧扣中央21项专项整治,开展了校内专项整治。坚持把建章立制贯穿教育实践活动始终,加强全校规章制度的梳理,推进制度的废改立行。自教育实践活动开展以来,学校共梳理规章制度1 423项,废除制度289项,新制定和修订制度114项,完成比例115%。通过建制行制,作风建设长效机制逐步完善。班子民主生活会上,学校领导班子提出了今后整改的方向和措施:一是筑牢党建第一政绩理念,聚精会神抓好党建;二是全面深化改革,攻克改革发展难关;三是着力加强全面从严治党,推进依法依规治校;四是坚持不懈推进作风建设,更好服务师生。校党委承诺将以饱满的热情和昂扬的态度持续完成整改任务落实的"最后一公里",努力做到善始善终、善作善成,以整改实效取信于广大师生员工,努力获得师生员工的认可肯定。

同志们,2014年是我校各项事业取得丰硕成果和长足进步的一年。这些成绩和进步,是全校各级党组织和各部门齐心协力、狠抓落实的结果,是全校党员干部和广大师生员工艰苦努力、团结奋斗的结果,成绩和进步来之不易,需要倍加珍惜。在这里,我谨代表学校领导班子向大家表示诚挚的感谢!

二、深刻认识高校发展面临的新形势和新要求

当前,我校正处于建设国际知名高水平研究型大学的关键时期,世情、国情、党情、教情、学情正在发生深刻变化,需要我们着眼大局、立足新常态,深入剖析、积极应对,增强改革意识、拓展发展思路、创新发展战略,加快国际知名高水平研究型大学和世界一流大学建设进程。

从国际高等教育的发展态势看。一是国际经济社会和科技的迅猛发展对学科交叉的综合型、人才素质的复合性、多元文化的理解力提出了更高的要求,这要求我们为国家培养社会主义合格建设者和可靠接班人的同时,要着眼全球以促进全人类发展的抱负对人才培养和学术研究进行新定位。二是互联网、全媒体、大数据等新技术正孕育教育模式上的新革命,慕课、翻转课堂等教育教学方式层出不穷,这要求我们不断借鉴和吸收世界一流大学的人才培养和教育教学经验,把握弯道超越机遇,努力实现创新型人才培养模式改革的新跨越。三是随着我国改革开放的不断深化,全球化进程不断加快,人才市场和教育

市场的国际化程度不断提升,高等教育越来越成为国家核心竞争力的标志性力量,这要求我们必须学会用全球视野,统筹国际和国内两个人才市场,努力打好人才争夺战,加强高水平师资队伍建设,努力打好优秀生源争夺战,稳定国内优质生源,开拓国际教育市场,努力实现国际化办学的新突破。

从国家层面看。一是随着我国的国家实力和地位正处于由量变到质变的关键阶段,经济发展正在向形态更高级、分工更复杂、结构更合理的阶段演化。国家创新驱动发展核心战略的实施,对高等教育提出了更高的要求。我们必须充分发挥高等教育科技第一生产力和人才第一资源重要结合点作用,坚守立德树人根本任务和使命,不断创新人才培养模式和校内科研体制机制,不断产出原创性高水平学术成果,为创新型国家、人力资源强国和人才强国建设作出新贡献。二是党的十八大以来,我国深化改革的步伐加快,全面深化改革成为国家意志和时代潮流,高等教育综合改革的力度持续加大,国家对高校的管理模式和资源配置方式已经并将持续发生新变化,高校改革发展面临新的环境和挑战。这要求我们必须未雨绸缪、提前布局,尽快适应新环境、应对新挑战,不断创新资源汇聚模式,探索和拓宽学校事业发展的新道路。三是随着改革进入攻坚期和深水区,社会思想多元多样多变也成为新常态。经济社会发展中的新问题、新挑战,当代大学生思想状况的新变化,党中央全面从严治党的新精神,对学校党建工作从思路理念到方式方法提出了新的更高要求。我们必须不断加强和改进党建工作,持续提升统筹改革发展的能力、引领思想和文化的能力、驾驭复杂局面的能力和应对突发事件的能力,更好适应经济社会发展,培养社会主义合格建设者和可靠接班人,努力构建全面从严治党新格局。

从学校层面看。一是我校改革发展进入新的起点。多年来,学校在人才培养、科学研究、社会服务和文化传承创新等各方面取得了令人瞩目的成绩,学校综合实力大幅度提升。但是,下一段时期,如何推进国际知名高水平研究型大学和世界一流大学建设,加快实现第二步发展目标,还需要我们不断深入探索,奋力开启国际知名高水平研究型大学建设和世界一流大学建设新征程。二是当前师生员工对学校事业发展和个人成长发展有着新期盼。经过世界一流大学建设路径大讨论,全校师生员工对建设世界一流大学的共识进一步凝聚,为我们全面推进改革创新,创建世界一流大学打下了坚实的认识基础。但是,如何凝聚师生智慧,激发师生的内在发展动力,实现师生个人和学校事业的同步发展、共生发展,这需要我们更加科学和细致地开展工作,努力构建活力迸发、蓬勃向上、团结和谐的发展新气象。三是随着学校内涵发展的不断深入,对一流大学建设提出了更新的更高要求。世界一流大学建设规律表明,世界一流大学不仅应该培养出一流的人才、培育一流的成果,还必须通过制度创新不断构建先进的现代大学制度,不断培育以现代大学精神为核心的先进大学文化。这需要我们紧紧聚焦"为谁培养人、培养什么人、如何培养人"这一核心问题,不断提升学校的制度竞争力和文化竞争力,不断破解一流大学建设中面临的新课题。

三、关于2015年校党委的重点工作

2015年是贯彻落实十八届三中、四中全会精神,提升学校治理结构和治理能力现代化的重要一年,是全面完成"十二五"改革和发展规划的收官之年,也是学校全面推进依法

依规治校的开局之年。校党委对2015年的主要工作思路进行了专题研究,初步确立了明年工作的重点是全面深化综合改革,全面推进依法依规治校,全面从严治党,加快推进学校治理结构和治理能力现代化,下学期初的中层干部大会将进行全面部署和安排。在这里,我结合贯彻落实十八届三中、四中全会精神和第二十三次全国高校党建工作会议精神以及学校工作实际,简要地先向大会作一个初步的报告。

(一)深入贯彻落实党的十八届三中全会精神,加强顶层设计和全面深化综合改革战略谋划

学校事业要发展,根本动力在改革。全面深化改革是当前和今后一个时期国家发展的大势,推进综合改革创新是我校落实国家全面改革重大战略、实现各项事业快速发展的必然选择。

一是建设协同发力的综合改革推进机制。最近一段时间,学校根据教育部要求和学校实际制定了《东南大学综合改革方案》,对未来改革进行了谋划和顶层设计。综合改革不同于单项改革,也不同于单项改革的简单叠加,我们必须协调各方面的关系,努力形成广大师生理解改革、拥护改革、参与改革、共同发力协同推进改革的机制,推进综合改革各项任务顺利完成。

二是充分发挥改革发展规划的引领作用和顶层设计功能,全面编制"十三五"改革和发展规划。"十三五"时期将是我国全面建成小康社会最后冲刺的五年,也是我校建设国际知名高水平研究型大学攻坚的5年。我们要认真总结"十二五"改革发展的经验,积极借鉴世界一流大学建设经验,科学分析学校事业发展实际、国家经济社会发展态势和国际高等教育竞争局势,进一步创新发展思路、发展战略,全面科学地编制"十三五"改革和发展规划,深入谋划学校改革发展的大思路、大项目、大政策、大举措,着力破解制约学校事业发展的深层次矛盾和问题,为2020年前后我校跻身国际知名高水平研究型大学行列奠定坚实基础。

三是深入推进院系综合改革和机关管理服务改革创新。院系综合改革是学校推进全面综合改革的突破口和试金石。我们要坚持以点带面、点面结合,加快推进院系综合改革试点,努力在课堂和实践教学质量保障机制、终身教职聘任制度、院系内部治理改革等重点环节形成东大特色的改革亮点,并及时总结成功经验,适时在全校推广,充分发挥好院系综合改革的试点效益。配套于院系综合改革,我们将在充分研究、广泛征求意见的基础上,启动学校管理服务综合改革试点,将改革共识高、改革意识强、方案措施有力的校机关列为改革试点,按照先行先试、重点突破、示范引领的原则,明确改革路线图、任务书和时间表,为完善现代大学治理结构、提升学校治理能力打好基础。

(二)贯彻落实党的十八届四中全会精神,全面推进依法依规治校

党的十八届四中全会作出了全面推进依法治国的重大战略决策和部署。对东南大学而言,贯彻落实依法治国理念,最核心最本质的要求就是深入推进依法依规治校。我们要坚持把法治思维和法治方式贯彻办学理校全过程,沿循法治的轨道深化学校的改革发展,加快推进学校治理结构和治理能力的现代化。

一是构建上下贯通、相互衔接、务实管用的校内党建制度体系。我们要认真贯彻落实党委领导下的校长负责制,制订落实《关于普通高等学校党委领导下的校长负责制的实施意见》的实施细则,修订和完善党委常委会议事决策规则,制订党委全委会议事规则,完善党委常委会、校长办公会会议记录和纪要制度,完善并严格执行院系党政联席会议制度,完善基层党支部制度规范建设,着力推动落实党内生活制度化常态化。

二是坚持师生为本理念,健全和完善师生民主权利保障制度。我们要积极推进民主管理,认真落实教职工代表大会实施办法,修订和完善学代会、研代会章程,使师生的民主权利得到更加有效的制度保障。坚持法治思维,健全教师学术等权利申诉仲裁机构、学生维权申诉仲裁机构,完善师生权利申诉流程和校内申诉终结制度,使师生的合法权利得到更加有效的制度保障。

三是以实施《东南大学章程》为牵引,加快完善学术权力运行保障制度。我们要本着于法周延、于事简便的原则,坚持以构建现代大学制度为重点,紧扣章程导引制度建设方向,颁布实施《东南大学学术委员会章程》,修改完善学位评定委员会、教学委员会等学术组织章程,使学术权力更加得到尊重,使学术权力与行政权力更加协调、合理地运行。

(三)全面落实从严治党要求,为新一轮改革发展提供坚强的组织和政治保证

习近平总书记指出:"加强党对高校的领导,加强高校党的建设,是办好中国特色社会主义大学的根本保证。"我们要牢固树立党建是最大政绩的理念,紧紧围绕建设中国特色、世界一流的社会主义大学目标,全面推进从严治党,为学校的改革发展稳定提供坚强有力的政治、思想和组织保证。

一是着力加强思想建党。我们要坚持把思想理论建设摆在首位。针对教育实践活动中查摆出来的领导干部较为普遍存在着的主动学习不够、信息来源不广、战略思维能力不强的问题,进一步完善校院两级党委中心组理论学习制度,改革创新中层干部学习形式,把学习实效的收获转化为抓工作的成果。进一步强化思想引领,创新手段方法,持续推进学校网络建设管理和舆论引导,牢牢把握意识形态工作领导权。坚持立德树人,深入开展培育践行社会主义核心价值主题活动,把核心价值观融入教书育人全过程。

二是着力加强制度治党。我们要坚持把制度作为从严治党、依法治校的硬约束,把党的纪律建设摆在更加突出的位置,强化纪律约束,严明党的政治纪律和政治规矩。学校党委将以深入实施《中共东南大学委员会关于落实党风廉政建设党委主体责任和纪委监督责任的实施意见》《东南大学贯彻落实〈惩治和预防腐败体系2013—2017年工作规划〉实施意见》为抓手,进一步加强干部监督工作,进一步健全和完善学校党风廉政建设制度体系,坚定不移转变作风,为学校事业发展营造风清气正的校园环境和健康良好的校园政治生态。

三是着力落实党建工作责任制。随着学校管理重心的下移和治理结构的不断完善,院系基层党组织服务院系发展能力需要不断提升。今年,我们的院系等基层党组织面临着新一轮换届,校党委将以这次换届为契机,选好配强院系党委(总支)班子,在院系党委(总支)班子中增设纪检委员、统战委员等,规范和拓展基层党组织职能与分工。将组织开展对新任党委书记、党委秘书的专题培训,进一步提升院系党委班子及工作队伍的党务工作能力,有效发挥院系基层党组织的政治核心作用和共产党员的先锋模范作用。

四是着力持续抓好作风建设。我们将继续充实和更新教育实践活动整改台账,以踏石留印、抓铁有痕的劲头,以钉钉子精神,扎实推进整改任务落实,不断巩固拓展作风建设成果。将着力加强师德师风建设,按照"四有"标准,加强对教师的核心价值观教育,严格执行师德"红七条"底线要求,强化课堂教学纪律,健全师德考核,努力构建师德建设长效机制。将进一步完善学风建设工作体系,健全学术规范教育制度,完善学术不端行为的预防和惩处制度,营造风清气正的育人环境和求真务实的学术氛围。

各位代表,各位同志,2015年校党委将持续不断地抓好改革发展稳定、党风廉政建设、和谐校园建设等各项工作,全力支持校行政推进综合改革、落实各项具体工作。让我们紧密团结在以习近平同志为核心的党中央周围,在校党委领导下,全校团结一心、扎实工作,为完成既定的工作任务而不懈努力,全力推动学校改革发展再上新台阶,为实现东南大学跻身世界一流大学行列的东大梦,为实现中华民族伟大复兴的中国梦作出更大贡献!

再过几天就要放假了,羊年春节就要来临。各部门、各单位要认真做好学期末的扫尾工作,组织好走访慰问工作,安排好假期值班工作,做好假期留校学生工作,保证假期校园安全稳定。在春节关口,各级领导干部要严格遵守廉洁自律各项规定,严格执行中央八项规定,营造廉洁祥和的过节氛围。同时借这个机会,我在这里向各位同志,向大家并通过你们,向全校师生员工及大家的亲属拜个早年,祝大家新年三阳开泰、身体健康、家庭幸福、工作顺利!

在东南大学第十三届纪委十一次全会上的讲话

党委书记 郭广银

(2015年3月20日 14:30 四牌楼老图书馆240会议室)

同志们：

2014年是我党党风廉政建设和反腐败斗争成效明显的一年。这一年我们党以强烈的历史责任感、深沉的使命忧患感、顽强的意志品质推进党风廉政建设和反腐败斗争，坚持无禁区、全覆盖、零容忍，严肃查处腐败分子，营造不敢腐、不能腐、不想腐的政治氛围。

过去的一年，校党委按照中央统一部署，在教育部、江苏省委省政府的领导下，认真履行党风廉政建设党委主体责任，深入推进党风廉政建设和反腐败工作，立场坚定，态度坚决，措施有力，成效明显。校纪委认真贯彻落实上级纪委关于反腐倡廉建设的部署和要求，围绕学校中心工作，落实"两责任、两为主"要求，聚焦中心任务，发挥职能作用，各项工作取得新成效。先后出台了《东南大学惩治和预防腐败体系2013—2017年工作规划实施意见》《中共东南大学委员会关于落实党风廉政建设党委主体责任和纪委监督责任的实施意见》等多个反腐倡廉建设指导性文件，制度围栏越扎越紧；聚焦四风，立行立改，推动作风建设常态化；结合院系行政换届，开展新一轮院系党风廉政建设责任制巡视检查，进一步推动党风廉政建设责任制在院系的贯彻落实；积极开展反腐倡廉宣传教育，推进社会主义核心价值观教育体系建设；坚决查处违纪违法案件，为学校立德树人提供有力的政治保障。2014年，我校在教育部收到直属高校信访举报排名中一直居于后列，前三个季度均为零。纪检监察工作在教育部纪检组、省纪委开展的专项检查中多次获得肯定。这离不开在座的各位纪委委员和纪检监察部门工作人员的辛勤付出，在此，我代表党委对大家表示感谢！

但是，我们同时也应该认识到，党风廉政建设和反腐败斗争永远在路上。目前党风廉政建设和反腐败斗争形势依然严峻复杂，我们的工作与中央的要求和师生员工的期待相比还有一定的差距。正如袁贵仁、王立英两位领导在昨天的视频会上所讲，目前构建不敢腐、不能腐、不想腐的政治生态的工作艰巨繁重。高压态势下"四风"有所收敛，但对八项规定精神的价值认同和自觉遵守意识尚未普遍形成；两个责任落实上，思想认识问题还没有真正解决等问题，都需要我们各级党委高度重视，以最坚决的态度，最果敢的措施来净化我校从教和育人生态。

2015年是我校全面深化综合改革的关键之年，也是我校"十二五"改革发展总结和"十三五"改革规划全面启动之年，在此背景下我们召开这次第十三届纪委第十一次全会，既是对习近平总书记十八大以来系列重要讲话精神的学习，也是对中纪委十八届五次全会以及教育部、省教育厅3.19视频会议精神的一次推进落实，对此，我想提四点意见：

一是全面从严治党,加强纪律建设。把守纪律讲规矩摆在更加重要的位置,大力加强各级领导班子和领导干部政治纪律、组织纪律和廉政纪律。今年上半年,我们将进行院系基层党组织新一轮换届工作,我们要以此为契机,选好配强党组织班子,让规矩立起来,严起来,有效发挥基层党组织的政治核心作用。

二是强化党风廉政建设主体责任,落实"一岗双责"。各级党委要切实把党风廉政建设当作分内之事、应尽之责,进一步健全制度、细化责任、以上率下。近期党委正在制订惩防体系任务分解方案,对我校惩防体系建设2013—2017年工作规划实施意见提出的任务进行细化、具体化,把相关任务进一步分解到各院系、各部门。希望各级党组织协助党委做好任务分解工作,将惩防体系建设与业务工作同部署、同检查、同落实,推动党风廉政建设和反腐败工作不断深入。

三是横下一条心纠正"四风",抓出习惯、抓出长效。各院系、各部处要认真开展教育实践活动整改落实情况"回头看"工作,持续改进工作作风,提升服务效能,要在坚持中见常态,向制度建设要长效。

四是严肃查处腐败问题,坚持零容忍的态度不变、猛药去疴的决心不减、刮骨疗毒的勇气不泄、严厉惩处的尺度不松,对腐败问题发现一起查处一起,发现多少查处多少,形成强大震慑。

建设先进机关文化　提升作风建设境界

——在 2015 年全校机关作风建设大会上的讲话

校党委书记　郭广银

（4 月 29 日 14:00　四牌楼校区群贤楼三楼报告厅）

同志们：

大家下午好！今天我们在这里召开 2015 年全校机关作风建设大会，总结机关作风建设经验，表彰先进，查找不足，明确任务。刚才，吴娟同志代表校机关党委，对一年来机关作风建设情况进行了总结，也对照学校改革发展新要求，分析了不足和需要整改的方面，提出了 2015 年机关作风建设的主要目标和任务，对这些，我完全赞同。从 2002 年我校启动机关作风考评以来，机关作风建设已经坚持近 15 年，机关的精神面貌发生了变化，形成一些有效的制度，服务师生的态度和质效不断提高。这些成绩的取得，凝聚着机关全体成员的辛劳，我代表学校党委和行政、代表易红校长对机关的全体同志表示衷心的感谢！

当前正值中央作出"四个全面"战略部署,我校全面建设国际知名高水平研究型大学、全面深化综合改革、全面推进依法依规治校、全面从严治党的新阶段。最近,中央又部署了在县处级以上领导干部中开展"三严三实"专题教育活动,这是党的群众路线教育实践活动的延展深化,是党中央对各级领导干部作风建设的又一项新要求。学校党委已经研究制订了专题教育的实施方案。从今天开始,学校也借此机会正式启动"三严三实"专题教育。在这里,我围绕机关以什么样的精神状态和什么样的作风,服务国际知名高水平大学和世界一流大学建设谈四点看法,供大家参考、与大家共勉。

（一）从塑造大学精神、营造大学文化的高度，开拓机关作风建设新境界

经历了十几年的机关作风考评，我们东南大学的机关作风建设，已经进入从转变服务态度，到提升服务质效，再到服务境界进一步跃升的新阶段。机关作风建设上层次、上境界，成为加快建设一流大学的新要求。孟子讲"先立乎其大"，王国维提出"有境界自成高格"，要提升服务管理新境界，首先我们机关的同志要牢固树立一流服务管理的理念，进一步强化建设世界一流大学的目标意识，强化责任意识和使命意识，筑牢机关作风建设的思想和认知基础。机关的同志要从根本上认清，学校机关存在和运行的根本目的是服务教学和学术事业，机关向师生提供一流的管理和服务是实现自身价值的本质要求。

从大学的精神和文化的高度看，一所大学的机关作风，是一所大学精神的体现，也是一所大学机关文化在日常服务和管理中的体现。纵观世界一流大学，其服务管理无处不体现"以人为本"理念，无不努力通过优质的服务，将大爱精神传递给师生，增强师生校友对学校的认同感和依恋感，从而赢得校友的倾情回馈。香港科技大学全球排名近年来居高不下,还在不断跃进。其原副校长孔宪铎教授总结成功经验时指出,香港科大能够跻身一流大学行列并不断前进,重要原因之一是其秉持的"延揽优秀人才,使其保持快乐"的中心信念。这信念体现的正是"以人为本"的大学精神。他结合自身经历说明,正是在象牙塔中经历了"以人为本"的感动,然后才不断去地去感动别人。"以人为本"不是学来的,只有被"以人为本"的精神所感动,才能体会到什么是"以人为本",才会用"以人为本"的精神去感动别人。这也正是大学发挥文化引领作用的重要体现。这个案例启发我们,作为学校形象代言人的校部机关,要坚持不懈地用"以人为本"的精神去"感动师生",能够"设身处地,换位思考"服务师生,使东大的师生,在东大的工作、学习和生活因为机关同志的付出而感到"快乐"。

刚才吴娟同志提到的青年教师入职手续的简化、苏州校友给学校发来感谢信等例子,很好地体现了我们机关"以人为本"的精神和敬业的态度,这无形中增强了师生及校友对学校的凝聚力和认同感。这种服务精神和态度需要我们机关的同志继续坚持和发扬。两江师范学堂时期李瑞清校长倡导"视教育若性命,视学校若家庭,视学生若子弟"的"三视三若"就是"以人为本"精神的最好体现。我们机关的同志应当继承和弘扬这一精神,以优良的作风,以一流的服务管理,努力构建行政人员与师生互惠共生关系,共同建设东大人共同的美好精神家园。

儒家经典《中庸》指出的"诚则明",就是说,当我们诚挚地追求一个目标时,就会明白其中的道理。机关作风建设也是如此,当机关全体同志把建设一流大学作为工作目标的时候,就会理解,为师生提供一流的服务管理是自身工作的必然要求,就会自然而然用一流的服务标准要求自己。这就是高觉悟产生高认知。《中庸》还指出"明则诚",即,明白了其中的道理,就会真诚地去行动。当我们广大机关同志明白了一流大学必须有一流的管理服务的道理以后,日常工作中,就会自觉自愿地为师生提供一流的服务和管理。这就是高认知产生高觉悟。我们在机关作风建设中需要培养这种真诚,深化这种认知。只有这样,在服务师生时,"一张笑脸、一声问候、一把椅子、一杯茶水"就会显得自然而然、水到渠成,东大校园里的正能量就会满满当当,也就会有力塑造出优秀的东大精神,营造出优秀的机关文化。

(二)从掌握一流服务管理标准的角度,明确服务管理内涵

机关的同志要为广大师生提供一流的服务和管理,首先要掌握一流的服务和管理衡量标准。所谓一流的服务管理标准,从根本上说,就是要做到让两个群体满意,即让教师满意,让学生满意。机关的服务管理还受到两个约束,即国家政策的约束,学校资源的约束。因此,一流的服务和管理,就是在国家政策与学校资源的约束之下,实现最高程度的教师满意和学生满意。要真正做到让师生满意,就是要努力做到,规范有序、热情主动、务实高效。

一是规范有序。这是工作的基本要求。每个部门,每个服务管理人员,都有明确的具体职能定位,都知道哪些是属于自己的职责,都知道自己该干哪些基本工作。要做到,事事有人管,人人都尽责,依法办事,照章办事,按部就班,井井有条。没事,一切正常运行;有事,能够找到管事的人。例行工作和常规工作不耽搁,不拖延,不出纰漏,不出差错。对内,提供正常的教学、科研和生活环境;对外,树立有序、稳步、发展的大学形象;对上,及时完成上级提出的各项工作。

二是热情主动。这是工作的态度要求。对服务和管理对象要满怀热情,耐心细致,让师生感到温暖。有同志讲,面带微笑和板着面孔,用到的面部肌肉都差不多,但效果却是天壤之别。前者是阳光灿烂,后者是乌云密布,前者是大家都开心,后者是大家都不愉快。付出一分热情,收获成倍的快乐。到底怎样划算?这个账,我们机关的同志要算对。在部门内部,我们要坚持实行首问责任制;每一个同志,都应熟悉部门内部的岗位责任情况,都能够对于来访来询,提供找人办事的准确信息。办得成的事,要热情;办不成的事,更要热情,更需要耐心讲清道理,讲清具体原因,也包括帮助想别的办法,提新的建议。热情,不是不讲原则,不是用无原则的好话哄人,不是用没根据的承诺误导人。态度要热情,办事要依法依规。主动,是对工作态度的进一步要求。主动,就是对工作本身充满了热爱之情,全身心地投入工作,爱岗敬业,把工作当作事业追求,而不仅仅是谋生手段。主动,就是不能当算盘珠,不能全靠上级推动,而应该在明确基本职能的前提下,围绕着自己的岗位工作目标,不用上级的指示,不用领导的要求,就能积极主动地去琢磨问题,研究工作,创新思路,改善办法。当前,学校正在加紧推进"十三五"规划的编制工作,我们机关的同志要进一步强化国家战略、社会责任、历史使命,始终站在国家战略全局和发展前沿思考问题,着眼学校未来发展,不断提升谋划发展能力和服务管理水平,为学校改革发展制订出一个好规划。

三是务实高效。这是工作的效果要求。务实,就是不搞花架子,不追求形式,而注重效果。衡量服务管理的工作成效,不在于开了多少次会,发了多少份文件,填写了多少表格,经过了多少程序,而在于有实际效果,切实起作用。会议、文件、表格、程序,本身都不是目的,而只是手段,并且其使用都形成成本,包括时间投入和经济成本。因此,会议,能不开的,就不开,要开,就尽可能简短;文件,能不发的,就不发,要发,就要尽可能简明;表格,能减少的,就减少,不能减少的,也要尽可能简化;程序,能取消的,就尽量取消,不能取消的,也要尽可能简单。高效,也就是习近平同志20年前在福州工作期间大力倡导的"马上就办"的工作精神。当然要做到马上就办,需要底气。一是对群众的真感情,一是对基层情况的真了解。"马上就办"的工作精神要求讲求工作时效,提高办事效率,使少讲空话、狠抓落实,使高效形成风气、形成习惯、形成规矩。高效,包括时间上的高效和经费上的高效。时间上的高效,就是工作效率。正常的工作,要减少所耗费的时间;遇到突发事件,反应要灵敏、快速、及时。经费上的高效,就是办同样的事,花更少的钱;或者花同样的钱,办更多的事。简单说,就是使得学校或师生花比较少的钱,享受到更好的服务管理。

(三)从创新机制和升级技术的向度,提升服务水平和管理能力

良好的体制机制和便捷的技术条件,是提升机关服务和管理效能的重要支撑。我们要改进机关作风,提高机关服务效能,还要着眼于现代大学制度建设,完善内部治理结构,提升治理能力和治理水平,要着眼服务技术创新,提高服务师生的手段和方法,突出服务师生的效益和内涵。

一是协调整合。要建设一流的服务和管理机关,需要优化服务管理资源体现"大效益",理顺职能体现"大服务"。学校深化综合改革,将着力强调学校机关职能的调整和整合,清晰界定部门职责,减少职能交叉,强化服务功效,着力实现跨部门管理与服务的整合,大力推进"一个窗口对外,后台服务协调"的服务和管理模式,着力提高机关服务和管理的效能与质量,更好适应学校创新驱动需求,服务一流大学建设。

二是建好平台。教育实践活动期间,针对师生集中反映的办事难、流程烦琐等问题,我们从解决实际问题改进作风着手,将机关职能部门涉及师生经常性工作的事项予以梳理。学校机关部处都简化了办事流程,办事规则和办事方法都上网上墙,完善了机关服务大厅6个。师生办事难情况有所缓解,但离师生满意的标准还有距离。我们的综合改革方案,已经把加强综合服务管理平台建设列入工作日程,将把科研、教学、人事、学生、外事、后勤、财务等面向师生办事的窗口业务,集中成立师生综合服务大厅,借鉴政府、银行等公共服务评价方法,通过搭建完善、便捷的综合服务平台,改革机关作风建设评价方法,进一步改进作风,提高服务质效。

三是升级技术。信息化时代,现代信息技术突飞猛进,高校作为先进生产力和先进文化的代表,作为科技第一生产力和人才第一资源的重要结合点,要善于运用先进技术,提升服务能力和水平。我们东大的机关要充分发挥东南大学工科优势和擅长信息技术的特长,着力加强信息化校园建设和智慧校园建设,积极运用现代信息技术创新机关的服务和管理,努力实现服务管理理念的更新与转变,调整优化服务管理结构,加强跨部门网络化协同办公,优化和再造服务管理流程,尤其是要用现代信息技术推进部门间的数据共享,这一点,国际合作处的个人信息采集系统与省外办的联网,党委统战部党外人士信息系统与人事处的人事信息系统联网的经验可以推广。这样通过数据共享,可以避免重复填表,不断提高师生获取信息与服务的便利程度,降低师生的办事成本,努力实现师生少跑机关甚至不跑机关。

(四)从提高素质、增强保障的维度,建设符合"三严三实"要求的机关服务管理队伍

机关服务能力强不强、服务水平高不高,关键在队伍,我们要加强机关作风建设,要进一步强化队伍管理,努力打造一支高素质、过得硬的干部队伍。

一要加强学习,拓宽眼界。习近平总书记号召全党同志,一定要善于学习,善于重新学习,依靠学习走向未来。习近平总书记指出:"任何一名劳动者,要想在百舸争流、千帆竞发的洪流中勇立潮头,在不进则退、不强则弱的竞争中赢得优势,在报效祖国、服务人民的人生中有所作为,就要孜孜不倦学习、勤勉奋发干事。一切劳动者,只要肯学肯干肯钻研,练就一身真本领,掌握一手好技术,就能立足岗位成长成才,就都能在劳动中发现广阔的天地,在劳动中体现价值、展现风采、感受快乐。"当前,我校已经启动并开始实施综合改革,全面深化综合改革事关东大的未来,很多新的发展动态、发展方向、发展问题都需要我们深入研究和把握。机关干部作为服务在学校事业发展第一线的战斗力量,首要的任务就是要加强知识学习和能力提升,要通过不懈学习,成为"知识型、技术型、创新型"劳动者。机关各部门要按照创建学习型创新型机关的要求,用好校院两级理论学习中心组、支部"三会一课"平台、战略研讨会、校内外调研等各种学习平台,认真学习习近平总书记系列重要讲话精神、学习高等教育办学规律,学习借鉴世界一流大学和兄弟高校的成功经验，努力集他人之长、创东大之新，切实提升机关部门的"学习力"，努力创建学习型创新型机关。

二要严守规矩、落实制度。教育实践活动开展以来，学校机关围绕反"四风"、树新风出台了一大批制度规定，执行好和落实好这些制度是机关作风建设的重中之重，也是中央要求广大机关干部"守纪律、讲规矩"的应有之义。我们要清醒地看到，"四风"问题虽然得到有效的遏制，但树倒根在，病源犹存，防反弹、防回潮任务艰巨。古人言："其身正，不令而行；其身不正，虽令不从。"机关的领导干部一言一行直接影响机关的工作，尤其要以身作则，要保持一抓到底的耐心、定力和韧劲，带头抓好作风建设已有制度的执行，切实破解执行难、落实难的问题，真正让制度落地生根、发挥效力，切实提升工作"执行力"，努力创建务实高效的机关。

三要廉政勤政、奋发有为。廉政是每一位机关干部必须守住的底线。我们的机关干部要切实提升自身的"免疫力"，要把清正廉洁鲜明地写在机关干部队伍的旗帜上，以清正廉洁的形象取信于师生。新常态需要新状态，我们开展"三严三实"专题教育，就是要破除只想当官不想干事，只想揽权不想担责，只想出彩不想出力的观念，加大治庸、治散、治懒的力度，切实解决乱作为、慢作为、不作为问题，使广大干部真正做到立身有正气、干事有锐气，努力创建廉洁自律、奋发有为的机关。

同志们，作风建设永远在路上。坚持不懈地抓好机关作风建设是东南大学建设一流大学事业的需要，也是全体东大师生和机关同志的共同需要。全校机关的同志，要按照"严以修身、严以用权、严以律己；谋事要实、创业要实、做人要实"的"三严三实"要求，以"严"的作风和"实"的业绩，为师生提供更优更高效的服务，为东南大学建设国际知名高水平研究型大学和世界一流大学开创新局面！最后借用习近平总书记的话"劳动托起中国梦"，东大人的劳动托起东大梦，机关的同志用优良的机关作风助推"东大梦"。

在东南大学建校 113 周年庆祝大会上的讲话

党委书记 郭广银

(2015 年 6 月 6 日)

尊敬的各位领导、各位来宾、各位校友、老师们、同学们:

今天,东南大学迎来了她的 113 周年华诞。广大师生员工和海内外校友怀着激动和喜悦的心情欢聚在这里,为学校送上最美好的生日祝福;各级领导和各界朋友也为我们这所古老而又生机勃勃的学校送来最诚挚的祝贺。他们的盛情光临,为学校增添了无限荣耀。

东南大学桃李芬芳,培养出数十万优秀人才,胸怀报国壮志,奔赴大江南北,为祖国奉献了美好年华,以出色的业绩为母校赢得了巨大的荣誉。东南大学每一个坚实的脚步,每一次成功的飞跃,无不凝结着广大海内外校友的浓浓关爱和殷殷情怀。他们时刻关注母校,守望母校,纷纷以不同的方式支持着母校的建设与发展。今天,杰出校友代表重返母校,一起见证和欢度母校生日庆典,令我们倍受鼓舞。借此机会,让我们以热烈的掌声,向长期以来关心、支持和襄助东南大学建设发展的各级领导、各界贤达和广大海内外校友,致以最诚挚的敬意和最衷心的感谢!

一年来,在教育部和江苏省委省政府的正确领导和亲切关心下,学校推出了一系列改革举措,高水平大学建设卓有成效,办学层次大力提升,办学条件大为改善,综合实力大幅增强。主要表现在:进一步完善了学科布局,形成了工、理、医、文、管、法等协调发展的学科生态,综合性大学的格局在更高水平上形成。进入 ESI 世界前 1% 的 7 个学科排名均大幅提升,其中工程学进入前 1‰,位列第 61 位。在江苏高校优势学科建设工程一期立项学科验收中,11 个立项学科全部获得 A 等,入选二期立项学科 13 个。本科直博、硕博连读、申请考核的选拔比例从上一年的 37% 提高到 60%。

队伍建设成效明显,形成了一支更加适应高水平研究型大学建设的师资队伍和众多高水平教学、科研团队,专任教师中具有博士学位的比例逐年提高,达到了 76%。

教育教学改革深入推进,人才培养质量稳步提高,国家精品课程等教改项目成绩均位列全国前十位。在国家第七届高等教育教学成果奖评选中,获一等奖 1 项、二等奖 5 项,获奖总数并列全国高校第八位。新增国家级视频公开课建设课程 7 门,立项数位列全国第一。获国家"十二五"普通高等教育本科国家级规划教材 17 种,教材总数达到 38 种,位列全国第九位。

科技创新能力显著增强,基础研究和人文社会科学研究发展迅速,取得了一批高水平成果,高水平论文与国家级科技成果奖励连续多年较大幅度增加。以第一完成单位获得国家级科技奖励 5 项,在国家奖通用类项目排名中位列全国高校第三位,喜获 1 项国家科技进步一等奖,是继 2011 年我校牵头获得 1 项国家技术发明一等奖后的又一项重要突破。无线通信技术协同创新中心获国家 2011 协同创新中心认定。牵头获得"973 计划"项目 2 项。2014 年 SCI 论文 1790 篇,较上一年增加 315 篇。据中国科学技术信息研究所发布的 2013 年度中国科技论文统计数据显示,我校有 3 篇论文入选 2013 年中国百篇最具影响国际学术论文。3 位教授荣获首届汤森路透中国引文桂冠奖"高被引科学家奖",入选人次在全国高校中并列第五。服务地方经济社会发展成效明显,发明专利申请量与授权量逐年攀升,2014 年发明专利申请量位列全国高校第二,发明专利授权量位列全国高校第六。科研经费到款 16.58 亿元,较上一年增长近 8%,其中通过产学研合作获得的经费约占总经费的 50% 左右。

  国际交往日益密切,合作层次不断提升,海外师资和留学生规模迅速扩大,留学生人数 1 656 人,且其中 74% 是学历生,学历生数量和占比均位列全省第一,国际化建设成效明显。建成并投入使用九龙湖校区一期工程,教学基本设施建设更加完善,育人环境更为优越。过去一年所取得的成绩来之不易,凝聚了全校师生的智慧和汗水,在此,我代表学校党政,向长年奋斗在学校各个岗位上的老师们、同志们,向广大勤奋好学的学生们,致以诚挚的问候和衷心的感谢!

  回首往昔,113 年悠悠岁月,印刻着东大人不辍耕耘的足迹,记忆着东南大学蓬勃发展的历程。今日的东大,办学条件全面改善,师资队伍不断加强,教学改革深入开展,开放式办学程度大幅度提高。今日的东大,学校综合性格局更加明显,基础研究能力不断增强,科研创新能力大幅提升。今日的东大,与国家和地方经济社会发展需求的结合更为紧密,社会服务能力显著增强。今日的东大,传承着百年传统,秉持着厚重的学术精神,学校社会声誉不断提高,更显流光溢彩,富有朝气。

  欣逢校庆盛典,我们感到无限自豪与光荣,同时也深感责任重大。今年,是"十二五"规划的最后一年,也是全面谋划"十三五"规划的关键之年。当前,高校发展千帆竞发,竞争形势更加激烈,对我们而言,这将是一个全新的起点,将要面临着更多的机遇和挑战。尽管未来崎岖难行,但东大的百年历程,铸就了东大人追求世界一流的坚强意志,无论遇到何种艰难险阻,东大建设世界一流大学的梦想始终不渝。回顾近年来东大所走过的道路,必将启发我们进一步地思考:东大将如何加快建设世界一流大学?如何尽早实现我们的奋斗目标?我们在孜孜追求中有了更为清晰的认识。

  着力推动内涵式发展,是加快建设世界一流大学的必然要求。在"不进则退、慢进也是退"的情势下,我们必须积极推动内涵式跨越发展,坚持以科学发展观为指导,主动适应中国高等教育的发展形势。扎根中国大地,办人民满意的教育,与高等教育的快速发展同行,与创新型国家建设同行,与国家、地方经济社会发展同行,与先进文化建设同行,全力以赴加快建设步伐。

  全面深化综合改革,是加快建设世界一流大学的不竭动力。我们要有忧患意识,在未来的征程中,需要进一步解放思想,以人事分配制度改革和体制机制创新为核心,全面启动新一轮综合改革,重点推进在体制机制、内部治理结构、人才培养模式、师资队伍建设等方面的综合改革,构建现代大学制度,完善大学治理结构,积极探索有中国特色的建设世界一流大学的新途径。

进一步加强国际化办学,是加快建设世界一流大学的有效途径。"东南大学之父"郭秉文先生提出的重要办学理念,就是"仿世界大学通例"。而今,我们同样必须认真学习和借鉴世界一流大学的办学模式与先进经验,积极研究并采用国际通行的评价指标,重点加强与国际知名大学和著名跨国公司的长期合作,加快建立多种形式的国际合作载体和平台。

全面提升人才培养质量,是加快建设世界一流大学的重要举措。我们将积极营造"卓越化、国际化、研究型"创新人才培养优良生态。创新人才培养模式与培养机制,创新课程体系与课堂教学方式,强化创新创业教育,培养学生创新能力和实践能力,促进学生全面发展,提升人才培养质量,为建设创新型国家和人力资源强国提供人才智力支撑。

回顾过去的建设成就,我们感慨万千,思绪萦怀。东大人抓住了历史的机遇,走在了改革的前列,在开拓创新、争先进位的征程上迈出了可喜的步伐。这得益于国家的支持,地方政府的关心。今天,我们必须深入贯彻党的十八大和十八届三中、四中全会精神,继承东大百年办学传统,借鉴世界一流大学成功经验,以立德树人、大力提升人才培养质量为核心,以深化人事分配制度改革、建设高水平师资队伍为突破口,解放思想,开拓创新,全面深化各主要领域改革。通过加大综合改革力度,破除学校事业发展的体制机制障碍,进一步突出内涵建设和整体提升,加快东南大学世界一流大学建设进程。在各项具体工作中,我们不仅要脚踏实地,稳打稳扎,稳步取得成效,而且要积极探索,开拓创新,力争在理念、体制、机制和措施上形成新的突破,呈现新的气象。

老师们、同学们,东南大学历代先贤,"嚼得菜根,做得大事",为我们树立了品德高尚、学识渊博的风范。一代代东大人豪情满怀,为守护和建设好共同的家园付出了艰辛的努力,洒下了辛勤的汗水。忆往昔,岁月峥嵘;望未来,任重道远!不论前行的道路多么艰难,建设世界一流大学都将是我们梦寐以求的愿景,是我们坚定不移的目标。我们坚信,在全体东大人的共同努力下,脚踏实地,奋发图强,东南大学的明天必将更加朝气蓬勃,更加灿烂辉煌!

谢谢!

全面深化综合改革,用好一流大学建设关键一招

——在 2015 暑期工作研讨会上的讲话

校党委书记 郭广银

(2015 年 8 月 20 日 16:30 榴园宾馆新华厅)

同志们:

这次暑期工作研讨会,我们围绕深入贯彻落实党的十八大、十八届三中、四中全会和习近平总书记一系列重要讲话精神,加快世界一流大学建设进程,全面实施学校综合改革方案,落实综合改革任务进行了深入的研讨。上午,易红校长作了关于全面深化综合改革的主题报告。郑家茂、沈炯、王保平等校领导分别围绕分管工作谈了全面深化综合改革的思路和举措,冯建明、仲伟俊、吴刚、孙伟锋、赵林度等职能部门和院系的负责同志,交流汇报了对全面深化综合改革的研究成果和院系试点经验,对深化改革的方法途径、举措创新提出了意见和建议。暑假期间,教育部对我们年初上报的综合改革方案反馈了审核意见,8 月 3 日,学校党政联合发文,向教育部报送了《东南大学综合改革方案》申请核准。可以说,学校的综合改革已经由顶层设计进入了实施推进阶段,8 月 18 日下午,也就是前天,习近平总书记主持召开的中央全面深化改革领导小组第十五次会议,审议通过了《统筹推进世界一流大学和一流学科建设总体方案》。今天,在这样的大背景下,我们召开暑期研讨会,也是一次全面深化综合改革,加快推进一流大学和一流学科建设的思想动员会。受大家启发,借这个机会,我想就全面深化综合改革,谈几点看法和大家交流。

一、深刻认识全面深化综合改革的重大意义

1. 全面深化综合改革是实现跻身世界一流大学"东大梦"的关键一招

未来的五年,是实现学校第二步发展目标的关键五年。对东大而言,全面建成国际知名高水平研究型大学,需要我们全面深化综合改革、全面依法依规治校、全面从严治党,这四个全面构成"一个目标、三个支撑点"的整体系统。全面建成国际知名高水平研究型大学是目标子系统,全面深化综合改革是动力子系统,全面依法依规治校是制度保障子系统,全面从严治党是控制子系统。全面深化综合改革作为实现目标的动力子系统,是我们实现全面建成国际知名高水平研究型大学和世界一流大学"东大梦"的关键一招。近年来,我校实施了人事制度改革等一系列改革,有力带动了学校事业的快速发展,成为学校历史上发展最好的历史时期之一。我们要毫不动摇地坚持改革创新战略,把这个关键一招的作用,发挥好。

2. 全面深化综合改革是解决学校发展面临的一系列突出矛盾和挑战的迫切要求

与国际知名高水平研究型大学和世界一流大学的建设目标相比，当前，东南大学的发展仍然面临着诸多挑战和不足，主要表现在，拔尖创新人才培养成效不够显著，学术高端人才较为匮乏，高水平学科数量不足，原创性科技成果产出能力不强，现代大学制度和治理结构不够完善，以现代大学精神为内核的先进大学文化发育不够。要解决这些突出矛盾和挑战，我们必须以更大的勇气和智慧，不失时机地深化内部治理结构、人才培养模式、人事分配制度、学科培育和建设机制、支撑保障体系等领域的改革，坚决破除一切妨碍科学发展的思想观念和体制机制弊端，合理调整政策、配置资源，改革创新人才培养模式，引育更多的高端人才，建设具有国际竞争力的高水平的学科集群，建立更加完善的具有中国特色、东大特点的现代大学制度和内部治理体系，营造源源不断产出优秀创新成果的校园文化环境，凝练升华卓越先进的东大精神，为 2020 年全面建成国际知名高水平研究型大学，为跻身世界一流大学行列奠定更加坚实的基础。

3. 全面深化综合改革是学校实现内涵发展的必然要求

我们东南大学 110 余年的建设发展，尤其是经过改革开放 30 多年的建设发展，取得了辉煌的成绩，为国际知名高水平大学的建设和世界一流大学的建设奠定了坚实的基础。但是，立足全球和全国高等教育大局，我们清醒地看到，与我们的建设目标和国际一流大学相比，我们在人才培养、学术研究、学科建设、现代大学制度建设、大学文化建设、现代大学精神培育等方面仍然存在相当差距，需要我们承扬百年东大办学传统，借鉴国内外一流大学建设经验，全面深化综合改革，通过体制机制改革的火车头，带动其他各项改革向前有序推进，实现由粗放型发展向提高质量为核心的内涵式发展道路转变。通过体制机制改革创新，有效协调校内学术权力、行政权力、政治权力、民主权力之间的关系，学校和院系的关系、教学与科研的关系、教师与学生的关系、中心工作与后勤保障的关系等各方面的关系，使各办学要素有机统一、形成合力，从而实现治理结构和治理能力的现代化。

二、正确处理好全面深化综合改革中四个重大关系

全面深化综合改革涉及学校的体制机制建设、人才培养、人事和分配制度、学科建设和党的建设等等各个方面，是一项复杂而综合的系统工程，我们要善用系统思维，遵循改革逻辑，把握改革规律，平衡复杂关系，平稳走过改革"攻坚区"，渡过改革"深水区"。

1. 处理好解放思想和实事求是的关系

全面深化综合改革，需要坚持解放思想和实事求是的统一。这也就是上午易校长提出的理想做法和现实环境的问题。解放思想是"破"，实事求是是"立"，只有解放思想才能实事求是。不解放思想，不敢试，不敢闯，就会因循守旧，故步自封；不实事求是，胡思乱想，就会偏离正确方向。**首先胆子要大，要敢于解放思想。**深化改革的过程，也是思想解放的过程，要求我们大胆探索，克服"习惯势力"，破除"主观偏见"。全面深化综合改革是一场革命，畏首畏尾，前怕狼后怕虎，很难取得成功。全面深化综合改革，要以时不我待的机遇意识,紧紧抓住宝贵的"窗口期",动起来、改起来,一旦改革窗口关闭,失掉发展机遇,我们的事业发展就会陷于被动局面。这方面我们有过深刻的历史教训,比如多年前,我们有一批条件成熟的学科在一级学科博士点申报以及博士生招生方面错过机遇,至今仍留有遗憾。**其次步子要稳,要坚持实事求是**。改革也是"一个大试验",面对复杂世情、国情、校情,我们要积极探索和掌握高等教育办学规律和世界一流大学办学规律。在解放思想的过程中,不管是"闯"的精神,还是"冒险"的勇气,都要沿着正确的方向,都要从实际出发、讲究科学性。在把握上级主管部门对指标体系的引导的同时,要认清高等教育本质内涵,增强改革的眼光和定力,避免盲目跟风,在认清现实环境基础上,既要尊重现实环境,看重发展指标,以获取更多的资源支持,同时又要保持清醒头脑,不能"唯指标"。要风物长宜放眼量,我们要坚持"立定脚跟""锁定目标",紧紧围绕一流大学根本使命,把握一流大学内涵本质,坚持正确的改革方向,通过守正创新,培育新的学科增长极,为未来异军突起,埋下伏兵。在深化人事制度和薪酬制度体系改革、推进科研体制机制改革、推动管理重心下移、优化校部机关组织架构等改革的过程中,在做好顶层设计,做到政策铺路,解决师生员工后顾之忧的前提下,尤其要引导全校师生员工破除思想束缚,解放思想观念。为此,我们的综合改革方案强调,要坚持"四个结合"即"近期目标和长远规划相结合""顶层设计和基层智慧相结合""破解难题和制度建设相结合""整体推进与重点突破"相结合,就是强调深化综合改革的前瞻性和可操作性。

2. 处理好整体推进和重点突破的关系

全面深化综合改革,不能"老虎吃天,无处下口",要以科学辩证的思维,统筹处理好整体推进和重点突破的关系。既要以重点突破带动整体推进,又不能只抓重点而丢弃整体。在全面深化综合改革中,我们要紧紧围绕立德树人、提升人才培养质量这个核心,以深化人事分配制度改革、建设高水平师资队伍为突破口,带动学校各个领域的改革。找准突破口后,要紧紧围绕改革目标与核心,完善体制机制,创新政策,配置资源,力争取得预期效果,开创全面深化综合改革的新局面。

3. 处理好试点先行和顶层设计的关系

习近平总书记强调:"加强顶层设计和摸着石头过河,都是推进改革的重要方法。"我们在全面深化综合改革中,必须处理顶层设计和试点先行的关系。只有不断加强宏观思考,加强顶层设计,改革才会更有系统性、整体性、协同性;只有鼓励大胆试验、大胆突破,改革才会不断推进、走向深入。**一是要用好试点先行方法**。在深化课程教学改革过程中,我们要善于向身边的典型学习,用好蒙纳士大学联合研究生院这个窗口,通过建设示范课程,应用和推广世界一流大学人才培养经验。**二是要做好顶层设计**。实施试点先行,是为了从先行先试的经验中,提炼升华出规律性认识,为学校整体深化综合改革,做好顶层设计。在推进试点院系改革的过程中,通过改革实践反映了我们在全面深化综合改革中会遇到的一些共性问题和困难,这些要用好试点院系的改革经验,积极探索和把握改革规律,为在全校面上推进深化改革提供前瞻指导,力争实现从"摸着石头过河",到"造船""搭桥",从而飞跃到"划船过河"和"走桥过河"。

4. 处理好改革、发展与和谐的关系

改革是动力、发展是目的、和谐是前提。学校历次改革的成功经验表明,正是因为有改革推动,才实现了学校事业的快速发展,也正是因为学校的事业发展,才为全体东大人提供了更加广阔的事业舞台和更好的校园民生,校园和谐才有坚实基础。不积极深化改革,不解决学校事业发展的深层次矛盾,和谐校园建设就难以实现。我们要把握三者的"结合点",坚定不移地走以人为本的兴校之路,牢固树立育人以学生为本的理念,坚持立德树人,大力提升人才培养质量,为学生成长为拔尖创新人才提供更多的选择权,坚持办学以人才为本,通过深化人事制度改革,培养、引聚并用好更多的高端人才,激发各条战线、各类人才资源的潜力和活力,使全体东大人与学校改革发展互惠共生,激励全校师生员工积极投身改革大潮,不当改革的"看客"和"路人甲",使深化综合改革真正成为"人人工程",形成推动改革发展的强大合力。

三、落实全面从严治党,为全面深化综合改革提供坚强的保障

全面从严治党,深化学校党政管理和服务改革,既是全面深化综合改革的重要任务之一,也是全面深化综合改革的根本保障。要充分发挥好学校党委的领导核心作用,发挥好党委总揽全局,协调各方的作用,通过加强思想、干部队伍、组织、作风、制度和反腐倡廉等各个方面建设,为全面深化综合改革提供坚实有力的支撑,这也是党委承担全面从严治党主体责任,贯彻落实党建最大政绩和发展第一要务的内在要求。

1. 加强统筹领导,为全面深化综合改革打造坚强的领导核心

作为综合改革不是单一战线、单一条块的改革,也不是单项改革的简单的叠加,需要学校各条战线,方方面面的参与,牵一发而动全身,谋一域而带全局,学校将成立深化综合改革领导小组,由校长和我一起牵头负责,担任组长,各位分管校领导担任副组长,通过建立健全领导机制,加强统筹领导,明确责任分工,对改革创新进行综合协调。这需要学校各个层面、各条战线、各个单位,在深化综合改革的全局下定位,在全面深化综合改革的大局中工作,心往一处想,劲往一起使,共同克服综合改革遇到的困难和问题,形成强大的改革合力。

2. 加强思想建设,为全面深化综合改革提供良好的校园舆论环境

舆论氛围好不好,关键在引导。为全面深化综合改革提供坚强的思想保障。党委宣传部门和各基层党委要加强宣传和思想工作,通过组织校内各层面的专题理论学习、理论研讨,通过校内各类媒体,为全面深化综合改革凝聚共识、鼓劲呐喊,为全面深化综合改革营造良好氛围和思想环境。

3. 加强干部队伍和基层组织建设,为深化综合改革提供有力的支撑

政治路线确定之后,干部就是"决定因素"。全面深化综合改革,需要发挥好领导干部关键少数作用,打造一支高素质的干部队伍和管理服务队伍为深化综合改革提供有力支

撑。我们将通过党政职能部门领导班子任期制改革、完善职业制改革、进一步建设和完善分类管理和考核制度,建设一支符合总书记提出的"20字"强有力的干部队伍,在干部队伍中营造想干事、能干事、干成事的氛围,提升干部队伍在深化综合改革中的执行力。随着全面深化综合改革持续深入,尤其是需要进一步加强基层组织建设。选优配强基层党委书记和党委领导班子,加强基层组织的培训、激励和考核工作,有力提高其从事党务工作的能力和水平。在管理重心下移的过程中,尤其要加强学习型、创新型、服务型党组织建设,提升基层党组织服务院系发展的能力和水平。

4. 加强制度建设,以制度建设为全面深化综合改革提供制度保证

加强制度改革,是全面加强党的建设的重要内容,是全面深化改革的重要保证,也是我们构建具有东大特色的现代大学制度的重要内容。全面深化综合改革中,在完善合理设置院系并规范学校、学部、院系权力,优化校部机关组织架构,健全院系内部治理结构,健全各级学术组织及运行机制,完善办学自主自律各项制度,还要完善全面从严治党各项制度,推进改革措施落实,为深化综合改革,提供坚强的制度保证。

5. 加强作风建设和反腐倡廉建设,为全面深化综合改革营造良好的政治生态

全面深化综合改革需要良好的校园政治生态。我们要按照综合方案要求,通过建立责任清单制度、设立行政服务中心、健全管理服务评价机制、加快学校综合管理信息系统和数据中心建设等等改革举措,深入加强机关作风建设,提升管理效率和服务效能,深入贯彻落实建立和健全惩治和预防腐败体系2013—2017年工作规划的实施意见和关于落实党风廉政建设党委主体责任、纪委监督责任的实施意见,为全面深化综合改革营造清正廉洁的校园政治生态。

同志们,今天的暑期工作研讨会,是我校全面实施综合改革的一次动员部署会,也是今后一个时期我校全面深化综合改革,推进治理体系和治理能力现代化的一次思想碰撞和智慧聚集,为我们进一步深化改革创新拓展了思路。新的学期即将开始,我们要结合"三严三实"专题教育,凝聚共识、集中智慧,深入推进全面深化综合改革,为实现建设世界一流大学的"东大梦"团结奋斗!谢谢大家!

在 2015 秋季中层干部大会上的讲话

校党委书记 郭广银

(2015年8月20日 8:30 群贤楼三楼报告厅)

同志们:

刚才易红校长对学校行政工作进行了总结和部署,我完全赞成。下面我就上半年党委工作,向大家作简要的报告,并对下半年党委工作的重点和补充要点向大家作进一步的说明。

一、上半年的工作进展情况

(一)扎实开展"三严三实"专题教育

1. 严格制订专题教育方案

根据中央的统一部署,校党委成立专题教育工作协调小组,制订周密的教育方案,在全校处级以上领导干部中认真开展"三严三实"专题教育。对完成好专题党课、专题学习研讨、专题民主生活会、整改落实和立规执纪4个关键动作作出了具体安排,确保专题教育与推动学校和各单位工作紧密结合起来。

2. 校党委书记以及基层党组织书记带头讲好专题党课

校党委书记讲授专题党课,校领导班子带头开展"三严三实"专题教育,坚持高标准、严要求,紧密联系实际,带头学习提高,带头查摆解决"不严不实"问题,以坚定的信念、决心、行动作出了示范。各基层党组织书记立足本职岗位讲授专题党课,引导广大党员干部真正从思想上、工作上、作风上严起来、实起来,把"三严三实"要求体现在履职尽责、做人做事方方面面。

(二)思想和宣传工作不断加强

1. 思想理论学习进一步加强

坚持和完善校理论学习中心组学习制度,组织2次校理论学习中心组学习会、3次中层干部理论学习报告会,认真学习中央要求和习近平总书记系列重要讲话精神,学习党和国家大政方针和教育政策,充分把握好新常态下高等教育的发展形势和办学规律。

2. 新闻宣传工作进一步提升

围绕学校荣获五项国家科技大奖、承办2014年度寻访"中国大学生自强之星"颁奖典礼、承办2014年度江苏省"大学生年度人物暨高校辅导员年度人物"风采展评及颁奖典礼、瑞士太阳能飞机南京站活动、本科招生工作等开展主题宣传报道，形成集中化、凸显型的宣传效果，进一步提升学校的办学声誉。深化与主流媒体合作，与新华社江苏分社签署综合合作备忘录。新媒体平台建设全面推进，学校各类官方微信、微博平台关注人数近30万，影响力居全国高校前列。出版《东南大学报》14期。学校荣获江苏省教育宣传先进单位。

（三）干部队伍建设和基层组织建设持续深化

1. 干部队伍建设不断强化

认真落实中央《党政领导干部选拔任用工作条例》，进一步完善干部选拔任用各个环节，继续实行推荐预告等制度，加大推荐力度。继续推行党委委员、纪委委员、中层正职推荐干部制度和干部推荐责任制度，进一步提高干部岗位的匹配度和选拔任用工作的公信度。做好干部选拔任用工作，中层干部轮岗交流、岗位调整15人次。启动12个岗位的公开推荐程序，考察竞岗人选27人，参加考察测评788人次，考察谈话534人次。新提任中层干部12人，试用期满经测评正式任用干部7人。做好援疆、援藏、滇西扶贫、江苏科技镇长团等干部的选拔、服务工作。接收3所兄弟高校5名干部来校挂职锻炼。

2. 基层党组织建设和党员队伍建设不断加强

认真做好基层党委、党总支、直属党支部换届选举工作。已完成26个单位的党组织换届工作，选举产生基层党组织委员会委员154名，书记、副书记共49名。继续实施党建创新项目，带动基层党建工作上台阶，1个项目荣获江苏省2013—2014年度高校党建工作创新奖一等奖。进一步加强发展党员和党员管理工作，培训发展对象1 540人、预备党员735人，新发展党员602人，其中学生党员598人，教职工党员4人。

（四）综合改革和改革发展规划编制工作积极推进

1. 扎实推进综合改革

根据教育部修改意见，进一步完善《东南大学综合改革方案》，参照世界一流大学的运行体系，进一步调整和完善校部机关、直附属单位的结构布局与功能设置，充分激发和释放机关在服务世界一流大学建设进程中的潜力与活力，进一步完善学校内部治理结构，提升学校治理能力现代化。提升各院系学术委员会、学位委员会和教学委员会等学术组织中教授和一线教师的比例，充分发挥教授在办学治学中的作用，为进一步深化院系综合改革提供更广泛的智力支持。

2. 全面做好"十三五"改革发展规划调研

在认真总结"十二五"改革发展规划经验的基础上,结合世界一流大学建设经验,由每位校领导结合分管工作领域,开展专题调研,为"十三五"改革发展规划编制工作做好顶层设计。召开各层级党员干部、各院系师生代表参与的座谈会,广泛征求师生对学校发展实际的分析和建议,凝聚师生智慧,凝练新五年的改革发展部署。

(五) 立德树人工作进一步加强

1. 社会主义核心价值观教育持续推进

全面推进社会主义核心价值观宣传月系列活动,通过团日活动、社会实践、征文比赛等各类形式,吸引广大学生积极参与其中,让核心价值观进一步入脑入心。开展社会主义核心价值观教育精品项目建设,遴选出 10 个精品项目进行重点建设。继续推进"耕读园"学生劳动实践项目,22 个学生班级通过公开认领,参加耕耘养护实践教育。围绕核心价值观主题,举行研究生"最佳党日活动"评比和"十佳"研究生党支部、优秀研究生党员评选活动。

2. 学生思想政治工作队伍建设有力提升

实施一线优秀辅导员在职读博政策,推进辅导员队伍专家化建设。通过公开招聘选拔 10 名专职辅导员,遴选 9 名优秀本科应届毕业生以流动助教方式担任辅导员。完善多层次辅导员职业技能培训体系,选派 25 名辅导员参加省部级交流培训、10 人参加高校就业指导人员培训、13 人参加国家心理咨询师培训,稳步推进辅导员队伍职业化发展。举办辅导员工作感悟分享会暨 2015 年离岗辅导员欢送会等活动,进一步凝练辅导员职业的核心价值。1 人获 2014 年"江苏省高校辅导员年度人物"。

3. 文化育人和实践育人工作显著提升

探索构建培养、树立、宣传和锤炼一体化的学生榜样选树体系,发挥榜样力量,引领青春成长。当选 2014 年度"中国大学生自强之星标兵"和 2014 年"江苏省大学生年度人物"各 1 人。举办东大好青年评选、最具影响力毕业生评选、优秀研究生评选等活动,充分提升榜样文化的育人实效。举办 2015 年学生科技节,开展 4 大类 227 场活动,参与学生上万人次。举办"创青春"大学生创业比赛,着力提升青年学生创新、创意、创造、创业的意识和能力。改革社会实践工作模式,实现社会实践管理项目化、运作团队化、考核学分化。结合全国学生军训工作 30 周年纪念活动,开展具有东大特色的国防文化教育和实践活动,提升学生国防意识和爱国情怀。

(六) 党风廉政建设稳步推进

1. 加大信访办案和基层党风廉政建设

加大信访办案力度,认真完成好每起信访举报的受理工作,始终保持高压态势,严肃执纪问责,坚决纠正损害师生利益的不正之风。继续完善廉政风险防控体系,加强招生、基建、干部任用、校办企业等重点领域和关键环节权力运行的监督检查,共参加12个岗位、27人次中层干部选拔任用的监督工作,参加231项招投标、议标监督工作。以院系基层党组织换届为契机,在新当选党委委员中增设纪检委员,提升基层党组织监督执纪的能力。

2. 加强廉洁廉政理论和文化建设

以江苏省高校哲学社会科学重点研究基地为依托,成立全国高校首个"反腐败法治研究中心",进一步加强反腐败的理论与实践互动互融,不断提高纪检监察工作的科学化水平。开展党风廉政建设教育月、廉政文化作品展等活动,推进廉洁校园建设,不断净化育人环境。以"推进高校重点领域风险防控"为主题,深化警示教育和岗位廉政风险教育。

(七)和谐校园建设持续提升

1. 推进校园民主建设

全面落实《东南大学教职工代表大会实施办法》,认真推进院系二级教代会建设,健全院系民主制度。完善教代会提案网络办理系统,提高提案办理效率。结合院系基层党组织换届,在院系党组织班子中增设统战委员。结合2017年全国民主党派换届工作,协助各民主党派加大成员发展和人才储备力度。结合"十三五"发展规划预研,调动民主党派、侨联、无党派知联会等组织积极参与专题调研,为发展规划的制订建言献策。组织开展女教职工健身操舞比赛、第四届教职工智力运动会等职工文化活动,进一步营造融洽和谐的校园氛围。

2. 推进平安校园建设

围绕服务学校安全稳定的大局,加强校园消防建设、技防建设和安保队伍建设。坚持实施校园安全定期检查和整改,及时化解各类安全隐患。针对电信诈骗高发的形势,通过校园网和电子屏等渠道,常态化开展安全防骗警示教育,累计制止电信诈骗60多起。规范和加强特种设备安全管理工作,在全校范围内进行特种设备的清查建账和隐患整治工作。启动四牌楼校区门禁系统升级工程,规范校园车辆管理,解决停车难问题。

二、下半年的工作思路和工作重点

下半年,学校党委将按照年初确定的工作总要求和总部署,以全面深化综合改革、全面编制"十三五"改革发展规划为主线,以深入开展党"三严三实"专题教育活动为重点,全面推进依法依规治校、全面加强从严治党,力争国际知名高水平研究型大学建设再上新台阶。下半年的工作补充要点已经发给大家,在这里我不再一一强调,今年下半年的重点工作,我用"六个一"来概括。

(一)抓好一个教育:开展好"三严三实"专题教育

目前,全校大部分单位基本完成了专题党课和第一个专题的研讨环节,有的单位进度与学校总体进度还不够一致,希望开学后相关单位能抓紧时间,保质保量地衔接好专题教育的进度,确保专题教育与推动学校和各单位工作紧密结合起来。

7月25日,中共中央组织部发出通知,要求在"三严三实"专题教育学习研讨中,以周永康、薄熙来、徐才厚、令计划、苏荣等严重违纪违法案件为反面教材,聚焦严守党的政治纪律和政治规矩,组织县处级以上领导干部深刻总结反思、吸取教训、引以为戒,真正在思想上、工作上、作风上严起来、实起来。在专题学习环节我们要认真学习中央精神,充分认识严肃查处这些严重违纪违法案件,彻底肃清其恶劣影响,对于严肃党纲党纪、净化党的队伍的重要意义,使党员领导干部真正把思想和行动统一到中央精神上来,从反面典型中吸取教训,知敬畏、明底线、受警醒,严守党的政治纪律和政治规矩,坚决维护党的集中统一,为协调推进"四个全面"战略布局作出新的更大贡献。

年底之前,我们还要完成好专题民主生活会、整改落实和立规执纪这些重要环节,通过专题教育活动,进一步激发党员干部干事创业的斗志,砥砺敢于担当的勇气,不断开创国际知名高水平研究型大学建设的新局面。

(二)实施一个方案:认真实施综合改革方案

刚才,易红校长对学校深化综合改革作了部署。下半年,学校党委将和学校行政一起推进《东南大学综合改革方案》的全面实施。暑假期间,教育部对我们年初上报的综合改革方案反馈了审核意见,8月3日,学校党政联合发文,向教育部报送了《东南大学综合改革方案》申请核准。可以说,学校的综合改革已经由顶层设计进入了实施推进阶段。从现在起,我们将坚持以提升学校人才培养质量和创新能力为核心,以现代大学制度建设为着力点,以深化人事分配制度改革、建设高水平师资队伍为突破口,全面深化各主要领域综合改革。参照世界一流大学运行体系,结合学校实际和特色,深入推进现代大学制度建设,完善学校内部治理结构,提升治理能力和水平。进一步破解制约队伍建设、人才培养和科技创新的深层次因素,推动人事制度和薪酬体系、人才培养机制和教学模式、学科布局和科研管理体制机制改革,充分释放和激发学校的发展活力。下半年,我们要依据《东南大学章程》,加快推进各院系学术组织章程修订工作,充分发挥各院系学术委员会、学位委员会等学术组织在办学理校中的重要作用,完善治理结构,提升治理能力和水平。

(三)完成一个规划:编制好"十三五"规划

上学期,我校的"十三五"规划编制工作进展顺利。近日,教育部下发了《关于直属高校开展"十三五"基本建设规划编制工作的通知》,对高校做好"十三五"发展规划提出了新要求,做出了新指导。8月18日下午,习近平总书记主持召开的中央全面深化改革领导小组第十五次会议,审议通过了《统筹推进世界一流大学和一流学科建设总体方案》。方案强调,要全面贯彻党的教育方针,遵循教育规律,以立德树人为根本,以中国特色为统领,以支撑创新驱动发展战略、服务经济社会为导向,推动一批高水平大学和学科进入世界一流行列或前列,提升我国高等教育综合实力和国际竞争力,培养一流人才,产出一流成果。要引导和支持高等院校优化学科结构,凝练学科发展方向,突出学科建设重点,通过体制机制改革激发高校内生动力和活力。为此,我们编制新"十三五"改革发展规划时,要积极响应党和国家重大政策,瞄准建设一流大学长远目标,放眼学校建设发展的全局,着力解决关系学校发展全局性、永久性的重大问题,紧密围绕中国制造 2025、"互联网+"、京津冀协同发展、长江经济带、"一带一路"等国家重大战略举措和苏南现代化建设示范区、江北新区等规划来谋篇布局,把新五年的发展思想和具体行动统一到中央的决策部署上来。同时还要在认真总结上半年完成的各专题调研的基础上,结合"十二五"改革发展规划总结情况,参照国际一流大学办学指标,认真完成学校"十三五"规划编制工作。

(四)立足一个根本:落实好立德树人这一根本任务

"培养什么人、怎样培养人"是事关党和国家前途命运的重大问题。党的十八大报告强调,立德树人是教育的根本任务。上面我们提到,中央深改组十五次会议审议通过的《统筹推进世界一流大学和一流学科建设总体方案》也强调,要全面贯彻党的教育方针,遵循教育规律,以立德树人为根本。我们要立足这个根本,落实好立德树人这个根本任务。

1. 进一步提升教师以德立教

以"敬业爱生、教书育人"为师德建设核心,大力推进师德师风建设。通过加强组织领导、加强岗位纪律教育、完善激励机制、树立先进典型等措施,引导和鼓励广大教师争当"四有"好老师。下半年要重点做好教师节表彰、开展好"教师回报社会"义诊等活动,通过表彰先进、服务社会,进一步增强广大教职工的责任感和荣誉感。

2. 进一步提升学生思想引领工作

深入学习贯彻习近平总书记系列重要讲话精神,以"我的中国梦"主题教育活动、培育和践行核心价值观活动为重点,构建全面的思想引领工作体系。进一步完善辅导员队伍考核制度及奖励机制,做好 2016 年专职辅导员的选聘工作,为加强学生思想政治教育工作提供有力保障。深入推进毕业生就业质量提升工程,加强学生社会责任感和历史使命感教育,提高毕业生在国家重点行业和国防重点单位的就业覆盖率。结合纪念抗战胜利七十周年,开展好新生军训工作和大学生国防教育工作。

3. 着力做好创新创业与实践育人工作

7月22日至23日,教育部以"全面提升高等学校创新能力,引领支撑创新驱动发展战略实施"为主题,召开了直属高校工作咨询委员会第 25 次全体会议。与会代表普遍认为,本次会议以创新为主题,很重要、很及时,不仅契合当前和今后一个时期国家发展战略需求,也符合全面提高高等教育质量、解决高校改革发展"短板"问题的要求,大学不仅要服务国家创新驱动战略,还要在服务国家的过程中实现自身发展模式的创新。提升全面创新能力,教育教学创新是核心。

要发挥好课堂教学在创业创新教育中的主渠道、主战场作用。还要积极参与第十四届"挑战杯"全国大学生课外学术科技作品竞赛全国决赛,力争取得优秀成绩。全面启动 2016 年"创青春"全国大学生创业大赛的备赛工作,培育和提升优秀种子项目。进一步完善以"挑战杯"赛事为龙头的大学生科技创新实践活动体系,推动学生科技创新活动高位发展。成立大学生志愿者学校,通过志愿服务工作进一步培养学生责任感和家国情怀。

(五)加强一个保证:全面从严治党为一流大学提供坚强保证

全面从严治党,既是全面深化综合改革的重要任务之一,也是一流大学建设的根本保证。我们要充分发挥好学校党委的领导核心作用,发挥好党委总揽全局、协调各方的作用,通过全面加强思想、组织、作风、制度和反腐倡廉等各个方面的建设,为一流大学建设提供坚实有力的支撑,这也是党委承担全面从严治党主体责任,贯彻落实党建最大政绩和发展第一要务的内在要求。

1. 加强统筹领导,为一流大学建设打造坚强的领导核心

学校全面建成国际知名高水平大学、全面深化综合改革、全面依法依规治校,需要学校各条战线,方方面面的参与。牵一发而动全身,谋一域而带全局,学校将成立深化综合改革领导小组,由校长和我一起牵头负责,担任组长,各位分管校领导担任副组长,通过建立健全领导机制,加强统筹领导,明确责任分工,对改革创新进行综合协调。这需要学校各个层面、各条战线、各个单位,在深化综合改革的全局下定位,在全面深化综合改革的大局中工作,心往一处想,劲往一起使,共同克服综合改革遇到的困难和问题,形成强大改革合力。

2. 加强思想建设,为一流大学建设提供良好的校园舆论环境

舆论氛围好不好,关键在引导。为全面深化综合改革、全面推进依法依规治校提供坚强的思想保障。党委宣传部门和各基层党委要加强宣传和思想工作,通过组织校内各层面的专题理论学习、理论研讨,通过校内各类媒体,为全面深化综合改革凝聚共识、鼓劲呐喊,为全面深化综合改革营造良好氛围和思想环境。

今年下半年,我们将持续加强思想建设和理论武装。围绕"四个全面"战略布局等主题开展学习教育活动,切实将全校师生的思想和行动统一到中央决策部署上来,落实到学校建设一流大学和一流学科的实践中去。探索干部理论学习的新形式,进一步加强和改进理论学习,端正和优化学风,延请理论专家名师,切实提升学习实效。实施集中理论学习与分组、分期、分专题观摩学习、现场教学、实例研讨等相结合的学习模式。在学习内容上,着重把理论学习与业务能力、个人素养的提升相结合,提高干部参加理论学习的积极性、参与度。

3. 加强干部队伍和基层组织建设,为一流大学建设提供有力干部队伍支撑

首先要从严加强干部队伍建设。"政治路线确定之后干部就是决定因素"。相比广大师生员工,领导干部居于少数,身处关键岗位、关键领域、关键环节,是推动学校各项事业发展的"关键少数",只有领导干部自身素质过硬、工作过硬,东南大学的事业才会兴旺发达。全面加强从严治党,关键在从严加强干部队伍建设。邓小平同志早就说过:"中国要出问题,还是出在共产党内部!"习近平总书记指出,"我们国家要出问题主要出在共产党内,我们党要出问题主要出在干部身上""从严治党,关键是从严治吏"。在江苏视察时,习总书记强调,从严管理干部,就是要做到"五个要",即"管理要全面、标准要严格、环节要衔接、措施要配套、责任要分明"。为此,省委组织部近日专门下发〔2015〕11号文《关于落实从严管理干部"五个要"的若干规定》，对怎样做到"五个要"进行了详尽的部署与要求。近日，中共中央办公厅印发了《推进领导干部能上能下若干规定（试行）》，着力解决为官不正、为官不为、为官乱为等问题，其中第八条指出，对不适宜担任现职的干部应当进行调整。不适宜担任现职，主要指干部的德、能、勤、绩、廉与所任职务要求不符，不宜在现岗位继续任职，包括10种情形（"9+1"），譬如，不敢担当、不负责任，为官不为，庸懒散拖，干部群众意见较大的；不能有效履行职责、按要求完成工作任务；品行不端，违背社会公德、职业道德、家庭伦理道德，造成不良影响的；等等。这些规定应当让大家引以为戒。

为在具体工作中落实好全面从严治党，7月13日至14日，省委召开了十二届十次全会，专门对推动全面从严治党迈上新台阶作出部署。近期省委出台了《关于推动全面从严治党迈上新台阶的意见》《关于实施党风廉政建设责任追究的办法》《江苏省党员领导干部践行"三严三实"三十条行为规范》《关于推动干部担当作为防治为官不为的办法（试行）》，并将出台《关于推动党委（党组）落实全面从严治党责任的若干规定》《关于进一步加强和改进巡视工作的实施意见》等系列制度文件，对全面从严治党作出总体布置。

习近平总书记在7月1日主持召开中央深改组第14次会议上指出："要把'三严三实'要求贯穿改革全过程，引导广大党员、干部特别是领导干部大力弘扬实事求是、求真务实精神，理解改革要实，谋划改革要实，落实改革也要实，既当改革的促进派，又当改革的实干家。"全面深化综合改革，需要发挥好领导干部关键少数作用。我们将通过党政职能部门领导班子任期制改革、完善职业制改革、进一步建设和完善分类管理和考核制度，建设一支符合总书记提出的"20字"强有力的干部队伍，在干部队伍中营造想干事、能干事、干成事的氛围，提升广大干部在深化综合改革中的执行力。

今年下半年，我们将持续深化干部人事制度改革。深入贯彻中央《党政领导干部选拔任用工作条例》，推进干部人事管理科学化、规范化、制度化。修订和完善学校中层领导干部选拔任用工作条例，拓宽选人用人视野和渠道，构建有效管用、简便易行的干部选任机制。

在这里要特别强调的是，中央为防止干部带病提拔，开始普遍实行几个"凡提必"：干部档案"凡提必审"，个人有关事项报告"凡提必核"，纪检监察意见"凡提必听"，反映考察对象有关问题的举报"凡提必查"。学校党委将按中央要求，从严管理监督干部，认真组织好领导干部个人有关事项报告工作，在这里我提醒一下各位同志要高度重视这个问题。还将继续做好干部人事档案专项审核工作，开展违规办理和持有因私出国（境）证件专项治理等干部监督管理工作。

其次，要从严加强基层党组织建设。在建设一流大学的征程中，随着全面深化综合改革持续深入，尤其需要进一步加强基层组织建设，选优配强基层党委书记和党委领导班子，加强基层组织的培训、激励和考核工作，有力提高其从事党务工作的能力和水平。在管理重心下移的过程中，尤其要加强学习型、创新型、服务型党组织建设，提升基层党组织服务院系发展的能力和水平。

三是加强制度建设，以制度建设为一流大学建设提供制度保障。加强制度改革，是全面依法依规治校、全面从严治党的重要内容，是全面深化改革的重要保证，也是我们构建具有东大特色的现代大学制度的有机组成部分。全面深化综合改革，加快一流大学建设进程中，我们要完善合理设置院系并规范学校、学部、院系权力，优化校部机关组织架构，健全院系内部治理结构,健全各级学术组织及运行机制,完善办学自主自律各项制度,还要完善全面从严治党各项制度,推进改革措施落实,为深化综合改革,提供坚强的制度保证。

四是加强作风建设和反腐倡廉建设,为一流大学建设营造良好的政治生态。建设一流大学需要良好的校园政治生态。我们要按照综合改革方案要求,通过建立责任清单制度、设立行政服务中心、健全管理服务评价机制、加快学校综合管理信息系统和数据中心建设等等改革举措,深入加强机关作风建设,提升管理效率和服务效能,深入贯彻落实建立和健全惩治和预防腐败体系2013—2017年工作规划的实施意见和关于落实党风廉政建设党委主体责任、纪委监督责任的实施意见,为全面深化综合改革营造清正廉洁的校园政治生态。

在这里要特别强调,8月3日,中共中央颁布实施了新修订的《中国共产党巡视工作条例》。新的巡视工作条例将为落实全面从严治党、依规依纪管党建设党提供更有力的制度保障。按照新巡视工作条例的"全覆盖"要求,认真做好迎巡准备工作。

本学期,我们还将进一步做好学校党风廉政建设的顶层设计,成立学校党风廉政建设和反腐败工作领导小组,完善工作机制体制,保障"两个责任"落实到位。开展党风廉政建设责任制检查,督促校内各二级单位党政主要负责同志认真履行好第一责任人的职责。同时,充分依托"反腐败研究中心",开展好高校反腐倡廉研究。

(六) 建好一个校园:持续建设和谐校园

和谐校园建设是我们常抓不懈的重要工作。下半年,校党委将一如既往地加强和谐校园建设。不断推进校园民主建设,充分发挥民主党派、侨联、无党派知识分子联谊会等的参政议政作用,发挥好工会、共青团、学生会、研究生会、退离休协会等群众组织的桥梁纽带作用,协助退离休协会完成新一轮换届。

要持续推进大学文化建设,建设以"止于至善"校训精神为核心的东大特色先进大学文化。下半年要开展好"礼敬中华优秀传统文化""新生文化季""人文大讲座二十年"等主题活动,弘扬中华民族优秀文化传统和东大优秀文化传统。要发挥好网络文化育人的功能。组织全校性网络文化的管理与评比工作,建设一批面向各二级单位、学生社团等的网络文化工作室,组织开展全校性网络文化活动,打造优秀文化品牌活动,形成网络文化建设齐抓共管的局面。

要不断推进校园民生建设,根据上级部署,稳妥推进我校事业编制人员养老保险及医疗保险改革工作,稳步提升广大教职工福利保障和待遇。增强对退休教职工的关怀,办好教职工退休仪式。开展好纪念抗战胜利70周年活动,做好参战老同志的走访慰问工作。以创建江苏省高校平安校园示范校为契机,不断提升平安校园建设水平,为学校事业发展营造安全稳定的校园环境。

同志们,今年下半年学校改革发展的任务重、力度大、要求高,希望大家进一步凝聚共识、振奋精神、团结拼搏、乘势而上,全力推进国际知名高水平研究型大学和世界一流大学建设,圆满完成2015年各项工作任务。

请为你们的选择而坚守和拼搏

——在2015年本科生开学典礼上的讲话

校长 易 红

亲爱的同学们:

今天,我们在这里隆重集会,举行开学典礼,热烈欢迎东南大学2015级本科新同学。看到近4 000名笃志励学、青春活泼的年轻人加入了东南大学这个大家庭,我由衷地感到亲切和开心。在这个喜悦、激动而又庄严的时刻,我首先代表学校党政和全体师生,向你们——亲爱的2015级全体本科新同学,表示诚挚的祝贺和热烈的欢迎!

十年寒窗苦读,初尝胜利果实。此时此刻的你们,内心会有诸多的喜悦与快乐,也一定有些许的紧张和忐忑。作为校长和一名老师,在这开学典礼上,我想与你们作一番朋友式地坦诚地交流。

有研究表明,人的一生有10次左右的重要选择。正如著名作家柳青所言:"人生的道路虽然漫长,但紧要处常常只有几步。"人生紧要处的选择事关自己的前途发展,你们在人生的紧要处选择了东南大学,选择在这个古老而又年轻的百年学府里度过人生最美好的青春年华,选择在这片土地上收获知识、增长才干,选择在这里播种下理想和希望。从今而后,"东南大学"这四个字将伴随和影响你们的一生。我相信,你们会因此而倍感骄傲和自豪。

因为,东南大学是一所有着光荣历史和辉煌成就的著名学府,一百多年来,东大致力于在人才培养、科学研究、社会服务、文化传承与创新方面励精图治,追求卓越,取得了令人瞩目的成就。东南大学矢志追求一流的品格和一流的志向,正在努力创建世界一流大学。回首往昔,国立东南大学曾被誉为"东南学府第一流",国立中央大学贵为"民国最高学府",南京工学院在教育界科技界声名卓著。进入新的历史时期,我们制订了"三个坚定不移",即坚定不移地走以创新为主导的高水平、研究型大学发展道路;坚定不移地走与国家和区域经济建设和社会发展相结合的建设道路;坚定不移地走国际化办学的强校道路的发展方略,并明确了2035年左右建成世界一流大学的宏伟目标。

同学们,你们选择东南大学,是经过百般考量后的选择,我们认为你们的这一选择是非常明智的。东南大学已敞开怀抱热忱接纳你们,并承诺将决不辜负你们的慎重选择。面对你们的慎重选择,我们既感责任重大,同时也更加坚定了我们提高人才培养质量、争创世界一流大学的决心。"择天下英才而教之",是东南大学一以贯之并长期坚持的历史使命和社会责任。不论什么时候,能够考入东南大学,都不是一件容易的事儿。很多省份的考生,只有高出当地重点线100分以上或者排名在全省2 000名以内,才有资格叩开她的大门。在座的同学们经过高考的洗礼,成为一名"东大人",初尝了成功的喜悦,开始对大学生活满怀憧憬,你们的优秀,令你们的家人和老师倍感骄傲,我也由衷地为你们喝彩。但请大家记住,考入东南大学,只代表了过去,走进东南大学的目的,是要走向更加高远的未来,要实现更加崇高的人生梦想。而这也是我们的宗旨所在,努力打造最好的本科教育,把你们培养成可靠、可造和可用的高素质人才,是学校坚定不移的追求和目标,也是学校永恒不变的工作重心。

早在办学初期,学校就提出"视教育若性命,视学校若家庭,视学生为子弟"的教育理念,努力给予广大学生以亲人般的关注与爱护;后又期待学生们树立理想,以天下为己任,兼顾文理、沟通中西,努力养成"钟山之崇高、大江之雄毅、玄武之恬静"的"国士风范"。当前,学校正在深化各领域的综合改革,而这一场宏大的改革正是以立德树人、大力提升人才培养质量为核心。我们将努力营造"卓越化、国际化、研究型"创新人才培养优良生态。创新人才培养模式与培养机制,创新课程体系与课堂教学方式,推进启发式、互动式、探讨式等研究型教学,深化课堂教学质量监控保障机制建设,强化创新创业教育,培养学生创新能力和实践能力。同时进一步加强校园文化建设,培育同学们的人文情怀和责任意识,大力促进同学们的全面发展,切实提升人才培养质量。

学校已经为你们今天的慎重选择做好了准备,并且还正在做着更好的准备,努力为你们架设一个更为广阔而高端的舞台。请问你们为自己的选择做好准备了吗?做好在这个舞台上大胆解放自己的个性,充分展示自己的才华与智慧,养成独立健全的人格,并最终成长为报效祖国、引领社会、造福人类的栋梁之材的准备了吗?我相信你们的回答是肯定的,你们已经为今天的选择下定决心、攒足力量,已经做好了勇往直前、不言放弃的准备。

我曾在学校 BBS 上看到过一个研究生发的帖子,说在中学时候的一次春游,登上了江宁方山,不经意之间西望,被九龙湖校区一片如同宫殿般的建筑群吸引了。记得那天的阳光特别灿烂,随身听里放着陶喆的《二十二》,脑海里在想自己 22 岁的时候会是什么样,又会去向哪儿? 这是一个年轻人对未来人生的深沉思考和小心发问。二十一二岁,那个年纪正是你们走出东大校门的时候,那时的你们会是怎么样? 真的很令人期待。后来这位对未来发问的年轻人考上东南大学的研究生。曾经有老师,在新生入校时,让大家给未来的自己写一封信,到时候再发给大家。当同学们拿到自己给自己写的信,对比曾经的自我期许,我不知道他们心里的感受如何,我相信大多数同学是充满了自豪和骄傲,感受到了充实和快乐,但肯定也会有充满愧疚的,有无限后悔的。

常言道:"事业常成于坚守和拼搏,毁于浮躁和松懈。"我想啊,那充满愧疚和后悔的个别同学,可能就是因为进大学后过于浮躁和松懈,没有进一步的坚守和拼搏,虚度了时光,浪费了机遇。要知道,所有的成功都是源于自己的努力与付出,没有努力与付出何谈收获? 习近平总书记曾这样勉励青年人:"人的一生只有一次青春,现在,青春是用来奋斗的;将来,青春是用来回忆的。……只有进行了激情奋斗的青春,只有进行了顽强拼搏的青春,只有为人民作出了奉献的青春,才会留下充实、温暖、持久、无悔的青春回忆。"同学们青春年少,正处于上进求学的大好时光。作为一名东大人,同学们在学校创建世界一流大学的宏伟事业中,肩负着重要的使命,扮演重要的角色,与此同时,你们也必然要与学校一样,要确立高远的人生目标,要有一颗争创一流和成就一流事业的心。"青春须早为,岂能长少年。"你们要懂得珍惜大好的青春时光,在东南大学这样一个有着百年办学传统的优良环境中,立志奋发、刻苦攻读,更加脚踏实地,更加埋头苦干,不断探求新知,永葆积极进取的朝气和永不言败的勇气,坚守成就事业、担当使命的信念,并为之努力拼搏、奋发进取,以报国荣校、造福人类的博大胸怀去积极探求人生的真谛,以实际行动促进人类社会的进步,留下永不后悔的青春回忆。

在未来的日子里,你们还会面临一些人生"紧要处"的选择,希望你们能像今天一样,选择之前深思熟虑,选择之后依然能坚守初心和继续拼搏,那你们未来的前途发展将会是一片光明。因为人世间一切美好的梦想,只有通过艰苦拼搏去实现;生命中一切的辉煌灿烂,也只有通过艰苦拼搏去铸就。亲爱的同学们,新的人生旅程已经启航,精彩的人生等待着你们去开创。我们有理由相信,因为今天的选择,因为随之而来的努力和奋斗,你们一定会拥抱一个美好的未来,一定会创造无愧于时代和人民的光辉成就!

谢谢大家!

为你们的出彩而自豪和骄傲

——在 2015 届本科生毕业典礼上的讲话

校长 易 红

（2015 年 6 月 18 日）

同学们：

今天，是一个值得纪念的日子，是令我们终生难忘的日子，大家顺利完成学业，即将踏上新的人生征程。在这样一个充满激动、喜悦、憧憬而又不舍的重要时刻，我首先要代表学校，向全体毕业生表示最热烈的祝贺和最诚挚的祝福！

同学们，大学时光虽然短暂，但却值得一生铭记。几年前，来自五湖四海的同学，在这里相聚，在这里相识，砥砺前行，共同成长，与东大结下了不解之缘。几年的大学生活，一千多个日子的青春时光，你们有太多太多值得追忆、值得珍藏的事情，有太多太多闪亮的地方。

在同学们的身上，我看到了奋进激扬的青春和求学求知的渴望。学校给予你们的，是一种才智的洗礼，一种德行的磨砺。你们在东南大学"视教育若性命，视学校若家庭，视学生为子弟"的办学传统中得到锤炼，在"止于至善"的校训中得到熏陶，在"严谨求实、团结奋进"的校风中茁壮成长。你们为了求知探新，在图书馆里埋头苦读；你们为了提高人文素养，在大讲堂里虚心聆听名师大家的点拨；你们为了强健体魄，在操场上顶着烈日挥洒汗水。我们不会忘记，你们为了各类学术竞赛而通宵达旦、倾力投入；你们为了在文艺、体育比赛中赢得荣誉而通力协作、密切配合。正是因为有了如你们这般优秀的一代又一代东大学子，我们的学校才会永葆青春、桃李芬芳。我为你们精彩的青春奋斗而自豪和骄傲！

在同学们的身上，我看到了胸怀祖国的担当和心系天下的抱负。学校秉承优良的育人传统，努力为国家培养堪当大任之才，并期求为国家强盛和人类进步作出更大的贡献。大学期间，你们不仅脚踏实地，把心放在书本上，放在课堂上，还培养了一份家国情怀，一份社会责任。你们大学时光的点点滴滴，深深地感动了我。在种种自然灾害来临时，你们真诚地祝福祈祷并给予关切，节衣缩食向灾区捐钱献物，已成为我们东南大学校史永远珍藏的场景；走进边远山区的东大支教团，以及这些年来扎根西部、扎根基层的东大校友，他们不计个人得失，不畏艰难险阻，把在东大所学带到了西部，带到了基层；还有在进城务工人员子弟学校的讲台上，在 2014 青奥会的志愿岗位上，在认知社会的工矿企业和街道社区中……那一个个忙碌而快乐的背影告诉我们，你们正在践行着奉献祖国、服务人民的光荣承诺。我为你们在为国分忧、为民服务时虔诚而坚定的表现而自豪和骄傲！

在同学们的身上,我看到了爱校荣校的心怀和热情。当我们的校友事业辉煌,或者校友企业成功上市,当我们的教授团队十年磨一剑,攻克一个又一个世界级难题,荣获国家级奖励时,每念及此,我们都为自己是东大人而倍感自豪,无时不在感受并享受着那份荣耀。而这样的故事,就如你们代表学校捧得一个又一个大奖一样,在东大校园中年复一年地不断上演。同样令我感动的是,大家为了学校发展建言献策,以及在网上、在BBS上、在校长信箱中留下过的真挚心声。你们或许为了食堂的饭菜而抱怨过,或许因为校园网的不给力而苦闷过,或许因为基本建设的轰鸣声而烦躁过,或许为了使校园更加美丽并充满人性化而提出这样那样的意见建议。你们的一句句话语,都深深地刻在了我的心里,我为没能在你们入校时就提供一个更加优美和舒适的环境而感到不安。但也许你们注意到,我们学生宿舍安装上了空调,我们的老校园拆除了违建,我们的校园安放了更多的休闲长椅,我们的新校区移植的很多粗壮的法桐抽出了新芽。我们始终如一地坚持"以学生为本",并深知这才是学校得以长兴的根本。我们不仅要让大家体会到求知的紧张、辛劳和严谨,还要让你们体验到东南大学这个大家庭的温暖、关爱和快乐。虽然学校条件依然有限,但我看到,大家抱怨归抱怨,你们仍然快乐地融入到集体当中,汲取着知识的养分,体验着学习的愉悦,陶冶着高尚的情操。可以看出,你们提出的种种意见和建议,都浸透着你们对学校无尽的关心和无私的热爱。我为你们这份对母校的依恋与赤诚而自豪和骄傲!

在同学们身上,我看到了既深又浓的师生情和同窗谊。一路走来的大学时光,丰富精彩,令人难忘。这一切已深深地融入到你们的血脉与灵魂中,成为你们永生难忘的东大印记。你们同样无法忘记,相伴走来而今又要分离的那些同窗好友和授业恩师,是他们让大家在几年的生活中不再孤单,并有了家一样的温暖。在以后的岁月里,同宿舍的兄弟、同班的同学和关怀备至的老师,都将会与美丽的东大校园一起出现在你的怀念中,而那时,你们早已经忘记了曾经与同学间发生的争执,忘记了对学校的种种不快,忘记了老师曾经的严厉,因为你们的骨子里结下的是深深的师生情谊和浓浓的同窗友情。我为你们这份宽容、纯真而热烈的情怀而自豪和骄傲!

在同学们身上,我还看到了"而今迈步从头越"的意气风发。今天是你们毕业纪念日,同样也是你们重新起航的日子。对于学校来说,该给予你们的,都已经倾囊相授,但我相信,这种影响一定是潜移默化和伴随终身的。大学之道,育人为本。我们敢负责地说,东南大学培养的人才,一定是品德与才智兼备、科学与人文交融、生理与心理和谐、全球意识与国家担当集于一身的高素质人才。因此,我对你们的未来充满了信心。当然,你们或许会有一时的不适应和彷徨,或许会为内心理想与客观现实之间的矛盾而苦恼。但我坚信,几年大学时光的磨砺,为你们的事业成功提供了更加坚实的保障。我们生活在一个变革与创新并存的时代。在这个时代,科技发展日新月异,新思想、新发现层出不穷。对我们来说,充满机遇,也面临挑战。因此,毕业不是学习的终点,因为你们面临的将是一个更加充满变数的社会考验。如今正是你们放飞理想的时刻,你们一定会选择正确的方向,并为远方目标而不懈努力,不论成败,你们都将青春无悔。看到你们刚毅的脸庞和必胜的信心,我为你们蓄势待发迎接挑战的豪情与果敢而自豪和骄傲!

青春正绽放,梦想已启航。在你们新的人生征途上,母校时刻在你们的心中,在关心关注着你们,成为你们走得更远、飞得更高的坚强后盾,成为你们精神力量的不竭源泉。你们毕业后的每一个行动,每一个进步,你们为家人付出的努力,为国家和社会作出的贡献,都将成为构建东南大学品牌的重要元素。我相信,东南大学一定会因为你们的杰出表现而更加声名远播。

再见了,亲爱的同学们,衷心祝愿你们未来的人生一帆风顺,家庭幸福,前程似锦,事业辉煌!

谢谢大家!

做一个踏实、高尚和感恩的人

——在 2015 届研究生毕业典礼暨学位授予仪式上的讲话

校长 易 红

（2015 年 6 月 19 日）

同学们：

经过几年寒窗苦读，今天，你们圆满完成学业，正式毕业了。在这一激动、喜悦而又不舍的重要时刻，我代表学校党政和全体师生，向你们送上最热烈的祝贺和最真诚的祝福，祝愿每一位同学毕业离校后，都能拥有灿烂美好的明天。

一所大学，其根本价值究竟是什么？尤其是对于百年学府东南大学，怎样才能与其声望和地位相称？我个人以为，为国家和社会培养出更多具有远大的目标、坚定的信念、健全的人格、健康的体魄、基础宽厚扎实、创新能力强，能够在科技、经济、文化、社会等相关领域发挥骨干作用的栋梁之材，才是我们最为重要的宗旨。我希望，我们东大的毕业生，一定要做一个认真踏实、品德高尚和懂得感恩的人，自信、自如地走向未来，努力去实现自己的人生理想，去开创更加美好的明天，真正成为于国于家于社会有用的栋梁之材。

首先，我们要做一个认真踏实的人。回望过去几年，同学们从怀揣梦想进入东大，并在东大勤奋探索，埋头奋进，踏实向学，完成了各项课程和学业，为此付出了极大的努力，洒下了艰辛的汗水，也克服了许多的困难。我相信，经过在东大的积累和沉淀，你们所收获的不仅仅是知识技能，还成就了脚踏实地、不怕苦累的精神涵养。脚踏实地是人生最为宝贵的精神财富之一，是获得收获、取得成功的重要保证，这一份精神涵养将为你们赢得美好未来提供无限动力。在这里，我想请大家记住，快乐与金钱和物质并无必然的联系，健康才是事业的基础，家庭才是最可依靠的港湾，快乐方为人生最大的财富！衷心地祝愿同学们，怀抱一颗认真踏实的心，勤奋勤勉，学以致用。假如你能够珍爱家庭、重视朋友，而且关心自己的健康，那么你终将会拥有一个温馨和美的家庭，健康阳光的体魄，快乐向上的心境；也必然会体会到生活的乐趣和真谛，过上真实、充实和踏实的幸福生活。

其次，我们要做一个品德高尚的人。过去的几年里，同学们充分理解并积极投入到学校的改革事业当中，为学校的发展建设提出了许多有益的建议和意见。尤其是同学们通过实验成果、发表高水平论文、申请科研项目和专利等多种方式，积极参与到学校的科研事业当中，扮演了重要的角色，发挥了积极作用。你们在校期间所取得的每一份成绩，获得的每一个进步，都为学校事业腾飞提供了坚实的保障和不竭的动力。你们以学校为家，更多宽容，更多接纳，无私奉献，这些都体现了同学们爱校荣校的高尚情怀和优秀品质。在今后的日子里，希望大家能够继续秉承这种精神，秉承母校"止于至善"的校训，志存高远，开拓创新，时刻把祖国、把人民、把事业放在心中，以自己的辛劳和智慧报效祖国，造福社会，服务人民。我相信，高远的目标和高尚的情怀，一定能够帮助你们取得更大的进步，获得更大的成功，书写出无愧于时代和不辜负自己的精彩人生。我盼望东大的毕业生能够恪守道德和良知，不要在意社会能给你什么，也不要介怀社会上的一些负面和不公，我们要做的，就是思考并践行我们能为社会贡献什么，能为国家奉献什么，从而做一个不盲从、不流俗、品德高尚的人。

再次，我们要做一个懂得感恩的人。在同学们攻读研究生阶段，除去自己的努力，还少不了太多人的付出。你们的父母、老师、亲朋、爱人，都给予了你们无私的支持，甚至学校食堂的职工、医生、校园保安、宿舍阿姨，都曾给过你们一些帮助。待你们踏上社会，开创事业时，终会明白世界上并没有理所当然的事情，你们获得的成就，仍丝毫离不开身边人和朋友的理解与支持。也许那个时候，你们的父母业已年迈，行动不便；你们的老师也双鬓斑白，步履蹒跚。但请你们要懂得感恩，饮水思源，要悉心照料你们的双亲和家人，常看看培育你们的师长。我最近在微信圈看到名为《一个空瓶》的故事，说道："人就好比一个空瓶子，你向瓶子里面倒什么，你得到的就是什么。心里装着善良，装着宽容，装着真诚，装着感恩，你的生命就充满了阳光，无论遇到任何矛盾，都会首先查找自身的不足加以修正，他人的一切不好，都会在你博大的胸怀中消逝。"我希望大家不管获得多大成功，取得多大荣誉，拥有多少财富，都要用你们的知识、你们的才华，努力回报社会，回馈恩人。各位，今天是值得我们庆贺并为之欣喜的大好日子，但也不要忘记，这还是一个应当感恩的日子。

最后，我还希望同学们更加热爱自己的母校，继续关心自己的母校，永远支持自己的母校，做一个坚定的、忠实的东大人。东南大学是所有东大人共同的精神家园。走出校门，你们就成了校友，你们的一言一行，不仅代表你们自己，也代表着自己的母校东南大学。希望同学们更加热爱她，加倍地珍惜和维护母校的良好声誉。今后，无论在哪个岗位，无论在任何场合，希望你们不仅要努力地维护母校的形象和声誉，还要以优秀的表现和卓越的成绩来证明自己，为母校增光添彩！

梦在远方，路在脚下。各位毕业生同学，按照毕业礼程序，一会儿我将逐一为每一位同学拨正流苏，并合影留念，留下你们的青春倩影，留下我对你们的深情祝愿。祝愿同学们工作顺利，生活美满，事业辉煌！

谢谢大家！

凝心聚力　奋勇拼搏
为加快推进世界一流大学建设而努力奋斗

——东南大学第七届教职工代表大会第四次全体会议工作报告

校长　易　红

（2015 年 1 月 7 日）

各位代表、老师们、同志们：

今天，东南大学第七届教职工代表大会第四次全体会议隆重开幕了。首先，我代表学校党政对大会的胜利召开表示热烈的祝贺！向在座的各位代表、老师，并通过你们向一年来辛勤耕耘在教学、科研、管理、医疗、服务等岗位的全校教职员工表示衷心的感谢和诚挚的问候！

根据大会议程，我向大会作学校行政工作报告，请各位代表审议。

一、2014 年学校行政工作

2014 年，学校全面贯彻落实党的十八大和十八届三中、四中全会精神，学习领会"深化教育领域综合改革"总体要求，紧密结合党的群众路线教育实践活动整改落实工作，在教育部和江苏省委、省政府的正确领导下，以及学校广大师生员工的共同努力下，坚持改革，不断创新，各项事业进展顺利，取得了较为优异的成绩。

（一）学科建设和研究生教育工作取得新进展

学校不断加强学科内涵建设，优化学科布局，促进学科建设迈上新的台阶；从研究生招生、培养、管理、学位授予以及国际化等多方面，整体推进研究生教育综合改革。进入 ESI 的 7 个学科排名均大幅提升，其中工程学上升至第 80 位，进入全球前 1‰。工程学在《美国新闻与世界报道》中位列全球第 31 位，位居中国大陆高校第 5 位；计算机科学名列全球第 50 位，位列中国大陆高校第 5 位。在江苏高校优势学科建设工程一期立项学科验收中，11 个立项学科全部获得 A 等，入选二期立项学科 13 个。推免研究生接收人数较上一年增长 36%，本科直博、硕博连读、申请考核的选拔比例从上一年的 37% 提高到 60%。获江苏省优秀博士学位论文 11 篇，优秀学术学位硕士论文 17 篇，创历史新高。入选第七届国务院学位委员会学科评议组成员 13 人。被国家留学基金委录取研究生 142 名，较上一年增加 40% 以上；录取博士生导师短期访问项目 22 人，位列全国第一。建设全英文教学课程 55 门，获批江苏省企业研究生工作站 57 家。全面推进研究生公共英语课改革，获江苏省重点教改项目立项。

(二) 本科教学和人才培养工作获得新成效

进一步深化教育教学改革,推动人才培养模式及体制机制创新,以大力提高课堂教学质量为重点,创新教育教学方法,着力培养学生的创新精神和实践能力,进一步提升教育质量。在国家第七届高等教育教学成果奖评选中,获一等奖1项、二等奖5项,获奖总数并列全国高校第八位。获第三批国家级精品资源共享课17门,国家精品资源共享课立项总数达到36门。新增国家级视频公开课建设课程7门,立项数位列全国第一;获国家精品视频公开课称号2门。获国家"十二五"普通高等教育本科国家级规划教材(第二批)17种,教材总数达到38种,位列全国第九位。获"宝钢优秀教师特等奖"1项,"宝钢优秀学生特等奖"1项,连续五年同获宝钢师生特等奖。成功申报国家级虚拟仿真实验中心,支持校内50个虚拟仿真实验项目的建设。获2014年美国数学建模竞赛特等奖2项,位列全球所有参赛学校第二位,创历年最好成绩。新建校级实践基地22个,卓越计划培养基地1个。认真开展评教工作,推动全校大范围听课,建立健全课堂教学质量监控机制。较好地完成本科生招生工作,在江苏省内理科投档分位列全国高校第8名。获"2014年度全国毕业生就业典型经验高校"称号,为教育部直属高校获此荣誉的四所高校之一。学生资助工作在"江苏省学生资助绩效评估"中获评"优秀"。在思想政治教育、日常管理与服务等方面取得较好成绩。

(三) 科学研究和科技服务工作取得新突破

进一步创新科研管理思路,强化科研服务意识,增强科研组织协调和服务能力,扎实推进制度建设,在项目申报、平台建设、团队建设、产学研合作等方面取得较好成绩。以第一完成单位获得国家级科技奖励5项,获奖总数位列全国高校第三位,其中吕志涛院士团队牵头完成的"现代预应力混凝土结构关键技术创新与应用"喜获国家科技进步一等奖,是继2011年我校牵头获得一项国家技术发明一等奖后的又一项重要突破,另外牵头获得国家自然科学二等奖1项,国家技术发明二等奖1项,国家科技进步二等奖2项,取得历史最好成绩。无线通信技术协同创新中心获国家2011协同创新中心认定。牵头获得"973计划"项目2项。SCI收录论文1790篇,较上一年增加315篇;EI收录论文1 969篇,较上一年增加351篇。据中国科学技术信息研究所发布的2013年度中国科技论文统计数据显示,我校有3篇论文入选2013年中国百篇最具影响国际学术论文,入选3篇以上的机构仅有7个。3位教授荣获首届汤森路透中国引文桂冠奖"高被引科学家奖",入选人次在全国高校中并列第五。获国家自然科学基金项目资助217项,资助总额达1.58亿元。国家社科基金立项16项,其中重大项目1项;教育部立项16项,立项数位列全省第一;获江苏省社科基金立项资助16项,其中重点项目6项,名列全省第一,取得历史最好成绩。获江苏省哲学社会科学优秀成果奖27项,获奖总数是上一届的两倍。科研经费到款16.57亿元,较上一年增长7.8%;人文社科科研立项经费与到账经费均较上一年度增长约50%。发明专利申请量1 800件,发明专利授权量658件。组织并完成了2013—2014年度质量管理体系内部审核、管理评审工作,接受中国新时代认证中心对我校质量管理体系民品的第二次监督审核和军品的第三次监督审核。新建校企产学研联合研发中心12家,新成立东南大学技术转移分中心7家。与企业联合申报江苏省科技厅重大科技成果转化项目17项,居全国高校前列,较上一年增长一倍多;江苏省科技厅产学研合作前瞻性联合研究项目15项,较上一年增长50%。

(四) 师资队伍建设与人事工作取得新进步

继续坚持"人才强校"战略,积极推进人事分配制度改革,不断完善人才考核评价、专业技术职务评聘等工作制度,加大人才引进力度,加快青年教师培养,不断优化教师队伍整体结构。新增"长江学者"5人,新增"万人计划"科技创新领军人才2人、哲学与社会科学领军人才1人,新增第十批"千人计划"外专千人2人、青年千人3人,新增全国十大杰出青年法学家1人。新增江苏省"青蓝工程"科技创新团队2个。引进具有博士学位的教师126人,其中具有海外博士学位44人。引进急需的学科带头人7人;派出青年骨干教师出国进修(含访问学者)85人。专任教师2 659人,具有博士学位的教师2 015人,占教师总数的比例为75.8%。博士后科研流动站设站总数达到30个,基本覆盖了我校所有一级学科博士学位授权点。启动实施新进专任教师合同聘用制度,提高了新进教师科研启动费、购房货币化补贴和首聘期房租补贴,调整了35岁优秀青年教师、青年特聘教授的支持体系。修改了专业技术职务评审条例,出台并实施了在职教职工管理、用人激励机制及公派出国考核管理等相关文件。自筹资金预补发2010—2011年校内岗位绩效津贴。

(五) 国际合作交流与港澳台工作取得新成绩

坚定不移地走国际化办学的强校道路,积极借鉴世界一流大学的办学经验,着力在高层次国际交流、国际重大科技项目合作、与国际知名高水平大学合作办学和具有国际影响力的海外高水平创新人才引进等方面开展工作,取得了明显成效。东南大学—蒙纳士大学苏州联合研究生院和联合研究院的各项工作进展顺利,在读学生达到400人,联合培养的首届研究生正式毕业。与法国雷恩一大签署了3个合作办学项目协议,联合培养的在校生140人。与德国乌尔姆大学等20余所高校开展了学生联合培养工作;与美国乔治城大学等签署了32份合作交流协议,正式建立校级交流关系;顺利完成"20+20援非计划"。新增孔子课堂4个,达拉斯得克萨斯大学孔子学院荣获"2014年度全球先进孔子学院"称号。派出赴国(境)外参加国际学术会议、交流和访问的教师958名。派出赴国(境)外攻读学位、短期进修和学习交流的学生2 118人,较上一年增长34%。聘请来校讲学、合作研究的外国专家近900人。举办国际学术会议21次。在校海外留学生达到1 656人,其中学历生1 219人,占总人数的73.6%,位列全省第一。

(六) 围绕学校中心工作,其他各项工作进展良好

继续按照中央统一部署,在中央督导组的指导和学校党委的领导下,更加扎实有效地开展党的群众路线教育实践活动整改落实工作,广大师生热烈响应、积极参与,整改活动进展有序,确定了5大类74项重点整改任务,70项已按时整改并长期坚持,其他4项为长期整改项目并在进行之中,完成比例近95%,达到了预期目标,取得了重大成果。加快推进现代大学制度建设,提高学校依法治理能力,全面实施《东南大学章程》,并依据章程重点对学校现行规章制度开展废、改、立等相关工作。依法制定《东南大学学术委员会章程》,调整并健全学术委员会、学位委员会、教学委员会等学术机构的职责,充分发挥学术权力的作用。根据"深化教育领域综合改革"总体要求,颁布实施《东南大学院系综合改革试点实施办法》,选择2个学院进行综合改革试点;试点学院依据学校实施办法的精神和要求,广泛开展调研,着手制订实施细则,条件成熟的改革举措已逐步实施。结合学校实际和综合改革试点工作经验,研讨并制定《东南大学综合改革方案》,重点在体制机制改革创新、内部治理结构、人才培养模式、师资队伍建设等方面推进综合改革。

调整后勤体制机制,撤销后勤管理处、后勤服务集团,成立了总务处。实施四牌楼和丁家桥校区电力增容和配电设施改造、空调安装工程,为学生宿舍安装空调2 923台。落实完成四牌楼校区图书馆、体育馆、校东运动场等改善基本办学条件专项18个,推进四牌楼教工食堂改建工作,改善教职工就餐条件和环境。绿化出新面积近4 000平方米,安装景观座椅180个。大力开展节约型校园建设,强化师生"节水、节电、节粮"的节约意识,建设低碳校园。基本完成九龙湖校区研究生宿舍三号院建设,顺利推进土木交通教学科研楼建设。九龙湖校区桃园食堂、桃园学生宿舍工程已通过教育部可研报告评估。

此外,校园民生不断改善,民主渠道建设进一步加强;安全稳定工作卓有成效,有力地保障了各项工作的开展;财务运行情况良好,财政收入超过33亿元,较上一年增长约10%,获得教育部绩效奖励金额位列全国部属高校第三;各种审计监察规范有效;对外宣传成效明显;依法治校工作取得新进展;机关服务意识进一步增强,服务质量有所提高;学校教育基金会和校友工作取得新的成绩;继续推进大学科技园孵化载体和公共服务平台建设;数字化校园建设、对口支援等有关工作顺利推进。附属中大医院医疗服务、学科建设、科学研究、教育教学等各项事业取得较快发展。各校区、各院系、各直属单位在学校领导下顺利开展工作,均取得较好成绩。

虽然学校的各项事业呈现出良好的发展势头,但我们也应该清醒地认识到,在世界一流大学建设进程中,东南大学还面临不少困难,发展仍然会遇到不少问题。比如,现代大学制度建设任重道远,内部治理结构还需进一步完善,如校、院(系)关系还有待进一步明确,行政权力、学术权力的边界还不够清晰;高水平师资队伍建设还需进一步加强,如院士、"长江学者"特聘教授、"千人计划"和"青年千人计划"等的选拔和引进力度不够;人才培养模式尚需继续探索和完善,人才培养质量还有待进一步提高,如课堂教学质量尚未达到预期目标;等等。面对以上困难和问题,我们需要立足学校全局,加大综合改革力度,突出体制机制建设和内涵发展,信心百倍地加以解决。

今后,我们要继续贯彻党的十八届三中、四中全会精神,结合党的群众路线教育实践活动整改落实工作,认真落实"十二五"发展规划纲要,增强发展的紧迫感和使命感,振奋精神,励精图治,以加快建设世界一流大学为目标,以提升教育质量为主线,以加强内涵建设为重点,全面推进各项事业的综合改革,进一步提升办学水平和综合实力。

二、2015年拟重点推进的行政工作

2015年,是学校全面实施"十二五"发展规划纲要的收官之年,是学校着力推进综合改革的关键之年,围绕学校既定的发展目标,我们必须加大改革力度,加快建设步伐,奋发进取,奋勇拼搏,加快国际知名高水平研究型大学和世界一流大学建设进程。

(一)抓紧实施《东南大学章程》,完善内部治理结构,构建具有东大特色的现代大学制度

重点推进《东南大学章程》的实施,根据《东南大学章程》进一步对学校现有的规章制

度进行全面梳理,认真做好各项规章制度的"废、改、立"工作,建立健全各项事务规则和办事程序。重点深化行政管理体制和机构改革,梳理现有行政机构、直属及附属单位运行现状和职能权限,根据性质与功能定位调整组建服务中心,加强职能部门间的协调与统筹,进一步提高服务师生的理念以及业务能力与水平。重点推进校、院(系)管理体制和运行机制改革,理顺校、院(系)责权利关系,明确学校与院(系)各自的管理范围,扩大院(系)在师资聘任与考核、职称评审等方面的自主权,切实加强院(系)内部管理体制改革。重点理顺行政权力和学术权力在学校内部治理结构中的权责和关系,根据《东南大学章程》重点调整并健全学位委员会、教学委员会等学术机构的职能,依据《东南大学学术委员会章程》保障学术机构履行学术权力。重点推进学校教学科研机构调整与设置工作,对现有各类教学科研机构进行梳理,强化系(教研室)的教学功能和研究所的科研功能。

(二) 继续深化人事制度改革,大力实施"人才强校"战略,打造高水平师资队伍

重点实施高层次人才全球招聘制度,完善同行评议机制,结合学科发展需要和岗位需求,积极探索和采用新型的聘任方式,加大力度引进高端人才和优秀青年人才。重点实施岗位分层分类管理制度,推进定岗定编工作,对不同层次和不同类别的教职员工,分别制订和完善岗位职责与要求,完善职务晋升、聘期考核政策。重点推进新进教师"弹性聘期"制度,对于杰出人才,根据其层次和不同学科的特点,决定聘期;对于一般新进专任教师以3年为一个聘期,采用两个聘期的试聘管理模式,聘期考核不合格,学校有权解聘或终止聘用合同;两个聘期内未能达到聘用合同要求的,聘用合同自然终止。重点构建以岗位绩效工资为主体,年薪制、协议工资、项目工资等并存的多元化工资体系,探索建立规范化的薪酬调整机制和相应的考核激励机制;改革职称评聘和考核工作,下放考核权限和部分职称评审权。

(三) 加强顶层设计和发展规划,推进新型科研机构建设,深化建设学术特区,建立公共科研平台和科研资源共享机制

重点加强学科顶层设计,根据国际学术前沿、国家重大需求以及东南大学的学科特色,制订科学的发展规划,优选学科发展新方向,以优势工科为依托,以产出原创性成果为目标,促进理工、医工、文工之间的交叉融合,逐步建立起鼓励和支持交叉学科快速成长的机制与环境。重点推进新型科研机构建设,在现代大学制度框架下建立新型科研机构,重点推进协同创新,大力提升科技创新能力,总结城市科学与工程研究院学术特区建设经验,完善"学术特区"用人方式、薪酬体系和考核机制,积极推动现有科研机构管理体制及运行机制改革,进一步加强"学术特区"扩展与深化工作。重点推进公共科研平台建设和科研资源共享机制改革,统筹各种大型仪器设备和各类科技资源的管理,参照世界一流大学的经验,结合学科发展需要,建立公共科研平台,提升科研资源的共享利用水平,显著改进其对高水平教学科研的服务能力。

(四) 深化教育教学改革,创新人才培养模式,着力提高人才培养质量

重点推进招生录取制度改革,在国家本科招生政策下探索本科优秀生源的选拔录取途径,努力提高本科招生录取的科学性与公平性;进一步推进硕士研究生分类考试、分段录取工作,完善博士研究生"申请—考核"制度,大力提高硕士、博士研究生生源质量。重

点深化人才培养模式改革,通过增设研讨课等方式,加快推进课堂教学从传统的知识传授型向研究型转变,推进启发式、发现式、讨论式、参与式教学,扎实推进"本、硕、博"统筹的"卓越工程师教育培养计划",进一步以学生为本,激发学生主动学习和深入研究的热情。重点深化课堂教学质量监控保障机制建设,强化教学过程管理和质量考核,完善校、院(系)教学督导制度和学生评教制度,切实提高课堂教学质量。

(五)构建科学长效的国际合作机制,深化国际合作交流内涵,全面推进国际化办学进程

重点加强制度创新,加快构建完善的适应学校国际化发展形势与要求的体制机制、管理办法及配套措施。重点深化与澳大利亚蒙纳士大学的合作,力争东南大学—蒙纳士大学苏州联合研究生院和联合研究院工作得到进一步发展。重点做好高水平大学研究生和本科生留学项目,加大国际交流和联合培养力度,派出更多的学生出国(境)学习、交流。重点推进海外留学生的招生和培养工作,在扩大留学生规模的基础上,更进一步提高留学生层次。重点加强与国际知名大学和著名跨国公司的长期合作,加快建立多种形式的国际合作载体和平台,提高学校主办的国际学术会议的质量,大力推动教授与教授、课题组与课题组之间的学术交流与长期合作。

同时,我们还要科学规划多校区功能定位和建设方案,进一步提高校园的整体规划和建设水平,着力改善教师教学、科研工作环境。加强统筹规划,建立大学文化建设的长效保障机制,积极推进校园文化和大学精神建设。完善学校内部监督体系,全面实行财务预决算制度、重大事项委员会决策制度、经济业务和经费收支内部控制管理制度、财务公开制度、经济责任审计监督制度等。完善学校经营性资产管理体制,加强国有资产经营预算管理,提升经营性国有资产收益能力。创新后勤服务机制,完善公益性投入与市场化运营相结合的后勤运行机制,提高服务保障能力。不断加强师生关爱工作,完善家庭经济困难学生资助体系,根据国家政策,结合学校财力,进一步改善教师的工作条件和福利待遇。进一步探索民主管理的形式和方法,切实发挥校、院(系)两级教职工代表大会的民主管理和民主监督作用。充分发挥工会、共青团、退离休协会、学生会、研究生会等群众组织的桥梁纽带作用,不断加强对上述群众组织的指导和帮助,使之成为校园民主建设的重要力量。大力推进校务、院(系)务公开、信息公开等工作,提高决策的透明度,增进学校与教职工之间的沟通和理解,增强学校凝聚力。

各位代表,老师们、同志们,教育综合改革是一项系统工作,对学校的事业发展至关重要。因此,我们要认真学习贯彻党的十八大和十八届三中、四中全会精神,紧紧抓住实施"十二五"发展规划纲要的重要机遇,改革创新,团结拼搏,牢记建设世界一流大学的神圣使命,通过多种渠道积极参与学校治理,理解并积极配合学校正在深入推进的综合改革,为东南大学事业发展贡献出全身心的力量和智慧,为民族复兴的"中国梦"作出新的更大的贡献!

谢谢!

在2015年庆祝教师节大会上的讲话

东南大学校长　易　红

（2015年9月10日14:30）

老师们，同学们：

今天，我们隆重聚会，共同庆贺教师节。首先，我谨代表学校党政，向常年工作在教学、科研岗位上的老师们，向奋斗在管理、服务和医疗岗位上的全体教职员工和广大离退休老教师、老同志，致以崇高的敬意和美好的祝愿！

自去年教师节以来，我们继承与发扬学校的百年办学传统与优秀文化，学习借鉴世界一流大学的办学模式和成功经验，结合社会现实与学校实际，有序推进综合改革，构建更加充满活力、更加富有成效、更加开放的发展体制与机制。广大教师以饱满的热情和积极的态度，投身到学校的综合改革事业当中，有力地推动了学校各项工作的进一步发展。

学校进一步加强高峰学科建设，积极鼓励交叉融合，支持新兴学科发展；深入推进研究生教育综合改革，做好研究生招生、管理、培养与服务工作。进入ESI的7个学科排名均稳步提升，其中工程学上升至59位，计算机科学列95位。本科直博、硕博连读和申请考核三类优质生源所占比例已达到66%。经过"国家建设高水平大学公派出国留学项目"的选拔与推荐，被国家留学基金委录取研究生181名，其中攻读学位39人，联合培养142人；被国家留学基金委录取博士生导师短期访问项目22人，继续位列全国第一位。

进一步优化人才培养模式，不断提高教育教学质量，加强创新创业教育。较好地完成本科生招生工作，理科录取分数线高出当地重点线100分以上的省份数和录取考生成绩排名在2 000名以内的省份数均较去年增长50%。获江苏省高校品牌专业建设工程项目8个，数量并列全省第一；获2015年江苏省高等教育教改研究立项课题10项，立项总数和重中之重项目数位列全省第一。在第三届全国微课程（体系化）大赛中有6门继续教育类微课程获一等奖，数量位列全国第一。

进一步加强科研制度建设和创新工作，创新能力不断增强，科技与人文社科科研保持快速发展的良好势头。申报国家自然科学基金项目1168项，较去年增加了56.8%，立项310项，较去年增加了46.9%，年增幅位居全国第一，其中获国家杰出青年科学基金资助项目6项，位列全国高校第五位，国家自然科学基金项目数和国家杰出青年科学基金资助项目数均取得历史最好成绩。获批江苏省产学研前瞻性联合研究项目27项，立项数比去年增长80%。获国家社科基金项目32项，并列全国第十二位，创历史最好成绩。获江苏省高校哲学社会科学研究重大重点项目6项，其中重大项目3项，立项总数及重大项目数均居全省第一。

继续大力实施"人才强校"战略，积极推进人事制度改革，不断完善人才引进与培养、专业技术职务评聘、劳资与劳动社会保障等办法,高水平师资队伍建设取得新成效。新增青年千人7人。引进具有博士学位的教师48人,其中具有海外博士学位的比例达到66.7%。专任教师2 734人,其中具有博士学位的教师占教师总数的78%;青年教师基本具有博士后或海外留学经历,具有一年及以上海外留学经历的教师人数占师资总数的47%。派出青年骨干教师出国进修(含访问学者)50人。

坚定不移地走国际化办学的强校道路,借鉴世界一流大学办学经验,着力在高层次国际交流、国际重大科技项目合作、与国际知名高水平大学合作办学和具有国际影响力的海外高水平创新人才引进等方面加强国际化建设。东南大学——蒙纳士大学苏州联合研究生院各项工作稳步推进,102名同学顺利获得了东南大学和蒙纳士大学双硕士学位。海外留学生生源结构进一步优化,欧美学生比例接近20%。三所孔子学院各项工作进展良好,在三所孔子学院学习汉语的学生人数达到3 724人,创历史新高。

可以看到,通过全校师生的不懈努力,学校改革创新的成效更加明显,综合实力继续快速提升,学校声誉和影响力进一步扩大。令我们感动的是,学校的广大师生在各自的岗位上积极奉献,奋发有为,以饱满的热情和高度负责的态度,积极投身于学校建设世界一流大学的宏伟事业当中,融入到学校综合改革与创新工作当中,为学校的建设发展贡献了自己的智慧与力量。借此机会,请允许我代表学校,向广大教师致以最诚挚的谢意!

各位老师,虽然学校的工作取得了一定的成绩,但是我们必须清醒地认识到,快速、全方位地提升学校实力,促进高水平研究型大学建设迈上新台阶,仍然是我们今后相当长一段时期内的主要任务。在当前形势下,我们必须坚持以大力提升人才培养质量与创新能力为核心,以现代大学制度建设为着力点,以深化人事分配制度改革、建设高水平师资队伍为突破口,全面深化各主要领域改革。

第一,积极构建现代大学制度,进一步完善大学治理结构。我们要合理设置院系并规范学校、学部、院(系)权力,改变单一性学科建制模式,调整和优化院系布局,充分发挥院(系)和学部的作用。要根据现代大学职能需求,进一步优化校部机关组织架构,推动学校管理部门的优化重组,建立分工明晰、精干高效的服务体系。健全院(系)内部治理结构,创新学院教学科研管理体制机制。健全学术委员会、教学委员会、学位评定委员会等各级学术组织,完善其运行机制,平衡行政权力与学术权力的关系。

第二,深化人才培养机制和教学模式改革,大力提高人才培养质量。我们要改革招生录取机制,大力吸引优秀生源,推动硕士研究生分类考试,适时全面实施博士研究生"申请—考核"选拔制度。我们要因材施教,制订更加科学灵活的人才培养方案,建立人才培养方案的评估与动态调整机制,改革学籍管理制度,开创拔尖创新人才培养新模式,全面实施个性化培养。我们要进一步深化课程教学改革,加强高水平课程建设,为学生提供更加丰富的教育教学资源,给学生更多的选择课程、选择教师的机会;全面实施启发式、互动式、探讨式为特征的研究型教学,强化创新人才培养工作。

第三,优化学科布局,推动高水平科学研究。我们要做好学科顶层设计和宏观规划,力争有更多的学科进入ESI世界前百分之一,已进入ESI世界前百分之一的学科排名取得更进一步的提升,促进理科、医学与生命科学、人文社科与工学的交叉融合,积极鼓励和支持新兴、交叉学科发展。充分利用国内外公认的学科排名和指标体系,定期监控和评估学科发展水平。总结学术特区建设经验,加快建立新型科研机构,充分调动科研人员的主动性与积极性,提升学校的自主创新能力。统筹各种大型仪器设备和各类科技资源的管理,完善科研资源共享机制,建立公共科研平台,提升科研资源的共享利用水平。特色发展人文社科,鼓励和支持人文社科加强重大全球问题、重大现实问题的研究,显著增强智库能力,提高社会知名度和社会影响力。

第四,深化人事制度改革,打造高水平师资队伍。采用全新的师资选聘机制和与国际接轨的薪酬保障机制,参照国际通行做法,引入同行评价、委员会决策制度,加大力度引进高端人才和优秀青年人才。加大力度构筑中青年教师学术上升通道,改进与完善学校青年特聘教授、特聘教授以及拔尖青年人才计划等培养和资助办法,鼓励和支持青年教师安心做好科研工作。全面实施"弹性聘期"管理制度,试点推行学术休假,激发学术创造力。根据学生数、教学工作量、科研工作量、社会服务等因素,探索建立我校定岗定编的原则和办法,实施岗位分类管理。改进和完善管理岗位职员制有关政策,建设高水平、职业化的管理人员队伍。改革现有薪酬体系,深化考核激励和分配制度改革。改革职称评聘工作,下放部分职称评议权。

老师们、同学们,教育综合改革是一项系统工作,对学校的事业发展至关重要,需要每一位教职员工和学生的理解和密切配合,我们广大教师必须承担更加繁重的任务,发挥更加重要的作用。我希望广大教职员工能够立足本职工作,通过各种形式和多种渠道,参与到学校的综合改革工作中来,大胆开拓,积极进取,以新的思路和新的做法,努力开创工作新局面。学校也会设法不断加大投入,努力改善工作和生活环境,尽一切可能和最大努力来帮助广大教师解决实际困难,减少教师的后顾之忧。我再次呼吁,大家要爱惜自己,关心自己,加强体育锻炼,合理调节身心,科学安排作息,保持健康的体魄和积极乐观的心态。

最后,再次祝大家节日快乐,工作顺利,阖家安康!

谢谢大家。

在 2015 年东南大学教职工荣休典礼上的讲话

校党委书记　郭广银

（2015 年 11 月 12 日 13:30　群贤楼三楼报告厅）

尊敬的各位老师、同志们：

　　大家下午好！

　　虽然窗外寒气隆隆，但我们的会场却情意浓浓。今天，我们在此隆重举行 2015 年东南大学教职工荣休典礼。首先，我和易红校长、刘京南常务副书记、王保平副校长代表学校党委和行政，代表全校师生员工向 2015 年 1 至 10 月退休的教职工致以诚挚的问候和良好的祝愿！对大家长期以来为学校改革、发展和建设所作出的努力和贡献，表达深深的谢意和崇高的敬意！

　　忆往昔，峥嵘岁月稠。在年华芳菲的人生时节，大家从五湖四海、大江南北，来到六朝松下、大礼堂前、金川河畔，在东大这片热土上辛勤工作、忘我奋斗。同志们或立于三尺讲台传道授业、立德树人，或坚守管理和服务岗位，尽职尽责维护学校运转。你们严谨治学、率先垂范，春风化雨般培育着一代又一代青年人；你们不图名利不计得失，于平凡之处见伟大，于细微之中见精神。斗转星移数十载，你们用青春绘就了东大改革发展的宏图巨制，你们参与和见证了东大的每一项成就和每一次前进。六朝松下、九龙湖畔，到处都留有你们的辛勤足迹，东大的一草一木、一砖一瓦、一事一物都记录着你们的奉献，东大培育出的一代代学有所成、以才报国的优秀学子，一批批优秀科研成果，都凝聚着你们的心血和汗水。你们用优异的工作成绩诠释着"诚朴求实，止于至善"的东大精神，你们为东大建设世界一流大学筑下了坚实的基础、铺就了宽阔的道路，你们的辛劳和贡献，东大师生将代代铭记！

　　"莫道桑榆晚，为霞尚满天"。退休是每个人必然书写的人生履历，退休是时光的礼物，是过去工作的总结，更是未来生活的起点。英国文学家萧伯纳说过："只在年少时拥有年轻，是件可惜的事。要永远记住，现在就是最好的时光。生命如水，有时宁静，有时澎湃。"希望各位老师、同志们，退休后用更多的时间和精力去发掘兴趣、享受生活，用毕生辛勤工作的成果展示人生的辉煌与风采，用无愧无悔的自足心态，开启人生美好的第二个春天。相信你们会在新的角度和方向更有所为，更有所乐！

　　老师们、同志们！退休，仅仅是从工作岗位退下来，你们并没有离开东南大学，东大永远是你们的身之所依、心之所系，东大永远是我们共同的精神家园。学校将凝心聚力，众志成城，传承优良传统、再创事业辉煌，学校也将继续坚持"以人为本"的办学理念，发扬"尊老敬老"的优良传统，始终把离退休方面的工作摆在重要位置，为离退休同志做好服务工作，保障大家的政治待遇、医疗待遇和生活待遇，尽最大可能地为大家多办实事、多办好事,为退休同志们"老有所养、老有所医、老有所乐和老有所为"创造更好的条件,努力开创建设温馨东大、和谐东大、共享东大的新局面。

一个人的智慧和魅力不会因退休而褪色,退休同志们的经验、知识、才能和技术是国家和学校的宝贵财富,在感谢和祝福的同时,衷心希望退休的同志们在合理、科学安排好退休生活的同时,继续关注、关心学校的发展,一如既往地支持学校的各项工作,为学校改革发展提供宝贵建议。学校会努力搭建平台,全力支持离退休同志继续发挥余热,贡献智慧,使各位同志安享快乐健康、幸福安康晚年的同时,为国家和学校的事业发展出谋出力,更大程度实现个人的价值。

东南大学建设世界一流大学的接力棒,依然带有你们奋斗的热量,它将鼓舞全体东大师生不断奋进前行,激励着我们不懈努力,朝向跻身世界一流大学的东大梦阔步前行。最后,真诚祝愿各位老师、各位同志退休生活精彩纷呈、心情舒畅、健康快乐!

谋划新思路　开启新奋斗
努力开创学校未来发展的新局面

——在 2016 年新年茶话会上的致辞

校长　张广军

尊敬的老领导、老师们，亲爱的同学们、校友们、朋友们：

一元复始，万象更新。在这辞旧迎新的美好时刻，我们欢聚一堂，共庆元旦佳节，共话新年愿景。首先我代表学校党政领导班子、代表易红书记，向兢兢业业、辛勤工作的教职员工，向刻苦学习、全面成长的莘莘学子，向爱校荣校、默默奉献的离退休同志，向赤诚坚贞、心系母校的海内外校友，致以诚挚的谢意、亲切的问候和新年的祝福！

履新月余，随着对学校的了解，我更深刻地感受到学校厚重精深的历史底蕴、严谨求实的文化氛围、开拓创新的学术气质、止于至善的精神追求，也更深刻地感受到肩负的使命神圣、承担的责任重大。

回顾过去的 2015 年，很欣喜与大家分享的是，在党的十八大，十八届三中、四中、五中全会和习近平总书记系列重要讲话精神指引下，在教育部、江苏省委省政府的关心支持下，学校领导班子带领全体教职员工解放思想、抢抓机遇、励精图治、勇于改革，各部门、单位围绕学校中心工作扎实履行职责，改革创新呈现新活力，各项工作获得新进展，和谐校园建设取得新成效，向早日建成世界一流大学迈出了坚实的步伐。

第一，内部治理结构更加完善。学校始终坚持锐意改革，出台并推动实施《东南大学综合改革方案》，综合改革力度不断加大；顺利完成《东南大学"十三五"事业发展规划纲要》编制工作，为未来五年的改革发展确定了目标思路、战略重点和发展原则；"三严三实"专题教育顺利开展，工作作风明显改善；财政总收入 38.2 亿，较去年增长 13%，为学校改革、发展、民生提供了有力保障。

第二，学科建设水平大幅提高。学校不断加强学科内涵建设，优化学科布局，促进学科建设快速发展。进入 ESI 全球前 1% 的学科数增至 8 个，其中工程学进入前 1‰，位居世界第 60 位。在《美国新闻和世界报道》(US News and World Report) 发布的"全球最佳大学排行榜"中，工程学科位居第 22 位，计算机学科排名第 34 位，较上一年均有明显提升。

第三，人才培养成果日益丰硕。学校进一步深化教育教学改革，推动人才培养模式及体制机制创新，着力提升教育质量。入选江苏高校首批品牌专业建设工程 8 个。获批 2015 年江苏省高等教育教改研究立项课题 14 项，总数位居全省第一。在各类学生竞赛中，5 783 人次获得不同级别的奖项，其中获得国际级奖项 152 人次，国家级奖项 403 人次。

第四，科学研究能力显著增强。学校始终坚持以创新为灵魂，鼓励原始创新、协同创新，破除体制机制障碍，优化配置各方资源，科学研究水平和服务经济社会发展能力再上新台阶。牵头获"973计划项目"1项。申报国家自然科学基金项目1168项，较去年增加56.8%，立项310项，较去年增加46.9%，年增幅位居全国第一，其中获国家杰出青年科学基金资助项目6项，位列全国高校第5位，国家自然科学基金项目数和国家杰出青年科学基金资助项目数均取得历史最好成绩。科研项目总经费到账18.01亿，较去年增长8.6%。SCI收录论文2160篇，比上一年增加370篇，排名第19位；EI收录论文2170篇，比上一年增加201篇，排名第10位；表现不俗论文820篇，比上一年增加184篇，排名第21位。2015年获国家社科基金项目32项，并列全国第12位，创历史最好成绩。获江苏省高校哲学社会科学研究重大重点项目6项，其中重大项目3项，立项总数及重大项目数均居全省第一。作为第一完成单位获教育部2015年度高等学校科学研究成果奖（科学技术）9项，获奖总数并列全国第6，其中一等奖4项；获江苏省科技成果奖8项，其中一等奖4项，位居全省第一。

第五，高端人才队伍不断壮大。坚持"人才强校"战略，加大人才引进力度，加快青年教师培养，不断优化教师队伍整体结构。新增中国工程院院士1名。3人通过"长江学者"特聘教授最后专家评审，5人通过首批"青年长江计划"最后专家评审。新增"青年千人计划"7人，"万人计划"青年拔尖人才4人，国家"百千万人才工程"2人。引进具有博士学位的教师101人，其中具有海外博士学位47人，专任教师具有博士学位比例达到80%。

第六，国际化办学步伐不断加快。学校坚定不移地走国际化办学的强校道路，积极借鉴世界一流大学的办学经验，不断提升办学国际化程度。先后派出赴国（境）外交流学生2 300余名，较去年增长46%，其中公派留学研究生184名，位居全国第3。召开国际学术会议27次。在校海外留学生人数达到1 813人，其中学位留学生1 313人，占总人数的72.4%，留学研究生495人，占学位生比例37.7%。

新年预示着新发展，新年必将带来新希望。2016年是实施"十三五"事业发展规划纲要的开局之年，也是站在新的起点上谋篇布局、改革创新的关键年。我们将牢牢把握社会主义办学方向，认真履行"党建第一责任"，全面贯彻落实党的教育方针，对接国家创建"双一流"的新战略，服务国家发展新需求，以立德树人为根本，以改革创新为动力，以实施《东南大学"十三五"事业发展规划纲要》和《东南大学综合改革方案》为契机，始终遵循高等教育办学规律，始终坚守大学使命与社会责任，持续完善现代大学制度，大力加强创新创业教育，着力提高拔尖人才培养质量，切实推进科研创新能力，不断增强社会服务和文化传承创新能力，加快推进扎根中国大地建设世界一流大学的进程。

岁月不居，时不我待。在新的一年里，在国内高等教育竞争发展的新常态下，我们要敢于创新、善断善谋，凝心聚力，奋勇拼搏，努力开创学校未来发展的新局面。

一是完善顶层设计，谋划发展新思路。我们将遵照实施"十三五"规划，着眼全局，放眼全球，科学谋划，以人才培养、学科建设和师资队伍建设为战略重点，主动对接国家需求，抢占国际前沿。通过外引内培高端人才集群，提升基础学科和高峰学科的原始创新能力，大力培养拔尖创新人才，筑牢"立德树人"质量，强化学校内涵特色。

二是深化改革创新,创建办学新格局。我们将积极推进综合改革方案,通过重心下移、权力下放、责权结合,引导各院系单位自主办学、直面问题、勇于改革、敢于担当。通过汇聚、开放、共享、优化配置海内外优质教育资源,把增量做强,存量做优,加大加快国际化建设步伐,不断提升学校的海内外影响力。

三是激发内生动力,增强办学新活力。我们将按照大学章程,不断完善现代大学制度,向东大文化要动力,向体制机制要活力,传承严谨求实的文化特质,营造科学与人文平衡的育人氛围。建立可视、公开、约束、激励的管理体系,切实提升学校依法依规办学内涵与水平,不断激发师生员工投身学校改革发展的内生动力和创新活力。

老师们,同学们,校友们,你们是学校改革发展的筑路人,是建成世界一流大学的筑梦人。新的一年,让我们携起手来,积极巩固"三严三实"专题教育成果,团结一心,坚定信念,再接再厉,开拓进取,用实际行动去实现我们的理想,用改革创新去赢得学校的未来,共同绘就东南大学发展的美好蓝图!

最后,衷心祝愿大家新年快乐、阖家幸福!

衷心祝愿大家在新的一年里身体健康、学习进步、工作顺利、万事如意!

衷心祝愿东大的明天更加美好!

谢谢大家!

东南大学董事会章程(暂行)

第一章 总 则

第一条 为适应现代大学制度建设和社会经济发展的需要,促进学校的建设与发展,依据《中华人民共和国高等教育法》《普通高等学校理事会规程(试行)》和《东南大学章程》,特成立东南大学董事会(以下简称董事会),并制定本章程。

第二条 董事会是为学校建设发展提供咨询、协商、审议与监督的机构,是学校实现科学决策、民主监督和联系社会的重要组织形式和制度平台。

第二章 宗 旨

第三条 董事会的宗旨:
(一)适应现代大学制度的客观要求,不断深化高等教育体制机制改革;
(二)密切社会联系,构建学校与社会各界的长效合作机制;
(三)增强社会支持学校和学校服务地方能力,凝集各方力量,促进学校教育事业快速发展,努力促进东南大学成为世界一流大学;
(四)完善学校民主决策和监督机制,提升学校重大事项决策和管理水平。

第三章 职 责

第四条 董事会主要履行以下职责:
(一)对学校发展目标、战略规划、办学特色、重大改革举措、财务状况等重大问题进行决策咨询或参与审议;
(二)对学校与地方、联合办学等重大合作方案进行决策咨询或参与审议;
(三)研究学校整合办学资源、筹措办学资金的措施和目标,监督筹措资金用途;
(四)审议通过董事会章程及章程修订案;
(五)决定董事增补和退出;
(六)学校委托的其他职责。

第四章 组 织

第五条 董事会设立名誉董事长、名誉董事、董事长、副董事长、董事、秘书长、副秘书长等。

第六条 董事会由以下人员组成:
(一)学校举办者、主管部门、共建单位的代表;
(二)社会知名人士、著名学者;
(三)杰出校友;

（四）学校职能部门、学术委员会、教学委员会负责人。

第七条　董事会组成人员不少于 21 人，根据需要聘请相关人士担任名誉董事长、名誉董事。

第八条　董事会董事长由学校提名，董事会选举产生。

第九条　董事会下设秘书处作为常设办事机构，挂靠学校发展委员会。秘书处在董事长、副董事长领导下，负责处理董事会的日常事务。秘书处设秘书长 1 人，副秘书长若干人，人选由学校推荐，经董事会审议后予以聘任。

第十条　董事会董事每届任期 5 年，董事可以连任，但年龄一般不超过 75 周岁。

第十一条　董事会可根据需要不定期吸收有关董事单位和个人参加董事会。

第十二条　根据工作需要，董事会可设若干专门工作委员会或咨询委员会。

第十三条　董事会每年至少召开一次全体会议，必要时可召开专题会议。

第五章　董事权利与义务

第十四条　董事会成员的权利与义务相统一，董事会的成员应承担一定的义务，并享有一定权利。董事会应维护并尊重各成员的权利。

第十五条　董事主要享有以下权利：

（一）定期听取学校重大事项报告，对学校发展规划和重大决策提出意见和建议；

（二）定期获得学校建设和发展以及教学科研等方面的信息；

（三）对学校办学方向、培养目标、体制改革等进行指导和咨询；

（四）对学校和地方的重大合作事项进行监督指导；

（五）对学校筹措的资金用途进行监督。

第十六条　董事主要履行以下义务：

（一）按时参加董事会的有关会议及活动；

（二）积极向社会各界宣传学校，推广介绍学校教学科研等方面的成果，扩大学校的社会影响；

（三）协助学校向海内外筹措办学资金，推荐合作单位提供专项资助；

（四）积极帮助学校参与地方重大经济社会发展和科技攻关项目；

（五）努力促进学校与社会各界的联系与合作，争取更多办学资源。

第六章　附　则

第十七条　本章程经董事会会议通过后生效。如需修改、补充，须经董事会讨论通过。

第十八条　本章程解释权在东南大学。

东南大学校长办公室
2015 年 10 月 29 日印发

东南大学房产出租管理实施细则(暂行)

第一章 总 则

第一条 为贯彻落实《事业单位国有资产管理暂行办法》(财政部令第36号)、《中央级事业单位国有资产管理暂行办法》(财教〔2008〕13号)、《中央级事业单位国有资产使用管理暂行办法》(财教〔2009〕192号)、《教育部直属高等学校国有资产管理暂行办法》(教财〔2012〕6号)、《教育部直属高等学校、直属单位国有资产管理工作规程》(教财函〔2013〕5号)等有关规定,规范东南大学房产出租管理工作,依据《东南大学国有资产管理办法》(校发〔2014〕94号)有关规定制定本实施细则。

第二条 依据本实施细则管理的房产是指经学校集体决策,经上级部门审批或备案,由东南大学经营性资产管理委员会(以下称经资委)授权资产经营管理处对外出租的房产。

第三条 出租房产的租金收入按照"收支两条线"的财务收支管理政策,全部纳入学校财务主管部门统一管理。

第二章 管理机构和职责

第四条 经资委授权资产经营管理处对房产出租实施统一管理,财务处、总务处、监察处、审计处、保卫处、法制办等相关部门配合落实学校经资委有关决议,拟定出租房产的经营方案和定价机制等。

第五条 资产经营管理处在房产出租工作中的具体职责如下:
(一) 负责核定出租房产的使用功能、经营范围、经营项目;
(二) 负责制订出租房产规范管理的制度,明确岗位职责和工作程序;
(三) 负责合同签订、租金催缴、违约追责等工作;
(四) 负责出租房产的日常管理工作并落实安全责任;
(五) 规范承租人的经营行为,对承租人违反本细则规定或违反合同约定的行为督促整改。

第三章 房产分类与经营项目

第六条 用于出租的房产主要是指学校的门面房、全资控股企业占用学校资源的房产和大学科技园用房等经营性房产。移动通信运营商租用学校房屋和空间架设基站、机房等,参照本实施细则执行。

第七条 出租房产经营项目的核定:按学校统一规划、校园功能区域的环境和具体需求,根据出租房产的不同使用功能,核定适当的经营项目,确保出租房产符合学校整体发展规划,不对校园秩序、校园环境造成不良影响。

第四章　出租房产的日常管理

第八条　经资委授权资产经营管理处履行出租房产日常管理职能，学校其他职能部门或个人不得擅自出租学校的房产。

第九条　学校其他管理部门应根据各自的职责，做好出租房产的综合治理、卫生防疫、环境保护等督促检查管理工作，必要时资产经营管理处可协调相关工作。承租人必须签订消防、治安责任书，承担和落实房屋的消防、治安责任。具体事项按合同约定执行。

第十条　学校资产经营管理处与承租人签订租赁合同时应明确承租人不得擅自转租、分租或改变出租房产的使用性质。

第十一条　出租房产的维修、装修、改造、增加设备等必须遵照合同约定，经资产经营管理处同意后方可实施。

第十二条　房产出租时，资产经营管理处应与承租人履行出租房屋的移交手续，对房屋情况进行交底及确认。合同期满或因其他原因收回出租的出租房产时，资产经营管理处应对房屋进行验收。具体移交事项按合同约定执行。

第五章　承租人的确定

第十三条　对承租人的要求：

（一）具有民事行为能力的中华人民共和国的独立法人机构；

（二）无不良经营记录和债务纠纷。

第十四条　房产出租时，在参考社会第三方评估机构评估报告确定租金底价后，通过公开招租和公开竞价的方式确定承租人，招租结果予以公示。承租人为学校下设单位或者其他国有性质单位的，可由学校与其直接议定相关租赁事宜。

第六章　合同管理

第十五条　房产出租须按学校合同管理办法签订租赁合同。

第十六条　房产出租合同原则上有效期一年，签订合同时另有约定的除外。合同期满后如承租人申请续约，经资产经营管理处按照相关规定进行综合评估，协商同意后可以续签合同，不同意续签的，按学校规定重新组织招租工作。

第十七条　大学科技园使用的房产由学校委托大学科技园公司代为经营和管理，租金收入和成本支出全额纳入学校预算。

第十八条　全资控股企业占用学校房产资源的租金价格在参考第三方评估机构评估报告基础上，由经资委研究确定后签订租赁合同。

第十九条　承租人须按合同约定交纳各项费用，包括但不限于租金、水费、电费和物业管理费等。经资委授权资产经营管理处按规定收取租金、履约保证金、滞纳金、违约金等。水费、电费和物业管理费等按学校或大学科技园园区有关规定执行。

第二十条　承租人应缴纳的租金、履约保证金、滞纳金、违约金等根据合同约定执行。

第二十一条　承租人可选择现金、支票或银行转账等方式交纳租金和其他费用。

第二十二条　承租人存在下列违约行为之一的，学校按合同约定收取不少于 3 个月租金的违约金,并有权单方解除租赁合同。

(一)擅自变更经营范围;

(二)擅自增加经营项目;

(三)擅自转租、分租和变更使用性质;

(四)不配合学校管理和监督,影响学校的正常秩序、校园环境和师生生活;

(五)使用过程不能履行安全责任和义务,且未按照规定要求和时间期限予以整改的。

第二十三条　承租人在经营过程中,如有违法经营行为,学校有权单方解除租赁合同,必要时通过司法程序处理。

第二十四条　承租人违反本细则第十一条规定的,必须无条件恢复房屋原状,费用自理;造成学校损失和他人人身伤亡、财产损失的,应承担相应责任。学校将收取承租人不少于3个月以上租金的违约金,并有权视情况单方解除租赁合同,收回房屋,并保留追究承租人法律责任的权利。

第二十五条　承租人在租赁期间欠交租金达三个月以上(含三个月)的,学校可单方解除租赁合同,并追缴承租人所欠费用。

第二十六条　合同期满或合同提前终止,承租人逾期不退房的,资产经营管理处应要求承租人限期迁出。如承租人未在期限内迁出,学校将扣除承租人的履约保证金,并采取强制手段或通过法律途径收回房屋。

第七章　绩效评价

第二十七条　资产经营管理处负责做好出租房产管理的绩效评价工作,健全制度建设,收集相关数据,加强制度管控,建立并完善绩效评价指标体系。

第八章　附　则

第二十八条　本实施细则由经资委授权资产经营管理处负责解释。

第二十九条　本实施细则自发布之日起实施。

东南大学校长办公室
2015年6月5日印发

东南大学公务接待费用报销管理补充规定

为深入贯彻落实中央八项规定，进一步规范学校公务接待经费的使用与财务核算，厉行勤俭节约，反对铺张浪费，加强党风廉政建设，根据《党政机关国内公务接待管理规定》《教育部国内公务接待管理实施办法》以及《东南大学国内公务接待管理实施细则》等有关文件规定，结合学校实际，做以下补充规定：

一、经费分类与预算管理

学校公务接待费用全部纳入学校预算管理，实行总额控制，分类管理。

（一）第一类：校内预算安排的学校机关部处、直属单位公务接待专项经费

校机关部处、直属单位应加强对国内公务接待经费的预算管理，合理限定接待费预算总额，在校内部门支出预算中单独申报部门公务接待专项经费预算；公务接待专项经费预算单立项目，单独核算，专款专用；原则上部门预算中的运行经费预算和专项项目经费预算不再列支公务接待费用；公务接待专项经费预算调整按照《东南大学预算管理办法》有关规定执行；公务接待专项经费预算结余资金不得挪作他用，按年度均由学校收回。

（二）第二类：业务类经费

此类经费为各院（系）、中心、研究所、课题组及相关单位各类专项经费中用于公务接待的经费。主要包括：科研经费（其中：各级财政拨付的科研经费严格按照支出预算实行总额控制，科技服务经费按照支出预算或由项目负责人合理限定接待费预算总额）；财政专项资金项目中外事接待按照支出预算执行；院（系）、中心、研究所等部门的办公运行费、创收收入分配成本项目，由各部门合理限定接待费预算总额；会议费、培训费项目严格按照国家有关规定执行；捐赠收入项目按照捐赠协议限定用途执行；代管项目按照代管委托协议执行。

二、审批管理

学校公务接待遵循先审批、后接待，先预算、后报销的原则，严格接待审批控制。

使用第一类经费接待的，原则上由部门负责人审批。无公函的公务活动和来访人员原则上不予接待，如有特殊情况，须报分管校领导或党委办公室、校长办公室核批。学校重要公务接待由党委办公室、校长办公室负责审批。单次接待费用总额超过3 000元（含）的，由党委办公室或校长办公室审批。

使用第二类经费接待的，由项目负责人审批。单次接待费用总额超过3 000元（含）的，由所在单位主要负责人审批。

外事接待费用审批按照《东南大学关于邀请国（境）外来华人员费用核算管理办法实施细则》规定执行。

三、接待费用支出范围和标准

接待单位应当严格控制公务接待范围,不得报销或支付应由个人负担的费用,接待活动不得以任何名义赠送礼金、有价证券、纪念品和土特产品等。

接待住宿应当严格执行差旅、会议管理的有关规定。来访人员住宿费应回本单位凭据报销,与会人员住宿费按会议费管理有关规定执行。严禁在接待费中列支应由接待对象承担的差旅、住宿、会议、培训等费用。

严格控制接待地点。公务接待确需安排用餐的,一般应安排在校内餐厅或食堂。公务接待的场所不得为私人会所、温泉酒店(政府采购定点酒店除外)、五星级酒店、高消费餐饮场所等。

严格控制陪餐人数和用餐标准。接待对象应当按照规定标准自行用餐。确因工作需要,接待单位可以安排工作餐一次,并严格控制陪餐人数,接待对象在 10 人以内的,陪餐人数不得超过 3 人;超过 10 人的,不得超过接待对象人数的三分之一。重要公务接待原则上不超过人均 150 元,一般性公务接待原则上不超过人均 120 元。工作餐不得提供香烟和高档酒水。

超陪同人数、超标准的,超出部分不予报销,由接待单位自理。

外事接待开支范围和标准按照《中央和国家机关外宾接待经费管理办法》执行。

会议费中有关餐费的支出要求按照《中央和国家机关会议费管理办法》《教育部直属高校直属单位会议费管理实施细则》规定执行。

国际会议中有关餐费的支出要求按照《在华举办国际会议费用开支标准和财务管理办法》等文件执行。

培训费中有关餐费的支出要求按照《中央和国家机关培训费管理办法》执行。

各部门内部员工加班误餐的,提供的工作用餐原则上不得超过 30 元/(人·餐),不纳入公务接待管理范围。

四、报销管理

公务接待活动应遵循"一事一结"的原则。

接待活动结束后,接待单位应当如实填写接待清单,并由相关负责人审签。接待清单包括接待对象的单位、姓名、职务和公务活动项目、时间、场所、费用等内容。

使用第一类经费开支的接待费用,报销时需提供派出单位公函、接待清单和财务票据。

使用第二类经费开支的接待费用,报销时需提供公函或邀请函、访问函、会议通知、电子邮件、情况说明等证明公务活动的有关材料、接待清单和财务票据。

接待费资金支付应当严格按照国库集中支付制度和公务卡管理有关规定执行,应当采用银行转账或者公务卡方式结算,不得以现金方式支付。接待费用发票等票据必须开具东南大学抬头,否则不予报销。

各部门内部员工加班误餐用餐费用在部门办公经费或业务费中报销,遵循"一事一结"的原则,报销时需提供"加班用餐费用报销清单"和财务票据。

五、附则

因工作需要,在外地或学校驻外机构开展的公务接待标准,按照本补充规定执行。

学校二级事业法人单位公务接待费用财务报销管理参照本办法执行。

本办法中有关公务接待的未尽事宜,按照国家和学校有关规定执行,由党委办公室、校长办公室会同有关业务部门负责解释。

本实施细则自发布之日起执行。

东南大学校长办公室

2015 年 11 月 27 日印发

东南大学关于创新创业教育改革的实施方案

一、指导思想、基本原则和基本目标

（一）指导思想

全面贯彻党的教育方针，落实立德树人根本任务，以提高人才培养质量为核心，以创新人才培养机制为重点，以深化创新创业教育改革为突破口，促进人才培养综合改革不断深化，加快培养富有创新精神、勇于投身实践的高素质创新创业人才，为建设创新型国家提供有力的人才智力支撑。

（二）基本原则

坚持育人为本，注重因材施教，提高培养质量。树立先进的创新创业教育理念，面向全体、分类施教，重视培养学生的创新精神、社会担当意识和创业责任感，促进学生全面发展，努力造就大众创业、万众创新的生力军。

坚持融入专业，强化实践导向，提高创新能力。把创新创业教育理念融入人才培养的全过程，丰富课程、创新教法、强化实践，促进教学、科研、实践紧密结合，提高学生的创新创业能力。

坚持协同推进，统筹开放共建，营造优良生态。把完善创新创业教育体制机制作为深化教育教学改革的支撑点，集聚创新创业教育要素与资源，统筹规划，开放共建，形成支持创新创业教育的优良实践舞台和环境生态。

（三）基本目标

通过3～5年的建设，基本建成课堂教学、自主学习、实训实践、指导帮扶、文化引领等融为一体、具有鲜明东南大学特色的创新创业教育体系和实训实践平台，使投身创新创业实践的学生人数明显增加，学生的创新精神、创业意识和创新创业能力得到明显提升。

二、主要任务和措施

（一）修订人才培养质量标准，完善人才培养方案，优化创新创业课程体系

修订专业教学质量标准，明确创新创业教育目标要求，使创新精神、创业意识和创新创业能力成为人才培养质量的重要指标。

完善人才培养方案，优化专业课程设置，挖掘和充实各类专业课程的创新创业教育资源与内涵，在传授专业知识过程中加强创新创业内涵教育，促进专业教育与创新创业教育有机融合。

健全创新创业教育课程体系。面向全体学生开设研究方法、学科前沿、创业基础、就业创业指导等方面的必修课和选修课,建设依次递进、有机衔接、科学合理的创新创业教育专门课程群。组织学科带头人、行业企业优秀人才,联合编写科学适用的创新创业教育教材。加快创新创业教育优质课程信息化建设,吸纳一批资源共享的慕课、视频公开课等在线开放课程,丰富优质创新创业教育课程资源。

(二)创新人才培养机制,改革教学与考核方式,强化创新创业实践

深入实施系列"卓越人才教育培养计划",加快建立校校、校企、校地以及国际合作的协同育人新机制,积极吸引国内外优质教育资源投入创新创业人才培养。打通一级学科或相近专业的基础课程,开设跨学科专业的交叉课程,开办双学位、主辅修(专业或学位)等多种形式的创新创业教育实验班,建立跨院(系)、跨学科、跨专业交叉培养创新创业人才的新机制,促进人才培养由学科专业单一型向多学科复合、融合型转变。建立需求导向的学科专业结构调整机制,完善专业预警退出管理办法,促进人才培养与经济社会发展及创业就业需求更加紧密对接。

改革教学方法和考核方式。广泛开展启发式、讨论式、参与式、案例式以及小班化教学,推动教师把国际前沿学术发展、最新研究成果和实践经验融入课堂教学,注重培养学生的批判性和创造性思维,激发创新创业灵感,将知识灌输为主的教学方法转变为以启发科学思维和提高发现与解决实际问题能力为核心的教学方法。积极改革考核内容和方式,注重考查学生运用知识分析、解决问题的能力,鼓励探索非标准答案考试,努力破除"高分低能"积弊。

强化创新创业实践。加强专业实验室、虚拟仿真实验室、创新创业实验室和创客空间建设,促进各类科研和教学实验平台为创新创业人才培养提供有力支撑。加快建设大学生创业孵化基地,积极推进大学生科技成果转化。深入实施大学生创新创业训练计划,举办大学生创新创业大赛和各类科技创新、创意设计、创业计划等专题竞赛,支持学生成立创新创业协会、创新创业俱乐部等具有活力的社团,支持学生创办具有较高技术含量和较好市场前景的创业企业,鼓励学生开展创新创业实践。

(三)加强教师创新创业教育能力建设,改进学生创新创业指导服务

坚持全员参加、专兼结合,配强创新创业教育教师队伍。建立创新创业外聘教师专家库,聘请知名科学家、杰出创业者、企业家、杰出校友和优秀风险投资人等,担任专业课、创新创业课授课或指导教师。明确全体教师创新创业教育责任,将提高教师创新创业教育的意识和能力作为岗前培训、教学培训、骨干研修的重要内容,鼓励相关专业教师、创新创业教育专职教师到行业企业锻炼,支持教师以对外转让、合作转化、作价入股等形式将科技成果转移转化,鼓励教师带领学生共同创业。

改进学生创新创业指导服务。充实院(系)SRTP指导小组和学校大学生创业中心,为学生及时提供国家政策、市场动向、项目指南等信息,做好创新创业项目对接、知识产权交易等全程指导和持续帮助服务。积极研发适合学生特点的创新创业培训课程,与有条件的教育培训机构、行业协会、群团组织、企业联合开发创新创业培训项目,针对区域行业

发展需求,发布创新创业项目指南,引导学生更好地识别创新创业机会、捕捉创业创富商机。

(四)完善创新创业支持保障体系,营造创新创业文化生态

健全体制机制。学校成立由校长任组长、分管校领导任副组长、有关部门负责人参加的创新创业教育工作领导小组,建立教务部门牵头,学生工作、团委、大学科技园等部门齐抓共管的创新创业教育工作机制。成立专家工作委员会,开展高校创新创业教育的研究、咨询、指导和服务。充实创新创业教育研究中心,负责创新创业教育改革的课程建设、实践平台建设与实践活动指导等工作。

多渠道统筹安排资金,支持开展创新创业教育教学,资助学生创新创业实践。用基本科研业务费,积极支持品学兼优且具有较强科研潜质的在校学生开展创新科研工作。鼓励社会组织、公益团体、企事业单位和个人设立大学生创新创业孵化基金,以多种形式向自主创新创业大学生提供资金支持。筹集发展基金设立大学生创新创业教育奖励基金,用于奖励对创新创业教育作出贡献的单位和个人。加大投入,实施新一轮大学生创新创业引领计划,重点支持大学生到互联网等新兴产业领域创新创业。

改革教学管理制度。将学生参与课题研究、项目实验等活动作为人才培养的重要环节,为有意愿有潜质的学生制订创新创业能力培养计划,完善SRTP项目赋分办法,将学生开展创新实验、发表论文、获得专利和自主创业等情况认定折算为学分,客观记录并量化评价学生开展创新创业活动情况。

营造创新创业文化氛围。把创新创业文化作为大学文化建设的重要内容,分层次举办讲座论坛,多方面开展主题活动,树立创新创业先进典型,加大创新创业价值宣传,积极培育创客文化,努力营造敢为人先、敢冒风险、敢于担当、宽容失败的氛围环境。牢固树立先进的创新创业教育理念,努力实现创新创业教育与专业教育有机融合,使创新创业成为管理者办学、教师教学、学生求学的理性认知与行动自觉。

东南大学校长办公室
2015年12月30日印发

东南大学关于科研项目结题结账及结余经费管理办法

第一章 总 则

第一条 为规范我校科研项目的结题结账工作和结余经费管理，提高科研项目结余经费的使用效益，根据《国务院关于改进加强中央财政科研项目和资金管理的若干意见》（国发〔2014〕11号）、《教育部关于进一步加强高校科研项目管理的意见》（教技〔2012〕14号）、《教育部 财政部关于进一步加强高校科研经费管理的若干意见》（教财〔2005〕11号）、科技部《关于严肃财经纪律，规范国家科技计划课题经费使用和加强监管的通知》（国科发财字〔2005〕462号）、《东南大学科研经费管理办法》（校通知〔2012〕22号）等相关规定，结合我校实际情况，制定本办法。

第二条 科研项目负责人及学校相关部门在科研项目结题结账及结余经费使用与管理中的职责如下：

（一）科研项目负责人在项目结束后，应按要求准备相关资料，及时办理结题、结账，按规定使用结余经费，对科研项目的结题结账资料和经费使用的合法性、真实性、有效性承担经济和法律责任。

（二）科研项目所属单位（院系、中心、研究所等）对科研项目的结题结账及结余经费的管理履行审核、监督职能。

（三）科研院、社科处为学校的科研管理职能部门，全面负责科研项目的结题结账和结余经费管理，按期督促项目负责人及时办理结题结账手续，审核科研项目结题结账资料、监管结余经费的合理使用及其他相关工作。

（四）财务处负责科研项目的结账账务处理和结余经费的核算管理。

第二章 科研项目的结题

第三条 各类科研项目完成后必须及时办理结题手续，按照以下要求办理（对于结题办理时限有明确时间要求的项目按照其要求办理）。

横向科研项目结题日期以合同或协议约定完成时间为准。

纵向科研项目结题日期一般以任务书约定完成时间为准，需要项目下达单位或委托单位验收通过的项目，以验收完成报告下达时间为准。

由于客观原因需要延期或终止的，项目负责人须按合同约定时间提前通过所在单位向科研管理部门提出申请，经科研管理部门审核、备案后方可执行。

第四条 科研项目任务完成后，项目负责人应及时全面清理经费收支和应收应付等款项，未核销的暂付款应在项目结题前全部冲销完毕。

第五条 办理项目结题时，项目负责人应向科研管理部门提交项目下达单位或委托单位的验收意见等项目结题资料，经科研管理部门按相关规定审核通过后，办理项目结题手续。

第六条 对无正当理由逾期不办理结题手续的科研项目,科研管理部门按本办法予以结题或冻结其科研项目经费。

第三章 科研项目的结账

第七条 项目负责人应在办理科研项目结题手续后6个月内办理结账手续。

第八条 对于无正当理由逾期未办理结题的项目,学校将按本办法办理结账或账户冻结手续,项目具体情况为:

(一)横向项目

1. 联合研究、委托开发类项目在确认项目已经完成满三年,并通过验收,科研合同款全部到位。

2. 科技咨询、技术服务类项目,合同有效期满一年以上。

3. 技术转让类项目,在办理科研到款入账的同时办理结账手续。

4. 因不可预见因素使得合同无法继续履行或终止的项目,超过合同有效期一年以上的。

(二)纵向项目已完成且超过任务书约定完成时间6个月未办理结题的。

第九条 经学校统一办理验收的科研项目,由科研管理部门统一办理结账手续。科研管理部门每季度向财务处提供已结题和逾期未结题项目清单,财务处根据科研管理部门审核通过后提供的项目清单按本办法进行结账或冻结账户处理。

第四章 科研项目结余经费管理

第十条 结余经费是指项目验收后课题经费总收入减去实际总支出后的余额。

第十一条 项目负责人应本着勤俭节约的原则合理安排支出,提高项目预算的执行效率,最大限度地减少资金的结存结余,不得违反规定使用,不得转移结存结余资金。

第十二条 对于项目结题后仍有结余经费的项目,将结余经费结账,开设科研发展基金项目本,由学校下拨至科研发展基金项目,用于项目的续研和预研支出。科研发展基金分为纵向科研发展基金和横向科研发展基金,项目下达单位或委托单位对项目结余经费使用有单独要求的,可在纵(横)科研发展基金项目下设子本,单独明细核算,按项目下达单位或委托单位的经费管理办法执行。

第十三条 科研项目结余经费的结账原则:

(一)结余经费全额结账,下拨至相应科研发展基金项目,项目负责人为原负责人。

(二)纵向科研项目结余经费全部结账,下拨至纵向科研发展基金项目,学校不再提取管理费;横向科研项目结余经费结账,下拨至科研发展基金项目时,按照《东南大学科研经费管理办法实施细则》(校通知〔2012〕23号)规定提取管理费。

(三)在不违反国家的有关法规和政策、不损害学校利益和不使国有资产流失的前提下,项目负责人可自主安排科研发展基金项目经费;

纵向科研发展基金经费支出范围主要包括设备费、材料费、测试化验加工费、燃料动力费、差旅费、会议费、国际合作与交流费、出版/文献/信息传播/知识产权事务费、劳务费、专家咨询费和其他支出等,经费科目间不再设置限制比例。

（四）学校鼓励科研人员将科研发展基金用于科研仪器设备购置、实验专业耗材及其他与科研相关的支出。

（五）科研项目下达单位或委托单位对结题未使用完的经费有具体要求的，其科研发展基金项目按项目下达单位或委托单位的要求办理。

第十四条 科研发展基金项目经费支出管理

（一）纵向科研发展基金项目支出范围参照原科研项目预算科目执行，对后续支出有具体要求的项目按相关要求执行。纵向科研发展基金项目可用于支付学生助研酬金、课题聘用人员的劳务费、专家咨询费，不得发放课题组成员绩效支出。人员费的发放必须通过"打卡"方式直接转入其个人账户。

（二）横向科研发展基金项目支出范围参照横向项目本支出范围执行。可用于支付学生助研酬金、课题聘用人员劳务费、专家咨询费、课题组成员绩效发放，但课题组人员绩效发放不得超过结账经费的66%。人员费的发放必须通过"打卡"方式直接转入其个人账户。

（三）发放人员费用时，各类发放人员的类型、聘用合同状况、身份信息等由人事处审核后方可进行发放。

第五章 附　则

第十五条　此前规定与本办法不一致的，按本办法执行。

第十六条　本办法由财务处、科研院、社会科学处负责解释。

第十七条　本办法自发文之日起执行。

东南大学行政印章管理规定

第一章 总 则

第一条 为规范学校行政印章管理,根据《国务院关于国家行政机关和企业事业单位社会团体印章管理的规定》(国发〔1999〕25号)等有关文件精神,结合学校实际情况,制定本规定。

第二条 本规定所指的行政印章包括:

(一) 学校法定名称章:"东南大学"公章与"东南大学"钢印;

(二) 校长签名章;

(三) 行政处(室)、院、系、所、中心,直(附)属单位的行政公章(以下简称"单位公章");

(四) 学校业务专用章、学校所属各单位业务专用章;

(五) 由上级业务主管部门批准成立,设置或挂靠在我校的机构印章;

(六) 其他经学校许可使用的印章。

第三条 校长办公室是学校各类行政印章的综合管理部门,对各类行政印章统一审核、刻制。各单位行政负责人为本单位用印第一责任人,负责本单位印章的管理和审批。

第二章 印章的样式

第四条 各类印章所刊汉字,应当使用国务院公布的简化字,字体为宋体。印章所刊名称,应为学校发文所规定的名称。印章所刊名称如字数过多,可以采用学校统一规定的简称。印章刻制的样式统一由校长办公室规范,其他任何组织或个人不得擅自更改。

第五条 "东南大学"公章和"东南大学"钢印为圆形,中央刊五角星,五角星外刊"东南大学"字样,自左而右环形排列,直径4.5厘米。

第六条 校长签名章的字样为当任校长的姓名,字体为校长本人的手写体。

第七条 单位公章为圆形,中央刊五角星,五角星外刊"东南大学"字样,自左而右环形排列;单位名称自左向右横排,直径4.2厘米。

第八条 学校业务专用章,一般为圆形,中央刊五角星,五角星外刊"东南大学"字样,自左而右环形排列;专用章名称自左向右横排,直径4.0厘米。学校所属各单位业务专用章,一般为椭圆形蓝章(财务专用章除外),中央刊五角星,五角星外刊机构名称,自左而右环行排列;专用章名称自左而右横排,横径4.0厘米,竖径2.8厘米。

第九条 上级业务主管部门批准成立,设置或挂靠在我校的机构印章样式,由上级业务主管部门或校长办公室依照有关规定规范。

第十条 其他特殊专用印章规格和式样,由校长办公室依照有关规定规范。

第三章 印章的刻制、启用和注销

第十一条 行政印章的刻制须向校长办公室提交申请,写明印章的使用用途、范围、责任人、保管人、保管方式等内容。

第十二条 行政印章刻制的审批:

(一)"东南大学"公章和"东南大学"钢印由教育部批准;

(二)校长签名章,经校领导本人同意;

(三)单位公章须按照学校机构设置相关文件,经校长办公室审核,报分管校领导审批;学校所属各单位的科室、挂靠单位、非实体机构等不得刻制印章,由其所属(挂靠)单位代章;

(四)学校业务专用章、学校所属各单位业务专用章,经校长办公室审核,报分管校领导审批;

(五)由上级业务主管部门批准,设置或挂靠在我校的机构印章,由所在单位提出申请,附批文,经校长办公室审核,报分管校领导审批;

(六)印章因破损需重新刻制的,由使用单位提出申请,报校长办公室审核、办理;

(七)对校外使用的行政印章,除按照印章的刻制程序办理外,印章的使用和管理细则,报校长办公室审核、备案。

第十三条 完成刻制审批程序的,由校长办公室持东南大学机构成立文件及介绍信到学校所在地的公安部门指定的单位刻制。

第十四条 印章刻制完成后,须在校长办公室留存印模、发文启用。因印章破损更换的不再发文启用。对于校长办公室无备案的印章,学校不承认其有效性。

第十五条 印章因机构变动等原因终止使用的,应按照印章注销流程办理,并将原印章上缴档案馆封存。

第十六条 校长办公室应及时更新校内已备案的行政印章目录,未列入目录的印章均为无效印章。

第四章 印章的使用和管理

第十七条 行政印章的使用范围:

(一)"东南大学"公章代表东南大学,在以学校名义开展的事项上使用;"东南大学"钢印主要用于学校颁发的各类证件和证书的照片压印,不能独立使用。

(二)校长签名章代表东南大学当任校长,在校长以学校职务身份签署的事项上使用。

(三)单位公章代表隶属学校的行政、教学、科研、服务单位,主要用于校内工作联系,原则上不得对外使用。各单位公章因工作需要对外开具相关信息证明等,必须按照学校规定执行审批手续并备案,不得用于对外签署合同、协议、承诺、保证等对学校形成约束力的文件。各单位的科室、挂靠单位、非实体机构等印章,应清理并上缴校长办公室,由校长办公室移交档案馆封存。

(四)由学校批准的学校业务专用章可用于对外开展相关业务,学校所属各单位业务专用章仅适用于学校内部开展相关业务。业务专用章的使用必须严格遵守本单位制定的使用和管理细则，不得超出相关业务范围使用。

（五）由上级业务主管部门批准，设置或挂靠在我校的机构印章、具有独立法人资格的机构印章、其他特殊专用印章等，根据批准机关的规定并参照前述（三）（四）项规定使用。

第十八条　学校行政印章的使用和管理必须坚持严格、安全的原则，各单位行政负责人对本单位公章或被授权管理的印章负责。学校可将部分业务专用章授权相关职能部门管理和使用，由被授权的职能部门负责人签批用印。

第十九条　行政印章应由专人管理和使用，存放必须安全可靠，不得带离办公地点。如印章遗失，必须立即上报。

第二十条　行政印章管理人员应严格按照印章的使用范围、使用程序用章。加盖印章要端正、清晰、美观，落款处加盖的印章应"骑年盖月"，对于不符合用印规章制度的用印申请，应当拒绝。

第二十一条　学校所属各单位或者印章使用人私自刻制学校行政印章、违规使用学校行政印章的，学校根据相关规定对责任人予以行政处分，行为涉嫌违法犯罪的，移送有权机关依法处理。

第五章　附　则

第二十二条　本规定自公布之日起施行，以往规定与本规定不一致的，均以本规定为准。

第二十三条　本规定由校长办公室负责解释。

东南大学校长办公室
2015 年 9 月 8 日印发

东南大学会议费核算管理办法

第一章 总 则

第一条 为贯彻《党政机关厉行节约反对浪费条例》《教育部关于勤俭节约办教育建设节约型校园的通知》《中央和国家机关会议费管理办法》《教育部直属高校直属单位会议费管理实施细则》等关于厉行节约制止奢侈浪费行为和精简会议的有关精神，进一步加强和规范我校会议费核算管理，落实审计整改要求，提高资金使用效益，结合我校教学、科研实际情况，特制定本办法。

第二条 各单位召开会议应当坚持厉行节约、反对浪费、规范简朴、务实高效的原则，严格控制会议数量，规范会议费管理。

第三条 学校所有资金用于会议费核算的纳入本办法管理。

第二章 会议管理

第四条 会议的分类、计划、审批、会期、参会人数、定点管理、公示和报告制度等内容按照《中央和国家机关会议费管理办法》（财行〔2013〕286号）、《教育部直属高校直属单位会议费管理实施细则》（教财厅〔2014〕26号）、《党政机关会议定点管理办法》（财行〔2015〕1号）有关规定及学校会议管理办法执行。

第五条 召开国际会议的按照《在华举办国际会议经费管理办法》（财行〔2015〕371号）文件要求执行。

第六条 举办三类会议应经学校校长办公会或党委常委会批准后召开。对于承办的三类会议，会议费报销依据委托方提供的经上级主管部门批准的会议计划办理。

第七条 四类会议是指除一、二、三类会议以外的其他业务性会议，包括小型研讨会、座谈会、评审会、答辩会、论证会、招投标会、论坛、招聘会、宣讲会等。

对于集中会审工作，不列支会议费，在相应经费中安排场地租赁费、交通食宿费等。

对于校内开展的常规工作性会议，如科研项目评审、本科教学评估、教学名师奖评审、学科建设评估等，开支标准不得突破会议费综合定额标准，会议天数和人数根据实际工作需要，从严确定。

第八条 电视电话会议费用开支标准按与电信部门的协议价格结算，不按照会议费综合定额标准结算，参会人数不受限制。

第九条 不能够采用电视电话、网络视频召开的会议实行定点管理，在四星级以下（含四星）定点饭店召开，按照协议价格结算费用。不得到党中央、国务院明令禁止的风景名胜区召开会议。

未纳入定点范围，价格低于会议综合定额标准的学校内部会议室、礼堂、宾馆、招待所、培训中心等，优先作为会议场所。参会人员在50人以内且无外地代表的会议，原则上在学校内部会议室召开,不安排住宿。

有党中央、国务院领导出席、且经过教育部外事部门批准在五星级定点饭店召开的会议,可以报销会议费。

第三章　会议费预算

第十条　会议费预算应严格对照会议类型、规模和综合定额标准规定编制,会议费预算要细化到具体会议项目,不得无预算、超预算支出会议费。

第十一条　学校党群组织、行政机构和直属单位申请会议费预算的,按照学校编制年度财务预算的要求分项目申报会议专项经费,做好各个会议收支的预测,并获得相关经费主管部门的正式批复。申请会议专项经费的,不得再向参会人员收取会议费。会议专项经费结余资金学校全部收回。

第十二条　财政专项资金的会议费预算按相关专项经费的预算编报要求申报,并获得相关专项经费主管部门的正式批复。有上级主管单位批复的会议规模、天数等要求的,严格按照批复预算安排执行。

第十三条　会议费的经费来源包括财政拨款、会议费收入、校内部门预算经费、国际、国内组织专项捐赠及其他收入等。

第十四条　对于全部使用财政拨款举办的会议,不得再向参会人员收取费用,严禁转嫁摊派会议费。

对于使用多种资金渠道举办的会议,按照成本补偿的原则,可以适当向参会人员收取会议费,收取的标准不能超过综合定额标准。

收取的会议费,必须按规定使用学校财务处提供的票据,在建立会议费收入项目、办理入账时应提交会议的批复文件。

收入应及时上交财务,纳入预算管理,不得坐收坐支。

第十五条　对于收取会议费、获得国际、国内组织专项资助的会议,结余的会议经费一律纳入预算管理,作为下次会议费不足的补充,不得挪作他用。

第四章　会议费使用

第十六条　会议费开支范围包括会议住宿费、伙食费、会议室场地租金、交通费、文件印刷费等。

交通费是指用于会议代表接送站,以及会议统一组织的代表考察、调研等发生的交通支出。

对确因工作需要,邀请专家、学者和有关人员参加会议所发生的城市间交通费,支出归入差旅费科目,不在会议费科目中列支。

第十七条　会议费开支实行综合定额控制,各项费用之间可以调剂使用。综合定额标准是会议费开支的上限,各单位应在综合定额标准以内结算报销。

会议费综合定额标准如下:

单位:元/(人·天)

会议类别	住宿费	伙食费	其他费用	合计
三、四类会议	240	130	80	450

第十八条 不安排住宿的会议,综合定额按照扣除住宿费后的定额标准执行,住宿费不能调剂使用;不安排就餐的会议,综合定额按照扣除伙食费后的定额标准执行,伙食费不能调剂使用。

第十九条 根据需要,向邀请参会专家发放的咨询费、讲课费和会务工作人员劳务费,按国家和学校有关规定执行,不得在会议费科目中列支,支出归入专家咨询费、劳务费或工资薪金等科目。

第二十条 确因工作需要委托其他单位代办会议的,会议费在规定标准内报销。

第二十一条 会议费的使用应遵守学校合同管理的要求,严禁为逃避合同管理、政府采购管理分拆使用会议费。

委托会议定点服务单位或校内的宾馆、招待所、培训中心等承办会议的会议费超过二万元(含二万)需签订合同,由项目负责人在合同上审核签字,加盖部门公章后,凭批复的会议预算批件或审批同意的会议文件,到财务处招标管理办公室备案。

委托会议定点服务单位或校内的宾馆、招待所、培训中心等以外的单位发生的文件印刷费超过二万元(含二万)需签订合同,由项目负责人在合同上审核签字,加盖部门公章后,凭批复的会议预算批件或审批同意的会议文件,到财务处招标管理办公室备案。超过十万元(含)的需实行政府采购,由财务处招标管理办公室负责签订合同。

第二十二条 严禁各单位借会议名义组织会餐或安排宴请;严禁套取会议费设立"小金库";严禁在会议费中列支公务接待费;严禁以培训名义召开会议。

各单位应严格执行会议用房标准,以标准间为主,不得安排高档套房;会议用餐一律安排自助餐或者工作餐,严禁提供高档菜肴,不得安排宴请,不上烟酒;会议会场一律不摆花草,不制作背景板,不提供水果。

不得使用会议费购置电脑、复印机、打印机、传真机等固定资产以及开支与本次会议无关的其他费用;不得组织会议代表旅游和与会议无关的参观;严禁组织高消费娱乐、健身活动;严禁以任何名义发放纪念品;不得额外配发洗漱用品。

第五章 会议费报销

第二十三条 未经批准以及超范围、超标准、无预算、超预算开支的会议费用,一律不予报销。

第二十四条 各单位在会议结束后应及时到财务处办理报销和开具票据的核销手续,严禁按会议预算金额进行会议费用结算。

第二十五条 会议费报销时应集中一次性结算,不得分开报销。

第二十六条 报销会议费时,需提供以下材料:

(1)《东南大学会议费核算审批单》(财务处网页下载);

(2)会议通知(包含会议内容、活动议程、参会人员等);

(3) 相关经费主管部门批复的会议预算批件或审批同意的会议文件;

(4) 会议费合同、文件印刷费合同;

(5) 与会议相关的有效发票(收据);

(6) 实际参会人员名单及签到表;

(7) 会议服务单位提供的费用原始明细单据(需票据开具单位签字盖章确认);

(8) 电子结算单等凭证(支付凭条);

(9) 支付邀请参会专家咨询费、讲课费和会务工作人员劳务费的,另行提交《酬金发放清单》。

第二十七条 会议费支付应当严格按照国库集中支付制度和公务卡管理制度的有关规定执行,以银行转账或公务卡方式结算,不得以现金方式结算。

第六章 附 则

第二十八条 本办法未尽事宜,国家、学校有明确规定的,从其规定。

第二十九条 学校二级事业法人单位会议费核算管理参照本办法执行。

第三十条 本办法由财务处负责解释,自发布之日起执行。

附件:《东南大学会议费核算审批单》。

附件

东南大学会议费核算审批单

年　　月　　日

单位(公章)：

会议名称					
举办地点					
会期(起止时间)					
会议类型		参会人员人数		会务人员人数	
是否有审批同意的会议批准文件或项目经费主管部门批复的会议预算批件		①是□；②否□			
会议费开支标准是否符合要求		①是□；②否□			
会议费开支范围是否符合要求		①是□；②否□			
会议会期、规模是否符合规定		①是□；②否□			
会议是否在规定的地点和场所召开		①是□；②否□			
项目经费号					
住宿费		伙食费		交通费	
会议室租金		其他		合计¥	
合计(大写)					
项目负责人审批意见	意见：		签名：		
备注					

注：1. 会议经费预算由项目负责人依据批复的项目会议预算意见负责审核。

2. 会议费报销时应当提供会议的批准文件或项目的会议预算批复件、会议通知(包含会议内容、活动议程、参会人员等)、会议费相关合同、实际参会人员签到表、与会议相关的有效发票、会议服务单位提供的费用原始明细单据(需票据开具单位确认的签字盖章)、电子结算单等凭证(支付凭条)、《酬金发放清单》等。

3. 会议费的使用应遵守学校合同管理的要求，会议费、文件印刷费超过二万元(含)的需签订合同，由项目负责人在合同上审核签字，加盖部门公章后到招标管理办公室备案；文件印刷费超过十万元(含)的需实行政府采购，由招标管理办公室负责签订合同。

4. 会议经费报销时应集中一次性结算，不得分开报销。

东南大学校长办公室
2015年12月17日印发

东南大学企业国有资产监督管理暂行办法

第一章 总　则

第一条　为加强学校企业国有资产监督管理，切实履行企业国有资产出资人职责，维护学校所有者权益，促进企业的改革与发展，推动国有资产的合理流动和有效配置，实现国有资产保值增值，防止国有资产流失，根据《企业国有资产法》《公司法》《教育部直属高等学校国有资产管理暂行办法》(教财〔2012〕6号)和《教育部直属高等学校、直属单位国有资产管理工作规程(暂行)》(教财函〔2013〕5号)等有关法律法规及《东南大学国有资产管理暂行办法》(校发〔2014〕94号)，结合学校实际情况，制定本办法。

第二条　本办法所称企业是指江苏东南大学资产经营有限公司(以下简称"资产经营公司")、资产经营公司代表学校投资的全资、控股企业及尚未划转到资产经营公司的学校直接投资的全资、控股企业。学校和资产经营公司直接投资的参股企业参照本办法执行。本办法所称企业国有资产，是指学校及资产经营公司对企业各种形式的投资和投资所形成的权益，以及依法应当认定为学校所有的其他权益。

第三条　企业国有资产属于国家所有。学校作为企业出资的实际投资人，享有所有者权益，实行权利、义务和责任相统一，管资产和管人、管事相结合的企业国有资产管理体制。

第四条　学校设立国有资产管理委员会(以下简称国资委)，统一领导事业资产与企业国有资产管理工作。国资委根据学校授权，依法行使资产受益、重大决策、选择管理者等出资人权利，依法对企业国有资产进行监督管理。

第五条　学校设立经营性资产管理委员会(以下简称经资委)讨论决策企业国有资产管理重大事项，对国有资产保值增值情况进行考评，根据国资委授权行使直接出资人权利，承担相应管理职责。

第六条　学校以资本为纽带加强企业国有资产监管，行使直接出资人权利和履行直接出资人义务。

第七条　学校对企业的管理实行事企分开、所有权与经营权分离，企业享有有关法律、法规规定的企业经营自主权。

第八条　企业应当努力提高经济效益，对其经营管理的国有资产承担保值增值责任。应当接受学校国有资产监督管理部门依法实施的监督管理，不得损害国有资产所有者和其他出资人的合法权益。

第二章 管理职责

第九条　学校建立企业国有资产管理议事规则和决策程序，明确划分党委常委会和校长办公会、国资委(经资委)会议、资产经营公司董事会、资产公司经营班子决策权限。企业国有资产管理事项涉及学校"三重一大"事项的，应按规定履行集体决策程序并报经资委备案。

第十条　学校设立法人独资性质的江苏东南大学资产经营有限公司,代表学校统一持有所投资企业的股份。

第十一条　经资委代表学校对资产经营公司(包括尚未划转到资产经营公司的学校直接投资的企业)切实行使出资人权利和履行出资人义务。对直接出资的企业,经资委依法参与企业重大决策、选择管理者、制订或者参与制订企业章程。资产经营公司选派股东代表参加控股或参股企业召开的股东会议,切实履行出资人职责。

第十二条　资产经营公司要按照《企业国有资产法》有关关系国有资产出资人权益重大事项管理规定,对所出资企业行使出资人权利和履行出资人义务,通过选派股东代表、依法参与企业重大决策、选择管理者、制订或者参与制订企业章程,加强对所出资企业管理,切实维护国有资本权益。尚未纳入资产经营公司管理的企业由资产经营管理处参照本办法进行管理。

第三章　企业重大事项管理

第十三条　经资委负责指导企业建立现代企业制度,审核批准学校资产经营公司的重组、股份制改造方案和公司章程等。

第十四条　资产经营公司的分立、合并、破产、解散、增减资本、发行公司债券等重大事项,应当由经资委审核后,报上级国有资产主管部门批准。

第十五条　经资委依照法律法规及公司章程的规定,向资产经营公司委派董事、监事及其他高级管理人员。经资委代表学校行使资产经营公司股东会职权,决定公司的分立、合并、破产、解散、增减资本、发行公司债券、任免企业负责人等重大事项。经资委派出的股东代表、董事、监事,应当按照经资委的指示发表意见、行使表决权,并将其履行职责的有关情况定期或不定期向经资委报告。

第十六条　对改制企业制订改制方案并履行相应批准程序。企业改制应当按照规定进行清产核资、产权界定、财务审计、资产评估,准确界定和核实资产,客观、公正地确定资产价值。

第十七条　资产经营公司设立总会计师或财务总监岗位,由学校委派,为资产经营公司董事会成员,具体负责资产经营公司财务管理工作。资产经营公司要理顺全资及控股企业财务管理体制,建立完善内部控制制度,强化财务监督管理,规范财务行为,严控财务风险。

第十八条　资产经营公司应当建立和完善规范的现代企业制度,并承担企业国有资产的保值增值责任。建立完善协调运转、有效制衡的公司法人治理结构,建立健全股东会、董事会和监事会等组织机构。

第四章　企业国有资产管理

第十九条　经资委对资产经营公司的资产收益依法履行出资人职责;审核批准资产经营公司的重大经营计划、发展战略和规划,依照学校发展规划和产业政策履行出资人职责。

第二十条　企业国有资产产权登记分为申办产权占有登记、产权变动登记、产权注销登记。学校经资委授权资产经营管理处负责资产经营公司及未划转企业申办产权占有登记、变动登记和注销登记工作。资产经营公司负责下属全资、控股和参股企业申办产权占有登记、变动登记和注销登记工作。所有材料需报学校经资委审核后报学校国资委，由学校国资委报上级国有资产主管部门审批。

第二十一条　申办产权占有登记包括：
（一）已取得法人资格的单位；
（二）申请取得法人资格的单位；
（三）学校设立企业或对企业追加投资。

第二十二条　企业发生下列情形之一的，应当申办变动产权登记：
（一）企业名称、住所或法定代表人改变的；
（二）企业组织形式发生变动的；
（三）企业国有资产额及国有资产出资比例发生增减变动的；
（四）企业国有资本出资人发生变动的；
（五）产权登记机关规定的其他变动情形。

第二十三条　企业发生下列情形之一的，应当申办撤销产权登记：
（一）企业解散、被依法撤销或被依法宣告破产；
（二）企业转让全部国有产权或改制后不再设置国有股权的；
（三）产权登记机关规定的其他情形。

第二十四条　经资委授权资产经营管理处负责资产经营公司的清产核资工作，清产核资包括立项申请、账务清理、资产清查、价值重估、损溢认定、资金核实和完善制度等内容。清产核资的结果需报学校经资委审批。

第二十五条　资产经营公司发生下列情形之一，需要进行清产核资：
（一）资产经营公司资产损失和资金挂账超过所有者权益，或者资产经营公司会计信息严重失真、账实严重不符的；
（二）资产经营公司受重大自然灾害或者其他重大、紧急情况等不可抗力因素影响，造成严重资产损失的；
（三）资产经营公司账务出现严重异常情况，或者国有资产出现重大流失的；
（四）其他应当进行清产核资的情形。

第二十六条　资产经营公司负责下属全资、控股企业的清产核资工作，清产核资的结果需报学校经资委审批。资产经营公司下属全资、控股企业发生下列情形之一，需要进行清产核资：
（一）企业分立、合并、重组、改制、撤销等经济行为涉及资产或产权结构重大变动情况的；
（二）企业会计政策发生重大更改，涉及资产核算方法发生重要变化情况的；
（三）国家有关法律法规规定企业特定经济行为必须开展清产核资工作的。

第二十七条　资产经营公司关系国有资产出资人权益的重大事项由学校经资委决定。重大事项包括资产经营公司的合并、分立，增加或者减少注册资本，发行债券，分配利润,以及解散、申请破产等,重大事项的决定由经资委审核批准后报上级国有资产主管部门审批。

第二十八条 国有资产管理基础事项按照《教育部直属高等学校、直属单位国有资产管理工作规程(暂行)》履行报批程序。产权登记和清产核资等国有资产管理基础事项必须严格按照规定程序报批。企业资产评估事项按规定办理备案。

第二十九条 规范国有产权出让。企业的国有股权转让必须公开透明,切实做到规则公开、过程公开、结果公开。经批准实施的企业国有产权有偿转让事项,应当进行资产评估和备案管理,并在依法设立的产权交易场所公开挂牌进行交易,转让价格应以经备案的资产评估价值作为参考依据。

第三十条 学校经资委授权资产经营管理处负责资产经营公司的国有资产评估组织工作和监督工作。资产经营公司负责其下属的全资、控股企业的国有资产评估和监督工作。

第三十一条 企业国有产权转让应当遵守国家法律、行政法规和政策规定,转让的企业国有产权权属应当清晰,权属关系不明确或者存在权属纠纷的企业国有产权不得转让。

第三十二条 企业国有产权转让的程序:
(一)企业内部关于产权转让的决策审议;
(二)提交国有产权转让申请报告及相关材料;
(三)学校经资委审核、报批与上级国有资产主管部门批复;
(四)清产核资:转让所出资企业国有产权导致学校不再拥有控股地位的,必须组织进行清产核资;
(五)委托社会中介机构审计和评估;
(六)报上级国有资产主管部门批准。

第三十三条 经资委决定或者批准企业国有产权转让行为,应当审查下列书面文件:
(一)转让企业国有产权的有关决议文件;
(二)转让国有资产的可行性研究报告、企业国有产权转让方案;
(三)转让方和转让标的企业国有资产产权登记证;
(四)律师事务所出具的法律意见书;
(五)受让方应当具备的基本条件;
(六)批准机构要求的其他文件。

第三十四条 经资委授权资产经营管理处负责对资产经营公司资产损失认定工作。

第三十五条 资产经营公司资产损失认定程序是:
(一)内部决策审议;
(二)企业清产核资,委托中介机构审计、评估;
(三)提交资产损失认定申请报告,报学校批复;
(四)报上级国有资产主管部门审批。

第五章 企业国有资产监督

第三十六条 经资委代表学校向资产经营公司及学校直接出资企业派出监事。资产经营公司监事会的组成、职权、行为规范等,依照《国有企业监事会暂行条例》的规定执行。资产公司向下属企业派出监事。

第三十七条　企业应当加强内部监督和风险控制,依照国家有关规定建立健全财务、审计、企业法律顾问和职工民主监督等制度。

第三十八条　资产经营公司应当定期向经资委报告财务状况、经营状况和国有资产保值增值状况。报告材料报资产经营管理处备案。

第三十九条　资产经营管理处根据经资委授权,对资产经营公司的国有资产实施动态监管,做好年终财务审计和产权登记审计等工作。

第六章　企业国有资产保值增值考核

第四十条　企业国有资产保值增值考核统称为企业负责人的经营业绩考核,实行定量考核与定性考核相结合、结果考核与过程评价相统一、考核结果与奖惩相挂钩的考核制度。

第四十一条　经资委制订资产经营公司综合绩效评价和对负责人的考核办法,资产经营公司制订下属全资、控股企业综合绩效评价和对负责人的考核办法。通过建立综合评价指标体系,对照相应行业评价标准,对企业特定经营期间的盈利能力、资产质量、债务风险、经营增长以及管理状况等进行综合评判。经营业绩考核结果应作为企业负责人岗位调整、职务任免、薪酬待遇奖惩的重要依据。

第四十二条　经资委负责对资产经营公司负责人履职待遇、业务支出进行规范管理和指导监督,资产经营公司对其下属全资和控股企业负责人履职待遇、业务支出进行规范管理和指导监督,落实监管责任。企业负责人履职待遇、业务支出要严格遵照中央关于合理确定并严格规范中央企业负责人履职待遇、业务支出的有关规定执行。

第四十三条　企业负责人经营业绩考核工作应当遵循以下原则:

(一)按照国有资产保值增值以及资本收益最大化和可持续发展的要求,依法考核企业负责人的经营业绩;

(二)按照企业所处的不同行业、资产经营的不同水平和主营业务等不同特点,实事求是,公开公正,实行科学的分类考核;

(三)按照责权利相统一的要求,建立企业负责人经营业绩同激励约束机制相结合的考核制度,建立健全科学合理、可追溯的资产经营责任制。

第四十四条　年度经营业绩考核必须签订经营业绩责任书,责任书包括考核内容及指标,考核与奖惩,责任书的变更、解除和终止,其他需要规定的事项等。

第四十五条　年度经营业绩考核主要指标包括:

(一)国有资产保值增值率:国有资产保值增值率反映了企业国有资产的运营效益与安全状况。

(二)投资回报率:投资回报率反映了学校所有者权益的收益状况;年度经营业绩考核辅助指标:不良资产比率。

第四十六条　经资委授权资产经营管理处对资产经营公司签订的年度经营业绩责任书执行情况实施动态监控。

（一）年度经营业绩责任书签订后，资产经营管理处对责任书的执行情况进行动态跟踪；

（二）资产经营公司发生重大的安全生产事故和质量事故、重大经济损失、重大投融资和资产重组等重要情况时，资产经营公司负责人应当及时向经资委报告。

第四十七条　资产经营公司年度经营业绩责任书完成情况按照下列程序进行考核：

（一）每年4月底之前，资产经营公司负责人依据经审计的企业财务决算数据，对上年度经营业绩考核目标的完成情况进行总结分析，并将年度总结分析报告报经资委；

（二）经资委依据对资产经营公司资产动态监管和企业财务决算审计报告，对资产经营公司负责人年度经营业绩考核目标的完成情况进行考核，并决定对资产经营公司负责人的年度奖惩；

（三）经资委将最终确认的年度经营业绩考核与奖惩意见反馈资产经营公司。资产经营公司班子对考核与奖惩意见有不同意见的，可向经资委反映。

第四十八条　具体考核奖惩细则由经资委另行制订。

第七章　法律责任

第四十九条　资产经营公司未按照规定向国有资产监督管理机构报告财务状况、生产经营状况和国有资产保值增值状况的，予以警告；情节严重的，对直接负责的主管人员和其他直接责任人员依法给予纪律处分。

第五十条　企业的负责人滥用职权、玩忽职守，造成企业国有资产损失的，应负赔偿责任，并对其依法给予纪律处分；构成犯罪的，依法移交司法机关追究刑事责任。

第五十一条　违反国有资产管理有关规定的，学校国有资产监督管理部门责令改正，造成严重后果或拒不改正的，按管理权限，由学校相关部门对主要负责人和直接责任人给予纪律处分，构成犯罪的，依法移交司法机关追究刑事责任。

第八章　附　则

第五十二条　本办法由国资委授权资产经营管理处负责解释。

第五十三条　本办法自发布之日起施行。

东南大学校长办公室
2015年6月12日印发

东南大学人才引进工作办法(修订)

为了进一步加强师资队伍建设,提高院(系)人才引进工作的积极性、主动性,引导院(系)科学设岗,规范流程,有效选聘具有国际视野、充满活力和创造力的高素质师资队伍,借鉴世界一流大学成功经验,结合《东南大学综合改革方案(2015—2020)》,特制定本办法。

一、适用范围

教学科研岗位上引进的高层次人才,接收的具有博士学位及博士后出站人员,接收的海外留学回国人员。

二、申报流程

1. 院(系)根据学科规划及教师队伍发展需要,在上年末提出人才引进岗位及人数要求,经学校批准后确定当年度的人才引进计划,并向国内外公开发布和招聘。

2. 院(系)根据学校下达的指标,召开院(系)学术委员会,制订本年度进人计划人选的学科岗位分布、学术能力基本要求、教学能力基本要求、学缘结构基本要求,并报学校审核通过。

3. 应聘者填写《东南大学新聘人员审批表》(附件1),表中所列内容(如学历、职称、职务、成果等)应据实填写,并提供相关证书、证明。

4. 院(系)对应聘者进行初步遴选后,安排初选者试讲。院(系)教学委员会对拟引进人员的课程试讲做出评价,实名填写《东南大学引进教师试讲测评表》(附件2),教学委员会对其试讲效果具有一票否决权。试讲通过人员,学院还应召开学术委员会议,就岗位要求及初选者学术水平、学科背景、科研能力、发展潜力等进行学术评价和投票表决,并将投票结果和"学术委员会议评议意见"填写上报(附件3:《东南大学引进教师学术评价表》)。

5. 引进人员原有的专业技术职务须认证后聘用,海外引进人员申请上岗高级专业技术职务者,按《东南大学引进海外人员高级专业技术职务评审暂行办法》执行。引进人员原有的高级专业技术职务的认证和海外引进人员上岗高级专业技术职务的申请,还应进行同行专家学术评价及推荐。同行专家学术评价时,由申请者提供代表作由学校负责送审,其中副高级职务申请者应有二名及以上校外同行专家学术评价及推荐意见;正高级职务申请者,应有三名及以上校外同行专家学术评价及推荐意见,具体工作由校人事处师资科组织实施。该环节工作可与第四项工作同时进行。

6. 在教学委员会议、学术委员会议和同行专家评价的基础上,院(系)召开党政联席会议,根据院(系)各学科建设和教师队伍发展规划情况,按照学校下达的年度教师引进计划指标确定拟引进人选,在《东南大学新聘人员审批表》中填写院(系)部门综合意见和拟引进人员未来的工作安排、培养目标等,由院长(系主任)及党委书记分别签字并加盖单位公章。

7. 院(系)将各项申报材料[包括《东南大学新聘人员审批表》《东南大学同行专家鉴定表》(应聘高级职务岗位人员)、《东南大学引进教师试讲测评表》《东南大学引进教师学术评价表》及引进人员的相关证明材料等]提交学校人事处待审。

三、审批流程

1. 由学校人事处人事科就院(系)所报各项申报材料进行审查,并对拟引进人员所在单位编制情况、进人指标、岗位要求等情况进行审核。

2. 人事处每季度从校专家库中抽取五位专家,对各单位的申报材料进行一次评议。人事处根据专家评议意见,结合学校教学科研岗位设置情况,提出引进初步意见,报主管校领导审批。

3. 学校审批通过的拟引进人员名单,在校园网公示一周后最终确定。

4. 人事科负责引进人员聘用通知,并在引进人员体检通过后为其办理入校手续。

5. 对社会公认的高水平学科带头人、省部级及以上人才计划入选者,可简化申报、审批流程:应聘者填写《东南大学新聘人员审批表》,院(系)党政联席会议讨论,并将讨论意见填写该表中,院长(系主任)及党委书记分别签字并加盖单位公章后报人事处,人事处根据应聘者实际情况组织专家讨论后,呈报校长审批确定,签订《东南大学聘用合同》。

四、其他

1. 本办法自公布之日起起执行,原《东南大学人才引进工作办法》(校通知〔2008〕106号)同时废止。

2. 本办法由人事处负责解释。

附件:1.《东南大学新聘人员审批表》
  2.《东南大学引进教师试讲测评表》
  3.《东南大学引进教师学术评价表》

东南大学校长办公室
2015 年 5 月 14 日印发

东南大学学位授权点合格评估和动态调整实施办法

为做好我校博士、硕士学位授权点合格评估和动态调整工作,根据国务院学位委员会、教育部《学位授权点合格评估办法》(学位〔2014〕4号)、《关于开展学位授权点合格评估工作的通知》(学位〔2014〕16号)和《关于开展2014年学位授权点专项评估工作的通知》(学位〔2014〕17号)文件要求,以及国务院学位委员会《关于开展博士、硕士学位授权学科和专业学位授权类别动态调整试点工作的意见》(学位〔2014〕1号)、《关于开展博士、硕士学位授权学科和专业学位授权类别动态调整试点工作的通知》(学位〔2014〕2号)和《关于印发〈江苏省博士、硕士学位授权点动态调整实施办法(暂行)〉的通知》(苏学位字〔2015〕5号)文件精神,结合我校已经制定的《东南大学学位授权点合格评估工作方案》,制定本实施办法。

第一章 基本原则

第一条 学校成立东南大学学位授权点合格评估工作领导小组和工作小组,负责对全校所有学位授权点进行合格评估以及动态调整等相关工作。

第二条 根据"以评促建、以评促管"的原则,对我校所有学位授权点的建设情况和研究生培养质量进行评估,对评估结果不合格的学位授权点进行整改或动态调整。

第三条 根据学位授权点的办学定位和研究生培养质量标准,从目标定位、研究方向、师资队伍、人才培养、科学研究、学术交流、资源配置、制度建设等方面,真实、准确考察学位授权点的目标达成度。评估标准体现学位授权点的办学水平和研究生教育发展目标;评估内容对照东南大学《学位授权点评估要素》(附件一),重点突出人才培养,人才培养质量标准不低于国家制定的《博士硕士学位基本要求》(国务院学位委员会第六届学科评议组编制)。

第四条 学位授权点动态调整要坚持以提高质量为主线,以优化结构为原则,推动我校学位与研究生教育走内涵式发展道路,不断提高研究生的培养质量。

第五条 积极撤销需求不足、水平不高、达不到合格评估标准的学位授权点;主动增列符合经济社会发展需要、特色鲜明、发展潜能明显、有利于优化结构的学位授权点。

第二章 学位授权点自主调整和增列办法

第六条 自主调整学位授权点的具体办法是"撤一增一",即主动撤销一个国务院学位委员会批准的学位授权点可以等额自主增列一个其他学位授权点,具体办法参见《关于开展博士、硕士学位授权学科和专业学位授权类别动态调整试点工作的通知》(学位〔2014〕2号)。

第七条 拟自主增列的一级学科博士点和一级学科硕士点必须达到国务院学位委员会规定的申报授权点最低要求并具备相应的基本条件[参见《关于委托省(自治区、直辖市)学位委员会中国人民解放军学位委员会进行博士学位授权一级学科点初审和硕士学位授权一级学科点审核工作的通知》(学位〔2010〕18 号)]。拟自主增列的硕士专业学位授权类别必须达到国务院学位委员会规定的《增列硕士专业学位授权点基本条件》[参见《关于开展增列硕士专业学位授权点审核工作的通知》(学位〔2013〕37 号)]。拟自主调整增列的博士专业学位授权类别必须符合国务院学位委员会规定的基本要求。

第三章 学位授权点评估和增列过程

第八条 各院、系、学术业务单位根据学校通知要求开展自评估,准备评估材料(附件一、二),对照评估要素进行检查,总结优势和特色,以及存在的问题与改进措施。鼓励各院、系、学术业务单位根据自评估结果,主动提出撤销学位授权点的建议。

第九条 院、系、学术业务单位在自评估中符合基本要求的情况下,可以申请新增学位授权点(附件一、二、三)。对于主动提出撤销学位点的院、系、学术业务单位,在学位授权点增列时予以优先考虑。

第十条 学校聘请不少于 5 名同行专家(其中外单位专家不少于 1/3)组成专家组,对学位授权点进行会议评审,由同行专家对学位授权点进行评估并提出诊断式意见,评估结果分为"合格"和"不合格",提出建议撤销的学位授权点初步名单;对申请新增学位授权点材料进行评审,提出建议新增列的学位授权点初步名单。

当学位授权点出现下列情况之一,则直接进入专家建议撤销的学位授权点初步名单:
一、已经停止招生;
二、硕士学位授权一级学科点的教授数不足 3 人、五年内授予硕士学位人数不足 10 人;博士学位授权一级学科点的教授数不足 8 人,五年内授予博士学位人数不足 10 人。

第十一条 东南大学学位授权点合格评估工作领导小组在专家评审意见的基础上进行审核,确定拟主动撤销和拟自主增列学位授权点名单。

第十二条 校学位评定委员会根据学位授权点的规定要求和条件,结合我校学科建设发展规划,对拟主动撤销和拟自主增列学位授权点进行审议,并通过投票表决决定是否同意调整。

第四章 其 他

第十三条 按本办法撤销的学位授权点即停止招生,已招收研究生的学位授予办法按国家有关规定执行。

第十四条 主动撤销的学位授权点不得在五年内再次依据本办法增列为学位授权点。

第十五条 本办法由研究生院学科建设办公室负责解释。

附件一:《学位授权点自我评估总结报告》
附件二:《学位授权点基本情况统计表》
附件三:《增列博士学位授权一级学科点简况表》
附件四:《增列硕士学位授权一级学科点简况表》
附件五:《增列硕士专业学位授权点申请表》

东南大学校长办公室
2015 年 6 月 15 日印发

关于规范东南大学校领导班子成员薪酬管理的规定

为贯彻落实中央关于从严管理干部的要求,切实深入推进事业单位改革,现就进一步规范我校领导班子成员薪酬管理工作制定本规定。

一、严格执行国家收入分配政策、岗位设置办法及财务管理规定,在结合考核的基础上合理确定教职工的收入水平,其中由学校自主确定的领导班子成员的津贴补贴水平要与在岗职工的津贴补贴水平保持合理比例。

二、学校按规定对校领导班子成员津贴补贴进行规范管理。领导班子成员要严格执行以下几点:

1．"双肩挑"领导干部不能重复领取或多头领取津贴补贴,管理和教学科研工作量不能相互抵顶;

2．领导班子成员应严格执行一律不得在企业兼职的规定。经按干部管理权限批准在社会团体兼职的也不能领取兼职单位的报酬;

3．以校领导班子成员身份参加校内各类职务活动不得领取各种名目的报酬;

4．不得违规自行新设津贴项目或发放已经明令取消的津贴补贴;

5．不得超过规定标准、范围发放津贴补贴;

6．不得擅自提高标准发放改革性补贴;

7．不得超标准缴存住房公积金;

8．不得以有价证券、支付凭证、商业预付卡、实物等形式发放津贴补贴等。

三、领导班子成员的工资关系由学校人事、财务部门统一管理,各类工资项目支付以银行卡形式发放。工资收入按照《行政事业单位工资和津贴补贴有关会计核算办法》(财库〔2006〕48号)进行核算管理,不得账外列支。

四、严肃收入分配纪律,加大对违反政策行为的查处力度。如有领导班子成员违规兼职、兼职取酬或违规发放津贴补贴的,依照《中国共产党纪律处分条例》《违规发放津贴补贴行为适用〈中国共产党纪律处分条例〉若干问题的解释》《违规发放津贴补贴行为处分规定》等有关规定严肃处理;对负有责任的领导人和直接责任人严肃追责。

东南大学校长办公室
2015年6月19日印发

关于进一步严肃财经纪律防范财务风险的若干意见

学校各部门、单位：

财务管理工作以支持学校事业发展为中心，在依法筹集办学资金、规范校内经济秩序、保障国有资产完整、提高经费使用效益、维护学校合法权益等方面发挥了重要作用，取得了显著成绩。但是，随着学校各项事业的快速发展，学校办学经费紧张，预算管理不够严格，监管体系不够健全，内控制度不够完善，校内二级单位财务管理和国有资产管理存在薄弱环节，亟须加以解决和规范。为了进一步规范我校财务行为，加强财务管理和监督，促进学校各项事业全面协调可持续发展，现就进一步加强学校财务管理工作提出以下意见：

一、切实提高思想认识，增强依法依规理财的责任意识

1. 统一思想，提高认识

各部门、单位要充分认识严肃财经纪律、规范财务管理工作对当前落实中央八项规定、改进党风政风等政策的重要意义，在新的形势下切实增强守法意识和责任意识，主动接受监督。

2. 切实履行职责，严格责任追究

各部门、单位，特别是行政"一把手"要切实履行好财经工作第一责任人的职责，全面履行财务工作的组织领导责任和经济责任，严格遵守和落实各项规章制度，确保国家相关规定落实到位，坚决杜绝有令不行、有禁不止的行为。学校将部门财务管理工作和绩效情况作为部门及领导干部年度考核的重要内容。按照经济责任制的要求，加大问责力度，要建立健全制度执行的责任追究机制，使责任追究更具操作性和实效性，对因管理不善、控制不严等造成经济损失的有关人员将追究相应责任。

3. 加大检查监督力度

财务、审计、纪检部门要加强对制度执行的监督检查，要结合审计整改要求，切实加强对执行过程中的控制和监督；要按照从严、从细、从紧的要求，突出重点事项，强化日常监管；加强对二级单位的监督检查，切实提高督查工作的针对性和有效性。

二、加强预算管理与控制，强化预算的权威性与严肃性

1. 提高预算管理意识，科学编制部门预算

充分认识并发挥预算管理在学校战略发展与财务管理间的桥梁和纽带作用。强化分管

校领导在部门预算编制和执行中的组织和领导作用,按事权和财权相统一、权利和义务相统一的原则,细化预算内容和指标,实施项目责任预算管理,实现学校预算管理的全覆盖。

2. 统筹安排预算资金,科学配置各项资源

预算编制应统筹考虑财政专项资金和校内预算专项资金,强化宏观调控,根据学校发展战略,结合专项资金项目实施目标和部门中心工作,统一运筹资金,综合平衡、协调各方面利益,实行科学决策,切实改变"重争取,轻管理"的现状,避免同一业务多头申报、重复安排资金,提高专项资金预算的科学性、合理性和可操作性。

3. 强化预算约束,加强结余资金管理

进一步规范预算执行,规范预算调整程序,预算一经确定,应当作为年度业务活动的基本依据,严格按照支出范围和进度安排预算资金使用,切实维护预算的刚性和严肃性。严禁为完成专项资金使用进度而违规、突击用钱,造成财政资金浪费,严禁擅自变更专项资金的批复。对于各类财政专项(含纵向科研项目),应按规定的计划进度使用,按时进行项目结项、结账。

根据最近下发的《国务院办公厅关于进一步做好盘活财政存量资金工作的通知》的要求,各部门必须加强部门预算结余、结转资金的管理,将经费更合理地分配到有需要的其他部门使用,提高资金的使用效益,更大地发挥经费的使用效果。从2015年开始,部门预算结余、结转资金将纳入下一年预算,暂缓下拨当年预算资金。

4. 加强预算绩效考核,建立健全预算绩效评价和考核监督体系

强化预算绩效管理,预算资金分配依据责任单位所要完成的工作目标进行配置,细化预算资金的开支范围,收支项目与单位预算实行指标化、目标化管理。将部门预算责任收入和支出项目目标完成情况纳入部门工作考核范围,与部门负责人经济责任挂钩,与部门人员绩效挂钩,实施激励政策。加强部门预算执行的内部审计,实施责任追究制度,通过建立资源配置和使用的自我约束机制,优化学校资源配置,实现资源使用效率的最大化。

5. 建立健全预决算信息公开制度

实施预算管理民主监督和制约机制。通过公开学校预算、决算、财务年报和专项资金预算,全面公布学校预算下达的明细工作,发挥民主监督和制约作用,提高参与管理程度,进一步提高财务工作的透明度,促进全体师生员工了解学校财力状况、资源配置的分布情况,促进各部门提高对预算编制、执行和绩效考核的重视程度,规范使用预算资金,将部门工作与学校发展紧密结合起来,切实关心学校战略事业的发展,努力从源头上预防违纪违规问题的发生。

三、规范各类财经行为,防范财务风险

1. 进一步加强科研经费管理

要强化科研经费管理责任落实,将科研经费管理作为学校落实党风廉政建设主体责任的重要方面,将科研经费管理责任层层分解,明确到人。要强化院(系)对科研经费监管的责任,加强对本单位经费项目和项目负责人的监督和管理,尤其要加大对外协服务支出、转出款、材料采购、虚假行为套取资金等重点支出内容的审查和监督,在项目合作真实性的行为审核、项目支出过程的相关性审核等方面,提高监管力度和水平。要加大反腐倡廉教育和政策宣传,提升科研人员的道德修养和责任意识,充分认识科研经费属于公款的严肃性。

2. 规范酬金、津补贴发放

各部门、单位要建立健全本部门酬金发放管理办法,尤其要落实院系(部门)绩效发放的规则,学校打包给院系(部门)和院系(部门)自行发放部分都必须全部纳入所在院系(部门)绩效,以院系(部门)集体决议的形式,明确考核、发放等规定,考核、发放管理办法报人事处备案,以确保学校酬金发放管理有章可循、有据可依。同时,严禁以代币支付的预付卡等形式发放酬金、津贴补贴。

3. 严格执行公务接待管理规定

各部门、单位应认真领会中央有关加强公务接待管理的文件精神,提高思想认识,严格按照东大委〔2014〕9号文件关于公务接待财务报销的要求,落实公函、清单制度,公务接待的范围、内容和标准按照当地政府部门的标准要求,各项支出范围和标准不得突破中央、地方有关规定要求,将公务接待管理工作落实到位。各部门在公务接待中收取的伙食费、用车费等费用应按规定及时上缴财务,不得留作他用。

4. 规范举办各类会议和经费使用

按照中央加强会议费管理的文件要求,相关职能部门应落实有关会议举办规模、地点、支出内容、支出标准、审批管理、支付要求等环节的规定,规范我校各类会议的举办和经费使用。严禁借会议之名行旅游之实,严禁假借会议之名套取资金。

5. 规范因公出国经费管理

按照中央和学校有关加强因公出国经费管理的要求,学校各部门、单位应进一步做好年度因公出国计划、经费预算编制工作;规范公务机票购买行为,严格按照财政部财库〔2014〕33号文件要求,必须优先购买通过招标采购方式确定的我国航空公司航班优惠机票;加强出国审批管理工作,落实出国审批双签制;因公临时出国实行经费预算及用汇额度双控制,强化预算约束,不得超预算或无预算经费安排出访人员,使用专项资金安排因公临时出国的,原则上必须办理购汇手续。

6. 严肃查处"小金库"行为

在中央三令五申严禁"小金库"的形势下,学校将改进监管方式、加强监管力度,努力从源头上切断"小金库"的资金来源,杜绝"小金库"行为。在查处"小金库"问题上,严格"一把手"责任追究制,按中央要求,一旦发现"小金库",先免职,再严肃查处。

7. 推进公务卡使用和核算管理

进一步加大使用公务卡的宣传力度,加快推进公务卡发卡和公务卡结算管理工作,要严格按照国家有关规定办理和使用公务卡,对于差旅费、公务接待费、公务用车购置及运行费、会议费、培训费等经费支出,除按规定实行财政直接支付或银行转账外,必须使用公务卡结算。对于违反规定、擅自使用现金支付的费用支出,财务部门不予报销。

8. 加强物价监管,规范收费行为

学校的各项物价收费行为必须严格履行校内审批程序,报物价主管部门备案或批准后执行;事业性收费一律按学年或学期收取,不得跨学年预收;服务性收费、代收费必须坚持学生自愿和非营利原则;各项收费必须将经批准的收费项目和标准进行公示,主动接受学生、家长和社会的监督;各收费归口管理部门应及时清理以前年度存在的问题,在收费问题上不留死角。

9. 加强税务管理,规避税务风险

进一步加强税收法律法规宣传教育,提高师生员工依法纳税的意识,针对当前科研劳务个人所得税、企业所得税、增值税等税收政策调整带来的新形势、新特点,扎实做好相关基础工作,全方位做好税务筹划、制度建设、会计核算、内部监督、合同管理等工作,化解学校税务管理面临的困难和压力,以促进学校相关工作健康稳定发展。

10. 加强往年暂付款清理,降低坏账风险

2015年将重点进行暂付款清理工作,建立财务部门、项目负责人以及项目所在单位的联动机制,明确责任分工,加大清理力度,项目所在单位要切实履行监管责任,项目负责人和经办人要配合财务开展工作。对于清理过程中存在的问题要及时分析研究,加大整改力度,加强制度建设,改进工作方式方法,明确处理规则、处理程序、惩罚措施和责任追究机制,建立健全暂付款控制系统、经办人信息库等,提高清理效率。

四、加强对学校二级独立事业法人、独立核算单位的财务监管

1. 认真履行职责,自觉接受学校监督

二级独立事业法人、独立核算单位应严格遵守和执行学校统一制定的财务规章制度,加强自身内控制度建设,规范各类经济行为,并接受学校财务的统一领导与学校财务、审计的监督和检查;明确并细化二级独立事业法人、独立核算单位的董事会(理事会)、分管领导和单位负责人各自的财务管理权限,严格按规范流程办事;加强二级独立事业法人、独立核算单位预算的审核,重点监管人员及绩效费用、科研项目的管理费、科研配套经费落地政策及配套经费支出审批、国有资产使用和处置监管及招投标管理等,实现监管制度化、常态化、规范化。

2. 加强委派会计管理和财经检查工作

加强二级单位会计委派制度的落实和全覆盖,进一步明确委派会计人员的职责与权限,充分发挥委派会计人员的会计监督作用,保证委派会计人员正确履行职责;建立健全委派会计人员的选拔聘用制度、业务培训制度、业务考核制度、岗位轮换制度、重大事项报告制度;对目前暂不具备委派条件的单位,实行定期财务巡查。

五、强化责任意识,加大资产管理监管力度

1. 加强统筹协调,明确责任分工

在学校成立国有资产监督管理委员会的新体制下,进一步落实"统一领导、归口管理、分级负责、责任到人"的管理体制要求,明确归口管理职能部门与资产使用单位、个人之间的关系和职责分工,明确各个归口管理职能部门职责分工,建立健全交叉业务在归口管理部门间的分工协调机制。建立健全国有资产管理绩效考评制度、无形资产管理制度、资产管理内控监督和制约机制、所办企业国有资产管理制度等,确保国资监管工作有章可循,有规可依。

2. 着力解决资产管理中的遗留问题

全力协调解决存在的部分出租出借行为未按要求履行报批报备程序、部分学校投资设立的二级独立事业法人单位未履行报批手续、资产处置程序不规范、在建工程未及时结转固定资产、无形资产管理不到位、国有资产管理重要资料交接及归档不清晰等长期遗留问题,针对薄弱环节,全面排查问题,深入分析原因,完善国有资产管理机制,落实配套措施,及时进行整改,责任到人,不留死角。

3. 实行国有资产管理年报制度

针对目前国有资产管理存在的突出问题,建立学校国有资产管理状况年度报告制度,由学校各国有资产归口管理部门按照要求,每年报告各自分管的国有资产管理状况,包括年度工作计划完成情况、国有资产法律法规落实情况、完善内控制度建设情况、存在的问题及整改落实完成情况、下一年度工作计划等,学校国有资产管理办公室组织复查并汇总,每年向校长办公会报告。

六、着力解决招投标管理中存在的突出问题

1. 严格依法依规招标,加大监管处罚力度

系统梳理并修改招投标管理办法,进一步明确校内项目承担单位在招标工作中的主体责任地位,主动、全程参与项目的招标工作。任何单位和个人不得私自透露招标信息、私下接触投标单位、干扰招标流程、否定招标结果等等,一经发现,严格查处。校招标管理及相关部门要采取有针对性的预防措施,不断优化评标流程,改进评标办法,严格堵塞管

理漏洞,杜绝违法违规现象的发生。

2. 加强设备采购招投标管理

进一步严格内部设备采购和招标程序,明确各类采购行为规则,加强过程管理。针对设备采购中单一来源比例过高的现象,加强"技术参数唯一性"合理性的评审,组织同行高水平专家进行论证,完善认定程序、落实项目负责人责任、招标结果公示等措施,有效减少通过单一来源采购逃避招标现象,防止关联交易和虚假行为的发生。

3. 加强招投标评委专家队伍建设

进一步发挥招投标评委专家在工作中的作用,建立评委专家库准入、退出制度,严格入围条件和要求,严格控制评委库质量,提高评委整体素质,对评标专家实行动态管理,要定期更新、补充评委,实行评委定期考核和责任追究制度,发现问题严厉查处,对不称职的评委予以除名,以利于优化招标环境,确保公平、公正,杜绝腐败现象发生。

东南大学学风建设实施细则

第一章 总 则

第一条 为切实加强学风建设,严格规范学术行为,营造求真务实的育人环境和学术氛围,根据教育部《关于切实加强和改进高等学校学风建设的实施意见》(教技〔2011〕1号)文件精神,依照《东南大学章程》,结合我校实际,制定本实施细则。

第二条 学风包括学生的学风、教师的教风和治学精神等,是大学精神和核心竞争力的重要体现,是学校的立校之本。树立优良的学风是我校不断提高人才培养质量,增强科学研究能力,服务经济社会发展,推进文化传承创新,加快建设"国际知名高水平研究型大学"和"世界一流大学"步伐的必然要求和重要保障。

第三条 学风建设坚持标本兼治、综合治理的原则。学校通过教育引导、制度规范、监督约束、查处警示等途径,全校师生全面动员、共同参与,明确各部门、各院(系)的责任与义务,进一步建立、健全学风建设工作体系和长效机制。

第二章 组织实施

第四条 建立健全学风建设工作机构和责任机制。成立由校长担任主任委员的学校学风建设委员会,学校党政"一把手"是学风建设的第一责任人,并由一名副校长和副书记专门分管学风建设工作。

学校学风建设委员会下设学风建设办公室,成员由学校相关职能部门主要负责同志出任。其具体工作职责包括:

(一)根据上级主管部门要求,制订本校学风建设具体措施;
(二)定期检查院(系)学风建设工作实施情况;
(三)受理学风建设方面的投诉;
(四)组织专家组对学风建设投诉进行调查;
(五)公布和上报调查、处理结果。

第五条 发挥学校学术委员会的作用。学术委员会应积极承担学术规范教育和科研诚信宣传,在学风建设、学术评价、学术发展中发挥重要作用。

学校学术委员会下设学术不端行为评判工作委员会,具体负责对学术不端行为的认定评判;学校学术委员会秘书处负责受理学校对涉嫌学术不端行为的举报。

第六条 学校把学风建设作为一项重要指标纳入院(系)领导班子考核,各单位主要领导是本单位学风建设的第一责任人,教师、科研人员、行政管理人员、学生等均负有相应责任;实行学风建设责任追究制。

第七条 建立学术规范教育制度,加强科研诚信建设。学校把教育作为加强学术道德建设和学风建设的重要基础,以教师和研究生为重点,面向全体师生,积极组织开展有针对性的学术道德和学风建设宣讲活动,教育引导广大师生尊重科学、求真务实,在教学

与科研活动中自觉抵制急功近利、浮躁浮夸、抄袭剽窃、伪造篡改、粗制滥造、投机取巧、买卖论文、考试舞弊等学术不端行为:

（一）把学术道德教育和科学精神教育列入教师岗前培训、本科生及研究生入学教育的必要内容,强调学术自律意识和自我道德养成；

（二）对教师进行每年一次的科研诚信教育,把科研诚信纳入教师和科研人员的年度考核内容；

（三）教师要加强对学生的教育和监督,以严谨治学的精神和认真负责的作风感染教化学生,力争成为言传身教的榜样和教书育人的楷模。

第八条　切实改进评价考核导向,建立科学有效的评价考核制度。学校尊重人才成长和学术发展规律,避免急功近利等短期行为,全面考察师德、教风、创新和贡献。学校围绕教学和科研的过程,认真研究制订有关学术行为的规章制度,建立健全学术管理专项制度,进一步完善论文答辩、论文发表、著作出版、科研立项、成果鉴定、职称评定等方面的程序和制度。

第九条　学校学风建设信息实行全方位公开化,同时加强校园文化建设,开展典型宣传和形式多样的校园文化活动等,形成以遵守学术道德为荣、违反学术道德为耻的风尚,为学风建设营造良好的校园文化氛围:

（一）学校网站开设学风建设专栏,发布学风建设的实施情况,公布学风建设的年度报告,公开学术不端行为调查处理结果；

（二）学校进一步增加科研管理的公开性和透明度,对项目申报、项目验收、成果报奖等科技信息及时上网公示,接受校内外同行专家的监督和投诉,防止学术研究的重复化、项目申报的同质化,避免资源浪费；

（三）进一步加强科学研究的过程管理,建立实验原始记录档案和检查制度、学术成果公示制度、论文答辩前实验数据导师审查制度,进一步完善科研项目评审、学术成果鉴定程序。

第十条　各职能部门要强化行政监督,切实履行行政监督职责,指导院（系）开展学风教育,完善学术规范,每年进行学风建设工作检查。对于社会影响较大的学术不端行为投诉,要加强督察督办和具体指导,促使其得到公正公平有效的处理。正确发挥社会监督作用,已经认定的学术不端行为,应该公开事实和处理结果。

第三章　学术不端行为的调查和处理

第十一条　根据《东南大学关于对涉嫌学术不端行为调查和处理的实施意见（修订稿）》（校发〔2014〕96号）,学术不端行为,是指违反学术道德和学术规范的行为。下列行为被认定为学术不端行为:

（一）抄袭他人（包括境外学者）已发表的作品或已经完成尚未发表的研究成果；

（二）未参加创作,在他人学术成果上署名,引用他人学术成果不加注明,未经他人许可,不当使用他人署名的；

（三）在具有公示效力的正式文书、正式表格上,不真实报告学术经历、学术成果,涂改或伪造专家鉴定、证书和其他与之相关的证明材料；

(四)剽窃侵吞他人的学术观点、学术思想、学术成果,篡改他人学术成果,或盗用他人的研究成果(包括合作完成的研究成果未经合作人同意擅自公开发表);

(五)伪注、伪造、篡改文献和数据,捏造事实等;

(六)通过新闻媒体以及其他非学术途径传播不真实的研究成果;

(七)对他人的研究成果和学术思想恶意诋毁,对正常学术批评采取不正当的报复行为;

(八)论文与论著一稿多投或重复发表;

(九)其他违背学术界公认的学术道德和学术规范的行为。

第十二条 学校对学术不端行为的调查和处理遵循实事求是、严肃认真的原则,注意维护当事人的合法权益。具体程序参见《东南大学关于对涉嫌学术不端行为调查和处理的实施意见(修订稿)》(校发〔2014〕96号)的相关规定。

第四章 附 则

第十三条 本实施细则适用于东南大学师生员工和所有以东南大学名义从事学术活动的单位和人员。

第十四条 本实施细则由东南大学学风建设委员会负责解释。

第十五条 本实施细则经校长办公会讨论通过,自发布之日起施行。

发展规划工作

综　述

2015年是学校"十二五"的收官之年,也是"十三五"的谋划之年,在这承前启后的一年里,我们发展规划部(处)、高教所作为学校的"智库"和制订发展规划的主要责任单位,全体部门成员同心协力,按照学校的有关要求,加强理论学习,努力提高自身服务学校发展的能力和水平,圆满完成了《东南大学综合改革方案》《东南大学"十三五"事业发展规划纲要(讨论稿)》等10余份事关学校发展的重要报告,现将2015年工作汇报如下。

一、努力发挥"智库"作用,圆满完成各项报告及上报工作

1. 完成《东南大学综合改革方案》,并正式报送教育部。发展规划部(处)历时半年,圆满完成了《东南大学综合改革方案》,并正式报送教育部。《东南大学综合改革方案》明确提出,继承东大百年办学传统、借鉴世界一流大学成功经验,以立德树人、大力提升人才培养质量为核心,以深化人事分配制度改革、建设高水平师资队伍为突破口,解放思想,开拓创新,全面深化各主要领域改革。通过加大综合改革力度,破除学校事业发展的体制机制障碍,进一步突出内涵建设和整体提升,加快东南大学世界一流大学建设进程。同时,为有效落实《东南大学综合改革方案》,发展规划部(处)每年都会下发"综合改革方案年度任务分工"到相关部处,并在年底对综合改革完成情况进行检查核实。

2. 完成《东南大学"十三五"事业发展规划纲要(讨论稿)》。2015年年初,发展规划部(处)启动"十三五"事业发展规划的制订工作,经过一系列的校外走访、校内调研以及反复的修改完善,2015年12月,《东南大学"十三五"事业发展规划纲要(讨论稿)》圆满完成,经校长办公会、教师代表大学执委会审议通过。《东南大学"十三五"事业发展规划纲要》确定的发展目标为:到2020年,办学水平和综合实力国内领先,若干学科达到世界一流水平,工程学位居世界一流前列,学校的国际声誉和国际影响力显著提升。发展原则为:改革引领、创新发展;分类支持、协调发展;国际视野、竞争发展。同时确定了三个战略重点,即一流人才培养、一流学科建设、一流师资建设。

3. 完成各项统计报告及数据分析工作。完成《2015/2016学年初高等教育基层统计报表》,上报教育部;完成《学校事业发展情况报告》,作为学校财务报告的一部分上报教育部;完成《东南大学教育现代化建设监测报告》,上报江苏省教育评估院。此外,作为学校发展的"智库",发展规划部(处)还向学校提交了《东南大学与其他"985"及江苏省"211"高校重要指标比较分析报告》,使学校能够及时了解国内高水平大学的相关信息,进一步认清我校与兄弟高校相比较的优势与差距,为学校的发展提供数据参考。作为重要参与部门,发展规划部(处)与校内的其他专家学者共同撰写了《东南大学事业发展规划(2015—2035)研究报告》,这是我校更为长期、更为综合的远景规划。此外,《我国"985"高校世界一流学科建设进展研究报告》《东南大学贯彻国家教育规划纲要的整体实施和完成情况》等也圆满完成,为学校发展献计献策。

二、人才培养和科学研究再接再厉

除了承担学校的各项行政工作之外,高教所教师还努力完成了各项教学和科研任务。2015年,高教所教师为本科生及研究生开设"高等教育哲学""中国高等教育史论""教育学""教育管理学""教育统计方法""教育心理学""比较教育学"等课程。圆满完成研究生开题、中期考核、答辩等各项学生培养与管理工作。2015年,结题4项省、部级科研项目,在研4项国家及省级课题。在CSSCI、中文核心、学术会议上发表学术论文5篇。

发展规划部(处)、高教所
2015年12月24日

党建与思想政治工作

党风廉政建设与纪检监察工作

2015年纪检监察部门认真贯彻党的十八届五中全会、中央纪委五次全会精神,在校党委和上级纪委领导下,围绕加快建设世界一流大学的发展目标,以服务学校中心工作为主线,以落实党风廉政建设监督责任为重点,牢牢扛起两个责任,全面履职、强化监督,深入推进党风廉政建设和反腐败各项工作。

一、严明党的纪律,以强化责任为重点,落实党风廉政建设责任制

1. 强化纪律建设。认真组织学习《习近平关于党风廉政建设和反腐败斗争论述摘编》,不断提高责任感和使命感;充分运用校报平台,邀请纪委委员、法学专家、专职纪检干部撰写《中国共产党巡视工作条例》学习心得,进一步强化纪律意识;向全校中层领导干部及教职工和学生党支部发放新修订的《中国共产党廉洁自律准则 中国共产党纪律处分条例》(合订本),深入开展纪律教育和监督。

2. 强化责任传导。根据《中共东南大学委员会贯彻落实〈建立健全惩治和预防腐败体系2013—2017年工作规划〉实施意见》,紧紧围绕党风廉政建设"两个责任"这一根本,加大责任传导力度,拓宽责任传导途径,通过新任中层党政主要负责人向学校党政主要负责人递交党风廉政建设责任书的形式,不断完善"横向到边、纵向到底"的责任制工作体系,推进责任层层传导和落实。

3. 强化考核问责。坚持将年度目标考核与落实党风廉政建设两个责任情况一并考核,首次将六大纪律执行情况、"三重一大"民主决策制度执行情况、校园廉政文化建设情况、推进作风建设情况、党风廉政建设责任制执行情况以及信访件受理情况纳入年底院(系)目标考核指标,将考核结果与院(系)绩效挂钩,切实发挥责任考核作用;协同组织部门,开展基层党组织书记抓基层党建工作述职评议活动,将基层党组织反腐倡廉建设作为基层党建工作的重要一环,开展述职评议,并及时反馈评议结果,推动落实整改和责任传递;结合中央对当前反腐倡廉建设形势判断和学校发展实际,适时调整年度党风廉政建设责任制考核内容;成立党风廉政建设和反腐败工作领导小组,进一步加强对党风廉政建设和反腐败工作的领导,切实推动两个责任落地生根。

二、完善宣教格局,以廉政教育为基础,筑牢防腐拒变的思想防线

1. 抓好警示教育。按照"教育在前、预防在先"的理念,抓早抓小,有效预防。坚持经常性教育提醒、深化警示教育和岗位廉政风险教育,持续开展党风廉政教育。4月,以"推进高校重点领域风险防控"为主题,组织开展党风廉政建设宣传教育月专题报告;6月,深入成贤学院等单位、院系开展政策宣讲,加强廉政法规和廉洁从业教育;12月,纪委对相关人员就教育部关于违反中央八项规定精神问题通报视频会议精神进行再次传达,进一步提高党员领导干部纪律意识和廉洁自律意识。

2. 开展廉政谈话。对新任中层干部进行廉政谈话。7月,由纪委书记为新任中层干部作题为《廉洁自律 秉公用权 切实担负起反腐倡廉的政治责任》的主题报告,提醒新任中层干部要自觉遵守党的纪律和规定,认真履行"一岗双责",切实担负起抓党风廉政建设和业务工作双重责任;12月,针对教育部对学校国内公务接待专项检查,对相关部门负责人进行约谈,开展诫勉谈话,加强教育提醒,督促落实整改。

3. 完善宣教体系。以"大宣教"格局为依托,深入开展廉洁教育。6月,在全校师生层面开展以"遵法、崇廉、明德"为主题的东南大学校园廉洁文化周品牌活动,强化廉洁从政、廉洁从教和廉洁修身;丰富拓展教育途径和方式,组织参与国家教育行政学院"教育系统廉政教育与廉政文化建设"专题网络培训,推进廉政文化建设。

三、加强作风建设,以监督检查为保障,推进落实整改的各项工作

1. 驰而不息纠正"四风"。紧扣元旦、五一、端午、中秋等重要时间节点,通过校园网、基层党委书记例会等多种方式和渠道,强调和重申廉洁自律有关规定,不断强化纪律意识;加强对中央八项规定精神及学校相关规定落实情况的监督检查,强化领导干部公务接待、办公用房、公务用车、兼职兼薪、因公因私出国(境)等情况的监督,协同配合学风建设委员会,加强师德师风和学风建设,推进改进作风建设常态化。

2. 深入实施专项检查。围绕贯彻落实教育部及学校重大决策部署,协调或配合开展专项检查。5月,认真做好教育部直属高校基本建设规范化管理专项检查和学习贯彻《教育部直属高校和直属单位基本建设廉政风险防控手册》等相关工作;6月,协同相关部门完成教育部直属高校国有资产管理专项检查工作;11月,配合相关部门,做好教育部公务接待费专项检查;下半年,对2011年以来上级对我校进行的22项专项检查情况采取"回头看"工程,推进落实整改,解决问题隐患。

四、规范权力运行,以源头治理为突破,健全重点领域的内控机制

1. 统筹推进制度体系建设。认真贯彻《中共东南大学委员会贯彻落实〈建立健全惩治和预防腐败体系2013—2017年工作规划〉实施办法》和《中共东南大学委员会关于落实党风廉政建设党委主体责任和纪委监督责任的实施意见》,并就新五年惩防体系建设进行任务分解,明确部门责任,针对腐败现象易发多发的招标采购、招生录取、干部任用、工程建设、校办产业等重点领域和关键环节,建立责任传导机制,按照职责分工和"一岗双责"要求,将党风廉政建设责任分解,明确责任内容和责任单位,实行分级、分线、分项负责;认真梳理十八大以来中央、教育部、江苏省和学校关于反腐倡廉建设规章制度及法律法规,编辑《党风廉政和反腐败法规制度选编》并分发全校二级单位,与时俱进推进党风廉政制度体系建设;出台《东南大学基层党组织纪检委员工作职责(试行)》,不断提高纪检监察工作规范化水平。

2. 强化重点领域监督管理。以上报教育部相关材料为契机,加大对重点领域和关键环节的源头治理,健全内控机制。10月,按部党组要求,认真梳理近年来附属医院党风廉政建设各项工作经验和做法,总结经验,查找不足,推进风险防控机制建设;11月,在总结十八大以来高校基本建设领域发现或处理违法违纪案件情况基础上,认真梳理基建领域的党风廉政建设薄弱环节,推动整改落实;12月,配合相关部门,对教育部公务接待费专项检查中发现的问题进行检查、整改和问责;进一步加强对招生、科研经费使用和管理、物资采购以及校办企业等重点领域和关键环节的监管,全年,纪委干部回函52次,参与各类招投标178项,涉及金额2.1亿元。

五、聚焦执纪问责,以纪律审查为重点,深化查信办案的综合效用

1. 完善相关机制。坚持和完善信访举报工作程序,强化案件线索主渠道功能,按照拟立案、初核、函询谈话、暂存、了结五类标准分类处置,规范管理,加大上级部门交办案件查处力度;健全问题线索处置集体研究和决策机制,严格执行"集中管理、集体排查、分层监督"规定;推进案件联合审理制度,加强与省纪委、教育纪工委的案件联合审理,增强办案合力;根据人员变动情况,及时调整纪检监察案件审理工作小组成员,推动审理工作规范化;完善信访基础性制度体系,着手修订或出台信访监督基础制度,不断提高信访工作科学化水平。

2. 强化纪律审查。纪检监察部门对信访不作业务内外之分,坚持首接负责制,克服困难,整合资源,按照"减少存量,遏制增量"的总要求,加大办案力度,认真核实师生员工来信来访线索,对涉及领导干部违纪违法和群众反映强烈的问题,运用好"四种形态",严肃执纪问责;对2011年以来收到信访件开展大起底、大排查,严格按照中纪委规定的五类标准进行处置;认真梳理、核实2013年以来受理信访件办理情况,将相关数据上报教育部;系统回顾信访审理工作相关经验,上报江苏省教育纪工委。2015年共受理各类信访举报50件,其中,立案2件,纪律处分3人次,全校通报批评6人次,诫勉谈话与批评教育23人次,函询5人次,发出监察建议书2份。

3. 坚持以查促防。对所有信访问题逐一登记,做到件件有落实、署名有反馈。坚持重证据、重调查研究,不枉不纵,对初核属实有轻微违纪问题的人员通过信访约谈、诫勉谈话、函询等方式进行批评教育、责令纠正,及时解决党员干部中存在的苗头性、倾向性问题;坚持在基层党委书记例会、党委部门负责人会上对信访举报查处情况进行通报,强化纪律意识和警示震慑作用;强调对案件的深度剖析,注意从管理和制度层面查找发现问题,促进机制体制的完善。

六、强化队伍建设,以提高能力为关键,打造忠诚干净担当纪检队伍

1. 进一步加强干部队伍建设。认真学习中纪委五次全会精神和2015年教育系统党风廉政建设工作视频会议精神,定期召开工作例会,强化工作交流和业务探讨;参加教育部直属高校纪委书记、监察处长培训班、中管高校纪委书记座谈会、中央纪委监察部严守政治纪律和政治规矩专题培训班、江苏省高校纪委书记培训班、江苏省教育纪工委信访培训等学习,进一步提高政治素质和业务能力;1人被教育部抽调参与信访办案和交流学习;认真学习贯彻落实王岐山同志在纪检监察干部监督工作座谈会上重要讲话精神,坚持"信任不能代替监督",对干部选拔任用、招投标、招生录取等监督工作采用A、B角制,健全纪检部门内控措施,并总结相关经验上报江苏省纪委和教育部纪检组;探索二级纪委建设,明确基层党组织纪检委员职责,搭建交流平台,提高履职能力。

2. 进一步加强廉政理论研究。以江苏省高校哲学社会科学重点研究基地"东南大学反腐败法治研究中心"为理论交流平台,不断提高纪检监察工作的科学化水平;成功申报2015年教育部人文社科专项、江苏省高校哲学社会科学研究专题项目各1项;通过教育部直属高校纪委片组平台加强校际交流研讨,先后与南开大学、南京农业大学、北京航空航天大学等高校相关部门进行调研,在学思践悟中不断提高知识化、专业化水平。

组 织 工 作

2015年,在校党委的领导下,党委组织部按照学校和上级部门的要求,以改革创新为动力,紧紧围绕学校中心工作,深入学习贯彻党的十八大和十八届三中、四中、五中全会精神,认真组织开展"三严三实"专题教育,继续强化干部工作的科学化、规范化、制度化建设,努力推进基层党组织建设,加大对干部、党员、入党积极分子等的教育培训力度,做好人才工作,不断加强自身建设和机关作风建设,努力开创组织工作新局面。

一、深入推进党的思想政治建设和作风建设,扎实开展"三严三实"专题教育活动

为贯彻落实全面从严治党要求,巩固和拓展党的群众路线教育实践活动成果,根据中央统一部署,在校党委的统一领导下,由党委组织部牵头组织实施,在全校处级以上领导干部中认真开展"三严三实"专题教育。为此,专门制订了工作方案,成立了工作协调小组。按照中央要求,扎实开展党委书记带头讲专题党课、专题学习研讨、专题民主生活会和组织生活会、强化整改落实和立规执纪等各项工作。坚持将"三严三实"专题教育与干部选拔工作密切结合,将德才兼备、以德为先的选人用人原则,从严从实贯彻落实到干部队伍建设中去,体现到干部教育培训、选拔任用和管理监督等各个方面。

二、推进干部人事管理的科学化、规范化、制度化,做好干部的培养、选用、管理和监督工作

1. 继续推进干部工作制度化建设。贯彻执行中央《党政领导干部选拔任用工作条例》,继续推动干部工作制度化建设。坚持按照习近平总书记提出的好干部标准选人用人,进一步完善干部选拔任用各个环节,继续实行党委委员、纪委委员、中层正职推荐干部制度、面试预告制度、考察预告制度,进一步更新完善干部选拔面试评委库,启动了"组织管理信息系统"干部选拔网上推荐报名工作,进一步提高干部岗位的匹配度和选拔任用工作的公信度。

2. 做好干部选拔任用培养工作。全年中层干部轮岗交流、岗位调整20人次;有10名干部因年龄原因退居二线;启动了22个岗位的公开推荐程序,组织面试及面谈共13场,考察竞岗人选39人,参与考察测评1 148人次,考察谈话800多人次;新提任中层干部22人,试用期满经测评正式任用干部11人;拟任职干部征求纪委意见函发出52份,中层干部离任审计通知单发出19份;参与2015年申请晋升六级以上职员的材料审核工作,对申请晋升三、四、五级职员的人员进行了网络推荐、测评;参与"双肩挑"干部的评聘工作;进行了2015年党务科级干部选拔和评聘工作,对24名晋升人员进行了网上测评,任免、调整科级干部48人次。

3. 做好从严管理监督干部工作。根据中组部有关文件要求,做好领导干部报告个人有关事项工作。对全校中层干部的322份《领导干部个人有关事项报告表》的信息进行了汇总综合分析。按相关文件要求对拟提拔为副处级及以上干部,认真做好重点抽查核实工作,全年共对23名拟提拔干部人选进行了个人有关事项报告抽查核实。根据中组部、教育部的统一部署,在全校开展了干部人事档案专项审核工作。及时出台相关文件,成立了领导机构,组建了专门的工作队伍,全面推进专项审核工作。进一步规范领导干部出国事项,开展副处级以上领导干部因私出国(境)证件管理工作,集中收缴领导干部因私出国(境)证件近400本。根据中组部、教育部的具体要求,开展副处级以上领导干部在企业兼职任职的摸底排查和清理规范工作。清理领导干部在校外企业兼职31人,规范领导干部在校属企业兼职任职26人。对在2011年8月1日以后违规在企业兼职取酬的10名领导干部均要求立即将兼职所获酬金上缴财务,10人已按规定完成上缴。开展了配偶已移居国(境)外的国家人员情况、党政领导干部参加社会化培训等专项排查清理工作。

4. 严格执行干部工作"一报告两评议"制度。按照中组部、教育部的统一要求,在2015年度春季中层干部大会上校党委对我校2014年度干部选人用人工作情况进行了报告,与会人员听取大会报告后对我校2014年度选人用人工作情况和新选拔任用的党政干部进行了民主评议和测评,测评结果及相关总结报告及时上报教育部。通过"一报告两评议"使广大师生员工在干部选人用人工作上,既有发言权,又有评议权,营造了群众监督的良好环境和氛围。

三、认真做好基层党委、党总支、直属党支部换届选举工作,加强基层党组织建设和党员队伍建设

1. 认真做好基层党委、党总支、直属党支部换届选举工作。将党组织的换届作为全体党员学习和贯彻落实党组织选举工作条例、党的领导干部选拔任用工作条例的过程,作为加强从严治党、深化干部人事制度改革的实践过程,作为对全体党员进行民主集中制教育的过程,充分发挥党组织推动发展、服务群众、凝聚人心、促进和谐的作用。目前已完成29个单位的党组织换届工作,选举产生基层党组织委员会委员169名,书记、副书记共52名。

2. 组织开展基层党组织书记抓基层党建工作述职评议考核工作。贯彻落实习近平总书记关于落实全面从严治党责任、加强党的基层组织建设的重要指示精神,按中组部文件要求,在全校组织开展基层党组织书记抓基层党建工作述职评议考核工作,包括深入调研、撰写述职报告、述职报告审核定稿、召开述职评议大会、强化评议结果反馈运用等。通过述职评议考核,积累经验、查找问题、落实整改,促进各级党组织进一步落实党建工作主体责任,特别是党组织书记履行好党建工作第一责任人职责。

3. 加强基层党组织建设和党员队伍建设,充分发挥党建工作的龙头作用。贯彻落实《关于加强和改进高校基层党支部建设的意见》,优化党组织设置,创新活动方式,强化阵地保障,创建服务型党组织。进一步探索扩大党内民主,完善党内情况通报、情况反映、重大决策征求意见制度,坚持党代会年会制度,探索党员旁听基层组织会议、党代会代表列席党委全委会的具体做法。

4. 进一步加强发展党员和党员管理工作。适应发展党员工作新要求,修订《中共东南大学委员会发展党员工作实施细则》。规范党员组织关系管理,开展党员组织关系排查工作。按照党中央"控制总量、优化结构、提高质量、发挥作用"的发展党员总体要求,根据江苏省委教育工委的部署要求,结合各基层党委现有的培养对象人数、近几年发展党员数以及今年拟发展党员数等情况,下达了2015年度发展党员指导性计划。

5. 按照省委组织部和省委教育工委的统一部署,全面做好党员组织关系排查工作。从严落实党员管理制度,规范党员组织关系管理,从源头上治理党员组织关系"空挂""失联"等现象,解决"口袋党员""隐身党员"等问题,确保每一名党员都置身于党组织的有效管理之中,保持党员队伍的先进性和纯洁性。

6. 加强党建研究和创新工作。按照《东南大学党建研究项目管理办法(试行)》的要求,对2013年党建研究立项的12个项目进行了项目结题验收。评审确定新一批校党建研究项目,其中:重点项目5个,普通项目10个。组织申报2015年度江苏省教育系统党建研究课题和东南大学党建研究项目,其中获江苏省教育系统党建研究课题重点项目1个。我校党委党建工作创新项目"创建四个平台完善一项机制,构建社会主义核心价值观教育体系"获得了江苏省委教育工委组织的"2013—2014年度高校党建工作创新奖"一等奖。

7. 开展"最佳党日活动"评选工作。在各基层党组织认真推荐的基础上,经评审,共评选出"最佳党日活动"一等奖4个(其中2个推荐参加2014年度江苏省委教育工委"最佳党日活动"评选,获优胜奖)、二等奖8个、三等奖13个。通过表彰,激励全校基层党组织以党日活动为载体,结合学校中心工作,组织开展主题突出、立意新颖、形式多样、内容丰富、参与率高的支部活动,充分发挥基层党组织的政治核心作用和战斗堡垒作用。

四、不断加强和改进党校工作,开展多层次、广覆盖、重实效的教育培训

1. 坚持和完善"多层次、广覆盖、重实效"的党员教育培训体系,整合资源,拓宽渠道,充分发挥党校的主阵地,着力增强党员党性,提高党员素质。实施党委常委带头上党课制度,进一步完善制度建设,充实党课内容,健全师资队伍。继续实施党校兼职教师集体备课制,不断提高党校教师的教育教学水平,每学期初组织兼职党校教师进行集体备课,以

专题的形式进行了教学经验分享和授课示范,并就党课教学思路、教学目的、教学方法、重点和难点等进行了研讨。

2. 加强干部教育培训工作。选派了3名中层干部参加中组部、教育部及江苏省教工委举办的培训班;选派了19名中层干部参加由九所高校联合委托江苏省委党校举办的"高校党政干部培训班";选派1名教职工党支部书记参加了"第三期江苏省高校教职工党支部书记示范培训班"。暑期举办新任中层领导干部培训班,73位新任中层领导干部参加了培训。举办了第五期教师党支部书记暨第三期青年骨干教师专题培训班,有38位教师参加了培训学习。各类培训均取得了良好效果。

3. 不断加强党员、入党积极分子的教育培训工件。举办了第十九、第二十期预备党员培训班,共培训预备党员1 291人。全年全校各基层分党校举办发展对象培训班21个班次,培训学员2 400余人。按照党校发展对象培训班"统一计划、统一教材、统一备课、统一大纲、统一考核"的要求,考核采取笔试闭卷考试的方式进行,每学期统一组织两次考试。

五、做好干部挂职、扶贫、对口支援等工作,发挥优势,为地方经济社会发展服务

开展了教育部定点联系滇西边境山区挂职干部、到村任第一支部书记、援疆干部人才等的选派工作和第八批"科技镇长团"成员推荐工作,促进校地之间的交流与合作,为区域经济建设和社会发展做出积极贡献。选派了1名干部赴滇西地区边境山区挂职;选拔推荐1名干部到滇西定点扶贫地区村任第一书记;组织推荐第八批科技镇长团团长人选2人、成员6人,并组织学校和相关部门领导赴云南、新疆和江苏睢宁、江阴等地慰问考察挂职干部。接收教育部"质量工程"对口支援的5所兄弟高校来我校挂职干部11人,对挂职干部进行了任命、送岗,并做好住宿安排、校园卡办理、挂职结束后的考核鉴定等相关工作。

六、努力加强部门自身建设

坚持学习、研讨、调研相结合,不断提高履职能力,定期深入基层,不断加强与院系之间的联系。强化服务意识,继续贯彻执行首问负责制,对于来电、来函、来访,做到热情接待,并根据不同情况,增加了主动联系、加强指导、登门拜访、及时回访等环节,更加注重工作的效果和质量。把"讲党性、重品行、做表率"的组工干部形象与机关作风建设紧密结合起来,充分发挥好组织部的职能作用,体现组织部门"党员之家""干部之家""人才之家"的良好形象。

在不断创新、完善工作形式和内容的过程中,注意落实以人为本,努力把服务师生工作做得更细、更实、更到位,不断优化服务质量。以党组织管理和党员管理为切入点,继续推进组织工作的全面信息化,并已逐步覆盖干部任免、考评、党内评优、评奖等日常工作。通过监控党员日常管理、实时提醒待办事宜、综合查询人员信息等功能设计,极大地简化了办事流程,提高了服务质量。

附1 2015年基层党组织及党员队伍基本情况统计

截至2015年年底,全校党组织共有工委3个,基层党委32个,党总支3个,直属党支部2个,党支部810个。

截至2015年年底,全校共有党员14 734人。学生党员9 443人,占同类人员总数的22.81%,其中,博士研究生党员1 820人,占同类人员总数的51.78%,硕士研究生党员5 475人,占同类人员总数的48.09%,普通本科生党员2 148人,占同类人员总数的8.10%。在岗职工党员3 467人,占同类人员总数的61.42%,其中,专任教师党员1 403人,占同类人员总数的55.50%,具有正高职称的专任教师党员409人,占同类人员总数的63.91%,具有副高职称的专任教师党员587人,占同类人员总数的56.99%。离退休党员1 770人。其他党员54人。

2015年全校共发展党员1 698人,其中发展学生党员1 675人。截至2015年年底,全校申请入党人数为10 790人,入党积极分子人数为4 488人。

附2 2015年中层及以上干部队伍基本情况统计

截至2015年年底,全校共有中层及以上干部369人,其中,领导干部319人,调研员及退居二线等50人。现职中层领导干部中正处级86人,其中,具有博士学位的占61.63%,具有硕士学位的占12.79%,副高级及以上职称的占96.51%。现职中层领导干部中副处级194人,其中具有博士学位的占51.55%,具有硕士学位的占25.26%,副高级及以上职称的占68.56%。

(组织部 李庭红)

宣传思想工作

2015年,党委宣传部在校党委的统一部署下,组织全校深入学习贯彻落实党的十八届三中、四中、五中全会和习近平总书记系列重要讲话精神,围绕学校中心重点工作,积极进取,不断创新,理论宣传与教育、内外宣传、校园文化建设、网络管理及新媒体建设扎实推进。

一、思想政治理论教育进一步加强,校园文化与精神文明建设取得新成绩

2015年,党委宣传部完成了《东南大学党委加强意识形态工作责任制实施方案(讨论稿)》并提交学校常委会讨论,根据《2015年东南大学干部及教职工理论学习计划》,全年共举行了8次校理论学习中心组学习,5次全校中层以上领导干部集中学习,组织全校师生学习贯彻中央领导同志教师节重要回信和讲话精神等,积极配合开展全校"三严三实"专题教育。

2015年,党委宣传部完成了教育部、江苏省教育厅等上级部门有关党建、宣传工作阵地建设的调研工作,组织征文活动5次,组织全校观看爱国教育电影3次,完成了教育部思政司2015年"思想政治教育中青年杰出人才支持计划"的申报工作以及江苏省宣传文化系统2015年度"五个一批"人才推荐工作等。

全年共选派 12 名教师参加了教育部高校思想政治理论课和江苏省哲学社会科学骨干教师研修班的学习;12 名教师参加了中央网信办、教育部有关网络舆情工作的培训。

2015 年,东南大学获批教育部思政司网络文化建设工作专项试点(二期)立项;《励志从奔跑开始 至善在运动中铸就——东南大学特色体育文化建设》获第八届高校校园文化建设优秀成果二等奖,并向江苏省教育厅报送了社会主义核心价值观教育创新案例《共润向阳"花"成海 携手青春"梦"同行》。

二、创新宣传思路,扩展宣传渠道,内外宣传工作重点突出,亮点频显

2015 年,我校新闻宣传工作紧紧围绕学校科研团队获 5 项国家科技大奖、百万奖助学金捐助者陈善年教授夫妇、113 周年校庆、"向阳花"社会实践团队等主题,依托《人民日报》《光明日报》、中央人民电视台、中央人民广播电台等中央级媒体精心策划进行主题宣传,并围绕纪念"反法西斯胜利 70 周年""道德发展智库"成立、建筑学院王建国教授当选中国工程院院士等热点新闻积极开展内外宣传工作,取得了突出的成绩。全年东大新闻网"媒体东大"栏目共收录各级各类媒体重点报道 1 000 余篇次,其中平面媒体 592 篇次,网络媒体 309 篇次,电视媒体 112 篇次。全年各中央级媒体共刊发学校新闻报道 321 篇,中央电视台相关报道 22 次。

2015 年,我校与新华社江苏分社、凤凰网江苏频道建立了战略合作伙伴关系,成为"江苏智库联盟"首批发起单位,并继续深化了与中央电视台、《光明日报》《中国教育报》、人民网、中国新闻社江苏分社等媒体的合作。

今年,《东南大学报》解读学校改革发展的方针政策,大力宣传教育教学、人才培养、科学研究等所取得的突出成绩,不断创新办报理念,开拓办报思路,推出了"学习领会党的十八届五中全会精神,引领开拓中国特色社会主义道路新发展"、学习贯彻巡视工作条例、纪念抗战胜利 70 周年等专栏,发表专题报道 20 多篇,完善了"师德师风建设大家谈"等栏目,并围绕学校改革发展、"三严三实"专题教育等进行了重点宣传,充分发挥了文化育人功能。《东南大学报》全年共出版发行 29 期,专刊 2 期,总发行量超过 46 万份。

2015 年,党委宣传部还拍摄制作了《大学之道 至善东南——庆祝东南大学建校 113 周年》《追梦青春——2015! 东南大学,我来了!——2015 级本科新生报到花絮》等多部电视宣传片。

三、各网络平台建设稳步推进,官方新媒体管理运营规范高效

2015 年,党委宣传部成立了东南大学新媒体工作室,进一步加强了各官方网络平台的建设与管理和网络新闻发布工作。全年共编发校主页新闻 700 多篇,各类通知公告 170 多条;完成东南大学简介英文网页内容更新,撰写英文新闻近 80 条。

东南大学官方微信的累计关注数达 26 000 多人,推送信息的总阅读量近 73 万次,单条消息最高阅读量近 10 万次。全年,学校各部门、院系共开通微信公众号 26 个。

东南大学官方微博的综合影响力位居江苏省内高校第一、全国高校前列,荣获江苏省教育厅"高校优秀官方微博"称号。东南大学"虎踞龙蟠"BBS 人气指数稳居全国高校 BBS 前五位。

四、《东南大学报》共有 17 件作品获得江苏省高校校报 2015 年度好新闻奖

2015 年度,《东南大学报》共有 17 件作品获得江苏省高校校报 2015 年度好新闻奖。其中,《校友、微软全球执行副总裁沈向洋向习近平主席演示科技产品》获消息类一等奖;《要当好的中国人》《让中国成为世界预应力的中心——记国家科技进步一等奖获得者吕志涛院士》《"三走之星"变形记》获通讯类一等奖;《我校学子在"挑战杯"竞赛"智慧城市"专项赛中获得最高奖项》获消息类二等奖;《弘扬学术 追求卓越》《由"先生之争"说开去》《做一棵坚强的胡杨树》《用创新托起"东大梦"》获言论类二等奖;《建起心中不倒的房屋》《开往春天的地铁》获通讯类二等奖;《飞向未来的翅膀》《"菲"凡青春 舞动东南》《上善若水》获通讯类三等奖;《阳光机翼下的梦》获图片类三等奖;《门楣上的"象头簪"》《生活就是只问耕耘》获文学类三等奖。

五、2015 年东南大学十大新闻

1. 1 月 9 日,2014 年度国家科学技术奖励大会在京召开。我校作为第一完成单位共摘取五项国家科技大奖,通用类项目获奖数在全国高校中名列第三,同时,获奖数蝉联全省冠军,并且刷新了江苏省高校的获奖纪录。其中,吕志涛院士领衔的"现代预应力混凝土结构关键技术创新与应用"项目获得国家科技进步一等奖,是继尤肖虎团队获得 2011 年度国家技术发明一等奖之后东南大学在国家科技一等奖上的又一次突破,同时,这也是 2014 年度江苏省获得的唯一的一等奖。

2. 2015 年,我校国际学科排名持续提升,8 个学科进入世界前 1%,其中工程学升至世界第 60 位。在美国教育院校分析和排名方面具有权威地位的美国出版商《美国新闻与世界报道》在其官方网站上首次公布了全球最佳大学排行榜及各学科排行榜。在其公布的 2016 年全球大学工程专业排行榜中,东南大学以总分 82.9 的成绩列全球第 22 位(较 2015 年上升 9 位),在中国大陆高校中位列第 6。该项排名是指包括机械工程、电气工程、土木工程等专业在内的综合工程学排名。

3. 12 月 7 日,中国工程院公布了 2015 年工程院院士增选结果。我校建筑学院王建国教授当选土木、水利与建筑工程学部院士。至此,东南大学建筑学院已拥有齐康、钟训正、程泰宁、王建国 4 位院士,东南大学拥有的全职院士数量也增为 13 位。除王建国教授当选中国工程院院士外,我校另有五位杰出校友同时当选"两院"院士,其中孟建民校友当选中国工程院院士,宜益民、常青、黄如、房建成四位校友当选中国科学院院士。王建国院士与孟建民、常青两位院士校友均出自东南大学建筑学科。

4. 11 月 23 日下午,中央组织部干部三局局长赵凡在东南大学宣布了中共中央、国务院的任免决定,易红由东南大学校长转任党委书记,张广军担任东南大学校长(副部长级);因年龄原因,郭广银不再担任东南大学党委书记职务。

5. 中国科学技术信息技术研究所发布了 2014 年度中国科技论文统计数据。该数据显示,2014 年东南大学 SCIE 收录论文 2 160 篇,比 2013 年增加 370 篇,排名第 19 位(较 2013 年上升 1 位);EI 收录论文 2170 篇,比 2013 年增加 201 篇,排名第 10 位(较 2013 年上升 3 位);CP-CI-S 收录论文 414 篇,排名第 18 位;表现不俗论文 820 篇,比 2013 年增加

184篇,排名第21位。6月25日,2015年国家社科基金年度项目和青年项目立项名单正式公布,我校共获得国家社科基金32项,并列全国第12位,创历史最好成绩。

6. 国务院学位委员会第三十一次会议审议通过了新一届(第七届)国务院学位委员会学科评议组成员名单,我校13位专家入选,他们是宋爱国(仪器科学与技术)、金保昇(动力工程及工程热物理)、胡敏强(电气工程)、黄庆安(电子科学与技术)、高西奇(信息与通信工程)、罗军舟(计算机科学与技术)、陈薇(建筑学)、吴智深(土木工程)、王炜(交通运输工程)、顾忠泽(生物医学工程)、段进(城乡规划学)、成玉宁(风景园林学)、王廷信(艺术学理论)。与国务院学位委员会第六届学科评议组成员相比,东南大学在仪器科学与技术、城乡规划学、风景园林学等学科组新增了3位学科评议组成员。

7. 1月27日,2014年度"寻访中国大学生自强之星"评选活动结果在北京揭晓,我校研究生支教团成员、土木工程学院研究生许德旺同学高票当选"全国大学生自强之星标兵",成为东南大学历史上第一位获此殊荣的同学,也是此次江苏省唯一获得"全国大学生自强之星标兵"荣誉称号的大学生。

8. 齐康院士荣膺"中国民族建筑事业终身成就奖"并被授予2014年度江苏省科学技术突出贡献奖,韦钰院士当选"江苏高教30年重要影响人物",吕志涛院士获"全国先进工作者"荣誉称号,吴刚教授入选了科技部"中青年科技创新领军人才",滕皋军教授获得了欧洲介入放射学会杰出贡献奖。

9. 北京时间9月24日,国家主席习近平在西雅图附近的雷德蒙德市参观美国微软公司总部,东南大学1980级校友、微软公司全球执行副总裁沈向洋全程陪同,并为习近平主席一行展示了美国气象数据可视化和全息眼镜等科技产品。

10. 学校入选首批"全国高校实践育人创新创业基地"。我校学生团队在第十四届"挑战杯"竞赛中,以1个特等奖、1个一等奖、4个二等奖的优异成绩捧得了"优胜杯"。交通学院"向阳花"相伴成长爱心实践项目和"蒲公英"圆梦爱心活动分别获得了第二届中国青年志愿服务项目大赛金银奖。

安全保卫工作

2015年,我校的安全保卫工作在学校党政的正确领导下,在省、市政府有关部门的大力支持下,在全校各学院、各部门和广大师生的积极参与、不懈努力下,安全责任制进一步落实,校园安全防范网络进一步完善。一年中,我们以维护校园稳定为中心,以服务师生为前提,以防火防盗为重点,加强信息工作,精心组织、周密部署,协同全校各单位,着眼立查立改,深入开展校园安全治理活动和系列主题宣传教育活动,查事故隐患,抓隐患治理,着重开展以消防、交通、实验室为主的清查行动,坚持对各校区楼宇、食堂、校车、学生宿舍和实验室等定期检查,及时整治化解安全隐患,使学校的安全保卫工作不断取得新成就。茅胜华、乔华云、孙存怀等8位同志被南京市公安局授予年度先进个人称号。

1. 高度重视校园安全管理和服务工作,认真为全校师生做好出国政审、车辆出入、户口变动、入学离校等各项日常服务工作。

各科室相互协调,认真为全校各单位及师生员工做好各项服务和咨询工作,一年来为全校师生办理出国手续1 500多人次,政审131人次,学生离校手续4 764人次,新生入学登记9 885人次,户口变动4 289人次,校园一卡通1 195张,出具户籍证明6 505份,发放户口迁移证2 465份,出具落户通知单109份,整理档案32 000份,向玄武分局和新街口派出所移交户籍档案8 572份,审核易制毒化学试剂购买申请280起、动火申请32起,各校区更新维护到期灭火器共6 882具,各类施工申请148起,做好56起校园大型活动和52场次校园招聘会的安全保障。

2. 积极应对严峻复杂的反恐形势,关注校园师生的思想动态和相关信息,每天跟进最新网络数据,及时想办法解决师生反映的各类问题,做好各类信息的收集、调研、报送工作,积极配合公安部门的各项核查,抓校内"重点人头",跟踪敏感预警,加强反暴恐演练,工作稳健扎实。

3. 开通微信公众号"东南大学平安校园",每个工作日发送一条安全知识,提醒全校师生员工关注。并与南京市公安局微信公众号链接,利用电子显示屏,发布安全提示,文字简洁、醒目,提示性强,对校内及周边发生的典型案件及时发布提醒,取得了很好的成效。

4. 认真做好校内交通线路规划,建设机动车车牌识别系统。按照交通划线的国标要求,对校内道路进行规划划线,并竖立警示、禁止标志50多块,建设了最先进的机动车车牌识别系统。对原有机动车辆的审核流程更加科学、严格,2015年全年审核车辆3 816人次,审核通过3 587个,信息变更306个,确保校园交通井然有序。

5. 安全教育形式多样并扎实有效。举办消防知识培训和演练,参与新生3 957人次,教职员工受培训4 100多人次,有3 860名15级本科新生参加了安全知识考试,其中24名同学取得了100分,人数是去年的2.4倍。东南大学新生代表队在南京片区安全知识大赛复赛中成功晋级,进入决赛,最终获得江苏省第四届大学生安全知识竞赛二等奖。保卫处利用消防月、减灾日等等契机,进行消防疏散演练和防震逃生演练,增强师生员工的防灾减灾的意识和抵御灾害的技能。

6. 积极开展消防安全隐患的排查整改工作,认真做好各类消防设施与器材的维保和管理。坚持安全检查的持续性,加大对重点要害部位和实验室的检查、督促整改的力度,及时消除安全隐患。清理化学试剂空瓶,妥善处理低燃点化学品,完善实验室和仓库管理,加装监控,双人双锁,严格落实各项规章制度。督促跟踪隐患的整改。

7. 认真贯彻高校安全保卫工作预防为主的主要任务,坚持"打、防、控"一体化,加大科技创安体系建设,确保学校的重点、要害部位的物、技防率均达到100%,建设完善校园110报警指挥系统、消防监控系统、视频监视系统、多点联动防盗报警系统、门禁控制系统,使技防水平上了新台阶。

2015年10月30日至11月1日教育部进行打非治违专项行动检查,东南大学校园安全整体情况得到教育部检查小组的充分肯定,其中深入开展各类安全教育宣传活动,结合江苏省第四届大学生安全知识竞赛活动,营造"我要安全、我会安全"的校园氛围,深入扎实地做好打非治违专项行动的各项安全工作,形成"防范、管理、教育、服务"四大职能并重的安全保卫工作理念,得到了教育部检查组的高度评价。

就高校的发展而言,今后的安全工作更加任重道远,我们一定继续努力,牢记"以人为本"的理念和"安全责任重于泰山"的意识,坚持优化长效机制,查找问题,解决问题,以全校师生的满意度来评判工作,实现长远规范管理,推动安全保卫工作作风建设走上制度化、规范化和常态化的轨道,积极研究探讨新时期高校保卫工作,为学校"创国际一流大学"的发展目标保驾护航。

统 战 工 作

2015年,党委统战部在校党委的领导下,紧扣"建睿智之言,献务实之策"主题,完成了以下几项工作:

一、大力加强党外代表人士队伍建设

一是加强民主党派组织建设,引导民主党派组织发展在适当增加数量的同时,更加重视质量的提升。二是积极向各级社会组织输送党外代表人士。台盟江苏省委换届,推荐卢志昌、陈庆宁担任省委委员。江苏省无党派知识分子联谊会换届,我校积极组织推荐人选;经选举,崔铁军担任新一届联谊会理事,陆巍、舒嘉担任会员。南京市留学人员联谊会换届,我校积极组织推荐人选;经选举,顾宁担任新一届联谊会副会长,韩俊海、倪振华、糜长稳、黄喆、梁金玲、于虹等担任理事。

二、积极促成党外人士建睿智之言,献务实之策

今年统战工作主题是围绕我校国际知名高水平研究型大学和世界一流大学建设目标,结合学校"十三五"改革和发展规划编制,充分发挥各党派、侨联及知联会的参政议政作用,针对学校的各项建设内容,开展专题调研和建言献策活动。该项工作得到各民主党派、无党派知识分子联谊会和侨联的积极响应,组织成立了专门的调研组,明确调研主题,制订详细工作计划,到浙江大学、清华大学、北京航空航天大学、大连理工大学、苏州大学等高校进行实地调研。在广泛调研、深入研讨、多次修改的基础上,形成了内容比较丰富的调研报告,内容涉及人才培养、科学研究、队伍建设、学科建设、国际合作、现代大学制度建设、现代大学文化建设等多个方面。调研报告已汇总成册,并发往学校各院系及职能部门。

三、持续组织开展各级各类培训

为深入学习贯彻中央统战工作会议精神和《中国共产党统一战线工作条例(试行)》,举办"2015年社会主义学院研修班",组织学校各级人大代表、政协委员,各民主党派中央委员、省委委员、省侨联委员,民主党派、侨联校级基层组织委员会成员、秘书及无党派代表人士,各基层党委统战委员参加研修。中央社会主义学院原副院长、中国统一战线理论研究会理事、副秘书长袁廷华教授应邀为研修班全体学员做了题为"坚持和完善中国特色社会主义政党制度"的专题报告。

邀请中央社会主义学院李小宁教授为全校中层干部做题为"学习中央统战会议精神"的报告。李小宁教授首先传达了今年5月召开的中共中央统战工作会议精神,特别是习

近平总书记重要讲话精神,解读了会议期间中共中央印发的《中国共产党统一战线工作条例(试行)》。之后,李小宁教授详细讲解、分析了统一战线的性质、地位作用、方阵、范围对象等基本问题,以及民主党派和无党派人士工作、党外知识分子工作、民族工作、宗教工作、非公有制经济领域工作、港澳台海外统战工作等统一战线各主要领域的工作概况及形势。

四、努力打造党外人士品牌活动

坚持开展教师节农工民主党医疗专家为我校师生员工的义诊活动。协助民盟省直工委在我校举办第一期金陵讲坛,本期讲坛主讲人是民盟省委常委、省直工委主任、东南大学主委、东南大学化学化工学院教授肖国民,民盟东南大学委员会副主委、东南大学能源与环境学院副教授魏家泰。他们分别做了题目为"绿色化学与循环经济""环境污染——控制与防御"的报告。协助九三学社开展"金婚纪念日"活动。协助民进与安徽省六安白莲岩中心学校开展"结对帮扶"活动等。

五、加强自身统战队伍建设

一是为进一步加强党外代表人士队伍建设,完善统战工作体系,结合今年基层党委换届,在院系一级增设统战委员。二是组织申报"江苏省统一战线工作先进集体"并获奖,是江苏五所获奖高校之一。三是根据中央统战部、教育部要求撰写全国统战工作调研材料——"凝心聚力,与时俱进,创新推进学校统战工作",完成"统战干部基本情况统计表",并参加各类关于"统战干部队伍建设情况"座谈会。

老干部工作

2015年是中国人民抗日战争暨世界反法西斯战争胜利70周年,老干部处工作面临一个重大的机遇,同时也是一个严峻的考验。面对这个契机,充分发挥离退休干部的优势,开展为党的事业增添正能量活动,成为老干部处工作的重中之重。

一、转变、转型、转机:发挥离退休干部的优势开展为党的事业增添正能量活动

2015年老干部处开展了"铭记历史、珍爱和平、圆梦中华"的大型系列活动。第一个大型活动安排在胜利日当天,校党委书记郭广银等校领导及学校相关部门负责人与离退休干部、大学生一起观看了盛大的阅兵式,参加了座谈会,会后为四十余名抗战老干部颁发了纪念章及慰问金,大学生们敬献了鲜花,现场气氛隆重而热烈,吸引了南京市各大媒体的广泛关注,纷纷进行了报道宣传。与此同时老干部处充分利用网络媒体的力量,通过微信、微博等新媒体进行广泛宣传,取得了更大范围的影响和好评。胜利月里,老干部处举办了书画作品展,组织老干部参观抗日航空烈士纪念馆;离休干部纷纷行动起来,有的给少先队员讲述抗战故事,有的给大学生开设了抗战历史报告会,有的口述历史准备发行《东大抗战纪实》,有的深入社区开展主题交流会……老同志们充满热情,积极开展为党的事业增添正能量的活动。

二、刚性、柔性、人性：正确把握落实离休干部生活待遇的政策标准

老干部工作具有很强的政策性。自1982年国家实施干部离休制度以来，国家及各级地方政府出台多部相关政策法规，不断提高离休干部生活待遇，但国家及地方性的政策之间有时会出现衔接问题，同时伴随着时间的推移、时代的变迁，相关材料不断遗失在历史的长河中，这就要求我们在具体操作过程中，既要严格遵循政策，又要充分考虑个体的特殊性；既要尊重历史，又要兼顾现实，工作做不好会就影响党和政府以及离休干部整体形象，引发人民群众对腐败及干部特殊化的不满情绪，从而影响社会的稳定。老干部工作同时具有很强的时效性，面对"三高期"的离休干部，工作稍有不慎和拖延就有可能造成老干部的终身遗憾。根据中共中央组织部《关于提高抗战时期参加革命工作的部分离休干部医疗待遇的通知》（组通字〔2015〕34号）文件精神，老干部处向中组部递交了陈云清等14名同志提高享受按副省（部）长级标准报销医疗费待遇的申请报告，全部获得批准。

三、争先、领先、率先：利用社会资源服务离退休干部

东南大学离退休人员总数已超四千，越来越多的老龄化问题，影响了学校发展的大局。老干部处积极主动与有关部门、机构、企业、社团等进行沟通、协调、对接，利用社会资源服务离退休干部，率先在南京市多个社区开展了一系列卓有成效的工作，领先在社区改善养老助老功能等方面进行了多方共建的尝试和探索。今年，老干部处通过组织老干部参观现代农业示范园等活动，让老干部了解并享受社会组织和家政、物业等企业兴办的"放心菜进社区""老年助餐点"等养老服务项目；借助政府投资兴建的居家服务网络平台，提供紧急呼叫、家政预约、健康咨询、物品代购等适合老年人的服务项目；引荐社会养老服务机构，帮助离退休干部咨询了解入住养老院，支持社会力量开展养老服务。去年老干部处与青石村社区共建的服务离退休干部工作被评为江苏省示范社区及精品社区，今年荣获江苏省"一方隶属、多方共建"党建示范社区称号。

四、创业、立业、建业：将老干部工作融入老龄事业发展、学校事业发展大格局

2015年，老干部处将关工委工作作为老干部工作融入事业发展大格局的融入点和结合点，创新了老干部工作的新模式、新方法，不断深入地将关工委工作纳入党政工作运行轨道，融入日常工作中；为继续加强关工委运行机制的建设，发出了开展东南大学关工委开作常态化建设合格单位考核的通知，并开展了关心下一代课题研究工作，全校11个关工委单位，申报了13项课题；同时表彰了电气工程学院、东南大学社区院士专家服务站等六个先进集体及党根茂等13名先进个人。关工委工作常态化建设关键在于新认识、新举措、新发展、新亮点、新成果，正是由于老同志积极参与，主体作用得到了进一步发挥，紧紧围绕学校教学主体工作，紧密结合大学生政治思想教育工作，常态化建设工作推陈出新，为青年教师进行开课培训、给大学生做革命传统、民族精神的专题报告会等活动使日常工作健康稳步有效地得以推进。我校关工委申报的创新项目《院士牵手下一代》获得江苏省教育系统关工委组织评选的2015年度"工作创新奖"一等奖。

国防教育人民武装工作

2015年是世界反法西斯战争暨中国人民抗日战争胜利70周年,也是我国普通高校实施学生军训30周年。在国际战略格局深刻变化、中国安全问题复杂性增强的形势下,普通高校国防教育和人民武装工作被赋予新的意义。在学校党委的正确领导下,在全校各院系、各职能部门的鼎力支持下,在本部门全体干部教师的共同努力下,武装部、军事教研室圆满完成2015年新增工作任务及本科生的教学计划和国防教育研究生的培养计划,取得了显著成绩。学校的国防教育和学生军训工作继续保持在全国高校的领先地位,为学校建设"两个一流"的战略目标贡献了自己的力量。

一、全国普通高校、高级中学军事课"识图用图"教学检验活动受到高度评价

接受教育部工作部署和省教育厅工作安排,经过半年的积极筹备,7月上旬与体育系(负责比赛事宜)共同承办了在九龙湖校区举行的全国普通高校、高级中学军事课"识图用图"教学检验活动,向全国同行展示了东南大学学生军训重要内容之一军事地形学的教学水平和应用能力;同时组队代表江苏高校参加比赛,夺得大学组男子个人、女子个人、男子团体、女子团体、总团体5个第一名,并获得教育部颁发的优秀组织奖。教育部体卫艺司领导、总参训练局首长参加了开营仪式和闭营仪式,对我校作为活动的具体承办单位给予高度评价。

二、国旗班参加全省比武名列前茅

为纪念世界反法西斯战争暨中国人民抗日战争胜利70周年和普通高校学生军训30周年,省教育厅和省军区决定举行全省普通高校国旗班比武活动,由各高校自愿申报参加。经过光盘评审,我校国旗护卫队在组队时间短的情况下与68个高校竞争,入围30个现场比武指标。在经过10天的强化训练后,于9月24日在中国药科大学江宁校区与其他实力雄厚的高校国旗班竞争,一举夺得一等奖第二名的优异成绩。

三、军事课教学与国防教育科研取得新成绩

本年度共完成43个班次3 825名本科生的军事理论课教学任务,招收2名国防教育方向硕士研究生,3名硕士研究生完成学位论文答辩毕业。另外,完成医学院2个班次共317名大三学生的形势与政策教育课。

在全国普通高校军事课教学展示评比中,我校有2名教师分别获得一等奖和二等奖。在全省普通高校军事课微课竞赛中,我校有2名教师参赛,均获得三等奖。在全省普通高校国防教育论文评审中,我校获2个二等奖、1个三等奖。发表学术论文2篇,其中核心期刊1篇。省级课题结题2项。

四、圆满完成2015级学生军训,军训成果再创佳绩

2015级3 988名本科生军事技能训练于8月30日至9月19日在九龙湖校区进行,

为期3周。承训教官为中国人民解放军理工大学国防工程学院126名干部和学员,带队领导是学员大队政委范忠东。军训内容包括共同条令(内务条令、队列条令、纪律条令)、步兵战术基本动作、轻武器射击、行军拉练、军体拳、捕俘拳、匕首操、军事地形学、消防演练、战场急救等科目的教育与训练。在军训总结表彰暨成果汇报表演中,军训团9个军训连队组成护旗方队、步枪方队、男女生徒手方队以及首次由2名军训团副政委带队、院系党委副书记和带训指导员组成的政工方队共25个方队接受军地领导的检阅。参训学员还分别进行了由400名同学组成的男子军体拳、女子匕首操、男子捕俘拳、男子刺杀操方阵的威风凛冽表演和战场战术、救护训练科目演示。在表演过程中,方阵学员通过队列变换,先后组成"70""30"和"113"字样,隆重纪念世界反法西斯战争暨中国人民抗日战争胜利70周年、全国学生军训30周年以及东南大学建校113周年。军训学生整齐的队伍、精彩的演示赢得了省军区、省教育厅领导的高度赞赏。省军区副司令员鞠华少将现场评价"规范、精彩、震撼"。在全省高校军训成果光盘评比中,我校再次获得一等奖。

五、征兵工作取得新的成绩,参军人数比去年增加近一倍

本年度全国征兵工作重点转向大学生。武装部、军事教研室认真贯彻国家、省市大学生征兵工作部署,加大宣传力度,院系认真落实责任,学生踊跃报名。经过报名申请、谈话考察、政治审查和两轮体检,最终有4名毕业生、2名在校生获得批准入伍,他们分别进入北京内卫部队、哈尔滨空军学院、26集团军、武警68师和连云港军分区服役。

六、结合形势组织完成丰富多彩的国防教育系列活动

围绕"世界反法西斯战争暨中国人民抗日战争胜利70周年"开展系列活动,是本年度的国防教育的主题。组织学生参加全省大中学生国防教育征文比赛,我校获得一等奖1名。组织全体新生收看国家"9.3胜利"大阅兵实况转播;举行"我与将军面对面"大型报告会,邀请南京陆军指挥学院首席教授、东南大学兼职教授黄培义将军给军训团全体学生、官兵作"中国国防与军事战略"主题报告;组织学生进行抗日歌曲合唱比赛、军训墙报比赛、校园定向比赛、"最美军训瞬间"摄影比赛等竞赛活动。此外,还组织了土木学院、总务系统、图书馆等单位的教职工实弹射击比赛活动。

工 会 工 作

一、加强教代会制度建设,完善民主管理机制

1. 研究制订教职工代表大会实施办法

为充分发挥全体教职工在学校民主管理、民主监督和民主决策中的作用,经东南大学第七届教代会第四次全体会议审议通过,校党委于2015年1月19日颁布了《东南大学教职工代表大会实施办法》,并于2015年8月27日,经第七届教代会执委会审议通过,校党委研究同意,颁布了《东南大学二级教职工代表大会实施办法》。这两个《实施办法》使我校两级教代会工作更具有规范性和可操作性,将为我校进一步完善教职工参与民主管理、

推进学校治理体系健康运行提供有效保障。

2. 积极筹备院(系)二级教代会的建立

根据校党委工作要求,为切实发挥校、院(系)两级教代会在民主管理、民主监督中的主渠道作用,2016年我校拟实现二级教代会在院(系)的全覆盖。为此,校工会认真学习,积极准备,梳理制定了《院(系)二级教代会首届(换届)、届中工作流程图和工作明细》,主动走进院(系),与院(系)党委书记和部门工会主席座谈,征求意见,达成共识,以确保二级教代会的建立在实体上和程序上规范、合法,在院(系)建设和发展中发挥积极的作用。截至目前,校工会已走访15个院(系),并要求各院(系)于2016年3月1日前草拟好本单位二级教代会实施细则,报校工会和教代会执委会审核,经核准后,开展二级教代会的建设工作。

3. 发挥教代会年会和教代会执委会作用,保障教职工的民主权利

2015年年初,筹备并召开了东南大学第七届教职工代表大会第四次全体会议,参会代表听取了校党委工作报告、校行政工作报告、财务工作报告和工会工作报告,审议了提案等工作报告,审议并通过了《东南大学教职工代表大会实施办法(草案)》。组织召开多次教代会执委会议,听取并审议《东南大学综合改革方案》《东南大学2015年财务预算报告》和《东南大学二级教职工代表大会实施办法(讨论稿)》,并就《东南大学"十三五"事业发展规划》《校公费医疗管理办法补充规定》和《东南大学机动车辆出入停放管理办法》征求校教代会执委们的意见和建议。

4. 充分利用信息平台,提升提案工作科学化水平

2014年12月教代会提案系统正式上线运行,一年来使用该网络平台开展提案征集、向提案人及时反馈工作进展和答复情况等,增强了提案工作的透明度与便捷性,有力提高了提案工作的办理效率。七届四次教代会代表共提交了提案57份,经提案工作委员会审议,立案37份,交由相关职能部门办理,17份提案作为建议转送相关职能部门给予答复,3份提案因不符合要求不予立案。总体而言提案工作满意度好、认可度高。

二、发挥工会服务、维权职能,全心全意服务教职工

1. 帮扶困难教职工,关爱劳动模范

2015年校工会代表学校党政和上级工会组织开展"送温暖"活动,向校内258名教职工发放慰问金;春节和"五一"前夕,组织开展面向我校国家、省(部)级劳动模范和先进工作者的专项慰问。

2. 持续做好教职工大病医疗互助工作,传递东南大学大家庭的温暖和关怀

2015年,互助基金共补助患大病教职工646人,补助金额达358万余元。

3. 完善教职工利益协调和诉求表达机制,维护教职工的合法权益

2015年专业技术职务评审工作申诉审议委员会、岗位聘任申诉委员会分别收到5位教职工的职称申诉和3位教职工的岗位聘任申诉,申诉委员会就申诉事项进行了相关调查,并就有关问题与院(系)、职能部门进行了沟通,向申诉人给予了回复。

4. 认真做好教职工福利发放工作,进一步提高服务水平

2015年校工会在完成上半年福利发放的基础上,下半年教职工福利启用招投标程

序,依法严把质量关,5 600余份福利零误差发放到近百个部门、单位每一位教职工手中。

5. 关心青年教职工的生活,积极组织参加联谊活动

鼓励和组织我校单身青年教职工参加了2场省教科工会举办的"缘分的天空"青年联谊活动和1场武汉大学南京校友会举办的联谊活动。

6. 协同做好义诊工作,关爱教职工健康

会同校党委统战部、农工东南大学基层委员会举办庆祝教师节专题义诊活动。

三、强化师德榜样的示范引领作用,凝聚教职工建功立业的正能量

1. 坚持校内评优树先工作,开展各类评优表彰活动,以师德榜样的力量促发展

进一步完善和优化教师节"光荣榜"、"三育人"积极分子、"工会工作先进集体"和"优秀工会积极分子"等的评比标准和程序,确保评优树先公开、公平、公正。2015年组织开展了东南大学2014—2015年度"三育人"积极分子、"工会工作先进集体"和"优秀工会积极分子"的评选工作,协助党办、校办召开了教师节表彰大会。

2. 积极组织申报省级以上先进典型,展现我校教职工的风采

2015年,一名教职工荣获"江苏省五一劳动奖章",一个教研室荣获"江苏省巾帼文明岗";向上级相关组织推荐一名教职工为"2015年度全国教书育人楷模"候选人,一名女教职工为2016年江苏省"三八红旗手"候选人,一名女教职工为2016年江苏省"五一巾帼标兵"候选人。

四、开展丰富多彩的文体活动,积极助推先进大学文化建设

1. 开展群众性文体活动,丰富教职工精神文化生活

举办了东南大学第四届教职工智力运动会;开展了教职工乒乓球、网球等专项比赛;组织教职工参加江苏省教科工会举办的乒乓球比赛;组织社团协会举办摄影培训系列讲座,校外拓展等;组织教工合唱团参加学校的演出;发挥部门工会作用,扩大文体活动覆盖面,在三个校区举办了主题文体活动。通过开展这些生动活泼、特色鲜明、健康向上的文体活动,凝心聚力,让我们的教职工提足精气神,更出色地服务学校的建设大局。

2. 结合女教职工特点,开展特色活动,促进女教职工全面发展

在"三八妇女节",举办了"绽放九龙 多彩东大"女教职工健身操舞比赛,充分展现了东大女教职工的风采与魅力;组织女教职工参加"美丽东大,魅力教师"的系列讲座,提升她们对美的鉴赏与践行能力;继续做好"女知联"工作,组织女知联会员美丽乡村行;举办女教职工健康知识讲座。通过这些活动的开展,在关心女教职工健康、丰富女教职工精神文化生活的同时,促进了女教职工的全面发展。

五、进一步促进内涵建设,着力提升服务能力和水平

1. 加强理论学习和业务培训

积极参加中国教科工会举办的《学校教职工代表大会规定》培训班、教育部部分直属高校第二十一次工会工作会议、卓越大学联盟高校工会工作第二次交流会,组织工会人员认真学习《中共中央关于加强和改进党的群团工作的意见》,提高工会工作队伍在新形势

下进一步加强和创新高校工会工作的能力和水平。

2. 加强校际工作交流与对接

今年校工会分别接待了北京交通大学、三峡大学的来访,组织人员分赴北京大学、北京理工大学、天津大学和山东大学调研,就工会在创建和谐校园中应发挥的作用、两级教代会制度建设、教师职称申诉等工作,深入地交流和探讨,学习兄弟院校先进的工作理念和经验。经过认真准备,精心安排,我校工会在与卓越联盟高校工会合作的基础上,与北京大学工会建立了工作联络制度,并经双方协商一致,两校工会的文体工作和智能化工会建设工作实现对接。

3. 优化完善内部工作流程与机制

梳理各项工作,明确工作任务,优化工作流程。校工会开展的各项工作、各类活动严格按照项目管理方式执行,提高工作效能。依法依规,制定《东南大学工会财务会计管理办法(暂行)》,保证工会财务会计管理工作有章可循、有据可依。草拟了工会网络信息化建设规划,争取在3~5年内实现智能化工会的建设目标。

共青团工作

在校党委和上级团组织的正确领导下,东南大学团委2015年继续深入学习和宣传贯彻习近平总书记系列重要讲话精神,深入引导团员青年培育和践行社会主义核心价值观,认真贯彻落实中央党的群团工作会议精神,坚持立德树人,围绕育人中心工作,以思想引领为切入点和着力点,以成长服务为出发点和落脚点,以探索破解"如何提高团的吸引力和凝聚力""如何扩大团的工作有效覆盖面"两大战略性课题的新思路和新方法为导向,紧密结合全团"凝聚青年、服务大局、当好桥梁、团要管团"四维工作格局,凝心聚力、开拓进取、全心投入、扎实工作,不断提高各项工作成效,在全校共青团工作的各方面均取得了长足的进步。

一、以习近平总书记系列重要讲话精神学习和社会主义核心价值观培育为主线,深入开展思想引领工作

1. 深入打造"四进四信"工作体系

坚持把学习宣传和贯彻落实习近平总书记系列重要讲话精神作为校团委的首要政治任务,以学习宣传贯彻讲话精神统揽团学思想引领工作。面向专兼职团干部和主要学生干部举办多期专题读书班和学习班,认真学习习近平总书记系列讲话精神。结合反法西斯战争胜利70周年纪念活动,组织团员青年开展专场学习活动。结合全团"团干部如何健康成长"大讨论活动,开展团干部"三严三实"专题学习讨论会。深入推进习近平总书记系列重要讲话精神进支部、进社团、进网络、进团课系列活动,帮助广大团员青年自觉强化对讲话精神的学习领会,引导他们成为讲话精神的忠实研究者、积极传播者和坚定实践者。

2. 深入开展社会主义核心价值观主题活动

继续按照《关于在全校团员青年中深入开展培育和践行社会主义核心价值观活动的

通知》要求,系统开展丰富多彩的主题活动,帮助和引导全校团员青年将社会主义核心价值观内化于心、外化于行。校党委主要领导分别与团员代表进行座谈,深入推进社会主义核心价值观学习活动。邀请中央电视台著名主持人敬一丹以及贲德院士、严加安院士、龙乐豪院士等名家学者来校举办"与信仰对话"系列活动。结合培育和践行社会主义核心价值观主题,举办"我的青春故事"分享会、"我的讲台我的娃——支教背后的故事报告会"等活动,深入推进全校共青团的思想引领工作。圆满承办由共青团中央、全国学联发起的"2015中国大学生自强之星"颁奖典礼,推出自强之星标兵代言社会主义核心价值观主题活动。结合重要节日和时事热点,成功开展烈士纪念日主题教育活动、"一二·九"运动80周年座谈会、国家公祭日主题教育活动等,有效探索培育和践行社会主义核心价值观活动的新途径和新载体。

3. 努力扩大社会主义核心价值观覆盖面

结合实施"校长文化专项经费""磐石计划组织建设专项经费""活力团支部"评比等工作,引导全校各级团组织积极开展培育和践行社会主义核心价值观活动。"校长文化专项经费"资助和引导院系团委开展了包括"第七届东南大学纪念南京大屠杀遇难同胞系列活动"、"全心全意电气人,传承核心价值观"活动、"阳光下的法治"法律宣传系列活动、"思辨的力量"第七届东南大学研究生辩论赛、"守护希望"关爱儿童志愿服务系列活动等在内的97项培育和践行社会主义核心价值观活动。"磐石计划组织建设专项经费"重点资助和引导基层团支部开展了"爱·中国""文明东大人·数学绘画师"等在内的社会主义核心价值观主题教育活动13项。结合相关评选活动在全校范围遴选出信息科学与工程学院040135团支部等10个东南大学践行社会主义核心价值观"活力团支部"。

4. 大力选树各种青年先进典型模范

注重选树东大青年中的先进模范典型,发挥其示范辐射效益,在各种评比中获得佳绩。土木工程学院院长吴刚教授当选为全国青联委员,研究生院管理办公室主任郭彤教授获得江苏省青年五四奖章。除了在全省五四表彰、优秀志愿者表彰等相关活动涌现出一批杰出代表外,我校土木工程学院许德旺同学荣获"中国大学生自强之星标兵"荣誉称号,这是我校学子首次获此殊荣,许德旺也是该年度江苏省唯一获此称号的大学生。电子科学与工程学院孙俊同学从众多候选人中脱颖而出,获评"江苏好青年"。

二、以深入推进校园文化建设为重点,着力构建"文化育人"第二课堂体系

1. 继续打造精品活动

连续第五年举办"东南大学新生文化季",深入开展校园文化的品牌活动。通过东南大学学生团体联合招新、"初识东南"系列名家高层演讲、"我的青春故事"讲述大学的生活、"我爱东大"校史知识竞赛、"中华赞"经典诵读大赛、"我的讲台我的娃"支教背后的故事、新生文艺汇演等七大版块在内的数十场活动,让2015级新生在入学之初就充分感受东南大学深厚的文化底蕴、崇高的精神追求和多彩的校园生活。借助东南大学"人文大讲堂"平台,邀请国学名家楼宇烈教授、清华大学彭林教授、中国人民大学杨慧林教授、知名主持人曹可凡、著名歌唱家龚琳娜等文化名家举办高层次人文讲座60余场,全面提升校园文化品位和层次。依托"校长文化专项经费",支持全校各级团学组织开展了包括第三届微电影大赛、"语字成说"成语听写解意大赛、第二届"行走的力量"公益实践活动、"激情四射"大型露天舞会、"极坐标话剧之夜"等在内的近330项丰富多彩的校园文化活动。

2. 积极弘扬传统文化

引导和支持全校各级团组织和学生组织开展包括"中华赞"经典诵读大赛在内的弘扬中华优秀传统文化的活动50余项。邀请香港中文大学刘笑敢教授、台湾慈济大学林安梧教授、北京大学龚鹏程教授等知名学者开设中国文化讲堂。邀请了尚长荣、邹元江、周秦、李鸿良、梁谷音、龚隐雷等享有盛誉的著名昆曲表演艺术家和昆曲专家举办主题为"中国昆曲艺术鉴赏"的系列讲座,引起了社会各界的广泛关注。举办了大型昆曲演出《牡丹亭》,以及评弹、京剧、锡剧、扬剧、古琴等系列民族艺术的精品演出数十场。

3. 重点突出核心工作

按照团中央统一部署,积极开展"走下网络、走出宿舍、走向操场"主题群众性课外体育锻炼活动,以此加强对身体健康素质和积极向上的生活理念的重视,大力倡导"每天锻炼一小时,健康工作五十年,幸福生活一辈子"的理念。推动院系团委和基层团支部开展"春到九龙"风筝节、"情满东南"师生趣味运动会、环九龙湖自行车赛等丰富多彩的"三走"系列活动,培育和选树了土木工程学院孟畅、姚博等坚持体育锻炼的学生典型。我校开展"三走"活动的经典案例以较大篇幅入选团中央学校部和全国学校共青团研究中心编著的高校共青团品牌项目辅导教程《"三走"如何"走"》。

三、以全面完善创新创业工作体系为核心,重点培育拔尖创新人才

1. 成功捧获"挑战杯"优胜杯

在第十四届"挑战杯"全国大学生课外学术科技作品竞赛中,时隔8年重新捧回优胜杯,再次回到排名第一方阵。中央电视台"新闻联播"栏目特别报道了我校特等奖项目。本届竞赛经过省赛选拔、国赛角逐,共有318所高校783件作品进入终审决赛。我校共有6件作品进入终审决赛,其中"移动式秸秆热解制油设备的研发"项目获得特等奖,"在全面深化改革中构建中国特色的'共同参与型'老年人健康管理新模式——基于南京市社区老年人健康管理实践"项目获得一等奖,电子学院孙小菡教授、自动化学院达飞鹏教授、数学系曹进德教授、化工学院周钰明教授分别指导的4个项目获得二等奖。此外我校交通学院过秀成教授指导的项目还在"挑战杯"智慧城市专项赛中荣获最高奖项。在备赛工作中,校团委通过团队组建、导师配备、项目申报、资金扶持等一系列举措,从百余件大学生课外学术科技作品项目中确定12项重点扶持项目和60余项一般备选项目。搭建学生团队、专业教师、职能部门之间充分沟通的机制与平台,并举行多期创新实训营和阶段性成果展示汇报会,进一步推动了以"挑战杯"为龙头的拔尖创新人才培养体系构建。

2. 大力开展校园学术科技活动

抓住"科技育人·创新驱动"的主线,举办以"科技互联世界·学术引导人生"为主题的2015东南大学学生科技节,通过开展科技讲座、学术交流、科技活动、竞赛评比等四大类别233项活动,整合成系列化、多层次的全校性科技活动,营造了浓郁的科技创新氛围。世界上最为先进的瑞士太阳能飞机"阳光动力2号"于3月经停南京,作为"阳光动力2

号"太阳能飞机环球航行南京站的主要合作高校,校团委与瑞士联邦政府科技文化中心、瑞士洛桑联邦理工大学联合组织了"阳光动力2号"太阳能飞机在南京经停期间的一系列高校科技文化交流活动。成功举办2015年全国青少年高校科学营东南大学分营活动,接待360名优秀高中生参与其中,让他们感受了东南大学深厚的历史底蕴和科学精神,产生了广泛的社会影响。东南大学科学营院士报告"科学和艺术的共性与交融"入选全国十佳《名家大师精彩报告》。全力筹建了面向全体学生的多学科、立体化、集中式展示我校大学生科技创新成果的东南大学大学生科技创新成果陈列馆,进一步激发和塑造我校大学生的创新意识,营造浓郁的创新创业的氛围。

3. 加大学生创业指导扶持力度

坚持构建以创业竞赛为核心的竞赛育人模式,在关注启蒙意识、传授知识、提升技能等创业教学层面工作的同时,将部分注意力转向科技成果转化、初创项目孵化、资金政策扶持等创业实践层面的工作,以市场化为导向、以实践为目标,着力打通学生创业教学与创业实践之间的通道。成功举办"创青春"校内赛初赛与复赛,全面推动2016年"创青春"全国赛备赛工作。重点依托校友力量提升大学生创业项目指导扶持力度,在学生创业项目申报、指导、评审等多个环节引进校友资源,邀请毛大庆、刘江峰等杰出创业校友返校开展创业大讲堂、创业沙龙等系列活动,组建校友层面的大学生创业导师团队。积极培育大学生创业协会等创新创业类社团俱乐部,推动大学生创业协会发起并加入全国大学生创新创业联盟。

四、以广泛开展志愿服务社会实践活动为抓手,积极打造实践育人平台

1. 社会实践工作影响广泛

继续打造以"三下乡"暑期社会实践为主,寒假"回访母校谢师恩"主题社会实践为辅,课外志愿服务、公益活动等常规社会实践相结合的工作格局。组织近2 000名同学在2015年寒假举办了以"回访母校谢师恩"为主题的社会实践活动。按照"送一份祝福""做一次回访""与高三学生做一次交流""写一份心得体会或调查报告"的具体活动要求,引导学生回到自己的母校开展形式多样、内容丰富的寒假社会实践活动,扩大了东南大学的影响。在2015年暑期社会实践里,紧密围绕"践行'八字真经',投身'四个全面'"的年度主题,以培育和践行社会主义核心价值观为重点,确定了8个重点大类和2个专项的活动主题,共发动组建各类项目团队526支(其中全国重点团队1支,省级重点团队14支),确定校级重点团队141支,参与人数达到5 000余人。改革社会实践运作管理体系,深入推进征集选题、校级立项、公开招标、网络双选、公开答辩、考核评比等社会实践环节的制度改革,有效实现了"管理项目化、运作团队化、考核学分化"的改革目标。暑期社会实践工作在各级评比中喜获佳绩,校团委荣获全国大中专学生志愿者暑期"三下乡"社会实践活动"全国先进单位"和"省先进单位"称号,交通学院"向阳花"爱心实践团队荣获"全国优秀团队"和"江苏省十佳团队"称号,材料科学与工程学院学生、"南京民国名人故居"调查团负责人何凌潇获"江苏省十佳使者"称号,建筑学院"探寻指尖上的南京,感悟街头老手艺"调查团等6支团队荣获"省级优秀团队"称号,人文学院陆珈怡等5位专兼职团干部荣获"省级先进工作者"称号,电子科学与工程学院黄旭庭等7位同学荣获"省级先进个人"称号,化学化工学院《女大学生就业性别歧视社会调查》、物理系《环保进农家建设新农村——山东省莱州市社会主义新农村环境改进调研》荣获"省级优秀调研报告"称号,公共卫生学院"南京市秦淮医院老年人健康管理基地"荣获"省级优秀社会实践基地"称号。

2. 研究生支教团工作稳步推进

完善招募选拔、培训教育、出征送行、支教服务、慰问看望、总结表彰等环节在内的完备的工作体系。通过支教知识培训、校史校情专题讲座、团队意识培养、历届支教队员座谈、教育心理培训、教学观摩等课程对我校第十七届研究生支教团成员开展全面深入的系统培训。在2015届本科生毕业典礼上专项表彰22名即将赴内蒙古准格尔旗、江西共青城、云南南华、甘肃天水开展支教工作的研究生支教团成员,并举行出征仪式为支教队员壮行。今年我校研究生支教团的规模继续保持在22人,招募规模位居全国高校前列。在第十八届研究生支教团的招募过程中,严格按照"公开招募、自愿报名、择优选拔"的原则,在学院考核的基础上精心组织笔试、面试、体检等相关工作,对报名学生的思想政治素质、学习成绩、在校表现、志愿服务经历等进行综合考察,择优选拔,最终确定了22名东南大学研究生支教团成员。东南大学研究生支教团成员黄珺获得九江市"向上向善'龚全珍式'好青年"称号,刘燮、尹浩浩获得准格尔旗"三创标兵"称号。东南大学研究生支教团被团中央、中国青年志愿者协会、《光明日报》联合评选为"镜头中的最美支教团"(全国共10个)。支教团事迹被《光明日报》《中国青年报》以及腾讯等门户网站广泛报道。

3. 志愿公益服务活动蓬勃开展

以东南大学研究生支教团西部支教服务点为布局核心,推动全校志愿服务活动蓬勃开展。支教协会"至善黔程"、土木工程学院"爱在共青城"活动等都取得社会好评。交通学院"向阳花"爱心实践团、研究生支教团"蒲公英圆梦爱心活动"分别获得第二届中国青年志愿服务项目大赛金奖和银奖,为参赛高校最佳成绩。土木工程学院许德旺同学被评为"江苏省十佳志愿者",信息科学与工程学院沙俊、李明轩同学被评为"江苏省优秀青年志愿者",人文学院蒋烨琳同学被评为"江苏省大型赛会优秀青年志愿者",建筑学院"小小建筑师"项目被评为"江苏省优秀志愿项目",电子科学与工程学院"志青春"志愿者协会荣获"江苏省青年志愿服务行动组织奖"。此外,各种媒体广泛关注我校志愿服务活动。中央电视台"朝闻天下"栏目专门报道了建筑学院"小西湖"志愿服务活动。秉承"青奥志愿者精神",积极组织学生志愿者承担2015年佛顶宫牛首山佛顶舍利安奉大典、2015年国际剑联女子重剑世界杯赛等大型活动和重要赛事的志愿服务工作,向全社会展现了东南大学志愿者的精神风貌。

五、以全面实施强基固本行动为基础,稳步有效推进组织建设工作

1. 积极开展五四表彰活动

围绕学校育人的根本目标,发挥先进模范的示范引领作用,圆满完成五四表彰工作,共评选出4个五四红旗团委,2个国旗团支部、15个特级团支部、45个甲级团支部、29个先进团支部,4名东南大学青年五四奖章(教师、学生各2名)、8名优秀团务工作者、140名优秀团干、749名优秀团员。通过分级评比、评优和表彰,青年团员和团学干部的责任感得到进一步提升,团组织的战斗力得到进一步增强。此外,我校一批集体和个人获得团中央和团省委多项五四表彰奖励。土木工程学院2013级学生孟畅、仪器科学与工程学院2012级学生方良骥荣获"江苏省优秀共青团员"称号；电子科学与工程学院团委书记邱峰荣获"江苏省优秀共青团干部"称号；电气工程学院160121班团支部荣获"江苏省五四红旗团支部"称号。

2. 持续加强基层团组织的建设

以"磐石计划"（组织建设专项）为载体，深入实施高校基层"团支部"活力提升工程，有效提升基层团组织的运行活力、工作开展活力和团员的参与活力。围绕学习习近平总书记系列重要讲话精神"四进四信"活动、"走下网络，走出宿舍，走向操场"群众体育锻炼活动、"践行社会主义核心价值观"、"廉洁教育——大学生诚信专题"、"纪念抗战胜利70周年"等9个主题，广泛开展有意义的团日活动。共有来自24个院系的242个申报项目，最终评选出110个项目作为"磐石计划"立项项目。圆满完成2014年第一期（长期）、第二期及2015年第一期（短期）项目的结项工作。汇聚相关资源向基层倾斜，不断提升基层团组织建设成效，信息科学与工程学院吴伏宝同学荣获江苏省"魅力团书"称号，040121团支部荣获"活力团支部"称号。

3. 深化青年马克思主义者培养工程

持续深入实施"青年马克思主义者培养工程"，举办专兼职团干部专题研讨班，内容涉及工作辅导、经验分享、主题讨论、实践调研等，进一步提高团干部的思想政治素质、政策理论水平、创新能力、实践能力和组织协调能力。举办新任团支部书记培训班，帮助各院系142名新任团支部书记熟悉和了解团支部干部的职责和工作范围，更快适应基层团支部建设需求，充分发挥他们在基层团支部中的领导作用，增强他们的全局意识、服务意识与责任意识，全面提升基层团支部的活力。

六、以发挥学生组织自主性与创造性为目标，不断加强和改进对学生组织的指导和监督

1. 指导学生会工作

充分发挥学生会在丰富校园文化、服务同学成长中的重要作用，指导学生会举办迎新系列活动、啦啦操大赛、十佳歌手大赛、"向经典致敬"诵读竞赛、"吾爱吾师——我最喜爱的老师"评选、宿舍文化节、领跑大学路、饮食文化月、淘书节等各类活动32大项。指导学生会接受并处理学生投诉共700余起，为学生找回失物共1 000余件，为学生提供勤工助学岗位约350个，为学生提供各类备考资料1 000余份。组织基础课程薄弱的学生与优秀学生结对进行学习辅导200余对，组织学生会干部开展以社会调研、理论研究、专题座谈等为形式的内部学习活动，组织定期与各高校交流学习活动。加强学生会内部培训机制与新媒体平台建设，累计发布活动预告、教务资讯、热点社评、服务追踪等信息1 000余条，并将学生会新媒体平台打造成为学生意见、建议以及构建校园文化的重要征集渠道。指导学生会按照相关文件精神的要求，顺利、合规完成换任选举工作。

2. 指导研究生会工作

认真落实《中华全国学生联合会关于加强和改进高校学生会研究生会建设的指导意见》的要求，圆满完成换任选举工作。组织研究生骨干学习习总书记系列重要讲话精神12次，指导研究生会开展"弘扬社会主义核心价值观"系列活动6场。指导研究生会树立青年学生榜样,策划首届"正·青年"东南大学杰出研究生评选大赛;树立良好师德师风典范,打造第五届"我最喜爱的研究生导师"评选大赛。指导研究生会举办学生科技节、辩论赛、十佳歌手大赛、周末舞会、研究生四大体育联赛、国际文化周等活动300余场。指导研究生会举办"3·15"维权调研、博士在学情况调研、消防安全观调研等调研活动20余次。指导研究生会广泛收集研究生在科研、学习、生活等诸多方面的意见和要求,及时向有关部门反馈并汇集为维权白皮书,累计处理学生投诉80余起。指导研究生会积极开拓新媒体平台,新增新媒体粉丝15 000余人,在全国学联发起的高校研究生会微信排行中稳居全国前五,在校内外营造了良好的舆情氛围,展现东南大学研究生风采。指导校研究生会继续抓好传统宣传媒介,重新改版研究生会网站,出版活动预告40期、《研究生会系统简报》6期、《善研》杂志4期、年度风采录3期以及《Hello,SEU》新生手册,累计受众20 000余人次。

3. 指导学生团体联合会工作

指导学生团体联合会围绕年度重点主题举办"百团大战"学生团体联合招新、"社团巡礼节"、新年游园会等文体活动450余场。指导学生团体联合会重新设计、排版"东南大学2015学生团体风采集锦"。指导学生团体联合会召开全体学生社团会长大会4次,讨论并解决了学生社团现阶段所遇到的诸如经费申请、场地申请、赞助申请、物资借用等10余项问题。指导学生团体联合会积极调研各学生社团对当前学生团体联合会管理工作的意见,对"我最喜爱的学生团体"评比、学生团体星级评比、十佳社团评比等具体考核条例做了补充与修正。指导学生团体联合会积极开拓学生社团宣传平台,拓宽新媒体宣传阵地,重建学生团体联合会微信平台,融入更多社团板块加大社团推广力度,出版《至会》杂志十周年特刊3 000余册。指导学生团体联合会召开学生团体代表大会,对学生团体联合会各项章程做出修订,并顺利完成换届选举工作。推选华风汉韵文化社获评"2015全国百佳国学社团"称号。

东南大学共青团的多项工作均在2015年度取得突破。在校党委和上级团组织的正确领导下,在全校各职能部门的通力协作下,在校团委全体同仁及各院系全体团学战线同志的奋力拼搏下,东南大学共青团工作在2015年里取得了长足的进步,社会影响在2015年度中进一步扩大。团中央书记处书记傅振邦、团中央学校部副部长石新明、全国学联办公室主任柏贞尧、团省委书记万闻华、团省委副书记司勇、姜东等领导均来校调研和指导工作。各种媒体多次关注东南大学共青团相关重点工作,发稿量达到200余篇。中央电视台多次关注东南大学共青团工作,其中"新闻联播"栏目聚焦我校"挑战杯"工作。《光明日报》、《中国青年报》、新华社、新浪网、腾讯网、中国青年网、中国新闻网等媒体多次报道东南大学共青团工作的先进事迹。江苏电视台、南京电视台、《新华日报》、《扬子晚报》、《金陵晚报》、《现代快报》等省市媒体更是持续聚焦东南大学共青团工作。校团委的微信订阅号"青年东大说"多条微信点击量过万,单条微信最高点击量超过5万,在上级评选中多次脱颖而出,综合成绩曾位居全国高校第二,多次进入全国高校前十,多次获得全省高校第一名。由校团委集中力量编撰的《2015东南大学共青团大事记》《东南大学共青团2015新闻集锦》,全面展示了东南大学共青团的工作成绩,受到了社会各界的充分肯定。

学科建设与研究生教育

综　述

一年来，研究生院在校党政的领导下，在各学院、各部门的大力支持下，稳步推进各项改革，多措并举，在学科建设、研究生招生、培养、学位和管理等方面，争先进位，出色地完成了各项工作任务，取得了丰硕的成果。

一、学科建设

1. 院士工程取得新进展，新当选1名中国工程院院士（王建国教授）。
2. 精心谋划学科布局，加强学科方向引导，促进我校学科国际排名持续提升，进入ESI全球前1‰的学科数由7个增至8个，其中工程学升至世界第59位。
3. 整合学校相关资源，组织申报"网络空间安全"一级学科博士点。
4. 做好"985工程"经费2亿元的预算管理，制订经费安排方案，评审各建设项目的经费使用计划，督促各项目按照计划、按照时间节点完成经费使用和任务。
5. 制定《东南大学学位授权点合格评估和动态调整实施办法》，对我校各学位授权点进行了自评和动态调整，撤销统计学一级学科博士学位授权点，增列法学一级学科博士学位授权点；撤销生态学一级学科硕士学位授权点、系统分析与集成二级学科硕士学位授权点；对存在问题的学位授权点提出整改要求。
6. 2015年省优势学科经费到款总额5 270万元，组织各学科制订本年度的经费支出预算表和经费使用计划，并督促各学科按照计划尽早完成经费使用。12月份，组织我校14个优势学科二期项目立项学科和省重点序列学科参加中期考核，目前中期考核报告正在组织修改并准备提交。
7. 2015年我校11个江苏省重点学科经费到款总额279万元，认真组织相关学科根据学校要求填报了本年度的经费使用计划，并督促他们按照计划尽早完成经费使用。11月，组织了"十二五"省重点学科的考核验收和专家评审工作，本次考核验收，我校的11个学科中有1个被评为"优秀"，其余均为"良好"，取得较好成绩。

8. 做好学位授权点评估工作,组织法学、教育学、心理学、体育学、水利工程等5个学科参加省学位办组织的2015年硕士学位授权一级学科点评估工作;组织应用经济学博士学位授权点,社会学硕士学位授权点,工程博士专业学位授权点,金融、应用统计、国际商务、资产评估、教育、翻译、会计、工程管理等专业硕士学位授权点参加国家组织的专项评估。

9. 完成2016年度研究生指导教师遴选工作,新增博士生指导教师56名,硕士生指导教师102名。

二、研究生招生

1. 精心组织免试研究生推荐工作,录取校内外推免生1 413名,超过招生总规模的40%,其中来自"985工程"和"211工程"高校的有1 337名,创历史最好成绩。

2. 博士生招生制度改革全面落实,本科直博、硕博连读和申请考核三类优质生源比例超过总规模的2/3,达到461名。

3. 圆满完成2015年度各类研究生招生考试和录取工作,共录取硕士研究生3 873名,博士研究生695名,在职人员攻读硕士学位研究生737名。获"江苏省研究生招生管理优秀报考点"和"江苏省研究生优秀招生单位"称号。

4. 从在研项目、培养经费、近三年科研成果及师德表现等方面,进一步加强对博导招生资格的年度审核,679名导师经审核合格列入本年度招生专业目录。

三、研究生培养

1. 积极推进研究生教育教学改革

根据研究生培养目标,遵循研究生教育规律,创新培养模式,体现学科特色及学术前沿,实现个性化培养,并参照国内外一流学科的培养方案,依据高水平、硕博贯通、一级学科等原则,对全部学术学位研究生的培养方案进行彻底地修订。

顺利完成了本年度研究生2 040个教学班教学任务;安排了11门公共课程共计250个考场610人次的监考管理工作;完成了在职人员攻读硕士学位研究生全校公共课程统一考试的全部考务工作,两次共有1 419人报名,共1 266人参加考试;完成2015—2016学年研究生开课目录的编排工作,今年共申请近600门新开课程;完成了研究生2 667人次的四、六级报名和考试的相关工作;完成了四牌楼校区、九龙湖校区纪忠楼的教室调度工作,并协调了教室及设备的核查和报修工作。

积极推进教育教学模式改革,获江苏省研究生培养模式改革成果一等奖1项、二等奖2项、三等奖3项。

2. 稳步提升博士学位论文质量

为鼓励研究生在校期间刻苦学习、潜心研究,多出高水平的论文和成果,加大了对优秀博士学位论文的培育力度。本年度,通过导师推荐、学生申报及所在学位评定分委员会同意,共遴选出75项优博基金及9个培育对象项目进行跟踪培育。

3. 提高研究生的科学创新水平

为研究生提供科研机会与条件,促进其开展系统、规范的科研训练,对本年度入选江苏省普通高校研究生创新工程的研究生科研创新计划项目中的212名博士生和97名硕士生进行项目经费配套,实施跟踪管理,保证研究生按要求完成计划项目。

新增江苏省普通高校研究生创新工程309项,新增51家江苏省企业研究生工作站,84名企业高管获批江苏省第三批产业教授,在全省高校中位列第一,有4个企业研究生工作站获江苏省优秀企业工作站荣誉。

4. 坚持国际化的办学理念

积极开展"国家建设高水平大学公派出国留学项目"的选拔和推荐工作,今年共被国家留学基金委录取研究生184名,比去年增加30%,跃居全国第三。被国家留学基金委录取博士生导师短期访问项目20人。积极开展国内外学术交流,遴选拟资助博士生368人参加国际学术会议和短期访学。

资助我校教师与世界知名大学专家学者共同组织教学的全英文教学课程46门,共邀请了60余名国外知名大学教授来我校进行全英文授课,讲授国际最前沿知识;大力推进合作办学,组织建设16个全英文硕士专业并进行了中期检查;组织东南大学—蒙纳士大学苏州联合研究生院各院系做好研究生培养方案的制订和课程大纲的审核等一系列工作;协助东南大学—蒙纳士大学苏州联合研究生院工业设计、计算机技术、交通运输工程等专业的全英文课程的排课、网上选课及培养计划的递交等工作。

陆续发布了数个与国外大学合作的硕士研究生交流项目,包括法国雷恩一大、巴黎高科及德国亚琛工业大学等。选派了一批硕士研究生到国外合作院校进行国际交流。

5. 强化研究生培养质量的过程管理

完成了对2013级生命科学研究院、公共卫生学院、医学院(不包括本硕生)、MBA、法律硕士、公共管理硕士、旅游管理硕士、分析化学及部分申请延迟中期考核的硕士研究生的中期考核与筛选工作。共有351名硕士生参加考核,其中有169名硕士研究生学位课规格化均分高于80分,34名硕士生受中期考核筛选警告。

完成了对2013春博及部分因故批准延期考核的往届博士生的中期考核工作,共有416名博士参加了此次中期考核考核,其中有3名博士生中期考核不合格,被终止博士阶段学习;有11名博士生给予筛选警告,有63名博士生延期半年参加中期考核。

四、学位工作

1. 2015年获江苏省优秀博士学位论文6篇、优秀硕士学术学位论文20篇、优秀硕士专业学位论文11篇。

2. 为了更好地满足学生需求,从今年开始,增加一次校学位评定委员会会议,即学位审定的会议由原来的每年3次增加至4次。

3. 今年博士学位授予数首次突破500人,达600人;硕士学位授予4 124人。首个工程博士研究生毕业,并被授予工程博士专业学位。

4. 根据国务院学位委员会、教育部关于印发《学位证书和学位授予信息管理办法》的通知(学位〔2015〕18号)的文件要求,开展了学位证书自主设计的相关工作。

5. 根据《关于实施〈东南大学研究生学籍管理规定〉中博士研究生毕业与学位授予分离工作的通知》(校研生〔2013〕5号),敦促完成345名超期博士的毕业与学位授予分离工作,其中129人已获得学位,申请学位答辩通过了26人,申请毕业答辩通过了41人,有效地规范了我校研究生学位和学籍管理工作。

6. 为适应社会经济发展对高水平应用型人才的迫切需求,保证专业学位研究生的学位授予质量,在国家相关文件精神和标准的基础上,制订和完善各类学科专业的学位授予标准。目前除临床医学硕士外,现有的20个硕士专业学位和2个工程博士领域的学位授予标准已初步完善,《东南大学工程硕士专业学位标准(试行)》(校发〔2015〕2号)作为校级标准已正式发文。这为具体化和体系化地规范东南大学专业学位授予标准、提高学位授予质量奠定了基础。

7. 2015年共授来华留学生博士学位10人、硕士学位62人。为方便来华留学生学位申请材料的填报,分别制订中、英文版的博士、硕士学位申请书。

8. 为进一步规范我校与国(境)外单位联合(合作)培养研究生的学位授予工作,出台了《东南大学与国(境)外单位联合(合作)培养研究生工作暂行规定》(校发〔2015〕8号)。

9. 修订了《东南大学授予来华留学生学士、硕士、博士学位暂行管理办法》(校发〔2015〕56号)

五、研究生管理

1. 服务学生工作持续改善,涉及学位授予的校学位评定委员会会议增至每年4次,毕业证书制作达每年10次,为学生就业、出国、升学提供了便捷。

2. 进一步完善了奖学金申报系统,完成了学业奖学金系统建设,大大提高了奖学金申请、评定、审核、发放的工作效率。2015年参评学业奖学金研究生8 055人,发放学业奖学金6 448.8万元;363名研究生获国家奖学金,发放奖学金842万;840人次获校友奖助学金,发放奖助学金300.95万;申请绿色通道研究生共290人,461名研究生成功办理了助学贷款,确保贫困研究生顺利入学。完成招收两名以上博士研究生的102名博导助学金的扣款工作,共计扣款162.84万元。

2015—2016年度博士学位研究生招生专业及指导教师

学科门类	学科(一级学科)	专业(二级学科)	指导教师(以姓名拼音为序)
哲学 (01)	哲学	(按一级学科招生)	董 群　樊和平　李建清　马 雷　马向真 乔光辉　田海平　王 珏　王 珂　魏福明 夏保华　徐 嘉　许建良
经济学 (02)	应用经济学	(按一级学科招生)	陈淑梅　胡汉辉　华 生　刘修岩　邱 斌 邵 军　王兴平　吴利华　徐康宁　徐盈之 张宗庆　周 勤
		金融学	董 斌　华 生　刘晓星　周 勤

(续 表)

学科门类	学科(一级学科)	专业(二级学科)	指导教师(以姓名拼音为序)
法学(03)	马克思主义理论	马克思主义基本原理	高晓红 龚向和 刘 魁 孟鸿志 汪进元 肖 冰 袁健红 袁久红 周少华 周佑勇
		思想政治教育	陈美华 胡汉辉 李霁翔 刘艳红 许苏明
理学(07)	数学	(按一级学科招生)	曹进德 陈建龙 李玉祥 梁金玲 刘继军 孙志忠 唐达林 王栓宏 徐君祥 余星火 虞文武
	物理学	(按一级学科招生)	陈世华 董 帅 董正高 范吉阳 郭 昊 侯净敏 蒋维洲 李 旗 倪振华 邱 腾 施智祥 汪 军 王金兰 徐春祥 徐明祥 徐庆宇 薛 鹏 杨文星 叶 巍 翟 亚 周海清
	生物学	(按一级学科招生)	柴人杰 陈礼明 樊 红 方 明 韩俊海 加正平 刘向东 陆 巍 王大勇 王 坚(兼) 谢 维 袁榴娣 张建琼 赵春杰
	统计学	(按一级学科招生)	林金官 刘 沛 王冠军
工学(08)	力学	固体力学	郭小明 何小元 李兆霞 糜长稳 杨福俊
		工程力学	费庆国 郭小明 何小元 靳 慧 李兆霞 吕令毅
	机械工程	(按一级学科招生)	毕可东 陈 南 陈云飞 费庆国 韩 良 贾民平 蒋书运 李 普 凌新生 刘 磊 罗 翔 倪中华 沙菁婕 史金飞 帅立国 苏 春 孙蓓蓓 汤文成 王兴松 幸 研 许飞云 薛澄岐 易 红 殷国栋 张建润 张永康 张志胜 周忠元
	光学工程	(按一级学科招生)	崔一平 顾 兵 雷 威 李 青 李晓华 娄朝刚 吕昌贵 屠 彦 王春雷 王琦龙 王著元 夏 军 恽斌峰 张家雨 张晓兵 朱 利
	仪器科学与技术	(按一级学科招生)	蔡体菁 陈俊杰 陈熙源 程向红 李宏生 李建清 李 旭 刘锡祥 潘树国 秦文虎 宋爱国 宋光明 王爱民 王立辉 王 庆 吴 涓 夏敦柱 徐晓苏 严如强 杨 波 杨功流(兼) 张为公 赵立业
	材料科学与工程	(按一级学科招生)	陈 锋 陈惠苏 陈 坚 储成林 丁 辉 方 峰 高建明 郭丽萍 郭新立 蒋建清 蒋金洋 李 敏 刘加平 刘玉付 缪昌文 潘钢华 潘 冶 钱春香 邵起越 沈宝龙 孙 伟 孙正明 涂益友 王增梅 薛 烽 余新泉 张亚梅 张友法 张云升 周 健 朱鸣芳

（续 表）

学科门类	学科（一级学科）	专业（二级学科）	指导教师（以姓名拼音为序）				
工学（08）	动力工程及工程热物理	材料物理与化学	丁收年	付大伟	付德刚	付国东	荀少华
			顾忠泽	雷立旭	李新松	林保平	刘松琴
			娄永兵	祁争健	钱 鹰	任丽丽	孙柏旺
			孙岳明	王明亮	王雪梅	王怡红	王志飞
			卫 伟	吴东方	谢一兵	熊仁根	杨 洪
			张 闻	张一卫	张袁健	周建成	周钰明
			诸海滨				
		（按一级学科招生）	蔡 亮	陈晓平	陈亚平	陈永平	陈振乾
			段伦博	段钰锋	归柯庭	黄亚继	金保昇
			李舒宏	李益国	梁彩华	潘 蕾	钱 华
			沈德魁	沈 炯	沈来宏	盛昌栋	司风琪
			宋 敏	王培红	向文国	肖 睿	熊源泉
			许传龙	杨建刚	杨林军	殷勇高	袁竹林
			张小松	张亚平	张耀明	赵伶玲	钟文琪
			仲兆平	周克毅			
	电气工程	★能源环境工程	陈晓平	段钰锋	归柯庭	黄亚继	金保昇
			肖 睿	熊源泉	钟文琪	仲兆平	
		（按一级学科招生）	陈 武	陈 中	程 明	樊 英	房淑华
			高丙团	高赐威	高 山	顾 伟	胡敏强
			胡仁杰	花 为	黄学良	黄允凯	蒋 平
			金 龙	李 扬	林鹤云	林明耀	陆于平
			马伟明（兼）	王蓓蓓	王 政	吴在军	
			徐青山	薛禹胜	余海涛	张建忠	赵剑锋
			郑建勇				
	电子科学与技术	物理电子学	崔一平	顾 兵	雷 威	李 青	李晓华
			娄朝刚	吕昌贵	孙小菡	屠 彦	王春雷
			王琦龙	王著元	夏 军	肖金标	恽斌峰
			张家雨	张 彤	张晓兵	朱 利	
	信息与通信工程	电路与系统	陈莹梅	樊祥宁	黄风义	李文渊	李智群
			孟 桥	苗 澎	王志功	吴建辉	杨 春
			朱 恩				
		微电子学与固体电子学	单伟伟	丁德胜	黄庆安	廖小平	陆生礼
			尚金堂	时龙兴	孙立涛	孙伟锋	
			汪正平（兼）	吴建辉	徐 峰	杨 春	
			杨 军				
		电磁场与微波技术	曹振新	陈继新	程 强	崔铁军	窦文斌
			郝张成	洪 伟	华 光	陆卫兵	孙忠良
			王海明	吴 柯	徐金平	殷晓星	余旭涛
			周后型	周健义	朱晓维		
		★集成电路设计	单伟伟	丁德胜	胡 晨	李 冰	陆生礼
			时龙兴	孙伟锋	杨 军		
		（按一级学科招生）	陈 明	丁 峤	方世良	高西奇	衡 伟
			黄永明	金 石	刘 楠	孟 桥	潘志文
			裴文江	盛 彬	宋铁成	王东明	王俊波
			王 桥	王 炎	徐平平	杨绿溪	尤肖虎
			张 华	张在琛	赵春明	赵 力	赵新胜
			郑福春	郑 军	郑文明	邹采荣	

(续 表)

学科门类	学科（一级学科）	专业（二级学科）	指导教师（以姓名拼音为序）
工学（08）	控制科学与工程	★信息安全	程 光　胡爱群　黄 杰　康 维
		（按一级学科招生）	曹进德　达飞鹏　戴先中　费树岷　郭 雷 李 俊　李 奇　李世华　李新德　路小波 孙长银　田玉平　汪 峥　魏海坤 武玉强（兼）　严洪森　余星火　翟军勇 张凯锋　张侃健
	计算机科学与技术	导航、制导与控制	蔡体菁　程向红　田玉平　徐晓苏　张 涛
		（按一级学科招生）	曹玖新　陈汉武　程 光　高志强　耿 新 蒋嶷川　李宝生（兼）　李必信　李小平 罗军舟　罗立民　倪巍伟　漆桂林 芮 勇（兼）　沈 军　舒华忠　宋爱波 陶 军　汪 芸　王红兵　周德宇
	建筑学	（按一级学科招生）	陈 薇　程泰宁　戴 航　单 踊　董 卫 韩冬青　冷嘉伟　李 飚　孟建民（兼） 彭昌海　齐 康　石 邢　王建国　王彦辉 张 宏　张十庆　张 彤　郑 炘　周 琦 周 颖
	土木工程	（按一级学科招生）	Mohammad Noori　曹双寅　陈锦祥　陈忠范 戴国亮　丁汉山　丁幼亮　范圣刚　冯 健 冯若强　龚维明　郭 彤　郭正兴　李爱群 李维滨　梁书亭　刘伟庆（兼）　刘 钊 吕令毅　罗 斌　孟少平　缪长青　潘金龙 秦顺全　邱洪兴　舒赣平　王 浩　王景全 吴 刚　吴 京　吴智深　徐赵东　杨才千 叶继红　张继文　张 建　张 晋　周 臻 宗周红
		岩土工程	蔡国军　邓永锋　杜延军　洪振舜　刘松玉 缪林昌　童立元　章定文　朱志铎
		市政工程	傅大放　黄 娟　杨小丽
		供热、供燃气、通风及空调工程	蔡 亮　陈亚平　陈永平　陈振乾　李舒宏 梁彩华　钱 华　殷勇高　张小松
		桥梁与隧道工程	黄 侨　万 水　王克海（兼） 王文炜　杨 明
		★土木工程建造与管理	郭正兴　李启明　李维滨
		★土木工程材料	陈惠苏　高建明　郭丽萍　李 敏　刘加平 缪昌文　潘钢华　钱春香　孙 伟　张亚梅 张云升
	化学工程与技术	（按一级学科招生）	丁收年　付大伟　付国东　苟少华　姜 勇 雷立旭　李新松　廖志新　林保平　刘松琴 娄永兵　骆培成　祁争健　钱 鹰　任丽丽 孙柏旺　孙岳明　王明亮　王怡红　卫 伟 吴东方　肖国民　谢一兵　杨 洪　张一卫 张袁健　赵 红　周建成　周钰明　诸海滨

(续 表)

学科门类	学科(一级学科)	专业(二级学科)	指导教师(以姓名拼音为序)				
工学 (08)	交通运输工程	(按一级学科招生)	陈　峻　　陈淑燕　　陈先华　　陈学武　　陈一梅 程　琳　　邓永锋　　高　英　　郭建华　　过秀成 何　杰　　洪振舜　　黄　卫　　黄晓明　　季彦婕 李铁柱　　李文权　　李志煇　　刘　攀　　陆　建 缪林昌　　倪富健　　潘玉利(兼)　钱振东 冉　斌　　任　刚　　孙　璐　　王　昊　　王声乐 王　炜　　项乔君　　徐宿东　　杨　军　　叶智锐 张　磊　　张　永　　赵永利				
		★交通测绘与信息技术	高成发　　胡伍生　　翁永玲				
	环境科学与工程	(按一级学科招生)	陈晓平　　段伦博　　段钰锋　　归柯庭　　黄亚继 金保昇　　李先宁　　吕锡武　　沈德魁　　沈来宏 盛昌栋　　宋海亮　　宋　敏　　肖　睿　　熊源泉 杨林军　　余　冉　　张亚平　　赵伶玲　　钟文琪 仲兆平				
	生物医学工程	(按一级学科招生)	Gerard Marriott　　白云飞　　陈　扬　　陈　战 付德刚　　葛丽芹　　顾　宁　　顾忠泽　　何农跃 黄宁平　　吉　民　　李志勇　　刘　宏　　刘乃丰 刘全俊　　卢晓林　　陆祖宏　　吕晓迎　　罗立民 钱卫平　　孙剑飞　　孙清江　　孙　啸　　唐达林 万遂人　　王进科　　王雪梅　　吴富根　　夏　强 肖鹏峰　　肖忠党　　徐春祥　　杨　芳　　张天柱 张先恩(兼)　张　宇　　赵祥伟　　赵远锦				
		★学习科学	邓慧华　　蒋　犁　　康学军　　周仁来(兼)				
	城乡规划学	(按一级学科招生)	董　卫　　段　进　　李百浩　　王建国　　王兴平 吴　晓　　阳建强　　杨俊宴				
	风景园林学	(按一级学科招生)	陈　薇　　成玉宁　　石　邢　　王晓俊　　郑　炘				
	软件工程	(按一级学科招生)	曹玖新　　陈汉武　　高志强　　耿　新　　蒋嶷川 李必信　　李小平　　罗军舟　　漆桂林　　沈　军 汪　芸　　王红兵				
	工程博士领域 (085200)	电子与信息	时龙兴　　尤肖虎等				
		先进制造	戴先中　　汤文成等				
医学 (10)	基础医学	免疫学	窦　骏　　孟继鸿　　沈传来　　沈传陆　　王大勇 王立新　　姚红红　　袁榴娣　　张建琼　　郑　杰				
	临床医学	内科学	巢　杰　　陈宝安　　陈平圣　　樊　红　　郭凤梅 黄培林　　李　玲　　刘必成　　刘乃丰　　刘志红 马根山　　马坤岭　　孟继鸿　　邱海波　　孙子林 汤成春　　童嘉毅　　王少华　　王书奎(兼) 杨　毅　　姚玉宇　　余卫平　　张晓良 赵　伟(兼)				
		儿科	蒋　犁　　王　坚				
		神经病学	柏　峰　　郭怡菁　　任庆国　　谢春明　　闫福岭 袁勇贵　　张志珺				
		影像医学与核医学	郭金和　　居胜红　　马根山　　滕皋军				

（续 表）

学科门类	学科（一级学科）	专业（二级学科）	指导教师（以姓名拼音为序）
医学（10）	临床医学	临床检验诊断学	沈艳飞　王立新　吴国球
		外科学	陈陆馗　陈　明　嵇振岭　吴小涛　周家华
		妇产科学	陈　明　窦　骏
		肿瘤学	陈宝安　郭金和　黄培林　沈传来　唐秋莎 王彩莲　吴国球　张海军
	公共卫生与预防医学	流行病与卫生统计学	巢健茜　刘　沛　王　蓓　卫平民
		劳动卫生与环境卫生学	陈　瑞　梁戈玉　刘　冉　浦跃朴　唐　萌 吴　巍　尹立红
		营养与食品卫生学	康学军　孙桂菊　许　茜
		卫生毒理学	唐　萌　王大勇
管理学（12）	管理科学与工程	（按一级学科招生）	陈良华　陈伟达　陈志斌　邓小鹏　韩瑞珠 何建敏　何　勇　李德智　李　东　李廉水 李　敏　李启明　李四杰　刘新旺　吕鸿江 梅姝娥　王海燕　王文平　吴应宇 徐泽水（兼）　张建坤　张玉林　赵林度 仲伟俊　庄亚明
		★金融工程	何建敏　刘晓星　庄亚明
艺术学（13）	艺术学理论	（按一级学科招生）	甘　锋　李倍雷　沈亚丹　汪小洋　王廷信 谢建明　徐习文　徐子方

注：★为自主设置的二级学科

2015—2016年度硕士学位研究生招生学科、专业

学术学位招生学科、专业

学科门类	学科（一级学科）	学科、专业（二级学科）
哲学	●哲学	
经济学	●应用经济学	金融学
法学	●法学	
	政治学	政治学理论
	●社会学	
	●马克思主义理论	
教育学	●教育学	
	●心理学	
	●体育学	

(续　表)

学科门类	学科(一级学科)	学科、专业(二级学科)
文学	●中国语言文学	
	外国语言文学	英语语言文学；日语语言文学；外国语言学及应用语言学
理学	●数学	
	●物理学	
	●化学	
	●生物学	生物物理学
	●生态学	
	●统计学	
工学	●力学	
	●机械工程	
	●光学工程	
	●仪器科学与技术	
	●材料科学与工程	材料物理与化学
	●动力工程及工程热物理	动力工程及工程热物理(能源环境工程)
	●电气工程	
	电子科学与技术	物理电子学；电路与系统；微电子学与固体电子学；电磁场与微波技术；电子科学与技术(集成电路设计)
	●信息与通信工程	信息与通信工程(信息安全)
	●控制科学与工程	导航、制导与控制
	●计算机科学与技术	
	●建筑学	
	●土木工程	岩土工程；市政工程；供热、供燃气、通风及空调工程；桥梁与隧道工程；土木工程(土木工程材料)；土木工程(土木工程建造与管理)
	●水利工程	
	●测绘科学与技术	
	●化学工程与技术	
	●交通运输工程	
	●环境科学与工程	
	●生物医学工程	生物医学工程(神经信息工程)；生物医学工程(学习科学)
	●城乡规划学	
	●风景园林学	
	●软件工程	
	●设计学	

(续 表)

学科门类	学科(一级学科)	学科、专业(二级学科)
医学	●基础医学	
	临床医学	内科学；儿科学；神经病学；精神病与精神卫生学；影像医学与核医学；临床检验诊断学；外科学；妇产科学；眼科学；耳鼻咽喉科学；急诊医学；肿瘤学；麻醉学
	公共卫生与预防医学	流行病与卫生统计学；劳动卫生与环境卫生学；营养与食品卫生学；卫生毒理学
	中医学	中医内科学
	药学	药理学
	●护理学	
管理学	●管理科学与工程	
	●工商管理	会计学；旅游管理
	●公共管理	
	●图书情报与档案管理	
艺术学	●艺术学理论	
	●美术学	
	●设计学	

专业学位招生类别、领域

学科门类	类别	领域
经济学	金融	
	应用统计	
	国际商务	
	资产评估	
法学	法律	法律(非法学) 法律(法学)
社会工作	社会工作	
教育学	教育	科学与技术教育 职业技术教育
汉语国际教育	汉语国际教育	
应用心理	应用心理	
文学	翻译	英语笔译

（续　表）

学科门类	类别	领域
工学	建筑学	
	工程	机械工程 光学工程 仪器仪表工程 材料工程 动力工程 电气工程 电子与通信工程 集成电路工程 控制工程 计算机技术 软件工程 建筑与土木工程 水利工程 测绘工程 化学工程 交通运输工程 环境工程 生物医学工程 工业工程 工业设计工程 生物工程 物流工程
	城市规划	
	风景园林	
医学	临床医学	
	公共卫生	
	护理	
管理学	工商管理	
	公共管理	
	会计	
	工程管理	
艺术学	艺术	美术 艺术设计

入选江苏省2015年度普通高校研究生科研创新计划项目名单(省立省助)

序号	院系	编号	申请人	项目名称	项目类型	研究生层次	导师
1	数学系	KYZZ15_0048	赵彦勇	变系数与半变系数模型的统计推断	自然科学	博士	林金官
2	数学系	KYZZ15_0049	邹红林	环与Banach代数中的伪Drazin逆	自然科学	博士	陈建龙
3	数学系	KYZZ15_0050	陈红委	概率布尔网络的分析与调控及其在系统生物学中的应用	自然科学	博士	梁金玲
4	数学系	KYZZ15_0051	万颖	复杂网络系统的一致性分析及采样控制	自然科学	博士	曹进德
5	物理系	KYZZ15_0052	韩迪	面向生物单分子检测的卷曲微纳米管制备及微流控研究	自然科学	博士	邱腾
6	物理系	KYZZ15_0053	李雄	粉末套管法制备铁基超导带材及其性能研究	自然科学	博士	施智祥
7	学习科学中心	KYZZ15_0054	张权	创伤后应激障碍患者皮质醇代谢功能与心理因素关系的追踪研究	自然科学	博士	邓慧华
8	学习科学中心	KYZZ15_0055	宗源	融合全局特征与局部特征的语音情感识别研究	自然科学	博士	郑文明
9	生命科学研究院	KYZZ15_0056	吴乐乐	TRPS1对于乳腺癌细胞周期调控机制的研究	自然科学	博士	陈礼明
10	生命科学研究院	KYZZ15_0057	苏志鹏	PCSK9纳米抗体缓释微球的制备及降脂功能研究	自然科学	博士	谢维
11	公共卫生学院	KYZZ15_0058	祁菲菲	食品中违禁色素检测的样品前处理新方法研究	自然科学	博士	许茜
12	公共卫生学院	KYZZ15_0059	陈璐斯	支原体感染对THP-1细胞炎症小体激活及细胞因子分泌的影响	自然科学	博士	王蓓
13	医学院	KYZZ15_0060	白莹	miR-124/HMGB1在甲基苯丙胺引起的脑微血管内皮细胞迁移的作用	自然科学	博士	姚红红

(续 表)

序号	院系	编号	申请人	项目名称	项目类型	研究生层次	导师
14	医学院	KYZZ15_0061	张 洋	糖尿病肾病早期血小板微粒介导mTOR通路活化在肾小球内皮损伤中的作用研究	自然科学	博士	马坤岭
15	医学院	KYZZ15_0062	史传兵	基于Alpha B-crystallin (CRYAB)的大肠癌靶向治疗研究	自然科学	博士	陈平圣
16	医学院	KYZZ15_0063	陈 玖	痴呆高风险人群内侧颞叶的多模态神经影像研究	自然科学	博士	张志珺
17	医学院	KYZZ15_0064	岳莹莹	卒中后抑郁的规范化诊断和风险预测研究	自然科学	博士	袁勇贵
18	医学院	KYZZ15_0065	钱 成	早期凋亡特异性新型小分子探针脑卒中活体成像研究	自然科学	博士	滕皋军
19	医学院	KYZZ15_0066	常小峰	射频消融联合PD-1阻滞剂治疗并抑制晚期肾癌转移的机制研究	自然科学	博士	郭金和
20	经济管理学院	KYZZ15_0067	徐 涛	基于复杂网络和Multi-Agent的银行间市场风险传染及控制策略研究	自然科学	博士	何建敏
21	经济管理学院	KYZZ15_0068	程中华	产业集聚与制造业"新型化"发展	自然科学	博士	李廉水
22	经济管理学院	KYZZ15_0069	郭 进	城镇化扭曲对我国产业低端锁定的研究	人文社科	博士	徐盈之
23	经济管理学院	KYZZ15_0070	庄 雷	互联网融资、资源配置效率与风险监管研究	人文社科	博士	周勤
24	经济管理学院	KYZZ15_0071	周海波	基础设施、产业布局与区域发展的传导路径与作用机理研究：基于"一带一路"战略研讨	人文社科	博士	胡汉辉
25	经济管理学院	KYZZ15_0072	楚永杰	基于单样本牛眼虹膜识别技术肉制品溯源方法研究	自然科学	博士	赵林度
26	法学院	KYZZ15_0073	张 彧	城市轨道交通特许经营协议中政府方法律责任问题研究	人文社科	博士	孟鸿志
27	法学院	KYZZ15_0074	王 俊	刑法教义学中主客观关系反思——以主观不法论为背景的考察	人文社科	博士	刘艳红

(续 表)

序号	院系	编号	申请人	项目名称	项目类型	研究生层次	导师
28	马克思主义学院	KYZZ15_0075	冯吉芳	区域生态福利绩效及其创新驱动机制研究	人文社科	博士	袁健红
29	马克思主义学院	KYZZ15_0076	张 然	基于易班（E-class）平台增强高校思想政治教育吸引力与感染力研究	人文社科	博士	许苏明
30	人文学院	KYZZ15_0077	李 凯	道德运气思想研究——从威廉姆斯到纳斯鲍姆	人文社科	博士	马向真
31	人文学院	KYZZ15_0078	罗 波	道德懊悔的道德哲学研究	人文社科	博士	姚新中
32	人文学院	KYZZ15_0079	王 琼	语料库视域下儒家之"天"与基督教之"上帝"比较研究	人文社科	博士	张 萍
33	人文学院	KYZZ15_0080	王 皓	当代技术人类学发展趋势研究——基于三次重要会议	人文社科	博士	夏保华
34	人文学院	KYZZ15_0081	蒋艳艳	网络空间的伦理方式	人文社科	博士	樊和平
35	人文学院	KYZZ15_0082	刘鸿宇	基于科学知识图谱的生命伦理学科演进与前沿热点研究	人文社科	博士	王 珏
36	艺术学院	KYZZ15_0083	周珩帮	汉代掾史与书法传统的流变	人文社科	博士	谢建明
37	艺术学院	KYZZ15_0084	朱 磊	艺术人类学视阈下的无锡二胡艺术研究	人文社科	博士	徐习文
38	数学系	SJZZ15_0019	王颖颖	空气污染与经济发展的统计建模与分析	自然科学	硕士	林金官
39	学习科学中心	SJZZ15_0020	董 宇	我国大学新生STEM素养的测评方案研究	人文社科	硕士	柏 毅
40	公共卫生学院	SJZZ15_0021	胡 洁	电动自行车道路交通伤害现状及影响因素研究	自然科学	硕士	张徐军
41	公共卫生学院	SJZZ15_0022	朱航桦	不同油脂对脂代谢和肝脏脂肪变性影响的研究	自然科学	硕士	孙桂菊
42	公共卫生学院	SJZZ15_0023	唐光媛	电子垃圾拆解区多溴联苯醚对当地居民甲状腺功能的影响	自然科学	硕士	刘 冉
43	公共卫生学院	SJZZ15_0024	蒋小云	慢性苯中毒代谢标志的职业流行病学研究	自然科学	硕士	浦跃朴

（续　表）

序号	院系	编号	申请人	项目名称	项目类型	研究生层次	导师
44	公共卫生学院	SJZZ15_0025	曲志华	酪蛋白体外模拟消化和Caco-2细胞单层转运的影响因素研究	自然科学	硕士	张小强
45	公共卫生学院	SJZZ15_0026	李　诺	定量研究小鼠海马神经元树突发育在神经毒理学中的应用	自然科学	硕士	王民生
46	医学院	SJZZ15_0027	彭红新	术前外周血炎症相关细胞比值对结直肠癌患者预后的判断价值	自然科学	硕士	王书奎
47	医学院	SJZZ15_0028	程　莹	GSK3β基因多态性对遗忘型认知功能障碍患者脑静息态功能的影响	自然科学	硕士	柏　峰
48	医学院	SJZZ15_0029	王如菊	针对淋巴瘤的靶向血小板载药体系的构建及其机制研究	自然科学	硕士	欧阳健
49	医学院	SJZZ15_0030	孙　梦	关于宫颈病变筛查策略中年龄因素的思考	自然科学	硕士	沈　杨
50	法学院	SJZZ15_0031	吴丽娟	人民陪审员职能问题研究——以刑事诉讼法为视角	人文社科	硕士	孟　红
51	法学院	SJZZ15_0032	陶　沙	职务犯罪新动态及其预防机制研究	人文社科	硕士	刘艳红
52	法学院	SJZZ15_0033	胡国麟	专车的法律属性与规范发展研究	人文社科	硕士	顾大松
53	法学院	SJZZ15_0034	陈玉蓉	医疗损害赔偿与医疗保险交叉问题研究	人文社科	硕士	陈玉玲
54	经济管理学院	SJZZ15_0035	齐　伟	基于碳减排目标分配的供应链定价策略研究	人文社科	硕士	何　勇
55	苏州联合研究生院	SJZZ15_0036	邝照宇	外语教学研究中SPSS术语翻译研究	人文社科	硕士	马冬梅

入选江苏省 2015 年度普通高校研究生科研创新计划项目名单（省立校助）

序号	院系	编号	申请人	项目名称	项目类型	研究生层次	导师
1	建筑学院	KYLX15_0051	汪 徽	基于时间地理学的南京低收入居民出行时空特征研究	自然科学	博士	胡明星
2	建筑学院	KYLX15_0052	戎卿文	比较学视野下历史性建筑保护与再利用的理论和方法研究	自然科学	博士	王建国
3	建筑学院	KYLX15_0053	金 欣	遗产廊道景观动态观览体系构建研究	自然科学	博士	王建国
4	建筑学院	KYLX15_0054	强欢欢	大城市流动人口居住空间分布及演化研究——以南京市为例	自然科学	博士	吴 晓
5	建筑学院	KYLX15_0055	司秉卉	建筑节能优化设计中算法的效率和失效机理研究	自然科学	博士	石 邢
6	建筑学院	KYLX15_0056	谢明坤	基于数字水文分析的自然景观水系设计方法研究	自然科学	博士	成玉宁
7	建筑研究所	KYLX15_0057	宫 聪	生态城市视角下的城市公共空间系统研究	自然科学	博士	齐 康
8	机械工程学院	KYLX15_0058	刘晨晗	层状材料界面热阻的理论研究	自然科学	博士	陈云飞
9	机械工程学院	KYLX15_0059	朱 林	基于裂纹信息融合的起重机状态评估与剩余寿命预测	自然科学	博士	贾民平
10	机械工程学院	KYLX15_0060	严 岩	海洋浮式平台天然气深冷液化过程的气液相变行为研究	自然科学	博士	倪中华
11	机械工程学院	KYLX15_0061	陈晓皎	基于信息流和感知分层的大数据信息可视化设计方法研究	自然科学	博士	汤文成
12	机械工程学院	KYLX15_0062	张 晶	基于大数据可视化的图像复杂度研究	自然科学	博士	汤文成
13	机械工程学院	KYLX15_0063	弥 甜	四轮独立驱动电动汽车机电耦合摆振机理及其控制研究	自然科学	博士	陈 南

(续 表)

序号	院系	编号	申请人	项目名称	项目类型	研究生层次	导师
14	能源与环境学院	KYLX15_0064	牛 欣	污泥化学链燃烧特性及磷演变研究	自然科学	博士	沈来宏
15	能源与环境学院	KYLX15_0065	葛晖骏	准东煤化学链燃烧及钠氯迁移特性分析	自然科学	博士	沈来宏
16	能源与环境学院	KYLX15_0066	王胜南	静电与电容双模态层析成像技术研究	自然科学	博士	许传龙
17	能源与环境学院	KYLX15_0067	孙文静	气固多射流的尺度结构演化及相互作用机理	自然科学	博士	钟文琪
18	能源与环境学院	KYLX15_0068	徐惠斌	气液固三相喷动床流动特性的实验研究与数值模拟	自然科学	博士	钟文琪
19	能源与环境学院	KYLX15_0069	乔正辉	量子声场反演问题及其操控悬浮颗粒的特性研究	自然科学	博士	黄亚继
20	能源与环境学院	KYLX15_0070	张丽徽	环形旋涡流化床农林废弃物燃烧气态污染物排放特性研究	自然科学	博士	黄亚继
21	能源与环境学院	KYLX15_0071	佘 敏	高硫石油焦制备富硫高活性脱汞吸附剂的机理研究	自然科学	博士	段钰锋
22	能源与环境学院	KYLX15_0072	张 琳	面向燃煤湿法脱硫净烟气环境的膜法捕集CO_2研究	自然科学	博士	杨林军
23	能源与环境学院	KYLX15_0073	代洪亮	基于亚稳态诱导结晶城镇污水磷回收机理研究	自然科学	博士	吕锡武
24	信息科学与工程学院	KYLX15_0074	黄 诺	可见光通信系统调制接收技术研究	自然科学	博士	陈 明
25	信息科学与工程学院	KYLX15_0075	魏 浩	大规模MIMO的信道信息获取理论与方法研究	自然科学	博士	王东明
26	信息科学与工程学院	KYLX15_0076	方兰婷	利用机器学习的通信信号处理系统	自然科学	博士	吴乐南
27	信息科学与工程学院	KYLX15_0077	刘 瑞	利用多模态神经影像技术预测重度抑郁症患者的不同治疗方法的疗效研究	自然科学	博士	王 桥
28	土木工程学院	KYLX15_0078	李宏敏	古建筑木构件适宜性加固技术研究	自然科学	博士	邱洪兴
29	土木工程学院	KYLX15_0079	支 清	预制混凝土夹芯保温外挂墙板实验研究	自然科学	博士	郭正兴

(续 表)

序号	院系	编号	申请人	项目名称	项目类型	研究生层次	导师
30	土木工程学院	KYLX15_0080	谢 钦	自定心屈曲约束支撑结构的抗震性能与设计方法	自然科学	博士	孟少平
31	土木工程学院	KYLX15_0081	曹 石	新型装配式钢结构—预制轻质RC板住宅体系抗震性能及关键技术研究	自然科学	博士	舒赣平
32	土木工程学院	KYLX15_0082	唐 煜	桥梁新型组合加固技术与示范	自然科学	博士	吴 刚
33	土木工程学院	KYLX15_0083	梁止水	砒砂岩固结促生复合材料研发及复合体结构性能研究	自然科学	博士	杨才千
34	土木工程学院	KYLX15_0084	温 博	FRP布的断裂破坏监测及其尺寸效应的试验研究	自然科学	博士	吴智深
35	土木工程学院	KYLX15_0085	夏 琪	基于冲击振动的桥梁快速测试方法及其理论创新	自然科学	博士	张 建
36	土木工程学院	KYLX15_0086	李 帅	近断层大跨斜拉桥地震响应分析及减隔震技术研究	自然科学	博士	王景全
37	土木工程学院	KYLX15_0087	刘中祥	大跨斜拉桥钢箱梁纵桁架疲劳性能及其合理形式研究	自然科学	博士	郭 彤
38	土木工程学院	KYLX15_0088	许飞鸿	多级线圈磁流变阻尼器性能试验及其结构减震研究	自然科学	博士	徐赵东
39	土木工程学院	KYLX15_0089	朱宝琛	装配式单层空间网格结构整体实验和数值模型研究	自然科学	博士	冯若强
40	土木工程学院	KYLX15_0090	江力强	基于构形易损性的新型冷成型钢结构强震失效机理分析	自然科学	博士	叶继红
41	土木工程学院	KYLX15_0091	秦 伟	基于物质点法的海上风电钢管桩动力沉桩机理研究	自然科学	博士	戴国亮
42	土木工程学院	KYLX15_0092	杭晓晨	结构气弹稳定性分析方法研究	自然科学	博士	费庆国
43	土木工程学院	KYLX15_0093	韦定兵	地表径流与地下管网耦合的排水系统仿真及内涝预警	自然科学	博士	傅大放

(续 表)

序号	院系	编号	申请人	项目名称	项目类型	研究生层次	导师
44	土木工程学院	KYLX15_0094	戴云彤	基于摄像测量的桥梁变形监测方法研究	自然科学	博士	何小元
45	土木工程学院	KYLX15_0095	锥香云	大规模保障性住房社区居家养老医疗保健体系构建	自然科学	博士	张建坤
46	土木工程学院	KYLX15_0096	郑传军	基于项目治理视角的PPP项目关系机制研究	自然科学	博士	成 虎
47	土木工程学院	KYLX15_0097	岳一博	基于DFS的地铁工程全生命期安全风险识别研究	自然科学	博士	李启明
48	电子科学与工程学院	KYLX15_0098	贾立秀	基于脑电的感兴趣区域对立体显示质量影响研究	自然科学	博士	屠 彦
49	电子科学与工程学院	KYLX15_0099	朱雁青	极低功耗高可靠性MEMS热式风速风向传感器的研究	自然科学	博士	秦 明
50	电子科学与工程学院	KYLX15_0100	潘江涌	柔性倒置量子点发光二极管器件的制备与研究	自然科学	博士	雷 威
51	电子科学与工程学院	KYLX15_0101	徐 季	纳米真空三极管中电子输运机制研究	自然科学	博士	张晓兵
52	数学系	KYLX15_0102	叶绪国	时变扩散模型中扩散系数的非参数统计推断	自然科学	博士	林金官
53	数学系	KYLX15_0103	游弥漫	Turaev辫子交叉范畴的构造与杨—Baxter方程的解的代数理论	自然科学	博士	王栓宏
54	数学系	KYLX15_0104	王玉婵	热传导系统边界信息重建的数值实现	自然科学	博士	刘继军
55	数学系	KYLX15_0105	汪 帆	随机传染病建模及其在异质网络上的动力学行为	自然科学	博士	梁金玲
56	数学系	KYLX15_0106	纪翠翠	时间分数阶偏微分方程高精度数值解法及其应用	自然科学	博士	孙志忠
57	数学系	KYLX15_0107	黄承代	分数阶系统的稳定性分析与控制	自然科学	博士	曹进德
58	数学系	KYLX15_0108	曹晓菲	基尔霍夫型方程解的若干问题研究	自然科学	博士	徐君祥
59	数学系	KYLX15_0109	鹿道伟	代数量子群构造的研究	自然科学	博士	王栓宏

(续 表)

序号	院系	编号	申请人	项目名称	项目类型	研究生层次	导师
60	数学系	KYLX15_0110	范龙玲	仿真左心室流固耦合数学模型用于优化心脏起搏方案	自然科学	博士	唐达林
61	物理系	KYLX15_0111	王文辉	二维材料异质结的光电性能研究	自然科学	博士	杨永宏
62	物理系	KYLX15_0112	翁亚奎	3d过渡金属氧化物异质结界面电子结构的理论研究	自然科学	博士	董 帅
63	自动化学院	KYLX15_0113	谢利萍	基于视频的人脸表情识别若干问题研究	自然科学	博士	魏海坤
64	自动化学院	KYLX15_0114	赵振华	飞行器系统主动抗干扰控制研究	自然科学	博士	李世华
65	自动化学院	KYLX15_0115	王会明	面向绿色节能的电动两轮车先进控制理论及应用研究	自然科学	博士	周杏鹏
66	自动化学院	KYLX15_0116	张中才	复杂情况下的欠驱动水面船舶轨迹和路径跟踪控制研究	自然科学	博士	武玉强
67	自动化学院	KYLX15_0117	邓 星	表情鲁棒的三维人脸识别研究	自然科学	博士	达飞鹏
68	计算机科学与工程学院	KYLX15_0118	潘吴斌	面向概念漂移的自适应流量分类关键技术研究	自然科学	博士	程 光
69	计算机科学与工程学院	KYLX15_0119	凌妙根	标记分布与视频行为分割	自然科学	博士	耿 新
70	材料科学与工程学院	KYLX15_0120	于红光	磁性石墨烯定向改性聚乳酸复合材料	自然科学	博士	储成林
71	材料科学与工程学院	KYLX15_0121	薛 琳	大磁熵变Gd基块体非晶合金研究	自然科学	博士	沈宝龙
72	材料科学与工程学院	KYLX15_0122	周 靖	重稀土元素对铁基块体非晶合金磁学性能影响机理研究	自然科学	博士	沈宝龙
73	化学化工学院	KYLX15_0123	班鑫鑫	可湿法主体材料对发光层载流子注入和传输性能的影响机理研究	自然科学	博士	孙岳明
74	化学化工学院	KYLX15_0124	蔡夫锋	甘油氢解催化剂的制备及其性能研究	自然科学	博士	肖国民
75	化学化工学院	KYLX15_0125	闫力强	水溶性共轭聚合物的制备及其在荧光生物传感和药物示踪方面的应用	自然科学	博士	祁争健

（续　表）

序号	院系	编号	申请人	项目名称	项目类型	研究生层次	导师
76	化学化工学院	KYLX15_0126	路　露	磷钼酸纳米阵列电极材料的储能研究	自然科学	博士	谢一兵
77	化学化工学院	KYLX15_0127	李其乐	多波段电化学发光传感器及其在多组分免疫检测中的应用	自然科学	博士	丁收年
78	化学化工学院	KYLX15_0128	秦晓东	含有天然产物汉黄芩素的多功能抗肿瘤铂（Ⅳ）化合物研究	自然科学	博士	苟少华
79	化学化工学院	KYLX15_0129	孙　昊	电荷转移有机共晶的构建及对芳烃选择性分离的研究	自然科学	博士	王明亮
80	电气工程学院	KYLX15_0130	封宁君	基于磁齿轮的直驱式波浪发电系统研究	自然科学	博士	余海涛
81	电气工程学院	KYLX15_0131	曾艾东	面向智能电网园区终端用户的能源优化管理关键技术研究	自然科学	博士	徐青山
82	电气工程学院	KYLX15_0132	王青松	新能源发电中的电力弹簧技术研究	自然科学	博士	程　明
83	电气工程学院	KYLX15_0133	王　维	高压线路在线监测设备实时取能与无线传能关键技术研究	自然科学	博士	黄学良
84	电气工程学院	KYLX15_0134	张　丽	基于无位置传感器控制的混合励磁容错电机驱动系统研究	自然科学	博士	樊　英
85	电气工程学院	KYLX15_0135	刘康礼	面向低压大电流谐波源的模块化 APF 并联系统关键技术研究	自然科学	博士	赵剑锋
86	电气工程学院	KYLX15_0136	徐　帅	新型混合不对称多电平逆变器拓扑结构及其容错技术研究	自然科学	博士	张建忠
87	电气工程学院	KYLX15_0137	王　琦	电力信息物理融合系统的负荷控制理论与方法	自然科学	博士	李　扬
88	仪器科学与工程学院	KYLX15_0138	宋　锐	高精度光纤陀螺 SINS/GNSS 组合导航系统多源信息融合技术研究	自然科学	博士	陈熙源
89	仪器科学与工程学院	KYLX15_0139	陈　超	基于辅助集方法的旋转机械故障诊断研究	自然科学	博士	严如强
90	交通学院	KYLX15_0140	储　亚	基于电阻率测试的重金属污染场地评价与分类	自然科学	博士	刘松玉

(续 表)

序号	院系	编号	申请人	项目名称	项目类型	研究生层次	导师
91	交通学院	KYLX15_0141	林 军	基于CPTU的土体空间变异性及岩土工程稳健性设计理论研究	自然科学	博士	蔡国军
92	交通学院	KYLX15_0142	郑宇宙	FRP格栅增强ECC抗弯加固RC梁的试验研究与设计计算方法	自然科学	博士	王文炜
93	交通学院	KYLX15_0143	宋爱明	基于损伤力学的新型嵌入式抗剪连接件疲劳性能研究	自然科学	博士	万 水
94	交通学院	KYLX15_0144	唐宗鑫	公路车辆运行状态与三维线形指标敏感性分析研究	自然科学	博士	程建川
95	交通学院	KYLX15_0145	刘 为	钢渣增强沥青混合料微波加热特性研究	自然科学	博士	王声乐
96	交通学院	KYLX15_0146	李 靖	基于柔界面的水稳填充大粒径碎石基层研究	自然科学	博士	赵永利
97	交通学院	KYLX15_0147	龚明辉	基于纳米技术的生物沥青胶结料及混合料性能表征与研究	自然科学	博士	杨 军
98	交通学院	KYLX15_0148	毛丽娜	城市快速路与关联路网交通流协同控制研究	自然科学	博士	李文权
99	交通学院	KYLX15_0149	高良鹏	基于智能手机的城市居民出行方式决策机理研究	自然科学	博士	季彦婕
100	交通学院	KYLX15_0150	孙 超	基于出行时长、可靠性和出行距离的用户均衡模型研究	自然科学	博士	程 琳
101	交通学院	KYLX15_0151	柏 璐	混合交通流下基于交通冲突的非机动车安全评价	自然科学	博士	刘 攀
102	交通学院	KYLX15_0152	赵 颢	城市道路网机动车承载力瓶颈识别方法研究	自然科学	博士	陆 建
103	交通学院	KYLX15_0153	聂建强	车联网环境下高速公路车辆自主性车道变换建模研究	自然科学	博士	冉 斌
104	交通学院	KYLX15_0154	项 昀	基于综合运输体系的货运方式选择机理及优化模型研究	自然科学	博士	王 炜

(续 表)

序号	院系	编号	申请人	项目名称	项目类型	研究生层次	导师
105	交通学院	KYLX15_0155	杨方宜	大型综合客运枢纽送站坪交通流理论关键问题研究	自然科学	博士	李铁柱
106	交通学院	KYLX15_0156	许明涛	多源数据融合的多线路公交优先请求冲突控制方法研究	自然科学	博士	叶智锐
107	交通学院	KYLX15_0157	章 晨	城市交通拥堵治理政策评估平台建设方法研究	自然科学	博士	何 杰
108	交通学院	KYLX15_0158	彭尔兴	微生物气泡法处理可液化砂土地基加固机理与设计理论	自然科学	博士	章定文
109	交通学院	KYLX15_0159	高 旺	基于去初始化和质量控制的多尺度RTK定位技术研究	自然科学	博士	高成发
110	交通学院	KYLX15_0160	余龙飞	基于神经网络的区域多尺度电离层层析方法研究	自然科学	博士	胡伍生
111	生物科学与医学工程学院	KYLX15_0161	卢俊峰	金属表面等离激元共振增强氧化锌紫外激光研究	自然科学	博士	徐春祥
112	生物科学与医学工程学院	KYLX15_0162	王路得	一氧化氮(NO)稀土荧光探针的制备与测定	自然科学	博士	陈 扬
113	生物科学与医学工程学院	KYLX15_0163	何 磊	高灵敏风疹病毒离位磁酶免疫检测方法的研究	自然科学	博士	肖鹏峰 何农跃
114	生物科学与医学工程学院	KYLX15_0164	李柏霖	非线性光谱研究生物活性分子的界面生物学效应	自然科学	博士	陈 战
115	生物科学与医学工程学院	KYLX15_0165	张 宁	PHBV/HA复合纳米纤维促进干细胞向成骨细胞分化的机制研究	自然科学	博士	黄宁平
116	生物科学与医学工程学院	KYLX15_0166	孟宪会	MicroRNA调节间充质干细胞衰老的机制研究	自然科学	博士	肖忠党
117	生物科学与医学工程学院	KYLX15_0167	王琪炜	纳米Fe_2O_3颗粒对人骨髓间充质干细胞分化的影响及机制研究	自然科学	博士	顾 宁
118	生物科学与医学工程学院	KYLX15_0168	朱彦熹	基于层层组装技术的可食用保鲜自修复涂层制备研究	自然科学	博士	葛丽芹

(续 表)

序号	院系	编号	申请人	项目名称	项目类型	研究生层次	导师
119	生物科学与医学工程学院	KYLX15_0169	徐弘娇	功能葡聚糖凝胶微载体的设计及用于 Vero 细胞的规模化培养	自然科学	博士	张天柱
120	生物科学与医学工程学院	KYLX15_0170	邢 静	克里唑替尼磷脂前药和紫杉醇复合脂质体用于治疗渐变性淋巴瘤激酶（ALK）阳性的非小细胞肺癌（NSCLC）	自然科学	博士	吉 民
121	学习科学中心	KYLX15_0171	沈彦婷	孤独症儿童口腔脱落细胞测序文库制备新方法的研究	自然科学	博士	葛芹玉
122	生命科学研究院	KYLX15_0172	支灵通	MicroRNA 参与秀丽线虫社会性聚集行为调控的分子机制研究	自然科学	博士	王大勇
123	公共卫生学院	KYLX15_0173	李小杉	江苏省高校学生中艾滋病传播关联研究及干预模式探讨	自然科学	博士	卫平民
124	公共卫生学院	KYLX15_0174	王祥虎	UCA1 参与调控 Wnt 通路在食管癌中的作用机制研究	自然科学	博士	刘 冉
125	公共卫生学院	KYLX15_0175	王 锋	不同来源 ω-3PUFA 对 T2DM 合并血脂异常人群糖脂代谢影响的干预研究	自然科学	博士	孙桂菊
126	医学院	KYLX15_0176	张 雷	携带 11 种信号分子的 PLGA 微球的制备及其抗肿瘤作用初探	自然科学	博士	沈传来
127	医学院	KYLX15_0177	王 北	人科特有蛋白 TBC1D3 入核机制及核内功能的研究	自然科学	博士	沈传陆
128	医学院	KYLX15_0178	赵金金	纳米铝偶联 Vx3 的制备及其募集肿瘤细胞泛素化蛋白诱导抗肿瘤免疫应答的研究	自然科学	博士	王立新
129	医学院	KYLX15_0179	徐佳佳	SIRT1 介导 PI3K/AKT/Twist 信号转导通路调控胃癌 EMT 形成和侵袭转移	自然科学	博士	黄培林

(续 表)

序号	院系	编号	申请人	项目名称	项目类型	研究生层次	导师
130	医学院	KYLX15_0180	郭银凤	活性维生素D3调控M2巨噬细胞活化防治糖尿病肾病肾小管细胞凋亡	自然科学	博士	张晓良
131	医学院	KYLX15_0181	徐秀萍	AngII促进间充质干细胞跨肺微血管内皮迁移的机制研究	自然科学	博士	邱海波
132	医学院	KYLX15_0182	李伟	胰岛星状细胞对胰淀素的影响及机制探讨	自然科学	博士	孙子林
133	医学院	KYLX15_0183	王欢	胆碱能/Jak2/IFN-γ信号通路在卒中相关性肺炎中的作用	自然科学	博士	闫福岭
134	医学院	KYLX15_0184	黄烨清	HDAC4联合YY1通过miR-146a调控去势抵抗性前列腺癌糖代谢的研究	自然科学	博士	陈明
135	医学院	KYLX15_0185	吴迪	卵巢癌干细胞疫苗对异体移植瘤疗效及机制研究	自然科学	博士	窦骏
136	医学院	KYLX15_0186	张洪明	洛铂通过p53/ROS/p38MAPK通路诱导肺鳞癌Sk-mes-1凋亡机制探讨	自然科学	博士	陈宝安
137	医学院	KYLX15_0187	王西勇	ERCC1202亚型实时定量PCR检测方法的建立及其与铂类化疗药物耐药的相关性研究	自然科学	博士	吴国球
138	医学院	KYLX15_0188	苏凡	Toll样受体基因多态性对阿尔茨海默病神经网络影响的探讨	自然科学	博士	柏峰
139	经济管理学院	KYLX15_0189	王永健	面向再制造的生产计划与财务计划集成优化研究	自然科学	博士	陈伟达
140	经济管理学院	KYLX15_0190	刘树利	基于前景理论的多属性行为决策方法研究	自然科学	博士	刘新旺
141	经济管理学院	KYLX15_0191	王海	基于不确定语言变量的偏好决策方法与应用研究	自然科学	博士	徐泽水
142	经济管理学院	KYLX15_0192	林晓静	债务抵押凭证动态定价模型研究	自然科学	博士	庄亚明
143	经济管理学院	KYLX15_0193	魏尉	基于门店模式的社会化商务平台运营策略研究	自然科学	博士	梅姝娥

（续 表）

序号	院系	编号	申请人	项目名称	项目类型	研究生层次	导师
144	经济管理学院	KYLX15_0194	鲍 磊	不对称信息对竞争平台定价、选址和兼容策略的影响研究	自然科学	博士	张玉林
145	经济管理学院	KYLX15_0195	曾祥飞	环境不确定性与内部资本市场配置效率研究	自然科学	博士	陈良华
146	经济管理学院	KYLX15_0196	吴飞飞	基于制度质量视角的我国制造业出口绩效提升策略研究	人文社科	博士	邱 斌
147	经济管理学院	KYLX15_0197	刘静娴	企业可持续增长模型的重构及应用研究	自然科学	博士	吴应宇
148	法学院	KYLX15_0198	莫 静	宪法上的国家财产所有权行使机制研究	人文社科	博士	龚向和
149	法学院	KYLX15_0199	孟星宇	互联网金融法律规制研究	人文社科	博士	周佑勇
150	法学院	KYLX15_0200	徐 彰	刑民分界视野下的民间借贷问题研究	人文社科	博士	施建辉
151	马克思主义学院	KYLX15_0201	张苏强	格伦德曼的生态学马克思主义理论研究	人文社科	博士	刘 魁
152	人文学院	KYLX15_0202	李博洋	人间佛教理论与中国哲学的圆融精神	人文社科	博士	董 群
153	人文学院	KYLX15_0203	郭友兵	黑格尔自由观研究	人文社科	博士	田海平
154	人文学院	KYLX15_0204	张 震	读图时代政府形象宣传的"象"哲学诠释	人文社科	博士	乔光辉
155	人文学院	KYLX15_0205	郭林生	因果性的认知机制研究	人文社科	博士	马 雷
156	人文学院	KYLX15_0206	黎 松	德性的精神气质研究	人文社科	博士	樊和平
157	艺术学院	KYLX15_0207	徐子涵	艺术与意境关系研究	人文社科	博士	李蓓蕾
158	机械工程学院	KYLX15_0208	何富运	显微细胞图像序列形态分析方法研究	自然科学	博士	张志胜
159	能源与环境学院	KYLX15_0209	祁 晶	超临界机组T23过热器氧化膜失效分析	自然科学	博士	周克毅
160	信息科学与工程学院	KYLX15_0210	赵 捷	微波段宽带隐身电磁表面	自然科学	博士	程 强
161	土木工程学院	KYLX15_0211	左 媛	基于损伤模型的钢框架结构地震易损性分析	自然科学	博士	李维滨
162	电子科学与工程学院	KYLX15_0212	赵 健	基于傅立叶切片理论的集成成像光场分析	自然科学	博士	夏 军

(续 表)

序号	院系	编号	申请人	项目名称	项目类型	研究生层次	导师
163	自动化学院	KYLX15_0213	冒建亮	高精度光电稳定跟踪系统控制方法研究	自然科学	博士	李 奇
164	物理系	KYLX15_0214	李 杰	特异介质中磁环偶极子的研究	自然科学	博士	董正高
165	材料科学与工程学院	KYLX15_0215	朱睿健	铌酸钠钾基压电纤维制备及其在结构工程中健康监测应用研究	自然科学	博士	王增梅
166	电气工程学院	KYLX15_0216	董晓霄	弹性叶片式超声波电机动力学模型研究	自然科学	博士	胡敏强
167	化学化工学院	KYLX15_0217	许 超	用于活性氧检测的高灵敏性和水溶性BODIPY荧光探针	自然科学	博士	钱 鹰
168	交通学院	KYLX15_0218	耿 威	再生混凝土骨料与土工织物系统淤堵特性研究	自然科学	博士	洪振舜
169	生物科学与医学工程学院	KYLX15_0219	田吉来	球形气液界面脂质自组装法制备纳米泡及其诊疗应用研究	自然科学	博士	顾 宁
170	公共卫生学院	KYLX15_0220	褚兰玲	基于纳米纤维前处理的唾液挥发性脂肪酸检测及应用	自然科学	博士	康学军
171	法学院	KYLX15_0221	冀 洋	刑法教义学视野中的法益保护目的研究	人文社科	博士	刘艳红
172	马克思主义学院	KYLX15_0222	杨小冬	马克思与正义论	人文社科	博士	高晓红
173	人文学院	KYLX15_0223	李新苗	当代政府组织的伦理治理及其实现途径	人文社科	博士	王 珏
174	经济管理学院	KYLX15_0224	秦 蒙	"新型城镇化"背景下我国城市蔓延成因研究	人文社科	博士	刘修岩
175	艺术学院	KYLX15_0225	公丕普	李瑞清的艺术教育思想及其当代启示	人文社科	博士	谢建明
176	建筑学院	SJLX15_0025	刘奕秋	多维视野下的历史地段城市设计技术方法研究	自然科学	硕士	王建国
177	建筑学院	SJLX15_0026	刘 思	城市历史地段的绿量测算方法研究	自然科学	硕士	谭 瑛
178	建筑学院	SJLX15_0027	曹 越	老龄化背景下南京市住区景观适老化设计对策研究	自然科学	硕士	成玉宁
179	机械工程学院	SJLX15_0028	杨冬萍	动力总成悬置系统的隔振设计与优化	自然科学	硕士	孙蓓蓓

(续　表)

序号	院系	编号	申请人	项目名称	项目类型	研究生层次	导师
180	机械工程学院	SJLX15_0029	汪瑞杰	车联网下无人驾驶电动车纵横向瞬态耦合控制机理研究	自然科学	硕士	殷国栋
181	机械工程学院	SJLX15_0030	高　超	网球拍弦静刚度测试装置设计与实验研究	自然科学	硕士	韩　良
182	机械工程学院	SJLX15_0031	邵灵芝	大型五轴高速精密龙门加工中心再制造性研究	自然科学	硕士	卢　熹
183	土木工程学院	SJLX15_0032	李献勇	冷成型钢组合墙体板材热物理特性试验研究	自然科学	硕士	叶继红
184	土木工程学院	SJLX15_0033	朱冬平	一种底部易修复自复位墙的构造设计与抗震性能分析	自然科学	硕士	周　臻
185	土木工程学院	SJLX15_0034	许心怡	人民防空工程结构安全性能提升关键技术研究	自然科学	硕士	吴　刚
186	土木工程学院	SJLX15_0035	曹　江	基于BIM的大型低速风洞建造技术研究	自然科学	硕士	郭正兴
187	土木工程学院	SJLX15_0036	俞昊然	地震模拟振动台基础设计计算方法与大体积砼施工研究	自然科学	硕士	李维滨
188	土木工程学院	SJLX15_0037	邓文杰	BFRP模壳－混凝土组合桥面板长期性能研究	自然科学	硕士	吴智深
189	土木工程学院	SJLX15_0038	陈　瑶	单层三角形网格空间结构Mero－4新型节点试验研究	自然科学	硕士	冯若强
190	土木工程学院	SJLX15_0039	顾　雯	RC/ECC组合装配整体式联肢剪力墙结构优化设计方法研究	自然科学	硕士	朱筱俊
191	土木工程学院	SJLX15_0040	李金飞	高应力状态下拉索索夹抗滑移性能及关键技术研究	自然科学	硕士	罗　斌
192	数学系	SJLX15_0041	陈天鹏	时间序列模型的多种算法模拟及对比分析	自然科学	硕士	陈　平
193	自动化学院	SJLX15_0042	崔宏宇	面向光伏发电的电力电子系统先进控制理论及应用研究	自然科学	硕士	李世华
194	计算机学院	SJLX15_0043	侯　鹏	标记分布学习应用	自然科学	硕士	耿　新
195	材料科学与工程学院	SJLX15_0044	陆文敏	纳米多孔硅的制备及其在锂离子电池负极材料的应用研究	自然科学	硕士	王增梅

(续 表)

序号	院系	编号	申请人	项目名称	项目类型	研究生层次	导师
196	材料科学与工程学院	SJLX15_0045	耿然然	PZT压电纤维的制备及其传感特性研究	自然科学	硕士	王增梅
197	化学化工学院	SJLX15_0046	郑涛	新型白内障治疗药物的合成工艺研究	自然科学	硕士	荀少华
198	化学化工学院	SJLX15_0047	王莎莎	三维结构过渡金属氧化物的构筑及其在高效储能器件中的应用	自然科学	硕士	孙岳明
199	化学化工学院	SJLX15_0048	单鸿斌	芳烃氯代新工艺研究	自然科学	硕士	王明亮
200	电气工程学院	SJLX15_0049	蔡婷婷	面向光伏消纳的电动汽车充放电调度策略研究	自然科学	硕士	陆广香
201	电气工程学院	SJLX15_0050	孙帅	多能互补分布式电源能量管理方法研究与软件研制	自然科学	硕士	窦晓波
202	电气工程学院	SJLX15_0051	徐敏姣	考虑多能互补及能量管理策略的微电网优化规划研究	自然科学	硕士	徐志科
203	电气工程学院	SJLX15_0052	史乐乐	城市轨道交通永磁牵引系统全速度范围高效控制方法研究	自然科学	硕士	程明
204	电气工程学院	SJLX15_0053	倪春花	微电网信息采集与能量管理系统研发	自然科学	硕士	胡敏强
205	电气工程学院	SJLX15_0054	刘博辰	基于级联H桥的单相并网逆变器设计	自然科学	硕士	王政
206	电气工程学院	SJLX15_0055	吴健超	面向主动配电网的电动汽车充电管理系统研究与开发	自然科学	硕士	陈中
207	电气工程学院	SJLX15_0056	杨健	直驱式波浪发电系统最优能量捕获控制技术研究	自然科学	硕士	胡敏强
208	交通学院	SJLX15_0057	邓家栋	基于GNSS三频的网络RTK高精度定位算法研究	自然科学	硕士	高成发
209	交通学院	SJLX15_0058	段伟宏	基于多功能CPTU的桩基水平承载特性评价方法研究	自然科学	硕士	蔡国军
210	交通学院	SJLX15_0059	姚红森	新型高性能改性沥青性能对比研究	自然科学	硕士	杨军
211	交通学院	SJLX15_0060	罗涛	十字共振翼共振法处理可液化地基的加固机理研究	自然科学	硕士	杜广印

(续 表)

序号	院系	编号	申请人	项目名称	项目类型	研究生层次	导师
212	交通学院	SJLX15_0061	章若晨	基于社会力模型的公交车停靠行为机理研究	自然科学	硕士	季彦婕
213	交通学院	SJLX15_0062	刘子铭	工业废渣磷石膏增强水泥固化有机质软土强度试验研究	自然科学	硕士	章定文
214	交通学院	SJLX15_0063	项译	南京市公交充电站网络建设与运营关键技术研究	自然科学	硕士	张永
215	交通学院	SJLX15_0064	劳叶春	基于贝叶斯网络的交通突发事件态势评估及资源配置	自然科学	硕士	陈淑燕
216	仪器科学与工程学院	SJLX15_0065	沈飞	离体器官恒温灌注仪研究与应用	自然科学	硕士	严如强
217	生物科学与医学工程学院	SJLX15_0066	李旭	非线性光谱研究生物材料表面的重构	自然科学	硕士	卢晓林
218	生物科学与医学工程学院	SJLX15_0067	孙琪琛	PCSK9纳米抗体的修饰及功能研究	自然科学	硕士	白云飞
219	学习科学中心	SJLX15_0068	顾乃景	基于ECD证据模型的大学生探究能力评测方案设计	人文社科	硕士	柏毅
220	公共卫生学院	SJLX15_0069	吴振春	南京市社区老年人慢性病调查及管理模式探讨	自然科学	硕士	巢健茜
221	公共卫生学院	SJLX15_0070	刘留留	职业枯竭危险度的评价研究	自然科学	硕士	田宏迩
222	公共卫生学院	SJLX15_0071	朱文博	EV71疫苗免疫学替代终点的统计学方法探讨	自然科学	硕士	刘沛
223	公共卫生学院	SJLX15_0072	张士涵	纳米二氧化硅对A549细胞Nrf2/ARE通路的影响	自然科学	硕士	唐萌
224	公共卫生学院	SJLX15_0073	李婷竹	纳米银的制备及靶细胞毒性效应研究	自然科学	硕士	薛玉英
225	公共卫生学院	SJLX15_0074	徐金瑞	脉冲电絮凝对印染废水的脱色研究	自然科学	硕士	吴巍
226	公共卫生学院	SJLX15_0075	徐润	尿液中MPAEs检测方法的建立与评价	自然科学	硕士	许茜
227	公共卫生学院	SJLX15_0076	黄兴宇	江苏省胃癌生存率研究	自然科学	硕士	武鸣
228	医学院	SJLX15_0077	徐文玲	生长抑素受体2在小细胞肺癌中的表达及其与患者生物学行为的关系	自然科学	硕士	朱晓莉

（续　表）

序号	院系	编号	申请人	项目名称	项目类型	研究生层次	导师
229	医学院	SJLX15_0078	张志恒	HO－1介导骨髓间充质干细胞治疗大鼠急性肝衰竭的机制研究	自然科学	硕士	李俊生
230	医学院	SJLX15_0079	王玉连	血栓弹力图在评估肝硬化患者凝血状态中的作用	自然科学	硕士	陈　洪
231	医学院	SJLX15_0080	戴王娟	HIF－1α促进少突胶质前体细胞增殖治疗早产儿脑白质损伤	自然科学	硕士	蒋　犁
232	法学院	SJLX15_0081	戴芷宣	论建设工程施工合同中的工期延迟	人文社科	硕士	施建辉
233	法学院	SJLX15_0082	史莹雯	道路交通信号法律问题研究	人文社科	硕士	周佑勇
234	法学院	SJLX15_0083	陆　蕊	政府公共服务外包的合法性保障机制研究	人文社科	硕士	李煜兴
235	法学院	SJLX15_0084	赖僖敏	我国城市交通规划的行政法问题——基于典型规划文本的分析	人文社科	硕士	孟鸿志
236	法学院	SJLX15_0085	周宇昕	行政诉讼事实与法律裁判基准时研究	人文社科	硕士	叶树理
237	经济管理学院	SJLX15_0086	杨建超	基于平台竞争的互联网企业价值评估研究	人文社科	硕士	袁健红
238	经济管理学院	SJLX15_0087	李　梦	政府补贴下废弃电器产品回收的闭环供应链协调	自然科学	硕士	何　勇
239	苏州联合研究生院	SJLX15_0088	孙立平	江苏省外贸企业英文网站建设情况的调查分析	人文社科	硕士	高圣兵
240	集成电路学院	SJLX15_0089	孔路平	低电压模数转换器电路设计	自然科学	硕士	吴建辉
241	集成电路学院	SJLX15_0090	周锦程	85V大电流功率MOSFET器件高频特性研究	自然科学	硕士	孙伟峰
242	集成电路学院	SJLX15_0091	赵　萌	基于CMOS工艺电荷泵锁相环的设计	自然科学	硕士	冯　军
243	集成电路学院	SJLX15_0092	赵　欣	用于数字降压型DC－DC变换器的新型PID控制算法的设计	自然科学	硕士	常昌远
244	集成电路学院	SJLX15_0093	张冬明	面向下一代移动通信高能效可重构处理器关键技术研究	自然科学	硕士	刘　波

(续 表)

序号	院系	编号	申请人	项目名称	项目类型	研究生层次	导师
245	集成电路学院	SJLX15_0094	刘 超	单片集成智能功率模块(IPM)ESD保护网络模型研究	自然科学	硕士	陆生礼
246	集成电路学院	SJLX15_0095	罗文东	高速低功耗图像传感发射机技术研究与优化设计	自然科学	硕士	张 萌
247	集成电路学院	SJLX15_0096	尹洪鑫	宽调谐、低相位噪声的雷达时钟源研究	自然科学	硕士	李连鸣
248	集成电路学院	SJLX15_0097	王维佳	北斗导航接收机B1信号捕获算法研究及其FPGA验证	自然科学	硕士	樊祥宁
249	集成电路学院	SJLX15_0098	李文波	应用于TDC的低相位噪声时钟电路	自然科学	硕士	吴 金
250	集成电路学院	SJLX15_0099	王晏清	超宽带信号短延时电路研究	自然科学	硕士	李文渊
251	集成电路学院	SJLX15_0100	张 雨	$0.18\mu m$工艺下pipelined ADC的设计	自然科学	硕士	孟 桥
252	集成电路学院	SJLX15_0101	孙 越	多模多标准射频接收机中小数分频器和AFC的设计	自然科学	硕士	樊祥宁
253	集成电路学院	SJLX15_0102	王 婉	高精度有源延迟线电路研究	自然科学	硕士	李文渊
254	集成电路学院	SJLX15_0103	金 童	$0.35\mu m$工艺下折叠差值ADC设计与实现	自然科学	硕士	孟 桥

入选江苏省2015年度研究生培养模式改革成果项目

序号	所属院系	课程名称	负责人	奖励等级
1	建筑学院	前沿·开放·融合——建筑学研究生国际化培养模式探索与实践	王建国	一等奖
2	机械工程学院	国际化高层次工业设计人才培养与实践	薛澄岐	二等奖
3	计算机科学与工程学院	中外联合计算机技术研究生创新培养机制与实践成果	曹玖新	二等奖
4	建筑学院	基于重大社会应用实践的城乡规划学研究生创新能力培养模式	阳建强	三等奖
5	建筑学院	创新型卓越人才培养——风景园林学科研究生培养模式改革成果	成玉宁	三等奖
6	数学系	数学专业研究型人才的学科交叉培养模式的改革与探索	曹进德	三等奖

入选江苏省2015年度研究生创新与学术交流中心特色活动项目及长三角合作项目

序号	承办院系	中心名称	课题名称	备注
1	能源与环境学院	江苏省能源科技研究生创新与学术交流中心	研究生深入基层开展能源环保科技服务	交流中心特色项目
2	土木工程学院	江苏省土木工程研究生创新与学术交流中心	海绵城市设计研究生国际联合工作营	交流中心特色项目
3	外国语学院		沪宁苏翻译专业硕士学位教育（MTI）校企合作暑期研修班暨首届苏沪高校MTI研讨会	长三角合作项目

入选江苏省2015年度研究生教育教学改革研究与实践课题（省立省助）

序号	编号	课题名称	主持人	类型
1	JGZZ15_010	医学专业学位研究生与住院医师规范化培训接轨体系下医院教学体系建设的探索与实践	滕皋军	一般
2	JGZZ15_011	建筑学研究生创新型人才培养国际合作教育基地建设	张彤	一般
3	JGZZ15_012	发挥资助和育人功效，构建完善的研究生"三助一辅"管理体系	金保昇/赵松立	重点
4	JGZZ15_013	博士学位论文质量评价的实证分析	郭彤/罗斌	一般
5	JGZZ15_014	多模态研究生公共英语课程体系中的研究生助教工作模型的构建与实效研究	金晶/凌建辉	一般
6	JGZZ15_015	微学习视野下研究生公共外语教学改革探索与实践	吴之昕/郭锋萍	一般

入选江苏省2015年度研究生教育教学改革研究与实践课题(省立校助)

序号	主持人所属院系	编号	课题名称	主持人
1	数学系	JGLX15_003	应用统计专业硕士培养模式探索与实践	林金官/陈平
2	数学系	JGLX15_004	工程矩阵理论	周建华/陈建龙
3	医学院	JGLX15_005	住院医师规范化培训体系下的医学专业学位研究生心理弹性支持系统构建研究	王慧萍
4	计算机科学与工程学院	JGLX15_006	以导师为中心的研究生培养质量保障体系建设与实践	曹玖新/吉逸
5	机械工程学院	JGLX15_007	本硕博贯通的机械工程专业卓越工程师人才培养模式改革与实践	殷国栋/孙蓓蓓
6	仪器科学与工程学院	JGLX15_008	提升研究生创新能力的"项目案例"教学和培养方法研究和实践	杨波
7	生物科学与医学工程学院	JGLX15_009	生物医学工程专业研究生创业创新课程	朱纪军/徐春祥
8	建筑学院	JGLX15_010	基于数字景观实验平台的风景园林学研究生教学方法创新与实践	成玉宁

入选江苏省2015年研究生工作站名单

序号	设站院系	江苏省研究生工作站名称	合作高校	总负责导师
1	建筑学院	南京市园林规划设计院有限责任公司	东南大学	成玉宁
2	建筑学院	江苏省住房和城乡建设厅城市规划技术咨询中心	东南大学/苏州科技学院	孙世界
3	建筑学院	江苏圣乐建设工程有限公司	东南大学	张宏
4	建筑学院	东南大学建筑设计研究院有限公司	东南大学	张彤
5	机械工程学院	法兰泰克重工股份有限公司	东南大学	帅立国
6	机械工程学院	江苏容天乐机械股份有限公司	东南大学/南京航空航天大学	帅立国
7	机械工程学院	江苏金智教育信息股份有限公司	东南大学	薛澄岐

（续 表）

序号	设站院系	江苏省研究生工作站名称	合作高校	总负责导师
8	机械工程学院	东南大学扬州研究院	东南大学	张志胜
9	能源与环境学院	江苏一同环保工程技术有限公司	东南大学	钟文琪
10	能源与环境学院	南京赛佳环保实业有限公司	东南大学	黄亚继
11	土木工程学院	江苏省建筑设计研究院有限公司	东南大学	舒赣平
12	电子科学与工程学院	江苏矽望电子科技有限公司	东南大学	汤勇明
13	电子科学与工程学院	苏州博联科技有限公司	东南大学	吴建辉
14	电子科学与工程学院	无锡新洁能股份有限公司	东南大学	孙伟锋
15	数学系	中国电力科学研究院南京分院	东南大学	曹进德
16	自动化学院	南京嘉环科技有限公司	东南大学/南京邮电大学	孙长银
17	计算机科学与工程学院	苏州迈科网络安全技术股份有限公司	东南大学	曹玖新
18	物理系	南京正春电子科技有限公司	东南大学	徐庆宇
19	生物科学与医学工程学院	江苏阿尔法药业有限公司	东南大学	吉民
20	生物科学与医学工程学院	南京普朗医疗设备有限公司	东南大学	赵祥伟
21	材料科学与工程学院	江苏广亚建设集团有限公司	东南大学	张亚梅
22	材料科学与工程学院	江阴华新钢缆有限公司	东南大学	方峰
23	材料科学与工程学院	朗峰新材料南通有限公司	东南大学	沈宝龙
24	材料科学与工程学院	苏州巨能发电配套设备有限公司	东南大学	张耀
25	材料科学与工程学院	苏州宇洋环保设备制造有限公司	东南大学	周健
26	材料科学与工程学院	泰州天河电子科技有限公司	东南大学	余新泉
27	材料科学与工程学院	张家港格林台科环保设备有限公司	东南大学	方峰
28	经济管理学院	江苏三六五易贷金融信息服务股份有限公司	东南大学	刘晓星
29	经济管理学院	苏州工业园区航港物流有限公司	东南大学	刘修岩
30	电气工程学院	扬州科宇电力有限公司	东南大学	房淑华
31	电气工程学院	江苏联宏自动化系统工程有限公司	东南大学	高赐威
32	电气工程学院	江阴万事兴技术有限公司	东南大学	黄允凯

（续　表）

序号	设站院系	江苏省研究生工作站名称	合作高校	总负责导师
33	电气工程学院	常州格力博有限公司	东南大学/南京航空航天大学	林明耀
34	电气工程学院	江苏南瑞恒驰电气装备有限公司	东南大学	郑建勇
35	电气工程学院	江阴长仪集团有限公司	东南大学	郑建勇
36	外国语学院	江苏省工程技术翻译院有限公司	东南大学/南京信息工程大学	陈美华
37	化学化工学院	南京瑞洁特膜分离科技有限公司	东南大学	孙岳明
38	化学化工学院	贝利化学(张家港)有限公司	东南大学	周钰明
39	化学化工学院	泰州中裕消防器材有限公司	东南大学	周钰明
40	化学化工学院	张家港保税区康得菲尔实业有限公司	东南大学	周钰明
41	交通学院	江苏中设集团股份有限公司	东南大学	过秀成
42	交通学院	常熟市城市经营投资有限公司	东南大学	陆建
43	交通学院	江苏宏泰物流有限公司	东南大学	张永
44	仪器科学与工程学院	江苏鼎阳机电科技实业有限公司	东南大学	严如强
45	仪器科学与工程学院	南京康友医疗科技有限公司	东南大学	宋爱国
46	法学院	江苏省高级人民法院	东南大学	刘艳红
47	法学院	南京市秦淮区人民检察院	东南大学	欧阳本祺
48	法学院	江苏致邦律师事务所	东南大学	施建辉
49	法学院	南京市玄武区人民法院	东南大学	施建辉
50	法学院	江苏省徐州市鼓楼区人民检察院	东南大学	周少华
51	公共卫生学院	江苏省预防控制中心	东南大学	尹立红

2015年度东南大学新增博士研究生指导教师名单

各院、系、所，各处、室、直属单位，各学术业务单位：

根据"关于印发《东南大学博士研究生指导教师遴选办法》的通知"（校通知[2013]39号）的有关规定，学校遴选和确认45位教师为2015年度新增博士研究生指导教师，现将名单公布如下：

建筑学：　　　　　王彦辉

机械工程：	沙菁婕　凌新生
动力工程及工程热物理：	段伦博
环境科学与工程：	张亚平
电子科学与技术：	曹振新　王琦龙　汪正平（兼职）
土木工程：	范圣刚　惠　卓　朱　虹　黄　娟
固体力学：	糜长稳
管理科学与工程：	李德智　邓小鹏
光学工程：	王春雷
物理学：	周海清　冯红涛
控制科学与工程：	李　俊　张　涛
计算机科学与技术：	周德宇　陶　军
材料科学与工程：	邵起越　陈　坚　蒋金洋　付大伟　孙正明
化学工程与技术：	王志飞　娄永兵　任丽丽
思想政治教育：	陈美华　肖　冰
电气工程：	陈　武
交通运输工程：	陈一梅　陈先华
仪器科学与技术：	王立辉　杨　波
临床医学：	郭凤梅　杨　毅　张海军　陈陆馗　郭怡菁　沈艳飞
公共卫生与预防医学：	陈　瑞
生物学：	巢　杰

东南大学

2015 年 1 月 6 日

2015 年度东南大学新增硕士研究生指导教师名单

各院、系、所，各处、室、直属单位，各学术业务单位：

根据"关于印发《东南大学硕士研究生指导教师遴选办法》的通知"（校通知[2013]82号）的有关规定，学校遴选和确认 79 位教师为 2015 年度新增硕士研究生指导教师，现将名单公布如下：

建筑学：	李新建
机械工程：	黄　鹏　王荣蓉
动力工程及工程热物理：	苏志刚　张　勇　郑晓红　华永明　邵应娟
环境科学与工程：	孙丽伟
信息与通信工程：	胡　静　李　潇　戚晨皓　张毅锋　张　川
电子科学与技术：	翟建锋　柏宁丰　刘　昊　张宇宁　韩　磊　齐　志
	黄晓东

土木工程：	缪志伟　蔡建国　王春林　Yun-kyu an
管理科学与工程：	袁竞峰
数学：	王小六　刘国华　沈　亮　王海兵
物理学：	袁士俊　陈　乾
控制科学与工程：	杨　俊　张　亚
计算机科学与技术：	陈　阳
生物医学工程：	熊　非　陈　强　周　平　徐　华　谢卓颖　何思渊
材料科学与工程：	张旭海　王瑞兴　蒋　伟　曾乔宇　张法明
化学工程与技术：	盛晓莉　程　林　仲　琰
化学：	王育乔　张　毅
哲学：	高广旭
中国语言文学：	佟　迅
旅游管理：	徐菲菲
法学：	李　可
应用经济学：	李守伟　陈　健
图书情报与档案管理：	常　娥
电气工程：	陈丽娟
外国语言文学：	赵建红　高圣兵
心理学：	梁宗保
交通运输工程：	马　涛　于　斌
仪器科学与技术：	曾　洪　林国余　吴剑锋
临床医学：	刘　玲　陈立娟　尹　宁　沈艳飞　汤日宁
生物学：	武秋立　巢　杰　唐明亮　潘玉峰
公共卫生与预防医学：	王晓英　陈　瑞　王少康

东南大学
2014 年 11 月 28 日

江苏省优秀博士学位论文获奖名单(2015)

序号	院系	姓名	学号	学科名称	论文题目	指导教师
1	机械工程学院	魏志勇	099047	机械设计及理论	石墨烯及其薄膜材料热传导系数的理论分析与测量	陈云飞
2	土木工程学院	贺志启	089175	桥梁与隧道工程	混凝土桥梁D区的力流传递机制及参数化设计理论	刘钊
3	材料科学与工程学院	荣辉	109318	材料科学与工程	微生物水泥的研制及其胶结机理	钱春香
4	经济管理学院	高星	109337	管理科学与工程	信息系统安全投资策略研究	仲伟俊
5	电气工程学院	曹瑞武	099357	电气工程	初级永磁直线电机及控制系统研究	程明
6	生命科学研究院	李毅	099485	遗传学	果蝇 Neuroligin4 通过介导 GABA 传递调节睡眠	谢维

江苏省优秀学术型硕士单位论文获奖名单(2015)

序号	院系	姓名	学号	学科名称	论文题目	指导教师
1	建筑学院	李迎成	110055	城市规划与设计	高新技术企业区位选择的空间效应研究——以南京市为例	王兴平
2	建筑学院	金欣	110022	建筑设计及其理论	观·景——基于地图术的遗产廊道景观视觉评价研究——以南京外秦淮河为例	王建国
3	能源与环境学院	马琳	110360	动力工程及工程热物理	汽轮机喷嘴配汽特性研究与运行优化	胥建群
4	土木工程学院	何成林	110944	土木工程	一体化仿生蜂窝板的力学性能	陈锦祥
5	土木工程学院	徐伟杰	110934	土木工程	实时混合模拟试验的频域评估方法研究	郭彤
6	数学系	许文盈	111248	应用数学	两类复杂网络系统的一致性分析与分岔控制	曹进德
7	计算机科学与工程学院	吴磊	111452	计算机应用技术	基于未标记数据与类属属性的多标记学习算法研究	张敏灵
8	物理系	盛燕	111522	物理学	$BiFeO_3$ 薄膜的磁电性质研究	徐庆宇
9	生物科学与医学工程学院	刘玮	113408	生物医学工程	基于流动微载体的三维细胞培养研究	顾忠泽

(续 表)

序号	院系	姓名	学号	学科名称	论文题目	指导教师
10	材料科学与工程学院	杨春雷	111612	材料科学与工程	葡萄糖传感用纳米多孔金属的制备与性能研究	蒋建清
11	人文学院	赵浩	102779	伦理学	论"伦理信仰"	樊和平
12	经济管理学院	王明亮	111767	管理科学与工程	银行系统性风险测度与预警研究	何建敏
13	经济管理学院	薛鹏飞	111781	管理科学与工程	考虑工件加工时间约束和机器维护的单机调度	张玉林
14	电气学院	华浩	112058	电气工程	新型半齿绕开关磁阻电机的分析、设计与控制	花为
15	外国语学院	秦小青	102143	外国语言学及应用语言学	中国高级英语学习者词块使用的历时对比研究——以硕士学位论文中的四词词块使用为例	郑玉琪
16	交通学院	张鑫	112391	交通运输规划与管理	低碳排放约束下交通网络均衡分析及优化	刘攀
17	交通学院	马辉	112364	道路与铁道工程	早强型ECC材料在大跨径钢桥面铺装的应用研究	钱吭智
18	仪器科学与工程学院	杨辉	112524	仪器科学与技术	硅微振梁式加速度计谐振驱动与频率检测电路技术研究	赵立业
19	医学院	张洋	112759	内科学	炎症致低密度脂蛋白受体表达失调在糖尿病肾病足细胞损伤中的作用研究	马坤岭
20	马克思主义学院	金喆	112824	政治学理论	城市保障性住房建设的空间政治学研究	袁久红

江苏省优秀硕士专业学位论文获奖名单(2015)

序号	院系名称	姓名	学号	专业学位类别	专业领域	论文题目	学校指导教师	企业指导教师
1	建筑学院	张伟	120103	建筑学		类型学表征与性能化建构——中国国学中心主体建筑立面设计	张彤	高庆辉
2	建筑学院	胡明皓	120114	建筑学		金陵大报恩寺遗址公园报恩新塔形态设计中的传承与转化	马晓东	高庆辉
3	能源与环境学院	韩冬	110479	工程硕士	动力工程	O_2/CO_2循环流化床燃煤电站热力系统优化	段钰锋	杨锡红

（续　表）

序号	院系名称	姓名	学号	专业学位类别	专业领域	论文题目	学校指导教师	企业指导教师
4	土木工程学院	刘峰	110985	工程硕士	建筑与土木工程	新型防屈曲剪切钢板阻尼器性能研究	黄镇	章丛俊
5	电子科学与工程学院	黄婷婷	113266	工程硕士	集成电路工程	200V 功率 SOI-PLDMOS 器件热载流子退化机理研究	陆生礼	陈健
6	电气工程学院	王维	112110	工程硕士	电气工程	磁耦合无线电能传输系统谐振器设计与优化研究	黄学良	黄清
7	电气工程学院	罗李子	122177	工程硕士	电气工程	基于仿射算术的配电网不确定潮流算法研究	顾伟	袁晓冬
8	电气工程学院	刘康礼	112111	工程硕士	电气工程	大容量有源滤波器并联关键技术研究	赵剑锋	王荣兴
9	化学化工学院	武月丽	112294	工程硕士	化学工程	碳纳米管复合材料在电化学生物传感中的应用	王雪梅	魏高富
10	交通学院	聂文锋	122522	工程硕士	测绘工程	区域电离层提取算法及延迟改正模型研究	胡伍生	宋玉兵
11	交通学院	李晨	112495	工程硕士	交通运输工程	碳化搅拌桩加固软弱地基试验研究	刘松玉	储海岩

2015 年博士学位授予名单

一、学术型博士研究生（共 599 人）

专　业	姓　名
外国哲学	孙全胜
伦理学	刁传秀　刘剑　蒋玉　曹兴江　江璇　兰辉耀　何昕　胡永辉
科学技术哲学	朱荣贤　伍光良　陈首珠　沈继睿　潘锡杨
区域经济学	赵永平
产业经济学	李中　伏玉林　于斌斌
国际贸易学	张纪凤　周荣军　李方静　赵亮
马克思主义基本原理	刘红雨　谢永霞　王刚　贾锋　谭倩　刘启川　任梦华　吴建国 朱鹏　崔立群　彭小霞
思想政治教育	邓旭阳　张晶　赵颖　雷鸣　滕飞
数学	狄振兴　孔跃东　陆雪竹　汪羊玲　李宁　赵晓凡　张清山
应用数学	高艳艳　贺丹　王龙　张晓辉　宋超　戴本球　陶昉昀

(续 表)

专业	姓名
物理学	代德建　毛文娟
凝聚态物理	孟丽娟　刘利清　潘　靖　马　亮　张　芳　庄金呈　刘　二
生物学	付　波
遗传学	吕　丹　刘俊华　郑永威　李　涛　崔　鹤　胡　雯　完迪迪
统计学	陈雪平
固体力学	白鹏翔　吴佰建
工程力学	姜　东
机械制造及其自动化	杨俊宇　郝洪艳　吴卫平　陆荣生　赵古田　程亚龙　陈　科　项　楠 董　亮　何　康　黄辉祥
机械电子工程	陈　芳　江　煜　陈　平　郝　飞
机械设计及理论	伍根生　阙亚鲸　谭启檐
车辆工程	台永鹏　许丽娇　陈大林
机械工程（工业设计）	汪海波　周　蕾　吴闻宇　牛亚峰　李　晶　吴晓莉
光学工程	柏　凡　林　毅　匡文剑　杨　磊
仪器科学与技术	徐振凯　曹慧亮　朱占龙　黄浩乾　凌　云　钱宇宁　项学海　王　楠 陈建锋　陈晓颖　胡　凯　周　薇　罗　堪　赵奉奎
精密仪器及机械	关增社　李传君　吴向阳
测试计量技术及仪器	郝　飞
材料科学与工程	吴继礼　张迎盈　巨　佳　刘巧玲　李东东
材料物理与化学	王　玮　夏　池　张　涛　黄　斌　李赫楠　卢菊生　唐霁楠　杜洪秀 曹　艺　张　瑞
材料学	宋鲁光　甄　睿　周红伟
材料科学与工程 （生物材料与组织工程）	文　采　范治平　黄　蓉
动力工程及工程热物理	张俊礼　乔宗良　薛晓岑　殷上轶　华君叶　冯　飞　许津津　柳善建 操瑞兵　卜昌盛　董　伟　孙　宇　陈时熠　张　帅　崔晓波　张中林 李　森　黄军林　董　庆　陈晓乐　谢　俊
制冷及低温工程	程　波
电气工程	王　坚　季振东　骆　皓　李祥林　臧　克　易桂平　郝　立　强　浩 陈　昊　刘小聪　刘柏良　陈中显　吉　宇　刘瑜俊　孙　博　邓　凯 桑英军　贾　周　冯　奕　刘春元　柳　伟　赵俊锋　李洪美　刘　强 董剑宁　王　抗　牛文娟　许偲轩　徐　妍　姚　佳
物理电子学	冯雪元　曹　军　张福鼎　刘文景　王龙德　蒋卫锋　李向华　王　力 崇毓华　王书昶　尹　博　常琛亮
电路与系统	黄宗浩　刘法恩　田　密　阿　敏　潘　敏　余振兴

(续表)

专　业	姓　名
微电子学与固体电子学	张　萌　　高谷刚　　肖　建　　陈　健　　刘新宁　　孙晓红　　张　聪　　祝　靖 易真翔　　刘斯扬　　田晓明　　赵　成　　孙　超　　李　冰　　何晓莹　　谢　震 陈　涛　　梅　晨　　葛　伟
电磁场与微波技术	李顺礼　　梁文丰　　王　磊　　陈林辉　　杨汶汶　　朱熙铖　　江　梅　　杨　梅 李　腾　　杨天杨　　郑开来　　孔维宾　　王彦勋　　周　浩
电子科学与技术 （集成电路设计）	方　晨　　王　青　　郭　婷　　张　轩　　孙大鹰
信息与通信工程	左旭舟　　章　平　　朱　庆　　李佳珉　　李　焜　　闫静杰　　何春龙　　陈　赓 李知航　　胡　莹　　吴　昊　　张胜波　　陈志敏　　程　旭　　李拟珺　　褚宏云 苗　圃　　左加阔　　童　恩　　张文策　　朱道华　　杨　琼　　潘存华　　朱秉诚 孟　超　　李俊超　　张　鹏　　郝金光　　吴　尘　　默罕莫德
通信与信息系统	刘金铸　　史锋峰　　季　晨
信号与信息处理	张圣清　　李新秀　　吴　斌
控制理论与控制工程	王玉芳　　王　斌　　周　磊　　刘　坤　　李　妍　　周映江　　刘小梅　　孙　伟 冯桂珍　　周　博　　朱海荣　　聂青凤　　艾伟清　　张振兴　　姜天华　　柳瑾瑾 田小敏　　刘振国
检测技术与自动化装置	陈　辉　　朱　昊　　阮黄武
系统工程	王新平
模式识别与智能系统	郭伟立　　王浩然　　赵军圣　　李骏扬　　许庆晗　　任亚明
导航、制导与控制	王　磊　　刘义亭　　陈红梅
计算机系统结构	胡晓艳　　缪丽华
计算机软件与理论	吉顺慧　　季　秋　　朱皖宁　　朱　曼　　刘　飞
计算机应用技术	于　枫　　李亚志　　李传佑　　刘　宁　　王宇翔　　王丹丹　　熊润群　　陈竹西 蔡志成　　朱　勇　　胡　诚　　杨　杰　　周爱平
计算机科学与技术 （图像处理与科学可视化）	邵珠宏　　虞　刚　　欧阳军林　　廖　帆　　朱　峰　　张　权
建筑学	邵继中
建筑历史与理论	季　秋　　薛　垲　　周　淼
建筑设计及其理论	张　愚　　刘锷东　　魏羽力　　张　嫄　　李　昱　　陈尚峰　　冯　剑　　董　凌 陶　韬　　周妍琳　　费移山　　袁　玮　　巢耀明　　赵　茜　　周　扬
建筑技术科学	刘长春　　张　冰　　王　伟　　吴大江
建筑学（景观建筑学）	邢佳林　　曲志华
土木工程	黄晓晖　　肖同亮　　仲济涛　　耿方方　　贾慧娟　　李　可　　宋　拓　　许俊红 郑　杰
岩土工程	龚成中　　王月香　　杨瑞敏　　居　俊　　朱逢斌
结构工程	许崇法　　纳　格　　宋守坛

（续　表）

专　业	姓　名
市政工程	朱腾义　彭小明　赵子龙
供热、供燃气、通风及空调工程	戴晓丽　郑佳宜　张忠斌　张　恺　夏　燚　施　娟
防灾减灾工程及防护工程	许　巍　陈启飞　乌　兰
桥梁与隧道工程	钟志鹏　陈卓异　李　冲　惠迎新
土木工程（土木工程建造与管理）	许秋月　肖全东
化学工程与技术	王虎传　卡　博　周铭昊
应用化学	张培新　吉　彦　肖　洋　李乃旭　姜　枫　牛　磊　王泳娟　胡金刚　张泽武　周诗健　田雯雯　华　鑫　卜小海　周　超
交通运输工程	刘艳忠　姚栋强　张宏斌　段　力　郭晓峰　马士杰　程　成　张杰林　李志斌　王　曦　张　浩　尹继明　金光来　周　韡　邓一凌　姜晓红　刘志伟　羊　钊　胡文婷　周博见　李冬梅　董元帅　成礼平　李雪峰　胡思涛　赵金宝　邱　丰　张　曼　胡　靖　杨海飞　沈金星　郑敦勇　周　岚　朱　周　杨　震　黑秀玲　张建同　刘擎超
道路与铁道工程	张　璠　戴铁丁
载运工具运用工程	崔小燕
环境科学与工程	赵光宇　拉　杜　王国芳　余亚琴　刘慎坦　邹海明
生物医学工程	黄　炎　陈耀忠　王圣钦　俞亚东　张志伟　王　磊　柳　明　索　李　周华锋　孙　宁　陈　莹　王建玲　侯　漠　田正山　理记涛　顾洪成　谢　俊　柏　凌　唐勇军　张小祥　杨加宾　谭逸斌　高生平　习志江　张元颖　易　杉　浦　丹
生物医学工程(学习科学)	朱丽华　张　莉　秦姣龙　韦茂彬
生物医学工程(制药工程)	刘世军　方　硕　周本华　孙春龙　刘峰帆
城市规划与设计	关　于　王　颖　涂志华　成　斌　张　帆
城乡规划学	史北祥　朱　凯
免疫学	张洪义　任宏艳　余方流　汪洪涛　薛　萌　仇　昊　周　猛
内科学	李拥军　龙启强　宋国齐　伍　敏　潘　纯　束　昊　贺宏丽　蔡晓辉　刘　丹　刘　晶　蔡云朗　鲍　文　查　敏　丁粉干　王　点　丁丽红　宋志霞　林代华　吴　迪　李小伟　陈齐红　岳春贤　陈碧君
儿科学	赵瑞斌
神经病学	王　赞
影像医学与核医学	李　嘉　袁晨燕　王　玉　任　全　张世军　柏盈盈
外科学	王　栋　刘大闯　张　齐　王晶敏　谭宇彦
流行病与卫生统计学	金英良
劳动卫生与环境卫生学	王　璇　彭丹红

(续 表)

专 业	姓 名
卫生毒理学	赵云利
管理科学与工程	陈希晖 陈吉凤 王宣涛 穆诗煜 刘碧玉 虞先玉 张小路 郑生钦 韩春梅 刘 旭 周 政 周飞雪 阳 毅 李正义 龚惠群 王惠庆 李俊杰 蔡银寅 王林林 谢呈阳 冒刘燕 费钟琳 王常凯 黄新焕 张学伟
艺术学理论	朱立国 张兰芳 邱红革 杨晓辉 韩吉安 唐 卫
艺术学	雷 鑫 陆 挺 张志贤 徐瑞华 陈端端 张安华 沈 歆 胡媛媛 李 颖 李 骏

二、专业型博士研究生(共1人)

专业(领域)	姓 名
工程博士(电子与信息)	陆 平

2015年学术型硕士学位授予名单

一、学历硕士研究生(共2 103人)

专 业	姓 名
马克思主义哲学	王珊珊
外国哲学	杨倩倩
伦理学	徐欣成 冒艳妮 段宁宁 陈 洁 何巧玲
科学技术哲学	张浩鹏 隋婷婷 张 莹 负兆恒
国民经济学	黄昊泽 王 晴 周秀丽 殷 蕾 王旭兰 张春梅
区域经济学	岑 慧 李 春 杨治政 唐晓驰 吴 倩 尹 潇 朱容男
金融学	卢 建 陈 维 刘俐妤 吕 慧 吕兴家 吴 敏 杨 琳 庄 园 李松松 张晓萍 比亚迪 方 琳 张晓昕 黎氏恒 林 琼
产业经济学	赵天骄 徐 路 朱 璋 汤继龙 王芳芳 朱其娟 王彩丽 郭梦瑶 王志杰 张哲华 陈宁远
国际贸易学	诺斯克 国许安 李 爽 李 阳 刘 冰 马红丽 王昱雯 谢 琰 闫志俊 俞 鑫 高 媛 赵 炯 戴 慧 何 蓓 周文君 方慧君 付瑞涛 许春喜 陈利晓 俞沐荷 陈玉战 莱 娜 索巴纳 白 娜 贝 茨 波 娃 赫 博 贾 里 马力克 莫 伊 赛薇拉 桑 迪 书 佳 司蕊彤 索 维 伊 索 福瑞德
统计学	孙旭峥 徐仲亚 杨宗羲 谢 杰 孟 琪 王 欢 邢春柳

(续 表)

专 业	姓 名
法学	陈 程　刘莹莹　赵晨璐　郭心怡　倪燕秋　洪逸涵　燕　欣　刘翠萍 陈薇羽　王传国　张婧岚　陈婷婷　赵柳茵　邱雄光　王　维　杨青松 金新茹　陆　远　赵　娟　杨　锐　解维婷　马晓栋　汪美平　王　慧 赵玉梅　陈　东　王新宇　王冠楠　赵　博　朱晓宇　石瑛洁　贾国坤 曾文珏　洪　霞　肖　龙　郭　蒙　夏　伟
政治学理论	任亚梨　陈梦甜　李　慧　吴如彬　程　梅　王　月
社会学	宋朋洋　杨红亚　李东阳
马克思主义理论	李建花　黄冰清　陈铭霞　李　向　张晓晓　李珍珍　张　爽　卢凤华 潘　星　范子芬
课程与教学论	王桃红
高等教育学	铁雪娜　王丽根　狄晶晶　陈开芹　李　洋　李会芹　吴春凤　于杭杭 艾景娟　白　鸽　白玉兰
职业技术教育学	曲梦汝　姚萌萌　王鹏飞
教育技术学	路　璐
应用心理学	王漫漫　何爱兰　章文佩　李慧敏　李　萍　沈　静　黄　珊　章吉利 朱　颖　郭盛男　张印平
体育学	唐婷婷　李　皓　张韬磊
中国古代文学	梅　叶　何　玲　王美臣　吴碧君　朱　猛　王珊珊　高　松　杨树强 平　娜
中国现当代文学	余　苗　费　会　沈坛龙
英语语言文学	许　峰　陈　菊　刘　琚　王一平　张蓉蓉　赵　娜　郑听雨　胡　希 黄晨晨　魏荻菲　李惠然　卢绪梅　龙　娇
日语语言文学	陈　靖　周天荷　刘建华　徐中华　严　雯
外国语言学及应用语言学	杨　帆　马星城　许海玲　卢雅睿　宋彬彬　李维舜　李　阳　刘　辰 王啸辰　徐丽娜　赵　欢　陈　璐　刘　成　高彦婷　王　佩　李安妮 孙　敏　陈文婷　陈　雪　沈广倩　王海燕　张　裕　金　敏　计　洁 李敏敏　张　奕　吴　玲　洪　昀　郑文静　邢妍婧　牟春晓　薛军锋 陈金梅　余琼子　史瑶瑶　童　彤　汪林珊　司静慧
基础数学	李俐芳　赵东暖　甘　甜　杨巧玲
计算数学	范小芳　洪会粉　佟振光　纪翠翠　张慧萍　杨　谦
应用数学	周梦哲　赵冬冬　钟　杰　吴　静　李　旸　刘　姣　史绮霞　郭楠楠 李琳生
运筹学与控制论	何新燕
物理学	龙开琳　杨荣瑶　朱　峰　杜如霞　葛　兴　朱化强　周　璇　葛晓鹏 王　宁　张东睿　杜的洋　张慧敏

(续　表)

专　业	姓　名
化学	吴小娟　王　丹　吕友劲　郑春兰　柴蕴玲　梁　静　李　扬　邵秀丹 施　昊　张子谋　陈国霞　孙京府　张　超　钱　静　邢甜甜　张海燕 吴丽荣　高春燕　王仲杰　孟玉洁　况桂芝　宗德超　许欢鸽　宋　飞 杨　霞　靳永昌　刘小九
分析化学	朱亚男　吴肖肖　李士飞　余世兵
物理化学(含:化学物理)	詹园园
高分子化学与物理	朱文君　管　婧　罗贯德
生理学	李小伟　王璠璠
神经生物学	沈俊惠
遗传学	蒋　瑜　马　璐　陈丹丹　张　然　刘婷隽　张小昀　王平艳　李　倍 潘星秀　公丕海　常新霞　龙　伟　朱　敏　李金欣　董　茗　严俊荣 姚燕军
生物化学与分子生物学	强　倩　管相敏　徐世慧　崔晓英　曹志娟　李光辉
生物物理学	孙　瑞　王　磊　赵　航　王　鑫　徐泽英　侯传荣　邹晶露　崔庆红
系统分析与集成	沈　杰　李晓妮
生态学	顾　凤　李婷婷　刘秋菊
统计学	母建熊
一般力学与力学基础	芮　梦
固体力学	杜嘉宇　李庆亚　张　衡　姚亚卿　成新龙　陈　飞
工程力学	胡邹恒　马　睿　王　康　王　燕　单益东　毛一玲　董海威　张　龙 王雅琼　张佳超　王　静　胡　鹏
机械制造及其自动化	林　亮　戴　卿　全运临　周佳佳　吴国银　韩　冰　李加威　吴琦斌 周　森　陶松洋　朱　峰　刘祖菁　赵理金　吴渗楠　万　意　付　翔 张　杨　张子锋　冯　禹　柯佳佳　彭洋军　周　浩　王　猛　邹　瑶 马艳峰　陈　敬　何泽夏　王红军　储佳伟　许名珞　杜堂强　叶　春 肖禧成　马　剑　周易达　黄　河
机械电子工程	李帮建　焦　伟　李佳旭　戴苏亚　田　青　夏　磊　徐继刚　张晓波 张晓波　朱丽琴　尹　丹　卞扬清　邓　杰　金海丰　朱凌云　颜凯歌 曹玉梅　朱士伟　曹渝华　李　凯　邵　峰　王魏魏　刘　奎　卓闻涛 杨　帆　毛禹婧　陶　骏　刘毅恒　周雁然　宋世千　张　钢　曹发宇 陈进林
机械设计及理论	王卓琼　东　梅　洪仲昆　刘　彪　张　雷　朱立中　雷建平　杨　浩 杨保强　郭亚杰　阮太阳
车辆工程	陈　晨　陈小飞　李江湖　袁　振　姜　鹏　李长林　王　奎　吕永健 刘江华
机械工程(工业设计)	朱玉婷

(续 表)

专业	姓名						
机械工程 （制造业工业工程）	韩建明	李 军	张 咪	柳 纯	凌 平	万建建	马玲玲	艾九灵
光学工程	李曼青 于永亚 蒋艳巧	王彦彬 章丽昕 余博昌	牟进鸿 朱春燕	杨亚洲 周丽莎	朱 琴 高建琴	卫世昭 肖菱子	吴佳骎 周 娟	谢宇飞 张保刚
仪器科学与技术	白金辉 韩晔珍 朱英杰 庞 成 胡耀武 孔 伦 李晴云	许 庆 胡海桦 丁 路 彭 瑾 林潘英 程良涛 刘志鹏	杨 华 李玉亚 杜 杰 王海鹏 杨学良 江 峰 马雯洁	王 佩 刘亚群 顾清欣 王 恒 沈 洋 饶昌平 张 云	耿万培 彭心悦 郝小蕾 张鸿翼 吴德辉 黄 佳 李耀磊	王云帆 万雪音 霍元正 张 园 王勋爵 刘长川 胡 威	陈丹凤 胡世杰 蒋 勇 赵伟洪 郭圣焕 王 超 唐屹晨	冯 超 汤世松 罗秋霞 周 鹏 傅 威 王 路 黄宝珍
材料科学与工程	陈 宇 李勋勋 林 忱 李 果 丁俊勇 占华刚 鲍丙峰	刘 杰 张 吉 王丛丛 杨凌艳 吕昌略 张 佗 陈江波	圣兆兴 刘 珣 周 丽 周 宁 穆 添 左沛元 张灵敏	徐晓艳 谢 骏 李 艳 谢德擎 欧阳建 王 欣 刘苗苗	陈 琳 狄 鹏 钮长慧 闫西乐 王蔚妮 李小帅 尹永新	贾龙昌 陶诗文 章 雯 郝 威 肖建强 蔡中兰 张艳娟	余 晴 章慧敏 任立夫 刘佩佩 于英俊 蔡亚菱	赵宇飞 李会强 郭淑婷 陈培架 吁卫燕 高 莹
材料物理与化学	崔冬梅 初文静	柳 芳 王盼盼	孙贻白 吴艳芳	梅 园 高桂远	陈运娣 魏术海	李新辈 郝福瑞	夏 超 胡秀东	陈 红
材料科学与工程 （生物材料与组织工程）	李 敏	朱明露	张叶敏					
动力工程及工程热物理	方 圆 邵志伟 姜小峰 陈天杰 韦思超 孙海程 李梦竹 王永贞 田 野 樊盼盼 门 冉 肖 申 王煜茜	伏启让 胡会涛 蒋伟莉 徐世杰 张晓蒙 田 铿 李姗姗 王欢欢 钟克承 董承健 叶超峰 刘嘉宇	高 宇 李 颖 王浩泽 伍 鹏 周璐璐 章智博 裴 宇 陈子静 张晓斌 盛 波 齐隽楠 王德鹏	沈 骝 张 骞 王 磊 周志成 谢 翀 董真真 齐云龙 姜文秀 周亚运 王松鹤 张如意 吴守城	黄冰冰 姚 露 王妍艳 易哲宇 郭俊山 范朋慧 张 朋 陈 欢 张友超 张宸瑜 张亚玺 徐 凯	洪亚光 陶 璐 许兆林 杜中玲 黄 荡 蒋冬梅 郭 亚 李年仔 邓卫卫 朱亚迪 周玉飞 刘宣义	魏昌淼 管晓晨 周慧烨 王 颖 李 岚 李 静 郝雅洁 孙友源 吕 宁 柴保桐 李海燕 吴 立	严玉朋 韩朝兵 笪凌云 杨良华 李韦韦 李 俊 孙立镖 陈 伟 徐钟宇 张翠翠 程启坤 江 洋
动力工程及工程热物理 （能源环境工程）	艾特玲							

(续 表)

专 业	姓 名
电气工程	霍雨翀 郭 浩 何 晶 倪盼盼 朱 磊 莫 熙 宋梦晨 车 倩 陈 豪 陈 浩 顾玲玲 管永高 黄哲忱 刘 巍 陆婷婷 钱滢锋 苏 玮 孙 元 徐陈成 袁亚云 张齐东 张笑薇 章 桢 周福举 周仲柳 壮而行 朱发旺 谭风雷 滕春阳 储 凯 陈跃彬 李 然 谢宁翔 孙振作 鲁针针 陈洁琳 戴劲松 董夏林 杜明建 樊世伟 费 阳 顾伟扬 何 嵘 江志明 李大志 李红艳 李婷婷 李义荣 马振琦 沈凯安 沈 润 魏洁茹 吴笑天 柏晶晶 曹 翔 李海娟 彭 锋 魏 巍 赵 燕 汪仁杰 徐云鹏 杜晓舟 刘元园 王 亚 周 涛 徐喆明 冯其芝 张 兵 房雪涛 谭敏刚 刘金海 郑维高 于 乐
物理电子学	林梦娜 刘春毅 王婕妤 叶红亮 王 颖 李明月 田行辉 杨 旭 赵华平 常 苗 程 澄 戴 凯 高春雪 贺亚光 李东平 卢 帆 沈 孟 王玉中 韦敏峰 杨丽萍 杨玲玲 朱 敏 倪 颖 戚健庭 张晓龙 曾倩倩 赵亮亮 李明铭 王 雁 彭 馨 官绪冬 俞永波 韩翔宇 曾振华 刘 京 潘 洋 周 晖 吕聪生 李炳菊
电路与系统	王婧菲 陆时雨 孙泰伦 吴 笑 叶 展 周 正 浦钰钤 贺永胜 李艳伟 陈魁东 宋 丹 张 凯 施晓阳 顾成杰 朱立成 吴 雄 李 玉 栾伟林 杨传世 王亚文 周明杰 张健伟 翟立伟 高 轩 席禹豪 李 娜 郭伟然 杨 阳 朱德沼 彭辉辉 张 进 钟景川 李保申 宋自力 刘振良
微电子学与固体电子学	张 培 刘 杰 汤旭婷 张文通 马 慧 戴 晨 陈 实 阙诗璇 唐 丹 王凯悦 于 冰 杜 月 冯学梅 黄泽祥 张力文 朱婉瑜 秦晓霞 成世祺 刘 程 刘 梁 刘庆海 娄 宁 王海冬 徐志鹏 袁冬冬 张 璐 张 腾 胡建兵 王 臻 张 玥 王 飞 许满超 张 鹏 张致彬 黄 宇 马梦颖 王 辉 杜 伟 杨庆龄 张玉珍 程松林 姚广修 薛晨辉 廖 涛 苏 军 于 骁 李 琦 李斯佳 杨鲤源 吴建兵 周明军 牛玉祥 吴晓飞 韩瑞峰 刘 淦 王 鹏 王 政 胥 月 张钿钿 戴伟楠 朱冬平 陈 龙 蒋 樊 刘婷婷 陈教明 朱长峰 程志伟 高 迪 文初平
电磁场与微波技术	褚颖颖 贾成伟 陈 玲 盖国朕 无 奇 苑婷婷 施丽慧 葛程瀚 胡 俊 吴德俊 霍新平 朱 进 张小伟 李 明 曹 瑶 陈 燕 董荻莎 冯 波 汤之昊 王昶阳 姜 梅 刘 泊 刘成帅 刘 浩 刘子涛 高丽华 石 逾 王洪坤 朱霁悦 丁元旭 李希同 顾晓凤 刘 青 刘晓明 孟凡旭 王学亮 赵 晟 范水灵 朱从众 阙晓航 杨 恺 张 巍 项 楠 黄 博 沈泽旭 郑迎春 王 科 戈 硕 帅 胜 董云扬 欧阳贤斌 诸葛骏川 魏 娟 蓝 骥徐 俊 阮孟雄
电子科学与技术 （集成电路设计）	林晓娟 朱碧辉 薛金炜 蔡 伟 郭 辉 郭浩杰 张俊浩 惠立昇 李 志

(续 表)

专 业	姓 名
信息与通信工程	张新帅 汪晓慧 王文华 费 驰 黄嘉乐 刘亦辰 沈雅娟 万 飞 王益健 吴华月 徐逸佳 郁美霜 袁 颖 郑心如 黄 进 林圣超 汪后禹 杨学成 章 渊 金 哲 林子敬 蔡雪佳 陈 卓 崔 楠 潘云强 梁飞虎 彭 帅 陈碧威 陈 鹏 何 刚 黄新悦 黄 鑫 唐 洋 翟军辉 赵晶晶 华 俊 韩 瑜 郑茂宗 周 明 余俊林 李明冬 杨海涛 房 耿 徐 浩 韩 娜 赵 芬 李高峰 曾 月 张丽丽 祝 斌 罗向丽 张 骏 陈叶蓉 袁 庄 王立坤 张 宾 张小龙 马剑刚 庞渊源 羌 波 张阳阳 刘宇民 吴雨霏 聂维梨 余诗洋 朱云帆 连腾腾 王 东 唐文锐 吴 杰 汤 红 陈仁鹏 柏森森 聂 波 龙 芳 秦梦玲 秦为帅 王琦钧 许海云 殷庆荣 张 宏 赵雅琪 陈连东 吴红叶 吕士允 温中凯 董玉泉 刘 琨 李天一 王润生 唐志军 范铮华 王 彤 陈 静 陈文阳 胡一苗 黄 山 雷叶子 李正波 施妍如 孙 浩 王 孜 徐红梅 虞 玲 张 帆 郑祖翔 仲 琴 朱超越 李枭雄 王 珊 吴 莉 周 丽 王丽玮 陈 峰 吕 川 吴哲昊 王 旭 张艳秋 丁佳佳 高 歌 姜 坤 梁 原 凌威龙 田 琳 顾天斌 周 峰 薛阳阳 陈文汐 伏智超 朱 骏 吴 兰 蒋春霞 袁 茂 李佳曼 刘力瑜 许未丽 李长庚 张 军 夏岱岱 崔铁虎 包佳敏 贾红梅 黄夷芯 周 琳 王玉莹 顾荣荣 姜丽丽 孙 雄 朱婷婷 陈 飞 张 丽 凌昕彤 梁新龙 朱仲马
控制理论与控制工程	周孝成 沈荣娟 居 奔 刘 沛 孙志远 祝甜一 李 娜 马 良 韦 姝 赵 鹏 朱德政 朱 佩 宗海翔 马 艳 贺海鹏 谭伯龙 罗灿威 蒋伟煜 石 劼 张振涛 张英豪 由 佳 安冬闫 常艳芳 陈长升 符张杰 高 勇 李沁泠 吕江昭 王 侦 磊 周治辰 李燕春 刘 成 汪 林 黄敏敏 王智慧 张建旭 李 孟 李志超 冯悠扬 胡 飞 邓 祥 黄文杰 杨钦贺 常朋朋 王学骥 王志伟 贾 鹏 易文峰 孔晓松 杨 欣 熊 露 张俊梅 舒爱军 王 庆 金 石 邵振华 余晓龙 李宁森 徐益清 洪斌斌 张 琪
检测技术与自动化装置	祁 慧 王 祎 卢德威 陈 林 孙 权 潘成龙 张 强 李 翔 韩志伟 卢 涛
系统工程	李春阳 刘 飞 梁小艳 沈 旭 徐 杰 王柳青 田忠琴 尹利萍 靳 松 姬 磊 倪 燕 黎明成 马 乐
模式识别与智能系统	许倩茹 方长青 高 菊 鲁小雨 张 露 刘苗苗 王丰羽 陈 萍 尹婉琳 王根茂 刘 江 翁文婷 陈华成 朱明铭 张 玮 刘洪振 刘畅西亚
导航、制导与控制	王晓飞 纪东良 岳增阳 冯 骥 韩 旭 邹海军 吴 亮
计算机系统结构	宋厚营 赵世楠 史衍伟 安 达
计算机软件与理论	卡 门 陈翠翠 陈 鑫 李 科 司静文 张 俊 张 勇 任建欢 张 强 俞析蒙 吴 琴 李金淼

(续 表)

专　业	姓　名							
计算机应用技术	张　城 陈　萧 张梦竹 梁　意 李宇琨 赵　煜 白浚楼 付志昆	丁　玎 陈笑梅 郑小明 郭宇澄 马中希 李　喆 梁大桥	李晶晶 陈　州 朱　默 李　海 冒佳明 胡　迪 罗龙润	王笑笑 郭　晨 朱　锐 程　志 王　芹 祖倩倩 倪诗梦	许　伟 胡耀丹 王晖媛 丁德林 张　军 卢云骋 陈　坤	姚　雨 罗　晶 米　婷 董　羿 马亚洲 陈高君 赵　毅	朱礼智 陶　峰 廖友金 费　超 张大银 马　贝 何　雯	曹　旻 王研吴 杨　娟 高　文 陈亮宇 董利利 王春艳
计算机科学与技术 （图像处理与科学可视化）	李　飞 赵　扬	陈　羽 陈英杰	顾金金 李晟泽	刘洁媛 樊明春	沈运亮	向文涛	黄州龙	袁文龙
建筑学	黄　越 董　剑 徐　磊	钱铁懿 王建龙 王钦玉	耿士玉 熊天玉 李　敏	穆艳娟 王龙波 丁迎春	丁　锋 胡霖华 刘江南	杜显杰 艾智靖 陈明明	曾宇杰 吴亚琦 谢华荣	张　宇 周　觅
土木工程	翁传尧 曹志亮 南文文 田　伟 袁林婷 杨　维 黄云天 罗　鹏 尤方宸 柏益伟 张淑娴 郑为东 陈静源 李柯燃	朱哲达 张　雨 申会谦 王海峰 李旭光 殷　磊 陈　伟 罗永磊 张　鸣 任宏峰 胡理鹏 贾　楠 孙雪帅 陶玥林	覃亚男 田静静 徐　健 王　强 赵　彬 晁成冉 陈项南 钱旭亮 周　凯 何泓男 郭立行 王　蔓 张　奎 杜吉顺	刘中祥 陆华臣 陈　红 王雁楠 陈　光 李彩红 陈有春 王凯洋 周雅萍 徐　剑 徐智敏 赵孟圆 李泽宁 汪正流	薛　耀 黄　波 江　超 徐一谦 钟丽娜 刘琦齐 丁一凡 王维影 朱冠霖 张　驰 龙　琦 卢　璐 陆建锋 石志响	颜江华 刘　滢 刘籍蔚 郑肇鑫 朱忠漫 苏　洋 李传洋 魏结强 郝晓航 张　敏 付光来 张　未 刘　飞 费雅俊	张　蝶 马　增 刘　蔚 朱智荣 谢国瑞 李　磊 李大强 温合镇 潘　乐 高明珠 葛文浩 阳小泉 董　磊	邓会元 蔡　俊 宋前恩 祖　峤 杨千秋 袁龙锦 李　明 吴心意 杨林志 苏　刘 杨泽刚 廖亚新 杨　冉
岩土工程	曹智国 李　伟	姜　爽 郑　旭	吴子龙 李永国	沈　杰 杨溢军	方　伟	颜世明	薄煜琳	刘　楷
市政工程	李　淼	史佳媛	周　洲	孟　军	钱　露	储　波		
供热、供燃气、通风 及空调工程	许　尧	张华娣	鄂文汲	邰　骅	石国庆	薛　花	孙国建	
桥梁与隧道工程	姚　龙 余江昱	王海山 赵　倩	耿鹏智 陈　果	雷　聪 杨　鹏	王　涛 况宇亮	梁程亮 肖　鹏	刘秋阳	邢　力
土木工程 （土木工程建造与管理）	托　娅 朱　寅	刘华兴 唐　迅	严林飞 谢政民	陈艳超 曾雯琳	严诗文 赵　帆	赵丽奇 吴振南	魏　薇 马秋雯	邓　珑
港口、海岸及近海工程	谢　洋	杨苗苗	左甲鹏	王小峰				
大地测量学与测量工程	汪　平	时小飞	王　斌	金旭辉	顾鹏飞			
摄影测量与遥感	吴明艳							
地图制图学与 地理信息工程	宋　涵	朱贤平	崇殿兵	阚　吉				

（续　表）

专　业	姓　名							
化学工程与技术	梅震宇	高　瑞	郭威威	向三明	刘佳慧	陈依漪	丁军露	李　聪
	王中豪	唐赛杰	魏　想	孔尚尚	王海云	盛俊峰	田庆文	王杰杰
	曲美燕	任开路	田路飞	陆　娇	丁　稳	贾海洋	潘东辉	郭庆会
	王　宁	刘传英	吴　欣	罗小雨	刘循军	邓金全	李　元	吴　品
	葛　娟	王　凯	李　黎	林生俊	吴　俊	陈东华	凌欢欢	张路萍
	杨　悦	汪　俊	王冬岩	庄四良	汪趁时	赵　硕	张　超	
道路与铁道工程	李铉国	崔露愉	刘长波	刘　阳	赵　晨	李　娣	梁彦龙	任　园
	邵财泉	孙　健	王　永	刘昕依	马慧旭	吴　爽	尹洪正	张志宇
	陈泽生	罗海龙	袁　芮	郑　威	周正伟	鲍世辉	郭　江	李丽苹
	陈云卿	黄　潇	李小川	刘　灿	马蓉蓉	唐俊玮	王　珏	王　睿
	王玉玲	王　征	夏荣辉	杨　薪	赵　骏	周　进	朱腾阔	丁　贝
	张　垚	黄　毅						
交通信息工程及控制	石庄彬	俞　力	陈　凝	肖嵩松	王　静			
交通运输规划与管理	王超楠	杨万波	焦云涛	左　磊	丁　冉	许　新	李家斌	杜　影
	方雪洋	高柳依	梁　浩	王妤炱	王浩森	于姗姗	罗旭江	辛光照
	姬　蔷	陈金林	陈云骥	冯　岑	钱　静	宋　璐	吴建波	徐闯闯
	杨彬彬	杨萌萌	于　杰	张喆康	余　宁	陈　昊	祁剑锋	
载运工具运用工程	朱　娜	钱　芳	王峥嵘	张洪娟	邓　泷	丁平峰	钱琳琳	毋　迪
	佟　灿							
交通运输工程（交通测绘与信息技术）	陈灵秋							
环境科学与工程	王肖祎	王　霞	邓学群	张玉华	高琪娜	黄诗蓓	李　洁	宋祖威
	徐立然	弋舒昱	张佳杰	薛　琦	徐　峰	薛　峰	戴保琳	陈良辉
	李尚桦	徐　娟						
生物医学工程	钱晓婷	薛　莹	倪石磊	肖倩茹	赵国栋	姚　翀	蓝文生	杨　晶
	王淑红	汪　雷	张怡茹	孙丹丹	汪建清	赵文远	梁慧筠	陶庆东
	张珍珍	康　森	陆金阳	姜　伟	刘海祎	祁长红	任　远	徐　军
	巫　亮	马丹丹	王　玲	邹亚玮	倪　舟	吴　健	王　妍	刘　成
	毛成光	王　嫚	陶　淋	程旭敏	刘　婷	谷鹏阳	谌　茸	崔云龙
	贾琼莹	革　伟	罗　幸	何　雷	吕　菲	李　馥	周冰聪	朱晨旭
	王文特	郭明德	郭　骁	汤栋梁	张入仁	严　沁	杨文清	胡冀苏
	张宇翔	林艺文	夏　超	汪　伟	冯　永	朱云飞	曹凯迪	石路遥
	徐涵聪	姚　贝	谢　溦	刘海霞	李　杨	曲亚运	王　龙	封海清
	许明华	刘欣冉	王光景	曹晓鹏	黄一鑫	姜佳健	郝小龙	廖文清
	翟金城	邱　爽	李泮麟	尹　妍	蒋睿杰	张　兵		
生物医学工程（学习科学）	田　飞	毕　昆	刘　楚	吴向禹	胡建国	王　军	文　安	盛　亮
	赵宇飞	周　宝	张家盛					
生物医学工程（制药工程）	吴　玲							

（续　表）

专　业	姓　名
城乡规划学	陈　宸　　李佳静　　左　为　　潘嘉虹　　黄慧妍　　贺志华　　李　震　　郝辰杰 李泉葆　　钱舒皓　　史淑洁　　疏唐昊　　宋雨珈　　唐大舟　　程小梅　　孙　欣 郑　重　　张春叶　　刘西慧　　张　涛　　付莉莉　　汤楚荻　　徐子涵　　张家豪 章毓婷　　田　园　　冯　淼　　张　倩　　吕金程
风景园林学	陈冰晶　　仲美学　　穆燕洁　　姜　欢　　孟　梦　　孙　嬿　　黄清权　　杜维盛
软件工程	赵凯凯　　高　越　　陆　彬　　杨　芝　　周华杨　　黄　皎　　查叶飞　　张　跃 朱云杰　　李　星　　陈　艺　　陈少林　　黄诗辉　　王　龙　　宋小荣
人体解剖与组织胚胎学	何　丹
免疫学	董惠霞　　倪瑶瑶　　王雅倩　　吴　优　　郭　方　　王文君　　盛业萌　　李妙晨
病原生物学	孙佳楠
病理学与病理生理学	王新玲　　梁　辰
内科学	王　颖　　王　静　　顾志琴　　刘　阳　　周　敏　　吴　娱　　王春雷　　张晓晖 钱叙辰　　黄炎青　　孟思明　　杨　刚　　王　品　　刘　娜
儿科学	李慧娟　　陶　珊
神经病学	陈　颖
精神病与精神卫生学	吴　韬
影像医学与核医学	江　静　　李子惠　　张玲玲　　杨亚茹　　陈　敏　　许荣睿　　顾晓杰
临床检验诊断学	樊菊香　　程　峰
外科学	宋　鹏　　侯洪伟　　沈　旭　　张　昕　　蒋　亮　　王　昕　　刘元果　　王　炎 陆飞宇
妇产科学	余丹丹　　李玉静
眼科学	王长娟　　周　燕
耳鼻咽喉科学	庹华为
肿瘤学	单永锋　　张旼旼　　苗凤真
急诊医学	王业明　　仇先明　　卢　森　　陈剑潇
流行病与卫生统计学	钱刘兰　　金　昊　　庞媛媛　　杨　天　　资海荣　　迈克尔
劳动卫生与环境卫生学	王彤彤　　颜小銮　　李文超　　马书梅　　詹永国　　谈柯宏　　杨　栋　　李夏君
营养与食品卫生学	杨　阳　　姚欣雅　　周海腾　　罗尼卡　　玛　莎
卫生毒理学	巩　凡　　詹庆玲
中医内科学	钱琴琴　　王志鹏
药理学	郗有丽　　吕　璇
护理学	陈　语　　姚　莉

(续 表)

专　业	姓　名
管理科学与工程	童　霞　王心宇　郭加凤　韩高锋　顾　慧　宝雾鹰　陈　楠　焦海霞 刘　贵　刘梦洁　高莉莉　曹令洁　倪淑萍　严　晨　李　茜　周欣帅 韩冉冉　宋子婧　王　坚　陈玲玲　江　冰　许俊杰　诸德律　李　薇 谈雨婷　郭　天　高　飞　孔丹丹　林　萍　沙　瑢　王　琳　王敬敬 赵雅婷　刘亚利　贾雅喆　王璞玉　周甜甜　郭　苗　黄　骏　金　刚 孙　琨　郑祥龙　张　灿　杜　薇　徐淑琼　梁　颖　陈文娟 张伟宣　陈　鑫　伍万坤　孔令涛　刘超群　亓莉莉　邵明龙　沈　月 王中亮　刘　青　戴　冲　戴怡伟　阿夫斯
会计学	王育亮　顾婷婷　姜凯心　孔令伊　李晓玉　卢　婷　孟　石　钱　雪 盛金鑫　周　倩　朱婷婷　胡丹丹　徐晓丽　吴佳佳　计丹丹　王娅婷 阿　博　祖雅菲
企业管理	孟　杰　丁维佳　路文双　濮　静　田　甜　侯雨伽　周盼凤　徐　伟 余倩倩　徐　琴　谢　瑶
旅游管理	孙利坤　储小丽　贺佳婴　李有军　杨海哨　赵念念　张建霞　华　章 李静文　张映秋　王丽雯
技术经济及管理	邵明丽　刘　舒　毕丽红　黄豪杰　刘晶晶　纪　静
行政管理	陈佳琪　李　雯　潘海燕　张恒宇　冯洋洋　丁　磊　袁　磊　王文静 侯晓丽　关　旋　张锦虹　谯亚洲　于　倩
社会保障	陈　露　陶阳红　李潇潇　纵蒙蒙
图书情报与档案管理	谢艳秋　吴　媚　朱成林
艺术学理论	田　清　金　源　王　春　周柳伊　王　译　郑旻昱　侯　力　许　纳
美术学	金　秋　方　雯　卡拉梅　莫　磊　张鹏来　张经纬　陈　莹　江一功 李俏洁　李　锐　沙劲贤　杨　倩　周　扬　何元春　王子龙
设计学	徐娟芬　黄雅梅　刘彤彤　汪媛媛　王　琪　姚曼青　邹　驰　何雅莉 聂自超　吴亚莲　董甜甜　王诗晓　翟天然　刘　梦　张乃恒
设计艺术学	周添翼

二、非学历硕士研究生（共 28 人）

同等学力

专　业	姓　名
日语语言文学	谢　荣
内科学	张　立　胡大山
影像医学与核医学	车子刚　李　杰　陶可伟　叶媛媛　陆琰琦
临床检验诊断学	蔡丽娜　何　君　陈　妍　刘思汝
外科学	陶伟伟　赵一奇　葛新国　钱　军
妇产科学	徐玉娟　孙杨燕　王习习
眼科学	施光明　徐武平

(续表)

专业	姓名
耳鼻咽喉科学	王伟　陈红
肿瘤学	张姣　张瑶　陈昌英　柏社香
中医内科学	黄小芹

2015 年硕士专业学位授予名单

一、学历硕士研究生（共 1 454 人）

专业（领域）	姓名
金融硕士	耿逸冰　何佳　王芬　王高宇　王祎焕　王真虹　张杰　张智星 陆梦姣　杨文杰　张美婷　赵国松
应用统计硕士	曹雅琳　陈蓉　陈郑帅　贾植涵　张丹萍　李庆芳　张朦禹　王雪莲 吴大维　高鹏
国际商务硕士	邱伊恬　王辉　王燕妮　杨杉　马文捷　黄冬婷　白明明　孔培培 戴红梅　刘懿萱　石雷雷　仇凯霖　苏晓丽　卓淮琴　杨子慧　马颖 张卓　陈清　张肖　赵爱云　刘智强　余倩倩　胡小雪　周杨红 章菁　卜雪　蒋达利　周朝阳　梁敏　缪帅　田渊　高维娅 褚雪瓶　张晓飞　郭莹　卢福红　谢碧莲　肖城
资产评估硕士	苏香凝　齐晓林　张勇　马超　冯文娟　程燕驹　徐雪清　杨慧宇
法律硕士	盛健　翟冬　杨晓进　陈明　过晔华　黄之焓　李喆　倪筠 汤洁　吴斌　吴昙　张赛　陈婧　徐滟　蔡庆锋　公晨晨 吴晓婷　姜怀玉　张蓓　程智　李玮　陈怡　李静宇　汪晓露 王林勇　赵婷婷　刘亚博　吴炳辰　丁玉　邓媛
教育硕士 （科学与技术教育）	徐燕　刘佳　王凤梅　张秋月　赵小隔　徐帆
翻译硕士（英语笔译）	林瑞雪　卢步云　罗妙宝　石佳星　岳颖　张健佳　袁媛　宋婷 刘恋　王雨婷　郑晓红　任溪溪　张碧云　张腾飞
翻译硕士（英语口译）	林远　顾洋　张宏伟　黄婷　张小娟　刘璐
建筑学硕士	周子杰　韩雨晨　兰文龙　林岩　王国栋　刘哲　任鹏远　丁心慧 修雨琛　冯卓箐　顾雨抟　焦李欣　任仕新　孙铭泽　张硕松　史凌微 解飞　成然　张思敏　谷亚兰　梁超凡　毕懋阳　孙佳丽　孙晓 王舒啸　刘畅　仲伟君　窦瑞琪　张曼　杨泡葳　盛启寰　程忆加 关颖　顾笑　黄卿云　孔静雅　刘璐　邵冰　童曦　王新 徐雨屏　张杰亮　钟强　王鹏鹏　李骁　周逸坤　韩笑　胡培 刘晶　罗彬　马建辉　秦淼　孙旻杰　王驰　奚江月　张洋洋 周亚盛　朱小明　朱城　苏义宸　朱佩怡　王晔　沈剑钢　王博磊 王强　李亚琪　乔传斌　王辰　赵文哲　龚梦璐　王润栋　何永乐 董竞瑶　原雯　王译瑶　彭ルイ超　韩青　杨浩　周晓倩　邹美霞 胡茗　张平一　赵芸　宫汝勃

(续 表)

专业（领域）	姓　名							
工程硕士（机械工程）	王明君 王俊敬 明　添 李　静 何　军	陈翰翔 王先超 胡可可 李会敏 王路达	陈　龙 陈晓阳 施银军 陈　敏 闫光玲	陈　琦 童炜山 许天启 李　堃 李新帅	付　欣 陈嘉文 林森森 陈贝贝 王荣升	罗　黎 雷静静 党相磊 唐　琪 苗振甲	沈冬华 李成龙 郭　业 郑　澜	文　静 李　成 姜双杰 王春霖
工程硕士（仪器仪表工程）	高怀堃 严思宁 黄　捷 李志文 周智恺	赵　玉 张盛杰 金仁波 余栋梁 蔡志鹏	江　霞 朱洪华 汤郡郡 徐明建	于　森 杨　阳 吴立科 吕志宏	雷春盛 丁来平 张　影 潘　琳	李　明 顾　乐 刘加国 宫淑萍	王贵江 戴　波 刘厚理 张路伟	吴　芳 喻　伟 朱静然 时建树
工程硕士（材料工程）	邓嘉骏 范建平 董　陈 黄羚惠 庄　筱	曹　宇 高　鹏 惠　龙 杨永敢	张海燕 金笠飞 谢　超 李小朋	罗时勇 朱瑞雯 杨　鹏 朱昭旺	王新猛 仇月东 贾鲁涛 肖雪芹	张　群 贾耀高 彭　欢 谌正凯	姜　广 李　焦 陈凌燕 江坤华	张文潇 袁　超 黄慧玲 张望成
工程硕士（动力工程）	毛川川 顾鹏飞 史　浩 刘争光 齐东昇 宋　震 薛　辉	孙新军 杨　丹 赵佳骏 张　涛 施东杰 高理想 刘劲权	曹桂学 田甲蕊 程崇博 邓静杰 林鸿亮 张　晶 徐游波	胡成山 赵　超 陈　祺 姜　瑞 郑志豪 蔡　森 雷志伟	居　静 张双龙 张　鹏 王林伟 朱正香 刘　瑞 钟　磊	李　根 杨　涛 徐小军 戴智超 魏子栋 赵蔚欣 徐力刚	曾小强 杨高强 郑宝军 赵大周 周颖倩 张　理 宁丽景	薛琳娜 何文强 郑　敏 陈　景 岑　垚 赵　凯
工程硕士（电气工程）	黄安时 吴雨薇 苗振林 吴　忧 徐俊元 陈亚彬	刘　鑫 杨　凯 丁　楠 朱　鹏 徐　琼 陈利亚	高　秀 杨庆胜 梅　林 陈湘如 杨乔乔 孙文慧	顾伟康 姚　鹏 倪玉玲 段天琪 朱振池 张　喆	洪立玮 张　臻 唐亚鹏 姜　淼 郁　洁 王　倩	黄冬冬 王嘉明 佟明昊 廖金国 丁　凯 白晨阳	柳庆东 胡　超 王　珂 欧传刚 杨野青 王广江	孙成龙 吴子睿 吴　驰 夏子朋 兰　科 邢　珏
工程硕士 （电子与通信工程）	武文斌 张　吟 酉春华 沈　超 徐燕君 黄禹淇 郑聿琳 樊明兴 刘梦雅	蔡晓菲 彭小莹 邓金鸣 谈冬晖 洪　李 李　茂 朱悦丰 王太阳 薛　智	郭　杨 李乾锋 高　伟 王雅芳 严　葛 李旭淼 汤茂海 郏文杰 金　旭	荆舒晟 尤星秒 陈　鹏 夏毛毛 李奇峰 李　岩 陈　俊 孟姗姗 张东营	居　昱 周元隆 黄　城 杨建伟 陈　鑫 孟竟成 陈　刚 蒋　涛 陈　翘	王加锋 詹翠霞 姜　羽 张梦寒 钟文浩 牟学恺 张金鑫 李　夏 朱曹斌	王元文 张　旭 李　阳 张　鹏 王雅丽 唐瑞欣 高　苏 王桂珍	刘　淼 刘林翔 马　凯 浦希益 朱路月 卫　麟 李　恒 杨彬祺

(续 表)

专业（领域）	姓　名							
工程硕士 （集成电路工程）	张雪强 周　超 宋　翔 于　花 程毅辉 王　奇 郭义龙 唐恒建 杨志红 李起飞 杨璐纯 尹鸿杰 马三磊 周　杰 李　霞 李　艳 赵凯磊	王　冲 司晓明 桂玮楠 左红明 董海玲 王　功 严喻冬 丁　凤 占华鑫 涂君虹 赵澍慧 崔　月 倪海涛 虞　娟 汪　婷 汪国娇 杨　棒	杨　磊 郭小强 祁萨丽 纪　跃 李　春 叶佩琼 陈凯煜 张　锐 田红瑞 吕　玲 杨天宏 刘冠宇 顾文博 刘　勇 严水灵 刘彩涛 孙玉梅	张玉楠 徐　晨 韩景鹏 顾　炎 刘　鲸 陈东海 王　浩 杨继振 王显芬 薛扣粉 周　全 杨　帆 戈志群 蒋松奇 俞　凯 李雪雪 王珍妮	杨泽华 任　文 王鹏霞 杨　全 马恒飞 林潇航 朱　帆 甄　鑫 张玲玲 杨致远 黄　丹 张　乐 宫德宏 陆　俊 钱鑫海 戴佼容 张紫微	吴思思 窦　盼 曹志强 张家金 汪　晨 徐情生 张　亚 胡世镔 刘　楠 夏迪迪 李筱媛 郭　超 刘　炎 金银梅 姚超凡 齐静瑞 邵　尉	于金鑫 郭根松 冯　超 傅胡叶 叶　伟 张明灏 陈定豪 彭佩红 李　超 朱阿娟 林婧婧 姜剑鸣 牛疆航 卢　刚 方海贞 顾宇巍 吕　亮	虞　宙 杨　军 蒋富贵 黄伟星 任　锟 崇素文 孙东辰 刘艳娇 程　磊 刘博宇 于朝辉 周宇捷 邬德志 李　玲 李　杨 裴孟杰
工程硕士（控制工程）	胡海辉 隋　欣 王　卫 丁亚宁 高　鹏	严潇然 杨国强 陆立颖 陈汉一 杨安东	金若梅 张国颖 魏　巍 张　斌 牛希望	吴　静 汪丹凤 华明泉 刘高翔 卢　亮	吴晓佳 程　亮 郑　诚 叶　浪 于笑凡	张　芸 屠海斌 曹昊然 黄　荣 张　昱	武文静 张　曦 刘　超 张　昱	刘崇宇 马　可 尚　进 李　政
工程硕士 （计算机技术）	党万春 刘　亮 杨　业 姜　超 沈志超 吴子兵 李亚明	凌绍伟 胡敬羽 林文荟 刘　建 韩松江 许晓丹 叶　忻	芮　文 廖惠浩 吴玉蓉 黄弋潗 李斌逗 严富函	张红亮 刘晶洁 肖志宇 杨云飞 吴方军 黄　超	姜　立 牛　欢 徐　凯 曾　瑞 吴家奇 姚　伟	夏颖瑛 朱利旻 张　敏 尹隆波 王　艳 张礼维	方一曙 钱雪娇 王　润 于　斌 汪明军 张　敏	鲍利亚 相增辉 顾帮忠 赵　钊 王同同 王　彬
工程硕士（软件工程）	刘　恒 苏慧哲 邱　烙 王一帆 许兆健 赵　耀 孙　珂 梁佳骏 曹振杰 高　滔 王立波 许梦晗 施人铜 姚璐婧 常　晨 万林峰 李　强 李俊杰 高　扬 黄文强 丁蔚然	李高凡 张　敏 张倩倩 张文涛 周昊程 肖大可 满红任 姜天宇 边弘宇 蔡士琦 张庆乐 吴益阳 王少华 王传凤 张　岩 孟娜娜 柳　超 梁　姣 李　江 魏　究 蒋	林美娟 郑英彬 郭雯宇 蔡林君 阎　妮 王澄伟 李　昊 骆　然 朱　尧 陈祺琦 徐祝庆 吴　升 江　屿 彭灏昌 孔令龚 李乾坤 徐　眗 傅泉辉 夏方洋 张雅青 陈　阵	杜晓黎 赵倡申 王　亢 孙　延 刘锡仑 何　旭 刘万洋 谢彤昕 陈宏毅 杨彭林 阳福林 汪　博 刘丹枫 顾宇枫 戚雪冰 丘立斌 孙　颖 唐思琦 吕一珂 王美玲 高　朋	袁　帅 程海南 钟　亮 蔡　羽 刘千令 王　迪 何雅乾 梁效迪 张继良 魏志强 刘桐仁 杨　磊 陆晓峰 庞佳军 杨　盛 王明明 肖　芸 姜建飞 王端义 陶运坤 秦　洋	郭志昊 张俊彦 吕仁俊 朱子青 李月龙 平志琪 许乃展 胡　吉 管建强 尹徐珊 陆　鹏 缪雨润 罗朝乐 张娅丹 周孟欣 邵　云 胡　畔 吴　炜 刘　力 江　涛 欧阳拳均	郑永帅 毛以时 钟金沙 彭　威 沈昊骢 林振江 谢文祥 马　亮 刘　烁 朱卫东 肖　腾 金　平 彭　兴 徐嘉庚 吴燕强 唐　容 张璐璐 季善成 张阿楠 夏江涛	王　随 王全保 王　迪 夏　俏 樊雨谦 肖　强 薛松昂 蔡　男 王周艳春 毕清 吴　倩 葛笑飞 乔进进 张　浩 陈志平 赵　娟 王　宇 赵　智 赵利强

(续 表)

专业(领域)	姓名
工程硕士 (建筑与土木工程)	吴科夫 刘少恺 陈兵兵 李攀杰 崔 鹏 徐佩佩 刘靖文 程怀宇 朱漫莉 马国强 蔡文舒 韩立峰 何 一 李 旭 李毓龙 吴 鹏 谢 炼 杨 康 张 健 张翌欣 朱佳斌 王 浩 朱 然 程 方 王忍涵 彭英海 宋 锐 王尊胜 邰 燕 王 肖 姜 涛 杨铭悦 陈 含 戴亚苗 马济鲁 秦中远 孙沈鹏 王 凯 李亚坤 李 琰 赵 帅 于 苗 吴佳骏 郭金鑫 魏少林 陈 鹤 董天然 刘 丰 陈先亮 李从财 谈 龙 田洪金 路建恒 尤振华 李仲佩 张晓亚 郑亚鹏 余显材 米 渊 颜晓伟 周 锋 梅 丹 李 杰 郭双林 吕 鹏 阙梦秋 陶天友 陈 超 欧阳润东 李 溪 邵如朋 王 彬 陈樑明
工程硕士(水利工程)	杨春红 张罗丹 殷 锴
工程硕士(测绘工程)	张小琴 何 帆 李志朋 张 超
工程硕士(化学工程)	陈 嘉 陆 华 张 俊 王 越 赵芬利 刘辅玥 黄 烁 卜芸芸 严晓露 张文路 车军强 宋文涛 曹 都 王秋翠 吉 云 姜雪姣 王晨晨 申桂贤 孔丽慧 曹凤朝 张 旭 何 慧 葛书旺 覃黎丽 赵正柏 孙 浩 谢 旭 周 亮 韦能晓 刘 敏 孙莉娜 魏 啸 郑贝贝 邓忠好 江倩梅 张 鸽
工程硕士(交通运输工程)	晏 辰 邵 娟 沈敏怡 史文君 朱荷欢 秦忱忱 陈新元 高煦明 盘意伟 孙 鑫 于昊坤 张 奕 郑凯戎 吴 镕 刘淑芬 张 纯 蒋 博 汪 彬 刘玉龙 王乐宇 于 雷 董旭鹏 潘 攀 蔡 蕾 谢恩怡 范宇丰 葛伟康 蒋聪之 刘钊材 刘兆鹏 罗 航 孟 越 宋 林 万渝嘉 吴 碍 徐 璐 姚梦佳 俞敏健 袁骏一 张赟蕾 周 怡 王文华 蒋 敏 陶 金 卢顺达 张 维 冉 旭 汤滢江 张 博 李晔寒 周 旭 李 沛 廖存刚 周贻鑫 杜 恒 张永超 舒春建 李笑尘 莫洪韵 唐 睿 周 洲 张 枫 刘 娟 刘明星 程群群 李肖燕 秦玉秀 张 旭 王 义 陈 平 孙卫腾 叶红波 张 威 朱 庭 吴 昊 徐玥燕 江晴晴 许跃如 刘志中 顾子渊 黄 迪 龚彦山 管 靖 鲁 斌 洪 莹 杨 阳
工程硕士(环境工程)	贾思重 唐 美 梁 晨 刘美婷 段腾腾 陈桂顶 谢 静 王玲玉 范忠保 鲍王波 陈卉汝 王彩屏 周国强 束 航
工程硕士(工业设计工程)	徐方芳 徐晶晶 张 杏 孙 筠 黄 程 朱孔友 杜彦讳 周 泽 夏言伟 宗耀东 官 睿 杜雅文 胡泽铭 汪 泉 韩 涛 李 扬 时 勇 王向荣 白 婷 郑佳佳 魏 园 龚书林 陆 冬 陆志平 王昌宇 葛 军 陈志敏 房有军 赵灿灿 王曙淮
工程硕士(物流工程)	邓 超 赵芳芳 余 晗 何佩琳 侯 磊 王继军 余婉蓉 杨芳卉
城市规划硕士	汪 瑀 祝纬捷 肖亚南 陈天鹤 丁孟雄 王 博 宋志峰 王雅妮 邢 宇 毕书卉 李子仪 陈 晗 王瑨伟 叶 青 吴 洵 夏熠琳 牛 琛 彭 耕 阮皇灵 英 达
风景园林硕士	何 雅 李忆箫 濮岳川 姚青杉 周 洁 邹 昊 赵玉龙 文翘楚 李 强 袁岱婷 章 彬
临床医学硕士(内科学)	皮 特 罗 思 胡 士 阿卜杜拉
临床医学硕士(儿科学)	亚 达

(续 表)

专业（领域）	姓　名
临床医学硕士（神经病学）	艾恒佳
临床医学硕士 （影像医学与核医学）	杜娅迪　杨太平
临床医学硕士（外科学）	阿　俊　沙立夫　苏　米　阿米克　雷　宁　刘　明
临床医学硕士（妇产科学）	露　露　考赛特　阿扎贝
临床医学硕士（眼科学）	赵怡臻
临床医学硕士 （本硕连读）	惠新晨　薛　明　尹华云　李　政　曹　丽　董丽婷　易海玲　温旭智 张李玉　刘　芸　谈　莉　黄　蓉　仲星星　王　野　马战胜　徐仲林 姜成荣　史璐行　吉　鑫　金　汉　王　涛　倪志超　马　祥　王　鑫 朱莉娜　王婷婷　蔡蓉蓉　胡姗姗　刘一乔　韩　旭　陈　璐　张曼莉 黄梦琪　孙海霞　徐　琳　李　浩　吕一正　何骏驰　叶津池　王晓波 任　东　王公道　崔青扬　崔佳瞿　丁　伟　郭子维　刘艾佳　孙　骎 潘晓雨　曹　婧　顾雪芹　何海菊　俞仁艳　汤佳莉　朱　婷　陈　祎 刘　军　叶德川　倪　明　蓝春雨　孙灰灰　仲斌演　付　阳　徐　甜 王晓洁　胡明玥　王　丹　黄亚英　蔡　英　徐　萌　陆　扬　周　晶 顾丽华　蔡　沁　冯书贤　贡　菊　海　曦　于复超　施　璟　凌志新 卢周舟　薛海燕　周兆明　嵇惠宇　张　磊　周恒才　程　浩　吴艳婷 钱柏锋
公共卫生硕士	李喜艳　王雨晴　赵敏娴　孙义新　甘正凯　莫　萨
工商管理硕士	元钟洙　陈　晨　陈建伟　陈靖瑶　陈　薇　陈伟标　陈曦曦　陈笑春 陈　阳　陈月强　成　金　崔文辉　戴　岚　董雪俊　董　轶　冯宁艳 顾晓玮　过蓓蓓　杭东霞　何进荣　何　韬　何行昱　胡昕雯　胡张帅 华学良　黄成宝　黄君杰　黄平奕　黄晓燕　黄学武　黄志达　季小康 姜德军　姜　渊　蒋天静　蒋业婷　金怡苑　匡　燕　李　婷　刘　颢 刘　娜　刘　欣　卢　晨　卢　峥　陆鲁杰　吕俊玉　梅潜心　倪　伟 钮向峰　潘之炜　彭筝飞　钱　俊　乔　振　沈　洁　沈　凯　盛建安 盛　烨　史郭松　帅　喆　宋晓波　宋欣泽　孙卓艳　王佳伟　王菁华 王　娟　王兰兰　王石阳　王　贤　王新益　王政涛　吴姬姬　吴　佳 吴　瑾　吴　静　吴　强　吴秋林　吴雯雯　吴晓顺　吴亚丽　夏　玮 辛　硕　胥雯雯　徐宏智　徐锁艳　于志超　徐志霞　薛恒俊　薛树生 杨　光　杨晓梦　尤乐飞　于居林　于志国　余春婷　曾　婷　张海波 张海馨　张　昊　张　浩　张　凯　张　茹　张　蕊　张　锐　张树清 张天欢　张　燕　张　瑶　张哲元　张振宇　赵立才　仲凯亮　周爱华 周高凤　周静妮　周香云　朱　婕　朱　敬　朱　姝　诸雅琴　宗正刚 王　泉
公共管理硕士	董文彀　沈祖宏　顾　杨　郭　俊　刘　姝　沈玉婷　石　城　石亚珏 孙维翼　相天宇　张　珺　赵安然　希　斯　赵　耀　田　巍　黄新男 林　卿　陶　霞　汪　辉　汪树强　吴文奇　袁新雨
会计硕士	何哲琳　金伊婷　马　婧　王丹阳　王　迪　张　微　丁　玥　童　佳 魏文玥　周闰臣　陈昱希　董月霞　戚枫茗　曹红叶　王昕祎　李　婷 邹奕楠　王诗雨　杨小凡
旅游管理硕士	阮　瑾　蒋建兴　李　敏
工程管理硕士	顾华明

(续 表)

专业(领域)	姓 名
艺术硕士(美术)	马 睿　张 敏　赵 杨　张露霜　韩 冰　陈海宗
艺术硕士(艺术设计)	蔡泽潇　李务娟　吕 玲　万娟英　谢菁冉　赵丽媛　陈 思　史千南 谢 姝　魏梦姣

二、非学历硕士研究生(共 539 人)

专业(领域)	姓 名
法律硕士	崔顺姬　董 冰　孙武正　童黎明　姚 澍　乔 敏　孟庆玲　范晓燕 杨成武　曹春华　徐荣蓉　史 蓓　王 静　郭菁菁　柏伟立　刘 飞 乔迎春　宁大勇　史 俊　杨 琳　李国光　郭玲玲　范小燕　胡天乐 房 进　权冠亚　吴 晨　余 祥　王培培　徐 睿　吴 潇　胡正义 李新苗　卞俏丽　邹林丽
工程硕士(机械工程)	陶 俊　章伟峰　王 桔　王芳芳　杨 巍　周 平　刘焱鑫　孙建宇 金丽花　朱 健　戴 晶　朱佳梦　晏卫江　彭志东　褚 文　于露茗 沈惠新　李风华　丁晓辉　周 健　马永明　钱文明　马雄杰　庞 博 季春华　房文娜　周 卫　章国良　林 佳　郭荣胜　王利国　邓志良 何艳峰　高永生　胡跃勇　顾建青　蔡迎军　李博豪　马燕飞　王 进 张跃宗　冯维东　刘 鑫
工程硕士(材料工程)	赵林松
工程硕士(动力工程)	胡 睿　花纯强　陶玉鹏　李珊珊　李晓坚　雍一正　谭长军　张 燕 周爱华
工程硕士(电气工程)	张小刚　蔡成新　陈 辉　张 倩　张 炎　杨玉善　孙健明　凌俊斌 蒋晓平　韦 炜　申承俊　杨 旭　周斌全　白 桦　王 维　梁 磊 周琳琳　唐 强　马 琳　赵 峰　梁 艳　梁 峻　孙 昕　杨贵友 高 明　陈婷婷　胡长君　许 力　杨 立　孙 蓉　贾宝山　冯慧阳 姚 辉　黄 海　朱静华　史铁群　周 杨　张 倩　周 昊　吴佳炜 胡浩军　陈 科　张 豹　钱 青　叶荣波　陈 曦　顾晓洁　王晓峰 王 倩　刘林波　刘 勇　王 丞　许仁安
工程硕士 (电子与通信工程)	王 强　陈 炜　黄 梅　廖英珺　钱 斌　徐劲然　葛 颖　郝栓柱 马雯莹　王效龙　袁 尧　逯向军　何粤玺　高承志　卞新豪　严钺锴 袁 帅　朱晓燕　陈 晨　杨 兴　刘磊山
工程硕士 (集成电路工程)	左文臻　朱蜀梅　罗 寅　李荣荣
工程硕士(控制工程)	刘 乔　高 锋　傅淑霞　宋华莉　陈安华　魏 海　施寒天　俞 越 王小华　龚 锐
工程硕士 (计算机技术)	郑 斌　徐小亚　张大吉　张 莹　张 立　王 静　王玮寅　叶 斌 常 维　鞠冰卿　胡 杰　汤永喜　朱双华　魏 翔　徐 钧　魏 诚

(续表)

专业（领域）	姓　名							
工程硕士（软件工程）	朱　林	周光前	瞿梦菊	孙文芳	张尊义	陈　芳	樊　杰	李　敬
	权　蕾	陈庆雷	朱　莉	施长云	田承平	程　宽	陈　欢	朱中强
	陆敬科	薛松果	王　平	浦凤清	邹学如	周　祥	杭书文	孙　通
	陈　鹏	许　蔺	秦　平	郭　曦	连晓谦	顾　丹	景　峰	张　丽
	任　荣	姜丹丹	金本明	洪小英	石　渊	王晓丹	张　超	杨运平
	王　洋	孟　艳	胡腾云	许洸彧	王怀岑	陈　雪	崔凌洁	付品林
	拾祎春	储汪洋	钱海涛	孙　刚	刘应晶	吴晓洁	方大可	杨明生
	孙　俊	黄春喜	李　博	屈凌翔	王　澧	张　玲	谢丽华	章　峰
	章小波	陈　纲	赵若涵	叶　凯	石良柱	蔡堂健	刘　杰	许　剑
	江　浩	王　璇	杜昌堂	赵　磊	王　青	王　晟	顾昕明	徐　斌
	徐秀萍	陈海洲	张建明	范志远	王真真	王见强	朱　飞	蒋瑞航
	赵　伟	陆　红	杨　镇	周　慧	顾　问	钟　品	孙业君	解　洋
	刘　伟	孙　捷	田海燕	肖　晨	吴仲立	吴抗美	吴　征	卢坤平
	徐建刚	陈　鹏	吴成飞	耿　欣	杨莹慧	杨　俊	臧　娟	田　圆
	肖　娜	王钲淇	钱　思	汤云峰	姚梦晗	吴佳淼	张雯雯	
工程硕士（建筑与土木工程）	张仁强	巩朋林	杨　宇	张　斌	官　诚	吴　凡	刘　铭	胡功臣
	常　征	金　蕾	陈　浩	曹　菲	丰文俊	任　萍	王建龙	陈　伟
	葛晨觉	曹　西	丁见程	徐清照	王莹瑜	孙　洋	张　旺	曹伟星
	沈雨红	孙　晟	刘向东	朱晓进				
工程硕士（交通运输工程）	朱　琪	张　珣	汪　春	高铁峰	袁晓燕	韦春陆	张海冰	江　波
	陈　玥	魏　祎	谢鑫鑫	朱　永	郑继媛	李　岚	王景荣	张　炜
	王　革	许明娟	魏　晋	胡　冬	胡乐乐	吴文超	吕艳丽	刘　言
工程硕士（环境工程）	费新东	王丽媛	孙尊强					
工程硕士（生物医学工程）	周齐洋	高静贤	张　林	许行尚				
工程硕士（工业工程）	张云飞	刘茂国	许　佳	李惠莹				
工程硕士（生物工程）	周世杰							
工程硕士（项目管理）	黄　涛	陈　彬	陆　飞	陆　佳	史春波	林　烨	顾建莉	王　玲
	岑　杰	吕　欣	任凤莲	赵　敏	郑晶晶	梁　颖	张卉卉	赵鸿奕
	宁　涛	吴卫锋	宋建辉	司芙瑜	仲俊诚	许　露	俞丽伟	戚　文
	徐　康	张国毅	周　栋					
风景园林硕士	沈尧羲	徐　悦	徐　伟	李衍平	李　莎	张　芸		
公共卫生硕士	顾　娟	夏　扬	蒋　蓓	彭　鹏	钱钻好	姜　玮	陆小红	周兰波
	侯书莹	周文君	韩　川	黄力维	谈忠鸣	顾晓霞	潘　鹏	张正宝
	王炜翔	罗锦霞	周丽华	辛俊勃	杨元素	周芳芳	王玲玲	张　婷
	顾海燕	张　臣						
工商管理硕士	袁长慧	常晓雷	石　斌					
高级管理人员工商管理硕士	袁　星	刘观标	赵　蓉	涂福来	符春坤	蒋南波	钱美平	丁　杰
	易永祥	秦志军	徐　箐	吴应宏	丁浩夫	朱广杰	王　胜	梅立斌
	嵇剑波	杨玉龙	于　谦	谢　丹	杨仪松	邵黎军	屠景盛	周雪雷
	陈珊珊	李岳文	王　建	文　生	房恒丰	邵　茜	赵龙生	丁养民
	李　亭	朱海波	许均卫	李建中	李　军	蒋　波	万殿明	杨　豪
	孙友庆							

(续 表)

专业(领域)	姓　名
公共管理硕士	杭昕煜　王　敏　贺　鸣　曾　洁　于苏娟　陈　琼　尹　苏　周钟萍 袁　媛　尹彬成　沈　叶　张晨宇　张晶晶　张　瑾　李新超　沈敏亚 陆　坚　吴　益　秦　昊　王　燕　何　洁　高　阳　顾　奕　宋　楠 吴　刚　霍晓璐　陈　静　王　洁　幸响付　詹　萍　胡学忠　陈　莹 刘　佳　黄丽颖　唐迎春　王　昊　王　翔　邵叶鑫　胡祥洪　段　莹 张　艳　李星慧　韩大军　陈　蕾　修　琦　钱　锋　孙　仲　时　磊 黄　子　陈　懿　陈　多　郑晨梓　高长华　密传银　严红霞　朱冯佳 邹寅园　任　鹏　宋　玉　韩静娴　孙宇欣

科 技 工 作

综 述

2015年全校科技工作呈跨越式发展,全面完成各项工作预定目标,取得较大成绩:全校科研经费18.01亿元,其中切块经费达10.5亿元(纵向经费5.8亿元,横向经费4.7亿元)。国家自然科学基金创历史新高,江苏省自然科学基金保持良好发展态势,国际合作稳步发展。完成了2015年度省重点研发计划项目的申报,获省科技厅立项14项。校企产学研联合研发中心建设、东南大学技术转移中心建设再上新台阶。申报江苏省重大科技成果转化项目65项,立23项(2014年19项),立项数位居全国高校第一,为企业获得2亿多元财政经费资助,我校获得科技经费约3 000万元。申报江苏省产学研前瞻性联合研究项目28项,共有27项获批,立项数比去年增长80%,位居全省高校前列,获得省科技厅950万元资助,经费数比去年翻一番多。部省级奖获奖数保持较高水平,江苏省奖获奖成绩全省第一,教育部奖获奖成绩全国排名第六。参加第43届瑞士日内瓦国际发明展览会,东南大学3个具有自主知识产权的发明项目参加了本届展会,并获得了1项特别金奖,1项金奖,1项铜奖。

"三大检索"论文情况:中国科学技术信息技术研究所发布了2014年度中国科技论文统计数据,该数据显示,2014年东南大学SCIE收录论文2160篇,比2013年增加370篇,排名第19位(较2013年上升1位);EI收录论文2 170篇,比2013年增加201篇,排名第10位(较2013年上升3位);CPCI-S收录论文414篇,排名第18位;表现不俗论文820篇,比2013年增加184篇,排名第21位。2014年度百篇最具影响力国际学术论文是从2014年SCI收录的我国第一作者论文中选取的,这100篇论文来自81个机构,其中高校45所共66篇,东南大学有1篇论文入选。今年发明专利申请已达到2015件,授权发明专利1351件。牵头新立项探索重大项目1项,总金额495万元;十二五海军预研加强项目3项,总金额1 000万元;申报预研基金项目20项,立项8项,其中重点基金1项;申报航空基金项目19项,立项6项;新立项GF863项目5项,涉及两个新进领域。同时承担了某海军基地重点条件建设项目,合同金额达1 689万元,目前已基本完成。具体内容总结如下。

一、抓基础管理争取更多项目

2015年度，基础办围绕国家自然科学基金、江苏省自然科学基金、基本科研业务费、国际科研合作等，着重开展了以下工作：

（1）紧扣重点工作，把握"发展是第一要务"的工作定位，依据科研院年度目标及领导决策，制订合理的工作目标。

（2）创新管理模式，构建国家基金、省基金、基本科研业务费的联动体系，有效调动院系申报国家基金的积极性。

（3）加强院系协同，构建基础办与学院科研副院长之间常态化交流机制，努力形成科研院—学院—学科团队基础研究齐抓共管的局面。

1. 国家自然科学基金创历史新高

国家自然科学基金申报项目总数、获批项目总数、重点项目数、获批杰青项目数、获批经费总额均创历史新高。2015年度申报项目总数首次突破1 200项（达1 231项），获批项目总数首次突破300项（获321项），获批经费总额首次突破2亿元（直接经费已达2亿）。其中：面上项目申报715项，获资助179项，资助率25%；青年基金项目申报310项，获资助102项，资助率32.9%。获资助的其他主要项目包括：优秀青年基金3项，杰出青年基金6项，重点项目8项，重点国际合作6项，国际（地区）交流项目13项，国家重大科研仪器研制项目1项。

2. 江苏省自然科学基金申报项目总数、获批项目总数明显增长

2015年度申报省杰青14项、面上项目40项（以上两类为限项申报）、青年基金104项。获批准立项共89项，资助经费1 929万元，项目数相对2014年增长33%。其中，省杰青5项，面上项目25项，青年基金59项，青年基金相对2014年增长59%。

组织2015年省基金项目结题验收工作，协调校内相关部处完成结题项目的财务、审计工作，办理项目结题60项（其中100万以上项目14项）。完成了省科技厅对2012年立项的省青年基金的财务抽查工作（14项）。

3. 基本科研业务费执行率明显提高

承担2015年度全校基本科研业务费预算编制和经费下达工作，完成了252项各类项目的征集、评审、合同签订，包括：基础扶持类项目44项、试点学院项目20项；由追加业务费设立的基础扶持类项目156项、重大引导类项目17项、试点学院项目15项。完成了"教育部基础科研业务费管理系统平台"2014—2015年立项项目的信息统计填报工作。

承担全校基本科研业务费管理办公室工作职责，负责各部门设立的基本业务费项目的过程管理。重点针对预算执行率，与财务处紧密配合，常态化监督各个项目的经费使用进度，本年度预算执行率明显提高。

4. 国际合作稳步发展

组织申报霍英东教育基金 7 项,南京市留学人员科技活动项目择优资助 23 项,科技部中日、中英、中美、中韩、中意、中新等双边政府间科技合作项目共 11 类,教育部"十二五"期间重大科技成果 8 项。获批立项科技部国际合作专项 2 项,南京市留学人员科技活动项目 5 项,教育部回国人员科研启动基金获得资助人数共计 15 人。

在校际合作方面,积极推进东南大学—蒙纳什大学苏州联合研究院的建设工作,已下拨首批中心建设经费,批准建立第七个联合研究中心。积极参与国际应用科技开发协作网第八届理事会第二次会议,并于 11 月成功承办了协作网第二十次全体会员大会。在国际合作基地与实验室建设方面,"当代城乡环境整合技术创新引智基地"获得教育部立项批准,"信息显示与可视化国际合作联合实验室"通过教育部立项建设论证。

二、抓高技术项目发展研究领域制高点

按照学校"十二五"科技发展战略规划的整体部署,在学校和科研院领导的关心和支持下,主要开展了下列工作。

1. 国家重点研发计划

积极了解科技体制改革相关进程并组织专家参与重点专项建议工作,牵头完成由教育部组织的重点专项建议 2 项、省科技厅组织的专项建议 2 项。及时传达相关精神和进展到院系,形成有效沟通,土木学院、建筑学院、信息学院、交通学院、电子学院、仪科学院、生医学院等优势学科方向都参与到专项建议中,通过教育部推荐专家参与了 7 个专项的实施方案编制工作。

2. 省厅项目

完成了 2015 年度省重点研发计划(产业前瞻与共性关键技术)项目的申报,根据申报指南的规定,我校共获省科技厅立项 6 项(包括重点项目子课题 2 项);完成了 2015 年度省重点研发计划(社会发展)项目的申报,根据申报指南的规定,我校共获省科技厅立项 7 项;完成了 2015 年度省重点研发计划(现代农业)项目的申报,根据申报指南的规定,我校共获省科技厅立项 1 项。

组织申报了江苏省环保科研课题项目申报,根据申报指南的规定,我校共上报 6 项,立项 3 项。

3. 基本科研业务费

协助校长完成重大引导(校长定向)项目的项目遴选及立项工作,新立项 8 项,总经费 205 万元。

4. 其他

完成学术委员的改选工作,协助完成国际协作网会议的组织。

三、国防科研再创佳绩

先进技术与装备院2015重点加强重大、重点工程项目申报组织和科研成果的装备应用,完善资质范围、规范涉密采购的工作,保证各类资质的正常运行。具体工作如下。

1. 项目成果与规划

牵头新立项探索重大项目1项,总金额495万元;"十二五"海军预研加强项目3项,总金额1 000万元;申报预研基金项目20项,立项8项,其中重点基金1项;申报航空基金项目19项,立项6项;新立项GF863项目5项,涉及两个新进领域。同时承担了某海军基地重点条件建设项目,合同金额达1 689万元,目前已基本完成。

科研转化应用成果显著,千万元以上项目订货逐步增加,截至2015年12月31日,已签订横向合同153项合同额达1.32亿,已较2014年全年横向合同额增长2 000万元;办理技术贸易合同39项,免税认定额达1 796万元,高于去年同期水平。2015年到校经费达1.82亿,较去年同期增长5 600万元,增幅44%。

加强各军工研究院所及企业之间的联系,与湖南航天新材料技术研究院有限公司签订科技合作框架协议,与中电29所拟在微系统方面建立联合实验室,已进行多次沟通。组织了航天九院13所王巍院士(所长)、航天科工集团冯志高总设计师、汤龙生副总师、中继卫星控管中心黄惠明主任、航天510所李得天副所长、航天一院龙乐豪院士、航天513所沙金良书记等带队至我校的调研活动。

我校的水声及惯性技术教育部重点实验室运行良好,进行了学术委员会换届活动,并将第二届学术委员会名单报至教育部备案。

在做好"十二五"科研项目结题验收的基础上,积极准备"十三五"规划、指南建议以及小卫星等增长点培育工作,完成校国防科研"十三五"规划和国防科研基金管理办法的起草工作。

获得"十二五"航空科学基金工作先进单位(高校仅有清华大学和我校),相关工作经验介绍被《中国航空报》约稿并刊登。

2. 国防资质运行和维持

在完成日常国防项目合同评审、资质维护和使用的基础上,组织参加中国质量协会科学分会组织的标准改版、省国防工办举办的安全生产标准化建设和新版武器装备科研生产许可目录的解读等学习和培训工作。顺利完成我校2014—2015年度质量管理体系的内部审核工作、管理评审工作,通过中国新时代认证中心对我校质量管理体系的民品再认证、扩项和军品综合评议,民品顺利扩项3个方向。装备承制资格通过军代室对我校的监督审核。加强日常的监督检查和整改落实,完善相关制度,以较好分数通过了国防科工局委托江苏省国防办组织的安全达标评审。

结合民口高校实际情况,率先启动涉密采购的相关工作,学习相关法律法规,制订涉密采购流程,组织完成涉密采购事项25次,节约采购经费600多万,为资质工作的有效运行提供了支撑。

四、加速成果转化服务区域经济工作

1. 校企产学研联合研发中心建设

（1）新建"东大—力汇振控减震技术联合研发中心""东大—隼眼汽车电子技术联合研究中心""东大—洛菲特专业显示联合研发中心"等8家校企联合研发中心，并积极宣传和拓展校企产学研联合研发中心建设。

（2）严格按照《东南大学校企产学研联合科研机构管理办法》加强对已建校企产学研联合研发中心的管理。

2. 东南大学技术转移中心建设

东南大学技术转移中心在地方设有30多家地方分中心，在江苏省内基本上形成了比较完整的技术转移的网络。2015年技术转移工作的重点是做实加强各分中心建设，充分发挥各分中心的积极性，已草拟《地方分中心工作人员的考核和激励办法》。对分中心人员配置不到位或不得力的分中心如芜湖中心、泰兴分中心、新昌分中心，要求积极探索新的操作模式，比如业务委托给专业中介机构等形式，正在要求地方尽快落实；大力加强分中心工作人员业务督导，要求大家积极调研企业需求，积极为校企产学研合作牵线搭桥；要求各分中心重点关注2015年的江苏省重大成果转化专项资金项目，以及"科技副总（企业创新岗）"这两类项目的申报，取得了明显成效；完成了芜湖市科技蓝皮书（其中的一个专题）软课题项目；申报国家火炬中心创新载体项目并获立项。

3. 政府产学研项目申报

（1）组织与企业联合申报江苏省重大科技成果转化项目65项，立23项（2014年19项），立项数位居全省高校第一，为企业获得2亿多元财政经费资助，我校获得科技经费约3 000万元。

（2）组织申报江苏省产学研前瞻性联合研究项目28项，共有27项获批，立项数比去年增长80%，位居全省高校前列，获得省科技厅950万元资助，经费数比去年翻一番多。

（3）组织申报"科技副总（企业创新岗）"40个，获批11个。

（4）完成科技厅对2014年立项的省产学研前瞻性联合研究项目中期检查。

（5）对已立项政府产学研项目加强过程管理，督促前期立项的省前瞻性项目负责人按时或提前结题验收；督促相关专家积极配合企业按期完成重大成果转化项目验收。

4. 异地研究院建设

汇总了各异地研究院的《2014年工作总结及2015年工作计划》《档案文件资料》及《综合情况汇报》等文件，理出了基本的工作思路，拿出了工作计划，提交校长办公会审议。今年在科研院的协助下盐城研究院获得"创新群体"资助700万。抓住盐城国家创新战略3 137亿项目的机遇，筹备我校与盐城合作，拟成立"盐城工业研究院"进展顺利。

5. 产学研活动与对接

(1) 组织参加"第五届江苏科洽会""2015中国国际工业博览会"等大型科技展览对接活动。在"2015中国国际工业博览会"上,我校科研团队研发"新型建筑工业化装备与其产品系列"项目,获得了特等奖;"新型内置旋转蒸发浓缩器"项目获得了一等奖;东南大学获得了"优秀组织奖"。

(2) 组织"2015安庆市企业与东南大学产学研合作对接会""2015年东南大学—丰县产学研对接会"等校地大型产学研合作交流活动。

(3) 参加和组织老师参加各地市组织的科技对接活动(如如皋市第十七届科技人才洽谈会、2015年泰兴金秋经贸科技洽谈会、第二届"创新创业在海安"活动、溧阳"工业4.0"转型升级产学研对接洽谈会、第十届中国泰州科技洽谈会等)二十余次。

(4) 接待各级政府部门、高校院所调研活动近10次;协助领导完成接待各地市科技领导及企业来校进行科技交流活动十余次。

五、重大专项发展加速

1. 重大专项和产业研究所工作

(1) 努力做好申报服务工作和信息咨询工作,2015年我校申报各类重大专项课题15项,申报国家各部委项目30项。目前已批复重大专项课题6项,国家各部委项目23项,与2014年基本持平。

(2) 在国家对重大项目验收审核加强的情况下,努力做好信息沟通工作,协助信息学院多位教师完成(或正在完成)03专项课题结题,预计明年6月底前完成我校承担的2013年度03专项5个项目全部验收工作。

(3) 为保障2016年及后续申报工作顺利进行,向相关部门推荐03专项、水专项、国家海洋局及环保部指南项目10项,核高基专项等相关成果3项。

(4) 申报江苏省产业技术研究院专业研究所2个,联合外单位申报1个,与中科院南京宽带无线移动通信研发中心联合申报的江苏省产业技术研究院专业研究所成功获批。

(5) 协助东南大学—无锡集成电路技术研究所完成验收工作,获取后续资助经费3000万元;积极推进"生物材料与医疗器械"省产业技术研究院预备研究所建设。协助两个产业研究所组织召开首届理事会会议,办理法人登记和教育部登记等相关手续;多次接待江苏省产业技术研究院领导赴我校两个专业研究所调研,草拟关于支持产业研究所建设的校内支持政策。

2. 协同创新工作

(1) 协助无线通信技术协同创新中心完成了教育部2011协同创新中心发展规划编制工作、国际合作交流计划调研工作、《高校协同创新情况调查问卷》等工作,并协助中心组织召开了第一届理事会和首席科学家研讨会,出台了相关的管理制度,加强了中心的运行管理工作,合理合规地加快专项经费使用进度。

(2) 做好我校牵头的省级协同创新中心、校级协同创新中心和参与外校的协同创新中心的管理工作,协助各省级中心完成了2015年度工作计划与经费预算编制并上报至江苏省财政厅、教育厅;加快省级专项经费使用进度。

(3) 协调先进土木工程材料、新型建筑工业化两个省级协同创新中心整合资源,以"环境友好土木工程材料与结构"名义准备新一轮2011协同创新中心申报认定材料,保持与教育部、教育厅协同创新主管部门的沟通和联系。

(4) 以先进土木工程材料江苏高校协同创新中心为依托,申请获批南京市科委的战略性新兴产业创新中心1个,即南京(东大)先进土木工程材料产业创新中心,本年度获得资助经费30万元。

3. 其他日常工作

(1) 完成学校2015年重大科技项目岗的申报评审工作,其中上岗研究员1人,上岗副研究员1人;清理2000—2010年部分已不具备重大科技项目岗上岗资格的教师12人,其中上岗研究员9人,上岗副研究员3人。

(2) 协助江苏省教育厅自然基金项目评审专家经费账号的完善工作。

(3) 参加校内各类相关会议和接待,协助组织举办国际应用科技开发协作网20周年大会。

六、科技成果丰硕

1. 成果管理方面

(1) 国家奖

我校数学系刘淑君副教授参与完成的"不确定性系统的辨识与控制"获得了国家自然科学二等奖;电子学院时龙兴教授参与完成的"高能效动态可重构计算及其系统芯片关键技术"获得了国家技术发明二等奖。

(2) 部省级奖

部省级一等奖获奖数保持较高水平,江苏省奖获奖成绩全省第一,教育部奖获奖成绩全国排名第六。我校以第一完成单位共获得了4项江苏省科学技术一等奖,分别是:材料科学与工程学院丁辉教授牵头完成的"工业智能超声检测理论与应用关键技术";土木工程学院丁幼亮教授牵头完成的"复杂环境下桥梁安全性能监控与预警关键技术及其集成示范";能源与环境学院邓艾东副教授牵头完成的"大型发电机组故障检测与诊断技术研发及应用";交通学院刘松玉教授牵头完成的"高精度多功能岩土工程原位测试技术研发与工程应用体系"。另我校牵头获得江苏省科技进步二等奖2项,三等奖1项,成绩全省排名第一。

我校以第一完成单位共获得了4项高等学校科学研究优秀成果奖一等奖,其中自然科学一等奖3项,科技进步一等奖1项,分别是:化学化工学院熊仁根教授牵头完成的"新型分子基铁电体的基础研究";机械工程学院陈云飞教授牵头完成的"能量在多层膜界面的输运与耗散机理";公共卫生学院浦跃朴教授牵头完成的"纳米材料毒理学评价及环境医学应用的基础研究";土木工程学院郭彤教授牵头完成的"既有建筑结构性能提升关键技术与工程应用"。另外，我校牵头获得5项高等学校科学研究优秀成果奖二等奖，成绩全国排名第六。

(3) 南京市科学技术奖以及其他社会力量办奖

今年我校组织申报了南京市科学技术奖，牵头获得3项三等奖。

在社会力量报奖中，组织推荐我校崔铁军教授申报2016年度陈嘉庚科学奖，孙立涛教授申报2016年度陈嘉庚青年科学奖，结果尚待公布。组织申报了2015年度中国机械工业科学技术奖，电气工程学院程明教授牵头获得一等奖1项。组织申报了第十七届中国专利奖，土木工程学院徐赵东教授牵头完成的"防舞动粘弹性阻尼减振器"获得中国专利优秀奖。

(4) 第43届瑞士日内瓦国际发明展览会

东南大学3个具有自主知识产权的发明项目参加了本届展会，并获得了1项特别金奖，1项金奖，1项铜奖。分别是：东南大学射频与光电集成电路研究所王志功教授等发明的"微电子神经肌电桥"获得特别金奖，是中国参展高校中获得的唯一一项特别金奖；土木工程学院徐赵东教授等发明的"结构多方向隔震与减震装置"获得金奖；仪器科学与工程学院陈熙源教授等发明的"一种用于水下滑翔器的组合导航装置及方法"获得铜奖。

(5) "三大检索"论文情况

中国科学技术信息技术研究所发布了2014年度中国科技论文统计数据。该数据显示，2014年东南大学SCIE收录论文2 160篇，比2013年增加370篇，排名第19位（较2013年上升1位）；EI收录论文2 170篇，比2013年增加201篇，排名第10位（较2013年上升3位）；CPCI-S收录论文414篇，排名第18位；表现不俗论文820篇，比2013年增加184篇，排名第21位。2014年度百篇最具影响力国际学术论文是从2014年SCI收录的我国第一作者论文中选取的，这100篇论文来自81个机构，其中高校45所共6篇，东南大学有1篇论文入选。

2. 基地管理方面

组织申报了科技部2015年创新人才培养示范基地、交通运输行业重点实验室1个（交通基础设施安全风险管理实验室）、江苏省工程技术研究中心4个[江苏省高延性水泥基材料(ECC)工程技术研究中心、江苏省智能控制工程技术研究中心、江苏省能源互联网技术与装备工程技术研究中心、江苏省智能健康管理工程技术研究中心]，与企业联合申报各级各类研究中心2个。

新获批1个交通运输行业重点实验室——交通基础设施安全风险管理实验室。

组织完成了1个江苏省重点实验室（江苏省智能电网技术与装备重点实验室）的建设验收工作。

组织2个国家工程技术研究中心（国家预应力工程技术研究中心、国家专用集成电路系统工程技术研究中心）、3个江苏省工程技术研究中心（江苏省污染控制及资源化工程技术研究中心、江苏省信息显示工程技术研究中心、现代混凝土耐久性评估与提升工程技术研究中心）的绩效评估工作。

组织开展了国家实验室的筹建工作，组建了"南京新一代通信技术国家实验室"申报领导小组和工作小组,组织多次研讨基本确立了"南京新一代通信技术国家实验室"的申报框架。

组织开展了国家重点实验室的筹建工作,根据学校的学科优势以及现有实验室分布情况,确立了5个国家重点实验室培育点,组建了申报工作小组,多次组织召开5个国家重点实验室的申报主题研讨会,并召开学术委员会,对各个实验室的定位、研究方向、人才队伍组织以及申报材料撰写等多方面进行指导。

组织开展了省部级科研基地学术委员会的换届工作;严格把关3个国家重点实验室专项建设经费以及校内30多家省部级及以上科研基地890万基本科研业务费的使用情况;审核校内外重点实验室开放课题128项,外协合同48项,梳理完成了170余个校内科研基地的统计工作。

3. 专利管理方面

(1) 2015年我校发明专利申请2 015项,发明专利授权1 350项,发明专利申请量和授权量均居全国高校前列,江苏高校第一。

(2) 国外专利申请5项;国外专利授权13项。

(3) PCT专利申请14项。

(4) 作为江苏省首批贯彻"高等学校知识产权管理规范"试点单位,制订了"东南大学知识产权管理手册"和"东南大学知识产权工作手册",其涵盖了我校知识产权所有的管理规则以及申请流程、知识产权经费的使用流程、转让合同的签订流程、合同的审批流程等。

七、项目管理科工作服务师生热情到位,任劳任怨责无旁贷

1. 科研经费的切块和统计

2015年,全校科研经费达10.5亿元,其中纵向经费5.8亿元,横向经费4.7亿元。我们完成了所有项目的经费切块、经费转账、结题和向校内各相关部门及对各级政府部门的数据统计、上报工作。办理了四个国家课题的招投标并签订了三十多项(不含科研项目)外协服务合同。

2. 横向项目合同管理

(1) 部分横向科研项目的审核、盖章、网上数据采集。

(2) 2015年,办理横向科研项目合同的免税认定230个,认定金额11 742.5万元。

(3) 办理部分横向项目投标手续。

(4) 2012年975多个横向科研合同的整理、装订及存档工作。

3. 职称申报评审工作

完成2015年度教师职称评审的材料审核工作,2015年博导、硕导和评选优秀教师等项目的审核工作。完成了东南大学科研经费管理专项检查整改工作、科研经费结题、结账的清理工作及东南大学公务接待情况的梳理和整改工作。完成科研院内部各专项经费的申请、办理以及预决算工作。

2015年国家自然科学基金项目

序号	项目批准号	项目负责人	单位	项目名称	申请代码1	项目类别	批准金额（万元）	开始日期	结题日期
1	51508085	贾亭立	01 建筑学院	以申遗城墙为对象的中国明清城墙建设研究	E080102	青年科学基金项目	20	2016-1-1	2018-12-31
2	51508086	易鑫	01 建筑学院	基于社会网络的城市公共空间系统整合性再开发研究——以南京主城为例	E080201	青年科学基金项目	20	2016-1-1	2018-12-31
3	51508087	汤晔峥	01 建筑学院	文化基因视角下的历史村镇保护模式转型研究——以江苏为例	E080201	青年科学基金项目	20	2016-1-1	2018-12-31
4	51578123	韩冬青	01 建筑学院	集约型城市街区的形态生成技术及其管控机制	E080101	面上项目	62	2016-1-1	2019-12-31
5	51578125	朱雷	01 建筑学院	人口稠密、土地资源紧缺地区的城市殡葬空间系统集约化研究——以江苏省为例	E080101	面上项目	50	2016-1-1	2019-12-31
6	51578126	张愚	01 建筑学院	基于相似参照运算模型的容积率值域生成机制与方法	E080101	面上项目	62	2016-1-1	2019-12-31
7	51578127	淳庆	01 建筑学院	江南传统木构建筑典型构架体系的榫卯构造及结构机制研究	E080102	面上项目	62	2016-1-1	2019-12-31
8	51578128	杨俊宴	01 建筑学院	基于"人—地—业—能"大数据平台的城市空间形态时空演化与结构特征研究	E0802	面上项目	62	2016-1-1	2019-12-31
9	51578129	熊国平	01 建筑学院	文化生态保护区保护规划技术研究与应用	E080201	面上项目	62	2016-1-1	2019-12-31
10	51578130	陈烨	01 建筑学院	江浙优秀传统风景建筑风貌尺度参数化研究	E080202	面上项目	62	2016-1-1	2019-12-31

(续表)

序号	项目批准号	项目负责人	单位	项目名称	申请代码1	项目类别	批准金额（万元）	开始日期	结题日期
11	51505081	王荣蓉	02 机械学院	电动汽车碰撞失稳条件下运动轨迹瞬时规划与控制方法研究	E050303	青年科学基金项目	22	2016-1-1	2018-12-31
12	51505082	项 楠	02 机械学院	形变和形状特性对生物粒子喷射性迁移行为的影响机理研究	E0512	青年科学基金项目	22	2016-1-1	2018-12-31
13	51505083	陈 科	02 机械学院	基于分片式介电泳的纳米线批量式组装机理研究	E0512	青年科学基金项目	21	2016-1-1	2018-12-31
14	51575100	王兴松	02 机械学院	奎素人工肌肉的实现及其在穿戴式康复装置中的应用	E050103	面上项目	63	2016-1-1	2019-12-31
15	51575101	许飞云	02 机械学院	基于近场动力学的大型起重机械结构损伤机理及其识别方法研究	E050302	面上项目	64	2016-1-1	2019-12-31
16	51575103	殷国栋	02 机械学院	过驱动多轮直驱轻型电动汽车多模型估计及控制研究	E050303	面上项目	65	2016-1-1	2019-12-31
17	51575104	张 艳	02 机械学院	基于表面力仪的摩擦磨耗机理的实验研究	E050501	面上项目	65	2016-1-1	2019-12-31
18	51575106	顾兴中	02 机械学院	全生物吸收药物洗脱血管支架的设计、制备与测试	E050902	面上项目	64	2016-1-1	2019-12-31
19	51575107	罗 晨	02 机械学院	基于统计模态特性的多工位柔性装配夹具设计方法的研究	E051002	面上项目	63	2016-1-1	2019-12-31
20	51575108	篓建平	02 机械学院	可重构水线计生产调度集成优化方法研究	E051003	面上项目	62	2016-1-1	2019-12-31
21	51575109	毕可东	02 机械学院	微电子封装中聚噻吩纳米纤维作为热界面材料的机热电特性研究	E051204	面上项目	65	2016-1-1	2019-12-31
22	41571476	宋海亮	03 能环学院	根系分泌物介导下生物电化学强化人工湿地去除低污染水中PPCPs的研究	D010903	面上项目	65	2016-1-1	2019-12-31
23	51506028	杨 柳	03 能环学院	纳米氨水吸收式制冷系统与分散装置一体化研究	E060105	青年科学基金项目	20	2016-1-1	2018-12-31

(续 表)

序号	项目批准号	项目负责人	单位	项目名称	申请代码1	项目类别	批准金额（万元）	开始日期	结题日期
24	51506029	吴 啸	03 能环学院	CO_2捕集电站运行优化控制基础研究	E060106	青年科学基金项目	20	2016-1-1	2018-12-31
25	51506030	张 彪	03 能环学院	高温弥散介质六维光场强度表征及反光热信息重建方法研究	E060302	青年科学基金项目	21	2016-1-1	2018-12-31
26	5152010S009	张小松	03 能环学院	电渗析空气直接除湿及溶液再生技术的基础研究	E0608	国际(地区)合作与交流项目	245	2016-1-1	2020-12-31
27	5156112S001	沈来宏	03 能环学院	基于载氧体解耦的煤化学链燃烧多尺度基础研究	E0604	国际(地区)合作与交流项目	256.6	2015-1-1	2018-12-31
28	51575105	杨建刚	03 能环学院	自适应气膜复合密封抑制透平叶尖泄漏理论、关键技术与可行性研究	E050502	面上项目	64	2016-1-1	2019-12-31
29	51576039	杨林军	03 能环学院	SCR脱硝过程中PM2.5物性变化机制及对燃煤电厂排放特征的影响研究	E06	面上项目	64	2016-1-1	2019-12-31
30	51576040	潘 蕾	03 能环学院	基于BONM建模的分布式能源系统先进鲁棒自适应控制方法研究	E060106	面上项目	60	2016-1-1	2019-12-31
31	51576041	沈 炯	03 能环学院	基于经济预测控制的直接空冷发电机组冷端优化方法研究	E060106	面上项目	64	2016-1-1	2019-12-31
32	51576042	向文国	03 能环学院	叠式流化床钙循环煤制氢协同捕集二氧化碳基础研究	E060403	面上项目	75	2016-1-1	2019-12-31
33	51576043	张 军	03 能环学院	燃煤PM2.5在过饱和水汽中核化机理和水汽竞争作用机制的研究	E060407	面上项目	64	2016-1-1	2019-12-31
34	51576044	段钰锋	03 能环学院	基于CLP过程的燃煤烟气汞脱除回收及吸附剂再生的机理研究	E060407	面上项目	60	2016-1-1	2019-12-31
35	51576045	邵应娟	03 能环学院	交互双循环流化床的颗粒循环特性与耦合协调机制	E060504	面上项目	64	2016-1-1	2019-12-31
36	51576046	袁竹林	03 能环学院	湿颗粒流态化过程机理与数理建模研究	E060504	面上项目	60	2016-1-1	2019-12-31

(续表)

序号	项目批准号	项目负责人	单位	项目名称	申请代码1	项目类别	批准金额(万元)	开始日期	结题日期
37	51576047	肖军	03 能环学院	基于生物质含碳官能团选择性热解-氧化的协同转化制氢	E060702	面上项目	64	2016-1-1	2019-12-31
38	51576048	宋敏	03 能环学院	基于生物质燃气的金属-碳纤维催化重整制合成气的机理研究	E060702	面上项目	64	2016-1-1	2019-12-31
39	51578132	朱光灿	03 能环学院	多阳极微生物燃料电池阴极同步硝化反硝化的强化与机制	E080402	面上项目	62	2016-1-1	2019-12-31
40	U1560205	余艾冰	03 能环学院	颗粒尺度下的高炉数学模型的开发与应用	E04	联合基金项目	280	2016-1-1	2019-12-31
41	11573007	杨非	04 信息学院	亚毫米波新型准光阵列混频接收技术研究	A030802	面上项目	73	2016-1-1	2019-12-31
42	11574048	安良	04 信息学院	水中目标辐射噪声线谱起伏特性研究	A040502	面上项目	62	2016-1-1	2019-12-31
43	61501109	吴亮	04 信息学院	MIMO室内可见光通信传输理论的研究	F010905	青年科学基金项目	21	2016-1-1	2018-12-31
44	61501110	沈弘	04 信息学院	面向全双工的新型MIMO系统传输优化	F010501	青年科学基金项目	19	2016-1-1	2018-12-31
45	61501111	余晨	04 信息学院	基片集成同轴线理论及应用研究	F012005	青年科学基金项目	21	2016-1-1	2018-12-31
46	61501112	傅晓建	04 信息学院	太赫兹人工表面等离元无源器件	F011906	青年科学基金项目	21	2016-1-1	2018-12-31
47	61501113	李佳珉	04 信息学院	导频污染下大规模分布式MIMO无线传输理论与技术研究	F010501	青年科学基金项目	21	2016-1-1	2018-12-31
48	61501114	陈苗	04 信息学院	CMOS毫米波频率源技术研究	F012004	青年科学基金项目	23	2016-1-1	2018-12-31
49	61501116	张川	04 信息学院	5G极化码译码算法理论与实现关键技术研究	F010103	青年科学基金项目	20	2016-1-1	2018-12-31

(续 表)

序号	项目批准号	项目负责人	单位	项目名称	申请代码1	项目类别	批准金额（万元）	开始日期	结题日期
50	61501117	万 向	04 信息学院	新型人工电磁表面功能器件	F011906	青年科学基金项目	23	2016-1-1	2018-12-31
51	61522106	蒋卫祥	04 信息学院	新型人工电磁媒质	F011906	优秀青年科学基金项目	130	2016-1-1	2018-12-31
52	61531011	金 石	04 信息学院	无定形无线覆盖网络理论与关键技术	F0104	重点项目	300	2016-1-1	2020-12-31
53	61534003	王志功	04 信息学院	植入式神经信号再生与阻断微电子接口器件关键技术研究	F0407	重点项目	300	2016-1-1	2020-12-31
54	61571105	张在琛	04 信息学院	滤波器组多载波相干光无线通信研究	F010905	面上项目	60	2016-1-1	2019-12-31
55	61571106	周 琳	04 信息学院	基于空间听觉感知的双耳语音分离和识别关键问题研究	F011706	面上项目	57	2016-1-1	2019-12-31
56	61571107	王家恒	04 信息学院	密集无线网络分布式感知和鲁棒性传输理论与方法	F010401	面上项目	57	2016-1-1	2019-12-31
57	61571108	李正权	04 信息学院	大规模MIMO系统中低复杂度检算法研究	F010501	面上项目	60	2016-1-1	2019-12-31
58	61571110	胡爱群	04 信息学院	面向未来移动通信的物理层安全技术研究	F010202	面上项目	57	2016-1-1	2019-12-31
59	61571111	张 源	04 信息学院	周期性蜂窝机器通信调度关键技术研究	F010505	面上项目	60	2016-1-1	2019-12-31
60	61571112	李 潇	04 信息学院	统计信道信息辅助的大规模MIMO下行无线通信理论与方法研究	F010301	面上项目	57	2016-1-1	2019-12-31
61	61571115	王俊波	04 信息学院	基于空间调制的室内可见光通信理论与技术研究	F010905	面上项目	54	2016-1-1	2019-12-31
62	61571117	崔铁军	04 信息学院	人工表面等离元有源器件的研制	F011906	面上项目	67	2016-1-1	2019-12-31

(续)

序号	项目批准号	项目负责人	单位	项目名称	申请代码1	项目类别	批准金额（万元）	开始日期	结题日期
63	61571118	张 华	04 信息学院	可见光通信中的多维高效传输理论与方法研究	F010301	面上项目	60	2016-1-1	2019-12-31
64	61571120	朱鹏程	04 信息学院	密集分布式MIMO下行传输理论与方法研究	F010301	面上项目	60	2016-1-1	2019-12-31
65	61571122	康 维	04 信息学院	从信息论角度研究若干安全问题	F010102	面上项目	57	2016-1-1	2019-12-31
66	61571123	刘 楠	04 信息学院	有限回程链路容量下的多小区处理技术研究	F010303	面上项目	62	2016-1-1	2019-12-31
67	61571125	吴炳洋	04 信息学院	基于滑动空间窗的大规模MIMO无线传输理论及方法研究	F010501	面上项目	54	2016-1-1	2019-12-31
68	61574036	李 芹	04 信息学院	太赫兹CMOS信号源关键技术研究	F040202	重点项目	72	2016-1-1	2019-12-31
69	11532005	何小元	05 土木学院	数字图像相关测量中若干关键问题研究	A020316	重点项目	280	2016-1-1	2020-12-31
70	11572086	费庆国	05 土木学院	热声-振环境下结构全频段动力学响应预示问题研究	A020209	面上项目	86	2016-1-1	2019-12-31
71	11572088	徐赵东	05 土木学院	粘弹性微振抑制材料和阻尼器动力学耗散机理与试验研究	A020313	面上项目	60	2016-1-1	2019-12-31
72	51508088	陈 伟	05 土木学院	火灾诱发多层轻钢复合墙体结构失效理论及倒塌仿真研究	E080502	青年科学基金项目	20	2016-1-1	2018-12-31
73	51508089	陈 耀	05 土木学院	基于群论的预应力杆体系刚度解析与形态优化研究	E080507	青年科学基金项目	21	2016-1-1	2018-12-31
74	51508092	邓温妮	05 土木学院	非饱和土体中微生物封堵机理研究	E080603	青年科学基金项目	20	2016-1-1	2018-12-31
75	51528802	张 简	05 土木学院	新型损伤可控摇摆墙及其抗震性能评价研究	E080504	海外及港澳学者合作研究基金	18	2016-1-1	2017-12-31

(续表)

序号	项目批准号	项目负责人	单位	项目名称	申请代码1	项目类别	批准金额（万元）	开始日期	结题日期
76	51538002	叶继红	05 土木学院	多层轻钢龙骨式复合剪力墙结构体系创新、基础理论与设计方法研究	E0805	重点项目	300	2016-1-1	2020-12-31
77	5155011023I	SINGH RAJENDRA PRASAD（傅大放）	05 土木学院	Fate and Transformation of Various Mercury Forms in Constructed Wetlands Treating Highway Runoff	E080402	国际（地区）合作与交流项目	16.896	2016-1-1	2016-12-31
78	51578131	孙 越	05 土木学院	基于树脂吸附的芳香可离子化有机物去除机制与技术	E080402	面上项目	62	2016-1-1	2019-12-31
79	51578133	冯 健	05 土木学院	斜拉结构的鲁棒性及其抗连续倒塌性能研究	E080502	面上项目	62	2016-1-1	2019-12-31
80	51578134	舒赣平	05 土木学院	考虑冷加工效应的冷成型不锈钢管结构承受力性能及统一设计理论的研究	E080502	面上项目	62	2016-1-1	2019-12-31
81	51578135	王文炜	21 交通学院	FRP 格栅/喷射 ECC 增强混凝土墩柱的约束机理与恢复力模型研究	E080504	面上项目	63	2016-1-1	2019-12-31
82	51578136	赵才其	05 土木学院	基于高性能蜂窝板的单层铝合金组合网壳的力学性能及设计方法分析	E080504	面上项目	61	2016-1-1	2019-12-31
83	51578137	靳 慧	05 土木学院	基于多尺度随机有限元法的铸钢构件和结构可靠性分析	E080504	面上项目	61	2016-1-1	2019-12-31
84	51578138	丁幼亮	05 土木学院	正交异性钢桥面板顶板贯穿型疲劳裂纹的应变疲劳分析与可靠度优化设计研究	E080505	面上项目	62	2016-1-1	2019-12-31
85	51578139	张 建	05 土木学院	基于冲击振动与长标距应变传感的桥梁测试方法及其理论创新	E080509	面上项目	62	2016-1-1	2019-12-31
86	51578140	万春风	05 土木学院	基于自适应粒子滤波的非线性非高斯桥梁损伤识别与评估研究	E080509	面上项目	62	2016-1-1	2019-12-31
87	51578142	郭 力	05 土木学院	载荷与环境作用下氯离子侵蚀与混凝土开裂过程耦合分析方法及应用	E080511	面上项目	62	2016-1-1	2019-12-31

(续表)

序号	项目批准号	项目负责人	单位	项目名称	申请代码1	项目类别	批准金额（万元）	开始日期	结题日期
88	51578144	李启明	05 土木学院	基于DFS的地铁工程全生命期安全风险智能化预控方法研究	E080512	面上项目	62	2016-1-1	2019-12-31
89	51578145	黎冰	05 土木学院	气泡混合轻质土的耐久性与劣化机理研究	E080601	面上项目	57	2016-1-1	2019-12-31
90	51578151	王浩	05 土木学院	强震作用下隔震连续梁桥精细动力行为的多尺度分析与试验研究	E080803	面上项目	62	2016-1-1	2019-12-31
91	71502032	宁延	05 土木学院	嵌入视角下建设项目关系治理矛盾困境及应对策略研究	G0213	青年科学基金项目	18.2	2016-1-1	2018-12-31
92	71573037	林艺馨	05 土木学院	"中国式关系治理"与国际工程环境的适应性研究	G0301	面上项目	49	2016-1-1	2019-12-31
93	11504046	朱超	06 电子学院	液体膜透射电镜技术原位研究氧化锌光催化剂的光腐蚀机制	A040106	青年科学基金项目	24	2016-1-1	2018-12-31
94	11504047	黄兆聪	06 电子学院	单晶Fe_3O_4半导体异质结构的自旋输运研究	A040208	青年科学基金项目	24	2016-1-1	2018-12-31
95	11504049	芮光浩	06 电子学院	金属纳米粒子与空间结构矢量光场相互作用及其在光镊中的应用	A040405	青年科学基金项目	24	2016-1-1	2018-12-31
96	11574046	肖金标	06 电子学院	硅基片上波长与偏振混合复用传输系统机理的表征、模拟与实验研究	A040407	面上项目	73	2016-1-1	2019-12-31
97	51571060	贺龙兵	06 电子学院	20 nm以下金属、金属合金的结构、力学行为及性能调制	E010302	面上项目	62	2016-1-1	2019-12-31
98	61504024	李霁	06 电子学院	基于熔融沉积成型（FDM）工艺的电子元器件集成制造基础研究	F040606	青年科学基金项目	24	2016-1-1	2018-12-31
99	61504025	祝靖	06 电子学院	基于三维载流子注入理论的新型功率SOI-LIGBT器件结构与模型研究	F040403	青年科学基金项目	22	2016-1-1	2018-12-31
100	61504026	Qasim Khan	06 电子学院	基于石墨烯的双面发射倒置式量子点发光二极管器件的研究	F040301	青年科学基金项目	22	2016-1-1	2018-12-31

(续)

序号	项目批准号	项目负责人	单位	项目名称	申请代码1	项目类别	批准金额（万元）	开始日期	结题日期
101	61505027	宗慎飞	06 电子学院	基于SERS的肿瘤细胞外泌体及其内含RNA检测研究	F0513	青年科学基金项目	20	2016-1-1	2018-12-31
102	61505028	王莉莉	06 电子学院	三维显示系统光电特性及图像属性对疲劳度影响的研究	F050106	青年科学基金项目	20	2016-1-1	2018-12-31
103	61535003	崔一平	06 电子学院	面向乳腺癌特征物检测的多参量SERS微通道芯片及其探测技术研究	F0512	重点项目	300	2016-1-1	2020-12-31
104	61550110243	Moyen Eric（雷威）	06 电子学院	Composite solar cells based on graphene-semiconductor nanowires multi-layers	F040306	国际（地区）合作与交流项目	33.3	2016-1-1	2017-12-31
105	61550110244	Yuen Chau	06 电子学院	Massive Machine-to-Machine Communications with Energy Harvesting	F010202	国际（地区）合作与交流项目	16.6667	2016-1-1	2016-12-31
106	61571124	张晓兵	06 电子学院	基于场发射电子源的快速X射线成像技术的研究	F012201	面上项目	60	2016-1-1	2019-12-31
107	61574033	单伟伟	06 电子学院	近阈值超宽电压电路的PVT偏差弹性设计方法研究	F040203	面上项目	57	2016-1-1	2019-12-31
108	61574034	徐峰	06 电子学院	基于原位环境透射电子显微学的石墨烯传感器表面界面过程微观机制研究	F040801	面上项目	64	2016-1-1	2019-12-31
109	61574035	吴建辉	06 电子学院	全集成抗阻塞射频接收系统的设计方法及电路实现研究	F040202	面上项目	16	2016-1-1	2016-12-31
110	11501099	许佩蓉	07 数学系	基于广义部分线性单指标模型的高维纵向数据统计分析	A011102	青年科学基金项目	18	2016-1-1	2018-12-31
111	11501100	徐毅	07 数学系	一类大规模实对称锥规划算法	A011201	青年科学基金项目	18	2016-1-1	2018-12-31
112	11501101	吴云建	07 数学系	罗马控制数、彩虹控制数及相关问题的研究	A011602	青年科学基金项目	18	2016-1-1	2018-12-31

(续表)

序号	项目批准号	项目负责人	单位	项目名称	申请代码1	项目类别	批准金额（万元）	开始日期	结题日期
113	11501102	钟敏	07 数学系	基于紧支径向基函数的支持向量机多尺度反演算法及其应用	A011703	青年科学基金项目	18	2016-1-1	2018-12-31
114	11571072	吴昊	07 数学系	对于正规形理论中的若干问题的研究及其应用	A010702	面上项目	50	2016-1-1	2019-12-31
115	11571073	林金官	07 数学系	一类经济计量模型的统计分析及其应用研究	A011102	面上项目	50	2016-1-1	2019-12-31
116	61573096	曹进德	07 数学系	多智能体最优合作调控及其在电力系统中应用	F030203	面上项目	66	2016-1-1	2019-12-31
117	61573102	卢剑权	07 数学系	具有混杂特性的复杂网络群体行为分析与控制	F030707	面上项目	66	2016-1-1	2019-12-31
118	61503076	甘亚辉	08 自动化学院	多机器人协作焊接系统中的轨迹规划与位置力协调控制研究	F030606	青年科学基金项目	19	2016-1-1	2018-12-31
119	61503078	王翔宇	08 自动化学院	受扰多智能体系统的分布式主动抗干扰协调控制研究	F030101	青年科学基金项目	20	2016-1-1	2018-12-31
120	61503079	王庆领	08 自动化学院	基于饱和和受限的多个体系统鲁棒一致性问题研究	F030103	青年科学基金项目	20	2016-1-1	2018-12-31
121	61503080	陶妍	08 自动化学院	基于时滞的离散终端滑模控制系统研究	F030101	青年科学基金项目	21	2016-1-1	2018-12-31
122	61503081	黄永明	08 自动化学院	声源中多因素变化性鲁棒性的居家老年人精神状态分析方法研究	F0304	青年科学基金项目	19	2016-1-1	2018-12-31
123	61504027	牛丹	08 自动化学院	基于解耦合和寻优的非线性电路直流仿真研究及应用	F040204	青年科学基金项目	20	2016-1-1	2018-12-31
124	61520106009	孙长银	08 自动化学院	多智能体事件驱动分布式优化控制	F030103	国际（地区）合作与交流项目	245	2016-1-1	2020-12-31
125	61573097	李新德	08 自动化学院	面向大数据的DSmT近似推理及其目标识别应用研究	F030307	面上项目	66	2016-1-1	2019-12-31

(续表)

序号	项目批准号	项目负责人	单位	项目名称	申请代码1	项目类别	批准金额（万元）	开始日期	结题日期
126	61573099	杨俊	08 自动化学院	多源干扰非线性系统的定量鲁棒分析和精细抗干扰控制	F030101	面上项目	65	2016-1-1	2019-12-31
127	61573100	房芳	08 自动化学院	构件化机器人系统动态任务规划与执行机制研究	F030603	面上项目	67	2016-1-1	2019-12-31
128	61573101	钱堃	08 自动化学院	欠明确表达任务下基于非受限交互的机器人模仿学习方法研究	F030603	面上项目	66	2016-1-1	2019-12-31
129	61573103	曹向辉	08 自动化学院	无线多信道信息物理融合系统中调度与控制的分布式协同设计	F030103	面上项目	64	2016-1-1	2019-12-31
130	61573105	田玉平	08 自动化学院	分布式控制与估计中的扰动协同研究	F030103	面上项目	66	2016-1-1	2019-12-31
131	31571001	杨冠羽	09 计算机学院	肾部分切除手术中图像处理关键问题的研究	C100402	面上项目	61	2016-1-1	2019-12-31
132	61502095	李慧颖	09 计算机学院	基于关键词的大规模链接数据搜索技术研究	F020510	青年科学基金项目	20	2016-1-1	2018-12-31
133	61502097	张竞慧	09 计算机学院	多数据中心环境中科学大数据应用的数据布局与执行优化研究	F020803	青年科学基金项目	21	2016-1-1	2018-12-31
134	61502098	肖卿俊	09 计算机学院	基于略图挖掘的不同时空域的网络流式数据实时处理	F020807	青年科学基金项目	21	2016-1-1	2018-12-31
135	61502099	方效林	09 计算机学院	人体健康监测系统中感知数据获取关键技术的研究	F020809	青年科学基金项目	21	2016-1-1	2018-12-31
136	61502100	凌振	09 计算机学院	基于计算机视觉的触屏终端输入盲识别攻击与防御	F020705	青年科学基金项目	22	2016-1-1	2018-12-31
137	61502101	刘志昊	09 计算机学院	基于纠缠的量子安全通信协议设计与分析	F020702	青年科学基金项目	21	2016-1-1	2018-12-31
138	61528302	何瑜岚	09 计算机学院	面向社交网络的意见群体检测研究	F030409	海外及港澳学者合作研究基金	18	2016-1-1	2017-12-31

（续）

序号	项目批准号	项目负责人	单位	项目名称	申请代码1	项目类别	批准金额（万元）	开始日期	结题日期
139	61572008	周 颖	09计算机学院	信息物理融合系统建模与验证关键技术研究	F020106	面上项目	56	2016-1-1	2019-12-31
140	61572126	李必信	09计算机学院	面向全生命周期的软件协同演化关键技术研究	F020202	面上项目	65	2016-1-1	2019-12-31
141	61572127	李小平	09计算机学院	云计算环境下多尺度计费服务的批任务工作流调度	F0205	面上项目	66	2016-1-1	2019-12-31
142	61572128	宋爱波	09计算机学院	云计算环境下面向大数据的在线聚集并行优化机制研究	F020803	面上项目	16	2016-1-1	2016-12-31
143	61572129	东 方	09计算机学院	云环境下面向大规模图数据处理的资源优化机制研究	F020803	面上项目	64	2016-1-1	2019-12-31
144	61572130	杨 明	09计算机学院	基于指纹攻击的网络实体识别技术研究	F020805	面上项目	66	2016-1-1	2019-12-31
145	61573104	张敏灵	09计算机学院	偏标记学习的研究	F030504	面上项目	64	2016-1-1	2019-12-31
146	11504048	林 林	10物理系	自旋冰异质结的新物理效应及其磁电耦合机制研究	A040209	青年科学基金项目	24	2016-1-1	2018-12-31
147	11511140278	董正高	10物理系	超高精度三维电子束刻蚀制备三维特异介质及其光学性质研究	A040407	国际(地区)合作与交流项目	12.5	2015-7-1	2017-6-30
148	11574045	汪 军	10物理系	拓扑自旋泵效应研究	A040203	面上项目	62	2016-1-1	2019-12-31
149	11574047	范吉阳	10物理系	多种晶体结构的碳纳米晶体的制备、发光性质及其相变过程研究	A040410	面上项目	73	2016-1-1	2019-12-31
150	11575043	吕 准	10物理系	广义部分子分布函数及相关硬遮挡举过程的研究	A050202	面上项目	58	2016-1-1	2019-12-31
151	11575044	叶 巍	10物理系	角动量和激发能相关的能级密度参数对热核退激机制影响的研究	A050304	面上项目	62	2016-1-1	2019-12-31

(续 表)

序号	项目批准号	项目负责人	单位	项目名称	申请代码1	项目类别	批准金额（万元）	开始日期	结题日期
152	51571062	翟 亚	10 物理系	稀土掺杂非磁对磁过渡金属"铁磁/非磁"纳米复合合金薄膜（FM/NM-RE）的磁性调控	E010501	面上项目	62	2016-1-1	2019-12-31
153	11572087	何思渊	11 生医学院	冲击载荷作用下泡沫铝孔隙梯度优化设计	A020305	面上项目	60	2016-1-1	2019-12-31
154	21501026	朱 存	11 生医学院	基于金-银双金属纳米棒的光电联用柔性传感器件研究	B010701	青年科学基金项目	20	2016-1-1	2018-12-31
155	21501027	陈 怡	11 生医学院	金属纳米粒子超晶格薄膜的可控性构建及其多相高敏检测的研究	B0111	青年科学基金项目	20	2016-1-1	2018-12-31
156	21574020	卢晓林	11 生医学院	结合非线性和线性光谱从分子水平研究高分子薄膜表界面和本体结构	B040601	面上项目	66	2016-1-1	2019-12-31
157	21575023	陈 扬	11 生医学院	稀土MOF传感材料/传感器的制备及其生物传感信使小分子的传感应用	B0509	面上项目	65	2016-1-1	2019-12-31
158	51522302	赵远锦	11 生医学院	微纳结构生物材料	E0310	优秀青年科学基金项目	130	2016-1-1	2018-12-31
159	51573025	徐 华	11 生医学院	用于呼气中痕量VOC标志物检测的石墨烯气体传感阵列研究	E030901	面上项目	63	2016-1-1	2019-12-31
160	61527806	何农跃	11 生医学院	基于核酸适配体识别的肿瘤细胞新型标志物高效筛选仪的研制	F012404	国家重大科研仪器研制项目	606	2016-1-1	2020-12-31
161	61571114	肖鹏峰	11 生医学院	两核苷酸合成测序及其在PCR产物分析中的应用研究	F01	面上项目	67	2016-1-1	2019-12-31
162	61571119	王进科	11 生医学院	细胞内转录因子高分辨率DNA结合靶点鉴定新技术的发展及其应用研究	F012404	面上项目	65	2016-1-1	2019-12-31
163	61571121	涂 景	11 生医学院	基于拨合序列和微流控技术的基因组单倍体分型技术研究	F012404	面上项目	60	2016-1-1	2019-12-31

（续）

序号	项目批准号	项目负责人	单位	项目名称	申请代码1	项目类别	批准金额（万元）	开始日期	结题日期
164	81571806	张宁	11 生医学院	多靶点靶向多模态成像引导肿瘤磁感应热疗及协同效应研究	H1819	面上项目	58	2016-1-1	2019-12-31
165	31570961	储成林	12 材料学院	模拟生理应力作用下 Mg/PLA 复合材料的分阶协同降解行为研究	C1002	面上项目	61	2016-1-1	2019-12-31
166	51501037	王倩倩	12 材料学院	钴基磁敏非晶合金非晶形成能力和塑性变形能力研究	E010301	青年科学基金项目	25	2016-1-1	2018-12-31
167	51501038	张培根	12 材料学院	异质相界面对低熔点金属晶须自发生长的影响机制研究	E010702	青年科学基金项目	20	2016-1-1	2018-12-31
168	51501039	晏井利	12 材料学院	含 LPSO 结构镁合金的蠕变行为及微观变形机制研究	E010801	青年科学基金项目	20	2016-1-1	2018-12-31
169	51508090	佘伟	12 材料学院	岛礁建筑防护与隔热一体化复合材料传热机理与动载响度研究	E080511	青年科学基金项目	20	2016-1-1	2018-12-31
170	51508091	武胜萍	12 材料学院	基于可靠度理论的超高索塔混凝土结构抗裂度设计	E080511	青年科学基金项目	20	2016-1-1	2018-12-31
171	51572047	钱春香	12 材料学院	水泥基材料中生物矿化与混凝土结作用及其对梯度特性的影响	E020501	面上项目	64	2016-1-1	2019-12-31
172	51578141	高建明	12 材料学院	多因素耦合作用下再生混凝土微结构损伤累积与性能退化机理	E080511	面上项目	61	2016-1-1	2019-12-31
173	51578143	蒋金洋	12 材料学院	动电纳米粒子和氯离子双向迁移协提升钢筋混凝土耐蚀性研究	E080511	面上项目	66	2016-1-1	2019-12-31
174	41571133	徐菲菲	13 人文学院	跨文化视角下环境伦理观对可持续旅游行为的作用机理与效应研究	D010202	面上项目	60	2016-1-1	2019-12-31
175	71501039	赖明辉	14 经管学院	碳减排约束下零担物流网络多方协作机制研究	G010303	青年科学基金项目	18.5	2016-1-1	2018-12-31
176	71501040	杨东辉	14 经管学院	基于多主题和网络模型的社交媒体电子医疗用户推荐研究	G011202	青年科学基金项目	17.4	2016-1-1	2018-12-31

(续表)

序号	项目批准号	项目负责人	单位	项目名称	申请代码1	项目类别	批准金额（万元）	开始日期	结题日期
177	71501041	高星	14经管学院	信息系统安全利益相关者之间的博弈关系分析和激励策略研究	G011201	青年科学基金项目	17.4	2016-1-1	2018-12-31
178	71502031	沙溪清	14经管学院	二元关系特征对创业团队创新绩效的影响研究：基于匹配机制的视角	G0203	青年科学基金项目	17.5	2016-1-1	2018-12-31
179	71502033	王亮亮	14经管学院	控股股东"掏空"及其经济后果：来自企业所得税的影响	G0206	青年科学基金项目	17.5	2016-1-1	2018-12-31
180	71503039	陈洪涛	14经管学院	基于消费者行为反应的家庭能源回弹效应生成机理及其政策引导	G031203	青年科学基金项目	19	2016-1-1	2018-12-31
181	71503041	尹威	14经管学院	基于大数据的互联网借贷平台价值研究	G030202	青年科学基金项目	18	2016-1-1	2018-12-31
182	71531004	王海燕	14经管学院	智能健康信息服务管理	G0109	重点项目	240	2016-1-1	2020-12-31
183	71571042	陈伟达	14经管学院	低碳环境下集成财务运作的制造/再制造生产决策优化研究	G0110	面上项目	48	2016-1-1	2019-12-31
184	41576096	余海涛	16电气学院	变速波浪发电系统及运行控制研究	D0606	面上项目	72	2016-1-1	2019-12-31
185	51507030	刘凯	16电气学院	航天飞轮储能电机及其控制系统关键问题的研究	E0703	青年科学基金项目	21	2016-1-1	2018-12-31
186	51507031	王玉荣	16电气学院	基于风电出力耦合相关性及动态稳定性的电量双向馈动电力系统无功补偿配置研究	E070401	青年科学基金项目	20	2016-1-1	2018-12-31
187	51507032	谭林林	16电气学院	能量双向馈动的电动汽车无线充放电系统关键技术研究	E0706	青年科学基金项目	22	2016-1-1	2018-12-31
188	51577024	林明耀	16电气学院	电动车用轴向磁场通切换型可控磁通记忆电机及其控制技术研究	E0703	面上项目	65	2016-1-1	2019-12-31
189	51577025	张建忠	16电气学院	基于永磁磁场调制的无刷双馈风力发电机及其系统研究	E070303	面上项目	65	2016-1-1	2019-12-31

(续)

序号	项目批准号	项目负责人	单位	项目名称	申请代码1	项目类别	批准金额（万元）	开始日期	结题日期
190	51577026	林鹤云	16 电气学院	高转矩密度永磁调速节能技术理论研究	E070303	面上项目	68	2016-1-1	2019-12-31
191	51577027	王政	16 电气学院	基于双定子多相复合永磁电机的高速电梯牵引驱动系统	E070303	面上项目	68	2016-1-1	2019-12-31
192	51577028	徐青山	16 电气学院	城市光伏密集接入地区楼宇空调虚拟机组及联动策略研究	E070401	面上项目	57	2016-1-1	2019-12-31
193	51577029	高赐威	16 电气学院	基于空调负荷储能建模的负荷聚合与运行调度关键技术	E070401	面上项目	54	2016-1-1	2019-12-31
194	51577030	汤奕	16 电气学院	电力信息物理融合系统的负荷预防紧急控制机理与方法	E070401	面上项目	56	2016-1-1	2019-12-31
195	51577031	张凯锋	16 电气学院	特高压电网网络线功率与频率优化协调控制研究	E070402	面上项目	57	2016-1-1	2019-12-31
196	51577032	蒋平	16 电气学院	考虑多种扰动环境的宽适应性电力系统强迫振荡辨识、定位与抑制方法研究	E070402	面上项目	57	2016-1-1	2019-12-31
197	51577033	肖华锋	16 电气学院	高频非隔离光伏并网逆变器零开关损耗运行理论及其规模化应用中的阻抗匹配方法	E070602	面上项目	65	2016-1-1	2019-12-31
198	21504013	张久洋	19 化工学院	生物相容性金属嵌段高分子：一种新型智能材料的设计与应用	B040705	青年科学基金项目	21	2016-1-1	2018-12-31
199	21505018	刘安然	19 化工学院	三维孔结构石墨烯/纳米抗体复合电极制备及其在有机磷农药免疫传感上的应用	B050905	青年科学基金项目	21	2016-1-1	2018-12-31
200	2151140093	付大伟	19 化工学院	分子铁电体与光伏太阳能电池	B01	国际（地区）合作与交流项目	9.7	2015-4-1	2017-12-31

(续表)

序号	项目批准号	项目负责人	单位	项目名称	申请代码1	项目类别	批准金额（万元）	开始日期	结题日期
201	21522101	张毅	19 化工学院	有机-无机杂化的分子基铁电块材和薄膜材料	B01	优秀青年科学基金项目	130	2016-1-1	2018-12-31
202	21571033	荀少华	19 化工学院	基于铂（IV）配合物的靶向或多靶点抗肿瘤前药研究	B0112	面上项目	65	2016-1-1	2019-12-31
203	21573041	叶恒云	19 化工学院	有机-无机杂化的铁电材料的设计及其在光伏和光解水上的应用	B0311	面上项目	66	2016-1-1	2019-12-31
204	21575022	丁收年	19 化工学院	一次性微型固态电化学发光检测器及其多组份分析中的应用	B050105	面上项目	70	2016-1-1	2019-12-31
205	21576049	黄凯	19 化工学院	整体型催化剂的微观结构数值化重构及其在反应-扩散过程多尺度建模中的应用	B060410	面上项目	72	2016-1-1	2019-12-31
206	21576050	周建成	19 化工学院	磁性纳米破乳剂的设计合成及变磁场促进破乳过程的机理研究	B060902	面上项目	65	2016-1-1	2019-12-31
207	81503099	陈飞虹	19 化工学院	基于CK2和DNA损伤修复的新型四价铂复合物的抗肿瘤机制研究	H3105	青年科学基金项目	17.9	2016-1-1	2018-12-31
208	81571812	王怡红	19 化工学院	多模式分子影像探针的设计制备与影像研究	H1819	面上项目	56	2016-1-1	2019-12-31
209	41571375	蔡先华	21 交通学院	多模式城市交通系统超网络模型研究	D010701	面上项目	60	2016-1-1	2019-12-31
210	41572273	童立元	21 交通学院	地下水降落漏斗区地铁隧道的工程灾变机理及控制措施研究	D0214	面上项目	76	2016-1-1	2019-12-31
211	41572280	邓永锋	21 交通学院	人参偏高岭土的钢渣活性激发机理与固化软粘土效能	D0214	面上项目	70	2016-1-1	2019-12-31
212	41574022	胡伍生	21 交通学院	基于模型误差补偿技术的对流层延迟建模与应用研究	D040103	面上项目	65	2016-1-1	2019-12-31
213	51508093	徐铖铖	21 交通学院	城市道路网络的交通安全评价与优化设计方法研究	E080701	青年科学基金项目	20	2016-1-1	2018-12-31

(续表)

序号	项目批准号	项目负责人	单位	项目名称	申请代码1	项目类别	批准金额（万元）	开始日期	结题日期
214	51508094	李志斌	21交通学院	快速道路常发性拥堵瓶颈路段限速设计与优化	E080701	青年科学基金项目	20	2016-1-1	2018-12-31
215	51508095	张伟光	21交通学院	改性沥青混凝土疲劳性能评价新方法研究	E080703	青年科学基金项目	20	2016-1-1	2018-12-31
216	51578146	刘松玉	21交通学院	基于多功能CPTU的能源桩热力响应机理分析与设计方法研究	E080601	面上项目	74	2016-1-1	2019-12-31
217	51578147	缪林昌	21交通学院	地铁列车振动荷载作用下管片累积损伤机理与修复技术研究	E080602	面上项目	74	2016-1-1	2019-12-31
218	51578148	章定文	21交通学院	碳化作用下水泥固化/稳定化重金属污染土的性状演变及其评价	E080603	面上项目	57	2016-1-1	2019-12-31
219	51578149	任刚	21交通学院	公交导向多模式疏散交通网络设计理论与方法	E080701	面上项目	62	2016-1-1	2019-12-31
220	51578150	程琳	21交通学院	考虑观测数据随机性的OD矩阵贝叶斯估计方法	E080701	面上项目	55	2016-1-1	2019-12-31
221	61573098	李文权	21交通学院	城市可变线路公交的承载能力与调度模型研究	F030209	面上项目	64	2016-1-1	2019-12-31
222	71501038	刘志远	21交通学院	基于距离的拥堵收费策略对多模式交通网络平衡影响研究	G01	青年科学基金项目	18.5	2016-1-1	2018-12-31
223	41574026	潘树国	22仪科学院	多系统RTK精度可控的多尺度、超快速定位技术研究	D040103	面上项目	65	2016-1-1	2019-12-31
224	51575102	严如强	22仪科学院	基于迁移学习的旋转机械故障诊断及寿命预测方法研究	E050302	面上项目	64	2016-1-1	2019-12-31
225	61502096	朱利丰	22仪科学院	面向大众的近似可展网格曲面设计技术研究	F020501	青年科学基金项目	19	2016-1-1	2018-12-31
226	61503077	祝燕华	22仪科学院	自然矢量辅助惯性的洋面长航时自主导航技术研究	F030301	青年科学基金项目	19	2016-1-1	2018-12-31

(续　表)

序号	项目批准号	项目负责人	单位	项目名称	申请代码1	项目类别	批准金额（万元）	开始日期	结题日期
227	61571113	李建清	22 仪科学院	基于建模和时频表示方法的穿戴式心电信号处理理论与技术研究	F0125	面上项目	65	2016-1-1	2019-12-31
228	61571126	杨波	22 仪科学院	基于谐振敏感的多物理量检测仿生毛发传感器及阵列研究	F012301	面上项目	60	2016-1-1	2019-12-31
229	61571127	夏敦柱	22 仪科学院	高性能硅基薄壳微半球谐振陀螺仪研究	F012305	面上项目	60	2016-1-1	2019-12-31
230	21577016	武秋立	23 医学院	秀丽线虫 mir-235 调控氧化石墨烯在体毒性及转运的分子机制研究	B070704	面上项目	65	2016-1-1	2019-12-31
231	31500844	吴晓菁	23 医学院	PDK1 在皮质细胞核动态正移及神经发生中的功能研究	C0903	青年科学基金项目	20	2016-1-1	2018-12-31
232	31570124	高大庆	23 医学院	Eha 调控靶基因影响迟缓爱德华菌在巨噬细胞内生存的机制研究	C010602	面上项目	60	2016-1-1	2019-12-31
233	81500073	钱倩	23 医学院	MiR-93 靶向调控 Angiopoietin2/Tie2 轴在恶性胸腔积液形成中的作用	H0114	青年科学基金项目	18	2016-1-1	2018-12-31
234	81501874	任科伟	23 医学院	周期性机械应力促进软骨细胞增殖的 Cav-1/IGF-1R 信号研究	H0605	青年科学基金项目	18	2016-1-1	2018-12-31
235	81502071	殷丹丹	23 医学院	E2F1 调控的长链非编码 RNA LINC00668 调节细胞周期促进胃癌增殖机制的初步研究	H1617	青年科学基金项目	18	2016-1-1	2018-12-31
236	81570365	王洽	23 医学院	Elabela/APJ 系统在心力衰竭中调控机制研究	H0212	面上项目	57	2016-1-1	2019-12-31
237	81571615	张建琼	23 医学院	表观遗传调控在神经元经典 MHC I 类分子组成型和诱导型表达中的作用机制研究	H1011	面上项目	54	2016-1-1	2019-12-31
238	81571805	刘培党	23 医学院	新型靶向探针 GMT8-Ag@Au 的构建及其在脑胶质瘤 CT 成像和辐射增敏一体化中的实验研究	H1819	面上项目	56	2016-1-1	2019-12-31

(续表)

序号	项目批准号	项目负责人	单位	项目名称	申请代码1	项目类别	批准金额（万元）	开始日期	结题日期
239	81572887	窦骏	23医学院	miR-7下调乳腺癌干细胞亚群的机制研究	H1607	面上项目	57	2016-1-1	2019-12-31
240	61573106	郭建华	ITS	一种基于模型预测的城市交通鲁棒控制系统	F030209	面上项目	65	2016-1-1	2019-12-31
241	81502783	孔璐	公卫学院	lncRNA在纳米镍致大鼠睾丸生殖细胞凋亡中的作用和调控机制	H2601	青年科学基金项目	19	2016-1-1	2018-12-31
242	81573108	刘冉	公卫学院	LncRNA调控P53信号通路参与砷毒素促进亚硝胺致食管癌的作用机制研究	H2601	面上项目	65	2016-1-1	2019-12-31
243	81573120	张娟	公卫学院	葡萄糖-6-磷酸脱氢酶缺陷对苯造血毒性的易感性与机制研究	H2602	面上项目	65	2016-1-1	2019-12-31
244	81573144	孙桂菊	公卫学院	不同来源ω-3多不饱和脂肪酸对2型糖尿病合并血脂异常人群糖脂代谢的影响及机制研究	H2603	面上项目	65	2016-1-1	2019-12-31
245	81573159	孙金芳	公卫学院	稻米镉暴露的人群基准剂量预测研究	H2604	面上项目	65	2016-1-1	2019-12-31
246	81573186	薛玉英	公卫学院	纳米银体内外动力学和生理毒物动力学模型（PBTK）研究	H2607	面上项目	57	2016-1-1	2019-12-31
247	81573189	浦跃朴	公卫学院	ROS介导HIF-1α通路在苯致骨髓造血抑制中的作用及分子机制	H2607	面上项目	57	2016-1-1	2019-12-31
248	81573191	尹立红	公卫学院	miR-218相关信号通路调控HPV协同亚硝胺诱导人食管上皮细胞恶性转化作用研究	H2607	面上项目	65	2016-1-1	2019-12-31
249	81573258	金辉	公卫学院	基于贝叶斯统计的Markov模型构建及戊肝疫苗免疫策略研究	H2611	面上项目	55	2016-1-1	2019-12-31
250	51578124	王彦辉	建筑研究所	基于社会经济转型的农村居住空间形态演变及其优化策略研究——以苏南地区为例	E080101	面上项目	62	2016-1-1	2019-12-31

(续表)

序号	项目批准号	项目负责人	单位	项目名称	申请代码1	项目类别	批准金额（万元）	开始日期	结题日期
251	U1531104	陈从颜	08自动化学院	深空探测用双频连续相位测量技术及在行星射电掩星反演中应用研究	A03	联合基金项目	47	2016-1-1	2018-12-31
252	31500852	柴人杰	生命研究院	Wnt信号在新生小鼠毛细胞损伤模型中对Axin2阳性耳蜗干细胞调控机制的研究	C0907	青年科学基金项目	20	2016-1-1	2018-12-31
253	31501117	黄洁	生命研究院	果蝇自噬基因Syntaxin17在突触发育中的功能研究	C0706	青年科学基金项目	20	2016-1-1	2018-12-31
254	31501194	张莎莎	生命研究院	通过对耳蜗中Lgr5阳性耳细胞转录组的分析，调控促进其再生毛细胞的研究	C120111	青年科学基金项目	20	2016-1-1	2018-12-31
255	31571040	周子凯	生命研究院	智障关联激酶PAK在内源性大麻素通路中底物的鉴定及其功能研究	C0901	面上项目	64	2016-1-1	2019-12-31
256	31571093	潘玉峰	生命研究院	雄性果蝇本能求偶行为中感觉信息整合的分子与神经机制研究	C0911	面上项目	64	2016-1-1	2019-12-31
257	31571530	唐明亮	生命研究院	三维培养下物理微环境对神经干细胞自我更新与定向分化调控规律及其机理研究	C120111	面上项目	60	2016-1-1	2019-12-31
258	81502975	黄星	生命研究院	抗c-Met/PDL-1双靶点纳米抗体在肿瘤靶向免疫治疗中的作用及机制研究	H3004	青年科学基金项目	17.9	2016-1-1	2018-12-31
259	81570743	郝睿	生命研究院	HDAC6调控内源性IL-10表达缓解糖尿病肾病炎症反应	H0713	面上项目	58	2016-1-1	2019-12-31
260	81572712	陈礼明	生命研究院	TRPS1在乳腺癌发生发展中的作用及其机制研究	H1602	面上项目	57	2016-1-1	2019-12-31
261	61571116	李冰	无锡分校	利用PUFs无预压缩实现信息安全的方法研究	F010202	面上项目	57	2016-1-1	2019-12-31

(续 表)

序号	项目批准号	项目负责人	单位	项目名称	申请代码1	项目类别	批准金额（万元）	开始日期	结题日期
262	51571061	丁 辉	12材料学院	高注量辐照下RPV钢后期激增相析出机理研究	E0104	面上项目	67	2016-1-1	2019-12-31
263	31500881	冷 玥	学习中心	社会排斥共情的脑电生理基础研究	C2101	青年科学基金项目	20	2016-1-1	2018-12-31
264	61501115	朱艳梅	学习中心	科学领域前概念偏见效应中的脑电信号时空特征研究	F012403	青年科学基金项目	22	2016-1-1	2018-12-31
265	61571109	顾万君	学习中心	基因转录后表达模型的建立及其在人类疾病研究中的应用	F012405	面上项目	60	2016-1-1	2019-12-31
266	61572009	郑文明	学习中心	基于子空间迁移学习的跨语种语音情感识别研究	F020508	面上项目	56	2016-1-1	2019-12-31
267	31571186	汤日宁	中大医院	PTH诱导内皮脂肪细胞转分化在CKD骨密度下降中的作用及机制研究	C110205	面上项目	64	2016-1-1	2019-12-31
268	71503040	谢 波	中大医院	医生工作生态视角下的分级诊疗机制建模与实证研究	G0308	青年科学基金项目	18	2016-1-1	2018-12-31
269	81500053	胡若愚	中大医院	肺源性微囊泡诱导移植间充质干细胞定向分化治疗肺纤维化	H0110	青年科学基金项目	18	2016-1-1	2018-12-31
270	81500204	潘嘯东	中大医院	转化生长因子-β1诱导心脏成纤维细胞分化的DNA甲基化调控机制研究	H0203	青年科学基金项目	18	2016-1-1	2018-12-31
271	81500421	吴 茸	中大医院	miR-34a/HSP70通路在肠道成纤维细胞影响克罗恩病术后吻合口纤维化中的作用	H0310	青年科学基金项目	17	2016-1-1	2018-12-31
272	81500545	伍 敏	中大医院	CaSR活化对肾小管上皮细胞外基质形成的影响及机制研究	H0509	青年科学基金项目	18	2016-1-1	2018-12-31
273	81500919	束 昊	中大医院	载脂蛋白E ε4与ε2等位基因相反调控晚发性阿尔茨海默病发病风险的神经网络机制研究	H0902	青年科学基金项目	17.5	2016-1-1	2018-12-31

(续表)

序号	项目批准号	项目负责人	单位	项目名称	申请代码1	项目类别	批准金额（万元）	开始日期	结题日期
274	81501173	李晓莉	中大医院	mPFC神经环路中突触结构重塑与慢性应激大鼠抑郁样行为的关系研究	H0921	青年科学基金项目	17.5	2016-1-1	2018-12-31
275	81501444	胡中倩	中大医院	SHP-2靶向纳米超声/磁共振双模式造影剂的制备及其在甲状腺癌早期诊断中的作用研究	H1801	青年科学基金项目	17	2016-1-1	2018-12-31
276	81501453	焦蕴	中大医院	2型糖尿病认知障碍的多模磁共振研究	H1802	青年科学基金项目	18	2016-1-1	2018-12-31
277	81501507	王玉	中大医院	TSPO靶向PET成像活体评估棕色脂肪组织代谢的可行性研究	H1806	青年科学基金项目	18	2016-1-1	2018-12-31
278	81501523	彭新桂	中大医院	靶向脂肪组织血管新生并pH控释Irisin分子探针的构建及其评价白色脂肪棕色化过程的多模态MR研究	H1808	青年科学基金项目	18	2016-1-1	2018-12-31
279	81501525	袁晨燕	中大医院	自发光磁性纳米颗粒靶向肝癌的光动力学治疗和磁流体热疗研究	H1808	青年科学基金项目	18	2016-1-1	2018-12-31
280	81501705	徐静媛	中大医院	肝素结合生长因子（Midkine）调控ACE-AngⅡ所致脓毒症内皮损伤的作用和机制研究	H1511	青年科学基金项目	18	2016-1-1	2018-12-31
281	81501875	赵松	中大医院	零界面双相纳米纤维支架原位重建肩袖腱-骨止点结构	H0605	青年科学基金项目	18	2016-1-1	2018-12-31
282	81502243	张林	中大医院	子宫内膜癌分化的新机制：同源盒基因HOXA10的功能研究	H1621	青年科学基金项目	18	2016-1-1	2018-12-31
283	81502505	余泽前	中大医院	胰腺癌分泌的exosomes教育BMDCs致预转移小生境在胰腺癌肝转移作用中的分子机制	H1606	青年科学基金项目	16.5	2016-1-1	2018-12-31

(续表)

序号	项目批准号	项目负责人	单位	项目名称	申请代码1	项目类别	批准金额（万元）	开始日期	结题日期
284	81503121	张学丽	中大医院	基于米色脂肪分化中mTOR-STAT3-Notch信号调控探讨奥氮平诱导胰岛素抵抗的机制	H3107	青年科学基金项目	17.9	2016-1-1	2018-12-31
285	81503340	胡琳璘	中大医院	以具有肝毒性的中药反应性代谢产物为导向的中药配伍禁忌致/增毒机制研究	H2816	青年科学基金项目	18	2016-1-1	2018-12-31
286	8152010 8015	滕皋军	中大医院	听觉障碍疾病的多模态磁共振成像研究	H1802	国际（地区）合作与交流项目	235	2016-1-1	2020-12-31
287	81570503	施瑞华	中大医院	LPS通过影响miR-124/AhR表达介导肠上皮细胞炎性因子产生在克罗恩病形成中的分子机制	H0310	面上项目	51	2016-1-1	2019-12-31
288	81570612	张晓良	中大医院	活性维生素D3调控糖尿病肾病巨噬细胞M1/M2型活化机制研究	H0503	面上项目	51	2016-1-1	2019-12-31
289	81570732	王少华	中大医院	BDNF（Val66Met）多态性及其神经网络特征对T2DM患者认知障碍进展预测价值的前瞻性研究	H0713	面上项目	58	2016-1-1	2019-12-31
290	81570734	王 尧	中大医院	CASK在2型糖尿病胰岛β细胞囊泡转运及分泌障碍中的作用及其机制研究	H0713	面上项目	58	2016-1-1	2019-12-31
291	81570739	李 玲	中大医院	胰腺星状细胞PSC在慢性胰腺炎后T3cDM发生发展中的作用机制研究	H0713	面上项目	58	2016-1-1	2019-12-31
292	81571330	袁勇贵	中大医院	P11调控NAc-mPFC/VTA投射通路参与抑郁症快感缺失的机制研究	H0921	面上项目	57	2016-1-1	2019-12-31
293	81571653	刘加成	中大医院	计算机辅助认知功能训练治疗难治性抑郁症相关脑机制的功能磁共振研究	H1802	面上项目	55	2016-1-1	2019-12-31

(续 表)

序号	项目批准号	项目负责人	单位	项目名称	申请代码1	项目类别	批准金额（万元）	开始日期	结题日期
294	81571789	柳东芳	中大医院	高肿瘤富集和渗透的刺激响应型树枝状聚合物载药体系的制备及其抗肿瘤应用研究	H1818	面上项目	57	2016-1-1	2019-12-31
295	81571874	邱海波	中大医院	MSC调控ARDS炎症反应的新机制——旁分泌TGF-β诱导Treg/Th17极化平衡	H1502	面上项目	58	2016-1-1	2019-12-31
296	81572109	谢鑫荟	中大医院	早期细胞募集促进PLGA/TCP多孔支架材料成骨作用的研究	H0604	面上项目	57	2016-1-1	2019-12-31
297	81572170	吴小涛	中大医院	细胞骨架蛋白介导Hippo-Yap信号调控对椎间盘髓核细胞形态及增殖活性的效应及机制研究	H0609	面上项目	57	2016-1-1	2019-12-31
298	81572187	芮云峰	中大医院	糖尿病肌腱病变的病理新机制：肌腱干细胞错误分化作用及其调控机制的研究	H0609	面上项目	57	2016-1-1	2019-12-31
299	81572188	王宸	中大医院	富血小板血浆生长因子鸡尾酒效应激活肉源感染干细胞修复早期椎间盘退变的生物学机制研究	H0609	面上项目	60	2016-1-1	2019-12-31
300	81572190	洪鑫	中大医院	酸敏感离子通道在骨髓间充质干细胞修复退变椎间盘中的作用机制研究	H0609	面上项目	57	2016-1-1	2019-12-31
301	81572408	周家华	中大医院	PDGs形成胰腺癌导管腺癌机制的研究	H1617	面上项目	57	2016-1-1	2019-12-31
302	81572517	陈明	中大医院	低睾酮/肥胖/胰岛素抵抗在前列腺癌恶性进展中的作用及其分子机制的研究	H1619	面上项目	55	2016-1-1	2019-12-31
303	81572906	石欣	中大医院	基于惯性及介电泳技术的循环肿瘤细胞多级分选装置研究	H1608	面上项目	65	2016-1-1	2019-12-31

(续)

序号	项目批准号	项目负责人	单位	项目名称	申请代码1	项目类别	批准金额（万元）	开始日期	结题日期
304	21545006	胡先运	11 生医学院	适配体-量子点/氧化石墨烯复合纳米荧光探针用于活细胞生物分子检测研究	B050902	应急管理项目	10	2016-1-1	2016-12-31
305	81541057	于振坤	23 医学院	循环肿瘤细胞EGFRvⅢ/CXCR4共表达在头颈癌鳞癌转移/复发中的作用及其机制研究	H1625	应急管理项目	10	2016-1-1	2016-12-31
306	11542009	李志勇	11 生医学院	第二届全国生物力学青年学者学术研讨会	A0205	应急管理项目	8	2016-5-1	2016-6-30
307	5156l135003	刘攀	21 交通学院	低碳化进程中城市多模式交通系统运营关键问题研究	E080701	国际(地区)合作与交流项目	255	2015-9-1	2018-8-31
308	51525601	肖睿	03 能环学院	固体燃料热解气化	E060403	国家杰出青年科学基金	350	2016-1-1	2020-12-31
309	51525801	吴刚	05 土木学院	结构工程	E080501	国家杰出青年科学基金	350	2016-1-1	2020-12-31
310	11525415	孙立涛	06 电子学院	纳米材料的表面结构调控及其动态过程的显微学研究	A040106	国家杰出青年科学基金	350	2016-1-1	2020-12-31
311	81525014	居胜红	中大医院	分子影像和功能影像	H1808	国家杰出青年科学基金	350	2016-1-1	2020-12-31
312	71525001	舒嘉	14 经管学院	物流与供应链管理	G010301	国家杰出青年科学基金	245	2016-1-1	2020-12-31
313	21525311	王金兰	10 物理系	低维材料理论化学	B0302	国家杰出青年科学基金	350	2016-1-1	2020-12-31
314	11591240414	姚晓燕	10 物理系	纳米材料的表面结构调控及其动态过程的显微学研究	A040207	国际(地区)合作与交流项目	1.5	2015-9-28	2015-12-31
315	21541013	游雨蒙	19 化工学院	分子铁电体的能膜调控与光伏特性研究	B0116	应急管理项目	10	2016-1-1	2016-12-31

(续表)

序号	项目批准号	项目负责人	单位	项目名称	申请代码1	项目类别	批准金额（万元）	开始日期	结题日期
316	51541302	倪根美	19 化工学院	药物释放系统的三维图形化及非线性药物释放系统的构建	E031002	应急管理项目	15	2016-1-1	2016-12-31
317	51561145010	肖睿	03 能环学院	生物质催化热解-齐聚异构制取高品质车用燃料的基础研究	E060702	国际（地区）合作与交流项目	252	2015-10-1	2018-9-30
318	6158126035I	程向红	22 仪科学院	2015年度水下科学、技术与教育国际会议	F030301	国际（地区）合作与交流项目	4.1	2015-8-19	2015-12-31
319	91534206	余艾冰	03 能环学院	颗粒系统介观尺度平均理论：理论建立及其在复杂体系中的应用	E060502	重大研究计划	300	2016-1-1	2019-12-31
320	U1536123	赵洪新	04 信息学院	立体多面圆极化天线	L05	联合基金项目	64	2016-1-1	2018-12-31
321	61521061	尤肖虎	04 信息学院	B4G移动通信基础理论与关键技术研究	F0102	创新研究群体项目	525	2016-1-1	2018-12-31

2015年度东南大学科技成果鉴定项目

序号	院系	项目名称	负责人	其他参与人员	鉴定批准号	组织鉴定单位	鉴定日期	成果水平
1	交通学院	基于工业废弃物的土壤固化剂研发与工程应用	杜延军	杜延军 刘松玉 朱志铎 魏明俐 范日东 蔡国军 伍浩良 于博传 陈蕾 刘兆鹏 薄煜琳 张涛	鉴字〔教 TP 2015〕第 007 号	教育部	2015年7月13日	总体处于国际领先
2	材料科学与工程学院	桥梁混凝土现场质量控制相关技术研究	庞超明(4)	庞超明(4) 秦鸿根(10) 朱徽薇(12) 韩雪芹(15)	徐科鉴字〔2015〕第106号	徐州市科技局	2015年8月6日	国内领先

2015年度国际合作项目

序号	项目编号	项目类别	项目名称	项目所属单位	负责人	项目经费（万元）
1		国际合作项目（外资单位）	Research on Testing Technology of Millimeter Wave Massive Mimo Antenna Array	信息科学与工程学院	张 慧	16.105 5
2		国际合作项目（外资单位）	超低功耗射频前端IP核开发	信息科学与工程学院	李智群	8.237
3		国际合作项目（外资单位）	Demonstration of Wirelessly Connecting Multiple Airplanes at Airport Remote Parking Areas	信息科学与工程学院	陈 喆	98.55
4		国际合作项目（外资单位）	Massive MIMO System Simulation and Performance Analysis with Hardware Imperfections	信息科学与工程学院	金 石	15.467072
5		国际合作项目（外资单位）	未来无线传输技术—2015	信息科学与工程学院	徐平平	210
6		国际合作项目（外资单位）	无线通信中的极化码研究	信息科学与工程学院	吴炳洋	10
7		国际合作项目（外资单位）	Studies on the microstructure and flame retarded mechanism of POSS-Polylactide nanocomposites based on the dynamic characterizations of synchrotron radiation	机械工程学院	刘 磊	6.56
8		国际合作项目（外资单位）	2.5MW床内换热器（IBHX）中试装置—4	能源与环境学院	段伦博	620
9		国际合作项目（外资单位）	镁材料研究	材料科学与工程学院	薛 烽	30
					小计	1 014.919 572
1	2015DFA10490	国际合作项目（科技部）	基于云计算的空间探测及数据处理技术的合作研究	自动化学院	李奇	350
2	2015DFG42240	国际合作项目（科技部）	抗体铂药束偶联物的制备及体内外活性研究	化学化工学院	孙柏旺	92
					小计	442
					总计	1456.919572

2015年度新增国际合作实验室与基地

序号	实验室类别	实验室名称	负责人
1	教育部国际合作联合实验室	信息显示与可视化国际合作联合实验室	王保平
2	高等学校学科创新引智基地	当代城乡环境整合技术创新引智基地	王建国

2015年重大专项表

序号	专项名称	课题编号	课题名称	课题负责人	所在学院	我校经费（万元）
1	住建部科技计划软科学项目	2015	预弯预应力组合梁桥技术规程	黄 侨	交通学院	40
2	中国工程院咨询项目	2015-xz-13-03-02	国家（区域）设计竞争力评价指标	徐 江	机械学院	40
3	住房城乡建设部科技计划项目	2015-R4-011	住宅产业现代化发展评价指标与实施路径研究	李启明	土木学院	无
4	住房城乡建设部科技计划项目	2015-k2-035	一种新型装配式墙体材料及结构研发	杨才千	土木学院	10
5	住房城乡建设部科技计划项目	2015-k2-031	装配式钢结构-预制轻质大板住宅体系	舒赣平	土木学院	10
6	住房城乡建设部科技计划项目	2015-R2-005	基于3D空间模拟的城市天空可视域关键技术研究	杨俊宴	建筑学院	无
7	住房城乡建设部科技计划项目	2015-k5-018	城市快速路沥青路面信息化施工技术研究	高 英	交通学院	无
8	住房城乡建设部科技计划项目	2015-k6-007	新农村建设背景下基于社会经济转型的乡村居住空间重构策略研究——以苏南地区为例	王彦辉	建筑学院	无
9	住房城乡建设部科技计划项目	2015-R2-004	低碳时代电动汽车充电设施空间需求和布局策略研究——以芜湖为例	汪晓茜	建筑学院	无

(续表)

序号	专项名称	课题编号	课题名称	课题负责人	所在学院	我校经费
10	质检公益性行业专项	201510203-011	消费品中化学危害共性安全标准及10类重点产品关键技术标准研制（激光显示器）	李晓华	电子科学与工程学院	43
11	交通部信息化技术研究项目		基于云平台的开放式公共出行信息服务研究与示范	张 健	交通学院	15
12	住建部建筑市场监管司项目	（2015）010号	发挥注册建筑师在建筑工程项目中的主导作用	王 静	建筑学院	10
13	中国国家质监局质检公益性行业专项		消费品中化学危害共性安全标准及10类重点产品关键技术标准研制（激光显示器）	李晓华	电子科学与工程学院	43
14	国家地震局		重大工程抗震设防要求执行情况检查规范化研究	黄 镇	土木学院	1.5
15	交通部建设科技项目	201431849494020	混凝土梁桥长期性能研究（LBBP）	刘 钊	土木学院	50
16	铁总科技开发计划课题	2015G002-1	高寒地区高速铁路微冻胀填料冻胀机制及分类标准研究	蒋金洋	材料学院	30
17	铁总科技开发计划课题	2015G002-x	轻质材料路基工程应用结构型式研究	佘 伟	材料学院	15
18	交通部信息化技术研究项目	2015364x16030	江苏省高速公路网管运网智能化平台	冉 斌	交通学院	172
19	国家新闻出版广电总局		中国近代建筑网络文化遗产保护与利用平台开发的管理系统设计与开发	胡汉辉/谢呈阳	经管学院	20
20	国家新闻出版广电总局		数字化电子电气自主在线实践平台开发的项目系统管理系统设计与开发	胡汉辉/谢呈阳	经管学院	20
21	交通部信息化技术研究项目		基于物联网的高速公路网感知设备与系统健康运行维护技术	张 健	交通学院	40
22	交通部信息化技术研究项目		基于手机信令的高速公路网动态交通数据智能化提取与分析技术研究	张 健	交通学院	20
23	住建部执业资格注册中心项目		2015年度全国一级建造师机电工程等4个专业网络阅卷	陆惠民	土木学院	285

(续 表)

序号	专项名称	课题编号	课题名称	课题负责人	所在学院	我校经费
24	中国营养学会		甘油三酯上脂肪酸位置分布对血脂的影响研究	孙桂菊	公共卫生学院	90.53
25	新一代宽带无线移动通信网	2014ZX03003010-002	大规模复杂网络动态仿真验证平台	衡伟	信息学院	171.27
26	新一代宽带无线移动通信网	2015zx03001035-002	TD-LTE-Advanced 大容量 MIMO 技术应用与验证	江彬	信息学院	95.05
27	水体污染控制与治理	2014zx07405002	城乡统筹供水关键技术集成与综合示范 1	朱光灿	能源与环境学院	552
28	重大新药创制	2015zx09101032	抗体-药物偶联物（ADC）类抗肿瘤创新药物开发	苟少华	化工学院	49.15
29	新一代宽带无线移动通信网	2016zx03001014-002	5G 高频段通信技术方案与 Q 波段实验系统研发	余晨	信息学院	156
30	水体污染控制与治理	2014zx07405002	城乡统筹供水关键技术集成与综合示范 2	秦文虎	仪器学院	140

2015 年江苏省自然科学基金项目

序号	项目编号	项目类别	项目名称	项目负责人	单位名称	经费（万元）
1	BK20150020	杰出青年	新型人工楔质对电磁波传播与辐射特性调控研究	马慧锋	信息学院	100
2	BK20150021	杰出青年	乙酸代谢异常影响结直肠癌发生和转移的调控机制研究	陈瑞	公共卫生学院	100
3	BK20150022	杰出青年	通过 Wnt, Notch 等信号通路协同调控内耳干细胞重建听觉功能的研究	柴人杰	生命科学研究院	100
4	BK20150023	杰出青年	全光场成像复杂湍流三维流场测量理论与方法研究	许传龙	能源与环境学院	100
5	BK20150024	杰出青年	基于光功能有序微纳结构材料的激光解吸附/离子化研究	谢草颖	生物与医学院	100
6	BK20150058	重点项目	严酷环境下混凝土材料与结构损伤劣化机理及寿命延长新技术	缪昌文	材料学院	100
			小计			600

(续表）

序号	项目编号	项目类别	项目名称	项目负责人	单位名称	经费（万元）
1	BK20151405	面上项目	Li-B-N-H复合物块离子导体的制备与锂迁移机理研究	张 耀	材料学院	10
2	BK20151411	面上项目	LPSO结构影响镁合金蠕变性能的微观机制研究	晏井利	材料学院	10
3	BK20151412	面上项目	HVDC耦合直流对电流互感器的偏磁影响及抑制策略研究	周 赣	电气工程学院	10
4	BK20151410	面上项目	高压真空断路器用长行程永磁操动机构及协调控制研究	房淑华	电气工程学院	10
5	BK20151417	面上项目	柔性量子点发光二极管器件的研究与制备	陈 静	电子科学与工程学院	10
6	BK20151409	面上项目	弯曲形变纳米梁的半连续体理论模型	雷双瑛	电子科学与工程学院	10
7	BK20151418	面上项目	miR-214/ACLY在PM2.5诱导HBE细胞恶性转化过程中的作用及机制研究	李晓波	公共卫生学院	10
8	BK20151408	面上项目	有机溶剂升华干燥对氧化物气凝胶成型及微观结构的影响机理研究	任丽丽	化学化工学院	10
9	BK20151402	面上项目	杂合交联型肿瘤靶向胶束给药系统的设计、合成及构效关系研究	房 雷	化学化工学院	10
10	BK20151416	面上项目	非合作无线车载自组织网络中路由关键技术的研究	陶 军	计算机学院	10
11	BK20151414	面上项目	基于社会经济转型的苏南农村居住空间形态演变及其驱动机制研究	王彦辉	建研所	10
12	BK20151413	面上项目	高掺量厂拌热再生沥青混合料细观硬化发病机制与失效机制研究	顾兴宇	交通学院	10
13	BK20151419	面上项目	白介素-16在原发性胆汁性肝硬化发病机制中的作用	刘向东	生命科学研究院	10
14	BK20151403	面上项目	皮肤鳞状细胞癌和角化棘皮瘤发病机制的基因组学研究	李 健	生命科学研究院	10
15	BK20151404	面上项目	三维培养下电场刺激对神经干细胞定向分化的调控机制研究	唐明亮	生命科学研究院	10
16	BK20151422	面上项目	可变形链状氧化铁纳米诊疗载体的作用机制研究	熊 非	生物与医学学院	10
17	BK20151399	面上项目	图的距离标号与频道分配问题	林文松	数学系	10
18	BK20151407	面上项目	BRB阻撑-预应力装配混凝土框架抗震性能研究	王春林	土木学院	10

(续表)

序号	项目编号	项目类别	项目名称	项目负责人	单位名称	经费(万元)
19	BK20151406	面上项目	高温下重组竹材料及构件基本力学行为研究	徐 明	土木学院	10
20	BK20151401	面上项目	卤代硝基甲烷在紫外/氯消毒过程中的生成机制	邓 琳	土木学院	10
21	BK20151400	面上项目	基于 BiFeO3 交换偏置效应的多铁性研究	徐庆宇	物理系	10
22	BK20151415	面上项目	分布式大规模 MIMO 系统预编码及天线调配问题研究	朱鹏程	信息学院	10
23	BK20151421	面上项目	MHC I 类分子在颞叶癫痫发病中的作用及新机制研究	张爱凤	医学院	10
24	BK20151423	面上项目	Irisin 促白色脂肪棕色化及血管新生相关机制的多模态 MR 研究	彭新桂	中大医院	10
25	BK20151420	面上项目	生命早期肠道菌群定植对发育期哮喘气道炎症的影响	钱丽娟	中大医院	10
			小计			250
1	BK20150601	青年项目	海洋复杂环境对混凝土裂缝自愈合影响机理及针对海洋环境的自愈合混凝土制备	黄浩良	材料学院	20
2	BK20150621	青年项目	水泥硅灰粉煤灰基高性能混凝土自收缩变形机理研究	高 云	材料学院	20
3	BK20150617	青年项目	基于分段供能模式的电动汽车动态无线供电关键技术研究	谭林林	电气工程学院	20
4	BK20150632	青年项目	高效稳定量子点发光二极管的机理研究	李 晨	电子学院	20
5	BK20150623	青年项目	基于超分辨光学成像的外泌体小导癌症转移机制研究	宗慎飞	电子学院	20
6	BK20150593	青年项目	基于矢量光场空间调控的光学微操技术研究	芮光浩	电子学院	20
7	BK20150627	青年项目	新型多沟道功率 SOI-LIGBT 器件结构与模型研究	祝 靖	电子学院	20
8	BK20150646	青年项目	城乡医保体系对缓解农村老年居民医疗不公的制度效果及作用机制研究	马 超	公共卫生学院	20
9	BK20150596	青年项目	基于分子铁电材料的薄膜光电器件:制备及性能优化	游雨蒙	化学化工学院	20
10	BK20150643	青年项目	基于 CK2 介导 DNA 损伤修复的新型四价铂复合物 Cx-platin 抗肿瘤机制研究	陈飞虹	化学化工学院	20

(续表)

序号	项目编号	项目类别	项目名称	项目负责人	单位名称	经费（万元）
11	BK20150604	青年项目	基于半导体晶面协同效应Z型光催化剂的设计合成与催化性能研究	李乃旭	化学化工学院	20
12	BK20150606	青年项目	复杂特性生物细胞惯性聚焦机理及其应用研究	项楠	机械工程学院	20
13	BK20150636	青年项目	面向用户认知的数字界面信息网络设计	周蕾	机械工程学院	20
14	BK20150600	青年项目	三维多孔石墨烯微传感器的可控制备及传感性能研究	胡涛	机械工程学院	20
15	BK20150609	青年项目	血糖血脂无创联合监测的微型核磁共振分析方法	陆荣生	机械工程学院	20
16	BK20150647	青年项目	低剂量X射线成像中伪影去除方法研究	唐慧	计算机学院	20
17	BK20150650	青年项目	基于静息态功能磁共振成像构建人脑功能分区方法研究	孔佑勇	计算机学院	20
18	BK20150629	青年项目	基于图挖掘的在不同时空域的网络流式数据实时处理	肖卿俊	计算机学院	20
19	BK20150628	青年项目	基于匿名策略的位置隐私保护研究	董恺	计算机学院	20
20	BK20150637	青年项目	面向触屏终端输入的盲识别攻击与防御	凌振	计算机学院	20
21	BK20150614	青年项目	高铁对城市空间发展作用机制的定量模型研究——基于长三角地区的实证	殷铭	建筑学院	20
22	BK20150608	青年项目	基于社会网络的城市公共空间系统的整合性再开发机制研究——以南京主城为例	易鑫	建筑学院	20
23	BK20150610	青年项目	基于应力波技术的对传统建筑木构件残损和残余力学强度测定的改良方法研究	焦键	建筑学院	20
24	BK20150619	青年项目	基于监控视频的高速公路交通流无换道跟驰行为研究	金诚杰	交通学院	20
25	BK20150616	青年项目	基于手机数据的城市客流群体辨识及其出行特征研究	杨帆	交通学院	20
26	BK20150603	青年项目	基于组合出行的城市多模式公交需求分析与网络规划方法研究	刘志远	交通学院	20
27	BK20150613	青年项目	考虑全天活动链的多模式交通网络下路径选择建模研究	李大韦	交通学院	20
28	BK20150612	青年项目	快速道路常发性拥堵瓶颈路段动态限速控制策略优化机理	李志斌	交通学院	20

(续表)

序号	项目编号	项目类别	项目名称	项目负责人	单位名称	经费(万元)
29	BK20150615	青年项目	基于交通干预分配机理的道路安全影响综合评估与改善方法研究	李豪杰	交通学院	20
30	BK20150622	青年项目	基于单相机六维光场提取技术的高温半透明介质三维温度场重建方法研究	张 彪	能源与环境学院	20
31	BK20150631	青年项目	基于多目标预测的燃烧后CO_2捕集电站优化控制方法研究	吴 啸	能源与环境学院	20
32	BK20150607	青年项目	纳米制冷剂在氨水吸收式制冷系统中的可持续应用研究	杨 柳	能源与环境学院	20
33	BK20150649	青年项目	功能化修饰的PCSK9纳米抗体的降脂机理研究	赵林泓	生命科学研究院	20
34	BK20150598	青年项目	通过信号通路调控促进Frizzled9阳性耳蜗干细胞再生毛细胞、重建听觉功能的研究	张莎莎	生命科学研究院	20
35	BK20150597	青年项目	转录因子Fruitless调控雄性果蝇求偶行为的神经机制研究	潘玉峰	生命科学研究院	20
36	BK20150599	青年项目	不同粒径纳米银诱导的细胞毒性中关键microRNA的筛选及其作用机制研究	黄 炎	生物与医学院	20
37	BK20150592	青年项目	基于红外超光谱技术的瞬变场成像模型和算法研究	王丽艳	数学系	20
38	BK20150594	青年项目	球面上的多尺度正则化拟合算法及其数值实现	钟 敏	数学系	20
39	BK20150605	青年项目	标准及震后火灾下新型轻钢复合墙体力学性能及失效机理研究	陈 伟	土木学院	20
40	BK20150611	青年项目	地下结构中土壤微生物封堵的防渗机理研究	邓温妮	土木学院	20
41	BK20150618	青年项目	基于基岩三维精细化模拟的大深嵌岩桩承载特性研究	张 琦	土木学院	20
42	BK20150602	青年项目	新型对称索杆结构的静动特性及预应力稳定分析	陈 耀	土木学院	20
43	BK20150595	青年项目	层状超导体中磁通涡旋的有序-无序相变及其非线性输运过程的研究	赵海军	物理系	20
44	BK20150630	青年项目	分布式大规模MIMO系统中导频污染和小区间干扰问题研究	李佳珉	信息学院	20
45	BK20150638	青年项目	基于电磁场分析与相位抵消机理的硅基太赫兹振荡器结构研究	严蘋蘋	信息学院	20
46	BK20150635	青年项目	全双工中继MIMO传输优化理论与算法研究	沈 弘	信息学院	20

(续 表)

序号	项目编号	项目类别	项目名称	项目负责人	单位名称	经费(万元)
47	BK20150620	青年项目	人工电磁表面的可编程实现与典型器件的应用研究	万向	信息学院	20
48	BK20150633	青年项目	科学领域概念偏见效应中的脑电信号时空特征研究及其在科学教育中的应用	朱艳梅	学习科学研究中心	20
49	BK20150634	青年项目	面向心血管虚拟手术的快速形变建模仿真技术研究	朱利丰	仪器科学与工程学院	20
50	BK20150625	青年项目	饱和受限的多智能体系统限定时间一致性问题研究	王庆领	自动化学院	20
51	BK20150624	青年项目	无夹具焊接中的多机器人轨迹规划与力协调控制研究	甘亚辉	自动化学院	20
52	BK20150626	青年项目	受扰高阶多智能体系统的主动抗干扰协调控制研究	王翔宇	自动化学院	20
53	BK20150644	青年项目	mTOR-Notch通路激活致米色脂肪功能异常：奥氮平诱导代谢紊乱的新机制？	张学丽	中大医院	20
54	BK20150639	青年项目	骨髓间充质干细胞对移植后巨细胞病毒特异性细胞毒性T细胞的影响及机制研究	金楠	中大医院	20
55	BK20150641	青年项目	聚乳酸-硅酸钙仿生纳米支架在肩袖损伤中的应用基础研究	赵松	中大医院	20
56	BK20150640	青年项目	肾小管上皮细胞CaSR活化对慢性肾脏病小管间质纤维化的影响及机制研究	伍敏	中大医院	20
57	BK20150648	青年项目	心脏成纤维细胞的DNA甲基化调控机制研究	潘啸东	中大医院	20
58	BK20150645	青年项目	以具有肝毒性的中药反应性代谢产物为导向的中药配伍禁忌致/增毒机制研究	胡琳璘	中大医院	19
59	BK20150642	青年项目	阻断mTOR通路抑制记忆性T细胞诱导移植耐受及其机制的研究	陈忞求	中大医院	20
					小计	1 179
					总计	2 029

2015年国防科技活动大事记

1. 1月28日,我校牵头的GF 973项目在北京顺利通过了项目和课题的开题评审。
2. 3月7日,中国航天员科研训练中心黄伟芬总师、韦明主任等一行六人至我校进行军工资质考察。
3. 4月9日,海军92493部队总师张跃奎少将一行至我校调研。
4. 5月14日,中国航天科技集团公司第九研究院第十三研究所所长王巍院士一行至我校调研。
5. 6月2—5日,我校通过中国新时代认证中心的质量体系民品再认证和军品综合评议审核,民品新扩项3个方向。
6. 6月19日,航天科工集团总经理助理、科技工程专项冯志高总师、汤龙生副总师一行至我校进行专项任务调研。
7. 6月26日,总装备部中继卫星控管中心黄惠明主任一行至我校调研。
8. 7月29日,航天科技集团五院510所李得天副所长一行至我校调研。
9. 8月5日,中国载人航天工程副总设计师、航天员体系总指挥兼总设计师、中国航天员科研训练中心人因工程国家重点实验室主任陈善广至我校调研。
10. 8月8日,总装预研管理中心惯性专业组一行至我校检查项目进展情况。
11. 8月17日,总装备部中继卫星控管中心李本津副总师一行到我校调研。
12. 11月14日,我校通过装备承制单位资格监督审核工作。
13. 12月14日,江苏省国防科工办组织军工安全生产专家组对我校的武器装备科研生产安全条件进行了现场审查,我校以较好的分数通过了此次安全审查。

2015年国防科技项目

一、2015年GF 973计划项目(在研):8项

973牵头课题,1项:王保平
973二级课题,2项:周小阳、孙小菡
973三级课题,5项:韩磊、李宏生、黄风义、陈熙源、张剑锋、徐赵东

二、GF 863项目(在研):5项

信息学院:程强,70万元(新增);周小阳,15万元(新增);俞文明,20万元(新增)
仪科学院:宋爱国,30万元(新增);李会军,20万元(新增)

三、GF 重大专项(参加,在研):8项

能环:陈永平,30万元
生医:顾忠泽,30万元

生医:葛丽芹,30 万元
电子:肖梅,20 万元
土木:费庆国,56 万元
信息:俞文明、崔铁军,100 万元(2012—2015)
土木:费庆国,100 万元(2011—2015)
信息:周小阳、崔铁军,330 万元

四、其他 GF 国家级项目(新增及 2015 年在研项目)

序号	项目类型	负责人	学院	起止时间	金额(万元)
1	预研	倪中华	机械	2011—2015	200
2	预研	幸 研	机械	2011—2015	100
3	预研	汤文成	机械	2011—2015	180
4	预研	崔铁军	信息	2011—2015	200
5	预研	崔铁军	信息	2011—2015	250
6	预研	崔铁军	信息	2011—2015	105
7	预研	陆卫兵	信息	2011—2015	200
8	预研	窦文斌、钱 澄	信息	2011—2015	105
9	预研	窦文斌、钱 澄	信息	2011—2015	105
10	预研	崔一平	电子	2011—2015	450
11	预研	吕昌贵	电子	2012—2015	300
12	预研	胡国华	电子	2012—2015	450
13	预研	孙小菡	电子	2011—2015	100
14	预研	赵兴群、孙小菡	电子	2011—2015	100
15	预研	张晓兵	电子	2011—2015	140
16	预研	廖小平	电子	2011—2015	200
17	预研	王 磊、唐洁影	电子	2011—2015	200
18	预研	杨 波、李宏生	仪科	2011—2015	350
19	预研	李宏生	仪科	2011—2015	580
20	预研	黄丽斌	仪科	2011—2015	350
21	预研	徐晓苏	仪科	2011—2015	200
22	预研	徐晓苏	仪科	2011—2015	150
23	预研	蔡体菁	仪科	2011—2015	150
24	预研	赵立业	仪科	2011—2015	150

(续 表)

序号	项目类型	负责人	学院	起止时间	金额(万元)
25	预研	罗昕炜、方世良	信息	2012—2015	105
26	预研	钱 澄	信息	2013—2015	20
27	预研	崔铁军	信息	2014—2015	180
28	教育部预研支撑(重大)	崔铁军	信息	2011—2015	1200
29	教育部预研支撑(重点)	葛 斌	能环	2011—2015	500
30	教育部预研支撑(重点)	夏 军	电子	2011—2015	500
31	创新(重大)	周 宾	能环	2014—2016	490
32	创新(重大)	胡国华	电子	2014—2016	470
33	创新成果转化	张 彤	电子	2014—2016	780
34	创新(重大)	曹振新	信息	2015—2017	459
35	创新	陈励军	信息	2015—2017	245

五、科研基地

"微惯性仪表与先进导航技术""水声信号处理"2个教育部重点实验室均已完成学术委员会的换届工作,并将第二届学术委员会名单报送教育部备案

六、100万元以上 GF 横向

序号	负责人	金额(万元)
1	方世良、罗昕炜	100
2	武其松	100
3	张 雄	108
4	王 刚	109
5	陈国华	112
6	冷 杉	118
7	巴特尔	119
8	方世良	120
9	宋爱国	122.45
10	钱 澄	125.685
11	徐晓苏	129

（续　表）

序号	负责人	金额(万元)
12	殷晓星	130
13	王霄峻	150
14	王霄峻	150
15	王霄峻	150
16	王　刚	150
17	王　刚	150
18	巴特尔	151
19	钱　澄	159
20	秦文虎	159
21	陈国华、陈晓曙	165
22	方世良	166
23	王　刚	167
24	王　刚	175
25	钱　澄	225.568
26	徐晓苏	258
27	徐晓苏	258
28	徐晓苏	273
29	徐晓苏	273
30	倪江生、金伟明	274.45
31	倪江生、金伟明	336
32	钱　澄	440
33	方世良	660
34	倪中华	1000
35	方世良	1 689

2015年各部委项目

序号	专项名称	课题编号	课题名称	课题负责人	所在学院	我校经费（万元）
1	住建部科技计划软科学项目	2015	预弯预应力组合梁桥技术规程	黄桥	交通学院	40
2	中国工程院咨询项目	2015-XZ-13-03-02	国家（区域）设计竞争力评价指标	徐江	机械学院	40
3	住房城乡建设部科技计划项目	2015-R4-011	住宅产业现代化发展评价指标与实施路径研究	李启明	土木学院	无
4	住房城乡建设部科技计划项目	2015-K2-035	一种新型装配式墙体材料及结构研发	杨才千	土木学院	10
5	住房城乡建设部科技计划项目	2015-K2-031	装配式钢结构—预制轻质大板住宅体系	舒赣平	土木学院	10
6	住房城乡建设部科技计划项目	2015-R2-005	基于3D空间模拟的城市天空可视域关键技术研究	杨俊宴	建筑学院	无
7	住房城乡建设部科技计划项目	2015-K5-018	城市快速路沥青路面信息化施工技术研究	高英	交通学院	无
8	住房城乡建设部科技计划项目	2015-K6-007	新农村建设背景下基于社会经济转型的乡村居住空间重构策略研究——以苏南地区为例	王彦辉	建筑学院	无
9	住房城乡建设部科技计划项目	2015-R2-004	低碳时代电动汽车充电设施空间需求和布局策略研究——以芜湖为例	汪晓茜	建筑学院	无
10	质检公益性行业专项	201510203-011	消费品中化学危害共性安全标准及10类重点产品关键技术标准研制（激光显示器）	李晓华	电子科学与工程学院	43
11	交通部信息化技术研究项目	无	基于云平台的开放式公共出行信息服务研究与示范	张健	交通学院	15
12	住建部建筑市场监管司项目	(2015)010号	发挥注册建筑师在建筑工程中的主导作用	王静	建筑学院	10
13	国家地震局	无	重大工程抗震设防要求执行情况检查规范化研究	黄镇	土木学院	1.5

(续 表)

序号	专项名称	课题编号	课题名称	课题负责人	所在学院	我校经费（万元）
14	交通部建设科技项目	2014318494020	混凝土梁桥长期性能研究（LBBP）	刘钊	土木学院	50
15	铁总科技开发计划课题	2015G002-1	高寒地区高速铁路微冻胀填料冻胀机制及分类标准研究	蒋金洋	材料学院	30
16	铁总科技开发计划课题	2015G002-X	轻质材料路基工程应用结构型式研究	佘伟	材料学院	15
17	交通部信息化技术研究项目	2015364X16030	江苏省高速公路网营运与服务智能化平台	冉斌	交通学院	172
18	国家新闻出版广电总局	无	中国近代建筑文化遗产保护与利用平台开发的管理系统设计与开发	胡汉辉/谢呈阳	经管学院	20
19	国家新闻出版广电总局	无	数字化电子电气自主在线实践平台的项目统筹管理系统设计与开发	胡汉辉/谢呈阳	经管学院	20
20	交通部信息化技术研究项目	无	基于物联网的高速公路网感知设备与系统健康运行维护技术	张健	交通学院	40
21	交通部信息化技术研究项目	无	基于手机信令的高速公路网动态交通数据智能化提取与分析技术研究	张健	交通学院	20
22	住建部执业资格注册中心项目	无	2015年度全国一级建造师机电工程等4个专业网络阅卷	陆惠民	土木学院	285
23	中国营养学会	无	甘油三酯上脂肪酸位置分布对血脂的影响研究	孙桂菊	公共卫生学院	90.53

2015年江苏省环保科研课题

编号	项目名称	项目负责人	立项部门	经费（万元）	所在院系
1	基于低温SCR脱硝的新型玻璃炉窑烟气一体化净化技术	归柯庭	江苏省环保厅	30	能源与环境学院
2	工业污泥焚烧过程中矿物吸附剂捕集重金属研究	宋敏	江苏省环保厅	40	能源与环境学院
3	微气象学尺度（园区级）大气污染物实时监测新技术	钟文琪	江苏省环保厅	30	能源与环境学院

2015年成立的校企产学研联合科研机构清单

序号	校企产学研联合科研机构名称	校内负责人	合作单位
1	东大—江苏力汇振控减震技术联合研发中心	李爱群	江苏力汇振控科技有限公司
2	东大—隼眼汽车电子联合研发中心	洪伟	南京隼眼电子科技有限公司
3	东大—南京奥联联合研发中心	倪中华	南京奥联汽车电子电器有限公司
4	东大—洛菲特专业显示联合研发中心	张宇宁	南京洛菲特数码科技有限公司
5	东大—朗峰纳米磁性材料与器件联合研发中心	沈宝龙	朗峰新材料科技股份有限公司
6	东大—恒健妇幼健康微纳医疗技术联合研发中心	顾宁	上海恒健生物技术有限公司
7	东大—建屋智电科技联合研发中心	金龙	建屋发展集团有限公司
8	东大—江苏一开智能输变电联合研发中心	赵剑锋	江苏一开电力科技有限公司

2015年江苏省重点研发计划——产业前瞻与共性关键技术项目

编号	项目类别	项目名称	项目负责人	立项部门	经费（万元）	所在院系
1	省重点研发计划——产业前瞻与共性关键技术项目	毫米波超高速无线局域网关键技术研究及验证	王海明	江苏省科技厅	120	信息科学与工程学院
2	省重点研发计划——产业前瞻与共性关键技术项目	具有纳米周期结构的AlGaN基非极性紫外LED的研发	张 雄	江苏省科技厅	120	电子科学与工程学院
3	省重点研发计划——产业前瞻与共性关键技术项目	高耗散粘弹性减振高分子材料与器件的研究	徐赵东	江苏省科技厅	120	土木工程学院
4	省重点研发计划——产业前瞻与共性关键技术项目	兆瓦级高效储能系统的模块化并联与应用关键技术研究	赵剑锋	江苏省科技厅	120	电气工程学院
5	省重点研发计划——产业前瞻与共性关键技术项目	智能微电网多时间尺度能量管理技术研究及系统开发	吴在军	江苏省科技厅	180	电气工程学院
6	省重点研发计划——产业前瞻与共性关键技术项目	基于多源数据融合的规模化电动汽车充电设施与电网互动协调运行机制及互动策略研究	黄学良	江苏省科技厅	160	电气工程学院

2015年江苏省重点研发计划——社会发展项目

编号	项目类别	项目名称	项目负责人	立项部门	经费（万元）	所在院系
1	省重点研发计划——社会发展项目	超低温SCR脱硝技术研发与示范	肖 睿	江苏省科技厅	100	能源与环境工程学院
2	省重点研发计划——社会发展项目	微生物固碳矿化技术在钢渣建材制品生产中的应用研究	钱春香	江苏省科技厅	60	材料科学与工程学院
3	省重点研发计划——社会发展项目	重症甲型流感的致病机制及防控对策研究	卫平民	江苏省科技厅	50	公共卫生学院
4	省重点研发计划——社会发展项目	应用RPA技术快速判断活动性结核分枝杆菌感染临床应用的研究	吴 培	江苏省科技厅	50	中大医院

(续 表)

编号	项目类别	项目名称	项目负责人	立项部门	经费（万元）	所在院系
5	省重点研发计划——社会发展项目	受限空间中基于虚拟映射和触觉反馈的颌骨精确手术导航	熊 猛	江苏省科技厅	50	中大医院
6	省重点研发计划——社会发展项目	循环肿瘤细胞检测在胰腺肿瘤诊治中的应用研究	周家华	江苏省科技厅	50	中大医院
7	省重点研发计划——社会发展项目	环境内分泌干扰物经膳食暴露致女性生殖肿瘤患病风险定量评估技术及应用	许 茜	江苏省科技厅	50	公共卫生学院

2015年江苏省重点研发计划——现代农业项目

编号	项目类别	项目名称	项目负责人	立项部门	经费（万元）	所在院系
1	省重点研发计划——现代农业项目	乡村自然生态系统恢复技术研究与示范	杨小丽	江苏省科技厅	150	土木工程学院

2015年省产学研联合创新资金项目

序号	项目名称	承担单位	校内负责人
1	预制混凝土装配整体式结构的研究与应用	土木学院	冯 健
2	电网绝缘子积污预警技术研发	能环学院	杨林军
3	波分复用无源光网络保护与节能机制关键技术研究	电子学院	朱 敏
4	大容量模块化电能质量综合治理装置并联协调控制技术研究	电气学院	尤 鋆
5	路面清扫车的新型微生物抑尘系统研究	土木学院	黄 娟
6	双向阵列光纤光栅复合传感系统研究	电子学院	柏宁丰
7	电除尘器高频脉冲电源及控制系统	电气学院	徐志科
8	基于物联网的集约型低碳物流中心智慧运营关键技术及装备研发	交通学院	张 永
9	橡胶沥青路面就地热再生关键技术研究	交通学院	赵永利
10	钢铁企业能源管控系统煤气优化调度关键技术研究	计算机学院	郝勇生
11	建筑一体化的太阳能光热/光伏高效利用关键技术	能环学院	李舒宏
12	基于虚拟同步发电机的多功能储能变流器研究	电气学院	王建华
13	基于4G网络的无线智能视频监控系统在工程勘察现场管理中的应用	交通学院	方 磊

（续 表）

序号	项目名称	承担单位	校内负责人
14	基于分布式电源的主动配电网定制电力技术研究	电气学院	顾 伟
15	球墨铸铁组织和力学性能预测关键技术研究及应用	机械学院	周怡君
16	三维复杂曲面钣金激光切割智能制造关键技术研究	机械学院	幸 研
17	基于PCSK9纳米抗体的降脂药物的研制及功能研究	生命科学院	赵林泓
18	超大型海工装备低应力无余量焊接理论与方法研究	机械学院	孙桂芳
19	生物可降解血管支架微制造工艺及力学行为的研究	机械学院	顾兴中
20	3类新药苯甲酸阿格列汀绿色合成工艺及新晶型的研究	化工学院	孙柏旺
21	高精度数控中孔座面磨床及其高速电主轴的研发	机械学院	蒋书运
22	低温烟气脱硝催化剂的技术研发	能环学院	仲兆平
23	126kV及以上高压真空智能断路器设计方法及其选相控制关键技术研究	电气学院	林鹤云
24	燃气机组大数据分析理论及运行优化技术研究	能环学院	司风琪
25	芳烃氯代新工艺研究	化工学院	王明亮
26	电梯用新型直线电机驱动系统及其控制	电气学院	程 明
27	中空纤维过滤膜亲水/抗粘附改性研究与产业化开发	化工学院	李新松

2015年省重大科技成果转化专项资金项目

序号	项目名称	学校经费/总经费（万元）	承担单位	校内负责人
1	高速重载(500kg)工业机器人核心技术研发及产业化	120/800	自动化学院	戴先中
2	超大长度带馈电无中继型海底光缆的研发和产业化	120/800	材料学院	张友法
3	多网融合/智能控制型/高机动应急救援系统的研发及产业化	160/800	信息学院	衡 伟
4	海洋工程用大口径超级双相不锈钢无缝管的研发及产业化	160/1000	材料学院	涂益友
5	多机协同高效节能大电流谐波治理装置研发及产业化	120/800	电气学院	赵剑锋
6	基于直流母线汇集的分布式光伏/储能集成供电系统研发及产业化	120/800	电气学院	郑建勇
7	高效节能型烟气脱硝系统的关键技术研发与产业化	160/800	能环学院	金保升
8	高性能装备动力系统液压柱塞泵/马达的研发及产业化	120/800	机械学院	汤文成

(续 表)

序号	项目名称	学校经费/总经费（万元）	承担单位	校内负责人
9	基于电荷平衡理论的超低能耗超结功率MOSFET芯片及大功率模块的研发与产业化	90 / 600	电子学院	孙伟锋
10	高压智能数字电源芯片的研发与产业化	800	电子学院	孙伟锋
11	节能型泥水自循环污水处理装备研发及产业化	160 / 800	能环学院	吕锡武
12	基于二维光编解码的智能光分配网管理系统及关键设备研发与产业化	120 / 800	电子学院	孙小菡
13	全自动高通量免疫层析芯片分析仪及配套试剂的研发及产业化	120 / 800	生医学院	顾忠泽
14	超超临界机组高强声波除灰设备的研发及产业化	120 / 800	能环学院	黄亚继
15	环保冷拌型高粘韧树脂沥青与配套关键技术研发及产业化	90 / 600	交通学院	黄晓明
16	高国产化率工业机器人与智能化成套设备研发及产业化	150 / 1000	仪器学院	宋爱国 宋光明
17	下一代WiFi综测仪关键技术研究与产业化	75 / 500	信息学院	黄永明
18	面向3C电子产品的超精免磨智能成套装备研发及产业化	120 / 800	机械学院	倪中华
19	新能源汽车铝合金结构件材料及真空压铸关键技术研发和产业化	52 / 350	材料学院	潘 冶
20	电动汽车用磁通切换永磁电机及电控系统关键技术研发与产业化	90 / 600	电气学院	华 为
21	基于中频热扩散技术的绿色轮胎用超高强度钢帘线研发及产业化	105 / 700	材料学院	薛 峰
22	高强高耐久预应力混凝土防腐管桩的研发及产业化	80 / 800	材料学院	张亚梅
23	大功率直驱永磁系列风电机组研发及产业化	150 / 1000	电气学院	林鹤云

2015年度国家科学技术奖奖励项目

序号	项目名称	主要完成人	奖励类别	授奖等级	主要完成单位	院系
1	不确定性系统的辨识与控制	张纪峰 刘允刚 赵延龙 刘淑君(个人第四) 马翠芹	自然科学奖	二等奖(合作)	中国科学院数学与系统科学研究院、山东大学、东南大学、曲阜师范大学	数学系
2	高能效动态可重构计算及其系统芯片关键技术	魏少军 刘雷波 毛志刚 时龙兴(个人第四) 尹首一 邓玉良	技术发明奖	二等奖(合作)	清华大学、上海交通大学、东南大学、深圳市国微电子有限公司	电子学院

2015年度江苏省科学技术奖奖励项目

序号	项目名称	主要完成人	奖励类别	授奖等级	主要完成单位	院系
1	工业智能超声检测理论与应用关键技术	丁辉 朱成虎 张俊 吕天明 李晓红 李夕强 马官兵 肖学柱 张洋 汪萍 马君鹏	应用类	一等奖	东南大学、苏州热工研究院有限公司、武汉大学、中广核检测技术有限公司、江苏方天电力技术有限公司	仪器科学与工程学院
2	复杂环境下桥梁安全性能监控与预警关键技术及其集成示范	丁幼亮 李爱群 王浩 孙晨 周广东 沈刚 缪长青 刘华 王晓晶 陶天友 王高新	应用类	一等奖	东南大学、苏交科集团股份有限公司、交通运输部公路科学研究所、中铁大桥勘测设计院集团有限公司、河海大学、江苏泰州大桥有限公司	土木工程学院
3	大型发电机组故障检测与诊断技术研发及应用	邓艾东 傅行军 杨建刚 刘振祥 周正平 卢伟国 郭瑞 田新启 蒋银忠 黄石红 房秋华	应用类	一等奖	东南大学、江苏核电有限公司、江苏国信淮安燃气发电有限责任公司	能源与环境学院
4	高精度多功能岩土工程原位测试技术研发与工程应用体系	蔡国军 刘松玉 童立元 蔡立虎 邹海峰 刘志彬 杜广印 方磊 陈僚 孙立博 林军	应用类	一等奖	东南大学、温岭市南光地质仪器有限公司	交通学院

(续 表)

序号	项目名称	主要完成人	奖励类别	授奖等级	主要完成单位	院系
5	高耐磨及高强韧粉末冶金制品的关键技术与应用	潘 冶 申承秀 陆 韬 吴建全 陈存明 王春官 秦清华	应用类	二等奖	东南大学,江苏鹰球集团有限公司	材料科学与工程学院
6	CRTS II型板式无砟轨道水泥沥青砂浆制备、耐久性与施工技术研究	孙 伟 刘加平 陈惠苏 洪锦祥 朱晓斌 陈 香 万 赟 蒋金洋 黄 冲	应用类	二等奖	东南大学,江苏省建筑科学研究院有限公司,江苏苏博特新材料股份有限公司	材料科学与工程学院
7	组织激肽释放酶缓激肽系统与Akt-eNOS通路在冠心病中的作用及相关机制研究	姚玉宇 陈磊磊 马根山 刘乃丰 盛祖龙 傅 聪	基础类	三等奖	东南大学附属中大医院,南京医科大学第一附属医院	中大医院
8	高纯镓的制备技术及产业化	范家骅 方 峰 刘文兵 郭 涛 张长平 邵起越 杨桂芳 金兰英 周雪峰	应用类	二等奖(合报)	南京金美镓业有限公司,东南大学	材料科学与工程学院
9	新型平板显示用高效多功能光学膜材料	金 同 杨晓明 周钰明 易延超 卜小海 张庆杰	应用类	二等奖(合报)	苏州斯迪克新材料科技股份有限公司,东南大学	化学化工学院
10	消化道肿瘤早期筛查及个体化治疗的遗传学和表观遗传学研究	陈锦飞 王美林 樊 红 德 伟 顾冬英 徐 智 强福林 汤翠菊 吕成余	基础类	二等奖(合报)	南京市第一医院,南京医科大学,东南大学,南通市肿瘤医院	医学院
11	液化天然气深冷成套装备关键技术及其产业化	殷劲松 倪中华 鲁金忠 严 岩 马奕亮 戴峰泽 胡晨曦 刘跃军 张建红	应用类	二等奖(合报)	张家港富瑞特种装备股份有限公司,东南大学,江苏大学	机械工程学院

(续表)

序号	项目名称	主要完成人	奖励类别	授奖等级	主要完成单位	院系
12	公路改扩建废弃物高效循环利用关键技术与应用	马涛 黄晓明 叶勤 赵永利 严金海 郑永生 薛海 顾小安 江瑞龄	应用类	二等奖(合报)	苏交科集团股份有限公司,东南大学,江苏省南京市公路管理处,江苏省常州市公路管理处,徐州市公路管理处,江苏徐工路桥英维机械有限公司,江苏现代路桥建设有限公司,苏州中恒通路桥建设有限公司	交通学院
13	"微纤维-节点"膜结构功能滤材的研发与产业化	张旭东 张袁健 靳向煜 吴海波 陶建平 杜耀凤	应用类	三等奖(合报)	江苏东方滤袋股份有限公司,东南大学,东华大学	化学化工学院
14	复杂形态索-梁-杆交结构设计与施工关键技术研究与工程应用	周臻 陈振明 张军 王永泉 陆金钰 董年才	应用类	三等奖(合报)	江苏中南建筑产业集团有限责任公司,东南大学,河海大学,中建钢构有限公司,江苏省交通规划设计院股份有限公司	建筑学院
15	HBV相关肝癌发病机制及转异分子监测技术研发与应用	姚登福 曹广文 王理 张律伟 姚敏 朱建伟	应用类	三等奖(合报)	南通大学附属医院,中国人民解放军第二军医大学,东南大学	生物科学与工程学院
16	面向智慧城市的智能电网综合优化关键技术研究与示范应用	沈培锋 陈星莺 朱红 韦磊 徐青山 赵勇	应用类	三等奖(合报)	江苏省电力公司,江苏省电力公司南京供电公司,国电南瑞科技股份有限公司,河海大学,东南大学	电气工程学院
17	全系列模块高效率光伏并网逆变器关键技术及应用	赵剑锋 张运鑫 王建华 崔佩聚 王涛	应用类	三等奖(合报)	山亿新能源股份有限公司,东南大学	电气工程学院
18	耐高温阻燃硅-铝-纤维素复合纤维关键技术研发及产业化	刘海洋 叶荣明 迟健 刘松琴 祁争健 邬广松 奚新国	应用类	三等奖(合报)	阜宁澳洋科技有限责任公司,东南大学,盐城工学院	化学化工学院
19	肿瘤耐药体内外模型的建立及耐药机制研究	许文林 沈慧玲 朱小兰 程坚 苏兆亮 林琳 池华茂	基础类	三等奖(合报)	江苏大学第四附属医院(镇江市第四人民医院),江苏大学附属人民医院,东南大学附属中大医院	中大医院

2015年度高等学校科学研究优秀成果奖（科学技术）奖励项目

序号	项目名称	主要完成人	奖励类别	获奖等级	主要完成单位	院系
1	新型分子基铁电体的基础研究	熊仁根 叶 琼 付大伟 张 闻	自然科学奖	一等奖	东南大学,南京大学	化学化工学院
2	能量在多层膜界面的输运与耗散机理	陈云飞 杨决宽 毕可东 魏志勇 倪中华	自然科学奖	一等奖	东南大学	机械工程学院
3	纳米材料毒理学评价及环境医学应用的基础研究	浦跃朴 刘松琴 王大勇 唐 萌 尹立红 梁戈玉 武秋立 卫 伟 刘 冉 张 婷 张 娟 薛玉英 李晓波	自然科学奖	一等奖	东南大学	公卫学院
4	既有建筑结构性能提升关键技术与工程应用	郭 彤 李爱群 张志强 韩达光 吴二军 敬登虎 卫龙武 黄 镇 穆保岗 潘志宏 曹忠民 缪志伟 卫 海 张富有 陈 鑫	科技进步奖	一等奖	东南大学,河海大学,江苏鸿基科技有限公司,北京易景盈达科技有限公司	土木工程学院
5	600MW 超临界循环流化床锅炉关键技术研究与应用	吕俊复 杨海瑞 李 政 唐 勇 杨 冬 张 海 李燕平 周 棋 孙献斌 那永洁 周 勇 王冬平 王玉召 陈汉平 卢啸风 张建胜 路仲波 郝卫东 王大军 高明明 陈晓平(个人第24位) 张 楠	科技进步奖	一等奖（合报）	清华大学,神华集团有限责任公司,东方电气集团东方锅炉股份有限公司,华北电力大学,中国华能集团清洁能源技术研究院有限公司,中国科学院工程热物理研究所,东南大学,浙江大学,华中科技大学,中国科学院过程工程研究所,重庆大学,西安交通大学,山东电力科技大学,承德石油高等专科学校	能源与环境学院
6	鲁棒人脸视觉特征的提取、建模与识别的理论和方法研究	郝文明 谭晓阳 赵 力 夏思宇 余汉成 黄晓华	自然科学奖	二等奖	东南大学,南京航空航天大学	学习中心
7	新型纳米载药体系研究	何农跃 张智军 王 婷 吕卓臻 杨文静 张立明	自然科学奖	二等奖	东南大学,中国科学院苏州纳米技术与纳米仿生研究所,湖南工业大学	生物医学

(续表)

序号	项目名称	主要完成人	奖励类别	获奖等级	主要完成单位	院系
8	基于工业废弃物的土壤固化剂系列研发与工程应用	杜延军 魏明俐 刘松玉 范日东 朱志铎	技术发明奖	二等奖	东南大学	交通学院
9	核电站栖牲混凝土制备原理与关键技术研究	蒋金洋 李绍纯 姜会浩 孙 伟 于英俊 李杰青 金祖权 张巧芬 褚洪岩	科技进步奖	二等奖	东南大学,青岛理工大学,中国建筑第二工程局有限公司	材料学院
10	(内部公布)	王 刚 陈晓曙 王霄峻 陈国华	科技进步奖	二等奖	东南大学,南京正保通信网络技术有限公司	信息学院

2015年度其他级别科学技术奖奖励项目

序号	项目名称	主要完成人	奖励类别	获奖等级	主要完成单位	院系
1	定子励磁型无刷电机系统关键技术及应用	程 明 全 力 张建忠 贾红云 花 为 李春涛 李 申 朱孝勇 曹瑞武 赵文祥	2015年度中国机械工业科学技术奖	一等奖	东南大学,江苏大学,海安县申菱电器制造有限公司	电气工程学院
2	参数化风景园林规划设计技术与应用	成玉宁 黄 娟 傅大放 陈 烨 李 哲	2015年度南京市科学技术奖	三等奖	东南大学	建筑学院
3	抗抑郁药物疗效评估和预测方法及临床应用	徐 治 耿磊钰 张志珺 李 磊 袁勇贵	2015年度南京市科学技术奖	三等奖	东南大学附属中大医院	中大医院
4	智能生物响应的氧化锌纳米复合制剂及其光-化疗综合治疗肝癌	张海军 熊 健 陈宝安 丁 双 王 飞	2015年度南京市科学技术奖	三等奖	东南大学附属中大医院	中大医院
5	南京城市综合智能交通系统关键技术研究及应用示范	梁 彪 钱林波 王 扬 张梁俊 郭建华	2015年度南京市科学技术奖	二等奖(合作)	南京城市智能交通有限公司,南京三宝科技股份有限公司,东南大学	智能运输系统研究中心

(续 表)

序号	项目名称	主要完成人	奖励类别	获奖等级	主要完成单位	院系
6	基于脑影像时空模式特征研究的抑郁症病理基础	姚志剑 卢 青 陶 锐 毕 昆 秦姣龙	2015年度南京市科学技术奖	二等奖（合作）	南京医科大学附属脑科医院，东南大学	学习科学研究中心
7	基于TD-LTE的城市公共交通物联网综合服务体系与应用	丁 飞 吕 昌 严 恩 宋爱国 潘志文	2015年度南京市科学技术奖	三等奖（合作）	中国移动通信集团江苏有限公司，东南大学，中国移动通信集团江苏有限公司南京分公司	仪科学院
8	基于EtherNet/IP的新型列车自动门控器研发	茅 飞 李宏胜 周杏鹏 陆驰宇 朱志勇	2015年度南京市科学技术奖	三等奖（合作）	南京康尼电子科技有限公司，南京大学，南京工程学院	自动化学院
9	慢性肾脏病进展的机制及临床防治研究	侯凡凡 蓝辉耀 刘必成（个人第三）易 凡 程永现 郝传明 徐希平 陈平雁 周丽丽 曹 维 裴 静 徐 欣	2015年度中华医学科技奖	一等奖（合作）	南方医科大学，香港中文大学，东南大学，山东大学，中国科学院昆明植物研究所，复旦大学	中大医院
10	肿瘤图像引导放疗关键技术	李宝生 舒华忠（个人第二）尹 勇 于金明 李洪升 黄 伟 岳金波 孟 雪 韩大力	2015年度中华医学科技奖	二等奖（合作）	山东省肿瘤防治研究院，东南大学	计算机学院
11	尿液exosome基因检测在肾脏纤维化诊断中的应用	刘必成 吕林莉 刘 宏	江苏省医学新技术引进奖	一等奖	东南大学附属中大医院	中大医院
12	多模态脑影像技术在老年期抑郁和痴呆病诊断中的应用价值	谢春明 柏 峰 袁勇贵	江苏省医学新技术引进奖	一等奖	东南大学附属中大医院	中大医院
13	应力导向ARDS肺保护性通气策略的临床应用	黄英姿 何 伟 杨 毅	江苏省医学新技术引进奖	一等奖	东南大学附属中大医院	中大医院

（续表）

序号	项目名称	主要完成人	奖励类别	获奖等级	主要完成单位	院系
14	磁共振脂肪成像及氢质子波谱分析在评估脂代谢紊乱相关疾病的应用研究	彭新桂 居胜红 郑 力	江苏省医学新技术引进奖	一等奖	东南大学附属中大医院	中大医院
15	减低剂量的预处理方案联合骨髓间充质干细胞对异基因造血干细胞移植后生活质量和免疫重建的影响	余正平 丁家华 金 楠	江苏省医学新技术引进奖	二等奖	东南大学附属中大医院	中大医院
16	环境危险因素与早产儿视网膜血管异常增生相关性及早期预防和筛查技术的研究和推广	赵瑞斌 乔立新 蒋 犁	江苏省医学新技术引进奖	二等奖	东南大学附属中大医院	中大医院

2015年东南大学专利授权表

序号	发明专利名称	申请日	申请号	申请人	设计人	授权日	证书号
1	一种城市交叉口可变导向车道转向功能变换触发方法	2013.04.22	201310142366.8	交通学院	陈 峻 顾姗姗 陈证维 周 洋	2015.01.07	第1562437号
2	铺设吸收汽车尾气型微表处罩面的稀浆混合料及铺设方法	2013.05.13	201310176618.9	交通学院	黄晓明 李志栋	2015.01.07	第1561475号
3	一种CO_2吸附能力的固体吸收剂及其制备方法	2013.05.16	201310182229.7	能源与环境学院	陈晓平 吴 烨 董 伟 张中林 刘道银 梁 财	2015.01.07	第1561439号
4	一种变速率压静力触探测试装置	2013.07.03	201310276877.9	交通学院	蔡国军 邹海峰 刘松玉	2015.01.07	第1562463号
5	可适用于大范围变流量的逆流型热源塔装置	2013.07.08	201310282233.0	能源与环境学院	梁彩华 汪 峰 邵 骅 张小松	2015.01.07	第1561709号

(续 表)

序号	发明专利名称	申请日	申请号	申请人	设计人	授权日	证书号
6	薄层植物填料植物床与水耕植物床叠加型湿地处理污水系统	2014.01.03	201410001865.X	能源与环境学院	宋海亮 杨可昀 杨小丽	2015.01.07	第1563081号
7	能促进骨组织生长的可吸收骨科器械材料及其制备方法	2014.01.07	201410006749.7	材料科学与工程学院	储成林 白晶 李旋 薛烽 郭超 林萍华	2015.01.07	第1563189号
8	基于柔性基板的自封闭无源无线压力传感器的制备方法	2013.02.27	201310060754.1	电子科学与工程学院	陈浩 秦明 张聪 王立峰	2015.01.14	第1566245号
9	基于广义GPS数据的出租车候客站点备选地址确定方法	2013.06.24	201310257370.9	交通学院	陈晗寒 许威 陈学武	2015.01.14	第1565765号
10	一种强度胶凝材料干燥收缩和徐变测量方法	2013.09.27	201310449715.0	材料科学与工程学院	钱春香 何智海 周宁	2015.01.14	第1566337号
11	一部分富氧燃烧结合富氧分离的二氧化碳捕捉装置	2013.06.13	201310234149.1	能源与环境学院	李舒宏 丁诘 李献亮 张小松	2015.01.14	第1565244号
12	无线局域网中的有限反馈多用户空间流调度方法	2012.05.09	201210140416.4	信息科学与工程学院	黄永明 杨绿溪 李浩 何世文	2015.02.04	第1580324号
13	用于解调多路ABPSK信号的数字滤波器组	2012.07.13	201210243474.X	信息科学与工程学院	吴乐南 陈志敏	2015.02.04	第1580497号
14	一种焦距可调液晶微透镜阵列	2013.01.05	201310001744.0	电子科学与工程学院	李青凯 胡静 严静 刘佩琳 崔勇扬	2015.02.04	第1580306号
15	高增益单级跨导运算放大器	2012.02.09	201210028054.X	电子科学与工程学院	吴薇薇 姜雨晴 黄格格 张福鼎 邹新胜	2015.02.04	第1580447号
16	一种基于光分交换的对等式云网系统	2011.12.12	201110412112.4	电子科学与工程学院	孙小菡 张福鼎	2015.02.04	第1580126号
17	一种智能FRP混凝土复合结构及其制造方法	2012.10.09	201210380940.9	土木工程学院	杨才千 吴智深 焦友进 王红涛	2015.02.04	第1580329号
18	低荧光背景的组装型金磁复合纳米颗粒的制备方法及其应用	2012.02.07	201210026452.8	生物科学与医学工程学院	曾新 何农跃 江红荣	2015.02.04	第1580453号

(续)

序号	发明专利名称	申请日	申请号	申请人	设计人	授权日	证书号
19	一种激光传感响应测距装置及控制方法	2013.01.29	201310032679.8	电子科学与工程学院	吴 金 董怀朋 郑丽霞	2015.02.04	第1580438号
20	用于WSN/INSY高精度实时组合导航的H无穷信息融合方法	2011.11.14	201110359094.8	仪器科学与工程学院	陈熙源 李庆华 徐 元	2015.02.04	第1580295号
21	多馈源双频高隔离宽波束高稳定相位中心天线	2012.07.30	201210264715.9	信息科学与工程学院,扬州宝军功北电子有限公司,中电科技扬州宝军电子有限公司	曹振新 梅玉顺 夏继钢	2014.12.17	第1548006号
22	基于行人过街净空时间的路段行人交通信号控制系统	2013.06.19	201310245699.3	交通学院	任 刚 干 晨 华璟怡	2015.02.11	第1582959号
23	一种基于均匀天线阵的提高无线传输接收信号增益方法	2012.01.04	201210001196.7	信息科学与工程学院	衡 伟 孟 超 张 威 王婉苓 孙兵兵	2015.01.07	第1563435号
24	一种静电电纺丝法量产纳米纤维的装置及方法	2012.12.11	201210532449.3	公共卫生学院	许 茜 叶小娟	2015.01.21	第1572251号
25	相位幅度校准的封装天线	2012.12.21	201210563336.X	信息科学与工程学院	赵嘉宁 殷晓星 赵洪新	2015.01.07	第1559246号
26	水环式相变蓄能型地板送风空调系统及其蓄能释能方法	2012.11.07	201210440898.5	能源与环境学院	张 恺 张小松 李舒宏	2014.12.17	第1549036号
27	一种光子晶体结构的发光二极管及其应用	2012.12.11	201210533024.4	电子科学与工程学院	张 雄 崔一平 王春霞 陈洪均	2014.12.17	第1548215号
28	一种具有交叉光栅结构的发光二极管及其制备方法	2012.05.29	201210169975.8	电子科学与工程学院	张 雄 崔一平 郭 浩 韩 乐	2014.12.17	第1548912号
29	一种二自由度外骨骼膝关节机构	2012.12.24	201210564248.1	机械工程学院	王兴松 杜峰坡 贾 山 路新亮	2014.12.17	第1548107号

(续)

序号	发明专利名称	申请日	申请号	申请人	设计人	授权日	证书号
30	一种用于助力外骨骼的液压套索驱动装置	2013.01.11	201310011708.2	机械工程学院	王兴松 路新亮 贾 山	2014.12.17	第1548988号
31	一种可进行后数字校准的流水线式模数转换器	2011.02.16	201110039184.9	电子科学与工程学院	吴建辉 赵 烨 陈 超 张 萌 叶至易 顾俊辉 李 红	2014.12.17	第1548123号
32	一种测量永磁同步电机参数的方法	2012.12.14	201210540795.6	电气工程学院	程 明 张邦富 花 为 王 伟	2014.12.17	第1548573号
33	用于测量大型机械臂大力与小力矩的六维力与力矩传感器	2012.12.31	201210589784.7	仪器科学与工程学院	宋爱国 陈丹凤 武秀秀 茅 晨 徐宝国 潘栋成	2014.12.17	第1549141号
34	实时混合模拟试验效果的频域评价方法	2012.12.31	201210593190.3	土木工程学院	徐伟杰 郭 彤	2014.12.17	第1548665号
35	一种可折叠车轮	2012.12.27	201210579152.2	机械工程学院	史昀珂 蒋祖贵	2014.12.17	第1548124号
36	一种防止液晶显示器花屏的控制方法	2012.12.31	201210592260.3	电子科学与工程学院	刘新宁 王 政 胥 月 戴 晨 王 镇 陆书芳 郭浩杰	2014.12.17	第1548578号
37	一种具有多重网络的超强水凝胶及其制备方法	2012.12.26	201210574974.1	化学化工学院	李艳丽 姜 勇	2014.12.17	第1548736号
38	基于网络带宽估计的云计算任务调度方法	2012.06.20	201210205574.3	计算机科学与工程学院	罗军舟 金嘉晖 东 方 宋爱波	2014.12.17	第1549005号
39	一种城市生活垃圾制取生物油及热能综合利用方法	2012.08.08	201210279186.X	能源与环境学院	张 涛 刘 倩 金保昇 陶 敏 仲兆平 张 勇	2014.12.17	第1549022号
40	相位校准的封装夹层天线	2012.12.21	201210563381.5	信息科学与工程学院	赵洪新 殷晓星 王 磊	2014.12.17	第1549204号
41	用于新增建设用地动态监管的移动工作站装置及实现方法	2012.11.26	201210483773.0	仪器科学与工程学院	王志杰 王 庆 毕飞超	2014.12.17	第1549107号

(续表)

序号	发明专利名称	申请日	申请号	申请人	设计人	授权日	证书号
42	用于探测淤泥的动力孔压静力触探探头	2012.10.30	201210427843.0	交通学院	蔡国军 刘松玉 邹海峰	2014.12.17	第1549053号
43	双频双极化背腔缝隙天线	2012.09.25	201210359891.0	信息科学与工程学院	华光 岳西平 陈继新 张飞 洪伟	2014.12.17	第1548214号
44	一种多元位置3值MCP-EB-PSK调制和解调方法	2012.06.29	201210225050.0	信息科学与工程学院	吴乐南 余静 靳一 何峰	2014.12.17	第1548228号
45	检测真空电子器件管壳与螺旋线之间夹持性的方法及装置	2012.11.07	201210440881.X	电子科学与工程学院	韦朴 孙小菡 朱露	2014.12.17	第1547956号
46	太阳能溶液耦合再生系统	2012.11.12	201210451749.9	能源与环境学院	张小松 程清	2014.12.17	第1548816号
47	硅基双平衡环动调陀螺转子体结构与加工方法	2012.05.31	201210177331.3	仪器科学与工程学院	夏敦柱 王寿荣 虞成 周百令 李宏生	2014.12.17	第1548588号
48	一种基于车身控制点的移动车辆三维运动轨迹的测定方法	2012.05.29	201210171860.2	交通学院	沙月进 翁永玲 占小康	2014.12.17	第1548776号
49	一种液晶显示测量图像信号发生器	2012.08.03	201210276317.9	电子科学与工程学院	杨晓伟 屠彦 李晓华 雷威 鞠霞	2014.12.17	第1548108号
50	空间调相环形波行差超声波电机结构补偿控制方法	2013.01.30	201310036120.2	电气工程学院	胡敏强 蒋春荣 陆日宏 金龙 徐志科	2014.12.17	第1548126号
51	三电源空间调相环形波行波超声波电机及其控制方法	2013.01.30	201310035932.5	电气工程学院	徐志科 潘鹏 王瑞霞 金龙 陆日宏 胡敏强	2014.12.17	第1548902号
52	电动汽车用单电源开绕组永磁同步电机驱动系统	2012.10.22	201210404534.1	电气工程学院	樊英 程明 於锋 魏梦讯 邹国棠	2014.12.17	第1548158号
53	基于双VSC交互并联谐波补偿开闭环结合的APF装置	2012.10.08	201210378490.X	电气工程学院	曹武 江楠 赵剑锋 刘康礼	2014.12.17	第1548211号

（续 表）

序号	发明专利名称	申请日	申请号	申请人	设计人	授权日	证书号
54	一种降低侧向撞击交通事故概率的车辆调控方法	2013.03.21	201310092419.X	交通学院	徐铖铖 李志斌 王 炜	2014.12.17	第1548403号
55	一种降低不同严重程度交通事故概率的车辆调控方法	2013.03.21	201310093427.6	交通学院	徐铖铖 李志斌 王 炜	2014.12.17	第1548084号
56	一种基于双路径传输的数据采集方法	2012.07.23	201210255689.3	电子科学与工程学院	安 钢 吴建辉 蒋富龙	2014.12.17	第1549063号
57	手性N,N-二烷基脲,2-环化剂及其制备方法和应用	2013.01.04	201310000548.1	化学化工学院	荀少华 李 磊	2014.12.17	第1548517号
58	一种栓塞剂及其制备方法以及该栓塞剂的使用方法	2013.01.23	201310025437.6	生物科学与医学工程学院	孙剑飞 顾 宁 邱 爽	2014.12.17	第1549197号
59	介孔PW/MoO$_2$-SiO$_2$催化剂及其制备方法和应用	2013.02.19	201310053473.3	化学化工学院	肖国民 姜 枫 顾怡 洪 梅	2014.12.17	第1548763号
60	一种基于风能效应的大跨径桥梁自供能系统	2012.12.24	201210566841.X	土木工程学院	王 浩 陶天友 郭 彤	2014.12.17	第1548798号
61	无电解电容的高功率因数LED恒流驱动电源	2011.12.30	201110457731.5	电气工程学院	陈 武	2014.12.17	第1549111号
62	一种基于无线接入点的渗透测试系统及其测试方法	2012.09.24	201210356909.1	信息科学与工程学院	胡爱群 宋宇波 吴鹤意 孟小川 唐小川 石 乐 高 尚	2014.12.17	第1548959号
63	多天线两跳中继系统中利用有限反馈信息的传输方法	2012.05.23	201210162240.2	信息科学与工程学院	许 威 赵春明 梁 乐 沈 弘	2014.12.17	第1548093号
64	无线自组织量子通信网络建立量子信道以及传递量子信息的方法	2012.05.23	201210161527.3	信息科学与工程学院	余旭涛 谈 敏 徐 进 张在琛	2014.12.17	第1548035号
65	一种用于稀土原位剪切波速测试的贯入式探测器	2012.11.20	201210472275.6	交通学院	蔡国军 邹海峰 刘松玉	2014.12.17	第1548586号

(续 表)

序号	发明专利名称	申请日	申请号	申请人	设计人	授权日	证书号
66	一种风速风向传感器	2012.12.20	201210558280.9	电子科学与工程学院	秦 明 陈 实 陈升奇	2014.12.17	第1549008号
67	阻抗校准的封装夹层天线	2012.12.21	201210562973.5	信息科学与工程学院	殷晓星 赵嘉宁 赵洪新	2014.12.17	第1548604号
68	一种公交优先的交通信号控制方法及系统	2012.12.13	201210539088.5	交通学院	程 琳 邓琼华	2014.12.17	第1549015号
69	一种用于评价非饱和土渗透特性的圆锥贯入仪	2013.01.08	201310005289.1	交通学院	蔡国军 邹海峰 刘松玉	2014.12.17	第1548280号
70	一种对污染物竖向隔离屏障进行模拟的装置及方法	2013.03.14	201310082070.1	交通学院	杜延军 范日东 陈左波	2014.12.17	第1548509号
71	一种测试多主梁悬过敏桥抖振邻跨干扰效应的方法	2013.04.03	201310117282.9	土木工程学院	张文明	2014.12.17	第1548644号
72	一种焦化精馏残渣的资源化处理系统及其处理方法	2013.05.13	201310176582.4	能源与环境学院	翟浩川 周冠文 钟文琪 金保昇 陈曦	2014.12.17	第1548873号
73	一种苯乙烯泡沫颗粒-氯氧水泥复合保温材料及其制备方法	2013.06.09	201310230071.6	材料科学与工程学院	张云升 张国荣 李司晨	2014.12.17	第1548197号
74	预应力增强的轻质高强可控降解医用复合材料及制备方法	2013.06.04	201310220175.9	材料科学与工程学院	储成林 白 晶 李 旋 薛 烽	2014.12.17	第1549158号
75	干法甲烷催化分解制氢同时分离二氧化碳的系统及方法	2013.06.04	201310220191.8	能源与环境学院	肖 睿 张会岩 吴 波 张 帅	2014.12.17	第1547966号
76	一种自主分段式快速公交信号优先控制方法	2012.12.28	201210583464.0	交通学院	王 炜 华雪东 胡晓健	2014.12.17	第1548597号
77	一种氯芥磷脂化合物及其制备方法	2013.04.27	201310153906.2	化学化工学院	李新松 方 硕	2015.02.11	第158917号
78	夹层橡胶-高阻尼碟形弹簧复合三维隔震支座	2013.03.26	201310099500.0	土木工程学院	李爱群 陆 飞 王 维 毛利军	2015.02.11	第1583611号

（续表）

序号	发明专利名称	申请日	申请号	申请人	设计人	授权日	证书号
79	一种空气源热泵除霜装置	2013.05.15	201310179395.1	能源与环境学院	梁彩华 汪 峰	2015.02.11	第1583593号
80	一种液化再凝华的新型二氧化碳捕捉装置	2013.06.13	201310234666.9	能源与环境学院	李舒宏 丁 洁 李献亮 张小松	2015.02.11	第1583829号
81	一种绕线机的同步式装模机构	2013.06.26	201310257241.X	仪器科学与工程学院	崔建伟 陈杨洋 傅 威 杨 阳 宋爱国	2015.02.11	第1583629号
82	一种生物质双快速流化床气化方法与装置	2014.01.03	201410004136.X	能源与环境学院	钟文琪 赵浩川 邵应娟 刘 倩 金保昇	2015.02.11	第1583576号
83	一种原位评价砂土冲刷特性的喷射探头装置	2013.06.03	201310220106.8	交通学院	蔡国军 张 涛	2015.02.04	第1580729号
84	具有压电效应的可吸声骨科器械材料及其制备方法	2014.01.07	201410006920.4	材料科学与工程学院	储成林 郭 超 李 旋 薛 烽 白 晶 林萍华	2015.02.04	第1581223号
85	宽带配置通道的线性相位校正方法	2013.08.26	201310377537.5	空间科学与技术研究院	孟 桥 于劲松 唐歌实 平泉涛 李 黎 陈从颜 陈 略	2015.01.21	第1571258号
86	模块化多机并联大功率APF控制系统和实现方法	2013.08.08	201310342732.4	电气工程学院	赵剑锋 江 楠 曹 武 刘康礼	2015.01.21	第1571601号
87	一种新型用于预防宫腔粘连微创治疗的装置	2013.07.18	201310302469.6	机械工程学院	倪中华 巨小龙 易 红 顾兴中	2015.01.28	第1577110号
88	一种酒石酸复盐及其制备和应用	2013.12.11	201310676508.9	化学化工学院	王怡红 李新辈 魏术海 章仔益	2015.01.21	第1571624号
89	一种标识网业务访问控制方法	2014.05.20	201410214626.2	信息科学与工程学院	王霄峻 陈晓曙	2015.01.21	第1571267号
90	基于微机械开关的温度保护器件	2013.05.20	201310186773.9	电子科学与工程学院	韩 磊 董雪鹏	2015.01.21	第1571162号
91	一种太阳能公共冷热直饮水装置	2013.05.10	201310172473.5	能源与环境学院	林伽毅 陈晓波 张小松 徐国英 魏宏阳 王善祖	2015.01.28	第1577044号

(续表)

序号	发明专利名称	申请日	申请号	申请人	设计人	授权日	证书号
92	一种向下加层地下室及其建造方法	2013.04.02	201310112947.7	土木工程学院	穆保岗 许清风 孙振威	2015.01.28	第1576152号
93	一种负荷侧资源参与电力系统二次调频的控制方法	2013.04.07	201310118894.X	电气工程学院	高赐威 梁甜甜	2015.01.28	第1577254号
94	定量研究颗粒性对流化床气固流动影响的实验方法	2013.04.19	201310138562.8	能源与环境学院	刘道银 马吉亮 陈晓平	2015.01.28	第1577231号
95	面向城市干道变向交通的车道高速方法	2013.04.22	201310140217.8	交通学院	陈峻 周维 顾姗姗	2015.01.28	第1576234号
96	槽钢防屈曲剪切钢板消能器	2013.04.09	201310121315.7	土木工程学院	黄镇 刘峰 李爱群	2015.01.28	第1571089号
97	一路一线模式下行人过街信号协同控制方法	2013.03.18	201310087238.8	交通学院	王炜 赵德 华雪东 胡晓健	2015.01.28	第1577040号
98	集料试样离散元虚拟压实方法	2013.03.29	201310109840.7	交通学院	黄晓明 张东	2015.01.21	第1571189号
99	长效抗菌型可吸收骨科器械材料及其制备方法	2014.01.07	201410007098.3	材料科学与工程学院	储成林 郭超 薛烽 李旋 白晶 林萍华	2015.01.21	第151626号
100	一种风电基地无功配置方法	2013.03.20	201310089519.7	电气工程学院	汤奕 房婷婷	2015.02.11	第1582413号
101	一种用于微球多元生物的微流控芯片	2013.04.18	201310135485.0	生物科学与医学工程学院	顾忠泽 赵祥伟 王晓霞	2015.02.18	第1587744号
102	一种石墨烯泡沫的制造方法	2013.05.09	201310167731.0	电子科学与工程学院	孙立涛 郭立勇 杨庆龄 卜忻阳 陈方韬 孙佳惟 万树	2015.02.11	第1583179号
103	一种碳化钛-碳化钨复合硬质合金	2013.05.10	201310174576.5	材料科学与工程学院	薛烽 白晶管 周健 孙扬善 巨佳	2015.02.11	第1583034号
104	一种粘结相的碳化钨硬质合金及其制备方法	2013.05.10	201310173891.6	材料科学与工程学院	薛烽 白晶管 周健 孙扬善 巨佳	2015.02.18	第1587639号

(续 表)

序号	发明专利名称	申请日	申请号	申请人	设计人	授权日	证书号
105	一种沥青混合料复合型开裂的试验方法	2013.05.16	201310182227.8	交通学院	高 磊 罗海龙 倪富健 白安众	2015.02.11	第1583309号
106	一种沥青混合料复合型开裂的试验装置	2013.05.16	201310183533.3	交通学院	高 磊 罗海龙 倪富健 白安众	2015.02.11	第1583215号
107	主/被动驱动器联合驱动的外骨骼式手指康复训练装置	2013.05.22	201310190630.5	仪器科学与工程学院	王爱民 王昌鹏 王 坚	2015.02.11	第1582675号
108	一种混杂式多移动机器人系统无线定位方法	2013.05.30	201310215027.8	仪器科学与工程学院	张 军 张 颖 宋光明 宋爱国	2015.02.11	第1583116号
109	硅橡胶固载有机催化剂及其制备方法和用途	2013.06.09	201310230681.6	化学化工学院	杨 洪 吕友劲 王君宇 林呆平 彭 理	2015.02.11	第1583123号
110	一种无针注射流压力的测量装置及其测量方法	2013.06.09	201310232168.0	机械工程学院	王兴松 吉浩凡	2015.02.11	第1582880号
111	多区域功率适配型高灵敏度光纤振动传感方法及系统	2013.09.03	201310396406.1	电子科学与工程学院	孙小菡 叶红亮 潘 超 赵滟慧 李明铭	2015.02.11	第1582532号
112	一种区域型光纤振动传感系统专用振动传感光缆	2013.09.03	201310394948.5	电子科学与工程学院	孙小菡 叶红亮 潘 超 赵滟慧 李明铭	2015.02.11	第1582615号
113	一种适用于农村雨污混合污水处理的生态滞留沟渠系统	2013.10.08	201310465490.8	土木工程学院	龚文娟 许 妍 傅大放 查 德	2015.02.11	第1582983号
114	一种氧化石墨烯片包裹氧化锌量子点核壳结构的制备方法	2013.07.16	201310296798.4	生物科学与医学工程学院	徐春祥 朱刚毅 林 毅 田正山 石增良 丁 涛	2015.01.07	第1564452号
115	基于双工质对的两级吸收式制冷循环系统及其制冷方法	2013.04.07	201310118950.X	能源与环境学院	殷勇高 张小松 杨 璨	2015.01.07	第1562759号
116	基于组合槽型梁的道床板无拉应力施工方法	2012.06.21	201210209707.4	交通学院	黄 侨 陈阜昇 杨 明	2015.03.11	第1600761号
117	基于李氏制约竞争计数编码的异步FIFO地址转换电路	2012.06.19	201210202525.4	电子科学与工程学院	李 冰 马文刚 章旭东	2015.03.04	第1598725号

(续表)

序号	发明专利名称	申请日	申请号	申请人	设计人	授权日	证书号
118	内嵌金属化过孔相位校准的封装夹层天线	2012.12.21	201210563061.X	信息科学与工程学院	赵洪新 殷晓星 王磊	2015.01.28	第1578179号
119	相位幅度阻抗校准的封装夹层天线	2012.12.21	201210563367.5	信息科学与工程学院	殷晓星 赵嘉宁 赵洪新	2015.01.28	第1577777号
120	一种滴漏式光伏发电装置	2012.12.20	201210559216.2	电气工程学院	汤奕 宁佳 高丙团 鲁针针	2015.01.28	第1577988号
121	一种聚磁式磁通切换型永磁记忆电机	2012.12.20	201210558628.4	电气工程学院	林鹤云 房淑华 张洋 阳辉 黄允凯 金平 颜建虎	2015.01.28	第1577758号
122	一种大电流发射的复合阴极结构	2012.09.13	201210339831.2	电子科学与工程学院	陈心全 李驰 王琦龙 狄云松 崔云康	2015.01.28	第1577561号
123	幅度校准的平面喇叭天线	2012.12.21	201210564473.5	信息科学与工程学院	赵洪新 殷飞帆	2015.01.28	第1577605号
124	一种基于互相关的水声脉冲信号双阵元定位的方法	2012.12.31	201210591143.5	信息科学与工程学院	李焜 罗昕炜 方世良 安良	2015.01.28	第1577339号
125	相位幅度校准的三维封装表面天线	2012.12.21	201210564474.X	信息科学与工程学院	殷晓星 赵嘉宁 赵洪新	2015.01.28	第1577452号
126	内嵌金属化过孔相位校准的基片集成波导天线	2012.12.21	201210562186.0	信息科学与工程学院	赵洪新 殷晓星 王磊	2015.01.28	第1577772号
127	相位幅度阻抗校准的平面喇叭天线	2012.12.21	201210562577.2	信息科学与工程学院	殷晓星 赵洪新 王磊	2015.01.28	第1577467号
128	延迟线电阻加载对断瓦尔第脉冲天线	2011.10.20	201110318943.5	信息科学与工程学院	赵洪新 殷晓星 王静	2015.01.28	第1577450号
129	一种用于多天线系统的并行矩阵求逆方法	2012.09.24	201210358331.3	信息科学与工程学院	房帅 李峥 周天金 阳析 石彬	2015.01.28	第1577918号
130	一种可原位测试土体pH值的环境探头	2011.11.30	201110387549.7	交通学院	蔡国军 刘松玉 邹海峰	2015.01.28	第1577877号

(续 表)

序号	发明专利名称	申请日	申请号	申请人	设计人	授权日	证书号
131	硅基三平衡环动调陀螺转子体结构与加工方法	2012.06.29	201210161550.2	仪器科学与工程学院	夏敦柱 王寿荣 虞成 周百令 李宏生	2015.01.28	第1577570号
132	用于降低以太网无源光网络物理层集成电路系统功耗的方法	2012.03.12	201210063202.1	信息科学与工程学院	林恩 叶伟 张望 刘露 朱恩 顾翠蔚	2015.01.28	第1577546号
133	一种大跨桥梁结构风致振动响应的确定方法	2011.12.20	201110429257.5	土木工程学院	丁劲亮 宋永生 周广东	2015.01.28	第1577524号
134	对薄膜提供外加原应力的装置及其对应力值的测量方法	2012.10.19	201210402449.1	物理系	吴秀梅 陈华 翟亚	2015.01.28	第1577756号
135	一种构筑电泵浦回音壁膜ZnO紫外微激光器的制备方法	2012.10.19	201210402497.0	生物科学与医学工程学院	徐春祥 田正山 朱刚毅 石增良	2015.01.28	第1577390号
136	一种基于线阵温度传感器的物位检测方法	2012.10.30	201210422975.4	物理系	邱实 张辉	2015.01.28	第1577709号
137	一种减小裂缝宽度的预制装配整体式剪力墙	2012.11.29	201210497434.8	土木工程学院	冯健 冯飞 陈耀 张喆	2015.01.28	第1577684号
138	一种采用多源同构数据的行程时间动态融合预测方法	2014.04.14	201410149283.6	智能运输系统研究中心	钱振东 李晔蓁 崔青华 聂庆慧 马成川 夏井新	2015.01.28	第1577716号
139	利用基于因特网物联网的智能家庭网关进行监测控制的方法	2012.12.26	201210575051.8	仪器科学与工程学院	严如强 孙作行 钱宇宁	2015.01.28	第1577588号
140	一种基于无掩模灰度光刻的变高度微流道制作方法	2012.05.31	201210175163.4	机械工程学院	倪中华 陈科 项楠 孙东科 易红	2015.01.28	第1577346号
141	一种切割机提速方法	2012.05.23	201210161502.3	自动化学院	叶桦 马天全 孙晓洁 刘琳	2015.01.28	第1577361号
142	一种控制台合程序远程交互的方法	2012.05.31	201210175830.9	信息科学与工程学院	宋宇波 石乐 唐磊 蓝智灵	2015.01.28	第1577420号
143	一种获取城市公交车辆到间隔可靠性的方法	2012.06.05	201210182801.5	交通学院	陈茜 李文权 汤文倩	2015.01.28	第1578227号

(续表)

序号	发明专利名称	申请日	申请号	申请人	设计人	授权日	证书号
144	一种无线传感器网络数据采集方法	2012.06.20	201210205791.2	电子科学与工程学院	刘昊 吴建辉 汤峰 蒋富龙	2015.01.28	第1577645号
145	一种延时反馈下多天线中继预编码的鲁棒构造方法	2012.06.28	201210218283.8	信息科学与工程学院	许威 赵春明 梁乐 沈弘	2015.01.28	第1578022号
146	一种基于任务复制的多任务容错并行任务调度方法	2012.06.29	201210225099.6	计算机科学与工程学院	汪芸 马俊	2015.01.28	第1578055号
147	运用于混合自动重传请求系统的大迭代接收方法	2012.08.03	201210274626.2	信息科学与工程学院	赵春明 姜明 汪莹 张华	2015.01.28	第1577333号
148	一种CoMP系统网络规划中基站最优位置选择方法	2012.07.20	201210254969.2	信息科学与工程学院	陈明 张文策	2015.01.28	第1577798号
149	一种无线局域网安全性能测试系统及方法	2012.07.23	201210255233.7	信息科学与工程学院	胡爱群 唐小川 石乐 宋宇波 吴鹤意 蓝智灵 孟跃伟 高尚 邵辰	2015.01.28	第1577564号
150	幅度阻抗校准的封装夹层天线	2012.12.21	201210564322.X	信息科学与工程学院	赵洪新 敖晓星 王磊	2015.01.28	第1578109号
151	低电源电压CMOS恒定电压源电路	2012.12.31	201210590969.X	电子科学与工程学院	吴建辉 杨仲盼 陈超 刘智林 薛晨辉 李红	2015.01.28	第1577857号
152	蜂窝通信系统终端直通自适应分组与资源分配方法	2012.12.21	201210564185.X	信息科学与工程学院	蒋雁翔 刘强	2015.01.28	第1577883号
153	相位校准的三维封装表面天线	2012.12.21	201210563571.7	信息科学与工程学院	敖晓星 赵洪新 王磊	2015.01.28	第1577734号
154	相位幅度校准的平面喇叭天线	2012.12.21	201210564067.9	信息科学与工程学院	敖晓星 赵嘉宁	2015.01.28	第1577421号
155	内嵌金属化过孔幅度校准的封装夹层天线	2012.12.21	201210563323.2	信息科学与工程学院	赵洪新 敖晓星 王磊	2015.01.28	第1577388号
156	一种变幅张弦桁架水平支撑	2012.12.24	201210566357.7	土木工程学院	武雷 田野 郝伟	2015.01.28	第1577770号

(续表)

序号	发明专利名称	申请日	申请号	申请人	设计人	授权日	证书号
157	一种用于千米级斜拉桥的斜拉索装置及其安装方法	2012.12.24	201210566359.6	土木工程学院	熊文 叶见曙	2015.01.28	第1578251号
158	高温脱氯剂及其制备方法	2012.12.31	201210592313.1	能源与环境学院	金保昇 黄亚继 曹俊 钟文琪 仲兆平	2015.01.28	第1578157号
159	一种有效识别土层界面的微型孔压静力触探探头	2013.01.08	201310005541.9	交通学院	蔡国军 邹海峰 张涛 刘松玉	2015.01.28	第1578082号
160	一种平面信号交叉口机非交通冲突数的预测方法	2013.01.09	201310006774.0	交通学院	刘攀 张鑫 柏璐 陈昱光 郭延永	2015.01.28	第1577829号
161	一种准Z源逆变器	2013.01.24	201310027995.6	电气工程学院	梅军 孙博 郑建勇 梅飞 邓凯 付广旭	2015.01.28	第1578195号
162	一种变结构三电源空间调相行波超声波电机	2013.02.01	201310040991.1	电气工程学院	金龙 潘鹏 陆旦日宏 胡敏强 王瑞霞 徐志科	2015.01.28	第1578156号
163	基于固支梁电容式微机械微波功率传感器的频率检测电路	2012.12.26	201210575076.8	电子科学与工程学院	廖小平 崔焱	2015.01.28	第1578039号
164	基于Y形结构的大赫兹功率合成二倍频电路	2012.11.19	201210467894.6	信息科学与工程学院	杨非 崔铁军 王宗新 孙忠良 孟洪福	2015.01.28	第1578159号
165	一种利用静电纺丝法制备纳米级马赛克型膜的方法	2012.12.27	201210583776.1	化学化工学院	倪根美 詹侃 陈雨露 吴敏	2015.01.28	第1577538号
166	基于间接式微机械微波功率传感器的频率检测装置	2012.12.26	201210574759.1	电子科学与工程学院	廖小平 崔焱	2015.01.28	第1578087号
167	基于流水线ADC的低功耗准电压缓冲器	2013.04.19	201310137478.4	电子科学与工程学院	吴建辉 李红 徐川 田茜 胡建飞	2015.01.28	第1578219号
168	一种桥梁结构日照作用分析的极值温度预测方法	2013.04.09	201310122268.8	土木工程学院	丁幼亮 王高新 宋永生	2015.01.28	第1578208号
169	基于DLC的空调负荷双层优化调度和控制策略制定方法	2013.04.22	201310139728.8	电气工程学院	高赐威 李倩玉 李扬	2015.01.28	第1578275号

(续表)

序号	发明专利名称	申请日	申请号	申请人	设计人	授权日	证书号
170	可持续感知的温度复现方法及装置	2013.05.20	201310190457.9	仪器科学与工程学院	李建清 耿万培 杨宇荣	2015.01.28	第1577510号
171	一种可原位评价饱和土渗透特征的环境孔压静力触探探头	2013.05.07	201310166088.X	交通学院	蔡国军 邹海峰	2015.01.28	第1577434号
172	多级折流复氧人工湿地污水处理系统及其处理污水的方法	2013.05.21	201310191442.4	能源与环境学院	宋海亮 戴保琳 杨小丽	2015.01.28	第1578102号
173	一种栓塞介入导管及其应用	2013.06.05	201310222100.4	生物科学与医学工程学院	孙剑飞 邱爽	刘璇 张捷 葛乃建 顾宁	2015.01.28	第1578122号
174	一种核壳型红外复合材料及其制备方法	2013.09.30	201310460715.0	化学化工学院	周钰明 卜小海	王冰娟 张牧阳 张晨宇	2015.01.28	第1578269号
175	一种微生物燃料电池型立体组合生态床装置及应用	2013.07.23	201310312316.X	能源与环境学院	李先宁 方舟	宋海亮 吴磊	2015.01.28	第1577489号
176	基于系统安全指标分布法的道路事故黑点鉴别系统	2013.01.17	201310016998.X	交通学院	俞灏 郭延永 张鑫	刘攀 陈竺光 段荃	樊荟 羊钊	2015.01.28	第1577943号
177	基于氧化石墨烯和限制性内切酶的DNA甲基化检测方法及其试剂盒	2013.10.11	201310472714.8	化学化工学院	卫伟	熊艳翔	2015.01.28	第1577834号
178	沥青面层结构室内环境模拟与高温变形试验方法	2013.01.17	201310017509.2	交通学院	顾兴宇	袁青泉 刘松琴	2015.01.28	第1577699号
179	一种无源无线温度压气成传感器	2012.11.29	201210499018.1	电子科学与工程学院	黄见秋	黄庆安 张聪	2015.01.28	第1577891号
180	一种2-氨基-4,6-二甲基嘧啶的合成方法	2012.11.07	201210440781.7	化学化工学院	肖国民 李蕴陕	牛磊 姜枫 熊振	2015.01.28	第1578074号
181	基于偏最小二乘法的交通事件持续时间预测方法	2012.11.28	201210495396.2	交通学院	陈淑燕	王宣强 王炜	2015.01.28	第1577905号

(续 表)

序号	发明专利名称	申请日	申请号	申请人	设计人	授权日	证书号
182	基于氢循环的碳酸化固燃煤烟气中CO_2的方法和装置	2012.11.26	201210487034.9	能源与环境学院	杨林军 潘丹萍 熊桂龙	2015.01.28	第1577745号
183	一种模具温度场自动调节控制装置	2012.12.04	201210509352.0	电子科学与工程学院	孙伟锋 余 放 钱钦松 周 斌 陆生礼 时龙兴	2015.01.28	第1577819号
184	鼓泡式超声波雾化汞态转化装置及方法	2012.12.28	201210584530.6	能源与环境学院	朱 纯 段钰锋 冒咏秋	2015.01.28	第1577870号
185	内嵌金属化过孔相位幅度校准的三维封装表面天线	2012.12.21	201210563484.1	信息科学与工程学院	赵洪新 殷晓星 王 磊	2015.01.28	第1577470号
186	幅度校准的三维封装表面天线	2012.12.21	201210563897.X	信息科学与工程学院	赵洪新 殷戈帆	2015.01.28	第1578163号
187	幅度阻抗校准的三维封装表面天线	2012.12.21	201210564034.4	信息科学与工程学院	殷晓星 赵洪新 王 磊	2015.01.28	第1577351号
188	对洁净材料表面局部污染物进行清理的装置及方法	2013.02.07	201310049043.4	电子科学与工程学院	张晓兵 肖 梅 陈振乾 夏桂红 康学军 施 娟 祁争健	2015.01.28	第1577457号
189	碳纤维结构拉伸断裂状态的分阶段监测系统及其监测方法	2013.02.04	201310042909.9	仪器科学与工程学院	刘宏月 韩晓林 费庆国 芮 琴 张大海	2015.01.28	第1578244号
190	一种微波场与电磁场相互耦合的热态气液固三相反应装置	2013.02.27	201310061561.8	能源与环境学院	张 勇 肖 睿 钟文琪 金保昇	2015.01.28	第1577970号
191	一种阿托伐他汀衍生物、其药物质组合物的扩制药应用	2013.02.19	201310052029.X	医学院	童嘉毅 鞠成伟 沈祥波	2015.01.28	第1577528号
192	可双向扭转的交错梳齿的静电驱动可变光衰减器及其制备方法	2013.02.07	201310049078.8	电子科学与工程学院	秦 明	2015.01.28	第1578303号
193	一种控制站点停靠和路段行驶的公交绿波设置的控制系统	2013.03.08	201310074648.9	交通学院	王 炜 王宝杰 胡晓健	2015.01.28	第1577566号

(续表)

序号	发明专利名称	申请日	申请号	申请人	设计人	授权日	证书号
194	一种基于稀土金属化合物纳米簇的合成方法及应用	2013.03.01	201310067336.5	生物科学与医学工程学院	王雪梅 高生平 李永红	2015.01.28	第1577847号
195	基于预先解码分析的配置信息缓存管理方法及系统	2012.12.13	201210536421.7	电子科学与工程学院	曹鹏 刘波 蔡勇 齐杨锦江 杨军 时龙兴	2015.02.18	第1590696号
196	一种非隔离型单相光伏并网逆变器及其开关控制时序	2012.12.12	201210536368.0	电气工程学院	肖华锋	2015.02.18	第1590392号
197	温度复现装置的穿戴式结构及穿戴式温度复现装置	2013.05.20	201310190530.2	仪器科学与工程学院	吴剑锋 杨宇荣 李建清 耿德旺 耿万培	2015.02.18	第1589663号
198	一种带气密密封的高速水轴承性能试验装置	2012.07.06	201210234963.9	机械工程学院	蒋书运 程峰	2015.02.18	第1590651号
199	一种标准单元装配式耗能减震结构体系	2013.03.28	201310103594.4	土木工程学院，中铁建设集团有限公司	李爱群 贾洪 王维 周德恒 章丛俊 潘志宏	2015.03.04	第1596846号
200	一种用于生物油化学链制氢的纳米级多孔铁基载氧体的制备方法	2013.02.01	201310041612.0	能源与环境学院	肖睿 李鹏 张会岩	2015.02.18	第1589705号
201	实现温度、湿度分别调节的家用空调装置	2012.09.28	201210366054.0	能源与环境学院	梁彩华 刘成兴 张小松 文先太	2015.02.18	第1590340号
202	一种工业用户能量管理装置的控制方法	2013.05.30	201310210330.9	电气工程学院，广西电网公司电力科学研究院	王磊 王凯 梁茜 王蓓蓓 李扬	2015.02.25	第1591119号
203	具有纳米粗糙结构的铝箔梯度润温性表面的制备方法	2012.10.31	201210425745.3	材料科学与工程学院	张友法 余新泉 朱瑞雯 陈锋 藏东勉	2015.02.18	第1590714号
204	一种复合式磁通切换永磁电机	2012.08.03	201210274466.1	电气工程学院	花为 张淦 程明	2015.02.18	第1590856号
205	一种高效分离和扩增人脐带血间充质干细胞的方法	2012.11.05	201210437524.8	生物科学与医学工程学院	孙博 肖忠党	2015.02.18	第1590292号

(续表)

序号	发明专利名称	申请日	申请号	申请人	设计人	授权日	证书号
206	一种大型直齿圆柱齿轮齿距偏差测量装置	2012.10.29	201210421101.7	机械工程学院	李 彬 徐白羽	2015.02.18	第1590442号
207	悬臂梁电容式微机械波功率传感器的频率检测装置及方法	2012.12.26	201210575673.0	电子科学与工程学院	廖小平 崔 绥	2015.02.18	第1590176号
208	一种提高大棚辐射夏季除湿能力的装置	2012.12.26	201210576337.8	能源与环境学院	陈九法 徐宝江 陈义波	2015.02.18	第1590554号
209	结合富氧曝气的好氧生物流化床装置及其充氧方法	2014.01.22	201410028043.0	能源与环境学院	金保昇 钟文琪 徐惠斌	2015.03.18	第1606432号
210	钢桥面与铺装界面剪切试验装置	2013.09.30	201310462928.7	交通学院	姚 波 刘松玉 王 晓 陈磊磊	2015.03.18	第1606529号
211	一种具有聚集诱导发光性质的吡啶-三苯胺-蒽共轭分子及其制备	2013.10.23	201310505001.7	电子科学与工程学院	钱 鹰 程 刚 程 成 管成飞	2015.03.18	第1606434号
212	一种基于纳米多层中空胶囊-维光子晶体薄膜的制备方法	2014.02.28	201410073201.4	生物科学与医学工程学院	葛丽芹 任焰雨 姚 珊	2015.03.18	第1606297号
213	一种摆钟式天鹅绒效应实验装置	2013.09.30	201310460462.7	机械工程学院	陈惠玲 姜昌国 帅立国 肖禧芝	2015.03.18	第1607022号
214	一种胶凝材料强度的测量方法	2013.09.27	201310449883.X	材料科学与工程学院	钱春香 何智海 周 宁	2015.03.18	第1606394号
215	纳米流体自分散装置及溴化锂吸收式制冷循环系统	2013.06.25	201310253531.7	能源与环境学院	杨 柳 杜 垲 张忠斌	2015.03.18	第1606345号
216	基于移动储能设备的电网实时自动调度策略	2013.05.27	201310205393.5	电气工程学院	黄学良 陈 琛 黄哲忱 强 浩	2015.03.18	第1606843号
217	一种碳纤维抗氧化涂层及其制备方法	2013.05.17	201310186036.9	材料科学与工程学院	刘玉付 王双双	2015.03.18	第1606257号
218	一种基于信息隐藏技术的隐秘传真方法与装置	2013.05.16	201310182534.6	信息科学与工程学院	裴文江 蒋燕玲 王开词	2015.03.18	第1606725号

(续 表)

序号	发明专利名称	申请日	申请号	申请人	设计人	授权日	证书号
219	用于氨水吸收式制冷系统的纳米流体及其制备方法	2013.02.20	201310053589.7	能源与环境学院	杨 柳 杜 垲	2015.03.18	第1606685号
220	一种用于制备纳米流体的筛选装置及制备纳米流体的方法	2013.03.29	201310107008.3	能源与环境学院	杨 柳 杜 垲 李彦军	2015.03.18	第1607045号
221	一种模块转子的定子表面贴装式双凸极永磁电机	2013.04.08	201310119939.5	电气工程学院	花 为 张 淦 程 明	2015.03.18	第1606951号
222	用于公交车辆优先通告的行人过街路段的信号调控方法	2013.04.26	201310151239.4	交通学院	王 炜 华雪东 赵 德 胡晓健	2015.03.18	第1606264号
223	一种保障公交车辆优先通告的车辆调控方法	2013.04.28	201310159382.8	交通学院	王 炜 华雪东 赵 德 胡晓健	2015.03.18	第1606410号
224	一种微电子机械系统的电容式气压传感器	2013.07.16	201310296888.3	电子科学与工程学院	裘 萌 黄庆安	2015.03.04	第1597871号
225	能促进血管再生的可吸收骨科器械材料及其制备方法	2014.01.07	201410007096.4	材料科学与工程学院	储成林 郭 超 白 晶 林萍华	2015.03.04	第1598544号
226	能缓释硒元素的可吸收骨科械材料及其制备方法	2014.01.07	201410007159.6	材料科学与工程学院	储成林 郭 超 白 晶 林萍华	2015.03.04	第1598038号
227	基于径向集成和基片集成功率合成器	2013.08.15	201310358620.8	信息科学与工程学院	张 雷 朱晓维 周健义 田 玲 洪 伟	2015.03.04	第1597778号
228	一种火电机组过热多模型扰动估计预测控制方法	2013.07.04	201310279686.8	能源与环境学院	赵慧荣 罗建锋 沈 炯 李益国	2015.03.04	第1598296号
229	一种基于原位合成技术的酸性催化膜及其制备方法	2013.05.31	201310209510.5	化学化工学院	肖丽华 徐 威 陈丽琴 高李璟	2015.03.04	第1597823号
230	一种透平膨胀机永磁发电机的冷却系统及其工作方法	2013.05.29	201310207938.6	电气工程学院	黄允凯 董剑宁 金 龙	2015.03.04	第1598282号
231	一种用于合成2-甲基吡啶和4-甲基吡啶的催化剂及其制备方法	2013.05.28	201310205139.5	化学化工学院	肖国民 黄金金 姜 枫	2015.03.04	第1597767号

(续表)

序号	发明专利名称	申请日	申请号	申请人	设计人	授权日	证书号
232	一种多悬臂梁结构微波功率传感器	2013.05.20	201310184504.9	电子科学与工程学院	韩磊 姜文	2015.03.04	第1597533号
233	一种预制装配式冷却成型钢楼盖及其施工方法	2013.05.17	201310186550.2	土木工程学院	叶继红 王星星	2015.03.04	第1597876号
234	一种阻燃石屑超级罩面的铺设材料及铺设方法	2013.05.13	201310174753.X	交通学院	黄晓明 李志栋	2015.03.04	第1597567号
235	一种吸收汽车尾气超薄罩面的铺设材料及铺设方法	2013.05.13	201310176616.X	交通学院	黄晓明 李志栋	2015.03.04	第1598359号
236	xDSL语音分离器测试分析系统及其检测方法	2013.03.25	201310097616.0	信息科学与工程学院，常州盛拓电子科技有限公司	姜禹 张海龙 胡爱群 邓小伟 周盛	2015.03.11	第1602432号
237	一种基于固定翼航模的公路交通流空间平均车速观测方法	2013.03.19	201310087389.3	交通学院	王昊 李烨 段淞耀 李宸 刘善文 彭攀 董长印 黄剑冰 罗鸿飞	2015.03.04	第1597931号
238	基于复合周期和单周期的表面等离激元分波器	2013.03.12	201310078757.8	信息科学与工程学院	崔铁军 高喜 马慧锋	2015.03.04	第1597969号
239	一种格栅式地下连续墙施工外模及其内模	2013.08.23	201310370353.6	土木工程学院	郭彤 严发根 纪从红 姚兵 吴继峰	2015.03.04	第1597248号
240	大跨度桥梁风致灾变全过程的模拟方法	2013.03.26	201310100537.0	土木工程学院	张文明	2015.02.18	第1590163号
241	城市天际轮廓线立面正射影像图的快速获取和测量方法	2013.03.25	201310097613.7	建筑学院	杨俊宴 史宜	2015.03.04	第1598609号
242	相位阻抗校准的封装夹具天线	2012.12.21	201210562981.X	信息科学与工程学院	殷晓星 赵嘉宁 赵洪新	2015.03.04	第1599577号
243	相位阻抗校准的三维封装表面天线	2012.12.21	201210564139.X	信息科学与工程学院	殷晓星 赵嘉宁 赵洪新	2015.03.04	第1599706号

(续 表)

序号	发明专利名称	申请日	申请号	申请人	设计人	授权日	证书号
244	蜂窝通信系统终端直通自适应资源分配方法	2012.12.11	201210532291.X	信息科学与工程学院	蒋雁翔 刘强	2015.03.04	第1599412号
245	联合训练序列相关信息的正交频分复用接收帧同步方法	2012.12.26	201210581288.7	信息科学与工程学院	丁晓进 陈晓曙 戴 佳 王霄峻 王 刚	2015.03.04	第1599400号
246	带宽恒定的增益线性可变增益放大器	2012.12.31	201210590866.3	电子科学与工程学院	吴建辉 尹海峰 李 红 陈 超 白春风 刘智林 徐 哲 杨仲盼	2015.03.04	第1599678号
247	一种基于频散特征的低频水声脉冲信号距离的测量方法	2012.12.31	201210591024.X	信息科学与工程学院	李 焜 方世良 安 良 罗昕炜	2015.03.04	第1598750号
248	一种水平定向钻自由轨迹规划及纠偏方法	2012.10.26	201210415816.1	自动化学院	叶 桦 孙晓洁 高雪林 李根营 任峥峥	2015.03.04	第1598812号
249	幅度阻抗校准的平面喇叭天线	2012.12.21	201210564047.1	信息科学与工程学院	赵洪新 殷晓星 李 磊	2015.02.18	第1590693号
250	一种多能源供电系统能量智能管理装置	2013.01.31	201310037533.2	能源与环境学院	陆玉正 王 俊 王 军 张耀明	2015.03.04	第1599135号
251	一种用于水声被动定位的信号到达时延差跟踪算法	2013.03.14	201310080646.0	信息科学与工程学院	安 良	2015.03.04	第1599675号
252	一路一线直行式公交线路布设与线网优化配置方法	2013.04.25	201310149251.1	交通学院	王 炜 华雪东 胡晓健	2015.03.04	第1599364号
253	一种二维周期性V型金属离子共振结构及其制备方法	2013.05.21	201310192785.2	电子科学与工程学院	吕昌贵 祁正青 王肇征 毕纪军 时莉华 钟 嫄 崔一平	2015.03.04	第1599092号
254	一种用于海洋欠固结土孔隙水压力测试的锥形探针	2013.07.09	201310286921.4	交通学院	蔡国军 张 涛 刘松玉	2015.03.04	第1599792号
255	一种功能化复合纳米纤维修饰电极的制备方法	2013.08.27	201310378517.X	公共卫生学院	王晓英	2015.03.04	第1599279号

(续表)

序号	发明专利名称	申请日	申请号	申请人	设计人	授权日	证书号
256	相位幅度阻抗校准的三维封装表面天线	2012.12.21	201210564137.0	信息科学与工程学院	赵进新 殷晓星 赵嘉宁	2015.03.04	第1599324号
257	一种静电力调变齿间隙的微机电梳齿机构	2012.10.17	201210394906.7	电子科学与工程学院	李伟华 黄庆安 浦 炬 周再发	2015.03.04	第1599543号
258	多点协作场景下的用户选择方法	2012.09.06	201210327015.X	信息科学与工程学院	潘志文 翟志军 尤肖虎	2015.03.04	第1599582号
259	一种漏斗流中两种粉体混合特性的测量方法	2013.07.19	201310302786.8	能源与环境学院	袁竹林 孙珊珊	2015.03.04	第1597626号
260	超蜂窝移动通信终端直通技术同步序列构造方法	2012.11.27	201210490567.2	信息科学与工程学院	蒋雁翔 尤肖虎	2015.03.04	第1599502号
261	用于正交频分复用接收机的快速数字自动增益控制方法	2012.12.26	201210575215.7	信息科学与工程学院	丁晓进 戴 佳 王 刚 王霄峻 陈晓曙	2015.02.18	第1590039号
262	一种交通诱导系统与信号控制系统的协同方法	2013.01.10	201310008666.7	交通学院	刘 攀 罗旭江 李志斌 俞 灏 羊钊 徐铖铖 樊 蓉 郭延永	2015.03.18	第1608660号
263	一种宽带、低损耗、高平衡度的片上巴伦	2013.07.24	201310313417.9	信息科学与工程学院	杨格格 李智群 王志功 李 芹	2015.03.25	第1610333号
264	一种具有SERS信号的双可探药物释放结构及其制备方法	2013.07.08	201310285788.0	电子科学与工程学院	王著元 钟 嫄 武 欣 崔一平	2015.03.25	第1610275号
265	一种载脂蛋白B纳米抗体,其编码序列及应用	2013.06.21	201310250720.9	生命科学研究院	万亚坤 谢 维 孙燕燕 母亚雯	2015.03.25	第1612123号
266	一种提高钢材耐磨性的表面化学处理方法	2013.04.28	201310153048.1	材料科学与工程学院	巨 佳 白 晶 薛 烽 孙杨善 周 健	2015.04.08	第1630511号

(续表)

序号	发明专利名称	申请日	申请号	申请人	设计人	授权日	证书号
267	一种建筑泥浆快速深度脱水及资源化系统与工艺	2014.01.22	201410028938.4	土木工程学院,江苏杰成凯新材料科技有限公司,宁波高新区甬海工程技术开发有限公司,杨才千	杨才千 徐佩佩 梁止水 杨小聪 吴智深 俞元洪	2015.04.08	第1630929号
268	一种六维力/力矩传感器标定装置及标定方法	2013.11.27	201310635034.3	仪器科学与工程学院	宋爱国 李会军 潘栋成 陈丹凤	2015.04.08	第1627440号
269	基于实时荧光PCR的尿沉渣细胞肾脏纤维化检测芯片	2013.11.01	201310535181.3	医学院	刘必成 曹玉涵 雷向东	2015.02.25	第1611525号
270	一种隐含凸极的开关磁链电机	2013.06.17	201310237347.3	电气工程学院	林明耀 郝立 李念 付兴贺	2015.04.08	第1626922号
271	一种电动汽车风电协同实时调度优化方法	2013.05.27	201310203096.7	电气工程学院	黄学良 张齐东 孙毅 强浩	2015.04.08	第1630815号
272	一种富氧燃烧机组热量梯级利用的方法及装置	2013.04.27	201310154346.2	能源与环境学院	段伦博 向文国 韩冬 段钰锋	2015.04.08	第1627116号
273	推推利推换双重输出基片集成波导振荡器	2013.10.14	201310477242.5	信息科学与工程学院	陈品 周健义 洪伟 陈继新	2015.04.08	第1631275号
274	内置波形钢板的双钢板混凝土组合核心筒结构	2013.04.28	201310157972.7	土木工程学院	徐文平 孙迹 卢建峰 朱金坤 陈有春 朱籔俊 焦安亮	2015.04.08	第1630219号
275	微振动可耗能黏弹性屈曲约束支撑	2013.05.10	201310174545.X	土木工程学院	王春林 曾滨 吴京 葛汉彬	2015.04.08	第1629905号
276	基于零序和负序电压注入的级联型并网逆变器直流侧平衡控制方法	2013.03.26	201310101371.4	电气工程学院	赵剑锋 孙毅超 李振东 刘魏	2015.04.01	第1622452号
277	一种地下空间钢桁架基坑支护结构及其施工方法	2012.12.06	201210517889.1	交通学院	李仁民 余魏 陈晓凤 童立元 王守超 方磊	20158.04.08	第1629259号

(续 表)

序号	发明专利名称	申请日	申请号	申请人	设计人	授权日	证书号
278	移动通信网络下设备间通信的最优收发联合处理方法	2012.09.28	201210370443.0	信息科学与工程学院	许威 雷鸣	朱道华 赵春明 李朝峰	2015.04.01	第1622757号
279	一种用于等离子体污水处理系统的高压脉冲电源	2013.03.15	201310082889.8	电气工程学院	赵剑锋	高铁峰	2015.04.01	第1622908号
280	一种固体氧化物燃料电池电压多模型融合控制方法	2013.08.07	201310342758.9	能源与环境学院	陈欢乐	睢刚	2015.04.08	第1630846号
281	一种可升降衣架	2014.01.02	201410000294.8	机械工程学院	李梦芝	季婕	2015.04.08	第1627282号
282	非对称相位可调马赫—曾德干涉仪及其制备方法	2013.05.31	201310216575.2	电子科学与工程学院	孙小菡	蒋卫锋	2015.03.25	第1612084号
283	一种单捕靶位可调光激励采样及调谐方法	2013.10.29	201310520732.9	电子科学与工程学院	孙小菡	董纳	2015.04.08	第1630320号
284	一种新型高温高压电加热炉	2014.01.16	201410020404.7	能源与环境学院	邵志伟 刘长奇	严玉明 黄亚继 杨海强 伏启让	2015.04.01	第1618058号
285	一种飞灰等温等速取样装置	2013.03.14	201310082434.6	能源与环境学院	陈晓平 梁财厅	卜昌盛 刘道银 马吉亮 曾小强	2015.04.08	第1627233号
286	复合型水泥基坑泛碱外加剂	2013.06.14	201310238233.0	材料科学与工程学院	潘钢华	易燕	2015.03.25	第1611205号
287	一种屋面隔热板面装改色TMD多维减震装置	2013.03.25	201310097484.1	土木工程学院	陶天友	王浩	2015.04.08	第1629990号
288	一种基于超疏水表面的电润湿微流体装置	2013.09.27	201310451092.0	电子科学与工程学院	吴俊	夏军 王保平	2015.04.01	第1622633号
289	一种高电源抑制比的纯MOS结构电压基准源	2013.11.01	201310535118.X	电子科学与工程学院	孙伟锋 祝靖 时兴龙	杨桦 刘斯扬 张允武 陆生礼	2015.03.25	第1611849号
290	一种曝气联合气相抽提二维试验装置	2013.10.22	201310495166.0	交通学院	刘志彬 杜延军	刘松玉 陈成龙 方伟	2015.03.25	第1611395号

（续）

序号	发明专利名称	申请日	申请号	申请人	设计人	授权日	证书号
291	一种高抗裂低收缩高延性砂浆及其制备方法	2013.09.02	201310392208.8	材料科学与工程学院，永安市宝华林实业发展有限公司	郭丽祥 张丽辉 孙 伟 邓忠华 邓忠林 孙 杨	2015.01.07	第1563474号
292	一种体感触觉激励发生器	2013.10.08	201310464975.5	仪器科学与工程学院	王 慧 王河成 胡海桦 李博维 宋爱国	2015.04.01	第1618455号
293	一种防止固体氧化物燃料电池燃料利用率超限的控制方法	2013.08.07	201310340004.X	能源与环境学院	睢 刚 陈欢乐	2015.04.01	第1617773号
294	基于非线性增益补偿的固体氧化物燃料电池控制方法	2013.08.07	201310342687.2	能源与环境学院	睢 刚 陈欢乐	2015.04.01	第1618520号
295	一种降低车辆周黄灯概率的车速诱导控制方法	2013.03.26	201310101269.4	交通学院	王 炜 华雪东 胡晓健 赵 德	2015.04.01	第1623555号
296	大型桥梁净空高度测量方法	2013.03.06	201310071918.0	交通学院	高成发 生仁军 夏 炎 时小飞	2015.04.01	第1616750号
297	减少柴油机炭烟及有害气体排放的添加剂及其制备方法	2013.03.08	201310075072.8	能源与环境学院	黄亚继 王永兴 陈伟荣 徐亮亮 王昕晔	2015.04.01	第1623147号
298	一种电动汽车无线充电车位系统	2013.05.23	201310194371.3	电气工程学院	黄学良 强 浩 刘长奇 陈 琛 黄哲忱	2015.004.01	第1623218号
299	基于微机械悬臂梁电容式功率传感器的相位检测器及制备方法	2013.06.19	201310243845.9	电子科学与工程学院	廖小平 王文岩	2015.04.01	第1617076号
300	一种单质粉料烧结的铁铜基含油减摩材料及制备方法	2013.10.22	201310498828.X	材料科学与工程学院	潘 冶 秦清华 申承秀 王春官	2015.04.08	第1630290号
301	一种GPS L2C信号跟踪方法	2013.09.09	201310405475.4	仪器科学与工程学院	祝雪芬 沈 飞 杨 阳 杨冬瑞 陈熙源	2015.04.08	第1630967号

（续表）

序号	发明专利名称	申请日	申请号	申请人	设计人	授权日	证书号
302	一种无功补偿装置	2013.09.17	201310423843.8	电气工程学院，国家电网公司，国网青海省电力公司，国网青海省电力科学研究院中国电力科学研究院	高山 刘宇 张海宁 孟可风 马勇飞 施涛 朱陵志 薛俊茹 宋锐 贾昆 丛贵斌 孔祥鹏	2015.04.08	第1629911号
303	载铈功能化可吸收骨科器械材料及其制备方法	2014.01.07	201410006835.8	材料科学与工程学院	储成林 白晶 郭超 薛旋 林萍华	2015.04.01	第1618023号
304	一种确定信号控制交叉口进口道可变导向车道长度的方法	2013.05.21	201310191438.8	交通学院	陈峻 顾姗姗 周洋	2015.04.08	第1630153号
305	一种表面光滑的葡聚糖凝胶微球的制备方法	2013.06.18	201310239448.4	生物科学与医学工程学院	张天柱 朱长皓 顾宁	2015.04.08	第1631092号
306	一种基于全息阻抗表面的多波速天线设计方法	2013.07.11	201310292298.3	信息科学与工程学院	崔铁军 李允博	2015.04.08	第1630784号
307	一种微波辅助氯化铵提高沸石调湿性的方法	2013.06.27	201310260438.9	能源与环境学院	陈振乾 周波	2015.04.08	第1630437号
308	一种零电压转换型非隔离光伏并网逆变器	2013.04.17	201310134383.7	电气工程学院	肖华锋	2015.03.25	第1610435号
309	双层薄膜残余应力测试结构	2013.09.05	201310401239.5	电子科学与工程学院	李伟华 王雷 张晓强 刘海韵 孙超	2015.04.08	第1631195号
310	防水反冲安全检查井盖装置	2013.08.05	201310336016.5	材料科学与工程学院	廖佰成 周可欣 吴玉娜	2015.04.08	第1630547号
311	温度变化时基于混合监测的松弛伏并网识别方法	2012.05.29	201210170515.7	土木工程学院	韩玉林 王芳 韩佳邑	2015.04.08	第1626851号
312	一种城市中心区位置和聚集强度的确定方法	2012.01.18	201210014509.2	建筑学院	杨俊宴 谭瑛	2015.04.08	第1627348号

(续表)

序号	发明专利名称	申请日	申请号	申请人	设计人	授权日	证书号
313	一种基于不良天气条件的快速道路可变限速控制方法	2011.12.16	201110425753.3	交通学院	刘 攀 王 炜 李志斌 万晶晶 徐铖铖	2015.04.08	第1627645号
314	基于固支梁和间接式功率传感器的在线式微波频率检测及其检测方法	2013.01.18	201310026119.1	电子科学与工程学院	廖小平 易真翔 杨 国	2015.04.01	第1620556号
315	一种单电机驱动可爬行的弹跳机器人	2012.12.21	201210562487.3	仪器科学与工程学院	张 军 乔贵方 宋光明 宋爱国 李玉亚	2015.04.01	第1620528号
316	一种用于水下滑翔器的高精度组合导航定位方法	2012.12.30	201210585170.1	仪器科学与工程学院	陈熙源 唐 建 黄浩乾 方 琳 周智恺	2015.04.01	第1620113号
317	适于卫星移动通信的多载波多址传输方法	2012.06.18	201210201441.9	信息科学与工程学院	高西奇 江 彬 仲 文 巴特尔 王闻今	2015.04.01	第1620244号
318	一种MFCC水下目标特征提取和识别方法	2012.06.13	201210194530.5	信息科学与工程学院	曹红丽 方世良	2015.04.01	第1619837号
319	基于群集理论的可动结构广义坐标的违约修正方法	2012.01.19	201210016642.1	土木工程学院	陈 健 冯 耀 庄丽萍 夏仕洋	2015.04.01	第1620220号
320	一种基于改进扩展卡尔曼滤波的车辆运行状态估计方法	2011.12.15	201110419651.0	仪器科学与工程学院	李 旭 陈 伟	2015.04.01	第1619780号
321	一种确保杆件同步运动的连接节点	2012.10.16	201210397273.5	土木工程学院	陈 耀 冯 健	2015.03.11	第1602016号
322	一种用于建筑结构构件卸载的支撑机构及其使用方法	2012.10.18	201210397464.1	交通学院	朱 虹 吴 京 陈昊旭	2015.03.11	第1602430号
323	一种将高温高压固体颗粒降温降压的装置及方法	2012.10.18	201210397332.9	能源与环境学院	向文国 赵亚仙 陈时熠	2015.03.11	第1600974号
324	一种柔性肩关节运动传感器及其测量方法	2012.10.08	201210378012.9	仪器科学与工程学院	李建清 罗 堪 吴剑锋 徐高志 杨 华	2015.03.11	第1601475号
325	一种旋转X射线造影图像迭代重建方法	2012.07.03	201210228165.5	计算机科学与工程学院	胡铁宁 罗立民 谢理哲 沈傲东	2015.03.11	第1601635号

(续 表)

序号	发明专利名称	申请日	申请号	申请人	设计人	授权日	证书号
326	聚吡咯纳米柱嵌纳米孔阵列材料及其制备方法和储能应用	2011.11.16	201110362797.6	化学化工学院	谢一兵 杜洪秀	2015.03.11	第1602427号
327	基于抽柱法的带断裂钢框架连续倒塌分析方法	2012.10.18	201210398233.2	土木工程学院	舒赣平 包永成 陆金钰	2015.02.25	第1592693号
328	一种基于信任的组合服务优化方法	2012.06.21	201210209892.7	计算机科学与工程学院	吴晓娜 刘翠翠 李必信 李 锐	2015.02.25	第1593373号
329	一种高速公路汽车防追尾前车的自适应报警方法	2012.06.19	201210203507.8	仪器科学与工程学院	李 旭 齐珊珊 张为公 宋 超	2015.02.25	第1593135号
330	一种夹子控制单元及与其配合使用的夹子单元	2012.01.20	201210018324.9	机械工程学院	倪中华 易 红 顾兴中 黄 笛	2015.02.25	第1592659号
331	一种顺序积分型双色红外焦平面读出电路	2013.03.20	201310089181.5	电子科学与工程学院	孙伟锋 刘镇硕 朱长峰 孙伟锋 夏晓娟 时龙兴 苏 军 陆生礼	2015.02.18	第1587597号
332	一种全电磁波导霍尔电压的诱发装置及方法	2013.01.29	201310034897.5	物理系	董正高 雷双瑛	2015.02.18	第1587847号
333	一种移动通信网中的准入控制方法	2012.12.29	201210589779.6	信息科学与工程学院	龙肖虎 李知航 刘 楠 李家奇	2015.02.18	第1587615号
334	一种TD-LTE femtocell接纳控制方法	2012.11.30	201210504311.2	信息科学与工程学院	王 捷 邱洋帆 潘志文	2015.02.18	第1590616号
335	一种快速瞬态响应脉冲宽度调制电路	2012.11.21	201210475551.4	电子科学与工程学院	徐 申 杨 淼 葛芳莉 孙伟锋 时龙兴 韩才霞 陆生礼	2015.02.18	第1588\096号
336	利用增强现实技术的上肢康复训练系统	2012.10.16	201210391492.2	仪器科学与工程学院	王 颖 王爱民	2015.02.18	第1588231号
337	一种基于图像颜色空间特征的雾天检测方法	2012.06.30	201210226642.4	自动化学院	路小波 耿 威 周 潞 曾维理	2015.02.18	第1590186号

(续表)

序号	发明专利名称	申请日	申请号	申请人	设计人	授权日	证书号
338	一种可信可控网络中自治域一致性视图构建的机制与方法	2012.06.18	201210201247.0	计算机科学与工程学院	罗军舟 王鹏 李伟 曲延盛 刘波	2015.02.18	第1590607号
339	用于SOC的数据安全加密模块	2012.03.12	201210063915.8	信息科学与工程学院	徐平平 黄成 刘昊 吴子辰	2015.02.18	第1590456号
340	一种螺旋折流板换热器隔形折流板的加工方法	2012.03.02	201210052911.X	能源与环境学院	陈亚平	2015.02.18	第1589744号
341	一种电容式湿度传感器	2012.12.29	201210589894.3	电子科学与工程学院	黄见秋 黄庆安 陈文浩 任青颖	2015.02.11	第1584346号
342	一种信号交叉口进口道外置左转车道设置需求判定方法	2012.11.13	201210453638.1	交通学院	刘攀	2015.02.11	第1584497号
343	基于光流场的运动目标超分辨率图像重建方法	2012.04.28	201210133771.9	自动化学院	路小波 耿威 曾维理	2015.02.11	第1584365号
344	聚吡咯有序纳米孔阵列材料及其制备方法和储能应用	2011.11.17	201110365033.2	化学化工学院	谢一兵	2015.02.11	第1584525号
345	一种针对扫描测试中移位功耗的优化方法	2012.12.29	201210590052.X	电子科学与工程学院	单伟伟 蔡志匡 袁强强 刘婷婷 杨军	2015.02.04	第1582271号
346	双液室液阻型宽频橡胶隔振器	2012.10.16	201210392285.9	机械工程学院	张建伟 卢熹 孙小娟 孙蓓蓓	2015.02.04	第1582170号
347	核探测机器人控制系统中数据存储的纠错方法	2012.09.14	201210342946.7	仪器科学与工程学院	宋爱国 张立云 钱夔 韩益利 熊鹏文 崔建伟	2015.02.04	第1581520号
348	一种大电流N型绝缘体上硅横向绝缘栅双极型晶体管	2012.09.14	201210343012.5	电子科学与工程学院	刘斯扬 钱钦松 时龙兴 徐安安 孙伟锋 黄栋 陆生礼	2015.02.04	第1581725号
349	单载波频域均衡系统中的同步方法及其实现电路	2011.12.29	201110447925.7	电子科学与工程学院(无锡)	时龙兴 周应栋 刘昊 张萌 王喆 叶将 宗倩 田茜	2015.02.04	第1582280号

（续 表）

序号	发明专利名称	申请日	申请号	申请人	设计人	授权日	证书号
350	支座广义位移温度变化基于索力监测的松弛索识别方法	2012.05.30	201210171852.8	土木工程学院	韩玉林 万江 韩佳邑	2015.04.15	第1633832号
351	温度变化空间坐标监测受损索支座角位移递进式识别方法	2012.05.30	201210172242.X	土木工程学院	韩玉林 万江 韩佳邑	2015.04.15	第1633090号
352	有支座沉降和温度变化时基于应变监测的松弛索识别方法	2012.05.29	201210171051.1	土木工程学院	韩玉林 王芳 韩佳邑	2015.04.15	第1633657号
353	温度变化空间坐标监测的受损索和支座平移速递进式识别方法	2012.05.29	201210171052.6	土木工程学院	韩玉林 万江 韩佳邑	2015.04.15	第1633328号
354	有支座沉降和温度变化时索力监测的受损索通近式识别方法	2012.05.29	201210172793.6	土木工程学院	韩玉林 万江 韩佳邑	2015.04.15	第1633272号
355	一种交错并联反激驱动电源	2013.01.16	201310016516.0	电子科学与工程学院	孙伟锋 张太之 宋慧滨 徐申 时龙兴 陆生礼	2015.04.08	第1637137号
356	一种用于测试发动机低温低气压启动和运行特性的装置	2012.12.27	201210580873.5	自动化学院	方仕雄 魏海申 葛健	2015.04.08	第1627702号
357	一种低成本高精度的抛物面聚光器的反射镜的固定装置	2012.12.27	201210579664.9	能源与环境学院	华永明 张耀明	2015.04.08	第1626713号
358	一种具有高负载调整率的快速瞬态响应DC-DC开关变换器	2012.11.21	201210476509.4	电子科学与工程学院	孙伟锋 杨淼 韩才霞 秦昌兵 张力文 徐申 陆生礼 时龙兴	2015.04.08	第1627110号
359	基于无线传感器网络的轨道列车防碰撞系统及其方法	2012.11.14	201210457170.3	仪器科学与工程学院	李建清 吴剑锋 于忠洲 徐高志 毛志鹏	2015.04.08	第1627758号
360	一种超高Q值片上可调电感	2012.10.23	201210406980.6	电子科学与工程学院	李智群 曹佳	2015.04.08	第1626774号
361	一种基于用户诚实度的动态的Web服务信任评估方法	2012.08.07	201210279363.4	计算机科学与工程学院	李必信 宋锐 刘翠翠 吴晓娜 齐珊珊 孔祥龙	2015.04.08	第1627278号

(续 表)

序号	发明专利名称	申请日	申请号	申请人	设计人	授权日	证书号
362	一种基于修改影响分析的回归测试用例生成方法	2012.07.31	201210270343.0	计算机科学与工程学院	李必信 陶传奇 张前东 耿国清 孙小兵 兰阴阴	2015.04.08	第1627025号
363	支座角位移温度变化基于空间坐标监测的受损索识别方法	2012.05.30	201210175803.1	土木工程学院	韩玉林 王芳 宋佰涵 韩佳邑	2015.04.08	第1627928号
364	温度变化混合监测的问题索和支座角位移识别方法	2012.05.30	201210173491.0	土木工程学院	韩玉林 万江 韩佳邑	2015.04.08	第1626688号
365	有支座沉降和温度变化时基于混合监测的受损索识别方法	2012.05.29	201210172652.4	土木工程学院	韩玉林 万江 韩佳邑	2015.04.08	第1626765号
366	有支座沉降和温度变化时基于角度监测的受损索识别方法	2012.05.29	201210171326.1	土木工程学院	韩玉林 万江 韩佳邑	2015.04.08	第1626820号
367	温度变化时混合监测的受损索和支座平移量计算方法	2012.05.29	201210171264.4	土木工程学院	韩玉林 万江 韩佳邑	2015.04.08	第1626914号
368	双流化床可燃固体废弃物热解油气联产装置及方法	2014.01.24	201410036675.1	能源与环境学院	金保昇 耿察民 钟文琪	2015.04.29	第1651614号
369	一种手指间协调性训练康复装置	2014.01.22	201410029312.5	仪器科学与工程学院	王爱民 何有源 王昌鹏 王恒 郑波	2015.04.29	第1651548号
370	一种增强型偏转电容式表面微机械加工残余应力测试结构	2013.11.27	201310611767.3	电子科学与工程学院	唐洁影 王磊 蒋明霞	2015.04.29	第1652882号
371	一种硅微谐振式加速度计温补偿方法	2013.09.18	201310429703.1	仪器科学与工程学院	赵立业 李宏生 杨辉 黄丽斌	2015.04.29	第1652602号
372	一种张弦梁结构	2013.08.05	201310337416.8	土木工程学院	蔡建国 丁一凡 冯健	2015.04.29	第1652662号
373	基于空气实现再生热量高效利用回收的热源塔热泵装置	2013.07.30	201310322427.0	能源与环境学院	梁彩华 邹骅 张小松	2015.04.29	第1652962号
374	一种可补充摩擦材料的滑移隔震支座	2013.07.26	201310318401.7	土木工程学院	郭彤 徐贾 卫龙武	2015.04.29	第1653330号

(续表)

序号	发明专利名称	申请日	申请号	申请人	设计人	授权日	证书号
375	基于微机械直接热电式功率传感器的相位检测器及制法	2013.06.19	201310244226.1	电子科学与工程学院	廖小平 吴昊	2015.04.29	第1653598号
376	一种绕线机排线装置	2013.06.26	201310259675.3	仪器科学与工程学院	崔建伟 傅威 陈杨洋 杨阳	2015.04.29	第1652610号
377	一种集群风电场有功功率控制方法	2013.05.08	201310164592.6	电气工程学院	高赐威 陈骞寒	2015.04.29	第1652237号
378	基于概率图模型的服务器组件可靠性在线时间序列预测方法	2013.04.22	201310141453.1	计算机科学与工程学院	王红兵 王磊	2015.04.29	第1653190号
379	一种磁通切换型内置式永磁记忆电机	2013.04.25	201310149285.0	电气工程学院	林鹤云 房淑华 阳辉 黄允凯 张 壮而行 颜建虎	2015.04.29	第1652519号
380	厚胶紫外光移动掩模光刻的三维光强分布模拟方法	2013.09.13	201310419458.6	电子科学与工程学院	周再发 黄庆安 余倩 张恒	2015.04.15	第1635558号
381	基于集成导引具有极化扭转功能的回溯阵列天线	2013.07.31	201310330613.7	信息科学与工程学院	洪伟 周浩	2015.04.15	第1634763号
382	一种纳米流体氨水吸收式制冷循环装置	2013.06.25	201310253533.6	能源与环境学院	杨柳 鲍帅阳 杜岜 武云龙	2015.04.15	第1634653号
383	提高短时阴影下光伏模组抗失配能力的超级电容补偿方法	2013.03.29	201310106932.X	电气工程学院，江苏省电力公司南京供电公司，江苏省电力公司，国家电网公司	徐青山 司小庆 钱海亚 陈楷 臧海祥	2015.04.22	第1647162号
384	一种时钟信号丢失检测电路及方法	2011.12.13	201110415833.0	电子科学与工程学院（无锡）	刘新宁 孙华芳 王镇 单申伟 袁璐	2015.04.15	第1634079号
385	物流快递动态派件系统及派件方法	2012.05.10	201210142503.3	交通学院	毛海军 覃运梅	2015.04.29	第1652261号
386	高铁无砟轨道板快速检测方法	2012.06.13	201210193458.4	机械工程学院	帅立国	2015.04.29	第1653500号

序号	发明专利名称	申请日	申请号	申请人	设计人	授权日	证书号
387	基于发电机电气距离的电压无功控制分区方法	2013.05.31	201310217514.8	电气工程学院,南京南瑞继保电气有限公司	黄凯 杨利民 陈根军	高山 杨梦楠 顾全	郝飞 冯传水	2015.05.06	第1657127号
388	一种飞轮脉冲永磁电机及工作方法	2012.03.09	201210060621.X	电气工程学院	黄允凯	董剑宁	金龙	2015.04.15	第1633876号
389	中继辅助信息系统中考虑多小区协作时的无线资源调度方法	2011.03.10	201110057326.4	信息科学与工程学院	杨绿溪 黄永明	余辉 吴杨生	李春国	2015.04.15	第1633350号
390	一种基于模块化计算机的射频矢量信号源	2012.12.25	201210569832.6	信息科学与工程学院	蒋政波	洪伟	翟建锋	2015.04.15	第1632978号
391	基于同接式微机械微波功率传感器的相位检测装置及方法	2012.12.26	201210575948.0	电子科学与工程学院	廖小平	崔绫		2015.04.15	第1633939号
392	一种基于载波聚合的异构网协调方法	2012.12.31	201210593561.8	信息科学与工程学院	潘志文 刘楠	蒋慧琳	尤肖虎	2015.04.15	第1633122号
393	幅度校准的封装夹层天线	2012.12.21	201210563300.1	信息科学与工程学院	赵嘉宁	殷戈帆		2015.04.15	第1634117号
394	全差分低功耗低噪声放大器	2012.12.31	201210589611.5	电子科学与工程学院	吴建辉 陈超 尹海峰	杨仲盼 白春风 徐哲	李红 刘智林	2015.04.15	第1634331号
395	一种基于生成验证的认知描述程序的求解方法	2012.12.10	201210529095.7	计算机科学与工程学院	崔荣存	张志政		2015.04.15	第1633269号
396	一种磁通切换型永磁记忆电机	2012.12.20	201210560231.9	电气工程学院	阳辉	林鹤云	颜建虎	2015.04.15	第1633380号
397	一种多齿磁通切换型永磁记忆电机	2012.12.20	201210559055.7	电气工程学院	林鹤云	阳辉	颜建虎	2015.04.15	第1634297号
398	一种砷化镓基光子晶体发光二极管的制备方法	2012.12.26	201210577220.X	电子科学与工程学院	孙小菁	陈源源	董纳	2015.04.15	第1633918号
399	磁浮式智能减振装置	2012.12.26	201210577556.6	土木工程学院	徐赵东	陈曦	郭迎庆	2015.04.15	第1633349号

（续 表）

序号	发明专利名称	申请日	申请号	申请人	设计人	授权日	证书号
400	一种错筋高度坚向钢筋连接的预制装配整体式剪力墙	2012.11.29	201210498923.5	土木工程学院	冯健 陈耀 张喆 冯飞	2015.04.15	第1633157号
401	基于油耗与尾气排放的车辆三维导航方法	2012.11.14	201210456822.1	交通学院	任刚 乐晨 范超 赵星	2015.04.15	第1633200号
402	抗肿瘤二价铂配合物以及该配合物和其配体的制备方法	2012.10.29	201210422936.4	化学化工学院	荀少华	2015.04.15	第1633149号
403	基于参数曲线自整定的旋挖钻机带杆检测方法	2012.10.11	201210383355.4	自动化学院	叶桦 冒建亮 孙晓洁	2015.04.15	第1633817号
404	多壁纳米碳管负载高密度分散性纳米铂对电极的制备方法	2012.10.17	201210396333.1	化学化工学院	王育乔 顾云良 王盼盼 孙岳明 姚丹	2015.04.15	第1633825号
405	一种电磁驱动调变齿间隙的微机电磁齿电机机构	2012.10.17	201210396317.2	电子科学与工程学院	李伟华 黄庆安 浦焰 周再发	2015.04.15	第1633341号
406	用于原位检测土体放射性强度的环境孔压静力触探探头	2012.09.06	201210327013.0	交通学院	蔡国军 刘松玉 邹海峰	2015.04.15	第1633642号
407	单相H桥级联型装置的直流电压平衡控制方法	2012.09.13	201210338895.0	电气工程学院	赵剑锋 孙毅超 晏阴 朱泽东	2015.04.15	第1632239号
408	一种用于云计算环境中防范旁路攻击虚拟机的方法	2012.09.24	201210356355.5	计算机科学与工程学院	东方 罗军舟 沈典	2015.04.15	第1633433号
409	一种用于立轴式主轴的离心和迷宫组合密封装置	2012.08.08	201210281575.6	机械工程学院	蒋书运 徐春冬	2015.04.15	第1633751号
410	一种应用于正交频分复用系统的信道估计方法	2012.08.17	201210295557.3	信息科学与工程学院	张华 沈启辰 季振东	2015.04.15	第1633069号
411	一种带微弧氧化膜层的高速水轴承结构	2012.07.06	201210235583.7	机械工程学院	蒋书运 程峰	2015.04.15	第1634092号
412	微纳热电偶探针的制备装置	2012.06.05	201210182762.9	生物科学与医学工程学院	顾宁 柏婷婷 高恒 陈超	2015.04.15	第1633538号

(续 表)

序号	发明专利名称	申请日	申请号	申请人	设计人	授权日	证书号
413	被动模式下的隐藏文件传输服务定位方法	2012.05.16	201210152929.7	计算机科学与工程学院	罗军舟 刘波 张璐 杨明 何高峰	2015.04.15	第1634030号
414	一种移动通信蜜罐捕获系统及其实现方法	2012.05.31	201210175212.4	信息科学与工程学院	宋宇波 谭航波 朱筱赟 王许莲 张皓月	2015.04.15	第1633239号
415	一种适用于中小型锅炉的SCR脱硝装置及脱硝方法	2013.10.11	201310473172.6	能源与环境学院	张勇 金保昇 钟文琪	2015.04.15	第1633035号
416	一种高光效率光催化反应器	2013.07.20	201310305876.2	化学化工学院	吴东方 郭威威	2015.04.15	第1633946号
417	一种单相并网变流器的矢量控制方法	2013.07.03	201310279275.9	电气工程学院	赵剑锋 姚晓君 孙毅超 季振东	2015.04.15	第1632800号
418	一种双水平呼吸机的呼吸状态识别装置及其识别方法	2013.06.18	201310243045.7	机械工程学院	张志胜 周一帆 戴敏 王健	2015.04.15	第1633541号
419	一种手持式双组份灌缝材料注射器	2013.02.07	201310048857.6	智能运输系统研究中心	钱振东 陈磊磊 李兴海	2015.04.15	第1633243号
420	一种无线局域网MU-MIMO不等带宽的发送方法	2013.02.25	201310058528.X	信息科学与工程学院	杨绿溪 黄永明 黄保峰 刘青 王海新	2015.04.15	第1633412号
421	一种高抗下垂性复合轧焊铝箔及其制备方法	2013.01.30	201310036460.5	材料科学与工程学院,无锡常铝铝业股份有限公司	涂益友 张敏达 张建军 蒋建清 钱晚婷 袁婷 彭晓彤 张平 孙兴隆 吴永新	2015.04.15	第1632585号
422	在有遮挡情况下眼跟踪车辆的方法	2013.01.11	201310010960.1	自动化学院	路小波 熊阳	2015.04.15	第1634108号
423	基于冲突车流量特征的机动车交通冲突数据的确定方法	2013.01.07	201310004774.7	交通学院	刘攀 张鑫 陈坚 王炜 俞灏	2015.04.15	第1633026号
424	一种信号交叉口非机动车违规过街行为自动判别方法	2013.01.09	201310007674.X	交通学院	刘攀 吴璐 郭延永 俞灏 柏璐	2015.04.15	第1634073号

（续 表）

序号	发明专利名称	申请日	申请号	申请人	设计人	授权日	证书号
425	一种快速道路转弯路段可变限速控制方法	2013.01.04	201310002045.8	交通学院	李志斌 刘 攀 王 炜	2015.04.15	第1634305号
426	对光学元件表面污染物进行清理的装置和方法	2013.01.31	201310038460.9	电子科学与工程学院	张晓兵 肖 梅 陈振乾 夏桂红 康学军 祁争健	2015.04.15	第1634089号
427	一种考虑车速不均匀性的城市干线单向绿波协调控制优化方法	2014.01.09	201410010017.5	交通学院	夏井新 聂庆慧 陆振波 黄 卫 安成川 吕伟韬 焦恬恬 陈 凝 张韦华 饶文明 马党生	2015.04.15	第1633363号
428	一种主动式的城市道路区域信号配时参数协同优化方法	2014.01.24	201410035986.6	交通学院	陆振波 安成川 夏井新 黄 卫 吕伟韬 聂庆慧 陈 凝 张 韦 张韦华 饶文明 马党生	2015.04.15	第1634363号
429	用作聚氯乙烯热稳定剂的复合层状氯氧化物及其制备方法	2011.04.29	201110110450.2	化学化工学院	雷立旭 竺艳燕 陆金凤 王 娟	2015.04.15	第1633639号
430	一种三角形连接的链式挂式逆变器相间直流侧电压平衡控制方法	2013.08.15	201310355018.9	电气工程学院	季振东 赵剑锋 刘 魏 陈毅超 朱泽安	2015.05.06	第1657759号
431	一种无线无源电容式湿度传感器	2013.04.08	201310117712.7	电子科学与工程学院	陈 洁 张 聪 秦 明 雷双瑛	2015.05.13	第1662449号
432	撑杆端头焊接板式大转角铰节点装置	2013.04.18	201310135822.6	土木工程学院	罗 斌 郭正兴 刘 琪 熊鑫鑫	2015.05.13	第1664760号
433	一种多级配气高温煤气化装置及方法	2014.01.23	201410030040.0	能源与环境学院	金保昇 陈岱琳 钟文琪 耿察民	2015.05.13	第1663346号
434	一种格网化的电离层总电子含量实时监测方法	2013.04.01	201310112461.3	仪器科学与工程学院	潘树国 聂文锋 胡伍生	2015.05.13	第1661612号
435	一种基于LTE定位参考信号特征的精确时延计算方法	2013.04.02	201310112950.9	信息科学与工程学院	姜 禹 胡爱群 黄 毅	2015.05.13	第1664861号

(续 表)

序号	发明专利名称	申请日	申请号	申请人	设计人	授权日	证书号
436	复合一体化热源塔热泵装置	2013.09.02	201310389594.5	能源与环境学院	梁彩华 张小松 孙立镖 蒋冬梅	2015.05.13	第1663641号
437	一种用于土壤原位测试的扁铲侧胀装置	2013.10.31	201310530398.5	交通学院	邹海峰 蔡国军 刘松玉	2015.05.13	第1665658号
438	一种基于工字形双模谐振器的高选择性带通滤波器	2013.11.08	201310552948.3	信息科学与工程学院	盖 川 朱晓维	2015.05.13	第1662812号
439	基于微机械固支梁电容式功率传感器的相位检测器及制法	2013.06.19	201310244990.9	电子科学与工程学院	廖小平 乔 威	2015.05.13	第1661497号
440	利用过冷热量实现溶液压沸腾再生的热源塔热泵装置	2013.08.30	201310384848.1	能源与环境学院	梁彩华 张小松 孙立镖 蒋冬梅	2015.05.13	第1662552号
441	具有抑制纵向地震响应的多塔斜拉桥支承体系及工作方法	2013.08.30	201310388569.5	土木工程学院	丁幼亮 宋永生 耿方方 葛文浩	2015.05.13	第1665257号
442	一种常温固化双组份溶剂型可擦写涂料及其制备方法	2013.10.22	201310499011.4	化学化工学院	刘松琴 闫 娟 李 进	2015.05.13	第1664207号
443	永磁同步电机速度环的神经网络自校正控制方法	2011.12.27	201110445181.5	自动化学院, 南京埃斯顿自动化股份有限公司, 南京埃斯顿自动控制技术有限公司	李世华 李 娟	2015.04.29	第1647483号
444	一种具有双旋转机构的OLED镀膜机	2013.05.29	201310209692.6	机械工程学院, 蒙迈照明科技有限公司	吕家东 陈宗烈 何荣开 龚仕宏	2015.04.29	第1648218号
445	一种基于车辆间通信的车辆密度感知系统及其感知方法	2012.03.12	201210062128.1	计算机科学与工程学院	陶 军 肖 鹏 朱利旻	2015.05.06	第1656785号
446	一种移动目标定位跟踪信息采集装置及其运行方法	2012.03.26	201210081650.4	仪器科学与工程学院	陈俊杰 高 虹	2015.05.06	第1655900号

（续 表）

序号	发明专利名称	申请日	申请号	申请人	设计人	授权日	证书号
447	温度变化时空间坐标监测的受损索和支座平移识别方法	2012.05.29	201210171181.5	土木工程学院	韩玉林 万 江 韩佳邑	2015.05.06	第1656768号
448	温度变化时混合监测的问题索和支座平移识别方法	2012.05.29	201210171055.X	土木工程学院	韩玉林 韩佳邑	2015.05.06	第1656155号
449	多小区多播MIMO移动通信系统下多行多业务协作预编码方法	2012.07.27	201210264297.3	信息科学与工程学院	陈 明 杜 博 王 楠	2016.05.06	第1655530号
450	一种可重构无源混频器	2012.12.14	201210544211.2	信息科学与工程学院	樊祥宁 包 宽 王志功	2015.05.06	第1656520号
451	一种单逆变器双电机系统的控制方法	2012.12.28	201210584914.8	电气工程学院	程 明 王 伟 张邦富	2015.05.06	第1655671号
452	一种基于协同优化符号位编码的车载网数据分发方法	2012.12.29	201210590430.4	计算机科学与工程学院	陶 军 刘 莹 陈文强 刘智杰	2015.05.06	第1655901号
453	基于固支梁和直接式功率传感器的微波检测系统及其检测方法	2013.01.18	201310027303.8	电子科学与工程学院	廖小平 易真翔 吴 昊	2015.05.06	第1656142号
454	一种低功耗高增益的上混频器	2013.01.18	201310019794.1	信息科学与工程学院	李智群 吴晨健 张 萌 王志功 陈 亮	2015.05.06	第1655442号
455	图像内快速响应矩阵码的光照均衡处理方法	2012.06.30	201210227632.2	南京汇兴博业数字设备有限公司，自动化学院	路小波 吴玉章 毕汪虹 曾维理	2014.12.31	第1555961号（副本）
456	基于快速响应矩阵码外轮廓的畸变校正方法	2012.09.28	201210370668.6	南京汇兴博业数字设备有限公司，自动化学院	毕汪虹 祁 慧 路小波 曾维理	2015.04.15	第1633572号（副本）
457	一种电模拟机械惯量的方法	2012.11.06	201210436363.0	仪器科学与工程学院	张为公 王皖君 林国余	2015.05.20	第1376536号
458	一种掺加旧料的高模量沥青混合料、制备方法及混合料试件制备方法	2013.02.04	201310042952.5	交通学院	赵永利 马 涛 耿 磊	2015.05.27	第167464号

(续表)

序号	发明专利名称	申请日	申请号	申请人	设计人	授权日	证书号
459	一种沥青混合料静态模量测试方法	2013.04.26	201310151781.X	交通学院、江苏省交通学研究院股份有限公司	黄晓明 张东 张裕卿 张志祥	2015.05.20	第1669977号
460	结合多模态造影剂进行图像配准的方法	2012.05.31	201210173575.4	生物科学与医学工程学院	侯 凖 罗守华 杨 芳 阮晓博	2015.02.27	第1675577号
461	一种极端台址环境下使用的数字压力表	2013.12.19	201310699709.0	能源与环境学院	陈永平 张程宾 吴苏晨	2015.06.03	第1683731号
462	载纳米雄黄磁性白蛋白纳米球及制备方法	2013.12.02	201310627370.3	医学院	张东生 安艳祺 唐秋莎	2015.06.03	第1685306号
463	一种基于同相I和正交Q支路电流复用的射频收发机	2013.11.01	201310529687.3	信息科学与工程学院	李智群 王曾祺 王 欢 王志功	2015.06.03	第1685613号
464	一种CD38纳米抗体及应用	2013.09.02	201310392116.X	生命科学研究院	万亚坤 孙燕燕 王平艳	2015.06.03	第1683690号
465	一种稀土金属纳米簇的肿瘤靶向活体快速荧光成像方法	2013.07.05	201310280827.8	生物科学与医学工程学院	王雪梅 叶 静 王建玲	2015.06.03	第1687035号
466	一种LED的数字调光控制系统及其方法	2013.07.05	201310284988.4	电子科学与工程学院	钱钦松 王炎宝 汪国军 张永之 王永平 孙伟锋 陆生礼 时龙兴	2015.06.03	第1684395号
467	一种公路公交同时停靠的站台	2013.06.03	201310213829.5	交通学院	赵 德 刘海羊 华雪东 张方伟	2015.06.03	第1686704号
468	金属薄壁件铆接装配的铆钉墩粗方向确定方法	2013.05.16	201310185506.X	机械工程学院	汤文成 倪俊勇 吴晓飞 仇晓黎 赵 庄建凯	2015.06.03	第1685988号
469	一种减少通道换乘站换乘时间的地铁发车时刻优化方法	2013.05.07	201310165942.0	交通学院	王 炜 丁浩洋 杨 敏 丁浩洋 赵 德	2015.06.03	第1684051号
470	锂位修杂的锂离子电池正极材料的制备方法	2013.05.10	201310173994.2	化学化工学院	雷立旭 巩春侠	2015.06.03	第1686257号

(续表)

序号	发明专利名称	申请日	申请号	申请人	设计人	授权日	证书号
471	一种高压密相气力输送煤粉流动状态的检测方法及检测装置	2013.10.22	201310500850.3	能源与环境学院	许传龙 付飞飞 宋飞虎 李 健	2015.04.22	第1647004号
472	电力系统节点电压稳定状态的实时在线辨识判据	2013.10.08	201310465103.0	电气工程学院	李周 万秋兰 任旭超	2015.05.13	第1661418号
473	宽频带吸音墙体	2013.07.15	201310293939.7	能源与环境学院	陈永平 于 程 邓梓龙 施明恒	2015.05.06	第1654291号
474	一种直流过压保护电路	2013.07.08	201310285468.5	电子科学与工程学院	孙伟锋 赵明平 王永平	2015.04.22	第1646593号
475	一种新型太阳能光伏与光热联合供电系统装置	2013.05.06	201310168199.4	能源与环境学院	陆玉正 周香香 张耀明	2015.05.13	第1663461号
476	基于间接式微机械微波功率传感器的相位检测装置	2012.12.26	201210576463.3	电子科学与工程学院	廖小平 崔 焱	2015.05.06	第1655744号
477	基于直接式微机械微波功率传感器的频率测量装置及方法	2012.12.26	201210574981.1	电子科学与工程学院	廖小平 崔 焱	2015.05.06	第1655920号
478	悬臂梁电容式微机械微波功率传感器的相位检测装置及方法	2012.12.26	201210581483.X	电子科学与工程学院	廖小平 崔 焱	2015.05.06	第1656782号
479	内嵌金属化过孔相位校准的三维封装表面天线	2012.12.21	201210564472.0	信息科学与工程学院	赵洪新 敖晓星 王 磊	2015.05.06	第1656690号
480	低电压电下高转换增益无源混频器	2012.12.31	201210591261.6	电子科学与工程学院	陈 超 吴建辉 刘 杰 黄 成 李 红 田 浩	2015.05.06	第1655926号
481	微悬臂梁接触和粘接触的临界接触长度和粘附力的测量结构	2012.12.05	201210516099.1	电子科学与工程学院	唐洁影 蒋明霞	2015.05.06	第1656549号
482	一种马克型纳米膜	2012.12.27	201210578743.8	化学化工学院	倪根美 陈雨露 吴 敏 詹 侃	2015.05.06	第1656521号
483	一种预制装配墙体构件竖向钢筋连接结构	2013.02.19	201310054187.9	土木工程学院	武 雷	2015.05.06	第1655534号

（续）

序号	发明专利名称	申请日	申请号	申请人	设计人	授权日	证书号
484	一种抗DOS攻击的通用移动通信系统无线接入方法	2013.02.27	201310061348.7	信息科学与工程学院	黄 杰 张 莎	2015.05.06	第1656650号
485	一种用于探测淤泥的球形孔压静力触探探头	2013.02.18	201310052158.9	交通学院	邹海峰 刘松玉 蔡国军	2015.05.06	第1656179号
486	一种具有交错梳齿的静电驱动结构的制备方法	2013.02.07	201310048869.9	电子科学与工程学院	秦 明	2015.05.06	第1656232号
487	一种梁板支撑组结构	2013.01.24	201310027018.6	土木工程学院	武 田 雷 野 沈高传 郝 伟	2015.05.06	第1656130号
488	一种基于仿真的绝缘栅双极型晶体管的电流特性测定方法	2013.01.24	201310025968.5	电子科学与工程学院	刘斯扬 黄 栋 张春伟 宋慧滨 陆生礼 时龙兴 朱荣霞 孙伟锋	2015.05.06	第1656422号
489	一种具有复合势垒的氮化镓基发光二极管	2013.01.30	201310035913.2	电子科学与工程学院	张 雄 许 洁 崔一平	2015.05.06	第1656583号
490	一种旋转机械转子双平面弯矩动平衡方法	2013.01.16	201310015960.0	能源与环境学院	张世东 杨建刚	2015.05.06	第1656263号
491	一种基于锌离子信号增强效应的肿瘤靶向成像方法	2013.01.15	201310013811.0	生物科学与医学工程学院	王雪梅 李永红 高生平 吴长宇	2015.05.06	第1656604号
492	空间调相环形行波超声电机的幅相控制方法	2013.01.30	201310036895.X	电气工程学院	金 龙 陆日宏 徐志科 胡敏强 王瑞霞	2015.05.06	第1655612号
493	一种无源光网络光纤链路故障检测方法	2012.12.03	201210509715.0	电子科学与工程学院	孙小菡 周 谞	2015.05.06	第1655619号
494	一种网络流量监测系统	2012.12.10	201210528008.6	电子科学与工程学院	吴 幸 孙立涛	2015.05.06	第1655899号
495	薄型复合多层带隙微波暗室墙体衬里	2012.12.26	201210574218.9	电子科学与工程学院	孙小菡 段维嘉 陈 翰	2015.05.06	第1656061号
496	内嵌金属化过孔集成波导天线片集成波导校准的基片集成波导天线	2012.12.21	201210564486.2	信息科学与工程学院	王 磊 殷晓星 赵洪新	2015.05.06	第1655646号

(续表)

序号	发明专利名称	申请日	申请号	申请人	设计人	授权日	证书号
497	三角银纳米片在分离单链 DNA 中的应用	2012.12.05	201210516032.8	电子科学与工程学院	王著元 张若虎 刘敏 朱丹 崇慎飞 崔一平	2015.05.06	第 1655714 号
498	一种列管式孔射流喷射混合器	2013.10.30	201310526232.6	化学化工学院	骆培成 贾海燕 辛传贤 罗小雨 吴俊	2015.05.06	第 1655615 号
499	一种 5-氰基-1-(4-氟苯基)-1,3-二氢化异苯并呋喃的制备方法	2013.09.25	201310442154.1	化学化工学院	吉民 张蕊 王鹏	2015.05.06	第 1655725 号
500	一种逆变电路开路故障检测方法	2013.07.01	201310273628.4	电气工程学院	赵剑锋 刘魏	2015.05.06	第 1655592 号
501	一种水溶性掺杂的三元合金量子点的制备方法	2013.07.12	201310294855.5	电子科学与工程学院	王春雷 邵海宝 崔一平	2015.05.06	第 1655715 号
502	一种光学复合纳米纤维材料的制备方法	2013.08.27	201310378730.0	公共卫生学院	王晓英	2015.05.06	第 1655886 号
503	疏干井结合气压劈裂加固吹填土地基施工方法	2013.08.28	201310379415.X	交通学院	季鹏 刘松玉 章定文	2015.05.06	第 1656623 号
504	一种模块化多电平变换器的低频模式运行控制方法	2013.06.13	201310234952.5	电气工程学院	王宝安 商姣 钱长远	2015.05.06	第 1655521 号
505	一种梁柱节点加固方法及加固装置	2013.03.01	201310067145.9	土木工程学院	王洁 陶天友 王春峰 郭彤	2015.05.06	第 1655627 号
506	一种热隔离式 MEMS 微波功率传感器	2013.03.01	201310066611.1	电子科学与工程学院	廖小平 周锐	2015.05.06	第 1656005 号
507	一种 MEMS 温度补偿式微波功率检测装置	2013.03.01	201310066820.6	电子科学与工程学院	廖小平 周锐	2015.05.06	第 1655762 号
508	一种马赫-曾德尔硅光调制器	2012.01.10	201210005489.2	电子科学与工程学院	肖金标	2015.05.06	第 1655969 号
509	一种集群环境下请求会话保持与调度的方法	2012.05.16	201210151219.2	计算机科学与工程学院	何炬英 宋爱波 东方 罗军舟	2015.05.06	第 1655940 号

（续）

序号	发明专利名称	申请日	申请号	申请人	设计人	授权日	证书号
510	一种电热驱动调变齿间隙的微机电栅齿机构	2012.10.17	201210395413.5	电子科学与工程学院	李伟华 浦 炬 黄庆安 周再发	2015.05.06	第1656162号
511	高压半桥驱动芯片的欠压保护方法及高压并桥电路	2012.11.07	201210441310.8	电子科学与工程学院	祝 靖 张允武 张翠云 钱钦松 孙伟锋 陆生礼 时龙兴	2015.05.06	第1655832号
512	紧凑型大赫兹合成倍频电路	2012.11.19	201210470268.2	信息科学与工程学院	杨 非 王宗新 孟洪福 崔铁军 孙忠良	2015.05.06	第1655561号
513	一种电流复用低噪放和混频器的融合结构	2011.12.20	201110427541.9	电子科学与工程学院（无锡）	陈 超 吴建辉 白春风 温俊峰 赵 强 王旭东	2015.05.06	第1656668号
514	夹板防屈曲剪切钢板消能器	2013.04.09	201310122500.8	土木工程学院	黄 镇 刘 峰	2015.06.03	第1685364号
515	一种基于压力传感的倾角传感器	2013.10.31	201310533252.6	电子科学与工程学院	秦 明 高 迪 朱阿娟	2015.06.03	第1685632号
516	无线传感器网络中基于零知识证明的节点身份认证方法	2013.04.08	201310119570.8	信息科学与工程学院	黄 杰 陈 磊 张启莎 梁 莉 王恩飞 谢启辉	2015.06.03	第1683280号
517	一种用于偏瘫手指的辅助康复训练装置	2014.01.22	201410030105.1	仪器科学与工程学院	王爱民 王 坚 何有源 陆小飞	2015.06.03	第1686351号
518	预制装配轻钢耐火承重组合墙体结构	2013.09.25	201310442313.8	土木工程学院	陈 伟 叶继红	2015.06.03	第1685739号
519	一种基于生物阻抗评估人四肢水肿的装置及其使用方法	2013.07.19	201310305424.4	生物科学与医学工程学院	赵兴群 王光景 夏 翎	2015.06.03	第1686219号
520	一种翘板式智能检测微波功率传感器	2013.05.20	201310185123.2	电子科学与工程学院	韩 磊 朱雁青	2015.06.03	第1682824号
521	一种立体车库的交通组织方法	2013.04.18	201310137202.6	交通学院	陈 峻 丁珣昊 沈珂飏 高 旺 王晓怡 丁智霞 尤雨婷 姚颖然	2015.06.03	第168457号

(续)

序号	发明专利名称	申请日	申请号	申请人	设计人	授权日	证书号
522	一种新型宫腔扩张器	2013.07.16	201310299197.9	机械工程学院	倪中华 巨小龙 易 红	2015.06.03	第1683643号
523	基于电流强度检测的力感知小型机器人系统及其遥操作方法	2013.06.26	201310259921.5	仪器科学与工程学院	宋爱国 张立云 顾兴中	2015.06.03	第1682537号
524	一种水稻生物油制备混合醇类液体燃料的方法和装置	2013.09.04	201310398246.4	能源与环境学院	肖 睿 沈德魁 张会岩 陈 星	2015.06.03	第1686248号
525	一种防屈曲耗能支撑	2013.07.19	201310302358.5	土木工程学院	陶 欣 曹双寅	2015.06.03	第1687360号
526	一种石墨烯-二氧化锡纳米颗粒三维泡沫复合材料的制备方法	2013.09.09	201310407655.6	电子科学与工程学院	尹奎波 季 静 敬登虎	2015.06.03	第1687229号
527	一种倍频光电振荡器	2013.04.02	201310114026.4	电子科学与工程学院	杨 春 崇毓华 孙立涛	2015.06.03	第1685192号
528	集料三维形态离元生成方法	2013.03.29	201310106931.5	交通学院	黄晓明 张 东	2015.06.03	第1686342号
529	一种微载体二维编码方法	2013.12.09	201310662547.3	生物科学与医学工程学院	张继中	2015.06.03	第1687279号
530	基于RFID的电动汽车多车位无线互动系统及其方法	2013.08.12	201310348854.4	电气工程学院	黄学良 孙 毅 黄哲忱 强 浩	2015.06.03	第1682357号
531	一种双零序电压注入的链式并网逆变器容错控制方法	2013.10.14	201310479229.3	电气工程学院	季振东 刘 魏 赵剑锋 陈毅超 朱泽安 姚晓君	2015.06.03	第1683935号
532	基于综合利用的一体化热源塔热泵装置	2013.05.31	201310210630.7	能源与环境学院	梁彩华 张小松	2015.06.17	第1698940号
533	多功能横流型热源塔装置	2013.06.18	201310239837.7	能源与环境学院	梁彩华 汪 峰 张小松	2015.06.17	第1699369号
534	基于真空沸腾并实现塔液再生及其热量再利用的热源塔热泵	2013.08.19	201310359554.6	能源与环境学院	梁彩华 邵 骅 张小松 蒋冬梅	2015.06.17	第1700570号
535	中氮茚甲磺酰胺苯乙胺衍生物及其医药用途	2013.07.23	201310310160.1	化学化工学院	蔡 进 吉 民	2015.06.17	第1699018号

(续表)

序号	发明专利名称	申请日	申请号	申请人	设计人	授权日	证书号
536	一种绕线机的嵌线装置	2013.06.26	201310259692.7	仪器科学与工程学院	崔建伟 傅 威	杨 阳 陈杨洋	2015.06.24	第1703544号
537	一种碳化水泥基材料中碳酸钙空间分布的定量表征方法	2013.05.21	201310189839.X	材料科学与工程学院	万克树 潘钢华	徐 琼 王宁东	2015.06.17	第1699233号
538	GNS大气探测数据中对流层延迟误差的消除方法	2013.04.24	201310147079.6	仪器科学与工程学院	潘树国	陈伟荣 聂文锋	2015.06.17	第1699435号
539	一体化的耐久型柱芯封边夹层板	2012.07.02	201210229905.7	土木工程学院	陈锦祥 顾承龙	谢 娟 何成林	2015.06.17	第1699591号
540	一种抑制叶顶间隙泄漏和减小汽流激振力装置	2012.04.06	201210097838.8	能源与环境学院	张万福 曹 浩	杨建刚 郭 瑞	2015.06.10	第1688657号
541	一种高速钢的制备方法	2013.03.18	201310086736.0	材料科学与工程学院,江苏天工工具研究中心有限公司,江苏天工工具有限公司,天工爱和特钢有限公司	周雪峰 朱小坤	方 峰 蒋建清 朱旺龙 徐辉霞	2015.06.17	第1701326号
542	一种短细秸秆片增强沥青混合料的方法	2014.03.11	201410086923.3	交通学院	王声乐	尹继明	2015.06.17	第1699027号
543	一种微透镜、微透镜阵列结构及其制作工艺	2013.08.15	201310358408.1	电子科学与工程学院	夏 军 王保平	杨 鑫 李清蓉	2015.06.17	第1700768号
544	一种高灵敏度电容式微机械温度传感器	2013.09.02	201310392664.2	电子科学与工程学院	王立峰	任青颖 黄庆娄	2015.06.17	第1698836号
545	一种有源调控型板叠式热声机回热器装置	2013.10.08	201310465410.9	能源与环境学院	乔正辉 张 军	黄亚继 董 卫	2015.06.17	第1699989号
546	一种沥青混合料自愈合能力评价方法	2013.10.10	201310472444.0	交通学院	杨明辉 龚明辉 王建伟	王昊鹏 王 晓 陈小兵	王 征 陈先华	2015.06.17	第1700450号

(续表)

序号	发明专利名称	申请日	申请号	申请人	设计人	授权日	证书号
547	二氧化钛纳米结构脂载体及其制备方法	2013.10.30	201310528332.2	生物科学与医学工程学院	夏 强 孙 瑞	2015.06.17	第1701006号
548	一种挖掘机斗齿及制备工艺	2013.11.13	201310567667.5	电气工程学院	蒋玉俊	2015.06.17	第1700446号
549	一种基于差分电容电桥的残余应力测试结构	2013.11.27	201310612238.5	电子科学与工程学院	唐洁影 王 磊 蒋明霞	2015.06.17	第1700655号
550	一种操作面直径可调节的单孔腹腔镜手术用柔性套管	2013.12.13	201310684887.6	公共卫生学院	王 栋 嵇振岭 吴 魏 孙义新	2015.06.17	第1699439号
551	一种生物质油催化加氢反应装置及其催化加氢方法	2014.01.22	201410028574.X	能源与环境学院	徐惠斌 钟文琪 金保昇	2015.06.17	第1700891号
552	摇摆恢复式牵引床	2014.02.10	201410046946.1	机械工程学院	殷国栋 陈建松 陈 琦 刘江华	2015.06.17	第1698615号
553	基于费舍合比率最优小波包分解的语音情感特征提取方法	2013.05.06	201310168397.0	信息科学与工程学院	李 悦 章国宝 黄永明	2015.07.01	第1709630号
554	一种具有亚阈值阈带隙基准的电流模带隙基准电压源	2014.06.27	201410299287.2	电子科学与工程学院	孙伟锋 黄泽祥 张允武 祝 靖 陆生礼 时龙兴	2015.07.08	第1717039号
555	一种基于光纤长标距光纤应变传感器的中小桥快速检测方法	2014.09.12	201410464807.0	土木工程学院	张 建 吴智深 郭双林 李攀登	2015.07.08	第1718997号
556	碳材料及聚酰亚胺复合的三明治薄膜制备方法	2014.04.18	201410155363.2	化学化工学院	林保平 陈亚芹 王俊川 米常传 杨 洪 张雪勤 孙 莹 刘玉荣	2015.07.08	第1716612号
557	一种基于纳米孔和原子力显微镜的三通道并行DNA测序传感器及检测方法	2014.03.10	201410084787.4	机械工程学院	陈云飞 司 伟 刘 磊 沙菁㛃	2015.07.08	第1716815号
558	一种两核苷酸实时合成测序图谱定微生物种群的方法	2014.01.09	201410009116.1	生物科学与医学工程学院	肖鹏峰 浦 丹	2015.07.29	第1736235号

(续 表)

序号	发明专利名称	申请日	申请号	申请人	设计人	授权日	证书号
559	一种耦合集热水箱和饮用水箱的太阳能热水器系统	2013.11.12	201310559668.5	能源与环境学院	杨斯涵	2015.07.01	第1709610号
560	一种计及储能荷电状态的改进下垂控制方法	2013.11.11	201310557294.3	电气工程学院,国家电网福建省电力有限公司福建省电力经济技术研究院,江苏省电力公司电力科学研究院	徐青山 吉露露 李营兰 李 强 袁晓冬	2015.07.10	第1711208号
561	单驱动双点多连杆冷挤压机构	2013.09.29	201310451003.2	机械工程学院	汤文成 徐楠楠	2015.07.01	第1710490号
562	基于全息衍射空间成像的高精度光纤光栅传感器阵列解调系统	2013.09.03	201310393107.2	土木工程学院,江苏绿材谷新材料科技发展有限公司	吴智深 孙 安	2015.06.24	第1706485号
563	一种受电弓误操作反弹工况的容错装置	2013.09.02	201310389735.3	机械工程学院	贾 方 王 伟 张德峰 付 欣	2015.07.01	第1711698号
564	基于全息原理和阻抗表面的低剖面锥形方向图天线	2013.07.29	201310323806.X	信息科学与工程学院	崔铁军 蔡本庚	2015.07.29	第1733763号
565	一种高电源抑制的带隙基准电压源	2013.07.24	201310314616.1	电子科学与工程学院	徐 申 田 野 于 花 钟 锐 刘斯扬 孙伟锋 陆生礼 时龙兴	2015.07.01	第1711387号
566	一种在线估算低电流斩波控制模式中开关磁阻电机控制器下续流管温度的方法	2013.07.24	201310313406.0	电子科学与工程学院	钟 锐 孙伟锋 勾 龙 彭富林	2015.07.08	第1718742号
567	一种提高频率—控制电流线性度的张驰振荡器	2013.07.05	201310283456.9	电子科学与工程学院	孙传峰 张允武 林吉勇 宋慧滨 祝 靖 陆生礼 时龙兴	2015.07.29	第1739250号
568	一种适用于桩基水平和竖向组合加载的装置	2013.06.14	201310236071.7	土木工程学院	黎 冰 童小东 郭满意	2015.07.01	第1709404号

（续　表）

序号	发明专利名称	申请日	申请号	申请人	设计人	授权日	证书号
569	电纺法制备复合金属陶瓷纳米纤维SOFC阳极的方法	2013.05.31	201310210434.X	化学化工学院	郑颖平 葛 杉 孙岳明 陈 红 黄 辰 胡爱江	2015.07.01	第1716 0616号
570	一种基于金、银及金银混合物与谷胱甘肽/壳聚糖制剂及其应用	2013.05.07	201310163580.1	生物科学与医学工程学院	王雪梅 高生平 叶 静 王建玲	2015.07.08	第1717084号
571	自复位屈曲约束支撑	2013.05.10	201310173633.8	土木工程学院	王春林 曾 鹏 周 臻 吴 京 葛汉彬	2015.07.01	第1709554号
572	一种潮流发电装置	2013.04.08	201310119020.6	电气工程学院	余海涛 吴 涛 须晨凯 孟高军 胡敏强	2015.07.29	第1738061号
573	一种染料敏化太阳能电池对电极用石墨烯薄膜的制备方法	2013.04.17	201310132358.5	电子科学与工程学院	徐 峰 张 义 孙立涛 郭立勇 彭富林 朱媛媛 黄 俊 陈 凯 丁 楠 王 蒙	2015.07.01	第1710856号
574	一种高可靠性的N型横向绝缘栅双极型器件及其制备工艺	2013.04.25	201310148959.5	电子科学与工程学院	刘斯扬 于朝辉 于 冰 张春伟 孙伟锋 陆生礼 时龙兴	2015.07.01	第1710758号
575	一种基于光子编码微球的多元生物标志物检测盒式芯片	2013.04.27	201310151250.0	生物科学与医学工程学院	赵祥伟 杨子学 王晓霞 顾忠泽 陈宝安	2015.07.29	第1735973号
576	一种高耐久长标距光纤光栅传感器及其制造方法	2013.08.02	201310332548.1	土木工程学院	吴智深 杨才千 孙 安 洪 万 唐永圣	2015.07.08	第1716706号
577	一种毛细微管径的测量装置	2012.10.18	201210395018.7	能源与环境学院	陈永平 张程宾 姚洋阳	2015.07.01	第1710144号
578	一种利用磷酸盐矿化菌固结松散砂颗粒的方法	2013.05.27	201310205389.9	材料科学与工程学院	钱春香 荣 辉 王 欣	2015.08.19	第1764439号
579	一种结构关键振动构件的识别方法	2013.05.16	201310182122.2	土木工程学院	李兆霞 吴佰建 王 莹	2015.08.19	第1765704号
580	一种旋转式自开关管井盖	2014.06.30	201410304427.0	机械工程学院	温晨蒙 徐晨旖 耿亚洲 张 钰 林 伟	2015.08.19	第1758958号

(续 表)

序号	发明专利名称	申请日	申请号	申请人	设计人	授权日	证书号
581	一种适用于湖泊的波浪发电装置及其控制方法	2013.10.23	201310503684.2	电气工程学院	余海涛 陈中显 黄 磊 胡敏强 须晨凯 孟高军 仲伟波	2015.08.19	第1757336号
582	主次交叉口快速公交信号优先协同控制方法	2013.04.02	201310114092.1	交通学院	杨 敏 陈云骥 孙 刚 赵 德 王 炜	2015.08.19	第1765395号
583	一种用于提高有机朗肯循环发电效率的装置及工作方法	2013.08.23	201310370355.5	能源与环境学院	段勇高 徐孟飞 张小松	2015.08.19	第1758716号
584	基于微机械固支梁电容式功率传感器的分频器及制备方法	2013.06.19	201310244032.1	电子科学与工程学院	廖小平 乔 威	2015.06.19	第1759260号
585	一种装配式钢筋混凝土框架结构体系	2013.04.03	201310113975.0	中铁建设集团有限公司，土木工程学院	贾爱群 李爱群 王 维 洪德宏 潘志宏	2015.07.15	第1728510号
586	TDD协同无线网络多基站多天线之间的功率分配方法	2013.03.19	201310089194.2	信息科学与工程学院	赵新胜 许海波 王 超 赵 德	2015.07.15	第1729052号
587	一种倾斜平面的纯相位全息投影方法	2013.05.06	201310160663.5	电子科学与工程学院	常琛亮 夏 军 雷 威	2015.08.05	第1749146号
588	一种频率可调式无线电能传输装置	2013.05.23	201310196231.X	电气工程学院	黄学良 王 维 曹伟杰 谭林林 赵俊锋 陈 琛 周亚龙	2015.07.29	第1741671号
589	一种多波束卫星移动通信系统中的无线资源分配方法	2013.05.28	201310208073.5	信息科学与工程学院	张 源 杨 龙 高西奇	2015.07.29	第1741797号
590	一种基于微机械间接热电式功率传感器的锁相环	2013.06.19	201310244091.9	电子科学与工程学院	廖小平 杨 国	2015.07.29	第1742023号
591	双向耗能软钢消能器	2013.03.12	201310077398.4	土木工程学院	黄 镇 刘 峰 李爱群	2015.07.29	第1741939号
592	单层宽带随机表面	2013.10.14	201310478594.2	信息科学与工程学院	董秋莎 陈 洁 赵 捷 崔铁军	2015.07.29	第1737460号

（续 表）

序号	发明专利名称	申请日	申请号	申请人	设计人	授权日	证书号
593	一种电磁转矩补偿实现最大风能快速平稳跟踪的控制方法	2013.10.14	201310478739.9	电气工程学院	樊英 顾玲玲 夏子朋 张丽	2015.08.15	第1728985号
594	一种二极管箝位型五电平逆变器高调制比均压方法	2013.09.18	201310431044.5	电子科学与工程学院	赵剑锋 赵志宏	2015.08.05	第1748845号
595	一种用于测量磁场方向的微机电系统磁场传感器	2013.09.30	201310461005.X	电子科学与工程学院	陈洁 张澄 李嘉鹏 胡静洁	2015.08.05	第1748148号
596	一种预制装配轻钢耐火组合楼盖结构	2013.09.24	201310439815.5	土木工程学院	陈伟 叶继红	2015.07.29	第1739260号
597	基子微机械悬臂梁电容式功率传感器的倍频器及制备方法	2013.06.19	201310244696.8	电子科学与工程学院	廖小平 王文岩 汪正流	2015.07.29	第1742005号
598	一种用于控制污染地下水的原位薄壁竖向屏障的施工方法	2014.04.01	201410129893.X	交通学院	杜延军 范日东 李仁民 宋德君	2015.07.29	第1740982号
599	利用回凸棒粘土悬浊液固聚捕集燃煤PM2.5的方法	2014.08.28	201410432544.5	能源与环境学院	陈惠超 吴珅 杨玉玲 梁财	2015.08.05	第1747987号
600	一种铰缝的钢筋结构	2014.01.02	201410001320.9	交通学院	万水 陆文超 刘厚平 张启标 李明鸿 雷聪 张钰伯 江越胜	2015.07.15	第1728815号
601	一种端粒酶活性检测方法	2013.10.11	201310471824.2	电子科学与工程学院	崇慎飞 王菁元 崔一平 钟顺	2015.07.29	第1739385号
602	一种电动汽车驱动系统的控制方法	2013.10.23	201310504836.0	电气工程学院	余海涛 孟高军 黄磊 胡敏强 陈中显 颉晨薇 吴涛 张笑薇 闻程	2015.08.05	第1748310号
603	一种海洋能发电监测装置	2013.10.12	201310475831.X	电气工程学院	余海涛 洪立埠 马振海 陈浩 施振川	2015.08.05	第1747925号
604	一种超低损耗的超导电机	2013.10.23	201310503312.X	电气工程学院	胡敏强 闻程 余海涛 黄磊 洪立埠 梁文清 陈中显 仲伟波 封宁君	2015.07.15	第1722252号

(续表)

序号	发明专利名称	申请日	申请号	申请人	设计人	授权日	证书号
605	一种烟气脱汞脱硫脱硝吸附剂及其制备方法	2013.10.18	201310491568.3	能源与环境学院	黄亚继 邵志伟 严玉明 杨高强 王昕	2015.07.15	第1728439号
606	一种垂直型三维风速风向传感器结构	2013.10.31	201310531020.7	电子科学与工程学院	秦明 陈实 胡世镁	2015.07.29	第1737614号
607	一种常温再生增压溶液除湿装置及除湿方法	2013.08.23	201310370443.5	能源与环境学院	殷勇高 郑宝军 张小松	2015.07.29	第1740844号
608	一种基于日志的云计算服务可信度评估方法	2013.04.24	201310147178.4	计算机科学与工程学院	李必信 陶传奇 孔祥龙 李超 廖力	2015.07.01	第1710855号
609	微机械残余应力的测试结构及其测试方法	2013.04.10	201310124315.2	电子科学与工程学院	廖小平 杨刚 耿国清	2015.07.01	第1710410号
610	多塔斜拉桥结构纵向风致振应的混合控制系统	2013.08.21	201310365485.X	土木工程学院	丁幼亮 宋永生 耿方方 王高新	2015.07.01	第1709165号
611	一种具有嵌位锁定功能的直线发电机	2013.07.04	201310277441.1	电气工程学院	余海涛 须晨凯 吴涛 胡敏强 黄磊	2015.07.08	第1721582号
612	一种耦合冷淋器水循环和气流冷却器的水空调系统	2013.08.20	201310365050.5	能源与环境学院	杨斯涵	2015.07.08	第1721729号
613	一种管材位置检测装置及方法	2013.09.27	201310452619.1	自动化学院	李新德 陆枫 曹昊然 杨伟	2015.07.01	第1709111号
614	燃气轮机余热锅炉三级均流扩散过滤烟道	2013.10.08	201310465805.9	能源与环境学院	赵伶玲 陶璐 赵长遂	2015.07.01	第1711737号
615	一种叶片平衡故障诊断方法	2013.04.11	201310126272.1	电气工程学院	张建忠 姚海涛 杭俊 程明	2015.07.01	第1709796号
616	一种利用驻波声波脱除细颗粒物的装置	2014.01.09	201410010224.0	能源与环境学院	董卫梅 张玉良 杨良华	2015.07.08	第1721179号
617	一种地下连续墙接头及其施工方法	2014.01.16	201410019834.7	土木工程学院	梁书亭 朱筱俊 黄云天 金晓飞	2015.07.08	第1720918号

（续 表）

序号	发明专利名称	申请日	申请号	申请人	设计人	授权日	证书号
618	基于内外双循环喷动流化床的生物质快速裂解装置	2014.01.13	201410015006.6	能源与环境学院	钟文琪 刘雪娇 金保昇	2015.07.01	第1709047号
619	一种跳频信号跳周期和起跳时间估计方法	2014.01.02	201410001313.9	信息科学与工程学院	方世良 姚 帅 王晓燕 王 莉	2015.07.01	第1711891号
620	一种基于微机械同接电热式功率传感器的相位检测器及制法	2013.06.19	201310245643.8	电子科学与工程学院	廖小平 杨 国	2015.07.08	第1720728号
621	基于膨胀功回收的加压吸附液化脊配及调控方法	2013.04.19	201310136516.4	能源与环境学院	殷勇高 折晓会 张小松	2015.07.01	第1710882号
622	LTE-A系统中基于虚拟小区呼吸的负载及均衡方法	2013.03.19	201310088233.7	信息科学与工程学院	赵新胜 杨少杰 张 马 超 刘 宾	2015.07.08	第1721953号
623	一种同频全双工自干扰抵消装置	2013.11.20	201310586566.2	信息科学与工程学院	周健义 杨彬祺 于志强	2015.07.08	第1722112号
624	制备高亮深蓝色激子荧光水溶性ZnSe量子点的方法	2014.01.16	201410018434.4	电子科学与工程学院	王春雷 崔一平 王彦彬 徐淑芸	2015.07.08	第1721266号
625	一种立体显示器串扰快速测量方法	2014.03.18	201410101255.7	电子科学与工程学院	王保平 张宇宁 李晓华	2015.07.08	第1721886号
626	基于复合周期结构的平面双波段表面高等离激元波导	2013.03.12	201310078680.4	信息科学与工程学院	崔铁军 高 喜 马慧锋	2015.07.01	第1708325号
627	基于碳黑纳米流体的空气细颗粒净化装置及流体制备方法	2014.05.19	201410211867.1	能源与环境学院	杨 柳 金 星 陈谢磊 杜 岂 梁彩华	2015.07.08	第1720816号
628	一种高含水率PTA残渣资源化利用的方法	2013.03.28	201310106761.0	能源与环境学院	刘 猛 段钰锋 黄冰冰	2015.07.15	第1728304号
629	一种基于新型人工电磁材料的宽频带低副瓣透镜天线	2013.05.21	201310190179.7	信息科学与工程学院	崔铁军 齐美清 汤文轩	2015.07.15	第1729064号
630	基于微机械直接电热式功率传感器的锁相环及其制备方法	2013.06.19	201310242836.8	电子科学与工程学院	廖小平 吴 昊	2015.08.05	第1748457号

(续 表)

序号	发明专利名称	申请日	申请号	申请人	设计人	授权日	证书号
631	用于纳米颗粒标记免疫检测的磁场辅助介电泳富集方法	2014.01.22	201410030601.7	生物科学与医学工程学院	王 萌 王 洁 巴 龙	2015.08.05	第1748786号
632	一种电容式表面微机械加工残余应力测试结构	2013.11.27	201310618847.1	电子科学与工程学院	唐洁影 王 磊 蒋明霞	2015.07.29	第1741747号
633	一种防霉塑料	2013.11.08	201310551945.8	电气工程学院	蒋玉俊	2015.07.29	第1739361号
634	一种丙烯酸十八酯均聚物形状记忆材料的应用方法、制备方法及医用骨折固定装置	2014.01.03	201410002003.9	材料科学与工程学院	姜 勇 赵正柏 朱明露 张子谋	2015.08.05	第1748286号
635	一种航天飞行器在机及发射阶段减振装置	2014.01.03	201410003996.1	土木工程学院	徐赵东 罗文波 杨建中 徐 超	2015.08.05	第1749215号
636	一种用于治疗慢性痛风的中药配方组成及其制作方法	2013.10.28	201310516105.8	公共卫生学院	许 茜	2015.07.15	第1728472号
637	一种用于无线供电系统的天线装置	2013.07.08	201310284697.5	电气工程学院	谭林林 黄学良	2015.08.05	第1748829号
638	一种测试土体静止压力系数的光纤弹性传感器及测试方法	2013.11.08	201310551830.9	交通学院	蔡国军 张 涛 刘松玉	2015.07.08	第1722056号
639	一种固体摆锤式倾角传感器	2013.10.31	201310529668.0	电子科学与工程学院	蔡 明 朱阿娟 高 迪	2015.07.08	第1721421号
640	一种调节开关磁阻电机开通角和关断角的方法	2013.09.04	201310396401.9	电子科学与工程学院	夏 敏 钟 锐	2015.07.08	第1721794号
641	一种空间张弦梁结构	2013.08.05	201310337417.2	土木工程学院	蔡建国 丁一凡 冯 健	2015.07.08	第1721258号
642	一种新型妇科手术辅助系统	2013.07.16	201310299356.5	机械工程学院	倪中华 易 红 巨小龙 顾兴中	2015.07.08	第1721975号
643	一种微电网负荷储能一体化控制方法	2013.07.08	201310285786.1	电气工程学院	窦晓波 王 颖 吴在军 胡敏强 全相军 赵 波 孙纯军	2015.07.08	第1721676号

(续表)

序号	发明专利名称	申请日	申请号	申请人	设计人	授权日	证书号
644	气流耙式污泥干燥机	2014.01.02	201410001470.X	能源与环境学院	葛仕福 赵培涛	2015.07.08	第1722276号
645	一种基于效益折扣和议题关联的Wed服务协商方法	2011.11.08	201110349179.8	计算机科学与工程学院	曹玖新 罗军舟 杨婧	2015.08.26	第1770123号
646	玻璃微结构加氢正压热成型方法	2012.12.31	201210589053.2	电子科学与工程学院	尚金堂 邹吉宇 羽	2015.08.19	第1757952号
647	飞机翼型超声波辅助热气联合防除冰装置	2011.12.27	201110443826.1	能源与环境学院	陈振乾 李栋	2015.08.19	第1762931号
648	一种基于约束规则的服务恢复方法	2011.11.08	201110349574.6	计算机科学与工程学院	曹玖新 罗军舟 杨婧	2015.08.05	第1748567号
649	一种INS辅助的室内移动机器人无线定位方法	2013.02.27	201310060409.8	仪器科学与工程学院	陈熙源 李庆华 高金鹏 申冲 徐元	2015.07.08	第1719757号
650	尺寸可控的圆片级玻璃微腔制备方法	2012.12.31	201210589383.1	电子科学与工程学院	尚金堂 邹吉宇 羽	2015.07.08	第1720109号
651	一种使用表面活性温拌剂的沥青混合料的施工拌和温度确定方法	2013.02.22	201310056336.5	交通学院	马涛 黄晓明 何亮	2015.07.01	第1708765号
652	一种快速道路上可变限速与匝道控制协调优化控制方法	2013.11.27	201310612740.6	交通学院	李志斌 徐铖铖 刘攀	2015.08.26	第1771099号
653	可自动压缩和超重提示的太阳能垃圾箱	2013.06.19	201310244986.2	机械工程学院	赵天菲 谭昭 帅立国 王超 冯炉	2015.08.26	第1770787号
654	一种易于震后修复及耐腐蚀的自定心桥墩结构	2013.03.29	201310109649.2	土木工程学院	郭彤 曹志亮	2015.08.26	第1770520号
655	基于真空沸腾并实现凝结可控的溶液再生装置	2013.09.02	201310389595.X	能源与环境学院	梁彩华 张小松 邸骅 蒋冬梅	2015.08.26	第1771754号
656	一种可视化高温流化床	2013.05.15	201310181293.3	能源与环境学院	刘道银 陈晓平 卜昌盛 马吉亮 庄亚明 梁财	2015.08.26	第1771054号

(续表)

序号	发明专利名称	申请日	申请号	申请人	设计人	授权日	证书号
657	脱除HCl气体的中高温脱氯剂及其制备方法	2014.02.18	201410054194.3	能源与环境学院	金保昇 曹 俊 钟文琪	2015.08.26	第1771616号
658	一种防止古建筑连续倒塌的柱间加固结构及方法	2014.01.02	201410000349.5	土木工程学院	穆保岗 李 旭	2015.08.26	第1771655号
659	一种基于单片机的核磁共振谱仪电路	2013.04.23	201310142690.X	机械工程学院	易 红 倪中华 张云逸 陆荣生 吴卫平	2015.08.26	第1770373号
660	基于可见光无线通信的音视频点播系统和方法	2012.08.29	201210312601.7	信息科学与工程学院	张任琛 伍德斌 余旭涛 毕光国 尤肖虎	2015.07.01	第1711870号
661	一种用于SNCR脱硝的水冷壁防腐蚀装置	2014.02.28	201410071990.8	能源与环境学院	张 勇 金保昇	2015.08.26	第1771168号
662	一种电场多脉冲释药装置及其制备方法和应用	2014.02.19	201410056355.2	化学化工学院	倪根美 张 慧 吴 敏 周院梅 詹 侃 陈雨露	2015.08.26	第1771368号
663	一种安赛蜜防结块剂及其使用方法	2014.05.22	201410220408.X	化学化工学院	孙柏旺 宋文涛 杨丽静 刘青玲	2015.08.26	第1771682号
664	生物胶凝材料磷酸盐预沉淀法拌合成型石英砂柱的方法	2014.05.22	201410220587.7	材料科学与工程学院	钱春香 於孝牛 王 欣	2015.08.26	第1770859号
665	一种制备DL-异氨酸的方法	2014.04.29	201410177087.X	材料科学与工程学院	蒋立建 何 慧 唐赛杰 顾美萍	2015.08.26	第1771760号
666	用于久固结土的排水旋喷地基的设置及处理方法	2014.01.13	201410013987.0	交通学院	蔡国军 储 亚	2015.08.26	第1771308号
667	一种废油分级回收利用装置及方法	2014.01.24	201410033883.6	能源与环境学院	钟文琪 金保昇 赵浩川 周冠文	2015.08.26	第1771349号
668	一种排水性水泥土搅拌桩的施工方法	2014.01.13	201410015132.1	交通学院	张彤炜 刘松玉 宋国森 邓永锋	2015.08.26	第1771024号
669	一种低采样率下四元数彩色图像恢复的方法	2013.01.25	201310030711.9	计算机科学与工程学院	伍家松 韩 旭 严 征 王 路 杨冠羽 舒华忠	2015.08.26	第1770248号

(续 表)

序号	发明专利名称	申请日	申请号	申请人	设计人	授权日	证书号
670	一种城市轨道交通线路建设时序的自动判定方法	2013.01.09	201310007547.X	交通学院	郭延永 王 炜 刘攀 俞 灏 吴 瑶	2015.08.26	第1771599号
671	一种用于DNA检测的多电极纳米孔装置及其制造方法	2013.02.21	201310054855.8	机械工程学院	陈云飞 沙菁㟼 易 红 章志山 袁中华 刘 磊	2015.08.26	第1771625号
672	全反射侧向出光型白光LED封装结构	2013.02.19	201310053289.9	材料科学与工程学院	董 岩 宋 立	2015.08.26	第1771189号
673	一种基本OFDM信号的测距方法	2013.02.01	201310041558.X	信息科学与工程学院	谢胜东 朱德米 胡爱群 金 文 姜 禹 黄 毅	2015.08.26	第1770682号
674	一种基于减小车辆追尾事故数量的车辆调控方法	2013.03.21	201310093159.8	交通学院	徐铖铖 李志斌 刘 攀 王 炜	2015.08.26	第1771677号
675	一种雾天状态下减少交通事故的车辆调控方法	2013.03.21	201310093600.2	交通学院	徐铖铖 李志斌 刘 攀 王 炜	2015.08.26	第1771164号
676	一种模块化ISOS组合系统分布式均压控制方法	2013.05.31	201310215494.0	电气工程学院	陈 武 王广江	2015.08.26	第1771629号
677	一种非线性线性疲劳评估方法	2013.05.20	201310189197.3	土木工程学院	李兆霞 吴佰建 王 莹	2015.08.26	第1770334号
678	装配整体式混凝土框架—剪力墙连接结构及其施工方法	2013.05.13	201310172908.6	土木工程学院	潘金龙 马军卫 尹万云 严 岩	2015.08.26	第1771449号
679	一种吸油烟机	2013.06.24	201310258172.4	机械工程学院	倪中华 唐文杰 陈云飞 张 涛	2015.08.26	第1771529号
680	一种有效识别极薄土层的微尺度孔压静力触探探头	2013.06.21	201310251113.4	交通学院	蔡国军	2015.08.26	第1771360号
681	一种基于化学链燃烧处置污泥的装置及方法	2013.07.08	201310285787.6	能源与环境学院	沈来宏 宋 涛 顾海明 张海峰	2015.08.26	第1771087号
682	一种永磁电机牵引系统及其控制方法	2013.07.23	201310311151.4	电气工程学院	程 明 王 伟 王 亚 张邦富	2015.08.26	第1771003号

(续)

序号	发明专利名称	申请日	申请号	申请人	设计人	授权日	证书号
683	光电性能可测的透射电镜样品杆及构建太阳能电池的方法	2013.07.05	201310285380.3	电子科学与工程学院	吴 幸 徐 峰 董 辉 贺龙兵 杨庆龄 李斯佳 孙立涛	2015.08.26	第1771554号
684	一种水凝胶接触镜及其制备方法	2013.09.03	201310395696.8	化学化工学院	李新松 樊 凯 方 硕 王 杰	2015.08.26	第1771591号
685	动力锂离子电池电极片缺陷自动检测线及检测方法	2013.10.16	201310483926.6	机械工程学院	韩 良 刘永明	2015.08.26	第1771490号
686	基于振动发电的自供电型无线隧道健康监测装置	2013.12.13	201310677175.1	交通学院	张国柱 张文川 刘松玉	2015.08.26	第1771381号
687	广义分布式MIMO系统中基站最优摆放位置的选择方法	2012.07.20	201210260711.3	信息科学与工程学院	陈 明 张文策	2015.08.26	第1770689号
688	可调带宽的偏移调制多载波跳分多址传输方法	2012.10.22	201210404231.X	信息科学与工程学院	高西奇 王闻今 郑福春 仲 文 江 彬 巴特尔	2015.08.26	第1771745号
689	带有遇水膨胀橡胶防水锁口的组合钢桩围堰	2012.10.31	201210427435.5	土木工程学院	徐文平 陈有春 杨海荣 沈旭鸿 计 翔 苏 刘 石先旺	2015.08.26	第1770305号
690	双电极温度调谐聚合物波导Bragg双面光栅滤波器	2011.12.14	201110418738.6	电子科学与工程学院	胡国华 同以建 恽斌峰 钟 嫄 崔一平	2015.08.26	第1770493号
691	一种制备用于糠醛加氢制环戊酮的负载型催化剂的方法	2013.02.01	201310040823.2	化学化工学院	肖国发 周铭昊 朱红艳 牛 磊	2015.07.29	第1738082号
692	一种测量负摩阻力中性点的装置及方法	2014.01.07	201410005769.2	交通学院	蔡国军 储 亚	2015.07.29	第1737812号
693	网格频率设定双椭圆拟合方法及其应用	2013.05.02	201310159959.5	自动化学院	曹 鸣	2015.07.29	第1737265号
694	具有陡峭边带特性的交叉耦合基片集成波导滤波器	2013.06.26	201310264125.0	信息科学与工程学院	徐平平 吴元清	2015.07.29	第1737095号

(续 表)

序号	发明专利名称	申请日	申请号	申请人	设计人	授权日	证书号
695	一种微生物燃料电池耦合电极生物膜除磷脱氮系统及应用	2014.05.26	201410226404.2	能源与环境学院	宋海亮 吴磊 黄诗蓓 杨小丽 李先宁	2015.07.29	第1739268号
696	混合动力汽车用电子无级调速系统	2012.09.18	201210346044.0	电气工程学院	花为 程明 华浩 柯海波	2015.07.29	第1736005号
697	促进骨缺损修复的可降解三维纤维支架的制备方法	2012.10.19	201210400644.0	生物科学与医学工程学院	黄宁平 吕兰欣 张晓峰	2015.07.29	第1736306号
698	基于MEMS结构的自保护微波均衡器	2014.01.08	201410008212.4	电子科学与工程学院	韩磊		2015.07.29	第1736592号
699	一种污水安全灌溉的资源化方法	2014.03.05	201410077899.7	能源与环境学院	吴磊 林海梅 洪月菊 李先宁	2015.07.29	第1737693号
700	一种隔行扫描CCD的流动三维速度场测量方法及装置	2013.05.10	201310172253.2	能源与环境学院	许传龙 王胜南 宋飞虎 李健	2015.07.29	第1738681号
701	一种频率电压转换电路	2013.05.24	201310201528.0	电子科学与工程学院	吴建辉 娄宁 黄丹 李红 陈超 田茜	2015.07.29	第1736255号
702	混合驱动的低谐波逆变控制方法及其调制模式切换电路	2012.04.19	201210115944.4	电气工程学院	王念春 吴晓玉	2015.07.29	第1736082号
703	一种微波收发机中的自供电微机械传感器及模块	2013.01.31	201310038512.2	电子科学与工程学院	廖小平 周锐	2015.07.15	第1722396号
704	一种铜网或泡沫铜防油抗氧化的浸泡处理方法	2013.01.11	201310011681.7	材料科学与工程学院（苏州）	余新泉 陈锋 张友法 张雯	2015.07.15	第1723093号
705	电火花加工微细织构金属表面的清洗方法	2013.01.11	201310011051.X	材料科学与工程学院（苏州）	张友法 陈锋 余新泉 吴浩	2015.07.15	第1723361号
706	一种E波段多芯片集成倍频模块	2013.01.11	201310010842.0	信息科学与工程学院	杨非 崔铁军 王宗新 孙忠良 孟洪福	2015.07.15	第1723415号
707	利用抛物面镜校正扫描角度的激光扫描采样装置	2013.01.24	201310027400.7	电子科学与工程学院	叶莉华 赵琳 王文轩 吕昌贵 崔一平	2015.07.15	第1723119号

(续表)

序号	发明专利名称	申请日	申请号	申请人	设计人	授权日	证书号
708	消除交通拥堵的高速公路主线收费站通过流量控制方法	2013.02.01	201310040825.1	交通学院	李志斌 刘 攀 徐铖铖 王 炜	2015.07.15	第1722683号
709	一种用于可变光衰减器封装的光纤夹紧装置	2013.02.07	201310049156.4	电子科学与工程学院	秦 明	2015.07.15	第1723545号
710	一种低失调全动态比较器	2013.02.26	201310059838.3	电子科学与工程学院	吴建辉 汤旭婷 薛金林 王海冬 田 茜 张理振 胡建飞	2015.07.15	第1722604号
711	船载水电解消除蓝藻装置与方法	2014.06.27	201410302622.X	交通学院	缪 延 严明良 缪林昌	2015.07.15	第1722453号
712	一种以粉煤灰-纳米二氧化硅-硅灰为主要硅质材料制备的加气混凝土	2014.04.18	201410159508.6	土木工程学院	李 敏 吴智深 彭 欢	2015.07.15	第1723250号
713	一种自组装多脉冲释药装置及其制备方法和应用	2014.02.19	201410056248.X	化学化工学院	倪根美 张 慧 吴 敏 周晓梅 詹 侃 陈雨露	2015.07.15	第1723285号
714	一种稀有细胞多级分选微流控器件	2013.09.10	201310410606.8	机械工程学院	易 红 倪中华 陈 科 项 楠 黄文来 唐文来	2015.07.15	第1723049号
715	一种氨基酸两性离子水凝胶材料及其制备方法	2013.09.03	201310396165.0	化学化工学院	李新松 王 杰 胡 昕	2015.07.15	第1723353号
716	多层冷成型钢住宅外墙圈梁与方管混凝土柱的连接节点	2013.08.28	201310380620.8	土木工程学院	王星星 叶继红	2015.07.15	第1722627号
717	基于流水线工作方式的I/Q通道差校正方法及其系统	2013.05.10	201310172577.6	信息科学与工程学院	徐平平 颜小超 李 雷 黄 航	2015.07.15	第1723606号
718	一种桥梁疲劳损伤状态与剩余寿命的评估方法	2013.05.17	201310184394.6	土木工程学院	吴佰建 李兆霞 王 莹	2015.07.15	第1723477号
719	一种基于层层组装技术的结构色薄膜的制备方法及其产品和应用	2013.06.28	201310268214.2	生物科学与医学工程学院	葛丽芹 姚 翀 赵 君 任娇雨	2015.07.15	第1723266号

（续表）

序号	发明专利名称	申请日	申请号	申请人		设计人		授权日	证书号
720	一种雨天状况下减少交通事故的车辆调控方法	2013.03.21	201310092575.6	交通学院	徐铖铖 李志斌	刘 攀 王 炜		2014.07.15	第1723081号
721	一种基于人工表面离散激元的插分滤波器	2013.04.15	201310129820.6	信息科学与工程学院	崔铁军 鲍 迪	沈晓鹏 汤文轩		2015.07.15	第1722862号
722	用于测试土体静止侧压力系数的侧向应力孔压探头	2012.08.27	201210305900.8	交通学院	蔡国军	刘松玉 邹海峰		2015.07.15	第1723173号
723	FRP型材刺板胶复合连接接头及方法	2013.01.25	201310028418.9	土木工程学院，北京特希达科技有限公司	吴 刚 蒋剑彪	詹 旸 张保龙		2015.07.08	第1718929号
724	一种耐蚀抗菌氧化膜不锈钢的制造方法	2013.05.17	201310184391.2	材料科学与工程学院	周国桢 朱文川	王思勤 周 红		2015.07.22	第1735067号
725	一种基于环境效应模型的城市绿地形态格局优化方法	2014.04.22	201410163479.0	建筑学院	杨俊宴	谭 瑛 史北祥		2015.07.29	第1738300号
726	内嵌金属化过孔过孔相位校准的封测夹具天线	2012.12.21	201210563850.3	信息科学与工程学院	殷晓星	赵洪新 王 磊		2015.05.20	第1674011号
727	一种低电压低温度系数的对数放大器	2013.03.05	201310068879.9	电子科学与工程学院	吴建辉 黄成茜	白春风 陈 超 张文通 李 红		2015.06.17	第1698006号
728	控制随机激光强度的装置及方法	2013.03.13	201310078839.2	电子科学与工程学院	叶利华 尹志乐	赵 珊 王 雁 顾 兵 崔一平		2015.06.17	第1698071号
729	长条形格栅钢管混凝土组合结构剪力墙及其制备方法	2013.03.06	201310070306.X	土木工程学院	徐文平 周广如 陈有春	郭 训 王志明 卢建峰 黄 明 孔维平 王 勇		2015.06.03	第1683879号
730	一种LTE中XC参考序列参数估计方法	2013.03.18	201310086953.X	信息科学与工程学院	胡爱群 谢胜东	朱德米 文 姜 禹		2015.06.03	第1684402号
731	一种测量键合金丝散射参数的装置及其使用方法	2013.04.24	201310146567.5	信息科学与工程学院	殷晓星	王 磊 赵洪新		2015.06.17	第1697733号

(续表)

序号	发明专利名称	申请日	申请号	申请人	设计人	授权日	证书号
732	一种基于毫米波高速通信的中继覆盖选择算法	2013.04.02	201310110555.7	信息科学与工程学院	徐平平 卫巍 褚宏云	2015.06.17	第1697694号
733	一种卧式三段式给水加热器上端差及下端差的测算方法	2013.04.23	201310142718.X	能源与环境学院	胥建群 杨涛 石永锋 周克毅	2015.06.17	第1698564号
734	一种对称Helmholtz声源的强驻波发生装置	2013.05.21	201310189787.6	能源与环境学院	乔正辉 董卫 吴促武	2015.06.17	第1698326号
735	永磁同步电机容错型牵引模块及其控制方法	2013.05.29	201310211092.3	电气工程学院	程明 王伟 王亚 张邦富	2015.06.03	第1685529号
736	一种防屈曲软钢耗能墙	2013.06.04	201310222589.5	土木工程学院	李爱群 张志强 郑杰 黄镇 鲁风勇	2015.06.03	第1682458号
737	基于瞬时序分量功率的动态无功补偿控制器	2013.07.08	201310285951.3	电气工程学院	吴在军 胡敏强 吕振宇 秦申蓓	2015.06.17	第1697860号
738	一种多臂萘酰亚荧光分子及其制备方法	2013.07.05	201310282185.5	电子科学与工程学院	钱鹰 罗晓燕 窦晓波	2015.06.03	第1683367号
739	一种二极管序列冷再电平逆变器矢量列选择方法	2013.07.05	201310281032.9	电气工程学院	赵剑锋 赵志宏	2015.06.03	第1686432号
740	乳化沥青冷再生混合料的最佳含水量的确定方法	2013.09.12	201310416112.0	交通学院	倪富健 高磊 罗海龙 陈云卿	2015.06.17	第1697504号
741	一种制备石墨烯薄膜的方法	2013.01.24	201310026890.9	电子科学与工程学院	孙立涛 吴峰 徐峰 毕恒昌 尹奎波 贺龙兵 万树 谢晓	2015.06.03	第1686438号
742	基于DSP和FPGA的嵌入式导航信息处理器	2013.01.18	201310018455.1	仪器科学与工程学院	徐晓苏 刘锡祥	同捷 王立军 张涛	2015.06.03	第1684733号
743	一种焊接钢桁架结构疲劳失效过程的同步监测方法	2013.01.31	201310038397.9	土木工程学院	何顶顶	黄跃平 李兆霞	2015.06.03	第1683255号
744	以风能和太阳能互补为动力的水体增氧系统及其控制方法	2014.01.24	201410035456.1	能源与环境学院	吕金其	叶日平 陆佳佳	2015.06.03	第1686157号

(续表)

序号	发明专利名称	申请日	申请号	申请人	设计人	授权日	证书号
745	层叠式纳米材料固相萃取柱	2014.04.10	201410143082.5	生物科学与医学工程学院	康学军 邱金丽 顾忠泽 王 羽	2015.06.03	第1682467号
746	一种基于层层组装技术的氧化锌荧光增强的方法	2014.05.27	201410229588.8	生物科学与医学工程学院	葛丽芹 姚 珊 刘慈惠 朱彦薰	2015.06.17	第1697492号
747	一种用于烟气脱汞的铁氯改性活性炭吸附剂	2013.01.30	201310036996.7	能源与环境学院	段玉锋 仝 敏 冒咏秋 朱 纯 周 强 桑圣欢	2015.06.17	第1698330号
748	一种确定公共停车场泊位数的方法	2013.01.09	201310007221.7	交通学院	郭延永 刘 攀 吴 瑶 王 炜 俞 灏	2015.06.17	第1697769号
749	一种基于应变的旋转零部件动平衡方法	2013.01.16	201310016458.1	能源与环境学院	杨建刚 张世东	2015.06.03	第1682475号
750	一种基于秩和比法的平面交叉口设计变权综合评价方法	2013.01.16	201310016200.1	交通学院	刘 攀 羊 钊 王 炜 俞 灏	2015.06.03	第1683061号
751	FRP型材连接方法	2013.01.25	201310028304.4	土木工程学院	吴 刚	2015.06.03	第1682472号
752	一种双速绕组开关磁阻电机	2013.01.30	201310036804.2	电气工程学院（盐城）	花 为 程 明 华 浩 吴中泽	2015.06.03	第1683845号
753	促进气流混合的装置	2013.01.25	201310028133.5	能源与环境学院	袁竹林 朱鸿飞 孙珊珊 朱立平	2015.06.03	第1682472号
754	石英振梁加速度计及其制作方法	2013.01.21	201310020857.5	仪器科学与工程学院	梁金星 孟广婵 张丽园 崔粟磬	2015.06.03	第1682541号
755	一种基于端到端的语音安全多路径通信系统及方法	2012.08.23	201210302491.6	信息科学与工程学院	陈立全 阳 析 朱文远 邱林峰	2015.06.03	第1682737号
756	咔唑衍生物及其制备方法与用途	2012.08.20	201210296962.7	化学化工学院	荀少华 房 雷 房旭彬	2015.06.03	第1682842号
757	一种永磁风力发电机最大功率跟踪控制方法	2012.12.13	201210539594.4	电气工程学院	程 明 朱 瑛 花 为	2015.06.03	第1687306号

(续表)

序号	发明专利名称	申请日	申请号	申请人	设计人	授权日	证书号
758	流化床焚烧炉飞灰处理装置	2012.09.29	201210375508.0	能源与环境学院,无锡国联环保科技有限公司	陈晓平 杨汉文 梁财 林敏	马吉亮 赵长遂 姜中孝	杨叙军 刘道银 毛军华	2015.05.27	第1676753号
759	一种分级结构层状双氢氧化物杂化材料及其制备方法	2013.09.30	201310463647.3	化学化工学院	周钰明 薛金娟 张牧阳	张涛 王泳娟	梅震宇 卜小海	2015.06.17	第1698153号
760	一种基于光学变换的超表面透镜天线及其制造方法	2013.09.11	201310414121.6	信息科学与工程学院	崔铁军	万向	2015.06.03	第1686656号
761	一种黑液木质素相解离制取4-羟基-3-甲氧基苯乙酮的方法	2013.10.25	201310514513.X	能源与环境学院	沈德魁 张会岩	董承健	2015.06.17	第1694658号
762	一种用于桥梁结构减震控制的锁定装置	2013.10.23	201310504625.7	土木工程学院	王浩 陶天友	茅建校	郭彤	2015.06.17	第1698150号
763	一种具有电化学活性的纳米级硫酸铝的制备方法以及利用该硫酸铝制备铝酸电池的方法	2013.12.09	201310665446.1	化学化工学院	雷立旭	刘义	高鹏然	2015.06.17	第1698400号
764	一种风电机组叶片故障诊断方法	2012.12.11	201210532085.9	电气工程学院	张建忠	杭俊	程明	2015.06.03	第1685519号
765	相位校准的平面喇叭天线	2012.12.21	201210564048.6	信息科学与工程学院	赵晓星	赵洪新	王磊	2015.06.03	第1685861号
766	内嵌金属化过孔相位校准的基片集成波导天线	2012.12.21	201210562718.0	信息科学与工程学院	赵晓星	赵洪新	王磊	2015.06.03	第1684161号
767	微机械梁系中可动梁接触粘附的测量结构及其测量方法	2012.12.05	201210516984.X	电子科学与工程学院	唐洁影	蒋明霞	2015.06.03	第1685646号
768	一种复叠式有机朗肯循环高效热机	2012.12.28	201210584859.2	能源与环境学院	陈九法	苏继程	章智博	2015.06.17	第1697788号

（续）

序号	发明专利名称	申请日	申请号	申请人	设计人	授权日	证书号
769	一种被动型氢钟超均匀C场磁筒及其制作方法	2012.12.05	201210514705.6	物理系	邱实 王勇 李建清	2015.06.03	第1685692号
770	基于电流信号的风电机组的叶片不平衡故障诊断方法	2012.10.17	201210396295.X	电气工程学院	张建忠 朱珉 杭俊 程明	2015.06.03	第1686451号
771	一种大电流密度的横向超薄绝缘栅双极型晶体管	2012.11.07	201210442085.X	电子科学与工程学院	祝靖 孙伟锋 曹鲁 陆生礼 钱钦松 时龙兴	2015.06.03	第1685552号
772	实现太阳能综合利用的热源塔热泵装置	2012.09.28	201210366110.0	能源与环境学院	梁彩华 张小松 文先太 刘成兴	2015.06.03	第1686914号
773	基于肤色与形态特征的动态手势识别方法	2012.09.28	201210372408.2	自动化学院	路小波 朱周 江谦 陈伍军 曾维理	2015.06.17	第1698199号
774	可调彩虹局域器	2012.09.21	201210355361.9	信息科学与工程学院	崔军铁 沈晓鹏 杨艳 赵沛	2015.06.17	第1698469号
775	移动通信系统载波聚合场景下的节能方法	2012.07.30	201210266327.4	信息科学与工程学院	潘志文 刘楠 刘程喆 尤肖虎	2015.06.03	第1687438号
776	移动通信系统中联合负载均衡的切换自优化方法	2012.07.30	201210268503.8	信息科学与工程学院	潘志文 尤肖虎 陈啸 刘楠	2015.06.03	第1686215号
777	一种微型生物质与太阳能热电联产系统及方法	2012.07.23	201210256937.6	能源与环境学院	邵应娟 陈曦 金保昇 钟文琪	2015.06.17	第1697839号
778	微机电混合陀螺仪的电路系统	2012.06.08	201210189466.1	仪器科学与工程学院	夏敦柱 虞成 李宏生	2015.06.03	第1684803号
779	一种考虑低碳排放约束影响的交通方式与路径选择方法	2013.02.18	201310053093.X	交通学院	张鑫 刘攀 王炜 李志斌	2015.06.17	第1698526号
780	一种基于蒸气压缩与溶液吸收的膜法除湿的装置及方法	2013.02.19	201310053755.3	能源与环境学院	折晓会 段勇高 张小松	2015.06.17	第1697752号
781	三电源空间调相行波超声电机正反转移相控制方法	2013.02.01	201310041545.2	电气工程学院	胡敏强 金龙 蒋春容 徐志科 陆旦宏	2015.06.03	第1684888号

(续表)

序号	发明专利名称	申请日	申请号	申请人	设计人	授权日	证书号
782	基站获取移动通信终端国际移动设备识别码的装置及方法	2012.05.23	201210162317.6	信息科学与工程学院	宋宇波 庞健 刘亦辰 梁亚	2015.07.01	第1710987号
783	延时反馈下基于信漏噪比的多用户调度方法	2012.10.30	201210427879.9	信息科学与工程学院	许威 赵春明 余瑞驰 戴斌斌	2015.07.01	第1708467号
784	一种面向CPU流水线的错误恢复电路	2012.12.26	201210574735.6	电子科学与工程学院	单伟伟 郭银涛 孙华芳 田朝轩 茅锦亮 朱肖 金海坤	2015.07.01	第1709087号
785	一种集热管封接装置及采用该装置的真空集热管	2012.12.19	201210554953.3	能源与环境学院	匡尧	2015.07.01	第1708512号
786	一种单光源植入式神经多点同步交互芯片及其制备方法	2012.12.31	201210591084.1	电子科学与工程学院	孙小菡 陈源源 董纳 蒋卫锋	2015.07.01	第1710130号
787	基于锰掺杂铜铟锌硫的双色荧光半导体纳米材料的制备方法	2014.01.16	201410020069.0	电子科学与工程学院	张家雨 崔一平 黄博倩 张辉朝	2015.07.01	第1710832号
788	一种常规公交与地铁站台的换乘协调控制方法	2013.01.14	201310011514.2	交通学院	王炜 傅鹏明 赵雪东 代德慧	2015.07.01	第1708755号
789	一种公路事故易发路段车速管控设施的综合设置方法	2013.01.21	201310022263.8	交通学院	王昊 刘攀 俞灏	2015.07.01	第1711867号
790	一种制备大面积石墨烯海绵的方法	2013.01.24	201310028166.X	电子科学与工程学院	孙立涛 吴幸 徐峰 毕恒昌 尹奎波 周奕龙 万树 谢晓	2015.07.01	第1709689号
791	静态电容可调式微动调陀螺仪精密装配体结构	2013.01.17	201310017352.3	仪器科学与工程学院	夏敦柱 王寿荣 虞成 孔伦	2015.07.01	第1710544号
792	三电源环形行波超声波电机的正反转移相控制方法	2013.02.01	201310039788.2	电气工程学院	胡敏强 金龙 潘鹏 徐志科	2015.07.01	第1710178号
793	一种温度可调式双回路多通道宽幅膜压机用版辊	2013.03.01	201310065468.4	仪器科学与工程学院	夏敦柱 王寿荣 孔伦 虞成	2015.07.01	第1710653号

(续　表)

序号	发明专利名称	申请日	申请号	申请人	设计人	授权日	证书号
794	一种全张力索杆屋盖结构体系及其构造方法	2013.06.17	201310237601.X	土木工程学院	陆金钰　赵曦蕾 强翰霖　曹徐阳 舒赣平　王　谆	2015.07.01	第1711754号
795	一种单向扭转的高平衡可变光衰减器及其制备方法	2013.02.07	201310049053.8	电子科学与工程学院	秦　明	2015.07.01	第1708504号
796	基于人工电磁材料的表面等离激元透镜	2013.07.23	201310312163.9	信息科学与工程学院	崔铁军　万　向	2015.07.01	第1709005号
797	一种各向异性的鱼眼-龙伯超表面透镜	2013.07.23	201310312164.3	信息科学与工程学院	崔铁军　万　向	2015.07.01	第1711918号
798	一种基于实时电价的捕入式电动汽车充电控制方法	2013.08.26	201310377142.5	电气工程学院	高赐威　吴　茜	2015.07.01	第1708878号
799	一种基于Hepal-6肝癌细胞自噬小体Dribbles的B细胞疫苗及其制备方法	2013.09.02	201310395427.1	医学院	王立新　曹　萌	2015.07.01	第1708688号
800	一种用于鉴别CVA6和非CVA6肠道病毒的RT-PCR引物对及其应用	2013.10.23	201310504021.2	医学院	孟继鸿　余文敏	2015.07.01	第1711623号
801	多通道移液器	2013.11.26	201310617578.7	生物科学与医学工程学院	王　炜　何农跃 康　淼　邬燕琪 窦　力	2015.07.01	第1708952号
802	一种微流控芯片及其制作方法	2013.11.13	201310571537.9	生物科学与医学工程学院	梁福鹏　陆祖宏 涂　景　李智洋	2015.07.01	第1709153号
803	浮栅驱动芯片中抑制高侧浮动电动电源低电平负过冲的电路	2013.03.13	201310080254.4	电子科学与工程学院	祝　靖　孙国栋 孙伟锋　陆生礼 张允武　时龙兴	2015.07.08	第1721957号
804	一种电容式湿度传感器	2013.01.04	201310002232.6	电子科学与工程学院	黄见秋　任青颖 黄庆安	2015.07.08	第1720915号
805	一种高增益的宽带低噪声放大器	2012.11.22	201210480327.4	信息科学与工程学院	李智群　陈　亮	2015.07.08	第1721151号

(续 表)

序号	发明专利名称	申请日	申请号	申请人	设计人	授权日	证书号
806	一种约束机构运动过程的分析方法	2012.09.28	201210370667.1	土木工程学院	陈耀 冯健	2015.07.08	第1721884号
807	一种基于修改影响分析的部件软件回归测试用例更新方法	2012.08.24	201210303829.X	计算机科学与工程学院	李必信 陶传奇 孙小兵	2015.07.08	第1722290号
808	图像内快速响应矩阵码区域的提取方法	2012.06.30	201210227572.4	自动化学院	路小波 沈雩峰 曾维理 祈慧	2015.07.08	第1721437号
809	单小区多播MIMO移动通信系统的下行预编码方法	2012.06.28	201210220423.5	信息科学与工程学院	陈明 杜博 王楠	2015.07.08	第1722205号
810	温度变化角度监测的问题索支座角位移角识别方法	2012.05.30	201210173514.8	土木工程学院	韩玉林 万江	2015.07.07	第1721921号
811	温度变化角度监测的问题索支座角位移角速进式识别方法	2012.05.30	201210173398.X	土木工程学院	韩玉林 王芳	2015.07.08	第1721532号
812	温度变化角度监测的受损支座广义位移速进近式识别方法	2012.05.30	201210174015.0	土木工程学院	韩玉林 韩佳邑	2015.07.08	第1721788号
813	支座广义温度混合监测受损索和支座广义位移识别方法	2012.05.30	201210173867.8	土木工程学院	韩玉林 万江 王芳	2015.07.08	第1721550号
814	温度变化混合监测的受损索和支座广义位移识别方法	2012.05.30	201210174012.7	土木工程学院	韩玉林 王芳	2015.07.08	第1722212号
815	温度变化监测的问题索和支座广义位移识别方法	2012.05.30	201210173397.5	土木工程学院	韩玉林 王芳	2015.07.08	第1722021号
816	温度变化广义位移监测基于索力监测的受损索识别方法	2012.05.30	201210173393.7	土木工程学院	韩玉林 王芳	2015.07.08	第1720938号
817	温度变化空间坐标监测的受损索和支座广义位移识别方法	2012.05.30	201210173869.7	土木工程学院	韩玉林 王芳	2015.07.08	第1721328号
818	温度变化空间坐标监测的问题索支座广义位移速进识别方法	2012.05.30	201210172283.9	土木工程学院	韩佳邑	2015.07.08	第1721733号

(续表)

序号	发明专利名称	申请日	申请号	申请人	设计人	授权日	证书号
819	支座广义位移温度变化基于角度监测的松弛索识别方法	2012.05.30	201210171816.1	土木工程学院	韩玉林 万江 韩佳邑	2015.07.08	第1721469号
820	支座广义位移温度变化基于应变监测的松弛索识别方法	2012.05.30	201210171843.9	土木工程学院	韩玉林 万江 韩佳邑	2015.07.08	第1720997号
821	温度变化时空间坐标监测的受损索和支座角位移识别方法	2012.05.30	201210172235.X	土木工程学院	韩玉林 宋佰涵 万江 韩佳邑	2015.07.08	第1721020号
822	温度变化时应变监测的受损索和支座平移递进式识别方法	2012.05.29	201210172845.X	土木工程学院	韩玉林 万江 韩佳邑	2015.07.08	第1721711号
823	温度变化时角度监测的受损索和支座平移逼近式识别方法	2012.05.29	201210172770.5	土木工程学院	韩玉林 万江 韩佳邑	2015.07.08	第1720815号
824	温度变化时基于空间坐标监测的受损索识别方法	2012.05.29	201210172823.3	土木工程学院	韩玉林 韩佳邑	2015.07.08	第1722177号
825	温度变化时应变监测的受损索和支座平移逼近式识别方法	2012.05.29	201210172875.0	土木工程学院	韩玉林 万江 韩佳邑	2015.07.08	第1722265号
826	支座沉降和温度变化基于空间坐标监测的受损索识别方法	2012.05.29	201210172917.0	土木工程学院	韩玉林 万江 韩佳邑	2015.07.08	第1721267号
827	温度变化时角度监测的问题索和支座平移识别方法	2012.05.29	201210171161.8	土木工程学院	韩玉林 韩佳邑	2015.07.08	第1720811号
828	温度变化时基于索力监测的松弛索识别方法	2012.05.29	201210172021.2	土木工程学院	韩玉林 王芳 郑可 韩佳邑	2015.07.08	第1721843号
829	温度变化时基于应变监测的松弛索逼近式识别方法	2012.05.29	201210171826.5	土木工程学院	韩玉林 王芳 韩佳邑	2015.07.08	第1720934号
830	基于固支梁和直接式微波功率传感器的在线式微波功率检测方法及其检测方法	2013.01.18	201310028143.9	电子科学与工程学院	廖小平 易真翔 杨国	2015.06.10	第1689596号

(续表)

序号	发明专利名称	申请日	申请号	申请人	设计人	授权日	证书号
831	基于悬臂梁和直接式功率传感器的微波检测系统及其检测方法	2013.01.18	201310028471.9	电子科学与工程学院	廖小平 易真翔 吴昊	2015.06.10	第1688299号
832	微电子机械微波频率和功率检测系统及其检测方法	2013.01.18	201310027731.0	电子科学与工程学院	廖小平 易真翔 吴昊	2015.06.10	第1688670号
833	基于固支梁和间接式功率传感器的微波检测系统及其检测方法	2013.01.18	201310027752.2	电子科学与工程学院	廖小平 易真翔 吴昊	2015.06.10	第1688422号
834	一种快速瞬态响应的数字开关变换器及其控制方法	2012.12.29	201210589750.8	电子科学与工程学院	徐申 孙大鹰 宋慧滨 王青 陆生礼 时龙兴 田野	2015.06.10	第1687815号
835	一种应用于无线通信系统的自动增益控制方法	2012.12.28	201210585598.9	电子科学与工程学院	张萌 王涛 王陈浩 唐磊 孙伟锋	2015.06.10	第1688229号
836	聚天冬氨酸衍生物及其制备方法和应用	2012.09.25	201210362841.8	化学化工学院	黄凯 孔利 傅淑霞 吴建辉	2015.06.10	第1689311号
837	单小区多播MIMO移动通信系统的下行多行业务预编码方法	2012.06.28	201210218764.9	信息科学与工程学院	陈明 杜楠	2015.06.10	第1687887号
838	宽带高增益跨阻放大器及设计方法和放大器芯片	2012.06.25	201210210717.X	信息科学与工程学院	陈莹梅 朱磊 王涛 王志功	2015.06.10	第1692098号
839	温度变化混合监测的问题索支座广义位移递进式识别方法	2012.05.30	201210171652.2	土木工程学院	韩玉林	韩佳邑	2015.06.10	第1689286号
840	温度变化空间坐标监测的问题索和支座平移递进式识别方法	2012.05.29	201210171330.8	土木工程学院	韩玉林	韩佳邑	2015.06.10	第18689661号
841	温度变化时空间坐标监测的问题索和支座平移识别方法	2012.05.29	201210170285.4	土木工程学院	韩玉林	韩佳邑	2015.06.10	第1690908号
842	温度变化时变监测的问题索和支座平移递进式识别方法	2012.05.29	201210171397.1	土木工程学院	韩玉林	韩佳邑	2015.06.10	第1692486号

(续)

序号	发明专利名称	申请日	申请号	申请人	设计人	授权日	证书号
843	一种基于亚阈值MOS管的过温保护电路	2012.12.14	201210545358.3	电子科学与工程学院	孙伟锋 杨森 袁冬冬 朱长峰 徐申 陆生礼 时龙兴	2015.07.29	第1742050号
844	一种室内车辆的精确定位导航系统及其方法	2012.12.04	201210510502.X	仪器科学与工程学院	吴剑锋 李建清 毛志鹏 顾乐 徐高志 于忠洲	2015.07.29	第1741063号
845	一种基于面向对象程序切片谱的错误定位方法	2012.06.06	201210184233.2	计算机科学与工程学院	李必信 文万志	2015.07.29	第1741316号
846	温度变化角度监测问题索和支座广义位移递进式识别方法	2012.05.30	201210171493.6	土木工程学院	韩玉林 韩佳邑	2015.07.29	第1741444号
847	温度变化应变监测的受损索和支座角度位移识别方法	2012.05.30	201210174014.6	土木工程学院	韩玉林 韩佳邑 王芳	2015.07.29	第1740905号
848	温度变化混合监测的受损索和支座角位移识别方法	2012.05.30	201210172342.2	土木工程学院	韩玉林 万江	2015.07.29	第1741463号
849	温度变化角度监测的受损索和支座角位移识别方法	2012.05.30	201210172353.0	土木工程学院	韩玉林 宋佰涵	2015.07.29	第1742106号
850	支座广义位移温度变化力监测的松弛索和支座角位移识别方法	2012.05.30	201210171792.X	土木工程学院	韩玉林 王芳	2015.07.29	第1741208号
851	温度变化应变监测的受损索和支座角位移识别方法	2012.05.30	201210171946.5	土木工程学院	韩玉林 宋佰涵	2015.07.29	第1742137号
852	温度变化混合监测的受损索和支座角位移识别方法	2012.05.30	201210172192.5	土木工程学院	韩玉林 宋佰涵	2015.07.29	第1741081号
853	温度变化空间坐标监测的问题索和支座广义位移识别方法	2012.05.30	201210171341.6	土木工程学院	韩玉林 万江	2015.07.29	第1741450号
854	温度变化角度监测的问题索支座广义位移识别方法	2012.05.30	201210171474.3	土木工程学院	韩玉林 韩佳邑 万江	2015.07.29	第1741658号
855	温度变化应变递进式监测的问题索支座广义位移识别方法	2012.05.30	201210171531.8	土木工程学院	韩玉林 韩佳邑	2015.07.29	第1741832号

(续表)

序号	发明专利名称	申请日	申请号	申请人	设计人		授权日	证书号
856	温度变化应变监测的同题索和支座广义位移识别方法	2012.05.30	201210171671.5	土木工程学院	韩玉林	韩佳邑 万 江	2015.07.29	第1741639号
857	温度变化广义位移识别方法监测的受损索和支座混合	2012.05.30	201210173868.2	土木工程学院	韩玉林	王 芳	2015.07.29	第1741493号
858	温度变化空间坐标监测同题索支座角位移速进式识别方法	2012.05.30	201210173400.3	土木工程学院	韩玉林	王 芳	2015.07.29	第1741667号
859	支座广义位移温度变化应变监测的受损索识别方法	2012.05.30	201210172372.3	土木工程学院	韩玉林	万 江	2015.07.29	第1741538号
860	温度变化支座通近式角度识别方法监测的受损索	2012.05.29	201210171562.3	土木工程学院	韩玉林	韩佳邑	2015.07.29	第1740940号
861	温度变化时基于空间坐标监测的受损索通近式识别方法	2012.05.29	201210171561.9	土木工程学院	韩玉林	韩佳邑	2015.07.29	第1741915号
862	支座空间坐标变化温度监测的受损索通近式识别方法	2012.05.29	201210171523.3	土木工程学院	韩玉林	万 江 韩佳邑	2015.07.29	第1741828号
863	有支座沉降和温度监测的受损索混合识别方法	2012.05.29	201210172652.4	土木工程学院	韩玉林	万 江	2015.04.08	第1626765号
864	温度变化时基于支座应变监测的受损索识别方法	2012.05.29	201210172709.0	土木工程学院	韩玉林	万 江	2015.07.29	第1741567号
865	温度变化时基于索力监测的受损索识别方法	2012.05.29	201210171182.X	土木工程学院	韩玉林	万 江 韩佳邑	2015.07.29	第1741472号
866	支座沉降和温度变化时监测的松弛索识别方法	2012.05.29	201210172886.9	土木工程学院	韩玉林	王 芳 韩佳邑	2015.07.29	第1741428号
867	温度变化时基于角度和支座平移速进式识别方法监测的受损索	2012.05.29	201210171363.2	土木工程学院	韩玉林	万 江 韩佳邑	2015.07.29	第1741591号
868	温度变化时基于空间坐标监测的松弛索通近式识别方法	2012.05.29	201210171327.6	土木工程学院	韩玉林	王 芳 韩佳邑	2015.07.29	第1741460号

(续表)

序号	发明专利名称	申请日	申请号	申请人	设计人	授权日	证书号
869	温度变化时基于应变监测的受损索道迟式识别方法	2012.05.29	201210171328.0	土木工程学院	韩佳邑 韩玉林	2015.07.29	第1742148号
870	温度变化索力监测的问题索和支座平移速进式识别方法	2012.05.29	201210171333.1	土木工程学院	韩佳邑 韩玉林	2015.07.29	第1741974号
871	温度变化时应变监测的问题索和支座平移识别方法	2012.05.29	201210171294.5	土木工程学院	韩佳邑 韩玉林	2015.07.29	第1741198号
872	支座沉降和温度变化时混合监测的松池索递进式识别方法	2012.05.29	201210171451.2	土木工程学院	王 芳 韩玉林	2015.07.29	第1740984号
873	支座沉降和温度变化时角度监测的受损索递进式识别方法	2012.05.29	201210171525.2	土木工程学院	万 江 韩玉林	2015.07.29	第1741245号
874	温度变化时基于角度监测的受损索识别方法	2012.05.29	201210171565.7	土木工程学院	韩佳邑 韩玉林	2015.07.29	第1741901号
875	支座沉降和温度变化时混合监测的松池索递进式识别方法	2012.05.29	201210171292.6	土木工程学院	王 芳 韩玉林	2015.07.29	第1740979号
876	温度变化时混合监测的受损索识别方法	2012.05.29	201210171291.1	土木工程学院	韩佳邑 韩玉林	2015.07.29	第1740951号
877	支座沉降和温度变化空间坐标监测的受损索识别方法	2012.05.29	201210171289.4	土木工程学院	王 芳 韩玉林	2015.07.29	第1741589号
878	温度变化时混合监测的受损索识别方法	2012.05.29	201210171236.2	土木工程学院	韩佳邑 韩玉林	2015.07.29	第1741899号
879	温度变化时空间坐标监测的松池索递进式识别方法	2012.05.29	201210171415.6	土木工程学院	王 芳 韩玉林	2015.07.29	第1741673号
880	温度变化时混合监测的松池索递进式识别方法	2012.05.29	201210171413.7	土木工程学院	王 芳 韩玉林	2015.07.29	第1741445号
881	温度变化时基于应变监测的松池索递进式识别方法	2012.05.29	201210172832.2	土木工程学院	王 芳 韩玉林	2015.07.29	第1741442号

(续表)

序号	发明专利名称	申请日	申请号	申请人	设计人	授权日	证书号
882	有支座沉降和温度变化时基于索力监测的松弛索识别方法	2012.05.29	201210172790.2	土木工程学院	韩玉林 王 芳 韩佳邑	2015.07.29	第1741748号
883	一种无线局域网发射参数的测试方法及其测试系统	2012.04.24	201210121921.4	信息科学与工程学院	李 徽 裴文江 王 伟 刘文明 孙庆庆	2015.06.03	第1683419号
884	一种用于耐候性涂料的改性丙烯酸树脂及其制备方法	2013.05.10	201310172436.4	化学化工学院	黄 凯 刘玉龙 傅淑霞	2015.08.19	第1760339号
885	一种用于中子屏蔽的四元交联水凝胶及其制备方法和应用	2013.06.09	201310232444.3	化学化工学院	杨 洪 汪遨时 林呆平	2015.08.19	第1760016号
886	基于卡尔曼滤波多次采集的多维力线性解耦方法	2013.09.03	201310394838.9	仪器科学与工程学院	宋爱国 潘栋成 武秀秀 陈丹凤 徐宝国	2015.08.19	第1760375号
887	一种高性能结构动静态转角仪及其测量方法	2013.09.03	201310394939.6	土木工程学院、江苏绿材谷新材料科技发展有限公司	吴智深 黄 黄	2015.08.19	第1760937号
888	电磁耗能阻尼器	2013.09.29	201310451015.5	土木工程学院	沈 伟 李爱群 赵 帅	2015.08.19	第1760127号
889	一种用于显微实验系统手持操作装置的节能方法	2013.11.01	201310529076.9	自动化学院	叶 桦 昌建亮 李 多 孙晓洁	2015.08.19	第1759743号
890	薄基片相位校正槽波束平面喇叭天线	2013.11.29	201310621246.6	信息科学与工程学院	殷晓星 赵洪新 张兴稳	20015.08.19	第1760156号
891	薄基片相位校正槽平面喇叭天线	2013.11.29	201310621231.X	信息科学与工程学院	赵洪新 殷晓星 颉宇川	2015.08.19	第1760507号
892	基于南极天文观测站柴油发电机组余热的发电及蓄能系统	2013.12.19	201310699591.1	能源与环境学院	陈永平 许兆林 施明恒 张程宾	2015.08.19	第1760188号
893	一种LED调光控制电路及其方法	2014.01.03	201410001988.3	电子科学与工程学院	徐慧滨 程维祀 时龙兴 孙伟锋 葛 上 陆生礼	2015.08.19	第1759844号

(续 表)

序号	发明专利名称	申请日	申请号	申请人	设计人	授权日	证书号
894	一种LED调光控制电路及其方法	2014.01.03	201410001988.3	电子科学与工程学院	徐 申 程维昶 葛 上 宋慧滨 孙伟锋 陆生礼 时龙兴	2015.08.19	第1759844号
895	青藏公路多年冻土地基小直径现浇管桩复合地基处治方法	2014.02.24	201410061905.X	交通学院	廖公云 邵财泉 黄晓明 汪双杰 陈建兵 马 涛 王声乐	2015.08.19	第1759740号
896	一种穿戴式导电织物传感系统	2014.03.12	201410089161.2	仪器科学与工程学院	李建清 吴剑锋 杨 华 罗 堪 蔡志鹏	2015.08.19	第1760384号
897	一种凹凸模可调节式带冲孔模具	2014.03.31	201410123357.9	机械工程学院	王兴松 李 波	2015.08.19	第1760784号
898	一种锆钛酸钡钙无铅梯度厚膜的制备方法	2014.05.26	201410226234.8	材料科学与工程学院	王增梅 王欢欢 徐茜蕾	2015.08.19	第1761069号
899	箱体与插板组合型生态护岸结构	2014.02.27	201410068481.X	交通学院，江苏省无锡市航道管理处	廖 鹏 丁天平 陈一梅 杜圣康 赵 冲 郑 龙	2015.07.29	第1736397号
900	一种恒温孵育杂交装置	2014.05.19	201410211447.3	生物科学与医学工程学院	何农跃 邬燕琪 刘 婷	2015.09.23	第1795143号
901	一种双扭摆式微机电磁场传感器	2013.09.30	201310455985.2	电子科学与工程学院	陈 洁 梁秋实 周志浩 薛铭豪 景 晟	2015.09.23	第1796757号
902	基于低压下沸腾冷凝一体化的溶液再生装置	2013.12.06	201310648892.1	能源与环境学院	梁彩华 蒋冬梅 李 达 张小松	2015.09.23	第1798872号
903	一种提高速公路施工区通行效率的控制方法	2013.11.27	201310611564.4	交通学院	李志斌 刘 攀 王 炜 郭延永	2015.09.23	第1796006号
904	一种雪天快速道路拥堵上游可变限速控制方法	2013.11.27	201310611535.8	交通学院	李志斌 刘 攀 王 炜 徐铖铖	2015.09.23	第1798831号
905	一种常压直接干燥制备无机氧化物气凝胶的方法	2013.11.04	201310537427.0	化学化工学院	任丽丽 曹凤朗	2015.09.23	第1794681号

(续 表)

序号	发明专利名称	申请日	申请号	申请人	设计人	授权日	证书号
906	一种基于微机械同接电热式功率传感器的分频器及制法	2013.06.19	201310245644.2	电子科学与工程学院	廖小平 杨国	2015.09.09	第1779464号
907	一种低输出电流谐波含量的主动移式孤岛检测方法	2013.04.11	201310125194.3	电气工程学院	陈 武 赵 波	2015.09.09	第1779442号
908	产生电压偏差准确度检测波形的方法	2013.05.16	201310188690.3	电气工程学院	黄学良 王广江 顾 伟 蒋 莉 方 鑫 朱 妍 曲小慧	2015.09.09	第1788014号
909	一种多层自适应形态滤重力信号噪声抑制方法	2015.01.08	201510010552.5	仪器科学与工程学院	赵立业 李宏生 喻 伟 黄丽斌	2015.09.09	第1788903号
910	一种频域超分辨率多径时延估计方法	2013.03.07	201310071995.6	信息科学与工程学院	胡爱群 姜禹 朱德米 韩远致 邓小伟	2015.09.09	第1787905号
911	一种预制装配混凝土框架柱连接节点构造	2013.04.16	201310133268.8	土木工程学院	郭正兴 于建兵 刘家彬	2015.09.09	第1781047号
912	一种多路接触式密钥IC卡读写装置	2013.03.18	201310084151.5	智能运输系统研究中心	张 宁 何铁军	2015.09.09	第1788234号
913	一种利用中低温余热实现冷热电多联供的装置及方法	2013.05.20	201310190013.5	能源与环境学院	宋建忠 杨 璨 徐国英 殷勇高 姚启明 张小松 顾维维	2015.09.09	第1779360号
914	基于微机械固支梁电容式功率传感器的倍频器	2013.06.19	201310245642.3	电子科学与工程学院	廖小平 乔 威	2015.09.09	第1788516号
915	一种基于协作调度波速成形的用户选择方法	2013.06.18	201310242863.5	信息科学与工程学院	衡 伟 梁 天 孟 超 田安龙 承昊翔	2015.09.09	第1787887号
916	基于微机械悬臂梁电容式功率传感器的锁相环及制备方法	2013.06.19	201310245549.2	电子科学与工程学院	廖小平 王文岩	2015.09.09	第1788882号
917	一种基于微机械同接电热式功率传感器的倍频器及制法	2013.06.19	201310245085.5	电子科学与工程学院	廖小平 杨国	2015.09.09	第1780568号

(续表)

序号	发明专利名称	申请日	申请号	申请人	设计人	授权日	证书号
918	基于微机械直接热电式功率传感器的分频器及其制备方法	2013.06.19	201310244247.3	电子科学与工程学院	廖小平 吴昊	2015.09.09	第1788978号
919	一种基于排斥区域的自适应随机测试的方法	2013.06.17	201310238825.2	计算机科学与工程学院	李必信 陶传奇 王璐璐 陈艺	2015.09.09	第1788672号
920	富氧燃烧热量梯级利用的方法及装置	2013.04.27	201310154154.1	能源与环境学院	段伦博 韩冬 向文国 段钰锋	2015.09.09	第1781150号
921	一种用于混凝土帆布体系的快凝快硬水泥基体及使用方法	2013.07.24	201310312536.2	材料科学与工程学院	陈惠苏 郭岩岩 鲍步传	2015.09.09	第1789199号
922	一种金刚石表面镀钨的方法	2013.07.29	201310322141.0	材料科学与工程学院	余新泉 曾从远 于金 陈锋 张友法	2015.09.09	第1781196号
923	一种硫钴结构的微机电磁场传感器	2013.09.30	201310456380.5	电子科学与工程学院	陈洁 周志浩 薛铭豪	2015.09.09	第1782019号
924	与平面馈源一体化集成的毫米波折合式反射阵列天线	2013.09.29	201310456660.6	信息科学与工程学院	洪伟 江梅 张彦	2015.09.09	第1788116号
925	一种高度取向ZnO纳米锥阵列结构材料的制备方法	2013.10.31	201310532848.4	材料科学与工程学院	余新泉 夏咏梅 张友法 章雯 吴春梅 陈锋	2015.09.09	第1779422号
926	一种冠状动脉CT造影图像钙化点检测方法	2013.07.19	201310307604.6	计算机科学与工程学院	杨冠羽 杨淳 王征 伍家松	2015.09.09	第1779963号
927	电容式微机械风速风向传感器	2013.09.02	201310390353.2	电子科学与工程学院	王立峰 黄庆安 秦明	2015.09.09	第1788352号
928	一种大尺寸超薄硒化铋纳米片的制备方法	2013.10.21	201310496510.8	材料科学与工程学院	王增梅 李小帅 朱鸣芳	2015.09.09	第1789018号
929	一种微电网监测与能量管理装置及方法	2013.07.02	201310276482.9	电气工程学院	窦晓波 胡敏强 赵波 王李东 徐陈成 吴在军 孙纯军	2015.09.09	第1788460号
930	一种混合励磁同步电机效率最优控制方法	2013.12.12	201310675400.8	电气工程学院	林明耀 赵纪龙	2015.09.09	第1781764号

(续表)

序号	发明专利名称	申请日	申请号	申请人	设计人	授权日	证书号
931	地下承压水位动态变化作用下土结构性测试装置及方法	2014.07.15	201410337626.1	交通学院	童立元 王占生 张明飞	2015.09.09	第1789162号
932	一种乒乓球捡球机器人	2014.04.25	201410179165.X	机械工程学院	苏世勇	2015.09.09	第1787917号
933	光热转换纳米材料及其制备及应用方法	2014.06.18	201410273889.4	材料科学与工程学院	邵起越 曾宇乔 金笠飞 方 峰 董 岩 蒋建清	2015.09.09	第1787836号
934	超小 NaYF$_4$:Yb^{3+},Er^{3+} 上转换发光材料的制备方法	2014.06.18	201410272889.9	材料科学与工程学院	李东东 董 岩 邵起越 方 峰 蒋建清	2015.09.09	第1787929号
935	一种箱型复合钢板桩竖向隔离工程屏障及止水帷幕	2014.04.01	201410129833.8	交通学院	杜延军 杨玉玲 李仁民 范日东	2015.09.09	第1781657号
936	一种促进湿法脱硫净烟气中PM2.5脱除的脱硫装置及其方法	2014.01.17	201410022770.6	能源与环境学院	杨林军 潘丹萍 姜业正	2015.09.09	第1789270号
937	一种基于核苷等生物分子的原位快速合成金银荧光纳米材料及其制备方法和应用	2014.01.16	201410019853.X	生物科学与医学工程学院	王雪梅 张园园	2015.09.09	第1787991号
938	一种综合利用银杏外种皮的方法	2014.01.15	201410018833.0	化学化工学院	潘晓梅 田路飞 肖国民 张 俊 薛志君 黄 纯	2015.09.09	第1779511号
939	一种吸附剂喷射烟气汞脱装置及方法	2014.01.02	201410000337.2	能源与环境学院	周 强 段钰锋 朱 纯 佘 敏 洪亚光 张 君	2015.09.09	第1781534号
940	反应型橡胶沥青微表处薄层罩面的稀浆混合料及铺设方法	2014.02.17	201410053645.1	交通学院	黄晓明 李志栋	2015.09.09	第1788840号
941	一种低复杂度的低密度奇偶校验 LDPC 码编码电路结构	2012.12.28	201210584037.4	电子科学与工程学院	张 萌 王 涛 郭良谦 吴建辉 蔡 琛 谈其凤 田 茜	2015.09.30	第1802133号

(续 表)

序号	发明专利名称	申请日	申请号	申请人	设计人	授权日	证书号
942	一种快速瞬态响应的数字功率因数变换器及其控制方法	2012.12.29	201210589729.8	电子科学与工程学院	孙伟锋 宋慧滨 陆生礼 孙大鹰 王青 时龙兴 程松林 徐申	2015.09.30	第1803998号
943	低功耗宽带压控振荡器	2012.12.31	201210590369.3	信息科学与工程学院	樊祥宁 蒋雪飞 李斌 王志功 马鹏	2015.09.30	第1801428号
944	低相位噪声压控振荡器	2013.01.16	201310015875.4	信息科学与工程学院	樊祥宁 施晓阳 李斌 王志功 王加锋	2015.09.30	第1804900号
945	微电子机械在线式微波频率检测器及其检测方法	2013.01.18	201310026874.X	电子科学与工程学院	廖小平 易真翔 杨国	2015.09.30	第1803176号
946	基于悬臂梁和直接功率传感器的在线式微波频率检测器及其检测方法	2013.01.18	201310026952.6	电子科学与工程学院	廖小平 易真翔 杨国	2015.09.30	第1801107号
947	温度变化时基于索力监测的受损索通近式识别方法	2012.05.29	201210171522.9	土木工程学院	韩玉林	韩佳邑	2015.10.07	第1810300号
948	温度变化时角度监测的问题索通近式识别方法	2012.05.29	201210171053.0	土木工程学院	韩玉林	韩佳邑	2015.10.07	第1811643号
949	有支座沉降和温度平移变化时基于角度监测的松池索识别方法	2012.05.29	201210172758.4	土木工程学院	王芳	韩佳邑	2015.10.07	第1809443号
950	温度变化时基于角度监测的松池索识别方法	2012.05.29	201210171563.8	土木工程学院	韩玉林 王芳	郑可 韩佳邑	2015.10.07	第1810037号
951	温度变化时基于索力监测的松池索通近式识别方法	2012.05.29	201210171756.3	土木工程学院	王芳	韩佳邑	2015.10.07	第1810518号
952	支座沉降和温度变化时混合监测的受损索递进式识别方法	2012.05.29	201210172022.7	土木工程学院	韩玉林 万江	韩佳邑	2015.10.07	第1809620号
953	支座沉降和温度变化时应变监测的松池索递进式识别方法	2012.05.29	201210172871.2	土木工程学院	韩玉林 王芳	韩佳邑	2015.10.07	第1810128号

(续 表)

序号	发明专利名称	申请日	申请号	申请人	设计人	授权日	证书号
954	温度变化时混合监测的受损索和支座平移速度监测的受损索识别方法	2012.05.29	201210172651.X	土木工程学院	韩玉林 万 江 韩佳邑	2015.10.07	第1811877号
955	支座广义位移温度变化基于角度监测的受损索识别方法	2012.05.30	201210173866.3	土木工程学院	韩玉林 王 芳 韩佳邑	2015.10.07	第1809491号
956	支座角位移温度变化时基于索力监测的松弛索识别方法	2012.05.30	201210174934.8	土木工程学院	韩玉林 王 芳 郑 可 韩佳邑	2015.10.07	第1811892号
957	支座角位移温度变化空间坐标监测受损索的识别方法	2012.05.30	201210175695.8	土木工程学院	韩玉林 万 江 宋佰涵 韩佳邑	2015.10.07	第1811503号
958	支座角位移温度变化时角度监测受损索遁远式识别方法	2012.05.30	201210174992.0	土木工程学院	韩玉林 万 江 宋佰涵 韩佳邑	2015.10.07	第1811251号
959	支座广义位移温度混合监测的松弛索遁远式识别方法	2012.05.30	201210171917.9	土木工程学院	韩玉林 王 芳 韩佳邑	2015.10.07	第1809610号
960	温度角位移角度变化监测的受损索和支座广义位移受损索识别方法	2012.05.30	201210173870.X	土木工程学院	韩玉林 王 芳 韩佳邑	2015.10.07	第1809819号
961	支座广义位移温度变化空间坐标监测松弛索遁近式识别方法	2012.05.30	201210174932.9	土木工程学院	韩玉林 叶 磊 韩佳邑	2015.10.07	第1809327号
962	温度角位移温度变化监测的受损索和支座角速度监测的受损索遁近式识别方法	2012.05.30	201210172260.8	土木工程学院	韩玉林 万 江 韩佳邑	2015.10.07	第1811224号
963	温度角位移索力监测的受损支座角位移监测的受损索识别方法	2012.05.30	201210171937.6	土木工程学院	韩玉林 王 芳 韩佳邑	2015.10.07	第1811327号
964	温度变化混合监测的受损支座广义位移监测的受损索识别方法	2012.05.30	201210174011.2	土木工程学院	韩玉林 韩佳邑 王 芳	2015.10.07	第1810342号
965	温度变化应变监测的受损支座角位移遁近式识别方法	2012.05.30	201210172204.4	土木工程学院	韩玉林 万 江 韩佳邑	2015.10.07	第1809195号
966	支座广义位移温度遁远式空间坐标监测受损索识别方法	2012.05.30	201210172410.5	土木工程学院	韩玉林 万 江 韩佳邑	2015.10.07	第1811646号

(续表)

序号	发明专利名称	申请日	申请号	申请人	设计人	授权日	证书号
967	温度变化索力监测的受损支座广义位移速进式识别方法	2012.05.30	201210174429.3	土木工程学院	韩玉林 韩佳邑 王 芳	2015.10.07	第1811320号
968	温度变化索力监测的受损索和支座广义位移识别方法	2012.05.30	201210174013.1	土木工程学院	韩玉林 王 芳 韩佳邑	2015.10.07	第1811042号
969	温度变化空间坐标监测松弛的受损索和支座广义位移速进式识别方法	2012.05.30	201210171764.8	土木工程学院	韩玉林 王 芳 韩佳邑	2015.10.07	第1809334号
970	温度变化索力监测的受损索和支座广义位移角度识别方法	2012.05.30	201210172232.6	土木工程学院	韩玉林 宋佰涵 万 江 韩佳邑	2015.10.07	第1810319号
971	支座广义位移角度监测的受损索速进式识别方法	2012.05.30	201210172417.7	土木工程学院	韩玉林 万 江 韩佳邑	2015.10.07	第1809578号
972	支座广义位移角度变化索道监测的松弛索识别方法	2012.05.30	201210171807.2	土木工程学院	韩玉林 万 江 韩佳邑	2015.10.07	第1818804号
973	I2S接口时钟电路的分频电路	2012.11.08	201210442638.1	电子科学与工程学院	刘新宁 曹华洋 王 镇 孙声震 杨 军 张亚伟	2015.09.18	第1606733号
974	认知无线电中基于稀疏信道估计的导频设计方法	2012.09.20	201210352607.7	信息科学与工程学院	戚晨皓 吴乐南 黄永明	2015.09.23	第1798894号
975	染料敏化太阳能电池用ZnO/石墨烯复合纳米结构光阴极及制法	2012.11.29	201210499835.7	电子科学与工程学院	徐 峰 朱媛媛 陈 凯 黄 俊 孙立涛 张 义 王 豪 郭立勇 彭富林 丁 楠	2015.09.23	第1797492号
976	支座角位移温度变化基于混合监测的松弛索识别方法	2012.05.30	201210175691.X	土木工程学院	韩玉林 王 芳	郑 可 韩佳邑	2015.09.30	第1802273号
977	支座角位移温度变化基于索力监测的受损索识别方法	2012.05.30	201210173742.5	土木工程学院	韩玉林 王 芳	宋佰涵 韩佳邑	2015.09.30	第1801521号
978	支座角位移温度变化索速进式监测的松弛索识别方法	2012.05.30	201210175595.5	土木工程学院	韩玉林 万 江	叶 磊 韩佳邑	2015.09.30	第1805814号

（续）

序号	发明专利名称	申请日	申请号	申请人	设计人	授权日	证书号
979	支座角位移温度变化时基于应变监测的松弛索识别方法	2012.05.30	201210173656.4	土木工程学院	韩玉林 王芳 郑可 韩佳邑	2015.09.30	第1801732号
980	温度变化空间坐标监测受损索支座广义位移速进识别方法	2012.05.30	201210175074.X	土木工程学院	韩玉林 王芳 韩佳邑	2015.09.30	第1801094号
981	支座角位移温度变化时基于混合监测的受损索识别方法	2012.05.30	201210173692.0	土木工程学院	韩玉林 王芳 宋佰涵 韩佳邑	2015.09.30	第1802852号
982	温度变化广义位移监测的问题索和支座角识别方法	2012.05.30	201210171402.9	土木工程学院	韩玉林 万江 韩佳邑	2015.09.30	第1805324号
983	温度变化广义位移监测的问题索识别方法	2012.05.30	201210171378.9	土木工程学院	韩玉林 韩佳邑	2015.09.30	第1803280号
984	支座角位移温度变化时基于应变监测的受损索速进识别方法	2012.05.30	201210175801.2	土木工程学院	韩玉林 万江 宋佰涵 韩佳邑	2015.09.30	第1805903号
985	温度变化空间坐标监测松弛索和支座角识别方法	2012.05.30	201210175591.7	土木工程学院	韩玉林 万江 韩佳邑	2015.09.30	第1805736号
986	支座角位移温度变化时基于空间坐标监测的松弛索识别方法	2012.05.30	201210175692.4	土木工程学院	韩玉林 王芳 郑可 韩佳邑	2015.09.30	第1804418号
987	支座角位移温度变化时基于监测的受损索速进识别方法	2012.05.30	201210175594.0	土木工程学院	韩玉林 万江 叶磊 韩佳邑	2015.09.30	第1803645号
988	支座角位移温度变化时混合监测的松弛索识别方法	2012.05.30	201210175693.9	土木工程学院	韩玉林 万江 宋佰涵 韩佳邑	2015.09.30	第1805174号
989	支座角位移温度变化支座力监测的受损索速进识别方法	2012.05.30	201210175802.7	土木工程学院	韩玉林 万江 宋佰涵 韩佳邑	2015.09.30	第1804279号
990	一种基于数据依赖的组合服务可信性计算方法	2012.07.31	201210268698.6	计算机科学与工程学院	李必信 吴晓娜 刘翠翠 齐珊珊 宋锐	2015.09.30	第1802973号
991	一种基于XCFG的组合服务可信性演化影响分析方法	2012.08.14	201210306508.5	计算机科学与工程学院	李必信 吴晓娜 齐珊珊 宋锐 刘翠翠 李伟	2015.09.30	第1800591号

(续表)

序号	发明专利名称	申请日	申请号	申请人	设计人	授权日	证书号
992	一种轻质异形颗粒电力系数的测量装置及测量方法	2012.10.31	201210429189.7	能源与环境学院	陆 勇 金保升 宋振华 钟文琪	2015.09.30	第1804098号
993	一种舰载主/子惯导传递对准过程中的陀螺误差快速估计方法	2012.12.18	201210552272.3	仪器科学与工程学院	刘锡祥 王立辉 徐晓苏 李 璐 张 涛 刘义亭	2015.09.30	第1805667号
994	一种城郊高速公路出入口匝道选位方法	2012.02.29	201210050374.5	交通学院	马永锋 张 聪 李红伟 陆 健	2015.09.30	第1805410号
995	变速恒频双转子永磁风力发电系统的控制系统及方法	2012.04.28	201210132471.9	电气工程学院	张建忠 王元元 程 明	2015.09.30	第1803170号
996	一种基于状态机的协议构造方法	2012.05.09	201210141631.6	计算机科学与工程学院	沈 军 韩 涛 范 文 彭殷路	2015.09.30	第1804779号
997	一种主动式轨道车辆防碰撞系统及其防碰撞方法	2012.05.29	201210173191.2	仪器科学与工程学院	李建清 徐高志 胡异炜 路 杨 吴剑锋 毛志鹏 刘华程 刘海洋 于忠洲 王爱民 李 享	2015.09.30	第1801909号
998	支座沉降和温度变化时索力监测的松弛索力识别方法	2012.05.29	201210172841.1	土木工程学院	韩玉林 王 芳	2015.09.30	第1803274号
999	温度变化时索力监测的受损索和支座平移识别方法	2012.05.29	201210171238.1	土木工程学院	韩玉林 万 江	2015.09.30	第1805053号
1000	温度变化时基于角度监测的松弛索遍近式识别	2012.05.29	201210173101.X	土木工程学院	韩玉林 王 芳	2015.09.30	第1804084号
1001	温度变化时基于混合监测的问题索和支座平移递进式识别方法	2012.05.29	201210171240.9	土木工程学院	韩佳邑	2015.09.30	第1801293号
1002	温度变化时索力监测的受损索和支座平移递进式识别方法	2012.05.29	201210172874.6	土木工程学院	韩玉林 万 江	2015.09.30	第1803240号
1003	有支座沉降和温度变化时基于索力监测的受损索识别方法	2012.05.29	201210173007.4	土木工程学院	韩玉林 万 江	2015.09.30	第1801053号

(续表)

序号	发明专利名称	申请日	申请号	申请人	设计人	授权日	证书号
1004	支座广义位移温度变化基于混合监测的受损索识别方法	2012.05.30	201210173704.X	土木工程学院	韩玉林 王 芳 韩佳邑	2015.09.30	第1801933号
1005	支座广义位移温度变化基于空间坐标监测的松弛索识别方法	2012.05.30	201210171832.0	土木工程学院	韩玉林 万 江 韩佳邑	2015.09.30	第1800414号
1006	支座广义位移温度变化基于应变监测的受损索识别方法	2012.05.30	201210173715.8	土木工程学院	韩玉林 宋佰涵 韩佳邑	2015.09.30	第1800796号
1007	温度变化应变监测的问题索和支座位移识别方法	2012.05.30	201210175593.6	土木工程学院	韩玉林 万 江 韩佳邑	2015.09.30	第1803524号
1008	支座角变化温度变化基于角度监测的松弛索识别方法	2012.05.30	201210173602.8	土木工程学院	韩玉林 郑 可 韩佳邑	2015.09.30	第1801657号
1009	温度变化角度监测的问题索和支座角变化识别方法	2012.05.30	201210175075.4	土木工程学院	韩玉林 王 芳 韩佳邑	2015.09.30	第1804071号
1010	支座角变化温度变化基于应变监测的受损索识别方法	2012.05.30	201210173697.3	土木工程学院	韩玉林 宋佰涵 韩佳邑	2015.09.30	第1800554号
1011	支座角变化温度变化基于空间坐标监测的受损索识别方法	2012.05.30	201210173759.0	土木工程学院	韩玉林 王 芳 韩佳邑	2015.09.30	第1801162号
1012	支座角位移温度变化基于空间坐标监测的松弛索识别方法	2012.05.30	201210173760.3	土木工程学院	韩玉林 王 芳 韩佳邑	2015.09.30	第1801879号
1013	温度变化索力监测的问题索和支座角变化识别方法	2012.05.30	201210173443.1	土木工程学院	韩玉林 王 芳 韩佳邑	2015.09.30	第1800540号
1014	支座角位移温度变化时角度监测的松弛索递进式识别方法	2012.05.30	201210173564.6	土木工程学院	韩玉林 叶 磊 万 江	2015.09.30	第1802004号
1015	支座角位移和温度变化混合监测的松弛索递进式识别方法	2012.05.30	201210173545.3	土木工程学院	韩玉林 叶 磊 万 江	2015.09.30	第1803290号
1016	一种富氧燃烧热量利用的方法及装置	2013.04.27	201310154024.8	能源与环境学院	段伦博 韩 冬 向文国 段钰锋	2015.10.14	第1816286号

(续表)

序号	发明专利名称	申请日	申请号	申请人	设计人	授权日	证书号
1017	一种电动车用隐极式混合励磁电机直接转矩控制方法	2013.08.06	201310340810.7	电气工程学院	林明耀 赵纪龙 韩臻 林克曼	2015.10.14	第1815624号
1018	一种混合励磁同步电机功率因数控制方法	2013.11.25	201310607967.1	电气工程学院	林明耀 赵纪龙	2015.10.14	第1816180号
1019	原位样品杯中基片供电电源、光电双功能基片及其制法	2014.01.03	201410003661.X	电子科学与工程学院	吴幸 孙立涛 董辉	2015.10.14	第1814980号
1020	一种儿童坐姿监控智能终端	2014.01.03	201410004035.2	学习科学与研究中心	罗琳山 赵力 杨明 郑文明	2015.10.14	第1815126号
1021	一种基于多要素信任机制的分簇路由方法	2013.04.01	201310110449.9	信息科学与工程学院	黄杰 张莎 王恩飞 谢启辉 陈磊 黄倩莉	2015.10.14	第1815717号
1022	一种自动瞄准的双模式波前传感器及测量方法	2013.10.30	201310524878.0	电子科学与工程学院	王琦龙 翟雨生 赵健 黄倩倩	2015.10.14	第1815211号
1023	一种可定时自动脱离耳道的降噪耳塞	2014.04.11	201410144831.6	电子科学与工程学院	吴晟琦 吴建辉 汤勇明	2015.10.14	第1815571号
1024	一种快速起振晶体振荡器	2013.07.09	201310287551.6	电子科学与工程学院	黄成 黄丹红 陈超	2015.10.14	第1814932号
1025	一种松土机上的合金松土齿及其制造方法	2013.11.15	201310572942.2	电气工程学院	蒋玉俊	2013.10.14	第1815862号
1026	一种反应型橡胶沥青密级配混凝土及其设计方法	2014.02.17	201410052407.9	交通学院	黄晓明 李志栋	2015.09.30	第1806102号
1027	一种适用于单片机系统的VGA扩展接口电路	2013.03.26	201310101324.X	仪器科学与工程学院	宋爱国 邵梦超 廖韩林	2015.09.30	第1806071号
1028	基于微机械悬臂梁电容式功率传感器的分频器及制备方法	2013.06.19	201310243956.X	电子科学与工程学院	廖小平 王文岩	2015.09.20	第1800589号
1029	带有滚动式液体飞溅冷凝器的方形卧式气体冷凝装置	2014.07.14	201410331083.2	能源与环境学院	杨柳 刘腾 杜岩 鲁杰明 张友超	2015.09.30	第1807377号

续表

序号	发明专利名称	申请日	申请号	申请人	设计人	授权日	证书号
1030	一种光伏并网微逆变器及功率解耦控制方法	2013.12.03	201310651367.5	电气工程学院,国家电网公司,江苏省电力公司,江苏省电力公司电力经济技术研究院	时斌 杨露露 王旭 杨林 谢珍建 祁万春	2015.10.07	第1809908号
1031	一种双炉膛循环流化床机组的多变量协同控制方法	2014.10.23	201410573371.9	计算机科学与工程学院,云南电网公司电力科学研究院	赵明 焦健生 李益国 寨俊聪 邱亚林 梁俊宇 向文瞳 胥建群 耿文瞳 沈发荣	2015.09.30	第1807235号
1032	一种交叉道路口横穿道路事件视频检测方法	2013.05.28	201310205831.8	南京正保通信网络技术有限公司,信息科学与工程学院	陈晓曙 邹均胜 郭子钰 秦为帅 衡伟 杨露 戴佳 王刚	2015.09.23	第1795460号
1033	一种复合材料烟囱连接节点及方法	2013.07.19	201310907106.1	土木工程学院	张保龙 刘欣良	2015.09.23	第1799227号
1034	基于虚拟混合自动请求重传的卫生链路自适应传输方法	2012.07.23	201210255468.6	信息科学与工程学院	黄永明 赵晶晶 金石 杨绿溪 林晓瀚 高西奇	2015.09.16	第1790641号
1035	一种用于多小区协作通信中的自适应比特反馈方法	2012.07.30	201210439334.X	信息科学与工程学院	陈明 赵梅	2015.09.16	第1792014号
1036	一种预制装配体式剪力墙	2012.11.29	201210498645.3	土木工程学院	冯健 陈耀 冯飞 张喆	2015.09.16	第1789594号
1037	基于固支梁电容式微机械微波功率传感器的相位检测装置	2012.12.26	201210576046.9	电子科学与工程学院	廖小平 崔粲	2015.09.16	第1790028号
1038	一种GPS接收机专用32点FFT变换芯片结构及实现方法	2012.12.26	201210575441.5	电子科学与工程学院	戚隆宁 杨胜远 王镇 卢培 牛玉祥 虞海宇 蔡伟	2015.09.16	第1789866号
1039	一种植入式蓝宝石基二维神经激励芯片及其制备方法	2012.12.26	201210574025.3	电子科学与工程学院	孙小菡 董纳 陈源源	2015.09.16	第1791362号

(续表)

序号	发明专利名称	申请日	申请号	申请人	设计人	授权日	证书号
1040	低电源电压高共模抑制比运算放大器	2012.12.31	201210591649.6	电子科学与工程学院	吴建辉 陈 超 赵 超 黄 成 李 红 田 茜	2015.09.16	第1789412号
1041	支持数据预取与重用的可重构系统	2012.12.31	201210584470.8	电子科学与工程学院	齐 志 刘 波 葛 伟	2015.09.16	第1789695号
1042	粘弹性球珠减速器	2012.12.26	201210581003.X	土木工程学院	徐赵东 陈 曦 徐 超	2015.09.16	第1791218号
1043	一种混合式电流型能量传输与驱动设备	2012.12.14	201210545093.7	电气工程学院	王 政 程 明	2015.09.16	第1791261号
1044	基于预先解码分析的数据信息缓存管理方法及系统	2012.12.13	201210535995.2	电子科学与工程学院	曹 鹏 刘 波 蒋辉雁 齐 志 杨锦江 杨 军 时龙兴	2015.09.16	第1789714号
1045	一种无线局域网OBSS站点空分干扰避免方法	2012.12.18	201210552324.7	信息科学与工程学院	杨绿溪 冀保峰 瞿培培 黄永明 胡 莹 王海荣	2015.09.16	第1791499号
1046	应用四元数分割与图论优化的外周血白细胞边缘提取方法	2013.01.17	201310017929.0	计算机科学与工程学院	章品正	2015.09.16	第1790688号
1047	针对快速道路发生性拥堵路段的追尾事故实时预测方法	2013.02.01	201310041720.8	交通学院	李志斌 刘 攀 徐铖铖 王 炜	2015.09.16	第1792235号
1048	一种低温双层隔离式MEMS微波功率传感器	2013.03.01	201310065237.3	电子科学与工程学院	廖小平 周 锐	2015.09.16	第1789377号
1049	一种电子装置残余相位噪声的检测方法及其装置	2013.03.14	201310080252.5	电子科学与工程学院	杨 春	2015.09.16	第1790927号
1050	一种低温双层隔离补偿式MEMS微波功率传感器	2013.03.01	201310066826.3	电子科学与工程学院	廖小平 周 锐	2015.09.16	第1789467号
1051	一种用于多信道无线Mesh网络的链路分配方法	2013.04.01	201310112381.8	信息科学与工程学院	余旭涛 谈 敏 张在琛 张 慧 陈 鹏	2015.09.16	第1792325号
1052	基于自适应算法的非对称语料库条件下的语音转换方法	2013.04.24	201310146293.X	信息科学与工程学院	宋 鹏 赵 力 包永强 刘健刚	2015.09.16	第1790366号

(续表)

序号	发明专利名称	申请日	申请号	申请人	设计人	授权日	证书号
1053	水汽相变凝结长大后的PM2.5颗粒分布的测量装置及方法	2013.04.26	201310151437.0	能源与环境学院	张 军 周璐璐 徐俊超 盛昌栋	2015.09.16	第1789772号
1054	密集分布式无线通信方法及其系统	2013.04.09	201310121885.6	信息科学与工程学院	高西奇 张 源 孙 强 晨 金 石	2015.09.16	第1789335号
1055	基于微控制单元的核磁共振芯片射频发射通道	2013.08.26	201310377587.3	机械工程学院	倪中华 吴卫平 易 红 陆荣生 张云逸	2015.09.16	第1791254号
1056	一种基于GPS的微小型四旋翼无人机速度状态预测方法	2013.04.23	201310144416.6	自动化学院	孙长银 董大蓉 王 伟 沈才云 贺俊旺 徐洪菊	2015.09.16	第1790564号
1057	基于自适应原理的改进型FBD谐波电流检测方法	2013.09.23	201310435896.1	电气工程学院	吴在军 胡敏强 施 晔 秦申蓓 窦晓波	2015.09.16	第1791087号
1058	一种区分永磁同步电机定子绕组故障类型的方法	2013.09.17	201310425524.0	电气工程学院	张建忠 杭 俊 程 明	2015.09.16	第1792398号
1059	一种路内侧公交停靠站转向公交车辆排序方法	2013.11.08	201310554367.3	交通学院	胡晓健 陆 建 赵琳娜 王 炜	2015.09.16	第1791535号
1060	物联网射频收发组件中的热和电磁能自供电微传感器	2014.02.20	201410058567.4	电子科学与工程学院	廖小平 吴 昊	2015.09.16	第1791227号
1061	一种土壤修复提质设备	2014.03.26	201410116607.6	能源与环境学院	张 勇 金保昇 陶 敏	2015.09.16	第1792008号
1062	一种污水安全灌溉的资源化系统	2014.03.05	201410077827.2	能源与环境学院	吴 磊 林海梅 洪月菊 李先宁	2015.09.16	第1791746号
1063	一种基于非平衡态等离子体推进气体的弱爆震方法及装置	2014.04.04	201410136840.0	电气工程学院	顾 璠 王浩泽	2015.09.16	第1790847号
1064	一种超灵敏碱性磷酸酶检测的新方法	2014.05.08	201410194039.1	生物科学与医学工程学院	董 健 郝振宇 钱卫平 李 媛 朱 珠 张明月	2015.09.16	第1792370号
1065	一种级联型PWM整流器的调制方法	2013.07.19	201310307602.7	电气工程学院	赵剑锋 朱泽安 孙毅超 李振东	2015.09.16	第179211号

(续表)

序号	发明专利名称	申请日	申请号	申请人	设计人	授权日	证书号
1066	一种面向城市瓶颈路段的车辆排队溢流预判方法	2014.01.06	201410004925.3	交通学院	陈 峻 何 鹏 朱仁伟 刘志广	2015.09.16	第1792970号
1067	一种奎素驱动的柔顺末端招待器	2014.03.12	201410088217.2	机械工程学院	王兴松 王 凯	2015.09.16	第1794319号
1068	一种保护用户前瞻位置隐私的路网环境位置泛化方法	2014.12.18	201410797274.8	计算机科学与工程学院	倪巍伟 陆介平 王佳俊	2015.09.16	第1793942号
1069	一种粘结相的TiC/WC复合硬质合金及其制备方法	2014.04.29	201410178527.3	材料科学与工程学院	薛 烽 周 健 严木香 武小冕 白 晶 孙扬善	2015.09.16	第1793199号
1070	一种互感器采样值延时补偿方法	2013.07.02	201310276475.9	电气工程学院	梅 军 倪玉玲 郑建勇 朱 超	2015.10.07	第1810503号
1071	一种N型横向碳化硅金属氧化物半导体管	2013.05.27	201310199858.0	电子科学与工程学院	孙伟锋 张春伟 陆生礼 黄 宁 戴铉容 黄潇贻 王永平 刘斯扬	2015.10.07	第1811141号
1072	变浓度药物作用下神经细胞放电性能的检测方法	2013.05.21	201310191156.8	生物科学与医学工程学院	吕晓迎 李 贤	2015.10.07	第1811888号
1073	一种四级式无轴承开关磁阻电机	2013.05.06	201310168356.1	电气工程学院	花 为 华 浩 王志功	2015.10.07	第1810737号
1074	一种外墙外保温系统	2013.04.18	201310135436.7	建筑学院	马克·邦伯格 石 邢 傅秀章 彭昌海 涂 欢	2015.10.07	第1811402号
1075	一种具有CT造影功能的葡聚糖栓塞微球的制备方法	2014.01.02	201410000490.5	生物科学与医学工程学院	张天柱 朱长皓 顾 宁	2015.10.07	第1810366号
1076	一种微分相干时域散射型分布式光纤振动传感方法及系统	2013.12.18	201310697910.5	电子科学与工程学院	孙小菡 李明铭 潘 超 叶红亮 朱 辉 赵崩慧	2015.10.07	第1809115号
1077	一种制备纳米流体的微分分散加雾化分散方法与装置	2013.12.19	201310698938.0	能源与环境学院	徐国英 张小松 李竣志 孙岳明 周晓锋	2015.10.07	第1809135号

(续 表)

序号	发明专利名称	申请日	申请号	申请人	设计人	授权日	证书号
1078	一种径向整体平合屋盖结构	2013.12.03	201310642673.2	土木工程学院	陆金钰 舒赣平 张 涛	2015.10.07	第1810197号
1079	薄基片幅度校正差波束平面喇叭天线	2013.11.29	201310617397.4	信息科学与工程学院	赵洪新 殷晓星 葛程瀚	2015.10.07	第1810155号
1080	一种力触觉再现中的纹理力测量方法	2013.09.17	201310424215.1	仪器科学与工程学院	吴 涓 刘 威 宋爱国 李 路 王 明	2015.10.07	第1811917号
1081	一种基于重复控制器的高精度永磁同步电机交流伺服高速转速脉动抑制方法	2013.08.20	201310365048.8	自动化学院,南京埃斯顿自动控制技术有限公司,南京埃斯顿自动化股份有限公司	李世华 王军晓 孙志远 戴安刚 孙振兴 杨 俊 扶文树 齐丹丹	2015.10.07	第1810770号
1082	一种非高斯噪声环境下GPS/SINS组合导航方法	2013.07.29	201310322519.7	仪器科学与工程学院	陈熙源 李 烽 黄浩杰 汤传业 王熙赢	2015.10.07	第1809164号
1083	薄基片相位幅度校正宽带平面喇叭天线	2013.11.29	201310621283.7	信息科学与工程学院	殷晓星 王 磊	2015.09.16	第1792853号
1084	薄基片宽带差波束平面喇叭天线	2013.11.29	201310617490.5	信息科学与工程学院	赵洪新 王 磊	2015.09.16	第1792936号
1085	薄基片幅度校正宽带平面喇叭天线	2013.11.29	201310617054.8	信息科学与工程学院	赵洪新 殷晓星 吴正阳	2015.09.16	第1792730号
1086	一种声音信号探测与报警系统	2013.11.27	201310615871.X	电子科学与工程学院	钱钦松 刁 龙 时龙兴 俞居正 孙伟锋 朱永生 陆生礼	2015.09.16	第1794299号
1087	一种矿用隔离本安LED驱动电源	2013.09.02	201310392070.1	电子科学与工程学院	钱钦松 宋慧滨 时龙兴 俞居正 孙伟锋 朱永生 陆生礼	2015.09.16	第1794086号
1088	一种宽带相干信号波达角估计方法	2013.10.25	201310514045.6	信息科学与工程学院	毛卫宁 钱 进	2015.09.16	第1793360号

(续表)

序号	发明专利名称	申请日	申请号	申请人	设计人	授权日	证书号
1089	一种多公交优先申请下两相位信号交叉口实时控制方法	2013.10.28	201310513818.9	交通学院	王伟 高柳依 胡晓健	2015.09.16	第1793779号
1090	针对双酚A的硅烷偶联剂改性凹凸棒石表面分子印迹材料的制备方法	2013.11.20	201310590364.5	土木工程学院	赵子龙 张彬声 傅大放	2015.09.16	第1794148号
1091	一种多并联逆变器电机调速系统及其控制方法	2013.11.21	201310593888.X	电气工程学院	王政 郑杨 陈健 明	2015.09.16	第1793584号
1092	带封边一体化蜂窝板的成型工艺	2013.07.18	201310302313.8	土木工程学院	陈锦祥 何成林 刘建勋	2015.09.16	第1792630号
1093	一种基于级联马赫-曾德干涉仪型可重构梳状滤波器及其制备方法	2013.08.05	201310336252.7	电子科学与工程学院	孙小菡 蒋卫锋	2015.09.16	第1794578号
1094	一种道路纵向附着系数估计方法	2013.09.03	201310396195.1	仪器科学与工程学院	李旭 宋翔 陈伟	2015.09.16	第1794362号
1095	基于面阵CCD空间滤波器的流动二维速度场测量方法及装置	2013.09.25	201310441250.4	能源与环境学院	许传龙 王胜南 何陆灿 宋飞虎 李健	2015.09.16	第1793213号
1096	利用可移动设备对桥梁进行移动式冲击振动的测试方法	2013.07.04	201310279048.6	土木工程学院	张建 郭双林 李攀杰	2015.09.16	第1793431号
1097	一种选择性强碱阴离子交换树脂及其制备方法	2013.06.26	201310259263.X	电子科学与工程学院	孙越 徐柯 程言妍 段锦涛 张发立	2015.09.16	第1793496号
1098	带有底栅控电极的平面电子发射光探测器	2013.05.16	201310181408.9	电子科学与工程学院	王琦龙 雷威 数朝刚 霍雨生	2015.09.16	第1793833号
1099	一种可全向运动的模块化自重构机器人的单元模块结构	2013.05.14	201310178995.6	仪器科学与工程学院	宋光明 李臻 王卫国 张军 乔贵方 宋爱国	2015.09.16	第1792525号
1100	基于巴氏距离最优小波包分解的语音情感特征提取方法	2013.05.06	201310168156.6	信息科学与工程学院	李悦 童国宝 黄永明	2015.09.16	第1793145号
1101	一种基于不均匀沉降的抗疲劳沥青路面	2013.04.22	201310139183.0	交通学院	李昶 赵洁雯 黄晓明	2015.09.16	第1793759号

(续表)

序号	发明专利名称	申请日	申请号	申请人	设计人	授权日	证书号
1102	频率可调的微波接收器	2013.04.09	201310121183.8	信息科学与工程学院	程 强 潘柏棋 赵 捷 周永春 陈 洁 崔铁军	2015.09.16	第1793669号
1103	干线多线路公交绿波协调控制方法	2013.04.25	201310149162.7	交通学院	王 炜 杨 震 胡晓建	2015.10.28	第1829635号
1104	一种可远程控制的二维平面相控有源一体化天线	2013.09.09	201310408097.5	信息科学与工程学院	洪 伟 陈继新 李林盛 蒯振起 陈 鹏 陈 喆	2015.10.28	第1830408号
1105	一种齿面自基准大型直齿圆柱齿轮齿距偏差测量装置	2013.07.24	201310314557.8	机械工程学院	李 彬		2015.10.28	第1827544号
1106	一种偏转电容式表面微机械加工残余应力的测试结构	2013.11.27	201310611720.7	电子科学与工程学院	唐洁影 王 磊 蒋明霞	2015.10.28	第1831226号
1107	基于调制光源及正负衍射级分开探测结构的波前检测装置	2013.09.27	201310449423.7	电子科学与工程学院	王崇龙 刘 京 赵 健 翟雨生	2015.10.28	第1832007号
1108	流化床两炉颗粒运动的自冷却双内氮测量装置及方法	2014.01.16	201410019862.9	能源与环境学院	邰应娟 钟文琪 陈 曦	2015.10.28	第1827495号
1109	一种履带式爬楼机器人机构	2014.03.18	201410100357.7	机械工程学院	苏世勇 司 强		2015.10.28	第1827732号
1110	一种基于多小区动态成簇的协作通信方法	2013.05.31	201310216139.5	信息科学与工程学院	衡 伟 李诗桓 孟 超	2015.10.28	第1831370号
1111	一种数字电路低压差线性稳压器	2014.09.01	201410441971.X	电子科学与工程学院	吴建辉 黄 成 周学捷 陈 超 尹鸿杰 李 红	2015.10.28	第1827533号
1112	一种地铁减震隔振弹性混合轻质道床	2014.05.29	201410234614.6	交通学院	缪林昌 郜祥贵 王 非 石文博 张和平	2015.10.28	第1831698号
1113	一种带扭矩和角度反馈的机器人关节转液压缸	2013.12.17	201310690368.0	机械工程学院	夏 磊 罗 翔 吴 竞 戴玉东	2015.10.28	第1827640号
1114	一种均相合成甘油酯钙的方法	2014.01.16	201410019062.7	化学化工学院, 江苏紫峰农业科技股份有限公司	肖国民 周铭昊 李 聪 薛志君 严晓露 黄 兵	2015.10.28	第1828962号

(续表)

序号	发明专利名称	申请日	申请号	申请人	设计人	授权日	证书号
1115	基于横向地理坐标系的极区惯性导航方法	2013.11.04	201310538054.9	仪器科学与工程学院	徐晓苏 徐胜保 豆 嫚 吴剑飞 姚逸卿	2015.10.28	第1831743号
1116	一种增强钢铁材料表面抗氧化能力的压力磷化法	2013.09.02	201310392903.4	材料科学与工程学院	薛 烽 白 晶 巨 佳 孙扬善 周 健	2015.10.28	第1830007号
1117	微机电双层薄膜单元离面弯曲曲率测试结构	2013.09.05	201310399655.6	电子科学与工程学院	李伟华 张 璐 周再发 雷 霆 张晓强 孙 超	2015.10.28	第1831738号
1118	粘滞阻尼器的旋转式放大出力装置	2013.09.29	201310454324.8	土木工程学院	李爱群 沈 伟	2015.10.28	第1832088号
1119	含稀土氧化物的粉末冶金铁铜基含油减摩材料及制备方法	2013.10.22	201310497233.2	材料科学与工程学院	潘清华 王春官 申承秀	2015.10.28	第1828362号
1120	一种热-静电强回复型MEMS四点支撑悬挂梁结构	2013.11.14	201310565107.6	电子科学与工程学院	唐洁影 王 磊 蒋明霞	2015.10.28	第1831677号
1121	薄基片振子平面喇叭天线	2013.11.29	201310619567.2	信息科学与工程学院	王 磊 殷晓星 赵洪新	2015.10.28	第1830113号
1122	一种抗肿瘤基因磁性复合纳米颗粒及制备方法	2013.12.02	201310634210.1	医学院	张东生 张 佳 林 梅	2015.10.28	第1827286号
1123	一种救援清障车姿态角估计方法	2013.12.18	201310700507.3	仪器科学与工程学院	李 旭 宋 翔	2015.10.28	第1830807号
1124	一种对称型连续跳跃的弹跳机械人	2013.12.09	201310664294.3	仪器科学与工程学院	张 军 张 颖 宋光明 宋爱国 丁 凯	2015.10.28	第1832013号
1125	一种应用于南极科考支撑平台柴油发电机的烟气监控除尘系统	2014.01.13	201410012592.9	能源与环境学院	陈永平 施明恒 冯浩然 张程宾	2015.10.28	第1829462号
1126	基于层层组装基中空多层纳米胶囊自愈合薄膜的制备方法	2014.01.14	201410015643.3	生物科学与医学工程学院	葛丽芹 朱彦熹 任娇雨	2015.10.28	第1827710号
1127	一种利用本体点击化学体系制备聚合物网络的方法	2014.01.15	201410016416.2	化学化工学院	付国东 钱珊珊 姚 芳	2015.10.28	第1827650号

(续表)

序号	发明专利名称	申请日	申请号	申请人	设计人	授权日	证书号
1128	一种防追尾碰撞的前方车辆有效目标确定方法	2014.02.17	201410053377.3	仪器科学与工程学院	李旭 张为公 严忠宁 宋翔	2015.10.28	第1828515号
1129	公交专用道分时共享方法	2014.04.15	201410151827.2	交通学院	程琳 褚昭明 邵娟 卢顺达	2015.10.28	第1827549号
1130	一种用于地基加固的处理系统及碳化成桩方法	2014.05.15	201410203978.8	交通学院	刘松玉 蔡光华 杨冰 章定文 易耀林	2015.10.28	第1831578号
1131	具有磁场可控变形的稀土磁性材料及其制备方法	2014.06.17	201410270766.1	材料科学与工程学院	薛峰 白晶 孙扬善 周佳 厉虹 健	2015.10.28	第1831394号
1132	高磁晶各向异性和大磁致应变的稀土磁性材料及制备方法	2014.06.17	201410271189.8	材料科学与工程学院	薛峰 白晶 孙扬善 周佳 厉虹 健	2015.10.28	第1829814号
1133	一种X射线闪烁体成像系统的光场捕捉和后处理方法	2014.12.02	201410721004.9	生物科学与医学工程学院	罗守华 顾宁 王小龙 李光	2015.10.28	第1830101号
1134	一种用于纳米纤维固相萃取柱的加压装置	2014.04.15	201410148184.6	生物科学与医学工程学院	康学军 王羽 顾忠泽	2015.11.04	第1836501号
1135	一种利用废纸制备吸附油及有机溶剂的碳泡沫的方法	2013.10.10	201310472616.4	电子科学与工程学院	孙立涛 毕恒昌 方树 周奕龙 吴幸	2015.11.04	第1834068号
1136	一种双曲调频信号周期斜率和超始频率估计方法	2013.12.05	201310652510.2	信息科学与工程学院	方世良 韩宁 姚帅 王莉 王晓燕	2015.11.04	第1836505号
1137	一种声波凝聚一常规除尘复合的脱除细颗粒物的装置	2014.01.09	201410010340.2	能源与环境学院	姚海涛 程梅 董卫 杨良华	2015.11.04	第1836849号
1138	一种基于云的嵌入式软件交叉测试方法	2013.06.27	201310261929.5	计算机科学与工程学院	李必信 陶传奇 刘力 李超 王璐璐 俞析蒙	2015.11.04	第1835146号
1139	一种模块式多层复合声伏特异材料	2013.11.27	201310617721.2	能源与环境学院	乔正辉 张庆 杨良梅 黄亚继 董卫 姚海涛	2015.11.04	第1834280号
1140	平行斜板屈曲约束支撑	2014.01.14	201410016987.6	土木工程学院	王春林 曾滨 孟少平 吴京 曾鹏	2015.11.04	第1837021号

（续 表）

序号	发明专利名称	申请日	申请号	申请人	设计人	授权日	证书号
1141	构件化机器人系统的服务模型与网络辅助资源利用方法	2013.05.29	201310210880.0	自动化学院	钱 堃 汪 欢 马旭东	2015.11.04	第1835471号
1142	六自由度机械臂遥操作制备方法	2013.12.18	201310700834.9	仪器科学与工程学院	宋爱国 王 宁 李博维 朱澄澄 李会军 崔建伟	2015.11.18	第1845505号
1143	一种制备精确聚合物网络的方法	2013.12.09	201310664135.3	化学化工学院	付国东 周 超	2015.11.18	第1845745号
1144	一种碳基复合纤维的制备方法	2013.11.29	201310619455.7	生物科学与医学工程学院	张继中	2015.11.18	第1841094号
1145	薄基片准八木差束平面喇叭天线	2013.11.29	201310620854.5	信息科学与工程学院	殷晓星 赵洪新 江 源	2015.11.18	第1841405号
1146	薄基片相位校正宽带束波平面喇叭天线	2013.11.29	201310621104.X	信息科学与工程学院	殷晓星 赵洪新 王 磊	2015.11.18	第1841051号
1147	薄基片相位幅度校正子束波平面喇叭天线	2013.11.29	201310621181.5	信息科学与工程学院	殷晓星 赵洪新 苑婷婷	2015.11.18	第1845944号
1148	薄基片相位幅度校正线束波平面喇叭天线	2013.11.29	201310618314.3	信息科学与工程学院	赵洪新 殷晓星 张光稳	2015.11.18	第1845324号
1149	薄基片幅度校正八木差束平面喇叭天线	2013.11.29	201310617648.9	信息科学与工程学院	赵洪新 殷晓星 傅晓洁	2015.11.18	第1840947号
1150	单电感双输出变换器中实现次级开关100%占空比输出的方法	2013.11.12	201310560994.8	电子科学与工程学院	陆生礼 张方文 肖哲飞 祝 靖 孙华芳 孙伟锋 时龙兴	2015.11.18	第1844173号
1151	基于随机共振的微弱假手控制方法	2013.10.17	201310487341.1	仪器科学与工程学院	吴常铖 宋爱国 曾 洪 李会军 崔建伟	2015.11.18	第1842548号
1152	一种高速公路汽车追尾碰撞预警关键参数估计方法	2013.09.17	201310424688.1	仪器科学与工程学院	徐宝国 李 旭 宋 翔 陈 伟 张为公	2015.11.04	第1834721号
1153	微机电双向游标尺	2013.09.05	201310401202.2	电子科学与工程学院	李伟华 刘海韵 周再发	2015.11.18	第1844579号

(续表)

序号	发明专利名称	申请日	申请号	申请人	设计人	授权日	证书号
1154	一种可调整斜波补偿率的开关电源	2013.07.05	201310280551.3	电子科学与工程学院	徐菲 申永平 时龙兴 李居正 孙伟锋 陆生礼	2015.11.18	第184521号
1155	全湿接头预制预应力地下连续墙及其施工方法	2014.03.25	201410111822.7	土木工程学院	金晓飞 张玉良 梁书亭 朱筱俊	2015.11.11	第1836373号
1156	三维曲面微结构的批量热成型微加工方法	2013.04.07	201310115655.9	电子科学与工程学院	尚金堂 吉宇 邹羽	2015.10.21	第1818191号
1157	一种快速恢复路面与桥面功能的铺装结构及铺装方法	2013.07.15	201310295694.1	交通学院	陈先华 钱振东 黄卫 王建伟 杨军	2015.11.18	第1835154号
1158	颗粒运动的多镜头分时复用层三维测量装置与方法	2014.01.17	201410023539.9	能源与环境学院	钟文琪 张勇 陈曦 金保昇 龚明辉 邵应娟	2015.11.18	第1836554号
1159	一种生态修复金属污染土壤的方法	2014.01.16	201410018435.9	化学化工学院,江苏紫峰农业科技股份有限公司	肖国民 姜红楠 丁军 薛志君 王中豪 黄兵	2015.11.18	第1843659号
1160	一种分离式微米级粒子自动组装分选器件及其制作方法	2014.07.21	201410348579.0	机械工程学院	易红 项楠 倪中华 全运临	2015.11.18	第1836157号
1161	一种测试气体传感器件快速响应特性的装置	2014.10.29	201410594648.6	电子科学与工程学院	万能 黄见秋	2015.11.11	第1835684号
1162	一种用于认知无线电系统的协作频谱感知方法	2013.07.11	201310291263.8	信息科学与工程学院	陈明 许金玲	2015.11.11	第1835545号
1163	一种交互循环双流化床固体燃料气化装置及方法	2014.01.03	201410003086.3	能源与环境学院	钟文琪 邵应娟 耿察民 金保昇	2015.11.11	第1836789号
1164	一种可控混合电磁耦合滤波器	2013.11.22	201310596666.3	信息科学与工程学院	洪伟 朱舫 陈继新	2015.11.11	第1834217号
1165	一种基于谐波分析的级联逆变器H桥单元故障检测方法	2013.10.14	201310480072.6	电气工程学院	季振东 陈毅超 朱泽安 赵剑锋 刘魏	2015.11.11	第1837196号

(续 表)

序号	发明专利名称	申请日	申请号	申请人	设计人	授权日	证书号
1166	一种电容式温度传感器	2013.09.30	201310462930.4	电子科学与工程学院	王立峰 任青颖 黄见秋	2015.11.11	第1834732号
1167	多管格构式屈曲约束支撑	2014.08.01	201410376745.8	土木工程学院	陈 泉 王春林 葛汉彬 曾 谟 黄庆安	2015.11.11	第1835841号
1168	一种环保塑料	2013.11.08	201310552175.9	科研院	沈 廉	2015.11.11	第1834755号
1169	一种9,10-二芳基乙烯基蒽基聚集诱导发光分子及其制备方法	2014.04.15	201410156143.1	化学化工学院	夏 超 钱 鹰 管成飞	2015.11.11	第1835777号
1170	一种石墨烯-ZnO纳米颗粒复合材料的制备方法	2013.09.09	201310406552.8	电子科学与工程学院	陈伟中 尹奎波 孙立涛 孟少平	2015.11.11	第1834507号
1171	一种泡沫状石墨烯-ZnO复合材料的制备方法	2013.09.09	201310407118.1	电子科学与工程学院	孙 彬 尹奎波 孙立涛	2015.11.25	第1847596号
1172	一种多媒体网络通信综合实验系统	2014.01.23	201410030876.0	信息科学与工程学院	曹海燕 徐平平 商敏红	2015.11.25	第1850866号
1173	一种有雾条件下快速道路拥堵预警及动态限速方法	2013.11.27	201310613862.7	交通学院	刘 攀 李志斌 郭延永 保光威	2015.11.25	第1853976号
1174	一种新型太阳能热水器室内供暖系统	2013.12.12	201310675629.1	能源与环境学院	王 炜 杨斯涵	2015.11.25	第1852084号
1175	顶部驱动钻井装置用低速电机直接驱动机构	2013.11.18	201310576353.1	电气工程学院	仲伟波 刘 强 陈中显 胡敏强 黄 磊 周 程 余海涛 刘春波	2015.11.25	第1849985号
1176	一种软土基坑的降水装置及其使用方法	2013.11.29	201310625738.2	交通学院	刘松玉 张国柱 童立元 王占生 余 魏	2015.11.25	第1851871号
1177	面向景观规划的空间精确定位的图像获取方法	2013.06.04	201310222110.8	建筑学院	杨俊宴 王建国 胡昕宇	2015.10.27	第1812237号
1178	一种基于烟气量自动调节氨气流量的喷氨均混装置	2014.02.19	201410055978.8	能源与环境学院	金保昇 张 勇 夏文青	2015.10.07	第1812074号

(续表)

序号	发明专利名称	申请日	申请号	申请人	设计人	授权日	证书号
1179	一种生物模板法制备多孔氧化铝复合材料的方法	2014.01.10	201410012285.0	化学化工学院	周钰明 张 涛 王泳娟 卜小海 张牧阳 张震宇 胡金锏	2015.10.07	第1812088号
1180	一种多小区移动通信系统中的无线资源分配方法	2012.09.20	201210352037.1	信息科学与工程学院	张黎明 王黎明 高西奇 尤肖虎	2015.10.07	第1812870号
1181	适用于大规模天线阵列的同步信号发射方法	2012.05.31	201210177921.6	信息科学与工程学院	孟 鑫 高西奇 仲 文 江 彬	2015.10.07	第1812591号
1182	一种双片集成式硅基超薄微半球谐振陀螺仪及其制备方法	2013.05.14	201310176936.5	仪器科学与工程学院	夏敦柱 孔 伦 胡异焊 虞 成	2015.10.07	第1812348号
1183	全自动烟支剔除排列装置及其工作方法	2014.03.17	201410096706.2	机械工程学院	韩 良	2015.10.07	第1813099号
1184	一种基于光流的车辆运动状态估计方法	2012.11.07	201210442082.6	仪器科学与工程学院	李 旭 吴明明	2015.10.07	第1812397号
1185	一种旋转C型X射线机的三维校正重建方法	2013.06.05	201310222522.1	计算机科学与工程学院	胡轶宁 罗立民 谢理哲 沈傲东	2015.10.07	第1812189号
1186	一种高光效可独立调光的LED均流电路	2013.05.31	201310220442.2	电气工程学院	曲小慧 唐亚鹏 黄少聪	2015.10.07	第1812491号
1187	一种土壤修复提质方法	2014.03.26	201410116606.1	能源与环境学院	张 勇 金保昇 陶 敏	2015.10.07	第1812956号
1188	预制钢管混凝土组合结构地下连续墙及其施工方法	2014.03.25	201410114928.2	土木工程学院	金晓飞 张玉良 梁本亭 朱筱俊	2015.10.07	第1812737号
1189	一种基于碳管束柔性锂硫电池电极及其制备方法与应用	2013.08.20	201310364763.X	化学化工学院,南京大学淮安高新技术研究院,范奇	范 奇 尹 桂 雷云旭 代云茜 孙岳明 王育乔	2015.10.07	第1812735号
1190	一种平板探测器	2012.12.20	201210559240.6	电子科学与工程学院	屠 彦 张盼盼 杨兰兰	2015.10.07	第1813017号

(续表)

序号	发明专利名称	申请日	申请号	申请人	设计人	授权日	证书号
1191	一种可变增益的三维力传感器	2013.10.24	201310511312.4	仪器科学与工程学院	宋爱国 潘栋成 陈丹凤 武秀秀 李会军 崔建伟	2015.10.07	第1812769号
1192	一种基于图像配准的异位数字体积相关方法	2014.01.03	201410003602.2	材料科学与工程学院	万克树 杨 鹏	2015.10.07	第1813043号
1193	一种用于斜拉索减振控制的永磁式质量调谐阻尼装置	2014.01.10	201410013162.9	土木工程学院	王 浩 茅建校	2015.10.07	第1812691号
1194	基于P2P的分布式Web服务发现方法及其系统	2013.03.19	201310088925.1	计算机科学与工程学院	曹玖新 刘 波 王晖媛 秦 羿 陈高君	2015.10.07	第1811990号
1195	全域覆盖多波束S-LTE的主同步序列干扰抵消检测方法	2013.11.01	201310538599.X	信息科学与工程学院	尤肖虎 邓祝明 王海明 高西奇	2015.10.07	第1812403号
1196	一种氮碳材料包覆二氧化锰纳米线的制备及应用方法	2014.08.15	201410404833.4	化学化工学院	李 颖 梅 园 陆慧佳 刘松琴	2015.10.07	第1812640号
1197	一种乳化橡胶沥青的制备方法	2013.05.09	201310170629.6	交通学院	李 昶 赵洁雯 黄晓明	2015.10.07	第1812239号
1198	一种基于LED的电流互感器高压端光供能设备	2012.12.11	201210529024.7	电子科学与工程学院	韦 朴 王雪峰 孙小菡 张 劲	2015.10.07	第1812822号
1199	一种高塑性高速钢的生产方法	2013.11.19	201310580873.X	材料科学与工程学院, 江苏天工工具有限公司, 江苏天工工模具钢工程技术研究中心有限公司	周雪峰 徐辉霞 方 峰 蒋建清 朱旺龙	2015.09.09	第1785322号
1200	一种两边连接侧向加劲不等高开竖缝钢板剪力墙	2013.06.09	201310232404.9	土木工程学院, 江苏赛特钢结构有限公司	陆金钰 舒赣平 贺东成 蒋建强 杜曙光 唐 屹 王恒华	2015.10.21	第1821186号
1201	预制混凝土面板快速拼装加固水下结构的施工方法	2014.04.08	201410137461.3	土木工程学院, 北京特希达科技有限公司	吴 刚 唐 煜 吁新华 王 焰 魏 洋	2015.10.14	第1814584号

（续表）

序号	发明专利名称	申请日	申请号	申请人	设计人	授权日	证书号
1202	一种二极管箝位型五电平逆变器均压控制方法	2013.07.19	201310305421.0	电气工程学院	赵剑锋 赵志宏 张 波	2015.11.04	第1835252号
1203	中冷器用复合钎焊铝板/箔芯材合金及其制备方法	2014.01.28	201410042219.8	材料科学与工程学院，江苏常铝铝业股份有限公司	涂益友 张敏达 吴永新 孙中岳 张建军 蒋建清 彭晓彤 张 平	2015.11.11	第1834549号
1204	一种基于GPU的并行导航卫星信号跟踪方法及其系统	2013.05.06	201310163718.8	信息科学与工程学院	郭 暖 何 峰 林 艳	2015.09.02	第1777322号
1205	含硝酸酯基团的烷基羧酸根为配体的抗肿瘤铂(II)配合物	2012.01.30	201210021007.2	化学化工学院	苟少华 赵 健	2015.10.07	第1812298号
1206	一种铌酸锂复合碳纳米管柔性锂离子二次电池负极及其制备方法与应用	2013.08.20	201310364699.5	化学化工学院	范 奇 王育乔 孙岳明 齐 齐 雷立旭	2015.10.07	第1812371号
1207	一种无线局域网TXOP闪冗余NAV时长的清除方法	2012.11.19	201210468409.7	信息科学与工程学院	杨绿溪 胡 莹 冀保峰 王海荣 黄永明	2015.10.07	第1812255号
1208	一种动脉粥样硬化斑块医学图像的处理方法	2013.02.25	201310057923.6	生物科学与医学工程学院	裴 璇 李志勇 吴佰建	2015.10.07	第1812979号
1209	一种样品中酚类肉分泌干扰物的固相萃取法	2014.02.25	201410064566.0	公共卫生学院	许 茜 祁菲菲 周方晴 杨碧漪 李晓晴 高海涛	2015.10.07	第1812950号
1210	一种梯形终端的碳化硅结势垒肖特基二极管器件	2012.11.14	201210455201.1	电子科学与工程学院	刘斯扬 钱钦松 时龙兴 杨 超 孙伟锋 张春伟 陆生礼	2015.10.07	第1812059号
1211	一种测试风雨联合作用下桥梁主梁静力三分量的方法	2014.12.02	201410717021.5	土木工程学院	张文明		2015.10.07	第1812665号
1212	一种用于拉索模型振动试验的装置	2013.05.02	201310159890.6	土木工程学院	吴 刚 杨亚强	2015.10.07	第1812341号
1213	制备高质量 $Ba(Ti_xSn_{1-x})O_3$ 铁电薄膜的方法	2014.08.15	201410405192.4	材料科学与工程学院	郭新立 王增梅 朱昭旺 蔡中兰	2015.10.07	第1812626号

(续表)

序号	发明专利名称	申请日	申请号	申请人	设计人	授权日	证书号
1214	一种复合材料网架连接节点及方法	2013.07.19	201310305835.3	土木工程学院	吴 刚	2015.10.07	第1812026号
1215	一种盐酸苯达莫司汀二聚杂质的制备方法	2014.03.24	201410110769.9	化学化工学院	诸海滨 王 越	2015.10.07	第1812228号
1216	一种用于喷涂机器人的分层喷涂轨迹规划方法	2012.08.13	201210286821.7	自动化学院	周 波 戴先中 樊少脚 孟正大	2015.10.07	第1813193号
1217	交通流短时预测方法	2014.03.11	201410088566.4	交通学院	叶智锐 王 超	2015.10.07	第1813131号
1218	一种用于防止古建筑连续倒塌的柱间加固结构	2012.12.03	201210508577.4	土木工程学院	穆保岗 李 旭	2015.10.07	第1813073号
1219	多芯片集成E波段接收模块	2013.01.30	201310036833.9	信息科学与工程学院	杨 非 崔铁军 孟洪福 王宗新 孙忠良	2015.10.07	第1812710号
1220	一种用于多信道无线传感器网络的信道分配方法	2013.04.03	201310116926.2	信息科学与工程学院	余旭涛 张 慧 杨 洋 陈 鹏 张在琛 玲	2015.10.07	第1812138号
1221	实时抓拍交通违章车辆的方法及系统	2013.06.26	201310262519.2	信息科学与工程学院	衡 伟 吕正荣 王雪萌 杨 露 郭子钰 邹均胜	2015.10.07	第1812739号
1222	转移肿瘤缺失蛋白小分子环肽抑制剂及其制备方法	2013.06.07	201310227702.9	化学化工学院	吉 民 曹 萌 詹 熙	2015.10.07	第1812547号
1223	交通路段车辆排队视频检测方法及系统	2013.06.26	201310260168.1	信息科学与工程学院	衡 伟 秦为帅 邹均胜 王雪萌 杨 露	2015.10.07	第1812260号
1224	带有预应力钢筋混凝土芯棒的双T形组合梁及其制备方法	2012.12.26	201210575022.1	土木工程学院	徐文平 陈有春 李今保	2015.10.07	第1812633号
1225	一种评价非饱和土渗透系数的电阻率成像固结仪	2013.02.18	201310053107.8	交通学院	蔡国军 邹海峰 刘松玉	2015.10.07	第1812198号
1226	一种碳纤维混凝土损伤—电阻率关联测量方法	2014.10.29	201410594818.0	材料科学与工程学院	褚洪岩 孙 伟 蒋金洋	2015.11.18	第1845950号

(续 表)

序号	发明专利名称	申请日	申请号	申请人	设计人	授权日	证书号
1227	一种长桨短叶片复合搅拌器	2014.01.20	201410025839.0	化学化工学院	路培成 邵芸翠 吴 华 罗小雨 吴 俊	2015.11.18	第1845246号
1228	一种近场控制的油浸式非晶合金变压器的有源降噪系统	2012.11.26	201210488706.4	电气工程学院	张建忠 夏 兵 陈玉婷 孙 琛 沈秀芬 黄佳骏 沈如源	2015.11.18	第1839633号
1229	一种抗结焦催化剂及其制备方法和应用	2012.11.14	201210455387.0	化学化工学院	肖国民 徐 威 姜 枫 黄金鑫 张 进	2015.11.18	第1839097号
1230	正交频分多址移动通信系统中的信道估计方法	2012.10.17	201210395359.4	信息科学与工程学院	尤肖虎 高西奇 熊 鑫 江 彬	2015.11.18	第1838656号
1231	一种基于同步整流技术的开关磁阻电机控制器	2012.09.18	201210346211.1	电子科学与工程学院	钟 锐 赵荣萍 陈 磊	2015.11.18	第1839317号
1232	一种关于高铁路基用水泥级配碎石的制备方法	2014.08.14	201410401926.1	材料科学与工程学院	蒋金洋 潘 利 赵国堂 余 伟	2015.11.18	第1844633号
1233	具有抗菌和促进骨生长功能可吸收骨科器械材料及制备方法	2014.07.15	201410337147.X	材料科学与工程学院	储成林 白 晶 郭 超 林萍华 李 珣 刘 旋 薛 烽	2015.11.18	第1842309号
1234	一种微流控药物筛选芯片	2014.06.27	201410299838.5	生物科学与医学工程学院	赵祥伟 陶庆东 陶庆伟	2015.11.18	第1844445号
1235	基于可变车道的交叉口信号控制方法	2014.06.03	201410242919.1	交通学院	任 刚 张雯沁 华璟怡	2015.11.18	第1844112号
1236	一种多孔复合材料的制备方法	2014.05.27	201410229508.9	材料科学与工程学院	王明亮 陆 昕 魏 想 吴小娟 妖	2015.11.18	第1843125号
1237	一种两层细胞培养体系芯片及其制备方法	2014.05.27	201410229506.X	生物科学与医学工程学院	顾忠泽 邹付印 周雯婷 丁海波 赵远锦 陆 洁	2015.11.18	第1842765号
1238	一种在共轭电纺法下对复合纳米纤维直径精确控制的方法	2014.01.23	201410032195.8	化学化工学院	倪根美 陈国霞 陈雨露 吴 敏	2015.11.18	第1841829号

(续表)

序号	发明专利名称	申请日	申请号	申请人	设计人	授权日	证书号
1239	基于状态机的无线传感器网络节点低功耗方法	2013.05.29	201310209649.X	仪器科学与工程学院	吴剑锋 耿浩然 顾 乐	2015.11.18	第1845802号
1240	一种输入串联输出并联组合变换器的均压控制方法	2013.05.21	201310194819.1	电气工程学院	陈 武 王广江	2015.11.18	第1841957号
1241	基于快速傅里叶变换的盲频谱感知方法及装置	2013.05.27	201310205619.1	信息科学与工程学院	王东明 吴雨霏 刘瑞勋 王向阳 唐文锐 黄禹淇	2015.11.18	第1841588号
1242	一种精确预测大坝坝体垂直变形量的方法	2013.05.20	201310189139.0	交通学院	张志伟 靳璐岩 胡伍生	2015.11.18	第1841568号
1243	沥青混合料钉扎增强结构及其施工方法	2013.05.29	201310205897.7	交通学院	王声乐 廖公云	2015.11.18	第1843803号
1244	一种无轴承式半齿绕开关磁阻电机	2013.05.10	201310172403.X	电气工程学院	花 为 程 明 华 浩 鹿泉峰	2015.11.18	第1844890号
1245	一种基于联合信道和功率分配的同频干扰抑制方法	2013.06.14	201310236414.X	信息科学与工程学院	沈连丰 夏玮玮 李俊超 陈 赓 郑 楠 鲍 军	2015.11.18	第1841096号
1246	具有自充电功能的串联补偿低电压穿越装置及控制方法	2013.08.15	201310358434.4	电气工程学院	张建忠 熊良根 程 明	2015.11.18	第1844106号
1247	一种轴向磁场定子分割式磁通切换型电机	2013.09.30	201310463648.8	电气工程学院	林鹤云 阳 辉 董剑宁 壮丽行 房淑华 黄允凯	2015.11.18	第1842389号
1248	一种OFDM系统中基于周期Zadoff-Chu序列精确时延跟踪方法	2013.03.29	201310108267.8	信息科学与工程学院	胡爱群 姜 禹 黄 毅 朱德来	2015.11.18	第1841839号
1249	物联网射频收发组件固支鱼刺梁振动电磁自供电微传感器	2014.02.20	201410058498.7	电子科学与工程学院	廖小平 吴 昊	2015.11.18	第182907号
1250	物联网射频收发组件悬臂鱼刺梁振动电磁自供电微传感器	2014.02.20	201410058563.6	电子科学与工程学院	廖小平 吴 昊	2015.11.18	第1843876号

(续)

序号	发明专利名称	申请日	申请号	申请人	设计人	授权日	证书号
1251	一种多深度双向流动式货架及其布局存取方法	2013.12.20	201310710637.5	计算机科学与工程学院	李小平 陈竹西 郭宇澄 朱 夏	2015.11.18	第1844689号
1252	一种应用于安检领域的核辐射检测系统及方法	2013.10.25	201310512828.0	仪器科学与工程学院	宋爱国 邵梦超 潘栋成 廖韩林	2015.11.18	第1844347号
1253	一种容错型定子分割式磁通切换型记忆电机	2013.09.18	201310431045.X	电气工程学院	林鹤云 阳 辉 董剑宁 黄允凯	2015.11.18	第1842715号
1254	一种永磁同步电机匝间短路故障诊断的方法	2013.09.17	201310422289.9	电气工程学院	张建忠 杭 俊 壮而行 房淑华	2015.11.18	第1841288号
1255	一种快速调磁的永磁涡流调速器	2013.10.25	201310542565.8	电气工程学院	张建忠 汪仁杰 程 明	2015.11.18	第1841745号
1256	纤维增强复合筋材与混凝土粘接强度的梁式试验装置	2013.05.06	201310162566.X	土木工程学院	潘金龙 米 渊 程 明	2015.11.18	第1842414号
1257	2,4-二苯氧基甲酸衍生物及其制备方法与应用	2013.10.23	201310503670.0	化学化工学院	蔡 进 吉 民	2015.11.18	第1845768号
1258	重力式码头安全性的原位检测方法	2015.01.28	201510043172.1	交通学院	谢耀峰 陈 艳 高苏洋	2015.11.18	第1844201号
1259	一种轴向磁场磁通切换型表贴式永磁记忆电机	2013.06.05	201310221349.3	仪器科学与工程学院	王慧青 张异烨 王 庆 江文娜	2015.11.18	第1844879号
1260	一种基于人工地物特征的地物图斑自动生成方法	2013.09.18	201310432668.9	电气工程学院	林鹤云 阳 辉 壮而行 房淑华	2015.11.18	第1841809号
1261	一种三片组装式硅基超微半球谐振陀螺仪及其制备方法	2013.05.14	201310177008.0	仪器科学与工程学院	夏敦柱 胡明烯 孔 伦 董剑宁 黄允凯	2015.11.18	第1843952号
1262	一种多载波可见光通信系统的直流偏置优化方法	2013.05.30	201310210377.5	信息科学与工程学院	王家恒 陵昕彤 赵春明	2015.11.18	第1842592号
1263	一种齿轮齿距误差的快速测量方法	2012.09.18	201210346012.0	自动化学院，南京新恩维自动化科技有限公司	王晓俊 姚 斌 喻 超 周杏鹏 尹 斌 李 雄 方仕雄	2015.07.15	第1728866号

(续表)

序号	发明专利名称	申请日	申请号	申请人	设计人	授权日	证书号
1264	起重机制动下滑量检测制动瞬时载荷位置的确定方法	2014.01.13	201410013107.X	自动化学院，南京新思维自动化科技有限公司	王晓俊 王炜 李亮 袁易鹏 周杏超	2015.09.23	第1797010号
1265	基于复杂可编程逻辑器件组合的导航系统时序差测量模块	2014.01.08	201410009325.6	仪器科学与工程学院	李旭 张为公 孙玉辉	2015.12.02	第1863230号
1266	一种双重离子响应的SERS探针及其制备方法	2013.11.27	201310617772.5	电子科学与工程学院	王著元 刘敏 崇慎飞 崔一平 钟媛 陈辉 朱丹 伍磊	2015.12.02	第1871349号
1267	一种基于永磁无刷直流电机的电动自行车控制方法	2014.01.02	201410001321.3	电气工程学院	李世华 王会明 颜渫达 杨俊 谷伟 何硕彦	2015.12.02	第1864239号
1268	基于印刷电路板螺管线圈的低场核磁共振探头	2013.12.06	201310653209.4	机械工程学院	易红 倪中华 吴卫平 周新龙	2015.12.02	第1871623号
1269	一种轮毂电机独立驱动电动汽车的前悬架装置	2014.05.06	201410187680.2	机械工程学院	殷国栋 刘江华	2015.12.02	第1864379号
1270	一种大跨度桁架杆张力盖结构体系	2014.04.25	201410172979.0	土木工程学院	陆金钰 强翰霖 王淳 曹徐阳 李娜	2015.12.02	第1866349号
1271	一种优化尾气排放的干线绿波协调控制信号配时方法	2013.11.25	201310605959.3	交通学院	季彦婕 胡波 王炜 汤斗南	2015.12.02	第1870612号
1272	一种预制预应力地下连续墙接头	2014.01.16	201410019765.X	土木工程学院	梁书亭 金晓飞 张玉良 朱筱俊 黄云天	2015.12.02	第1865350号
1273	一种图像畸变的校正方法	2013.06.04	201310220100.0	交通学院	沙月进 翁永玲 陆中祥 张小苹	2015.12.02	第1867925号
1274	一种蓄电池无线充电最小接入装置	2013.05.23	201310196214.6	电气工程学院	黄学良 王维 谭林林 曹伟杰 周亚龙 陈琛	2015.12.02	第1865219号
1275	一种光栅投影三维测量中的系统标定方法	2013.11.05	201310542502.2	自动化学院	达飞鹏 安冬 盖绍彦 王辰星	2015.12.02	第1870196号

(续 表)

序号	发明专利名称	申请日	申请号	申请人	设计人	授权日	证书号
1276	一种提高公交车辆运行效率的交叉口道路	2013.05.03	201310160004.1	交通学院	王炜 刘海丰 赵德华雪东 季彦婕	2015.12.02	第1862807号
1277	一种二维定常风速场中多机器人的寻迹编队控制方法	2013.07.26	201310318275.5	自动化学院	陈扬扬	2015.12.02	第1872179号
1278	一种低噪声无源混频器	2013.10.16	201310484444.2	电子科学与工程学院	吴建辉 李红 刘杰 陈超	2015.12.02	第1870071号
1279	单载波频域均衡系统中基于导频块的信道估计方法	2013.04.22	201310143855.5	电子科学与工程学院	张萌 蔡琛 时龙兴	2015.12.02	第1872284号
1280	一种基于绿波带宽度最大化的干道绿波协调控制配时方法	2013.11.28	201310617878.5	交通学院	季彦婕 汤斗南 胡波	2015.12.02	第1863896号
1281	原位样品杆中的多波段光源基片及其制法	2014.01.03	201410003948.2	电子科学与工程学院	吴如情 张师斌 韩海霞 孙立涛 杨力	2015.12.02	第1867995号
1282	一种超高速空气轴承电主轴	2013.06.17	201310238485.3	机械工程学院	蒋书运	徐春冬	2015.12.02	第1870670号
1283	一种纳米级吸收汽车尾气改性乳化沥青及其配置方法	2013.05.13	201310176617.4	交通学院	黄晓明	李志栎	2015.12.02	第1872254号
1284	一种LED灯具组件自动定向整列系统	2013.08.14	201310352574.0	机械工程学院	吕家东 陈刚	李俞先 邓奎刚	2015.12.02	第1867952号
1285	一种在物体表面制备薄膜的方法	2014.03.05	201410079445.3	电子科学与工程学院	万能	樊路嘉 孙立涛	2015.12.02	第1868632号
1286	一种后张预应力式自定心钢框架结构	2014.04.29	201410178695.2	土木工程学院	周臻 李德猛 王维影	谢吴钦京 孟少平 王春林	2015.12.052	第1870094号
1287	一种用于消除主瓣畸变像差的微透镜阵列设计方法	2014.10.15	201410547251.1	电子科学与工程学院	赵健	夏军	黄倩倩	2015.12.02	第1868089号
1288	一种含水溶性量子点的复合材料的制备方法及其应用	2014.05.21	201410217386.1	电子科学与工程学院	王春雷 曹双黄	杜锦华 杨书仁	徐淑宏	2015.12.02	第1863338号

(续 表)

序号	发明专利名称	申请日	申请号	申请人	设计人	授权日	证书号
1289	一种石墨烯-二氧化锡纳米颗粒复合材料的制备方法	2013.09.09	201310408075.9	电子科学与工程学院	尹奎波 季 静 孙立涛	2015.12.02	第1863729号
1290	一种环氧沥青混凝土施工容留时间的测试装置及测试方法	2015.01.08	201510009573.5	智能运输系统研究中心	钱振东 薛永超 于智光 金 磊	2015.12.02	第1872313号
1291	一种处理生活污水的湿地产电并用于湿地出水电化学消毒的系统	2014.06.04	201410245648.6	能源与环境学院	宋海亮 张 晓 李先宁 吴 磊 杨小丽	2015.12.02	第1863640号
1292	移动自组织网络中分布式节点功率控制方法	2013.04.07	201310118947.8	计算机科学与工程学院	陶 军 朱利曼 肖 鹏 刘 莹	2015.12.02	第1865398号
1293	一种发光二极管及其制备方法	2013.07.26	201310321486.4	电子科学与工程学院	张 雄 曾振华 崔一平	2015.12.02	第1870448号
1294	一种耦合高温水池和污水池的气流循环供暖系统	2014.01.23	201410030877.5	能源与环境学院	杨斯涵	2015.12.02	第1872353号
1295	一种用于实现机器人手转动关节力反馈的磁阻尼装置	2014.01.17	201410020666.3	仪器科学与工程学院	崔建伟 赵正扬 杜凯颖 姚 磊 冉琴琴 陈小宇	2015.12.02	第1869201号
1296	一种计及电阻的内嵌网损双层经济优化调度方法	2014.06.16	201410268821.3	电气工程学院	袁亚云 王 磊 孙成龙 何星晔 朱璐璐	2015.12.02	第1864259号
1297	用于测试气体传感器件快速响应特性的装置及测试方法	2014.10.28	201410589666.5	电子科学与工程学院	万 能	2015.12.02	第1871195号
1298	一种简化的三电平空间矢量调制方法	2014.01.20	201410024246.2	电气工程学院	谭风雷 白晨阳	2015.12.02	第1870160号
1299	利用微生物矿化捕获CO_2的水泥基材料表面覆盖膜防护剂使用的方法	2013.12.16	201310693524.9	材料科学与工程学院	王瑞兴 钱春香	2015.12.09	第1873742号
1300	一种电容式微机电磁场传感器	2013.09.30	201310456666.3	电子科学与工程学院	陈 洁 张 澄 胡静洁 李嘉鹏	2015.12.02	第1863503号

(续)

序号	发明专利名称	申请日	申请号	申请人	设计人	授权日	证书号
1301	直驱式双振荡波浪发电装置	2013.10.12	201310477621.4	电气工程学院	余海涛 陈洁琳 施振川 洪立玮 马振琦	2015.12.09	第1865470号
1302	一种具有自调节功能的海流发电装置	2013.10.15	201310479983.7	电气工程学院	余海涛 黄磊 吴涛 胡敏强 须晨凯	2015.12.09	第1879181号
1303	一种金丝互连结构的建模和参数提取方法	2013.04.15	201310129275.0	信息科学与工程学院	殷晓星 王磊 赵洪新	2015.12.09	第1875782号
1304	一种基于特征映射的电力系统负荷动特性分类方法	2013.04.02	201310112050.4	电气工程学院	顾伟 王元凯 袁晓冬	2015.12.09	第1865812号
1305	具有过滤和低渗性能液性能源塔装置	2013.06.19	201310243346.X	能源与环境学院	梁彩华 汪峰 张小松	2015.12.09	第1875524号
1306	一种基于通用电压控制策略的可编程电压波形发生设备	2013.08.23	201310374248.X	电气工程学院	王政 邹志翔 程明	2015.12.09	第1875968号
1307	一种基于盲区优化工艺的片间均匀喷涂制造方法	2013.08.15	201310355020.6	自动化学院	周波 戴先中 孟正大	2015.12.09	第1878692号
1308	一种烟气下冲射流式脱硫装置	2014.09.09	201410456897.9	能源与环境学院	钟文琪 孙文静 张勇	2015.12.09	第1875679号
1309	一种基于磁分离的高通量生物样本处理装置	2014.09.24	201410493343.6	生物科学与医学工程学院	何农跃 邬燕琪 贾琼莹	2015.12.09	第1878850号
1310	错位交叉板屈曲约束支撑	2014.01.14	201410016264.6	土木工程学院	王春林 曾滨 孟少平 葛汉彬	2015.12.09	第1878797号
1311	修复高浓度多重金属污染场地的固化剂及制备和应用方法	2014.01.13	201410014730.7	交通学院	杜延军 朱晶晶 魏明俐 杨玉玲	2015.12.09	第1879262号
1312	基于储能建模的空调负荷参与系统二次调频方法	2014.07.08	201410324235.6	电气工程学院	高赐威 陆婷婷	2015.12.09	第1878933号
1313	一种模式控制级联型液晶微透镜阵列	2013.01.05	201310001865.5	电子科学与工程学院	李青 胡凯 崔勇扬 刘佩琳 严静	2015.12.02	第1863101号

(续表)

序号	发明专利名称	申请日	申请号	申请人	设计人	授权日	证书号
1314	圆片级玻璃微腔的批量制备方法	2012.12.31	201210588915.X	电子科学与工程学院	尚金堂 邹羽	2015.12.02	第1865315号
1315	一种高线性度的张弛振荡器	2013.11.01	201310536184.9	电子科学与工程学院	孙伟锋 张允武 林吉字 祝 靖 钱钦松 陆生礼 时龙兴	2015.12.02	第1864752号
1316	基于氧化还原反应的储能装置及其储能方法和发电方法	2014.11.03	201410604000.2	能源与环境学院	肖 睿 曾德望 张 帅	2015.12.02	第1868238号
1317	一种自发电液压-电磁减震器	2014.07.02	201410311456.X	机械工程学院	殷国栋 陆志平 周石磊	2015.12.02	第1865388号
1318	一种干旱沙化地区种植结构及其种植方法	2013.10.09	201310468826.6	土木工程学院、江苏杰成凯新材料科技有限公司	杨才干 吴智深 杨小聪 朱吉鹏 姚文艺 冷元宝 高卫民	2015.12.02	第1863490号
1319	一种双路噪声抵消型电流复用低噪声放大器	2013.07.31	201310326221.3	电子科学与工程学院	吴建辉 杨仲盼 薛晨辉 陈 超 白春凤 刘智林 尹海峰 徐 哲	2015.12.02	第1869058号
1320	一种超薄横向双扩散金属氧化物半导体场效应管及其制备方法	2013.07.18	201310301709.0	电子科学与工程学院	孙伟锋 陈 健 曹 鲁 宋慧滨 祝 靖 王永平 陆生礼 时龙兴	2015.12.02	第1866233号
1321	一种对基于临床实践指南的活动图进行形式化的方法	2013.06.27	201310266629.6	计算机科学与工程学院	王 杰 张志政	2015.12.02	第1864664号
1322	一种超宽带通信模式的无线煤体接入控制方法	2013.04.17	201310134603.6	信息科学与工程学院	徐平平 程梦莉 苏德荣 裘 晴 吴 琼	2015.12.02	第1863588号
1323	一种掺染料和金属纳米粒子的PDLC光纤及其光纤随机激光器	2013.06.17	201310238920.2	电子科学与工程学院	叶莉华 吕聪生 王春雷 张家雨 陆锦程 崔一平	2015.12.02	第1868306号
1324	一种高鲁棒性的P型对称横向双扩散场效应晶体管	2013.05.27	201310199860.8	电子科学与工程学院	孙伟锋 林婧婧 叶 伟 张春伟 陆生礼 时龙兴	2015.12.02	第1864841号

(续 表)

序号	发明专利名称	申请日	申请号	申请人	设计人	授权日	证书号
1325	带备用索的屈曲约束支撑	2013.05.10	201310174544.5	土木工程学院	王春林 葛汉彬 曾鹏 周臻 吴京	2015.12.16	第1887936号
1326	一种单电感四输出降压型开关电源的控制电路	2014.01.03	201410001469.7	电子科学与工程学院	孙伟锋 张方文 陆生礼 时龙兴 花中 万原 徐申	2015.12.09	第1879129号
1327	一种空间双环剪式单元可开启屋盖	2014.04.09	201410139046.1	土木工程学院	蔡建国 丁一凡 冯健	2015.12.09	第186547号
1328	一种横向剪式单元可开启屋盖	2014.04.09	201410139575.1	土木工程学院	蔡建国 丁一凡 冯健	2015.12.09	第1865662号
1329	一种横向双环空间剪式单元可开启屋盖	2014.04.09	201410139844.4	土木工程学院	蔡建国 丁一凡 冯健	2015.12.09	第1865952号
1330	一种环形展开的屋盖结构	2014.04.09	201410139770.4	土木工程学院	蔡建国 丁一凡 冯健	2015.12.09	第1872691号
1331	一种具有冗余约束的空间多环剪式单元可开启屋盖	2014.04.09	201410139018.X	土木工程学院	蔡建国 丁一凡 冯健	2015.12.09	第1872944号
1332	薄基片槽线差波束平面喇叭天线	2013.11.29	201310619953.6	信息科学与工程学院	殷晓星 赵洪新 王愚	2015.12.09	第1876715号
1333	一种碳基纳米纤维的制备方法	2013.11.29	201310619319.8	生物科学与医学工程学院	张继中	2015.12.09	第1876889号
1334	带有弯梁电热超材料的MEMS静电驱动式悬臂梁结构	2013.11.14	201310565414.4	电子科学与工程学院	唐洁影 蒋明霞 王磊	2015.12.09	第1872860号
1335	永磁同步电机的无传感器矢量控制系统和控制方法	2013.10.28	201310515909.6	电气工程学院	林鹤云 陆婋泉	2015.12.09	第1876384号
1336	高分辨率微机电测微游标尺	2013.09.05	201310399640.x	电子科学与工程学院	李伟华 张璐 王雷 周再发 张晓强	2015.12.09	第1873425号
1337	一种承压件用高性能铸造近共晶铝硅合金及制备方法	2014.05.06	201410187381.9	材料科学与工程学院	潘冶 陈宇 陆韬 陶诗文	2015.12.02	第1863312号

（续表）

序号	发明专利名称	申请日	申请号	申请人	设计人	授权日	证书号
1338	一种具有热光开关特性的随机激光出射装置	2013.06.18	201310242645.1	电子科学与工程学院	叶莉华 王叶轩 徐淑宏 陆韬生 吕聪生 崔一平	2015.12.23	第1882369号
1339	一种基于均匀沉降的长寿命沥青路面结构	2013.07.02	201310274428.0	交通学院	李昶 赵洁雯 黄晓明	2015.12.23	第1881417号
1340	一种多功能倍频器	2013.07.11	201310292031.4	信息科学与工程学院	郭健 徐澄 许正彬 崔黄杰	2015.12.23	第1896247号
1341	一种基于多模干涉耦合器的硅基光子模数转换器	2013.10.21	201310496486.8	电子科学与工程学院	肖金标 王钟龙	2015.12.23	第1889934号
1342	一种可提供阳光大棚储热和换气功能的太阳能热水器系统	2014.07.15	201410337555.5	能源与环境学院	杨斯涵	2015.12.23	第1896630
1343	一种分阶段耗能器	2014.04.23	201410166480.9	土木工程学院	范圣刚 桂鹤阳 丁智霞 刘飞	2015.12.23	第1890846号
1344	一种隐极式混合磁电机矢量控制方法	2013.11.21	201310595921.2	电气工程学院	林明耀 林克曼 韩臻 赵纪龙	2015.12.30	第1883623号
1345	一种新型滑回式可变间隙汽封	2014.09.28	201410510924.6	能源与环境学院	杨建明	徐钟宇	2015.12.30	第1888658号
1346	一种正电性水溶性硒化镉量子点的制备方法	2014.05.07	201410191887.7	电子科学与工程学院	徐淑宏 崔一平	江源 王春雷	2015.12.30	第1880800号
1347	一种高性能LTE信道模拟射频发射机	2014.06.13	201410263488.7	信息科学与工程学院	田玲 刘泊 陈鹏	向渝 张念祖 余旭涛	2015.12.30	第1881076号
1348	一种消除负摩阻力的地基处理方法	2014.01.10	201410011644.0	交通学院	储亚	刘成帅 张雷	2015.12.30	第1881447号
1349	一种遮挡环境下卫星双差观测结构的优化方法	2014.01.03	201410001999.1	仪器科学与工程学院	潘树国 汪登辉 蔡国军	高旺 王胜利	2015.12.30	第1882407号
1350	一种混合励磁电机弱磁控制方法	2013.11.21	201310590965.6	电气工程学院	林明耀 林克曼	韩臻 赵纪龙	2015.12.30	第1888697号

2014年被SCI、EI、CPCI、CITA收录论文统计(2015年发布)

序号	院系	SSCI	SCI	EI	CPCI	表现不俗论文
1	建筑学院	1	11	16	4	5
2	机械工程学院		62	85	28	23
3	能源与环境学院		135	207	23	55
4	信息工程学院		184	191	67	50
5	土木工程学院		93	132	9	27
6	电子科学与工程学院		167	135	22	53
7	数学系		92	47	10	35
8	自动化学院		77	81	25	30
9	计算机学院		23	65	11	10
10	物理系		100	56	1	41
11	生物科学与医学工程学院		157		5	83
12	材料科学与工程学院		94	93	5	35
13	经济管理学院	22	35	41	9	14
14	电气工程学院		80	145	14	26
15	化学化工学院	1	280	163	6	116
16	交通学院	24	113	213	43	28
17	仪器科学与工程学院		60	91	11	14
18	医学院	1	49	12	2	35
19	公共卫生学院		43	7	2	20
20	生命科学研究院		8			1
21	中大医院		151	7	7	64
22	学习科学中心	7	26	9	5	13
23	智能运输系统研究中心(ITS)		4	12	2	1
24	无锡分校		3	9		
25	其他	22	113	353	103	41
	合计	78	2160	2170	414	820

注明:"其他"是无院系认领的论文

人文社会科学研究工作

综 述

2015年是"十二五"规划的收官之年,是深化改革、推进人文社科繁荣发展的关键之年,社会科学处继续深入贯彻落实党的十八大、十八届三中、四中全会和习近平总书记一系列重要讲话精神,根据《中共中央关于全面深化改革若干重大问题的决定》和《国家中长期教育改革和发展规划纲要(2010—2020年)》的部署,开拓创新、求真务实、和谐奋进,不断提升科研管理服务水平,与院系和兄弟部处协同工作,出色完成了本年度各项任务,尤其是国家社科项目、教育部优秀成果奖等多项关键指标均创历史最高水平,并在自身建设、项目申报和结项管理、基地和学科建设、成果推介和社会服务等方面,锐意进取、开拓创新、狠抓落实,取得明显成效。

一、年度主要工作

1. 加强自身建设,提升理论素养及业务能力,促进人文社科繁荣发展

本年度,社科处全面建立并落实了院系联系责任人制度。周佑勇处长负责联系法学院与外语学院,甘锋副处长负责联系艺术学院与马克思主义学院,段梅娟老师负责联系人文学院与海外教育学院,李建梅老师负责联系经管学院和体育系,熊鑫老师负责联系其他理工科院系和机关部处,在此基础上,所有工作人员均与文科院系和有关部处建立了密切工作联系,做到日常工作畅通无阻。另外,本年度我处到院系、有关部门正式联系、调研多次,并且举办了多次全校文科科研工作座谈会,原校党委书记郭广银教授、时任校长现任党委书记易红教授、副校长王保平教授等领导多次出席会议指导工作。社科处不断提高工作要求,提升服务水平,推进管理工作制度化、规范化、科学化;同时立足现有资源,加强顶层设计,创新科研机制,在发扬百年东大优良文科传统的同时,借助学校理工医科优势,促进交叉融合,形成具有东大特色的文科研究方向和科研优势。

今年,社科处全体工作人员认真学习了党和国家以及教育部等部委的重要文件。认真学习了"党的十八届五中全会精神""扎实推进'三严三实'专题教育"等文件内容,在社科管理服务工作中能够深入贯彻落实党的十八大和十八届三中、四中、五中全会精神,坚持党的教育方针,牢固树立爱岗敬业思想,自觉认真践行"三严三实",讲正气、讲团结、讲奉献,锐意进取、开拓创新、遵纪守法,始终保持庄严的使命感、责任感和旺盛的工作热情,积极为师生服务、为社科事业服务。

社科处秉承"全心全意为师生服务"的工作准则,严格落实"首问责任制",并进一步完善了处室职能、工作流程、管理制度;在贯彻落实"首问责任制"的基础上,社科处提出了"一站式服务""一次性解决""有问必答,有事必办"的工作理念,只要师生到社科处咨询,无论这个问题是否归口该工作人员,首问责任人都会给予热情的解答;对因客观条件无法立刻解决的问题,我处设立台账记录、在处内进行流转处理,而无需师生多次往返,力求给师生提供"贴心服务"。另外,社科处还继续发挥网络平台优势,通过东南大学社科工作交流群、社科处改版网站等平台及时发布社科信息,为广大师生提供便捷优质高效的服务。

2. 重视项目申报和结项管理,立项成绩突出,成果质量稳步提升

本年度,社科处精心准备积极组织国家社科基金项目申报,共斩获32项年度项目,立项率高达28.6%,是全国平均立项率(13.5%)的两倍多,立项总数一跃进入全国高校第一集团军,与南京大学、武汉大学等文科强校并列第12位,其中在以理工科为特色的高校中排名跃升至第一位。2015年国家社科基金继续实行限额申报,今年全国受理有效申报27 916项,比去年减少270项;立项3 777项,比去年减少39项,平均立项率为13.5%。东南大学今年共组织申报112项,立项率为28.6%。此外,今年我校有25个项目列入教育部人文社科研究一般项目公示,排名位居全国高校第7位;获23项江苏省社科基金各类项目,其中江苏省社科基金年度项目17项,项目总量稳居全省第二;另获6项教育厅重大重点项目,位列全省第一。

3. 智库(基地)建设取得重大突破,东大文科知名品牌呼之欲出

东南大学中国特色社会主义发展研究院(简称"中特发展智库")和道德发展智库获批江苏省首批重点高端智库(包括省政府研究室、省社科院等在内,全省一共仅批准了9家)。此外,还获3个省级重点研究基地,包括反腐败法治研究中心获批江苏省高校哲学社会科学重点研究基地,马克思主义学院获批江苏省中国特色社会主义理论体系研究基地,道德国情与道德哲学前沿创新团队获江苏高校哲学社会科学优秀创新团队。

4. 优秀成果获奖数量再创新高,提升东南大学的知名度和美誉度

2015年,我校获得第七届高等学校科学研究优秀成果奖(人文社会科学)11项,其中二等奖3项,三等奖8项,创历史最好成绩,获奖数列全国前20位。

2015年,我校科研人员也因成果卓著而获得全国性声誉。我校法学院院长刘艳红教授入选"长江学者奖励计划"特聘教授,并被评为南京市有突出贡献中青年专家;经济管理学院舒嘉入选"长江学者奖励计划"青年学者及国家万人计划青年拔尖人才;人文学院樊和平教授当选江苏社科名家;周佑勇教授入选中宣部文化名家暨"四个一批"人才。

科研论文方面成绩显著,截至2016年1月8日,东南大学2015年度共发表SSCI国际论文102篇,其中以第一单位发表的共66篇,通讯单位为东南大学的共62篇;发表A&HCI国际论文9篇,其中以第一单位发表的共6篇,通讯单位为东南大学的共7篇。

二、经验与特色

1. 精心组织项目申报和管理,提高申报质量

在国家社科项目、教育部人文社科项目和江苏省社科项目的申报中,社科处重视组织协调工作,落实申报指导、模板参考、院系研讨、形式审核等环节,并组织专家预审和论证研讨,提高申报质量,提高立项命中率。

2. 强化特色优势,推进交叉融合

2015年,社科处大力推进文理工医优势学科的交叉融合,坚持以目标明确的关键性科学问题和重大需求为导向,完善前沿交叉研究机制,促进多学科协同创新。土木学院、建筑学院、海外学院及图书馆等单位教师积极申报国家社科基金项目并获得重点项目、一般项目和青年项目,充分体现了学科交叉、集成创新的特点。文科院系充分发挥自身学科优势,优势学科获国家社科基金项目成绩突出。

3. 建章立制,完善社科管理工作体制

本年度,社科处起草了《东南大学新型智库建设管理办法》《东南大学文科资深教授遴选办法》《东南大学人文社科科研项目与经费管理办法》《东南大学关于职称评审中人文社科类科研项目和奖项级别认定的说明》等一系列社科管理办法,进一步完善社科管理服务工作体制。

4. 建立江苏省第一个高校社科联组织——东南大学哲学社会科学联合会

作为江苏省首家高校社科联,东南大学社科联的创立不仅标志着东南大学哲学社会科学工作有了新的拓展和突破,也标志着江苏省社科工作在高教系统有了新的延伸和发展。

5. 首次出版《东大社科发展报告》《东大社科通讯》"东南学术文库"并改版社科处网站

首次出版《东大社科发展报告》《东大社科通讯》"东南学术文库"并改版社科处网站,集中展示东南大学社会科学一年来取得科研成绩,科学分析东南大学社会科学的发展状况,扩大东南大学社会科学的影响力。

三、社科处2015年大事记

(1) 1月19日,东南大学法学院刘艳红教授为机构负责人的"反腐败法治研究中心"入选江苏高校哲学社会科学重点研究基地。

(2) 2月25日,东南大学—明斯克国立语言大学孔子学院中国语言文化中心揭牌成立。

(3) 3月10日,东南大学法学院获批3项中国法学会关于"深入研究党的十八届四中全会精神"重点专项课题,立项数位列全国第二。

(4) 3月26日,江苏省文艺评论家协会第三次代表大会在南京召开,东南大学艺术学院王廷信教授当选江苏评论家协会副主席。

(5) 4月3—5日,由东南大学外国语学院、上海外国语大学中国外语战略研究中心、美国威斯康星大学麦迪逊分校国际语言教育政策研究会联合主办,东南大学外国语学院承办的第五届国际语言教育政策学术研讨会在东南大学四牌楼校区举行。

(6) 4月10日,东南大学马克思主义学院入选首批江苏省中国特色社会主义理论体系研究基地。

(7) 4月11日,东南大学哲学社会科学联合会成立暨第一次代表大会在本校四牌楼校区举行。

(8) 4月23日,东南大学经济管理学院名誉院长华生教授受聘国家医改专家咨询委员会委员。

(9) 4月26日,由东南大学艺术学院与教育部高等教育出版社、南京艺术学院设计学院联合主办的"全国设计学科建设与课程升级学术研讨会"在东南大学榴园宾馆举行。

(10) 5月7日,法学院周佑勇教授的专著《行政裁量基准研究》入选国家哲学社会科学成果文库。

(11) 6月2日,由"长江学者奖励计划"特聘教授樊和平领衔的东南大学"道德国情与道德哲学前沿"创新团队入选江苏省教育厅社科优秀创新团队。

(12) 6月8日,东南大学获17项2015年度江苏省社科基金项目,立项数再创历史新高,位居全省第二。其中,获批重点项目3项、一般项目9项、青年项目5项。

(13) 6月9日,东南大学人文学院樊和平教授获评"江苏社科名家"。

(14) 6月9日,东南大学获批6项2015年度省高校哲学社会科学研究重大重点项目,其中3项重大项目、3项重点项目,立项总数及重大项目立项数均居全省第一。

(15) 6月25日,东南大学共获2015年国家社科基金32项,列全国高校第十二位,与南京大学并列江苏第一。

(16) 6月28日,由东南大学老龄化国际研究中心举办的"中日老龄研究"学术座谈会在榴园宾馆举行。

(17) 8月3日,《光明日报》国学版刊登我校许建良教授的文章《"袭常"的世界意义》。

(18) 9月19日,法治发展量化评估研讨会暨东南大学中国法治发展评估研究中心成立大会隆重召开。

(19) 10月8日,江苏省金融业联合会互联网金融专业委员会成立会议在东南大学四牌楼校区举行,经济管理学院当选省互联网金融专业委员会主任单位。

(20) 10月10日,"中国艺术海外认知国际学术研讨会"在东南大学举办。

(21) 10月16日,第十一届全国戏曲学术研讨会暨中国古代戏曲学会2015年年会在东大榴园宾馆召开。

(22) 10月20日,中国书法家协会副主席、东南大学书法研究院院长、艺术学院博士生导师言恭达获"汉字文化传播杰出贡献奖"。

(23) 11月3日,东南大学法学院共获5项中国法学会2015年度部级法学研究课题,其中一般项目3项、青年调研项目2项,立项数位居全国前列。

(24) 11月4日,法学院刘艳红教授申报的课题"司法解释的理论与实践研究——以刑事司法解释为视角"获批最高人民法院2015年度审判理论重大课题。

(25) 11月7日,由东南大学艺术学院、南京大学艺术研究院、南京艺术学院艺术学研究所共同主办,东南大学艺术学院承办的第二届南京三校研究生艺术学论坛在东南大学榴园宾馆举行。

(26) 11月9日,东南大学法学院周佑勇教授、刘艳红教授、孟鸿志教授获聘为省法官、检察官遴选委员会委员。

(27) 11月15日,江苏省首批重点高端智库的东南大学"中国特色社会主义发展研究院""道德发展智库"启动仪式暨"道德发展智库"首届高端论坛——"信任"论坛在东南大学四牌楼校区举行。

(28) 12月2日,刘灿铭教授"心无挂碍——刘灿铭书法艺术展"在中国美术馆开展。

(29) 12月11日,东南大学艺术学院崔天剑副教授获得"2015年度中国工业设计十佳教育工作者"荣誉称号。

(30) 12月16日,东南大学获11项教育部第七届高等学校科学研究优秀成果奖(人文社会科学),其中二等奖3项、三等奖8项,获奖总数创历史最好成绩。

(31) 12月17日,东南大学艺术学院陶思炎教授被授予第三届南京"文化名人"荣誉称号。

(32) 12月20日,东南大学法学院获5项2015年度司法部国家法治与法学理论研究项目,立项数在全国高校法学院位居前列。

(33) 12月25日,法学院周佑勇教授入选中宣部文化名家暨"四个一批"人才(理论界别)。

(34) 12月26日,东南大学经济管理学院徐康宁教授被聘为江苏省政府参事。

(35) 12月31日,东南大学法学院刘艳红教授入选第八批南京市有突出贡献中青年专家。

四、存在的问题

在全心全意服务师生,大力促进文科繁荣发展的过程中,我们发现两个突出问题:

(1) 顶层设计前瞻性有待于进一步提高,政策执行连贯性有待于进一步加强。针对顶层设计、政策制定与执行方面存在的问题,社科处积极建言献策,推动学校综合改革,提出了"文科大师计划"等一系列激励措施;出台了《东南大学社科处内部管理体制改革实施方案》,起草了《东南大学新型智库建设管理办法》《东南大学人文社科科研项目与经费管理办法》等文件;协助财务处、人事处等部门出台或草拟了《关于国家社科基金项目有关配套经费的规定》《东南大学文科资深教授遴选办法》等文件。

(2) 工作人员太少,导致日常服务在有重大活动时处理不够及时,拓展业务时人力资源捉襟见肘。针对人员配置少、处理意见不够及时的问题。社科处通过明确岗位责任,调整分工、聘请助管等措施,提高工作效率,确保服务到位;另外,我处还通过将规章制度、办事程序上墙,使师生对办事流程更为熟悉;通过设立处长接待日、处长网上信箱,积极采纳师生意见,将社科处"全心全意为师生服务"的理念落到实处。

五、2016 年社会科学处发展规划

(1)加强顶层设计,制订落实我校哲学社会科学繁荣计划的工作规划和措施,成立学校文科建设领导小组和社科咨询专家委员会。

(2)继续落实教育部跨学科基地、"2011 协同创新"平台、江苏省重点高端智库的建设工作。加强省部级社科基地和校内社科科研机构的检查和择优资助工作,进一步促进基地在承担项目、培养人才、构建团队、产出成果、服务社会等方面发挥重要作用。

(3)做好 2016 年度国家社科基金、教育部人文社科基金的申报工作。抓好重要项目、基地、成果指标的落实工作。做好各类项目的中期检查、结项考核的工作,加大优秀成果的推介力度。

(4)加快对相关高校的调研工作,研究影响和制约我校文科快速发展的因素,积极探索人文社科发展和管理的新理念、新机制、新做法,尽快出台并完善相关政策和措施。

(5)进一步完善系列社科科研管理文件,完善社科科研信息管理系统,规范科研管理,提高管理效能,进一步设计完善社科处网站。

(6)落实系列社科精品沙龙。

(7)做好校内基本业务费的申报、评审、年检、结题验收工作。

2015 年人文社会科学主要科研项目统计表

1. 国家社会科学基金项目

课题名称	类别	负责人	单位	经费(万元)
来华留学教育产业对我国经济长期影响的研究	重点项目	邱斌	经济管理学院	35
网络型差序格局的"关系人"经济行为一般均衡研究	重点项目	周勤	经济管理学院	35
新常态下我国雾霾防治模式与机制研究	重点项目	徐盈之	经济管理学院	35
东欧马克思主义美学研究	重点项目	凌继尧	经济管理学院	35
明清小说戏曲插图批评研究	一般项目	乔光辉	人文学院	20
新型城镇化下"后世界工厂时代"旧产城的社会再造	一般项目	何志宁	人文学院	20
长三角引领长江经济带构建外向型工业布局研究	一般项目	薛漫天	经济管理学院	20
网络平台战略驱动的企业跨界成长研究	一般项目	侯赟慧	经济管理学院	20

（续　表）

课题名称	类别	负责人	单位	经费（万元）
转型背景下我国城市蔓延的形成机理与经济效率影响研究	一般项目	刘修岩	经济管理学院	20
《周易》美学研究	一般项目	张乾元	艺术学院	20
隋唐佛教图像与信仰研究	一般项目	于向东	艺术学院	20
积极治理主义导向下的中国反腐败刑事立法问题研究	一般项目	钱小平	法学院	20
角色丛理论下法官员额制"人案对接"建设模式	一般项目	李　可	法学院	20
怠于履行职责致害行政法律责任问题研究	一般项目	刘　红	法学院	20
构建面向"一带一路"建设战略的外语规划研究	一般项目	陈美华	外国语学院	20
中国本土性现代建筑的技术史研究（1910—1950）	一般项目	李海清	建筑学院	20
数字环境下图书馆物理馆藏空间动态配置研究	一般项目	刘　利	图书馆	20
政治经济学语境下的马克思正义观研究	青年项目	高广旭	人文学院	20
道德判断的实验哲学研究	青年项目	张学义	人文学院	20
生态文明建设的协同治理与动态推进研究	青年项目	杨　煜	人文学院	20
康德后期伦理学研究	青年项目	刘　作	人文学院	20
老龄人口异地养老生活质量及其社会保障的实证研究	青年项目	张晶晶	人文学院	20
胡塞尔数学哲学演进历程研究	青年项目	何浩平	人文学院	20
新丝绸之路经济带能源安全长效合作机制研究	青年项目	浦正宁	经济管理学院	20
我国大病医疗保险统筹优化机制及其风险监控研究	青年项目	张　颖	经济管理学院	20
国内市场规模对我国出口产品结构优化的作用机制与实现路径研究	青年项目	冯　伟	经济管理学院	20
适合我国的行政裁量权基准制度构建研究	青年项目	熊樟林	法学院	20
中国特色刑事法治发展指数研究	青年项目	王禄生	法学院	20
劳教废止后社区矫正职能定位与处遇模式研究	青年项目	李　川	法学院	20
南海划界前临时安排的角色定位与法律实施路径研究	青年项目	叶　泉	法学院	20
公共风险管控的公私法合作机制研究	青年项目	宋亚辉	法学院	20
学术创新扩散过程及创新力测度研究	青年项目	宋　歌	图书馆	20

2. 教育部人文社会科学研究项目及其他部级项目

课题名称	类别	负责人	单位	经费（万元）
刑法出罪机制问题研究——以刑事判决实证数据为基础	规划基金	刘艳红	法学院	10
中国学习者英语虚拟语气加工的 ERP 研究	规划基金	季 月	外国语学院	10
基础设施项目 PPP 模式物有所值（VFM）双阶段评价体系研究	规划基金	杜 静	土木工程学院	10
工作应激及其积累与头发皮质醇的关联	规划基金	邓慧华	学习科学研究中心	10
《资本论》中权力建构的辩证解读及其学术意义	青年基金	翁寒冰	马克思主义学院	8
萨特的实践辩证法及其对历史唯物主义的批判与重建	青年基金	陈 硕	马克思主义学院	8
"名"视域下的《庄子》哲学研究	青年基金	周晓露	马克思主义学院	8
基于全球夜间灯光数据的中国实际经济增长率的测算及其应用	青年基金	陈丰龙	经济管理学院	8
集体冲突信念动因及机制的实验研究	青年基金	汪敏达	经济管理学院	8
证券化产品拍卖中的转售与最优交易机制设计	青年基金	王 宏	经济管理学院	8
解释性适用：国际人权法国内适用的新趋势研究	青年基金	张雪莲	法学院	8
水利公共品的公正生成机制研究	青年基金	胡 伟	人文学院	8
基于公共资源治理视角的农村土地制度市场化研究	青年基金	王化起	人文学院	8
教育影响城镇居民健康的中介机制研究	青年基金	洪岩璧	人文学院	8
基于学术交流的高校图书馆科研服务模式与保障研究	青年基金	孟祥保	图书馆	8
高校党风廉政建设"两个责任"封闭机制研究	专项任务	吴荣顺	纪委办公室（监察处）	9
习近平话语体系风格读本	普及读物	凌继尧	艺术学院	15
基于建筑学学科特点的高校产学研体系研究	研究报告	程泰宁	建筑学院	20
《资本论》中权力建构的辩证解读及其学术意义	青年基金	翁寒冰	马克思主义学院	8
萨特的实践辩证法及其对历史唯物主义的批判与重建	青年基金	陈 硕	马克思主义学院	8
中国基本权利规范的宪法解释基准研究	中国法学会重点专项课题	汪进元	法学院	10

（续 表）

课题名称	类别	负责人	单位	经费（万元）
司法解释的理论与实践研究——以刑事司法解释为视角	最高法院重大招标项目	刘艳红	法学院	6
量刑规范化视野下的刑事个案公正研究	司法部一般课题	周少华	法学院	5
自然资源权利配置法律机制研究	司法部一般课题	单平基	法学院	5
法院人员分类管理体制与机制转型研究	司法部中青年课题	王禄生	法学院	3
道路交通警察权力配置的法治路径	司法部中青年课题	刘启川	法学院	3
国际法视角下的南海岛礁建设问题研究	司法部中青年课题	叶 泉	法学院	3
工程硕士专业实践基本要求研究	其他部级单位	沈 炯	校长办公室	5
应受行政处罚行为的违法性判断规则	一般课题	熊樟林	法学院	6
我国境外投资建设中知识产权资本化的界权法律风险与规制研究	一般课题	徐珉川	法学院	6
晚期患者生命权与自我决定权研究——中国安乐死刑法问题解决之道	一般课题	刘建利	法学院	6
对话式医疗纠纷刑法解决与预防机制实证研究	青年调研项目	梁云宝	法学院	4
家暴犯罪定罪量刑问题研究——以《关于依法办理家庭暴力刑事案件的意见》的实施状况为中心	青年调研项目	杜 宣	法学院	4
加快推进反腐败国家立法研究	中国法学会重点专项课题	刘艳红	法学院	10
建立健全行政裁量权基准制度研究	中国法学会重点专项课题	周佑勇	法学院	10
域外司法人员薪酬制度比较研究	中国法学会特别委托项目	王禄生	法学院	2.5
检察机关公益诉讼的制度构建研究	中国法学会重点专项课题	尹 吉	法学院	7

3. 江苏省哲学社会科学基金项目

课题名称	类别	负责人	单位	经费（万元）
东南大学中国特色社会主义发展研究院（简称"中特发展智库"）	智库项目	郭广银	马克思主义学院	200
道德发展智库	智库项目	樊和平	人文学院	200
"四个全面"战略思想：全面从严治党研究	重大委托项目	郭广银	马克思主义学院	20
中国特色社会主义发展道路研究	重大委托项目	郭广银	中国特色社会主义发展研究院	30
把握互联网"最大变量"核心问题研究	重大项目	刘艳红	法学院	30
"后青奥"江苏大气污染防治研究	重大项目	徐盈之	经济管理学院	20
江苏建设思想文化高地的可行性和思路对策研究	一般项目	袁久红	马克思主义学院	5
推动江苏文艺创作"高原"出"高峰"的对策研究	一般项目	王廷信	艺术学院	5
培养高素质文化人才、建设宏大"文化苏军"的对策研究	重点项目	邵军	经济管理学院	6
《习近平思维方法论研究丛书》"创新思维篇"	重点委托项目	袁久红	马克思主义学院	15
《领导干部思维方法研究》通俗读本	重点委托项目	盛凌振	马克思主义学院	8
《政府信息公开条例》修订研究	江苏省政府决策咨询课题	周佑勇	法学院	32
江苏省中国特色社会主义理论体系基地	基地项目	袁久红	马克思主义学院	10
国际视域下大运河江苏段自然再生的环境伦理学研究	青年项目	陆薇薇	外国语学院	5
现代中国家庭教育的伦理风险研究	一般项目	许敏	人文学院	5
江苏省现代健康服务业引导政策研究	一般项目	翟俊生	经济管理学院	5
基于内生网络模型的银行业系统性风险研究	青年项目	李守伟	经济管理学院	5
新常态下江苏小微企业发展环境构建研究	一般项目	吕鸿江	经济管理学院	5
工作倦怠的综合评价及其预防措施：基于工作要求—资源模型视角	一般项目	李建梅	社会科学处	5
新时期我国反腐败刑事立法研究	重点项目	欧阳本祺	法学院	8
江苏省推进行政裁量权基准制度研究	青年项目	刘启川	法学院	5
江苏策应"一带一路"国家战略的外语规划研究	重点项目	高健	外国语学院	8
高校教师自建翻译过程案例库的运用研究	一般项目	汤君	外国语学院	5

(续 表)

课题名称	类别	负责人	单位	经费(万元)
基于功能语言学与教育社会学的识读能力培养研究	一般项目	汤 斌	外国语学院	5
工业4.0背景下江苏高校工程创业教育研究	重点项目	崔 军	教师教学发展中心	8
美国艺术社会学研究	青年项目	卢文超	艺术学院	5
库尔贝写实主义艺术体系与观念研究	青年项目	周 渝	艺术学院	5
互联网时代江苏影视产业大数据应用影响力研究	一般项目	方 浩	艺术学院	5
主题学介入艺术史学方法与理论研究	一般项目	赫 云	艺术学院	5
江苏非物质文化遗产在修学旅游中的活态传承研究	一般项目	卢爱华	人文学院	5
全面从严治党视阈下思想建党制度治党研究	特别委托项目	郭广银	马克思主义学院	12
以中华优秀传统文化涵养社会主义核心价值观研究	特别委托项目	袁久红	马克思主义学院	12
党代表作用发挥及其机制研究	特别委托项目	袁久红	马克思主义学院	3
普通高校国防教育百年发展史	特别委托项目	陆 华	军事教研室	5
党代表作用发挥及其机制研究	一般项目	袁健红	马克思主义学院	3
TPP制约下江苏深度融入全球价值链问题研究	重大项目	陈淑梅	经济管理学院	20
大数据伦理与公民道德建设的路径研究	基地项目	田海平	人文学院	5

4. 江苏省软科学项目

课题名称	负责人	单位	经费(万元)
新常态下居民医疗保障水平与筹资水平适应性研究	张 晓	公共卫生学院	7
"十三五"科技创新支撑和引领江苏交通运输业发展的路径和对策研究	张 永	交通学院	5
激励"大众创业,万众创新"的财税政策体系研究——以江苏为例	戚啸艳	经济管理学院	10
新型产业研发组织体制机制研究	仲伟俊	经济管理学院	15
制约科技创业人员创业关键影响因素研究	夏保华	人文学院	5
绿色建造江苏建筑行动规划2025	郑 磊	土木工程学院	20
中新工程建设管理体制对比研究	郑 磊	土木工程学院	40

5. 省部级基地项目

课题名称	负责人	单位	经费（万元）
加快苏南国家自主创新示范区建设的路径与政策研究	仲伟俊	经济管理学院	5
江苏产业技术创新的政府支持模式研究	梅姝娥	经济管理学院	5
江苏民生保障指标体系和实现时序研究	毛传新	经济管理学院	5
建设"百姓富"的新江苏研究	邵 军	经济管理学院	5
孝道伦理视角下居家养老模式的实证研究	张晶晶	人文学院	5
文化治理框架下社区信任的理念追求与现实构建	季玉群	人文学院	5
技术交易平台服务规范	梅姝娥	经济管理学院	5
科技人才培训服务平台功能规范	梅姝娥	经济管理学院	5
华东地区设计政策研究	李轶南	艺术学院	4
反腐败法治研究中心	刘艳红	法学院	15
江苏经济全球化研究中心（校外研究基地）	邱 斌	海外教育学院	10
道德国情与道德哲学前沿	樊和平	人文学院	10
中国传统艺术的传承与传播研究	王廷信	艺术学院	10

6. 国际合作项目

课题名称	负责人	单位	经费（万元）
刑事法治发展评估中心与指数	王禄生	法学院	122
行政法治建设和实践	孟鸿志	法学院	59
国际视野下的研究生培养模式建构及应用研究	张 胤	高等教育研究所	0.5

7. 省教育厅高校哲学社会科学研究基金项目

课题名称	类别	负责人	单位	经费（万元）
完善我国反腐败法律体系研究	重大项目	欧阳本祺	法学院	15
新常态下江苏先进制造业发展战略研究	重大项目	吴利华	经济管理学院	15
互联网金融产业的产业组织与政府管制研究	重大项目	周 勤	经济管理学院	15
江苏大气污染的社会经济动因与联防联控研究	重大项目	岳书敬	经济管理学院	10
公共事件中的道德责任研究	重大项目	马向真	人文学院	10
翻译研究方法的比较与应用研究	重大项目	高圣兵	外国语学院	8

(续 表)

课题名称	类别	负责人	单位	经费(万元)
基于管理会计的高校财务风险预警研究	财务管理专项	王绍灵	财务处	0.9
聚焦主责主业,深入推进"三转",强化高校纪委监督执纪问责方法、路径研究	纪检监察专项	陈波	纪委办公室（监察处）	1
高校哲学社会科学基地管理系统开发	教育管理专项	胡汉辉	工会	10
研究生培养的协同机制与制度研究	教育管理专项	冯建明	发展规划部	20
江苏省专业硕士学位论文抽检评议指标体系研究	教育管理专项	何正球	研究生院	2
高校教师教学发展课程体系的研究与实践	教育管理专项	崔军	教师教学发展中心	1.5
面向精品资源共享课的经济管理类立体化精品教材建设研究与实践	教育管理专项	陈菊花	经济管理学院	0.8

8. 其他厅局级项目

课题名称	项目来源	负责人	单位	经费(万元)
四大自贸区政策比较和对我省的借鉴参考	江苏省商务厅	刘修岩	经济管理学院	10
宁波都市区空间布局研究	浙江省政府研究室	袁久红	马克思主义学院	8
义甬舟开发大通道研究	浙江省政府研究室	袁久红	马克思主义学院	8
扬子分公司物资追踪管理系统	江苏省科学技术委员会、江苏省工商行政管理局	赵林度	经济管理学院	12
职务犯罪预防法治创新研究——以江苏省沭阳县人民检察院为样本	沭阳县人民检察院	尹吉 刘艳红	法学院	8
南京空港枢纽经济区核心区产业发展规划	南京市发展和改革委员会	徐康宁	经济管理学院	20
外资三法修订对江苏利用外资的影响	江苏省商务厅外国投资管理处	肖冰	法学院	3
南京市创新指标体系及指数研究	南京市统计局	袁健红	马克思主义学院	3
当代美国医学人文思想史研究	南京医科大学人文医学协同创新中心	万旭	人文学院	0.5
江苏省加入GPA报价清单"例外"情况研究	江苏省经信委经济和信息化研究院	傅兆君	经济管理学院	4

(续 表)

课题名称	项目来源	负责人	单位	经费（万元）
西藏自治区拉萨市"十三五"工业和信息化发展研究	西藏自治区拉萨市工业和经济信息化局、江苏省经济和信息化委员会	傅兆君	经济管理学院	9.8
从投入产出角度分析能源价格对江苏经济的影响	江苏省统计局	徐盈之	经济管理学院	2
心理治疗纳入保险的可行性与合理界定研究	江苏省医疗保险研究会	马向真	人文学院	7
鼓楼区十三五科技发展规划纲要	江苏省南京市鼓楼区科学技术局	周 勤	经济管理学院	4
创新对江苏经济发展的作用分析	江苏省统计局	袁健红	马克思主义学院	2
江苏省住宅装修优质放心企业诚信体系研究	江苏省住房和城乡建设厅	高 枫 宁 延	土木工程学院	15
中新工程建设管理体制对比研究	江苏省住房和城乡建设厅	郑 磊	土木工程学院	40
《绿色建造江苏建筑行动规划2025》研究	江苏省住房和城乡建设厅	郑 磊	土木工程学院	20
构建民享型收入分配机制研究	省委党校经济社会发展研究所	孙迎联	马克思主义学院	5
国内仲裁与审判关系研究	江苏省法学会	肖 冰	法学院	1
区域法治社会建设的制度支撑与实现路径	江苏省法学会	李煜兴	法学院	1
民间借贷法律规制问题研究	江苏省法学会	徐 彰	法学院	1
互联网金融行政法规制研究	江苏省法学会	孟星宇	法学院	1
道路交通信号法治化问题研究	江苏省法学会	庆 丽	法学院	1
我国交通警察权要素研究	江苏省法学会	刘启川	法学院	1
大数据环境下知识产权公共领域研究	江苏省法学会	徐珉川	法学院	1
对话式医疗纠纷化解机制研究——以江苏省为例	江苏高校区域法治发展协同创新中心	梁云宝	法学院	3
道德虚无主义研究	江苏省教育厅	王 俊	人文学院	5
地方行政机关责任清单问题研究	江苏省人民政府法制办公室法制研究中心	刘启川	法学院	1

9. 横向项目

课题名称	类别	负责人	单位	经费（万元）
雷公岛旅游策划与概念性规划	委托项目	徐菲菲	人文学院	50
检察机关行政法律监督及检察业务培训	委托项目	刘艳红 尹 吉	法学院	15
江苏省交通运输行政执法典型案例（航道海事篇）研究	委托项目	顾大松	法学院	5
互联网时代打车软件的政府监管之道	委托项目	顾大松	法学院	2
"交通运输五项执法行动"长效工作机制建设研究	委托项目	顾大松	法学院	12
基于大数据的互联网金融信用评价体系研究	委托项目	何建敏	经济管理学院	20
2014年南京大地建设集团公司管理咨询	委托项目	陈良华	经济管理学院	10
南京市企业电子商务信用评价指标体系研究	委托项目	吴清烈	经济管理学院	5
宁波城市规划史研究	委托项目	李百浩	土木工程学院	80
检察管理现代化研究——以发达地区基层检察院为视角	委托项目	尹 吉 刘艳红	法学院	6
江南的地理空间沿革与文化意象研究	委托项目	刘 超	外国语学院	6
临时安排的发展及其在南海的适用研究	委托项目	叶 泉	法学院	3
徐工集团PCA心理资本增值咨询项目协议	委托项目	马向真	人文学院	2
电力工程物资供应链管理深化与创新研究	委托项目	刘新旺	经济管理学院	13
小贷公司资产证券化融资研究	委托项目	何建敏	经济管理学院	10
南京紫金投资信用担保有限责任公司十三五规划	委托项目	朱 涛	经济管理学院	5
外资三法修订对江苏利用外资的影响	委托项目	肖 冰	法学院	3
2015年江苏省互联网金融创新发展研究	合作研究项目	吴清烈	经济管理学院	4.8
南京市滨江岸线和沿岸管理条例	委托项目	周佑勇	法学院	70
基于"县级供电企业统计一套表"深化应用的县级供电企业综合辅助决策模式研究	委托项目	赵 驰	经济管理学院	80
		易 波	法学院	
		洪芦城	电气工程学院	
		蒲正宁	经济管理学院	
		郭 城	人事处	
扬子分公司物资追踪管理系统	委托项目	赵林度	经济管理学院	12

(续 表)

课题名称	类别	负责人	单位	经费（万元）
2016年度江苏交通运输科技需求调研与选题指南编制	委托项目	顾大松	法学院	5
"法治交通"征文活动优秀论文审查、推选工作	委托项目	顾大松	法学院	2.6
国有企业法律风险及防范研究	委托项目	高歌	法学院	12
《常州市产城融合发展规划》《姑苏区、保护区文化旅游产业三年发展实施纲要》	委托项目	郭垚	人文学院	11.5
大学英语数字课程	委托项目	李霄翔	外国语学院	30
高校共青团创业竞赛育人模式研究：基于创业竞赛有效性分析	委托项目	周勇	马克思主义学院	0.5
南自"H"管理模式研究	委托项目	周路路	经济管理学院	21
国有企业法律风险存在的重点领域、关键事项及防控预案——以南京地铁为例	委托项目	高歌	法学院	1
黄石市大冶湖生态核心区地下综合管廊及停车场PPP项目实施方案与物有所值（VFM）评估研究	委托项目	徐伟（共同主持人）	法学院	30
江苏省智慧沿海战略发展研究报告	委托项目	葛沪飞	经济管理学院	10

10. 省级研究机构

序号	基地名称	依托单位	批准时间	批准部门	负责人	机构性质
1	江苏省中国特色社会主义理论体系研究基地	马克思主义学院等	2015	江苏省委宣传部	郭广银	江苏省中国特色社会主义理论体系研究基地
2	中国特色社会主义发展研究院（简称"中特发展智库"）	马克思主义学院等	2015	江苏省委宣传部	郭广银	首批江苏省重点高端智库
3	道德发展智库	人文学院	2015	江苏省委宣传部	樊和平	首批江苏省重点高端智库
4	反腐败法治研究中心	法学院	2015	江苏省教育厅	刘艳红	江苏省高校哲学社会科学重点研究基地
5	道德国情与道德哲学前沿创新团队	人文学院	2015	江苏省教育厅	樊和平	江苏省教育厅社科优秀创新团队
6	公民道德与社会风尚协同创新中心	人文学院	2014	江苏省人民政府	樊和平	江苏省2011协同创新中心
7	江苏省非物质文化遗产研究基地	艺术学院	2014	江苏省文化厅	王廷信	江苏省非物质文化遗产研究基地
8	公民道德提升与人的现代化研究中心	人文学院	2013	江苏省社科规划办	田海平	江苏省哲社研究基地

(续 表)

序号	基地名称	依托单位	批准时间	批准部门	负责人	机构性质
9	道德国情调查研究中心	人文学院	2013	江苏省社科联	王珏	江苏省决策咨询研究基地
10	中国传统艺术的传承与传播研究中心	艺术学院	2013	江苏省教育厅	王廷信	江苏省教育厅社科优秀创新团队
11	亚太语言政策研究中心	外国语学院	2013	江苏省教育厅	陈美华	江苏省教育厅国际问题研究中心（培育）
12	江苏省科技创新体系建设思想库	经济管理学院	2012	江苏省科技厅	仲伟俊	江苏省决策咨询研究基地
13	江苏经济全球化研究中心	经济管理学院	2012	江苏省教育厅	邱斌	江苏省教育厅校外研究基地
14	交通法治与发展研究中心	法学院	2012	江苏省交通运输厅	周佑勇	江苏省交通运输行业政策法规重点研究基地
15	江苏省重点物流研究基地	经济管理学院	2011	江苏省经信委	赵林度	江苏省物流重点研究基地
16	江苏创新驱动研究基地	经济管理学院	2011	江苏省社科联	仲伟俊	江苏省决策咨询研究基地
17	江苏民生幸福研究基地	经济管理学院	2011	江苏省社科联	徐康宁	江苏省决策咨询研究基地
18	金融统计研究所	数学系	2011	江苏省统计局	林金官	江苏省统计科学研究基地
19	艺术学研究中心	艺术学院	2010	江苏省教育厅	凌继尧	江苏省高校哲学社会科学重点研究基地
20	道德哲学与中国道德发展研究所	人文学院	2009	江苏省教育厅	樊和平	江苏省高校哲学社会科学重点研究基地
21	江苏省区域经济与发展研究基地	经济管理学院	2008	江苏省社科规划办	徐康宁	江苏省哲社研究基地

本 科 教 育

综 述

2015年是我校实施"十二五"规划纲要的收官之年。本科教学工作坚持走"卓越化、国际化、研究型"人才培养的内涵式发展道路,持续改善教学保障条件,进一步优化变革人才培养模式,不断完善"基础宽厚、主干突出、选择多元、载体丰富"的本科人才培养路径。在学校的统一领导下,在各院系以及相关职能部门的共同努力下,本科人才培养质量在稳步提升,本科教学工作方面也取得了一系列成效。

一、教育教学改革与研究工作

1. 深入开展内涵建设,专业建设成效显著

我校推荐的8个专业经过前期研讨、数轮修改、专家评审,全部获批江苏高校品牌专业建设工程一期项目。组织开展了人才培养方案验收工作,在第一轮评审基础上,所有专业都完成了第二轮答辩。信息工程专业接受2015年工程教育专业认证现场考查,获得好评。自动化、计算机科学与技术、临床医学专业已通过工程教育专业认证专家委员会审核并将于2016年认证。经院系申报、校专业设置委员会审核,自动化学院向教育部再次提出"机器人工程"新专业申报申请,已获批准,成为全国首家开设此专业的高校。

2. 进一步深化课程改革,凸显资源建设优势

进一步规范研讨课程建设,经过反复研讨,出台了研讨课程质量标准。组织专家对第一批立项的312门英文(双语)课程、系列研讨课程和校企共建课程进行了年度评审,287门课程通过了年度检查(其中有19门课程以"优秀"通过),25门课程没有通过年度检查。启动第二批英文(双语)课程、系列研讨课程和校企共建课程的申报工作,经申报、遴选、评审,134门课程获得为建设立项。经院系推荐、专家评审和学校审定,遴选79门课程作为第一批校级研讨课立项建设项目。与东南大学出版社签订MOOC课程制作出版发行合同,使线上线下教学有机结合,翻转课堂教学得到有效利用。在教材建设方面,共11部教材获批2015年江苏省高等学校重点教材立项。

3. 推进教育教学改革,喜获丰硕成果

我校共获批2015年江苏省高等教育教改研究立项课题14项,其中重中之重2项,重点4项。组织专家对2013年立项建设的校级教学改革研究项目和2010年尚未结题的项目进行了验收,经专家组评议、学校审核,135项通过结题验收,13项暂缓通过,23项延期结题。开展了2015年度校级教改项目立项评审工作,经申报、网评、专家评审、学校审定,142项获得校级教改项目立项,其中重中之重5项、重点20项。师资队伍建设方面,经校内遴选、专家组审议,王建国教授已通过教育部2015年"万人计划"教学名师的评选。经院(系)推荐、专家评审,共评出2014—2015学年东南大学教学奖励金特等奖4人、一等奖31人、二等奖55人和专项奖两类17项。其中,校级特等奖获得者徐康宁、周建华、陈峻、堵国梁获得2015年度"宝钢优秀教师奖"。

二、实践教学与卓越人才培养工作

1. 课外研学与学科竞赛水平进一步提高

2015年共立项各级各类SRTP项目1 469项,其中省级、国家级项目数相比上一学年增加12项。并完成2014年度项目的结题验收,除个别项目延期外,其余项目均顺利通过结题验收,其中优秀比例20%左右。

本学年承办或组织学生参与各级各类学科竞赛93项,共计5 783人次获得不同级别的奖项,其中获得国际级一等奖48人次,国际级二等奖90人次,国际级三等级奖5人次,国际级优秀奖9人次;国家级特等奖28人次,国家级一等奖89人次,国家级二等奖165人次,国家级三等奖133人次,国家级优秀奖16人次;省级特等奖29人次,省级一等奖224人次,省级二等奖189人次,省级三等奖55人次,省级优秀奖13人次等。并在国际、国内的一些高级别的赛事中获得了优异的成绩,如2015年全国大学生电子设计竞赛获10个全国一等奖和8个全国二等奖,一等奖获奖数并列全国高校第一,创下了参赛历史最好成绩;2015年美国大学生数学建模竞赛获国际级一等奖;中俄大学联盟创新能源设计大赛中取得一等奖第一名的佳绩等。

2015年共邀请了校内、外知名学者为本科生举办课外研学讲座63场,受益学生超过15 000人次,涵盖全校所有学院,学生共提交研学报告超过5 200份。

为学生搭建了多个交流展示平台:2015年5月举办的第五届大学生学术报告会中,共收到学生提交的论文275篇,其中89篇入选报告会展示,分别在8个分会场进行了现场报告;2015年12月举办的东南大学第十届大学生创新创业成果展示会上,展示东南大学本科生的各类课外研学作品及项目成果450件,实物88件,还特邀了浙江大学、同济大学、中国科技大学、南京大学、中国药科大学等兄弟院校共同参展。

2. 进一步加强与提高毕业设计与实习工作管理水平

2015届全校毕业设计(论文)审核通过课题4 000余项,双选成功课题3707项(包括卓越课题236个),其中来源于生产科研的课题2 662项,占71.81%;来源于国际、国家及省部级以上重大科研项目的课题521项,占14.05%。在3 707项毕业设计中,优秀17.60%,良好59.88%,中19.31%,及格1.63%,不及格1.57%。在院(系)初评和推荐的基础上,经专家审核,共评出校级优秀毕业设计(论文)115篇,其中12篇推荐参加江苏省优秀毕业设计(论文)评选,并推荐建筑学院3个团队参加省优秀毕业设计团队评选。随机抽取2015届本科学生毕业论文32篇至同济大学开展校际论文互评,涉及金融、信息工程、机械工程、数学与应用数学4个专业。2015年起,学校首次试用中国知网"大学生论文查重检测系统",参与查重检测的有3 524篇论文。其中,信息、电子、数学等10个院(系)100%参与查重,查重率根据专业不同基本控制在30%以下。

3. 加大实验教学投入,强化卓越专业人才培养

投入专项经费500万元,支持各专业进行虚拟仿真实验平台建设,支持机电综合国家级虚拟仿真实验中心5个分中心以及医学、公卫、交通、土木学院的仿真软件建设。协助设备处共同做好国家级与省级实验教学示范中心的建设申报工作,交通运输学院申报国家级虚拟仿真实验中心,建筑风景园林专业成功申报省级实验教学综合示范中心。进一步强化卓越专业建设的管理和要求,规范卓越工程师教育计划工作的管理,保证卓越人才培养质量。参照卓越专业评估标准,制定《东南大学卓越专业认证工作自评方案》;为了更好地总结各卓越专业在人才培养方案制订、专业课程体系建设以及实习实践的工作情况,推广与辐射成功经验,2015年召开校内15个卓越专业的建设工作评审会,邀请包括林健教授在内的多名校内外工程专业认证专家参与评审,顺利完成卓越专业总结和评估以及卓越专业工程实践基地的检查评审工作。与中兴通讯协同建设了一批由企业教师主讲的优质企业课程,并面向全校卓越专业开放共享。

4. 全面推进国际化进程,拓展国际合作项目

2015年学校组织申报并获批26项与国外知名大学、公司合作本科生国际交流项目,共计获得92个交流名额资助。70名优秀本科生通过国家留学基金委的审批后到国外知名大学学习,派出学生数比去年同期增加21%,审核通过率达到100%;组织推荐12名优秀本科生申请加拿大科研课题实习项目。积极组织学生参加江苏省教育厅主办的省政府境外学习奖学金项目,共28位学生被该项目录取,并获得1万元/人省政府奖学金减免,于暑期赴美、英、澳、加等国一流大学进行为期一个月的交流学习。与多个国外大学签署了合作协议,包括与美国田纳西大学联合培养本科双学位,与美国加州大学欧文分校、美国凯斯西储大学、法国n+i联盟、法国EPF工程师学校、德国乌尔姆大学等开展本硕联合培养项目,以及与日本爱知大学、德国DHBW大学、美国天普大学等的本科交换生项目。30多名本科生赴美国、日本、加拿大参加国际会议并宣读发表论文、赴俄罗斯参加中俄工科联盟国际竞赛并获奖。进一步完善了外籍教授来校管理办法,2015年外籍教授专家来校开设本科生课程达80门。

5. 进一步丰富创新教育

构建大学生创客空间,建设多个大学生创客空间,建设创新成果展示厅,为学生创新创业搭建展示舞台;召开江苏省高等学校教学管理研究会创新创业教育工作委员会成立大会暨学术年会。

三、教学运行与学籍管理工作

1. 教务运行工作有条不紊

规范教学任务下达流程,认真落实教学任务,及时生成教学计划进程,科学编排课表,本年度合计编排课表7 700余门次。做好期中教学检查工作,在教务处的统一部署下,各院(系)采取党政领导听课、师生座谈、教师评学、学生评教等方式进行期中教学检查。本年度重点检查了课程教学基本环节、毕业设计和上学期期末考核工作。共走访15个院(系),了解本科教学基本状态,广泛收集了学院对教务处工作的意见和建议。科学安排考试,2015年合计安排补考、期中考试、自学重修考试、期末考试、转专业考试、全国大学外语四六级考试、江苏省计算机等级、成人教育学位考试、在校民族特招生学位课程考试等各类考试,合计192 453人次。开展校长奖、课程奖、外语奖的评选工作,共评选出校长奖129人,外语优秀奖622人,5 360余人次、600余门课程奖。对《自然灾害与人》《认识地球》两门MOOCs课程进行全方位的课程过程管理与网络服务,为教学模式改革提供了条件保障。

2. 不断创新与优化服务流程

"东南大学教室管理平台"从2015年4月开始试运行,实现了网上管理教室、借用教室、空闲教室查询、调停课安排实时公布、教室的课程安排表查询等功能,精准的管理使教室利用率大幅提高,为提高教学质量起到了一定的推动作用。自行设计并完善了考试编排程序,实现了第11周公布期末考试安排(比往年提早3周时间),同时实现了跟班重修期末考试的网络查询,为学生合理安排时间提供了依据,得到了学生的广泛好评。加强对学生的帮扶,加强对民族特招生、高水平运动员等选课等引导,成立选课指导小组,定期对其学业进行课外辅导。

3. 按时准确完成各类审核、注册与选拔工作

完成2015届毕业生毕业资格审核4 109人,毕业或结业电子注册3 925人;2015级新生入学信息注册3 986人,学年在校生电子注册12 471人;2015年学士学位资格审核5 916人,学士学位电子注册5 662人;2016届毕业生信息核对和毕业资格预审3 974人。完成《核工程与核技术》《传感网技术》《新能源材料与器件》《生物信息技术》《哲学》《金融工程》《城市地下空间》7个专业的学士学位授权专业增列审核的组织工作,以优秀成绩获得了学士学位授权。进一步完善各项管理政策,简化操作,组织院(系)圆满完成了2014

级学生转系、转专业申报、审核、录取工作,报名 983 人,录取 197 人;2014 级部分院系大类专业分流工作,约 2 006 人;2015 年度学习优秀生的选拔、推荐工作,约 460 人;2016 届推免生工作,共推荐 760 人,录取 759 人。进一步改进交流生网上申报及管理系统,提高工作效率,组织交流生选拔工作,合计推荐 350 人左右,接收外校学生到我校交流约 100 人。组织学生申请 CSC 基金和校友基金会资助项目 127 人;学分认定及成绩转换审核约 210 人。

4. 加强学籍预警、学籍处理及学业辅导工作

聘请教师开设基础课程系列辅导讲座约 20 场;招募优秀学生帮助学习暂时困难学生,建立了数学类 135 组,物理类 86 组,程序设计及算法语言类 56 组,外语类 20 组及专业基础课程 123 组。改造辅导答疑室与咨询室,开展基础课助学及学业指导咨询活动,为学生解答学业(包括课程学习进程制订、基础课程辅导、转系、专业分流、出国交流、保研、课外研学及竞赛项目申报、毕业设计指导等)或学习中遇到的各类问题。完善预警和学业辅导机制,指导院(系)建立学生学习状态表、关注学生学习状态,并开展有针对性的帮助。本学年学业预警 2 076 人次(留级 181 人,退学 29 人)。

本科专业设置一览表

序号	院系	专业代码	专业名称	修业年限	学位授予门类	备注
1	建筑学院	082801	建筑学	五年	建筑学	
2		082802	城乡规划	五年	工学	
3		082803	风景园林	五年	工学	
4	机械工程学院	080201	机械工程	四年	工学	
5		120701	工业工程	四年	工学	
6	能源与环境学院	080501	能源与动力工程	四年	工学	
7		081002	建筑环境与能源应用工程	四年	工学	
8		082502	环境工程	四年	工学	
9		082201	核工程与核技术	四年	工学	
10	信息科学与工程学院	080706	信息工程	四年	工学	
11		080703	通信工程	四年	工学	暂缓招生
12	土木工程学院	081001	土木工程	四年	工学	
13		120103	工程管理	四年	工学	
14		080102	工程力学	四年	工学	
15		081003	给排水科学与工程	四年	工学	

(续 表)

序号	院系	专业代码	专业名称	修业年限	学位授予门类	备注
16	电子科学与工程学院	080702	电子科学与技术	四年	工学	
17		080905	物联网工程	四年	工学	
18		080414T	新能源材料与器件	四年	工学	
19		080704	微电子科学与工程	四年	工学	暂缓招生
20	数学系	070101	数学与应用数学	四年	理学	
21		070102	信息与计算科学	四年	理学	
22		071201	统计学	四年	理学	
23	自动化学院	080801	自动化	四年	工学	
24	计算机科学与工程学院	080901	计算机科学与技术	四年	工学	
25		080902	软件工程	四年	工学	
26	物理系	070201	物理学	四年	理学	
27		070202	应用物理学	四年	理学	
28		080705	光电信息科学与工程	四年	理学	暂缓招生
29	生物科学与医学工程学院	082601	生物医学工程	七年	工学	长学制专业
30		082601	生物医学工程	四年	工学	
31		071003	生物信息学	四年	工学	
32	材料科学与工程学院	080401	材料科学与工程	四年	工学	
33	人文学院	030201	政治学与行政学	四年	法学	
34		120901K	旅游管理	四年	管理学	
35		030301	社会学	四年	法学	
36		050101	汉语言文学	四年	文学	
37		010101	哲学	四年	哲学	
38	经济管理学院	120201K	工商管理	四年	管理学	
39		020401	国际经济与贸易	四年	经济学	
40		120102	信息管理与信息系统	四年	管理学	
41		120203K	会计学	四年	管理学	
42		020301K	金融学	四年	经济学	
43		020101	经济学	四年	经济学	
44		120801	电子商务	四年	管理学	
45		120601	物流管理	四年	管理学	
46		020302	金融工程	四年	经济学	

(续表)

序号	院系	专业代码	专业名称	修业年限	学位授予门类	备注
47	电气工程学院	080601	电气工程及其自动化	四年	工学	
48	外国语学院	050201	英语	四年	文学	
49		050207	日语	四年	文学	
50	化学化工学院	081301	化学工程与工艺	四年	工学	
51		081302	制药工程	四年	工学	
52		070301	化学	四年	理学	
53	交通学院	081802	交通工程	四年	工学	
54		081801	交通运输	四年	工学	
55		081201	测绘工程	四年	工学	
56		081103	港口航道与海岸工程	四年	工学	
57		070504	地理信息科学	四年	理学	
58		081005T	城市地下空间工程	四年	工学	
59		081006T	道路桥梁与渡河工程	四年	工学	
60	仪器科学与工程学院	080301	测控技术与仪器	四年	工学	
61	艺术学院	130310	动画	四年	艺术学	
62		130401	美术学	四年	艺术学	
63		130502	视觉传达设计	四年	艺术学	暂缓招生
64		130503	环境设计	四年	艺术学	暂缓招生
65		130504	产品设计	四年	艺术学	
66	法学院	030101K	法学	四年	法学	
67	医学院	100201K	临床医学	七年	医学	长学制专业
68		100201K	临床医学	五年	医学	
69		100203TK	医学影像学	五年	医学	
70		101101	护理学	四年	理学	
71		101001	医学检验技术	四年	理学	
72		083001	生物工程	四年	工学	
73	公共卫生学院	100401K	预防医学	五年	医学	
74		120403	劳动与社会保障	四年	管理学	
75	学习科学研究中心	040102	科学教育	四年	教育学	

2015年江苏省高等学校重点教材立项建设项目

序号	类别	学院	教材名称	主编	推荐单位
1	修订	建筑学院	现代景观设计理论与方法	成玉宁	东南大学
2		机械学院	工业设计基础	薛澄岐	东南大学
3		信息学院	电路与电子线路基础（电路部分） 电路与电子线路基础（电子线路部分）	王志功	东南大学
4		土木学院	工程管理概论	成 虎	东南大学
5		土木学院	地下结构工程（第2版）	穆保岗 陶 津	东南大学
6		电气学院	电机学（第二版）	胡敏强	东南大学
7		交通学院	交通管理与控制	陈 峻	省高校教学管理研究会教材委员会
8	新编	建筑学院	建筑设计基础	史永高 张 嵩 单 踊	东南大学
9		能环学院	Renewable And Advanced Power Generation Technologies（可再生能源和高新发电技术）	陈九法	东南大学
10		信息学院	专用集成电路设计	朱 恩 胡庆生	东南大学
11		土木学院	土木工程概论	邱洪兴	东南大学

2015年国家级视频公开课建设项目

序号	院系	课程名称	负责人	备注
1	艺术学院	传情绝调《牡丹亭》	赵天为	2015年（第七批）

2015年"万人计划"教学名师特殊支持经费获批名单

建筑学院　王建国

2015年国家级虚拟仿真实验教学中心

土木工程学院

2015年医学教学基地名单

附属医院：
1. 中大医院
2. 徐州市第四人民医院
3. 扬州市第一人民医院
4. 蚌埠市第一人民医院
5. 江北人民医院
6. 蚌埠市第三人民医院
7. 南京市第二医院
8. 马鞍山市人民医院
9. 江阴市人民医院
10. 盐城市第三人民医院
11. 南京同仁医院
12. 南京市胸科医院
13. 南京军区总医院

教学医院：
1. 北京铁路总医院
2. 天津铁路中心医院
3. 济南铁路中心医院
4. 郑州铁路中心医院
5. 宜兴市人民医院
6. 广州铁路中心医院
7. 上海崇明县中心医院
8. 南京市第一医院
9. 南京鼓楼医院
10. 徐州铁路医院
11. 南京铁路分局中心医院
12. 金坛市人民医院
13. 姜堰市人民医院
14. 丹阳市人民医院
15. 江都市人民医院
16. 宿迁市人民医院
17. 新沂市人民医院
18. 无锡市第二人民医院
19. 靖江市人民医院
20. 苏北人民医院
21. 淄博铁路医院

22. 南京市胸科医院
23. 成都铁路中心医院
24. 武汉铁路中心医院
25. 柳州铁路中心医院
26. 西安铁路中心医院
27. 蚌埠铁路中心医院
28. 南京市江宁区人民医院
29. 镇江市解放军三五九医院
30. 淮安市解放军八二医院
31. 连云港市人民医院
32. 常州戚墅堰车辆厂职工医院
33. 南京市江浦县人民医院
34. 南京市六合区人民医院
35. 南京明基医院
36. 响水县人民医院
37. 南京市中心医院

教学防疫站：
1. 江苏省卫生防疫站
2. 南京市卫生防疫站
3. 南京铁路卫生防疫站
4. 北京铁路中心卫生防疫站
5. 沈阳铁路中心卫生防疫站
6. 齐齐哈尔铁路中心卫生防疫站
7. 郑州铁路中心卫生防疫站
8. 济南铁路中心卫生防疫站
9. 广州铁路中心卫生防疫站
10. 上海铁路中心卫生防疫站
11. 成都铁路中心卫生防疫站
12. 福州铁路中心卫生防疫站
13. 丹阳市卫生防疫站
14. 嘉兴市第二医院
15. 徐州市彭城社区卫生服务中心
16. 南京市模范西路社区卫生服务中心
17. 南京市虹桥社区卫生服务中心
18. 南京市小市社区卫生服务中心
19. 南京市中华路社区卫生服务中心
20. 西藏自治区拉萨市疾病预防控制中心
21. 常熟市疾病预防控制中心

22. 苏州吴江区疾病预防控制中心
23. 乌鲁木齐市疾病预防控制中心

健康教育基地：1. 江苏省盱眙中学

2015 年校级教学改革与研究立项建设项目一览表

序号	院系名称	项目名称	所属分类	负责人	推荐等级
1	建筑学院	建筑历史与理论教学课程体系与整体优化研究	专项研究课题	陈 薇	重中之重
2	建筑学院	《Urban Policy Analysis》全英文课程建设与实践研究	青年资助课题	马晓甦	重点
3	建筑学院	建筑学专业"设计＋技术"主干课程群集成化教学模式探索	专项研究课题	鲍 莉	重点
4	建筑学院	面向城乡规划专业的城市地理学课程改革研究和实践	青年资助课题	陶岸君	一般
5	建筑学院	基于开放式议题探析的《城市绿地系统规划》研讨型教学模式研究与实践	青年资助课题	周聪惠	一般
6	建筑学院	基于创新型人才培养的《外国园林史》课程开发研究	面上项目课题	谭 瑛	一般
7	建筑学院	从城乡一体到向乡村倾斜——城镇总体规划教学改革	面上项目课题	张 倩	一般
8	建筑学院	面向大数据时代的卓越规划专业人才培养模式改革研究	面上项目课题	杨俊宴	一般
9	建筑学院	中外建筑史课程群建设	专项研究课题	汪晓茜	一般
10	机械工程学院	基于面向产出(OBE)的课程进程式评估的研究与探索	面上项目课题	贾民平	重点
11	机械工程学院	基于项目的机械制图教学模式的改革	面上项目课题	张 艳	一般
12	机械工程学院	非机械专业《机械设计基础》课程教学研究	面上项目课题	毕可东	一般
13	机械工程学院	通识课程机电基础实践教学设备开发自制	面上项目课题	王 亮	一般
14	机械工程学院	工业工程专业人才培养方案与教学模式的对标分析	面上项目课题	苏 春	一般
15	机械工程学院	面向中国制造 2025 的机械工程创新型人才培养模式改革与实践	专项研究课题	殷国栋	一般
16	能源与环境学院	《生态修复理论与工程》PBL 教学模式的建立与研究	面上项目课题	吴 磊	重点

（续　表）

序号	院系名称	项目名称	所属分类	负责人	推荐等级
17	能源与环境学院	基于卓越工程培养理念能源与动力工程制冷方向课程体系建设	面上项目课题	李舒宏	重点
18	能源与环境学院	基于翻转课堂核心理念的研究性教学模式探索与实践	青年资助课题	刘倩	一般
19	能源与环境学院	工程热力学双语课程建设的研究与实践	青年资助课题	邵应娟	一般
20	能源与环境学院	《热质交换原理与设备》课程的双语和研讨实践教学方法初探	面上项目课题	吴嘉峰	一般
21	信息科学与工程学院	基于移动互联网的课程学习模式改革与实践	面上项目课题	陈立全	重中之重
22	信息科学与工程学院	数字信号处理课程的微课程建设	青年资助课题	戚晨皓	重点
23	信息科学与工程学院	基于项目的教学模式的研究与实践	面上项目课题	徐建	一般
24	信息科学与工程学院	把软件无线电技术引入综合课程设计课程的教学改革与实践	面上项目课题	张圣清	一般
25	土木工程学院	面向核心能力培养的工程管理专业毕业设计创新研究与实践	青年资助课题	徐照	一般
26	土木工程学院	工程项目投资决策与造价管理课程专题研讨式教学模式研究与实践	青年资助课题	陆莹	一般
27	土木工程学院	多重制度压力下的高校青年教师教学能力提升路径研究：以土木类学科为实证	青年资助课题	宁延	一般
28	土木工程学院	与虚拟仿真实验相融合的"结构力学"课程教学创新与实践	青年资助课题	缪志伟	一般
29	土木工程学院	基于"课堂教学—虚拟仿真—工程实践"的土木工程施工课程教学改革与实践	青年资助课题	朱明亮	一般
30	土木工程学院	《土木工程概论》启发研讨式教学研究	青年资助课题	孙泽阳	一般
31	土木工程学院	基于翻转课堂的土木工程专业课程教学探索	面上项目课题	秦卫红	一般
32	土木工程学院	以培养学生兴趣为导向基于现代动画技术的结构力学课程创新教学方法研究与实践	面上项目课题	赵才其	一般
33	土木工程学院	环境影响评价课程与国家环评资格考试相结合的教学改革	面上项目课题	邓琳	一般
34	土木工程学院	弹性力学课程的国际化建设研究与实践	面上项目课题	糜长稳	一般
35	土木工程学院	工程结构抗震与防灾的教学体系综合创新与实践	面上项目课题	王浩	一般
36	土木工程学院	基于远程协同试验的国际化土木工程实验教学体系建设	专项研究课题	王燕华	一般

(续 表)

序号	院系名称	项目名称	所属分类	负责人	推荐等级
37	土木工程学院	基础力学校级平台课程建设的研究与实践	专项研究课题	董萼良	一般
38	电子科学与工程学院	以精品资源共享课程为目标的课程建设与教学能力提升研究	专项研究课题	单伟伟	重点
39	电子科学与工程学院	电子线路课程的分组互动式教学方法研究与实践	青年资助课题	徐 申	一般
40	电子科学与工程学院	《信号与线性系统》的过程教学与考核的探索与实践	面上项目课题	肖 梅	一般
41	电子科学与工程学院	基于项目的卓越工程师能力培养调查与研究	面上项目课题	董志芳	一般
42	电子科学与工程学院	加强校企合作在实践教学中发挥作用的探索与实践	面上项目课题	赵 宁	一般
43	数学系	体现专业特色的线性代数教学方法研究	青年资助课题	吴 霞	一般
44	数学系	微课在高等数学教学中的应用探索	面上项目课题	马红铝	一般
45	自动化学院	面向工程教育认证的"自动化专业核心系列课程"综合改革	面上项目课题	张凯锋 魏海坤	重中之重
46	自动化学院	基于CDIO的《电子电路基础》教学研究与实践	青年资助课题	牛 丹	一般
47	自动化学院	在项目中学习程序的构架	青年资助课题	李骏扬	一般
48	自动化学院	基于PBL的C++研讨课教学管理方法探讨	青年资助课题	仰燕兰	一般
49	自动化学院	面向卓越工程师培养的嵌入式系统课程设计教学模式探索和研究	青年资助课题	黄永明	一般
50	自动化学院	"从行业中来,到科研中去"的《自动控制原理1》教学研究与实践	青年资助课题	陈杨杨	一般
51	自动化学院	电路课过程化考试改革研究与实践	面上项目课题	盖绍彦	一般
52	自动化学院	基于RTO技术的过程控制课程改革	面上项目课题	杨 俊	一般
53	自动化学院	项目驱动C++程序设计教学探索	面上项目课题	杨万扣	一般
54	计算机科学与工程学院	面向计算机学科"研究型创新培优"人才培养模式研究探索与实践	专项研究课题	王 伟	一般
55	生物科学与医学工程学院	生物医学工程专业多学科融合的课程体系优化	专项研究课题	顾忠泽	重点
56	生物科学与医学工程学院	生物统计学精品课程建设	面上项目课题	谢建明	一般

(续表)

序号	院系名称	项目名称	所属分类	负责人	推荐等级
57	生物科学与医学工程学院	不同教学模式在生物医学工程本科双语教学中的实践研究	专项研究课题	杨 芳	一般
58	材料科学与工程学院	材料科学与工程专业工程教育国际认证的研究与实践	面上项目课题	张旭海	重点
59	材料科学与工程学院	《非晶金属材料》全英文课程教学改革探索	青年资助课题	王倩倩	一般
60	材料科学与工程学院	面向国际化人才培养的《材料分析技术》全英文课程的教学改革与实践	专项研究课题	张法明	一般
61	人文学院	治理现代化背景下公共管理专业《西方经济学》课程体系优化	青年资助课题	杨 煜	一般
62	人文学院	人文通识选修课程教学模式探索与实践——以"唐诗鉴赏"课程为个案	青年资助课题	张晓青	一般
63	人文学院	旅游管理专业系列专题研讨课研究与实践	面上项目课题	贾鸿雁	一般
64	经济管理学院	提高本科生毕业论文、毕业设计质量的研究与实践	青年资助课题	李守伟	一般
65	经济管理学院	"互联网＋"背景下物流专业国际化联合培养体系建设	青年资助课题	薛魏立	一般
66	经济管理学院	"互联网＋"背景下电子商务专业人才培养课程体系创新研究	青年资助课题	孙胜楠	一般
67	经济管理学院	本科生全英文课程建设的研究与实践	青年资助课题	顾 欣	一般
68	经济管理学院	《财经概论》通识课程的教学模式精细化改革与实践	青年资助课题	陈洪涛	一般
69	经济管理学院	卓越人才培养背景下《成本会计》课程项目化教学研究与实践	面上项目课题	韩 静	一般
70	经济管理学院	"信息管理与信息系统"专业课程体系与教学内容整体优化研究	面上项目课题	黄 超	一般
71	经济管理学院	东南大学创新创业教育融入人才培养体系的模式研究	专项研究课题	葛沪飞	一般
72	经济管理学院	基于SPOC设计思路的精品资源共享课程建设的研究和实践	专项研究课题	陈菊花	一般
73	经济管理学院	创业教育背景下商科教育定位与模式研究	专项研究课题	赵林度	一般
74	电气工程学院	"电力市场概论"全英文课程教学配套资源建设探索	青年资助课题	王蓓蓓	一般
75	电气工程学院	基于Cortex-M4技术的计算机应用系统设计——面向电气工程的实践应用	面上项目课题	尤 鋆	一般
76	电气工程学院	智能电网虚拟仿真教学软件平台的研究	专项研究课题	陈歆技	一般

(续 表)

序号	院系名称	项目名称	所属分类	负责人	推荐等级
77	外国语学院	大学英语教学生态系统中基于移动学习的教学模式研究与实践	青年资助课题	李 晨	重点
78	外国语学院	督导在本科教学质量评估中的监督模式多元化改革探索	面上项目课题	刘须明	重点
79	外国语学院	基于东南大学—田纳西大学暑期英语夏令营的中外合作英语教学模式探索与实践	专项研究课题	毛彩凤	重点
80	外国语学院	小组合作式教学的研究与实践(以英语系为例)	青年资助课题	胡永辉	一般
81	外国语学院	"中国文化失语"背景下的大学英语基础阶段教学的改革与实践	青年资助课题	邵 争	一般
82	外国语学院	"微学习"视野下大学英语提高阶段教学模式改革	面上项目课题	吴之昕	一般
83	外国语学院	外国语学院"多模态"教学综合评价模式的建立与实践	面上项目课题	石 玲	一般
84	外国语学院	基于SPOC的学术交流英语翻转课堂教学模式探究	面上项目课题	金 曙	一般
85	外国语学院	互联网+环境下基于ESP理论的医学院英语课程优化升级的实践与探索	面上项目课题	李 黎	一般
86	外国语学院	长短学期英语项目研究课程的整合设计	专项研究课题	李 涛	一般
87	外国语学院	微课程与大学英语教学的深度融合	专项研究课题	朱善华	一般
88	体育系	微课在东南大学体育系微信公众平台构建与推广	面上项目课题	黄忠辉	一般
89	体育系	基于网络环境下学生自主锻炼的培养与评价研究	专项研究课题	葛 炎	一般
90	化学化工学院	高分子化学双语教学模式的探索与实践	面上项目课题	郭玲香	一般
91	化学化工学院	基于翻转课堂教学模式大学化学(二)微课开发与应用	专项研究课题	郑颖平	一般
92	交通学院	面向工程教育专业认证的交通工程专业学生毕业要求达成评价研究与实践	专项研究课题	陈 峻	重中之重
93	交通学院	《交通调查与数据分析方法》双语教学资源建设	青年资助课题	徐铖铖	一般
94	交通学院	"卓越化、国际化、研究型"导向的交通工程专业《城市规划原理》课程教学研究	青年资助课题	王 卫	一般
95	交通学院	基于结构算例的桥梁电算系列课程专题式教学模式研究	青年资助课题	熊 文	一般
96	交通学院	基于创新和应用能力培养为目标的工程案例教学法在《地下建筑结构》课程中的研究与实践	面上项目课题	丁建文	一般

(续 表)

序号	院系名称	项目名称	所属分类	负责人	推荐等级
97	交通学院	《土木工程测量》的APP移动学习研究与系统开发	面上项目课题	张宏斌	一般
98	交通学院	《交通数据挖掘技术》全英文课程建设与实践	专项研究课题	陈淑燕	一般
99	交通学院	面向道路交通专业的大学生科技竞赛活动组织管理模式研究与实践	专项研究课题	王 昊	一般
100	交通学院	《交通规划》课程微课教学方法探索及应用	专项研究课题	杨 敏	一般
101	仪器科学与工程学院	基于项目驱动型的C++程序设计双语课程研究与实践	青年资助课题	祝雪芬	重点
102	仪器科学与工程学院	"测试信号分析与处理"(英文)课程教学方法改革与实践	青年资助课题	曾 洪	一般
103	仪器科学与工程学院	无线传感网及其应用教学研究与改革	青年资助课题	李 潍	一般
104	仪器科学与工程学院	基于"学习共同体"教学模式的电路基础课程教学研究与实践	面上项目课题	赵立业	一般
105	仪器科学与工程学院	基于项目的综合电子设计实践课程教学改革	面上项目课题	吴剑锋	一般
106	仪器科学与工程学院	基于科研项目驱动的创新型实验教学环节的探索研究——以数字电路为例	面上项目课题	李 旭	一般
107	仪器科学与工程学院	面向测控技术与仪器专业学生实践创新能力培养的综合改革	面上项目课题	夏敦柱	一般
108	仪器科学与工程学院	"测控技术与仪器"专业实践创新型人才培养模式探索与实践	面上项目课题	王立辉	一般
109	法学院	基于案例的工程争议解决实务专题课程研讨式教学探索与实践	面上项目课题	徐 伟	重点
110	法学院	法学院校与司法机关人员交流机制研究——基于提升教师专业实践能力的视角	面上项目课题	刘艳红	重点
111	法学院	情境式双语案例研讨的法律日语教学模式和课程建设研究	面上项目课题	刘建利	一般
112	法学院	"互联网+法律信息大数据"环境下《模拟法庭》实践性教学课程研究	专项研究课题	陈玉玲	一般
113	医学院	规范化PBL师资培训体系的构建与实践	面上项目课题	唐秋莎	重点
114	医学院	CBL与PBL双轨模式在《药理学》课程中的应用与探索	青年资助课题	孙玲美	一般
115	医学院	《病理生理学》微课授课模式的研究与实践	青年资助课题	廖 凯	一般
116	医学院	超声实习教学模式改革与实践	面上项目课题	李 嘉	一般

(续 表)

序号	院系名称	项目名称	所属分类	负责人	推荐等级
117	医学院	《妇产科学》双语教学模式和课程建设研究	面上项目课题	于 红	一般
118	医学院	基于临床应用的局部解剖学全英文教学模式探索与实践	面上项目课题	吕海芹	一般
119	医学院	医学机能学实验教学仪器设备的自制及功能开发的研究与实践	面上项目课题	张 伟	一般
120	医学院	基于国家级科研课题的研究型医学本科创新人才培养体系的构建与实践	专项研究课题	张建琼	一般
121	附属中大医院	《中医饮食营养学》慕课的实践	面上项目课题	朱欣佚	一般
122	附属中大医院	基于"临床实践教学-技能培训-技能竞赛"妇产科教学方案的研究与评价	面上项目课题	林奇志	一般
123	公共卫生学院	预防医学校企共建人才培养模式的创新与实践	专项研究课题	金 辉	重点
124	公共卫生学院	基于案例教学的《职业卫生与职业医学》课程教学模式的研究与实践	面上项目课题	杨 红	一般
125	公共卫生学院	预防医学本科生基于社区卫生的教学改革与实践	面上项目课题	张 红	一般
126	学习科学研究中心	基于PBL的心理测量课程教学改革与实践	青年资助课题	张光珍	一般
127	学习科学研究中心	面向科学教育专业教育类课程模块的PAD教学模式改革与实践	面上项目课题	梁宗保	一般
128	电工电子中心	大学生电子设计竞赛组织管理模式的研究与实践	面上项目课题	堵国梁	重中之重
129	电工电子中心	开放实验教学考核方法的改革与实践	面上项目课题	傅淑霞	重点
130	电工电子中心	电工电子实践初步课程教学模式与考核方式的改革	面上项目课题	常 春	一般
131	电工电子中心	强化过程管理的电工电子实践课程开放式教学环节的管理与运行机制研究	面上项目课题	王凤华	一般
132	电工电子中心	"虚实结合"实验对象在数字电路实验教学中的应用研究	面上项目课题	徐莹隽	一般
133	电工电子中心	远程实验系统管理及监控软件的研究与建设	专项研究课题	黄慧春	一般
134	马克思主义学院	思政课教学中的社会主义核心价值观与生态文明教育探索——以《马克思主义基本原理概论》为例	面上项目课题	叶海涛	重点
135	马克思主义学院	以社会主义核心价值观引领马克思主义基本原理概论教学改革参考意见	青年资助课题	翁寒冰	一般
136	马克思主义学院	社会主义核心价值观引领《思想道德修养与法律基础》课专题式教学改革研究	青年资助课题	刘 波	一般

(续 表)

序号	院系名称	项目名称	所属分类	负责人	推荐等级
137	马克思主义学院	建构式教学理念下的思政课教学改革与实践研究	面上项目课题	朱菊生	一般
138	教务处	东南大学MOOC课程可持续建设、运行及管理机制研究	青年资助课题	邓蕾	一般
139	教务处	高校教室管理与服务系统的设计及运行机制研究	面上项目课题	朱天云	一般
140	教师教学发展中心	东南大学教师教学培训体系研究	面上项目课题	陈绪赣	重点
141	教师教学发展中心	东南大学工科教师教学发展研究与实践	面上项目课题	崔军	一般
142	教师教学发展中心	基于激发留学生学习动机的对外汉语教学策略研究	专项研究课题	黄虹	一般

2015年入选第二批"三类"课程立项建设一览表

院系	序号	课程类型	课程名称	课程负责人
建筑学院	1	全英文(双语)课程	数字化技术与建筑	俞传飞
	2	全英文(双语)课程	绿色建筑Ⅰ:理论与设计	吴锦绣
	3	全英文(双语)课程	建筑理论与设计(五)——读写建筑	李华
	4	全英文(双语)课程	建筑理论与设计(三)—建构学	史永高
	5	校企共建	建筑测绘	沈旸
	6	专题研讨课	城市生态与环境	权亚玲
	7	专题研讨课	城市规划原理(Ⅱ)	王海卉
	8	专题研讨课	城市经济学	张倩
	9	专题研讨课	城市中心区发展与规划	杨俊宴
	10	专题研讨课	景观规划设计	成玉宁
	11	专题研讨课	景观建筑设计	陈烨
	12	专题研讨课	园林美学	李哲
土木工程学院	13	全英文(双语)课程	国际工程管理	林艺馨
	14	全英文(双语)课程	弹性力学	糜长稳
	15	全英文(双语)课程	流体力学	洪俊
	16	全英文(双语)课程	弹性力学及有限元	潘金龙
	17	全英文(双语)课程	大跨桥梁结构	张文明
	18	专题研讨课	结构体系创新与实践	陆金钰
	19	专题研讨课	隧道工程	陶津

（续　表）

院系	序号	课程类型	课程名称	课程负责人
能源与环境学院	20	全英文（双语）课程	环境微生物学	余　冉
公共卫生学院	21	校企共建课程	病案与疾病分类学	王少康
	22	专题研讨课	生态毒理学原理	张　晖
	23	专题研讨课	食品安全与人类健康专题研讨型课程建设	孙桂菊
	24	专题研讨课	食品毒理学	张小强
	25	专题研讨课	突发公共卫生事件应急处理	沈孝兵
	26	专题研讨课	循证医学	金　辉
电气工程学院	27	全英文（双语）课程	电力市场概论	王蓓蓓
	28	校企共建课程	电力信息技术	喻　洁
电子科学与工程学院	29	全英文（双语）课程	视觉感知与统计基础	仲雪飞
	30	全英文（双语）课程	电子器件可靠性工程与应用	樊鹤红
	31	全英文（双语）课程	数字信号处理	张　萌
	32	校企共建课程	光电探测技术	叶莉华
	33	专题研讨课	图像处理技术基础	张　雄
外国语学院	34	专题研讨课	国际交流英语（雅思模式）	郭锋萍
	35	专题研讨课	国际交流英语（托福模式）	徐晓燕
	36	全英文（双语）课程	英语口译	郭　庆
计算机软件学院	37	全英文（双语）课程	编译原理	张志政
	38	专题研讨课	计算机图形学	姚　莉
	39	专题研讨课	数字图像处理	姜龙玉
	40	全英文（双语）课程	未来网导论	吴　桦
	41	专题研讨课	信息检索	王　伟
	42	专题研讨课	多媒体技术	王世杰
	43	专题研讨课、全英文（双语）课程	分布式系统(Distributed Systems)	周　玲
	44	校企共建课程	组织行为学	杨　鹏
自动化学院	45	全英文（双语）课程	数字图像处理	夏思宇
	46	全英文（双语）课程	机器人控制	李　俊
仪器科学与工程学院	47	专题研讨课	检测技术与系统设计	林国余

（续　表）

院系	序号	课程类型	课程名称	课程负责人
人文学院	48	专题研讨课	语言学前沿与汉语研究	刘艳梅
	49	专题研讨课	唐宋文学专题研究	白朝晖
	50	专题研讨课	都市新移民文学与城市文化	李灵灵
	51	专题研讨课	中国现当代文学专题研讨与案例分析	李　玫
	52	专题研讨课	魏晋六朝文学专题研究	刘占召
	53	专题研讨课	文学研究方法论	乔光辉
	54	全英文(双语)课程	比较文学专题研究	张晓青
	55	专题研讨课	历史文化名城与旅游专题	贾鸿雁
	56	专题研讨课	民俗与旅游专题	卢爱华
	57	专题研讨课	城市旅游发展与管理专题	宣国富
	58	专题研讨课	节事与会展旅游专题	曲　颖
	59	全英文(双语)课程	世界旅游地理	徐菲菲
	60	专题研讨课	传播、媒介与大众社会	张晶晶
	61	专题研讨课	马克思主义哲学原著选读	陈爱华
	62	专题研讨课	马克思主义哲学专题研究	高广旭
	63	专题研讨课	中国文学批评史	张天来
信息科学与工程学院	64	专题研讨课	无线光通信(研讨)	党　建
	65	专题研讨课	通信网	王霄峻
	66	专题研讨课	软件无线电原理与应用	吴　亮
	67	专题研讨课、全英文(双语)课程	优化设计方法导论	王家恒
法学院	68	校企共建课程	法律诊所	孟　红
	69	全英文(双语)课程	英美法律制度	陆　璐
	70	全英文(双语)课程	国际商法案例研讨(双语)	易　波
	71	专题研讨课	环境资源法学	单平基
	72	专题研讨课	科技与法律	胡朝阳
	73	专题研讨课	工程争议解决实务专题	黄　喆
	74	专题研讨课	犯罪学	李　川
	75	专题研讨课	外国行政法学	李煜兴
	76	专题研讨课	医事与法律	刘建利
	77	专题研讨课	国家赔偿法专题	孟鸿志

(续 表)

院系	序号	课程类型	课程名称	课程负责人
材料科学与工程学院	78	专题研讨课	铝合金的制备基础与实践	廖恒成
	79	专题研讨课	传感原理与测试技术	郭 超
	80	专题研讨课	研讨课《计算材料学基础》的教学设计与实践	于 金
数学系	81	全英文(双语)课程	薄膜技术	张旭海
	82	全英文(双语)课程	统计计算	黄性芳
	83	专题研讨课	统计预测与决策	林金官
	84	专题研讨课	稳定性与混沌理论	聂小兵
	85	全英文(双语)课程	图论与组合优化	林文松
	86	全英文(双语)课程	金融数学	乔会杰
	87	全英文(双语)课程	代数与编码理论介绍	沈 亮
	89	专题研讨课	定性数据的统计分析	汪红霞
机械工程学院	90	全英文(双语)课程	制造系统建模与仿真(双语)(研讨)	苏 春
	91	全英文(双语)课程	机械制造工程测试与控制技术(I)	许飞云
	92	全英文(双语)课程	试验设计与数据处理	孙 辉
	93	全英文(双语)课程	生产计划与控制	林晓通
	94	全英文(双语)课程	电子专用设备原理与实现技术	韩 良
	95	全英文(双语)课程	工业几何计算与应用	齐建昌
	96	专题研讨课	机器人学及应用	罗 翔
	97	专题研讨课	计算机辅助机械制造	程 洁
	98	专题研讨课	供应链管理	黄 卫
	99	专题研讨课	机电系统运动控制技术	田梦倩
	100	专题研讨课	质量工程与应用统计(研讨)	张志胜
	101	专题研讨课	电子设备环境适应性结构设计	景莘慧
化学化工学院	102	专题研讨课	高分子合成新方法	郭玲香
	103	全英文(双语)课程	合成药物的工艺路线设计(研讨)	程 林
	104	专题研讨课	中药新药开发	廖志新
	105	专题研讨课	手性药物的合成	诸海滨
	106	专题研讨课	药物设计与开发	邹志红
	107	专题研讨课	化工过程设计案例分析	骆培成
	108	专题研讨课	有机功能材料	蒋 伟
	109	专题研讨课	有机合成进展(研讨)	房 雷
	110	专题研讨课	高分子导论	姜 勇
	111	专题研讨课	非传统反应工程	黄 凯

（续　表)

院系	序号	课程类型	课程名称	课程负责人
物理系	112	专题研讨课	物理学前沿讲座	汪　军
	113	全英文(双语)课程	量子信息导论	薛　鹏
经济管理学院	114	全英文(双语)课程	国际商法	陈淑梅
	115	全英文(双语)课程	国际金融(全英文)	顾　欣
	116	全英文(双语)课程	计量经济学	何玉梅
	117	全英文(双语)课程	统计学	浦正宁
	118	全英文(双语)课程	国际会计(International Accounting)	吴　芃
	119	全英文(双语)课程	国际结算	杨　帆
艺术学院	120	专题研讨课	平面设计实践	陈　绘
	121	专题研讨课	书籍装帧设计	陈　绘
	122	专题研讨课	民俗艺术研究	程万里
	123	专题研讨课	国画创作研究	程万里
	124	专题研讨课	产品设计实践	崔天剑
	125	专题研讨课	动画周边	季　欣
	126	专题研讨课	油画创作研究	李倍雷
	127	全英文(双语)课程	产品开发设计(Product Development Design)	李　鹏
	128	专题研讨课	产品系统设计	李永春
	129	专题研讨课	主题短片创作Ⅲ	张　顺
	130	专题研讨课	图形设计研究	张志贤
	131	专题研讨课	动画企划	章旭清
	132	专题研讨课	景观设计研究	郑德东
无锡分校	133	专题研讨课	微电子制造技术	李　冰
	134	校企共建课程	集成电路EDA技术与系统设计	郑丽霞

江苏高校品牌专业建设工程一期项目

序号	类别	专业
1	A	信息工程
2	A	土木工程
3	A	建筑学

(续表)

序号	类别	专业
4	B	测控技术与仪器
5	B	电子科学与技术
6	B	生物医学工程
7	B	医学影像学

2015年入选江苏省高等教育教改研究立项项目

序号	课题名称	单位	主持人	课题类型
1	大学生社会主义核心价值观"四化"教学模式建构探索	东南大学	袁久红 叶海涛	重中之重
2	数字技术辅助下的风景园林规划设计教学改革研究	东南大学	成玉宁 李 哲	重中之重
3	基于"微学习"的学术英语课程体系建构	东南大学	朱善华 王学华	重点
4	高校教师教学发展课程体系研究与实践	东南大学	崔 军 李霄翔	重点
5	以"耦合、融合、结合"为特征的工程造价复合应用型人才培养模式与课程体系改革	东南大学成贤学院	沈 杰 钱声源	重点
6	江苏省高校虚拟仿真实验教学资源共享机制研究及平台构建实践	江苏高校实验室研究会	熊宏齐 祖 强	重点
7	吴健雄学院个性化、开放性拔尖人才培养平台建设	东南大学	况迎辉	一般
8	以《C++程序设计》为中心实现电类专业程序设计类课程的整合	东南大学	魏海坤	一般
9	大学物理专题MOOC的建设与研究	东南大学	周雨青 夏柱红	一般
10	计算机专业系统能力培养的实践类慕课建设研究	东南大学	杨全胜	一般
11	基于"课堂-项目-竞赛"三维联动的土木工程创新人才培养模式研究与实践	东南大学	陆金钰 童小东	一般
12	面向精品资源共享课的经济管理类立体化精品教材建设研究与实践	东南大学	陈菊花 陈良华	一般
13	不同类型院校数学课程教学方法和考核方式的研究与应用	江苏高校数学教学研究会	陈文彦 王栓宏	一般
14	"探究式"课堂教学模式构建的基本范式与助推机制研究	江苏高校教学管理研究会	邱文教	一般
15	SPOC视阈下大学英语高级课程群构建	东南大学	侯 岩 金 曙	一般

2015年国家级大学生创新创业训练计划项目立项信息一览表

项目编号	项目名称	项目负责人	指导老师	所属院系
1510286001	V型双层复合材料FSC扩散器的设计	赵 亮 02A13135	蒋书运	机械工程学院
1510286002	纯电动方程式赛车动力参数的确定及传动设计	鲁秀楠 02A12614	钱瑞明	机械工程学院
1510286003	方程式赛车人体工程学制动系统设计	李经纬 02012320	毛玉良	机械工程学院
1510286004	港口大型钢架结构喷漆维护用爬行机器人平台系统关键技术研究	蒋嘉辉 02A14404	王鸿翔	机械工程学院
1510286005	方程式赛车制动盘的优化设计及实现	伍梦帆 02A13101	张志胜	机械工程学院
1510286006	基于LabVIEW的FSAE赛车驱动控制系统设计	胡哲轩 02A13117	戴 敏	机械工程学院
1510286007	视觉引导可遥控全向移动机器人组的研究	陈远志 02A12718	张志胜	机械工程学院
1510286008	全玻璃螺旋真空玻璃管	顾秋子 03A13604	匡 尧	能源与环境学院
1510286009	阵列分布的浮子叶轮式波浪能高效发电装置	徐依钒 03A13208	熊源泉	能源与环境学院
1510286010	酒驾方向盘	黄斯琪 03A13204	胥建群	能源与环境学院
1510286011	基于太阳能光伏发电技术的车内预调节热电制冷式空调系统	余 禾 03A12430	徐国英	能源与环境学院
1510286012	基于FSAE赛车动力系统优化设计	杜浩然 03213728	戴 敏	能源与环境学院
1510286013	基于化学反应网络的DNA电路实现方法学研究	钟志伟 04014436	张 川	信息科学与工程学院
1510286014	基于rtl-sdr、Arduino和嵌入式Linux的航天器扫描系统	刘延栋 04013233	宋宇波	信息科学与工程学院
1510286015	基于MEMS/IC工艺的太赫兹微型天线性能调控技术研究	张 远 04012311	黄风义	信息科学与工程学院
1510286016	基于多声源联合定位技术的区域导航系统	蔡雨君 04013337	安 良	信息科学与工程学院
1510286017	木材切面纹理图像特征提取与选择	李 柯 04012205	鲍旭东	信息科学与工程学院
1510286018	基于脑电波的注意力评估和训练软件设计	钟天辰 04013630	王 桥	信息科学与工程学院
1510286019	基于图像处理的通用性机械操作接口设计	朱盛杰 04213710	王丽艳	信息科学与工程学院
1510286020	FSE方程式赛车驱动电机控制系统设计	龙逸尘 04013117	安 良	信息科学与工程学院

(续 表)

项目编号	项目名称	项目负责人	指导老师	所属院系
1510286021	FSE赛车数据采集系统和仪表设计	张 凯 04013139	安 良	信息科学与工程学院
1510286022	基于GSM和电力线通信的教学楼电灯管理系统	陈柏霖 04013220	张圣清	信息科学与工程学院
1510286023	索杆张力结构形态分析、参数化建模及局部断索抗倒塌研究	郑宏伟 05113501	陆金钰	土木工程学院
1510286024	火灾全过程中不锈钢力学性能统一模型研究	张岁寒 05113428	范圣刚	土木工程学院
1510286025	荒漠化防治新材料W-OH抗紫外线及植生性能研究	向若兰 05A13603	邓 琳	土木工程学院
1510286026	预应力条形钢拉板索穹顶结构的研究	李 然 05113230	朱明亮	土木工程学院
1510286027	新型甲虫前翅仿生秸秆建材开发	任逸哲 05113201	陈锦祥	土木工程学院
1510286028	南京保障性住房的"适老性"改造研究	张 磊 05A13728	李德智	土木工程学院
1510286029	基于BIM的绿色建筑评价方法与应用	姚佳梦 02A13403	徐 照	土木工程学院
1510286030	软钢屈服耗能装置的理念创新和数值分析与试验研究	任 普 05112303	王春林	土木工程学院
1510286031	重组竹高温下基本性能研究	王 晗 05A13209	徐 明	土木工程学院
1510286032	基于PVAF-ECC材料的抗冲击性能研究与应用于高速路半刚性护栏的可行性分析	赵星云 05113312	郭丽萍	土木工程学院
1510286033	缆索检测机器人开发及其应用研究	王博臣 05112320	王春林 夏 丹	土木工程学院
1510286034	动静荷载下某型号航空用压气机叶片的根部应力集中分析	王 凯 05312127	黄跃平	土木工程学院
1510286035	基于BIM的装配式钢结构动态仿真模型的构建	姚程渊 05112409	舒赣平	土木工程学院
1510286036	基于簇钉连接的新型钢混组合梁桥横向分布计算方法研究	杨心怡 05a13103	刘 钊	土木工程学院
1510286037	大跨索撑空间可展网格结构的形态设计、力学性能分析及模型实现	朱坦迪 05313145	陆金钰	土木工程学院
1510286038	基于统计方法的电力负荷数据分析	袁 硕 07312116	林金官	数学系
1510286039	复杂网络下的多智能体系统合作控制	毕 成 07112126	温广辉	数学系
1510286040	基于微分方程和积分方程的介质成像模型和数值求解	于晓璇 07213105	刘继军	数学系
1510286041	网络舆情预警系统演化机理初探	赖南杏 07013103	曹进德	数学系
1510286042	任意模糊的复杂数据重建研究	丁嘉沼 07312129	黄性芳	数学系
1510286043	基于压缩感知的复杂网络控制	张 岸 07112103	虞文武 温广辉	数学系

(续 表)

项目编号	项目名称	项目负责人	指导老师	所属院系
1510286044	安卓手机功能自动测试系统设计	刘昌鑫 08013315	魏海坤	自动化学院
1510286045	基于纯电动方程式赛车的电池管理系统(BMS)的设计	于容谦 08013334	李新德	自动化学院
1510286046	激光瞄准系统	宋 阳 08013119	马天河	自动化学院
1510286047	微型侦查机器人遥控系统关键技术研究	王子峣 08013328	谈英姿	自动化学院
1510286048	基于STM32与安卓平台的电梯安全状况评估系统设计与实现	江欣睿 08013114	黄永明	自动化学院
1510286049	粒子群优化算法求解多目标优化问题的比较和改进	李馥杉 09012203	倪庆剑	计算机与软件学院
1510286050	本体匹配的参数调谐问题实证研究	王文宇 61013113	汪 鹏	计算机与软件学院
1510286051	基于Markdown的协同协作系统	李卓立 71113425	张 祥	计算机与软件学院
1510286052	平行语料库校对系统的构建	徐子涵 71Y13105	张 祥	计算机与软件学院
1510286053	利用原始路径分析法研究分子筛中高分子行为	李明泽 10213127	侯吉旋	物理系
1510286054	新型二维材料的结构预测与性质研究	郝佩佩 10313101	王金兰	物理系
1510286055	p型ZnO制备工艺的探索	刘 奇 10112103	徐庆宇	物理系
1510286056	光浮区法制备超导单晶	孙一然 10313102	施智祥	物理系
1510286057	一维Fe_3O_4纳米球链中结构和磁畴的调控	郭睿元 10213103	翟 亚	物理系
1510286058	过渡金属/MoS_2异质结的结构与电磁性质研究	陈 曦 10112118	陈 乾	物理系
1510286059	环保型复合材料纳米发电机	夏世城 10013110	倪振华	物理系
1510286060	基于脉搏波传导时间的无袖带血压测量	丁晨静 11212202	赵兴群	生物科学与医学工程学院
1510286061	结构光立体视觉系统的研究与应用	于云雷 11212119	周 平	生物科学与医学工程学院
1510286062	基于纳米磁珠与酶标释放策略的超灵敏microRNA化学发光检测方法的建立及其在乙肝诊断中的应用	胡雅娜 11212113	何农跃	生物科学与医学工程学院
1510286063	3D打印多孔支架及其在细胞三维培养中的应用研究	万逸铭 11A13209	肖忠党	生物科学与医学工程学院
1510286064	基于纳米结构构建技术的新型节能空调换热器	谭晓慧 12012404	张友法	材料科学与工程学院
1510286065	铝表面抗菌防霉处理	许杨江山 12012419	白 晶	材料科学与工程学院

(续 表)

项目编号	项目名称	项目负责人	指导老师	所属院系
1510286066	二维纤维掺杂法制备高稳定性镓基低熔点合金导热材料	邓崟春 12012124	周 健	材料科学与工程学院
1510286067	大尺寸KDP晶体的生长研究	许光远 12013417	王增梅	材料科学与工程学院
1510286068	基于可再生资源的低成本MAX相材料的制备	潘 东 12012123	张亚梅	材料科学与工程学院
1510286069	高校食堂经营模式调研	唐佳奇 13A13201	蒋其蓁	人文学院
1510286070	关于当今中国大陆转基因标识现状的调查研究	高曼婧 13A13416	龙书芹	人文学院
1510286071	消费者视角下中国铁路客运服务实行差别定价问题的实证性研究	王逸飞 14912115	赵 驰	经济管理学院
1510286072	基于多目标最优化模型的高铁分时段定价策略研究——以京沪、沪宁高铁为例	王钰畅 14213116	周 勤	经济管理学院
1510286073	微信社交和电商平台合作发展模式下的现状分析与前景预测——以南京高校大学生为例	陈宝磊 14812130	尤海燕	经济管理学院
1510286074	基于多目标约束模型的南京河西公共自行车调度系统的研究	李牧原 14B12307	孔庆善	经济管理学院
1510286075	中国城市蔓延的环境效应研究	仝怡婷 14212112	刘修岩	经济管理学院
1510286076	日本的对外语言推广政策及其对汉语国际推广的启示	马思梦 17113209	张 豫	外国语学院
1510286077	中国特色法律文书翻译的困难及对策研究	邵韵芸 17112113	黄文英	外国语学院
1510286078	国家级非物质文化遗产网络外宣研究	顾晓菲 17112105	高 健	外国语学院
1510286079	对于当今大学生的创造力研究(以东南大学为例)	卢晓徐 17113207	张静宁	外国语学院
1510286080	从英美报刊文化中解读老外眼中的中国	胡馨月 17113316	杨 敏	外国语学院
1510286081	由"死"见"生"——论日本特色的自杀行为下独特的日本社会文化与精神世界	金梦超 17213119	陆薇薇	外国语学院
1510286082	清热解毒中药华千金藤(Stephania sinica Diels)中的抗肿瘤活性成分研究	谭继华 19013110	廖志新	化学化工学院
1510286083	具有表面等离子共振效应的水溶性半导体纳米晶的制备和传感应用研究	赵思奇 19112110	娄永兵	化学化工学院
1510286084	基于膦氧基团的醇溶性双极主体的设计、合成与性能研究	郑紫瑨 19312107	蒋 伟	化学化工学院
1510286085	水热法合成二氧化钛及其光电应用研究	朱明芸 19013322	代云茜	化学化工学院

(续 表)

项目编号	项目名称	项目负责人	指导老师	所属院系
1510286086	碳包覆锂离子电极材料的电化学性能研究	盛家琪 19113120	谢一兵	化学化工学院
1510286087	停车位资源交易平台	张书睿 21713231	杨顺新	交通学院
1510286088	南京市地铁站点周边不同性质用地的出行生成率指标研究	张 楠 21012103	陈学武	交通学院
1510286089	新型寒区隧道防冻保温技术传热特性及优化试验	叶美锡 21A13112	张国柱	交通学院
1510286090	现代有轨电车与地面公交运行协调技术的研究	张梦轩 21112205	过秀成	交通学院
1510286091	基于手机信令的交通状态估计研究	曾祥炜 21112218	张 健	交通学院
1510286092	基于元胞自动机的高速公路紊流现象研究	梁 爽 21113207	梁衡弘	交通学院
1510286093	微纳米气泡法处理可液化砂土试验研究	杨正旺 21A13824	章定文	交通学院
1510286094	基于数据手套的遥操作多指灵巧手	刘 森 22013320	崔建伟	仪器科学与工程学院
1510286095	基于 MIMU 的人体运动检测系统设计	凌山珊 22013310	赵立业	仪器科学与工程学院
1510286096	基于视觉融合地图匹配的车辆定位技术研究	支康仪 22012235	张小国	仪器科学与工程学院
1510286097	冤案预防和处理的状况调研与路径探索	李子安 25013126	李 川	法学院
1510286098	新型双模成像及治疗型纳米复合物的构建与肝癌成像及治疗的实验研究	徐沁梅 43A12105	张建琼	医学院
1510286099	催产素调节成骨细胞分化相关 miR-NA 的作用机制初步研究	周 亮 41113117	刘 璇	医学院
1510286100	雾霾中细颗粒物引起的豚鼠咳嗽敏感性增高机制的研究	吕海宁 43113108	董 榕	医学院
1510286101	MCPIP1 介导的自噬在矽肺纤维化中作用机制研究	吕 妍 43212415	巢 杰	医学院
1510286102	miR-7 下调 SETDB1 抑制卵巢癌干细胞转移的研究	巨少龙 43112134	窦 骏	医学院
1510286103	布鲁氏菌实时荧光定量 PCR 快速检测方法的建立及检测试剂盒的研制	朱 鹏 43411120	吴国球	医学院
1510286104	噪声暴露对 ICR 小鼠胰岛素敏感性的影响	杜紫薇 43212115	刘莉洁	医学院
1510286105	纳米铝偶联 Vx3 的制备及其募集肿瘤细胞泛素化蛋白诱导抗肿瘤免疫应答的研究	李潇坤 43213232	王立新	医学院

(续 表)

项目编号	项目名称	项目负责人	指导老师	所属院系
1510286106	槲皮素对阿尔兹海默氏病的作用及其机制的研究	景启明 43211324	孔 岩	医学院
1510286107	多位点细胞膜修饰技术在肿瘤免疫治疗中的应用探究	王子瑜 41113119	吴富根	医学院
1510286108	对二甲苯(PX)对秀丽线虫生殖毒性的研究	张 虎 42113223	尹立红	公共卫生学院
1510286109	新型光学复合纳米纤维的制备、性能及其检测应用研究	李佳琳 42113208	王晓英	公共卫生学院
1510286110	农村居民艾滋病认知现况及干预措施探索	杨 贝 42113204	王 蓓	公共卫生学院
1510286111	食品乳化剂对促进DEHP在大鼠体内吸收作用的研究	周 旭 42113203	许 茜	公共卫生学院
1510286112	激光窃听器的制作和改进	王 凯 61013232	姜 明	吴健雄学院
1510286113	基于kinect体感操控的仿人机器人的动态稳定步态规划建模	薛 烨 61313103	谈英姿	吴健雄学院
1510286114	微磨料气射流加工元胞自动机模拟	夏康立 61113118	幸 研	吴健雄学院
1510286115	基于fluent的DRS可调式尾翼设计	雷思杰 61314115	王荣蓉	吴健雄学院
1510286116	棉球充填自动化装备	刘晓龙 61113125	贾 方	吴健雄学院
1510286117	BETTER智能马桶商业计划书	邢鹤云 11213217	汤 薇	其他
1510286118	大学生互助联盟	黄琳婧 07013210	陈雄辉 陈菊花	其他
1510286119	智慧东大(创业)	刘梦歌 07013110	王 靖	其他
1510286120	基于可穿戴式信息监测设备的运动社交及个人管理应用(创业类)	王 鹏 11312113	黄 超	其他
1510286121	基于电商模式下打造校园一站式形象服务平台的研究	黄燕菲 14B13305	黄 超	其他
1510286122	船舶通信导航设备的市场调研及分析	李 婷 02612105	林晓通	其他

2015年江苏省高等学校大学生创新创业训练计划项目立项信息一览表

项目编号	项目名称	项目负责人	指导老师	所属院系
S2015001	常州青果巷小木作榫口交接研究	杨天民 61010208	史永高	吴健雄学院
S2015002	被动式建筑研究	严小虎 01113317	孙茹雁	建筑学院
S2015003	绿化木爿墙构筑	李 策 01A11327	吴锦绣	建筑学院
S2015004	南京维吾尔族人群社会融合情况调研	李沁原 01212134	江 泓	建筑学院
S2015005	基于水热迁移分析的南京明城墙构造的预防性保护设计研究	陈晓琳 01111318	李永辉	建筑学院
S2015006	基于陆空的多功能机器人	吴宣勇 02A13211	毛玉良	机械工程学院
S2015007	FSAE发动机进排气系统设计优化	蔡道清 02A13517	周一帆	机械工程学院
S2015008	软体机器人	许绍雷 02012219	田梦倩	机械工程学院
S2015009	FPV无人侦察机的设计与制作	李家盛 02012321	张志胜	机械工程学院
S2015010	星轮越障小车	王子昂 02A13419	崔建伟	机械工程学院
S2015011	FSAE赛车悬架焊接可调式夹具的设计与制造	郑帅可 02A13224	钱瑞明	机械工程学院
S2015012	基于传感器的室内二氧化碳浓度调节器	成赛凤 03A13403	徐啸虎	能源与环境学院
S2015013	能源自给型污水处理厂	冯志洁 03213702	洪 锋	能源与环境学院
S2015014	关于台湾与大陆大学教学模式以及学生生活的对比研究	郭慧欣 03A13110	沈红梅	能源与环境学院
S2015015	工业热处理中循环水处理的优化	朱会惠 03213710	余 冉	能源与环境学院
S2015016	公路压差气流发电器	李 谦 03012219	汪 军	能源与环境学院
S2015017	基于单片机的抽水马桶节水设计	周雪婷 03A13407	黄石红	能源与环境学院
S2015018	生态-生物-电化学耦合技术控制水中典型抗生素污染的研究	叶广宇 03A12723	宋海亮	能源与环境学院
S2015019	环保型多孔生态混凝土	陈舟凯 03212709	高建明	能源与环境学院
S2015020	等离子-超重力耦合强化钙基吸附剂脱汞协同脱硫脱硝的实验研究	张晓东 03212727	段钰锋	能源与环境学院
S2015021	基于电磁感应原理的刹车辅助节能系统	陈博闻 03113615	李舒宏	能源与环境学院
S2015022	射频卡的安全性研究及应用	张轩浩 12013418	宋宇波	信息科学与工程学院
S2015023	基于APP控制的四轴飞行器的研究和制作	陈孝伟 04013218	陈立全	信息科学与工程学院

(续 表)

项目编号	项目名称	项目负责人	指导老师	所属院系
S2015024	智能家电人机接口设计与实现	王 安 04013536	潘志文	信息科学与工程学院
S2015025	基于分时复用的有源射频标签识别系统	高君慧 04013404	苗 澎	信息科学与工程学院
S2015026	跳跃荷载作用下大跨楼盖振动响应研究	王笑韩 05113226	张志强	土木工程学院
S2015027	探究生物转化污泥的影响因素	张志浩 05512124	马金霞	土木工程学院
S2015028	玄武岩短切纤维增强水泥基性能研究	蒋光辉 05A13811	汪 昕	土木工程学院
S2015029	基于土体某些临界现象的可视化模型的建立	侯 煜 05112432	刘 艳	土木工程学院
S2015030	基于长标距光纤传感器的桥梁索力测量方法	贺 遥 05112318	张 建	土木工程学院
S2015031	折叠结构及其在极地快速构建工程中的应用设想	刘业伟 05A13207	蔡建国	土木工程学院
S2015032	基于人-结构相互作用的人行荷载模型的建立	张伯琴 05113411	张志强	土木工程学院
S2015033	混凝土桥梁结构应力扰动区设计：电算程序开发与计算方法拓展	司 怡 05113505	贺志启	土木工程学院
S2015034	基于精细化Abaqus模型的铁路钢桁架桥的动力性能和全桥破坏承载能力研究	李 响 05113214	涂永明	信息科学与工程学院
S2015035	游牧式预制构件厂结构形式研究	刘 兴 05A13709	郭正兴	土木工程学院
S2015036	火灾下的悬链梁效应及利用效应的改良方案	高一民 05A13528	范圣刚	土木工程学院
S2015037	不对称榫卯节点的受弯性能试验研究与数值模拟	荆 鑫 05113101	邱洪兴	土木工程学院
S2015038	基于数值风洞的大跨度带挑臂箱梁斜拉桥涡振机理及其控制措施研究	李扬飞 05113405	张文明	土木工程学院
S2015039	PPP项目的社会风险预测评估与实证分析	王怡心 05212101	李启明	土木工程学院
S2015040	8*8像素的三维机械显示屏模块	陈炜捷 06A13317	汤勇明	电子科学与工程学院
S2015041	智能控制四旋翼飞行器	王畅然 06A13128	杨兰兰	电子科学与工程学院
S2015042	体感多指机械手	陈垚鑫 06A13217	王琦龙	电子科学与工程学院
S2015043	四轴飞行器不同飞行姿态的建模和实践	朱志鸿 06213609	董志芳	电子科学与工程学院
S2015044	户外卫士——基于单片机的越野自行车智能安防系统	张函仑 06A13213	赵 宁	电子科学与工程学院

（续　表）

项目编号	项目名称	项目负责人	指导老师	所属院系
S2015045	多机械臂系统分布式协同控制理论与应用平台实现	吴　格 07013201	虞文武	数学系
S2015046	电商促销方案的调查与优化	段思毅 07013128	关秀翠	数学系
S2015047	基于热传导方程的介质成像	王明宝 07213118	王海兵	数学系
S2015048	一类非局部抛物型方程的研究	田方正 07112123	王小六	数学系
S2015049	基于人口普查数据的生育意愿影响因素分析	杨　鸣 07112134	黄性芳	数学系
S2015050	高校大学生综合素质评定系统的建立	黄　文 07013322	曹海燕	数学系
S2015051	部分信息耦合网络的有限时间一致性	沈佳妮 07013205	卢剑权	数学系
S2015052	基于 OpenCV 的运动物体的检测与跟踪软件及目标检测与跟踪算法研究	杜丽双 08013402	杨万扣	自动化学院
S2015053	RoboCup 救援机器人本体的多电机组合控制	于　乐 08014227	谈英姿	自动化学院
S2015054	基于 stm32 单片机的车载可视倒车装置	肖春晖 08013331	黄永明	自动化学院
S2015055	基于单片机的扫地机器人	黄　晟 08013313	周　波	自动化学院
S2015056	Android 平台的 GPS 位置闹钟应用：Ring！	蒲照丹 09012233	王红兵	计算机科学与工程学院和软件学院
S2015057	宿舍简易自动控制系统	吴明优 09013237	王晓蔚	计算机科学与工程学院和软件学院
S2015058	基于 Android 重力感应及 WI-FI 模块控制探测智能车的研究	吴　凡 09013426	王晓蔚	计算机科学与工程学院和软件学院
S2015059	在体 SERS 检测用金纳米壳复合材料制备研究	盛梦颖 11312103	董　健	生物科学与医学工程学院
S2015060	基于类器官芯片的肿瘤细胞靶向筛选	俞　倩 11A12212	王　婷	生物科学与医学工程学院
S2015061	病毒基生物传感器	张艺馨 11113106	迟慧梅	生物科学与医学工程学院
S2015062	磁性免疫层析试纸条定量分析设备的设计	冯振强 11212222	黄　雷	生物科学与医学工程学院
S2015063	两核苷酸合成焦测序定量初步研究	殷豪景 11213207	肖鹏峰	生物科学与医学工程学院
S2015064	结合磁性纳米颗粒和红外热成像研究含肿瘤体模的热空间分布	张　璇 11A13219	张　宇	生物科学与医学工程学院
S2015065	负载微胶囊的缓释抗菌导尿管的研制	季　璐 11212104	张　宇	生物科学与医学工程学院

(续 表)

项目编号	项目名称	项目负责人	指导老师	所属院系
S2015066	镍修饰氮掺杂二氧化钛薄膜的制备与光催化性能研究	傅 聪 12012410	方 峰	材料科学与工程学院
S2015067	医用镁合金丝材的晶粒度对其体外降解性能的影响	彭 飞 12012307	白 晶	材料科学与工程学院
S2015068	复合材料多层反射膜的制备及其性能研究	吴 涛 12012127	张旭海	材料科学与工程学院
S2015069	利用石膏矿渣胶凝材料制备泡沫保温板	凌 灏 12012223	潘钢华	材料科学与工程学院
S2015070	超高韧性彩色装饰水泥基复合材料制备及其性能研究	邓含露 12013102	张亚梅	材料科学与工程学院
S2015071	基于微波/等离子体处理快速制备C/SiC同轴纤维的吸波性能及抗氧化性质研究	王泽曦 12013423	王继刚	材料科学与工程学院
S2015072	大数据与智慧旅游:黄金周的应对	冯 叶 13312106	徐菲菲	人文学院
S2015073	苏教版小学语文课本中的古诗词异文研究	万根宁 13412103	白朝晖	人文学院
S2015074	从民乐创新看文化发展	陶欣怡 13113101	方 方	人文学院
S2015075	国内高校创意写作课程开设探索	张梓烨 13A13414	张 娟	人文学院
S2015076	基于新型城镇化对城市失用地及土地构造的研究——以南京市鼓楼区为例	夏 雨 13A13415	何志宁	人文学院
S2015077	关于手机依赖症的研究——以东大学生为例	陈 甜 13A13410	陶卓立	人文学院
S2015078	《笔走龙湖》文集编辑——东南大学创意写作课程成果转化实践	胡志远 13A13135	张 娟	人文学院
S2015079	基于制度改革提高专家门诊的效率研究	张思雨 14913113	陈菊花	经济管理学院
S2015080	从市场营销视角优化大学品牌形象研究——以东南大学为例	石 煜 14C12606	陈淑梅	经济管理学院
S2015081	基于技术创新能力的中小企业成长性实证研究	李林青 14612101	赵 驰	经济管理学院
S2015082	分部经理激励与内部资本市场配置效率	葛文杰 14B12123	陈良华	经济管理学院
S2015083	高校科技成果转化模式调研——以东南大学和U-park创新创业合作可行性分析为例	利嘉恒 14913114	袁健红	经济管理学院
S2015084	江苏省房产价格变化对居民消费的影响研究	翁茂森 14512202	王 宏	经济管理学院
S2015085	城市公共交通定价与政府最优补偿方法和模型研究——以南京地铁为例	闵 睿 14513227	张 颖	经济管理学院

(续 表)

项目编号	项目名称	项目负责人	指导老师	所属院系
S2015086	网络在线教育发展中高校网络教育内容建设的研究——以东大为例	黄紫新 14C13507	浦正宁	经济管理学院
S2015087	美国量化宽松政策的退出对中国经济的影响	项慧华 14512219	刘晓星	经济管理学院
S2015088	幽默语言翻译方法:以《围城》为例	崔 钰 17112308	罗天妮	外国语学院
S2015089	从学生展示看英语教学改革	田 元 17113303	马冬梅	外国语学院
S2015090	在英语教学中 presentation 的教学形式对于非展示者的"观众学生"学习积极度的影响	伍 青 17112116	朱丽田	外国语学院
S2015091	基督教在南京的发展及变迁	赵玉石 17112114	胡永辉	外国语学院
S2015092	商业广告翻译中模因论的应用分析	郑奕贤 17113202	汤 斌	外国语学院
S2015093	近30年中国知名品牌中英文名称的社会语言学研究	孙 毓 17112302	侯 旭	外国语学院
S2015094	美国电影中的个人英雄主义解读	李芳悦 17112108	吴兰香	外国语学院
S2015095	日本范围内对外汉语教育文化功能的现状及发展建议——以日本大学生为研究对象	吕秋晨 17213213	薛 倩	外国语学院
S2015096	新型水溶性聚噻吩荧光探针制备及其在DNA检测方面的应用	谢 成 19212113	祁争健	化学化工学院
S2015097	过渡金属硫化物的制备及其催化秸秆加氢液化制取生物油的应用研究	陈金财 19113117	马全红	化学化工学院
S2015098	叶酸绿色合成工艺研究	王伯军 19013129	孙柏旺	化学化工学院
S2015099	基于 vissim 的车车通信环境下高速公路运行效果对比分析	陆加健 21013113	张 健	交通学院
S2015100	多车道高速公路大型车辆影响效应研究	罗雅婷 21A13103	过秀成	交通学院
S2015101	基于本科用户分层的东南大学图书馆导读机制研究	单彧诗 14C13604	张长秀	经济管理学院
S2015102	南京市电动自行车出行特性分析及管理策略研究	杨钧剑 21113120	过秀成	交通学院
S2015103	基于移动终端的出租车中转云平台信息流重整模型	胡 敏 21213127	张 祥	交通学院
S2015104	基于 OpenCV 道路平面交叉口交通监控视频交通流量数据可视化系统	杨 红 21A13209	程 琳	交通学院
S2015105	配筋混凝土简支板梁桥的上部构造及其配筋系统计算机显示模块研究	孙树文 21713131	吴文清	交通学院
S2015106	表面活性剂 SDBS 强化曝气修复饱和砂土 MTBE 污染一维模型试验研究	张彦琨 21812110	刘志彬	交通学院
S2015107	低碳驾驶碳排放的定量化分析	赵润民 21A13324	黄晓明	交通学院

(续 表)

项目编号	项目名称	项目负责人	指导老师	所属院系
S2015108	公交专用道的时空资源优化设计	杨逸飞 21113221	程 琳	交通学院
S2015109	大直径盾构隧道施工对周边古建筑物的影响机理与加固措施研究——以扬州瘦西湖隧道为例	魏煜坤 21812102	章定文	交通学院
S2015110	多方式出行路径选择的效用函数与引导策略	张宇丰 21012116	杨 敏	交通学院
S2015111	基于B/S平台的居民出行调查辅助系统的开发	郑启康 21013109	过秀成	交通学院
S2015112	预制装配式波形钢腹板小箱梁的标准化设计的研究	刘梦琦 21013218	胡晓伦	交通学院
S2015113	能源地下工程南京区域适宜性研究	郭淇文 21812101	张国柱	交通学院
S2015114	太阳能循环热流体系统在沥青路面应用研究	周逸松 21A13123	杨 军	交通学院
S2015115	基于FLASH技术制作公路网规划电子地图	费延林 21b12127	张 远	交通学院
S2015116	盐分对重塑粘土固结不排水剪切强度的影响研究	孟令天 21A13225	邓永锋	交通学院
S2015117	实时交通信息可视化方法研究	綦 聪 21013112	王 卫	交通学院
S2015118	辅助普通公共交通的城市定制公交的出行特性及设置优化	冒培陪 43213517	陈 峻	医学院
S2015119	探究次生钢渣活性激化方法及其在固化土中的应用	张凤尧 21813135	邓永锋	交通学院
S2015120	基于安卓的DIY条形漫画编辑器	杨梦婷 22013202	张小国	仪器科学与工程学院
S2015121	惯性/北斗组合高精度鲁棒测量导航定位系统技术	朱雅玫 22013308	陈熙源	仪器科学与工程学院
S2015122	嵌入式北斗基准站远程服务与控制系统	徐艺敏 16013527	潘树国	电气工程学院
S2015123	基于My RIO和LabVIEW的FSAE赛车数据采集与监控系统	邢 田 22013314	金世俊	仪器科学与工程学院
S2015124	基于磁场感应的车辆检测系统设计	张 璇 22012304	王立辉	仪器科学与工程学院
S2015125	沉浸式全体感控制机器人	翁铖铖 22013324	莫凌飞	仪器科学与工程学院
S2015126	基于传感器与安卓系统的科学素养评测平台设计	李超龙 26112112	柏 毅	学习科学研究中心
S2015127	基于有序微纳结构的SERS基底的制备及其在情绪研究方向的简单应用	郝 佩 26113108	赵祥伟	学习科学研究中心
S2015128	同伴支持对农村2型糖尿病患者心理方面影响的研究	房 杨 43112106	杨小庆	医学院

(续 表)

项目编号	项目名称	项目负责人	指导老师	所属院系
S2015129	新型磁控离子通道的构建	刘智鹏 43212425	赵 晟	医学院
S2015130	2型糖尿病静息态脑功能成像随访研究	陈建建 43312125	焦 蕴	医学院
S2015131	糖基化终产物致糖尿病性骨骼肌病变的分子机制初探	周 铨 43A12210	袁 扬	临床医学院
S2015132	不同长度的4型HEV ORF2重组疫苗免疫效果异同的研究	鲍建彤 43213508	孟继鸿	医学院
S2015133	B族维生素对黄曲霉毒素造成的食管上皮细胞损伤的保护作用及其机制研究	林晨昊 42113221	王少康	公共卫生学院
S2015134	糖尿病老年患者健康管理模式及效果评价研究	赵心语 42213204	巢健茜	公共卫生学院
S2015135	应用决策树-Markov模型优化戊肝免疫策略	陈振明 42112217	金 辉	公共卫生学院
S2015136	纳米二氧化钛免疫损伤相关miRNAs生物学功能及调控机制研究	李嫣菲 42113214	梁戈玉	公共卫生学院
S2015137	植物油来源n-3脂肪酸对小鼠炎症因子及氧化应激指标的影响研究	陈剑双 42113210	杨立刚	公共卫生学院
S2015138	智能手套	孙宇涵 61013119	周健义	吴健雄学院
S2015139	大规模多天线系统中的稀疏信号处理算法研究	刘映辰 61013201	戚晨皓	吴健雄学院
S2015140	磁性靶向系统的体外实验装置设计与研究	龙大凡 61113108	张赤斌	吴健雄学院
S2015141	基于arduino的人体体感智能马桶	杨泽宇 61313118	谈英姿	吴健雄学院
S2015142	基于微流平台的蛋白质SERS检测	吕逸如 61013104	朱 利	吴健雄学院
S2015143	基于运动传感器的智能跑步鞋	陈 旭 61013221	姜 明	吴健雄学院
S2015144	基于可见光通信的超市定位及信息传输系统	封蔚鸿 61313120	姜 明	吴健雄学院
S2015145	移动互联网医疗的创新机会和终端发展研究	王 茜 14B13209	葛沪飞	经济管理学院
S2015146	生活小秘书——家庭健康环境监控器	严仕林 06A13309	张 萌	电子科学与工程学院
S2015147	在东南大学探索推广公用自行车新模式的创业实践	张化林 21812113	何志宁	交通学院
S2015148	实用iBeacon寻车器开发及市场推广	李孟祝 14613105	莫凌飞	经济管理学院

2015年东南大学基于教师科研的SRTP项目立项结果一览表

序号	项目编号	项目名称	负责人	指导教师	所属学院
1	T15012003	基于微环境控制理论的南京城墙预防性保护设计研究	吴昌亮 01111117	李永辉	建筑学院
2	T15012011	城市中低价住宅用地(住区)的交通便利性模型基础研究	高 典 01211132	屠苏南	建筑学院
3	T15012019	面向江苏的批判性地域主义建筑之基础理论研究	张 浩 01111211	李海清	建筑学院
4	T15012020	基于社会调研的老城区公共空间意象地图研究-基于社会调研成果的专题地图绘制	郑振婷 01511108	李 雱	建筑学院
5	T15022001	第二代双轮自平衡车的研究与开发	闵 剑 02013422	张志胜	机械工程学院
6	T15022006	基于纳米二硫化钼MoS_2的新型机械润滑体系设计	张 恒 02012523	刘 磊	机械工程学院
7	T15022007	具有低自由度的解魔方机器人	范青宏 02013406	戴 敏	机械工程学院
8	T15022008	汽车喷油泵柱塞芯全自动上料系统设计研究	杨 磊 02013535	韩 良	机械工程学院
9	T15022011	基于状态空间模型的轴承状态评价及寿命预测模型的研究	赵 斌 02013435	周一帆	机械工程学院
10	T15032010	光场成像火焰三维温度场测量技术研究	张 倩 03012207	许传龙	能源与环境学院
11	T15032013	降雨径流中有机物、氮及重金属污染协同控制的人工湿地技术研究	宋 鑫 03212725	宋海亮	能源与环境学院
12	T15032014	市政污泥的生物破壁减量技术研究	康诗佳 03213711	余 冉	能源与环境学院
13	T15032015	生物质中灰分对其快速热解产物的影响规律研究	马宇娜 03012208	张会岩	能源与环境学院
14	T15042002	基于WIFI与Android的EMG信号无线传输	苏文博 04013520	徐 建	信息科学与工程学院
15	T15042003	基于T38协议的IP传真机制的研究	赵 越 04213712	张毅锋	信息科学与工程学院
16	T15042008	基于VoLTE的端到端手机语音加密技术研究	徐余浩 04013242	陈立全	信息科学与工程学院
17	T15042012	基于移动终端的局域网集团语音数据传输系统(上行)	王艺炜 04013539	衡 伟	信息科学与工程学院
18	T15052004	太湖流域工业园区排水体制调查研究	王佳宁 05513117	杨小丽	土木工程学院

（续　表）

序号	项目编号	项目名称	负责人	指导教师	所属学院
19	T15052005	大直径形状记忆合金杆的自复位性能试验及其应用	林华泉 05112103	周　臻	土木工程学院
20	T15052007	新型复合配筋混凝土柱变形能力试验研究	肖文超 05112305	孙泽阳	土木工程学院
21	T15052010	形状记忆合金在折叠网架结构中的应用	莫思阳 05113209	蔡建国	土木工程学院
22	T15052011	基于云计算的PPP项目社会风险评估与监测集成系统设计与研究	郭霁月 05212202	袁竞峰	土木工程学院
23	T15052012	基于合肥王小郢污水处理厂调查的PPP模式在基础设施领域应用的探讨	朱　舸 05112122	杜　静	土木工程学院
24	T15052013	碳化作用下混凝土结构多尺度耦合的耐久性研究	郁美琪 05113207	涂永明	土木工程学院
25	T15052014	新型开合屋盖结构工作性能及机电一体化设计研究	阚臻驰 05113520	陆金钰	土木工程学院
26	T15062003	绿色量子点在白光LED上的应用	徐嘉铭 06A13534	张家雨	电子科学与工程学院
27	T15062004	矿用打点语音通信装置设计	刘方罡 06112117	钱钦松	电子科学与工程学院
28	T15062006	全息波导光学成像	吴念尘 06A12533	张宇宁	电子科学与工程学院
29	T15062008	基于改性石墨烯材料的高性能传感器的研制	高万里 06112111	万　能	电子科学与工程学院
30	T15062009	使用石墨烯作为扑翼飞行器高性能机翼的研究	麦汉棠 06112112	万　能	电子科学与工程学院
31	T15062011	压缩感知辅助的多信号调制参数估计算法及其实现	黄诗续 06A12508	张　萌	电子科学与工程学院
32	T15062013	基于电磁场波导方法的厚胶光刻工艺仿真研究	王禹欣 06012009	周再发	电子科学与工程学院
33	T15072007	低碳经济下政府绿色创新补贴政策设计及企业运营决策优化研究	许卓颐 07212105	李　敏	数学系
34	T15072011	社交网络的信息传播机理和统计特性	王亚敏 07112109	曹进德	数学系
35	T15072012	高校实施按院（系）\专业类招生分专业培养情况的调查与分析	施梦莹 07112105	申翠英	数学系
36	T15072013	学分制下高校实施学业预警与管理机制的调查与研究	张　楷 07112121	申翠英	数学系
37	T15082003	图像中的文本区域检测与识别	刘亚楠 08012401	夏思宇	自动化学院
38	T15082006	图像去雾	凌孝儒 08013419	达飞鹏	自动化学院
39	T15082008	基于视频的人流检测	张　鑫 08013437	达飞鹏	自动化学院
40	T15082009	身份证图像处理系统	沈子莹 08012333	盖绍彦	自动化学院

(续 表)

序号	项目编号	项目名称	负责人	指导教师	所属学院
41	T15092002	语义工作流引擎的设计与实现	王炳超 71112115	张 祥	计算机与软件学院
42	T15092005	基于超声波多普勒效应的智能终端手势识别技术研究	杨启凡 71112331	杨 鹏	计算机与软件学院
43	T15092006	机会网络链路预测方法研究	邹 悦 71113307	张三峰	计算机与软件学院
44	T15092008	基于语境的海量文本索引与检索	谢 梦 71112309	李慧颖	计算机与软件学院
45	T15092010	基于分众分类的本体构建方法的研究	李 丞 71Y13122	漆桂林	计算机与软件学院
46	T15092012	基于学分制下高校实施学业预警与管理机制的网页平台	秦 焜 09012234	申翠英	计算机与软件学院
47	T15102001	半导体量子点——金属纳米颗粒复合系统中的三阶非线性效应研究	张 真 10212116	杨文星	物理系
48	T15102004	等离激元共振增强的光力现象及其对颗粒的操纵研究	信星星 10112106	董正高	物理系
49	T15102006	铁基超导体"112"体系高质量单晶的制备及其掺杂研究	许保张 10113122	施智祥	物理系
50	T15102007	基于金属纳米岛膜的表面等离子体光催化研究	蒋崇春 10212113	邱 腾	物理系
51	T15102008	二维磁性/非磁复合薄膜的自旋泵浦效应	楚伊梵 10112104	翟 亚	物理系
52	T15102009	有机钙钛矿太阳能电池光阳极透明导电基底的制备	赵中华 10313107	徐庆宇	物理系
53	T15112003	肝癌诊疗用多功能栓塞微球的研究	刘坤良 11212226	熊 非	生物科学与医学工程学院
54	T15112006	利用细胞自噬敏化现象克服癌细胞耐药性	王若涵 11113110	吴富根	生物科学与医学工程学院
55	T15112007	细胞电刺激加载装置的构建及应用	刘朝洺 11212123	黄 宁	生物科学与医学工程学院
56	T15112013	载药生物高分子热疗微球的制备及栓塞治疗的应用模拟	于昊立 11212217	张 宇	生物科学与医学工程学院
57	T15112014	腕式便携型心率检测系统	王海兴 11212117	周 平	生物科学与医学工程学院
58	T15112017	靶向肽修饰的金纳米粒子用于直接镜检水体中隐孢子虫的研究	王月桐 11213122	周 昕	生物科学与医学工程学院
59	T15122002	基于稀土硼化物的新型铝合金细化剂开发	叶勇靖 12013119	陆 韬	材料科学与工程学院
60	T15122005	碱激发矿渣体系中钢筋的钝化与腐蚀行为研究	刘华昕 12013124	施锦杰	材料科学与工程学院

(续 表)

序号	项目编号	项目名称	负责人	指导教师	所属学院
61	T15122007	H_2O_2 传感器材料制备	严潇潇 12013110	曾宇乔	材料科学与工程学院
62	T15132002	清代小说《镜花缘》刻本插图文本接受分析	邱芳芳 13412118	乔光辉	人文学院
63	T15132003	明清《西厢记》插图与文学批评	陈 晨 13412110	乔光辉	人文学院
64	T15142005	麻醉时间不确定下的手术排程研究	焦竹晗 14113102	张玉林	经济管理学院
65	T15142006	江苏应对TPP启动自贸区建设的可行性分析及其对策研究	邹雨婷 14Y12118	顾 欣	经济管理学院
66	T15142010	跨境电子商务物流模式比较研究	周莉君 14812104	王海燕	经济管理学院
67	T15142014	基于消费者策略行为的互补产品供应链决策研究	谢俐萨 14813110	李四杰	经济管理学院
68	T15142020	江苏省绿色协调发展政策仿真平台	王 蓉 14112118	王文平	经济管理学院
69	T15142023	供需不确定情形下农产品供应链动态协调策略研究	李 涛 14812124	何 勇	经济管理学院
70	T15142024	江苏绿色发展评价分析及对策建议	严梦蕊 14612110	岳书敬	经济管理学院
71	T15142026	考虑社交网络和用户行为的电子商务推荐策略及其决策支持	陈静然 14312104	刘新旺	经济管理学院
72	T15162001	配电网谐振过电压暂态过程及其抑制技术研究	陈富扬 16012617	蒋 浩	电气工程学院
73	T15162004	染料敏化电池电气特性建模与优化控制研究	武令君 16013202	窦晓波	电气工程学院
74	T15162006	面向大数据技术的电力用户用电模式精细化挖掘分析	胡经纬 16013429	王蓓蓓	电气工程学院
75	T15162011	基于LabVIEW的CAN通信电机控制器上位机系统研究	余开亮 16012424	花 为	电气工程学院
76	T15162012	分布式冷热电联供系统综合管理平台开发	袁世东 16012413	顾 伟	电气工程学院
77	T15162014	配电网故障仿真及其分析	赵子义 16013412	喻 洁	电气工程学院
78	T15162015	电力-通信联合仿真平台	黎靖邦 16012322	喻 洁 李 周	电气工程学院
79	T15162019	特种电机转矩和磁链的数据采集系统研制	李昊旻 16012529	花 为	电气工程学院
80	T15172002	新媒体在勤工助学工作中的应用研究	黄千玳 17212110	江雪华	外国语学院
81	T15172005	美国通俗小说《了不起的盖茨比》汉译的接受与影响研究	张 晨 17113111	高圣兵	外国语学院
82	T15192004	功能性水凝胶的制备及性能研究	高 真 19113218	张雪勤	化学化工学院
83	T15192007	石墨态氮化碳聚合物材料的制备和光电性能研究	郑雁伟 19212115	张袁健	化学化工学院

(续 表)

序号	项目编号	项目名称	负责人	指导教师	所属学院
84	T15192008	直接甲醇燃料电池阳极金属氧化物纳米纤维改性Pt基催化剂的研究	王中首 19312109	郑颖平	化学化工学院
85	T15192014	高效环保聚醚类原油脱钙剂的研究	梁 爽 19113110	周钰明	化学化工学院
86	T15192015	聚乙烯咔唑嵌段共聚物的合成及对其光电性质的研究	谭鄂川 19312115	孔 凡	化学化工学院
87	T15212002	基于生物结合料的废旧沥青再生剂制备	陈 豪 21012212	杨 军	交通学院
88	T15212005	一种适用于Pb、Zn、Cd复合重金属污染场地二次开发绿化用地的稳定剂研究	刘 睿 21812115	杜延军	交通学院
89	T15212011	考虑纹理的路表水膜厚度研究	蔡 星 21011216	陈先华	交通学院
90	T15212012	轨道交通运营初期走廊内地面公交线网调整方法研究	储 源 21112226	过秀成	交通学院
91	T15212014	城市深大基坑无线监测系统环境适宜性研究	朱营博 21713126	张国柱	交通学院
92	T15212015	现代有轨电车平面交叉口处时空路权综合	马懿元 21013101	杨 敏	交通学院
93	T15212017	基于乘客感知的轨道交通短距离接驳出行环境改善和出行效率提升措施研究	吴运腾 21013115	杨 敏	交通学院
94	T15212020	圆管腹梁实验研究	袁明昱 21712221	杨 明	交通学院
95	T15212021	基于计划行为理论的城市老年人休闲出行影响因素研究	李雪琪 21012101	季彦婕	交通学院
96	T15212022	基于火灾烟雾扩散的地铁站旅客安全疏散仿真研究	张素馨 21212105	何 杰	交通学院
97	T15212028	路侧式公交站台设置形式对于自行车交通影响及优化设计	俞 俊 21013116	陈 峻	交通学院
98	T15212038	航模辅助智能交通观测技术	张煜恒 21712233	王 昊	交通学院
99	T15212040	地铁换乘站调研与换乘效率评价研究	陈昊若 21712123	程建川	交通学院
100	T15222003	基于MindWave脑立方耳机的疲劳驾驶检测系统	赵维政 22013113	曾 洪	仪器科学与工程学院
101	T15222004	无人水面航行器的研制	杨 强 22012226	程向红	仪器科学与工程学院
102	T15222006	单芯片双轴集成硅微谐振式加速度计控制电路研究	赵 毅 22012114	杨 波	仪器科学与工程学院
103	T15222008	基于高精度室内定位技术的人机交互系统研究	索传哲 22013230	秦文虎	仪器科学与工程学院
104	T15222009	基于十自由度MEMS传感器的智能小车导航系统设计	邓 睿 22013319	夏敦柱	仪器科学与工程学院

(续 表)

序号	项目编号	项目名称	负责人	指导教师	所属学院
105	T15222010	基于智能手机的移动互联网学习平台	秦 阳 22013430	莫凌飞	仪器科学与工程学院
106	T15242001	基于视频、动画形式的东南大学本科教学、教务、实践、学籍等相关管理流程、制度政策宣讲和展示	李兴建 24212108	赵 光	艺术学院
107	T15252001	《物权法》占有编立法完善研究	宋子耕 25013118	单平基	法学院
108	T15252005	国家赔偿中精神损害赔偿实证研究	徐晔臻 25012112	孟鸿志	法学院
109	T15252006	行政法视角下大气污染防治的实证研究	吴月月 25012111	孟鸿志	法学院
110	T15412001	基于碳纳米复合材料的光电免疫生物传感研究	胡慧祯 41113113	沈艳飞	医学院
111	T15412006	长链非编码RNA在调控氧化石墨烯致毒与转运中的功能研究	卓一洲 41113110	王大勇	医学院
112	T15412007	体液调控神经元在调控秀丽线虫固有免疫中的功能研究	马安然 43A13408	武秋立	医学院
113	T15412008	新型随机长度系绳肽库(弹簧肽库)构建的构建和高通量筛选	唐雨莹 43212206	赵 晟	医学院
114	T15412009	RFamide相关肽(RFRP)在精子生成过程中的功能	谢蓉蓉 43212404	赵 晟	医学院
115	T15412010	氧化石墨烯量子点对肝星状细胞的作用与研究机制	唐小欢 43112225	李懿萍	医学院
116	T15422001	电子介体型酶促电化学免疫传感器特异性检测肿瘤相关蛋白	刘新刚 42113124	王晓英	公共卫生学院
117	T15422003	深海鱼油对老年二型糖尿病患者血糖及胰岛素抵抗影响的干预研究	李佳琳 42113208	孙桂菊	公共卫生学院
118	T15422005	医护人员职业枯竭危险度评价模型的建立	姜 飞 42112208	田宏迩	公共卫生学院
119	T15422010	食品安全风险之一——食品中塑化剂DEHP的内暴露定量方法建立与评价	严业绘媚 42113212	许 茜	公共卫生学院
120	T15422011	老年人健康管理模式及效果评价方法研究	赵心语 42213204	巢健茜	公共卫生学院
121	T15612002	掺金属纳米粒子染料液晶基随机激光研究	彭 涵 61013203	叶莉华	吴健雄学院
122	T15612003	智能电网环境下中央空调系统优化运行控制策略研究	黄灵莹 61313102	王蓓蓓	吴健雄学院
123	T15612005	电动车用开关磁阻电机振动建模及抑制研究	曹梦迪 61013105	钟 锐	吴健雄学院
124	T15612008	微热管内毛细驱动相变传热行为的实验研究	万 意 61112105	陈永平	吴健雄学院
125	T15612010	道路护栏状况变化智能检测与信息反馈系统	华 杰 61313122	戚晨皓	吴健雄学院

2015年文化素质教育中心讲座及活动一览表

序号	主讲人	主讲人介绍	题目	日期
1	尚长荣	著名京剧表演艺术家、首位"梅花奖"得主、中国戏剧家协会主席	激活传统,融入时代——畅谈中国京剧艺术	2015.03.16
2	董群	金陵图书馆馆长、东南大学人文学院教授	优秀文化传统与人生修养	2015.03.18
3	俞敏洪	著名教育家、新东方教育科技集团董事长兼总裁	青年自强与青春梦想	2015.03.21
4	赵天为	东南大学艺术学院副教授、博士	春色如许——走进昆曲的世界	2015.03.23
5	雷夫·约翰森 Leif Johansson	瑞典爱立信公司董事长、兼任英国阿斯利康公司董事长	网络社会——你准备好了吗?	2015.03.25
6	莫砺锋	著名古典文学专家、南京大学文学院资深教授	中华文化典籍与诗意人生	2015.03.25
7	邹元江	武汉大学哲学学院教授、博士生导师	中国昆曲当代传承的状况及问题——一个学者眼中的当代昆曲传承史	2015.03.30
8	潘绥铭	中国人民大学性社会研究所教授、博士生导师	当代中国性文化的现状与反思	2015.04.01
9	庄永志	《焦点访谈》原主编、南京大学新闻传播学院副教授	从《穹顶之下》看公共议题的传播	2015.04.08
10	周秦	苏州大学文学院教授、博士生导师	《牡丹亭》——从临川笔下到昆曲场上	2015.04.13
11	徐小跃	南京图书馆馆长、南京大学哲学系教授	国学与人生	2015.04.16
12	李鸿良	著名昆曲表演艺术家、中国戏剧"梅花奖"获得者	至美的昆丑——中国昆曲丑行的表演艺术	2015.04.20
13	孙绍振	著名学者、福建师范大学文学院教授	《三国演义》与人生	2015.04.21
14			《雷雨》中的恶之花——繁漪	
15	Gregory Blatt	阳光动力机组总负责人、瑞士驻沪总领事馆官员	首次环球太阳能飞行:飞行史上的壮举,让我们共同见证!	2015.04.29
16	梁谷音	著名昆曲表演艺术家、中国戏剧梅花奖获得者	中国昆曲艺术之美	2015.05.04
17	潘知常	著名美学家、红学家,南京大学新闻传播学院教授	《红楼梦》为什么这样红——关于《红楼梦》的美学贡献	2015.05.06
18	龚隐雷	著名昆曲表演艺术家、国家一级演员	幽兰雅韵——江苏省昆剧院精品折子戏专场展演	2015.05.11

(续 表)

序号	主讲人	主讲人介绍	题目	日期
19	楼宇烈	著名佛教研究专家、北京大学哲学系教授	百年忧途:中国大学生的民族文化的主体意识	2015.05.15
20	孔爱萍	著名昆曲表演艺术家、中国戏剧"梅花奖"获得者	大型昆曲经典《牡丹亭》(精华版)宣讲会——游园·惊梦·寻梦·写真·离魂	2015.05.21
	龚隐雷	著名昆曲表演艺术家、国家一级演员		
	施夏明	青年昆曲表演艺术家、上海白玉兰"主演奖"获得者		
21	敬一丹	中央电视台《焦点访谈》著名主持人	我遇到你——新闻理想与逐梦人生	2015.05.26
22	孔爱萍	著名昆曲表演艺术家、中国戏剧"梅花奖"获得者	大型昆曲经典《牡丹亭》(精华版)——游园·惊梦·寻梦·写真·离魂	2015.05.26
	龚隐雷	著名昆曲表演艺术家、国家一级演员		
	施夏明	青年昆曲表演艺术家、上海白玉兰"主演奖"获得者		
23	崔之清	著名历史学家、南京大学历史系原主任、教授	台湾九合一选举与台湾政局及两岸关系评析	2015.05.27
24	毛大庆	东南大学杰出校友、万科企业集团原高级副总裁	"互联网+"还是"+互联网"?	2015.06.09
	刘江峰	东南大学杰出校友、华为荣耀原总裁	用经历定义自己	
25	刘艳红	"全国十大杰出青年法学家"、东南大学法学院院长、教授	"法"的精神和要义	2015.09.23
	徐家福	著名计算机科学家、中国计算机软件开创者之一、南京大学计算机软件新技术国家重点实验室名誉主任	计算机科学的过去、现在与未来	
26	李任飞	中央电视台"百家讲坛"著名主讲人、管仲纪念馆名誉馆长	传统衣装与现代时尚	2015.09.24
27	胡阿祥	著名历史学家、南京大学历史系教授	爱上南京,品味南京——感受南京的历史和文化	2015.10.13
28	曹可凡	东方卫视《可凡倾听》著名主持人	我的城市,我的家	2015.10.14
29	龙乐豪	著名运载火箭技术专家、中国工程院院士	嫦娥奔月下的中国梦:我与共和国的火箭事业	2015.10.15
30	龚琳娜	著名音乐人、中国新艺术音乐歌唱家、神曲《忐忑》的原唱者	"更上一层楼"古诗词唱谈会	2015.10.18
31	卢庚戌 缪杰	著名创作歌唱组合"水木年华"成员	"一生有你"——水木年华的音乐道路	2015.10.19
32	樊和平	"长江学者奖励计划"特聘教授、东南大学人文学院教授	我们的世界缺什么?	2015.10.22

(续表)

序号	主讲人	主讲人介绍	题目	日期
33	彭 林	著名历史学家、清华大学历史系教授	中国古代的士大夫精神	2015.10.26
34	韦 晔	著名生态摄影师、《跟着动物去旅行》作者	跟着动物去旅行：生态摄影师的行与知	2015.10.27
35	董 帅	东南大学青年特聘教授	离经叛道话物理——现代物理的文学趣释	2015.10.28
36	龚鹏程	著名文化学者、北京大学中文系特聘教授	谁的国学？	2015.11.05
37	王廷信	东南大学艺术学院院长、教授	从艺术看大学，从大学看人生	2015.11.06
38	林安梧	台湾慈济大学宗教与人文研究所所长、元亨书院院长	这个时代还须要孔子与《论语》吗？	2015.11.07
39	朱为模	美国伊利诺伊大学终身教授、东南大学客座教授	为什么99%的人减肥都不能成功？	2015.11.09
40	程章灿	南京大学中文系教授、教育部长江学者特聘教授	金陵王气——六朝文化与南京	2015.11.10
41	贺 来	长江学者、吉林大学哲学社会学院教授	何为有尊严的幸福生活的哲学思考	2015.11.13

2015年本科毕业生名册

建筑学院

011 建筑学(83)

黄金辉　唐时月　任文静　杜佳赟　练玲玲　李哲健　智钰婷　陈子健　姚　舟
缪筱凡　奚月林　彭婷婷　张　挺　蔡　瑜　杨　洋　黄　坤　吴奕帆　刘恩硕
陈　静　薛振河　翁金鑫　陈晓玲　周　扬　孙　荃　屈子敬　吴雨桐　张　丁
闫景月　李鑫磊　倪贤彬　马非凡　张　桢　邵宇洲　苗　正　王玲平　顾　鹏
张佳石　顾兰雨　叶　枝　吴洋洋　包　捷　李宇辉　施晓梅　何　颖　周　琪
常哲晖　蔡陈翼　黄永辉　何若玢　李欣叶　刘腾霄　孙　柏　王正欣　虞　菲
杨小剑　戴　赟　周文婕　沈　宓　冯硕静　陈　杰　王嘉蓓　郑天乐　仇　璐
郝雪峰　倪晓筠　李竹汀　赖悠悠　张艾菊　纪希颖　鲁明轩　褚经纬　覃钰祺
陈　乐　朱荣锟　张子微　韩思源　黄新洋　郑　蒨　张　琪　刘亚雯　刘海芊
任　广　郑钰达

012 城市规划(47)

李　晋	苏　悦	刘　洋	刘子煜	许闻博	胡雪倩	谢　亚	金仁淦	杜清漪
蔚　风	孙俊秋	梅佳欢	汤景秋	沈　硕	吴　迪	徐肖薇	朱　骁	蒋歆圆
黑治渊	王承磊	胡　进	吉倩妘	陈　睿	薛倩云	万　里	陆　煜	邵　典
张万远	杨一彦	曹星宇	黄玮琳	杨书亚	方永华	莫军强	章俊杰	王　超
何彦东	黄楠琦	徐晓强	赵羽珂	张羽喆	李梦柯	顾祎敏	仇婧妍	雷　康
陈凯翔	宁昱西							

015 景观学(22)

张齐鹏	吴佳丽	蔡劲松	张　璐	李佳雨	侯姝彧	王莫言	于　涵	许　涛
李　文	倪佳佳	张文莉	陶　菲	段玉曼	顾静娴	俞　斌	刘海滨	丁宇飞
沈美美	齐良玉	蒋　祎	丁文韬					

019 建筑学(15)

黄菲柳	杨柳新	温子申	张骐跃	刘曦文	何之凡	包宇喆	于　炯	徐抒文
孙心莹	马　驰	丁　岩	陈　卓	陈　鑫	马斯文			

机械工程学院

020 机械工程及自动化(157)

王　萍	张　凯	王如冰	司　强	雷鹏坤	郭金栋	谌虹静	厍兴国	徐晨琦
温蒙蒙	施嘉察	苏世勇	田奥克	李玉杰	王先根	王　超	耿垭洲	张　钰
闫　鹏	彭　放	李梦芝	黄腾飞	林　伟	邹勇攀	季　凡	张真源	叶逢雨
傅小煜	王　雅	张毅琛	白一求	吴玉浩	吴　景	胡俊浩	白晨光	李静之
王禹彭	任丞臣	顾益庆	张晓威	姚零军	徐华鹏	严咏麟	陈庆久	卢本炼
华煜君	张智捷	王　兮	俞　城	张朝海	何　苗	胡力协	成　城	刘　群
费　凡	周　颖	李星迪	徐　成	余　杰	宋　睿	郭润婷	徐　辉	张　祥
殷　超	石　卓	蔡　爽	胡玉波	孟令熙	郭　亮	周李真辉	占卓帆	邢嘉路
石　然	印　荣	孟义军	韩锦畴	杨　泰	朱子烨	姚嘉伟	王通今	周　祺
钱　程	杨楠涛	张晓春	郭　露	杨围邑	马绍桓	曹伟涛	史昀珂	郭东东
曹玉全	汪　晨	采国顺	许永斌	何品尧	江　平	朱峰冰	孟德鹏	吴志勇
周　双	锁　霖	李冬冬	王俊楠	徐　尧	蒋祖贵	孙　飞	李小妹	赵子卿
于　健	张国飞	刘　鑫	李泽辉	林　松	李　涛	陈若童	陈茂旭	张　罗
张　严	左立立	张梦飞	王俊婷	肖目舒	吴瀛东	万道鸣	王彬愚	杨越洋
丁健华	姜晓文	孟　朋	缪　峥	丁　戈	李晓奇	何崇伟	唐诗尧	吴继超
刘俊辉	毛春宇	李兴汉	汤　彬	邹逸鹏	沈　彤	张志文	李乔宇	吴寒冰
邓健豪	胡鉴恺	商　踺	袁　元	曹铭聪	李　博	顾希雯	武　剑	薛昊天
王　历	朱梦瑞	周林峰	刘英皓					

026 工业工程(42)

赵俊哲	王贺森	陈 凯	徐向明	黄逸飞	贾凌航	李 云	但堂超	李梦琦
尹天翔	阮 磊	杨宗武	郑剑振	马 田	肖 逸	张 润	徐静芳	李 桃
孙铖皓	程龙飞	李延辉	刘桐辛	孟 臻	徐 欢	陈春阳	王 欣	胡敏建
谢有权	张 俊	周安帅	刘 歌	毛 威	刘成龙	李志伟	赵 睿	尹凯正
陈 峰	庄 磊	汤宏明	仇荣荣	丁 伟	王 岩			

能源与环境学院

030 热能与动力工程(133)

王小柳	吴晨月	何 船	丁奕文	吴 傲	赵 亮	黄友益	褚军涛	李昱林
姜伟海	许岩枫	郑懿纯	聂凤翔	陈鹏鹏	张新开	廖先伟	曹琳琳	卜欢欢
黄 森	李鑫迪	宋飞鸿	付翰升	景亚杰	王炜波	羊 琛	张亚丽	唐亮亮
徐 弘	陈瑗媛	谢怡辰	吴俊超	陈东帝	朱静文	袁 麟	张紫仪	陈绅维
周 兴	吴 磊	陈逸桐	夏文青	潘 晗	赵 阳	陈 尧	雷 强	徐民江
熊 尾	俞 爽	海 楠	林江帆	李 萍	刘逸飞	孙 峰	康若祎	田永清
林镇国	孙培亮	钱佳诺	庞 磊	邵亚丽	单 宇	钟振宇	尹贵豪	朱宇泽
黄婉珏	曾文翰	邹丹丹	杨斯涵	李华君	孙子文	田书耘	赵 杨	徐黎鑫
郭 峰	陈凯楠	周 颖	朱昌斌	熊佩芦	张馨月	金 圣	王瑜祥	辛东融
蔡蒁蒁	陈梦晗	吴振龙	宋伟嘉	刘亚斌	邵倩钰	黄莹广	洪一豪	雷丽君
丁 鹏	张 咪	杨殷创	段君宝	吴东昊	许 扬	张曹杨	周诗齐	李佳璇
宁书立	张 欢	王馥郁	黄源烽	刘崇尧	姜清尘	杨小宇	王鑫龙	郑如生
颜博文	杨光华	李 昂	马 泉	倪霞鸣	卢 旸	于 吉	钱 燕	贾艺璇
曹 挺	诸峰亮	徐燕燕	查健锐	谢兴旺	吴云龙	李广富	沈坤荣	李 鑫
徐静晨	吴 杰	郭哲豪	江哲帆	邵恩泽	李 遥	陈 兴		

031 建筑环境与设备工程(33)

张馨月	管晗意	姜晓炎	沈景云	李俊菲	缪晨阳	袁绍杰	周 游	杨昌儒
吴雪洁	单楠楠	张 楠	蒋 立	罗竺坚	刘 晓	颜瀚琛	陈怡婷	刘宇丹
张梦妍	刘凤娇	陈如楠	梅振远	杨 靖	吕 玥	叶 瑾	徐凌琳	孙淑娟
戴楠楠	季巳辰	方应发	刘 烨	吴林蔚	董亚庆			

032 环境工程(30)

刘翔宇	熊振峰	肖 柯	王思静	蔡云舒	肖云飞	杨 露	李欣怡	杨 阳
康 达	苏 彬	付心迪	付文哲	高 磊	袁子林	李 康	张 璇	王楚俏
顾玉婷	安雪冬	常 岩	卢 悦	刘 唱	孙娇娜	区嘉恩	张子阳	周永苏
杨 靖	徐 杰	韦 龙						

033 核工程与核技术(21)

易德诗	何若愚	蒋思磊	李泽远	陈 纪	张家汇	杨予琪	史晓蕊	邹从余
白若冰	王 琪	崔 蕾	马 睿	李嘉琦	罗跃建	孙 欣	朱仁杰	张 熙
霍瑶珂	刘 洋	倪宇翔						

信息科学与工程学院

040 信息工程(270)

宋安琪	梁 霄	杨 阳	徐晴雯	李文桢	张建飞	刘 铭	翟邦昭	吴天益
王文正	毛东宇	曹 健	丁相程	朱秋瑜	丁 翠	陶秀睿	马晓琳	李隆胜
杨新逸	都之夏	朱庆明	郑 义	宋 杰	何文剑	段 然	王 辰	孟诗哲
周 健	汪云娟	罗 冲	夏华婧	危 笑	罗 平	邹辉辉	黄志超	于超凡
杨彦钊	彭志刚	孙伟昊	王 畑	李晓兴	杨雅涵	董梦丹	赵婉如	周晶莹
王韵霞	徐颖群	年吉宁	戴敏悦	陈 硕	傅玮烽	万建龙	蔡国庆	李世扬
杨刘曦	孙琮林	李俊成	宋天豪	段 欢	沈 浩	陈愈杰	周博琛	郑于晗
许婉怡	王 苏	白 石	詹雨豪	潘倩倩	苏 杭	黄运伟	王 源	方晗婧
谢欣宜	陈 璐	杨 苗	张 如	秦媛媛	生 杨	郭明皓	陈雨晨	徐 婧
刘芳硕	陈 昊	刘雪栋	邓一凡	魏 昊	葛鹏飞	蔡韫奇	杨梦源	孙 斌
欧阳攀	武晨旭	许 涵	翁 章	陈晓鹏	周培根	林铭洲	金伟潼	赵 突
钱 康	高 磊	李骐瑞	郎 纡	徐永康	张方宇	龚 宓	汪政扬	杜立寰
张成秋	张大旭	崔 力	曹苏云	赵敏娜	张 洁	陈 欣	王玉婷	吴丹妮
张春香	吴曼丽	张月蕊	蔡 瑞	潘 男	朱雨婷	邢 也	赵博文	李凯旋
袁凯杰	陈 乾	程 阳	王潇彬	顾喆旭	姜 天	赵 峰	陈诗哲	胡征宇
顾 凯	杨 力	宋逸豪	许瑞宁	陈进松	高 强	陈泽玮	王 晨	王宇阳
黄 勇	许 龑	黄华龙	徐文俊	于洁琼	张雅雯	蒋晓宁	潘丁玲	孙霁含
张 珊	曹 越	刘 奥	翟力力	褚炜雯	卢欣桐	徐锦丹	刘雅婷	刘俊卿
顾钊宁	李成蹊	刘泽義	程哲远	邓榆钦	刘 翔	武 曦	杨承霖	陈昱枫
栾霜渐	程序之	沈晨超	李泓呈	林 波	王 雷	朱志锐	袁勇奋	吴文谦
周羽丰	韩浩阳	陈枭煜	张建宇	张 琰	张 行	倪路遥	吴舒桐	王文睿
吴至榛	黄以阳	汪旭亚	魏静远	李晓峰	刘洁洁	朱芳枚	杨慧文	孙雅文
刘 佩	冯奕佳	张 婷	樊 浩	余烨超	徐 奕	周 颖	贺正然	柳 成
储一帆	杨中华	黄耀慧	张驰远	张峻瑞	孙 涵	施建鑫	熊子瑾	杨 普
张思琪	胡 彬	李 庆	李 筱	陆海华	常汉南	赵英相	钱 进	武展妮
杨 超	葛 鑫	赵 越	杨丽娟	王旭哲	韩 笑	宿子珊	洪 帆	潘惠敏
禹若涵	王文佳	任 静	王玉云	庄 莹	蔡媛媛	陈 静	谢旭东	孙 浩
张国亮	夏 天	王 凯	花盛悦	路 畅	李步方	郁 葱	王群锦	施嘉理
赖旭杨	周至恒	张 良	吴斯琦	王梓旭	陆玉国	姚家玮	张笑冬	张剑雄
刘 彻	陈钟汇	陈鹏飞	张 歆	姜振豪	朱 锐	刘 策	蒋 程	刘 远

土木工程

051 土木工程(238)

吴心怡	谢嘉义	宗 晗	李 仟	陈志鹏	忻之巍	夏塑杰	张 希	汤舒阳
马乾根	陈尚杰	张泽中	唐健峰	王业程	蒋丛笑	樊泽源	陈芳婷	温 涛
曾懋睿	黄 樊	缪宏伟	鲁 冰	陈 龙	张博禹	林逸超	曾程飞	徐施婧
周昱卉	袁钰雯	王 鑫	邱志飞	周沈龙	陈 铖	尚庆学	唐逸韬	刘汐宇
华 坤	戴子祥	褚杨玺	陈一鸣	侯人杰	张建飞	张文博	张艺达	朱 楠
王 恺	周 凯	张 琳	张 威	徐 晓	胡 多	朱 峰	吕 玉	石蕴璐
于得水	丁倩文	张渝文	唐伟祥	谈佳伟	林 炼	林 煜	黄贤斌	李 凯
苏 浩	陆泉栋	孙 健	穆发利	王 宇	顾嘉恒	李小凡	强翰霖	夏泓泉
王宏箭	蒋 超	曹徐阳	徐大成	刘 欢	杨 杨	曲博闻	汤育春	戴轩奥
陆瀚洲	何昕昊	罗海荣	张雪雯	季小泉	王 卉	陆 晨	熊泽龙	何冰冰
徐梓栋	赵 柔	吴 琪	陈天圣	张祯楠	伍 艺	郑诗阳	胡佳佳	王 坤
朱俊锋	王子豪	蒋 泉	付晓丹	张楚楚	梁乘嘉	丰培涛	王 京	袁颖雅
汤佳敏	宋凯文	聂 斐	孙安龙	陆 苹	刘 旸	季 一	周 震	夏定风
侯 迪	郑 帅	姜禹丞	王 谆	马明宇	王健青	韩露露	张 力	康魏峰
施路遥	陈福平	王丰陵	耿 直	山煜玺	郑雨潇	周广仁	李志昂	刘振坤
张天一	梅 方	于续春	颜 文	管美健	邵一峰	王登科	潘 上	张昭雯
孙凯奇	魏孝胜	程 卓	娄 凡	夏天阳	杨 俭	鲁 鑫	陈梓涵	孟 哲
沈思源	宋志新	韩 磊	蒋毓瑶	郁嘉诚	颜 聪	褚 攀	潘嘉伟	于 鹏
赵晟明	梁世腾	成 可	沙焕焕	魏 鹏	丛 戎	张金朋	李 贺	张 影
吴 丹	罗安琪	詹 兰	林亚平	曹治佳	雷益琛	蔡佑均	陈嘉睿	刘廷峻
王 林	崔常慧	王馨玉	王正昌	王帅男	李文超	常 成	石 畅	蒋青桔
杨 敬	吴 凡	黄 朗	黄 睿	彭傲霜	冯 辉	徐冬冬	姜 韦	张贺美臻
杨 帆	王蔓亚	张一凡	陈 晨	商 泽	薛 磊	张秦嘉	谈逸仙	孙求知
钱意彦	王一波	王 欣	徐宁悦	甘柳杨	夏正昊	马 体	黄家豪	李凌轩
马思遥	栾利影	蔡 磊	许 熹	黄立凡	季 旸	屠庭璋	吉泽森	杨 帆
臧芃乔	王其昊	王 康	顾大伟	王溧宜	张良尘	张 颖	卞一凡	院 伟
杜永浩	叶 帅	刘 凯	王孟伟					

052 工程管理(68)

毛成丞	骆 娟	徐 纬	王晓旭	吴 进	刘廷宇	钱昱涛	司文轩	唐 瑞
李 晓	马 睿	黄兹仁	王珉民	高金旺	高莹莹	周 堃	鲁红艳	陈紫琬
杨 婷	陈娇娇	吴 梵	袁宇辉	马问原	周文韬	毕慕超	徐铭鸿	沈思思
金 玲	马建洪	李贵锋	周圣华	杨国栋	唐 嬰	贾斯佳	叶尔扎提·托列干
傅冠琼	刘力齐	徐红燕	舒 瑞	黄慧敏	李 好	王小颖	朱 钰	王柳英

唐炜伟　黄璐敏　张晓玮　吴　昊　周　钦　孙一鸣　秦天著　姚思良　禹浩然
李啸行　钟　鑫　李璟瑜　陈皓霖　张卓超　李　涛　刘　侃　周冠霖　段城燊
杨　彪　蔡小兰　黄光耀　雷清凤　黄　鑫　杨　洋

053 工程力学(33)
韩宜丹　黄瑞瑞　祝亚萍　郑　扬　张晓阳　郭　凯　张　哲　刘峻铭　安元旭
贾东正　金弋博　胡晚亭　朱逸凡　陈　邵　唐一萌　周炜炜　李其远　沈　航
杨　轩　苏聪杰　朱　磊　宋朝阳　王　希　曾　强　林荣俊　陈鹤鸣　佟岱远
梁宝钰　孟　斌　陈涧腾　陶　楠　徐向阳　朱嘉伽

055 给水排水工程(33)
舒一兴　曹小敏　相慧明　翟　林　刘骅德　钱晶明　姚嘉晨　梁　骥　包敦凤
朱佳兵　蔡　聪　杨明川　盛靖郡　杜林青　成张佳宁　陶　赟　赵恩普　潘安达
袁　萌　周　晨　张子涵　赖煜川　许金天　刘　琦　刘永斐　郭佳欣　刘婉莹
蔡超群　丁　宜　蒋　咏　浦云杰　林松年　闵　杰

电子科学与工程学院

060 电子科学与技术(107)
田中源　王　敏　朱荣华　杜　翠　孟晓慧　陈　鑫　刘　畅　朱吉喆　陈　静
李仁森　吴　迪　韩　志　李翛然　邓苏晓　刘　缘　潘弘扬　杨博涵　滕　腾
李蔓影　邢　雪　杨婷婷　郭欣格　游玉洁　顾治峰　黄博鋆　梁栋国　李昱岐
任偲源　王福安　王　煜　徐　鹏　严　晖　周大利　祖贻斌　吴晟琦　刘玉鹏
黄鑫鹏　王梓丞　汪　超　吴旻骏　傅腾历　贺春林　谢树杨　黄哲煜　郭　谦
韩文凯　李名舒　吕钰焱　穆　林　唐　颖　贾天奇　徐媛媛　李　帅　鲁悦顺
袁文瑞　屠晨峰　周依潮　钱　澄　史博文　姜　勖　黄　杰　陈　聪　欧阳亦可
代浩瀛　杨　力　顾星煜　蒋网扣　石　琦　张师斌　赵玉豪　丁　强　雷　笔
黄　盟　丁　楠　项　文　曹文严　杨　丹　张　悦　吴喻西　陈晓晴　张　澄
张　蓉　张镇波　毛昱枫　孙嘉庆　王嘉文　郭展宏　刘泽恒　赵守仁　林　聪
罗雨帆　马子哲　周紫山　范道雨　范　傲　田豪傑　施报学　王　杰　唐　涛
陆天翼　谢晨伟　黄泽宇　张楚凡　梅　杰　许闻沁　徐　啸　施　扬

061 传感网技术(29)
高梓怡　管孟文　丁远哲　郑凌晨　刘媛慧　景　晟　张之伦　陈　晨　陈天蕴
胡　航　胡子炎　亢吉男　颜静韬　徐研博　汪宁欢　明　畅　赵保付　王辅强
郭润楠　潘　宇　林际斌　李晨阳　冯　程　郭柳成　晏　阳　王俊峰　李　坤
周升苗　陆秋实

063 新能源材料与器件(26)

戴张印　仇云萍　杨心怡　胡静洁　陈逸飞　黄　彪　徐其宇　张　硕　张啸天
李艺彪　陈思宇　费嘉远　任俊宇　朱晨辉　夏孝伟　余云多　黄枫阳　曹东强
王东江　许大峰　马　乐　黄新锐　杨宏旭　张玉浩　王　力　谈书雅

数学系

071 数学与应用数学(31)

樊　恺　李雅光　谢云旭　李　悟　沈　壁　余一鸣　王宇帆　邓　杰　王　硕
郭　浩　姜　珊　胡　伟　李振灿　王　伟　陈一轮　景　璇　赵滨业　丁　冬
王　川　代　伦　许云靖　翟　帅　赵　曜　赵　超　王志远　王李荣　孙雨禾
江天舒　柳　阳　桑燕五　周炳诚

072 信息与计算科学(14)

申　捷　俞豪逸　张　瑞　邵天一　闫建璐　马壮壮　王承宸　方　城　胡　坤
徐顺达　张林溪　陈强强　杜小东　支艳燕

073 统计学(27)

许晓楠　林方正　李　宸　禤汶迪　郑先臣　王朝阳　楼宝梁　刘晓玉　陈心怡
文思杰　丁丰盛　张　亮　白苗君　岑运宽　郎逸菲　朱　瑶　范敏洁　范　毅
俞文杭　夏启炜　刘蔚南　李　扬　崔文凤　蒋一凡　韩　瑛　谢林涛　唐　浩

自动化学院

080 自动化(119)

李　泽　吴长虹　汤桂璇　方艳文　刘玉卿　李丹婷　谭淑仪　井伟明　郭彦杰
吕　阳　严定康　凌　晨　卢凯悦　颜　玮　陶　暄　叶占伟　陶　鹏　唐云柯
陈宗雄　潘城屹　章良君　汪　野　蒋夏琰　唐　政　梁　赟　段　煜　仇常慧
汪中柱　姜蘅育　李怡晨　查丹柯　樊　蓉　乔　洁　夏　雪　胡　悦　庄尚芸
宋雨欣　金　田　谢嘉宇　张宇智　张耀国　殷智慧　包志楠　金　泽　吴　浩
邱樯乙　朱启扬　高岳峰　田士勇　彭　翔　杨发祝　张炜森　闫　明　于　夫
刘乃广　于伦宇　王　恒　曹培睿　陶金鹏　王　羽　陈晓宇　张冰洁　刘桑桑
张晓燕　万潇月　王　丽　蔡　敏　邹　迪　徐丽娜　李俊环　段志博　于　亮
刘松岩　沈瑞丰　李志清　沈　晓　耿佳辉　费佳慧　王小满　胡尚健　肖毅鹏
孙文旭　智向阳　徐　程　吴松泽　李周洋　严　涛　王　伟　郭劲廷　左胜亭
向　桢　常　安　刘李子　丁思娴　周　源　扈　霁　陈单商　许　乐　冯逸霏
杨雪旗　王振宇　尤海威　杨乔生　马志伟　许云涛　刘安国　何　磊　崔佳威
王　航　阚宇翔　周宸楠　谢　超　王　东　邓昊洋　李韶旭　甘　琦　张天培
陈世虎　曹鹏森

计算机科学与工程学院、软件学院

090 计算机科学与技术(127)

钟　芳　　陈元婧　　刘佳欢　　罗雨菡　　周滢滢　　黄亚澎　　徐淙浩　　孔子明　　彭成伦
吴楚昊　　曹佩哲　　盛亮亮　　刘少博　　司马强　　时　鹏　　石　珺　　赵子琦　　刘　彤
戴树唯　　孙坚运　　乔松涛　　莫苏泽　　姚育华　　王鑫磊　　谈晓伟　　李　渴　　张伟旗
熊海潇　　路富豪　　苏　赛　　陆怡玮　　陶　朦　　胡　静　　王　瑶　　张梦微　　张雯露
刘宇晨　　王林峰　　臧东生　　许　琦　　刘春玉　　朱文浩　　张宋扬　　朱　帅　　姚　林
王　飞　　陈泽隆　　贺建成　　王一多　　王　波　　林声鸣　　吕天翎　　詹　斌　　肖棣文
汪荣狄　　黄泽骏　　李学恺　　杨　云　　张雅琳　　党文杰　　李海铭　　马　卓　　洪　晶
周立波　　刘　蕾　　路晓娇　　江小焱　　刘羿汐　　郭　浩　　张荣辉　　何展鹏　　汤　铭
张　哲　　周佳欢　　朱　斌　　杨晨旭　　吴祎松　　吴嘉楠　　王清艺　　郑佳男　　陆伟佳
金子昂　　张博威　　刘栗辰　　刘智伟　　柯　昊　　马宏涛　　张谢天　　贾杰伦　　张　翔
吴梦晨曦　汤炀琛　　徐健男　　刘　驹　　宛　然　　童　鑫　　齐璞璇　　梁晓蕾　　陈巧云
潘屹君　　李君瑶　　乔思语　　田珍子　　贡　越　　霍增炜　　张洺瑀　　刘　奇　　曲　悦
于　乐　　陈后锦　　缪　磊　　仲哲卿　　王小宁　　杨荣钦　　吴昊天　　张远威　　杨海峰
王贤文　　宋光旋　　丘笑天　　李　林　　陈　东　　巨乐乐　　李文康　　陈卿儒　　李　晔
吴翔宇

711 软件工程(78)

王　敬　　黄雪梅　　刘三川　　尚官圣　　李学宁　　花　琪　　龚宏超　　徐　湘　　赵加玉
洪　沿　　曹文龙　　王　力　　韦明瑞　　范子琨　　王　喆　　陈　成　　史钰莹　　单天翔
林　宇　　江亚娟　　李安琪　　王　玲　　谢林芳　　陈潇逸　　王麒栋　　李加俊　　邓　宇
岑　超　　王子琦　　陈通达　　印从洋　　陈星辉　　黄　凯　　巴瑞华　　牛乐土　　侯毓冉
张　宇　　王　飞　　燕忠鑫　　申盼盼　　李瑞云　　陆　逸　　吕佳祺　　张泽豪　　王　达
陈俊达　　孙彦鸣　　史　宇　　王捷幸　　李　颖　　龙　涛　　潘炯森　　吴智强　　许舒达
黄　杰　　马　黎　　朱悦超　　卞颖颖　　尚　雷　　东纪燊　　李京昊　　吴　晨　　王　驰
郭绍辉　　王晓峰　　薛勇杰　　张曹炜　　宿　晨　　张嘉树　　程引航　　蔡倬众　　向伟嘉
欧列川　　陈佳鑫　　方林果　　崔　毅　　梁　炜　　李　敏

71Y 软件工程(英文)(35)

宗晓琳　　高飞飞　　刘　瑶　　张　睿　　浦楚楠　　刘　凯　　吕　青　　王　量　　谢金晶
董祺申　　高子豪　　沈予昊　　韩春楠　　汪天洁　　张宗嗣　　袁正阳　　傅　轶　　樊执政
陈星宇　　柳浦生　　蒋英哲　　程思潇　　张天耀　　董　翔　　倪泽阳　　蓝　翔　　张　志
贾云龙　　袁　萍　　周　杰　　杜　健　　李弈锟　　顾　潼　　赵　睿　　蔡生茂

物理系

101 应用物理学(23)
张　栗　潘永强　孟志伟　韩　琦　李登林　潘智华　卢贤伟　欧阳艺昕　孙　超
肖　彪　王晓舟　李雅琴　马文海　陈　缘　杨靖雯　黄智深　梁新帅　张新知
刘宗邦　张立涵　曾宗顺　张　宇　夏　岩

102 光信息科学与技术(20)
王琪琪　谭思超　金仁超　徐　旸　郭耿瑞　杨　龙　滕　腾　胡坤运　周桓立
张国瑞　杨东奥　顾强强　郭星敏　张　烁　郑鹏飞　谷文星　刘晓宇　赵　田
陈启明　任冰坤

103 物理学(13)
何博文　颜　鹏　侯旭阳　胡史奇　陆加伟　王琦钺　周智康　朱双喜　张　松
陈昶华　关　昆　黄钰婕　吴　迁

生物科学与医学工程学院

111 生物医学工程(28)
万梓健　刘洪迪　周雯婷　邹　昕　韩　霜　王伟霞　李　媛　吴子谦　李已晴
方思远　吴维峰　刘佳明　昂朝满　王晓星　霍梦科　林凌云　张明月　仝政霖
张　雯　郭逸薇　王　欣　周哲典　陈文杰　陈　策　任银垠　李　想　崔炜敏
赵　聪

112 生物医学工程(47)
陈晓凯　王　慧　朱　珠　谢　凡　辛丽斐　杨　越　彭　俊　孟　天　唐李天一
刘　洋　高寒松　黄宇翔　陈　良　周　鑫　韩中骁　骆　爽　吕　超　周泽冀
张　峰　华先武　项建新　韩培佩　郑夏雯　高之琳　徐欢天　王　柳　陈　玲
赵　君　余筠如　王　琰　葛海琦　包　镇　刘梦湉　蔡国超　黄　朔　赵冠宇
杨庆苜　蔡旭皓　付光彬　倪杨阳　贾浩然　李　昊　陈彬宇　孙　杰　贾晓冬
王天诺　陶　涛

113 生物信息技术(15)
罗自然　黄　新　王芯怡　高立博　蔡凌峰　俞淑婧　张　里　戴明星　兰　康
孙凯文　周　晶　马纯威　马伟恒　傅元元　郝政宇

材料科学与工程学院

120 材料科学与工程(102)

郝建霞	夏晓燕	曹梦楠	王　霞	徐丹丹	曹瑞桦	王立萍	锁晓静	徐静静
周　莉	葛　萌	罗　聪	黄　振	李　俊	李天宇	张　浩	赵洪慰	严　宇
尤南乔	柴胤光	李　源	高　鹏	安　顺	崔国健	陈　高	唐诗浩	冯　笑
魏晗阳	刘泽庆	张苗苗	汤倩玉	钱雨婷	樊晓晨	林玲玲	陈沙然	张文博
邱　秋	张曼玉	李晓晨	孙博闻	张小龙	武和平	赵勇强	胡翔宇	李建阳
梁　斐	王　凯	张根垒	刘欣博	邱长文	席　阳	谢耀枢	毛元勋	陈森佑
倪雅文	黄艾婧	张郑宇	严　姝	谷雨欣	谭　爽	刘　莹	黄何俊宁	王晓烨
蒋德敏	刘晓彤	陈希宇	王　健	白明成	王少志	顾腾飞	诸钧政	倪凯翔
徐世豪	郭经纬	陈立崴	梁程瑶	王　晔	王楚红	唐云逸	叶瑾雯	赵梦杰
刘慧文	梁润黎	张旻塱	崔真瑞	谭　颖	高旭东	曹霄宇	徐　阳	刘　晗
张　宇	李俊梁	李　臣	徐佳乐	吴屹凡	赵亚松	向　杰	施予洋	陈兴涛
郭　震	陆　骏	邹昊威						

人文学院

131 政治学与行政学(26)

向斐然	张伟玲	张雅楠	王　慧	陈　曦	江　晨	臧呈怡	罗瀚炜	王司思
陈佳婧	贾　凡	张　欢	李　锋	欧阳武	胡　炜	武运帅	吕博阳	扎　西
田英杰	汪　东	王东睿	马宏宇	刘振琳	夏　冬	翁佳明		
麦尔哈巴·努尔麦麦提								

132 社会学(28)

王　开	魏凌宇	吴　波	刘哲源	李　婧	王大旭	任跃武	玛热亚木·斯得克	
庄　园	王　葳	徐彤彤	方藜燕	许茹芸	徐　航	徐　笑	贾丰宇	侯　磊
熊　杰	曹思华	倪琳林	毕天游	赵怡思	李　由	李姝峥	陈环宇	王尚祯
段竹倩	赤列多布杰							

133 旅游管理(32)

豆文康	王　振	韩　摇	张钧沛	刘　畅	钟　飞	冯朗天	李余芳	施百惠
王　艳	黄怡轩	董桂蕾	吕雪玲	杨　珊	翟翰琪	周佳琪	李　爽	咸晓萌
陈　敏	黄　琰	叶建楠	蒋烨琳	傅莞乔	徐　徐	俞　典	王育青	陈晓君
郭　璠	王　畅	蒋　靖	肖小月	刘俊午				

134 汉语言文学(24)

周美辰　李艾芳　王　璨　张欣亭　张　敏　杨　帆　廖　婷　羌　笑　谢倩倩
唐丽芸　黄　楠　次　央　高　彬　杨　旭　石　可　陈丽君　费　蝶　姜天雯
金　钰　戴雪雯　吕汶函　姜　宁　马　丽　冯俊焜

136 哲学(13)

王毛妹　杨　俊　张家康　尹　杰　玉素艾·吾布力　艾安蓓　吕文静　巴桑普尺
阮　青　刘育行　俞燕蕾　潘　颖　熊琉畅

经济管理学院

141 信息管理与信息系统(36)

黄苏雨　孙雪音　牛小凡　李东毫　帕尔哈提·玉素甫　张　楚　朱莎莉　周　丹
奉国栋　杨　静　章　月　陈　晨　沈苏欣　吴　婷　陆雨涵　唐　毅　戴　晨
李　超　王一粟　冯　镐　曾萧寒　徐　康　徐　萍　黄佳惠　朱瑞丰　兰韵琪
尤晨伟　蔡维熙　同　凯　王　璐　黄自亮　施冰雁　陈菲雨　陶向源　刘　洋
周志龙

142 国际经济与贸易(40)

徐晓彤　应　珊　范博强　刘鹏洋　刘玲希　李杰夫　孙逸云　金梦澜　徐晓杨
戴昕晨　刘　捷　石亚丹　王　洁　葛　晶　张　硕　王利敏　徐　蕾　李美芳
牟臻扬　吉达澄　胡　琦　梁璇瑶　胡鹏扬　许　依　庞舒怀　潘思齐　叶佳炜
宋心悦　陈周美琪　吴　丹　李　杰　潘　鸽　殷　倩　王雪珂　孙　岩　朱怡沁
安梦丹　张　飞　朱容宇　张颖聪

143 工商管理(36)

张　雯　罗荣权　谢振宇　叶春霞　林书帆　杨　婧　阿斯古丽·阿布都热伊木
谢曦雯　张　莹　马琳璐　何媛媛　杨振鹏　韦　显　方　堃　陈　尧　于涵璐
刘涵宇　方宇舟　戴麒麟　李　洋　李旭春　张阿鑫　黄　骏　张文杰　彭　洁
阿依图尔苏·胡达拜尔迪　罗　乐　尼加提·阿卜拉　王　浩　纪亚云　曹京杰
次旦卓嘎　张　力　图迪古丽·伊麦提　蒲云峤　白玛达珍

144 会计学(50)

张　傑　张晶晶　陈丹青　李　雷　张佳未　陈志红　刘巧婷　黄泽滢　王季婷
潘　恬　吴蒂菁　李鸣烨　许　媛　迪拉娜·海拉提　夏旻越　倪　星　施佳灵
崔君程　张明慧　陶伊晨　宗承渊　段君雅　张露蕾　包琼颖　陶　宇　游　静
张雅雯　钟　颖　吴　敏　陈雪雁　潘雨欣　王　鑫　徐雪飞　王仁梅　薛　亮
潘皓琨　黄俣霖　李　晓　汤　芸　费　鸿　朱赛丹　林春霖　许修竹　张安琪

邓颖婷　赵异娜　寿炜为　王天韵　张　钰　沈　菁

145 金融学(93)
张昕怡　吴　越　李元雪　彭韬云　董　杨　陶　婷　张超亮　徐　鹏　俞　丹
刘欢欢　杨　爽　和　兰　武宏伟　许晓采　尹珂凡　樊明明　胡凤娇　张礼乐
丁　静　蔡　城　王玲玲　陈姝屺　朱金保　毛安琪　常　韫　林　璐　许丽婷
叶　鹏　牛丽莎　林　艳　陈思奥　胡秋菊　卢思奇　黄天鹤　许佳馨　周靖之
季恺悦　郑　添　周星艺　吴　迪　杨　婷　陈　莹　潘星宇　孙世艳　肖尧文
季晓昕　史远健　何智超　徐诗怡　胡月婷　郭　琼　周逸和　高卓璐　潘剑悦
袁宏煜　蔡颖菲　许丽青　汪　鹏　徐佩雯　龚宜升　吴佳雯　戴巍巍　吴玠一
金渊芬　李晓晴　张　璇　靳炜钰　唐丽芳　吉　瑞　邱　夏　徐佩佩　詹　嵘
顾之一　潘　晴　徐婉贞　方　莉　顾诚嘉　李　媛　王礼巧　朱清清　汪梦丽
陈妍婷　肖　雷　郭怡然　潘君瑶　卞欣婷　柳　瑾　龚晓菲　孙艺文　裴中亚
王　越　吴之悦　竺　悦

146 经济学(54)
严春蕾　刘羽萌　盛　艳　黄镜蓉　王晓婷　颜廷明　陈　瑶　黄秋萍　李婷婷
赵睿轩　赵玉博　吴　敏　王峰峰　刘少宇　户　东　张静波
叶斯波力·恰力甫汉　　　李　帅　秦　康　沈　欣　吴星锐　赵　阳　孙　松
何远涛　史琰聆　李　健　金晓月　邱婧翌　刘　煜　石　梦　胡迪宁　郑永鹏
衡　藜　宋逸菲　张诏哲　杨　枭　张　静　周梦姣　慕文珺　张雨佳　宗　晨
刘辛羽　宋小琪　陈　敏　徐梦哲　杨家庆　张　阳　袁依依　张梦欣　王泽莹
花紫耀　胡　峻　叶惠文　杨兴君

147 电子商务(13)
沈小淋　吴倩倩　贺雅人　陈艳雯　龚舒凌　姜黛青　温晓琳　李祝杰　潘屺帆
葛　瑶　方柏超　阿不力米提·哈孜　　滕跃勇

148 物流管理(39)
邵金安　孟素蕊　高　欣　夏新凯　张兰婷　高　琦　陈佳琦　冯珺仪　王思宇
拜小霞　耿宇辰　欧阳娇　龚冠宁　陈思宇　吴　昊　殷健雄　肖　楠　李　昊
孙伟评　刘　通　张新华　王泽清　马　雪　张　烨　徐琴雯　徐晓博　孙　策
李雪莹　何琳莉　徐　卉　曾庆红　李文倩　封建飞　潘　越　林　琳　陈莎莎
黄江涛　原　薇　祝　筱

149 金融工程(31)
丁　赛　张　霓　耿泠泠　庄洋洋　钟一西　陈　城　屈晓明　沈　蓉　李予希
金文力　夏　洋　沈若男　木尼热·麦麦提　曹苏文　蒋　菲　陈　璇　陆海涛

余建阳 章 维 左 雯 陈羽南 郑锦波 李晟旭 杨诗靓 王 丹 陈 楠
郭昭隽 顾 毓 覃若曦 蔡心怡 吴 倾

14Y 国际经济与贸易(英文)(32)
金梦婷 李丹丹 华 辰 夏 溪 祁嘉敏 房婧颖 周 珣 陆 霈 沈 萌
杨 田 吴天骄 秦 瑶 汤吉楠 蒋斯麦 刘 薇 柏露露 李 月 唐 琦
许晨曦 包峥嵘 潘玮玮 宓梦丹 王 发 李甜甜 沈怡青 王 欢 贺 静
李秋明 胡亚坤 刘 璐 王龙龙 章 诣

电气工程学院

160 电气工程及其自动化(160)
陈 倩 陈斯雨 杜丝雨 李天一 胡江南 王一波 丁一帆 李 臻 朱 航
谭思远 陆正宇 蒋志强 刘超凡 佘曦超 杨 奕 罗俊鹏 徐 沛 李婷婷
范怡然 胡靖宜 蔡培倩 郎伊紫禾 周晓薇 修 政 王 灿 黄云杰 林君豪
王 萌 朱启凌 朱振宇 王勇辉 葛贝畅 毛爱卿 刘永鹏 李 威 章 飞
邵良友 张 悦 曹 蕾 陶丽媛 邢任之 徐小涵 薛炜佳 阚沁怡 任翼菲
王小虎 范栋琛 韩一鸣 李 伟 黄思奇 吴 宇 李天明 廖顶安 谢 畅
郭少雄 章守宇 谢家昊 甘子伦 郑祥杰 李树一 张 喆 梁根鑫 徐 静
马 越 李索娅 徐梦琦 赵芳媛 张纬怡 谢楚舒 胡 俊 张博闻 梁峻恺
王 健 范炳龙 钱正国 刘庸奇 吴 聪 谭广颖 蒋青茂 高 念 李 坚
张贝贝 苏广宇 周晓磊 邓尹智 赵圣霖 刘雍达 张雪婷 杨 瑾 吕晓娜
汤静怡 张 露 王慧懿 曾振祥 孙 鑫 黄家晖 夏泽川 曹 戈 焦 阳
成 旭 田建伟 李和丰 晏子文 谢锦诗 张有为 李 博 阮海健 张星宇
张育臣 于少腾 沙 金 宋 杉 李 琦 张浣雯 邵雨薇 林生津 杨梦朔
沈天骄 范子恺 邵 雷 魏 盼 董智刚 樊 刚 盛奕达 陈 成 吕林晖
秦英杰 柯远举 覃 爽 葛海涛 沙金龙 欧阳宇宏 陆 豪 李俊鸿 王雨薇
郑玥舒 倪倩欣 王 文 孙 烨 张承习 胡允乾 钱 伟 王华臻 王森垚
丁一阳 张仕宇 于浩然 陈天翼 贾伟同 马亚林 董 浩 杜蔚然 曹俊杰
刘 尧 冯志翔 王世雄 赵 原 吕幽兰 王志贤 戴 熙

外国语学院

171 英语(50)
逯 露 吕晶莹 彭 琳 宋梦颖 林秦怡 林雅琴 任乐燚 兰立竹 王 婷
邹 洁 尤其林 刘伊杨 孙婉琳 蔡 燕 解安琪 樊 晨 段嘉锐 张 志
张 丽 王 璐 陈保旭 曹嘉璐 杨 肖 胡紫薇 尹嘉昕 张 波 吴 杨
刘兴琳 林双双 马梦茜 周逸宁 王晓宇 卢雅恒 倪小燕 徐 璐 张杨帆

袁天宁　石　敏　沈梦杭　刘鹏飞　杨威琪　潘　晶　王　颖　王静怡　林尔琼
张一楠　侯春硕　刘　超　潘　影　李晓晓

172 日语(26)
齐贝贝　王玥玥　顾秋霞　闫泓潘　刘亚茹　张心仪　赵艺纹　郝诗涵　高　雪
魏　瑶　向映蓉　易可人　顾　怡　钱玉娇　吴雪莹　赵星星　王寒凝　吴松阳
倪旻昊　张　露　赵令君　陈　超　陈钰莹　田玮鸿　张可馨　侯文胜

化学化工学院

191 化学工程与工艺(31)
孙献峰　黄　轲　王泉高　姬中祥　边　帅　蔡志岚　周　婵　霍萌萌　符婉琳
朱　恺　陈　席　沈权豪　易　鸣　郭皓月　李月月　王广宏　韩建伟　王肖磊
陈　勇　杨怡然　王彬斌　王　健　陈奕炫　于子勋　诸黛宝　陈茹茹　左泽浩
赵　潘　韩明辰　宋玉庆　张　健

192 制药工程(10)
夏彭仁　冯恩铎　王　申　冯民昌　王雨曼　宋江云　陈昊天　李梦婷　田　原
胡志军

193 化学(18)
王　飞　陈　力　黄　迎　丛　蕾　缪智辉　徐燕云　王　芳　李思超　苑国龙
吉浩凡　甘　萍　单文倩　崔文俊　王君宇　徐佩瑶　胡　暄　刘丁睿　贾　江

交通学院

210 道路桥梁与渡河工程(茅以升班)(20)
杨清浩　孙潇昊　岳　阳　刘慧杰　陈　田　陈婷婷　曹青青　童天志　邹　晨
吴　凡　董　桢　张佳运　任　政　颜丽波　陈　尧　蔡　星　程玉琨　郭易木
姜严旭　谌偲翔

210 交通工程(茅以升班)(20)
邱健荣　林　莉　黎淘宁　沈涵瑕　林　早　黄　蓉　陈奕璠　李居宸　付　旻
叶　文　钟　宁　张梦可　罗斯达　罗天铭　陆佳敏　方　钊　丁　微　张慧琳
戈悦淳　王鹏飞

211 交通工程(78)
张嘉明　陆睦奎　谌　越　张雯靓　阚方洁　张世琪　李　峥　范盛峰　孙斐诺

郭一凡 杨 康 曹先琦 洪倩雯 张蔓苑 杨 琦 冯若潇 王 茜 杨佳慧
姜力铭 曹 柯 马晨阳 朱婉秋 秦荣歆 梅 杰 居梦颖 付颖娜 何易非
陈 攻 杨 斌 何 彪 刘梦吉 黄驿惠 赵晶娅 徐亚楠 韩 笑 杨 阳
陈 浩 王 硕 沈诗珺 王豫仲 黄帅凤 陈 沁 刘 娟 王 鹏 李 琮
周 洁 杨文辉 李珂璐 邵孜科 丁碧婕 周 扬 黄思琪 常桃宁 曾湉然
邓万霞 郭 嫚 王珏奇 曾 静 姜 妍 李梦晨 陆佳炜 孙常聪 尹 航
庄 焱 张翰峰 贾 若 许 青 林 园 张荣成 张 垚 田 天 刘子豪
吴玲玲 丁 达 王耀卿 邱 琛 邹戴晓 汪 津

212 交通运输(32)
冯 晓 许晓慧 米 阳 赵天一 郑施雨 周洋民 廖源铭 王星宇 吴一帆
张晓东 高 原 郑友红 张月明 刘自颉 贾祺浩 杨宛钰 顾 迪 刘 玮
任可心 邱晶琛 闫雪彤 鲁起闻 姚 欢 吕佩雯 付凌霄 杨 璐 薛思洁
卢光尧 辛 冲 殷 实 吴海燕 陆 超

213 测绘工程(28)
胡惠卿 崔 珂 王 天 孙 博 杨 辰 杨 帆 施 星 吴万洋 冯琪竣
张云柯 王文磊 白金睿 郭 奇 王西地 顾晨昊 李 冰 姜钧陶 陈文娇
邹鹏翔 杨雪晴 陈 浩 张国超 卢晓倩 张 暄 胡 途 戎 欣 支昱崧
尚 睿

214 港口航道与海岸工程(36)
薛 原 柳成林 张梦成 李正秋 夏舒豪 王 岳 陈梅君 贾伟栋 曹啸尘
刘重威 胡 宇 韦培源 周伟康 李晨曦 刘 喆 毛剑东 夏 峰 陈云锋
乔 律 曹琪琦 白一冰 岳海洋 高 森 胡安玮 朱星桦 钱程远 石会云
杨 珂 安 铎 孙 隽 范丽婵 黄柱焜 范志文 吴 超 郁倩倩 宋 航

215 地理信息系统(18)
翟泰然 周钰笛 江皓天 任艺非凡 辛倩男 刘 威 杨东南 杨田园 张家瑞
张日炟 李 莹 王 鹏 史昕慧 胡卓良 陈志远 钱天陆 唐逢幸 王献民

217 道路桥梁与渡河工程(76)
周 昊 樊梦月 陶亚欣 齐 振 尹绮思 乔 磊 张 帅 韩任飞 吕文广
孙培翔 刘慧敏 缪逸辰 冯雯雯 马 羊 张 娴 刘修宇 石晶晶 刘祁杰
吕俊秀 王伟健 王君秋 胡 旭 徐琪烽 王超溪 唐 旭 金佳薇 曹光晔
刘华琛 廖 辉 刘瑾瑾 薛林钢 杜玉生 蔡 琪 张晨阳 仇 彤 王书易
肖雨晨 郭瑞琦 姚盘龙 郭礼扬 刘博文 王云花 李星宇 高俊祥 李文贤
季 予 李 月 汪 萌 董从雷 户广磊 王 雨 席佳琦 许哲谱 傅 松

曹文浩 陈祥炼 崔降龙 陈立强 彭 俊 杨春逍 黄 静 王家舒 孟 琳
邱梳梳 伍莉莉 朱凯轩 易秋阳 项 莲 王 坤 李 姣 马宏深 陈民强
野诗琪 贾鸿源 徐利彬 程蓝星

218 城市地下空间工程(28)
沙 金 王鹏程 覃 达 刘政卿 陆建澄 贺湘东 卿学文 顾素恩 孙 哲
谭风雷 付建康 王 培 周 传 孙石天 杨 鹏 马新雨 陈苏豪 常腾飞
王 巡 庄梭凯 彭 鹏 杨 岩 吴文涛 陈 乐 张海洋 刘嵘沁 缪冬冬
魏启炳

仪器科学与工程学院

220 测控技术与仪器(75)
高 洁 任素青 陈晓丽 弓 静 徐楚雯 余玉卿 张家荟 章 颖 王硕帅
刘海波 刘柄岐 吴 昊 赵北辰 曹煜天 耿文康 吕 正 王晓彬 朱肖昆
刘保帅 谭藻文 毕校伟 陈 朝 章其杰 周芸洁 徐 强 杜凯颖 陈菁云
孙 彤 董 元 周思雨 谢雨蒙 梁佳琪 方维维 赵正扬 尹哲浩 吴崇耀
胡方方 戴志勇 孙嘉辉 骆凡平 葛 晨 王 果 黄安杰 付亚涛 戴天宇
张 勐 刘石劯 赵 越 张 琪 刘雅丽 姚 瑶 徐佳一 史 铨 冉琴琴
陈小宇 姜 舒 雷 秀 陈 超 刘森林 俱子研 孙业飞 李奕其 王奕程
陈贻国 孔德博 沈翔宇 王语海 肖 杰 勾海波 周岐轩 朱铖恺 宋国强
袁博文 乔 楠 李继龙

艺术学院

240 工业(艺术)设计(53)
曹 仪 王子莹 谭 成 陈可心 李木子 奚 柯 李辰忱 尹剑清 周晓彤
张玉珊 林可心 陈 玲 吴柳笛 郑 嘉 邵倩文 孙心娱 吴丹丹 邹 沁
王 维 金奕沁 刘田添 刘欣雨 陈晓青 刘书苑 吴怡凡 徐子珊 高冰宁
范丽颖 严慧芳 祖雪银 管 欣 李培培 孟圆敏 张暄苒 汤旻硕 赵雨鑫
陈 靓 胡 蝶 李小梅 周 蔚 黄超逸 朱寒知 江 昆 郭子仪 林佳彬
肖逸熙 焦经纬 赵斗斗 汤景淳 赵 晨 张孝慈 王 威 陆逸鸣

241 美术学(17)
赵法瑞 毕云天 李桂杰 王 妤 谢 伊 汤舒逸 吴 柯 姜晰瑶 张东杰
张秀铭 戴昕煜 缪 泉 卜倩文 陈清竹 张子然 孔令峰 肖学良

242 动画(26)

熊梦雨　吴　菲　钱　晨　张子欣　李　尚　罗　兰　龚子旋　段梅子　王佳丽
杨　帆　瞿嘉文　刘南兰　何　霖　毛宇佳　朱煜琳　周雪辉　张子捷　郑　涛
孔　源　杨春林　胡光耀　贾超伟　苏学耀　冯潇妍　符小小　王远翔

法学院

250 法学(55)

蔡　爽　程　霏　冯彦青　格桑德吉　顾泽慧　何丽娟　姜　璐　林苗苗　刘　晶
热依拉·阿力木　夏　彦　于　琪　张　黎　赵雪颖　郑　品　郭　珩　顾冠宇
李志华　梁锡祥　王汪洁　徐志强　张　帅　朱　彬　阿不都热合满江·吐逊
胡立林　陈迪颖　次仁拉姆　杲沈洁　韩　晓　吉木梅妹　李欢欢　热依汗古·沙吾提
沙漪荷　田　飞　王　敏　王　倩　王昕彤　梁芯宁　徐艺庭　杨　萌　周昕哲
陈洪安　陈绍文　段宣荣　焦建亭　景　逸　索南旺杰　徐　华　王曹琬琳
袁天圆　杨迦凯　荣　耀　母之新　强巴玉珍　林颢楠

学习科学研究中心

261 科学教育(13)

张　睿　信疏桐　吴玉萍　杨基瑜　张于亚楠　杨筱苑　张秋思　马　宁　赵先哲
谢　东　朱郭纯　王　涛　杨恒瑞

无锡分校

042 信息工程(38)

杨　飞　武亚文　夏子琪　周　延　李晶琪　姚　艳　赵婧梅　谢炜如　李路迪
张　妍　王子昕　吴鸣奇　袁楠奇　马一华　费星凯　陈嘉忱　徐宏阳　仲中原
陈纪晖　于　杰　杨　江　徐逸晗　鞠　达　陶思文　万启明　周　密　吴　亮
王　雷　付永钦　王晓羽　庞芬芬　鲍开业　李　凝　刘栋尧　周　全　吕　宁
张　鹏　樊天惠

062 电子科学与技术(23)

梅　灵　黄琰玲　胡威溮　胡正雷　陶　红　田文韬　蔡陈杰　蔡乐枸　陈子逸
李嘉鹏　李烨寰　吉　昊　金弘晟　马士杰　时昊晨　徐孝成　于海峰　杨　硕
张　健　刘　坤　王丹妮　尤云洁　林　炜

公共卫生学院

421 预防医学(42)
　　刘梦歆　张　丹　周　月　宋　玥　邓　琳　吴楠楠　董淑楠　殷玥琪　张　颖
　　珠丽德孜·巴衣别克　次仁央宗　米　珍　朱柯蕙　方　坤　曹卫鑫　王　挺　陈奋天
　　木巴热克·木那瓦尔　西热旺秀　索朗旺堆　支　杰　施若莲　沈雯婕　潘俊霞
　　薛芳静　姚轶男　孟　颖　顾春燕　潘绿丹　古丽努拉·波拉提　则比热姆·库尔班江
　　李　圳　段　珂　詹　迪　覃　远　塔斯肯·奴尔斯勒旦　排日代姆·克依木
　　热汉古丽·吐尔洪　艾克拜尔·艾合麦提　古桑央金　王崇旭　贡　布

422 劳动与社会保障(42)
　　张锐芝　王晗莹　杨　梅　李　倩　蒋　楠　杨　雪　陶慧文　胡晓茜　李静雯
　　阿娜古力·阿布都克热木　丹　婕　古丽尼再尔·伊米提　黄　凯　钱　程
　　朱闻博　徐启彤　林映成　王雪原　尚正奇　袁菁桃　姚　瑶　王　雪　于　睿
　　王周舟　罗佳莹　金霄霄　罗丹阳　刘孟娜　朱靖悦　宝塔·叶尔肯别克
　　依沙白克·依德力斯　熊　皓　宁俊康　彭晓辉　王洪涛　常　胜　武　航
　　吴邦云　次旺拉姆　肖永妮　杨巧玲　古丽巴尔新

医学院

411 生物工程(17)
　　潘柯莉　黄继青　陈　欣　刘佳萱　陈奕含　贾茹涵　贝雪妍　李雪琼　罗佳杰
　　顾　冲　单世豪　郑吕钦　吴文星　郭　靖　童一峰　李　海　詹行天

431 临床医学(73)
　　杨　旎　吴伟君　吕洋洋　宋斐斐　许安迪　施林领　谢金阳　陈佩佩　孔凌云
　　张田心子　李小钊　甄　婗　史奕奕　孙玉洁　唐芷馨　何　俊　吴文婷　刘蒙娜
　　贡秋曲珍　索朗卓玛　央金卓嘎　李博华　王宇铖　胡敏杰　董　浩　韦荣强
　　计中青　陈　闯　杨　亦　曹国瑞　黄　宇　郝敬路　王健鑫　德　吉
　　努尔加马丽·吐尼亚孜　热合曼·阿吉　孟晓暄　高雨乔　古明博　杨照宇
　　林丽华　索朗央宗　佟　腾　胡富进　李德明　徐晨阳　罗二飞　涂壹长　严　健
　　顾大川　范林峰　李红霞　陆　婷　蒋亚波　旦增龙多　晋　美　杨　洁　沈　肖
　　陈　焘　周亚美　侯　伟　朱舟婷　穆乃外尔·艾比布拉　董思岐　薛圣云
　　叶斯太·努尔保拉提　贾立国　刘俊延　肖龙飞　艾散江·安外尔　徐鸿博
　　阿布都热合曼江·阿迪力　曹　伟

432 临床医学（本硕连读）(102)

惠靖雯　张科科　郝以姝　刘　倩　唐慧荣　曹欣华　徐　颖　窦　婷　沈燕珏
韦　琼　杨宇宏　侯　怡　陈　冲　徐　圣　丛国哲　戴黎阳　周　杰　成心锟
刘　飞　杨宝林　唐　庚　李雪琳　陈圣妮　贾贝贝　孙白云　黄　洁　丁　艺
王履月　庄蕊萌　倪淑婷　庞　思　李　娜　刘海雁　李超杰　胡义立　杨乐天
王　洋　屈俊巧　姜　榆　钱　洪　高亚婷　陈　燕　陈晓云　陆李珺　卞荣荣
顾星逸　张佩丽　王海丽　林　敏　邵海磊　徐　琴　张福侠　孙代宇　周　凡
孙国鑫　马彬彬　赵　闻　邵陈宇　宋松松　张业鹏　谢　聪　袁雪璐　胥新平
刘　燕　郁媛媛　丁　双　金萧萧　宗　磊　金佳佳　韩　笑　杨　楠　薛碧珍
祁　纳　杨　林　辜祖玄　王景霖　孙文爽　马良彧　郭倚天　高文强　刘一鸣
胡琼源　彭　鹏　陈海峰　朱晓城　左　蕾　金　珍　高圆圆　鲁　荐　肖利君
笪美红　赵　森　侯春艳　周　晓　苏　欢　见春宇　李瑞峰　马楼楼　熊　师
周　鹏　俞佳斌　刘剑书

433 医学影像学(25)

马　威　黄靖凯　栾　颖　徐卫卫　张慧欣　肖　旻　温凌宇　李银杏　徐晓敏
徐家寿　冯权烨　张家豪　朱盼荣　葛袁晔　郁　涛　唐凌峰　吴海燕　孙　柏
刘　娟　潘天帆　罗　云　伏　婷　周　锋　蒋　静　陈玉潇

434 医学检验(18)

张琳欣　刘雯雯　高　歌　谢　跃　刘　晨　黄　芳　陆　璐　关斯晴　李昊然
史芳宇　胡秀秀　李　雅　曹　阳　葛世彬　欧阳才宇　朱宗瑀　秦　峰　舒钊彻

435 护理学(30)

肖　静　徐　璨　胡越兰　张　娟　曹小彤　崔荣佩　刘　娜　王曦聆　王静静
许文锦　陈泓颖　章亚男　鹿益绮　蔡　哲　周方慧　张　珊　臧丽丹　王草源
李虹瑾　强久卓玛　普布卓嘎　次仁卓玛　仓决卓玛　海丽且木·亚库甫
卡迪尔·阿迪力　顾冬梅　王　岑　徐丹萍　麦热巴·阿布都维力　李洁琼

吴健雄学院

613 电气工程及其自动化(4)

李　阳　潘　登　陈　晨　季亚明

613 电子科学与技术(4)

熊宽晨　许轩臻　刘念泽　吉相冰

613 计算机科学与技术(2)
　　邵　帅　周　杨

613 生物医学工程(1)
　　李润泽

613 土木工程(4)
　　陶轩洁　王鸣轩　沙　奔　孙　聪

613 信息工程(13)
　　严予均　吴艳飞　张　恭　卢丽慧　陈　晓　吴　瀚　张　驰　张伟铮　曹正庭
　　朱思宇　陈凌蛟　陈乐上　查海强

613 自动化(1)
　　李建宇

国际交流合作与港澳台合作

综 述

根据学校的部署,按照年初制订的工作计划,在校领导的支持和学校相关部门的大力配合下,结合学校创建世界一流大学的总目标,在有效促进学校整体实力迅速提升的国际化建设指标上狠下功夫,积极稳妥地推进学校国际化进程,圆满完成了全年的工作计划。

现将2015年的工作总结如下:

一、中外合作办学进展顺利

1. "东南大学—莫纳什大学苏州联合研究生院"平稳运行

"东南大学—莫纳什大学苏州联合研究生院"已有两届学生完成学业顺利毕业。该研究生院是2012年3月27日经教育部正式批准的国内首所研究生培养层次的中外合作办学机构。它也是澳大利亚高校与中国高校联合建立的首个研究生院。

联合研究生院已在工业设计工程、计算机技术、交通运输工程、国际商务和外国语言学及应用语言学等5个专业开展了联合培养硕士的工作,目前已有505名学生在读。两校教师施行全英文授课,其中莫纳什大学所派教师承担了50%的教学任务。同时,东南大学和莫纳什大学在水敏感城市、新型材料、能源、生物信息、生物和纳米技术等研究领域加强合作,准备联合建立实验室。

2. 与法国雷恩一大的合作办学进展顺利

自2009年起,我校与法国雷恩一大在"信号图像嵌入式系统自动化""微电子学与固体电子学"和"应用经济学及银行金融学"3个专业开展了多年的联合培养硕士项目。到2015年12月,已有108人毕业,另有在校生99人。

现已完成东南大学—雷恩一大联合研究生院申报,正准备接受教育部组织的专家评审。

3. 与其他高校的学生合作培养项目也在稳步推进中

与德国乌尔姆大学、瑞典皇家理工学院、瑞士苏黎世高工、美国加州州立大学富勒顿分校、法国巴黎电子与信息学院、勃艮第高等商学院、澳大利亚新南威尔士大学、英国伦敦大学伦敦学院、美国田纳西大学等20余所高校开展了学生联合培养。又与英国邓迪大学,美国田纳西大学、凯斯西储大学等高校签署了学生联合培养协议。

二、国际合作与交流向深度和广度发展

全年共安排学校领导率17个团组前往欧洲、美加和港台地区与当地高校交流。接待国外高校代表团近百个。

深化了与美国麻省理工学院、加州大学伯克利分校、理海大学、田纳西大学、得克萨斯大学达拉斯分校,瑞士苏黎世高工、德国慕尼黑工业大学、乌尔姆大学,法国巴黎高科、雷恩一大,加拿大康戈迪尔大学,澳大利亚莫纳什大学,英国剑桥大学、华威大学、伦敦大学国王学院,瑞典皇家理工学院,日本北海道大学的交流与合作,以及与荷兰飞利浦公司、德国罗德与施瓦茨公司等著名跨国企业的合作与交流。

与法国雷恩一大签署了联合研究生院办学协议。

与美国加州大学伯克利分校及中国台湾数所大学等共签署了19份合作交流协议,正式建立校级交流关系。

顺利完成了国家交办的"中非高校20+20合作计划"。争取到国家专项经费支持邀请了赞比亚大学4位青年教师来我校学习交流。

三、留学生工作再上新台阶

到2015年12月,在校海外留学生达到1 813人,来自105个国家,其中学历生1 313人,72%以上为学历生。共计本科生818人,硕士生348人,博士生147人。研究生比例约占学历生的38%。

此外还接收国外友好交流高校的短期交换学生47人来校学习。

总计接受国(境)外学生和交流生近2 000人。

四、"孔子学院"建设取得新进展

与白俄罗斯明斯克国立语言大学、美国田纳西大学、得克萨斯大学达拉斯分校合作建立的3所"孔子学院"运行顺利。3所"孔子学院"开展了多项丰富多彩的活动,有力地宣传了中国文化。2015年12月,我校与上述3校的"孔子学院"理事会顺利召开。对当年的工作进行了总结,通过了2016年的工作计划。2015年12月6至7日,在上海世博会议中心举行了第十届全球孔子学院大会,开幕式上,刘延东副总理向田纳西大学常务副校长兼教务长Susan Martin女士与明斯克国立语言大学孔子学院外方院长Larysa Tryhubava女士颁发了2015年度"孔子学院先进个人奖"。

五、开拓渠道,扩大学生出国(境)交流、学习

积极开拓渠道,加强与国(境)外高校联系,达成学生交流协议,采用多种形式鼓励和支持学生出国(境)交流学习。全年有 2 300 余名学生出国(境)交流。

六、鼓励和支持教师出国(境)参与国际合作和交流

全年共派出 1 000 多名教师赴国(境)外参加国际学术会议、学术交流和访问等。

七、重视智力引进工作

3 个"111 重点引智基地"工作出色,圆满完成了当年设定的工作目标。
邀请了 1 000 多名外国专家来校讲学、合作研究。
获得教育部和国家外专局支持引智经费 747 万元。

八、积极支持召开国际学术会议

全年共召开 27 个国际学术会议。1 500 名境外专家学者来校与会,扩大了学校海外的影响。

九、港澳台事务工作进展顺利

全年接待"2015 海外台湾留学生长三角研习营"及"2015 年台胞青年夏令营江苏分营暨江苏省台联台胞青年夏令营"等 21 批次 446 人。学校组团赴"台湾中央大学"参加百年校庆活动。
从教育部争取到专项经费近 200 万元。

十、提供优质服务,做好派出和外宾接待工作

针对派出教师和学生 3 000 多人次和外宾接待工作量的不断增加,我处全体同志在人手不足的情况下,团结一心,努力工作,提高服务意识,在加强管理的同时,加快审批程序,认真做好教师和学生的护照办理、管理和签证申请等工作,认真解答教师和学生提出的各项问题,认真安排好每一次外事接待,以优质服务,提升效率,为学校的国际化发展尽心尽力。

2015年与国(境)外高等院校及科研机构合作交流一览表

Australia 澳大利亚	1	澳大利亚莫纳什大学	框架备忘录(更新)	2015.03.05	中国东南大学与澳大利亚莫纳什大学学术与研究合作谅解备忘录(中英文)
Canada 加拿大	1	卡尔顿大学	合作交流续签(重签)	2015.11.06	Memorandum of Understanding between Carleton University (Ottawa, Canada) and Southeast University(Nanjing, China)
	2	University of Victoria	框架备忘录	2015.12.04	Memorandum of Understanding between University of Victoria (B. C., Canada) and Southeast University(Nanjing, China)
Germany 德国	1	Berufsakademie Mosbach, University of Cooperative Education	框架备忘录第一次修订	2015.02.24	First Amendment to the Memorandum of Understanding between Duale Hochschule Baden-Worttemberg (DHBW) Mosbach
	2	Duale Hochschule Baden-Worttemberg (DHBW) Mosbach	框架备忘录	2015.11.13	First Amendment to the Memorandum of Understanding between Berufsakademie Mosbach, University of Cooperative Education
EU 欧盟	1	中欧及中国众大学能环学院	清洁再生能源协议	2015.04.30	Amendment to the Consortium Agreement relating to the China-EU Institute for Clean and Renewable Energy (ICARE)
France 法国	1	雷恩第一大学 (L'universite de Rennes 1)	联合研究生院	2015.10.30	东南大学与雷恩第一大学设立联合研究生院合作协议(中英文)
	2	French Institute of Technology (N+i)	3+2 MOU	2015.10.12	Memorandum of Agreement (MOA - B+M) "3+2" partnership agreement awarding to Chinese students a Chinese Bachelor's degree (BenKe) and a French Master's degree between Southeast University (China) called SEU and Network "n+i" of Engineering Institutes (France) called Network "n+i", ANNEX 1, ANNEX 2
	3	L'Universite de Valenciennes et du Hainaut-Cambresis	框架合作意向书	2015.02.10	Protocole D'Entente Entre L'Universite de Valenciennes et du Hainaut-Cambresis, France et Southeast University, China (中法文)

（续表）

				日期	协议名称
France 法国	4	ECOLE O'INGNIEURS (EPF)	3+2	2015.11.11	Memorandum of Agreement (MOA-B+M) "3+2" partnership agreement awarding to Chinese students a Chinese Bachelor's degree (BenKe) and a French Master's degree between Southeast University (China) called SEU and Ecole O'Ingnieurs (France) called EPF
	5	Duale Hochschule Baden-Worttemberg (DHBW) Mosbach	框架 学生交换	2015.02.24 2015.11.13	Memorandum of Understanding between Duale Hochschule Baden-Wurttemberg (DHBW) Mosbach and Southeast University, Nanjing, China First Amendment to the Memorandum of Understanding between Duale Hochschule Baden-Worttemberg (DHBW) Mosbach
Hong Kong 中国香港地区	1	香港理工大学 (Hong Kong Polytechnic)	图书馆交流 学生交换计划	2015.09.10 2015.10.26	Collaboration Agreement Between Southeast University Library and the Hong Kong Polytechnic University Library (中英文) 东南大学与香港理工大学学生交换计划谅解备忘录
Sweden 瑞典	1	林雪平大学 Linkoping University	续约及终止 学生交流协议	2015.10.23	Extension of the Agreement on Student Exchange between Southeast University, China and Linkoping University, Sweden dated February 22, 2011(英文)
Taiwan 中国台湾地区	1	铭传大学	双硕士联合培养	2015.01.08	东南大学与铭传大学联合培养双硕士学位生专案协议书
	2	暨南大学	学术交流合作备忘录，交换学生备忘录	2015.10.16	暨南大学与东南大学学术交流合作备忘录，交换学生备忘录
UK 英国	1	University of Dundee	框架备忘录 学生联合培养协议	2015.11.30 2015.11.30	Memorandum of Understanding [MoU] between The University of Dundee, Scotland [Scottish Registered Charity Number SC 105096] And Southeast University Articulation Agreement between The University of Dundee, Scotland and Southeast University, China

(续 表)

USA 美国	1	University of Tennessee, Knoxville	院际本科生联合培养(2+2)协议	2015.03.18	Articulation Agreement for Undergraduate Degree Program between University of Tennessee, Knoxville, Department of Industrial and Systems Engineering and Southeast University, School of Mechanical Engineering
	2	Case Western Reserve University	3+1+1	2015.11.20	3+1+1 Early Entry Masters Program Agreement between Case Western Reserve University and Southeast University
	3	The University of California, Irvine	框架备忘录	2015.12.08	Memorandum of Understanding between The University of California, Irvine and Southeast University

2015年授予国外(或地区)学者名誉教授、客座教授和名誉顾问名单

序号	姓名	国别(地区)	单位	职务	授予名称	办理时间	授予学院
1	You-Lin Xu 徐幼麟	中国香港	香港理工大学	教授,副主任,学科主任	客座教授	2015.1	土木工程学院
2	Mingzhou Jin 金明洲	美国	田纳西大学	教授,副主任,学科主任	客座教授	2015.1	交通学院
3	Sonping Huang 黄颂平	美国	美国肯特大学	教授	客座教授	2015.1	化学化工学院
4	Kenichi Soga 崇贺健一	英国	剑桥大学	院士,教授,主任	客座教授	2015.3	交通学院岩土工程研究所
5	Daping Chu 初大平	英国	剑桥大学	主任,主席,院士,会士	客座教授	2015.3	生物科学与医学工程学院
6	Erik Schlangen	荷兰	Delft University of Technology	教授	客座教授	2015.3	材料科学与工程学院
7	P.J. Monterio 蒙泰罗	美国	美国加州大学伯克利分校	教授	客座教授	2015.3	材料科学与工程学院
8	Bruce Beutler 布鲁斯·博伊特勒	美国	德克萨斯大学	教授	名誉教授	2015.4	生物科学与医学工程学院

(续表）

序号	姓名	国别(地区)	单位	职务	授予名称	办理时间	授予学院
9	Gavriel Salvendy 加弗瑞尔·萨文迪	美国	美国普渡大学	教授	客座教授	2015.4	机械工程学院
10	Tim Hunt 蒂姆·亨特	英国	英国癌症研究中心	爵士	名誉教授	2015.4	生物科学与医学工程学院
11	Phil Blythe 菲尔·布莱思	英国	英国纽卡斯尔大学	终身教授	客座教授	2015.4	交通学院
12	John W. Polak 约翰·博拉克	英国	英国伦敦帝国理工学院	主任、主席	客座教授	2015.4	交通学院
13	Xingde Li 李兴德	美国	美国约翰普金斯大学	教授、主席	客座教授	2015.4	生物科学与医学工程学院
14	Alexei Gruverman	美国	内布拉斯加大学林肯分校	教授	客座教授	2015.5	化学化工学院
15	Walter Krenkel 沃尔特·克伦克尔	德国	德国拜罗伊特大学	教授、主任	客座教授	2015.6	材料科学与工程学院
16	George Willis Huber 乔治·韦伯	美国	美国威斯康星大学	教授	客座教授	2015.6	能源与环境学院
17	Thomas M. Jahns	美国	美国威斯康星大学	副主任	客座教授	2015.6	电气工程学院
18	Zhan Qiwen 詹其文	美国	美国代顿大学	教授	客座教授	2015.6	电子科学与工程学院
19	Jing Xiao 萧静	美国	北卡罗来纳大学夏洛特分校	教授	客座教授	2015.6	机械工程学院
20	Yuxing Dong 董玉祥	美国	内布拉斯加大学	副教授	客座教授	2015.7	化学化工学院
21	Helmuth Möhwald	德国	欧洲科学院	院士、教授	客座教授	2015.7	生物科学与医学工程学院
22	Mohammad Shahidehpour	美国	伊利诺伊理工大学Robert W. Galvin 中心	教授、主任	客座教授	2015.9	电气工程学院

(续表)

序号	姓名	国别(地区)	单位	职务	授予名称	办理时间	授予学院
23	Raymond Wai Ho Yeung 杨伟豪	加拿大	香港中文大学	教授	客座教授	2015.9	信息科学与工程学院
24	Sunayama Yukio 砂山幸雄	日本	爱知大学	教授、副校长	客座教授	2015.9	外国语学院
25	Richard A. Williams	英国	英国皇家工程院	副院长、院士、副校长	客座教授	2015.10	电气工程学院
26	Athanasios (Tom) Scarpas 汤姆·斯卡巴斯	希腊	荷兰代尔夫特理工大学	全职教授、主任	客座教授	2015.10	交通学院
27	Jieh-Haur Chen 陈介豪	中国台湾	"台湾中央大学"	教授	客座教授	2015.10	土木工程学院
28	Krishna R. Reddy 库里斯纳·乐迪	美国	伊利诺伊大学芝加哥分校	教授、实验室主任	客座教授	2015.10	交通学院
29	Kai Tang 汤凯	中国香港	香港科技大学	教授	客座教授	2015.12	机械工程学院
30	George Q. Huang 黄国全	中国香港	香港大学	终身教授	客座教授	2015.12	机械工程学院

2015年举办国际会议/两岸会议情况

序号	会议名称	会议时间	会议主席或召集人	论文数	代表数 外	代表数 内	总数
2015-1	"转型时代中德社会与政治"研讨会	2015.3.11	王珏	研讨	8	25	33
2015-2	国际传统木结构建筑营造研究趋势研讨会	2015.3.28-29（已获教育部批文,临时取消）	李新建	研讨	10	30	40
2015-3	第五届国际语言教育政策学术研讨会	2015.4.3-5	陈美华	研讨	20	80	100
2015-4	第十四届亚太智能交通论坛	2015.4.26-29	刘攀	研讨	62	150	212
2015-5	哈密顿系统与变分方法国际研讨会	2015.5.30-31	曹进德	研讨	8	78	86
2015-6	"新常态背景下中国经济转型与教育服务贸易升级"学术论坛	2015.6.6	邱斌	研讨	5	16	21
2015-7	"亚洲视野下的建筑历史与理论前沿"国际研讨会	2015.6.7	韩冬青	研讨	6	12	18
2015-8	第三届工程商务与法律高层论坛	2015.6.22	刘艳红	研讨	6	20	26
2015-9	国际生命伦理学暨老年生命伦理会议	2015.6.26-28	孙慕义	研讨	12	48	60
2015-10	中日老龄研究学术座谈会	2015.6.28	张肖敏	研讨	2	12	14
2015-11	村镇住宅低能耗技术应用国际研讨会	2015.7.2-4	韩冬青	研讨	3	11	14
2015-12	国际需求响应效果监测与综合效益评价研讨会	2015.7.10-11	东南大学和南方电网科学研究院共同主办,南网研究院承办	研讨			
2015-13	东南大学—乌尔姆大学计算机科学与工程联合研讨会	2015.9.13-15	罗军舟	研讨	16	44	60
2015-14	第13届心脏血运重建研讨会	2015.9.22	滕皋军	研讨	18	650	668
2015-15	第五届金陵国际微创外科会议暨大中华腔镜疝外科学院专家巡演会	2015.10.9-11	滕皋军	研讨	16	302	318
2015-16	中国传统艺术的海外认知国际学术研讨会	2015.10.10-11	王廷信	28	13	37	50

(续表)

序号	会议名称	会议时间	会议主席或召集人	论文数	代表数 外	代表数 内	总数
2015-17	2015中美肿瘤学高峰论坛	2015.10.10-11	滕皋军	研讨	10	70	80
2015-18	中国数字景观国际研讨会	2015.10.17-18	韩冬青	研讨	7	233	240
2015-19	建筑学研究前沿学术会议——建筑遗产保护技术会议	2015.10.19-20	王建国	研讨	10	30	40
2015-20	夏热冬冷地区建筑节能研讨会暨国际能源署建筑蓄能项目专家组会议	2015.10.20	李舒宏	研讨	9	50	59
2015-21	细胞生物信息学(2015)血液肿瘤单细胞检测与分析国际研讨会	2015.11.1-3	滕皋军	研讨	4	55	59
2015-22	国际应用科技开发协作网第20次全体会员大会暨高校科技创新发展论坛	2015.11.5-7	孙岳明	研讨	60	40	100
2015-23	第二届江苏—欧洲新能源国际会议	2015.11.6-8	钟文琪	研讨	12	50	62
2015-24	国际生物纳米界面研讨会	2015.11.6-9	顾忠泽	研讨	15	35	50
2015-25	城市更新:中国和欧洲的经验与挑战国际研讨会	2015.11.14-16	韩冬青	研讨	8	42	50
2015-26	水与历史城镇——互动与形态变迁国际研讨会	2015.11.28-29	董 卫	研讨	6	52	58
2015-27	亚太微波会议	2015.12.6-9	洪 伟	779	250	300	500
2015-28	国际纤维复合材料增强混凝土结构会议暨亚太纤维复合材料结构会议	2015.12.14-16	吴智深	160	84	180	264

经办人:侯道平

2015年出国(境)人员名单一览表

姓名	单位	职称职务	国家或地区	任务	时间
许传龙	能源与环境学院	教授	英国	合作研究	2015.01.03—2015.01.12
耿 新	计算机科学与工程学院	研究员、副院长	新加坡	国际会议	2015.01.04—2015.01.07
郑文明	学习科学研究中心	教授	英国	合作研究	2015.01.04—2015.01.17
孙 宾	土木工程学院	研究生	中国香港	国际会议	2015.01.06—2015.01.10

(续　表)

姓名	单位	职称职务	国家或地区	任务	时间
詹润涛	土木工程学院	研究生	中国香港	国际会议	2015.01.06—2015.01.10
张亚梅	材料科学与工程学院	教授、副院长	中国香港	国际会议	2015.01.06—2015.01.10
竺明星	土木工程学院	研究生	中国香港	国际会议	2015.01.06—2015.01.10
王　磊	土木工程学院	研究生	中国香港	国际会议	2015.01.06—2015.01.10
霍少磊	土木工程学院	研究生	中国香港	国际会议	2015.01.06—2015.01.10
王飔奇	交通学院	研究生	中国香港	国际会议	2015.01.06—2015.01.11
王子路	物理系	研究生	新加坡	国际会议	2015.01.07—2015.01.11
周瞪桦	物理系	研究生	新加坡	国际会议	2015.01.07—2015.01.11
曹婉容	数学系	副教授	新加坡	国际会议	2015.01.07—2015.01.11
王文武	经济管理学院	副教授	中国台湾	文化交流	2015.01.08—2015.01.12
王保平	校长办公室	教授、副校长	美国	国际会议	2015.01.09—2015.01.14
陈先华	交通学院	副教授	美国	国际会议	2015.01.09—2015.01.20
马　涛	交通学院	副教授	美国	国际会议	2015.01.10—2015.01.15
黄晓明	交通学院	教授、副院长	美国	合作研究	2015.01.10—2015.01.25
林　军	交通学院	研究生	美国	国际会议	2015.01.10—2015.10.14
王　超	交通学院	研究生	美国	国际会议	2015.01.11—2015.01.15
叶智锐	交通学院	教授	美国	国际会议	2015.01.11—2015.01.15
陈淑燕	交通学院	教授	美国	国际会议	2015.01.11—2015.01.15
周文竹	建筑学院	副教授	美国	国际会议	2015.01.11—2015.01.15
马晓甦	建筑学院	副研究员	美国	国际会议	2015.01.11—2015.01.15
倪富健	交通学院	教授	美国	国际会议	2015.01.11—2015.01.15
李　强	交通学院	讲师	美国	国际会议	2015.01.11—2015.01.15
李红梅	交通学院	研究生	美国	国际会议	2015.01.11—2015.01.15
周　岚	交通学院	研究生	美国	国际会议	2015.01.11—2015.01.15
赵　颢	建筑学院	研究生	美国	国际会议	2015.01.11—2015.01.15
柏　璐	建筑学院	研究生	美国	国际会议	2015.01.11—2015.01.15
许　新	建筑学院	研究生	美国	国际会议	2015.01.11—2015.01.15
徐铖铖	建筑学院	研究生	美国	国际会议	2015.01.11—2015.01.15
展凤萍	交通学院	研究生	美国	国际会议	2015.01.11—2015.01.15

(续 表)

姓名	单位	职称职务	国家或地区	任务	时间
梁 浩	交通学院	研究生	美国	国际会议	2015.01.11—2015.01.15
李家斌	交通学院	研究生	美国	国际会议	2015.01.11—2015.01.15
张志刚	交通学院	研究生	美国	国际会议	2015.01.11—2015.01.15
胡 靖	交通学院	研究生	美国	国际会议	2015.01.11—2015.01.15
韩 飞	交通学院	研究生	美国	国际会议	2015.01.11—2015.01.15
孙 超	交通学院	研究生	美国	国际会议	2015.01.11—2015.01.15
王宝杰	交通学院	研究生	美国	国际会议	2015.01.11—2015.01.15
闫星臣	交通学院	研究生	美国	国际会议	2015.01.11—2015.01.15
张小松	能源与环境学院	教授	美国	合作研究、国际会议并访问	2015.01.13—2015.02.16
时龙兴	电子科学与工程学院	教授	中国香港	参会	2015.01.14—2015.01.16
陆生礼	电子科学与工程学院	研究员	中国香港	参会	2015.01.14—2015.01.16
邱海波	附属中大医院	教授、副院长	美国	国际会议	2015.01.14—2015.01.18
杨 毅	附属中大医院	主任医师	美国	国际会议	2015.01.14—2015.01.18
丁佐榕	能源与环境学院	研究生	英国	合作研究	2015.01.14—2015.07.13
滕皋军	附属中大医院	教授、主任医师	新加坡	国际会议	2015.01.15—2015.01.28
周海清	物理系	副教授	中国台湾	学术交流	2015.01.15—2015.01.29
万 晶	建筑学院	博士	中国台湾	国际会议	2015.01.16—2015.01.21
于 灿	建筑学院	博士	中国台湾	国际会议	2015.01.16—2015.01.21
李宗京	土木工程学院	研究生	美国	合作研究	2015.01.16—2016.01.17
王金兰	物理系	教授	新加坡	合作研究并与会	2015.01.13—2015.01.17
毛 律	建筑学院	研究生	中国香港	短期学习	2015.01.17—2015.01.22
尚金堂	电子科学与工程学院	教授	葡萄牙	国际会议	2015.01.18—2015.01.22
陈志斌	经济管理学院	教授、副院长	澳大利亚	合作研究	2015.01.18—2015.02.15
高志强	计算机科学与工程学院	教授	日本	国际会议	2015.01.20—2015.01.24
刘 倩	计算机科学与工程学院	研究生	日本	国际会议	2015.01.20—2015.01.24
张 涌	学生处	助教	澳门	参加教育展	2015.01.20—2015.01.25
汪洪涛	医学院	研究生	中国香港	国际会议	2015.01.23—2015.01.24

(续 表)

姓名	单位	职称职务	国家或地区	任务	时间
许 涛	医学院	研究生	中国香港	国际会议	2015.01.23—2015.01.25
胡晓健	交通学院	讲师	美国	合作研究	2015.01.23—2015.02.17
余文敏	医学院	研究生	中国香港	国际会议	2015.01.24—2015.01.25
洪 伟	信息科学与工程学院	教授、副院长	美国	国际会议	2015.01.24—2015.01.28
漆桂林	计算机科学与工程学院	教授	美国	国际会议	2015.01.25—2015.01.29
周德宇	计算机科学与工程学院	副研究员	美国	国际会议	2015.01.25—2015.01.29
陈亮宇	计算机科学与工程学院	研究生	美国	国际会议	2015.01.25—2015.01.29
徐读山	港澳台办公室	老师	中国台湾	冬令营	2015.01.25—2015.02.03
申翠英	教务处	老师	中国台湾	冬令营	2015.01.25—2015.02.03
谢 菲	建筑学院	本科生	中国台湾	冬令营	2015.01.25—2015.02.03
茆 羽	建筑学院	本科生	中国台湾	冬令营	2015.01.25—2015.02.03
刘文昭	电子学院	本科生	中国台湾	冬令营	2015.01.25—2015.02.03
陈 瑶	物理系	本科生	中国台湾	冬令营	2015.01.25—2015.02.03
赵博宇	物理系	本科生	中国台湾	冬令营	2015.01.25—2015.02.03
杨佳琪	人文学院	本科生	中国台湾	冬令营	2015.01.25—2015.02.03
曹 雪	经济管理学院	本科生	中国台湾	冬令营	2015.01.25—2015.02.03
郭文欣	经济管理学院	本科生	中国台湾	冬令营	2015.01.25—2015.02.03
王 琴	经济管理学院	本科生	中国台湾	冬令营	2015.01.25—2015.02.03
王 井	外国语学院	本科生	中国台湾	冬令营	2015.01.25—2015.02.03
黄倩然	外国语学院	本科生	中国台湾	冬令营	2015.01.25—2015.02.03
高 源	交通学院	本科生	中国台湾	冬令营	2015.01.25—2015.02.03
窦嘉言	成贤学院	本科生	中国台湾	冬令营	2015.01.25—2015.02.03
孙庭苇	成贤学院	本科生	中国台湾	冬令营	2015.01.25—2015.02.03
钱 雯	成贤学院	本科生	中国台湾	冬令营	2015.01.25—2015.02.03
张 蔚	成贤学院	本科生	中国台湾	冬令营	2015.01.25—2015.02.03
郭 嘉	成贤学院	本科生	中国台湾	冬令营	2015.01.25—2015.02.03
郭心怡	成贤学院	本科生	中国台湾	冬令营	2015.01.25—2015.02.03
徐 宪	成贤学院	本科生	中国台湾	冬令营	2015.01.25—2015.02.03
施政旭	成贤学院	本科生	中国台湾	冬令营	2015.01.25—2015.02.03

（续　表）

姓名	单位	职称职务	国家或地区	任务	时间
汪君晗	成贤学院	本科生	中国台湾	冬令营	2015.01.25—2015.02.03
葛华森	成贤学院	本科生	中国台湾	冬令营	2015.01.25—2015.02.03
樊鹤红	电子科学与工程学院	副教授	美国	工作访问	2015.01.25—2015.02.11
钟思佳	数学系	讲师	法国	合作研究	2015.01.25—2015.02.13
朱冬梅	经济管理学院	讲师	中国香港	合作研究	2015.01.25—2015.02.15
黄海波	材料科学与工程学院	高级工程师	中国香港	合作研究	2015.01.26—2015.02.15
翟亚	物理系	教授	中国香港	合作研究	2015.01.26—2015.02.15
顾宁	生物科学与医学工程学院	教授、院长	美国	合作研究	2015.01.26—2015.02.19
李德智	土木工程学院	副教授	中国香港	合作研究	2015.01.26—2015.02.25
张淦	电气工程学院	研究生	丹麦	合作研究	2015.01.26—2016.01.25
周雨青	物理系	教授	中国台湾	国际会议	2015.01.27—2015.02.05
朱鸣芳	材料科学与工程学院	教授	韩国	国际会议	2015.01.28—2015.02.01
洪锋	能源与环境学院	讲师	日本	国际会议	2015.01.29—2015.02.01
宋海亮	能源与环境学院	副研究员	日本	国际会议	2015.01.29—2015.02.01
杨玉立	土木工程学院	研究生	日本	国际会议	2015.01.29—2015.02.01
Yun-Kyu An	土木工程学院	副研究员	韩国	国际会议	2015.01.29—2015.02.02
滕皋军	附属中大医院	教授、院长	美国	国际会议	2015.01.30—2015.02.25
黄金健	医学院	本科生	美国	短期学习	2015.01.30—2015.03.01
余晨曦	医学院	本科生	美国	短期学习	2015.01.30—2015.03.01
许心怡	医学院	本科生	美国	短期学习	2015.01.30—2015.03.01
唐雨莹	医学院	本科生	美国	短期学习	2015.01.30—2015.03.01
焦娇	医学院	本科生	美国	短期学习	2015.01.30—2015.03.01
浦跃朴	校长办公室	教授、副校长	中国香港	工作访问	2015.01.31—2015.02.04
刘松玉	发展委员会	教授、常务副主任	中国香港	工作访问	2015.01.31—2015.02.04
李爽	发展委员会	馆员、副主任	中国香港	工作访问	2015.01.31—2015.02.04
陈书文	信息科学与工程学院	研究生	中国香港	国际会议	2015.02.01—2015.02.05
宋喆	信息科学与工程学院	讲师	中国香港	国际会议	2015.02.01—2015.02.05
周后型	信息科学与工程学院	教授	中国香港	国际会议	2015.02.01—2015.02.05
洪伟	信息科学与工程学院	教授、院长	中国香港	国际会议	2015.02.01—2015.02.05

(续 表)

姓名	单位	职称职务	国家或地区	任务	时间
周天清	信息科学与工程学院	研究生	新加坡	国际会议	2015.02.01—2015.02.05
贾 贞	仪器科学与工程学院	研究生	新加坡	国际会议	2015.02.01—2015.02.05
钱春香	材料科学与工程学院	教授	美国	合作研究并国际会议	2015.02.01—2015.02.14
程 琳	交通学院	教授	美国	合作研究	2015.02.01—2015.03.01
刘继军	数学系	副教授	日本	合作研究	2015.02.01—2015.03.15
王海兵	数学系	副教授	日本	合作研究	2015.02.01—2015.03.15
冯佩雨	交通学院	研究生	美国	短期学习	2015.02.02—2015.08.02
张志珺	附属中大医院	教授、主任医师	美国	合作研究	2015.02.05—2015.04.04
肖金标	电子科学与工程学院	教授	美国	国际会议	2015.02.06—2015.02.13
孙小菡	电子科学与工程学院	教授	美国	国际会议	2015.02.07—2015.02.11
戚志鹏	电子科学与工程学院	研究生	美国	国际会议	2015.02.07—2015.05.12
郭 进	经济管理学院	研究生	新加坡	国际会议	2015.02.08—2015.02.11
贾立秀	电子科学与工程学院	研究生	美国	国际会议	2015.02.08—2015.02.12
陈陆馗	附属中大医院	主任医师	尼泊尔	国际会议	2015.02.08—2015.02.13
吕建华	计算机科学与工程学院	副教授	澳大利亚	工作访问	2015.02.08—2015.02.15
陈 翰	电子科学与工程学院	讲师	美国	国际会议	2015.02.09—2015.02.13
巫中伟	电子科学与工程学院	研究生	美国	国际会议	2015.02.09—2015.02.13
徐 银	电子科学与工程学院	研究生	美国	国际会议	2015.02.09—2015.02.13
刘克华	外国语学院	副教授、副院长	澳大利亚	工作访问	2015.02.09—2015.02.13
高 健	外国语学院	副教授	澳大利亚	工作访问	2015.02.09—2015.02.13
程俊瑜	外国语学院	副教授	澳大利亚	工作访问	2015.02.09—2015.02.13
王 坚	医学院	教授	英国	国际会议	2015.02.09—2015.02.14
万遂人	生物科学与医学工程学院	教授	美国	合作研究并与会	2015.02.09—2015.02.19
李志勇	生物科学与医学工程学院	教授	澳大利亚	合作研究	2015.02.09—2015.03.01
刘京南	党委办公室	教授、副校长	日本	工作访问	2015.02.10—2015.02.14
吴荣顺	纪律检查委员会	副教授、处长	日本	工作访问	2015.02.10—2015.02.14
顾忠泽	生物科学与医学工程学院	教授、院长	日本	工作访问	2015.02.10—2015.02.14

(续 表)

姓名	单位	职称职务	国家或地区	任务	时间
赵林度	经济管理学院	教授、院长	日本	工作访问	2015.02.10—2015.02.14
陆薇薇	外国语学院	副教授	日本	工作访问	2015.02.10—2015.02.14
郝庆九	国际合作处	副处长	日本	工作访问	2015.02.10—2015.02.14
甘　锋	社会科学处	副教授、副处长	美国	留学进修	2015.02.10—2015.03.31
夏咏梅	材料科学与工程学院	研究生	韩国	国际会议	2015.02.11—2015.02.14
杨　军	电子科学与工程学院	研究员	美国	学术交流并与会	2015.02.14—2015.03.06
时龙兴	电子科学与工程学院	教授、院长	美国	学术交流并与会	2015.02.14—2015.03.06
许苏明	马克思主义学院	教授	美国	合作研究	2015.02.15—2015.03.15
葛　明	建筑学院	教授、副院长	美国	合作研究	2015.02.16—2015.02.26
罗守华	生物科学与医学工程学院	副教授	美国	国际会议	2015.02.21—2015.02.25
蒋睿杰	生物科学与医学工程学院	研究生	美国	国际会议	2015.02.21—2015.02.25
刘新宁	电子科学与工程学院	讲师	美国	国际会议	2015.02.21—2015.02.27
李连鸣	信息科学与工程学院	副教授	美国	国际会议	2015.02.22—2015.02.26
阳建强	建筑学院	教授	英国	合作研究	2015.02.22—2015.03.23
杨旭蕾	经济管理学院	本科生	中国台湾	短期学习	2015.02.22—2015.06.30
潘　超	材料学院	本科生	中国台湾	短期学习	2015.02.22—2015.06.30
张睿洁	人文学院	本科生	中国台湾	短期学习	2015.02.22—2015.06.30
焦慧敏	人文学院	本科生	中国台湾	短期学习	2015.02.22—2015.06.30
刘玉洁	人文学院	本科生	中国台湾	短期学习	2015.02.22—2015.06.30
曾柯源	能源与环境学院	本科生	中国台湾	短期学习	2015.02.22—2015.07.05
乔静宜	能源与环境学院	本科生	中国台湾	短期学习	2015.02.22—2015.07.05
尹泉郦	经济管理学院	本科生	中国台湾	短期学习	2015.02.22—2015.07.05
钱卓宁	经济管理学院	本科生	中国台湾	短期学习	2015.02.22—2015.07.05
白云飞	生物科学与医学工程学院	副教授	美国	研修	2015.02.22—2016.02.22
刘义亭	仪器科学与工程学院	研究生	英国	国际会议	2015.02.23—2015.02.27
蔡新雨	机械学院	本科生	中国台湾	短期学习	2015.02.23—2015.07.05
祁　琪	材料学院	本科生	中国台湾	短期学习	2015.02.23—2015.07.05

(续 表)

姓名	单位	职称职务	国家或地区	任务	时间
雷 威	教务处	教授、处长	法国	合作研究	2015.02.24—2015.02.29
朱 明	教务处	教授、副处长	法国	合作研究	2015.02.24—2015.02.29
朱 萌	法学院	本科生	中国台湾	短期学习	2015.02.24—2015.06.30
曾 浩	法学院	本科生	中国台湾	短期学习	2015.02.24—2015.06.30
文君涵	吴健雄学院	本科生	中国台湾	短期学习	2015.02.24—2015.06.30
吴瑞卿	艺术学院	本科生	中国台湾	短期学习	2015.02.24—2015.06.30
丁诗雨	成贤学院	本科生	中国台湾	短期学习	2015.02.24—2015.07.03
何文旭	成贤学院	本科生	中国台湾	短期学习	2015.02.24—2015.07.03
舒华忠	计算机科学与工程学院	教授、副院长	法国	合作研究	2015.02.25—2015.03.06
刘静萍	建筑学院	研究生	日本	学术交流	2015.02.26—2015.03.12
郭一鸣	建筑学院	研究生	日本	学术交流	2015.02.26—2015.03.12
徐正平	建筑学院	研究生	日本	学术交流	2015.02.26—2015.03.12
刘怡宁	建筑学院	研究生	日本	学术交流	2015.02.26—2015.03.12
汤晓骏	建筑学院	研究生	日本	学术交流	2015.02.26—2015.03.12
唐 芃	建筑学院	副教授	日本	联合教学	2015.02.27—2015.03.06
葛 明	建筑学院	教授	日本	联合教学	2015.02.27—2015.03.06
王建国	建筑学院	教授	日本	联合教学	2015.02.27—2015.03.06
陈宝安	附属中大医院	教授、主任医师	美国	合作研究	2015.02.28—2015.03.06
郝 俊	交通学院	本科生	中国台湾	短期学习	2015.02.28—2015.07.10
钱福健	交通学院	本科生	中国台湾	短期学习	2015.02.28—2015.07.10
陈昕昀	经济管理学院	本科生	中国台湾	短期学习	2015.02.28—2015.07.10
刘锡祥	仪器科学与工程学院	副教授	英国	留学进修	2015.02.28—2016.02.28
杨 俊	自动化学院	副教授	澳大利亚	合作研究	2015.03.01—2015.03.07
葛恒浩	法学院	博士	中国台湾	学术交流	2015.03.01—2015.04.19
李 琳	法学院	博士	中国台湾	学术交流	2015.03.01—2015.04.19
薛 鹏	物理系	教授	加拿大	合作研究	2015.03.01—2015.04.30
顾 兵	电子科学与工程学院	教授	美国	留学进修	2015.03.01—2015.08.31
魏金美	外国语学院	副教授	日本	教学	2015.03.01—2015.08.31
俞传飞	建筑学院	副教授	美国	合作研究	2015.03.01—2016.02.29

(续 表)

姓名	单位	职称职务	国家或地区	任务	时间
沈 恒	交通学院	工程师	美国	国际会议	2015.03.02—2015.03.06
翟 亚	物理系	教授	美国	国际会议	2015.03.02—2015.03.06
李允博	信息科学与工程学院	研究生	韩国	国际会议	2015.03.03—2015.03.06
陈锦祥	土木工程学院	教授	日本	国际会议	2015.03.03—2015.03.07
程 强	信息科学与工程学院	研究员	韩国	国际会议	2015.03.03—2015.03.07
王彦勋	信息科学与工程学院	研究生	韩国	国际会议	2015.03.03—2015.03.07
李 腾	信息科学与工程学院	研究生	韩国	国际会议	2015.03.03—2015.03.07
张开金	公共卫生学院	教授	中国台湾	国际会议	2015.03.03—2015.03.10
童华威	生命科学研究院	研究生	美国	国际会议	2015.03.04—2015.03.08
陈 西	外国语学院	硕士	中国台湾	国际会议	2015.03.04—2015.03.08
潘志文	信息科学与工程学院	研究员	孟加拉	国际会议	2015.03.06—2015.03.08
闫 亮	数学系	讲师	美国	合作研究	2015.03.06—2015.06.08
朱鸣芳	材料科学与工程学院	教授	美国	合作研究并与会	2015.03.07—2015.03.20
戴 挺	材料科学与工程学院	副教授	美国	合作研究并与会	2015.03.07—2015.03.20
潘志文	信息科学与工程学院	研究员	美国	国际会议	2015.03.08—2015.03.12
汪 芸	计算机科学与工程学院	教授	美国	国际会议	2015.03.08—2015.03.12
宋 康	信息科学与工程学院	研究生	美国	国际会议	2015.03.08—2015.03.12
张 帆	信息科学与工程学院	研究生	美国	国际会议	2015.03.08—2015.03.12
谭伟强	信息科学与工程学院	研究生	美国	国际会议	2015.03.08—2015.03.12
许艺凡	计算机科学与工程学院	研究生	美国	国际会议	2015.03.08—2015.03.12
戴 戈	材料科学与工程学院	讲师	西班牙	国际会议	2015.03.08—2015.03.14
王海明	信息科学与工程学院	副研究员	德国	国际会议并访问	2015.03.08—2015.03.15
沈连丰	信息科学与工程学院	教授	美国	国际会议	2015.03.09—2015.03.13
刘诚毅	信息科学与工程学院	研究生	美国	国际会议	2015.03.09—2015.03.13
倪振华	物理系	教授	西班牙	国际会议	2015.03.09—2015.03.13
柏 凌	生物科学与医学工程学院	研究生	西班牙	国际会议	2015.03.09—2015.03.13

(续 表)

姓名	单位	职称职务	国家或地区	任务	时间
张 益	材料科学与工程学院	研究生	西班牙	国际会议	2015.03.09—2015.03.13
任亚明	自动化学院	研究生	中国香港	国际会议	2015.03.11—2015.03.14
熊艳艳	经济管理学院	副教授	美国	国际会议	2015.03.12—2015.03.16
陆文彬	医学院	研究生	美国	国际会议	2015.03.12—2015.03.17
尹 洁	人文学院	副教授	中国香港	国际会议	2015.03.13—2015.03.15
赵永平	经济管理学院	研究生	美国	国际会议	2015.03.13—2015.03.17
李方静	经济管理学院	研究生	美国	国际会议	2015.03.13—2015.03.17
向文国	能源与环境学院	教授	美国	国际会议并访问	2015.03.14—2015.03.21
陈晓平	能源与环境学院	教授	美国	国际会议并访问	2015.03.14—2015.03.21
唐 智	能源与环境学院	研究生	美国	国际会议	2015.03.15—2015.03.18
曹进德	数学系	教授	巴基斯坦	国际会议	2015.03.15—2015.03.20
卢剑权	数学系	教授	巴基斯坦	国际会议	2015.03.15—2015.03.20
陈齐红	医学院	研究生	比利时	国际会议	2015.03.15—2015.03.21
王会明	自动化学院	研究生	西班牙	国际会议	2015.03.16—2015.03.21
邱晓华	附属中大医院	主治医师	比利时	国际会议	2015.03.16—2015.03.20
徐 健	海外教育学院	副院长、讲师	泰国	招生及教育展	2015.03.16—2015.03.21
殷 果	海外教育学院	研究实习员	泰国	招生及教育展	2015.03.16—2015.03.21
邱海波	附属中大医院	教授、主任医师	比利时	国际会议	2015.03.17—2015.03.21
杨 毅	附属中大医院	副主任、主任医师	比利时	国际会议	2015.03.17—2015.03.21
李艳玮	学习科学研究中心	研究生	美国	国际会议	2015.03.18—2015.03.22
居胜红	附属中大医院	教授	中国台湾	国际会议	2015.03.19—2015.03.22
朱海东	附属中大医院	主治医师	中国台湾	国际会议	2015.03.19—2015.03.22
何农跃	生物科学与医学工程学院	教授	美国	国际会议并访问	2015.03.19—2015.03.26
何赏璐	交通学院	研究生	美国	合作研究	2015.03.20—2016.03.20
李宏生	仪器科学与工程学院	教授、副院长	美国	国际会议	2015.03.22—2015.03.28
陈云飞	机械工程学院	教授、副院长	瑞士	国际会议	2015.03.23—2015.03.27
杨 波	仪器科学与工程学院	副教授	美国	国际会议	2015.03.23—2015.03.27
杨 成	仪器科学与工程学院	研究生	美国	国际会议	2015.03.23—2015.03.27

（续　表）

姓名	单位	职称职务	国家或地区	任务	时间
严　巍	建筑学院	研究生	西班牙	国际会议	2015.03.25—2015.03.29
王美美	附属中大医院	教授、主任医师	意大利	国际会议	2015.03.25—2015.03.29
仇　昊	医学院	博士	中国台湾	国际会议	2015.03.25—2015.03.29
刘　瑞	信息科学与工程学院	研究生	奥地利	国际会议	2015.03.27—2015.03.31
袁勇贵	附属中大医院	主任医师、副教授	奥地利	国际会议	2015.03.27—2015.03.31
巢　杰	医学院	教授	美国	国际会议	2015.03.27—2015.04.01
邱海波	附属中大医院	教授、主任医师	中国台湾	国际会议	2015.03.28—2015.03.30
林禹丞	附属中大医院	住院医师	美国	国际会议	2015.03.28—2015.04.01
芮云峰	附属中大医院	副主任医师	美国	国际会议	2015.03.28—2015.04.01
胡小平	经济管理学院	副教授	美国	国际会议	2015.03.28—2015.04.01
袁榴娣	研究生院	教授	意大利、法国	国际会议	2015.03.28—2015.04.02
孙桂菊	公共卫生学院	教授	美国	合作研究并国际会议	2015.03.28—2015.04.10
邹　翔	经济管理学院	研究生	加拿大	短期学习	2015.03.28—2015.09.27
郭广银	党委办公室	教授、书记	新西兰、澳大利亚、印度尼西亚	工作访问	2015.03.29—2015.04.07
滕皋军	附属中大医院	教授、院长	新西兰、澳大利亚、印度尼西亚	工作访问	2015.03.29—2015.04.07
吴　刚	土木工程学院	教授、院长	新西兰、澳大利亚、印度尼西亚	工作访问	2015.03.29—2015.04.07
刘松玉	发展委员会	教授、常务副主任	新西兰、澳大利亚、印度尼西亚	工作访问	2015.03.29—2015.04.07
史兰新	国际合作处	副教授、处长	新西兰、澳大利亚、印度尼西亚	工作访问	2015.03.29—2015.04.07
袁　超	国际合作处	秘书	新西兰、澳大利亚、印度尼西亚	工作访问	2015.03.29—2015.04.07
花　为	电气工程学院	研究员	摩纳哥	国际会议	2015.03.30—2015.04.03
於　锋	电气工程学院	研究生	摩纳哥	国际会议	2015.03.30—2015.04.03

（续　表）

姓名	单位	职称职务	国家或地区	任务	时间
李志勇	生物科学与医学工程学院	教授	澳大利亚	合作研究	2015.03.31—2015.06.06
陈建龙	数学系	教授	阿联酋	国际会议	2015.04.01—2015.04.05
孙长银	自动化学院	教授、副院长	美国	工作访问	2015.04.01—2015.04.05
李铁香	数学系	副教授	中国台湾	学术交流	2015.04.01—2015.05.31
杭　俊	电气工程学院	研究生	丹麦	短期学习	2015.04.01—2015.06.30
李东东	材料科学与工程学院	研究生	美国	国际会议	2015.04.05—2015.04.10
宋　立	材料科学与工程学院	研究生	美国	国际会议	2015.04.05—2015.04.10
刘继军	数学系	教授	韩国	合作研究	2015.04.05—2015.05.04
李　俊	自动化学院	副教授	中国台湾	国际会议	2015.04.07—2015.04.13
王　勇	医学院	研究生	美国	国际会议	2015.04.08—2015.04.12
张骏彧	土木工程学院	研究生	澳大利亚	联合培养	2015.04.08—2017.04.07
宋　翔	仪器科学与工程学院	讲师	美国	工作访问	2015.04.09—2015.04.13
李　旭	仪器科学与工程学院	副教授	美国	工作访问	2015.04.09—2015.04.13
徐启敏	仪器科学与工程学院	研究生	美国	工作访问	2015.04.09—2015.04.13
尤肖虎	信息科学与工程学院	教授	中国台湾	国际会议	2015.04.09—2015.04.14
金　石	信息科学与工程学院	教授	中国台湾	国际会议	2015.04.09—2015.04.14
盛　彬	信息科学与工程学院	副教授	中国台湾	国际会议	2015.04.09—2015.04.14
田　玲	信息科学与工程学院	副教授	葡萄牙	国际会议	2015.04.12—2015.04.16
董　纳	电子科学与工程学院	研究生	加拿大	国际会议	2015.04.12—2015.04.16
浦跃朴	校长办公室	副校长、教授	澳大利亚、新西兰	参加教育展和交流	2015.04.12—2015.04.19
邱　斌	海外教育学院	院长、教授	澳大利亚、新西兰	参加教育展和交流	2015.04.12—2015.04.19
伍　磊	电子科学与工程学院	研究生	加拿大	国际会议	2015.04.13—2015.04.17
方效林	计算机科学与工程学院	讲师	美国	国际会议	2015.04.13—2015.04.17
周亚东	土木工程学院	研究生	土耳其	国际会议	2015.04.13—2015.04.17
东　方	计算机科学与工程学院	副教授	瑞士	合作研究	2015.04.14—2015.04.18
龚　恺	建筑学院	教授	中国香港	工作访问	2015.04.14—2015.04.18
陈熙源	仪器科学与工程学院	教授	瑞士	参加展览会	2015.04.14—2015.04.19
徐赵东	土木工程学院	教授	瑞士	参加展览会	2015.04.14—2015.04.19

(续 表)

姓名	单位	职称职务	国家或地区	任务	时间
黄浩乾	仪器科学与工程学院	研究生	瑞士	参加展览会	2015.04.14—2015.04.19
王志功	信息科学与工程学院	教授	瑞士	参加展览会	2015.04.14—2015.04.19
吕晓迎	生物科学与医学工程学院	教授	瑞士	参加展览会	2015.04.14—2015.04.19
李文渊	信息科学与工程学院	教授	瑞士	参加展览会	2015.04.14—2015.04.19
周宇轩	生物科学与医学工程学院	研究生	瑞士	参加竞赛	2015.04.14—2015.04.19
居胜红	附属中大医院	主任医师、教授	加拿大	国际会议	2015.04.14—2015.04.24
蒋卫锋	电子科学与工程学院	研究生	英国	国际会议	2015.04.15—2015.04.19
孙小菡	电子科学与工程学院	教授	英国	国际会议	2015.04.15—2015.04.19
黄兴淮	土木工程学院	研究生	瑞士	参加展览会	2015.04.15—2015.04.20
胡国华	电子科学与工程学院	副教授	美国	合作研究	2015.04.15—2015.04.30
曾 瑞	计算机科学与工程学院	研究生	澳大利亚	国际会议	2015.04.19—2015.04.24
董 卫	建筑学院	教授	澳大利亚	合作研究	2015.04.20—2015.04.24
辛明海	学习科学研究中心	研究生	澳大利亚	国际会议	2015.04.20—2015.04.24
郑文明	学习科学研究中心	教授	澳大利亚	国际会议	2015.04.20—2015.04.25
陶万军	信息科学与工程学院	研究生	法国	国际会议	2015.04.21—2015.04.25
王金兰	物理系	教授	韩国	国际会议	2015.04.21—2015.04.25
薛秀蕾	医学院	研究生	韩国	国际会议	2015.04.22—2015.04.25
刘 玲	附属中大医院	副主任医师	荷兰	国际会议	2015.04.22—2015.04.25
贾林琼	信息科学与工程学院	研究生	印度尼西亚	国际会议	2015.04.22—2015.04.26
田 亮	医学院	研究生	韩国	国际会议	2015.04.22—2015.04.26
徐 妍	电气工程学院	研究生	新加坡	国际会议	2015.04.23—2015.04.27
李永辉	建筑学院	讲师	日本	合作研究	2015.04.23—2015.04.29
邱海波	附属中大医院	副院长、教授	丹麦	国际会议	2015.04.24—2015.04.28
沈康维	学习科学研究中心	研究生	马来西亚	国际会议	2015.04.24—2015.04.28
王 羽	学习科学研究中心	研究生	马来西亚	国际会议	2015.04.24—2015.04.28
王海兵	数学系	副教授	韩国	合作研究	2015.04.24—2015.05.03
蒋 犁	附属中大医院	主任医师、教授	美国	国际会议	2015.04.25—2015.04.29
赵瑞斌	医学院	研究生	美国	国际会议	2015.04.25—2015.04.29

(续 表)

姓名	单位	职称职务	国家或地区	任务	时间
吴巍炜	计算机科学与工程学院	副研究员	中国香港	国际会议	2015.04.26—2014.05.01
许传龙	能源与环境学院	教授	法国	合作研究	2015.04.26—2015.04.30
郑 军	信息科学与工程学院	教授	中国香港	工作访问	2015.04.26—2015.04.30
陈宝安	附属中大医院	教授、主任医师	德国	合作研究并与会	2015.04.26—2015.05.07
温广辉	数学系	讲师	澳大利亚	合作研究	2015.04.26—2015.07.02
毛文娟	物理系	研究生	美国	国际会议	2015.04.27—2015.05.01
凌 振	计算机科学与工程学院	讲师	中国香港	国际会议	2015.04.27—2015.05.01
刘晓星	经济管理学院	教授	中国台湾	国际会议	2015.04.27—2015.05.02
黄海波	材料科学与工程学院	高级工程师	中国香港	合作研究	2015.04.28—2015.05.10
甘 锋	社会科学处	副教授、副处长	美国	留学进修	2015.04.28—2015.05.13
朱道华	信息科学与工程学院	研究生	澳大利亚	国际会议	2015.04.29—2015.04.24
董 卫	建筑学院	教授	中国台湾	学术交流	2015.04.29—2015.05.03
翟 亚	物理系	教授	中国香港	合作研究	2015.04.29—2015.05.10
朱 渊	建筑学院	副教授	德国	联合教学	2015.04.29—2015.05.11
罗军舟	计算机科学与工程学院	教授、院长	澳大利亚	合作研究	2015.04.30—2015.05.06
张 娟	人文学院	副教授	中国台湾	国际会议	2015.04.30—2015.05.06
陈春超	土木工程学院	研究生	英国	学术交流	2015.04.30—2015.08.31
陶 欣	土木工程学院	研究生	英国	学术交流	2015.04.30—2015.08.31
张 龙	土木工程学院	研究生	英国	学术交流	2015.04.30—2015.08.31
孙长银	自动化学院	教授、副院长	加拿大	国际会议	2015.05.01—2015.05.05
温士赢	附属中大医院	护师	德国	国际会议并合作研究	2015.05.01—2015.05.15
陶 陶	医学院	研究生	美国	短期学习	2015.05.01—2015.08.31
李英帅	交通学院	研究生	美国	短期学习	2015.05.01—2015.10.31
盛碧云	自动化学院	研究生	加拿大	国际会议	2015.05.02—2015.05.06
孙 宾	土木工程学院	研究生	中国香港	合作研究	2015.05.02—2015.11.04
常昌远	集成电路学院	副教授	中国台湾	国际会议	2015.05.03—2015.05.07
吴承恩	集成电路学院	硕士	中国台湾	国际会议	2015.05.03—2015.05.07

(续 表)

姓名	单位	职称职务	国家或地区	任务	时间
袁玉帛	集成电路学院	硕士	中国台湾	国际会议	2015.05.03—2015.05.07
东方	计算机科学与工程学院	副教授	意大利	国际会议	2015.05.05—201.05.09
李小平	计算机科学与工程学院	教授	意大利	国际会议	2015.05.05—2015.05.09
顾晓丹	计算机科学与工程学院	研究生	意大利	国际会议	2015.05.05—2015.05.09
罗军舟	计算机科学与工程学院	教授、院长	意大利	国际会议	2015.05.05—2015.05.09
王兴松	机械工程学院	教授	意大利	国际会议	2015.05.06—2015.05.10
朱庆	机械工程学院	研究生	意大利	国际会议	2015.05.06—2015.05.10
吴青聪	机械工程学院	研究生	意大利	国际会议	2015.05.06—2015.05.10
公卫刚	医学院	博士	中国台湾	国际会议	2015.05.06—2015.05.10
贾东峰	经济管理学院	研究生	美国	国际会议	2015.05.07—2015.05.11
王柯	经济管理学院	研究生	美国	国际会议	2015.05.07—2015.05.11
周成	经济管理学院	研究生	美国	国际会议	2015.05.07—2015.05.11
范玉瑶	经济管理学院	研究生	美国	国际会议	2015.05.07—2015.05.11
禹梦雅	经济管理学院	研究生	美国	国际会议	2015.05.07—2015.05.11
马保雨	经济管理学院	研究生	美国	国际会议	2015.05.07—2015.05.11
汪峥	自动化学院	教授	美国、加拿大	国际会议	2015.05.07—2015.05.14
乔雪	自动化学院	研究生	美国、加拿大	国际会议	2015.05.07—2015.05.14
李明	自动化学院	研究生	美国、加拿大	国际会议	2015.05.07—2015.05.14
陈文亮	自动化学院	研究生	美国、加拿大	国际会议	2015.05.07—2015.05.14
何勇	经济管理学院	教授	美国	合作研究并与会	2015.05.07—2015.05.21
王海燕	经济管理学院	教授	美国	合作研究并与会	2015.05.07—2015.05.21
李四杰	经济管理学院	副教授	美国	合作研究并与会	2015.05.07—2015.05.21
钟儒勉	土木工程学院	研究生	美国	短期学习	2015.05.07—2016.05.07
王伟	医学院	研究生	美国	国际会议	2015.05.08—2015.05.12
文志发	医学院	研究生	美国	国际会议	2015.05.08—2015.05.12
王金兰	物理系	教授	法国	合作研究并与会	2015.05.09—2015.05.17

(续　表)

姓名	单位	职称职务	国家或地区	任务	时间
张　彤	电子科学与工程学院	教授	美国	合作研究并与会	2015.05.09—2015.05.19
吕昌贵	电子科学与工程学院	副研究员	美国	合作研究并与会	2015.05.09—2015.05.19
施智祥	物理系	教授	西班牙	国际会议	2015.05.10—2015.05.14
赵海军	物理系	讲师	西班牙	国际会议	2015.05.10—2015.05.14
杨　芳	生物科学与医学工程学院	副教授	法国	国际会议	2015.05.10—2015.05.14
孙伟锋	电子科学与工程学院	教授、院长	中国香港	国际会议	2015.05.10—2015.05.14
刘斯扬	电子科学与工程学院	讲师	中国香港	国际会议	2015.05.10—2015.05.14
祝　靖	电子科学与工程学院	讲师	中国香港	国际会议	2015.05.10—2015.05.14
张允武	电子科学与工程学院	研究生	中国香港	国际会议	2015.05.10—2015.05.14
张　龙	电子科学与工程学院	研究生	中国香港	国际会议	2015.05.10—2015.05.14
庄　雷	经济管理学院	研究生	英国	国际会议	2015.05.10—2015.05.14
张　涛	仪器科学与工程学院	副研究员	意大利	国际会议	2015.05.10—2015.05.15
王东明	信息科学与工程学院	副研究员	英国	国际会议	2015.05.11—2015.05.15
陆　悠	计算机科学与工程学院	研究生	加拿大	国际会议	2015.05.11—2015.05.15
褚宏云	信息科学与工程学院	研究生	英国	国际会议	2015.05.11—2015.05.15
王志功	信息科学与工程学院	教授	中国香港	合作研究	2015.05.11—2015.05.15
严如强	仪器科学与工程学院	教授、副院长	意大利	合作研究并与会	2015.05.11—2015.05.17
王兴松	机械工程学院	教授	德国	国际会议并访问	2015.05.11—2015.05.17
易　红	校长办公室	教授、校长	比利时、奥地利、白俄罗斯	工作访问	2015.05.11—2015.05.20
葛　明	建筑学院	教授、副院长	比利时、奥地利、白俄罗斯	工作访问	2015.05.11—2015.05.20
刘　钊	土木工程学院	教授	比利时、奥地利、白俄罗斯	工作访问	2015.05.11—2015.05.20
李　鑫	校长办公室	副教授、主任	比利时、奥地利、白俄罗斯	工作访问	2015.05.11—2015.05.20

(续 表)

姓名	单位	职称职务	国家或地区	任务	时间
史兰新	国际合作处	副教授、处长	比利时、奥地利、白俄罗斯	工作访问	2015.05.11—2015.05.20
徐 健	海外教育学院	副院长、讲师	比利时、奥地利、白俄罗斯	工作访问	2015.05.11—2015.05.20
郭 彤	研究生院	教授	日本	国际会议	2015.05.12—2015.05.16
顾 兵	电子科学与工程学院	教授	美国	国际会议	2015.05.12—2015.05.16
刘中祥	土木工程学院	研究生	日本	国际会议	2015.05.12—2015.05.16
陈 明	附属中大医院	主任医师、副院长	美国	合作研究并与会	2015.05.12—2015.05.19
黄晓明	交通学院	教授、副院长	美国	合作研究	2015.05.12—2015.05.25
陈云飞	机械工程学院	教授、副院长	美国	国际会议	2015.05.13—2015.05.17
沙菁㤿	机械工程学院	副教授	美国	国际会议	2015.05.13—2015.05.17
王 赞	医学院	研究生	加拿大	国际会议	2015.05.13—2015.05.17
尹营营	医学院	研究生	加拿大	国际会议	2015.05.13—2015.05.17
凌新生	机械工程学院	教授	美国	国际会议	2015.05.13—2015.05.17
徐 江	机械工程学院	副教授	韩国	工作访问	2015.05.13—2015.05.17
季玉群	人文学院	副教授	澳门	国际会议	2015.05.14—2015.05.17
李 敏	经济管理学院	教授	新加坡	合作研究	2015.05.14—2015.05.26
赵 娜	经济管理学院	研究生	韩国	国际会议	2015.05.15—2015.05.20
洪 伟	信息科学与工程学院	教授、院长	美国	国际会议	2015.05.15—2015.05.23
阎兰花	电子科学与工程学院	研究生	美国	合作研究	2015.05.15—2016.05.15
李连鸣	信息科学与工程学院	副教授	美国	国际会议	2015.05.16—2015.05.20
陈继新	信息科学与工程学院	研究员	美国	国际会议	2015.05.16—2015.05.23
李允博	信息科学与工程学院	研究生	西班牙	国际会议	2015.05.17—2015.05.22
金嘉晖	计算机科学与工程学院	研究生	意大利	国际会议	2015.05.18—2015.05.22
蒋卫祥	信息科学与工程学院	副研究员	西班牙	国际会议	2015.05.18—2015.05.22
姜龙玉	计算机科学与工程学院	讲师	美国	国际会议	2015.05.18—2015.05.22
徐康宁	经济管理学院	教授	美国	合作研究	2015.05.18—2015.05.27
蔡体菁	仪器科学与工程学院	教授	俄罗斯	合作研究并与会	2015.05.21—2015.06.04

(续 表)

姓名	单位	职称职务	国家或地区	任务	时间
孙志忠	数学系	教授	澳门	国际会议	2015.05.22—2015.05.25
曹婉容	数学系	副教授	澳门	国际会议	2015.05.22—2015.05.25
曹唱唱	生物科学与医学工程学院	研究生	新加坡	国际会议	2015.05.22—2015.05.26
丁啸	生物科学与医学工程学院	研究生	新加坡	国际会议	2015.05.22—2015.05.26
孟祥婉	建筑学院	博士	中国台湾	国际会议	2015.05.23—2015.05.29
熊玮	建筑学院	博士	中国台湾	国际会议	2015.05.23—2015.05.29
黄晓东	电子科学与工程学院	副教授	美国	国际会议	2015.05.24—2015.05.28
殷晓星	信息科学与工程学院	教授	加拿大	国际会议	2015.05.24—2015.05.28
张川	信息科学与工程学院	副教授	葡萄牙	国际会议	2015.05.24—2015.05.28
杨俊梅	信息科学与工程学院	研究生	葡萄牙	国际会议	2015.05.24—2015.05.28
陈继新	信息科学与工程学院	研究员	加拿大	国际会议	2015.05.24—2015.05.28
施智祥	物理系	教授	中国香港	国际会议	2015.05.24—2015.05.29
黄大卫	校长办公室	副校长、副教授	美国	参加教育年会	2015.05.24—2015.05.31
邱斌	海外教育学院	院长、教授	美国	参加教育年会	2015.05.24—2015.05.31
王利	国际合作处	副处长、副研究员	美国	参加教育年会	2015.05.24—2015.05.31
殷晓星	信息科学与工程学院	教授	加拿大	合作研究	2015.05.24—2015.06.06
陈一梅	交通学院	教授、副院长	美国	合作研究	2015.05.24—2015.06.21
刘继军	数学系	教授	芬兰	国际会议	2015.05.25—2015.05.29
王海兵	数学系	副教授	芬兰	国际会议	2015.05.25—2015.05.29
丁辉	校长办公室	教授、副校长	印度尼西亚	参加教育展	2015.05.25—2015.05.29
蔡一峰	海外教育学院	主任	印度尼西亚	参加教育展	2015.05.25—2015.05.29
张务一	国际合作处	副研究员	印度尼西亚	参加教育展	2015.05.25—2015.05.29
尚金堂	电子科学与工程学院	教授	美国	国际会议	2015.05.25—2015.05.29
吉宇	电子科学与工程学院	研究生	美国	国际会议	2015.05.25—2015.05.29
罗斌	电子科学与工程学院	研究生	美国	国际会议	2015.05.25—2015.05.29
舒华忠	计算机科学与工程学院	教授、副院长	法国	合作研究	2015.05.25—2015.06.02
朱雁青	电子科学与工程学院	研究生	美国	国际会议	2015.05.26—2015.05.30
阮伟华	信息科学与工程学院	研究生	印度尼西亚	国际会议	2015.05.26—2015.05.30

（续　表）

姓名	单位	职称职务	国家或地区	任务	时间
赵　驰	经济管理学院	讲师	中国台湾	国际会议	2015.05.26—2015.06.04
姚晓燕	物理系	教授	意大利	合作研究	2015.05.26—2015.08.06
曹玉涵	医学院	研究生	英国	国际会议	2015.05.27—2015.05.31
张留平	附属中大医院	主管护师	英国	国际会议	2015.05.27—2015.06.01
刘必成	附属中大医院	教授、主任医师	英国	国际会议	2015.05.27—2015.06.02
马坤岭	附属中大医院	副教授 副主任医师	英国	国际会议	2015.05.28—2015.05.31
滕皋军	附属中大医院	教授、院长	日本	国际会议	2015.05.28—2015.05.31
胡冀苏	生物科学与医学工程学院	研究生	加拿大	国际会议	2015.05.28—2015.06.01
闻　毅	医学院	研究生	英国	国际会议	2015.05.28—2015.06.01
孙家书	材料科学与工程学院	研究生	韩国	国际会议	2015.05.28—2015.06.01
张志珺	附属中大医院	教授、主任医师	加拿大	合作研究并与会	2015.05.28—2015.06.26
Rasheed Ahmad	生物科学与医学工程学院	教授	马来西亚	国际会议	2015.05.29—2015.06.02
尹　宁	附属中大医院	主任医师	德国	合作研究并与会	2015.05.29—2015.06.05
王保平	校长办公室	副校长、教授	美国	国际会议	2015.05.30—2015.06.03
夏思宇	自动化学院	副教授	马来西亚	国际会议	2015.05.30—2015.06.03
卢凯悦	自动化学院	本科生	马来西亚	国际会议	2015.05.30—2015.06.03
胡长晖	自动化学院	研究生	马来西亚	国际会议	2015.05.30—2015.06.03
彭程宇	医学院	研究生	加拿大	国际会议	2015.05.30—2015.06.04
莫　敏	附属中大医院	主治医师	比利时	国际会议	2015.05.30—2015.06.04
薛　涛	附属中大医院	教授、主任医师	葡萄牙	国际会议	2015.05.30—2015.06.04
刘顾全	自动化学院	研究生	马来西亚	国际会议	2015.05.30—2015.06.04
张　垚	交通学院	研究生	荷兰	短期学习	2015.05.30—2015.06.08
戴雄威	交通学院	研究生	荷兰	短期学习	2015.05.30—2015.06.08
朱晟泽	交通学院	研究生	荷兰	短期学习	2015.05.30—2015.06.08
李　靖	交通学院	研究生	荷兰	短期学习	2015.05.30—2015.06.08
祝谭雍	交通学院	研究生	荷兰	短期学习	2015.05.30—2015.06.08
焦丽亚	交通学院	研究生	荷兰	短期学习	2015.05.30—2015.06.08
陈先华	交通学院	副教授	荷兰	合作研究	2015.05.30—2015.06.13

(续 表)

姓名	单位	职称职务	国家或地区	任务	时间
于淼	医学院	研究生	加拿大	国际会议	2015.05.31—2015.06.04
梁金玲	数学系	教授	马来西亚	国际会议	2015.05.31—2015.06.04
顾海明	能源与环境学院	讲师	奥地利	国际会议	2015.05.31—2015.06.04
曹进德	数学系	教授	马来西亚	国际会议	2015.05.31—2015.06.04
王峰	数学系	副教授	马来西亚	国际会议	2015.05.31—2015.06.04
卢剑权	数学系	教授	马来西亚	国际会议	2015.05.31—2015.06.04
虞文武	数学系	教授	马来西亚	国际会议	2015.05.31—2015.06.04
王雪梅	生物科学与医学工程学院	教授	德国	国际会议	2015.05.31—2015.06.04
王小六	数学系	副教授	立陶宛	国际会议	2015.05.31—2015.06.04
李玉祥	数学系	教授	立陶宛	国际会议	2015.05.31—2015.06.04
陈芸	生物科学与医学工程学院	研究生	德国	国际会议	2015.05.31—2015.06.04
万颖	数学系	研究生	马来西亚	国际会议	2015.05.31—2015.06.04
汪帆	数学系	研究生	马来西亚	国际会议	2015.05.31—2015.06.04
陈红委	数学系	研究生	马来西亚	国际会议	2015.05.31—2015.06.04
庞国臣	自动化学院	研究生	马来西亚	国际会议	2015.05.31—2015.06.04
刘振国	自动化学院	研究生	马来西亚	国际会议	2015.05.31—2015.06.04
夏军	电子科学与工程学院	副教授	美国	国际会议	2015.06.01—2015.06.05
刘璐	电子科学与工程学院	副研究员	美国	国际会议	2015.06.01—2015.06.05
王莉莉	电子科学与工程学院	讲师	美国	国际会议	2015.06.01—2015.06.05
张宇宁	电子科学与工程学院	副教授	美国	国际会议	2015.06.01—2015.06.05
廖文清	生物科学与医学工程学院	研究生	加拿大	国际会议	2015.06.01—2015.06.05
常琛亮	电子科学与工程学院	研究生	美国	国际会议	2015.06.01—2015.06.05
赵志宏	电气工程学院	研究生	韩国	国际会议	2015.06.31—2015.06.05
王飞霞	电子科学与工程学院	研究生	美国	国际会议	2015.06.01—2015.06.05
陈燕达	电子科学与工程学院	研究生	美国	国际会议	2015.06.01—2015.06.05
邓永锋	交通学院	教授	美国	国际会议	2015.06.01—2015.06.05
杜广印	交通学院	副教授	美国	国际会议	2015.06.01—2015.06.05
俞居正	电子科学与工程学院	研究生	韩国	国际会议	2015.06.01—2015.06.05
程维昶	电子科学与工程学院	研究生	韩国	国际会议	2015.06.01—2015.06.05

(续　表)

姓名	单位	职称职务	国家或地区	任务	时间
孟高军	电气工程学院	研究生	韩国	国际会议	2015.06.01—2015.06.05
付国东	化学化工学院	教授	中国台湾	国际会议	2015.06.01—2015.06.05
李晓华	电子科学与工程学院	教授	美国	合作研究并与会	2015.06.01—2015.06.10
张骏雪	计算机科学与工程学院	研究生	西班牙	合作研究	2015.06.01—2015.08.01
郝祺	物理系	研究生	中国香港	合作研究	2015.06.01—2015.09.01
黄性芳	数学系	讲师	韩国	国际会议	2015.06.02—2015.06.06
徐伟娟	数学系	讲师	韩国	国际会议	2015.06.02—2015.06.06
汪红霞	数学系	讲师	韩国	国际会议	2015.06.02—2015.06.06
郭乾	交通学院	研究生	美国	国际会议	2015.06.02—2015.06.06
闫超	交通学院	研究生	美国	国际会议	2015.06.02—2015.06.06
张红	仪器科学与工程学院	研究生	意大利	国际会议	2015.06.02—2015.06.06
邹升	仪器科学与工程学院	研究生	意大利	国际会议	2015.06.02—2015.06.06
崔冰波	仪器科学与工程学院	研究生	意大利	国际会议	2015.06.02—2015.06.06
佐藤忠信	土木工程学院	教授	葡萄牙	国际会议	2015.06.02—2015.06.06
孙君君	医学院	研究生	爱尔兰	国际会议	2015.06.02—2015.06.08
赵岚	信息科学与工程学院	工程师	英国、德国	合作研究	2015.06.02—2015.06.20
尤肖虎	信息科学与工程学院	教授	英国、德国	合作研究	2015.06.02—2015.06.20
鞠成伟	附属中大医院	主治医师	西班牙	国际会议	2015.06.03—2015.06.07
朱蕾	马克思主义学院	研究生	美国	国际会议	2015.06.03—2015.06.07
张文明	土木工程学院	副教授	美国	国际会议	2015.06.05—2015.06.09
陈饶	建筑学院	研究生	希腊	国际会议	2015.06.06—2015.06.10
董尼娅	交通学院	研究生	美国	国际会议	2015.06.06—2015.06.10
朱玉琴	交通学院	研究生	美国	国际会议	2015.06.06—2015.06.10
李智群	信息科学与工程学院	研究员、副院长	法国	国际会议	2015.06.06—2015.06.10
王曾祺	信息科学与工程学院	研究生	法国	国际会议	2015.06.06—2015.06.10
刘芳	建筑学院	研究生	中国香港、澳门	国际会议	2015.06.06—2015.06.11
邵华	附属中大医院	副主任药师	美国	国际会议	2015.06.06—2015.06.11
项乔君	交通学院	教授	美国	合作研究	2015.06.06—2015.06.23
潘志文	信息科学与工程学院	教授	英国	国际会议	2015.06.07—2015.06.11

(续 表)

姓名	单位	职称职务	国家或地区	任务	时间
王向阳	信息科学与工程学院	副研究员	英国	国际会议	2015.06.07—2015.06.11
徐平平	信息科学与工程学院	教授	英国	国际会议	2015.06.07—2015.06.11
胡晓艳	计算机科学与工程学院	研究生	英国	国际会议	2015.06.07—2015.06.11
姜 晖	生物科学与医学工程学院	副研究员	德国	国际会议	2015.06.07—2015.06.11
程 光	计算机科学与工程学院	教授	韩国	国际会议	2015.06.07—2015.06.11
徐寅飞	信息科学与工程学院	研究生	中国香港	国际会议	2015.06.07—2015.06.11
张 源	信息科学与工程学院	副教授	英国	国际会议	2015.06.07—2015.06.13
冷 杉	能源与环境学院	教授	美国	合作研究	2015.06.07—2015.06.16
郑 军	信息科学与工程学院	教授	英国、德国、瑞典	合作研究并国际会议	2015.06.07—2015.06.21
王东明	信息科学与工程学院	副研究员	英国	国际会议	2015.06.08—2015.06.12
戚晨皓	信息科学与工程学院	副教授	英国	国际会议	2015.06.08—2015.06.12
卢晓林	生物科学与医学工程学院	副研究员	加拿大	国际会议	2015.06.08—2015.06.12
潘存华	信息科学与工程学院	研究生	英国	国际会议	2015.06.08—2015.06.12
张文策	信息科学与工程学院	研究生	英国	国际会议	2015.06.08—2015.06.12
陈 明	信息科学与工程学院	教授	英国	国际会议	2015.06.08—2015.06.12
谭诚伟	计算机科学与工程学院	研究生	英国	国际会议	2015.06.08—2015.06.12
王家恒	信息科学与工程学院	副教授	英国	国际会议	2015.06.08—2015.06.12
张在琛	信息科学与工程学院	教授、副院长	英国	国际会议	2015.06.08—2015.06.12
吴 亮	信息科学与工程学院	讲师	英国	国际会议	2015.06.08—2015.06.12
宋 康	信息科学与工程学院	研究生	英国	国际会议	2015.06.08—2015.06.12
卢安安	信息科学与工程学院	研究生	英国	国际会议	2015.06.08—2015.06.12
孙 晨	信息科学与工程学院	研究生	英国	国际会议	2015.06.08—2015.06.12
吴 琼	信息科学与工程学院	研究生	英国	国际会议	2015.06.08—2015.06.12
王 奇	信息科学与工程学院	研究生	英国	国际会议	2015.06.08—2015.06.12
蒋慧琳	信息科学与工程学院	研究生	英国	国际会议	2015.06.08—2015.06.12
王宇阳	信息科学与工程学院	本科生	英国	国际会议	2015.06.08—2015.06.12
高西奇	信息科学与工程学院	教授、副院长	英国	国际会议	2015.06.08—2015.06.12

（续　表）

姓名	单位	职称职务	国家或地区	任务	时间
陶　军	计算机科学与工程学院	副教授	英国	国际会议	2015.06.08—2015.06.12
顾瀟腾	信息科学与工程学院	研究生	英国	国际会议	2015.06.08—2015.06.12
谭伟强	信息科学与工程学院	研究生	英国	国际会议	2015.06.08—2015.06.12
强欢欢	建筑学院	研究生	希腊	国际会议	2015.06.08—2015.06.12
聂维梨	信息科学与工程学院	研究生	英国	国际会议	2015.06.08—2015.06.12
齐　志	电子科学与工程学院	副教授	捷克	国际会议	2015.06.08—2015.06.12
侯道平	国际合作处	研究实习员	法国	工作访问	2015.06.08—2015.06.12
陈小敏	教务处	科员	法国	工作访问	2015.06.08—2015.06.12
曹达明	信息科学与工程学院	研究生	中国香港	短期学习	2015.06.08—2015.06.12
黄英姿	附属中大医院	副主任医师	意大利	国际会议	2015.06.08—2015.06.12
杨　毅	附属中大医院	主任医师	意大利	国际会议	2015.06.08—2015.06.12
刘建伟	信息科学与工程学院	研究生	英国	国际会议	2015.06.08—2015.06.12
刘　灿	电子科学与工程学院	研究生	捷克	国际会议	2015.06.08—2015.06.12
王　飞	附属中大医院	主任医师	加拿大	国际会议	2015.06.08—2015.06.13
邱海波	附属中大医院	教授、副院长	爱尔兰	国际会议	2015.06.10—2015.06.14
丁家华	附属中大医院	主任医师	奥地利	国际会议	2015.06.10—2015.06.14
李　晨	外国语学院	讲师	中国香港	国际会议	2015.06.10—2015.06.14
葛沪飞	经济管理学院	讲师	英国	国际会议	2015.06.10—2015.06.15
袁　瑞	公共卫生学院	研究生	中国香港	短期学习	2015.06.10—2015.06.25
刘万花	附属中大医院	主任医师	韩国	短期讲学	2015.06.11—2015.06.15
周路路	经济管理学院	讲师	英国	国际会议	2015.06.11—2015.06.15
张　川	信息科学与工程学院	副教授	中国香港	国际会议	2015.06.12—2015.06.14
孙长银	自动化学院	副院长、教授	加拿大	国际会议	2015.06.12—2015.06.16
张小松	能源与环境学院	教授	意大利	合作研究并国际会议	2015.06.12—2015.06.21
李舒宏	能源与环境学院	研究员	意大利	合作研究并国际会议	2015.06.12—2015.06.21
张培根	材料科学与工程学院	讲师	加拿大	国际会议	2015.06.13—2015.06.17
侯合银	经济管理学院	副教授	加拿大	国际会议	2015.06.13—2015.06.17
徐寅飞	信息科学与工程学院	研究生	中国香港	国际会议	2015.06.13—2015.06.18
康　维	信息科学与工程学院	副研究员	中国香港	国际会议	2015.06.13—2015.06.20

（续　表）

姓名	单位	职称职务	国家或地区	任务	时间
刘　楠	信息科学与工程学院	教授	中国香港	国际会议	2015.06.13—2015.06.20
洪　伟	信息科学与工程学院	教授、院长	德国、瑞典	工作访问	2015.06.13—2015.06.20
段元强	能源与环境学院	研究生	芬兰、瑞典、荷兰	国际会议	2015.06.13—2015.06.22
庄亚明	能源与环境学院	研究生	芬兰、瑞典、荷兰	国际会议	2015.06.13—2015.06.22
赵士林	能源与环境学院	研究生	芬兰、瑞典、荷兰	国际会议并访问	2015.06.13—2015.06.22
段钰锋	能源与环境学院	教授	芬兰、瑞典、荷兰	国际会议并访问	2015.06.13—2015.06.22
赵长遂	能源与环境学院	教授	芬兰、瑞典、荷兰	国际会议并访问	2015.06.13—2015.06.22
陈晓平	能源与环境学院	教授	芬兰、瑞典、荷兰	国际会议并访问	2015.06.13—2015.06.22
刘道银	能源与环境学院	讲师	芬兰、瑞典、荷兰	国际会议并访问	2015.06.13—2015.06.22
马旭东	自动化学院	教授	新西兰	国际会议	2015.06.14—2015.06.18
李永辉	建筑学院	讲师	意大利	国际会议	2015.06.14—2015.06.18
石　邢	建筑学院	教授	意大利	国际会议	2015.06.14—2015.06.18
金　星	建筑学院	讲师	意大利	国际会议	2015.06.14—2015.06.18
傅秀章	建筑学院	副教授	意大利	国际会议	2015.06.14—2015.06.18
丁迎春	建筑学院	研究生	意大利	国际会议	2015.06.14—2015.06.18
谢华荣	建筑学院	研究生	意大利	国际会议	2015.06.14—2015.06.18
田志超	建筑学院	研究生	意大利	国际会议	2015.06.14—2015.06.18
郭文成	建筑学院	研究生	意大利	国际会议	2015.06.14—2015.06.18
Mohamed Fathy	土木工程学院	教授	葡萄牙	国际会议	2015.06.14—2015.06.18
张　伦	能源与环境学院	讲师	意大利	国际会议	2015.06.14—2015.06.19
蔡体菁	仪器科学与工程学院	教授	法国、奥地利	合作研究	2015.06.14—2015.06.22
马吉亮	能源与环境学院	研究生	芬兰、瑞典、荷兰	国际会议并访问	2015.06.14—2015.06.23
曹　丹	附属中大医院	医师	德国	实习培训	2015.06.14—2015.06.27
傅大放	土木工程学院	教授	瑞典	项目培训	2015.06.15—2015.06.23
张务一	国际合作处	副高	瑞典	项目培训	2015.06.15—2015.06.23
汪进元	法学院	教授	澳门	国际会议	2015.06.15—2015.06.19

(续 表)

姓名	单位	职称职务	国家或地区	任务	时间
汤红健	能源与环境学院	研究生	韩国	国际会议	2015.06.15—2015.06.19
曹达明	信息科学与工程学院	研究生	中国香港	国际会议	2015.06.15—2015.06.19
许偲轩	电气工程学院	研究生	意大利	国际会议	2015.06.15—2015.06.19
田 芳	化学化工学院	研究生	日本	国际会议	2015.06.15—2015.06.20
张 永	交通学院	副教授	西班牙	国际会议	2015.06.16—2015.06.20
江云剑	交通学院	研究生	西班牙	国际会议	2015.06.16—2015.06.20
刘 宇	电气工程学院	研究生	美国	国际会议	2015.06.16—2015.06.20
秦 豪	物理系	研究生	新加坡	国际会议	2015.06.16—2015.06.20
王国祥	物理系	研究生	新加坡	国际会议	2015.06.16—2015.06.20
秦 赛	物理系	研究生	新加坡	国际会议	2015.06.16—2015.06.20
熊仁根	化学化工学院	教授	日本	学术交流	2015.06.16—2015.06.22
付大伟	化学化工学院	教授	日本	学术交流	2015.06.16—2015.06.22
张 毅	化学化工学院	副教授	日本	学术交流	2015.06.16—2015.06.22
游雨蒙	化学化工学院	教授	日本	学术交流	2015.06.16—2015.06.22
廖伟强	化学化工学院	研究生	日本	学术交流	2015.06.16—2015.06.22
王芳芳	化学化工学院	研究生	日本	学术交流	2015.06.16—2015.06.22
吕家东	机械工程学院	教授	澳大利亚	工作访问	2015.06.17—2015.06.22
杨冠羽	计算机科学与工程学院	副教授	法国	合作研究	2015.06.17—2015.06.25
程 琳	交通学院	教授	日本	合作研究并与会	2015.06.17—2015.07.07
朱 建	附属中大医院	主治医师	日本	国际会议	2015.06.18—2015.06.20
居胜红	附属中大医院	主任医师、教授	日本	国际会议	2015.06.18—2015.06.22
林元载	机械工程学院	研究生	荷兰	国际会议	2015.06.19—2015.06.26
马 强	能源与环境学院	研究生	韩国	国际会议	2015.06.20—2015.06.24
唐宗鑫	交通学院	研究生	加拿大	国际会议	2015.06.20—2015.06.25
程建川	交通学院	教授、副院长	加拿大	国际会议	2015.06.20—2015.06.26
张志刚	交通学院	研究生	美国	国际会议	2015.06.20—2015.06.26
袁久红	马克思主义学院	教授、院长	德国	实习培训	2015.06.20—2015.07.05
邵 军	经济管理学院	副教授	德国	实习培训	2015.06.20—2015.07.05
熊仁根	化学化工学院	教授	美国	合作研究	2015.06.20—2015.10.30

(续 表)

姓名	单位	职称职务	国家或地区	任务	时间
黄庆安	电子科学与工程学院	教授	美国	国际会议	2015.06.21—2015.06.25
殷勇高	能源与环境学院	副教授	韩国	国际会议	2015.06.21—2015.06.25
陈 和	数学系	讲师	斯洛文尼亚	国际会议	2015.06.21—2015.06.25
朱鸣芳	材料科学与工程学院	教授	日本	国际会议	2015.06.21—2015.06.25
贺 丹	数学系	讲师	斯洛文尼亚	国际会议	2015.06.21—2015.06.25
王韬涛	材料科学与工程学院	研究生	日本	国际会议	2015.06.21—2015.06.25
安 栋	材料科学与工程学院	研究生	日本	国际会议	2015.06.21—2015.06.25
潘玉峰	生命科学研究院	研究员	中国香港	国际会议	2015.06.21—2015.06.25
郑宝军	能源与环境学院	研究生	韩国	国际会议	2015.06.21—2015.06.25
陈怀成	材料科学与工程学院	研究生	美国	国际会议	2015.06.21—2015.06.25
罗 勉	材料科学与工程学院	研究生	美国	国际会议	2015.06.21—2015.06.25
刘 安	生命科学研究院	研究生	中国香港	国际会议	2015.06.21—2015.06.25
归柯庭	继续教育学院	教授、院长	美国	国际会议	2015.06.21—2015.06.26
梁 辉	能源与环境学院	研究生	美国	国际会议	2015.06.21—2015.06.26
张教军	自动化学院	研究生	俄罗斯	国际会议	2015.06.23—2015.06.27
赵彦勇	数学系	研究生	美国	国际会议	2015.06.23—2015.06.27
叶绪国	数学系	研究生	美国	国际会议	2015.06.23—2015.06.27
吴飞飞	经济管理学院	研究生	澳大利亚	国际会议	2015.06.23—2015.06.30
何思渊	生物科学与医学工程学院	副研究员	法国	合作研究	2015.06.23—2015.07.02
李世华	自动化学院	教授、副院长	澳大利亚	合作研究	2015.06.23—2015.07.13
冯 伟	经济管理学院	讲师	澳大利亚	国际会议	2015.06.24—2015.06.27
陈 旭	经济管理学院	研究生	澳大利亚	国际会议	2015.06.24—2015.06.28
陈 健	经济管理学院	副教授	澳大利亚	国际会议	2015.06.24—2015.06.28
浦正宁	经济管理学院	讲师	澳大利亚	国际会议	2015.06.24—2015.06.28
刘必成	附属中大医院	教授、副院长	加拿大	合作研究并与会	2015.06.24—2015.07.01
王荣蓉	机械工程学院	副研究员	美国	合作研究并国际会议	2015.06.25—2015.07.10
殷国栋	机械工程学院	副教授	美国	合作研究并国际会议	2015.06.25—2015.07.10
祁争健	化学化工学院	教授	美国	合作研究	2015.06.25—2015.07.23

（续　表）

姓名	单位	职称职务	国家或地区	任务	时间
乔勇	医学院	研究生	澳门	国际会议	2015.06.26—2015.06.29
王栋	医学院	研究生	澳门	国际会议	2015.06.26—2015.06.29
李必信	计算机科学与工程学院	教授	韩国	国际会议	2015.06.26—2015.06.30
张志珺	附属中大医院	主任医师、教授	加拿大	合作研究	2015.06.26—2015.06.30
黄敏	海外教育学院	讲师	蒙古	参加教育展	2015.06.26—2015.06.30
章昊洋	海外教育学院	讲师	蒙古	参加教育展	2015.06.26—2015.06.30
朱渊	建筑学院	副教授	蒙古	参加教育展	2015.06.26—2015.06.30
崔一平	电子科学与工程学院	教授	英国	国际会议	2015.06.26—2015.07.05
王育青	人文学院	本科生	韩国	参赛	2015.06.26—2015.07.17
吴博伦	法学院	本科生	韩国	参赛	2015.06.26—2015.07.17
倪小焰	体育系	副教授	韩国	参赛	2015.06.26—2015.07.17
柴琳	自动化学院	副研究员	美国	合作研究并国际会议	2015.06.26—2015.07.23
王攀	自动化学院	研究生	美国	国际会议	2015.06.27—2015.07.01
董坤	电气工程学院	研究生	加拿大	国际会议	2015.06.27—2015.07.03
林金官	数学系	教授	中国台湾	国际会议	2015.06.27—2015.07.03
徐春祥	生物科学与医学工程学院	教授、副院长	新加坡	合作研究并与会	2015.06.27—2015.07.04
张雄	电子科学与工程学院	教授	英国	国际会议	2015.06.28—2015.07.02
徐叙	经济管理学院	副教授	美国	国际会议	2015.06.28—2015.07.02
Markum Reed	经济管理学院	副教授	美国	国际会议	2015.06.28—2015.07.02
张国栋	信息科学与工程学院	研究生	法国	国际会议	2015.06.28—2015.07.02
夏勇	化学化工学院	研究生	新加坡	国际会议	2015.06.28—2015.07.02
代德建	物理系	研究生	新加坡	国际会议	2015.06.28—2015.07.02
衡伟	信息科学与工程学院	教授	法国	国际会议	2015.06.28—2015.07.03
卢俊峰	生物科学与医学工程学院	研究生	新加坡	国际会议	2015.06.28—2015.07.03
王悦悦	生物科学与医学工程学院	研究生	新加坡	国际会议	2015.06.28—2015.07.03
韦定兵	土木工程学院	研究生	韩国	短期学习	2015.06.28—2015.07.17
卢剑权	数学系	教授	卡塔尔	合作研究	2015.06.28—2015.08.31

（续　表）

姓名	单位	职称职务	国家或地区	任务	时间
梁金玲	数学系	教授	卡塔尔	合作研究	2015.06.28—2015.08.31
孙志忠	数学系	教授	澳门	合作研究	2015.06.29—2015.07.01
董　帅	物理系	教授	中国香港	国际会议	2015.06.29—2015.07.03
陈　静	电子科学与工程学院	讲师	美国	国际会议	2015.06.29—2015.07.03
沈孝兵	教务处	教授、副处长	俄罗斯	工作访问	2015.06.29—2015.07.03
方　霞	教务处	高级工程师	俄罗斯	工作访问	2015.06.29—2015.07.03
郝庆九	国际合作处	讲师	俄罗斯	工作访问	2015.06.29—2015.07.03
蒋　玮	电气工程学院	讲师	美国	工作访问	2015.06.29—2015.07.03
徐依钒	能源与环境学院	本科生	俄罗斯	访问交流	2015.06.29—2015.07.03
石　睿	能源与环境学院	本科生	俄罗斯	访问交流	2015.06.29—2015.07.03
黄斯琪	能源与环境学院	本科生	俄罗斯	访问交流	2015.06.29—2015.07.03
周智勇	物理系	副教授	法国	国际会议	2015.06.29—2015.07.03
刘克华	外国语学院	副教授、副院长	日本	工作访问	2015.06.29—2015.07.03
吴　涓	教务处	教授、副处长	日本	工作访问	2015.06.29—2015.07.03
朱晓维	信息科学与工程学院	教授	印度尼西亚	国际会议	2015.06.29—2015.07.03
李　垚	信息科学与工程学院	研究生	印度尼西亚	国际会议	2015.06.29—2015.07.04
吴智深	土木工程学院	教授	意大利	国际会议	2015.06.29—2015.07.05
程玉瑶	土木工程学院	研究生	意大利	国际会议并访问	2015.06.29—2015.07.05
张青青	土木工程学院	研究生	意大利	国际会议并访问	2015.06.29—2015.07.05
李攀杰	土木工程学院	研究生	意大利	国际会议并访问	2015.06.29—2015.07.05
王　敏	经济管理学院	研究生	西班牙	短期学习	2015.06.29—2015.07.11
Vahid Abolhasannejad	交通学院	研究生	美国	短期学习	2015.06.29—2015.12.29
於孝牛	材料科学与工程学院	研究生	中国香港	国际会议	2015.06.30—2015.07.03
王翔宇	自动化学院	讲师	美国	国际会议	2015.06.30—2015.07.04
刘明阳	信息科学与工程学院	研究生	印度尼西亚	国际会议	2015.06.30—2015.07.04
周　圆	信息科学与工程学院	研究生	印度尼西亚	国际会议	2015.06.30—2015.07.04
王　浩	土木工程学院	副研究员	意大利	国际会议	2015.06.30—2015.07.04

(续 表)

姓名	单位	职称职务	国家或地区	任务	时间
牛丹	自动化学院	讲师	印度尼西亚	国际会议	2015.06.30—2015.07.04
王维	土木工程学院	研究生	中国香港	国际会议	2015.06.30—2015.07.04
窦文斌	信息科学与工程学院	教授	印度尼西亚	国际会议	2015.06.30—2015.07.04
孟洪福	信息科学与工程学院	副教授	印度尼西亚	国际会议	2015.06.30—2015.07.04
程强	信息科学与工程学院	研究员	印度尼西亚	国际会议	2015.06.30—2015.07.04
丁幼亮	土木工程学院	研究员	意大利	国际会议	2015.06.30—2015.07.04
郑开来	信息科学与工程学院	研究生	印度尼西亚	国际会议	2015.06.30—2015.07.04
华光	信息科学与工程学院	研究员	印度尼西亚	国际会议	2015.06.30—2015.07.04
吴必涛	土木工程学院	研究生	意大利	国际会议	2015.06.30—2015.07.04
王高新	土木工程学院	研究生	意大利	国际会议	2015.06.30—2015.07.04
张建	土木工程学院	教授	意大利	国际会议	2015.06.30—2015.07.04
刘杰	土木工程学院	研究生	意大利	国际会议	2015.06.30—2015.07.04
钱振东	交通学院	教授	意大利	学术交流	2015.06.30—2015.07.09
杨才千	土木工程学院	研究员	意大利	合作研究并国际会议	2015.06.30—2015.07.09
陈南	机械工程学院	教授	美国	国际会议并工作访问	2015.07.01—2015.07.15
蔡雪	医学院	研究生	德国	短期学习	2015.07.01—2015.07.23
屠苏南	建筑学院	讲师	加拿大	联合教学	2015.07.01—2015.07.23
韩晓峰	建筑学院	讲师	加拿大	联合教学	2015.07.01—2015.07.23
盛碧云	自动化学院	研究生	澳大利亚	短期学习	2015.07.01—2016.03.01
刘斯扬	电子科学与工程学院	讲师	美国	交流访问	2015.07.01—2016.06.30
袁竞峰	土木工程学院	副教授	中国台湾	国际会议	2015.07.02—2015.07.06
李启明	土木工程学院	教授	中国台湾	国际会议	2015.07.02—2015.07.06
李德智	土木工程学院	副教授	中国台湾	国际会议	2015.07.02—2015.07.06
王增梅	材料科学与工程学院	教授	日本	合作研究	2015.07.02—2015.08.11
杨帆	经济管理学院	讲师	美国	国际会议	2015.07.03—2015.07.07
董卫	建筑学院	教授	中国台湾	研习营	2015.07.03—2015.07.10
杨志疆	建筑学院	副教授	中国台湾	研习营	2015.07.03—2015.07.10
李百浩	建筑学院	教授	中国台湾	研习营	2015.07.03—2015.07.10

(续 表)

姓名	单位	职称职务	国家或地区	任务	时间
杨路遥	建筑学院	硕士	中国台湾	研习营	2015.07.03—2015.07.10
黄斐汐	建筑学院	硕士	中国台湾	研习营	2015.07.03—2015.07.10
周艺晶	建筑学院	硕士	中国台湾	研习营	2015.07.03—2015.07.10
张万丽	建筑学院	硕士	中国台湾	研习营	2015.07.03—2015.07.10
李 朝	建筑学院	博士	中国台湾	研习营	2015.07.03—2015.07.10
李毓美	建筑学院	硕士	中国台湾	研习营	2015.07.03—2015.07.10
刘一婷	建筑学院	硕士	中国台湾	研习营	2015.07.03—2015.07.10
陆 磊	建筑学院	硕士	中国台湾	研习营	2015.07.03—2015.07.10
杜星月	建筑学院	硕士	中国台湾	研习营	2015.07.03—2015.07.10
汪 艳	建筑学院	博士	中国台湾	研习营	2015.07.03—2015.07.10
邬 莎	建筑学院	硕士	中国台湾	研习营	2015.07.03—2015.07.10
喻 洁	电气工程学院	讲师	英国	合作研究并国际会议	2015.07.03—2015.07.30
李永辉	建筑学院	讲师	日本	合作研究	2015.07.03—2015.09.06
李艳玮	学习科学研究中心	研究生	日本	短期学习	2015.07.04—2015.08.25
王 进	物理系	副教授	捷克	国际会议	2015.07.05—2015.07.09
吴 雪	医学院	研究生	德国	国际会议并合作研究	2015.07.05—2015.07.09
陈润哲	医学院	研究生	德国	国际会议并合作研究	2015.07.05—2015.07.09
张 琳	能源与环境学院	研究生	新加坡	国际会议	2015.07.05—2015.07.09
朱 敏	电子科学与工程学院	副教授	匈牙利	国际会议	2015.07.05—2015.07.09
盛昌栋	能源与环境学院	教授	葡萄牙	国际会议	2015.07.05—2015.07.09
沈来宏	能源与环境学院	教授	葡萄牙	国际会议	2015.07.05—2015.07.09
张 教	电子科学与工程学院	研究生	匈牙利	国际会议	2015.07.05—2015.07.09
陈 嫒	能源与环境学院	研究生	葡萄牙	国际会议	2015.07.05—2015.07.09
李新德	自动化学院	副教授	美国	国际会议	2015.07.05—2015.07.09
周泽冀	生物科学与医学工程学院	本科生	新加坡	国际会议	2015.07.05—2015.07.09
王俊椋	信息科学与工程学院	研究生	捷克	国际会议	2015.07.05—2015.07.10
马 力	信息科学与工程学院	研究生	捷克	国际会议	2015.07.05—2015.07.10
李 冬	信息科学与工程学院	研究生	捷克	国际会议	2015.07.05—2015.07.10

(续 表)

姓名	单位	职称职务	国家或地区	任务	时间
潘柏操	信息科学与工程学院	研究生	捷克	国际会议	2015.07.05—2015.07.10
崔铁军	信息科学与工程学院	特聘教授、副院长	捷克	国际会议	2015.07.05—2015.07.10
沈 军	计算机科学与工程学院	教授	英国	合作研究	2015.07.05—2015.07.22
王庆领	自动化学院	讲师	日本	合作研究	2015.07.05—2015.09.30
张钰群	医学院	研究生	意大利	国际会议	2015.07.06—2015.07.10
何顶顶	土木工程学院	工程师	西班牙	国际会议	2015.07.06—2015.07.10
周智勇	物理系	副教授	泰国	国际会议	2015.07.06—2015.07.10
周海清	物理系	副研究员	泰国	国际会议	2015.07.06—2015.07.10
马晓甦	建筑学院	副研究员	美国	国际会议	2015.07.06—2015.07.10
丁金铭	建筑学院	本科生	美国	国际会议	2015.07.06—2015.07.11
朱冬梅	经济管理学院	讲师	中国香港	合作研究	2015.07.06—2015.07.19
郑文明	学习科学研究中心	教授	澳大利亚	合作研究	2015.07.06—2015.08.24
刘亚雯	建筑学院	本科生	日本	实习	2015.07.06—2015.09.25
王翔宇	自动化学院	讲师	澳大利亚	合作研究	2015.07.06—2015.10.31
施仁立	计算机科学与工程学院	研究生	瑞士	合作研究	2015.07.06—2016.07.05
朱倚娴	仪器科学与工程学院	研究生	韩国	国际会议	2015.07.07—2015.07.11
周 玲	仪器科学与工程学院	研究生	韩国	国际会议	2015.07.07—2015.07.11
张小向	数学系	副教授	韩国	合作研究	2015.07.07—2015.07.13
赵 驰	经济管理学院	教师	中国台湾	国际会议	2015.07.08—2015.07.14
佟 迅	海外教育学院	副教授	匈牙利	合作研究	2015.07.09—2015.07.24
黄文英	外国语学院	副教授	匈牙利	合作研究	2015.07.09—2015.07.24
陈 刚	机械工程学院	副教授	美国	工作访问	2015.07.10—2015.07.14
何荣开	机械工程学院	副教授	美国	工作访问	2015.07.10—2015.07.14
纪 静	吴健雄学院	助教	美国	暑期项目	2015.07.10—2015.08.02
张青青	土木工程学院	研究生	澳大利亚	短期学习	2015.07.10—2015.12.28
金 欣	建筑学院	研究生	西班牙	国际会议	2015.07.11—2015.07.15
李 敏	经济管理学院	教授	美国	合作研究并与会	2015.07.11—2015.07.18
王海明	信息科学与工程学院	副研究员	美国	国际会议并访问	2015.07.11—2015.07.18

(续 表)

姓名	单位	职称职务	国家或地区	任务	时间
许传龙	能源与环境学院	教授	英国	合作研究并国际会议	2015.07.11—2015.07.19
杨 湛	吴健雄学院	本科生	美国	短期学习	2015.07.11—2015.08.01
黄灵莹	吴健雄学院	本科生	美国	短期学习	2015.07.11—2015.08.01
鞠炜煜	吴健雄学院	本科生	美国	短期学习	2015.07.11—2015.08.01
朱宇潇	吴健雄学院	本科生	美国	短期学习	2015.07.11—2015.08.01
孙宇涵	吴健雄学院	本科生	美国	短期学习	2015.07.11—2015.08.01
富楚轩	吴健雄学院	本科生	美国	短期学习	2015.07.11—2015.08.01
苏浩亮	吴健雄学院	本科生	美国	短期学习	2015.07.11—2015.08.01
周仕铭	吴健雄学院	本科生	美国	短期学习	2015.07.11—2015.08.01
张赫中	建筑学院	本科生	美国	短期学习	2015.07.11—2015.08.01
顾家维	建筑学院	本科生	美国	短期学习	2015.07.11—2015.08.01
奚小童	能源与环境学院	本科生	美国	短期学习	2015.07.11—2015.08.01
李仲宇	信息科学与工程学院	本科生	美国	短期学习	2015.07.11—2015.08.01
袁 冶	土木工程学院	本科生	美国	短期学习	2015.07.11—2015.08.01
毛凌翼	经济管理学院	本科生	美国	短期学习	2015.07.11—2015.08.01
贾 玥	经济管理学院	本科生	美国	短期学习	2015.07.11—2015.08.01
王梓鸣	电气工程学院	本科生	美国	短期学习	2015.07.11—2015.08.01
赵子微	交通学院	本科生	美国	短期学习	2015.07.11—2015.08.01
徐姝祺	交通学院	本科生	美国	短期学习	2015.07.11—2015.08.01
保 玉	交通学院	本科生	美国	短期学习	2015.07.11—2015.08.01
李昱洁	交通学院	本科生	美国	短期学习	2015.07.11—2015.08.01
张建忠	电气工程学院	副教授	丹麦	合作研究	2015.07.11—2015.08.20
韩 宁	信息科学与工程学院	讲师	意大利	国际会议	2015.07.12—2015.07.16
乔会杰	数学系	讲师	英国	国际会议	2015.07.12—2015.07.16
孙长银	自动化学院	教授、副院长	爱尔兰	国际会议	2015.07.12—2015.07.16
闵鹤群	建筑学院	副高	意大利	国际会议	2015.07.12—2015.07.16
陈晓乐	能源与环境学院	研究生	英国	国际会议	2015.07.12—2015.07.16
徐惠斌	能源与环境学院	研究生	英国	国际会议	2015.07.12—2015.07.16
谢立宇	能源与环境学院	研究生	英国	国际会议	2015.07.12—2015.07.16
易 鑫	建筑学院	讲师	捷克	国际会议	2015.07.12—2015.07.16

（续　表）

姓名	单位	职称职务	国家或地区	任务	时间
金　石	信息科学与工程学院	教授	中国台湾	学术交流	2015.07.12—2015.07.26
陈云飞	机械工程学院	教授、副院长	美国	合作研究	2015.07.12—2015.08.10
葛天阳	建筑学院	研究生	捷克	国际会议	2015.07.13—2015.07.18
后文君	建筑学院	研究生	捷克	国际会议	2015.07.13—2015.07.19
丁瑞华	出版社	业务经理	中国香港	参加书展	2015.07.13—2015.07.20
汪　峥	自动化学院	教授	中国香港	合作研究	2015.07.13—2015.08.12
浦跃朴	校长办公室	副校长、教授	法国	工作访问	2015.07.15—2015.07.19
尹立红	公共卫生学院	院长、教授	法国	工作访问	2015.07.15—2015.07.19
舒华忠	计算机科学与工程学院	副院长、教授	法国	工作访问	2015.07.15—2015.07.19
吴跃全	国际合作处	副处长	法国	工作访问	2015.07.15—2015.07.19
傅晓建	信息科学与工程学院	讲师	日本	国际会议	2015.07.15—2015.07.19
朱　渊	建筑学院	副教授	德国、奥地利、意大利、瑞士	合作研究	2015.07.15—2015.08.08
郭　彤	研究生院	教授	美国	合作研究	2015.07.15—2015.09.15
周　昕	生物科学与医学工程学院	副研究员	澳大利亚	合作研究	2015.07.15—2016.01.14
尹东富	机械工程学院	研究生	意大利	国际会议	2015.07.16—2015.07.20
李兆霞	土木工程学院	教授	中国香港	合作研究	2015.07.17—2015.07.27
薛　鹏	物理系	教授	德国	合作研究并国际会议	2015.07.18—2015.07.24
王海明	信息科学与工程学院	副研究员	加拿大	合作研究并国际会议	2015.07.18—2015.07.25
付　林	学生处	本科生	中国台湾	国际会议	2015.07.18—2015.08.08
孔祥羽	学生处	本科生	中国台湾	国际会议	2015.07.18—2015.08.08
尤南乔	材料科学与工程学院	本科生	加拿大	短期学习	2015.07.18—2015.08.18
王燕娟	医学院	研究生	美国	国际会议	2015.07.19—2015.07.23
汤　香	医学院	研究生	美国	国际会议	2015.07.19—2015.07.23
李　里	生物科学与医学工程学院	研究生	法国	国际会议	2015.07.19—2015.07.23
王　莹	生物科学与医学工程学院	研究生	法国	国际会议	2015.07.19—2015.07.23
齐宏业	信息科学与工程学院	研究生	加拿大	国际会议	2015.07.19—2015.07.23
汪　昕	土木工程学院	副研究员	丹麦	国际会议	2015.07.19—2015.07.23

(续 表)

姓名	单位	职称职务	国家或地区	任务	时间
林宏志	经济管理学院	讲师	英国	国际会议	2015.07.19—2015.07.23
姚 誉	信息科学与工程学院	研究生	西班牙	国际会议	2015.07.19—2015.07.23
漆桂林	计算机科学与工程学院	教授	德国	合作研究	2015.07.19—2015.07.24
陈建龙	数学系	教授	希腊	合作研究并国际会议	2015.07.19—2015.07.31
徐 宁	建筑学院	讲师	中国香港	实习培训	2015.07.19—2015.08.02
周聪惠	建筑学院	讲师	中国香港	实习培训	2015.07.19—2015.08.02
殷 铭	建筑学院	讲师	中国香港	实习培训	2015.07.19—2015.08.02
王 为	建筑学院	讲师	中国香港	实习培训	2015.07.19—2015.08.02
焦 键	建筑学院	讲师	中国香港	实习培训	2015.07.19—2015.08.02
朱晓维	信息科学与工程学院	教授	加拿大	国际会议	2015.07.20—2015.07.24
舒赣平	土木工程学院	教授	葡萄牙	国际会议	2015.07.20—2015.07.24
孙志忠	数学系	教授	美国	国际会议	2015.07.20—2015.07.24
杨福俊	土木工程学院	教授	美国	国际会议	2015.07.20—2015.07.24
张号浩	土木工程学院	研究生	葡萄牙	国际会议	2015.07.20—2015.07.24
吕 晓	土木工程学院	研究生	葡萄牙	国际会议	2015.07.20—2015.07.24
王澄非	仪器科学与工程学院	副教授	美国	国际会议	2015.07.20—2015.07.24
何小元	土木工程学院	教授	美国	国际会议	2015.07.20—2015.07.24
张 川	信息科学与工程学院	副教授	新加坡	国际会议	2015.07.20—2015.07.24
纪翠翠	数学系	研究生	美国	国际会议	2015.07.20—2015.07.24
杨 军	交通学院	教授	日本	合作研究	2015.07.20—2015.07.26
张玉林	经济管理学院	教授、副院长	美国	合作研究	2015.07.20—2015.07.26
许 威	信息科学与工程学院	副教授	加拿大	合作研究	2015.07.20—2015.08.16
姚玉宇	附属中大医院	研究员	美国	合作研究并国际会议	2015.07.20—2015.08.17
何 勇	经济管理学院	教授	英国	合作研究	2015.07.20—2015.08.17
张 宏	艺术学院	讲师	美国	合作研究	2015.07.20—2016.07.19
刘晓星	经济管理学院	教授	美国	国际会议	2015.07.21—2015.07.25
顾 凯	建筑学院	讲师	美国	国际会议	2015.07.22—2015.07.26
林鹤云	电气工程学院	教授	英国、丹麦	合作研究并工作访问	2015.07.22—2015.08.04

(续 表)

姓名	单位	职称职务	国家或地区	任务	时间
金　龙	电气工程学院	教授	英国、丹麦	合作研究并工作访问	2015.07.22—2015.08.04
黄凤义	信息科学与工程学院	教授	美国	合作研究	2015.07.22—2015.08.18
戴玉蓉	物理系	教授	加拿大	合作研究	2015.07.22—2015.08.19
李　扬	电气工程学院	教授	美国	国际会议	2015.07.24—2015.07.28
陆　挺	团委	教师	中国台湾	学术交流	2015.07.24—2015.08.24
刘天远	吴健雄学院	本科生	美国	国际会议	2015.07.25—2015.07.29
方　恒	吴健雄学院	本科生	美国	国际会议	2015.07.25—2015.07.29
肖贻杰	吴健雄学院	本科生	美国	国际会议	2015.07.25—2015.07.29
吕成器	吴健雄学院	本科生	美国	国际会议	2015.07.25—2015.07.29
李迪威	吴健雄学院	本科生	美国	国际会议	2015.07.25—2015.07.29
李依凡	吴健雄学院	本科生	美国	国际会议	2015.07.25—2015.07.29
方　霞	吴健雄学院	高级工程师	美国	国际会议	2015.07.25—2015.07.29
侯吉旋	物理系	副教授	美国	国际会议	2015.07.25—2015.07.29
刘　倩	计算机科学与工程学院	研究生	阿根廷	国际会议	2015.07.25—2015.07.29
耿　新	计算机科学与工程学院	研究员、副院长	阿根廷	国际会议	2015.07.25—2015.07.31
张诗月	仪器科学与工程学院	本科生	中国香港	交流	2015.07.25—2015.07.31
武　斌	电子科学与工程学院	本科生	中国香港	交流	2015.07.25—2015.07.31
成　诚	交通学院	本科生	中国香港	交流	2015.07.25—2015.07.31
李　欣	经济管理学院	本科生	中国香港	交流	2015.07.25—2015.07.31
郭亚森	电气工程学院	本科生	中国香港	交流	2015.07.25—2015.07.31
马懿元	交通学院	本科生	中国香港	交流	2015.07.25—2015.07.31
王家豪	交通学院	本科生	中国香港	交流	2015.07.25—2015.07.31
张　琦	外国语学院	本科生	中国香港	交流	2015.07.25—2015.07.31
张志刚	交通学院	研究生	德国	短期学习	2015.07.25—2015.08.01
王蓓蓓	电气工程学院	副教授	美国	合作研究并国际会议	2015.07.25—2015.08.04
顾　伟	电气工程学院	教授	美国	合作研究并国际会议	2015.07.25—2015.08.10
吴在军	电气工程学院	教授	美国	合作研究并国际会议	2015.07.25—2015.08.10

(续 表)

姓名	单位	职称职务	国家或地区	任务	时间
王玉荣	电气工程学院	讲师	美国	合作研究并国际会议	2015.07.25—2015.08.10
宁佳	电气工程学院	研究生	美国	合作研究并国际会议	2015.07.25—2015.08.15
许超	电气工程学院	研究生	美国	国际会议	2015.07.26—2015.07.30
施烨	电气工程学院	研究生	美国	国际会议	2015.07.26—2015.07.30
袁志山	机械工程学院	研究生	意大利	国际会议	2015.07.26—2015.07.30
时欣利	数学系	研究生	美国	国际会议	2015.07.26—2015.07.30
骆钊	电气工程学院	研究生	美国	国际会议	2015.07.26—2015.07.31
张敏灵	计算机科学与工程学院	教授	阿根廷	国际会议	2015.07.26—2015.07.31
陆勇	能源与环境学院	副研究员	韩国	国际会议	2015.07.26—2015.07.31
王婧菲	信息科学与工程学院	讲师	中国香港	参加竞赛	2015.07.26—2015.07.31
罗澍	校团委	讲师	中国香港	参加竞赛	2015.07.26—2015.07.31
熊喆	交通学院	本科生	中国香港	参加竞赛	2015.07.26—2015.07.31
郭建珠	交通学院	本科生	中国香港	参加竞赛	2015.07.26—2015.07.31
赵佳曼	交通学院	本科生	中国香港	参加竞赛	2015.07.26—2015.07.31
陶涛	交通学院	研究生	中国香港	参加竞赛	2015.07.26—2015.07.31
范斌	图书馆	副研究馆员	美国	研修	2015.07.26—2015.08.07
王正	建筑学院	副教授	瑞典	合作研究	2015.07.26—2015.08.12
汤奕	电气工程学院	副教授	美国	合作研究并国际会议	2015.07.26—2015.08.15
张亚梅	材料科学与工程学院	教授、副院长	加拿大	合作研究并国际会议	2015.07.26—2015.08.23
吕丹彦	计算机科学与工程学院	研究生	阿根廷	国际会议	2015.07.27—2015.07.31
徐江	机械工程学院	副教授	意大利	国际会议	2015.07.27—2015.07.31
韩扬	经济管理学院	研究生	泰国	国际会议	2015.07.28—2015.08.01
殷晓星	信息科学与工程学院	教授	加拿大	合作研究并工作访问	2015.07.28—2015.08.10
于虹	电子科学与工程学院	教授	美国	培训	2015.07.30—2015.12.31
孙长银	自动化学院	教授	土耳其	国际会议	2015.07.31—2015.08.04
申翠英	教务处	副研究员	中国香港	参加研讨会	2015.07.31—2015.08.08
蒋春露	教务处	实习研究员	中国香港	参加研讨会	2015.07.31—2015.08.08
张子墨	交通学院	本科生	中国香港	参加研讨会	2015.07.31—2015.08.08

(续 表)

姓名	单位	职称职务	国家或地区	任务	时间
张雨竹	建筑学院	本科生	中国香港	参加研讨会	2015.07.31—2015.08.08
唐雨莹	医学院	本科生	中国香港	参加研讨会	2015.07.31—2015.08.08
刘 钰	医学院	本科生	中国香港	参加研讨会	2015.07.31—2015.08.08
杨沫枫	交通学院	本科生	中国香港	参加研讨会	2015.07.31—2015.08.08
谭晓慧	材料科学与工程学院	本科生	中国香港	参加研讨会	2015.07.31—2015.08.08
潘文倩	材料科学与工程学院	本科生	中国香港	参加研讨会	2015.07.31—2015.08.08
张 琴	经济管理学院	本科生	中国香港	参加研讨会	2015.07.31—2015.08.08
计若予	数学系	本科生	中国香港	参加研讨会	2015.07.31—2015.08.08
徐晨熹	机械工程学院	本科生	中国香港	参加研讨会	2015.07.31—2015.08.08
徐文倩	法学院	本科生	中国香港	参加研讨会	2015.07.31—2015.08.08
戴思宇	信息科学与工程学院	本科生	中国香港	参加研讨会	2015.07.31—2015.08.08
张 楠	交通学院	本科生	中国香港	参加研讨会	2015.07.31—2015.08.08
郭若鸿	吴健雄学院	本科生	中国香港	参加研讨会	2015.07.31—2015.08.08
孙 凯	吴健雄学院	本科生	中国香港	参加研讨会	2015.07.31—2015.08.08
李子园	吴健雄学院	本科生	中国香港	参加研讨会	2015.07.31—2015.08.08
闫雪晗	吴健雄学院	本科生	中国香港	参加研讨会	2015.07.31—2015.08.08
程 非	吴健雄学院	本科生	中国香港	参加研讨会	2015.07.31—2015.08.08
刘映辰	吴健雄学院	本科生	中国香港	参加研讨会	2015.07.31—2015.08.08
钮文君	外国语学院	本科生	中国香港	参加研讨会	2015.07.31—2015.08.08
楚俊峰	经济管理学院	研究生	土耳其	国际会议	2015.08.01—2015.08.05
刘树利	经济管理学院	研究生	土耳其	国际会议	2015.08.01—2015.08.05
牛 丹	自动化学院	讲师	美国	国际会议	2015.08.01—2015.08.05
黄 侨	交通学院	教授	中国台湾	学术交流	2015.08.01—2015.08.07
任 远	交通学院	讲师	中国台湾	学术交流	2015.08.01—2015.08.07
汪小洋	艺术学院	教授	中国台湾	国际会议	2015.08.01—2015.08.07
张 颖	经济管理学院	讲师	德国、比利时	合作研究并国际会议	2015.08.01—2015.08.10
许苏明	马克思主义学院	教授	美国	合作研究	2015.08.01—2015.08.25
沈 洲	医学院	本科生	德国	短期学习	2015.08.01—2015.08.31
周 晓	医学院	本科生	德国	短期学习	2015.08.01—2015.08.31
惠靖雯	医学院	本科生	德国	短期学习	2015.08.01—2015.08.31

（续　表）

姓名	单位	职称职务	国家或地区	任务	时间
李田宽	医学院	研究生	德国	短期学习	2015.08.01—2015.08.31
翟羽佳	医学院	研究生	德国	短期学习	2015.08.01—2015.08.31
朱孔博	医学院	研究生	德国	短期学习	2015.08.01—2015.08.31
姚玲玲	数学系	讲师	澳大利亚	合作研究	2015.08.01—2015.09.05
张培伟	土木工程学院	副教授	美国	培训	2015.08.01—2015.12.30
朱　利	电子科学与工程学院	副教授	美国	培训	2015.08.01—2015.12.30
王新平	经济管理学院	研究生	中国香港	工作访问	2015.08.01—2016.02.01
汤小虎	计算机科学与工程学院	研究生	法国	合作研究	2015.08.01—2016.04.30
王　飞	医学院	研究生	美国	合作研究	2015.08.01—2016.07.31
孙文昊	信息科学与工程学院	研究生	瑞士、法国	合作研究	2015.08.01—2016.07.31
胡　涛	机械工程学院	讲师	德国	国际会议	2015.08.02—2015.08.06
陈　科	机械工程学院	讲师	德国	国际会议	2015.08.02—2015.08.06
陆荣生	机械工程学院	讲师	德国	国际会议	2015.08.02—2015.08.06
周新龙	机械工程学院	研究生	德国	国际会议	2015.08.02—2015.08.06
邵　将	机械工程学院	研究生	美国	国际会议	2015.08.02—2015.08.06
陈晓皎	机械工程学院	研究生	美国	国际会议	2015.08.02—2015.08.06
沈张帆	机械工程学院	研究生	美国	国际会议	2015.08.02—2015.08.06
薛澄岐	机械工程学院	教授	美国	国际会议	2015.08.02—2015.08.06
缪长青	土木工程学院	教授	澳门	国际会议	2015.08.02—2015.08.06
吕小俊	数学系	讲师	澳门	国际会议	2015.08.02—2015.08.06
张国强	交通学院	副教授	中国台湾	国际会议	2015.08.02—2015.08.08
朱鸣芳	材料科学与工程学院	教授	德国	合作研究	2015.08.02—2015.08.16
郭　昊	物理系	教授	美国	合作研究	2015.08.02—2015.08.17
鲍建彤	医学院	本科生	中国台湾	学术交流	2015.08.02—2015.08.23
周雨欣	医学院	本科生	中国台湾	学术交流	2015.08.02—2015.08.23
崔铁军	信息科学与工程学院	特聘教授、副院长	新加坡	国际会议	2015.08.02—2015.08.08
李　茵	软件学院	本科生	美国	国际会议	2015.08.03—2015.08.06
冯景隆	材料科学与工程学院	研究生	澳门	国际会议	2015.08.03—2015.08.06
齐志央	电子科学与工程学院	研究生	美国	国际会议	2015.08.03—2015.08.07
王琦龙	电子科学与工程学院	副研究员	美国	国际会议	2015.08.03—2015.08.07

(续　表)

姓名	单位	职称职务	国家或地区	任务	时间
鲍　迪	信息科学与工程学院	讲师	美国	国际会议	2015.08.03—2015.08.07
刘　硕	信息科学与工程学院	研究生	美国	国际会议	2015.08.03—2015.08.08
李　敏	经济管理学院	教授	中国香港	合作研究	2015.08.03—2015.09.02
朱　丹	电子科学与工程学院	研究生	美国	国际会议	2015.08.04—2015.08.08
高彦彦	经济管理学院	讲师	新加坡	国际会议	2015.08.04—2015.08.08
杨才千	土木工程学院	研究员	日本	国际会议并工作访问	2015.08.04—2015.08.11
傅晓建	信息科学与工程学院	讲师	美国	国际会议并工作访问	2015.08.04—2015.08.12
程　明	电气工程学院	教授	英国	工作访问	2015.08.05—2015.08.09
梁止水	土木工程学院	研究生	日本	国际会议	2015.08.05—2015.08.09
郭振超	生物科学与医学工程学院	研究生	韩国	国际会议	2015.08.06—2015.08.14
吴　芃	经济管理学院	副教授	美国	合作研究并国际会议	2015.08.06—2015.08.17
潘　蕾	能源与环境学院	副教授	美国	研修	2015.08.06—2016.02.06
彭天亮	信息科学与工程学院	研究生	美国	国际会议	2015.08.07—2015.08.10
陈建栋	机械工程学院	研究生	美国	国际会议	2015.08.07—2015.08.11
焦仁强	机械工程学院	研究生	美国	国际会议	2015.08.07—2015.08.11
刘　鑫	机械工程学院	研究生	美国	国际会议	2015.08.07—2015.08.11
廖　昕	机械工程学院	研究生	美国	国际会议	2015.08.07—2015.08.11
严　华	体育系	副教授	日本	国际会议	2015.08.07—2015.08.11
金　凯	体育系	副教授	日本	国际会议	2015.08.07—2015.08.11
欧阳天成	机械工程学院	研究生	法国	国际会议	2015.08.07—2015.08.11
马宁宁	生物科学与医学工程学院	研究生	韩国	国际会议	2015.08.08—2015.08.13
苗　澎	信息科学与工程学院	副教授	加拿大	国际会议并工作访问	2015.08.08—2015.08.14
朱冬梅	经济管理学院	讲师	中国台湾	学术交流	2015.08.08—2015.08.14
王向阳	信息科学与工程学院	副研究员	英国	合作研究	2015.08.08—2015.08.28
孙蓓蓓	机械工程学院	教授、副院长	美国	合作研究并国际会议	2015.08.09—2015.08.12
张建润	机械工程学院	教授	美国	合作研究并国际会议	2015.08.09—2015.08.12

(续 表)

姓名	单位	职称职务	国家或地区	任务	时间
卢 熹	机械工程学院	副教授	美国	合作研究并国际会议	2015.08.09—2015.08.12
李 普	机械工程学院	教授	美国	合作研究并国际会议	2015.08.09—2015.08.12
李艳丽	化学化工学院	研究生	韩国	国际会议	2015.08.09—2015.08.12
薛 飞	机械工程学院	研究生	美国	国际会议	2015.08.09—2015.08.13
科隆纳	能源与环境学院	研究生	加拿大	国际会议	2015.08.09—2015.08.13
徐淑宏	电子科学与工程学院	讲师	韩国	国际会议	2015.08.09—2015.08.13
班鑫鑫	化学化工学院	研究生	韩国	国际会议	2015.08.09—2015.08.14
游雨蒙	化学化工学院	教授	中国台湾	国际会议	2015.08.09—2015.08.14
肖 睿	能源与环境学院	教授、副院长	加拿大	合作研究并国际会议	2015.08.09—2015.08.21
张会岩	能源与环境学院	副教授	加拿大	合作研究并国际会议	2015.08.09—2015.08.21
邵珊珊	能源与环境学院	研究生	加拿大	合作研究并国际会议	2015.08.09—2015.08.21
刘向东	生命科学研究院	教授	加拿大	合作研究	2015.08.09—2015.09.06
朱晓维	信息科学与工程学院	教授	加拿大	国际会议	2015.08.10—2015.08.14
张 耀	材料科学与工程学院	研究员	英国	国际会议	2015.08.10—2015.08.14
王宏银	生物科学与医学工程学院	研究生	韩国	国际会议	2015.08.10—2015.08.14
郭正兴	土木工程学院	教授	美国	工作访问	2015.08.10—2015.08.14
刘家彬	土木工程学院	副教授	美国	工作访问	2015.08.10—2015.08.14
陆 军	附属中大医院	副主任医师	英国	实习培训	2015.08.10—2015.08.14
王海贤	学习科学研究中心	研究员	英国	合作研究	2015.08.10—2015.08.21
王文平	经济管理学院	教授	英国	合作研究并国际会议	2015.08.10—2015.08.23
陈一川	建筑学院	研究生	英国	短期学习	2015.08.10—2015.08.23
李 涛	信息科学与工程学院	讲师	英国	合作研究	2015.08.10—2015.08.30
钱卫平	生物科学与医学工程学院	教授	美国	合作研究并国际会议	2015.08.10—2015.08.30
蔡建国	土木工程学院	副研究员	丹麦、荷兰	合作研究并国际会议	2015.08.11—2015.08.20
张 晋	土木工程学院	副教授	丹麦、荷兰	合作研究并国际会议	2015.08.11—2015.08.20

(续 表)

姓名	单位	职称职务	国家或地区	任务	时间
吕小俊	数学系	讲师	澳大利亚	合作研究	2015.08.11—2015.09.10
赵春杰	医学院	教授、副院长	韩国	国际会议	2015.08.13—2015.08.17
董 帅	物理系	教授	波兰	国际会议	2015.08.14—2015.09.18
程中华	经济管理学院	研究生	新加坡	国际会议	2015.08.15—2015.08.19
朱晓维	信息科学与工程学院	教授	加拿大	工作访问	2015.08.15—2015.08.19
王 庆	仪器科学与工程学院	教授	美国	合作研究并工作访问	2015.08.15—2015.08.25
吴跃全	国际合作处	助理研究员	澳大利亚	培训	2015.08.15—2015.08.28
唐继斐	信息科学与工程学院	研究生	美国	合作研究	2015.08.15—2016.08.14
魏海坤	自动化学院	教授、副院长	新加坡	国际会议	2015.08.16—2015.08.19
张继文	无锡分校	教授	新加坡	国际会议	2015.08.16—2015.08.19
杨溟文	生物科学与医学工程学院	研究生	美国	国际会议	2015.08.16—2015.08.20
何农跃	生物科学与医学工程学院	教授	美国	国际会议	2015.08.16—2015.08.20
梁彩华	能源与环境学院	研究员	日本	国际会议并合作研究	2015.08.16—2015.08.20
柏婷婷	生物科学与医学工程学院	研究生	美国	国际会议	2015.08.16—2015.08.20
何 飞	化学化工学院	研究生	加拿大	国际会议	2015.08.16—2015.08.20
王建海	化学化工学院	研究生	加拿大	国际会议	2015.08.16—2015.08.20
周志新	化学化工学院	研究生	加拿大	国际会议	2015.08.16—2015.08.20
陈夕松	自动化学院	教授	新加坡	国际会议	2015.08.16—2015.08.21
丁明珉	土木工程学院	研究生	荷兰	国际会议	2015.08.16—2015.08.21
张小松	能源与环境学院	教授	日本	合作研究并国际会议	2015.08.16—2015.08.23
杜 垲	能源与环境学院	教授	日本	合作研究并国际会议	2015.08.16—2015.08.23
李舒宏	能源与环境学院	研究员	日本	合作研究并国际会议	2015.08.16—2015.08.23
殷勇高	能源与环境学院	教授	日本	合作研究并国际会议	2015.08.16—2015.08.23
徐国英	能源与环境学院	讲师	日本	合作研究并国际会议	2015.08.16—2015.08.23
杨 柳	能源与环境学院	讲师	日本	合作研究并国际会议	2015.08.16—2015.08.23

(续　表)

姓名	单位	职称职务	国家或地区	任务	时间
杨　柳	能源与环境学院	讲师	日本	国际会议	2015.08.17—2015.08.21
陶岸君	建筑学院	讲师	俄罗斯	国际会议	2015.08.17—2015.08.21
吴　芃	经济管理学院	副教授	新加坡	国际会议	2015.08.17—2015.08.21
薛　鹏	物理系	教授	加拿大	国际会议	2015.08.17—2015.08.21
王兴平	建筑学院	教授	俄罗斯	国际会议	2015.08.17—2015.08.21
李彦军	能源与环境学院	研究生	日本	国际会议	2015.08.17—2015.08.21
陈　瑶	能源与环境学院	研究生	日本	国际会议	2015.08.17—2015.08.21
汪　峰	能源与环境学院	研究生	日本	国际会议	2015.08.17—2015.08.21
赵赛男	能源与环境学院	研究生	日本	国际会议	2015.08.17—2015.08.21
梁圆圆	能源与环境学院	研究生	日本	国际会议	2015.08.17—2015.08.21
凌云志	能源与环境学院	研究生	日本	国际会议	2015.08.17—2015.08.21
陈宏胜	建筑学院	研究生	俄罗斯	国际会议	2015.08.17—2015.08.21
余鹏飞	能源与环境学院	研究生	日本	国际会议	2015.08.17—2015.08.22
张　雄	电子科学与工程学院	研究员	韩国	国际会议	2015.08.18—2015.08.21
马　瑞	材料科学与工程学院	研究生	加拿大	国际会议	2015.08.18—2015.08.22
陈　菲	材料科学与工程学院	研究生	加拿大	国际会议	2015.08.18—2015.08.22
李　炜	材料科学与工程学院	研究生	加拿大	国际会议	2015.08.18—2015.08.22
贾子健	材料科学与工程学院	研究生	加拿大	国际会议	2015.08.18—2015.08.22
钱春香	材料科学与工程学院	教授	加拿大	国际会议并工作访问	2015.08.18—2015.08.23
高建明	材料科学与工程学院	教授	加拿大	国际会议并工作访问	2015.08.18—2015.08.23
郭丽萍	材料科学与工程学院	副教授	加拿大	国际会议并工作访问	2015.08.18—2015.08.23
施锦杰	材料科学与工程学院	讲师	加拿大	国际会议并工作访问	2015.08.18—2015.08.23
杨洪权	电子科学与工程学院	研究生	日本	国际会议	2015.08.19—2015.08.22
程向红	仪器科学与工程学院	教授	中国香港	国际会议	2015.08.19—2015.08.23
王书斌	经济管理学院	研究生	澳门	国际会议	2015.08.19—2015.08.23
周　玲	仪器科学与工程学院	研究生	中国香港	国际会议	2015.08.19—2015.08.23
王　磊	仪器科学与工程学院	研究生	中国香港	国际会议	2015.08.19—2015.08.23
刘　岩	生命科学研究院	研究生	印度尼西亚	国际会议	2015.08.20—2015.08.23

(续　表)

姓名	单位	职称职务	国家或地区	任务	时间
龚　雪	生命科学研究院	研究生	印度尼西亚	国际会议	2015.08.20—2015.08.23
吴乐乐	生命科学研究院	研究生	印度尼西亚	国际会议	2015.08.20—2015.08.23
余诗奕	生命科学研究院	研究生	印度尼西亚	国际会议	2015.08.20—2015.08.23
徐赵东	土木工程学院	教授	美国	合作研究	2015.08.20—2015.09.30
张　娟	公共卫生学院	副教授	美国	合作研究	2015.08.20—2016.01.19
董正高	物理系	教授	韩国	国际会议并工作访问	2015.08.21—2015.08.28
李家奇	物理系	讲师	韩国	国际会议并工作访问	2015.08.21—2015.08.28
张　琦	土木工程学院	讲师	莫桑比克	合作研究	2015.08.21—2015.09.01
刘晓丽	生物科学与医学工程学院	研究生	瑞典	国际会议	2015.08.22—2015.08.26
王雪梅	生物科学与医学工程学院	教授	瑞典	国际会议并工作访问	2015.08.22—2015.08.28
洪　锋	能源与环境学院	讲师	日本	工作访问	2015.08.23—2015.08.27
宋海亮	能源与环境学院	副研究员	日本	工作访问	2015.08.23—2015.08.27
陆　勇	能源与环境学院	副研究员	日本	工作访问	2015.08.23—2015.08.27
吴　磊	能源与环境学院	副教授	日本	工作访问	2015.08.23—2015.08.27
傅秀章	能源与环境学院	副教授	日本	工作访问	2015.08.23—2015.08.27
李先宁	能源与环境学院	教授	日本	工作访问	2015.08.23—2015.08.27
崔铁军	信息科学与工程学院	教授、副院长	中国香港	国际会议	2015.08.23—2015.08.28
吕敏虎	自动化学院	研究生	瑞典	国际会议	2015.08.24—2015.08.28
汪　峥	自动化学院	教授	瑞典	国际会议	2015.08.24—2015.08.28
恽斌峰	电子科学与工程学院	副教授	韩国	国际会议	2015.08.24—2015.08.28
李　俊	自动化学院	副研究员	瑞典	国际会议	2015.08.24—2015.08.28
Mohamed Fathy	土木工程学院	教授	韩国	国际会议	2015.08.24—2015.08.28
吴常铖	仪器科学与工程学院	研究生	英国	国际会议	2015.08.24—2015.08.28
刘小玲	交通学院	研究生	日本	国际会议	2015.08.24—2015.08.28
汪　炳	交通学院	研究生	日本	国际会议	2015.08.24—2015.08.28
丁明珉	土木工程学院	研究生	日本	国际会议	2015.08.24—2015.08.28
管东芝	土木工程学院	研究生	日本	国际会议	2015.08.24—2015.08.28
詹　翔	物理系	研究生	韩国	国际会议	2015.08.24—2015.08.28

（续　表）

姓名	单位	职称职务	国家或地区	任务	时间
边志浩	物理系	研究生	韩国	国际会议	2015.08.24—2015.08.28
莫凌飞	仪器科学与工程学院	副教授	意大利	国际会议	2015.08.25—2015.08.29
王海鹏	信息科学与工程学院	研究生	意大利	国际会议	2015.08.25—2015.08.29
朱志刚	材料科学与工程学院	研究生	韩国	国际会议	2015.08.25—2015.08.29
王　超	土木工程学院	研究生	韩国	国际会议	2015.08.25—2015.08.29
杨　林	材料科学与工程学院	研究生	英国	国际会议	2015.08.25—2015.08.29
赵　鹏	材料科学与工程学院	研究生	英国	国际会议	2015.08.25—2015.08.29
吴宜峰	土木工程学院	研究生	韩国	国际会议	2015.08.25—2015.08.29
黄培林	科研院	教授、副院长	日本	国际会议并工作访问	2015.08.25—2015.08.31
华亮量	科研院	助理研究员	日本	国际会议并工作访问	2015.08.25—2015.08.31
帅立国	机械工程学院	教授	日本	国际会议并工作访问	2015.08.25—2015.08.31
顾忠泽	生物科学与医学工程学院	教授、院长	美国	工作访问	2015.08.26—2015.08.30
胡　平	艺术学院	教授	日本	国际会议	2015.08.26—2015.08.30
李永辉	建筑学院	副教授	日本	国际会议	2015.08.26—2015.08.30
胡　石	建筑学院	讲师	日本	国际会议	2015.08.26—2015.08.30
李新建	建筑学院	副教授	日本	国际会议	2015.08.26—2015.08.30
马根山	附属中大医院	教授、主任医师	英国	国际会议	2015.08.28—2015.09.01
邱海波	附属中大医院	教授、副院长	韩国	国际会议	2015.08.28—2015.09.01
杨　毅	附属中大医院	主任医师	韩国	国际会议	2015.08.28—2015.09.01
徐静媛	医学院	研究生	韩国	国际会议	2015.08.28—2015.09.01
韩继斌	医学院	研究生	韩国	国际会议	2015.08.28—2015.09.02
刘松玉	发展委员会	主任、教授	日本	国际会议	2015.08.29—2015.09.02
徐平平	信息科学与工程学院	教授	中国香港	国际会议	2015.08.29—2015.09.02
王向阳	信息科学与工程学院	副研究员	中国香港	国际会议	2015.08.29—2015.09.02
韦茂彬	学习科学研究中心	研究生	英国	国际会议	2015.08.29—2015.09.02
刘诚毅	信息科学与工程学院	研究生	中国香港	国际会议	2015.08.29—2015.09.02
姚舒然	建筑学院	博士	中国台湾	国际会议	2015.08.29—2015.09.05
田梦晓	建筑学院	硕士	中国台湾	国际会议	2015.08.29—2015.09.05

(续　表)

姓名	单位	职称职务	国家或地区	任务	时间
翟　炼	建筑学院	硕士	中国台湾	国际会议	2015.08.29—2015.09.05
王　歆	建筑学院	博士	中国台湾	国际会议	2015.08.29—2015.09.05
周天清	信息科学与工程学院	研究生	中国香港	国际会议	2015.08.30—2015.09.03
李世党	信息科学与工程学院	研究生	中国香港	国际会议	2015.08.30—2015.09.03
朱文祥	信息科学与工程学院	研究生	中国香港	国际会议	2015.08.30—2015.09.03
黎　杰	信息科学与工程学院	研究生	中国香港	国际会议	2015.08.30—2015.09.03
吴智深	土木工程学院	教授	美国	国际会议	2015.08.30—2015.09.04
赵　亮	机械工程学院	本科生	德国	参加暑期夏令营	2015.08.30—2015.09.06
胡哲轩	机械工程学院	本科生	德国	参加暑期夏令营	2015.08.30—2015.09.06
杨果瑞	材料科学与工程学院	本科生	德国	参加暑期夏令营	2015.08.30—2015.09.06
伍梦帆	机械工程学院	本科生	德国	参加暑期夏令营	2015.08.30—2015.09.06
崔志强	材料科学与工程学院	本科生	德国	参加暑期夏令营	2015.08.30—2015.09.06
董承浩	材料科学与工程学院	本科生	德国	参加暑期夏令营	2015.08.30—2015.09.06
于　睿	机械工程学院	本科生	德国	参加暑期夏令营	2015.08.30—2015.09.06
尚文杰	计算机科学与工程学院	本科生	德国	参加暑期夏令营	2015.08.30—2015.09.06
殷国栋	机械工程学院	副教授、副院长	德国	参加暑期夏令营	2015.08.30—2015.09.06
秦艺泖	教务处	科员	德国	参加暑期夏令营	2015.08.30—2015.09.06
文　轶	吴健雄学院	本科生	德国	参加暑假夏令营	2015.08.30—2015.09.06
李慧颖	计算机科学与工程学院	副教授	西班牙	国际会议	2015.08.31—2015.09.04
沈宝龙	材料科学与工程学院	教授、副院长	西班牙	国际会议	2015.08.31—2015.09.04
张志政	计算机科学与工程学院	副教授	爱尔兰	国际会议	2015.08.31—2015.09.04
Mohammad Noori	土木工程学院	教授	捷克	国际会议	2015.08.31—2015.09.04
尹佳媛	信息科学与工程学院	研究生	德国	短期学习	2015.08.31—2015.09.04
陈　阳	信息科学与工程学院	研究生	马来西亚	国际会议	2015.08.31—2015.09.05

（续　表）

姓名	单位	职称职务	国家或地区	任务	时间
莫　静	法学院	博士	中国台湾	国际会议	2015.08.31—2015.10.16
钱海亚	电气工程学院	研究生	美国	短期学习	2015.08.31—2016.08.31
丁　洁	医学院	讲师	美国	国际会议	2015.09.01—2015.09.05
刘　沛	公共卫生学院	教授	日本	国际会议	2015.09.01—2015.09.05
景　晖	机械工程学院	研究生	法国	国际会议	2015.09.01—2015.09.05
钱　成	医学院	研究生	美国	国际会议	2015.09.01—2015.09.05
王从晓	医学院	研究生	美国	国际会议	2015.09.01—2015.09.05
王　洁	生命科学研究院	研究生	美国	国际会议	2015.09.01—2015.09.05
夏　静	生命科学研究院	研究生	美国	国际会议	2015.09.01—2015.09.05
鲍　莉	建筑学院	副教授	意大利、瑞士	合作研究并国际会议	2015.09.01—2015.09.12
张玫英	建筑学院	副教授	意大利、瑞士	合作研究并国际会议	2015.09.01—2015.09.12
吴锦绣	建筑学院	副教授	意大利、瑞士	合作研究并国际会议	2015.09.01—2015.09.12
刘　岚	财务处	副处长	荷兰、法国	审计任务	2015.09.01—2015.09.12
沈智琪	土木工程学院	研究生	韩国	合作研究	2015.09.01—2015.10.23
弥　甜	机械工程学院	研究生	匈牙利	短期学习	2015.09.01—2015.11.30
曾宇乔	材料科学与工程学院	副高	美国	合作研究	2015.09.01—2016.08.31
杨玉立	土木工程学院	研究生	美国	合作研究	2015.09.01—2016.08.31
吴　波	能源与环境学院	研究生	希腊	国际会议	2015.09.02—2015.09.07
顾忠泽	生物科学与医学工程学院	教授、院长	日本	国际会议并工作访问	2015.09.02—2015.09.08
杨子学	生物科学与医学工程学院	讲师	日本	国际会议并工作访问	2015.09.02—2015.09.08
赵　泽	生物科学与医学工程学院	研究生	日本	国际会议并工作访问	2015.09.02—2015.09.08
高珞然	生物科学与医学工程学院	研究生	日本	国际会议并工作访问	2015.09.02—2015.09.08
刘　兵	生物科学与医学工程学院	研究生	日本	国际会议并工作访问	2015.09.02—2015.09.08
田　磊	生物科学与医学工程学院	研究生	日本	国际会议并工作访问	2015.09.02—2015.09.08
尚贤丹	生物科学与医学工程学院	研究生	日本	国际会议并工作访问	2015.09.02—2015.09.08

(续 表)

姓名	单位	职称职务	国家或地区	任务	时间
鲁孜恒	生物科学与医学工程学院	研究生	日本	国际会议并工作访问	2015.09.02—2015.09.08
付光彬	生物科学与医学工程学院	研究生	日本	国际会议并工作访问	2015.09.02—2015.09.08
王 洁	生物科学与医学工程学院	研究生	日本	国际会议并工作访问	2015.09.02—2015.09.08
魏 征	生物科学与医学工程学院	研究生	日本	国际会议并工作访问	2015.09.02—2015.09.08
李志勇	生物科学与医学工程学院	教授	澳大利亚	合作研究	2015.09.02—2015.10.10
张 颖	经济管理学院	讲师	中国台湾	国际会议	2015.09.03—2015.09.07
许佳馨	经济管理学院	硕士	中国台湾	国际会议	2015.09.03—2015.09.07
陆 勇	能源与环境学院	副研究员	英国	国际会议	2015.09.05—2015.09.09
吴 磊	能源与环境学院	副研究员	英国	国际会议	2015.09.05—2015.09.09
傅大放	土木工程学院	教授	澳大利亚	国际会议	2015.09.05—2015.09.09
Rajendra Prasad Singh	土木工程学院	讲师	澳大利亚	国际会议	2015.09.05—2015.09.09
Mohammad Noori	土木工程学院	教授	英国	合作研究	2015.09.05—2015.09.10
张海洋	信息科学与工程学院	研究生	美国	国际会议	2015.09.05—2015.09.10
程 强	信息科学与工程学院	研究员	英国	国际会议	2015.09.06—2015.09.10
蒋卫祥	信息科学与工程学院	教授	英国	国际会议	2015.09.06—2015.09.10
马慧锋	信息科学与工程学院	教授	英国	国际会议	2015.09.06—2015.09.10
张 彦	信息科学与工程学院	讲师	法国	国际会议	2015.09.06—2015.09.10
王 毅	信息科学与工程学院	研究生	美国	国际会议	2015.09.06—2015.09.10
魏 浩	信息科学与工程学院	研究生	美国	国际会议	2015.09.06—2015.09.10
辛元雪	信息科学与工程学院	研究生	美国	国际会议	2015.09.06—2015.09.10
王小明	信息科学与工程学院	研究生	美国	国际会议	2015.09.06—2015.09.10
张 洋	电气工程学院	研究生	法国	国际会议	2015.09.06—2015.09.10
李古月	信息科学与工程学院	研究生	美国	国际会议	2015.09.06—2015.09.10
崔铁军	信息科学与工程学院	教授、副院长	英国	国际会议	2015.09.06—2015.09.11
黄维辰	信息科学与工程学院	研究生	法国	国际会议	2015.09.06—2015.09.11
袁 堃	自动化学院	副教授	新加坡	国际会议	2015.09.07—2015.09.10

(续 表)

姓名	单位	职称职务	国家或地区	任务	时间
耿 新	计算机科学与工程学院	研究员、副院长	葡萄牙	国际会议	2015.09.07—2015.09.11
赵纪龙	电气工程学院	研究生	瑞士	国际会议	2015.09.07—2015.09.11
万春风	土木工程学院	副教授	澳大利亚	合作研究	2015.09.07—2015.09.20
韦 明	土木工程学院	本科生	中国台湾	研修与交流	2015.09.07—2016.01.20
周 警	土木工程学院	本科生	中国台湾	研修与交流	2015.09.07—2016.01.20
刘心涯	土木工程学院	本科生	中国台湾	研修与交流	2015.09.07—2016.01.20
黄丽媛	土木工程学院	本科生	中国台湾	研修与交流	2015.09.07—2016.01.20
张 蓓	土木工程学院	本科生	中国台湾	研修与交流	2015.09.07—2016.01.20
杜 杰	土木工程学院	本科生	中国台湾	研修与交流	2015.09.07—2016.01.20
高立忻	土木工程学院	本科生	中国台湾	研修与交流	2015.09.07—2016.01.20
林 津	土木工程学院	本科生	中国台湾	研修与交流	2015.09.07—2016.01.20
刘晨昱	土木工程学院	本科生	中国台湾	研修与交流	2015.09.07—2016.01.20
刘雅凡	土木工程学院	本科生	中国台湾	研修与交流	2015.09.07—2016.01.20
卢 干	土木工程学院	本科生	中国台湾	研修与交流	2015.09.07—2016.01.20
王嘉昌	土木工程学院	本科生	中国台湾	研修与交流	2015.09.07—2016.01.20
王 康	土木工程学院	本科生	中国台湾	研修与交流	2015.09.07—2016.01.20
夏烨楠	土木工程学院	本科生	中国台湾	研修与交流	2015.09.07—2016.01.20
张 弛	土木工程学院	本科生	中国台湾	研修与交流	2015.09.07—2016.01.20
金 城	土木工程学院	本科生	中国台湾	研修与交流	2015.09.07—2016.01.20
张天宇	土木工程学院	本科生	中国台湾	研修与交流	2015.09.07—2016.01.20
汪 旭	土木工程学院	本科生	中国台湾	研修与交流	2015.09.07—2016.01.20
王康迪	土木工程学院	本科生	中国台湾	研修与交流	2015.09.07—2016.01.20
王 琦	土木工程学院	本科生	中国台湾	研修与交流	2015.09.07—2016.01.20
唐自航	土木工程学院	本科生	中国台湾	研修与交流	2015.09.07—2016.01.20
杜 利	土木工程学院	本科生	中国台湾	研修与交流	2015.09.07—2016.01.20
孙春丽	土木工程学院	本科生	中国台湾	研修与交流	2015.09.07—2016.01.20
谢枝芃	土木工程学院	本科生	中国台湾	研修与交流	2015.09.07—2016.01.20
赵振宇	土木工程学院	本科生	中国台湾	研修与交流	2015.09.07—2016.01.20
王凤范	土木工程学院	本科生	中国台湾	研修与交流	2015.09.07—2016.01.20
刘 杨	土木工程学院	本科生	中国台湾	研修与交流	2015.09.07—2016.01.20

（续　表）

姓名	单位	职称职务	国家或地区	任务	时间
黄中泽	土木工程学院	本科生	中国台湾	研修与交流	2015.09.07—2016.01.20
吴宣泽	土木工程学院	本科生	中国台湾	研修与交流	2015.09.07—2016.01.20
杨　起	土木工程学院	本科生	中国台湾	研修与交流	2015.09.07—2016.01.20
潘梦馨	土木工程学院	本科生	中国台湾	研修与交流	2015.09.07—2016.01.20
刘凯旋	土木工程学院	本科生	中国台湾	研修与交流	2015.09.07—2016.01.20
淳　庆	建筑学院	副教授	波兰	国际会议	2015.09.08—2015.09.12
游检卫	信息科学与工程学院	研究生	意大利	国际会议	2015.09.08—2015.09.12
姚云鹏	集成电路学院	研究生	日本	国际会议	2015.09.09—2015.09.12
陈九法	能源与环境学院	教授	希腊	合作研究	2015.09.09—2015.09.17
吴跃全	国际合作处	助理研究员	英国	国际会议并工作访问	2015.09.09—2015.09.18
况迎辉	吴健雄学院	教授、副院长	英国	国际会议并工作访问	2015.09.09—2015.09.19
尤肖虎	信息科学与工程学院	教授	新加坡	合作研究	2015.09.10—2015.09.14
王增梅	材料科学与工程学院	教授	美国	国际会议	2015.09.11—2015.09.15
柴人杰	生命科学研究院	教授	意大利	国际会议	2015.09.11—2015.09.15
姚红红	医学院	教授、副院长	德国	国际会议	2015.09.11—2015.09.17
杨淳沨	计算机科学与工程学院	讲师	法国	合作研究	2015.09.11—2015.10.10
孙子林	医学院	教授、副院长	德国、瑞典	合作研究并国际会议	2015.09.11—2015.10.11
曹　鹏	电子科学与工程学院	讲师	法国	国际会议	2015.09.12—2015.09.16
朱睿健	材料科学与工程学院	研究生	美国	国际会议	2015.09.12—2015.09.16
杨　军	交通学院	教授	荷兰	参加答辩	2015.09.12—2015.09.18
顾　宁	生物科学与医学工程学院	教授	日本	国际会议	2015.09.13—2015.09.16
薛　鹏	物理系	教授	西班牙	国际会议	2015.09.13—2015.09.17
窦文斌	信息科学与工程学院	教授	英国	国际会议	2015.09.13—2015.09.17
袁　扬	附属中大医院	主治医师	瑞典	国际会议	2015.09.13—2015.09.17
陈　明	附属中大医院	主任医师、副院长	比利时	国际会议	2015.09.13—2015.09.17
王立山	医学院	研究生	瑞典	国际会议	2015.09.13—2015.09.17
柏盈盈	医学院	研究生	瑞典	国际会议	2015.09.13—2015.09.17
郭锋萍	外国语学院	讲师	英国	实习培训	2015.09.13—2015.09.26

(续 表)

姓名	单位	职称职务	国家或地区	任务	时间
蔡蓉蓉	医学院	研究生	瑞典	国际会议	2015.09.14—2015.09.18
孙 浩	医学院	研究生	瑞典	国际会议	2015.09.14—2015.09.18
吴春华	医学院	研究生	瑞典	国际会议	2015.09.14—2015.09.18
祝祥云	医学院	研究生	瑞典	国际会议	2015.09.14—2015.09.18
董 雪	医学院	研究生	瑞典	国际会议	2015.09.14—2015.09.18
沈 炯	校长办公室	教授、副校长	英国、意大利、瑞典	工作访问	2015.09.14—2015.09.23
黄允凯	电气学院	教授、副院长	英国、意大利、瑞典	工作访问	2015.09.14—2015.09.23
陆 建	交通学院	教授、副院长	英国、意大利、瑞典	工作访问	2015.09.14—2015.09.23
董 卫	能源与环境学院	教授	英国、意大利、瑞典	工作访问	2015.09.14—2015.09.23
梅汉成	国际合作处	副处长	英国、意大利、瑞典	工作访问	2015.09.14—2015.09.23
郭 彤	研究生院	教授	瑞典、意大利	工作访问	2015.09.14—2015.09.23
王建新	信息科学与工程学院	研究生	澳门	国际会议	2015.09.15—2015.09.19
汪妍泽	建筑学院	研究生	美国	短期学习	2015.09.15—2016.03.15
徐 婧	生命科学研究院	研究生	加拿大	合作研究	2015.09.15—2016.09.15
杨 硕	交通学院	研究生	美国	合作研究	2015.09.15—2016.09.15
沈来宏	能源与环境学院	教授	中国台湾	学术交流	2015.09.16—2015.09.20
张海峰	能源与环境学院	博士	中国台湾	学术交流	2015.09.16—2015.09.20
周佑勇	社会科学处	教授	中国香港	合作研究并工作访问	2015.09.16—2015.09.25
陈世华	物理系	教授	法国	留学进修	2015.09.16—2016.09.15
王保平	校长办公室	副校长、教授	美国	工作访问	2015.09.17—2015.09.22
顾忠泽	生物科学与医学工程学院	院长、教授	美国	工作访问	2015.09.17—2015.09.22
郭小明	人事处	处长、教授	美国	工作访问	2015.09.17—2015.09.22
张建忠	电气工程学院	副教授	加拿大	国际会议并工作访问	2015.09.17—2015.09.24
陈 武	电气工程学院	副研究员	加拿大	国际会议并工作访问	2015.09.17—2015.09.25
王 政	电气工程学院	副研究员	加拿大	国际会议并工作访问	2015.09.18—2015.09.24

(续　表)

姓名	单位	职称职务	国家或地区	任务	时间
花　为	电气工程学院	教授	加拿大	国际会议	2015.09.20—2015.09.24
周再发	电子科学与工程学院	副研究员	荷兰	国际会议	2015.09.20—2015.09.24
朱　洒	电气工程学院	研究生	加拿大	国际会议	2015.09.20—2015.09.24
苏　鹏	电气工程学院	研究生	加拿大	国际会议	2015.09.20—2015.09.24
徐　帅	电气工程学院	研究生	加拿大	国际会议	2015.09.20—2015.09.24
鲁廷明	计算机科学与工程学院	研究生	葡萄牙	国际会议	2015.09.20—2015.09.24
朱婷婷	自动化学院	研究生	加拿大	短期学习	2015.09.20—2015.12.20
胡建强	自动化学院	研究生	中国香港	合作研究	2015.09.20—2015.12.20
李　明	自动化学院	研究生	中国香港	短期学习	2015.09.20—2015.12.20
陈文亮	自动化学院	研究生	中国香港	短期学习	2015.09.20—2015.12.20
段晋军	自动化学院	研究生	新加坡	短期学习	2015.09.20—2015.12.20
郑沛娟	土木工程学院	研究生	英国	短期学习	2015.09.20—2016.03.19
周海波	经济管理学院	研究生	美国	合作研究	2015.09.20—2016.09.19
杨俊宴	建筑学院	教授	意大利	国际会议	2015.09.21—2015.09.25
顾　伟	电气工程学院	教授	英国	国际会议	2015.09.21—2015.09.25
谭　瑛	建筑学院	副教授	意大利	国际会议	2015.09.21—2015.09.27
朱俊澎	电气工程学院	研究生	英国	合作研究并国际会议	2015.09.21—2015.09.30
唐　芃	建筑学院	副教授	意大利	联合教学	2015.09.21—2015.10.06
洪　伟	信息科学与工程学院	教授、院长	日本	国际会议	2015.09.22—2015.09.25
陆　涵	建筑学院	研究生	意大利	国际会议	2015.09.22—2015.09.26
许传龙	能源与环境学院	教授	日本	国际会议	2015.09.22—2015.09.26
张　彪	能源与环境学院	讲师	日本	国际会议	2015.09.22—2015.09.26
陈　曦	能源与环境学院	研究生	日本	国际会议	2015.09.22—2015.09.26
孙　俊	能源与环境学院	研究生	日本	国际会议	2015.09.22—2015.09.26
王玉琢	建筑学院	研究生	意大利	国际会议	2015.09.22—2015.09.26
高赐威	电气工程学院	教授	美国	国际会议	2015.09.23—2015.09.27
张　硕	人文学院	研究生	奥地利	国际会议	2015.09.23—2015.09.27
骆俊晖	交通学院	研究生	日本	国际会议	2015.09.23—2015.09.27
郭天亮	自动化学院	研究生	日本	短期学习	2015.09.24—2015.12.20
薛金娟	化学化工学院	研究生	中国香港	国际会议	2015.09.24—2015.09.26

(续 表)

姓名	单位	职称职务	国家或地区	任务	时间
马帅帅	化学化工学院	研究生	中国香港	国际会议	2015.09.24—2015.09.26
冯煜清	法学院	讲师	德国	国际会议	2015.09.24—2015.09.28
沈孝兵	教务处	教授、副处长	法国、荷兰、德国	合作研究	2015.09.24—2015.10.03
吴 涓	教务处	教授、副处长	法国、德国、荷兰	工作访问	2015.09.24—2015.10.03
张务一	国际合作处	副教授	法国、德国、荷兰	工作访问	2015.09.24—2015.10.03
雷 威	教务处	处长、教授	法国、德国、荷兰	工作访问	2015.09.24—2015.10.03
万遂人	生物科学与医学工程学院	教授	法国、荷兰、德国	工作访问	2015.09.24—2015.10.05
庞国臣	自动化学院	研究生	日本	短期学习	2015.09.24—2015.12.22
滕皋军	附属中大医院	教授、院长	葡萄牙	国际会议	2015.09.25—2015.09.29
朱海东	附属中大医院	主治医师	葡萄牙	国际会议	2015.09.25—2015.10.01
梁止水	土木工程学院	研究生	意大利	短期学习	2015.09.25—2015.11.23
陈 滨	计算机科学与工程学院	研究生	加拿大	国际会议	2015.09.26—2015.09.30
吕士文	自动化学院	研究生	加拿大	国际会议	2015.09.26—2015.09.30
邓 星	自动化学院	研究生	加拿大	国际会议	2015.09.26—2015.09.30
顾 伟	电气工程学院	教授	英国	国际会议	2015.09.26—2015.09.30
秦 娟	医学院	研究生	葡萄牙	国际会议	2015.09.26—2015.09.30
潘 涛	医学院	研究生	葡萄牙	国际会议	2015.09.26—2015.09.30
赵林度	经济管理学院	教授、院长	美国	国际会议	2015.09.26—2015.10.08
董 卫	建筑学院	教授	英国	留学进修	2015.09.26—2015.10.29
张志政	计算机科学与工程学院	副教授	美国	国际会议	2015.09.27—2015.09.30
佐藤忠信	土木工程学院	教授	西班牙	国际会议	2015.09.27—2015.10.01
徐平平	信息科学与工程学院	教授	澳大利亚	国际会议	2015.09.27—2015.10.01
孙文静	能源与环境学院	研究生	澳大利亚	国际会议	2015.09.27—2015.10.01
谢 俊	能源与环境学院	研究生	澳大利亚	国际会议	2015.09.27—2015.10.01
姚晓燕	物理系	教授	意大利	国际会议	2015.09.28—2015.10.02
王坤坤	物理系	研究生	日本	短期学习	2015.09.28—2015.10.09
邵 华	附属中大医院	副主任药师	美国	培训	2015.09.28—2015.10.15
张 驰	自动化学院	研究生	澳大利亚	短期学习	2015.09.28—2015.12.27

（续　表）

姓名	单位	职称职务	国家或地区	任务	时间
孙建坤	自动化学院	研究生	澳大利亚	短期学习	2015.09.28—2015.12.27
李亚玮	自动化学院	研究生	澳大利亚	短期学习	2015.09.28—2015.12.28
陈心桐	电气工程学院	研究生	英国	攻读学位	2015.09.28—2016.09.27
刘　波	校长办公室	副校长、教授	白俄罗斯、立陶宛、拉脱维亚、爱沙尼亚	工作访问	2015.09.29—2015.10.06
洪海军	大学生艺术指导中心	主任	白俄罗斯、立陶宛、拉脱维亚、爱沙尼亚	工作访问	2015.09.29—2015.10.06
曹菲菲	大学生艺术指导中心	教师	白俄罗斯、立陶宛、拉脱维亚、爱沙尼亚	工作访问	2015.09.29—2015.10.10
高雅雯	外国语学院	本科生	日本	短期学习	2015.09.29—2016.09.29
隋　尧	外国语学院	本科生	日本	交流学习	2015.09.29—2016.09.30
李　旭	仪器科学与工程学院	副教授	美国	国际会议	2015.09.30—2015.10.04
宋　翔	仪器科学与工程学院	讲师	美国	国际会议	2015.09.30—2015.10.04
徐启敏	仪器科学与工程学院	研究生	美国	工作访问	2015.09.30—2015.10.04
张志贤	艺术学院	副教授	美国	工作访问	2015.09.30—2015.10.05
史红叶	机械工程学院	助教	中国台湾	学术交流	2015.09.30—2015.10.07
耿　闯	机械工程学院	学生	中国台湾	学术交流	2015.09.30—2015.10.07
何东泽	机械工程学院	学生	中国台湾	学术交流	2015.09.30—2015.10.07
黄冬鸣	机械工程学院	学生	中国台湾	学术交流	2015.09.30—2015.10.07
闵　剑	机械工程学院	学生	中国台湾	学术交流	2015.09.30—2015.10.07
王珏鑫	机械工程学院	学生	中国台湾	学术交流	2015.09.30—2015.10.07
许国树	机械工程学院	学生	中国台湾	学术交流	2015.09.30—2015.10.07
杨　磊	机械工程学院	学生	中国台湾	学术交流	2015.09.30—2015.10.07
王瑞华	自动化学院	研究生	新加坡	短期学习	2015.09.30—2015.12.30
王会明	自动化学院	研究生	新加坡	短期学习	2015.09.30—2015.12.30
汤成春	附属中大医院	主任医师、副教授	美国	国际会议	2015.10.01—2015.10.05
石广平	经济管理学院	研究生	中国香港	国际会议	2015.10.01—2015.10.05

(续 表)

姓名	单位	职称职务	国家或地区	任务	时间
张 旭	经济管理学院	研究生	中国香港	国际会议	2015.10.01—2015.10.05
东 方	计算机科学与工程学院	副教授	澳大利亚	合作研究	2015.10.01—2015.10.08
伍家松	计算机科学与工程学院	讲师	法国、德国	合作研究并国际会议	2015.10.01—2015.10.15
李 帅	土木工程学院	研究生	加拿大	短期学习	2015.10.01—2016.01.31
李若媛	外国语学院	本科生	日本	短期学习	2015.10.01—2016.09.30
张佳韵	外国语学院	本科生	日本	短期学习	2015.10.01—2016.09.30
刘艳红	法学院	教授	日本	国际会议	2015.10.02—2015.10.06
刘建利	法学院	副教授	日本	国际会议	2015.10.02—2015.10.06
周少华	法学院	教授	日本	国际会议	2015.10.02—2015.10.06
李 源	机械工程学院	研究生	西班牙	短期学习	2015.10.02—2015.12.30
邱海波	附属中大医院	教授、主任医师	德国	国际会议	2015.10.03—2015.10.07
杨 毅	附属中大医院	主任医师	德国	国际会议	2015.10.03—2015.10.07
徐静媛	附属中大医院	住院医师	德国	国际会议	2015.10.03—2015.10.07
王明贤	经济管理学院	研究生	美国	国际会议	2015.10.03—2015.10.07
吕力兢	计算机科学与工程学院	研究生	法国、德国	合作研究并国际会议	2015.10.03—2015.10.10
朱 敏	电子科学与工程学院	副教授	美国	国际会议	2015.10.04—2015.10.08
陆振波	交通学院	副研究员	法国	国际会议	2015.10.04—2015.10.08
刘 玲	附属中大医院	副主任医师	德国	国际会议	2015.10.04—2015.10.08
吴 昊	能源与环境学院	研究生	美国	国际会议	2015.10.04—2015.10.08
王志功	信息科学与工程学院	教授	俄罗斯	执行国际专业认证任务	2015.10.04—2015.10.09
张 旋	电子科学与工程学院	研究生	美国	国际会议	2015.10.04—2015.10.09
钱振东	交通学院	教授	法国	工作访问	2015.10.05—2015.10.09
孙桂菊	公共卫生学院	教授	马来西亚	国际会议	2015.10.05—2015.10.09
饶文明	交通学院	研究生	法国	国际会议	2015.10.05—2015.10.09
陈建龙	数学系	教授	葡萄牙	合作研究	2015.10.05—2015.11.05
吴文甲	计算机科学与工程学院	讲师	中国香港	国际会议	2015.10.08—2015.10.12
史济源	计算机科学与工程学院	研究生	中国香港	国际会议	2015.10.08—2015.10.12
罗军舟	计算机科学与工程学院	教授、院长	中国香港	国际会议	2015.10.08—2015.10.13

（续　表）

姓名	单位	职称职务	国家或地区	任务	时间
李万林	信息科学与工程学院	教授	德国	合作研究	2015.10.08—2015.10.18
陆薇薇	外国语学院	副教授	日本	国际会议	2015.10.09—2015.10.13
张　然	马克思主义学院	研究生	美国	国际会议	2015.10.09—2015.10.13
唐明亮	生命科学研究院	研究员	法国	国际会议	2015.10.09—2015.10.14
曹海燕	数学系	讲师	日本	工作访问	2015.10.09—2015.10.15
蒋　艳	教务处	工程师	日本	工作访问	2015.10.09—2015.10.15
石　睿	能源与环境学院	本科生	日本	工作访问	2015.10.09—2015.10.15
沈　卉	外国语学院	本科生	日本	工作访问	2015.10.09—2015.10.15
刘国安	土木工程学院	本科生	日本	工作访问	2015.10.09—2015.10.15
桑　旭	机械工程学院	本科生	日本	工作访问	2015.10.09—2015.10.15
张　竞	土木工程学院	本科生	日本	工作访问	2015.10.09—2015.10.15
杨　升	吴健雄学院	本科生	日本	工作访问	2015.10.09—2015.10.15
宋雨遥	吴健雄学院	本科生	日本	工作访问	2015.10.09—2015.10.15
黄思佳	医学院	本科生	日本	工作访问	2015.10.09—2015.10.15
李佳琳	公共卫生学院	本科生	日本	工作访问	2015.10.09—2015.10.15
梁　爽	建筑学院	本科生	日本	工作访问	2015.10.09—2015.10.15
陈大鹏	仪器科学与工程学院	研究生	加拿大	国际会议	2015.10.10—2015.10.14
钱小平	法学院	副教授	匈牙利、罗马尼亚	国际会议并工作访问	2015.10.10—2015.10.17
欧阳本祺	法学院	教授	匈牙利、罗马尼亚	国际会议并工作访问	2015.10.10—2015.10.17
李　旋	材料科学与工程学院	研究生	韩国	国际会议	2015.10.11—2015.10.15
孙柳霞	材料科学与工程学院	研究生	韩国	国际会议	2015.10.11—2015.10.15
韩玉群	自动化学院	研究生	韩国	国际会议	2015.10.12—2015.10.16
孙启鸣	自动化学院	研究生	韩国	国际会议	2015.10.12—2015.10.16
康安明	自动化学院	研究生	韩国	国际会议	2015.10.12—2015.10.16
林晓静	经济管理学院	研究生	韩国	国际会议	2015.10.12—2015.10.16
李文文	经济管理学院	研究生	韩国	国际会议	2015.10.12—2015.10.16
林萍华	校长办公室	副校长、教授	毛里求斯、赞比亚、苏丹	工作访问	2015.10.12—2015.10.21
刘乃丰	医学院	院长、教授	毛里求斯、赞比亚、苏丹	工作访问	2015.10.12—2015.10.21

（续　表）

姓名	单位	职称职务	国家或地区	任务	时间
程建川	交通学院	副院长、教授	毛里求斯、赞比亚、苏丹	工作访问	2015.10.12—2015.10.21
孙蓓蓓	机械工程学院	副院长、教授	毛里求斯、赞比亚、苏丹	工作访问	2015.10.12—2015.10.21
王　利	海外教育学院	助教	毛里求斯、赞比亚、苏丹	工作访问	2015.10.12—2015.10.21
郝庆九	国际合作处	助理研究员	毛里求斯、赞比亚、苏丹	工作访问	2015.10.12—2015.10.21
金　石	信息科学与工程学院	教授	日本	国际会议	2015.10.13—2015.10.15
赵池航	交通学院	教授	加拿大	国际会议	2015.10.14—2015.10.18
陈美华	外国语学院	教授、院长	韩国	国际会议	2015.10.14—2015.10.18
朱善华	外国语学院	副教授、副院长	韩国	国际会议	2015.10.14—2015.10.18
张运胜	交通学院	研究生	加拿大	国际会议	2015.10.14—2015.10.18
钱　鹏	图书馆	研究馆员	德国、荷兰	工作访问	2015.10.14—2015.10.20
倪朝曦	计算机科学与工程学院	研究生	日本	国际会议	2015.10.15—2015.10.19
江　泓	建筑学院	讲师	德国	短期讲学	2015.10.15—2015.11.02
殷　铭	建筑学院	讲师	德国	短期讲学	2015.10.15—2015.11.02
詹　玚	土木工程学院	研究生	美国	合作研究	2015.10.15—2016.05.02
杨　颖	生命科学研究院	研究生	美国	国际会议	2015.10.16—2015.10.21
沈　炜	生命科学研究院	研究生	美国	国际会议	2015.10.16—2015.10.21
刘　斌	生命科学研究院	研究生	美国	国际会议	2015.10.16—2015.10.21
韩潇宁	生命科学研究院	研究生	美国	国际会议	2015.10.16—2015.10.21
王海兵	数学系	副教授	韩国	合作研究	2015.10.16—2015.10.27
王玉琢	建筑学院	研究生	德国	短期学习	2015.10.16—2015.11.03
高　楠	建筑学院	研究生	德国	短期学习	2015.10.16—2015.11.03
郑璐琳	建筑学院	研究生	德国	短期学习	2015.10.16—2015.11.03
张丹蕾	建筑学院	研究生	德国	短期学习	2015.10.16—2015.11.03
姜　巍	建筑学院	研究生	德国	短期学习	2015.10.16—2015.11.03
朱　宁	建筑学院	研究生	德国	短期学习	2015.10.16—2015.11.03
周艺晶	建筑学院	研究生	德国	短期学习	2015.10.16—2015.11.03
肖严航	建筑学院	研究生	德国	短期学习	2015.10.16—2015.11.03
陈信自	建筑学院	研究生	德国	短期学习	2015.10.16—2015.11.03

(续 表)

姓名	单位	职称职务	国家或地区	任务	时间
张涵昱	建筑学院	研究生	德国	短期学习	2015.10.16—2015.11.03
李 晋	建筑学院	研究生	德国	短期学习	2015.10.16—2015.11.03
胡雪倩	建筑学院	研究生	德国	短期学习	2015.10.16—2015.11.03
吴 迪	建筑学院	研究生	德国	短期学习	2015.10.16—2015.11.03
诸嘉巍	建筑学院	研究生	德国	短期学习	2015.10.16—2015.11.03
李哲健	建筑学院	研究生	德国	短期学习	2015.10.16—2015.11.03
陆 熹	建筑学院	研究生	德国	短期学习	2015.10.16—2015.11.03
顾 萌	建筑学院	研究生	德国	短期学习	2015.10.16—2015.11.03
朱怡然	建筑学院	研究生	德国	短期学习	2015.10.16—2015.11.03
赵 丹	外国语学院	研究生	日本	短期学习	2015.10.16—2016.01.12
戴艳萍	外国语学院	研究生	日本	短期学习	2015.10.16—2016.01.12
张 旸	外国语学院	研究生	日本	短期学习	2015.10.16—2016.01.12
白亚茹	外国语学院	研究生	日本	短期学习	2015.10.16—2016.01.12
黄超凡	外国语学院	研究生	日本	短期学习	2015.10.16—2016.01.12
孙丹丹	外国语学院	研究生	日本	短期学习	2015.10.16—2016.01.12
包沙日娜	外国语学院	研究生	日本	短期学习	2015.10.16—2016.01.12
朱新建	医学院	讲师	美国	国际会议	2015.10.17—2015.10.21
杨 帆	经济管理学院	讲师	新加坡	国际会议	2015.10.17—2015.10.21
阳建强	建筑学院	教授	荷兰、比利时	国际会议	2015.10.17—2015.10.24
徐 江	机械工程学院	副教授	德国、芬兰、瑞士	工作访问	2015.10.17—2015.10.26
张 彧	法学院	博士	中国台湾	国际会议	2015.10.17—2015.11.30
郝 立	自动化学院	讲师	韩国	国际会议	2015.10.18—2015.10.22
许 阳	集成电路学院	研究生	日本	国际会议	2015.10.18—2015.10.22
王 东	电气工程学院	研究生	韩国	国际会议	2015.10.18—2015.10.22
董 坤	电气工程学院	研究生	韩国	国际会议	2015.10.18—2015.10.22
徐嘉勃	建筑学院	研究生	荷兰	国际会议	2015.10.18—2015.10.22
李 念	电气工程学院	研究生	韩国	国际会议	2015.10.18—2015.10.22
史传兵	医学院	研究生	泰国	国际会议	2015.10.18—2015.10.22
黄 磊	电气工程学院	讲师	韩国	国际会议	2015.10.18—2015.10.23
曹玖新	计算机科学与工程学院	教授、副院长	澳大利亚	国际会议	2015.10.18—2015.10.23

（续　表）

姓名	单位	职称职务	国家或地区	任务	时间
董剑宁	电气工程学院	研究生	韩国	国际会议	2015.10.18—2015.10.23
刘晋华	建筑学院	研究生	荷兰	国际会议	2015.10.18—2015.10.23
毛海军	交通学院	教授	中国香港、澳门	国际会议	2015.10.18—2015.10.25
金　欣	建筑学院	研究生	比利时、荷兰	国际会议	2015.10.19—2015.10.23
林　岩	建筑学院	研究生	荷兰	国际会议	2015.10.19—2015.10.23
周　涛	计算机科学与工程学院	研究生	澳大利亚	国际会议	2015.10.19—2015.10.23
董亦楠	建筑学院	研究生	荷兰、比利时	国际会议	2015.10.19—2015.10.23
郭　辉	交通学院	博士	中国台湾	国际会议	2015.10.19—2015.10.26
祝谭雍	交通学院	博士	中国台湾	国际会议	2015.10.19—2015.10.26
赵洁雯	交通学院	博士	中国台湾	国际会议	2015.10.19—2015.10.26
陶　军	计算机科学与工程学院	副教授	瑞士	合作研究	2015.10.20—2015.10.24
葛　明	建筑学院	教授、副院长	澳大利亚	工作访问	2015.10.20—2015.10.24
张　彤	建筑学院	教授、副院长	澳大利亚	工作访问	2015.10.20—2015.10.24
朱　渊	建筑学院	副教授	澳大利亚	工作访问	2015.10.20—2015.10.24
张　愚	建筑学院	讲师	澳大利亚	工作访问	2015.10.20—2015.10.24
冯博威	软件学院	本科生	瑞士	短期学习	2015.10.20—2015.10.24
王凯旋	吴健雄学院	本科生	瑞士	短期学习	2015.10.20—2015.10.24
杨远益	信息科学与工程学院	本科生	瑞士	短期学习	2015.10.20—2015.10.24
戴广立	计算机科学与工程学院	本科生	瑞士	短期学习	2015.10.20—2015.10.24
谢　楠	软件学院	本科生	瑞士	短期学习	2015.10.20—2015.10.24
杨希梅	电子科学与工程学院	本科生	瑞士	短期学习	2015.10.20—2015.10.24
程　明	电气工程学院	教授	澳门、泰国	国际会议并工作访问	2015.10.20—2015.10.27
祝雪芬	仪器科学与工程学院	副教授	美国	研修	2015.10.20—2016.10.20
王　恒	能源与环境学院	研究生	英国	国际会议	2015.10.21—2015.10.25
朱　敏	电子科学与工程学院	副教授	中国台湾	国际会议	2015.10.22—2015.10.25
王东鹏	电子科学与工程学院	硕士	中国台湾	国际会议	2015.10.22—2015.10.25
潘崇霞	经济管理学院	研究生	新加坡	国际会议	2015.10.22—2015.10.26
花　为	电气工程学院	教授	澳门、泰国	国际会议并工作访问	2015.10.22—2015.10.29
牛　丹	自动化学院	讲师	日本	合作研究	2015.10.23—2015.10.29

（续　表)

姓名	单位	职称职务	国家或地区	任务	时间
王兴平	建筑学院	教授	加拿大	合作研究并国际会议	2015.10.23—2015.10.30
王　海	经济管理学院	研究生	泰国	国际会议	2015.10.24—2015.10.27
王　伟	电气工程学院	讲师	泰国	国际会议	2015.10.24—2015.10.28
王　政	电气工程学院	副研究员	泰国	国际会议	2015.10.24—2015.10.28
李　伟	电气工程学院	研究生	泰国	国际会议	2015.10.24—2015.10.28
李晓华	电子科学与工程学院	教授	英国	合作研究并国际会议	2015.10.24—2015.11.02
朱　真	电子科学与工程学院	讲师	韩国	国际会议	2015.10.25—2015.10.29
林明耀	电气工程学院	教授	泰国	国际会议	2015.10.25—2015.10.29
杨　鹏	计算机科学与工程学院	副教授	英国	国际会议	2015.10.25—2015.10.29
周　颖	计算机科学与工程学院	研究生	澳大利亚	国际会议	2015.10.25—2015.10.29
潘非非	电气工程学院	研究生	泰国	国际会议	2015.10.25—2015.10.29
时　睿	医学院	研究生	美国	国际会议	2015.10.25—2015.10.30
杨　俊	自动化学院	副教授	英国	合作研究	2015.10.25—2016.01.22
郭广银	党委办公室	教授	日本	工作访问	2015.10.26—2015.10.30
仲伟俊	党委办公室	教授	日本	工作访问	2015.10.26—2015.10.30
袁晓辉	自动化学院	教授	日本	工作访问	2015.10.26—2015.10.30
李久贤	信息科学与工程学院	教授	日本	工作访问	2015.10.26—2015.10.30
顾永红	电气工程学院	副研究员	日本	工作访问	2015.10.26—2015.10.30
梅汉成	国际合作处	副处长	日本	工作访问	2015.10.26—2015.10.30
周智勇	物理系	副教授	日本	国际会议	2015.10.27—2015.10.30
衡　伟	信息科学与工程学院	教授	泰国	国际会议	2015.10.27—2015.11.01
陈玉玲	法学院	副教授	中国台湾	国际会议	2015.10.27—2015.11.01
叶绪国	数学系	研究生	土耳其	国际会议	2015.10.27—2015.11.02
赵彦勇	数学系	研究生	土耳其	国际会议	2015.10.27—2015.11.02
金　虹	附属中大医院	副主任医师	日本	国际会议	2015.10.28—2015.11.01
邱海波	附属中大医院	副院长、教授	新西兰	国际会议	2015.10.28—2015.11.01
周一帆	机械工程学院	副教授	澳大利亚	合作研究	2015.10.29—2015.11.12
唐秋莎	医学院	副教授	中国台湾	国际会议	2015.10.30—2015.11.03
安艳丽	医学院	教师	中国台湾	国际会议	2015.10.30—2015.11.03

(续　表)

姓名	单位	职称职务	国家或地区	任务	时间
缪凤琴	医学院	教师	中国台湾	国际会议	2015.10.30—2015.11.03
韩　勇	医学院	博士	中国台湾	国际会议	2015.10.30—2015.11.03
王曦辉	医学院	硕士	中国台湾	国际会议	2015.10.30—2015.11.03
杨　蕊	医学院	博士	中国台湾	国际会议	2015.10.30—2015.11.03
杨东辉	经济管理学院	讲师	美国	国际会议	2015.10.31—2015.11.04
黄　超	经济管理学院	教授	美国	国际会议	2015.10.31—2015.11.04
刘新旺	经济管理学院	教授	美国	国际会议	2015.10.31—2015.11.04
廖小平	电子科学与工程学院	教授	韩国	国际会议	2015.10.31—2015.11.04
黄庆安	电子科学与工程学院	教授	韩国	国际会议	2015.10.31—2015.11.04
韩　磊	电子科学与工程学院	副教授	韩国	国际会议	2015.10.31—2015.11.04
王立峰	电子科学与工程学院	讲师	韩国	国际会议	2015.10.31—2015.11.04
易真翔	电子科学与工程学院	讲师	韩国	国际会议	2015.10.31—2015.11.04
于云雷	生物科学与医学工程学院	本科生	澳门	国际会议	2015.10.31—2015.11.04
孙文昊	信息科学与工程学院	研究生	美国	国际会议	2015.10.31—2015.11.04
闫　浩	电子科学与工程学院	研究生	韩国	国际会议	2015.10.31—2015.11.04
韩居正	电子科学与工程学院	研究生	韩国	国际会议	2015.10.31—2015.11.04
严嘉彬	电子科学与工程学院	研究生	韩国	国际会议	2015.10.31—2015.11.04
任青颖	电子科学与工程学院	研究生	韩国	国际会议	2015.10.31—2015.11.04
幸　研	机械工程学院	教授	韩国	国际会议	2015.10.31—2015.11.05
马旭东	自动化学院	教授	中国台湾	国际会议	2015.10.31—2015.11.05
缪惠宇	电气工程学院	博士	中国台湾	国际会议	2015.10.31—2015.11.05
张　静	心理健康教育中心	讲师	中国台湾	国际会议	2015.10.31—2015.11.06
江雪华	学生处	教师	中国台湾	国际会议	2015.10.31—2015.11.06
赖明辉	经济管理学院	讲师	美国	国际会议并工作访问	2015.10.31—2015.11.08
符小玲	经济管理学院	副教授	美国	国际会议并工作访问	2015.10.31—2015.11.08
李　敏	经济管理学院	教授	美国	国际会议并工作访问	2015.10.31—2015.11.08
薛巍立	经济管理学院	副教授	西班牙、德国	合作研究并国际会议	2015.10.31—2015.11.09

（续　表）

姓名	单位	职称职务	国家或地区	任务	时间
王海燕	经济管理学院	教授	西班牙、德国	合作研究并国际会议	2015.10.31—2015.11.09
孙胜楠	经济管理学院	讲师	西班牙、德国	合作研究并国际会议	2015.10.31—2015.11.09
周　平	生物科学与医学工程学院	副教授	澳门	国际会议	2015.11.01—2015.11.04
樊祥宁	信息科学与工程学院	教授	以色列	国际会议	2015.11.01—2015.11.05
莫凌飞	仪器科学与工程学院	副教授	韩国	国际会议	2015.11.01—2015.11.05
汤　励	信息科学与工程学院	研究生	以色列	国际会议	2015.11.01—2015.11.05
花再军	信息科学与工程学院	研究生	以色列	国际会议	2015.11.01—2015.11.05
丁　辉	校长办公室	副校长、教授	澳大利亚、新西兰	工作访问	2015.11.01—2015.11.08
薛　烽	材料科学与工程学院	院长、教授	澳大利亚、新西兰	工作访问	2015.11.01—2015.11.08
宋爱国	仪器科学与工程学院	院长、教授	澳大利亚、新西兰	工作访问	2015.11.01—2015.11.08
黄　凯	苏州联合研究生院	院长、教授	澳大利亚、新西兰	工作访问	2015.11.01—2015.11.08
孙红霞	财务处	副处长、会计师	澳大利亚、新西兰	工作访问	2015.11.01—2015.11.08
侯道平	国际合作处	研究实习员	澳大利亚、新西兰	工作访问	2015.11.01—2015.11.08
蔡建国	土木工程学院	副研究员	丹麦	学术研讨	2015.11.01—2015.11.10
钱泽伦	土木工程学院	研究生	丹麦	短期学习	2015.11.01—2015.11.10
任　政	土木工程学院	研究生	丹麦	短期学习	2015.11.01—2015.11.10
马瑞君	土木工程学院	研究生	丹麦	短期学习	2015.11.01—2015.11.10
陆　栋	土木工程学院	研究生	丹麦	短期学习	2015.11.01—2015.11.10
贾文文	土木工程学院	研究生	丹麦	短期学习	2015.11.01—2015.11.10
徐奥麟	土木工程学院	研究生	丹麦	短期学习	2015.11.01—2015.11.10
余亚男	土木工程学院	研究生	丹麦	短期学习	2015.11.01—2015.11.10
石饶桥	能源与环境学院	研究生	英国	合作研究	2015.11.01—2016.04.30
吕建华	计算机科学与工程学院	副教授	美国	留学进修	2015.11.01—2016.10.31
李闽川	建筑学院	研究生	韩国	国际会议	2015.11.02—2015.11.06
张　晓	公共卫生学院	副教授	中国台湾	国际会议	2015.11.02—2015.11.08
刘　蓉	公共卫生学院	副教授	中国台湾	国际会议	2015.11.02—2015.11.08

（续表）

姓名	单位	职称职务	国家或地区	任务	时间
郑文明	学习科学研究中心	教授	墨西哥	国际会议	2015.11.03—2015.11.07
朱艳梅	学习科学研究中心	讲师	墨西哥	国际会议	2015.11.03—2015.11.07
汤日宁	附属中大医院	副主任医师	美国	国际会议	2015.11.03—2015.11.07
冯玉龙	土木工程学院	研究生	韩国	国际会议	2015.11.03—2015.11.07
谢 钦	土木工程学院	研究生	韩国	国际会议	2015.11.03—2015.11.07
胡星星	建筑学院	研究生	波兰	国际会议	2015.11.03—2015.11.07
范文超	电气工程学院	研究生	泰国	国际会议	2015.11.03—2015.11.07
陆金钰	土木工程学院	副教授	韩国	国际会议	2015.11.04—2015.11.08
卢瑞华	土木工程学院	讲师	韩国	国际会议	2015.11.04—2015.11.08
冯若强	土木工程学院	教授	韩国	国际会议	2015.11.04—2015.11.08
郑宝锋	土木工程学院	研究生	韩国	国际会议	2015.11.04—2015.11.08
廖 杰	土木工程学院	研究生	韩国	国际会议	2015.11.04—2015.11.08
丁智霞	土木工程学院	研究生	韩国	国际会议	2015.11.04—2015.11.08
李 青	电子科学与工程学院	教授	中国台湾	国际会议	2015.11.04—2015.11.08
孙虎跃	土木工程学院	研究生	韩国	国际会议	2015.11.04—2015.11.09
王星星	土木工程学院	研究生	韩国	国际会议	2015.11.04—2015.11.09
徐宿东	交通学院	副教授	新加坡	国际会议	2015.11.04—2015.11.10
王晓英	公共卫生学院	讲师	美国	合作研究	2015.11.05—2016.11.04
王美美	附属中大医院	教授、主任医师	美国	国际会议	2015.11.06—2015.11.11
刘 玲	附属中大医院	副主任医师	美国	国际会议	2015.11.07—2015.11.11
高铁峰	电气工程学院	研究生	日本	国际会议	2015.11.07—2015.11.11
储 亚	交通学院	研究生	日本	国际会议	2015.11.07—2015.11.11
蔡光华	交通学院	研究生	日本	国际会议	2015.11.07—2015.11.11
臧凤超	附属中大医院	工程师	德国	实习培训	2015.11.07—2015.11.15
张 琪	机械工程学院	研究生	澳大利亚	访问考察	2015.11.07—2015.11.16
张 洋	电气工程学院	研究生	美国	短期学习	2015.11.07—2016.02.13
李世华	自动化学院	教授、副院长	日本	国际会议	2015.11.08—2015.11.12
钱 堃	自动化学院	副教授	日本	国际会议	2015.11.08—2015.11.12
马慧锋	信息科学与工程学院	研究员	澳大利亚	国际会议	2015.11.08—2015.11.12
程 强	信息科学与工程学院	研究员	澳大利亚	国际会议	2015.11.08—2015.11.12

(续 表)

姓名	单位	职称职务	国家或地区	任务	时间
姚 佳	电气工程学院	研究生	日本	国际会议	2015.11.08—2015.11.12
台流臣	电气工程学院	研究生	日本	国际会议	2015.11.08—2015.11.12
吕振宇	电气工程学院	研究生	日本	国际会议	2015.11.08—2015.11.12
施 烨	电气工程学院	研究生	日本	国际会议	2015.11.08—2015.11.12
边汉亮	交通学院	研究生	日本	国际会议	2015.11.08—2015.11.12
周张泉	计算机科学与工程学院	研究生	意大利	国际会议	2015.11.08—2015.11.12
颜赟达	自动化学院	研究生	日本	国际会议	2015.11.08—2015.11.13
满朝媛	自动化学院	研究生	日本	国际会议	2015.11.08—2015.11.13
段钰锋	能源与环境学院	讲师	中国台湾	国际会议	2015.11.08—2015.11.15
张有明	信息科学与工程学院	研究生	印度尼西亚	国际会议	2015.11.09—2015.11.13
王建华	电气工程学院	讲师	日本	国际会议	2015.11.09—2015.11.13
郝张成	信息科学与工程学院	教授	澳大利亚	国际会议	2015.11.09—2015.11.13
周 波	自动化学院	副教授	日本	国际会议	2015.11.09—2015.11.13
曾骥敏	能源与环境学院	研究生	美国	国际会议	2015.11.09—2015.11.13
宗 源	学习科学研究中心	研究生	美国	国际会议	2015.11.09—2015.11.13
罗贤亮	信息科学与工程学院	研究生	印度尼西亚	国际会议	2015.11.09—2015.11.13
顾 凯	建筑学院	讲师	韩国	国际会议	2015.11.10—2015.11.14
焦 键	建筑学院	讲师	韩国	国际会议	2015.11.10—2015.11.14
裴逸飞	建筑学院	研究生	韩国	国际会议	2015.11.10—2015.11.14
高 幸	建筑学院	研究生	韩国	国际会议	2015.11.10—2015.11.14
陈 坚	材料科学与工程学院	副教授	瑞典、英国	国际会议并工作访问	2015.11.10—2015.11.18
孙 啸	生物科学与医学工程学院	教授	中国台湾	国际会议	2015.11.11—2015.11.14
苏 林	生物科学与医学工程学院	博士	中国台湾	国际会议	2015.11.11—2015.11.14
沈宝龙	材料科学与工程学院	教授、副院长	韩国	国际会议	2015.11.11—2015.11.15
曹燕黎	海外教育学院	讲师	泰国	工作访问	2015.11.11—2015.11.15
王 利	国际合作处	副处长	泰国	工作访问	2015.11.11—2015.11.15
张军毅	生物科学与医学工程学院	研究生	美国	国际会议	2015.11.12—2015.11.16
顾建新	图书馆	馆长、教授	美国、加拿大	工作访问	2015.11.12—2015.11.19

(续 表)

姓名	单位	职称职务	国家或地区	任务	时间
刘　波	校长办公室	副校长、研究员	美国、加拿大	工作访问	2015.11.12—2015.11.19
刘灿铭	艺术学院	教授	美国、加拿大	工作访问	2015.11.12—2015.11.19
王　珏	文学院	教授、院长	美国、加拿大	工作访问	2015.11.12—2015.11.19
邱　斌	海外教育学院	教授、院长	美国、加拿大	工作访问	2015.11.12—2015.11.19
张敏灵	计算机科学与工程学院	教授	美国	国际会议	2015.11.13—2015.11.17
刘　宏	生物科学与医学工程学院	教授	美国	国际会议	2015.11.14—2015.11.18
王旭冲	电气工程学院	研究生	澳大利亚	国际会议	2015.11.14—2015.11.18
朱晓维	信息科学与工程学院	教授	日本	国际会议	2015.11.15—2015.11.18
周佺桢	电子科学与工程学院	讲师	日本	国际会议	2015.11.15—2015.11.19
顾青瑶	信息科学与工程学院	助理	日本	国际会议	2015.11.15—2015.11.19
梁金星	仪器科学与工程学院	副研究员	日本	国际会议并工作访问	2015.11.15—2015.11.19
浦跃朴	校长办公室	教授、副校长	日本	工作访问	2015.11.15—2015.11.19
史兰新	国际合作处	处长	日本	工作访问	2015.11.15—2015.11.19
郝庆九	国际合作处	讲师	日本	工作访问	2015.11.15—2015.11.19
朱诚诚	电子科学与工程学院	本科生	日本	国际会议	2015.11.15—2015.11.19
闫隆鑫	电子科学与工程学院	本科生	日本	国际会议	2015.11.15—2015.11.19
方天琦	电子科学与工程学院	本科生	日本	国际会议	2015.11.15—2015.11.19
张若兰	电子科学与工程学院	本科生	日本	国际会议	2015.11.15—2015.11.19
徐晓芬	电子科学与工程学院	本科生	日本	国际会议	2015.11.15—2015.11.19
徐余浩	信息科学与工程学院	本科生	日本	国际会议	2015.11.15—2015.11.19
刘逸聪	信息科学与工程学院	本科生	日本	国际会议	2015.11.15—2015.11.19
高璇璇	信息科学与工程学院	本科生	日本	国际会议	2015.11.15—2015.11.19
常天羽	信息科学与工程学院	本科生	日本	国际会议	2015.11.15—2015.11.19
张　远	信息科学与工程学院	本科生	日本	国际会议	2015.11.15—2015.11.19
肖　迪	信息科学与工程学院	本科生	日本	国际会议	2015.11.15—2015.11.19
黄文欢	信息科学与工程学院	本科生	日本	国际会议	2015.11.15—2015.11.19
裴　璐	无锡分校	本科生	日本	国际会议	2015.11.15—2015.11.19
陈同广	吴健雄学院	本科生	日本	国际会议	2015.11.15—2015.11.19
白　岚	吴健雄学院	本科生	日本	国际会议	2015.11.15—2015.11.19

(续　表)

姓名	单位	职称职务	国家或地区	任务	时间
黄灵莹	吴健雄学院	本科生	日本	国际会议	2015.11.15—2015.11.19
张　靓	仪器科学与工程学院	研究生	日本	国际会议	2015.11.15—2015.11.19
马　建	机械工程学院	研究生	美国	国际会议	2015.11.15—2015.11.19
王红兵	计算机科学与工程学院	教授	印度	国际会议	2015.11.15—2015.11.20
沙菁㛃	机械工程学院	副教授	美国	国际会议	2015.11.15—2015.11.20
李　堃	机械工程学院	研究生	美国	国际会议	2015.11.15—2015.11.20
薛　鹏	物理系	教授	日本	国际会议并工作访问	2015.11.15—2015.11.21
王青松	电气工程学院	研究生	丹麦	短期学习	2015.11.15—2016.05.14
胡津铭	信息科学与工程学院	研究生	澳大利亚	国际会议	2015.11.16—2015.11.20
季良玉	经济管理学院	研究生	新加坡	国际会议	2015.11.16—2015.11.20
张昕然	信息科学与工程学院	研究生	印度尼西亚	国际会议	2015.11.16—2015.11.21
张玉健	计算机科学与工程学院	研究生	澳大利亚	国际会议	2015.11.16—2015.11.21
李　晶	信息科学与工程学院	研究生	印度尼西亚	国际会议	2015.11.16—2015.11.21
衡　伟	信息科学与工程学院	教授	澳大利亚	学术交流	2015.11.16—2015.11.20
沈　炯	校长办公室	教授、副校长	中国香港	工作访问	2015.11.17—2015.11.19
徐　嘉	编辑部	教授	中国香港	工作访问	2015.11.17—2015.11.19
孙伟锋	电子科学与工程学院	教授、院长	韩国	国际会议	2015.11.17—2015.11.20
滕皋军	附属中大医院	院长	中国台湾	学术交流	2015.11.18—2015.11.20
陈　明	附属中大医院	副院长	中国台湾	学术交流	2015.11.18—2015.11.20
李　玲	附属中大医院	院长助理	中国台湾	学术交流	2015.11.18—2015.11.20
叶　伟	附属中大医院	主任	中国台湾	学术交流	2015.11.18—2015.11.20
徐晨慧	附属中大医院	主任	中国台湾	学术交流	2015.11.18—2015.11.20
孙珊珊	能源与环境学院	研究生	新西兰	国际会议	2015.11.18—2015.11.22
顾丛汇	能源与环境学院	研究生	新西兰	国际会议	2015.11.18—2015.11.22
袁勇贵	附属中大医院	医师	中国台湾	国际会议	2015.11.18—2015.11.22
卢　熹	机械工程学院	副教授	澳大利亚	合作研究	2015.11.18—2015.11.29
李　普	机械工程学院	教授	澳大利亚	合作研究	2015.11.18—2015.11.29
张建润	机械工程学院	教授	澳大利亚	合作研究	2015.11.18—2015.11.29
苟少华	化学化工学院	教授	美国	合作研究	2015.11.19—2015.11.23
李　敏	材料科学与工程学院	教授	新西兰	国际会议	2015.11.19—2015.11.23

（续　表）

姓名	单位	职称职务	国家或地区	任务	时间
杨　春	电子科学与工程学院	教授	中国香港	国际会议	2015.11.19—2015.11.23
张敏灵	计算机科学与工程学院	教授	中国香港	国际会议	2015.11.19—2015.11.23
曹哲玮	电子科学与工程学院	研究生	中国香港	国际会议	2015.11.19—2015.11.23
于　菲	计算机科学与工程学院	研究生	中国香港	国际会议	2015.11.19—2015.11.23
熊艳艳	经济管理学院	副教授	美国	国际会议	2015.11.20—2015.11.24
陈宝安	附属中大医院	教授、主任医师	日本	国际会议	2015.11.20—2015.11.24
刘　沛	公共卫生学院	教授	日本	国际会议	2015.11.20—2015.11.24
徐赵东	土木工程学院	教授	美国	合作研究	2015.11.20—2016.02.20
管驰明	经济管理学院	副教授	美国	国际会议	2015.11.21—2015.11.25
夏思宇	自动化学院	副教授	新西兰	国际会议	2015.11.21—2015.11.25
王青松	电气工程学院	研究生	意大利	国际会议	2015.11.21—2015.11.25
殷勇高	能源与环境学院	教授	韩国	国际会议	2015.11.22—2015.11.26
鲁乃唯	土木工程学院	讲师	韩国	国际会议	2015.11.22—2015.11.26
马　强	能源与环境学院	研究生	韩国	国际会议	2015.11.22—2015.11.26
张培伟	土木工程学院	系主任	美国	合作研究	2015.11.23—2015.11.28
何　杰	交通学院	教授	中国台湾	国际会议	2015.11.23—2015.11.28
杭　文	交通学院	副教授	中国台湾	国际会议	2015.11.23—2015.11.28
章　晨	交通学院	博士	中国台湾	国际会议	2015.11.23—2015.11.28
刘松琴	化学化工学院	副院长、教授	美国	留学进修	2015.11.23—2015.12.21
陈　伟	仪器科学与工程学院	研究生	韩国	国际会议	2015.11.24—2015.11.27
乐英高	仪器科学与工程学院	研究生	韩国	国际会议	2015.11.24—2015.11.27
孙立涛	电子科学与工程学院	教授、副院长	日本	国际会议	2015.11.24—2015.11.28
周文竹	建筑学院	副教授	法国	国际会议	2015.11.24—2015.11.28
洪　伟	信息科学与工程学院	教授、院长	中国香港	与会	2015.11.25—2015.11.28
马小勇	经济管理学院	博士	中国台湾	国际会议	2015.11.26—2015.11.28
任晓妹	附属中大医院	副主任医师	韩国	国际会议	2015.11.27—2015.11.30
周　琛	外国语学院	副教授	日本	国际会议	2015.11.27—2015.12.01
徐　嘉	编辑部	教授	日本	国际会议	2015.11.27—2015.12.01
王　珏	人文学院	教授	日本	国际会议	2015.11.27—2015.12.01
杨元魁	学习科学研究中心	讲师	巴西	国际会议	2015.11.28—2015.12.02

（续　表）

姓名	单位	职称职务	国家或地区	任务	时间
滕皋军	附属中大医院	教授、院长	美国	国际会议	2015.11.28—2015.12.02
张　芹	土木工程学院	研究生	澳大利亚	国际会议	2015.11.28—2015.12.02
孙崇芳	土木工程学院	研究生	澳大利亚	国际会议	2015.11.28—2015.12.02
马　康	土木工程学院	研究生	日本	国际会议	2015.11.28—2015.12.03
梁宗保	学习科学研究中心	副教授	巴西	国际会议	2015.11.28—2015.12.09
居胜红	附属中大医院	主任医师、教授	美国	国际会议	2015.11.29—2015.12.03
孙子林	医学院	教授、副院长	加拿大	国际会议并工作访问	2015.11.29—2015.12.05
彭新桂	附属中大医院	主治医师	美国	国际会议	2015.11.30—2015.12.04
靳激扬	附属中大医院	副主任医师	美国	国际会议	2015.11.30—2015.12.04
吴　波	能源与环境学院	研究生	日本	国际会议	2015.11.30—2015.12.04
顾忠泽	生物科学与医学工程学院	教授、院长	澳大利亚	国际会议	2015.11.30—2015.12.05
徐春祥	生物科学与医学工程学院	教授、副院长	澳大利亚	国际会议	2015.11.30—2015.12.05
赵远锦	生物科学与医学工程学院	副研究员	澳大利亚	国际会议	2015.11.30—2015.12.05
田　亮	医学院	研究生	美国	短期学习	2015.11.30—2016.03.31
曹进德	数学系	教授	中国香港	国际会议	2015.12.01—2015.12.05
刘肖凡	计算机科学与工程学院	副教授	中国香港	国际会议	2015.12.01—2015.12.05
朱　敏	电子科学与工程学院	副教授	新加坡	国际会议	2015.12.01—2015.12.05
韩冬青	建筑学院	教授、院长	美国	工作访问	2015.12.01—2015.12.05
王建国	建筑学院	教授	美国	工作访问	2015.12.01—2015.12.05
葛　明	建筑学院	教授、副院长	美国	工作访问	2015.12.01—2015.12.05
陈汉武	计算机科学与工程学院	教授	中国台湾	国际会议	2015.12.01—2015.12.07
陈宝安	附属中大医院	教授、主任医师	美国	合作研究并国际会议	2015.12.01—2015.12.14
钱春香	材料科学与工程学院	教授	美国	培训	2015.12.01—2015.12.15
李永辉	建筑学院	副教授	日本	合作研究	2015.12.01—2016.01.07
张旭海	材料科学与工程学院	副教授	中国香港	合作研究	2015.12.01—2016.05.31
孙伟锋	电子科学与工程学院	教授、院长	美国、加拿大	工作访问	2015.12.02—2015.12.06
王新刚	医学院	研究生	马来西亚	国际会议	2015.12.02—2015.12.07

(续　表)

姓名	单位	职称职务	国家或地区	任务	时间
李维滨	基本建设处	教授、处长	美国、加拿大	工作访问	2015.12.02—2015.12.09
郑家茂	校长办公室	教授、副校长	美国、加拿大	工作访问	2015.12.02—2015.12.09
程建川	交通学院	教授、副院长	美国、加拿大	工作访问	2015.12.02—2015.12.09
吴　涓	教务处	教授、副处长	美国、加拿大	工作访问	2015.12.02—2015.12.09
袁　超	国际合作处	秘书	美国、加拿大	工作访问	2015.12.02—2015.12.09
杨　艳	信息科学与工程学院	副教授	法国、德国	国际会议并工作访问	2015.12.02—2015.12.09
崔铁军	信息科学与工程学院	教授、副院长	法国、德国	国际会议并工作访问	2015.12.02—2015.12.12
梁彩华	能源与环境学院	教授	中国台湾	国际会议	2015.12.03—2015.12.09
陈振乾	能源与环境学院	教授	中国台湾	国际会议	2015.12.03—2015.12.09
杨文星	物理系	教授	中国台湾	合作研究	2015.12.03—2015.12.25
孙伟锋	电子科学与工程学院	教授、院长	美国	国际会议	2015.12.04—2015.12.06
丁家华	附属中大医院	主任医师	美国	国际会议	2015.12.04—2015.12.08
曹向辉	自动化学院	副教授	美国	国际会议	2015.12.05—2015.12.09
张　伟	经济管理学院	研究生	新加坡	国际会议	2015.12.05—2015.12.09
秦东润	信息科学与工程学院	研究生	美国	国际会议	2015.12.05—2015.12.10
凌昕彤	信息科学与工程学院	研究生	美国	国际会议	2015.12.05—2015.12.10
陈　辉	附属中大医院	主任医师	瑞士	培训	2015.12.05—2015.12.12
王东明	信息科学与工程学院	副研究员	美国	国际会议	2015.12.06—2015.12.10
张　源	信息科学与工程学院	副教授	美国	国际会议	2015.12.06—2015.12.10
金　石	信息科学与工程学院	教授	美国	国际会议	2015.12.06—2015.12.10
陈　静	电子科学与工程学院	副教授	阿联酋	国际会议	2015.12.06—2015.12.10
郑　军	信息科学与工程学院	教授	美国	国际会议	2015.12.06—2015.12.10
任　红	信息科学与工程学院	研究生	美国	国际会议	2015.12.06—2015.12.10
张海洋	信息学院	研究生	美国	国际会议	2015.12.06—2015.12.10
孟　鑫	信息科学与工程学院	研究生	美国	国际会议	2015.12.06—2015.12.10
马　莉	仪器科学与工程学院	研究生	澳大利亚	国际会议	2015.12.06—2015.12.12
朱峰岐	土木工程学院	研究生	澳大利亚	国际会议	2015.12.07—2015.12.12
郑宇宙	交通学院	研究生	澳大利亚	国际会议	2015.12.07—2015.12.12
吕清芳	土木工程学院	副研究员	澳大利亚	国际会议	2015.12.07—2015.12.13

（续　表）

姓名	单位	职称职务	国家或地区	任务	时间
王兴松	机械工程学院	教授	澳大利亚	国际会议并工作访问	2015.12.07—2015.12.16
莫凌飞	仪器科学与工程学院	副教授	新西兰	国际会议	2015.12.08—2015.12.11
夏　军	电子科学与工程学院	教授	日本	国际会议	2015.12.08—2015.12.12
吴　啸	能源与环境学院	讲师	印度	国际会议	2015.12.08—2015.12.12
高成发	交通学院	教授	澳大利亚	国际会议	2015.12.08—2015.12.12
蔡体菁	仪器科学与工程学院	教授	澳大利亚	国际会议	2015.12.08—2015.12.12
汤勇明	电子科学与工程学院	研究员、副院长	日本	国际会议	2015.12.08—2015.12.12
王文炜	交通学院	教授	澳大利亚	国际会议	2015.12.08—2015.12.12
赵　健	电子科学与工程学院	研究生	日本	国际会议	2015.12.08—2015.12.12
王　坚	电子科学与工程学院	研究生	日本	国际会议	2015.12.08—2015.12.12
史健喆	土木工程学院	研究生	澳大利亚	国际会议	2015.12.08—2015.12.12
高　旺	交通学院	研究生	澳大利亚	国际会议	2015.12.08—2015.12.12
丁茂华	交通学院	研究生	澳大利亚	国际会议	2015.12.08—2015.12.12
钱学武	仪器科学与工程学院	研究生	澳大利亚	国际会议	2015.12.08—2015.12.12
王捍兵	仪器科学与工程学院	研究生	澳大利亚	国际会议	2015.12.08—2015.12.12
孙　进	仪器科学与工程学院	研究生	澳大利亚	国际会议	2015.12.08—2015.12.12
何农跃	交通学院	教授	新加坡	国际会议	2015.12.09—2015.12.13
柏　毅	生物科学与医学工程学院	教授	中国台湾	国际会议	2015.12.09—2015.12.13
朱艳梅	生物科学与医学工程学院	讲师	中国台湾	国际会议	2015.12.09—2015.12.13
吴在军	电气工程学院	教授	中国台湾	研讨交流	2015.12.09—2015.12.13
陈　柱	生物科学与医学工程学院	研究生	新加坡	国际会议	2015.12.10—2015.12.13
陈　慧	生物科学与医学工程学院	研究生	新加坡	国际会议	2015.12.10—2015.12.13
牟贤波	生物科学与医学工程学院	研究生	新加坡	国际会议	2015.12.10—2015.12.13
涂　岩	附属中大医院	主治医师	中国香港	国际会议	2015.12.10—2015.12.14
刘　丹	附属中大医院	住院医师	中国香港	国际会议	2015.12.10—2015.12.14
朱冬冬	医学院	研究生	中国香港	国际会议	2015.12.10—2015.12.14
仲斌演	医学院	研究生	印度	国际会议	2015.12.10—2015.12.14

(续　表)

姓名	单位	职称职务	国家或地区	任务	时间
谢　维	生命科学研究院	教授、院长	美国	合作研究	2015.12.10—2015.12.19
李铁香	数学系	副教授	中国台湾	学术交流	2015.12.10—2015.12.27
闻　毅	医学院	研究生	中国香港	国际会议	2015.12.11—2015.12.13
刘继军	数学系	教授	中国台湾	合作研究	2015.12.11—2015.12.21
王　喆	电气工程学院	研究生	马来西亚	国际会议	2015.12.12—2015.12.15
阳　媛	仪器科学与工程学院	讲师	美国	工作访问	2015.12.12—2015.12.16
王　晓	生命科学研究院	研究生	美国	国际会议	2015.12.12—2015.12.16
李　娜	仪器科学与工程学院	研究生	美国	合作研究	2015.12.12—2015.12.16
董　卫	建筑学院	教授	法国	国际会议	2015.12.13—2015.12.15
张　川	信息科学与工程学院	副教授	美国	国际会议	2015.12.13—2015.12.17
尤肖虎	信息科学与工程学院	教授	美国	国际会议	2015.12.13—2015.12.17
沙小仕	信息科学与工程学院	研究生	美国	国际会议	2015.12.13—2015.12.17
余登高	信息科学与工程学院	研究生	美国	国际会议	2015.12.13—2015.12.17
朱　庆	机械学院	研究生	韩国	国际会议	2015.12.13—2015.12.17
王　毅	信息科学与工程学院	研究生	美国	国际会议	2015.12.13—2015.12.17
袁　鸣	信息科学与工程学院	研究生	美国	国际会议	2015.12.13—2015.12.18
王翔宇	自动化学院	讲师	日本	国际会议	2015.12.14—2015.12.18
李世华	自动化学院	教授、副院长	日本	国际会议	2015.12.14—2015.12.18
李　敏	材料科学与工程学院	教授	荷兰	国际会议	2015.12.14—2015.12.18
孙志忠	数学系	教授	俄罗斯	国际会议	2015.12.14—2015.12.18
田　馨	交通学院	讲师	美国	国际会议	2015.12.14—2015.12.18
朱冬梅	经济管理学院	讲师	澳大利亚	国际会议	2015.12.14—2015.12.18
张　亚	自动化学院	副教授	日本	国际会议	2015.12.14—2015.12.18
杨　熙	信息科学与工程学院	研究生	美国	国际会议	2015.12.14—2015.12.18
弥　甜	机械工程学院	研究生	日本	国际会议	2015.12.14—2015.12.18
刘卫东	交通学院	研究生	中国香港	国际会议	2015.12.14—2015.12.19
蔡晓波	体育系	教授	中国台湾	研讨交流	2015.12.14—2015.12.20
王金兰	物理系	教授	美国	合作研究并与会	2015.12.14—2015.12.22
田玉平	自动化学院	教授	日本	国际会议并合作研究	2015.12.14—2015.12.23
王绍灵	财务处	副处长	瑞典、挪威	巡回会计工作任务	2015.12.14—2015.12.26
陈扬扬	自动化学院	副教授	日本	国际会议	2015.12.15—2015.12.19
邵　健	物理系	研究生	泰国	国际会议	2015.12.15—2015.12.19

（续　表）

姓名	单位	职称职务	国家或地区	任务	时间
汪萨克	物理系	研究生	泰国	国际会议	2015.12.15—2015.12.19
张孔生	数学系	研究生	新加坡	国际会议	2015.12.15—2015.12.19
陈汉武	计算机科学与工程学院	教授	澳大利亚	合作研究	2015.12.15—2015.12.22
李　昶	交通学院	副教授	肯尼亚	合作研究	2015.12.15—2016.01.12
唐　皓	交通学院	研究生	肯尼亚	合作研究	2015.12.15—2016.02.05
刘　松	材料科学与工程学院	研究生	新加坡	短期学习	2015.12.15—2016.06.15
黄　诺	信息科学与工程学院	研究生	美国	短期学习	2015.12.15—2016.06.15
尹　威	经济管理学院	讲师	越南	国际会议	2015.12.16—2015.12.19
顾　宁	生物科学与医学工程学院	教授	美国	国际会议	2015.12.16—2015.12.20
张亚梅	材料科学与工程学院	教授、副院长	印度	国际会议	2015.12.16—2015.12.20
李绍芳	经济管理学院	讲师	印度尼西亚	国际会议	2015.12.17—2015.12.21
胡姣姣	生命科学研究院	研究生	新加坡	国际会议	2015.12.17—2015.12.21
应后群	医学院	研究生	新加坡	国际会议	2015.12.17—2015.12.21
王　侠	信息科学与工程学院	研究生	越南	国际会议	2015.12.17—2015.12.21
赵　力	信息科学与工程学院	教授	越南	国际会议	2015.12.18—2015.12.22
柳晶晶	信息科学与工程学院	研究生	越南	国际会议	2015.12.18—2015.12.22
查　诚	信息科学与工程学院	研究生	越南	国际会议	2015.12.18—2015.12.22
赵　驰	经济管理学院	讲师	中国台湾	国际会议	2015.12.18—2015.12.27
李　炜	材料科学与工程学院	研究生	英国	短期学习	2015.12.20—2016.06.20
沈傲东	计算机科学与工程学院	讲师	日本	国际会议	2015.12.23—2015.12.27
黄晓明	交通学院	教授	美国	国际会议并合作研究	2015.12.23—2016.01.16
吴智深	土木工程学院	教授	埃及	国际会议	2015.12.26—2015.12.29
刘志远	交通学院	教授	新加坡	访问考察	2015.12.26—2015.12.30
胡　静	信息科学与工程学院	副研究员	越南	国际会议	2015.12.27—2015.12.31
张庭秀	计算机科学与工程学院	研究生	越南	国际会议	2015.12.27—2015.12.31
杨　明	交通学院	副教授	法国	国际会议	2015.12.29—2016.01.02
庄建兴	信息科学与工程学院	研究生	新加坡	短期学习	2015.12.01—2016.06.01

2015年东南大学举办台湾、香港研习营情况

序号	会议名称	会议时间	召集人	活动形式	代表数 境内	代表数 境外	总数
1	香港理工学生南京实习营项目(第11届) 教港澳合办〔2015〕404号文批55人¥1 232 000	7月1日—8月11日,42天	史兰新、殷磊	研习营	13	55	68
2	香港杰出青年领袖长三角研习(第9届) 教港澳合办〔2015〕404号文批32人¥121 550	4月1日—6月7日,7天	史兰新、殷磊	研习营	21	32	53
3	台湾青年师生长江三角洲经济文化研习营 教港澳合办〔2015〕97号文批42人¥168 000	7月19日—26日,8天	史兰新、殷磊	研习营	15	42	57
4	居港大陆海外学人联合会部分高层次青年学者江苏考察团(中联办黄宇) 教港澳合办〔2015〕215号文批14人¥38 500	5月28日—6月1日,4天	史兰新、郝庆九	交流团	4	14	18
5	香港大学职员会江苏交流团(中联办张总明) 港澳办〔2015〕495号文批40人¥11万	12月24日—28日,5天	梅汉成、殷磊	交流团	6	40	46

东南大学2015—2016年华英文化教育基金会奖助回国教学访问学者一览表

序号	姓名	国籍	出生年月	单位及职务	专业	学位	主请院系邀请人及联系方式	来校时间	投票结果
1	刘浩	英国	1962.8 53岁	英国诺丁汉大学博士;英国工程与自然科学研究委员会高效化石能源技术工程博士中心/碳捕捉储存利清洁化石能源博士培养中心副主任	热能工程	博士	能环学院 钟文琪83794744 部应娟 13813920660	2015.8.20— 2015.9.20	9票

（续）

序号	姓名	国籍	出生年月	单位及职务	专业	学位	主请院系邀请人及手机	来校时间	备注
2	吉尔伯特·莫斯克达	美国	1973.6 42岁	美国加州大学圣地亚哥分校（University of California, San Diego）Jacobs工程学院副教授	结构工程	博士	研究生院学位办主任 郭彤博士 83795054	2015.4.8—2015.4.22	9票
3	阿尔森·卡里姆	美国	1946.9 69岁	美国圣母大学自然灾害模拟实验室主任	结构风工程	博士	王浩博士 13739196535	2015.12.17—2015.12.30	9票
4	吉恩·戴泽特	法国	1962.6 53岁	法国航空航天研究中心资深研究科学家	智能信息处理	博士	李新德助理院长 15951981689	2015.7.15—2015.8.15	9票
5	萨斯基亚·萨森	美国、荷兰双国籍	1949.1.5 66岁	哥伦比亚大学社会学系教授；哥伦比亚大学全球思想委员会联席主席	社会学全球化	博士	蒋其荦博士 13913924161	2015.9.8—2015.9.21	9票
6	涛慕思·博格	德国	1953.8 62岁	美国耶鲁大学哲学和国际事务雷特纳讲座教授；耶鲁大学全球正义项目主任；奥斯陆大学自然心灵研究中心研究主任	哲学	哲学博士	樊和平院长 13951890139	2015.10.18—2015.10.31	9票
7	Peter M. Jones	英国	—	英国伦敦大学国王学院糖尿病和营养学专业研究室主任、教授	糖尿病与营养学	博士	孙子林院长 83272363	2015.5.10—2015.5.20	9票
8	李晓霞	美国	1963.7 52岁	美国克利夫兰医学中心教授（终身教授）	医学免疫学	科学博士	姚红玉主任 38272551	2015.6.15—2015.6.25	9票
9	吴国俊	美国	1967.11 48岁	美国韦恩州立大学副教授（终身教授）	医学遗传学	科学博士	张建琼副院长 83272314	2015.6.15—2015.6.25	9票

东南大学2015—2016年华英文化教育基金会推荐资助"华英学者"出国研究一览表

序号	系、所及学科	姓名	性别	出生年月	职称、学位	拟赴何国、何校、何教授处进修	本人学术条件			外语成绩	投票结果
							国家自然科学基金	得奖	论文及著作		
1	土木工程学院 结构工程	蔡建国 13913833710 j.cai@seu.edu.cn	男	1984.8	副研究员、博士	美国，西北大学，Prof. Huang Yonggang	现正主持：国家自然科学基金青年基金项目1项、江苏省自然科学基金青年基金项目1项、教育部博士点基金项目1项、国家自然科学基金外国合作者）；作为骨干参与：国家自然科学基金面上项目2项	1. 2013年获江苏省优秀博士学位论文；2. 2013年获中国钢结构协会科技进步二等奖（排名5）；3. 2013年获中国精品科技期刊顶尖学术论文1篇；4. 2014年分别担任国际薄壳与空间结构学会（IASS 2014）和第三届全国建筑结构抗倒塌学术会议分会场主席；5. 2014年起担任中国建筑学会建筑结构抗倒塌专业委员会委员	第一作者在国内外著名期刊包括 Smart Materials and Structures, Journal of Structural Engineering ASCE, Journal of Mechanical Design ASME, 土木工程学报、建筑结构学报等上发表或收录用高水平论文50余篇，其中SCI检索31篇；撰写学术专著1本；已申请国家发明专利29项，其中已授权17项	免考	9票 孙伟、王炜请假

(续表)

序号	系、所及学科	姓名	性别	出生年月	职称、学位	拟赴何国、何校、何教授处进修	本人学术条件			外语成绩	投票结果
							国家自然科学基金	得奖	论文及著作		
2	电子科学与工程学院 固体微电子	贺龙兵 helongbing@seu.edu.cn 15951986358	男	1982.9	讲师、博士	澳大利亚，莫纳什大学（Monash University），Prof. Nie Jianfeng	已主持完成：MEMS教育部重点实验室开放基金1项；现正主持：国家自然科学青年基金项目1项，教育部博士点基金项目1项；江苏省自然科学基金项目1项；作为骨干参与：国家重大科学仪器设备专项1项，批准号：11327901；国家973重点基础研究计划，批准号：2009CB623702；国家自然科学基金面上项目，批准号：61274114；教育部重大研究计划《材料塑性成型的微观变形机理与方法研究》；国家自然科学基金青年基金项目，批准号21201034，51302037；以及东南大学-GM联合研究计划等	1. 2010年被评为优秀博士毕业生； 2. 2011年获IEEE NEMS国际会议最优报告提名奖(top 3 out of 20)	1. 以东南大学为第一单位，共同一作发表Nature Materials（影响因子36.5）文章一篇，并被选为封面文章； 2. 发表以及合作发表Advanced Materials, Advanced Function Materials, Small, Nanoscale, Carbon, Nanotechnology 等高水平SCI论文10余篇； 3. 以第一作者申请并获批PCT国际专利1项；申请国际专利3项	148	9票 孙伟、王炜请假

(续表)

序号	系、所及学科	姓名	性别	出生年月	职称、学位	拟赴何国、何校、何教授处进修	本人学术条件			外语成绩	投票结果
							国家自然科学基金	得奖	论文及著作		
3	材料科学与工程学院	曾宇乔 18001593912 zyuqiao@seu.edu.cn	女	1978.5	副教授 博士	美国约翰霍普金斯大学（Johns Hopkins University, USA), Prof. Jonah Erlebacher	已主持完成：国家自然科学青年基金项目1项，东南大学优秀青年教师资助计划1项，东南大学重大指导计划1项，国家级"大学生研究培训计划"1项、省级"大学生研究培训计划"1项；现正主持：教育部留学回国人员科研启动基金1项，南京市留学人员择优资助项目活动项目1项，东南大学教改基金1项，国家级"大学生研究培训计划"1项、省级"大学生研究培训计划"1项、校级项目2项；作为骨干参与：国家青年科学基金1项，江苏省重大成果转化基金2项，东南大学教改基金1项	2008年入选东南大学优秀青年教师教学科研资助计划；2011年东南大学青年教师首开课优秀；2012年获东南大学青年教师教学竞赛三等奖；2011年常州市人民政府奖教金；2007年日本东北大学金属研究所青年研究者优秀海报奖；2009年日本东北开发青年研究者奖	共在国内外著名期刊包括 APPLIED PHYSICS LETTERS, Scripta Materialia, Intermetallics, 上发表高水平论文21余篇，其中SCI检索17篇；已获国家发明专利授权3项	151	9票 孙伟、王炜请假

人才与人事工作

综　　述

2015年,人事处在校党政的正确领导和统一部署下,紧紧围绕建设国际知名高水平研究型大学和世界一流大学的总体目标,秉持"创新机制、突出改革、注重质量、加快建设"的队伍建设理念,实施人才强校战略,以高水平人才队伍建设为核心,以创新工作体制机制、调整优化队伍结构、提升人才队伍国际化水平为重点,在人才引进、人才培养、专业技术职务评聘、劳资与劳动社会保障等方面进展顺利,取得了较好的成绩。

一、人才引进及培养

完成校2015年专任教师引进计划,2015年共引进具有博士学位专任教师101人,其中具有高级职称的23人,具有海外博士学位的47人,具有一年以上海外留学经历的69人,引进急需学科带头人7人;以非在编人事代理方式招聘管理岗及实验技术岗人员56人;派出青年骨干教师出国进修(含访问学者)24人;完成双创博士项目共申报工作,录取12人。

2015年新增长江学者特聘教授3人,长江学者青年项目5人;第十一批"千人计划"外专千人专家1人,青年千人计划7人;第十二批青年千人计划7人;"万人计划"青年拔尖人才4人(已公示);新增国家"百千万人才工程"2人,同时获得有突出贡献的中青年专家称号;新增国家杰出专业技术人员1人;新增享受政府特殊津贴专家6人;新增江苏省有突出贡献的中青年专家1人;新增江苏省"双创人才"3人;新增江苏省特聘教授2人;新增333工程科研项目资助11人;新增六大人才高峰33人;新增校优秀青年教师教学科研资助26人,其中A类资助10人,B类资助16人。2015年度校特聘教授和青年特聘教授评审正在进行中。

截至2015年12月,全校教职工总数为5 554人(校本部4 323人,大集体135人,非在编人事代理341人,中大医院755人)。其中院士13人,专任教师2 737人,具有教授职称的人数为742人,副教授职称人数为1 132人,高级职称的师资比例达68.5%;具有博士学位的教师为2 148人,占教师总数的78.5%;45岁以下的教师为1 588人,占教师总人数比例为58%;青年教师基本具有博士后或海外留学经历,具有海外博士学位的教师为388人,占师资队伍总人数的比例达14.2%;具有一年及以上海外留学经历的教师为1 297人,占师资队伍总人数的比例达47.4%。

二、教职工晋级晋职

职称评审工作:出台了《东南大学工程系列专业技术职务评聘基本条件(试行)》等6个文件,印发《关于建筑学科最高级期刊、等效期刊和获奖种类,人文学院新增学科最高级期刊,图书资料专业国内权威期刊认定的通知》,修改了专业技术职务评聘条件,完善专业技术职务评聘评价指标;下放副高及以下职称评审权限到部分试点院系,完成了2015年度职称评审工作,高级职称评审通过186人(正高64人,副高122人),中初级职称评审通过167人(中大医院卫生系列中级职称正在评审中);核定2014年度全校各专业技术岗位级别的岗位空缺数,完成了2014年度专业技术岗位聘用的增补工作(其中晋升正高二级10人,正高三级27人,副高五级通过35人,副高六级通过74人,中级八级通过96人,中级九级通过104人,初级十一级通过50人);聘请兼职教授26人。2015年度专业技术岗位设岗分级工作正在进行中。

获批高等学校教师资格认定评审授权,评审通过108人;发放2015年第一批突出成果奖励650万元,正在核对统计2015年第二批突出成果奖励;接受外校委托论文评审1 000余份。

职员评审工作:进一步推行职员制度,印发《关于开展2015年管理岗位职员晋升评聘工作的通知》,开展2015年职员晋升工作,此项工作正在有条不紊地开展中。

工勤技能等级考评工作:印发《关于开展2015年工勤技能岗位技术等级考核工作的通知》《关于开展2015年工勤技能岗位技师及高级技师考评工作的通知》。新晋升高级技师4人,技师6人,高级工12人,中级工1人。

三、薪酬与劳动社会保障

完成了2015年在职职工薪级工资正常晋升;完成党政职务、职称及岗位等级变动、工勤人员技术等级晋升等工资变动;完成了2015年失业保险、工伤保险的基数申报及年检和缴费工作;完成了2016年工伤保险年检工作;完成了2015年教职工退休人员的审核工作,为100名教职工办理了退休手续;完成了2015年单位综合考核及奖励性岗位绩效津贴的切块分配工作;根据国家规定,全面上调我校教职工基本工资标准,完成机关事业单位养老保险费的预扣工作,同时完成了养老保险参保前情况调研及我校各类人员参保方案预订等一系列准备工作;完成劳动合同制职工合同的梳理签订工作;年终第13个月工资、博导津贴、奖励性岗位绩效工资的发放工作正在进行中。

四、博士后队伍建设

目前我校在站博士后共584人,其中统招统分博士后94人,企业博士后106人,其他在职博士后384人。2015年度,我校博士后共进站143人、出站78人、退站7人。

2015年,我校共13名博士后获得国家自然科学基金项目立项资助,其中面上项目1项、青年科学基金项目11项、国际(地区)合作与交流项目1项;共2名博士后获得国际交流计划派出项目资助、1名博士后获得学术交流项目资助,总资助金额达63万元;共20名博士后获得中国博士后科学基金特别资助、64名博士后获得面上资助,总资助金额达701万元;共38名博士后获得江苏省博士后科研资助、8名博士后获得日常资助,资助总额达231万元。

2015年,人力资源社会保障部和全国博士后管理委员会对2012年以前设立的2 148个博士后科研流动站和2 079个博士后科研工作站进行综合评估。我办积极组织并指导我校23个流动站参加评估。最终,电子科学与技术、交通运输工程、控制科学与工程、生物医学工程、信息与通信工程和艺术学理论共六个博士后科研流动站被评为"2015年度博士后综合评估优秀"流动站,位列江苏省榜首。

五、教职工服务工作

院士服务:继续贯彻实施"院士健康服务工程",使一些大的疾病隐患得到及时的发现,并得到积极有效的治疗。

退休人员服务:为全校4 273名退休教职工做好服务工作,今年重阳节为1 402名老寿星举行祝寿活动。

补助慰问:做好教职工申请工伤认定工作,为工伤职工申请获得医疗及工伤补助;为50、60年代下放人员发放2015年生活补助费;为去世教职工的遗属发放了2015年度遗属补助费;完成2015年教师节住院病人的慰问工作,全年慰问各类病残和经济困难职工数百人;全年为75名去世职工妥善办理后事。

院 士 名 录

姓名	性别	出生年月	职称	院士名称	当选日期	所在学部	外籍院士	专业
韦钰	女	1940.02	教授	工程院院士	1994.11	信息与电子工程学部		生物电子学、分子电子学
钟训正	男	1929.07	教授	工程院院士	1997.11	土木、水利与建筑工程学部		建筑学
孙忠良	男	1936.08	教授	工程院院士	2001.11	信息与电子工程学部		微波、毫米波技术
齐康	男	1931.10	教授	科学院院士	1993.11	技术科学部	1997.02 法国建筑科学院	建筑设计及其理论
吕志涛	男	1937.11	教授	工程院院士	1997.11	土木、水利与建筑工程学部		混凝土与钢筋混凝土结构
孙伟	女	1935.11	教授	工程院院士	2005.11	土木、水利与建筑工程学部		无机非金属材料

(续 表)

姓名	性别	出生年月	职称	院士名称	当选日期	所在学部	外籍院士	专业
张耀明	男	1943.12	教授	工程院院士	2001.11	化工、冶金与材料工程学部		无机非金属材料
黄 卫	男	1961.04	教授	工程院院士	2007.11	土木、水利与建筑工程学部		道路桥梁及交通工程
程泰宁	男	1935.12	教授	工程院院士	2005.11	土木、水利与建筑工程学部		建筑学
李幼平	男	1935.05	教授	工程院院士	1999.11	信息与电子工程学部		电子与通信技术
缪昌文	男	1957.08	教授	工程院院士	2011.11	土木、水利与建筑工程学部		建筑材料与制品
王建国	男	1957.07	教授	工程院院士	2015.11	土木、水利与建筑工程学部		城市设计、建筑设计
张广军	男	1965.03	教授	工程院院士	2013.11	信息与电子工程学部		精密仪器

"万人计划"专家名单

姓名	性别	职称	所在单位	类别	年度
尤肖虎	男	教授	信息科学与工程学院	科技创新领军人才	2013
王 庆	男	教授	仪器科学与工程学院	科技创新领军人才	2013
钟文琪	男	研究员	能源与环境学院	青年拔尖人才	2013
高西奇	男	教授	信息科学与工程学院	科技创新领军人才	2014
刘加平	男	教授	材料科学与工程学院	科技创新领军人才	2014
王 炜	男	教授	交通学院	国家教学名师	2014
戴先中	男	教授	自动化学院	国家教学名师	2014
樊和平	男	教授	人文学院	哲学社会科学领军人才	2014
殷勇高	男	教授	能源与环境学院	青年拔尖人才	2015
孙伟锋	男	教授	电子科学与工程学院	青年拔尖人才	2015
虞文武	男	教授	数学系	青年拔尖人才	2015
舒 嘉	男	教授	经济管理学院	青年拔尖人才	2015

"千人计划"专家名单

姓名	性别	职称	所在单位	年度
丁 峙	男	教授	信息科学与工程学院	2009
李万林	男	教授	信息科学与工程学院	2009
吴智深	男	教授	土木工程学院	2009
史国均	男	教授	能源与环境学院	2010
郑福春	男	教授	信息科学与工程学院	2010
余星火	男	教授	自动化学院	2010
陈 战	男	教授	生物科学与医学工程学院	2010
冉 斌	男	教授	交通学院	2010
Norri N. Muhammad	男	教授	土木工程学院	2011
Arokia Nathan	男	教授	电子科学与工程学院	2012
Gerard Marriott	男	教授	生物科学与医学工程学院	2012
Said Easa	男	教授	交通学院	2012
李志烨	男	教授	交通学院	2012
唐达林	男	教授	生物科学与医学工程学院	2012
孙正明	男	教授	材料科学与工程学院	2013
Rodrigo Salgado	男	教授	土木工程学院	2013
凌新生	男	教授	机械工程学院	2014
Olivier Bonnaud	男	教授	电子科学与工程学院	2014
Didier Pribat	男	教授	电子科学与工程学院	2014
James Charles Whisstock	男	教授	生命科学研究院	2015

"青年千人计划"专家名单

姓名	性别	所在单位	年度
郝张成	男	信息科学与工程学院	2011
温海防	男	交通学院	2011
张 建	男	土木工程学院	2011
叶智锐	男	交通学院	2012
张袁健	男	化学化工学院	2013

(续　表)

姓名	性别	所在单位	年度
刘　宏	男	生物科学与医学工程学院	2014
李　霞	女	土木工程学院	2014
林承棋	男	生命科学研究院	2014
胡三明	男	信息科学与工程学院	2015
谢远长	男	交通学院	2015
刘志远	男	交通学院	2015
姚红红	女	医学院	2015
陈　瑞	男	公共卫生学院	2015
柴人杰	男	生命科学研究院	2015
潘玉峰	男	生命科学研究院	2015

全国杰出专业技术人才名单

姓名	性别	职称	所在单位	入选年度
尤肖虎	男	教授	信息科学与工程学院	2014

"长江学者奖励计划"特聘教授、讲座教授名单

姓名	性别	职称	所在单位	入选年度
蔡宁生	男	教授	能源与环境学院	1999
陆祖宏	男	研究员	生物科学与医学工程学院	1999
尤肖虎	男	研究员	信息科学与工程学院	2000
洪　伟	男	研究员	信息科学与工程学院	2000
王志功	男	教授	信息科学与工程学院	2000
崔一平	男	教授	电子科学与工程学院	2000
罗立民	男	教授	生物科学与医学工程学院	2000
陆　键	男	教授	交通学院	2000
黄　卫	男	教授	交通学院	2000
张十庆	男	研究员	建筑研究所	2000
王建国	男	研究员	建筑学院	2001
崔铁军	男	教授	信息科学与工程学院	2001

（续 表)

姓名	性别	职称	所在单位	入选年度
田玉平	男	教授	自动化学院	2001
赵正旭	男	教授	仪器科学与工程学院	2001
谢维	男	教授	基础医学院	2001
黄风义	男	教授	信息科学与工程学院	2003
吴柯	男	教授	信息科学与工程学院	2003
顾忠泽	男	教授	生物科学与医学工程学院	2003
熊仁根	男	教授	化学化工学院	2004
黄庆安	男	教授	电子科学与工程学院	2005
王炜	男	教授	交通学院	2005
吴智深	男	教授	土木工程学院	2005
王江舟	男	教授	信息科学与工程学院	2006
孙璐	男	教授	交通学院	2007
丁峙	男	教授	信息科学与工程学院	2007
黄秋庭	男	教授	电路与系统	2007
顾宁	男	教授	生物科学与医学工程学院	2008
樊和平	男	教授	人文学院	2008
邹国棠	男	教授	电气工程学院	2008
余星火	男	教授	自动化学院	2009
王晓东	男	教授	信息科学与工程学院	2010
高西奇	男	教授	信息科学与工程学院	2011
肖睿	男	教授	能源与环境学院	2011
姚新中	男	教授	人文学院	2011
陆勇	男	教授	土木工程学院	2012
陈云飞	男	教授	机械工程学院	2013、2014
刘加平	男	教授	材料科学与工程学院	2013、2014
周佑勇	男	教授	法学院	2013、2014
陈志宁	男	教授	信息科学与工程学院	2013、2014
颜安	男	教授	经济管理学院	2013、2014
钟文琪	男	研究员	能源与环境学院	2015
吴刚	男	教授	土木工程学院	2015
刘艳红	女	教授	法学院	2015

"长江学者奖励计划"青年学者名单

姓名	性别	职称	所在单位	入选年度
黄永明	男	教授	信息科学与工程学院	2015
郭 彤	男	教授	土木工程学院	2015
张敏灵	男	教授	计算机科学与工程学院	2015
舒 嘉	男	教授	经济管理学院	2015
韩俊海	男	教授	生命科学研究院	2015

人事部"百千万人才工程"入选人员名单

姓名	性别	职称	所在单位	入选年度
陆祖宏	男	研究员	生物科学与医学工程学院	1997
黄 卫	男	教授	交通学院	1997
王志功	男	教授	信息科学与工程学院	1999
黄 侨	男	教授	交通学院	1999
洪 伟	男	教授	信息科学与工程学院	2000
尤肖虎	男	研究员	信息科学与工程学院	2000
王 炜	男	教授	交通学院	2000
罗立民	男	教授	生物科学与医学工程学院	2000
赵春明	男	教授	信息科学与工程学院	2004
李爱群	男	教授	土木工程学院	2006
黄庆安	男	教授	电子科学与工程学院	2006
孙克勤	男	教授级高工	能源与环境学院	2006
易 红	男	教授	校长办公室	2007
时龙兴	男	教授	电子科学与工程学院	2007
宋爱国	男	教授	仪器科学与工程学院	2009
周佑勇	男	教授	法学院	2009
赵春杰	女	教授	生命科学研究院	2009
崔铁军	男	教授	信息科学与工程学院	2013
刘松玉	男	教授	交通学院	2013
肖 睿	男	教授	能源与环境学院	2014
高西奇	男	教授	信息科学与工程学院	2015

2015年度江苏省双创人才入选人员名单

姓名	性别	所在单位
陈 瑞	男	公共卫生学院
柴人杰	男	生命科学研究院
陈礼明	男	生命科学研究院

江苏省"333高层次人才培养工程"第四期培养对象名单

级别	姓名	所在单位	姓名	所在单位
首席科学家	樊和平	人文学院	王 炜	交通学院
	时龙兴	电子科学与工程学院	滕皋军	附属中大医院
	缪昌文	材料科学与工程学院	刘加平	材料科学与工程学院
	尤肖虎	信息科学与工程学院		
科技领军人才	陈云飞	机械工程学院	宋爱国	仪器科学与工程学院
	易 红	机械工程学院	张志珺	附属中大医院
	肖 睿	能源与环境学院	张永康	机械工程学院
	高西奇	信息科学与工程学院	孙长银	自动化学院
	崔铁军	信息科学与工程学院	舒华忠	计算机科学与工程学院
	孙立涛	电子科学与工程学院	倪中华	机械工程学院
	王保平	电子科学与工程学院	钱春香	材料科学与工程学院
	孙伟锋	电子科学与工程学院	李爱群	土木工程学院
	曹进德	数学系	钱振东	智能运输系统研究中心
	顾 宁	生物科学与医学工程学院	顾忠泽	生物科学与医学工程学院
	周佑勇	法学院	刘必成	附属中大医院
	胡敏强	电气工程学院	刘艳红	法学院
	黄晓明	交通学院	尚金堂	电子科学与工程学院
	赵春杰	生命科学研究院	潘志文	信息科学与工程学院

(续 表)

级别	姓名	所在单位	姓名	所在单位
科学技术带头人	王兴平	建筑学院	陈 峻	交通学院
	钟文琪	能源与环境学院	陈淑梅	经管学院
	周健义	信息科学与工程学院	陈晓平	能源与环境学院
	徐 建	信息科学与工程学院	程 强	信息科学与工程学院
	宋铁成	信息科学与工程学院	郭 彤	土木工程学院
	叶继红	土木工程学院	花 为	电气工程学院
	徐赵东	土木工程学院	李世华	自动化学院
	达飞鹏	自动化学院	梁戈玉	公共卫生学院
	李必信	计算机科学与工程学院	梁金玲	数学系
	徐庆宇	物理系	沈亚丹	艺术学院
	王雪梅	生物科学与医学工程学院	宋光明	仪器科学与工程学院
	肖忠党	生物科学与医学工程学院	王红兵	计算机科学与工程学院
	邱 斌	经管学院	王金兰	物理系
	夏保华	人文学院	王著元	电子科学与工程学院
	黄学良	电气工程学院	吴东方	化学化工学院
	付国东	化学化工学院	吴国球	附属中大医院
	陆 建	交通学院	吴 晓	建筑学院
	杜延军	交通学院	幸 研	机械工程学院
	邱海波	附属中大医院	张 萍	外语学院
	周少华	法学院		

江苏省突出贡献青年专家名单

姓名	性别	职称	所在单位	入选年度
王建国	男	教授	建筑学院	2001
仲伟俊	男	教授	经济管理学院	2003
王 炜	男	教授	交通学院	2005
胡敏强	男	教授	电气工程学院	2006
易 红	男	教授	机械工程学院	2006
赵春杰	女	教授	基础医学院	2008
郑家茂	男	教授	校长办公室	2010

(续 表)

姓名	性别	职称	所在单位	入选年度
周佑勇	男	教授	法学院	2010
刘松玉	男	教授	交通学院	2012
张小松	男	教授	苏州研究院	2014

2015年度江苏省"六大人才高峰"项目入选人员名单

姓名	所在单位	入选行业类型
李向锋	建筑学院	建筑C类
毕可东	机械工程学院	电子信息D类
刘晓军	机械工程学院	新一代信息技术和软件产业D类
段伦博	能源与环境学院	装备制造和高端装备制造C类
金 石	信息科学与工程学院	电子信息A类
蒋卫祥	信息科学与工程学院	新材料B类
黄 杰	信息科学与工程学院	新一代信息技术和软件产业C类
黄永明	信息科学与工程学院	物联网和云计算B类
周 臻	土木工程学院	建筑C类
廖小平	电子科学与工程学院	电子信息C类
梁金玲	数学系	电子信息D类
卢剑权	数学系	智能电网B类
吴富根	生物科学与医学工程学院	生物技术和新医药产业C类
郭丽萍	材料科学与工程学院	建筑B类
张 耀	材料科学与工程学院	新能源D类
方 峰	材料科学与工程学院	新材料A类
张友法	材料科学与工程学院	节能环保C类
徐青山	电气工程学院	智能电网C类
王蓓蓓	电气工程学院	智能电网D类
张袁健	化学化工学院	新材料C类
周建成	化学化工学院	节能环保A类

（续 表）

姓名	所在单位	入选行业类型
杨 明	交通学院	教育D类
蔡国军	交通学院	装备制造和高端装备制造C类
潘树国	仪器科学与工程学院	物联网和云计算D类
赵立业	仪器科学与工程学院	海洋工程装备D类
巢 杰	医学院	卫生外科D类
许 茜	公共卫生学院	新材料D类
陈礼明	生命科学研究院	教育C类
卢 青	学习科学研究中心	生物技术和新医药产业B类
马坤岭	附属中大医院	卫生内科D类
柏 峰	附属中大医院	卫生内科D类
陈陆馗	附属中大医院	卫生外科D类
高增鑫	附属中大医院	卫生外科C类

江苏特聘教授名单

姓名	性别	所在单位	入选年度
叶继红	女	土木工程学院	2012
孙伟锋	男	电子科学与工程学院	2012
赵春杰	女	医学院	2012
姚红红	女	医学院	2012
陆 巍	男	生命科学研究院	2012
钟文琪	男	能源与环境学院	2013
宋爱国	男	仪器科学与工程学院	2013
陈 瑞	男	公共卫生学院	2014
尚金堂	男	电子科学与工程学院	2014
钱春香	女	材料科学与工程学院	2015
佟振博	男	能源与环境学院	2015

2015 年东南大学新聘兼职专家一览表

姓名	性别	工作单位	职称(务)	聘用单位
张步洪	男	最高人民检察院	检察员	法学院
吴潜涛	男	清华大学	教授	马克思主义学院
麻晗	男	江苏沙钢集团研究院	研究员	材料科学与工程学院
肖绪文	男	中国建筑股份有限公司	院士	土木工程学院
胡红星	男	奇瑞汽车电子电器技术研究院	院长	电气工程学院
白云	男	英国伦敦大学	教授	材料科学与工程学院
蒋勤俭	男	北京预制建筑工程研究院	教授级高工	材料科学与工程学院
尹吉	男	江苏省人民检察院	高级检察官	法学院
肖金明	男	山东大学	教授	法学院
张辰	男	上海市政工程设计研究总院	教授级高工	土木工程学院
闵祥德	男	南京财经大学	教授	艺术学院
马伟明	男	海军工程大学	教授、院士	电气工程学院
葛汉彬	男	日本名城大学	教授	土木工程学院
王俊敏	男	美国俄亥俄州立大学	副教授	机械工程学院
陈善广	男	中国航天员科研训练中心	研究员	机械工程学院
向文武	男	中石化炼化工程集团公司	高级经济师	经济管理学院
蒋振盈	男	中石化安全管理局	高级经济师	经济管理学院
谢宗海	男	美国岩心实验室	研究员	机械工程学院
刘晓东	男	中交公路规划设计有限公司	教授级高工	交通学院
祝超伟	男	中国环境科学研究院	研究员	土木工程学院
龙亿涛	男	华东理工大学	教授	化学化工学院
梁秀兵	男	装甲兵工程学院	研究员	材料科学与工程学院
周少雄	男	中国钢研科技集团有限公司	教授级高工	材料科学与工程学院
刘占卿	男	总装备部工程设计研究总院	研究员级高工	能源与环境学院
陈虹	女	总装备部工程设计研究总院	研究员	能源与环境学院
雷刚	男	总装备部工程设计研究总院	研究员	能源与环境学院

2015年度东南大学"优秀青年教师教学科研资助计划"人员名单

姓名	所在单位	入选年度	资助类别
张会岩	能源与环境学院	2015	A类
李春国	信息科学与工程学院	2015	A类
王 莹	土木工程学院	2015	A类
杨 俊	自动化学院	2015	A类
杨冠羽	计算机科学与工程学院	2015	A类
张光珍	学习科学研究中心	2015	A类
冯 伟	经济管理学院	2015	A类
代云茜	化学化工学院	2015	A类
单平基	法学院	2015	A类
吕林莉	医学院	2015	A类
金 星	建筑学院	2015	B类
黄 鹏	机械工程学院	2015	B类
刘晓军	机械工程学院	2015	B类
刘 倩	能源与环境学院	2015	B类
张 川	信息科学与工程学院	2015	B类
黄 娟	土木工程学院	2015	B类
吴 霞	数学系	2015	B类
龚彦晓	物理系	2015	B类
陈 强	生物科学与医学工程学院	2015	B类
刘 敏	人文学院	2015	B类
张静宁	外国语学院	2015	B类
王禄生	法学院	2015	B类
曲小慧	电气工程学院	2015	B类
熊 文	交通学院	2015	B类
胡晓健	交通学院	2015	B类
徐宝国	仪器科学与工程学院	2015	B类

2015年度入选东南大学青年特聘教授人员名单

姓名	性别	职称	所在单位	年度
杨俊宴	男	教授	建筑学院	2015
殷勇高	男	教授	能源与环境学院	2015
马慧锋	男	研究员	信息科学与工程学院	2015
蒋卫祥	男	研究员	信息科学与工程学院	2015
黄永明	男	教授	信息科学与工程学院	2015
郭彤	男	教授	土木工程学院	2015
王浩	男	研究员	土木工程学院	2015
孙伟锋	男	教授	电子科学与工程学院	2015
卢剑权	男	教授	数学系	2015
虞文武	男	教授	数学系	2015
翟军勇	男	教授	自动化学院	2015
张敏灵	男	教授	计算机科学与工程学院	2015
董帅	男	教授	物理系	2015
倪振华	男	教授	物理系	2015
赵远锦	男	研究员	生物科学与医学工程学院	2015
李志勇	男	教授	生物科学与医学工程学院	2015
花为	男	教授	电气工程学院	2015
付大伟	男	研究员	化学化工学院	2015
刘攀	男	教授	交通学院	2015
叶智锐	男	教授	交通学院	2015
韩俊海	男	教授	生命科学研究院	2015

2015 年晋升高级专业技术职务人员名单

正高级专业技术职务

一、校发〔2015〕135 号

学科岗（48 人）

建筑学院	李　飚
机械工程学院	殷国栋　杨决宽（研究员）
能源与环境学院	赵伶玲　殷勇高
信息科学与工程学院	金　石　黄永明　蒋卫祥（研究员）
	马慧锋（研究员）
土木工程学院	冯若强　范圣刚　周　臻　王　浩（研究员）
电子科学与工程学院	夏　军　杨　军
无锡分校	李　冰
自动化学院	章国宝
空间科学与技术研究院	陈从颜
计算机科学与工程学院	耿　新　倪巍伟
物理系	陈世华
生物科学与医学工程学院	吴富根（研究员 2013.04.12）
材料科学与工程学院	方　峰
经济管理学院	董　斌　黄　超　杨　勇
马克思主义学院	袁健红
法学院	张洪涛　胡朝阳
电气工程学院	花　为　高丙团
外国语学院	吴兰香
化学化工学院	卫　伟　杨　洪　丁收年
交通学院	章定文　翁永玲　赵池航　杨　敏
智能运输系统研究中心	夏井新
仪器科学与工程学院	刘锡祥
艺术学院	于向东　徐习文　郭建平
公共卫生学院	张徐军
医学院	马坤岭
中大医院	陈　洪　陈陆馗

教学岗(1人)

化学化工学院　　　　　　　　郭玲香

享受研究员级同等待遇的高级工程师(4人)

土木工程学院　　　　　　　　徐　明
建筑设计研究院　　　　　　　刘　俊　曹　伟　朱筱俊

主任医师(7人)

中大医院　　　　　　　　　　邹继红　童嘉毅　黄英姿　高增鑫　蔡云朗
　　　　　　　　　　　　　　陈　辉　冯　旭

主任护师(1人)

中大医院　　　　　　　　　　徐翠荣　（戴帽教授,研究员）

学科岗(9人)

机械工程学院　　　　　　　　贾　方
能源与环境学院　　　　　　　邓艾东
信息科学与工程学院　　　　　陈继新
土木工程学院　　　　　　　　惠　卓　杨才千(研究员)
电子科学与工程学院　　　　　朱　利
高等教育研究所　　　　　　　张　胤
电气工程学院　　　　　　　　黄允凯
化学化工学院　　　　　　　　娄永兵

二、校发〔2015〕185号

教育管理研究员(1人)

党委办公室　　　　　　　　　刘　波

三、校发〔2015〕219号

编审(1人)

出版社　　　　　　　　　　　刘　坚

四、校发〔2015〕263号

学科岗研究员(1人)

生物科学与医学工程学院　　　赵远锦(2015.11.11)

副高级专业技术职务

一、校发[2015]151号

学科岗副教授(副研究员)(89人)

建筑学院	李　雱　金　星　李永辉　郭　茹　韩晓峰
机械工程学院	张　艳　周一帆　戴　敏
能源与环境学院	刘　倩　吴义锋　周建新
	苏中元　张会岩(副研究员)
信息科学与工程学院	张念祖(副研究员)　余　晨(副研究员)
	徐　建　赵鑫泰　徐　欧　俞　菲　王　欢
土木工程学院	马金霞　张培伟　王　莹　秦庆东　张文明
电子科学与工程学院	陈　静　陈　翰　曹　鹏　卜爱国(副研究员)
集成电路学院	田　茜
数学系	吴　霞　钟思佳　吴云建　乔会杰　王丽艳
	王海兵(2013.01.10)
自动化学院	杨万扣(副研究员)　袁　堃
计算机科学与工程学院	张三峰　胡轶宁　倪庆剑
物理系	张　勇　李家奇　侯吉旋(2012.04.06)
	郝　雷(副研究员 2011.06.20)
生物科学与医学工程学院	周雪锋(副研究员)
学习科学研究中心	张光珍
材料科学与工程学院	周雪峰　戎志丹　陈　春(副研究员)
	曾宇乔(2010.06.21)
人文学院	刘占召　程国斌
经济管理学院	薛漫天　冯　伟　顾　欣　赵　驰(副研究员)
	薛巍立(2013.06.27)
法学院	张马林　单平基　王禄生
电气工程学院	肖华锋　曲小慧
电工电子实验中心	黄慧春
外国语学院	张静宁　刘　萍
化学化工学院	李　颖　代云茜　房　雷　张雪勤
交通学院	王　非　熊　文　胡晓健　窦　闻
仪器科学与工程学院	徐宝国　祝燕华
艺术学院	许继峰　傅丽莉　赫　云
公共卫生学院	孔　璐

医学院	张爱凤　吕林莉
生命科学研究院	张子超（副研究员 2012.11.01）
中大医院	王彩莲　何仕诚　程　坚　郭凤梅　郭怡菁 王运涛

高级工程师（6人）

医学院	缪凤琴
化学化工学院	姚　芳
电工电子实验中心	管秋梅
建筑设计研究院	丁惠明　汪　建　罗振宁

副研究馆员（1人）

图书馆	陆　美

副主任医师（7人）

中大医院	张　蔷　俞　婷　高　民　胡浩霖 陈恕求　张荣春　彭新桂

副主任技师（1人）

中大医院	束国防

副主任药师（1人）

中大医院	展冠军

副主任护师（3人）

中大医院	封海霞　徐兆芬　孙晓美

二、校发〔2015〕185号

学生思想政治教育副教授（1人）

党委研究生工作部	奚社新

副教授（2人）

体育系	张永宏　胡　艳

教育管理研究副研究员（2人）

党委宣传部	施　畅
团委	陆　挺

三、校发〔2015〕262号

高级会计师(2人)

财务处　　　　　　　　　　刘　岚　张晓红

四、校发〔2015〕263号

学科岗副研究员(1人)

建筑学院　　　　　　　　　闵鹤群

学科岗副教授(1人)

计算机科学与工程学院　　　刘肖凡

2015年专任教师年龄情况

（单位：人）

	合计	34岁及以下	35～44岁	45～54岁	55岁及以上
总计	2 737	503	1 085	909	240
其中:女	824	153	389	254	28
正高级	742	19	167	397	159
副高级	1 132	104	559	395	74
中级及以下	863	380	359	117	7

2015年专任教师学历情况

（单位：人）

	合计	博士	硕士	学士及以下
总计	2 737	2 148	394	195
其中:女	824	589	175	60
正高级	742	668	49	25
副高级	1 132	874	134	124
中级及以下	863	606	211	46

2015年度入选东南大学校特聘教授人员名单

姓名	性别	职称	所在单位	年度
段 进	男	教授	建筑学院	2015
成玉宁	男	教授	建筑学院	2015
张小松	男	教授	能源与环境学院	2015
钟文琪	男	研究员	能源与环境学院	2015
崔铁军	男	教授	信息科学与工程学院	2015
洪 伟	男	教授	信息科学与工程学院	2015
王志功	男	教授	信息科学与工程学院	2015
尤肖虎	男	教授	信息科学与工程学院	2015
叶继红	女	教授	土木工程学院	2015
徐赵东	男	研究员	土木工程学院	2015
吴 刚	男	教授	土木工程学院	2015
崔一平	男	教授	电子科学与工程学院	2015
黄庆安	男	教授	电子科学与工程学院	2015
时龙兴	男	教授	电子科学与工程学院	2015
孙立涛	男	教授	电子科学与工程学院	2015
曹进德	男	教授	数学系	2015
戴先中	男	教授	自动化学院	2015
孙长银	男	教授	自动化学院	2015
王金兰	女	教授	物理系	2015
顾 宁	男	教授	生物科学与医学工程学院	2015
顾忠泽	男	教授	生物科学与医学工程学院	2015
王雪梅	女	教授	生物科学与医学工程学院	2015
徐春祥	男	教授	生物科学与医学工程学院	2015
陆祖宏	男	研究员	生物科学与医学工程学院	2015
沈宝龙	男	研究员	材料科学与工程学院	2015
钱春香	女	教授	材料科学与工程学院	2015
樊和平	男	教授	人文学院	2015
徐康宁	男	教授	经济管理学院	2015
邱 斌	男	教授	经济管理学院	2015

(续 表)

姓名	性别	职称	所在单位	年度
王文平	女	教授	经济管理学院	2015
舒 嘉	男	教授	经济管理学院	2015
程 明	男	教授	电气工程学院	2015
胡仁杰	男	教授	电气工程学院	2015
李霄翔	男	教授	外国语学院	2015
刘松玉	男	教授	交通学院	2015
王 炜	男	教授	交通学院	2015
宋爱国	男	教授	仪器科学与工程学院	2015
王 庆	男	教授	仪器科学与工程学院	2015
汪小洋	男	教授	艺术学院	2015
刘艳红	女	教授	法学院	2015
赵春杰	女	教授	医学院	2015
姚红红	女	教授	医学院	2015
陆 巍	男	教授	生命科学研究院	2015
谢 维	男	教授	生命科学研究院	2015
滕皋军	男	教授	附属中大医院	2015
邱海波	男	教授	附属中大医院	2015
张志珺	女	教授	附属中大医院	2015
刘必成	男	教授	附属中大医院	2015
居胜红	女	教授	附属中大医院	2015

博士后科研流动站一览

设站学科（一级学科）	招收博士后专业（二级学科）		批准建站时间
建筑学			1985.10
城乡规划学			2012.09
风景园林学			2012.09
机械工程	机械制造及其自动化 机械设计及理论 工业设计	机械电子工程 车辆工程 制造业工业工程	2003.05

(续 表)

设站学科(一级学科)	招收博士后专业(二级学科)		批准建站时间
动力工程及工程热物理	工程热物理 动力机械及工程 流体机械及工程 能源信息技术 新能源技术	热能工程 制冷及低温工程 化学过程机械 能源环境工程	1995.01
环境科学与工程	环境工程	环境科学	2007.08
信息与通信工程	通信与信息系统 信息安全	信号与信息处理	1985.10
土木工程	岩土工程 桥梁及隧道工程 市政工程 土木工程建造与管理	结构工程 防灾减灾工程及防护工程 供热、供燃气、通风及空调工程	1999.04
力学	工程力学 一般力学与力学基础	固体力学 流体力学	2007.08
电子科学与技术	物理电子学 微电子学与固体电子学 集成电路设计	电路与系统 电磁场与微波技术	1985.10
光学工程	(不分设二级学科)		2009.09
数学	应用数学 概率论与数理统计 计算数学	基础数学 运筹学与控制论	2003.05
控制科学与工程	控制理论与控制工程 检测技术与自动化装置 导航、制导与控制	模式识别与智能系统 系统工程	1985.10
计算机科学与技术	计算机系统结构 计算机应用技术	计算机软件与理论 图像处理与科学可观性	2001.05
软件工程			2012.09
物理学	理论物理　粒子物理与原子核物理　原子与分子物理 等离子体物理　凝聚态物理　声学　光学　无线电物理		2012.09
生物医学工程	生物医学工程 生物信息技术 生物与医学纳米技术 制药工程	学习科学 医学图像与医学电子学 生物医学材料 医学信息学及工程	1999.04
材料科学与工程	材料物理与化学 材料加工工程	材料学 生物材料与组织工程	2003.05
哲学	伦理学 外国哲学 中国哲学 美学	科学技术哲学 马克思主义哲学 逻辑学 宗教学	2007.08
艺术学理论			2003.05

(续 表)

设站学科(一级学科)	招收博士后专业(二级学科)	批准建站时间
管理科学与工程	(不分设二级学科)	1999.04
应用经济学	国民经济学　区域经济学　财政学　金融学　产业经济学 国际贸易学　劳动经济学　统计学　数量经济学　国防经济	2012.09
电气工程	电机与电器　　　　　　　电力系统及其自动化 电力电子与电力传动　　　电工理论与新技术 高电压与绝缘技术　　　　应用电子与运动控制技术 电气信息技术　　　　　　新能源发电与分布式电源	1999.04
化学工程与技术	化学工程　化学工艺　生物化工　应用化学　工业催化	2014.09
交通运输工程	道路与铁道工程　　　　交通信息工程及控制 交通运输规划与管理　　载运工具运用工程 交通测绘与信息技术　　交通地下工程	2003.05
仪器科学与技术	精密仪器及机械　　测试计量技术及仪器 微系统与测控技术	2007.08
公共卫生与预防医学	劳动卫生与环境卫生学　　流行病与卫生统计学 营养与食品卫生学　　　　卫生毒理学 军事预防医学	2007.08
生物学	遗传学　　　　　　　　　生理学 生物化学与分子生物学　　发育生物学 植物学　　　　　　　　　动物学 水生生物学　　　　　　　微生物学 神经生物学　　　　　　　细胞生物学 生物物理学　　　　　　　生态学	2009.09
临床医学	影像医学与核医学　　　内科学 儿科学　　　　　　　　神经病学 临床检验诊断学　　　　外科学 妇产科学　　　　　　　眼科学 耳鼻咽喉科学　　　　　急诊医学 老年医学　　　　　　　精神病与精神卫生学 皮肤病与性病学　　　　护理学 肿瘤学　　　　　　　　康复医学与理疗学 运动医学　　　　　　　麻醉学	2009.09
马克思主义理论	马克思主义基本原理　　　马克思主义发展史 马克思主义中国化研究　　国外马克思主义研究 思想政治教育　　　　　　中国近现代史基本问题研究	2014.09

2015年年底在站博士后名单

单位	流动站名称	名单	人数
建筑学院	建筑学 城乡规划学 风景园林学	张鹤年　黄　立　姜　军　曾　伟　罗冬华　单　晋 谭　瑛　代晓利　徐进亮　郑德东　赵　兵　卞素萍 张四维　周聪惠　李　哲　万　千　汪　亮　邹　涵 千炫珍　杨京玲　汤晔峥　许昊皓　李志斌　王　骏 唐相龙　邵继中　季　欣　徐　宁	28
机械工程学院	机械工程	熊勇刚　方叶祥　赵志国　孙　丽　杨　钧　宋　翔 罗　晨　吴　泽　陈　林　张　静　张　金　孙桂芳 高海峰　李宗安　于春建　张永康	16
能源与环境学院	动力工程及 工程热物理 环境科学 与工程	吴中伟　林　涛　李应林　常玉广　谷建功　黄庠永 蒋　洁　金　星　丁洁莲　SAAD ABU-ALHAIL ARAB 周　霞　蔡　杰　贾　勇　张金营　张晓宇　钟文镇 顾海明　段　锋　李　睿　John Leju Celestino Ladu 陶　贺　刘　斌　张俊礼　张　浩　吴　啸　殷上轶 刘　莎　佟振博　张　帅　蒋　彬　谢　俊	31
信息科学与工程学院	信息与通信工程 电子科学与技术	柏　娜　田　峰　仇小锋　李正权　黄继伟　张　晶 王青云　董　俊　吴　霞　何　涛　鲁蔚锋　贺建立 董小明　贾子彦　曹开田　卢桂馥　陆泽橡　梁庆伟 赵　睿　程加力　吴　游　邓杨保　杨　亮　李　君 刘震国　余燕忠　包建荣　杨　睛　丁　飞　王如刚 齐洪钢　孔令军　宋立众　范逸风　孙闽红　李彦霏 傅晓建　杨　喜　董慧媛　王量弘　冀保峰　陈　剑 叶新荣　Mohammed Mohsen Mohammed Nasr　丁国如 史宏逵　梁瑞宇　史清江　惠　明　陈焕庭 Amin Najam Muhammad　王芳芳　曹文权	53
土木工程学院	土木工程 力学	于清泉　俞晓帆　陈伟宏　黄　璜　周培国　朱大胜 余　洋　朱元林　张马林　蒋金洋　缪蜀江　吴伟巍 张　翀　顾卫卫　耿　飞　吴志荣　赵岩荆　苏　毅 郑国栋　张于晔　佘　伟　戴美玲　李万润　高岳毅 冯　秀　李海涛　朱小军　张淑娟　鲁乃唯　刘　平 成于思　王龙林　陈齐风　沈　正 MOJTABA KAMALIARDAKANI WAEL ABDELMONEM ABDELMONEM ALTABEY 卢彭真　邓　宇　宋守坛　刘　琳	40
电子科学与工程学院	电子科学与技术 光学工程	姜　伟　周汉秦　朱大鹏　肖素艳　狄云松　周　健 王斌杰　徐　申　蔡铜祥　成建兵　易明芳　迟荣华 周昕杰　李智洋　倪亚茹　徐　欧　黄兆聪　徐　峰 盛　宁　Qasim Khan　孙立国　赵增霞　徐淑宏 游　潇　陈炎生　苏　适　姚　洁　张惠国　闵辉华 朱　超　孙　佳　K. Santhosh Kumar　邓　燕　刘斯扬 牟　丹　陈珍海　仇　实　顾洪成　李　腾　端伟元 朱强忠	41

（续表）

单位	流动站名称	名单	人数
数学系	数学	王开永 黄性芳 杨人子 隆金玲 董 伟 熊文军 刘俊峰 毋媛媛 杜 睿 胡 军 杜秀丽 王小六 陈向勇 赵桂华 杜法鹏 王丽艳 阚 秀 吴小太 王宏兴 赵晓朋 胡鸿翔 刘 洋 赵建强 郭 丽 蔡 静 王康康 廖芳芳	27
自动化学院	控制科学与工程	唐 磊 胡家香 张 雷 葛 愿 聂小兵 张化生 郭龙源 刘锁兰 龚烨飞 程 勇 喻 洁 魏海峰 顾 洲 于化龙 贾红云 陈 瑞 卢阿丽 陈文彦 刘金良 姚凤麒 卢剑权 沈谋全 丁 建 余 芳 许 胜 郑柏超 陈丽换 张元良 许 瑞 王 伟 苗国英 郭伟立 赵环宇 杨成东 宋 超 戚其丰 陈 伟 籍 艳	38
计算机科学与工程学院	计算机科学与技术 软件工程	孙巧榆 高德民 吴 桦 李元金 董永强 汪 鹏 殷 奕 汤可宗 郑 豪 曹苏群 姚 莉 刘林峰 张三峰 杨 望 朱 健 余建勇 方效林 董 恺 肖卿俊 杨章静 高尚兵	21
物理系	物理学	黄自谦 李淑萍 胡小会 朱 凯 林 林 Ashwini Kumar Umer Farooq 尹佩林 陈 华	9
生物科学与医学工程学院	生物医学工程	肖振龙 陈小祥 何江虹 王莉娜 蒋小华 张怀红 朱毅华 吕卓璇 叶明富 张 驰 Muhammad Ali Abdullah Shah 张海军 陈陆尪 朱 杰 刘方舟 吴全玉 殷稼雯 戴 俊 李盈淳 邢广林 张程宾 夏 阳 TANVEER AHAMD MIR Muhammad Yameen 陈金龙 张 帅 黄志海 杨子学 Muhammad Iqbal Zaman 金雪锋 孙会刚 汪荣亮 章 文 刘亚军 Andaleeb Azam 王洪吉 尚倩倩 Abdul Ghaffar 蔡志匡 蒋卫锋 ARUMUGAM GOWRI MANOHARI Jalde Shivakumar Shantappa 杨 池 Rasheed Ahmad 张锦友 金 赟 Doulathunnisa Robabeh Motaghed Mazhabi	46
材料科学与工程学院 化学化工学院	材料科学与工程	赵 晖 李士彬 范 奇 王 永 葛英飞 杨晓慧 穆 松 张会岩 刘 昊 迟宏宵 王先飞 邱振均 李 健 李明华 曹彩红 刘广卿 王建国 张 鸣 马明磊 朱春杰 朱昶胜 张小兵 徐 怡 储洪强 王鹏刚 范星都 朱启洋 周志嵩 吴大江	29
人文学院	哲学	陈东英 韩军生 阳 芳 胡 娜 陶新宏 何浩平 卞桂平 徐 进 吕寿伟	9
经济管理学院	管理科学与工程 应用经济学	叶宝忠 郑晓东 杨 洋 公彦德 肖 敏 孔凡柱 方 艳 沈向民 罗 琰 杨顺新 徐晓亮 高 岳 陈景岭 虞青松 刘长平 程尊水 曹海燕 岳中刚 易 波 岳宇君 李佳成 杨爱军 吴 建 林源源 周 敏 林徐勋	26

(续 表)

单位	流动站名称	名单	人数
电气工程学院	电气工程	戴罡 王正齐 吕富勇 杨俊 洪芦诚 李泰 王辰星 吴隆辉 付兴贺 马刚 侯凯 Krystian Ji 朱石晶 庞福滨 储建华 郑东亮 赵波 柳伟 徐伟 董剑宁 刘瑜俊 刘凯 谭林林	23
化学化工学院	化学工程与技术	王遵亮 孙玉 黄斌 魏振宏 王玮 Zainab Zafar	6
交通学院	交通运输工程	何志德 胡钢 余波 张永明 刘敬辉 柏春广 郭亚中 李强 吕得保 唐亮 魏明 顾大松 王维锋 吉锋 林俊涛 王敏 张志勇 Alfonz D. Ruth 沈毅 吴洋 李晓伟 陈星欣 张永兴 韩雪松 李浩 陈磊 吴恺 赵延喜 韩文泉	29
仪器与科学工程学院	仪器科学与技术	张军 韩亚丽 严筱永 穆朝絮 郭语 王翔宇 王建玲 朱松盛 黄浩乾 王芹	10
艺术学院	艺术学理论	王东 龙迪勇 崔之进 谷莉 梁晓萍 岳晓英 周渝 王倩 甘锋 叶海涛 方浩 李仁 张顺 于亮 王忠林 许继峰 方艳 张莹 周锦 卢衍鹏 王春鸣 张慨 高尚学 卢文超 袁晓莉 叶公平 杨蕾 郑娟 马晓翔 孙易君 宋眉 刘芊 葛付柳 杨飞飞 吴新林 顾春军 程狄 张楠木	38
公共卫生学院	公共卫生与预防医学	叶宝芬 Hassan Mohamed Ibrahim Abousalem 倪书华	3
医学院	临床医学	凌云 武建设 易宏伟 金虹 芮云峰 徐民 梁高峰 何向锋 成于思 陈聪 王晓艳 李皓 张立明 王忠敏 刘圣 孙玲 刘志广 于洋 臧光辉 张有为 Jumah Masoud Mohammad Salmani 胡飞虎 刘同强 AL-JAFARI YOUNOUS ABDO MOHAMMED 李月峰	25
生命科学研究院	生物学	郭康平 李默怡 金宇灏 吴顺凡 黄星 郭超	6
马克思主义学院	马克思主义理论	杨洁 卓承芳 王志国 刘建利 孟飞 吴志刚	6
合计			560

2015年博士后获中国博士后科学基金面上资助情况

单位	姓名	资助等级	资助金额(万元)
建筑学院	汤晔峥	一等	8
建筑学院	李志斌	一等	8
建筑学院	邹涵	二等	5
机械工程学院	孙桂芳	一等	8
能源与环境学院	钟文镇	二等	5
能源与环境学院	吴啸	一等	8
信息科学与工程学院	陈剑	二等	5
信息科学与工程学院	冀保峰	二等	5
信息科学与工程学院	王如刚	二等	5
信息科学与工程学院	史清江	一等	8
信息科学与工程学院	孔令军	二等	5
土木工程学院	张于晔	一等	8
土木工程学院	李晓伟	二等	5
土木工程学院	李海涛	一等	8
土木工程学院	鲁乃唯	一等	8
土木工程学院	吴志荣	二等	5
土木工程学院	高岳毅	二等	5
土木工程学院	张鸣	二等	5
土木工程学院	陈齐风	二等	5
土木工程学院	成于思	二等	5
土木工程学院	李万润	二等	5
电子科学与工程学院	苏适	一等	8
电子科学与工程学院	刘斯扬	一等	8
电子科学与工程学院	牟丹	二等	5
数学系	吴小太	二等	5
数学系	刘洋	一等	8
数学系	杜法鹏	二等	5
数学系	赵晓朋	二等	5
数学系	王宏兴	二等	5

（续　表）

单位	姓名	资助等级	资助金额(万元)
自动化学院	沈谋全	一等	8
自动化学院	郑柏超	一等	8
自动化学院	赵环宇	二等	5
计算机科学与工程学院	高德民	二等	5
计算机科学与工程学院	姚　莉	二等	5
计算机科学与工程学院	朱　健	二等	5
物理系	林　林	二等	5
生物科学与医学工程学院	张　帅	二等	5
生物科学与医学工程学院	Abdul Hameed	二等	5
生物科学与医学工程学院	夏　阳	二等	5
生物科学与医学工程学院	顾洪成	二等	5
人文学院	吕寿伟	二等	5
经济管理学院	陈景岭	二等	5
经济管理学院	杨爱军	一等	8
经济管理学院	岳宇君	二等	5
经济管理学院	许　瑞	二等	5
电气工程学院	张　静	一等	8
电气工程学院	储建华	二等	5
电气工程学院	柳　伟	二等	5
电气工程学院	赵　波	二等	5
电气工程学院	王　伟	二等	5
化学化工学院	徐　怡	二等	5
交通学院	赵岩荆	二等	5
交通学院	张永兴	二等	5
仪器与科学工程学院	王翔宇	一等	8
仪器与科学工程学院	宋　翔	二等	5
仪器与科学工程学院	严筱永	二等	5
仪器与科学工程学院	陈星欣	一等	8
艺术学院	王春鸣	二等	5
艺术学院	袁晓莉	二等	5
艺术学院	马晓翔	二等	5

(续　表)

单位	姓名	资助等级	资助金额(万元)
艺术学院	宋　眉	二等	5
艺术学院	高尚学	二等	5
艺术学院	卢衍鹏	二等	5
生命科学研究院	吴顺凡	二等	5
生命科学研究院	黄　星	二等	5
合计			376

2015年博士后获江苏省博士后科研资助计划资助情况

单位	姓名	资助等级	资助金额(万元)
建筑学院	李志斌	A	6
建筑学院	许昊皓	C	2
建筑学院	邹　涵	C	2
能源与环境学院	张　浩	A	8
能源与环境学院	吴　啸	C	2
信息科学与工程学院	丁国如	A	7
信息科学与工程学院	孔令军	B	4
土木工程学院	李海涛	A	6
土木工程学院	吴志荣	B	4
土木工程学院	鲁乃唯	B	4
土木工程学院	戴美玲	C	2
电子科学与工程学院	刘斯扬	A	7
电子科学与工程学院	K. Santhosh Kumar	B	4
电子科学与工程学院	牟　丹	B	4
数学系	王宏兴	B	4
数学系	杜秀丽	C	2
自动化学院	许　瑞	B	5
自动化学院	苗国英	B	4
自动化学院	赵环宇	B	4

(续 表)

单位	姓名	资助等级	资助金额(万元)
自动化学院	郑柏超	B	4
物理系	Ashwini Kumar	B	3
生物科学与医学工程学院	蒋卫锋	C	2
生物科学与医学工程学院	汪荣亮	C	2
材料科学与工程学院	赵海涛	C	2
经济管理学院	曹海燕	B	5
经济管理学院	吴 建	C	2
经济管理学院	刘长平	C	1.5
电气工程学院	黄 斌	A	7
电气工程学院	王 伟	B	4
电气工程学院	赵 波	C	2
化学化工学院	王遵亮	A	6
交通学院	张永兴	B	4
交通学院	沈 毅	B	4
艺术学院	郑东亮	A	6
艺术学院	高尚学	B	3
艺术学院	胡飞虎	C	2
艺术学院	孙易君	C	2
生命科学研究院	黄 星	A	8
合计			150.5

2015年博士后获中国博士后科学基金特别资助情况

单位	博士后姓名	资助金额(万元)
建筑学院	周聪惠	15
能源与环境学院	顾海明	15
电子科学与工程学院	徐淑宏	15
电子科学与工程学院	徐 峰	15
数学系	胡 军	15

(续 表)

单位	博士后姓名	资助金额(万元)
数学系	刘俊峰	15
自动化学院	于化龙	15
自动化学院	卢剑权	15
计算机科学与工程学院	刘林峰	15
生物科学与医学工程学院	李智洋	15
生物科学与医学工程学院	张程宾	15
人文学院	何浩平	15
经济管理学院	岳中刚	15
经济管理学院	徐晓亮	15
电气工程学院	付兴贺	15
艺术学院	甘锋	15
艺术学院	方艳	15
医学院	王忠敏	15
医学院	张立明	15
生命科学研究院	李默怡	15
合计		300

2015年毕业生进校名单

建筑学院： 张愚 周欣 郭屹民
机械工程学院： 周蕾 项楠 陆荣生 吴闻宇 牛亚峰 阚亚鲸
能源与环境学院： 施娟 乔宗良 陈时熠 陈晓乐
土木工程学院： 秦颖 谈超群 成于思
电子科学与工程学院： 祝靖 易真翔
计算机科学与工程学院：熊润群 胡晓艳
马克思主义学院： 袁利宏
人文学院： 张晒
经济管理学院： 陈丰龙 谢呈阳
电气工程学院： 刘凯
交通学院： 宋晓东
法学院： 叶泉 刘启川
生命科学研究院： 杨鑫
医学院： 汤天宇

建筑研究所： 周妍琳
中大医院： 赵 松 耿磊钰 王 婧 王 栋 伍 敏 束 昊
季明亮 张世军 柏盈盈 李晓莉 吴 迪 刘 丹
张光远 李 涛 谭佳成 王 玉 王晶敏 王 铭
张 齐 刘 苒

2015年调入引进人员名单

建筑学院： 金 坤
机械工程学院： 张 宁
能源与环境学院： 佟振博
信息科学与工程学院：赵涤燹 余 超 武其松 胡三明 燕 锋
土木工程学院： 汪 昕
自动化学院： 曹向辉
材料科学与工程学院：孙正明 张培根
数学系： 赵 璇
化学化工学院： 赵 健
人文学院： 范 雪 张 佳 吕秋琳
经济管理学院： 吴一超 李绍芳 史雅妮 许 勤 鞠传静
外国语学院： 刘 超 杨 莉 黄绿萍
体育系： 杨文刚
仪器科学与工程学院：李 潍 朱利丰 汤新华 阳 媛 李煊鹏
交通学院： 曲 栩 刘志远 王 菲 付 晓
艺术学院： 龙迪勇 李 牧
法学院： 肖 冰 刘明全 冯煜清 钱小平
医学院： 范小波 仲 明 张 媛
海外教育学院： 戴艳艳
生命科学研究院： 林承棋 郝 睿 潘玉峰 尉迟一星
中大医院： 李 澄 施瑞华 谢鑫荟 毛 路 刘 磊 方 磊
校长办公室： 张广军

2015年离校人员名单

陈钢华 高仲学 吴云鹏 蒋 威 钱激扬 张士凯 郭永亮 彭倚天 万亚坤
何 柯 杨 新 李 驰 刘淑君 徐 江 韦 朴 田海平 任小艳 高 阳
RAVICHAN 张家滨 左 武 金宝敬 ANDALEEB 荆 琦 杨 涛 刘洪娜
周晓锋 李 丹 王 彬 MOSTAFA 高雪松 荣学亮 姚 波 施锦杰
王 炜 李淑琴 吴 幸 李佩娟 王 薇 刘宏月 张方伟 吴 俊 张永兴

ABDUL HA　王永谦　臧东勉　张培根　曹　萌　陈秀丽　石　敏　邢广林
阎　妍　何世文　巩天峰　曾维理　宋亚辉　曲　颖　李爱群　成于思
AAMR ALA　松本康隆　SHAH MUH

2015 年退休人员名单

机械工程学院：	刘长海　张文锦　冒明山　张书明　高锋
能源与环境学院：	陶美玲　王德雷　姜慧娟　鲁维加
信息科学与工程学院：	郭延芬　吴镇扬
土木工程学院：	郭应征　周志红　成　虎
电子科学与工程学院：	贺　晋
数学系：	黄　骏　王　陵
自动化学院：	贾　林
计算机科学与工程学院：	陈　钢
软件学院：	吉　逸　宋之毅
马克思主义学院：	王良铭　姜宪明
经济管理学院：	王文武
材料科学与工程学院：	秦鸿根　赵　弘
人文学院：	喻学才　陈爱华
艺术学院：	王　颖
外国语学院：	郑玉琪　常天龙　邹长征
化学化工学院：	林育彤
交通学院：	朱金付　陈晓萍
仪器科学与工程学院：	丁　江
公共卫生学院：	滕　蔓　李玉宇
医学院：	祝纪山　晋光荣　李新荣
海外教育学院：	陈祥俊
保卫处：	秦克汛
财务处：	王学进
成贤学院：	孙迪民
科研院：	周新维　仇向群
机关党委：	姚建楠
继续教育学院：	崔　敏　庄宝杰
教学服务中心：	孙卫红
实验室与设备管理处：	田芳芳
体育系：	朱少华
图书馆：	吴风林　王艳秋
物理系：	周立新

宣传部：	张兴炎					
学报(医学版)：	谈新国					
学报(自然科学版)：	刘怡玫					
总务处：	黄在宇					
资产经营管理处：	陆新兰	蒋玉玲				
资产经营总公司：	王光明	胡荣光	朱珉	朱玉先	胡宗梁	杨舒惠
	陶洋					
后勤党工委：	王全勇	姜晓椿	汤志亭	许爱国	张宁凤	陈光华
	马学新	虞荣禄	何家富	廖志红	申秋虹	王道明
	张恩禄	高强	汤小健	汪燕	张志辉	蔡胜玲
	谭建华	杜春祥	王强	蔡仕斌	高述堂	周美蓉
中大医院：	杨小庆					

2015年死亡人员名单

张曼君	宋树温	贾云	王育殊	李奉吉	周孝儒	张国义	盛刚	黎明达
王耐玉	朱万福	樊家铭	鲍靓仪	洪焕兴	朱松石	蔡瑞洪	朱敬业	李荫余
杨亭云	王登宝	龚闻韶	李立	王学荣	张昌炽	陈耀发	贡炳生	李长贵
王其生	许珠玲	徐嘉森	顾尚华	潘定华	田斌	宋桦	高松梁	邹杰
顾文通	高珍秀	吴锦荣	张桂福	黄志昌	许次楠	张丽华	汤待华	庄继培
李文浩	马崇来	许文焕	戚辉	虞鸿祉	虞秀珍	王孝书	卢子文	都润祥
杜为贞	许楷	闻德苏	杨应乐	华明玉	韩凤华	郑绍海	何标	张炳金
顾文龙	刘友鹏	周士良	陆贤美	崔宁	孙义国	朱宛	丁正昌	朱月贵
庞同和	陈来九	蔡冠华	郑翠珍	刘克屏	沈冠必	吴天林	何泰曙	林靖
王建中	司马萍							

学 生 工 作

综 述

2015年,党委学工部、学生处和心理健康教育中心在社会主义核心价值观和三严三实思想的指导和要求下,紧扣立德树人根本任务,把招生工作落在实效,把管理和资助工作落在精细,把就业工作落在实处,把心理健康教育工作落在关爱,把辅导员队伍建设工作落在专业,把思想引领工作落在正能量,为学校发展和人才培养工作做出应有的努力。

一、学生思想政治教育与队伍建设工作

1. 以社会主义核心价值观教育为主要内容进一步加强大学生宣传思想工作

在本科生宿舍区社会主义核心价值观主题学园建设基础之上,2015年上半年继续推进学园建设,开展主题教育精品项目评选,由各院系申报并开展十余项主题精品活动,以课程讲座、社会实践、普及宣传、人文思辨等丰富的形式深入开展教育工作;继续推进"耕读园"二期建设,以学工部指导、院系承办、学生团队承包的方式落实劳动教育的要义和内涵;以抗战胜利暨世界反法西斯胜利70周年为契机,在新生军训期间开展主题绘画活动,并在校内围墙予以呈现,弘扬爱国精神,提升校园文化。各项活动覆盖面广、参与度高,涵盖大学生理想信念、法治理念、志愿服务、爱国荣校、传统文化等多方面教育,取得了良好的教育效果。

及时把握学生思想动态,利用网络新媒体开展学生宣传思想工作。在寒暑假期间、两会召开期间、9·3抗战胜利大阅兵等重要时间节点,积极做好学生的思想动态调研工作。建立"党委学工部"微信公众平台,开设"军训风采""精品项目展示""导员微语"等栏目,多样化开展思想政治教育工作。

2. 以提升职业能力为核心目标推进辅导员队伍职业化专业化建设

(1) 进一步完善辅导员队伍建设机制

一是改革辅导员队伍结构，调整专兼职比例，本年度选聘了9位专职辅导员、12位优秀在读研究生担任兼职辅导员以及12位2016级免试研究生担任辅导员，推进我校学生工作的可持续发展；二是优化辅导员考核方式，以职业能力标准为依据，科学修订考核内容，并首次建立和启用网络信息化考核平台，6位专职辅导员在考核中获得优秀；三是细化院系学生工作评估指标，有效总结工作成果，为院系开展学生工作提供指导。

(2) 多举措提升辅导员职业能力

一是继续发挥5个辅导员工作室的作用，在专家的指导下理论联系实践，开展了5次专题研讨会。二是成立本科各年级和研究生辅导员沙龙团队，开展工作沙龙8次。三是设立校内辅导员工作专项研究课题，立项18项并给予经费保障与支持。四是开展第四届校内辅导员职业技能大赛，从理论知识、案例分析、谈心谈话等多方面考察辅导员职业能力，评优树典，提升队伍努力学习积极向上的文化氛围。五是拓展辅导员专家化培养渠道，选拔并推荐三位辅导员报考思政系列博士学位。六是继续加大辅导员培训力度，组织140名学生工作干部参加教育部网络培训课程，培训覆盖率93.3%；选派辅导员57人次参加省部级国内外培训，较上一年增长46.2%；组织11位学生工作干部前往兄弟高校调研；并组织16名辅导员参加心理咨询师及职业规划师资格培训。七是做好评奖评优工作，以激励为动力推动辅导员不断进步。本年度，信息学院辅导员王婧菲成功入选江苏省高校辅导员年度人物，实现了近五年来的突破。2位老师获得东南大学教育基金会奖教金，9位老师获得东南大学华为奖教金，10位老师获得东南大学学生工作奖励金。

此外，继续开展"你的青春我作伴"离岗辅导员欢送会，凝练辅导员队伍文化；承办江苏省大学生年度人物和辅导员年度人物评选活动，获得了省教育厅和各参赛高校的好评；完成思想政治教育系列职称评审工作，8位老师晋升助教，1位老师晋升副教授。

3. 各项工作成果一览

(1) 2015年社会主义核心价值观主题教育活动一览

序号	项目名称	承办院系
1	建筑师的20岁——与信仰对话，释放青春正能量	建筑学院
2	"向着理想前行"社会主义核心价值观宣传系列活动	信息学院
3	基于"一核两支"的系统化建设高校新型宿舍伙伴关系	土木工程学院
4	东南大学微电影大赛	材料学院
5	"我和节日有个约会"社会主义核心价值观主题宣传活动	电子学院
6	"领东南之美，现核心价值"志愿活动	生医学院
7	共润向阳花成海，携手青春梦同行——"向阳花"相伴成长爱心实践项目	交通学院
8	"大爱无声"系列志愿活动	医学院

(续 表)

序号	项目名称	承办院系
9	文昭爱国心	人文学院
10	阳光下的法治——东南大学法学院系列普法与法律援助项目	法学院
11	"耕读园"二期	电子学院
12	抗战胜利暨世界反法西斯胜利70周年主题绘画	艺术学院
13	2015级新生校史校情教育活动	党委学工部

(2) 2015年辅导员专题研讨工作室活动一览

序号	时间	主题	工作室
1	9.11	心理健康教育兼职老师受聘仪式及新学期心理健康工作讨论	心理健康教育研究
2	10.10	家访那些事儿	学生事务管理研究
3	11.10	心理案例督导	心理健康教育研究
4	12.3	辅导员科研工作该如何开展	思想政治教育和道德发展研究
5	12.3	第六届两岸四地大专院校心理辅导与咨商高峰论坛分享及"团体辅导在学生群体中的应用"主题讨论	心理健康教育研究

(3) 2015年辅导员沙龙活动一览

序号	时间	主题	参加对象
1	9.28	大学校园思想政治教育评价的困惑和探索	二年级辅导员
2	9.28	工作热点问题探讨	三年级辅导员
3	10.20	如何做好学业奖学金评比及学生就业指导	研究生辅导员
4	10.22	新生入学适应与班团建设	一年级辅导员
5	11.24	助力新生成长	一年级辅导员
6	12.1	研究生党建工作如何做	研究生辅导员
7	12.4	大学生心理健康问题与突发事件处理	二年级辅导员
8	12.11	深入华为,校企面对面,共探学生培养	三、四年级辅导员

(4) 2015年辅导员工作专项研究课题立项一览

序号	项目名称	负责人	等级
1	大数据背景下基于法治理念的大学生契约行为研究	杨玲玲	省级一般
2	基于社会交换理论的大学生资助工作实证研究	何熠	省级指导
3	以量化数据为基础的学生综合评价体系研究及模型应用	王婧菲	省级指导
4	大学生社会主义核心价值观认同机制研究	钮长慧	校级重点

（续　表)

序号	项目名称	负责人	等级
5	应用信息技术手段加强学生教育管理的方法和路径研究	王　斌	校级重点
6	基于创客文化建设的高校学生创新	谭逸斌	校级重点
7	新时期高校"三位一体两翼"班级建设模式创新性研究	李朝静	校级一般
8	基于绩效评价的大学生综合素质评价数学模型	李　磊	校级一般
9	大学生暑期社会实践活动现状调查	彭　丽	校级一般
10	高校辅导员如何有效开展对经济困难生的心理帮扶工作	钱怡君	校级一般
11	民主制度在大学生党建中的应用研究	史红叶	校级一般
12	高校大学生综合素质评价体系构建研究	曹海燕	校级一般
13	社交媒介中的自我表露行为	王一卉	校级一般
14	高校实践育人模式探索与构建	张　航	校级一般
15	基于学科背景的大学生德育活动形式研究	周明阳	校级一般
16	基于全媒体视野下的大学生沟通心理和人际关系的现状调查分析	周文娜	校级一般
17	基于神经网络的贫困生心理状况预测与干预模型	邹　琳	校级一般
18	基于成果导向的工科类院校大学生职业发展教育模式探索	顾青瑶	校级一般

（5）2015年辅导员培训交流情况一览

序号	项目	人次(人)	合计(人)
1	高校辅导员工作网络培训班	140	140
2	教育部全国高校辅导员骨干培训班	25	
3	江苏省高校辅导员示范培训班	7	
4	卓越联盟辅导员工作沙龙	13	57
5	高校间辅导员工作交流（北京大学）	1	
6	其他国家级培训班	11	
7	二级、三级心理咨询师资格培训	12	20
8	创业咨询师、职业指导师资格培训	8	

（6）辅导员优秀工作案例

序号	案例名称	作者	等级
1	大众创业万众创新的年代让校园"创客"迎来春天	王婧菲	省一等奖 校一等奖
2	坚定信仰，玉汝于成	何　熠 李　涛	省二等奖 校一等奖

(续 表)

序号	案例名称	作者	等级
3	学会交流 提升自我	宋美娜	校二等奖
4	面对不能说的秘密,我们一起来呵护她	吴志龙	
5	对症下药,让爱同行	崔小白	
6	如果面对挫折:注重过程,看淡结果	成 曦	校三等奖
7	心理健康——学习、生活的基础	李春阳 裴 锋	
8	提升学生会战斗力	方跃武	

(7) 第四届东南大学辅导员职业能力大赛获奖名单

等级	姓名
特等奖	付小鸥
一等奖	周文娜、董世坤、王一卉
二等奖	钱怡君、曹奕
三等奖	顾青瑶、李朝静、宋美娜、陆珈怡、尉思懿、纪静

二、2015 年东南大学本科生招生情况

1. 招生录取情况

2015 年,全国范围内共录取本科生 3 986 人,男生 2 429 人,女生 1 557 人,男女比约为 3∶2。理科 3 518 人(占比约 88%),文科 384 人(占比约 10%),艺术类 84 人(占比约 2%)。少数民族学生 407 人(占比约 10.21%),农村生源 1 064 人(占比约 26.69%)。江苏省内共录取 839 人。中西部地区生源比例逐年上涨,占 50.85%。

我校 2015 年普通本科层次的招生包括普通高考、自主招生、农村学生单独招生(筑梦计划)、外语类保送生、高水平艺术团、高水平运动队、少年大学生、内地西藏班、内地新疆高中班、少数民族预科班、农村贫困地区定向招生专项计划。此外,我校还面向港澳台地区学生通过港澳台侨联招、澳门保送生、台湾保送生三种途径进行招生。全校约 84% 的考生(共计 3 349 人)通过普通高考录取,约 16% 的考生(共计 637 人)通过 13 种特殊类型录取,其中,贫困地区定向招生专项计划 258 人,港澳台 44 人(其中,联招 29 人,澳门保送生 5 人,台湾保送生 10 人),自主招生 67 人,农村学生单独招生 33 人,外语类保送生 42 人,高水平艺术团 17 人,高水平运动队 22 人,少年大学生 21 人,内地新疆、西藏班学生 67 人,预科入学学生 66 人。

2015 年我校理科在全国各省市中录取分数线高出当地重本线 100 分以上的省份达 18 个,数量较 2014 年增长 50%;在全国各省市 985 一期 34 所高校中,我校理科录取分数线平均位列第 17 名。理科考生成绩排名在 2 000 名以内的省份达 10 个,包括:海南、宁

夏、贵州、广西、内蒙古、辽宁、云南、吉林、黑龙江和安徽，较2014年增长50%；内蒙古、浙江、福建、湖南、广东、广西等省区生源质量明显提升。文科录取分数线省排名最高为陕西（605名），最低为湖北（1 363名）。

我校各科类投档分在江苏省的排名情况与往年持平，呈稳定态势。其中普通理科最高分413分，投档分383分，列全国各高校第10名，考生成绩全省排名2 401名；文科最高分383分，投档分375分，列全国高校第11名，考生成绩全省排名754名。医科理科最高分383分，投档分354分；文科最高分368分，投档分347分。

2. 招生宣传情况

2015年，学校继续实施以学生处为统筹、各招生宣传组策划实施的招生宣传机制，以江苏、湖北、辽宁、陕西和广东为核心的五大辐射区，稳定生源质量最好的东部辐射区，重点发展中部辐射区，同时建设生源质量较弱的偏远的北、西、南辐射区，效果显著，进一步提升了全国生源质量。

目前，我校在全国共设立30个招生宣传组，覆盖了除西藏以外的所有省市。同时，江苏省13个地级市均设立宣传组。全校共307人参与到招生宣传工作中（教师成员人数一般按不多于该省市招生计划数的1∶10配备），其中业务线教师115人（占比约37.46%），管理线教师192人（占比约62.54%）。与各地143所中学共建"东南大学优质生源基地"，其中，2015年新增12所。从分布区域来看，我校优质生源基地主要分布在华东、华中、华北地区，特别是江苏省58所（占比约40.56%）、浙江省12所、陕西省11所、湖南省9所、辽宁省7所、广东省6所，未来将继续向西南、西北地区延伸，进一步扩大我校影响力。

2015年，在校生1 553人组成240余个团队参加了"感恩母校"社会实践活动，回访了718所中学，精心策划并成功开展了一系列宣讲、咨询活动，同时，向108个中学转授了"东南大学2015年优质生源卓越贡献奖"及500余个中学"东南大学2015年优质生源贡献奖"奖牌；全国新增"优质生源基地"中学12所；全年接待全国各地1 000余名中学生及中学教师来访；参加28个省市招生咨询会；高校中学校园开放日百余场；参加教育部"微言教育"，人民网、新华网、新浪网、扬子晚报等多个网络、报纸、电视的宣传及咨询访谈；参加阳光高考平台网上咨询周，江苏省普通高校网上咨询活动等网上咨询会，回复我校本科招生网自设留言板上的问题；通过招生官方微博、微信互动，全年共发放招生简章千余本，学校介绍单页、各类宣传材料10万余册，各类中学喜报3 000余份。

三、学生日常管理与学生资助工作

学生工作办公室、学生资助管理中心以生为本，努力创建学生事务一体化服务窗口，打造奖助贷勤补系统化学生资助服务平台。

东南大学在2015年公布的"全国高校学生资助工作绩效考评"和"江苏省学生资助绩效评价"中，均被评为优秀，荣获江苏省学生资助成效微电影优秀文本和创作组织奖，入选国家奖学金获奖学生风采录《希望》1篇，入选江苏省国家奖学金获奖学生风采录《青春放歌》3篇，2名同学入选江苏高校助学成才典型。

1. 以日常管理工作为抓手,推进管理工作科学化、规范化

建立值班和应急反应机制,推进学生管理周报制度,每周一院(系)将一周内学生突发状况和特殊状况上报学生工作办公室。2015年共收到反馈周报事件509条,稳妥处置各类突发事件,维护学生正常的学习和生活秩序。创新本科生新生教育模式,牵头各院系各部门开展了持续4个月的新生适应教育活动;不断优化管理模块,升级完善学工系统,启用评奖评优学工新板块;全校本科生学生违纪处理(记过及以上)共计23人次,其中开除学籍1人,开除原因为高考替考;记过22人,记过原因均为考试作弊。

2. 以奖励表彰为平台,在学生中树立典范

2015年共评选校三好学生1 221名、校三好学生标兵34名(发放奖金金额5.1万元),校优秀学生干部139名(发放奖金金额13.9万元),校先进班集体22个(发放奖金金额2.2万元),校优秀毕业生184名。江苏省级三好学生23名,省级优秀学生干部15名,省先进班集体15个(发放奖金金额4.5万元)。获国家奖学金学生232名,获奖金额185.6万元;国家励志奖学金学生542名,获奖金额271万元;国家助学金学生2 331名,发放金额699.3万元。继续在全校范围内开展"最具影响力毕业生评选活动",最终评选出10名"东南大学2015年最具影响力毕业生",活动获得了众多媒体的关注,激励了学生积极向上的精神,并取得良好的社会效应。

3. 以家庭经济困难学生资助工作为重点,切实关注学生日常生活与学习

完成我校家庭经济困难学生认定工作,构建家庭经济困难生资助体系,特别是积极开展勤工助学工作。2015年我校本科生贫困生3 200人,其中特困生991人。为6 333人次提供158万余元困难补助,其中含价值10万元的寒衣近300件。提供1 321个勤工助学岗位,发放金额210万余元。共评定180项企业、校友奖助学金,发放金额732万余元。

4. 诚信、感恩、励志三环紧扣,彰显资助育人实效

继续指导唐仲英爱心社、曾宪梓春晖社、雁行东大、伯藜学社公益性社团开展活动,新成立SEU广汽博爱俱乐部、SEU新鸿基公益协会。2015年开展诚信教育活动8项,覆盖1 300人次,六大助学社团共开展近40项资助育人活动,覆盖超过3 000人次。开展以"助学·筑梦·铸人"为主题的征文活动,展现新一代大学生的青春奋斗风采。开展以"他们——我身边的资助"为主题的微电影创作大赛活动,展示资助育人成果。开展"国家资助 助我飞翔"东南大学励志成长成才优秀学生典型宣传评选活动,进一步推进家庭经济困难学生的励志教育。

四、毕业生就业工作

东南大学学生处就业指导中心紧密围绕《国务院关于大力推进大众创业万众创新若干政策措施的意见》,深入贯彻落实教育部《关于做好2015年全国普通高等学校毕业生就业创业工作的通知》(教学〔2014〕15号)以及人力资源社会保障部《关于做好2015年全国高校毕业生就业创业工作的通知》(人社部函〔2015〕21号)等有关大学生就业、创业工作文件的精神,全面深化改革,提高人才培养质量,创新人才培养机制,推进创新创业教育改革,切实做好我校毕业生就业创业服务工作,引领他们到国家需要的地方去,为建设创新型国家、实现中华民族伟大复兴提供有力的人才智力支撑。

1. 毕业生就业整体情况

东南大学2015届毕业生共8 885名。其中本科生4 108名,占毕业生总人数的46%;硕士生3 700名,占毕业生总人数的42%;博士生1 077名,占毕业生总人数的12%。

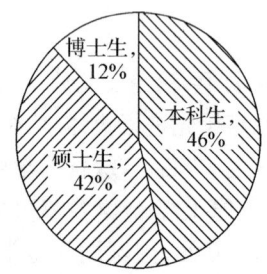

2015届毕业生总体学历分布

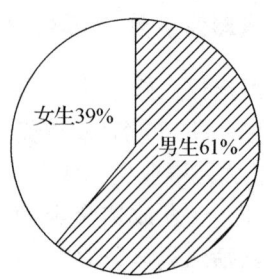

2015届毕业生总体性别分布

我校2015届毕业生来自全国34个省级行政区,其中江苏省是主要生源地。江苏省生源毕业生3 524人,占毕业生总人数的39.66%;江苏省外毕业生主要来自安徽省(10.66%)、山东省(7.35%)以及河南省(6.17%)。

2015届毕业生生源地结构

生源地	人数	比例(%)	生源地	人数	比例(%)
江苏省	3 524	39.66	四川省	173	1.95
安徽省	947	10.66	福建省	162	1.82
山东省	653	7.35	陕西省	128	1.44
河南省	548	6.17	辽宁省	115	1.29
浙江省	301	3.39	重庆市	110	1.24
湖北省	300	3.38	内蒙古自治区	93	1.05
江西省	248	2.79	新疆维吾尔自治区	88	0.99
河北省	244	2.75	贵州省	86	0.97
湖南省	235	2.64	天津市	83	0.93
山西省	187	2.10	黑龙江省	79	0.89
云南省	75	0.84	宁夏回族自治区	36	0.41
广西壮族自治区	69	0.78	西藏自治区	34	0.38
广东省	68	0.77	青海省	29	0.33

(续 表)

生源地	人数	比例(%)	生源地	人数	比例(%)
甘肃省	62	0.70	海南省	29	0.33
北京市	60	0.68	台湾省	5	0.06
吉林省	58	0.65	香港特别行政区	3	0.03
上海市	52	0.59	澳门特别行政区	1	0.01
			总计	8 885	100.00

2. 2015 届毕业生就业率

截至 2015 年 8 月 31 日,我校 2015 届毕业生初次就业率为 93.16%,其中本科生初次就业率为 94.57%、硕士生初次就业率为 94.14%、博士生初次就业率为 84.40%。截至 12 月 31 日,2015 届毕业生年终就业率为 98.80%,其中本科生年终就业率为 98.95%、硕士生年终就业率为 98.87%、博士生年终就业率为 97.98%。

3. 2015 届毕业生毕业去向分析

2015 届毕业生毕业去向

毕业去向	本科生		硕士生		博士生		总计	
	人数	比例(%)	人数	比例(%)	人数	比例(%)	人数	比例(%)
协议就业	1 857	45.20	3 306	89.35	891	82.73	6 054	68.14
国内升学	1 455	35.42	106	2.86	0	0.00	1 561	17.57
出国(境)	561	13.66	66	1.78	17	1.58	644	7.25
自主创业	1	0.02	2	0.05	1	0.09	4	0.05
灵活就业	11	0.27	3	0.08	0	0.00	14	0.16
待就业	223	5.43	217	5.86	168	15.60	608	6.84
总计	4 108	100.00	3 700	100.00	1 077	100.00	8 885	100.00

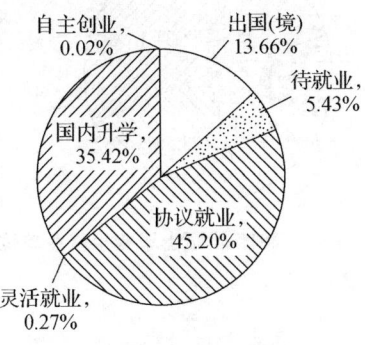

2015 届本科毕业生毕业去向

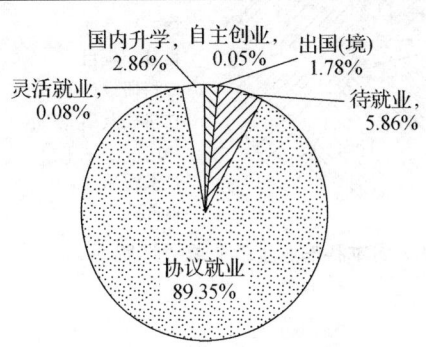

2015 届硕士毕业生毕业去向

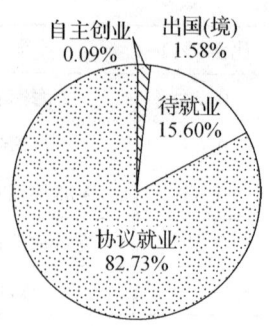

2015届博士毕业生毕业去向

4. 2015届毕业生单位性质分析

在选择就业的2015届毕业生中,就业单位性质以其他企业、国有企业、三资企业为主:其他企业占比30.34%,国有企业占比21.67%,三资企业占比10.13%。

2015届毕业生就业单位性质

单位性质	占总就业人数比例(%)	单位性质	占总就业人数比例(%)
其他企业	30.34	教育单位	5.25
国有企业	21.67	医疗卫生单位	3.13
其他	17.50	机关及事业单位	2.95
三资企业	10.13	基层项目	1.65
科研设计单位	7.18	部队	0.20
		总计	100.00

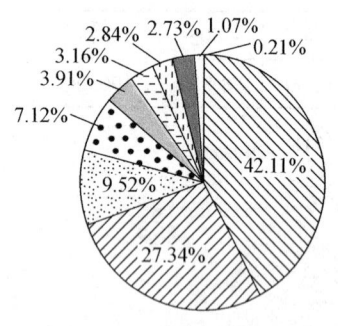

2015届本科毕业生就业单位性质

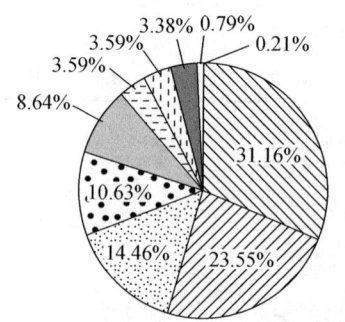

2015届硕士毕业生就业单位性质

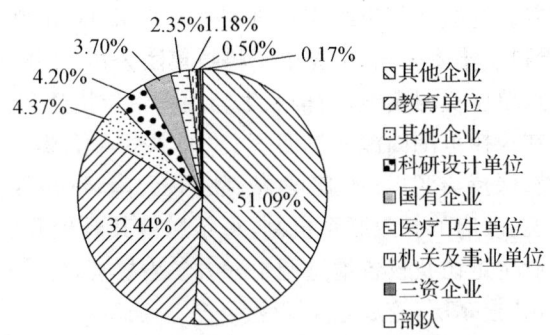

2015 届博士毕业生就业单位性质

5. 2015 届毕业生就业地区流向分析

总体上看,我校 2015 届毕业生的就业地域主要分布在长三角地区,占就业毕业生总人数的 72.82%;其次是中西部地区,占比达到 11.40%;此外,还有小部分毕业生选择在珠三角地区、其他地区以及京津地区就业。

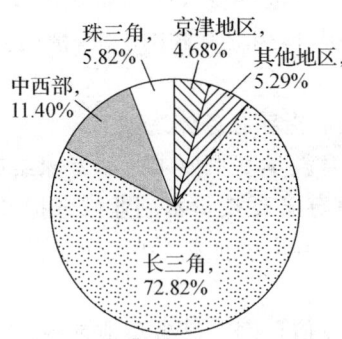

2015 届毕业生就业地域分布

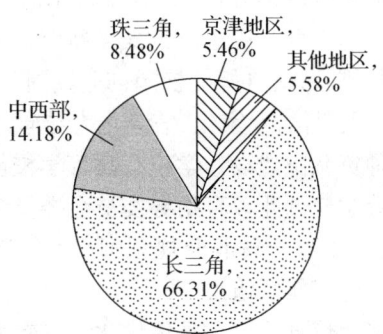

2015 届本科毕业生就业地域分布

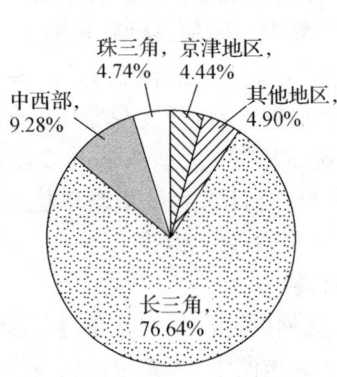

2015 届硕士毕业生就业地域分布

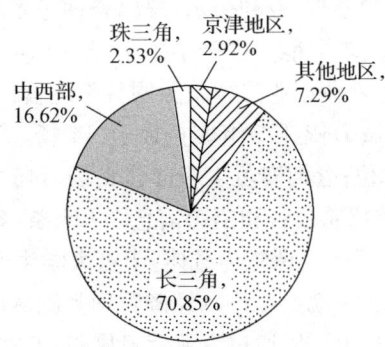

2015 届博士毕业生就业地域分布

6. 2015 届毕业生就业工作特色和经验做法

(1) 以中国梦引领个人梦,顺应国家人才兴邦战略

一直以来,就业指导中心引导鼓励学生志存高远,到国家需要的地方去,将个人梦融

入中华民族伟大复兴梦。连续多年组织应届研究生赴北京、四川、黑龙江、陕西等地,在航天科技集团公司、航天科工集团公司、中国电子科技集团公司、中国工程物理研究院、哈尔滨电气集团公司等重点单位实习实践,为毕业生与用人单位搭建智力对接、人才交流的平台;会同学校各部门,在全校范围内深入贯彻落实"大学生入伍参军政策",鼓励毕业生携笔从戎,投身国防建设;保持与四川、新疆、西藏、陕西、云南、贵州等西部地区以及东北三省地区重点行业及单位、政府的长效联系机制,每年邀请其赴校开展人才供需洽谈会、宣讲会、招聘会;组织毕业生走访我校各地选调生和大学生村官,倡导毕业生回家乡做贡献、到祖国需要的地方去,扎根基层,施展才干。

(2) 以"五创新"促进"五提升",构建大学生创业工作体系

以工作机构创新促资源整合能力提升,参与并推动校级大学生创新创业教育工作机构建立,明确机构分工,设立基地管理中心、竞赛服务中心、创业培训中心等三大中心。以教育体系创新促人才培养水平提升,创新课堂创业教育教学体系、教育体验体系和教育实践等三大创业教育体系,提升创业人才培养质量。以服务载体创新促实践孵化效率提升,打造大学生创业专属基金和大学生创业中心,为大学生创业奠定物质基础。以师资组建创新促专业化程度提升,不断加强 KAB 师资培训,并进一步吸纳专业人才,逐步建立完善的创业导师制度。以思维方式创新促创业氛围提升,树立互联网思维、精英引领思维和典型影响思维,营造良好的校园创业氛围。

(3) 以职业化、专家化、信息化为导向,完善就业指导服务体系

强化师资队伍建设。学校有高等学校创业教育教学基本要求起草专家组成员 1 人,教育部高等学校创业教育指导委员会委员 1 人,江苏省高校学术创业教育指导委员会委员 1 人,组成了以全球职业规划师(GCDF)、KAB 导师、就业指导师、创业咨询师等为主体的就业创业工作队伍。

升级多元信息平台。升级优化"东南大学就业信息网",高效集成就业、创业政策发布,用人单位预约招聘会、宣讲会、笔面试以及发布招聘公告,毕业生信息核对、毕业去向填写、解约办理、专利公示、户档查询等模块;就业指导中心微信、微博、短信平台定期推送招聘信息、求职能力提升小贴士;学校 BBS 就业信箱对就业、创业咨询及时答疑解惑;维护大学生就业创业法律服务网日常运营。依托就业信息平台,开展专场宣讲会 858 场;以行业、地域为依托的组团招聘会 14 场,参会单位数 393 家;大型双选会 6 场,共计邀请 614 家单位;暑期实习生双选会 1 场,145 家单位参会;合计来我校招聘单位有 2 010 家,发布各类招聘公告和招聘信息 3 426 条,累计发布岗位数 34 120 个。

(4) 以多元课堂为载体,丰富大学生职业发展路径

开设了《就业导论》《经济管理基础》《职业生涯规划》等近 30 门就业、创业类必修课和选修课;学生可以通过就业信息网借助"在线测评""职前课堂"等系统认识自我,提升就业能力;依托 30 余个就业创业类学生社团,打造了一批以"挑战杯"赛事为龙头的校园就业、创业类品牌文化活动;以学生处、教务处、校团委、科研院等校内职能部门为牵头单位举办的"东南大学大学生创新创业成果展示会"已经连续十年成功举办。

五、心理健康教育中心工作

心理健康教育中心进一步加大普及心理健康教育的力度,为学生健康成长提供心理支持。

1. 点面结合普及心理健康教育

2015年,共组织新生心理普查8 645人,普查率达到99.3%,筛查约谈124人;全校开设与心理健康相关的公共选修课14门,邀请校内外专家开展讲座25场;开展大学生个人成长及人际交往主题团辅300人次,对国家贫困和农村专项的家庭经济困难同学开展团体辅导80人次;举行"大学生心理健康知识竞赛""525三十天成长计划"等大型主题心理健康教育活动6次,大型现场咨询2次,专业素质拓展1次。增强学生的心理资本和适应能力,切实降低心理障碍发生率。

2. 持续做好心理咨询及危机干预

在三个校区多时间段开展心理咨询服务,并开设夜间求助电话服务。每周专兼职心理咨询教师值班28人次,助理心理工作者值班18人次,接受心理咨询实习生3人。2015年,共接收一般心理咨询679人次,来访学生241人,平均每人来访2.82次。接待干预心理危机事件4起。为学生的心理健康建设和危机处理提供支持和服务。

3. 科学培训加强队伍建设,增强示范效应

构建专职教师、兼职心理咨询师、辅导员及班级心理委员共同配合的多元化心理健康教育队伍,加大专业培训。共选送7人参加国家二级心理咨询师培训,5人参加国家三级心理咨询师培训,开展以专兼职心理咨询师及心理健康教育工作者为对象的"心·成长"心理沙龙2次,心理督导3次。培训新生心理委员150余名,对其开展系列心理培训。专职老师参加校外培训及会议10人次,开展国际学术交流2次,参与承担清华大学积极教育基金2015年课题1项。另面向江宁区专兼职心理教师开展"美国心理咨询实践"学术沙龙、"温尼科特的理论与应用"工作坊及专业督导。积极提高专兼职队伍的专业能力,增强示范效应。

4. 多渠道加大心理健康教育宣传,创新方法提升心理健康教育实效

采取新媒体、艺术化、情景性、互动式的多元教育手段,开展讲座、网络、咨询、心理剧和团体活动等立体化的积极心理健康教育;把微信平台建设为集预约咨询、心理知识科普、心理沙龙活动为一体的立体化、多方位的心理健康教育平台,每天推送一条心理成长暖文;根据同学的需求定期更新并完善校园心理健康宣传栏,提升学生主动关注心理健康的意识;继续加强与二级学院的合作,完善二级学院心理健康教育网络。建设校园多渠道的心理健康宣传途径。

实验室建设与设备管理

综　　述

一、实验室建设与管理工作

截至2015年底,全校共有各类教学、科研建制实验中心(室)76个,其中教学实验室33个、教学科研并重实验室11个、科研实验室32个,实验室房屋使用面积近17.34万平方米。2015年全校各级各类实验室获得省部级以上教研项目47项,发表教学、科研论文4 236篇,出版实验教材39本;教师获得国家级奖励和成果17项,省部级奖励76项,发明专利690项,学生参加省部级以上学科竞赛获奖500项,获得国家级大学生创新训练项目122项,省级大学生创新训练项目148项;各类实验室承担省部级以上科研项目946项,其他科研项目617项。2015年,各实验平台为全日制在校各类学生开设2 854个实验项目,总学时3.7万个,总实验人时数504万。目前,我校已基本形成了国家实验室(筹)、国家重点实验室(工程研究中心)、省部级重点实验室(工程研究中心)、本硕共享专业实验室、学科大类或多学科共享的专业基础实验室、公共基础实验室多层次的实验平台,为人才培养、科学研究、技术开发等各项工作奠定了坚实的基础保障。

组织2015年教学实验室建设项目立项评审工作,多渠道筹措资金,共执行了包括中央财政改善基本办学条件专项、"985三期"拔尖创新人才培养、实验室建设与改造等各项经费合计1 500余万元。积极组织2016年度中央级普通高校设备专项资金项目立项申报工作,土木学院大型地震模拟振动台建设、九龙湖化工楼通风系统改造、分析测试公共平台设备购置、道路交通工程示范中心和机电综合训练中心仪器设备更新、解剖实验室空气净化系统改造以及包括材料学院、土木学院、艺术学院、外语学习中心、能源学院5个学院在内的本科实验教学仪器设备更新升级,共计12个项目顺利通过评审入库,基本于2016年安排执行,经费预算共计5 000余万元。

组织申报的生物医学工程实践教育中心和数字景观环境综合训练中心高质量通过评审,我校省级实验教学示范中心又添两员;生物医学工程实验教学中心和道路交通工程实验教学中心分别获评为国家级实验教学示范中心和国家级虚拟仿真实验教学中心,目前我校共有8个国家级实验教学示范中心,3个国家级虚拟仿真实验教学中心,19个省级实验教学与实践教育中心,示范中心总量处在全国高校的前列。

二、实验技术队伍建设

2015年全校共有实验人员315人,其中专技岗257人、工勤岗58人。职称情况:教授级高工2人,高级工程师、副教授、副研究员、高级技师等62人,工程师、讲师、实验师、主管技师(医学院)等140人,助理工程师、助教、技师(医学院)、高级工、中级工等111人。

根据《东南大学实验技术工作岗位聘期考核暂行办法》,完成2015年度实验技术人员考核工作。2015年度实验技术队伍职称晋升新老条例并行使用,在确保实验教学能力和科学研究能力的前提下,将实验技术研发与管理能力作为实验技术队伍晋升职称的重点考查内容,为高层次的实验技术队伍建设构建了政策机制。2015年度共有1名实验技术岗位人员晋升为研究员级高级工程师,3名晋升为高级工程师,4名晋升为工程师,7名认定为助理工程师。

本年度继续推进面向本科生、研究生和青年教师进行大型仪器操作培训工作,共计160余人次。其中扫描电镜操作培训22人取得证书,显微硬度计、拉伸机等48人取得证书,甩带机19人取得证书。本年度组织实验技术岗位人员共计300余人次参加教育技术装备展览会,了解当前高校仪器设备新产品、新技术和发展动态,开拓人员视野。

三、实验室开放

为了建立适应创新型人才培养的实验室运行机制,充分发挥实验室在人才培养中的作用,提高学生的创新思维能力,本年度我校继续加大实验室管理和开放力度,要求全校教学实验室努力做到全天候开放,重点实验室大部分时间开放,实现时间、空间、实验项目的信息化管理和网络服务,提高实验室的利用率与使用效益。

四、实验室安全管理

在全校范围内正式启用化学品采购管理网络平台,规范各类化学试剂特别是易制毒、易制爆等管控类化学试剂的采购流程。修订原有的《东南大学化学品管理办法》文件,发布《关于规范剧毒和易制爆危险化学品安全管理的通知》,易制毒、易制爆危险化学品配备专用保险柜储存,专人管理,完善使用台账。同时简化办事手续,充分利用平台信息化手段,掌握采购试剂台账数据,自主打印报销凭证,省去教师学生来回盖章时间,构建便利高效、公开透明的服务平台。

继续完善实验室三级安全管理责任体系,明确各级各类人员职责范围和要求,本年度组织4次全校实验室安全检查工作,监督院系进行隐患整改工作,确保教学、科研各项工作顺利开展。组织全校本科生参加实验室安全知识学习培训,继续推行安全准入制。

加强特种设备规范管理工作,明确分管责任人,建立了包括压力容器、起重机械和场内专用机动车的台账,监督各单位进行特种设备年度检验。完善辐射安全管理,辐射场所张贴电离标志、安全操作规程上墙,对辐射工作人员按规定配备个人辐射剂量计,每季度进行检测,建立个人健康档案。委托南京市环境监测站对我校辐射工作场所周围环境进行辐射监测,监测结果合格。

五、设备固定资产管理

2015年新增设备资产总计1.36万余台(套),总值3.56余亿元。严格按照财政部、教育部及学校文件规定,规范处置流程,今年完成固定资产报废处置设备4 100余台(套),总值2 400余万元。所有设备处置报教育部备案或审批后销账处理,实行财务收支两条线。

完成各类设备信息统计及报表报送工作,包括财政部、教育部、国管局、科技部、海关等需要上报的各类表格,以及学校财务、审计、年鉴等需要的各项数据。

完成全校近26亿元设备固定资产的管理工作,完成对全校仪器设备资产管理进行盘点核实工作。

六、设备、材料采购管理(10万元以下)

进一步加强10万元以下零散仪器设备的采购管理。为提高采购效率,降低采购成本,规范采购行为,我校今年全面启用零散通用设备采购网上竞价系统,实现采购过程的公开化、透明化。今年共审核零散采购合同2 500余个,合同金额7 200余万元,其中通过竞价系统设备采购合同1 600余个,合同金额2 600余万元。同时,继续加强网上竞价系统供应商资质审核,目前已审核通过230多家。加大对实验试剂、材料等物资采购监管力度,积极开发材料采购管理平台,通过加强材料采购行为审查和台账管理,有效避免财务风险,走在了全国同类高校的前列。

签订科教用品免税进口设备合同220余项,总价值1 400余万美元。完成进口设备合同审核、免税手续办理、到货验收以及账目管理等工作。

七、设备采购管理(10万元以上)

进一步加强大型仪器购置计划论证,目前我校大型仪器购置计划论证已形成制度化、常态化。通过论证,促进了大型仪器设备进行合理布局,有效避免重复建设,有利于大型仪器设备的共建、共用、共享,提高资金使用效益;今年组织专家共对68台(套)40万元的大型仪器设备进行了购置计划论证,论证设备总经费预算7 000余万元。

严格按照《东南大学大型仪器设备管理流程、时间节点及采购工作指南》文件要求,进一步规范了大型仪器设备采购工作流程,积极探索集中采购与零散采购相结合、重点采购与一般采购相结合、急需计划采购与常规计划采购相结合、学校自主采购与委托政府采购等多形式互为补充的采购模式,努力为全校师生提供高效快捷的仪器设备采购服务。全年共审核并签订10万元及以上设备合同300余份,合同金额合计1.3余亿元;制作了10万元以上的设备购置项目公开招标文件200余个。进一步规范采购流程,加强专家论证和职能部门审核,通过公开招标不足三家供货商转为单一来源(议标)方式采购设备项目比重已下降至35%左右,效果显著。组织专家对50余个单一来源(议标)设备采购项目进行谈判。同时在采购环节中加强了过程控制管理,全校设备购置项目预算执行进度顺利。

八、大型仪器设备使用管理

继续推进大型仪器设备开放共享工作,大型仪器平均有效使用机时相比去年明显提升,大型仪器使用效率得到进一步提高。为了促进大型仪器设备开放共享工作,目前共安装了大型仪器数据采集监控终端 200 余台(套),通过大型仪器共享系统可以实现大型仪器功能展示、使用预约、数据采集、监控管理、收费管理、绩效考核、数据统计等功能,使我校大型仪器设备管理水平处在了国内同类高校的前列。

2014—2015 年度实验室利用情况统计

实验室名称	教师获奖与成果			学生获奖情况	论文和教材情况					科研及社会服务情况					毕业设计和论文人数			开放实验					
					三大检索收录		核心刊物		实验教材	科研数目		社会服务项目数	教研项目数					实验个数		实验人数		实验人时数	
	国家级	省部级	发明专利		教学	科研	教学	科研		省部级以上	其他		省部级以上	其他	专科生人数	本科生人数	研究生人数	校内	校外	校内	校外	校内	校外
建筑物理实验室	0	0	2	0	0	15	0	10	0	10	5	12	0	0	0	30	12	8	10	150	8	4 000	1 000
建筑运算与应用实验室	0	0	0	1	0	4	0	9	0	6	2	10	0	0	0	20	6	2	6	50	0	2 000	0
CAAD国家专业实验室	0	0	0	0	0	0	0	2	0	2	0	0	0	0	0	12	3	4	0	200	0	3 000	0
城市与建筑遗产教育部重点实验室	0	16	0	4	0	12	3	35	0	44	5	37	0	0	0	0	20	18	16	180	30	10 000	1 200
机电基础实验分中心	0	1	0	25	0	0	1	14	0	3	11	1	0	2	0	26	35	56	8	5152	270	108 300	4 560
机电综合实验分中心	0	1	9	66	4	42	2	65	0	55	22	3	0	2	0	213	165	52	0	9 760	0	21 020	0
工业发展与培训中心	0	0	0	6	0	0	0	0	0	0	0	0	0	0	0	4	2	52	15	4 428	733	104 112	67 376
能源与环境学院实验中心	0	1	85	0	0	285	2	30	0	16	82	30	0	0	0	241	50	84	0	241	0	42 000	0
洁净煤燃烧与发电技术教育部重点实验室	0	0	50	0	0	150	0	20	0	10	52	20	0	0	0	0	30	0	0	0	0	0	0

（续表）

实验室名称	教师获奖与成果				论文和教材情况					科研及社会服务情况					毕业设计和论文人数			开放实验					
	国家级	省部级	发明专利	学生获奖情况	三大检索收录		核心刊物		实验教材	科研数目		社会服务项目数	教研项目数		专科生人数	本科生人数	研究生人数	实验个数		实验人数		实验人时数	
					教学	科研	教学	科研		省部级以上	其他		省部级以上	其他				校内	校外	校内	校外	校内	校外
火电机组振动国家工程研究中心	0	0	16	0	0	60	0	15	0	4	23	16	0	0	0	207	30	10	0	207	0	10 000	0
信息科学与工程学院实验中心	0	0	0	60	0	0	0	1	2	0	0	0	0	0	0	0	0	18	0	0	0	73 264	0
移动通信国家重点实验室	0	1	48	0	0	150	0	70	2	67	31	0	0	0	0	84	92	0	0	0	0	0	0
毫米波国家重点实验室	1	2	44	0	4	148	4	16	0	46	30	5	2	5	0	37	64	100	17	150	34	900	240
射频集成电路与系统教育部工程研究中心	4	3	13	0	0	40	0	110	0	10	0	6	0	0	0	42	159	0	0	0	0	0	0
江苏省数码技术工程研究中心	0	0	9	0	0	28	0	7	0	8	7	0	0	0	0	6	9	3	8	6	6	18	48
信息处理实验室	0	1	21	0	0	73	0	32	0	22	15	0	0	0	0	4	45	0	0	0	0	0	0
信息安全研究中心实验室	0	1	20	3	0	26	0	26	0	6	6	0	0	0	0	40	109	0	0	0	0	0	0

（续表）

实验室名称	教师获奖与成果				论文和教材情况					科研及社会服务情况					毕业设计和论文人数			开放实验					
	国家级	省部级	发明专利	学生获奖情况	三大检索收录		核心刊物		实验教材	科研数目		社会服务项目数	教研项目数		专科生人数	本科生人数	研究生人数	实验个数		实验人数		实验人时数	
					教学	科研	教学	科研		省部级以上	其他		省部级以上	其他				校内	校外	校内	校外	校内	校外
力学实验中心	0	2	0	2	0	0	0	0	0	3	0	0	0	0	0	36	30	10	0	50	0	131 464	0
土木工程实验中心	1	1	12	0	0	80	0	0	0	23	4	26	0	0	0	50	60	60	6	986	90	110 936	360
混凝土及预应力混凝土结构教育部重点实验室	1	1	16	0	0	78	0	0	0	33	0	68	0	0	0	0	172	0	0	0	0	0	0
电子科学与工程学院实验中心	0	1	0	0	0	0	0	0	0	1	6	0	0	2	0	8	19	16	0	120	10	3 400	0
江苏省光通信器件与技术工程研究中心	0	0	20	4	0	42	0	10	0	25	2	0	0	2	0	22	85	350	0	98	0	1 986	0
江苏省信息显示工程技术研究中心	0	0	38	0	0	32	0	69	0	25	10	0	0	5	0	38	133	6	0	762	0	2 286	0
MEMS教育部重点实验室	0	1	35	0	0	57	0	3	0	35	6	0	0	0	0	36	29	9	0	40	0	110	0
国家专用集成电路系统工程技术研究中心	1	2	39	0	28	36	30	44	1	24	1	19	24	2	0	40	77	9	0	513	0	140	0

（续表）

实验室名称	教师获奖与成果				论文和教材情况					科研及社会服务情况					毕业设计和论文人数			开放实验					
	国家级	省部级	发明专利	学生获奖情况	三大检索收录		核心刊物		实验教材	科研数目		社会服务项目数	教研项目数		专科生人数	本科生人数	研究生人数	实验个数		实验人数		实验人时数	
					教学	科研	教学	科研		省部级以上	其他		省部级以上	其他				校内	校外	校内	校外	校内	校外
光传感/通信综合网络国家地方联合工程研究中心	0	1	20	1	0	10	1	14	0	10	10	8	3	4	0	15	15	6	0	320	0	4 200	0
数字化实验室	0	0	0	34	0	0	0	0	0	0	0	0	0	0	0	0	0	21	0	3 100	0	54 000	0
自动化学院教学实验中心	0	0	0	0	0	0	0	0	0	0	0	0	0	0	0	15	0	31	0	800	0	33 410	0
计算机硬件应用实验中心	0	0	0	0	0	0	0	61	0	0	0	0	0	0	0	10	0	55	0	564	0	20 000	0
复杂工程系统测量与控制教育部重点实验室	0	2	16	0	0	95	8	19	0	5	8	0	0	6	0	0	0	135	0	0	0	0	0
计算机教学实验中心	0	2	0	6	0	0	0	0	0	0	0	0	0	2	0	0	0	0	0	12 000	0	1 200 000	0
计算中心	0	0	0	0	0	0	0	0	0	0	0	0	0	0	0	0	0	0	0	0	0	0	0
计算机科学与工程学院实验中心	0	0	0	4	0	3	8	15	0	1	10	0	0	2	0	51	28	54	8	15 260	800	146 000	6 400

（续表）

实验室名称	教师获奖与成果				论文和教材情况					科研及社会服务情况					毕业设计和论文人数			开放实验					
	国家级	省部级	发明专利	学生获奖情况	三大检索收录		核心刊物		实验教材	科研数目		社会服务项目数	教研项目数		专科生人数	本科生人数	研究生人数	实验个数		实验人数		实验人时数	
					教学	科研	教学	科研		省部级以上	其他		省部级以上	其他				校内	校外	校内	校外	校内	校外
计算机网络和信息集成教育部重点实验室	0	3	12	2	0	32	2	56	0	8	6	0	2	0	0	30	42	0	0	0	0	0	0
江苏省网络与信息安全高技术研究重点实验室	0	3	1	4	0	41	8	71	2	12	2	0	1	0	0	34	26	0	0	0	0	0	0
江苏省计算机网络技术重点实验室	0	1	4	6	0	53	5	72	1	18	4	0	1	0	0	27	16	0	0	0	0	0	0
江苏省软件质量研究所	0	0	0	0	0	24	2	61	0	11	2	0	0	0	0	22	8	0	0	0	0	0	0
影像技术实验室	0	4	0	5	0	34	5	34	0	9	1	0	2	0	0	32	9	0	0	0	0	0	0
物理实验中心	0	0	0	90	0	0	0	0	0	20	10	0	0	5	0	140	40	16	0	180	0	16 640	0
医用电子技术实验中心	0	2	0	0	0	30	2	2	0	0	0	3	2	5	0	30	30	70	15	3 565	525	294 830	10 500
医学电子学实验室	0	0	0	0	0	0	0	0	0	0	0	0	0	0	0	3	0	19	0	45	0	11 680	0
江苏省生物材料与器件重点实验室	0	0	2	0	0	5	0	12	0	1	6	0	0	0	0	9	10	12	0	60	0	2 600	0

（续 表）

实验室名称	教师获奖与成果			学生获奖情况	论文和教材情况					科研及社会服务情况					毕业设计和论文人数			开放实验					
					三大检索收录		核心刊物		实验教材	科研数目		社会服务项目数	教研项目数					实验个数		实验人数		实验人时数	
	国家级	省部级	发明专利		教学	科研	教学	科研		省部级以上	其他		省部级以上	其他	专科生人数	本科生人数	研究生人数	校内	校外	校内	校外	校内	校外
生物电子学国家重点实验室	0	0	0	0	0	10	0	0	0	4	0	0	0	0	0	0	0	0	0	0	0	0	0
生物技术与材料实验中心	1	2	25	0	0	134	0	134	0	83	2	0	0	0	0	66	68	10	10	76	10	20 260	1 050
材料科学与工程学院实验中心	0	0	0	0	0	0	0	0	0	0	0	0	0	0	0	0	4	35	0	50	0	10 048	0
东南大学分析测试中心	0	0	1	10	0	4	3	8	6	2	22	15	1	2	0	98	67	162	0	625	0	63 700	0
江苏省土木工程材料重点实验室	0	0	0	3	0	2	2	3	3	3	21	92	0	2	0	66	43	85	0	336	0	42 400	0
江苏省先进金属材料重点实验室	2	1	16	3	0	36	3	52	0	32	48	14	0	2	0	32	24	6	0	194	0	14 200	0
人文学院实验中心	0	2	22	4	0	46	2	85	0	36	52	32	0	3	0	66	43	14	0	136	0	12 600	0
经济管理学院实验中心	0	0	0	0	0	0	0	0	0	0	0	0	0	0	0	0	0	0	0	0	0	0	0
电力工程实验中心	0	0	0	0	0	0	0	0	0	0	0	0	0	0	0	95	26	32	0	52	0	208	0

（续表）

实验室名称	教师获奖与成果				论文和教材情况					科研及社会服务情况					毕业设计和论文人数			开放实验					
	国家级	省部级	发明专利	学生获奖情况	三大检索收录		核心刊物		实验教材	科研数目		社会服务项目数	教研项目数		专科生人数	本科生人数	研究生人数	实验个数		实验人数		实验人时数	
					教学	科研	教学	科研		省部级以上	其他		省部级以上	其他				校内	校外	校内	校外	校内	校外
RockWell自动化实验中心	0	1	13	26	0	28	0	5	1	2	19	5	0	1	0	0	17	58	0	1 289	0	20 873	0
外语学习中心	0	2	25	0	0	51	0	14	0	9	15	0	0	0	0	5	5	8	0	163	0	2 491	0
化学化工实验中心	0	0	0	0	0	0	0	1	0	0	0	0	0	0	0	0	0	1	0	8 000	0	134 851	0
交通学院实验中心	0	3	20	60	6	20	8	25	16	20	13	13	5	17	0	350	360	156	26	500	560	80 200	3 600
江苏省交通规划与管理重点实验室	0	0	0	2	0	58	0	12	0	20	31	17	0	7	0	310	290	200	0	550	0	110 000	0
测控技术与仪器实验室	0	3	15	3	0	126	0	106	0	47	1	0	1	0	0	99	68	0	0	0	0	0	0
远程测控技术实验室	0	0	0	5	0	0	1	6	0	1	1	0	0	1	0	5	3	208	0	1120	0	58 680	0
艺术学院实验中心	0	1	9	6	0	12	2	53	0	15	6	0	1	2	0	28	26	12	0	52	0	3 500	0
模拟法庭	0	0	0	0	0	0	0	0	0	0	0	0	0	0	0	0	0	3	0	60	0	3 600	0
儿童发展与学习科学教育部重点实验室	0	0	0	0	0	0	0	0	0	0	0	0	0	0	0	0	0	0	0	0	0	0	0

（续 表）

实验室名称	教师获奖与成果				论文和教材情况					科研及社会服务情况					毕业设计和论文人数			开放实验					
	国家级	省部级	发明专利	学生获奖情况	三大检索收录		核心刊物		实验教材	科研数目		社会服务项目数	教研项目数		专科生人数	本科生人数	研究生人数	实验个数		实验人数		实验人时数	
					教学	科研	教学	科研		省部级以上	其他		省部级以上	其他				校内	校外	校内	校外	校内	校外
公共卫生学院实验中心	0	0	0	2	0	25	5	1	0	24	3	0	0	0	0	14	29	76	2	51	0	4 658	20
环境医学工程教育部重点实验室	0	0	0	2	0	0	0	0	0	0	0	0	0	0	0	0	0	56	0	87	0	8 766	0
基础医学实验教学中心	0	0	2	0	0	30	0	58	0	9	0	0	0	2	0	42	38	14	0	28	0	3 860	0
感染与免疫实验室	0	0	2	5	0	7	0	0	1	5	0	0	0	0	0	5	2	17	0	777	0	210 620	0
分子病理实验室	0	0	2	0	0	18	0	3	0	0	1	0	0	0	0	6	9	2	0	108	0	1 180	0
神经生物学实验室	0	0	0	0	0	0	0	0	0	0	0	0	0	0	0	0	0	0	0	0	0	0	0
心脑血管疾病行为与功能实验室	0	0	0	0	0	5	1	2	0	3	1	0	0	1	0	11	4	22	0	34	0	700	0
临床技能训练中心	0	0	0	0	0	6	0	0	1	4	0	0	0	0	0	0	1	0	0	0	0	0	0
临床医学实验中心	1	0	0	0	0	0	0	0	0	0	0	0	0	0	0	0	0	13	13	1 000	200	17 598	1 600
临床科学研究中心	0	0	0	0	0	0	0	0	0	0	0	0	0	0	0	0	0	13	0	395	0	96 000	0

（续 表）

实验名称	教师获奖与成果				论文和教材情况					科研及社会服务情况					毕业设计和论文人数			开放实验					
	国家级	省部级	发明专利	学生获奖情况	三大检索收录		核心刊物		实验教材	科研数目		社会服务项目数	教研项目数		专科生人数	本科生人数	研究生人数	实验个数		实验人数		实验人时数	
					教学	科研	教学	科研		省部级以上	其他		省部级以上	其他				校内	校外	校内	校外	校内	校外
江苏省分子影像与功能影像实验室	0	4	0	0	0	12	0	24	0	8	0	0	0	0	0	0	19	0	0	0	0	0	0
发育与疾病相关基因教育部重点实验室	1	1	2	0	0	48	0	48	0	10	0	19	0	0	0	0	8	60	15	136	36	5 062	2 942
软件学院实验中心	0	0	2	0	0	34	0	3	0	36	1	3	0	0	0	4	31	3	4	7	15	58	168
电工电子实验中心	4	3	2	38	5	8	6	15	2	1	2	1	2	3	0	0	9	88	65	2 200	36	380 000	4 500
实验动物中心	0	0	0	0	0	0	1	4	1	6	0	3	0	0	0	30	64	160	22	650	24	52 000	160

2014—2015年度教学科研仪器设备院系分布情况统计

单位名称	合计		单价10万元以下		单价10万～40万元		单价40万元以上	
	合件数	金额（元）	合件数	金额（元）	合件数	金额（元）	合件数	金额（元）
东南大学	98 322	2 161 128 433.50	95 611	794 510 866.13	1 911	403 626 216.72	800	962 991 350.65
建筑学院	2 128	46 593 183.26	2 055	20 783 527.88	60	14 666 113.44	13	11 143 541.94
机械工程学院	3 685	84 550 406.35	3 574	35 938 673.18	82	17 284 487.30	29	31 327 245.87
能源与环境学院	6 287	126 095 616.88	6 103	61 358 212.27	140	28 160 922.63	44	36 576 481.98
信息科学与工程学院	8 093	342 302 596.48	7 553	85 255 532.51	335	72 422 623.80	205	184 624 440.17
土木工程学院	4 358	86 705 034.36	4 269	34 793 070.29	66	14 210 368.51	23	37 701 595.56
电子科学与工程学院	3 574	254 372 463.75	3 338	39 075 280.30	151	32 521 561.71	85	182 775 621.74
数学系	1 063	5 913 308.27	1 062	5 671 308.27	1	242 000.00	0	0.00
自动化学院	2 764	36 822 650.23	2 711	20 694 155.32	41	8 038 303.87	12	8 090 191.04
计算机科学与工程学院	7 684	102 809 936.44	7 573	53 058 153.55	87	18 596 235.94	24	31 155 546.95
物理系	3 733	48 490 951.60	3 691	24 371 484.45	29	5 999 467.15	13	18 120 000.00
生物科学与医学工程学院	4 139	154 276 052.91	3 912	40 430 896.82	154	34 936 229.82	73	78 908 926.27
材料科学与工程学院	2 728	73 403 787.70	2 631	21 652 618.24	69	14 408 203.28	28	37 342 966.18
电工电子实验中心	3 867	14 275 743.56	3 865	13 988 888.16	2	286 855.40	0	0.00
经济管理学院	1 283	10 646 753.25	1 276	9 513 523.25	7	1 133 230.00	0	0.00
电气工程学院	2 520	49 929 302.87	2 446	23 708 188.12	58	11 660 252.81	16	14 560 861.94
外国语学院	2 406	12 117 466.69	2 397	10 210 816.69	8	1 481 850.00	1	424 800.00
体育系	891	5 801 765.00	887	5 188 865.00	4	612 900.00	0	0.00
化学化工学院	3 200	60 522 622.63	3 111	24 491 144.51	63	12 033 040.65	26	23 998 437.47
交通学院	5 800	89 854 308.54	5 685	47 027 173.11	88	18 223 708.75	27	24 603 426.68
仪器科学与工程学院	2 664	48 079 133.12	2 593	25 493 828.72	60	12 176 931.02	11	10 408 373.38

(续表)

单位名称	合计		单价10万元以下		单价10万~40万元		单价40万元以上	
	合件数	金额(元)	合件数	金额(元)	合件数	金额(元)	合件数	金额(元)
人文学院	75	516 421.00	75	516 421.00	0	0.00	0	0.00
法学院	254	1 469 826.89	253	1 283 016.89	1	186 810.00	0	0.00
艺术学院	336	3 178 697.12	333	2 376 597.12	3	802 100.00	0	0.00
马克思学院	114	532 732.29	114	532 732.29	0	0.00	0	0.00
继续教育学院	491	5 195 134.58	484	3 623 650.58	6	972 234.00	1	599 250.00
教育技术中心(电教)	4 070	38 224 186.33	4 036	27 858 257.33	27	5 273 654.00	7	5 092 275.00
网络与信息中心	2 555	66 047 869.94	2 466	16 485 456.15	51	10 942 460.99	38	38 619 952.80
建筑研究所	231	2 012 977.01	231	2 012 977.01	0	0.00	0	0.00
无锡分校	1 187	8 511 461.78	1 180	6 664 055.62	6	1 438 607.38	1	408 798.78
无锡分校(ASIC工程技术研究中心)	318	9 560 421.31	300	1 786 066.95	12	2 739 568.70	6	5 034 785.66
南京通信技术研究所	104	6 282 848.00	90	1 309 398.00	8	1 090 050.00	6	3 883 400.00
城市工程科学技术研究院	549	25 520 110.25	517	6 186 762.25	22	4 731 371.00	10	14 601 977.00
东南大学图书馆	1 715	28 400 121.60	1 672	11 164 684.43	31	5 775 635.76	12	11 459 801.41
工业培训中心	1 386	20 874 169.69	1 356	12 258 108.53	27	6 078 952.57	3	2 537 108.59
软件学院	1 009	6 187 007.65	1 008	6 074 569.50	1	112 438.15	0	0.00
AMS实验室	348	4 768 186.32	344	3 691 583.32	3	529 573.00	1	547 030.00
吴健雄学院	169	771 780.00	169	771 780.00	0	0.00	0	0.00
集成电路学院	402	2 525 897.00	401	2 198 047.00	1	327 850.00	0	0.00
学习科学研究中心	1 018	24 783 892.31	991	8 406 988.16	17	3 445 454.26	10	12 931 449.89
生命科学研究院	1 466	37 584 076.40	1 418	15 005 443.11	36	8 351 255.29	12	14 227 378.00
东南大学—蒙纳士大学苏州联合研究生院	56	261 040.00	56	261 040.00	0	0.00	0	0.00
医学院	6 178	187 895 662.99	6001	49 327 672.50	122	24 807 704.14	55	113 760 286.35
公共卫生学院	1 210	24 420 962.14	1 173	11 063 350.74	30	6 707 211.40	7	6 650 400.00
其他教学部门	214	2039 867.01	211	946 867.01	2	218 000.00	1	875 000.00

财务与审计工作

财务工作

2015年,是东南大学全面实施"十二五"发展规划纲要的收官之年,也是着力推进教育综合改革的关键之年。学校坚持以科学发展观为指导思想,贯彻落实以习近平同志为核心的党中央的路线方针政策,在新老两届领导集体的共同努力下,优化学科结构、凝练学科发展方向、突出学科建设重点,牢记建设国际知名高水平研究型大学和世界一流大学的神圣使命,抓好改革任务统筹协调、巩固教育改革良好势头。学校坚持和完善党委领导下的校长负责制,充分调动全校师生员工积极性、创造性,为学校创新教育改革发展提供坚强支撑,教育、科研事业发展成效显著,取得了"十二五"攻坚战役的决定性胜利。

一、财务收支情况及分析

1. 财务收支总况

2015年我校总收入和总支出较上年有较大幅度增长,其中收入390 058.35万元,比上年增加51 879.93万元,增长15.34%;支出332 208.06万元,比上年增加46 384.60万元,增长16.23%。

2. 收入情况及分析

东南大学2014—2015年收入构成情况分析表 （单位:万元）

项目	2014年	2015年	占2015年总收入比重	增减额	增减百分比
(一) 财政补助收入	153 747.16	179 593.15	46.04%	25 845.99	16.81%
1. 教育补助收入	137 988.24	162 106.73	41.56%	24 118.49	17.48%
(1) 专项补助收入	88 220.63	97 173.33	24.91%	8 952.70	10.15%

(续　表)

项目	2014年	2015年	占2015年总收入比重	增减额	增减百分比
（2）非专项补助收入	49 767.61	64 933.40	16.65%	15 165.79	30.47%
2. 科研补助收入	8 210.00	9 565.00	2.45%	1 355.00	16.50%
3. 其他补助收入	7 548.92	7 921.42	2.03%	372.50	4.93%
（二）事业收入	134 049.69	148 712.01	38.13%	14 662.32	10.94%
1. 教育事业收入	30 774.11	35 422.55	9.08%	4 648.43	15.11%
2. 科研事业收入	103 275.58	113 289.46	29.04%	10 013.89	9.70%
（三）上级补助收入					
（四）附属单位上缴收入					
（五）经营收入					
（六）其他收入	50 381.57	61 753.19	15.83%	11 371.62	22.57%
合计	338 178.42	390 058.35	100.00%	51 879.93	15.34%

2015年我校总收入390 058.35万元，其中：教育补助收入162 106.73万元，占总收入的41.56%，事业收入148 712.01万元，占总收入的38.13%，两项收入合计占总收入的79.69%，是收入的主要来源。

3. 支出情况及分析

东南大学2014—2015年支出构成情况分析表　　（单位：万元）

项目	2014年	2015年	增减额	增减百分比
一、工资福利支出	98 214.43	109 308.09	11 093.66	11.30%
其中：1. 基本工资	9 138.63	14 368.97	5 230.34	57.23%
2. 津贴	6 275.48	4 585.55	−1 689.93	−26.93%
3. 奖金	1 756.88	9 261.18	7 504.30	427.14%
4. 社会保障缴费	775.42	15 488.87	14 713.45	1 897.48%
5. 伙食补助	256.64	185.57	−71.07	−27.69%
6. 其他	80 011.38	65 418.43	−14 592.95	−18.24%
二、商品和服务支出	99 785.54	107 442.25	7 656.71	7.67%
其中：1. 办公费	2 119.33	2 240.99	121.66	5.74%
2. 水电费	5 510.49	6 015.61	505.12	9.17%

(续 表)

项目	2014年	2015年	增减额	增减百分比
3. 差旅费	10 487.52	9 449.90	−1 037.62	−9.89%
4. 劳务费	5 706.94	4 377.84	−1 329.10	−23.29%
5. 会议费	910.38	914.29	3.91	0.43%
6. 专用材料费	13 938.29	15 011.39	1 073.10	7.70%
7. 委托业务费	12 950.82	18 488.55	5 537.73	42.76%
8. 维修费	9 106.86	7 497.48	−1 609.38	−17.67%
9. 其他商品和服务支出	27 070.94	30 758.38	3 687.44	13.62%
三、对个人和家庭补助支出	60 396.55	76 542.06	16 145.51	26.73%
其中:1. 离休费	2 008.84	2 232.88	224.04	11.15%
2. 退休费	25 641.78	30 310.92	4 669.14	18.21%
3. 医疗费	4 590.96	5 586.75	995.79	21.69%
4. 抚恤金	574.53	589.72	15.19	2.64%
5. 住房补贴	7 467.41	8 635.84	1 168.43	15.65%
6. 助学金	18 686.49	27 357.22	8 670.73	46.40%
四、基本建设支出	2 500.00	2 181.33	−318.67	−12.75%
五、其他资本性支出	24 927.13	36 223.84	11 296.71	45.32%
其中:1. 房屋建筑物购建		5 000.00	5 000.00	
2. 办公设备购置费	608.05	1 058.77	450.72	74.13%
3. 专用设备购置费	22 234.94	26 402.98	4 168.04	18.75%
4. 其他资本性支出	2 084.14	3 772.09	1 687.95	80.99%
合计	285 823.46	332 208.06	46 384.60	16.23%

2015年支出332 208.06万元,较上年的285 823.46万元增加了46 384.60万元,增幅为16.23%。其中,工资福利支出109 308.09万元,较上年的98 214.43万元增加11 093.66万元,增幅为11.30%;商品和服务支出107 442.25万元,较上年的99 785.54万元增加7 656.71万元,增幅为7.67%;对个人和家庭补助支出76 542.06万元,较上年的60 396.55万元增加16 145.51万元,增幅为26.73%;基本建设支出2 181.33万元,较上年的2 500万元减少318.67万元,减幅为12.75%;其他资本性支出36 223.84万元,较上年增加11 296.71万元,增幅为45.32%。

二、2015 年末财务状况分析

东南大学 2014—2015 年财务状况分析表　　（单位：万元）

项目	2014 年	2015 年	增减额	增减百分比
流动资产：				
货币资金	417 686.82	522 715.51	105 028.69	25.15%
财政应返还额度	1 123.04	2 024.89	901.85	80.30%
应收账款		1 882.73	1 882.73	
预付账款	3 522.85	3 640.58	117.72	3.34%
其他应收款	20 140.94	3 907.39	−16 233.55	−80.60%
存货	716.52	688.45	−28.07	−3.92%
其他流动资产		60.80	60.80	
流动资产合计	443 190.17	534 920.35	91 730.17	20.70%
非流动资产：				
长期投资	19 021.31	20 074.98	1 053.67	5.54%
固定资产	496 405.83	536 754.57	40 348.74	8.13%
固定资产原价	496 405.83	536 754.57	40 348.74	8.13%
在建工程	135 894.39	117 013.31	−18 881.08	−13.89%
非流动资产合计	651 321.53	673 842.86	22 521.33	3.46%
资产总计	1 094 511.71	1 208 763.21	114 251.50	10.44%
流动负债：				
应缴税费	1 474.28	561.52	−912.76	−61.91%
应付职工薪酬		1 582.71	1 582.71	
应付账款	39 298.65	1 300.79	−37 997.85	−96.69%
预收账款	9 296.27	9 340.03	43.76	0.47%
其他应付款	39 790.04	38 269.87	−1 520.17	−3.82%
其他流动负债		41.63	41.63	
流动负债合计	89 859.24	51 096.56	−38 762.68	−43.14%
非流动负债：				
代管款项	21 895.22	50 206.89	28 311.68	129.31%
非流动负债合计	21 895.22	50 206.89	28 311.68	129.31%
负债合计	111 754.46	101 303.45	−10 451.00	−9.35%

(续 表)

项目	2014年	2015年	增减额	增减百分比
净资产：				
事业基金	118 380.72	217 352.61	98 971.89	83.60%
非流动资产基金	651 321.53	673 842.86	22 521.33	3.46%
长期投资	19 021.31	20 074.98	1 053.67	5.54%
固定资产	496 405.83	536 754.57	40 348.74	8.13%
在建工程	135 894.39	117 013.31	−18 881.08	−13.89%
专用基金	4 326.12	4613.37	287.26	6.64%
住房基金	4 084.60	4 371.86	287.26	7.03%
其他专用基金	241.52	241.52	0	
财政补助结转	4 451.34	3 760.65	−690.69	−15.52%
财政补助结余	61.42	0	−61.42	−100%
非财政补助结转	204 216.13	207 890.26	3 674.12	1.80%
非财政补助结余				
1.事业结余				
2.经营结余				
净资产合计	982 757.26	1 107 459.75	124 702.49	12.69%
负债和净资产总计	1 094 511.72	1 208 763.20	114 251.48	10.44%

2015年末资产合计1 208 763.20万元,比上年1 094 511.72万元增加114 251.48万元,增长10.44%。其中:流动资产534 920.35万元,比上年443 190.17万元增加91 730.17万元,增长20.70%;固定资产536 754.57万元,比上年增加40 348.74万元,增长8.13%;在建工程117 013.31万元,比年初减少18 881.08万元,减少13.89%。

2015年末负债合计101 303.45万元,比上年111 754.46万元减少10 451.00万元,减少9.35%。负债类变化的主要原因是由于基建应付账款大幅减少37 997.85万元,代管款项因为根据《国务院关于机关事业单位工作人员养老保险制度改革的决定》(国发〔2015〕2号)所预提的基本养老金和职业年金和地方税务政策改变预结酬金的原因增加28 311.68万元。

2015年末净资产合计1 107 459.75万元,比上年982 757.26万元增加124 702.49万元,增长12.69%。事业基金本年增加98 971.89万元,本年一般基金增加93 234.56万元,扣除原后勤集团并表减少1 877.28万元,实际增加91 346.28万元,项目管理费及间接费增加7 614.61万元,主要原因是学校收支差较大。非流动资产基金年末数为673 842.86万元,比年初增加22 521.33万元,增加3.46%。专用基金中住房基金年初数为4 084.60万元,年末数为4 371.86万元,增加287.26万元。财政补助结转年初为4 451.34万元,年末为3 760.65万元,减少690.69万元,减幅为15.52%。

三、2015年财务工作总结

2015年,在校领导的正确领导下,在学校各单位、部门的支持配合下,财务处紧紧围绕学校事业发展需要,依法筹集办学资金,合理安排财力,规范财经行为,切实加强预算管理、经费核算管理和国有资产管理,强化内控制度建设和财务信息公开工作,不断提高服务水平和财务工作管理效益,为促进学校各项事业取得长足发展提供了财力保障。主要工作如下:

1. 全面推行"网上预约报销",彻底解决报销排队等候问题

2015年6月,财务处全面实施"网上预约报销"业务,实现无等待报销率达90%以上,彻底解决了以往报销排队等候的问题;通过对各项业务进行分类梳理,完善相关业务办理流程,修订网上预约报销系统使用指南等工作,进一步强化报销业务标准化管理,促进报销业务管理规范化、简单化和清晰化。

2. 开源节流、筹措资金确保民生工程

作为学校管理财务的职能部门,财务处积极争取上级主管部门的资金和政策支持,努力开辟新的筹资渠道。2015年获得教育部统筹推进一流大学和一流学科建设经费预算8 000万元,基本科研业务费3 900万元,绩效拨款4 390万元(其中卓越绩效3 590万元,资助工作绩效800万元),省财政配套资金的捐赠配比500万元。厉行节约,加大校内预算专项经费支出审核力度,收回专项结余资金3 566.61万元等。保证年底人事养老保险改革的财务资金的到位,公积金补贴按照学校政策及时发放。

3. 多举措筹集办学资金,保障学校事业发展资金需求

财务处督促收入预算责任单位按年度预算任务或进度完成预算收入收缴工作,累计完成预算收入33.29亿元,完成计划的97.77%;通过完善学生收费管理信息系统,及时清理学费未交款情况,积极推进与研究生院缓交系统、教务处系统的对接,做到2015级本科新生和研究生新生缴费率均达到100%(贫困生缓交除外),欠费率为0,保障学校事业发展资金需求。

4. 加强内部控制规范建设,贯彻落实中央政策和审计整改要求

年初召开全校财务管理工作会议,进一步要求严肃财经纪律,防范财务风险,提出六个方面26条意见;加强制度建设,修订完善学校财务管理纲领性文件《东南大学财务管理办法》和《东南大学预算管理办法》,出台其他规范性文件41份;降低财务风险,组织实施"三公经费"自查和整改落实、暂付款清理、代管项目清理、财经工作检查、服务性收费和代收费行为规范清理,以及加强对二级事业单位财务管理工作监督检查等工作。

5. 实施财务阳光工程,接受各方面监督

按照教育部要求,主动公开学校预决算信息,在财务处网页上主动公开财产、资产及收费信息,包括财经政策、办事流程、收费标准、金融服务等;以文件和网上公布的形式主动公开学校校内执行预算信息、"985工程"等专项经费预算信息;将提示信息、规则尽量多地标注在报销汇总单、网约系统中,便于教师员工及时了解最新财经政策,掌握报销规则等,主动接受各方面监督。

6. 保障预算执行进度,加强预算执行监管

采取的措施主要包括:(1)归口管理,分工明确。财务部门负责统筹协调,各归口管理部门深入推进,各经费使用部门具体实施,分工明确,责任到人。(2)措施得当,监管有力。设置工程和设备招标期限等措施督促项目实施单位早做安排,早启动;为加快修购专项执行进度,合理提前启动2016年项目;放大基本科研业务费预算总量,设置执行进度完成考核期限;对没有达到项目建设预期效果的支出项目,采取中止项目经费拨款、中止项目执行、调剂其他项目使用等措施;建立专项资金预算公开和执行通报制度等。

审计工作

2015年我校的审计工作在学校党政的领导下,认真贯彻落实《教育部关于加强直属高校内部审计工作意见》精神,围绕学校的中心工作,积极拓宽审计工作思路,加大改革创新力度,强化审计监督职能,改善审计手段,提高审计质量,依法全面履行审计职责,充分发挥内部审计预防、揭示和抵御的"免疫系统"功能,取得了明显的成效。

一、财务审计方面

2015年共计完成各类财务审计项目40项,审计涉及金额14.06亿元,提交审计报告40篇,提出审计意见16条。

1. 经济责任审计

坚持以财务收支审计为基础,重点关注责任人所在单位内控制度的建立和执行情况、责任人在任期内取得的业绩及效益情况,针对责任人(在任期内)在管理上和自身方面存在的问题,分析原因,提出处理建议。2015年完成29名中层领导干部经济责任审计,审计金额13.96亿元,提出审计建议16条,下达管理建议书2份。

2. 专项审计调查

我处与财务处、监察处联合对校机关各部处特支费2014年1月至2015年10月期间列支的公务接待费进行了专项审计调查。我处对财务处提供的校机关部处28个特支费项目号2014年1月至2015年10月的1 105笔记账凭证总金额为181.71万元的账目数据进行了详细审计,列出了五大方面的情况并形成调查报告,上报学校领导,让学校及时掌握我校公务接待经费的使用情况及存在问题,为进一步合法依规使用公务接待经费提供了依据。之后又配合学校财务处对院系2013年至2015年11月公务接待费开支凭证进行梳理和汇总,下发相关院系进行整改。

3. 财务收支审计

接受委托，完成勘察设计学会、金属工艺学会、教育管理学会、外语教学学会和院系科研项目验收财务收支审计等审计项目10项，审计金额885.21万元，出具审计报告10篇，为学会年审和科研项目的验收提供了依据。

二、工程审计方面

2015年审计处共完成工程项目竣工结算审计563项，送审金额4.54亿元，核减4 516.04万元，核减率9.95%。其中：

基本建设项目48项，送审金额3.41亿元，核减3 937.28万元，核减率11.54%；

修缮工程项目515项，送审金额1.13亿元，核减578.76万元，核减率5.15%。

在做好工程审计工作的同时，加强对基本建设工程前期工作、合同管理和现场管理等重点环节的审计监督；加强对招标文件中工程量清单、合同主要条款、招标控制价的审计，促进招标文件的进一步完善，为规范招标、充分竞争、降低造价、堵塞漏洞发挥了积极作用。

三、强化审签制度，加强审计监督

配合学校科研项目验收，审签国家科研基金项目228项，总经费5 638.38万元。

对全校各单位固定资产报废、报损进行审签，全年共审签固定资产报废、报损9 617台（件），金额5 868.86万元。

四、加强处内制度建设，建设廉洁型处室

一手抓教育、一手抓制度建设，建设廉洁型处室。廉政教育坚持逢会必讲，要求增强自律意识，筑牢思想道德防线，利用鲜活的人和事提醒大家自觉做到"四常"，即常修从政之德、常怀律己之心、常思贪欲之害、常弃非分之想。

在制度建设方面，制定了《东南大学审计保密工作暂行规定》等规章制度，完善了内部制约机制，严格执行学校关于"三重一大"制度和财务制度，开好两周一次的处务办公会，努力用制度管事、用制度管人、用制度管权，通过加强制度建设促进廉洁型处室建设。

继续教育

综　述

2015年，继续教育学院在学校党政的正确领导下，在相关职能部门和兄弟院系的大力支持下，认真落实党的十八大和历届全会精神，紧紧围绕学校"两个一流"发展战略，协同发展非学历继续教育与学历继续教育，在两个方面均取得了较大成绩，其中最有显示度的工作可以概括成以下几个方面：

1. 非学历教育继续保持良好的发展势头。本年度新增非学历培训基地4个：江苏省人社厅授予的"江苏省专业技术人员继续教育基地（省级）"、江苏省委组织部授予的"江苏省委组织部干部培训基地""山西省高校思想政治理论课教师培训基地"和"宿迁市党校系统骨干教师马克思主义理论教学科研基地"，至此，我校已有6个培训基地，另外两个是"全国职业教育师资培训重点建设基地""江苏省中等职业教育师资培养培训基地"；同时我校还是南京市委组织部每年开展的"领导干部进高校选学参与单位"。

2. 非学历培训继续保持着培训范围逐步扩大、培训层次稳步提升、培训项目逐年增加、培训方式日趋多样、培训规模与收入增速显著的发展势头。2015年，职教部在政府主导的培训项目大幅减少的情况下，强势拓展面向各省高、中职院校的定制培训业务，全年共开设23个培训班，培训学员1 272人，培训收入近740万元，收入增速达30％以上；EDP中心在培训区域上又新增陕西、河南、湖南三省，新开发培训项目近10项，全年共开办50个培训班，培训学员近3 000人，培训收入近400万元，培训班期数增加约28％，培训收入增加约33％，培训人数增加约12％。

3. 依托学校优势学科，积极开拓有东大特色的培训项目，在已建成的"党政干部、企管人员、专技人员"3个面向、50个模块、近600个专题的培训专题体系中，城市规划建设与管理、管理干部综合素质提升、环境保护与污染防治、文化建设与宣传、交通建设与管理等专题已具有了品牌影响力，受益面覆盖江苏、辐射全国。

东南大学作为全国重点建设的职教师资培训基地，在国家级职教培训中已声名显赫；重点打造的面向各省中职和高职师资的定制培训，品牌效应也已显现。今年承接的职教师资培训国培计划项目5项6个班、江苏和海南两个省的省培计划项目10项,均受到国家职成司、相关省教育厅、高职院校和受训老师的高度评价;在对基地的匿名评价中,东南大学基地再次名列前茅。

4. 加大转型发展力度,提升学历继续教育办学层次。从2014年起,学历继续教育中的成人高等教育高中起点升专科层次全面停招,我校成人教育的生源质量和办学层次进一步提升。

5. 持续开展校外教学点的规范管理工作。建立了一整套规范有序的招生管理与站点管理制度,认真贯彻"规范管理,提高质量"的工作思路,加强服务,提升效能。坚持不与教育培训机构、中介机构、公司、个人联合办学,按照学校的规定从严从紧执行,宁缺毋滥。

6. 成人和远程学历教学管理工作有条不紊开展。顺利完成了新生入学报到、举行开学典礼、资格复审及学籍电子注册等工作。新建高清录播教室一个,至此,我院已建成高清录播教室2个。

7. 连续荣获省级和国家级继续教育微课资源大赛大奖。7月份,我院组织制作的11门微课程分别斩获2015年江苏省继续教育微课资源大赛2个特等奖、3个一等奖、4个二等奖和2个优秀奖,数量位列全省第一;东南大学作为参赛单位荣获优秀组织奖。8月份,我院组织制作并推送的7门独立微课程以及一门体系化微课程在第三届全国微课程(体系化)大赛中获得了继续教育类的8项大奖,数量位列全国第一。

8. 我院申报的《基于学分银行拓宽社会成员终身学习通道的研究》课题被评为第一届江苏省教育考试院重点立项资助课题。我院牵头的江苏省高等学校继续教育改革与发展专题研究课题——《江苏省成人高等教育重点专业建设研究(含精品资源共享课程)》于2015年10月全部完成,得到了省教育厅的充分肯定,为即将全面启动的全省成人高等教育重点专业建设点遴选验收工作打下坚实的基础。

9. 成功申报"教育硕士(职业技术教育)"专业学位硕士点。

10. 继续教育国际化工作得到稳步推进。2015年6月至12月,澳大利亚莫纳什大学教育学院、香港理工大学企业发展院、国际继续工程教育协会、光华国际教育联合会等单位相关领导与学者先后来我院交流访问,就共同关心的师资培训、企业管理人员/领导干部/专技人员培训、相关专业课程的国际学分共认与相关行业从业资格的国际认证等问题进行了广泛而富有成效的交流,初步达成多项合作意向,部分已开始了具体的合作,如与香港理工大学联合申报2016年江苏省高职教师省级培训项目等。

11. 远程网络教育与成人教育加快融合。已逐步实现了两者的资源共享、优势互补,形成了富有东大特色的"集中面授+点播网络课件自主学习+现代远程辅助学习支持服务"新模式。

远程网络教育与非学历培训有机结合。我校携手南京市对口支援伊犁州前方指挥部,成立了东南大学远程教育伊宁市委党校校外学习中心、江苏南京—新疆伊宁干部人才远程教育培训学院,先后为伊宁市开设了土木工程等5个专业的学历继续教育以及城市规划等非学历继续教育专项,为伊宁的发展培养了一支"带不走"的干部人才队伍。

校际合作稳步推进。我校是教育部"高校继续教育数字化学习资源开放服务模式研究及应用项目"首批启动单位、全国"普通高等学校继续教育数字化学习资源开放联盟"、全国土建类高校"构建卓越工程师e计划"成员高校和"全国医学在线联盟"成员单位。

12. 邀请联合国教科文组织产学合作教席主持人、联合国教科文组织教育信息化研究所董事、比利时鲁汶大学Group T国际工程学院董事、北京交通大学查建中教授来我院作题为《面向职场的专业教育建设战略及CDIO模式》报告。

继续组织全院教职工结合本职工作,开展继续教育、教学和管理研究工作,要求参与研究的教职工在提交论文的同时,进行成果展示和交流。2015年收到研究论文40篇,组织论文交流会6场,上会交流人数达33人,大大增强了我院的学术氛围。

13. 在8月初和11月中下旬,分别组织了成人教育和远程教育工作年会,会议认真总结了过去一年来招生与教学管理等工作,表彰和奖励了优秀校外学习中心、教学点4个,颁发了招生奖16个,教学奖26个,优秀招生、教学管理员22个,对今后一年工作进行了部署,提出了希望和要求。

14. 根据学校《关于全校各单位、部门开展"十三五"规划编制工作的通知》(东大委〔2015〕13号)精神,学院成立了规划编制工作领导小组。经过精心组织,历时两个多月,于5月底初步完成了院"十三五"发展规划(初稿)的编制工作。10月份,根据学校意见又作了修改完善,最终完成编制工作。

15. 根据校党委《关于做好基层党委、党总支、直属党支部换届选举工作的通知》(东大委〔2015〕18号)精神,结合学院实际情况,进行了学院党委换届选举工作。我院新一届党委会由封卫东、许映秋、曹效英、王燕荣、姜飞月、吴明全六位同志组成,封卫东同志任党委书记。

16. 因为年龄原因,归柯庭同志不再担任学院院长,许映秋同志任继续教育学院院长。

2015年远程教育专业设置一览表

类别	专业名称	学历层次
远程教育	机械设计制造及其自动化	专升本
	土木工程	专升本
	工程管理	专升本
	法学	专升本
	公共事业管理	专升本
	会计学	专升本
	电子商务	专升本
	物流管理	专升本
	电气工程及其自动化	专升本
	护理学	专升本
	机电一体化技术	高起专
	建筑工程管理	高起专
	护理	高起专

2015年远程教育学生人数统计表

(单位:人)

	毕业生数		学位授予	招生数	在校生数	毕业班学生数
	春季	秋季				
高起专	778	339	—	567	2 923	1 224
专升本	1 108	870	830	1 603	7 276	2 547
合计	1 886	1 209	830	2 170	10 199	3 771

2015年远程教育高起专毕业生名单(春季)

护理

耿翠敏	万晓婕	李　霞	孙　悦	胡艳丽	孙燕红	陈旭芹	刘婷婷	张世钗
杜晶晶	周　笑	王素敏	辛晶晶	杨　晶	付梦丽	龙　娟	宋建会	江　彦
杨　璐	吴海鹏	宋　慧	吴静娴	陆昱洁	董春华	杨　雪	翁　莉	胡晓雨
王媛媛	黄春雷	李　沁	魏　颖	杨　慧	高小花	刘　慧	赵倩文	仲　晔
曹凯娣	陈梦琪	孙晨雯	王　竹	王　霞	陆青文	陈冰洁	王丽娟	金迎亚
金春玉	叶　莉	徐冬晨	顾　芬	贾　敏	刘　莉	王业华	吴继芳	陈　清
范　英	秦　莉	苗　瑾	石晓亮	潘婷婷	张成艳	王晶晶	顾加燕	李章洪
张春艳	刘春梅	倪惠芳	张　军	王静静	马　敏	王广娟	张海林	李　媛
梁宏林	朱晓婷	曹　阳	丁伦芳	潘　珏	张　琳	李文金	陈芬芬	袁　红
耿　萍	丁须美	鲁思彤	王家蓉	姚慧婷	张　艳	顾　萍	罗先丽	管梦月
韩美玉	葛晓雪	朱　娜	周咏梅	刘利娟	潘丽娟	陈福芹	董　梅	韦业娟
吕　婷	韩　飞	祝锦娴	任欣悦	曹云云	马　娟	韩嘉燕	吴　皟	俞　芳
庆婷先	郝小云	陈忠惠	周　颖	叶文文	喻　芳	殷月娇	朱瑜婷	杨　霜
吴春妹	张　咪	蒋　益	徐春辉	巢　旦	钱晓婷	吕　雯	曹　丹	彭敏莉
颜梦洁	唐小玲	杨玲燕	王亦舒	奚惠燕	赵　兵	陈　科	程　瑶	许　磊
易　辰	袁州兰	王陈婷	花明雅	陈　洁	胡芝静	钱颖芬	章湘炜	唐　奕
王立萍	杨　阳	戴　颖	张　琪	杨　颖	杨　桃	言似玉	彭梦月	潘梅芬
倪　娟	沈吉如	韦　逸	徐　颖	胥雯雯	杨梦茜	朱丽娟	王　婷	公维华
徐　露	胡诗雨	高　姗	陈妹霏	季梦佳	沈霞媛	李　婷	许丽云	宋琳燕
刘文婕	李　娜	刘　静	顾晓敏	丁梦云	郭小燕	周秋辰	郑云娇	刘　超
顾　晔	陈亚萍	崔　叶	苏　文	唐敏燕	陈　瑜	芮雯婉	宋翠英	陈　梅
陶明兰	蒋　琳	屠　萍	巢虹霞	刘　澄	吉爱萍	苏　丽	张　璐	周　芹
钱诗璐	徐　婷	丁星月	刘倩如	龚　晗	周爱梅	郑丽娜	康全丽	牛宪红
赵彩妹	王井红	褚婷婷	袁　媛	周丽林	王美婷	王丽娅	窦路芬	陆艳萍
卞月琴	夏欣凤	杭希瑞	杨翠晴	吕新琴	冯树菊	肖　玲	孔兔琴	李　芳

陈桂党 朱素芹 朱安琪 全　梅 郭　程 朱荣贞 林　燕 朱　野 吕佳文
杨海霞 王文清 姜利平 华云琴 陈　凤 夏礼雪 蔡婷婷 陈　琳 刘哲坚
滕　菲 徐　雪 吕　晴 高志吉 姜孝琼 何瑛俊 徐　璐 丁丹丹 魏　琴
王秋萍 张　璐 徐佳玲 张　茜 范建芳 沈　洁 孙丹萍 吴春兰 钱　斐
曾菲菲 周　洁 陈秀娟 陈文燕 张雪君 万金鑫 徐世玲 蒋丽丽 郭明珠
张　静 蒋　琳 汪方佳丽 王　芳芳 朱莹月 沈剑文 朱宁艳 俞梦曦 陈　聪
龚家慧 毛益涛 王碧云 丁雅成 包华慧 徐玲飞 蔡婷婷 毛　瑞 李倩文
沈　逸 丁　琦 杨　燕 陈璐郎 左　慧 林云志 左丽媛 曹婷婷 殷倩雪
王　茜 王　茜 曹　烨 张莹芳 陈　丽 苏　丹 陈春涯 张　丹 陶　红
吴娇华 刘　庆 吴　艳 袁凤梭 王　芳 刁晓运 吴文婷 巫冰娥 杨丽君
张惠子 胡　敏 杭丹霞 时　娟 崔玉平 黄　晶 李　清 雍　琴 王立慧
岁　月 朱朝群 何媛媛 耿巍娟 常广平 孙佳莉 张庆庆 张　平 杭　晨
余雪梅 王　红 夏　玲 朱世娟 彭素芬 刘　静 周明焱 王　月 徐燕菊
周迎春 张年花 谢　欣 李亚男 裴　佩 张小玲 刘　菁 高　丹 张　娟
吴海燕 褚晓琳 唐海英 赵莹琳 李俊霖 张胜男 张玮琼 沈燕萍
何　扬 杜丽华 吴晶云 牛　琴 朱晓峰 顾维洁 黄英玲 刘楠楠
费梦婷 牛晓兰 鲍向红 杜朝英 徐　好 薛红梅 李勤娟 郭钰莹
袁紫艳 邱雪亚 周晓丹 陈艳秋 孙佳捷 徐　佳 丁　枫 殷　蕾 陈景宝
朱　宁 许　倩 傅　丽 杨桂年 陈丹丹 周军梅 孙海燕 朱永玲 王东凤
杨红梅 华丽丽 桑舒攀 谢丽丽 徐瑶瑶 江淑英 程　婕 祁丹丹 徐亚雨
张　凡 崔梦怡 张　佳 姜丹丹 戚　旭 李晓燕 吴　晗 李　曼
马　蕾 董孟怡 刘　敏 孙　雁 陈　敏 冯小丹 钱佳佳 卢婷婷 刘莎莎
徐效梅 张卫楠 陈　敏 邱梦依 赵珊珊 仲　欢 胡小盼 张　雪 陈萌萌
周毛玲 葛志敏 殷　敏 汤　娟 文琼峰 汪佳利 李彬彬 董　凯 蒋演
徐欢欢 郑　盼 汪　君 周梦晴 徐小路 王　芝 卢敏敏 周笑笑 李雪平
刘梦梦 张　敏 严丽丽 郑小妹 周晓丽 葛　晶 曹　蕊 陈　露 仲宝
姚会云 贾　丽 陈艳霞 刘小云 朱　茜 金莹莹 窦文梦 黄　琳 陆露露
李丹丹 葛荣毅 章　孝 汪春桃 戴晶晶 单海林 王　茜
王媛媛 秦　洁

机电一体化技术

曹　坚 丁帮艳 胡清明 王建森 赵相俊 王　兰 潘　义 裴嘉嘉 王　燕
曹根翔 马　成 张　伟 谢建荣 朱　涛 俞德泉 胡　雍 王日胜 李建林
张　建 赵　亮 姚　诚 潘连翔 刘海青 徐康龙 郑海静 徐　鑫 阳文仕
王兴忠 苏文龙 刘庆歆 高　翔 宜定国 汪友天 葛阳伟 徐　涛 黄　健
吴定付 谈国勇 周亭亭 侯金涛 李臣兵 杨平勇 尹伟成 徐　俊 吴德金
王　云 梅小军 华　庆 陆　斌 徐　骏 包　李 丁志强 邵　俊
方　园 许学洲 段　政 屈海旦

机械制造与自动化

芦　俊　夏志伟　田长春　张　鑫　王　磊　张清翔　朱成齐　吉峰飞　宋　民
孙　均　李　亮　王　星　杨月娀　范露露　张　斌　黄　蓉　肖　靖

计算机应用技术

帅　超　丁达云　王　晨　胡年丰　张婷婷　陈政昕　刘慧敏　朱言安　江　彪
王　宏　韩　东　莫小颖　侯梦圆　金仁和　李　辉　郭　影　李建平　王圣博
万凤樱　邵晨阳　徐　亮

建筑工程管理

张继良　翁文泉　蔡佩莉　张书渊　曹桂栋　江　雨　王　伟　李　阳　张航凯
吴西文　张明坤　王　震　邱晨煜　蔡成龙　王　阳　徐顺琴　曹纪满　汪礼操
高爱群　陈　硕　王　军　张李君　陈焕龙　缪世兴　吴　俊　吴国茂　王　军
潘　威　黄士伟　吴荣富　李玉林　徐　建　仲　建　赵华刚　王素媛　王　丹
郭雯雯　王建民　于中原　蒋　建　陈　萌　干国强　张勇刚　李显坤　董荣彬
时凡凡　傅子健　秦音磊　侯天宇　刘　贝　陈　征　马德华　夏海勇　程云舟
王梦山　姜东南　王　伟　何必驰　杨金华　钱晨阳　厉明冬　徐　杨　焦海涛
芮　军　周安琪　冯恒新　邵　剑　李公明　解兆娀　叶良伍　胡凌云　李　庆
吴　军　曹志锋　卞家敏　杨寿芹　郑宜勇　侯金荣　张远明　赵全国　贾文涛
孔小荣　徐建军　庄如波　严　锋　孙军伟　张剑峰　宗洪莲　闵佳亮　郑又高
唐万其　朱宏伟　赵小娟　徐东晨　戚晓宇　单　东　王志超　郭　剑　张晓波
戚　焕　汤　斌　杨春成　曹青和　陆健辉　周　燮　张佳节　方葛亮　马永燕
汪　亚　彭耀冠　潘安静　戴景明　叶赣宁　王秀兵　芮继华　王小青　姚　杰
高　媛　夏崇伟　王钧漫　傅　民　任良秀　连签佐　范　可　赵建兵　吕　祥
潘奕蕊　段家喜　罗新宇　孙浩岚　陈　杰　任益飞　秦晓燕　刘洪卫　蔡剑平
张德忠　丁东明　吕红明　朱结玺　王卡娜　姜永明　黄卫平　杨　程　钟程鹏
马　振　马双山　郭　亮　张胜杰　凌　晨　应赋舜　周体明　李江柳　秦　冬
徐巧霞　金　豪　章建辉　应程远　胡鑫跃　林拯君　戴洁飞　刘亚乔　张敬华
王子豪　葛丁玲　覃　强　黄文洪　金惠青　陈红英　方　磊　何晓明　龚　建
周翼虎　胡开福　徐祚益　祝文强　高　裕　金育康　周寒韩　蒋海滨　徐国锋
李炎新　范庆华　徐小君　金建辉　朱峻峰　金兴建　陆绍达　杜捍军　黄　磊
郭城岗　陈　雷　金以沙　许晓龙　章志林　李　兰　方善平　章童珩　徐康康
占方剑　翁跃忠　汪卫东　陈旭东　王　敏

2015年远程教育专升本毕业生名单（春季）

电气工程及其自动化

刘广宁　赵　震　张建勋　沈　亮　陈　平　孙海鹏　傅志华　徐　方　汤庆华

陆华军 段东超 张　威 盛育洲 陈　凯 孙守权 张家云 杨　荣 张睿超
诸葛阳 邱晨华 潘凌云 石　磊 鞠保兴 芮红伟 郭凤伟 吕　亮 李　强
惠新文 徐婷婷 李　俊 史家文 李　洋 陈　群 方　伟 张　旭 王济泉
许　云 曹绍刚 黄继承 郭克健 沙　军 康辰吉 郭　振 吴秋香 乐凯军
徐卫丰 杨利峰 李成兵 薛叶丹 单旭虎 顾　强 丁浩光 魏恒烨 姚森山
李富雨 王斌斌 汪　海 刘奇中 高　赛 赵占城 李军霖 尹育为 凌敏均
梁　春 陆　漫 罗有明 杨　颂 劳　彬 梁　宇 周艳玲 黄荣青
黄永思 王　伟 韦国鹏 司龙祥 魏　翔 范运鹏 蔡子龙 黄华德 魏汝浩
解德坤 徐文俊 黄　莹 陈伟民 卢凤炎 邓川亭 庄　燕 潘海涛 唐上高
文裕钧

电子商务
汪　蕾 朱丹旆 李锦程 陈云帆 陈　龙 葛　皓 谢中池 乔　敏 王玉珏
张　毅 汤锦玉 何　鑫 杨晓萌 王云逸 孙元朋 荣智明 于　加 薛　冬

法学
张　辉 钱　陈 王　强 陈　丽 韩悦风 李　鑫 王　东 苏雅拉图 虞钫淳
姚金健 何献芬 张玉芳 顾　霞 陈建忠 陆敏燕 卢科伊 许　东 陈佳慧
卢毅强 刘　萍

工程管理
王　睿 王文平 陈　岩 王高峰 张　伟 陈　奕 仇　杰 周美娟 岳　琦
沈　州 谭　娟 王　旭 郑生华 张银礼 张振洋 尹　婧 巴　军 李晨涵
李隆耀 管晓东 薛　成 刘太国 卢　诚 周元星 何小飞 夏元元 计　佳
周　勇 殷　军 严邦全 张　捷 张晓晔 王志斌 史文洁 万　雷 张齐江
祁德钰 束东源 林　春 彭　云 薛　伟 王能来 孙海军 马立厂 王　杰
孙贵华 刘尚梅 王　飞 刘辰晖 刁奕南 吴　妹 周正林 贾少华 陆孙萍
濮方源 吴　瑞 万　强 谭　海 李明勇 赵　芳 李春燕 殷昌坤 芦　杰
张高增 赵雅珺 陈安明 张　敏 陈晶晶 邹中芳 杨玲丽 刘　婷 冯　涛
陈丽丽 樊希晶 唐正杰 崔　庆 张晓倩 庄　斌 戴迎娣 李亚柏 朱明丽
仇忠诚 田　媛 琚羽州 傅文涛 胡　迪 胡圣广 陈启坤 张玉栋 王乾丞
朱　磊 陈　悦 赵　欢 田　艺 朱　伟 朱远敏 沈　莉 张爱卿 芮飞翔
孙培源 霍秀权 高鸣昊 陈义平 王　磊 高露露 胡亚运 程志钢 王根升
于　琳 王　兵 骆　明 陈璐娜 傅春岭 舒利春 王　雪 谢安滔 倪佳乐
许　晶 房双萍 詹　红 黄　晁 张丽丽 郭　雯 孙文娜 李卫进 谢　恒
柏　冰 卞明国 施正华 管汶君 陶　兰 彭　壮 李　娜 刘思源 阚　俊
邵乃召 周俊胜 曹　巍 张　磊 倪明涛 陆海天 张玉梁 范　敏 蔡蔚宇
胡冰洁 潘　超 邓素华 王军强 苏巧云 鲍俊洲 王厚森 贾凤荣 贺贵荣

韦 晔	石亮亮	王亚慧	张铭瀚	方子龙	刘 倩	梅 宇	宋海争	黄志强
印玉海	孙婷婷	王 斌	高明山	梅 建	陈 荣	吴天骏	黄良俊	秦舒杨
汤国忠	李 东	常志兴	张 超	刘 敏	薛 飞	赵 阳	倪梦丽	胡彩芬
田 丰	任大奇	周一超						

公共事业管理

韩 玮	张梦蝶	吕 萍	龙冠雯	孙斯俊	赵 祯	许 林	张 静	李好园
张 琪	陆建文	孔静婷	王 超	严振扬	陈亚文	谭超君	葛晶晶	陈 瑾
张 蓉	胡林娜	邢晶娴	岑雅洁	宋 涛	吴钰洁	陈菊英	葛江龙	朱 媛
杨海丽	杨 腊	朱子清	徐 境	张俊莹	赵 泉	周少刚	吴文文	刘 丹
李广华	蒋忠明	姜海峰	吴佳胤	刘郁春	鲍李娜	刘 露	张美玲	鲁 敏
倪会磊	谢允娜	陈 敏	李 琴	周丽萍	李维娟	范传林	陈 杰	王若凤
郝娇娇								

护理学

陈 雨	朱会均	王 冰	葛 晗	邵国珍	殷 艳	王沿沿	彭素贞	齐 婷
邢佳静	陈 宇	黄景芝	杨 萍	于 黄	杨芳芳	奚玉娟	张灿萍	谢伟玲
施巧美	卞勤虎	缪丽云	徐莹莹	胡丽	曾 焱	华 丹	杜丽君	缪丽华
胡丽君	陈 洁	章 烨	孟子娜	徐 璐	费文慧	王 亚	赵英华	张 莲
夏 炯	冯 静	徐丹丹	陈 轶	仲婷婷	戈卫娟	范梦蕾	沈奕新	平月红
华 洁	虞 琼	陈昌玉	张彩红	林 颖	杨丽	朱 婷	方 芳	沈 峥
程晓姣	赵潇潇	于 茜	笪艳玲	邹 燕	叶 雯	侯华娟	毛 进	冯艳南
马 莉	丁 蕾	鲍书欣	陈倩倩	鲁玉平	姜妞改	邵文玉	杨 蓉	曹应娟
黄 勤	姚 娴	高永莲	王晓燕	聂 玮	曾 奇	郑秀娜	成 萍	李东芬
孙 静	王 蓓	秦 雯	王 静	徐 然	韩逍雅	吴海霞	王 萍	习真花
朱慧敏	王潇潇	李艳莉	章园园	徐 红	周 燕	张 娟	张鸣鸣	高晋楠
姜味辛	邰蕴文	张年保	刘 莉	钟 扬	李有梅	史玉珍	柯永芳	高雅倩
徐晓丽	吴婷婷	贺梅芳	潘盼盼	刘 芳	张珍娣	黄晓发	朱 倩	胡吉香
刘美玲	江方正	夏萍萍	朱 静	周立倩	徐 蕊	赵 盼	胡福敏	常忠琴
曹 丽	刘和秀	童泽霞	李义琴	蔡 娟	李 平	丁 澄	李 蓉	刘桂花
杜春杰	余 焱	吕衍平	杜 晋	胡红梅	高 玲	梁 静	杨晓云	李君兰
周 慧	方晓燕	李秀云	胡明星	胡蓓	陈秀梅	任玉	郁亚梅	葛 琳
阮春艳	聂盈盈	姚 佳	封 蕾	汪文娟	陆明月	赵天婷	王明慧	
张 鑫	万枫涛	贾 茜	何金仙	汪咏梅	王 静	郝思琴	林 岚	项承荣
鲍 洁	徐 莲	杜 雯	汪凤华	陈 会	谢 婕	张 茜	丁红梅	任 月
张小兰	王忠平	王琪翠	薛梅平	杨 娟	赵 群	屠晓艳	张晓贺	钟丽敏
翟 倩	王 静	王志彬	邵丽萍	汤玲玲	付蓉蓉	王红梅	李爱娟	王 爱
董金兰	李燕平	周爱琴	卜 娟	王 慧	赵艳侠	王 琦	朱 艺	王荣荣

杨曼	彭敏	王月朦	陈艳	张怡	芮源	顾竹青	王安群	张怀丽
高艳娜	刘凤飞	杜娟	曹静	卢丽	高芹	盛艳	沈惠文	尹力
吴静	杨红	付丹丹	闵朦朦	陈会敏	汤井会	周福玉	宋绪梅	张娟
王燕	朱小芬	吴丹薇	冯姣君	袁维	杨琳	马艳斌	吴竹兰	林建勤
刘荷伢	陈贵花	张虹	徐白	江芝娟	姜凤仙	李佳	李爱凤	周秋红
陈玲	朱小婷	卞敏菊	杨迪	姚志鹏	陆琴娟	钱蓉	罗慧玲	徐丽娟
陈敏妤	张建英	黄艳	蒋正平	顾丽红	谢艳君	黄彦	甘彩芳	浦爱琴
李政萍	沈青青	史婕钰	陈建红	汤素琴	佘鲁萍	沈丽莉	金燕	费有娟
潘丽慧	李玉玲	王伟	王嵘	黄敏	徐晨	林建花	朱静	陈艳
汪培	朱广美	张志玲	任智蕴	刘灵娣	刘蕾	乔纯	段媛媛	卢红娣
吴萍	李晶晶	王丽娟	胡明媚	姚艳萍	周冬芳	贾健棠	陈月华	殷婧璐
黄梅	卞小花	杨梦云	徐盈	任英	方皓君	黄宇燕	朱虹	田习莲
欧阳媛媛	刘亚男	邵苏丹	朱丽娜	郑芸	童俊玲	侯蓉	杨慧慧	陈雁
王葵	张雪峰	严丹	徐丹	陈洁	刘叶叶	陶春梅	韦沅沅	牛小洁
董莉莉	黄艳	刘爱萍	陈琳	施恩凤	丁婷	方海燕	仇秀华	张珠
卢艳	赵学梅	姜朝霞	盛珊	赵毅	高云南	王凤	王星星	顾菊香
刘瑶	钱婧	陈娟	吴玲	于甜甜	陈艳	周维	顾立勤	周静
季凌倩	金晶	吴秀	吴远芬	王阳苏	陈园媛	陈静	杨玉兰	连萍
陈婷婷	余莉	解枫丹	刘海霞	顾娟芳	鲍薇	边斌玉	顾薇	宋竹君
陈艳	程未	葛丽	方啊仙	伍怡	方敏	谢利华	荣慧	刘芳
潘翠蓉	王倩茹	薛倩	王莉	陈燕	倪青兰	吴海峰	王颖	段秀娟
孙杰	何庆	张虹	武庆	孙秋月				

会计学

陆阳	李顺涛	马希敏	黄翠华	葛文慧	陈益霞	朱盼盼	何冬梅	树青
胡增萍	程静文	唐雯雯	张文强	周静	何学红	方学玲	丁凤萍	胡洁
刘荣	朱跃东	缪俊良	徐红梅	杜舒	张耀霞	杨萍	顾月	汤佳晴
葛玛莉	潘彩娥	张敏	支秀银	秦嵬	王丽君	金亮亮	陆炜文	莫姜秋
张生英	张永萍	陈建莉	邹成姣	邹超	许艳君	张雨婷	朱旭慧	管茜
王晓闪	王霞	宋庆庆	茅丽娟	段昊	宗萍萍	周艳	耿树郁	杨璐
赵玉琼	朱晓明	吴晓彤	潘苏红	宋竹青	金川皓	李猛	祁小兵	黄盼盼
茅庆花	季津津	袁佳腾	童娟	任良萍	张慧	陈磊	朱旦丹	费秋晴
杨光敏	李会会	戴君涛						

机械设计制造及其自动化

姚绍俊	孙键	沈佳	刘叶	林迎娟	李晓菲	王源济	王攀	黄文静
刘宁	汪长斌	胡鹏	张小慧	高超	刘彬	孙达勇	朱其俊	王霞
赵云海	刘畅	徐智彬	吴建峰	尤丽荣	薛冬芹	谢金程	管强	邢思波

雷金凤　辛时丰　单　强　周丽娟　郭雪松　严建俊

土木工程

吴　平　周　丽　李大胜　张　瑜　汤　政　文小华　徐光明　谢希洋　张永庆
郁洪罡　范高三　沈志刚　朱信峰　侯淑华　王　芒　沈　峰　郭联贞　金　贝
金　舒　吴新凯　裴艳秋　孙清华　徐崇善　孙路刚　许维刚　廉　帆　陆　伟
鲍建宇　陈　凯　洪　龙　王　翔　陈永强　史军华　陈昶恺　陈鹏飞　宣修伟
林　安　邵书群　王善知　饶　娟　章顺芳　夏凤兰　管秀发　李　靖　朱开学
范　媛　钱考伟　汤桂伟　吴汉燊　肖萌萌　高　聘　龚闻博　郑　轶　吴　澄
姚　吉　钟　莹　薛帮胜　吴加彪　黄玲芝　任海英　阚张飞　徐金生　吴　宁　舒
杨　恒　程　鑫　戚敬媛　张　霖　薛香萍　柴立荣　吴昌平　刘　峰　强龙娣
赵　亮　刘传洋　朱帮义　陈约广　卢红月　唐　柏　岳子宇　钟　先　盛小尹
李广玉　徐　剑　刘　颖　吴　兵　朱　炜　张晓东　方　平　王琳娜　孟　波
李建伟　王铭周　张　勇　蒋正明　张诚晨　李文宣　冒新建　孙　维　刘伟婧
费伍琦　盛仲进　杨子江　赵志恒　缪继东　陈圣佶　李　希　胡　晨　陈　婧
许　鹏　朱剑林　曹　涛　殷　俊　郭　玮　张　威　张鹏翔　盖立倩　刘帅华
谢　青　韩　玲　陈　敏　贾　雷　孟　凯　朱　晶　朱晓伟　邱　峰　程　军
郑孝永　于　倩　单　波　吴孝美　马　丹　王雷雷　何海飞　曹文禄　吴　睿
杜旭露　朱　锋　褚丹丹　曹振华　张民新　部　亮　胡忠宏　邵阳阳　孙　夏
任　龙　叶荣敏　文　晶　胡嘉羲　王　海　凌　晨　李　丹　陈　浩　翟　宇
房绍青　王忠平　陈远超　曹钻胜　陈　坚　任　静　戚　林　马书皓　徐　晖
顾　峰　余苏峰　李红飞　汤锦泉　王　冰　孙淦杰　吴超纲　马立春　李佳乐
杨　勇　杨　磊　韦正军　刘玉峰　茅贤洁　谈　杰　高玉兰　盛　菡　贺珍琴
邵玉静

物流管理

王芳玉　周　娟　王　飞　袁　岳　徐丽娟　经　隆　吴志玲　吉爱春　高永超
樊海霞　周　霞　沈建化　张　怡　郑　威　吕放秋　胡叶萍　夏婷婷　戚栋梁
许　娟　杨文龙　何　伟　沈　丹　李凯令　林凯翔　张　英　王海博　喻　贞
魏云鹏　马龙庆　李昕平　蔡永虹　何　玲　葛传辉　罗荣博　阿依努尔　王　军
阿卜杜许库尔·阿卜杜热合曼　王金更　陶洪兰　邵红岩　陈培峰　刘亚兵　李涛
冯雪莲　邵　敏　毛　宁　申玉茹　陈晓龙　王明秀　吕娅玲

政治学与行政学

芮玉娟

2015年远程教育高起专毕业生名单(秋季)

护理

马珍 刘倍倍 冯遵勤 张丽 张艳娇 张晓华 孙丽 王萍 杨秀娟
王玉娟 杨娟 赵红 伏盼盼 马海芹 陈颖 杨柳 夏晔 马玲
李丽 薛同芳 周爽 梁达 严丽娜 张玉 邵利云 张珮婷 冼晶晶
张锦 张芳 方茜 葛桓局 卢雅 李陆霞 孙海霞 余婷 赵雪芹
陈方 薛霜 张梓芹 何苗苗 赵雅 闵亚玲 孙梦红 刘新宅 刘婷
赵玉凤 方芳 朱美玲 葛素红 王云 邵艳红 嵇颖 何焕霞 向蓓
伍莉 包艳梅 李媛 刘畅 史艳妮 陆璐 陈颖 郭丽 徐令芬
何正玉 孙晋芬 王茜 唐雅 胡月 白梅 张骊 高芳 陈翠萍
沈霞 张秧珍 王英 曾令琴 丁爱梅 顾国花 陶建姣 陶海宁 梅玲
顾永娟 雍军 黄婷婷 戴媛 周翠丽 王春萍 徐卫红 李宁丽 任婉莹
郑炎 柏云 刘宇宙 杨萍 陆文琦 刘洁娴 邢芸 刘林艳 黄媛媛
张晓燕 杨欢欢 厉玲 陈新梅 蔡萍 徐琳 马纯 王欣奇 柏静娜
孙青 葛忠玲 李娜 王闽 卫梅 朱敏 徐文娟 周晓芳 刘姣
汤小琴 仲桂勤 李昱池 封华 陶凤娟 陆靓 莫源 张小燕 张玲华
张盼盼 严霞 刘芳芳 吴艳 周红霞 陆琴 王华素 华佳 曹梦如
赵璐 丁苏辉 朱佩琳 顾玉嫚 李雪 乔静 朱晓明 朱明珏 张秀
黄莹 吴桐 管璐 袁媛 汤红霞 龚慧慧 黄泽莹 杨丽君 时慧
薛莲 孙莉 陈玲霞 谢云岫 陆小英 钟玉秀 邵娴 岳晶晶 张远翠
陆李琳 陈翀 李雨 束英华 王芳华 吴翠翠 郦靖 吴佳俊 程世华
王扬 朱丽 郦志萍 吉晶 刘正丽 蒋银娟 钱倩 高金美 沈雯
陆亚丽 程冲 唐晓莉 许霞 张卉 甘园园 陈春香 雷莎 孙会平
朱丽雅 吴贞琴 许爱萍 成雨 巫静 陈彬 花保莹 王云玖 何国萍
刘芳 祝娟 姚莉 陶婷婷 何玲玲 韩琴 周爱兰 高婷 高美蓉
仇世芳 李兰英 吕兰平 李云 卜恩明 周凤鸾 吴茜 邻媛媛 刘丽
董兴芹 王莉萍 栾剑霞 朱彩霞 张瑾 戴萍 王迎梅 钱秀芳 于嘉
马少花 时必明 赵欣 章琴 范丽娟 张湘芬 尚菊梅 宋利娜 段婷婷
周倩 王延丹 李金玲 郝守娟 姜涛 夏丝莹 金星 杜男 郑丽娟
许明如 邱苏丽 韦华荣 宋小丽 冯婷 朱明娟 胡芮 于乐 耿珏
吴星月 范亚兰 司华林 周瑶瑶 程贵花 李倩倩 蒋静 王亚勤 胡婷婷
吴园园 彭涧 李银春 李丹 高川梅 杨艳 王悦 魏荣 沙莎
周春桃 张亚熙 华杨琪 胡聪 张海霞 徐兰兰 朱学娟 魏笑 陆梦洁
王月 宋婷婷 翟晨景 孟令丽 郄淮南 许雪梅 殷丹丹 方明华 李亚红
孟祥梅 仲锦桂 黄永果 冯欣欣 姜亚丹 周光霞 侯向前

机电一体化技术

王　巍　陈　丹

建筑工程管理

傅春燕	骆永军	董洪伟	陶丽华	曹太利	周　恬	瞿　敏	杨　慧	朱晓华
刘德兵	樊亚忠	肖启峰	李雪强	孙晓东	李显国	孙鹤龄	殷春燕	何献森
吴小琴	刘　花	葛宝才	沈浩烽	刘　海	陈　榕	黄治军	王　辉	马　睿
秦　巍	赵志国	赵　蓉	戴有荣	陈庆忠	王世伟	褚林生	樊云忠	王献东
聂国付	陈益民	孙　坚	卢　勇	陈玉云	马小冬			

2015年远程教育专升本毕业生名单（秋季）

电气工程及其自动化

周志荣　王建军　陆　俊　张海峰　章海峰　刘伟伟　茹法益　莫华良　陈中天

电子商务

高　清　顾李波

法学

| 神克亮 | 葛　亮 | 洪　仲 | 龚　维 | 杨　羽 | 陆　龙 | 陈　健 | 陶鸿彦 | 张天宇 |
| 陈　洁 | 庄丽萍 | 陈华琳 | 邵继东 | 徐从前 | | | | |

工程管理

李　笋	张红梅	邹学良	张金明	张玉龙	季叶清	丁　菁	魏　成	花学凯
金　锋	张生福	薛春华	徐元峰	王钦雨	路光勇	吴良飞	顾秋华	王明强
陈　明	王　刚	朱丽娟	许丽萍	蒋　栋	孙　雪	李　珍	张金虎	宋　磊
安秀媛	成　功	谢雪莹	吴晓英	王新荣	夏玉军	王小娟	郑道江	陈开宇

公共事业管理

王　星　张　伟　朱大鹏　陆莹洁　时丹丹　刘珊珊　韩　松　沈守玲

护理学

李永凤	谢　静	杨　璟	王惠明	陈雪莲	鹿翠云	胡家楠	刘倩霖	武曼曼
金　妍	张婷婷	刘雪晴	鲁苗苗	陈思琪	杜艳卉	何洁洁	黄　晶	殷丹萍
柴莉芳	杨海燕	许晓琼	司燕芳	成智英	沙　蓉	蒋静华	谢丽娜	蔡云燕
徐春燕	黄雪妹	梅文亚	蔡婷婷	张雪粉	陆扬清	唐美菊	顾晓阳	施　杰
陈　琴	姚　迪	钱　荣	杨　林	殷学梅	高　洁	卢　敏	靳　瑜	周　晨

张　燕　　张继萍　　郭　燕　　陈　钟　　胡彩虹　　杨　帆　　冯玉明　　范　荣　　刘珊珊
马凌雯　　马惟俭　　刘思彤　　洪冬梅　　张慧意　　刘　娟　　蔡一琴　　王静静　　丁娥飞
嵇玉兰　　杨　燕　　付　娟　　王惠如　　戴　景　　张　丽　　陈湘江　　顾秀燕　　田迎丽
蒋紫娟　　徐　敏　　曹文慧　　陈　俊　　张　颖　　严红霞　　涂伟丽　　马　丽　　李　敏
林慧珍　　张卫红　　陈　俐　　丁　薇　　张青青　　孙敦俊　　王雅婷　　张永华　　后红燕
徐　莹　　穆为花　　汪有兰　　朱小艳　　高岚红　　赵翠红　　张　燕　　戴炳媛　　章文婕
徐　红　　杨静静　　孟　婧　　吴文香　　汪婷婷　　陈小红　　戴丽娟　　王星星　　黄　盼
齐海英　　席婷婷　　胡　田　　杨　慧　　臧雨晴　　高　静　　范琳琳　　张晓红　　张晶晶
高　莹　　薛　慧　　付　丽　　严晓丹　　蒋　丹　　姜婷婷　　高丽丽　　朱　娴　　倪　菁
陈松籽　　卞梦影　　赵　洁　　郑　琼　　蒋薇薇　　郭巧玲　　徐　红　　谷文文　　李庆红
石　怡　　徐　娟　　杨文茜　　郝　旭　　刘素兰　　赵　静　　谷　静　　赵　娟　　王　娜
马苏丹　　崔劲梅　　陈　洁　　冯秀明　　刘　娟　　李松洮　　李荣芳　　连友玥　　朱　姝
王雪银　　赵丽丽　　陈　隽　　张晓艳　　徐　洁　　吴晓航　　习苏庆　　吴佳玲　　王琳琳
胡文婷　　顾玉正　　洪利娟　　黄庭玉　　张爱珍　　郁彩琴　　孙盈盈　　郁　颖　　孙峥嵘
王　颖　　段从芳　　汪志云　　刘　凤　　王　涤　　徐　洁　　张亚娟　　张　宁　　袁　媛
韩　雪　　唐　丹　　傅　凡　　尚明娟　　孙　颖　　刘园园　　张洁玉　　苏梦瑶　　姚路沙
周红涛　　裴梦梦　　朱海燕　　王品霞　　窦　莹　　朱　悦　　安业霞　　左昌兰　　杨秀琴
蒋　颖　　管其刚　　刘盼盼　　齐伯姜　　史广佳　　周　彩　　张婷婷　　杨佳佳　　秦　雯
谢　康　　施　玮　　沈巧芬　　李月月　　许　杨　　赵文斯　　谈　敏　　房　艳　　张　巧
周　莉　　马　婷　　邱美琴　　邢孝严　　耿晶晶　　郭　颖　　王丹丹　　李　莉　　周　婷
李　欢　　宋永飞　　赵雪娇　　吴海凤　　张雪莲　　张　茹　　张　燕　　杨　筱　　章　丽
陈　俊　　王　卉　　刘　慧　　徐　蕾　　常　玮　　皇甫守萍　　王　熙　　顾晶晶　　夏　敏
朱　燕　　余丹丹　　王桂花　　周　露　　孙金姗　　王丹敏　　夏　欢　　詹祥云　　万　萍
李　青　　张红娣　　卢　丹　　韩　菲　　余　迅　　吴丽丽　　周海萍　　秦珊珊　　庞金玉
江　群　　曹忠翠　　吕　雯　　周　娟　　孙一茜　　时　亚　　黄　君　　吕芳洁　　刘粉娣
李　杰　　王　月　　王　芳　　方　芳　　赵　洁　　黄圣仙　　胡庭婷　　易笃莉　　周　洁
王琳琳　　孙峥嵘　　孙孝蓉　　方婷婷　　印　砚　　贾秋燕　　王　蓉　　邵　娟　　李　丽
徐希恩　　伍　洁　　陈玲玲　　张艾娜　　陆　雯　　王　婕　　张晓芬　　狄一丹　　邵　柯
侍晶晶　　蒋　燕　　章　乐　　黄慧芬　　宋　晶　　陈安娜　　赵　晶　　罗　洁　　高　羽
许　钰　　潘莉莉　　陈丽英　　吴　熠　　江文雅　　程　琳　　汤树萍　　赵玲萍　　咸素英
徐　英　　吴小平　　罗　洁　　江琴芳　　梅　花　　李煜春　　范　莉　　张彩琴　　史　云
邱雯琦　　张小燕　　马天虹　　朱双获　　彭静艳　　沈　菲　　蒋亚运　　薛　卉　　王胜爱
杨万荟　　史　波　　王文妍　　马藤英　　杨　潇　　卜丽莎　　刘珍珍　　栗晓娟　　杨　勤
陈玉玲　　张　燕　　邵建娣　　顾　婷　　徐雯婕　　骆雪琴　　蒋亚萍　　赵　燕　　张晗英
丁　凯　　杨丽英　　沈　烨　　白赵旦　　朱　蕾　　金晓丽　　赵芝秀　　朱晓玲　　黄玲钰
王　璐　　王　苹　　张　微　　孙小琴　　程文娟　　张晓红　　刘雨珠　　金　玲　　刘　汝
张　璐　　徐　煜　　张纯纯　　潘小慧　　严一晶　　殷小芹　　朱　丹　　孙　丹　　汪玲丽
陈小颖　　陈秀美　　王　娟　　蒋舒乐　　刘晓玲　　张志霞　　陈何美　　丁念慈　　刘　琴

徐灵芝	刘　敏	蔡小棋	季海燕	周良萍	王丹丹	杭榕榕	沈佳莹	夏添霞
沈　云	秦丽萍	何凌云	常　婷	周宏娟	展红艳	周晓君	印　琴	蔡　虹
陈皓瑜	李　琴	陈凤娟	陈萌萌	仇亚琴	庞文雅	陆　萍	王慧敏	张小芹
孙佩华	杨　萍	王亦光	李小颖	张　敏	周　颖	韩　阳	薛　芸	李玲玲
卞佳月	蒋　卉	袁　璇	李秀娟	吉　颖	陆晓秀	曹　璇	丁换地	王　辉
宋建美	费名霞	陈朋霞	吴　辉	唐丽琴	奚　丽	戴芸芸	季　荔	朱秀娟
张炜玉	张婷玉	朱鸭红	何红梅	赵　妍	薛小燕	陈　静	顾　卉	姚文婧
戴曲香	戴曲香	殷　美	屈爱华	朱　磊	邵　丽	田小英	蒋　娟	刘　静
袁　菲	唐　美	戴俊红	孔　剑	王　惠	张　慧	孙玉娟	戴　霞	钱婧雅
田晓玲	金晓东	朱玉枝	刘　丹	徐　菲	王晓霞	沙红凤	丁国琴	奚　靖
林　希	薛新芳	毛学勤	孙佳瑶	钱晓燕	周　芬	商　烨	刘红娟	刘小娟
陈亚平	蔡加佳	孙雪莲	谢志华	倪　亚	周　华	季　娟	殷爱丽	朱　敏
叶　芸	朱建敏	周　逸	叶　蓉	孙蔽翊	陈　云	鲍克婷	颜　茜	纪　艳
丁玲瑶	袁　晶	谢郁梅	徐品艳	冷　敏	钱月华	印　敏	石金平	董文文
贾　琴	陈　露	陈　静	严　香	吴　月	李秋萍	吴丹秋	刘　蕾	陈仕媛
王姚懿	贾丽雯	辛　静	顾　敏	燕　洁	王　安	贾红玉	陈　燕	李　敏
田翠青	邹丹媛	朱　丽	左志慧	赵　玮	陈　琳	秦　立	周秀超	孙　科
马　萍	唐琴勤	巫　静	周　丹	莉　莉	陈丹萍	陈丹萍	舒　雅	孙　萌
顾灵美	孙伟玲	费珍芳	唐红钱	潘　静	曹　菲	卜媛媛	李　云	金　洁
唐小军	杨　静	杜静静	姚海燕	张　露	沈樱颉	乔　蓉	徐婷婷	周　敏
王　暑	韦　欢	黄伟丹	闵明红	何　文	莉　莉	邢晓璐	赵心钰	龙翠红
朱玉清	殷小芬	陶　菲	徐颖菲	张　欢	张　银	孙　涓	许　婷	陈樱樱
吴　倩	王　青	史宏婧	刘　燕	杨辰辰	童　敏	许燕春	刘　清	罗智瑛
张小兰	顾　艳	刘　琴	胡　婷	张明琴	王亚莉	孔娴娴	陈梅芳	殷　凤
袁　群	刘　娜	陆　悦	苏　婷	柏祥月	郭　莉	华　薇	王国芬	鲍　慧
刘林萍	徐芳菲	杨　艳	徐敏芳	周晨燕	杨胜娣	袁奕奕	吴　青	何珍珠
李　磊	侍　琦	倪　园	杨　波	汤　洁	汤　琳	张丽平	黄　莺	姚欣彤
吴晓霞	朱玉敏	葛婉容	严　源	严湘洁	殷湘洁	诸洪燕	庄　英	蒋　静
胡姗姗	王静洁	吴　彦	李文艳	王　静	童　陈	任　烨	吴　雪	柏燕铭
高家瑾	赵文靓	郑雪梅	左秋燕	魏　静	陈　芳	罗　云	陶　然	王晓琦
马园园	舒红雨	金仔玲	李玉平	夏　雪	许玲玲	张婷婷	洪　波	姚　翊
吴新红	吴雅雯	姚云青	俞海霞	毛琼琼	朱　雪	唐佩慧	吕晓利	陈　茜
王秋菊	刘华林	胡　艳				张　慧	邱　月	刘方伟
							窦道利	姜玲玲

会计学

李　宁　赵　丰　荣　毅　李丹丹

机械设计制造及其自动化
　　胡胜强

土木工程

周　晨	周莉萍	彭安岳	董洪永	刘明辉	韩适同	申　文	王　凯	奚　卿
唐　华	邓正福	徐　玮	胡　燕	宋海红	司小敏	汤硕硕	李开鹏	曹　杨
朱凉城	司明石	吴建华	过　凡	汤　鹏	陈海龙	张为玲	胡　灏	赵长安
唐　萍	黄　晋	訾　霞	严　帅	朱　杰	孔霞萍	潘燕燕	查正宏	张国敏
许　敏	蒋涵诺	毛珊珊	陈定约	李怡然	戴　超	庄照懂	张　宇	王　德
颜　凯	王云峰	郝军民	周　勇	倪　萍	肖　伟	张　超	周　航	彭　辉
陈兆龙	孙军强	王　昕	吴圆圆	郝军山	李崴然	赵国明	胡传友	张俊伟
徐永军	吕正兵	於　钰	王培凤	王苏阳	李琴琴	吴潇雨	万陆军	肖东建
张金良	张营辉	向江山	许荷然	黄永亮	尹　辰	张世兵	赵俊杰	王　辉
毕　野	陈　莉	唐　田	韩　炳	王　宇	孙凯祥	吴裕南	张卫锋	冒　娟
刘晓波	周文彬	华冬云	昝卫兵					

物流管理

| 崔　勇 | 徐春阳 | 汪春花 | 马海吉 | 张惠萍 | 王雪峰 | 苗　芳 | 马　云 | 余泽香 |
| 黄玉乐 | 陈　东 | 沙　锋 | 纪　华 | | | | | |

政治学与行政学
　　刘海青　石　林　洪　圣

2015年成人高等教育专业设置一览表

类别	学历层次	专业名称
业余	专升本	电子信息工程
		土木工程
		电子科学与技术
		国际经济与贸易
		会计学
		商务英语
		临床医学
		护理学
	高起专	医学检验
		护理
		临床医学
		医学检验技术

(续 表)

类别	学历层次	专业名称
函授	专升本	机械设计制造及其自动化
		电子信息工程
		土木工程
		工程管理
		自动化(计算机控制与管理)
		自动化
		国际经济与贸易
		会计学
		工商管理
		电气工程及其自动化
		土木工程(道路与桥梁)
	高起专	电子信息工程技术
		会计电算化
		机电一体化技术
	高起本	机械设计制造及其自动化

2015年成人教育学生人数统计表 （单位：人）

	毕业生数			招生数			在校生数			
	合计	专升本	专科	合计	专升本	本科	合计	专升本	本科	专科
总计	3 065	2 316	749	2 609	2 549	60	5 874	5 592	101	181
函授	1 812	1 254	558	1 500	1 440	60	2 553	2 292	101	160
业余	1 253	1 062	191	1 109	1 109	0	3 321	3 300	0	21

2015年成人教育业余高起专毕业生名单

护理

徐学娇　赵荣丽　张　云　王　婷　程　妍　刘　芸　赵旭晴　许琳琍　路　方
范丽娟　潘梦婷　徐　佳　陈玉萍　吕　娜　李诗凡　漆何秀　陈　婧　朱　莹
李　慧　钟　伶　张玉芳　朱瑶清　景晖颖　赵　丹　郦路萍　单建芳　沈素芹
彭　婷　陈国敬　胡　伟　高明凤　季　敏　陈　茹　徐　轩　张　玲　章　慧
高晓雪　孙　静　顾培培　章延方　张冰清　王　爽　陈思宇　左晓娇　孙　雨
韩　静　葛高岩　毛娜娜　许　月　葛荣欢　杨　燕　汤　力　张晓乐　刘芸洁
姜　姝　段　练　宋曼乐　吴爱玲　陈珊珊　王甜甜　李金环　臧　利　董倍倍
尹　秀　王　方　尤　苏　周光青　田秀梅　姜　会　王佳敏　周雅楠　刘　洁

吴　静　祁树静　吴　洁　陆召娟　张卫茹　赵　芳　王玉凤　蔡　云

临床医学
　　孙　妍　周玉霞　顾春英　薛安庆　周志宏　孔祥莉　黄玉梅　刘德来　赵爱琴
　　王立桥　祝兴祥　徐　霞　宦云春　叶松鼠　姜　云　于　光　高　朋　顾学玲
　　徐　敏　陈开香　谢运子　刘　艳　唐俊强　张丽萍　曹　波　张　丹　巩韦丽
　　胡兴达　向　军　王　娟　武庚援　陆　敏　张雷红　满　苗　王丽丽　许　翠
　　司汉东　郭　超　年会年　乙苏艳　华利和　周华东　林良东　张　娟　王小艳
　　苗彩凤　王　浩　刘金学　罗丽翠　张　旭　黄永亮　周晓荣　巩红果

市场营销
　　张　超　杨　晨

物流管理
　　章　丽　陈小波

医学检验技术
　　蔡想响　朱冬琴　吴婷婷　杨　雪　刘宝瑞　钱思雨　胡　楠　蒋　姗　陆　龙
　　李　雪　陆明凤　杨　珍　张　玉　谷　琪　夏前锋　周李迎　胡建政　谢　丽
　　司明怡　曹艳丽　唐　青　蒯习琼　刘皖宁　朱苏婷　冯　雪　许海静　孔茂全
　　魏　凡　俞佳英　戴依婷　徐语阑　蒋丹萍　费春林　汤　晶　吴爱平　熊振杰
　　高曼秋　王雁莹　余　彤　朱男楠　曹淑文　顾佳佳　周荣荣　王抗抗　谢　静
　　张梦靖　薛筱璇　陈　慧　王　咪　倪　君　陈　思　葛姜吉　胡杨杨　李　春

2015 年成人教育业余专升本毕业生名单

电子信息工程
　　刘伟龙　林　峰　熊小祥　李　正　郑　鹏　孔　静　袁恒武　刘　明　戴　炼
　　陈　娟　朱　茜　马常亮　刘志虎　史财谦　潘晓东　魏元亮　袁　骏　仝　浩
　　吴　鹏　陈小勇　吕　霏　李培东　胡玉慧　王发红　戴　健　黎　可　朱　红
　　陈维庆　李广洋　程　祥　杜　晟　黄彩梅　钱丽娜　薛　俊　朱昊峰　康凯
　　陈　华　葛　祥　张　伟　朱　达　薛冬梅　刘　芳　许　冬　崔恒山　臧　顺
　　陆洪健　朱双平　徐雪莲　何丽娟　王进朝

国际经济与贸易
　　肖苗苗　高　姗　乔　曦　徐春霞　孙惠惠　李友康　丁　奇　祁永巍　韦　璐
　　史志华　刘　智　赵　琪　黄迎波　顾　伟　丁佩佩　顾苏皓　闫陇喜　王　娟

护理学

王海霞 王幸幸 戴敏 璆舒 邱晴晴 姚彦香 张萍 王瑞馨 汪清
陶银花 宋伟丽 汤齐娟 李蒋方 李珊珊 薛秋贺 李家雪 陈蓉 任梦婷
高琳 夏立雨 夏梦颖 侯婧 夏慧慧 葛伟 王娟娟 成飞燕 王玉娟
张晓莉 李珍梅 陈燕 李婧 张园园 卢洪华 李乐娇 方 田云
李海燕 张孝娟 刘芳芳 赵玉蓉 奚玲 李加芳 葛红云 李石岩 董晓晓
汪妍 蔡大花 高慧娟 沈清 金雯雯 汤小兰 郭文慧 何珊珊 李张宇华
费素萍 卢甜甜 花丽亚 刘梅 邹欣 余道梅 谢枫婷 王爱敏 孙钟毓
孙玉萍 陶莉 吕义娜 林芳 郭文文 冯金香 朱琴琳 刘姐 何培燕
施若依 徐玲 陈丽娜 黄莹 高沉雁 胡敏 刘娟 张梦缘 蔡芸钰
季宇虹 董燕 陆菘清 唐媛媛 周茹 刘海霞 马燕 闾霭龄 陈悦
武家群 马玉茹 程艳 董瑶 李静 王丹 刘丽 张君 邹广华
谭纯香 杨茹 夏竹青 赵苗苗 施云 谷爱花 田蓉蓉 唐晓凤 唐冬春
董何 许悦 陈婷 王珏 曾宪玲 史洁 赵先静 丁洁 江庆
程王娟 查静娴 钱晓培 魏红花 陈媛媛 鲍治卉 刘璐 黄露 陈敏
魏彩霞 卞荣 曹慧 潘婷 徐丹 戴敏蔚 孙雨姣 王雯秀 汤文晋
赵恒 袁春燕 陈秀丽 盛艳 吴瑶 徐爱娟 范晶晶 苗晶晶 尚婉媛
殷刘婵 邢定花 邵文娟 王兴花 杨建凤 冯英 盖梦辰 李龄 张蕾蕾
方璐 王萍 侯嬗嬗 骆宏亮 刘群 宋华香 王紫薇 周婷 洪蕾维
陈一馨 吕月 黄昆明 苏丽 吴彤玮 郭叶 王瑞章 吴璇 张沈璐
孙文静 张小鑫 陶莹 李环 沈燕 邱志静 胡遴 刘玉梅 蒋玮仙
王婷 范凌燕 李响华 汪悦悦 王媛媛 鲁竺 刘晓娟 蒋曹雯 竺津青
陈金霞 戴相燕 王蓉 王娟 张莉 裴婷婷 陆娟名杰 叶 玲艳 颜青丽
汤凤 朱巧茜 刘瑞 王佳佳 李丹丹 周珊 梁丽 蒋乐乐 许荣丹 刘楚
蔡雨婷 贾晓金 聂佳 蔡文静 秦周霞 邓绪媛 刘兆洁 端文静 惠赵娟
彭艮劲 田丹 卢翠翠 经兴红 周晨 储乔 张玉利 吴纪英 张梦璐
甘雯 贾凤云 于晓然 徐亚芹 李芳 孙雯 周雪珍 余清婷 石长虹
芮同霞 蔡丹 万玲 陈露 陶静 詹旭梅 朱小芹 顾梅春 吕修芳
陈超 高张寻 田焕香 祝晨 张超 程苍苍 徐小妮 林玲 陈露萍
吴海燕 李甜甜 尹满 肖香 胡传凤 王孟 张伟 葛慧 周雯雯
沈文婷 谈秋香 张金凤 杨剑峰 杨雅婷 李丽 刘龙霞 严敏 张星晶 陆婷
高丹 唐菊玲 李洁 崔娟 刘晶 游亚莉 胡婷婷 李晶 李珊珊
张红云 赵晨 李腊梅 王家银 蒋萍 朱贤丽 梁文静 赵秋兰 孙红
李柔 崔春燕 纪娟 南兴建 蒋婉 林红 祁蓉 马蓓 姜雯
李永娟 史荣芬 黄宇 陈亚 胡晶 陈林 单美丽 张宏芳 赵旭旭
卢长笑 陈柏 于婉婉 徐冬梅 顾岐慧
袁清华 曹薇 方凤 阎雅晴
成红 张静

刘磊　陈燕　李梦娇　姜苏娟　郑雅萍　池宝珍　戎雨薇　赵萍　王春琴　李燕　刘珺　陈丽媛　陈琪　周应香　于月琴　顾小花　吴丹　梁静　黄艳　徐丹　徐红霞　张琬　汪礼香　韩肖冰　殷春红　王倩　杨钧如　刘梁　孙晶晶　潘丽君　潘丽芬　彭红敏　张微丽　杨志娟　马丽丽　景宏霞　孔英　李敏

王琼　张媛　张春燕　屈晓玲　郑贤萍　张梦婷　韦定玲　张丽　许芳　陈雯　顾佳微　唐月红　娄爱萍　付群　张春香　袁杨　周牡蓉　陈清　汪妍妍　尹小娟　陈丹　吴琨　张政　吴莉莉　缪纯　曾悦　陆萍　赵丽　姚红霞　章仁艳　王斐　李培培　徐莺　陈竹华　姜燕　顾锦玲　王丹芳　沈艳

俞珠萍　许丽丽　杨惠超　汤佳美　蔡洁　陈刘丹　沈胡慧　张学英　周陈雪　曹迎春　闻敏　吴雯　任继红　尹洁　李娟　杨荣　杨慧　杨亚惠　曹翠玉　张庭婷　李雨晴　李亚莉　杨佳佳　陆继妹　李丹秋　王露　孙影　胡凌云　黄素琪　吴海燕　姜丽丽　商悦　朱利　祁雅雯

徐荟云　王吴晓燕　丁王姜雷云　李陈业洁　陈慧　刘宇　吴美芳　严颖　金孙芳　刘露　戴雪璐　任书英　许娜　许慧　景晓艳　李云飞　朱婷　高宇　朱兵　王立惠　李亚莉　夏继群　蒋俊　徐明香　朱韦　邵伶俐　吴菲　朱敏　奚晨晨　徐加利　张静　夏菊花　祁雅雯

陆倪婧　慧刘雯王陈　柳雯倩　姜云　张云　陈昌翠　孙丹凤　董钱露　孙方圆　高冬梅　刘强娇　戴蕾　张丽莉　范雪景　刘慧　孙洁　王丽媛　葛红玲　付颖　孟梅　孔维月　陈创惠　商慧　吴兴秀　钱梅玲　王勉　葛良飞　何建红　凌爱虹　魏玲　赵海荣　曹芳　刘静　陈南霞　苏俊　沈艳　李纪敏

王芸夏张莹　孙范玲娟　苏春慧顾芸　温凤英　王梓同　张晓芳　陈苗苗　吴敏　李秀秀　厉陈慧静　陈静帆　倪玮嫚　俞肖　尤红霞　黄蕾萍　姜娟　刘燕　王许飞虹　孙琼琼　李迎春　殷雁南　魏丽薇婷　叶朱婷　顾颖　龚阳烨　陈久红　朱丹　王霞　李蓓　赵冬　李艳

华秋菊　慎馨梅　张纪月　史娴婷　高悦　杨文君　朱丹　黄荫凤　张明凤　徐静　包羚　李静纯　王陈莹　庄露　周娟　黄美玲　李燕　任文文　黄云梅　单永梅　师白露森　周崔美善婷　常云婷　王佳丽　焦超　董程洁　万晓婷　吴燕　林湘君　张丹文　李林凌　钱霞　李蓓　赵冬　施红霞

姜云　尹慧媛　苏晓婷　陈玲　张慧敏　张燕　江莉霞　徐瑶　张洁　王丽　吴雨婷　孙正文　鲁宇　史芳丽　冯婷　张伟　景海霞　丁蓉　黄秦　陈丽　王金兰　蔡君燕　陈颖　朱胜香　吕宏亮　高凤　陈家堰　曹春梅　朱琴　何洁　张闻娟　丁红琴　邵茜　高晗　严露　解云　赵红珠　陈红

姚丽华　周桂琴　杨秀娟　孙小九　方丽　弓玉松　朱琴　谈正丽　左亚丹　田晓莉　金雅妮　朱小青　张欣　安东芳　蒋华　李彩云　张雪　许金芳　邵红　徐玲玲　朱莉莉　朱红梅　赵萍　蔡翡　朱亚卉　何朝霞　周姣姣　桑桂华　杨聪　徐鲜　王金兰　李存溪　陈丞　唐慧婷　江丽华　孙文哲　汤振华　万培培

史　莉　孙彤君　冯　芸　孟　雅　徐海燕　丁　璐　朱　丽　包雅露　朱苗苗
王则尹　沈雅媛　刘旻宁　陈文娟　石志华　王雅怡　王锦霞　孙亚芬　严　嵩
周　荣　李翠珍　王春梅　王彩云　朱雯君　王夫青　吴元青　王婷婷　奚银华
焦文娟　贾　斐　范海娟　刘甜甜　何晓玲　熊　蕾　陈冬云　尹佳丽　何银红
王　剑　张彩萍　吴　萍　眭　静　王　芳　周　宇　徐雅丽　徐竹君　梁　秀
张　隽　夏　青　倪宏芳　杨　卿　王雅萍　周雅丽　毛　停　崔麦芬　王树镇
詹　莉　于世明　李盼盼　丁　荣　王笑芝　荣思婷　王春丽　陈　敏　秦丽红
于笑影　张　倩　顾春芹　吴雅丹　史良静　苗　青　杨　绍　邹丽莎　孙晶晶
赵　旭

会计学
　　吴　青　成　娇　陶安妮　柯芸芸　唐　霞　王为为　李　媛　徐　姬　黄　英
张纬纬　张　雨　殷　勇　严志佩　李　灵　夏　环　岳　扬　周　蓉　芮　超
楼炜民　陈　波　吴　俣　刘圣芸　闫培培　李亚萍　韦基华　陈青霞　王　霞
王玲莉　张沁陵　钱　丹　王紫平　耿国珍　赵珍珍　刘　琼　陆　颖　刘绪兰
张玉龙　陈　慧　季晨钰　钱　琳

临床医学
　　解　宇　王锦成　张永端　陈　勇　肖莲萍　赵　娟　徐　昌　冯　梁　陈丽华
方光辉　管荣敏　李树秀　吴东阳　刘惠君　韦　佳　姚　超　杨立群　言宏光
马顺国　荆兴莉　朱　英　陈　娜　汪年春　雷　丽　孔伟铮

商务英语
　　朱丹萍　陈丽妹　蔡　青　马　敏　朱玉梅　张红艳　李秋晨　湛承浩　王桂芹
都　倩

土木工程
　　吴熙明　樊　果　成巧梅　吴立泉　王同金　颜　东　李　梦　李　超　朱玲玲
吉小祥　贾乐雨　邱　杰　毛银美　杨　林　高　剑　朱园园　张　超　宋立立
蔡伟唯　王蔚中　陈　云　张冠骏　刘　刚　杨　坤　佘开军　丁明星　文　雅
刘　浩　乔艳春　田重泉　赵　磊　花　明　陈　浩　谢　韬　李　洁　陈　奚
赵燕华　龚　寅　韩　俊　蒋　超　胡家宽　陈　强　左　桢　彭传友　姚华忠
汪珣若　戴念宗　祁　逸　朱　燕　沈佳欣　李林梅　隋晓玲　唐顺林　谢世剑
张金智　吴伟东　潘晓佳　刘　帅　邓庆勇　仲银龙　蔡何军　席健凯　张卫卫
祁　云　杨　贺　陈小龙　于　娴　朱　磊　曹玉成　刘志勇　倪　伟　刘惜金
孙金龙　黄海燕　张　岩　张晓庆　董　艳　罗　敦　邓仲林　潘伟伟　邱　芬
张　凯　陈辰平　梅伟梁　高　雄　徐　坤　孙素桦　孙琪林　窦彦洁　张　羽
周金伟　章铸杰　魏一波　周　超

医学检验

侯秋月	刘莹洁	陈景宜	郑 艳	闫 丹	姜天佑	周姗姗	仇晶晶	蒋春梅
徐 凡	季 俊	王 园	丁君霞	崔 芬	张丹丹	刘 丽	江海军	闵 慧
陈菲菲	邓 祯	陈 坤	彭亚宇	薛玉娜	翟甜甜	严佩云	施 思	奚陈源
绪 飞	王沙沙	苏 勇	瞿 娜	张 静	朱金霞	朱莹莹	韩 娇	薛 慧
张明荣	魏 娟	江 莉	汪 宁	申晓香	李玲慧	曹 丹	邱 璐	邱彩虹
鲁玉玲	施丽莉	赵亚婷	潘元元	杨海霞	孙玉琴	陈怡婷	须婷玉	宗婷婷
冯 清	曹 燕	万 杰	曹燕丽	朱小波	徐 燕	王如义	王 昕	吴亚丽
茅迎庆	黄荣华	莫 蒙	朱 静	谢华英	商传霞	杨 阳	王梦园	周 婷
金婷婷	孙春琼							

商务英语

孙义新　蒋艳芹　肖丹石

2015年成人教育函授高起专毕业生名单

电子信息工程技术

付亚琴	蔡星宇	潘子强	李鼎梅	梁雅倩	丁帮建	江 虎	张雪锋	王伟民
谢成凯	李培帅	汝 浩	姜文宇	程 宇	李修阳	蔡海涛	谭 倩	赵 峰
李 晨	谭雅雯	祁南男	周 健	徐 玥	刘春雨	董 瑞	王渊文	刘 佩
朱 青	李瑶瑶	林希扬	刘 莹	徐 蒙	经玉美	俞丽刚	仇 爽	叶青青
徐珊珊	张 岩	陈奇奇	王 宇	陈良宇	辛国强	曹 威	厉文佳	王圆圆
胡亚楠	陈 辉	曹 飞	程 颢	戴 超	甄 超	蔡 琪	苏 涛	于 宙
周保吉	盛照鑫	张福跃	钱金浩	马 磊	沈路路	阿嘎如	薛泽奎	孟凡鼎
路一迪	时娅利	吴春伟	王成斌	胡晋飞	姜广周	徐 浩	赵 霞	张 坤
崔随生	张星星	李 冬	谢晓巍	许天杰	廖 芸	梅 超	罗赛成	张 涛
魏 敏	赵云浩	汤国阳	赵 青	胡慕才	徐 鑫	陈 超	申家敏	尹红红
赵宏涛	郭 赛	黄承东	严振原	王 聪	王明明	庄 南	熊 磊	郑 阳
周 培	徐 慧	谢浩伟	彭 敏	孟先龙	吴修云	袁 兵	周 洁	王 晨
陈路文	沈海滔	刘 强	周东梅	张 然	应钦祎	尹 明	秦志强	阎明君
戴永幸	候贻畅	王 霄	张秀丽	王 燕	吴 波	周 亮	谢皖强	魏 静
宋唐文	刘 刚	黄 蓉	王宁杰	吴先勇				

会计电算化

陈 娟	费 云	麦长红	肖 蕾	凌冬梅	毛忠慧	肖 晨	孙红梅	张莉莉
周 婷	谭丽芬	李星星	秦凤雨	刘桂红	习慧云	袁 园	莫小敏	乔金环
张 晗	李 平	刘 婷	孟寒玉	孙 婵	张 雪	徐 晶	宋 行	李丽音
孙宗宁	董丙兰	田清丽	郑 周	王路路	杨 倩	李 燕	陈丽阳	石焕焕

李焕 董影 王良静 张艳 张璇 刘聪 刘旋 孟清 李佩
杨林 席艳杰 高旋 甘婷婷 千鹏 李冬梅 王晓燕 陈席梦 王会路
王蕊 李静 胡颖秀 张茹 孔祥占 姚媛 张依迪 蒋荣纯子 冯翠翠
武超 任慧敏 李旋 薛骄 申思云 于雯 朱雪 解梦梦 王园园
何格 郑莉娜 周朵朵 王洁 程帆 张会会 张雪 项瑶 厉晓婕
刘彤 耿雯 陆瑞娟 黄海艳 张利 王倩 潘爽爽 施广艳 李春
姚远 刘伟 洪盈 王飞 王瑞 李刚 刘培培

机电一体化技术

钱诚杰 彭一桂 顾超 李杨 宋泽阳 梁鹏 姜爱祥 杨劲松 王大军
丁昊 王卫华 张壮丽 吴金国 张慕峡 陈扬 冯建伟 沈宏旭 朱建梅
吴国庆 王理昱 解飞 张涛 袁圆 侯昌楠 刘闯 赵田 刘冠宏
张煌 颜廷昊 权骐 庄波 程恒 张海源 祁硕 徐垒 孟凡涛
李经国 李石 刘连章 张洪光 孙文贺 芦彤彤 李驰 叶青松 时孝愚
厉海峰 于跃 王明明 张雪原 范高雷 徐建 佟硕 邢潇 邓飞
丁端雷 吴航 朱思想 朱坤虎 俞燕峰 张明明 周国庆 张缤 刘春阳
胡长存 薛圣建 王化鹏 赵渊 段超荣 夏友晴 朱春仪 支乾泽 马贺廷
冯皓 陈猛 欧阳庆 李国庆 周峰 宣光龙 张运行 张厚玉 靳斌
王培浩 杨雨坤 张财 秦进 张祥虎 苏亮 许冲 林全厂 杨延威
刘君祥 曹运 马洪贵 陈冉 张啸尘 隋勇 仲成志 张雪 王志国
吕德 李恒 李勇 邢传德 范成 孟凡岭 谭志良 佟坤 范宁
李明强 孟丽 李杨 夏焰 梁俊杰 马琦琦 张强 渠红云 高腾达
王旭 徐滢 耿翔 张强 吕乐龙 刘满堂 杨珂 李星林 魏明辉
李悦 祁二龙 陈学赋 李欣遥 滕丹 潘强 奚培琦 朱诚 邓齐
王小龙 于超 谢荡 颜元鹏 刘淑婷 石荣坤 赵吉兴 高林和 王东
宁海花 张雨濛 蔡胜男 祝汉文 魏冬 华康 吴佳恒 张昊 李冲冲
王中强 陈晨 裴文真 陈灿 李保玉 薛三源 汪继昊 李赛 裴洪苗
闫秋龙 唐广贺 赵巨祥 张英奇 李世伟 赵召明 李道翠 郑惠元 侯雷
李涛 姜海鹏 陈云龙 刘斌 曹锦 仇畅 凌辰 马雪 聂大尤
王佳齐 马跃 李冰冰 张丹 骨记波 乔燕 李雪梅 郭世建 陈申
李鹏飞 陈杨 谢士军 张雪健 关祥森 权学龙 钟冬冬 刘增桥 马战
周洁 王凯 李帅 王祥沛 朱德伟 马强 张猛 王祥 张先帅
李柱 李阳 季艳秋 宋庆磊 赵壮志 朱玉林 董凯 杨聪 何邦林
段超前 厉铮 赵贺 李方 韩标 薛成 潘鹏 汪汉基 顾松
凌禾跃 李啸添 李媛媛 李松 徐赛 刘钉江 丁刘 郝娟娟 姜军
王亚秋 张涛 王凯藤 孙鹏 周宇 高超 朱敬喜 韩雨 尤政
徐珍 杨轩 窦居安 左苑 丁希 朱寒寒 汪博 贺文峰 卞功杰
李瑞瑞 朱聪 陈国栋 徐爽 周沛东 孟徐 张元涛 李佟 魏巍

许兆暄	张其龙	马淑玉	杨崇棉	史梦欣	肖昊	马亮	何弘兆	宗彬	
庄佳颖	佟振江	肖克	朱剑波	于洋	朱健	于婷	于际可	兆旗	
周元明	张超	陈冬冬	陈秀前	吴伟	刘可	张林	赵立朋	李兆	
施运运	周继旋	李睿	赵呈壮	门双峰	曹跃忍	鹿子阳	朱辉	闫子天	
章晨	周艺臻	肖遥	韩帆	扈宝丹	苏晨凤	刘天天	谢倩茹	王孟喃	
李强	张浩	岳可	王洋	张晗	李吉祥	王永祥	韩雪	鹿稳稳	
何震	曹齐齐	王超	常浩	杨慧	王玮			赵明	

计算机信息管理

高俊　黄立辉　王磊　李红霞　刘倩　刘子龙　崔鹏　董祺轩　朱小玉

2015年成人教育函授专升本毕业生名单

电气工程及其自动化

沈茹茹	李达	肖祖霖	夏恋	丁爽	黄锋	朱庆雅	周洋	郑明华	
邵康泽	谢伟	吴斌	刘其峰	王忠华	刘强	曹振华	侍洋	周亚平	
魏欣	周成平	周海弟	谭成瑞	周辉	韩佳	王学	肖奇	何怀飞	
徐曼	花旺	吴友松	朱飞	张桥宾	陆金焕	张明明	秦伟	黄健	
汪敦锟	骆秀井	胡建	吕恩林	张敬春	薛健	吉玉琢	张杰	韦宁	
吴尚镇	蒋鹏	朱凯杰	张宗涛	马宝锁	黄春年	于必康	杨新宝	程惠方	
张波	王文龙	刘程	王路正	俞飞	陈慧	殷虎	李继笑	李正男	
卢飞	董军军	林应松	陈朋	胡玉波	张伟华	王超	江波	杨利	
李雪凯	张凯	梁滔	陶金华	陈雷	程明明	何涛	宁美娇	郭靖	
刘宏章	武兴扬	顾明磊	朱军	徐俊杰	周裕	朱丽	朱珍珍	凌涛	
龚向坤	杨长城	宋晓君	李馨	赵祥飞	侯志祥	白沛	徐飞	詹祥刚	
韩彬	郑威	陈波	吴建建	葛登亮	印虎	尚庆春	彭斌	庄宁锋	
马超	卞峥嵘	祝军军	池元耿	沈琴	申斌	单红波	臧凤桐	乔飞	
王娜	于曰飞	汤兵兵	封钦长	张杰	闫怀信	薛臣	刘辉	拾以浩	
赵营利	宋成佳	茌帅帅	孙汗	赵健	张希	张荣荣	吴千丰	于宁临	
董力涵	徐睿	周贝加	张龙	周超超	王戈	刘伟	徐军红	郭海茹	
姚立飞	安宁	林际豪	闫庆伟	张爱中	刘玉敏	仰潮红	朱陈翔	戴恒鑫	
易昌玉	邹庭孝	赵同飞	夏燕军	杨洋	王爱君	于锋	曹中明	邵江江	
李敏	叶秀凤	杨海洋	刘佳骏	章晓成	董曼	李吉标	潘存轶	陈星琨	
张海伦	王飞	张平坤	丁涛	李富成	祝春花	王浩强	王赵冬	祁巍迪	
唐文龙	黄伟	赵龙	徐延峰	谢永林	王大鹏	乔孝峰	徐涛	张瀚迪	
洪睿	朱俊	李成龙	朱声东	高利	宋建中	夏丹宁	刘胡民	沈跃	
罗文友	杨昕煜	王海宁	田青	徐伟	陈涛	金亮			

赵　晶　李小倩　陈　骁　张树华　何　军　郑　伟　王春国

电子信息工程

周存茂　邵立波　陈明远　王昌平　贡丹鑫　沈　兵　邱永丽　王炳祥　戴秋萍
徐燕如　周倩倩　梅军军　戴前忠　王文朋　吴　迪　冯　如　张相元　张　琴
陈玮玮　王宏云　周明娟　张同孝　朱晨露　朱喜娟　刘　凯　冯文俊　李忠建
周仕华　郁成兵　范　昱　蔡玉亮　冯　超　周孝军　彭　刚　沈　宇　徐　刚
胡婷婷　张小磊　薛　玥　李　慧　潘　芹　毕辰浩　付大磊　池元浩　肖　平
茹　琳　单庆喜　张　雷　陈松松　俞海洋　孙金晶　郑开春　崔兴龙　董　明
曹广智　朱　鹏　王　雪　孙中一　孙文非

工程管理

徐　媛　钱勇林　邱　敏　王玉霞　方子建　冯　磊　张慧杰　陈龙英　王　彬
吴沁蔚　李中秋　吴晨晨　吴红丽　陆振磊　王　飞　赵　彪　曹玉洁　许晓洁
孙中常　王文宏　陈　添　武德伟　陆　琴　张　洋　倪　磊　刘　进　梁成靖
冯　超　刘佳佳　王　超　刘承霖　朱杨阳　赵云龙　杨正莉　陈国权　苏国华
胡　静　倪雄强　孙孝丹　邵　洪　许　西　陈亚军　王　敏　游　伟　高　燕
卢高敏　徐　丹　黄海洋　赵春东　鞠建鹏　周振忠　马萍萍　王　圆　徐　婷
周立群　曹国伟　韩　祥　纪玉楼　方　维　于如静　端敏敏　卢高星　顾歆曦
顾红光　熊忆南　陈　飞　祝　勇　姜　华　刘　莹　朱林俊　石广粉　季　帅
梅雷波　纪卫祥　秦晓乔　孔　杰　徐　骥　陈　艳　汤察宇　董　彤　王静雯
蒋　瑞　陈　威　董真真　李昀鹏　杨沁之　杨　楠　陈　青　谈　虎　殷五状
龚伟伟　王　纬　史成建　王晓芳　李思敏　汪家锐　李建男　陈子越　汤卫军
郭　娴　葛婷婷　张秀龙　祁　俊　经　鹏　周　昕　周　益　黄晓园　芮鸯鸯
周　易　杨自春　臧　琳　朱　乔　黄艳艳　尚金庆　张玉环　邵平安　陈玉槽
杜可年　杨兆南　刘　瑶　蒋　娟　孙　莉　张天龙　许松源　袁　磊　邹曙楚
张　莹　肖　杨　张子亮　顾海明　魏　阳　季海燕　陈宇红　陈优妹　孙　颖
张少鹏　徐家树　黄　佳　朱龙全　刘　松　刘东柱　陈　茜　彭晓朦　王　蕾
王　剑　王传义　赵　勇　吕晓雪　冯舜华　汪　滔　孙姗姗　朱　月　朱晓芳
杨　帆　牛　强　武亚东　朱洋华　曹明珠　周福春　沈友珠　王德健　崔苏宁子
程　鑫　杨礼花　陈海鸥　邱　玥　韩　芳　刘　鑫　孔令娜　李　营　赵　杨
高　萌　吴雪莲　李　宁　李　凡　丁　冉　丁　莉　张　贺　卢　坤　王文件
杨　莹　权靖茹　贺　鹃　杨　辉　聂亚涵　霍爽爽　汤飞虎　陈　磊　李　杰
周　陵　金　昊　田　肖　聂　航　锁　雷　侯跃伟　王　琛　拾　勇　杜洪春
宋丽军　庞建刚　董珊珊　王　钢　李安君　陈　敏　朱钱君　姜小妮　季建祥
刘　燕　周　丽　陈　姚　郭存涛　徐　磊　郭　峰　陆沈扬　顾升洁　张　东
刘　红　曹桂兰　刘百川　苗庆昌　王春香　陈　伟　吕　瑛　许哲峰　陆春燕
孙永昌　汪明珠　陆文婷　秦乔勇　范　卫　王惠红　丁德洋　周　培　吴艳艳

张志芳　沈　惠　周成新　董　蕾　张　翔　唐光贤　黄丽娟　丛建国　朱　慧
陆涛宇　贺　银　茅佳浩　黄　丽　闻海涛　蔡金香　周宇峰　陆雪娟　王秀梅
沈　凯　施秋燕　王　荣　刘晨敏　吴　昊　郭　峰　蔡秀萍　王海琳　刘海燕
汤剑波　张建海　陈　玮

会计学

单正杰　陈苗苗　刘　燕　沈霄霞　王钰媛　仲　浩　陈月秋　吴　璇　徐　慧
蒋萌萌　郭　峰　段春芳　王　超　薛　媛　李　萍　许长枝　陈　静　方　芳
罗玮玮　丁　鲸　雷　娇　王冬兵　孙　余　彭苏会　王　霞　刘　琳　季　丹
徐春婷　周　洋　徐婷婷　武　超　瑞霞　邵　龙　孙铭君　黄　蓉　顾灯文
朱　敏　吕叶蓉　孙　慧　蔡露露　于　童云　祝荣艳　杨　颖　耿星星
乔海霞　高　飞　张　娟　唐红梅　杨　燕　彭凤亚　陆　叶　华　娟　陈　萍
张　梅　严珊珊　卜晶晶　郭金梅　陈晓秀　杨　茜　张　晴　乾向　张佑芹
姚微笑　孔泉予　刘学深　刘　茜　卞可红　张影影　路　静　李雅　吴迎春
陈　燕　张冰莹　李金宴　李欣欣　杨　鹏　王　惠　陈　影　郭　枫　张　婷
张成甫　邵靖婷　朱孝松　吴婷婷　刘红宇　尹兰云　代小双　李　忆　付小凡
李　宇　陈　仝　冯　波　张瑞颖　张行艳　张　盼　陈　娜　董　方　李　娜
拾　腾　毛海涵　王冬梅　李　萍　耿　敏　孟庆先　王梦秋　彭丽　戴　薇
耿晓莉　李　瑜　车龙楠　黄阳阳　孙　慧　袁满婉　王　忠　孙　磊　范妍彤
朱　莹　林光源　蔡　玮　薛　娇　周　珊　祁婉迪　胡海　孙春芝　李大福
王　莹　张　静　李菲菲　袁　娟　赵　虹　高　刘静　庄园园　徐阳　周浩
喻　媛　陈春云　李　晴　宁福宇　李翠娇　翟雪雁　杜　彤　乔　莉　郝利莉
徐　佩　周　丹　许月敏　孙　祥　陈　娇　董丽娜　蔡晓中　陆佳佳　许颂艳
徐　愫　陈　焱　马　燕　钱春龙　施丽娟　郑佳敏　余晓君　曹　娟　周　勤
曹丽丽　倪　萍　熊珍华　陈丽娜　瞿　琳　胡文兰　李　燕　杨宇丹　蒋佳贤
唐海红　周家华　陆垚瑶　郭　佳　徐子丹　李宏俊　谢志梅　陈　莉　马晓莉
宋晓蕊　张　涛　俞　燕　王姣龙　徐　静　汤永华　张　峰　徐岱烨　潘　艳
吴佳杰　葛　丹　张　丽　曹栋云　徐　肖　秦健伟　翟玲玲　鞠　镇　高　超　张　盈
陶彬彬　崔志高　曹栋云　　　骁　　　朱赛花　熊超颖　孙王云　杨森森
俞海龙　施丽华

机械设计制造及其自动化

王宏军　程　旭　张小明　刘云库　吴　涛　于　路　闫　强　阚　超　徐建忠
闫桂蜜　姜振　王辉　徐亚　尹　龙　孟娜娜　陈田培　刘保卫
许　飞　李　伟　朱家良　肖艳莉　李　松　张　硕　赵祥　宋长虹　黄皓
杨成林　薛雷　张世代　高　静　徐思学　陶玉彬　闫浩　秦吉广　姜奇
王晓明　刘雨金　王　毅　王彬　周涛　郭雷卫　王辉刘强　梁传利　董鹏
李　春　张　波　季忠山　张亚斌　季　旺　苏　　刘　　　冯华伟

戚海波　胡　松　刘才林　张　铂　王天宇

土木工程

高　颖	刘　茗	王建强	焦绪冬	脱小龙	王　欢	宋家滨	焦玉峰	代秉臻
王新光	孙　鑫	张永健	朱德龙	贾贵轩	滕佳林	王颜丰	王立雅	王　超
吉　莉	刘　松	张德彬	姜　超	贠国亮	王　晶	孙　雪	韩佳晨	韩天宇
席中群	胡　瑞	崔夏平	虞　亮	魏大伟	雷小艳	吴莺莺	余　俊	芦　晴
张秀成	王豪杰	谭吉华	龚寄周	叶　岳	朱敏玉	刘明村	袁　峰	孙世明
茹智伟	周金全	杨卫东	赵　飞	唐　成	王　静	殷高勇	李宜昌	王艺楠
徐晓东	王红明	朱志祥	沈宏亮	彭　鹏	卞永庆	蔡　宇	刘　骥	徐　钦
张世光	刘　永	马逸洲	尚炳星	秦浩淇	殷满佳	梁李概	吴　刚	高　款
刁爱鑫	高　英	曹　凯	张　磊	张　沂	刘　涛	左永卿	戴纬静	李　翔
秦厚冬	闫成强	祁剑芳	汤　波	唐国兵	高　阳	翟　前	刘　浩	周志伟
茹晨垒	李鹏飞	张　闯	李　呈	滕　龙	杨　丹	孙家云	杨东坡	王利利
于振华	孟　婕	贾方义	厉夫斌	孙艮龙	邵　鹏	尚海叶	黄　雷	王刚杰
王志刚	包磊磊	李玉峰	范　园	刘三勇	张利国	吴鹏伟	钮　辉	王晓晨
陈剑峰	鲁星晨	孙凤萍	张　巍	李　寅	李　军	吴　迪	徐　玲	徐冰皓
陈孝程	蒋怀涛	徐跃东	惠航成	刘光辉	韩小宣	刘锦龙	高德成	赵晨羽
赵　磊	王　靖	张继化	陈　锋	夏　瑞	陈静娟	李　君	邢亚男	王　方
陆锦祥	徐颖颖	牛　幸	赵梦思	高心心	谢　军	董现振	刘　卉	朱存礼
邵丹丹	陈万可	马梦真	史　洁	殷　岩	何晓强	梁化杰	方　舟	陈慧绘
李　多	赵　栋	李秀玲	邵明超	王　浩	张　冉	刘庆龙	张　弛	张　宝
郁　平	孟　洁	任传乾	孙　倩	吕　勇	吴　波	燕　群	张　倩	张　宝
王　宝	杜　昆	朱士维	魏　成	孙　冰	神子惠	周鸿飞	杨如权	孙洪刚
常　亮	葛　强	郝宝才	郝敬丽	高　洁	姚　勇	孙盈馨	张　涛	宋夫丽
王伟强	阎志宇	李遵重	李　峰	李恒恒	王新建	陈传明	马健博	李冬贺
刘　权	李　苏	周海涛	许　丽	崔寒寒	王崧羽	孙世标	祁晓麟	王　辉
曹　新	王　洋	陈圆圆	宋亚亚	梁成芬	朱远远	孙远超	孙警龙	王伟波
李　虎	李　洁	马　凯	杜明军	孙铭江	唐　旭	于大都	刘二站	张　冠
陈　浪	李秋雨	高立志	曹　宁	胡万里	郁兰兰	薛　毅	任　磊	朱洪强
魏德生	常路路	王红灯	陆　笑	李　超	叶士超	陈丽珺	李凯歌	张　猛
郭军荣	孙家珩	彭　利	李　莹	虎伟龙	吴　盼	步兴琳	孙　飞	肖乃兵
成素宁	杭慧萍	钱　卉	胡　勇	朱逸康	孙东飞	施　由	王　力	汤蒙蒙
黄晓庆	韦春阳	张　康	陈　蓝	刘蒙福	张　枫	王登宇	朱一青	张建斌
高　巍	董亚威	张　摇	徐　峰	夏恒超	翟晓成	花　彪	孔子荟	段卫伟
卢顺岭	戚武剑	刘亭亭	顾种谷	林安稳	邬　影	李长明	张凯臣	王天霖
朱　柳	严腾飞	张华明	赵立昌	蒋希希	王守东	郭银杰	尚庆迪
袁桂芳	贺家伟	贾传辉	齐天意	徐　倪	沈美华	赵　华	徐家华	田可新

陆炫杰 裴振夏 奚基盛 王志明 徐　燕 周　朋 葛仁亮 李　雨 樊梓文
薛瑞成 张兆成 李源辉 刘建峰 蒋康彦 胡　勇 陆增强 何海泉 郭文建
乔广杰 梁　敏 邓建平 蔡　洋 钱立志 王　伟 吕邦国 何忠飞 赵宝根
董宝龙 肖源久 殷　杰 高井旺 武　艳 鲍青林 李　俊 封晓燕 邱德强
石　凯 刘文峥 吴　东 陈吉青

土木工程（道路与桥梁）
刘露露 巩　林 唐林林 孙宏伟 姚　军 朱中州 陈亚骏 韩　飞 廖　骥
赵　睿 王国青 谢卓昊 朱嘉闻 杨　徐 陈　亮 梁振国 吴丽丽 陈宁波
尹洪柳 胥宏宇 李相芬 朱银凤 岳　元 李少伟 谢　杰 臧宝鼎 范晓祥
胡亚鹏 赵　偲 孔凡孟 徐李莉 徐　磊 王海伟 陈　希 朱金功 蒋志超
赵　政 高　丽 尹文翠 朱雪晴 王　健 韩　耿 陈英武 朱　超 钱泓达
侯豪杰 陈利峰 张　辉 杨　莹 丁　涛 周留平 傅尊金 刘　骏 王应花
万　里 詹　容 万　群 万　南 孙晖晖 赵　纯 王　丽 高　健 成传富

自动化（计算机控制与管理）
周加云 卞俊峰 李　伟 缪爱萍 胥　俊 韩正书 翁建霖 陶春伟 王　伟
戴明明 徐银歌 夏志健 林志昂 柴　鑫 周亚敏 项　琪 张启祥 李　超
许赛杰 戚玉响 陈　凯 花志强 蔡　晨 郁园园 贾正宽 梁晓斌 周征南
朱仁亮 孔碗碗 张林强 周广平

教学科研服务工作

图书馆 2015 年工作综述

图书馆现有馆舍三座,面积 66 900 平方米。截至 2015 年底,累计馆藏纸质文献 407.68 万册,电子资源折合累计 381.85 万册。

一、基础业务工作

1. 中文图书入藏 103 779 册,外文图书入藏合计 4 920 册。中文期刊合订本入藏 5 022 册,外文期刊合订本入藏 5 738 册,回溯 81 559 册(其中,中文图书 55 400 册,中文期刊 8 134 册,外文图书 8 887 册,外文期刊 9 138 册),订购和使用各类数据库 116 种。

2. 入馆 181.2 万人次,年度外借图书 33.77 万册,归还 33.32 万册,委托借还 2.25 万册。

3. 电子图书下载量 1 221 222 篇(章),电子资源下载量 1 456.41 万篇次,2015 年门户点击量 626.02 万次。

4. 调整借阅规则,2015 年 9 月开始师生可借阅图书为 30 册。

5. 开展院系使用 985、211 等经费购置的文献的登记审核工作,全年共登记审核 2 399 种,2 702 册。

6. 制作中外文新书推荐 124 期。

二、履行教育职能,开展阅读推广

1. 举办第七届"爱书人的春天"——东南大学读书节。期间举办"向经典致敬"诵读竞赛、名家讲座、"我最喜爱的图书"推荐墙活动、"优秀读者"评选、"Amazing Book"、"珍爱图书,阅过无痕"主题书展、"电影展映月"等活动。

2. 继续办好电子杂志《书乐园》;毓琇文化沙龙成功举办多场读书报告会及讲座活动,加强图书馆的"场所服务"功能。

3. 培育"善渊读书会""东南风文学社"等学生社团,并和学生会图管部合作,举办书讯、围炉夜话、多期主题书展以及东南大学第七届淘书节等活动。

4. 以 BBS、微信、新浪微博、新书通报、图书推荐、书评、馆讯、电子屏等为载体开展常规导读,利用社交网络等发布图书馆最新资讯,推送服务信息,拓展与读者沟通的渠道,及时解决读者的问题。

5. 完成117场培训讲座和本科生的教学任务。探索新生入馆教育新形式,制作入馆教育网络自助课件,为3 963名2015级新生进行入馆培训;采取馆内集中和深入院系两种形式对研究生开展专题培训、电子资源培训;本科生信息检索课教学合计128学时、439人。

6. 组织第二届东南大学学生信息检索知识竞赛。宣传了图书馆资源与服务,促进学生对图书馆的了解和探究学习能力。

7. 联合相关公司在图书馆举办外文原版图书现货展,覆盖世界各大出版商的6 000余种外文原版教材与专著。

三、履行信息服务职能,开展学科服务

1. 完成科技查新课题541项,原文传递5 299篇,查引查证2 627项共检出187 491篇有效数据。博士生开题查新审核454项,为科技处 SCI、EI、ISTP 论文奖励审核7 989篇。

2. 整合全馆学科服务资源,优化学科服务梯队,参与嵌入学科的 PBL 教学工作,利用 Libguides 完善学科资源门户建设,建设 JALIS"学科服务平台",为文科院系定制投稿指南。

3. 面向学科开展科研管理、决策支持等方面的数据分析。完成东南大学 SSCI 论文分析、东南大学 ESI 数据跟踪与分析、高被引论文跟踪等报告,多次为规划发展部等部门提供科研数据。

四、数字化建设和资源共享

1. 签署国家科技图书文献中心(NSTL)发起的《数字文献资源长期保存共同声明》。

2. 完成3 300张随书附盘加工,中文图书数字化2 268种,东南大学学位论文数据库新增4 032篇学位论文。完成多媒体资源建设,转换、上传、编目各类 DVD 光盘628张;收集、整理和入编公开课程260门;多媒体资源总数38 338条,点播次数89 711次。

3. 牵头全国高校图工委馆舍与环境建设工作组、江苏省图书馆建筑与设备专业委员会、江苏省高校图工委读者工作委员会、江苏省高校图工委馆舍与环境建设专业委员会、南京高校(江宁地区)联合体、宁镇扬联合体,参与卓越联盟高校等文献资源共享工作,参与教育部高校图工委组织的《中国高校图书馆发展报告》蓝皮书编纂工作。

4. 作为江苏省高校图工委读者工作委员会主任馆,组织办理两期江苏省高校通用借书证,涉及146所图书馆,办证读者6 086人。

五、科学研究与学术交流

1. 在 CSSCI 来源期刊及扩展版上发表学术论文28篇。获国家社科基金青年项目1

项、国家社科基金一般项目1项、教育部人文社科青年基金项目1项、JALIS三期建设项目2项。

2. 承办2015年中国图书馆学会年会第5分会场"大学图书馆的馆舍空间发展"、2015年江苏省高等学校图书馆发展论坛暨"通用借书证"启用20年回顾和展望会议、江苏省图书馆建筑与设备专业委员会工作研讨会、图书馆建筑上海研讨会等相关会议,举办2015年东南大学第二期"知识桥——文献计量视域中的学科影响力"社科沙龙。

3. 馆员积极参加国内外各类型的业务培训与交流。2人分别赴美国俄亥俄大学、田纳西大学等访学。先后与香港理工大学图书馆、美国田纳西大学图书馆签署馆际合作协议,促进馆员学术交流。

六、内部管理工作

1. 完成新一轮岗位聘任工作。
2. 正式发文《东南大学图书资产管理暂行办法》,并对全校院系图书资产开展检查。
3. 开展李文正图书馆部分阅览室的图书清点,并对汇文集成管理系统中的外文期刊等资产价值进行核定。
4. 面向近几年入职的非图情专业的年轻馆员开设为期一年的图书情报专业课程,共11位馆员参加,每人6门课程,12个学分。
5. 重视工会工作,关心馆员,不定期组织全体馆员开展活动,增强组织凝聚力。
6. 完成党总支委员会委员及书记的换届选举工作,开展"三严三实"教育、党员组织关系排查、最佳党日活动以及爱国主义教育活动。
7. 加强学生馆员管理,修订勤工助学管理办法。
8. 进一步推进童寯展室、饭牛草堂等特藏资源建设。

七、所获荣誉

1. 江苏省高校图书情报工作委员会授予东南大学图书馆"江苏省高校文献资源共享服务工作先进集体"称号。
2. 《"深耕校园文化,发现书香基因,搭建阅读桥梁,筑梦幸福东大"——东南大学留学生阅读推广系列活动》获首届全国高校图书馆阅读推广案例大赛华东赛区二等奖,首届全国高校图书馆阅读推广案例大赛决赛单项奖。
3. 情报所2014级研究生获第三届东南大学模拟国际会议一等奖。
4. 东南大学"绽放九龙 多彩东大"女教职工健身操比赛一等奖。
5. "江苏省高校图书馆2012—2014年度先进工作者"(丁冬、罗涛)。
6. 《中文原生数字资源管理》荣获2015年度江苏省科技情报工作一等奖(常娥)。
7. 中国图书馆学会高校分会"2014—2015年度网站优秀特约通讯员"最佳新闻奖(杨迎春)。
8. "东南大学图书馆SEULib Talk东大图说微课案例"获"2015年中国高校图书馆发展论坛"案例二等奖并受邀分论坛发言(夏圆)。
9. 《高校图书馆学生馆员"众包"实践阐述与调查分析》获2015中国图书馆学会年会

征文二等奖(张长秀,李紫萍,申艺苑)。

10. 谭瑛、陈东毅、隆新文、孟祥保等4名馆员获洪范五奖教金,情报所2013级学生杜开敏获洪范五奖学金。

八、2015年图书馆数据统计

馆舍面积:66 900 平方米
阅览座位:5 554 席
图书经费使用情况:2 357.57 万元

(一) 馆藏情况

1. 文献累计总量 4 076 815 册
中文图书累计量:纸质 3 409 529 册,电子 1 727 205 册(未计入总数);
外文图书累计量:纸质 309 463 册,电子 96 619 册(未计入总数);
中文期刊累计量:纸质合订本 132 673 册,电子 362 772 册(未计入总数);
外文期刊累计量:纸质合订本 203 041 册,电子 1 631 952 册(未计入总数);
缩微资料:14 203 件;
声像资料:7 906 件。
2. 当年入藏
纸质图书:中文 103 779 册,外文 4 920 册;
纸质期刊:中文 5 022 册,外文 5 738 册。
3. 数据库情况
购买国内网上数据库(含镜像)29 种;
购买国外网上数据库(含镜像)87 种。

(二) 流通阅览服务情况

读者人数 41 809 人,其中,学生 33 544 人,教职工 8 265 人;
图书外借量 337 685 册,电子图书下载量 1 221 222 篇(章),委托借还 22 454 册次;
资源共享借入量 226 册,借出量 291 册;
开馆时间 98 小时/周。

(三) 信息服务情况

科技查新 541 项;
原文传递 5 299 篇;
查引查证 2 627 项;
信息资源讲座 117 场,6 636 人次;
本科生信息检索课 128 学时,439 人。

档案馆 2015 年工作综述

一、2015 年主要创新点

1. 根据中组部要求,2015 年全国干部人事档案进行审核。3 月 3 日,在组织部牵头下,我校启动此项工作。校内干部人事档案审核和全国各地的我校毕业生干部回校档案审核,增加了档案馆大量的额外工作量,全年全馆各科室处于超负荷的状态,自觉加班成为常态。

2. 5 月 14 日,成绩翻译系统实现了网上预约、网上核对、网上沟通、网上反馈等先进功能。学生申请办理成绩可以不受时间空间的约束,节约了学生的时间和人力成本,提高了工作效率。

3. 10 月 19 日,我校档案工作以优异的成绩通过了江苏省档案局和江苏省教育厅联合举行的"江苏省档案工作五星级规范测评"。

4. 12 月 31 日,东南大学被江苏省档案局和江苏省教育厅评为"江苏省高校档案工作先进集体"。林萍华副校长被评为"江苏省机关档案工作优秀分管领导"。

5. 2015 年,校史研究室对各院系的二十多位教授及中大校友进行了口述采访。整理出采访实录稿、整理稿、概要稿等,实录稿字数共计 40 余万字。

二、主要工作分述

1. 做好制度建设工作

本年度修订了《档案馆规章制度汇编》,各项工作进一步规范,有章可循;将《档案馆服务承诺书》等公示于墙,接受用户监督,实现全年服务无投诉,多次获得校内外用户的表扬和好评。

2. 做好档案资源建设工作

为了做好档案收集工作,2015 年 4 月,档案馆召开了全校文书档案兼职档案员培训会。本年度共收集整理各类文件 12 129 份;实时归档的电子公文共 3 429 份;归档插卷 1 409 份;接收录取通知书近 9 000 份;接收、整理、上架并形成电子目录的研究生纸质学位论文、科研档案 5 764 卷;接收、整理、扫描、上架专利档案 1 645 卷、成绩档案 156 卷 13 625 份;接收、整理涉密学位论文、涉密科研档案 882 卷;全年整理电子资料 1.9T, 10 005 件;录入数据库并发布上网的档案有 1 872 卷,卷内文件目录 26 090 条;电子文件 1 165 个,容量 24G;实体档案 197 盒,刻录光盘 200 盘;审核研究生论文 4 499 份;接收整理录入人事档案 170 卷;接收整理人事档案材料 7 276 人次/8 124 卷;接收整理新生档案及归档材料 19 290 卷;整理、登记、录入、投递、公布毕业生档案 8 100 卷。

3. 数字化建设稳步推进

档案馆完成了文化素质教育中心近 200 位学者 28 000 分钟演讲录音磁带的数字化任务,这项工作起始于 2014 年 3 月 12 日,历时 1 年 2 个月。扫描 80 年代和 90 年代的就业名册和录取名册并做书签 1 895 页。完成 1963—1990 年文书档案的案卷目录录入数据库,至此,东南大学文书档案的案卷级、文件级目录全部实现电子化。数字化纸质资料近 3 000 份;扫描专利、成绩档案、录取通知书 28 172 份;整理历年各类各种科研案卷目录、基建案卷目录、专利档案案卷目录 119 826 条;将历年证书档案的目录 1 008 条、教师业务档案目录 595 条以及设备档案目录 68 条都导入新系统;研究生论文下档号 4 566 条;整理扫描图文档案案卷 1 872 卷,卷内文件目录 26 090 条,电子文件 1 165 个,容量为 24G,图文实体档案 197 盒,刻录光盘 200 盘。以上整理扫描的全部电子文件都形成电子目录并上架批量挂接到新的档案管理系统,全部可以查询利用。

4. 信息化建设工作扎实展开

档案馆日常维护 10 台服务器、3 台存储器、一台云盘运转。本年度基本完成档案馆所有结构化数据和非结构化数据从老系统迁移到新系统的工作;学籍档案也已实现网络实时归档及档案信息共享;正在利用电子档案存储服务器实施档案管理系统硬件迁移到数字化校园云平台,即档案管理系统统一的数字化校园平台,将实现全校档案信息资源网络实时采集、归档以及档案信息共享。2015 年 8 月,档案馆开通了公共微信平台,实现了重要资讯在微信上发布。

5. 服务量大质优

档案馆全年共接待查档用户 12 267 人次;利用档案 20 158 卷件,全年复印 48 700 余页;吴健雄纪念馆、校史展览馆全年共接待预约参观团体 87 个,预约参观人数 8 232 人次,零散参观 3 414 人次,合计 11 646 人次;吴健雄纪念馆报告厅使用 26 场。

6. 编研、科研工作有所突破

编制了《东南大学 1985—2015 年合作办学协议》、《东南大学档案馆规范化管理文件汇编》和《东南大学档案馆申报五星级档案管理规范材料》(5 册)。编印了科技档案历年案卷目录和全引目录,具体包括:科技档案 1 544 页,基建档案案卷目录 906 页、全引目录 6 557 页,专利档案案卷目录 1 111 页、全引目录 11 092 页,获奖证书案卷目录 101 页、教师业务全引目录 1 079 页,设备档案全引目录 68 页等。东南大学档案馆完成的项目"档案从业人员业务知识水平测试软件",由中华人民共和国国家版权局授予计算机软件著作权。

此外,校史研究室还组织进行了"九龙湖校区建设""韦钰校长口述""四校合并""抗战纪念"四个专题研究;完成《圆世纪梦想 奠百年基业——胡凌云书记谈东南大学九龙湖新校区建设始末》《建队伍 立规矩——1980 年代中后期的东大管理改革记事》《并校大潮中的南京铁道医学院》《文心未泯,国魂不灭——抗战烽火里的中大师生》等四篇论文;

完成《抗战时期的中大人》与《刘雪初教学改革》两个专题的资料整理工作。

7. 重视特色档案征集进馆

3月28日,杰出校友于崇俊院士向母校档案馆捐赠了个人珍贵资料;校友闵祥德教授向东南大学捐赠书法作品20多件;原党委书记朱万福教授个人档案入藏档案馆。

8. 宣传、教育工作得以提高

6月8日和9日,为纪念"6.9国际档案日",档案馆分别在九龙湖校区和四牌楼校区举办以"毕业了,请给档案安个家——普及档案知识 用好档案资料"为主题的宣传教育活动。8月25日,继档案馆网站后的又一个面向公众的宣传窗口"东南大学档案馆微信公众平台"正式开通。9月9日,东南大学艺术系教授尹文、档案馆馆长钱杰生接受扬子晚报记者的采访,扬子晚报发表了《70多年前中央大学职工赶千头良畜西迁 历时1年多》的纪实文章,9月10日,中国新闻网、人民网等七十多家媒体进行了转载。

2015年10月29日,校史研究室为学校2015级新生的校史校情知识竞赛决赛,担任评委。2015年10月30日,校史研究室应学工部邀请,为2015级新生进行《四牌楼校区校园风物的历史文化》校史培训。

9. 馆舍环境得以改善

8月底,档案馆对库房、办公环境、公共环境进行了整治和美化,环境面貌有了显著改观。同时,对吴健雄纪念馆报告厅的音响、监控、中央空调等有关设施进行了维修。

10. 安全工作进一步落实保障

在档案信息双机互备的基础上,对档案管理系统和信息数据安全采取了四重保护:九龙湖校区一套档案运行系统、四牌楼校区一套备份系统、重庆大学一套离线备份系统、一套光盘备份系统,确保了档案数据的可靠安全。日常工作中始终坚持安全第一,全年安全无事故。今年全馆安装了监控系统,档案安全得到进一步保障。

11. 促进高校间的相互沟通和学习,积极参与研究会工作

全年多次组织档案馆有关人员到省内外高校参观学习调研,所到高校有:上海交大、同济大学、四川大学、重庆大学、武汉大学、中国矿业大学、徐州医学院、南京中医药大学、安徽大学等9所高校档案馆。接待前来调研的高校有:中山大学、重庆大学等14所高校的档案馆领导和同仁。1月16日,江苏省在宁高校档案信息化建设工作研讨会在我校召开;4月24日,教育部直属高校档案工作协会第四组档案信息化建设工作交流会在我校召开。

全国高校校史研究会是全国高等教育学会下的二级分会,我校曾一度缺席此会活动,本年度,校史研究室已恢复参与全国高校校史研究会的活动。

三、获奖情况

1. 6月6日,纪晓群、黄进获得2014—2015学年"东南大学教育基金会奖教金"。
2. 11月25日,林萍华副校长获得江苏省档案局授予的"江苏省级机关档案工作优秀分管领导"称号。
3. 12月16日,纪晓群获得东南大学2014—2015年度东南大学"三育人"称号。
4. 12月25日,东南大学档案馆获得"江苏省高校档案工作先进集体"。
5. 12月25日,李宇青获得"江苏省高校档案工作先进个人"。
6. 12月31日,江苏省档案局、江苏省教育厅联合发文,东南大学通过"江苏省档案工作五星级规范测评"。
7. 12月31日,档案馆张魁、张慧慧、柳萍、李清在创建"五星级规范测评"中获得荣誉证书。

档案馆是个优秀的集体,档案馆党政领导是一个有事业心和实干精神的班子,馆长和党支部书记密切配合,成绩的取得和工作的完成是全馆上下不断学习、开拓进取、共同努力的结果。

感谢学校各有关部门对档案馆工作的支持,感谢校领导对档案工作的关心,特别鸣谢原党委书记郭广银、党委副书记刘京南、副校长林萍华、副校长郑家茂、副校长黄大卫等有关领导2015年亲临档案馆指导工作。

出版社2015年工作综述

2015年东南大学出版社在国家新闻出版广电总局、教育部、江苏省新闻出版广电局以及东南大学的正确领导下,依托东南大学的学科资源优势,深入学习领会习近平总书记系列重要讲话精神,坚持以社会主义核心价值观为引领,严格遵循出版战线"三个第一"的指导方针,努力实现经济效益和社会效益的统一。在工作中认真贯彻落实党的出版方针政策和国家的相关法律法规,紧跟先进科技、先进文化的发展态势,主动适应竞争日趋激烈的出版环境和产业升级需求,坚持科学发展观,妥善处理稳定与改革发展的关系,经过全社员工共同努力,取得了突出成绩。

一、精品出版继续攀高

2015年东南大学出版社继续强化精品意识,申报获批3个国家级、省部级重点资金资助项目:数字出版项目"数字化电子电气自主在线实践平台构建与应用"入选2015年国家文化产业发展专项资金新闻出版业数字化转型升级重大项目;《中国丝绸之路上的墓室壁画》和《喜马拉雅城市与建筑文化遗产丛书》两个图书项目获得2015年度江苏省文化产业引导资金资助。8种图书获得各类奖项:《中国佛教美术发展史》获得"第五届中华优秀出版物奖图书提名奖"(出版界国家级三大奖之一);《宜居环境整体建筑学构架研究》《当代中国建筑设计现状与发展》《机床产品创新与设计》《中印佛教造像源流与传播》4种图书获得"第四届中国大学出版社优秀学术著作奖";《当代中国建筑设计现状与发展》《喀什高台民居》被评为"2014·苏版好书";《抗衰老与健康》被评为"2015年江苏省优秀科普作品"。

二、质量管理紧抓不懈

2015年,东南大学出版社继续从制度保障、流程管理等方面完善出版质量保障体系:严格执行选题三级论证制度、坚持重大选题备案制度、加大"三审三校"的执行力度、加强印刷质量管理等。坚持社内定期自检自查图书质量,将质检情况与员工绩效考核挂钩,奖惩并重,强化员工质量意识。经社内自检和上级管理部门抽检,全年共检查图书30余种,编校质量均达标。2015年在江苏省新闻出版局组织的18家出版单位制度执行情况检查中综合分数排名位居前茅。

三、数字出版深入推进

自2012年以来,东南大学出版社在数字出版工作方面积极探索,在近两年连续开发出4项国家级、省级产业资助项目带动数字出版工作发展之后,2015年又取得了突破性新进展:充分利用东南大学的优质师资力量,搭建了1个可移植的用户友好的在线教育服务平台——"东南大学堂",建设在线课程8门,成为学校传统课堂教育的有力补充和延伸,与此同时有效地锻炼了数字出版人才队伍。

四、绩效考核兼顾双效

面对出版业激烈竞争的市场环境,出版社内部实行有效的绩效考核意义重大。2015年东南大学出版社对编辑的绩效考核兼顾了经济效益和社会效益两个指标,除了对相应岗级按照利润指标进行考核外,还加大了对国重、省重选题的资助力度,并对国家级、省部级获奖图书出台了相应的奖励政策,调动编辑做重大、重点、优秀选题的积极性;同时,在编辑队伍中加强团队合作,鼓励老带新、强帮弱的互助模式,以此开发打造系列化、影响力大的选题,促进出版社可持续发展。

五、人才培养内外并举

随着出版行业的转型升级和竞争的不断加剧,出版社对实用型、复合型人才的需求急剧增加,为此,2015年东南大学出版社继续加强人才队伍建设,坚持以人为本,着力构建环境留人、待遇留人、事业留人氛围。在积极引进相关板块的优秀编辑人才的同时,注重社内员工业务培训,从岗位培训、继续教育、知识交流、观摩参展等方面为出版社的人才全面充电,定期组织培训交流,邀请社内外专家学者举办出版知识系列讲座,逐步将人才培养工作细致化、全面化、常态化、制度化,并初显成效。

六、宣传营销拓宽市场

为了进一步提高社会知名度和影响力,拓宽图书市场,2015年东南大学出版社针对一些特定图书举行了一系列宣传营销活动,包括《当代中国建筑设计现状与发展》首发式暨东大版建筑城规精品图书展售会、《中国孕妈膳食营养细致方案》发布会、建筑大师齐康教授图书捐赠暨学术报告会、《南唐的天空》首场发布会等。

2015年,时值东南大学出版社成立30周年,围绕"感恩30年"的主题,东南大学出版社回顾过去、展望未来,开展了30周年回忆征文、出版社发展历程宣传片拍摄、表彰有突出贡献的员工、《东南大学学报》专版报道等一系列纪念活动,站在这一里程碑式的时刻,东南大学出版社又迎来一个新的起点,面对新的征程,机遇和挑战并存,2016年,东南大学出版社将继续秉承"开启民智,传承文明"的出版使命和社会责任,继续开拓进取,团结拼搏,再创辉煌!

学报(自然科学版)2015年工作综述

一、数据库收录和文献计量指标

2015年度出版《东南大学学报(自然科学版)》正刊6期,发表论文209篇;出版《东南大学学报(英文版)》正刊4期,发表论文100篇。两刊合计发表论文309篇,均被Ei Compendex数据库收录,其中东南大学论文229篇。此外,两刊还被英国《科学文摘》(INSPEC)、美国《剑桥科学文摘》(CSA)多个分册、美国《化学文摘》(CA)、俄罗斯《文摘杂志》(AJ)、美国《数学评论》(MR)、德国《数学文摘》(Zbl MATH)等其他国际重要检索数据库收录。

二、表彰与奖励

1. 《东南大学学报(自然科学版)》入选2014年"江苏省十强科技期刊"。江苏省新闻出版广电局于2015年2月公布了2014年"江苏省十强报刊"推选结果,《东南大学学报(自然科学版)》入选2014年"江苏省十强科技期刊"。为在全省重点培育和推出一批优秀品牌报刊,江苏省新闻出版广电局组织开展了2014年"江苏省十强报刊"推选工作。经各相关单位评估推荐,共有87种报刊参评。经专家严格评审,确定了10种报纸、10种社科期刊、10种科技期刊为2014年"江苏省十强报刊"。在十强科技期刊中,共有《东南大学学报(自然科学版)》《中国矿业大学学报》和《南京农业大学学报》3家自然科学类高校学报入选。此前,《东南大学学报(自然科学版)》还荣获2013年江苏省首届新闻出版政府奖报刊奖、连续5届中国高校精品科技期刊奖和连续3届中国精品科技期刊称号。

2. 《东南大学学报(自然科学版)》第4次被武汉大学中国科学评价研究中心(RCCSE)评为RCCSE中国权威学术期刊。全国6 500种社科和科技类学术期刊,327种(即前5%)入选权威期刊。

3. 2015年12月,《东南大学学报(自然科学版)》荣获教育部科技发展中心2014年度"中国科技论文在线优秀期刊"一等奖。

学报(哲学社会科学版)2015年工作综述

2015年,《东南大学学报(哲学社会科学版)》秉承精品办刊的方针继续向前发展。

1. 全年共出6期正刊,2期研究生论文专刊(增刊)。全年处理作者投稿1 000余篇,公开发表论文300余篇,没有出现任何政治、学术和编排印刷质量方面的错误,圆满完成了任务;2015年底,在学报编委会主任郭广银教授主持下召开了2015年度编委会,20余位编委会的专家学者参加会议,对学报的发展提出了大量的宝贵意见与建议。

2. 尝试全新的编辑部编排工作模式。依托东南大学网络中心,开通了网络投稿审稿系统,实现了从作者投稿到编辑部处理稿件全程数字化处理,极大地提高了编辑部工作效率。

3. 发挥"窗口"和"桥梁"作用,积极参与学术界、期刊界的学术交流活动。2015年10月,本刊编辑部联合中国古代戏曲学会、东南大学艺术学院、东南大学戏曲小说研究所、《艺术百家》杂志社主办了第十一届全国戏曲学术研讨会暨中国古代戏曲学会年会;2015年12月,联合东南大学江苏省区域经济发展研究基地、中国城市与区域实验室(CCRL)、中国区域科学协会青年学者工作部承办了"城市收缩、城市蔓延与'十三五'约束型城市规划制定"研讨会。

4. 坚持精品意识,狠抓质量管理。期刊主要指标保持稳步增长,二次文献转载数据获得优异成绩,并保持了良好态势。

5. 积极参与江苏省期刊协会的工作,三位老师分别获得江苏期刊"明珠奖"优秀业务论文一等奖(1项)、三等奖(2项)。

学报(医学版)2015年工作综述

《东南大学学报(医学版)》原名《南京铁道医学院学报》,2001年9月更名为现刊名。1960年创刊,2003年改为双月刊,每年发行6期。主编由唐萌教授担任。本刊为由教育部主管、东南大学主办的综合性医学学术期刊,主要刊登基础医学、临床医学、公共卫生与预防医学、中西医结合、药学等方面的研究成果及新技术、新方法、病例报告、综述等,并以纳米医学、分子遗传、影像医学、心脏介入、急诊医学为办刊特色。

多年来一直被《中国核心期刊(遴选)数据库》《中国学术期刊综合评价数据库》《中国科学引文数据库》《中国期刊网》《中国学术期刊(光盘版)》《中文科技期刊数据库》《万方数据资源系统》《天元数据网》及《教育阅读网》全文收录,同时被CA、AJ、IC、《中国药学文摘》及《中国医学文摘》等收录。

曾获2000年首届《CAJ-CD规范》执行优秀奖和2004年全国高校自然科学学报优秀编辑奖。1999年被CSCD收录;2008—2015年被中国科学技术信息研究所评为"中国科技论文统计源期刊(中国科技核心期刊)";2009—2014年获教育部科技发展中心颁发的"中国科技论文在线优秀期刊二等奖";2015年获"中国科技论文在线优秀期刊一等奖"；2009—2015年被评为"RCCSE中国核心学术期刊（A）"；2015年还入编了北京大学2014版《中文核心期刊要目总览》核心版。

《东南大学学报（医学版）》2015年复合影响因子（JIF）为0.971（2014年为0.813），在全国204种综合类医药卫生期刊中排在第14位。

《东南大学学报（医学版）》荣获2015年度学会工作先进集体的光荣称号。同时作为挂靠单位的"江苏省科技期刊学会数字化工作委员会"荣获2015年度学会工作先进集体的光荣称号。

网络与信息中心2015年工作综述

2015年网络与信息中心围绕学校既定的发展目标，贯彻党的十八届三中、四中、五中全会精神，结合党的群众路线教育实践活动整改落实工作以及"三严三实"专题教育，认真落实"十二五"发展规划纲要，按照学校"三个坚定不移"发展战略，坚持"快速发展、特色发展、内涵发展、和谐发展"。按照"以学校教学、科研为中心，用信息技术辅助教学、科研，以师生需要为根本，用精细管理服务师生"的工作思路，本年度主要加强校园信息化的规范建设与运行保障展开工作，在建设上进一步提升校园信息化水平，在技术上保障校园网络的正常运转，正常运转保障教学、科研和管理信息化平台和通道的畅通，同时加强网络与信息安全工作，监督和保障学校及各单位网站、信息系统的安全。

一、校园网络基础设施建设和维护

1. 进一步做好校园网络基础设施建设和优化工作。完成九龙湖校区网络架构扁平化设计及光缆铺设，优化光缆路由，实现所有楼宇全部直接汇聚进入中心机房；主要楼宇实现万兆直接接入核心交换机，简化网络拓扑，提升安全性、可靠性，便于精细化管理。完成九龙湖校区新建建筑的网络安装，如新建研究生宿舍有线、无线网络建设及土木交通大楼的综合布线。加强对老校区网络的改造，完成丁家桥校区海外学院留学生宿舍网络建设与改造工作。了解学校各单位上网的盲区，及时组织力量解决师生上网需求，如解决九龙湖校区体育馆副馆无线网络上网；利用远程无线方式为江宁大学科技园解决校园网接入；新增九龙湖校区基建、总务办公楼无线网络等。根据江苏省政务网建设的要求，完成我校政务专网节点的建设。

2. 加强网络运维管理，维护和保障学校网络设施的正常运转，提供良好的网络使用环境，为师生做好网络服务。重点开展对学校"四张网"（即校园网、一卡通专网、财务专网、医疗专网）光缆以及设备的维护工作，及时解决出现的问题，一年来未发生重大的断网事件。

二、网络中心机房和数据中心建设和维护

1. 进一步做好中心机房的建设工作，完成九龙湖校区机房扩建任务，本次扩建扩大了近200平方米机房面积，并配备了校园网专用光缆配线间，达到A类机房的标准，为十三五期间校园信息化发展打下基础。改造原九龙湖校区服务大厅为网络中心监控中心，实现数字化校园业务、校园网络和数据中心动力环境的统一监控,提升了校园网络运维水平,为优化数据中心提供了有力数据支持。

2. 优化数据中心,更新关键设备,提高数据中心的工作效率。完成数字化校园应用交付系统,改善了数字化校园信息门户、选课等多个关键业务系统的使用效能。进一步扩容服务器和存储资源,优化并改善了数据中心网络,提升了计算能力,同时满足数字化校园门户数据库、选课业务服务以及新上业务等对高性能存储的需求,从而保障各业务系统和平台系统安全、可靠地运行。

3. 建设公共服务平台,为教学、科研和管理提供服务。完成统一运维监控系统的建设,通过网络中心监控平台实现网络中心的多项核心业务的监控,提高网络运营维护的管理效率。完成软件共享平台建设,为全校师生提供正版操作系统、办公软件、AutoCAD、Matlab、IBM SPSS 和 Materials Studio 用于科研、教学和管理。

4. 加强日常管理与维护工作。对机房动力和环境严密监控,按照规程做好日常维护工作以保证机房动力和环境设备正常运转,发现问题及时报警、及时解决,保证机房动力和环境全天候符合各类设备运行要求。进一步加强对承载数据中心运转的关键服务器和存储器的监控监管,发现问题,及时调整和更换器件,保障数据中心正常运转。

三、业务系统的建设和维护

1. 进一步做好校园业务系统的建设工作,完成移动校园微门户的正式上线,标志着我校移动校园建设工作正式起步;自上线以来,推广宣传工作一直在稳步推进,装机用户数不断增加,微门户的安装设备总数达到 22 000 余次,登录用户数 11 000 余人。完成新版服务门户正式上线,运行基本正常;新门户上线后,针对用户提出的问题及时进行调整和改进。新上线的业务系统还有场馆预约系统、统一通讯平台以及校园宿舍无线网络报修微信平台,各系统运行状态良好,达到预期效果。其中预约系统共有 12 000 多个用户登录使用过,使用预约系统成功预约的次数为 42 440 人次。基本完成学校办公系统、学工系统、基建系统、审计系统等升级改造,达到上线试运行阶段。

2. 加强对业务系统的运维管理工作。数字化校园系统涵盖学校各部门以及学校公共服务业务系统,日常运维工作尤为重要。中心根据运维工作的部署,对运行中的业务系统做到每日巡检、每周报告,排查隐患,及早发现问题并解决,保证各业务系统运行正常。对重点业务系统,采取多方联合,制订预案,发挥业务系统最大效能。

四、网络安全建设

1. 积极推进信息系统等级保护工作。按照教育部、江苏省教育厅和公安厅的部署和要求,对中心管控的信息系统进行等级设定和测评,依照测评结果发现的问题进行认真整改,基本达到预期效果。通过整改,梳理了安全组织构架,加强安全管理队伍建设,提升安全意识,完善了安全管理规章制度,基本构建安全管理体系。为此我校获得省级信息系统等级保护工作开展先进单位荣誉。同时结合各级安全管理要求,开展了网络与信息安全自查工作,强化校园网络管理制度和规定的执行。

2. 结合信息系统等级保护工作的开展,进一步落实网络与信息安全工作,加强运维管理,保障网络、机房和应用系统正常运行,本年度未发生重大网络与信息安全事件。加强网络安全软硬件的建设,制订安全防护策略和制度,如启用双活数据中心,保证重要系统和数据的安全;采取增加防火墙、堡垒机、日志审计等硬件设备方面的措施,完善安全构架。

五、加强自身队伍建设,做好服务工作

1. 鼓励中心员工积极参加相关的培训和交流活动,通过培训和交流,提高了工作的创新意识,改善了知识结构,拓宽了工作视野,提高了网络信息中心自身队伍的政治素质、业务素质和工作能力。

2. 进一步确定岗位责任制,明确各自的工作职责,充分发挥各自的能动性,完成职责范围内工作任务。加强团队合作的氛围,协调发展,保障中心各项任务基本完成。

3. 做好中心窗口对外服务工作。中心前台主要是对全校师生提供在使用网络服务中的各种问题进行咨询解答、修改用户统一身份认证密码、开具校园网发票等服务和80808咨询邮箱的回复。粗略统计,本学年度接咨询电话6 000多个,处理网络故障1 000多件,回复80808咨询邮箱问题700多封。随着数字化校园业务的不断增加和宿舍无线网络的开通以及其他多项网络服务内容的变化,对咨询服务的要求更高;80808邮箱接到的有些邮件专业性很强,需要更多的时间回复。经过与后台提供技术支持的同事们一起努力,本年度的前台服务工作进行得非常顺利。

4. 加强中心网站的信息制作和管理维护工作。根据中心工作动态制作和更新发布本部门的相关信息,包括通知新闻、信息快讯以及变化中的技术文档等。同时配合webplus网站群的升级,通过对系统功能和各种操作方式的学习和应用,保证网站的正常运行。

后勤管理与基建工作

总务处 2015 年工作综述

2015年,总务处各职能办公室及各中心坚持以学校为主体,以服务学校为大局,结合学校整体发展思路,不断推进内涵式发展,提升后勤服务保障的效率、质量和品位,满足了学校发展和师生员工日益增长的服务需求。

一、进一步深化体制机制改革,构建新型后勤服务管理架构,更好地为学校做好服务工作

根据教育部全面深化教育体制机制改革的要求、我校深化综合改革精神和学校对总务处体制机制设置方案,加快推进体制机制改革力度,设立商贸服务中心、汽运服务中心、饮食服务中心、物业服务中心、水电服务中心、修缮服务中心、学生公寓服务中心、幼儿园共计8个服务经营实体。着眼长远发展,建立科学、规范、专业、高效的后勤保障服务体系,形成处机关6个职能办公室以及8个经济服务实体的新型服务架构。

1. 对各经营实体同类工作进行归并,对专业业务进行合理调整,提升工作效率。

规范同类服务行业,将校园中心和物业中心合并成物业服务中心,打造具有行业特色的专业服务中心,进一步规范服务;将物流中心并入饮食中心管理,专业化管理更加明晰。同时规范经营与服务实体的名称,明确经营服务实体的经营与服务行为,和总务处机关代表学校行使管理职能区别开来。

2. 对经营服务实体各中心进行新一轮干部、员工竞岗和定编定岗工作。

为打造一支精干、高效、务实、创新的基层管理干部队伍,在各经营服务实体进行改革之后,总务处对各经营服务实体干部进行新一轮竞聘,对总务处全员岗位定岗定编,进行全员岗位聘任工作。在为期一个月的时间里,对中心主任、副主任考核、测评相关工作,并于6月底到岗。各中心在班子配齐之后,开始着手职工的定岗定编,进行职工的新一轮竞岗工作,力求打造精干的服务团队。

3. 进一步加强内部管理,确保各项规章制度有效落实。

进一步完善各项规章制度的落实、监督、检查与考核,做到各项工作有章可循。加强对各经济实体的管理,与经济服务实体签订经济指标与服务指标责任书,保证各实体的良性运转;进一步加强员工的岗前培训工作,对各岗位进行业务培训,提升职工的服务技能。

二、重点关注民生需求,在服务上下功夫,不断改善教师、学生生活条件

1. 关心教职工利益,优质服务提升工作满意度

关注青年教师生活,为青年教工解决住房问题。做好第四次公租房选房工作,目前已有 90 名青年教师入住。

积极做好二代子女入托问题,开展各项便民活动为教职工子女做好服务。

关爱 500 多名退休老同志,组织相关活动丰富他们的业余文化生活,让老同志们老有所乐。

2. 积极落实校舍出新工程,改善基本办学条件

完成教育部专项工程 14 项,包括启动四牌楼校区老路灯系统改造工程;完成工艺实习场加固修缮工程以及成园研究生公寓维修工程;做好四牌楼校区的电增容改造和线路改造工程;梅园食堂、橘园食堂米饭生产线、洗碗机消毒设备、炉灶、冰箱冷柜、后场杂梯等设备更新及引进餐厨垃圾处理设备;完成九龙湖校区学生寝室电热水器改造与建设工程;完成晓庄校区供水管网改造工程;做好体育设施及宣传设施、平台维修改造等。

完成学校各类零修工程万余次;监督校内各院系单位的装修工程 60 余项。

3. 面对交通形势变化,积极做好交通方案的调整

地铁三号线开通后,学校现有校区班车改为九龙湖校区与东大九龙湖校区地铁站之间的循环车。为完成这项任务,在学校、总务处指导布置下,汽运中心积极做好九龙湖校区循环接驳车运行线路、停靠站点及发车班次等工作。

三、发挥后勤事务综合协调作用,提供优质服务

加强与其他部处、院系间沟通,搭建联系交流平台。在各校区、各中心开设服务热线,全年接转处理师生热线 24 000 件。推出"印象总务"公众微信平台,通过新媒体与广大师生交流。

积极处理各类上访、信访事件,化解各级、各类矛盾。

完善后勤事务考评,组织院系对各项后勤事务进行综合考评,有力促进后勤服务工作的全面提升。

完善各项制度建设,不断提升员工技能,以竞赛、培训、学习、交流等各种形式,提升后勤职工的服务技能,提高为师生服务的质量和水平。

四、大力开展节约型校园建设,加强水电管理

完成四牌楼校区节能平台(一期)建设,用先进管理手段对节水节电降耗进行管理,确

保全校用电安全。完成晓庄校区地下供水管网改造工程,为学校减少了不必要的浪费,每天节约用水近500吨。

完成四牌楼校区路灯改造工程,有效提高和美化了四牌楼校区的景观照明,且路灯耗能减少70%;实施九龙湖校区学生寝室电热水器改造为空气源热泵工程,使学生使用热水更安全更舒适,且电能总耗减少60%。2015年,总务处荣获中国校园物业服务实体50强称号。

五、做好与学生共建工作,加强与师生、院系间的交流,为师生做好服务工作

总务处积极做好与学生共建工作,学生公寓中心、饮食中心定期与学生开展座谈会,加强与学生互动,听取师生意见。物业中心、修缮中心定期与业主单位沟通,做好服务工作。推出"印象总务"公众微信平台,通过新媒体与广大师生交流。

广泛采纳学生、教职工建议,推进伙食质量不断提高。举办东南大学第二届美食文化节暨在宁高校美食展览,吸引众多学生参与,并受到社会媒体广泛关注,获得一致好评。

在各食堂增设各类特色美食,同时组织学生走进学生食堂,开展"零距离看食堂"活动。

商贸公司做好校名纪念品开发、销售工作。

六、加强校园环境建设,创建绿色校园

对九龙湖校区桃园与橘园40幢学生宿舍围合线路桥架油漆保养9 000平方米。桃园1-2舍门前道路两侧自行车停放场地600平方米进行改造。

完成九龙湖校区新一期绿化养护招标工作,新旧养护单位顺利交接。桃园广场升级改造7 770平方米,建设学生实践基地(耕读园二期300平方米)。桃园5-6舍围合内休读点升级改造2 000平方米。四牌楼校园绿化补植4 800平方米。

七、做好学校各类大型活动的后勤服务保障

积极做好全校各类大型活动的后勤服务保障,在迎新、军训、毕业典礼、开学典礼、校领导换届大会、各级考试等大型活动中,在电力供应、环境美化、伙食保障、汽车运输等方面做好优质服务。

八、认真落实中央八项规定

根据教育部《关于进一步做好教育部直属高校办公用房清理整改工作的通知》,对我校办公用房清理整改,梳理全校办公用房现状,摸清真实情况。坚持清理整改原则标准,坚决清退和统筹管理超标用房,做到"真查、真清、真改"。

厉行节约、反对浪费,全处各部门对2013—2015年的三公经费进行自查,针对自查过程中发现的问题及时整改,并不断完善相关管理制度。加强廉政建设,和各级签订责任书。

基本建设处2015年工作综述

2015年基本建设处在学校党政的正确领导下，全体员工齐心协力、努力工作，认真学习贯彻落实习近平总书记一系列重要讲话精神，根据学校总体工作思路，紧密结合"三严三实"专题教育，以"科学规划、优质建设、安全第一"为主导，坚持"团结、协作、自律、奉献"工作理念，统一思想、凝心聚力、立足本职、积极进取，努力为全校师生营造一个良好的教学与生活环境，为学校的人才培养和学科建设提供有力保障。

一、科学编制"十三五"规划，提升基本建设在学校事业发展中的服务和支撑能力

基本建设五年规划是基本建设事业发展的重要纲领，对基本建设的实施具有约束和引领作用，是开展基本建设项目申报、争取国家投资、组织项目实施的重要依据。

动员、部署 根据教育部办公厅《关于直属高校开展"十三五"基本建设规划编制工作的通知》（教发厅函〔2015〕54号）、《关于全校各单位、部门开展"十三五"规划编制工作的通知》（东大委〔2015〕13号）的文件要求，基建处认真学习、深入领会文件精神，对东南大学基本建设"十三五"规划编制工作进行了动员和部署，明确编制目标，理清思路，制订措施；要求各科室高度重视并积极参与此项工作，展开对口调研，真正做到集思广益，群策群力；同时成立了以处领导为正副组长、各科室主任为成员的"十三五"规划工作小组，保证编制工作的科学性、前瞻性和可操作性。

前期调研 为使编制工作能紧密结合学校创建国际知名高水平研究型大学总体目标，基建处深入开展规划编制的前期调研工作，向各院（系）发出"十三五"基建规划编制工作的意见征求函，函中要求各院（系）根据学校各校区功能定位，结合本院（系）未来事业发展规划，围绕院（系）校区搬迁计划、用房建设需求等方面工作提出宝贵意见，基建处将根据各院（系）所提意见，并结合各校区功能定位，积极做好基建项目储备工作，规范项目申报和实施工作。

确定目标 根据学校总体事业规划要求，全日制本科教育将全部集中在九龙湖校区；除少数专业学位等特殊情况，研究生教育基本上在九龙湖校区完成。大部分科研实验室和研究基地入驻九龙湖校区。对于四牌楼老校区，主要目标是充分发挥其环境区位优势、历史文化优势和土地级差优势，对学校的各种资源进行有效的开发利用。校区布局调整基本完成后，将对现有四牌楼校区重新进行规划建设，适当拆除部分过密、过于陈旧并无保留价值的建筑，拆除违章搭建，增加草坪绿地，部分恢复原中央大学校园风貌。近期仍可保留部分人才培养和科学研究的功能，从长远看，应主要作为学校的工程设计机构（如建筑设计院、规划设计院、交通设计院等）、发展博士后教育、专业学位教育、继续教育、职业培训及科技产业园区等单位所在。依据此发展思路，由学校组织召开相关会议，经过充分研究、论证，最终确定"十三五"基本建设规划，上报教育部。

"十三五"基建建设规划一览表

项目名称	建筑面积(平方米)	投资估算(万元)	备注
"十三五"项目	229 700	133 910	
九龙湖桃园学生宿舍	42 000	16 800	
游泳馆	5 000	4 000	
生医教学综合楼	15 000	9 750	
生命科学教学综合楼(南楼)	63 000	40 000	
文科教学综合楼	15 000	8 250	
留学生楼	32 000	17 600	
能环教学综合楼	22 300	14 500	
自控教学综合楼	7 800	5 070	
电气教学综合楼	15 600	10 140	
仪科教学综合楼	12 000	7 800	

二、顺利完成教育部"基本建设规范化管理专项检查"工作

基本建设工作,是学校人才培养、科学研究和其他事业发展的重要保障,对学校的持续健康发展具有十分重要的作用,与广大师生教学科研、学习生活也息息相关。与此同时,基本建设领域也是容易滋生腐败的地方,预防和控制基本建设领域的廉政风险,是基建处必须高度重视的一项工作。

组织领导 为贯彻落实教发厅函〔2014〕167号文件精神,学校成立了以分管基本建设校领导为组长,纪委、发展规划处、财务处、审计处、总务处、基本建设处处领导为成员的基本建设管理规范化专项检查领导小组,进一步建立、完善学校基本建设领域相关制度,控制和防范基本建设领域廉政风险,促进学校事业持续健康发展。

动员部署、精心准备 根据教发厅函〔2015〕22号文件要求,教育部赴实地逐校开展基本建设规范化管理专项检查。接通知后,基建处全面开展制度建设的自查工作,梳理基本建设领域相关制度规范67项,完善相关制度3项,形成《东南大学基本建设领域制度汇编清单》、东南大学《教育部直属高校基本建设管理规范化专项检查量化表》,经校专项检查领导小组研究同意后报教育部。

召开全处动员大会,会上要求各职能科室,逐一梳理工作范围和程序,认识风险,理清职责,强调全体人员必须树立法治思维、法治意识,保证基本建设高效、安全、廉洁。会后,各职能科室组织科室成员根据工作职责将近几年的工作进行自查,包括制度建设是否健全、办事流程是否优化、校园规划修编是否合规、招标管理是否合法、投资控制是否有效、项目管理是否科学、项目实施是否安全有效等几个方面,对不合理之处立即进行整改,并将自查结果及整改情况上报学校;学校组织召开基本建设领域相关职能部门的专题会,对近几年学校在基本建设规范化管理方面的探索和实践加以肯定,对存在的问题进行整改,进一步提高学校基本建设管理水平。经过多方努力和精心准备,顺利完成教育部"基本建设规范化管理专项检查"工作。基建处也以此次检查为契机,进一步加强和完善基本建设

制度,不断提高制度执行力,推动基建处各项工作再上新台阶。

三、开展教学及施工安全检查,深化"打非治违"和专项整治工作

组织机构 根据《教育部关于开展学校安全大检查,深化"打非治违"和专项整治的紧急通知》(教电〔2015〕391号)文件精神和东大委〔2015〕64号文件要求,为深化"打非治违"和专项整治工作,按照"全覆盖、零容忍"总体要求,在充分认识安全生产管理工作的紧迫性和重要性基础上,为进一步加强建设项目质量、安全保障措施,健全安全管理监管机制,落实安全生产责任主体,基建处召开专题处务会讨论决定,成立以处领导为组长,各项目负责人、水电专业负责人为成员的安全生产工作组,针对各工程重要环节、重点部位,工作组定期组织安全生产检查。

分组实施大检查 根据教育部要求,对教学、施工中存在的安全隐患展开大检查,检查分两组:由教务处处长为组长带队检查教学实验室安全;由基建处处长为组长带队检查施工安全。

教学实验室安全检查范围为工培中心、电工电子中心、物理实验中心和临床技能训练中心等。主要检查短学期学生实习、实训时有无发生意外伤害的情况,有无操作不规范引起的机械伤害、工件夹持不紧引起的飞溅伤害,以及可燃/可爆性气体引起的安全隐患;各个设备有无安全操作要求,且在设备明显处张贴。

施工安全检查范围为各在建工程。首先,基建处行文《关于切实做好当前安全生产工作的紧急通知》(基建处文〔2015〕6号),发往各施工、监理单位,要求参建单位根据教育部、学校及基建处文件精神自查,并将自查结果上报基建处;其次,基建处组织内部相关科室对在建工程质量安全检查;最后,组织部分校内专家组成检查组对在建工程进行检查。对在建工程检查的项目分别是:内业资料、施工现场警示牌、安全用电情况、特种设备、消防管理、安全防护设施情况、夏季安全施工、基坑支护安全状况等。

检查总结阶段 教学实验室安全检查:检查组要求实习/实训现场教师的巡查力度加大,最大限度减少学生不规范操作带来的安全隐患;各实习场所应多设置一些紧急事件处理预案。施工安全检查:检查组提出施工现场应增加警示牌、施工废弃物及时清理、食堂下水经常疏通;要求施工单位明确整改时限,切实落实整改措施,彻底堵塞漏洞,确保绝对安全,并将整改报告上报基建处。通过本次专项检查工作,切实维护学校安全稳定。

四、多次组织调研,顺利完成丁家桥校区规划修编工作

丁家桥校区位于南京市繁华商业区,目前是医学学科本科学生和研究生的教学、科研基地,东南大学附属中大医院发展基地。远期规划目标主要是作为长学制医学教育高年级学生和研究生的临床实践基地,教学、科研基地和中大医院继续发展基地。该校区的校园规划修编工作必须全面统筹考虑学校教学科研和中大医院的发展,同时充分考虑地方政府的市政规划,为此,基建处组织负责前期报规划的同志、负责技术指标管理的高工前往中大医院调研,听取中大医院发展需求;同时请丁家桥校区管理委员会牵头,邀请校区内各院系、部处召开座谈会,听取各院系、部处各自发展需求,征求校区规划修编意见和建

议,在广泛听取意见基础上,形成书面报告,上报学校,为学校科学决策提供依据。在组织多次调研基础上,经过充分论证,顺利完成丁家桥校区规划修编工作,修编后的校园规划将作为学校制订基建规划的依据,充分发挥规划的引领作用。

五、廉政建设常抓不懈

廉政建设一直是基建处的工作之重,强化制度建设、推进廉政教育、树立法治意识、抓预防促规范,不断提高基本建设管理规范化水平,促进基本建设高效、安全、廉洁运行,是基建处工作的根本宗旨。本年度基建处廉政建设作了以下几方面工作:

《教育部直属高校基本建设廉政风险防控手册(征求意见稿)》学习情况　收到《教育部直属高校基本建设廉政风险防控手册(征求意见稿)》(以下简称《手册》)后,基建处领导高度重视,要求全体人员结合各自岗位职责,梳理自身工作的廉政风险点,评估风险等级,进一步强化风险防控意识,完善风险防控措施。通过此次学习,大家一致认为《手册》涵盖了规划决策、立项审批、地方报建、招投标、过程实施、竣工交付、资金管理等项目建设全过程,有力保障了学校基本建设工作各环节、各领域工作"有章可循、有据可依",有效遏制基本建设腐败案件发生;通过学习,基建处全体人员进一步认识了反腐倡廉的形势,统一了廉政建设的思想,各科室梳理细化本部门内部廉政风险点,优化工作流程,完善风险防范措施,积极努力营造个人廉洁自律、集体风清气正的基本建设氛围,全面提升廉政建设的科学化水平。

听取报告　组织科室主任以上干部参加学校举办的"加强重点领域防控,深入推进学校党风廉政建设"报告会,会上所举案例,使大家受到极大震动,充分认识了廉政防控体系的重要性,一致认为:在今后的工作中,将自觉履行"一岗双责",拿出实在举措,真正抓、务实抓,做廉洁从政表率。

签订责任书　每年度基建处会组织全体人员签订"东南大学基本建设处廉政责任书"。对违反廉政责任书的行为和后果,个人承担学校相关部门的问责、党纪政纪处罚、经济赔偿直至法律责任。责任书的签订是认真履行职责、加强廉政建设、不断提高基本建设管理规范化水平的重要举措。

六、坚持"优质建设、安全第一"的理念,在建工程有序开展

质量、安全管理是工程项目过程管理中的生命线,基建处始终坚持"优质建设、安全第一"的理念,按照教育部、学校以及行业的相关规范,严格工程现场管理,严把工程质量和安全关口,着力打造平安工程。

巡视制度　按照基建处的工作规定,基建处工程管理人员每日巡视工地,节假日安排全体人员轮值巡视,此项规定,既监督监理单位加强现场管理,又督促大家深入施工现场,了解施工进度,及时调整各项工作。

例会制度　基建处要求各项目负责人按期召开工程例会,协调各参建单位相关问题,抓好安全生产,积极推进工程进度,及时解决施工问题;同时严把质量过程控制关,及时发现并处理施工质量问题和材料质量问题。

加强变更和签证管理　基建处明确规定,任何工程的变更和签证必须严格执行《东南

大学基建工程变更及签证管理办法(暂行)》,各项目负责人严把设计变更及签证、工程签证和材料核价关,回绝施工方提出的不必要变更和签证要求。本年度,项目负责人及时发现并处理施工质量及建材问题30次;回绝施工方提出不必要的变更和签证要求20余条;对各种违约行为在结算送审前给予扣罚处理。

质量安全检查 为了加大对建筑工地的安全巡查和督导力度,及时发现和消除安全隐患,由基建处总工程师办公室负责牵头定期组织工程质量与安全检查,主要检查各工程内业资料、安全用电情况、特种设备、消防管理、安全防护设施、消防设施配备、安全文明施工方案、扬尘控制方案、应急救援预案、质安保体系、特殊工种人员证件等,通过检查,督促各参建单位牢固树立"质量第一、安全预防"的意识,认真落实安全生产责任制,遵守安全生产规章制度,同时督促各方按合同严格履职,以确保工程建设的顺利实施。

专家咨询、论证 针对各工程各阶段遇到的重大问题,基建处邀请业内专家,组织召开论证会,充分听取专家意见,采纳合理方案,解决施工问题;本年度共召开专家论证会8次,为科学解决疑难问题提供了依据。

在建工程完成情况 基建处以优化管理流程为抓手,加强合同管理,注重现场管控,强化投资效益,在全体人员共同努力下,九龙湖校区总建筑面积22 911平方米研究生宿舍三号院交付使用;九龙湖校区总建筑面积50 206平方米土木交通教学科研楼A区办公楼主体验收,基本完成B区实验楼主体施工;九龙湖校区总建筑面积14 358平方米的桃园学生宿舍完成主体工程;完成九龙湖校区总建筑面积8 869平方米桃园食堂施工图设计,进入图纸送审阶段。

医疗卫生工作

东南大学附属中大医院 2015 年工作综述

2015年,医院全面贯彻党的十八大和十八届三中、四中、五中全会精神,以邓小平理论、"三个代表"重要思想、科学发展观为指导,深入贯彻习近平总书记系列重要讲话精神,认真落实江苏省城市公立医院改革的各项工作要求,坚持以病人为中心,以医疗质量安全为主线,以学科人才建设为重心,医院快速健康发展迈上新台阶,各项工作完成年度既定目标。

本部期末开放床位1 820张,实现总收入16.57亿元,其中业务收入16.16亿元,总收入同比增长20.16%。累计完成门急诊诊疗1 102 116次,同比增长4.04%,出院病人60 303人次,同比增长19.74%,完成手术24 248台次,床位使用率98.7%,平均住院日10.7天。

江北院区8月26日开业运行,期末开放床位542张,开业后实现总收入8 906.38万元,完成门急诊总诊疗人次134 154人次,出院5 069人次,手术1012人次,床位使用率65.4%。

一、继续紧抓医疗质量,提升医疗服务能力

1. 全面落实核心制度

将医疗核心制度如疑难病例讨论制度、死亡病例讨论制度、危重患者抢救制度、交接班制度、三级医生查房制度、会诊制度、恶性肿瘤多学科综合诊治制度、住院超过30天管理等落实情况纳入日常监管体系,定期进行检查,检查发现的问题以书面形式下发,并要求在规定时间内完成内部讨论,提出整改措施。9月份,组织开展以"质量、安全"为主题的医疗质量安全月活动,进一步强化医务人员医疗质量和医疗安全意识,保证医疗质量,保障患者安全。

2. 加强围手术期安全管理

针对年初自查发现急诊手术存在术前准备不充分,易导致医疗安全不良事件、非计划重返手术不及时上报等问题,年内医院重点加强对急诊手术、非计划重返手术和手术安全核查等重点环节管理。定期进行分析总结,发现问题及时反馈,探索更有效监管办法,制定《加强手术室运行管理的补充规定》,对急诊手术、围手术期患者评估以及术前麻醉签字等做了详细规定。

3. 推进临床路径和日间手术管理

积极推进临床路径、单病种过程质量管理以及日间手术的开展。2015年在全院范围内培训,每个科室设立临床路径及单病种质量管理员,年底全院开展临床路径的病种数由年初的35个增加至85个,达到科室全覆盖。对现有的科室路径表单医嘱进行调整,使路径执行更合理,减少执行过程中的变异。参加国家卫生计生委医院管理研究所的特定(单)病种质量监测系统的数据上报,促使科室重视单病种过程质量管理。积极推进日间手术的开展,完善日间手术管理规定,制作病例模板与日间手术临床路径表单,提高床位利用率,缩短平均住院日,2015年在3个科室开展日间手术近200台次。

4. 坚持开展基础培训

坚持每月第二周周三下午进行全院疑难病例讨论,相关科室提前两周提供病历,质量处和教育处做好充分准备,讨论实况实时转播到分院和集团医院。医院层面开展的高质量医疗质量培训,锻炼了医生的临床思维能力。进一步加强临床医师"三基"训练,提高应急救治能力、临床技能带教水平和人才培养质量。6月份,举办首届青年医师临床技能竞赛,中大医院、江北院区、无锡分院、溧水分院以及苏北人民医院、徐州市中心医院、江阴市人民医院等教学实践基地的7支代表队参加。

5. 深化护理管理内涵建设

健全专科护理质量监测指标,实施目标管理。每月对指标进行追踪监测,统计数据并进行分析,对未达到目标值的项目进行重点讨论,制订实施改进措施。优化专科护理指导小组,强化专项护理内涵。组建10个新的专科护理指导小组团队,定期对全院各科室进行专项检查指导,提供护理会诊,举办专题学术讲座,提升了专项护理质量。培养专病护士,提高护理同质化。每个科室1~2个典型病种,挑选业务好、能力强的护士担任专病护士,主要负责和指导专病患者的全程护理、健康教育、康复锻炼、健康促进等,实现专病护理的高水平和同质化。

二、改革医院管理机制,全面提升运行效率

1. 推进绩效管理体系建设

我院现行分配方式已实行十余年,以收减支为基础,扣除调节基金后科室再进行二次

分配。现行分配方式与医院的管理不再相适应,难以有效控制成本,促进效率与效益的提升。2015年医院经多方考察,引入台湾保诚公司以PBPRS为基础的绩效分配方案,新方案体现以工作量核算为基础,以质量考核控制为重点,以综合评价为手段,将医务人员收入与医疗服务的数量、质量、技术难度、成本控制、群众满意度等挂钩,做到多劳多得、优劳优酬。经前期广泛调研、科室访谈、数据对接等工作,目前该项工作已进入实际测算阶段,预计2016年上半年将全面实施。

2. 强化医保政策的落实

2015年南京市医保实行总额预付结算模式,根据新方案,我院调整医保考核体系,将人次人头比、平均住院费用纳入科室考核。根据医保数据实时监控的需求,在医生工作站加强医保控费的提示及查询功能,减少错误发生率,杜绝不合理诊疗、反复转科、分解住院等不良现象。每季度对科室药品、耗材前十名进行排序,召开临床医疗质量答辩会,科主任阐述本科室药品、耗材用量大的原因,并对部分药品、耗材进行限量控制,对过量开药、使用耗材的医师通报批评。2015年我院的南京在职职工住院均次费用控制较为合理。

3. 推进节能降耗工作

为了降低医院单位能耗,医院于今年年底前完成旧楼管道线路排查整改并加装水、电计量表,对各部门使用水、电能耗进行单独计量,费用每月全额计入科室成本。在全院多途径宣传全员的节能意识,改变"人走灯不关、开空调门窗不关"等不良习惯,从3月份起,每天下午下班后安排人员对后勤运行状况、节能、保洁、维修等进行巡查,发现问题及时解决,电灯、空调常开造成能源浪费的现象得到有效控制。

4. 完善耗材和药品管理

建立医院耗材管理的信息化平台,医用耗材实行统一标识码管理,实现了采购、入出库、使用过程等全程可追溯管理。建立健全医用耗材临床应用动态监测、评估和预警机制,促进医用耗材的规范使用。组织药事委员会逐月监管、统计药品使用情况,对排名前五位药品合理使用情况进行调查并做停药处理,限量采购部分辅助治疗药品,对激素、肿瘤、中药注射剂等的使用逐渐规范,相关指标达到国家标准。但清洁手术预防用药、DDD、送检率等部分指标仍需加强。

三、组建江北院区和集团医院,形成一院两区的办院格局

1. 组建江北院区

2月份,经与南京化学工业园区充分协商,南京化学工业园区将坐落于南京市六合区健民路211号新建医用建筑及配套设施(占地约2.68万平方米、总建筑面积约5.3万平方米,规划床位499张)和大厂医院原有建筑(编制床位200张)的使用权无偿提供给我院组建江北院区。经省卫生计生委核准,医院编制床位扩充至2499张。8月26日,江北院区按三级甲等医院标准和要求对外提供门诊、急诊与住院医疗服务,与医院本部实行一体

化、同质化的管理,现开放床位 499 张,设置病区 20 个,重点发展肿瘤、创伤、重症医学、心脑血管、儿科及妇产科。江北院区开业提供医疗服务,让更多居民不过江就能够享受到更便捷、更优质的医疗服务。

2. 组建集团医院

医院成立集团办公室(双向转诊办公室),负责集团医院的组建和管理工作。通过和对口支援单位与技术支持的县级医疗机构进一步磋商,达成了建立紧密型医疗集团的共识,截至年底,已与 20 家县级医院签约组建了医疗集团。同时,通过南京市鼓楼区和玄武区卫生行政部门审批,与两个区的 12 个社区卫生服务中心共同签约,形成三甲医院直达社区卫生服务中心的医联体(集团)模式。据不完全统计,全年集团医院所在地区转诊门诊患者 5 559 人、住院患者 4 102 人。

3. 推进集团医院信息化建设

信息化建设是集团医院建设的重要抓手,今年,集团医院的双向转诊平台、远程会诊系统、远程影像诊断系统和远程疑难病例讨论系统已陆续建成测试,现在相关工作正在稳步推进,今后集团医院之间的协作将节约大量人力资源,为患者提供更加便捷的服务。

四、加大高层次人才引进力度,稳步推进科研教学工作

1. 加大高层次人才引进力度

年内组织 10 余次人才引进和招聘面试,引进学科带头人 4 人,引进博士研究生 34 人,选留其他新职工 195 人。截至 12 月底,本部有在岗人员 2 396 人(其中事业编制 794 人,人事代理 436 人,招聘合同制 1 043 人,劳务派遣 80 人,城建医院托管 43 人;教学编制 33 人)。通过与学校、省卫生厅积极沟通争取,延续以往的申报通道,并按照学校、省厅评审条件并行申报,8 人聘任为正高职称,17 人聘任为副高职称。居胜红获国家杰出青年科学基金,张志珺获评国家卫生计生委突出贡献中青年专家,马坤岭、柏峰、高增鑫、陈陆馗入选"六大人才高峰"第十二批高层次人才项目资助,9 位退休老专家荣获第三届江苏省"医师终身荣誉奖"。

2. 科研制度与平台建设工作

修订《东南大学附属中大医院科技奖励办法》及《东南大学附属中大医院科研管理办法》;出台了《东南大学附属中大医院国家自然基金项目申请和实施的暂行规定》;发布了《关于规范我院各级学会委员参加学术交流费用报销的通知》;完成医院学术委员会的改选工作,增设 3 名外院教授为医院学术委员会常委,另聘请 3 名外院专家作为科学顾问;申请并加入了南京市医学科技发展资金管理平台。

3. 国家自然基金立项数创新高

立项课题 125 项,立项经费 3 055.8 万元。其中纵向科研立项课题 111 项,立项经费 2 917 万元;横向课题立项 14 项,资助经费 138.8 万元。国家自然基金立项 38 项,其中国际重点合作项目 1 项、杰青 1 项、面上项目 18 项、青年项目 18 项,总资助经费 2 198 万元,立项数同比去年增幅为 65.5%。本年度接受临床试验 30 项,其中药物临床试验 20 项,器械临床试验 10 项,协议经费达 919 万元。科研成果获奖 10 项,其中中华医学科技奖一等奖 1 项,省科技进步三等奖 1 项,省卫生厅新技术引进一等奖 4 项、二等奖 2 项,南京市科技进步奖三等奖 2 项。批准专利 10 项,其中发明专利 3 项、实用新型 7 项。全院发表期刊论文 482 篇,其中 SCI 收录 232 篇(总影响因子 705.138)、中华收录 46 篇、CSCD 收录 75 篇、其他核心期刊收录 129 篇。全院共发表会议论文 264 篇。

4. 做好各个层次的临床教学工作

组织首次社会化招收住院医师工作,招收 20 人,新接纳住院医师 93 人、专硕 50 人、协同医院定向委培 66 人参加规范化培训,目前在培本院住院医师一阶段 197 人,二阶段 87 人。完成 66 名 08 级七年制、17 名 12 级临床型、48 名 13 级与 14 级科研型,共计 131 名研究生的临床实践管理与考核工作。完成东南大学和兄弟院校各专业实习生 244 人的实习教学管理和考核,承担全国大学生技能竞赛的培训任务,获得华东地区二等奖。接收进修生 566 人次,组织外出进修 15 人次,外出参加学术会议、学习班 154 人次;获批准继续医学教育项目 42 项,承办及协办国家级和省级继续教育学习班 40 项,其中国家级项目 30 项,共 6 342 人次参加学习,省级项目 10 项,共 1 067 人次参加学习。

五、进一步完善医院设备设施,推进新门诊立项申报

1. 进一步完善医院设备设施

2015 年全院共入库设备 936 台,总价值 7 703.93 万元,其中江北院区采购设备 411 台,总价值 1 051.5 万元。完成 2014 年中央级普通高校改善基本办学条件专项资金的申报和后续执行工作,为医院引进了一台高端 SPECT/CT。根据年初计划,完成门诊楼内外环境、病理科、ECT、感染性疾病科病房等工程,改善了医院的就医环境。

2. 推进新门诊立项申报工作

邀请东南大学建筑设计研究院和山东省建筑设计研究院设计"丁家桥校区基建规划调整方案及中大医院门急诊医疗教学大楼可行性研究设计方案",初步设计完成后与大学相关部门进行了多轮次沟通,并向校领导进行了汇报,确定采用东南大学建筑设计研究院的设计方案。经东南大学和南京市政府审批,同意医院筹建新门急诊医疗教学大楼,9 月将门急诊医疗教学大楼项目建议书报请教育部审批。

六、坚持医院公益性,丰富医院文化建设

1. 坚持医院公益性

定期组织专家赴陕西米脂县医院、涟水县医院、兴化市人民医院及玄武区各社区卫生服务中心等基层医疗机构开展对口支援工作。国家卫生计生委专家组对我院对口支援兴化市人民医院的情况进行了督查,对我院对口支援兴化市人民医院工作给予了表扬。开展"建院80周年""江北院区落成"等大型惠民义诊10场次。加强服务质量监控和行风督查,寻找薄弱环节,着力改善服务态度、医患沟通和服务细节。省卫生计生委2015年第三方患者满意度调查显示,我院综合满意度为94.02%。全年收到表扬锦旗215面,感谢信404封,退还患者及家属红包87人次24.5万余元。

2. 培育医院文化特色

举办建院80周年系列文化宣传和庆典活动,拍摄医院专题宣传片,向社会展示了医院深厚文化底蕴。围绕医院重点工作,做好品牌宣传工作,建设了医院微信平台,年内中央电视台播出新闻及专题节目6档,各级电视新闻、专题报道200余次,平均每天见报7篇次。更新医院官网,提供预约挂号和检查结果查询服务,便于患者就医。继续举办系列文体活动,组织各类知识讲座、篮球和足球联赛、健步走等活动,丰富职工生活。

资产经营管理工作

综　述

2015年资产经营管理处认真贯彻落实学校整体部署，结合机关作风建设要求，创新工作思路，完善工作制度和机制，扎实推进机关作风建设制度化、规范化、常态化，不断提升处各科室的服务能力、创新能力、执行能力和协作能力，工作成效显著、工作效率大幅提升，服务学校发展和服务师生的满意度显著提高。

一、经营性资产管理相关工作

1. 圆满完成了2015年教育部国有资产经营管理专项检查任务，在2015年教育部国资专项检查工作中认真积极，材料完备，受到检查组的表扬。

按照学校的部署，围绕教育部和学校对产业规范化建设的基本要求，出台了《东南大学企业国有资产监督管理暂行办法》。执行资产经营管理委员会决议，制订了资产公司2015年度经营目标，全资控股企业使用学校资源收费已全覆盖；落实了资产公司2015年度经营目标和相关任务指标、全资控股企业使用学校资源的收费方案；规范做好资产经营的效益提升，实现资产保值增值。完成了后勤集团下属企业改革改制的目标任务。

2. 按照教育部"关于进一步加强直属高校所办企业国有资产管理的若干意见"精神，按照校经营性资产管理委员会下达的工作目标和要求，做好企业服务、绩效考核和投资回报工作，确保国有资产增值保值，强化规范意识和完善操作流程。

3. 完成2014年企业财务决算的编制和上报工作、2014年度中央企业国有资本收益申报工作、2014年高校产业统计的前期工作、2016年度中央企业国有资本经营预算的基础工作；2015年度纳入中央国有资本经营预算实施范围企业清理上报工作。

4. 针对2011年校长审计中尚未落实与解决的问题和教育部对我校国有资产专项检查出现的问题和反馈的意见，推进"东南照明公司""东南大学无锡应用科学与工程研究院有限责任公司""江苏捷仕达高校科技有限公司"等股权管理的历史遗留问题的解决；完成"盐城汽车研究院""镇江工业技术研究院"等四家事业单位的投资报备及开展国有资产占有产权登记事宜;推进核销"东大集团""银海装饰""威孚纳米""科技园股份公司"等企业投资损失相关工作。上报财务处"2011年度校长责任审计"(校办企业部分)存在问题的整改落实情况;完成2015年教育部国资专项检查工作。

二、经营性房产、地产相关工作

1. 针对我校在房产经营方面存在的问题,主动开展整改落实,制定了《东南大学房产出租管理实施细则(暂行)》,全面梳理和核查学校房产出租的面积、合同,通过招标方式确定有资质的第三方评估机构,全面开展经营性房产第三方评估工作,完成了各个出租片区的市场定价评估,并据此提出有关房产经营的价格方案。

2. 全年签署门面房及基站租赁合同80余份,合同金额940余万元。定期开展房屋安全检查,及时处理各类报修。全面清理排查同一承租人连续租赁满5年的门面房,全面开展公开招租工作。

3. 完成了浦口东校区总体规划及大小三角的建筑设计方案。针对晓庄校区闲置的晓园三舍、四舍和浦口东校区闲置的笃行馆、食堂、学生宿舍等房产资源,积极开展招租准备工作,协调学校有关部门研究水电配套工作,与意向单位保持沟通,认真细致做好招标文件有关工作,有计划地开展公开招租工作。

4. 将我校所有用于经营的房产(约20万平方米)全部向教育部国资管理部门履行报批报备手续;全面签署全资控股企业使用学校房产资源租赁合同(合同金额1 400余万元);规范成贤学院使用学校房产资源的费用收取,签署协议并收取2013—2015年租金共3 840万元;全面规范大学科技园用于经营的房产,重新签署了协议,确保收支两条线。推动科技园长江后街园区1号楼安全鉴定与维修进度落实工作。

5. 建立我校国有经营性资产管理信息系统框架(房地产模块、投资和股权管理模块、科技成果转化和项目发布模块等);启动房地产管理信息系统开发方案设计工作。

三、科技成果转化及大学科技园等工作

1. 根据教育部、财政部关于无形资产投资报批报备的手续变更要求,向教育部重新提交了东晖公司、孙小菡团队组建企业评估备案资料(含光盘),完成报批报备手续。完成东晖公司5项专利的专利权变更工作以及孙小菡团队股东变更相关工作。

2. 有效推进我校科技成果转移转化工作,积极跟进科技成果转移转化试点改革单位申报。完成院系宣讲(信息学院、计算机学院、管理学院等),重点宣讲科技成果转化法(修正案)、我校相关政策及规定;摸排重点转化项目,探索直接转让和授权许可的运作模式,做好待转化成果和产业的对接工作。

3. 采用第三方评估机构对拟投资的无形资产进行评估,按照有关规定组织学校无形资产评估准入机构的招标工作,筛选出了三家有资质的评估机构。

4. 围绕科技成果转化改革试点和科技成果转化法的实施,结合学校和资产处关于科技成果转化工作的宏观布局和策划,做好相关基础性工作。推动学校科技成果转移转化体制机制改革,牵头组织科研院、大学科技园等部门研讨、编写我校科技成果转移转化改革方案。

5. 积极协调学校相关部门,加强资源整合,提升促进学校发展、服务师生和社会的能力。成功申报了东南大学与江苏省经信委合作共建的"东南大学互联网众创园"项目,获得200万元的扶持经费,东南大学被省经信委推举为"江苏省互联网众创联盟"秘书长单位。众创园以项目管理为中心,协调大学科技园、教务处、团委、研究生院、学生处、相关院系等职能部门,整合资源,打造学校创新创业教育、科技成果转移转化、产学研合作和学生创业实践活动的创新创业平台。开放了校内研究生课程重大实验仪器设备资源,组织校内学生、创业企业参加了"I创杯"大赛、第十一届中国软博会、双十企业评选等大型活动,取得了较好成绩;举办了青年计算机专家论坛、毕业生招聘等配套活动,开展优秀创新创业项目的遴选等工作。

四、内部建设等工作

1. 加强学习和培训。掌握和领会国家在国有资产管理和经营、科技成果转移转化等方面的相关政策、法规和要求。通过调研、交流、学习培训等方式,提升管理队伍的素质和能力。全年我处共发表了管理类论文6篇。

2. 落实首问责任制、服务承诺制、限时办结制三项制度,不断强化为师生服务的意识。结合经营性资产管理工作实际,实施以师生满意度为指标的服务质量考核机制,坚持首问责任制、服务承诺制、限时办结制。建立监督制度,保证首问责任制落实到位;建立部门与企业、院系及部门的联系制度。实现了有问必答,有求必助;及时办理,不推诿、不拖拉;对待矛盾耐心解释,及时化解;对投诉、反映的问题,认真听取意见,做好调查核实和答复工作。

3. 扎实推进制度建设、廉政建设,做好稳定工作。全面修订了处各科室的职能及岗位职责,以及印章、考勤等内部管理规定。严格执行上下班签到制度和请销假制度。落实上级党风廉政建设的各项要求,不断完善各种管理制度,自觉遵守法律法规和校纪校规。

4. 认真抓好安全工作,全年无工作责任事故,无安全生产事故;针对产业工种程序多、分布范围广的特点,特别重视综合治理工作。严格执行规范的考勤机制,严格遵守财务规章制度。部门内部民主、和谐、友善、团结。

合作共建与校友会工作

基金会 2015 年工作综述

2015年我校教育基金会通过微信支付、网上银行、支付宝转账、手机银行支付等多种方式，获得捐赠5 600笔，是上年的6倍，平均每个工作日到款34笔。各类收入总额4 721万元，获得财政部/江苏省配套经费7 335万元，合计为学校创造收入12 056万元。

共评审奖助金3 655人，总额1 456万元，创历年新高。我校信息科学与工程学院2012级本科生王志远获得了2015年度"宝钢优秀学生特等奖"，此外，还有4位老师获得"宝钢优秀教师奖"，5位同学获得"宝钢优秀学生奖"。

教育基金会2015年资助东南大学海外学子交流计划总额40万元，资助和奖励学生出国学习交流67人次。

唐仲英基金会（美国）兴建的"中国中心"，位于江苏省苏州市吴江区，东南大学展示区域约50平方米，教育基金会协调东南大学在展区内展出了科技作品"可见光通信"以及援助项目"大型地震模拟振动台"，展现了东南大学强大的科研能力以及实践应用能力。

教育基金会制定了联络院系工作责任制，由领导带队走访院系，有关工作人员包干院系，跟踪服务。在教育基金会的支持和协调下，已有9家学院建立了自己的学院发展基金。

教育基金会先后为4位身患重病的学生、校友及学生母亲筹集捐款数百笔，总额近50万元，有效缓解了他们的家庭经济压力。

教育基金会本年度新签的协议中有19项，总额181万元，用于学生综合素质教育。支持各类活动20多项，支出金额超过百万元。"教育基金会志愿者协会"目前成员120人，为校内规模较大的社团之一。本年度教育基金会主办、协办的校园文化活动有20多项，包括"你的未来我的梦"贵州支教活动、"职胜东南"大型求职类企校交流活动、"携手共进 启你明心"走进明心幼儿园志愿者活动等等。

基金会每月出刊一期电子杂志《教育基金会简报》，全年累计发送4万人次。官方微博信息发布量日均十多条，为校内最为活跃、最具影响力的平台之一。

2015年,东南大学教育基金会荣获全国社会组织最高奖项——"全国先进社会组织"称号,全国共有61.3万家社会组织,此次共有298家获得此项荣誉。

中国高等教育学会教育基金工作研究分会第17次年会举行了首届"教育基金工作先进单位""教育基金工作先进个人"颁奖仪式。我校教育基金会荣获"先进工作单位"称号。全国共有411家高校教育基金会参与评选,有37家被评为"先进工作单位"。

2015年东南大学教育基金会奖助项目设置一览表

序号	项目名称	设立者	总金额(元)
1	顾冠群、章玉琴奖助学金	顾冠群、章玉琴家属	基金15万
2	齐康基金	齐康院士	2万
3	吕志涛院士奖励金	吕志涛院士、江苏苏尚工程技术有限公司	基金10万
4	何振亚、王孝书奖学金	何振亚、王孝书	基金12万
5	缪昌文奖学金	缪昌文院士	基金20万
6	顾毓琇、王婉靖奖学金	顾毓琇、王婉靖	基金3万
7	东南大学建筑设计与理论研究中心——程泰宁奖励基金	程泰宁院士	基金65万
8	孙伟院士奖学基金	孙伟院士	基金50万
9	张耀明院士奖学金	江苏中圣高科技产业有限公司	基金6万
10	朱斐、孙绎奖助学金	朱斐、孙绎	基金20万
11	陆氏学生奖学金	陆达新、石卫平	基金2万
12	周鹗奖学金	周鹗教授、夫人王慕薇教授及众高足	基金16万
13	冯宇樵奖学金	冯绥安先生	2 500
14	陈圣勋奖学金	陈圣勋先生	2 000
15	陈延年、王劲松奖学金	陈延年、王劲松	3万
16	李元坤奖学金	徐元善先生	2 000
17	陈达锋土木工程奖教金	陈达锋先生	基金10万
18	韦博成奖学金	韦博成教授部分海内外学生	1万
19	张秋交通工程奖学金	张秋先生	基金3.7万
20	金宝桢奖教金、奖学金	南京栖霞建设股份有限公司	基金50万
21	丁大钧教育基金奖助学金	丁大钧教育基金会	基金96万
22	蒋永生奖学金	蒋永生教授家属及学生	基金20万
23	陈荣生教授创新奖学金	陈荣生教授的学生	1万
24	维俊奖教金	南京盘龙广告传媒集团	基金5万

（续　表）

序号	项目名称	设立者	总金额(元)
25	洪范五奖教金、奖学金	南京盘龙广告传媒集团	基金10万
26	郝英立奖学基金	高嵩同志及沈锦华、郭金林、沙敏等校友	基金19.2万
27	言恭达奖教金、奖学金	言恭达先生	基金50万
28	"张克恭"土力学奖学金	东南大学交通学院岩土工程研究所	基金3万
29	东南大学工程管理英才奖学金	李启明教授、徐春校友	基金20万
30	黄林、郭养滋奖学金	黄林、郭养滋伉俪	基金10万
31	朱庆麻奖助学金	朱世平校友	基金10万
32	高金衡奖助学金	高明女士	基金10万
33	恽瑛奖助学金	恽瑛教授	基金18万
34	程文瀼教授奖助学基金	程文瀼教授家属及其弟子	基金33万
35	施明恒奖学金	施明恒教授及其弟子	基金10万
36	徐百川OVM预应力奖学金、奖教金	柳州欧维姆机械股份有限公司	5万
37	章春梅奖学金	章春梅教授家属及其弟子	11.002 8万
38	何德玶奖学金	何德玶教授家属	基金10.8万
39	徐南荣奖学金	桂莲基金会	基金50万
40	轩铭奖学金	杨轩铭校友	3 000
41	吴健雄·生医奖学金	东南大学生物科学与医学工程学院发展基金	16万
42	红光奖助学金	曹红光校友	基金30万
43	孟非奖助学金	孟非、南京龙瑞装饰设计工程公司、潘群、姜新	基金100万
44	焦廷标奖学基金	南京华新有色金属有限公司	基金500万
45	亿利达刘永龄奖学金、刘永龄助学金	亿利达工业发展集团有限公司	5万
46	许尚龙光彩事业贫困学生奖助学金	南京21世纪投资集团	基金50万
47	隈利实国际奖助学金	国际科学技术文化振兴会	10万
48	唐仲英德育奖学金	唐仲英基金会(中国)	12万
49	叶晶奖学金	叶晶、刘芳夫妇	6万
50	大连东岗奖教金、奖学金	大连信恒康医药科技有限公司	基金100万
51	杨志峰奖助学金	江苏港峰科技集团	10万
52	张志伟奖助学金	张志伟校友	30万
53	龙昌明奖教金	龙昌明校友	基金10万

（续　表）

序号	项目名称	设立者	总金额(元)
54	东南大学周远奖学金	中国科学院理化技术研究所	3万
55	东南大学"苏州工业园区奖学金"	苏州工业园区	15万
56	太仓科教新城创新创业奖学金	太仓市科教新城管委会	基金11万
57	社会团体(华藏)奖学金	新加坡净宗学会	1.5万
58	东南大学教育基金会奖学金、奖教金、奖管金	东南大学教育基金会	67万
59	宝钢教育奖	宝钢教育基金会	18.5万
60	光华奖学金	光华教育基金会	40万
61	国盛奖学金	江苏省科学技术协会	6万
62	南京安徽商会·同曦集团东南大学奖助学金	江苏同曦集团有限公司,南京安徽商会	30万
63	新鸿基地产郭氏基金东南大学助学金、奖学金	新鸿基地产郭氏基金	48.5万
64	金鼎奖学金	严志隆教授	基金6万
65	"自动化工程师"奖学金	戴先中教授	基金10万
66	外语英才奖学金、助学金	李霄翔教授	基金10万
67	励志成功奖学金	王志功教授	基金10万
68	外院奖教金	陈美华教授	1万
69	文教羽翼奖学金	孙淼校友	基金6 000
70	铭恩奖助学金	李翼成校友	基金10万
71	文枢奖学金、助学金	刘锴校友	1万
72	SMART奖学金	辛怡女士	1.1万
73	"生命科学"奖助学金	吴乐乐、王洁、王玉芝、严俊荣、朱敏、吴晓菁同学	8 000
74	8480奖学金	东南大学84801、84802班	基金10万
75	16287奖学金	东南大学16287班	基金11万
76	686奖助学金	电子科学与工程学院86级校友	基金8万
77	5187奖学金	5187级校友	基金11万
78	71871奖教金	71871级校友	基金13万
79	5281奖助学金	江苏东南交通工程咨询监理有限公司	5万
80	常州校友会龙城奖助学金、奖教金	东南大学常州校友会	基金35万
81	无线电系七八级同学奖教金、奖学金	无线电系七八级同学	基金500万

(续 表)

序号	项目名称	设立者	总金额(元)
82	仪科校友奖学(教)金	仪器科学与工程学院校友	基金5万
83	广西校友会奖助学金	东南大学广西校友会	基金13.5万
84	徐州校友会奖助学金	东南大学徐州校友会	基金12万
85	盐城校友会奖助学金	东南大学盐城校友会	基金8万
86	天之交子奖助学金	东南大学交通学院21098级校友	基金3万
87	广东校友会奖助学基金	东南大学广东校友会	3.5万
88	143991班校友奖学金	143991班校友	基金3万
89	东南大学六系79级校友奖助学金	东南大学六系79级校友	基金16.8万
90	251991奖助学金	东南大学法学院251991班	基金5万
91	259991奖助学金	东南大学法学院259991班	基金5万
92	3180诚信奖助学金	东南大学电气工程学院3180班	5万
93	5181励志奖学金	东南大学5181级校友	基金20万
94	菲利浦奖教金、奖学金	LG.荷兰飞利浦显示公司	2.1万
95	南瑞继保奖教金、奖学金	南京南瑞继保电气有限公司	6.6万
96	"东大设计院"奖教金、奖管金、奖学金	东南大学建筑设计研究院	15万
97	栖霞建设奖教金、奖学金	南京栖霞建设股份有限公司	6万
98	鼎泰奖学金	江苏鼎泰工程材料有限公司	基金2万
99	东南大学—英达奖学金	英达热再生有限公司	3万
100	东南大学交通设计院奖学(教)金	东南大学建筑设计研究院交通分院	基金50万
101	CASC公益奖学金	中国航天科技集团公司	5万
102	金智奖教金、奖学金	江苏金智科技股份有限公司	8万
103	江苏电力奖助学金	江苏省电力集团	基金100万
104	中浩地产人才发展奖教金、奖学金	江苏中浩房地产有限公司	3万
105	联创国际奖学金	上海联创建筑设计有限公司	1万美元
106	BSH奖学金	博西家用电器(中国)有限公司	4.8万
107	雷克奖学金、奖教金、助教金	庄昆杰、范国伉俪	8万
108	"微软小学者"奖学金	微软(中国)有限公司亚洲研究院	1.5万
109	会丰奖助学金	厦门会丰拍卖有限责任公司	2万
110	三菱电机奖学金	三菱电机机电(上海)有限公司	5万
111	威立雅水务奖学金	南京瀚略商贸有限公司	1万

（续　表）

序号	项目名称	设立者	总金额(元)
112	东南大学中泰国立奖教金	江苏中泰集团有限公司	30万
113	坚朗奖/助学金	广东坚朗五金制品股份有限公司	6万
114	锦华装饰奖教金、奖学金	江苏锦华建筑装饰设计工程股份有限公司	6万
115	聚立科技奖教金、奖学金、奖管金	南京聚立工程技术公司	7万
116	龙腾奖学金	江苏龙腾工程设计有限公司	6 000
117	东方威思顿奖教金、奖学金	烟台东方威思顿电气有限公司	基金10万
118	光一科技奖教金、奖学金	光一科技股份有限公司	基金10万
119	深圳中天装饰奖助学金	深圳中天装饰工程有限公司	10万
120	南京长江都市奖助学金	南京长江都市建筑设计股份有限公司	2.4万
121	东大智能奖励金	南京东大智能化系统有限公司	3万
122	浙江永利奖教金、奖学金	浙江永利实业集团有限公司	基金20万
123	55所电科奖学金	中国电子科技集团公司第五十五研究所	20万
124	亚东奖学金	南京亚东建设发展集团有限公司	5万
125	科远自动化奖学金	南京科远自动化集团股份有限公司	5万
126	海拉奖学金	海拉（上海）汽车工业服务有限责任公司	13万
127	东南大学博世奖学金	博世（中国）投资有限公司	13.5万
128	金昇奖励基金	江苏金昇实业股份有限公司	50万
129	创能电力奖学金、奖教金	南京创能电力科技开发有限公司	基金10万
130	苏博特基金	江苏苏博特新材料股份有限公司	38万
131	中交一公院奖学金	中交第一公路勘察设计研究院有限公司	基金20万
132	苏交科奖学金	江苏省交通科学研究院股份有限公司	基金50万
133	江苏交通院奖学(教)金	江苏省交通规划设计院股份有限公司	基金50万
134	三联奖学金	江苏三联生物工程有限公司	6 000
135	至善奖学金	原东南大学后勤集团	基金10万
136	汉桑奖学金	汉桑（南京）科技有限公司	2万
137	汇鸿股份奖教金、奖学金	江苏汇鸿股份有限公司	10万
138	江苏大秦奖学金	江苏大秦电气集团	基金20万

(续 表)

序号	项目名称	设立者	总金额(元)
139	宝供物流奖学金	宝供物流企业集团有限公司	6 000
140	蓝风国际奖学金、奖教金	江苏蓝风国际投资发展有限公司	10万
141	欧级奖助学金	江苏欧级节能科技有限公司	10万
142	泰宁雨水奖助学金	北京泰宁科创雨水利用技术股份有限公司	5万
143	中交路桥建设奖学金、奖教金	中交路桥建设有限公司	20万
144	江苏金陵科技集团公司奖教金、研究生奖学金	江苏金陵科技集团公司	1万
145	创远微波奖学金	上海创远仪器技术股份有限公司	10万
146	科雄奖学金	南京科雄科技有限公司	基金10万
147	罗德与施瓦茨研究生奖学金	罗德与施瓦茨公司	10万
148	丹阳市飓风物流奖助学基金	丹阳市飓风物流有限公司	12万
149	正保教育奖学金、助学金	北京东大正保科技有限公司	15万
150	东南大学建筑设计与理论研究中心·杭州中联筑境建筑设计有限公司基金	杭州中联筑境建筑设计有限公司	基金20万
151	英泰立奖教金	南京英泰立软件开发有限公司	基金5万
152	菲尼克斯电气—东南大学奖励金	菲尼克斯电气中国公司	12万
153	苏州中诚奖教金、奖学金	苏州市中诚工程建设造价事务所有限公司	30万
154	新蓝天钢结构奖学金	江苏新蓝天钢结构有限公司	6万
155	禾创集团奖学金、奖教金	江苏禾创电力集团	2.9万
156	中南助学圆梦奖学金	中南控股集团有限公司	25万
157	东南大学森德兰舍奖学金	上海兰舍空气技术有限公司	8万
158	金智教育奖教金	江苏金智教育信息技术有限公司	2.5万
159	东大电子——德州仪器奖学金、助学金	德州仪器半导体技术(上海)有限公司	22.5万
160	江苏一开奖学金、奖管金	江苏一开电气有限公司	20万
161	特高压奖学金	国家电网公益基金会	10万
162	大连化物所奖学金	中国科学院大连化学物理研究所	20万
163	江苏软件奖学金	江苏软件产业人才发展基金会	4 000
164	夏普奖学金	南京夏普电子有限公司	1.8万
165	一卡通奖助学金	招商银行南京分行	10万

(续　表)

序号	项目名称	设立者	总金额(元)
166	嚞龙奖学金	泗阳星美置业有限公司	13万
167	"协鑫奖"奖学金	协鑫(集团)控股有限公司	5万
168	东大能源奖学金、奖教金	南京东大能源环保科技有限公司	3万
169	东南大学——华为奖学金、奖教金	华为技术有限公司	10万
170	华电光大奖教金、奖学金	北京华电光大环保技术有限公司	5万
171	梅花奖学金	南京梅花餐饮管理有限公司	10万
172	外运长江奖学金	中国外运长江有限公司	2万
173	正信光伏奖学金、奖教金	正信光伏有限公司	基金10万
174	西门子中国奖学金	西门子电力自动化有限公司	2万
175	中快奖助学金	中快餐饮集团南京博硕餐饮有限公司	10万
176	联众奖学金	杭州联众医疗科技有限公司	3万
177	无线电系77、78级校友奖学基金	信息科学与工程学院77、78级校友	基金25万
178	阿特拉斯科普柯竞赛奖学金	阿特拉斯科普柯(南京)建筑矿山设备有限公司	3.3万
179	华生、铁凝助学金	华生、铁凝夫妇	基金1 100万
180	何耀光助学金	何耀光先生	20万港元
181	爱心助学金	蔡泉生校友	2.16万
182	星火助学金	高戟校友	1.2万
183	160082助学基金	160082班全体校友	3 000
184	东南大学法学院251981班助学金	东南大学法学院98级校友会	基金7万
185	东南大学法学院上海校友助学金	东南大学法学院上海校友	2 000
186	东南大学机械系21901班爱心助学基金	东南大学机械系21901班校友	基金10万
187	纪辉娇助学金	亿利达工业发展集团有限公司	5万
188	爱心人士助学金	南京爱心市民臧曰镇、吴丽群夫妇	6 000
189	温暖助学金	南京热心市民马慧宁、杜明昱母子	2 000
190	中国能建集团江苏省电力设计院员工博爱基金	中国能建集团江苏省电力设计院	2.5万
191	中国社会福利基金会雁行中国项目	雁行中国	9.6万
192	华民慈善基金会大学生就业扶助项目	华民慈善基金会	30万
193	新生爱心基金	宜兴法兴轮胎销售有限公司,陈岱琳、蔡喜冬、杨芳	2.1万

(续 表)

序号	项目名称	设立者	总金额(元)
194	东南大学—南京龙虎助学金	龙虎网	3万
195	懿南助学金	校友朱晓明先生	5万
196	诚朴助学金	瞿宏伟先生	5.5万
197	云南同乡爱心助学金	热心人士杨文、余兰、杨志、杨健	6 000
198	筑和助学金	江苏筑和地产发展有限公司	4 000
199	南京永瑞助学金	南京永瑞科技有限公司	6 000
200	武汉正维助学金	武汉正维电子技术有限公司	10.8万
201	吴海熊助学金	吴海熊、李晓峻夫妇	6 000
202	伯藜助学金	江苏陶欣伯助学基金会	20万
203	南京21世纪投资集团助学金	南京21世纪投资集团	1万
204	星网锐捷特困生助学金	福建星网锐捷通讯股份有限公司	4 000
205	东南大学雅居乐地产助学金	雅居乐地产控股有限公司	10万
206	南京兴华建筑设计研究院助学金	南京兴华建筑设计研究院有限公司	10万
207	RBSf-柏济助学金	广州容柏生建筑结构设计事务所	1万
208	国信助学基金	江苏国信企业发展研究基金会	10万
209	东南大学未来电源精英助学金	中国教育基金会	10万
210	学长助新生启航基金	东南大学各地校友会及全体校友	20万

校友总会2015年工作综述

2015年,在总会各位理事、各地校友会、广大校友的领导、帮助下,校友总会继续围绕学校中心工作,围绕为学校建设发展服务、为广大校友服务、为社会发展服务的工作宗旨,坚持以情感为纽带、以沟通为前提、以双赢为目标,通过校友总会和各地校友会的密切配合,着重在加强联络、建立组织、开展活动和增进合作等方面做出积极努力,形成学校关心校友、校友关心母校,校友相互支持、共同发展的良好局面。

一、加强校友会组织建设和校友服务与活动

1. 2015年6月校庆期间,召开各地校友会负责人主题工作会议暨校友总会五届四次理事代表大会,总结以往工作,交流校友工作经验,提出新的工作思路。首次邀请科技园、学生处领导参加,介绍创新创业和学生招生就业工作。

2. 配合中央大学南京校友会主办理事扩大会会务工作,接待年过80的中央大学老校友60多位。

3. 指导7个地区(北京、广东、浙江、四川、福建、温州、泉州)校友会及地质分会完成

换届工作。热爱母校、年富力强、有能力的中青年校友在校友工作中日益发挥主力军作用。

4. 参加各地校友会年会及重要活动计20多次（包括北京、广东、上海、浙江、四川、福建、南京、镇江、常州、苏州、盐城、厦门、泉州、温州），10多次专程走访地方校友会（广东、上海、南平、苏州、徐州、宿迁、淮安、常州、扬州），频繁联络各地校友会组织，加强与各地校友的联络交流，增强当地校友会凝聚力，推进当地校友会工作。通过各种交流形式和近3 000名校友进行了面对面的沟通、交流。

5. 走访校友企业几十家次，专程拜访院士及知名校友5次（于俊崇、莫宣学、戴复东、程泰宁、罗德启），采访及报道校友企业4家。

6. 校友总会每星期参加各地校友及校友会开展的创新、创业、投资、保健、体育健身等各类校友组织活动1~2次，线上线下互动热烈。

7. 统一各地校友会宣传标识、会旗，注重扩大东南大学美誉度。

8. 校友总会向全体东大校友发出倡议，征集中大、东大历史资料，用于校史馆陈列。成都院士校友于俊崇首先响应，捐赠一批珍贵资料。

二、推进境外校友会组织建设和活动

1. 境外校友会成立进入增长期，成立4个海外校友会（美国大华府地区校友会、密歇根校友会、新加坡校友会、多伦多校友会），美国、德国多地正积极筹备成立校友会组织，东南大学的国际影响力不断扩大。

2. 接待境外校友会负责人来访交流10多次（美国硅谷、俄亥俄州、密歇根、大纽约地区，加拿大温哥华地区，澳大利亚，新加坡，德国，中国香港地区等），接待境外校友40多位，通过微信进行境内外校友联络交流每天达几十次。为学校相关专业和境外高校及高技术公司的科研、学科建设、人才培养及人才引进合作牵线搭桥近10次。

3. 学校领导带队，走访了中国香港、澳洲、加拿大多伦多、温哥华、美国洛杉矶等地区校友会。

4. 美国（大华府、大纽约、大底特律、硅谷、俄亥俄州、波士顿、休斯敦）、英国、加拿大（温哥华、多伦多）、新加坡、澳大利亚、法国等国家和中国香港地区校友会等活动积极，校友联络日益频繁。

三、积极促进院系学科建设、人才培养

1. 配合4个学院（系）院（系）庆活动开展校友寻访活动数十次。

2. 调研土木、电气、能源、机械、交通、艺术、材料、生医、人文、法学等10个院系，支持院系校友工作委员会或校友分会工作，讨论校友工作，开展校友和院系的科研、教学、就业等合作联络工作，推动院系开展各种形式的校友活动。

3. 积极参与相关院系在各地行业校友会的建设与交流。

四、参与大学生素质教育和人文关怀，为学校教学科研服务

1. 继续开展"学长助新生，启航向东大"系列活动，涉及200多位学生。

2. 配合学校学生处工作，走进6省（广东、福建、海南、四川、河南、安徽）做招生宣传。

3. 由校友总会主办协办的重要活动3项：

（1）联系杰出校友毛大庆、刘江峰两位重量级校友回校进行创业宣讲，引起轰动；

（2）组织、指导SCDA成功举办2015年"他乡遇故知"活动，邀请4位校友和2位应届毕业生与在校生互动，近70名学生参加；

（3）成功举办2015年度暑期实习招聘会，近4 000名学生入场。

4. 医学院一校友重病入院，校友总会联络医学院、基金会组织网络募捐，收到善款3万余元帮助该校友。大一学生古丽丹的家庭突发困难，教育基金会、校友总会联合"雁行东大"社团通过网络发出募捐倡议书，共收到善款近300笔近6万元，雪中送炭。

5. 和学生处、教务处、团委、科研院、资产处、档案馆、图书馆、远程教育学院、老干部处等进行了20多次的合作，为学校的教学、科研、管理、投资、学生创业等和广大校友对接合作。

五、注重宣传报道

1. 校友总会2015年官网刊发报道380篇，部分报道被中央电视台、《光明日报》、人民网等媒体转载；每月出刊一期电子杂志《校友总会简报》向海内外近3万位校友发送；出版2期《校友通讯》向5 000多位校友发放。

2. 校友总会官方微信、微博关注度持续上升，信息发布量剧增；互动频繁而及时，海内外校友同处一个东大。

3. 配合建校113周年校庆，总会会同各地校友会联合发起以校庆校标为微信头像进行庆祝活动，该条微信得到校友及师生员工广泛支持，引爆校友圈，阅读人数超9万。

附1：校友总会自身建设
召开年度理事会议

2015年1月24日，东南大学校友总会五届三次理事（在宁）会议暨2015新春座谈会召开

2015年1月24日，东南大学校友总会五届三次理事（在宁）会议暨2015新春座谈会召开。校友总会会长、校长易红，常务副会长、副校长浦跃朴，副会长、南京农业大学党委书记左惟，副会长、副校长林萍华，副会长杨树林，副会长朱建设与校友总会在宁理事代表共50余人参加座谈会。会议由校发展委员会常务副主任刘松玉教授主持。本次会议主要内容为增补校友总会理事，审议校友总会副会长（执行）、秘书长人选，并向理事们汇报2014年度校友总会工作情况。

校友总会会长、校长易红教授首先致辞。朱建设副会长宣读增补理事建议名单，提请理事会决定。与会理事一致鼓掌通过刘乃丰、刘松玉、姚志彪等8位同志进入理事会。经过举手表决，与会理事一致同意刘松玉理事担任校友总会副会长（执行）、姚志彪理事担任校友总会秘书长。经新任秘书长提名，与会理事鼓掌通过增补米永强、曹军、张飙兵为校友总会副秘书长。因年龄和工作变动，胡焱理事、金志军理事分别不再担任校友总会秘书长和副秘书长职务。东南大学校友总会第五届理事会理事238名，参与本次投票的理事

人数为186名(含通讯方式),超过理事人数的三分之二;同意为181位,超过投票理事人数的半数。本次审议表决符合校友总会章程要求,表决结果有效。

校友总会新当选秘书长姚志彪向各位理事汇报了校友总会2014年度工作情况,从多个方面阐述了校友工作的内涵,重点介绍了校友总会在2014年的几项特色工作。校友总会林萍华副会长、左惟副会长、杨树林副会长分别讲话;三江学院理事长陈万年理事、南京审计学院原党委书记熊仁民理事、江苏中浩投资实业集团董事长朱文俊理事、南京聚立工程技术有限公司董事长徐洪彬理事、江苏省国土资源厅副调研员董献忠理事等纷纷发言。浦跃朴副会长作了总结讲话。

2015年6月6日,东南大学校友总会各地负责人会议暨五届理事会四次会议召开

2015年6月6日校庆日下午,东南大学校友总会各地校友会负责人会议暨五届理事会四次会议在东南大学四牌楼校区召开。校友总会常务副会长、东南大学副校长浦跃朴,校友总会副会长、南京农业大学党委书记左惟,校友总会副会长杨树林、刘京南、朱建设、庄宝杰、刘光荣,校学生处蔡亮副处长,校资产经营管理处江汉处长及来自东南大学海内外30个地方校友会的近40名负责人参会。

会议由校友总会执行副会长刘松玉主持,会议的主题为校友总会工作报告和各地校友会工作模式交流,重点在招生宣传、送新生迎校友、奖助贫困生、助力大学生创新创业、联络海外校友、发展校友分会和发挥校友作用、广纳办学资源、加快母校发展等方面进行探讨。

浦跃朴副校长首先致辞,校友总会姚志彪秘书长向与会的校友代表汇报一年来校友总会工作,东南大学本科生招生办公室主任蔡亮向校友们汇报了学校2014年度招生、就业情况,资产经营管理处江汉处长向校友们介绍了学校创新、创业情况和实施计划。各地校友会负责人介绍了各自校友会的创新工作,并就学校各项事业发展提出了建议。

海内外各地校友会达成共识,老、中、青结合的具有战斗力的核心团队是校友工作的基础,要把服务校友作为校友会的根本工作,解决校友们生活中的实际问题,才能更好地凝聚校友。同时,校友会要有与时俱进的意识,积极实践,保障校友会持续和良好发展。

校友总会副会长杨树林作会议总结。

当天上午,来自各个地方校友会的负责人参加了东南大学建校113周年庆祝大会。

调研培训

2015年4月24日,校友总会一行赴中国矿业大学调研校友工作

2015年4月24日下午,校友总会秘书长姚志彪一行专程赴中国矿业大学,调研学习矿大校友工作经验。东南大学一行与中国矿业大学校友会副秘书长、对外合作发展处副处长王智及校友会秘书处马睿主任等进行了座谈交流。

2015年4月28日,校友总会参加全国高校校友工作培训会

2015年4月28日至30日,中国高等教育学会校友工作研究分会全国高校校友工作培训会在天津大学召开,来自全国64所高校的118位校友工作者参会。东南大学校友总会姚志彪秘书长等参加了此次校友工作培训会。

天津大学党委书记、校友总会会长刘建平,副校长、校友总会副会长兼秘书长冯亚青出席培训会开幕式。中国高等教育学会校友工作研究分会秘书长、浙江大学校长助理张

美凤,中山大学校友总会、教育基金会秘书长李汉荣,北京航空航天大学校友总会秘书长王有洪,天津大学校友与基金事务处处长李秀民,南开大学校友工作办公室主任曾利剑,北京大学校友会副秘书长张向英,杭州浙江大学校友会许生等专家结合各自学校的实际经验,先后作了精彩讲座。中国高等教育学会校友工作研究分会向参加培训的各高校校友工作者颁发了结业证书。

2015年6月11日,校友总会、教育基金会参加首届"卓越大学联盟"校友会与基金会秘书长论坛

2015年6月11日,由大连理工大学牵头推动的"卓越大学联盟"校友会与基金会秘书长论坛在大连理工大学召开。大连理工大学党委常务副书记姜德学出席论坛并致辞。东南大学、北京理工大学、西北工业大学、同济大学、华南理工大学、哈尔滨工业大学、重庆大学等"卓越大学联盟"成员高校校友会和基金会秘书长参加论坛。

会议通过了《卓越大学联盟校友会与基金会秘书长论坛》章程;会员单位负责人以会旗交接传递的方式共同为首届论坛揭幕;"卓越大学联盟"成员单位的校友会与基金会负责人做主题报告;与会人员围绕新常态下如何做好校友工作、企业家校友平台的构建、基金会理事会能力建设、如何推动院系筹资工作开展等内容展开研讨。

2015年12月10日,校友总会参加全国高校校友工作第22次研讨会

2015年12月10日,由中国高等教育学会校友工作研究分会主办、中山大学校友总会承办的全国高校校友工作第22次研讨会在中山大学顺利召开。来自全国260所高校的360余位代表出席了此次研讨会,共同探讨新形势下的校友工作。东南大学校友总会姚志彪秘书长参加了此次校友工作研讨会。

中国高等教育学会秘书长康凯在致辞中指出,今后,校友分会要着重围绕"学术立会、服务兴会、规范办会"三个方面开展工作,要将学术活动作为今后分会开展工作的主要内容,要为参会的各会员高校提供更好的服务,要严格按照中央八项规定举办会议。并对校友分会工作在制度、规范上提出了具体要求。

浙江大学副校长、校友总会常务副会长罗建红代表全国高校校友工作研究分会会长单位致辞。他表示,近几年中国高校校友工作蓬勃发展,相信在大家不断努力下,今后一定会朝着更加职业化和更加专业化的方向不断完善和发展。

中山大学校友工作志愿者、中山大学中文系教授黄天骥作《我所理解的中大文化》报告,中山大学党委副书记、校友总会常务副会长作《大学与校友》专题报告,5所高校校友会的负责人作了专题报告,与大家分享了各自的特色工作和创新工作。

2015年12月17日,东南大学校友总会参加江苏省侨办—知名高校校友会负责人座谈会

2015年12月17日下午,2015年度江苏省侨办—知名高校校友会负责人座谈会在江苏泰州召开。东南大学校友总会秘书长姚志彪及复旦大学校友会、上海交通大学校友会、南京大学校友总会、浙江大学校友总会、南京航空航天大学校友会及北京大学北创营苏州中心的相关负责人应邀参会。省侨办孙彬副主任、泰州市外侨办张坤主任参加此会,泰州市外侨办承办本次会议。

交流座谈会由省侨办经济科技处副处长张志中主持。各高校校友会负责人交流了海

外校友工作情况、海外校友回国发展情况。姚志彪秘书长在发言中表示,东南大学作为一所以工科为主要特色的多学科综合性研究型大学,海外校友回国创业的优势明显。东南大学校友总会将加强与省侨办的联系与合作,运用省政府资源和能力,更好地服务海外新生代校友。他同时建议侨务工作要充分利用新媒体手段,加强信息传播,及时有效地宣传江苏省侨办主持的品牌活动。省侨办孙彬副主任做会议总结。

座谈会上,大家达成共识,省侨办面向海外华侨华人的招才引智活动与高校校友会的海外校友工作,在服务对象、服务手段和服务目标方面具有高度一致性。双方在优势互补的基础上明确了进一步合作的内容,共同努力促进跨界合作的常态化。

附2:校领导、院系领导及校友总会负责人走访地方校友组织、各地校友情况

2015年1月13日,浦跃朴副校长带队赴太仓拜访企业和校友

2015年1月13日,浦跃朴副校长一行赴太仓拜访捐赠企业并与当地校友座谈。发展委员会常务副主任刘松玉、化学化工学院院长林保平和副院长周建成、附属中大医院肿瘤科主任王彩莲和教育基金会秘书长李爽等相关部门领导参加了考察交流。太仓农商行行长钱伟东、太仓科技局副局长孙惠球等十多位校友与母校领导进行了座谈。

2015年2月,能源与环境学院院长、书记一行赴京拜望老校友闵桂荣院士和黄其励院士

春节前,能源与环境学院老领导徐治皋教授、院长钟文琪、书记朱小良、副书记兼副院长司风琪一行赴中国空间技术研究院与国家电网公司进行交流访问,并专门分别拜望了能源与环境学院杰出校友中国空间技术研究院闵桂荣院士和国家电网公司黄其励院士。闵院士向母校赠送了嫦娥三号模型、天宫一号与神舟十号载人交会对接模型,黄院士向母校赠送了他的新作《攀登集》。

2015年3月12日,发展委员会(校友总会、基金会)全体工作人员拜访校友企业光一科技

2015年3月12日,校发展委员会常务副主任刘松玉教授带队,前往校友企业光一科技股份有限公司进行参观和交流。

2015年3月27日,校友总会一行拜访杰出校友于俊崇院士,接受其国家大奖证书捐赠

2015年3月27日,校友总会秘书长姚志彪、校档案馆馆长钱杰生一行在四川校友李树贵、秦进勇的陪同下,拜访我校杰出校友于俊崇院士。钱馆长和姚秘书长代表母校接受于院士的个人所获国家大奖的证书捐赠。

2015年4月3日,郭广银书记一行访澳期间与澳洲校友亲切交流

2015年4月3日,东南大学郭广银书记携同土木工程学院吴刚院长、中大医院滕皋军院长、东大发展委员会刘松玉常务副主任、国际合作处史兰新处长和袁超科长访问悉尼期间,与澳洲校友会校友们亲切见面并交流。

2015年4月22日,校友总会一行专程赴宿迁看望校友并召开校友座谈会

2015年4月22日,校友总会副会长朱建设,校友总会副会长(执行)、发展委员会常务副主任刘松玉等校友总会一行专程赴宿迁看望校友,并召开部分校友代表座谈会。座

谈会由苏宿工业园区党工委委员、规划建设局局长(挂职,苏州校友会秘书长)周原校友主持,宿迁校友会(筹)秘书长、苏宿工业园区党工委副书记、管委会副主任骆敏等近十位宿迁校友代表参加了座谈。苏州校友会副秘书长孔祥樑、张杰校友也参加了座谈会。

2015年4月24日,校友总会一行专程赴徐州看望校友,参加徐州校友联谊座谈会

2015年4月24日,校友总会副会长朱建设、秘书长姚志彪等一行专程赴徐州走访看望校友,并于25日下午与徐州校友进行了联谊座谈。徐州校友会会长、徐州市工商联主席顾玉华,副会长、徐州市文化广电新闻出版局副局长张海波,副会长、徐州医学院附属第三医院外科主任段鱼俊,徐州市新城区管委会主任邱颖,徐州工程学院副院长王冬冬,秘书长、徐州市工程咨询中心主任钱宏等30余位徐州校友代表参加了联谊。联谊会由徐州校友会张海波副会长主持。

2015年4月29日,校友总会姚志彪秘书长看望天津校友

2015年4月29日,校友总会姚志彪秘书长与天津校友会负责人魏宏云、包俊义、曹诚、吴秉军等校友座谈,听取天津校友对母校事业发展的意见建议,并就校友会如何更好地服务校友进行了深入交流。

2015年9月9日,发展委员会副主任米永强拜访校友丁衡高院士

2015年9月9日,东南大学发展委员会副主任米永强在北京校友会副会长刘勇、《走近院士》系列编委周蓓校友陪同下拜访丁衡高院士。北京校友会向丁院士赠送《走近院士》一书。

2015年11月14日,校友总会姚志彪秘书长赴扬州参加扬州校友会活动

2015年11月14日,校友总会姚志彪秘书长赴扬州与扬州校友会20多位校友座谈,并参观了校友企业"扬州佳境环境科技股份有限公司"。

2015年11月12日,校友总会秘书长姚志彪到苏州研究院交流调研

2015年11月12日,东南大学校友总会秘书长姚志彪来苏州研究院调研校友工作,并与苏州校友会副会长周旭东、张为公,副秘书长孔祥梁、杨益农等就苏州校友会的组织建设、活动情况进行了交流沟通。姚秘书长还参观了校友企业"梦想人科技"。

2015年12月2日,郑家茂副校长美加高校访问交流团一行访加期间看望大多伦多地区校友

2015年12月2日,由郑家茂副校长率领的东南大学美加高校访问交流团与大多伦多地区东南大学校友亲切交流,大多伦多地区校友会会长靳远、副会长李伟东、秘书长傅雁、理事谢安基及校友黄国钦、孙泰宁等参加座谈。

2015年12月5日,郑家茂副校长一行访加期间看望大温哥华地区校友

2015年12月5日,东南大学美加高校访问交流团一行与大温哥华地区校友亲切交流,大温哥华地区东南大学校友会会长陈飞、副会长刘斌、理事吴嘉明、潘杰、王军毅、朱隽等校友近20人参加座谈活动。

2015年12月5日,交通学院浙江校友座谈会举行

2015年12月5日下午,校交通学院浙江校友座谈会在杭州举行。副校长黄大卫、发展委员会常务副主任兼交通学院岩土工程学科负责人刘松玉、校友总会秘书长姚志彪、发展委员会副主任李爽、交通学院院长刘攀、党委书记秦霞、常务副院长丁建明、党委副书记

兼副院长陈怡、副院长顾兴宇、副院长钱振东、桥梁学科负责人黄侨、交通学科陈学武老师以及有关负责同志,100余名交通学院浙江校友出席座谈会。座谈会由交通学院党委书记秦霞主持。

交通学院领导、老师们参观调研了校友企业浙江省交通规划设计研究院并与校友亲切座谈。

2015年12月20日,交通学院广东校友座谈会举行

2015年12月20日上午,东南大学交通学院广东校友座谈会在广州举行。东南大学副校长、校友总会常务副会长浦跃朴,东南大学南京校友会会长黄安永,东南大学发展委员会副主任、东南大学教育基金会秘书长李爽,东南大学发展委员会副主任、校友总会秘书长姚志彪,东南大学交通学院院长刘攀、党委书记秦霞,东南大学交通规划设计研究院院长丁建明,东南大学交通学院党委副书记兼副院长陈怡、道路学科负责人黄晓明以及有关负责同志,50余名东南大学交通学院广东校友出席座谈会。座谈会由交通学院党委书记秦霞主持。

交通学院领导、老师们参观调研了广东交通实业投资有限公司、广东省公路建设有限公司等校友企业并与校友亲切座谈。

附3:各地校友组织建设及重大活动事件
年会、理事会和工作会议
2015年1月10日召开南京校友会常务理事新年座谈会
北京校友会动力电气分会第三届理事会产生

东南大学北京校友会动力电气分会,充分利用新媒体手段,经过网上提名、推荐和征求意见,最终产生第三届理事会机构。

2015年1月24日,上海校友会召开2015"有生机、有生态"主题年会

2015年1月24日,东南大学上海校友会举行2015年年会活动,参加活动的有东南大学上海校友会会长委员会成员吴林奎、管秋云、陆耀祥、李华彪(兼秘书长),资深校友孙本良、忻英芬等,以及建筑、医学、地质、动力、无线电、金融、法律等专业分会在沪的校友们,还邀请了南京师范大学上海校友会、合肥工业大学上海校友会的代表参加。

本次活动主要以家庭PARTY形式,结合年度总结、表彰、推介、联谊交流等活动形式,在"大健康"理念的推动下,为广大校友呈现一个"有生机、有生态"的年会活动。

首先由吴林奎校友代表会长委员会致欢迎词;李华彪秘书长作2014年工作报告,各学科小组代表相继发言。与会校友每人都有不超过1分钟的自我介绍。

2015年1月25日,云南校友会2014年年会召开

云南校友会2014年年会于1月25日在昆明召开,50多名校友参会。张辉会长在会上畅谈云南校友会从2004年到2014年这十年的校友活动工作,刘海秘书长在会上宣读了校友会总会的祝贺,顾冬云校友在会上宣读了财务情况,周林官名誉会长宣读了理事会的决定。推荐原秘书长刘海同志为第十届校友会会长,择期完成副会长、理事人员名单。

2015年1月31日,浙江校友会第三届理事会成立大会暨2015年新年联谊会举行

2015年1月31日,浙江校友会第三届理事会成立大会暨2015年新年联谊会在杭州

举行,校友总会副会长朱建设、校友总会秘书长姚志彪及胡焱、马波等代表和东南大学浙江校友 120 余人参会。会议总结了东南大学浙江校友会第二届理事会工作情况,选举产生东南大学浙江校友会第三届理事会理事。浙江校友会第二届理事会会长陈继松校友作第二届东南大学浙江校友会的工作情况介绍,第二届理事会秘书长王金锋校友作了关于东南大学浙江校友会换届准备情况的汇报和第三届理事会组成人员建议名单的说明。何兼、初建武、凌庆年、吴丹青等 41 名校友当选为东南大学浙江校友会第三届理事会理事,张蔚文、陈继松两位校友当选为浙江校友会第三届理事会名誉会长,范建军校友当选为会长,徐幸、王亚卡、李包相、王金锋校友当选为浙江校友会第三届理事会副会长。王金锋校友当选为浙江校友会第三届理事会秘书长(兼),王晓宇、俞芳红、赵益民、胡治平、胡志明、尹建伟、潘明军、王维列、李爱国、姚燕、张文骏校友当选为副秘书长。会议还通过了东南大学第二届浙江校友会的财务情况报告。浙江校友会第三届理事会新任会长范建军校友致辞,校友总会副会长朱建设代表母校发表了热情洋溢的讲话。

2015 年 1 月 31 日,香港校友会 2015 年年会召开

2015 年 1 月 31 日,香港校友会召开 2015 年年会。东南大学副校长浦跃朴教授、发展委员会常务副主任刘松玉教授、教育基金会秘书长李爽老师专程赴会。三位在创业、投资、科技等领域的杰出香港校友为校友们分享了创业投资故事和海外经历。

2015 年 1 月 31 日,常州校友会医学分会校友年会联欢迎春

2015 年 1 月 31 日,近百名东南大学医学院(原南京铁道医学院)校友在常州举办东南大学常州校友会医学分会年会。常州校友会副秘书长葛维克、沈烨代表常州校友会参加联谊并祝贺,校友总会向年会提供了纪念品。

2015 年 1 月 31 日,生医学院校友会首届一次理事会议胜利召开

生医学院在苏州市召开生医学院校友会首届一次理事会议。东南大学校友总会副秘书长曹军,学院院长顾忠泽,党委书记洪宗训,学院校友会全体理事,学院部分老师以及各地区校友会会长、秘书长参会。顾忠泽院长作新年讲话并介绍了 2014 年学院发展状况,党委书记洪宗训介绍了 30 周年院庆及校友捐赠情况。校友总会副秘书长曹军结合东南大学、生医学院和校友会之间的关系和特色谈了几点期望。会议一致通过了关于增补钟要齐为东南大学生物科学与医学工程学院首届理事会理事、副会长的议项。会议期间,参会代表参观访问了吴江经济开发区科创园以及部分医疗器械企业。

2015 年 2 月 1 日,盐城校友会召开新春联谊会,特邀 2014 级新生共同座谈

盐城校友会于 2015 年 2 月 1 日召开新春联谊会,部分老校友与母校 2014 级新生代表近 40 人欢聚一堂,畅谈交流。会议由秘书长颜廷良主持。刘德仿会长委托常务副会长杨广才向校友们致以新春祝福,作了盐城校友会 2015 年工作计划的报告。2014 级新生汇报了自己在校学习和生活情况。盐城市铭城建筑设计院有限公司董事长夏伯宏校友和阜宁县建设监理公司董事长唐光平校友共同向 5 位 2014 级新生发放了新春红包。

2015 年 2 月 22 日,硅谷校友会举办 2015 年羊年春节联欢会并改选负责人

2015 年 2 月 22 日晚,东南大学硅谷校友会与南京大学北加州校友会联合举办 2015 年羊年春节联欢会,众多东南大学硅谷校友参加了联欢会并表演了精彩节目。

同时,东大硅谷校友会进行了改选,夏海涛校友、陈怡泽校友担任新一届硅谷校友会

正、副会长。

2015年3月21日，生医学院深圳校友会举办2015年年会

生医学院深圳校友会2015年年会于3月21日举行。生医学院院长顾忠泽、党委副书记程斌、副院长赵祥伟、院长助理谭逸斌一行参加了此次会议。新一任生医深圳校友会会长钟要齐畅谈了校友会新的发展思路，秘书长张旭凯介绍了深圳校友会过去一年的工作。生医学院院长顾忠泽代表学院向深圳校友会的发展致以美好的祝愿，并结合当前学科及行业发展的总体形势向与会校友介绍了学院在人才培养、创新创业等方面的规划。院长助理谭逸斌报告了学院校友工作开展的具体情况。深圳校友会针对刚毕业学生的实际需要，建立了一对一的导师结对帮扶机制。

2015年3月28日，四川校友会成立大会暨于俊崇院士珍贵档案捐赠仪式举行

四川校友会成立大会于2015年3月28日在成都召开，来自成都、绵阳、宜宾、南充等地区的近80名校友出席成立大会。会前，杰出校友于俊崇院士向母校东南大学档案馆捐赠了几十份珍贵资料，会上，校友总会副会长、东南大学副校长林萍华代表母校向于院士颁发了捐赠证书。校友总会秘书长、发展委员会副主任姚志彪，校友总会副秘书长曹军、校友总会综合部副主任杨丽荣老师一行专程到会祝贺。四川校友会名誉会长、现任四川省交通运输厅副厅长张琪主持会议。大会审议通过了东南大学四川校友会章程、第一届理事会组成人员名单。林萍华副校长向校友们介绍了近几年学校的各项成就及各地校友们对母校的支持和帮助，校友总会姚志彪秘书长介绍了总会的组织发展、工作内容、校友联络及各地校友会的活动情况并对四川校友会发展的相关事宜提出了建议。校友代表彭沛墀介绍了四川校友会的历史沿革，会长李树贵表示将加强四川校友与母校的联系，搭建各种平台促进并组织校友开展活动以增进友谊携手共进。

2015年5月23日，波士顿校友会举行春季校友座谈

美国波士顿地区校友会于2015年5月23日以野餐会的形式举行了第三届春季校友座谈会。创会会长潘晔回顾了校友会成立三年多以来取得的成绩。校友会登记在册的校友从2012年的50多人发展到200多人，主办、协办了多次校友沙龙和讲座，初步实现互助平台功能，并与校友总会及江苏省南京市相关部门保持紧密的联系，协助其在波士顿地区的招商引智工作。

2015年5月30日，温州校友会五届一次会员代表大会召开

温州校友会五届一次会员代表大会于2015年5月30日举行，50余名东南大学、江苏大学、南京工业大学在温校友代表参加了大会，校友总会副会长朱建设一行专程参会。会议听取并审议通过了宓配乔做的四届理事会工作报告，通过了修改校友会章程和上一届理事会财务状况的报告，审议并通过了换届选举办法草案，选举产生了东南大学温州校友会五届理事会。朱松华当选为五届理事会会长，陈元康、郭志坚、卢立海当选为副会长，项志峰被推举为秘书长，苏晓樟、张奇妙被决定为副秘书长，马云博被推举为名誉会长。根据温州当地的具体情况，会议决定，宓配乔暂时继任拓展型党支部书记。第五届理事会新任会长朱松华作了表态发言。校友总会副会长朱建设作了热情洋溢的讲话。

2015年6月14日,盐城校友会召开会议庆祝盐城校友会成立20周年

2015年6月14日,盐城校友会成立20周年庆祝会召开,校友总会秘书长姚志彪一行及北京校友会动力分会副秘书长陆风华专程参会祝贺。盐城校友会会长刘德仿致辞,简要回顾了20年来盐城校友会的发展历程。盐城校友会名誉会长任谷容先作了重要讲话。校友总会秘书长、学校发展委员会副主任姚志彪发表讲话。大会由盐城校友会常务副会长杨广才主持,名誉会长杨春生、陈玉堂及历任会长、副会长、正副秘书长及校友代表40余人参加了会议。

2015年6月28~30日,海南校友会全力支持母校招生宣传

2015年6月28~30日,校招生宣传组在海南校友会校友们陪同下,进入海南三所著名中学(海南华侨中学、海口一中、海南中学)举办招生咨询会。海南校友会特别组织强大的义工团全程全力支持学校的招生工作,并专门创建了"东南大学高考咨询QQ群",提供给考生及家长在线咨询。

2015年8月15日,美国密歇根校友会成立暨夏季聚餐举办

2015年8月15日,美国密歇根校友会成立大会召开,来自密歇根和温莎地区的40多位校友和家属参会。大会确定了雒超民为会长,唐寅和沈一农为副会长,崔少林为秘书长,丁旭茹、陈宝生、鞠建松、冯清平、周玉佳和朱敏为理事。

2015年9月,美国大华府地区校友会成立

2015年9月13日,大纽约地区校友会会同五高校联合举办当地中国高校迎新生庆中秋聚会活动

2015年9月13日,东南大学与天津大学(北洋大学)、中国科技大学、同济大学、南京大学、浙江大学六高校当地校友会在纽约中央公园联合举办了中秋迎新野餐会。东南大学有近30名校友参加迎新庆祝活动,并负责组织现场活动的游戏内容。

2015年9月19日,北京校友会成立30周年暨八届理事会成立大会召开

庆祝东南大学北京校友会成立30周年暨八届理事会成立大会于2015年9月19日隆重召开,母校及校友总会领导和300多位北京校友欢聚一堂。华生校友当选第八届理事会会长。

2015年9月26日,泉州校友会换届大会暨2015中秋联谊会召开

2015年9月26日,泉州校友会换届大会暨中秋博饼联谊会召开,校友总会秘书长姚志彪一行到会祝贺,泉州校友会首任会长萧英国、杰出校友庄昆杰夫妇及60余位泉州校友参会。

大会由泉州校友会名誉会长黄颖峰主持。第二任会长苏光辉校友致辞。校友总会姚志彪秘书长代表母校感谢泉州校友们对母校发展的关心和支持。福建校友会陈光榕副会长和黄庄松副会长、漳州校友会曾源辉秘书长代表兄弟校友会到现场祝贺并致贺词。泉州校友会高清林秘书长现场宣读新一届校友会理事名单。

2015年9月26日,常州校友会中秋迎新茶话会在六朝松茶馆温馨举行

2015年9月26日,常州校友会中秋迎新茶话会在六朝松茶馆举行,常州校友会会长张跃、副会长宋平、团市委书记潘文卿校友、校友会秘书长葛维克,以及常州杰出校友代表,与30多位东大应届毕业来常学子代表欢聚一堂。副会长宋平主持活动。王文虎、赵

昔生和周青校友分别作了精彩分享,潘文卿校友提出了殷切期望。来常工作的东大学子相继发言。常州校友会会长张跃对全体常州校友表示节日的祝贺,校友会向参加此次活动的31位应届毕业生发放了节日礼品。

2015年10月17日,厦门校友会22周年庆暨中秋重九聚会活动举行

2015年10月17日,厦门校友会22周年庆主题活动举行。校友总会姚志彪秘书长赴会祝贺并致辞,黄国辉会长谈校友会发展感言,游泳执行会长展望校友会未来,秘书处汇报一年的校友会工作,老校友们进行了经验分享。

2015年10月20日,校友总会地校分会举行理事会换届大会

10月20日下午,近70位来自全国各地的原南京地质学校校友参加了校友总会地校分会理事换届大会。会议由地校分会秘书长金洪钦主持。校友总会常务副会长、副校长浦跃朴首先致辞。校友总会地校分会会长庄宝杰向校友代表们报告了地校分会第三届理事会的工作。地校分会秘书长金洪钦宣读地校分会第四届理事会人选的说明。经过认真讨论,大会选举产生了东南大学校友总会地校分会第四届理事会理事。随后举行了东南大学校友总会地校分会第四届理事会第一次会议。会上选举产生了东南大学校友总会地校分会第四届理事会领导机构。校友总会执行副会长刘松玉作了总结发言。校友总会秘书长姚志彪、副秘书长曹军和继续教育学院院长许映秋参加了此次会议。

2015年11月1日,深圳校友会2015"创客＋时代,东大e家人"主题年会召开

2015年11月1日,深圳校友会2015年年会隆重举行,母校领导、在深东大校友、东大各地校友代表以及其他高校深圳校友会嘉宾总计500余人参会。

出席此次校友年会的母校领导有东南大学副校长、校友总会常务副会长浦跃朴教授,校发展委员会常务副主任、校友总会执行副会长刘松玉教授,校友总会姚志彪秘书长,东大各地校友代表有南京校友会张锡昌常务副会长、香港校友会贾倍思会长、广东校友会陈映庭副会长、深圳大学建筑学院院长仲德崑校友以及从各地赶来的校友。北京航空航天大学、南开大学、中国人民大学、中山大学、浙江大学、西南财经大学等30所全国知名大学深圳校友会的代表也出席了大会。

本次年会策划了一场六朝松创业创新俱乐部圆桌论坛,东南大学90级校友、深圳发改委处长孙海斌先生为论坛致辞。国金投资顾问有限公司CEO林嘉喜,深圳创新谷总裁肖旭,力合华睿基金管理公司董事、总经理胡林平以及前海梧桐并购基金主要创始人兼总裁谢闻栗四位在创投界发展的杰出校友进行了现场访谈。

履新一年的满志会长对深圳校友会2015年度工作进行回顾,东南大学副校长浦跃朴代表母校致辞。香港校友会贾倍思会长、广东校友会陈映庭副会长代表兄弟校友会上台祝贺。

本次年会新增名誉顾问2人、副会长8人,新增理事4人,增补副秘书长4人。深圳校友会第九届理事会成员更多地吸收了医学院、原交专和地质学校的校友,使得深圳校友会的组织机构更加完善和全面。大会还成立了东大深圳校友会互助基金。深圳东大义工团义务为年会提供了热情专业的服务。

2015年11月9日,大华府地区校友会加入当地中国大专院校校友会联合会

当地时间11月9日,东南大学美国大华府校友会经过章程规定的审核程序,正式加

入大华府地区中国大专院校校友会联合会(大专联),成为其第70位会员。

2015年11月10日,中央大学南京校友会理事扩大会暨成立20周年纪念会在东南大学召开

2015年11月10日,中央大学南京校友会理事扩大会暨成立20周年纪念会在东南大学召开,60余位中央大学校友参加了此次会议,其中年龄最小的82岁,最长的98岁。东南大学副校长、校友总会常务副会长浦跃朴教授专程到会表示祝贺并致辞。东南大学与南京大学校友总会负责人出席会议。未能前来参会的齐康院士、钟训正院士对会议召开表示祝贺,他们个人共同为本次活动赞助了一些经费。

雷同声秘书长向参会的校友们汇报了20年来校友会的主要工作,校友会副会长许茌华校友追忆了中央大学自抗战以来参加革命运动的光荣史事。徐家福会长在讲话中,深情回顾了中央大学及其前身时期陈三立(三江学堂总教习)、罗家伦和吴有训(中央大学校长)三位大师的人品学问、治学之道和对中央大学的巨大贡献,缅怀了中央大学7个学院的杰出教师代表,深情地表达了对中央大学的感恩和感激。周鹗副会长向校友们简单介绍了南京校友会发展史,汇报了此次会议的筹备工作情况。

物理系陈道元校友、法律系郑锡章校友、土木系王励前校友、农工系王慕臧校友等作了发言。

2015年11月14日,云南校友会第十届理事会召开

云南校友会第十届理事会于2015年11月14日召开。会议进行了校友会换届选举,上届秘书长刘海校友被推荐为新一届校友会会长。

2015年11月17日,上海校友会召开2015年年会预备会

2015年11月17日下午,上海校友会召开年会预备会,吴林奎、李华彪、李洁、孙慧、张鸣铭以及郑萍(医学分会)、陈乃道(金融分会)、沈建忠、洪路明(地质分会)校友参会。会议决定,2015年年会初步定在12月底,具体由李洁校友负责,11月下旬发布年会通知。

2015年12月12日,庆祝福建校友会成立30周年暨第七届理事会成立大会召开

2015年12月12日上午,庆祝东南大学福建校友会成立30周年暨第七届理事会成立大会在福州召开,近300名校友欢聚一堂。东南大学校友总会常务副会长、副校长浦跃朴和校友总会秘书长姚志彪、南京校友会常务副会长张锡昌、机械学院书记张志胜等母校领导一行专程赴会,梦想人公司CEO周志颖校友及北京大学、北京师范大学等高校福建校友会负责人代表到会祝贺。

第六届会长吴大元回顾了福建校友会30年来的成绩,第六届秘书长陈光榕向大会报告了本次大会筹备情况,第六届副会长叶德文宣布第七届理事会推荐名单,现场全体代表热烈鼓掌通过决议。

浦跃朴副校长代表母校向福建校友会授东南大学校旗,校友总会姚志彪秘书长代表总会向福建校友会授福建校友会会旗,校友总会曹军副秘书长代表总会向福建校友会赠送由校友总会名誉理事赵瑞林亲笔书写的"感恩 联谊 共建 分享"书法作品。新当选会长陈光榕、第六届副会长叶德文及新任理事会常委会全体成员们上台与校友代表见面。

浦跃朴副校长发表了热情洋溢的讲话,姚志彪秘书长代表总会及全球各地校友会对大会表示祝贺。福建校友会第七届理事会陈光榕会长作了会长致辞。

机械学院张志胜书记诚邀大家参加 2016 年机械学院百年院庆。福建籍校友周志颖在现场向校友们展示了虚拟现实技术。北京大学福建校友会欧谭生副会长向北京大学福建校友会致贺词。福建省外大学校友会联合会艺术团为庆祝大会献上了精彩的文艺节目。

2015 年 12 月 19 日，东南大学镇江校友会成立

2015 年 12 月 19 日，东南大学镇江校友会在江苏睿泰数字产业园举行成立大会暨第一届理事会。东南大学校友总会朱建设副会长、曹军副秘书长莅临会议。会议听取了校友会筹备组组长、原镇江市科协汪天武主席关于校友会筹备工作情况的汇报，通过了《东南大学镇江校友会章程》，选举产生了东南大学镇江校友会理事会，由理事会选举产生了会长、副会长、秘书长及副秘书长等领导组织机构。选举结束后，校友总会朱建设副会长代表总会对镇江校友会成立表示热烈祝贺，并提出了殷切希望。新任镇江校友会会长、江苏大学电气信息工程学院刘国海院长最后发言，感谢校友总会对镇江校友会的关心与指导，并表示将积极履行职责，开创镇江校友会工作新局面。

2015 年 12 月 26 日，"交流互助，创新创业"——东南大学上海校友会 2016 年年会迎新活动举行

2015 年 12 月 26 日东南大学上海校友会 2016 年年会活动举行。参加活动的有东南大学校长助理、校友总会副会长朱建设教授，机械学院书记张志胜，东南大学继续教育学院院长许映秋教授，东南大学扬州研究院院长贾方教授一行，东道主上海经纬建筑规划设计研究院董事长叶松青先生，东南大学上海校友会会长委员会成员吴林奎、管秋云、陆耀祥、张培德、李华彪（兼秘书长），资深校友何家声、孙本良、沈秀娣等，以及建筑、地质、动力、医学、无线电、金融、生物医学等专业分会在沪的校友们。年会还邀请了东南大学硅谷校友会、浙江校友会、常州校友会代表及南京理工大学上海校友会、沈阳建筑工业大学上海校友会的代表参加。

本次活动主要以舞台报告的形式，结合年度总结、表彰、推介、联谊交流等活动，在主持人的带动下，为广大校友呈现了一个"交流互助，创新创业"的年会活动。

叶松青董事长致欢迎词，校友总会副会长朱建设教授代表东南大学和校友总会对上海校友会年会表示祝贺，吴林奎校友代表会长委员会转达了上海校友会会长戴复东院士对本次年会的祝贺。校友总会向上海校友会授予东南大学校旗和上海校友会会旗，并向上海校友会赠送由名誉理事赵瑞林教授书写的两幅作品。

李华彪秘书长作 2015 年工作报告，主题是"交流互助、尊老爱幼、建新分会、创新创业"。将 2015 年上海校友会策划、组织、参与的一系列活动所取得的成绩以及校友会最新情况向与会校友作了通报，并就 2016 年工作发起两个倡议：第一，建立志愿协作组，对接老校友，互相帮助、共同发展；第二，建立上海校友企业商会，把上海校友会建设推到一个新阶段。另外，加快院士工作站建设，使创新创业的技术建设进入一个新阶段。

年会举行了第一届校友会部分校友会剩余费用交与第五届校友会仪式，同时，还为 8 位上海老校友颁发荣誉证书并敬献了鲜花，以表彰他们为上海校友会作出的贡献。

上海校友会各分会代表发言介绍分会发展情况，刘栋代表动力分会，洪路明代表地质分会，李长君代表建筑分会，郑萍代表医学分会，曹国刚代表生医分会。机械学院书记张志胜在发言中倡议上海校友会成立机械分会,并盛情邀请机械学院校友回母校参加2016年机械学院百年院庆庆典。上海三思电子工程有限公司交通照明事业部总经理庞峰军校友、上海清晖管理咨询有限公司傅永康校友发言。与会校友每人进行了不超过1分钟的简短自我介绍。

2015年12月26日,北京校友会召开工作会议布置2016年校友会工作

北京校友会工作会议于12月26日下午在中国电子工程设计院召开。会议由马其祥会长主持,就以下内容进行了讨论:

一、成立由马其祥常务副会长兼任秘书长,刘勇副会长兼任常务副秘书长,王玉山、庄人东、尹寿宝副秘书长组成的秘书处负责北京校友会日常工作。

二、对2016年的校友会工作进行了全面布置。

三、以即将成立的东大北京六朝松茶馆为契机,努力推动大众创业万众创新,加强校友会的平台建设,广泛联系北京地区及来京校友,促进东大校友之间的合作交流。

2015年12月20日,广东省东南大学校友会注册成立庆典暨2015年年会盛大举行

2015年12月20日,广东省东南大学校友会注册成立庆典暨2015年年会在广州召开。东南大学副校长、校友总会常务副会长浦跃朴,校友总会副会长赵瑞林,校友总会秘书长姚志彪,教育基金会秘书长李爽,交通学院书记秦霞,机械学院书记张志胜等母校领导一行出席大会,深圳校友会会长满志、北京校友会副会长王凡、上海校友会秘书长李华彪、浙江校友会秘书长王金锋、湖南校友会秘书长杨建华等代表东南大学各地校友前来参会表示祝贺,同时厦大、浙大、中科大、复旦、同济、南大等全国28所高校的广东地区校友会会长或秘书长也前来参会祝贺。东南大学广东地区500多名校友参会。

浦跃朴副校长、广东校友会王亚群会长分别致辞,常务副会长兼秘书长陈映庭汇报了本届校友会的工作总结。本届理事会完成了"广东省东南大学校友会"的注册登记工作,会员从换届前广州地区拓展到广东其他地区;本届理事会重新梳理了校友会组织架构及相关职责,建立了包括医学分会、交专分会、地质分会、土木交通分会、建筑分会、动力电气分会、金融分会、信息通信分会、环保分会、老校友分会、企业家分会、佛山分会、黄埔分会共13个分会,以及足球俱乐部、篮球俱乐部、羽毛球俱乐部、高尔夫俱乐部、舞蹈俱乐部、乒乓球俱乐部、太极拳俱乐部、户外俱乐部、酒道会馆共9个俱乐部,并开通"广东省东南大学校友会"微信公众号,加强校友与校友会之间、校友与校友之间的线上线下互动;在原来每年为母校教育基金会捐赠助学基金的基础上,还开展了一系列的爱心互助活动;以体育竞赛带动校友联谊;不定期地开展各种文化交流和知识经验分享活动。

大会特别设立并颁发"终身荣誉贡献奖""突出贡献奖""校友工作贡献奖"和"热心校友奖"等荣誉奖项。

浦跃朴副校长向广东校友会会长王亚群授东南大学校旗和广东校友会会旗,同时代表母校赠送广东校友会注册成立礼品。东南大学教育基金会向广东校友会赠送学生绘画作品。

其他活动

2015年1月5日,东南大学六朝松创投俱乐部深、沪、京、宁四地校友同迎新春

2015年1月5日下午五点起,东南大学六朝松创投俱乐部在深圳、南京、北京、上海

四地同时举行新春联谊会,50多位校友参加同迎新春活动。联谊会交流主题为"传统产业如何与互联网结合",讨论了工业4.0、互联网金融、智慧建筑与装饰、生鲜O2O、汽车及配件等领域的行业前景及投资机会。

2015年2月15日,澳洲校友会代表东南大学参加当地中国大学校友会联盟羊年新春联欢会

2015年2月7日,北京校友会2015年新春联谊会圆满召开

2015年2月7日,大纽约地区校友会会长唐元代表东南大学校友出席中国高校北美校友会联盟纽约学界春节酒会

2015年3月7日,芝加哥校友会与兄弟高校校友会共办2015年芝加哥地区羊年新春联欢晚会

2015年3月8日,澳洲校友会于悉尼举行新春聚会

2015年4月21日,厦门校友会举行新春团拜活动

2015年3月21日,常州校友会QQ群、微信群线下联谊活动举行

2015年5月9日,深圳校友会校友代表参加首届"百所高校、千名校友"清山清滩健步行社会公益活动

2015年5月9日,常州校友会校友代表参加常州市第二届万人徒步公益行活动

2015年5月16日,上海校友会校友众筹成立"东大康养"并召开首届股东大会

2015年5月16日,由25位东南大学上海校友会的部分校友代表及长期与东大上海校友会保持友好往来的校友之友代表共同出资成立东大康养(上海)健康科技有限公司,并召开第一届股东大会。股东大会通过公司章程,选举产生公司董事会和管理团队,并最终确定东大康养的主要业务为体质测定、四季有机药膳和有机食材的销售以及医疗咨询。

2015年5月23日,深圳校友会系列沙龙之"创想朋友圈——夏季沙龙"圆满举办

2015年5月23日下午,在深圳蛇口举办了"创想朋友圈——夏季沙龙"活动。此次沙龙是东南大学深圳校友会系列沙龙第一站,以生态经济综合体和轻型复合建筑系统为主题,由东南大学深圳校友会主办,东南大学深圳校友会建设分会与深圳大地创想建筑景观规划设计有限公司联合承办。沙龙邀请到了当代中国百强杰出工程师、大地创想董事长千茜女士以及轻型复合建筑系统发明者、香港中文大学建筑系朱竞翔教授作为主讲嘉宾,并邀请到了深圳华森建筑与工程设计顾问有限公司总建筑师王晓东、振业地产集团副总裁李伟、原中海地产副总经理陈斌、卓越集团深圳公司总经理徐春、深圳市同威创投公司董事长韩涛等20余位东大知名校友作为嘉宾,同时吸引了部分来自政府、地产、设计界及感兴趣的校友,共计30余位参加。

2015年5月20日,六朝松俱乐部、常州、南通、华盛顿、新加坡等各地校友小聚庆端午

2015年6月27日,盐城校友会电力分会开展产学研活动

2015年6月27日,盐城校友会电力分会开展了产学研活动,对中电投滨海的海上风电、陆上风电、港口、火电等项目进行了考察交流,听取了滨海港区管委会负责人对港区总体规划的介绍。产学研活动由盐城校友会电力分会会长蔡桂龙、副会长宋龙代带领,电力分会秘书长、副秘书长、盐城各县及市区理事(联络员)参加了活动,盐城校友会常务副会

长杨广才应邀出席活动。

2015年8月22日,常州校友众筹茶馆开业喜迎校友嘉宾

由常州校友会组织、常州校友众筹的六朝松茶馆,于8月22日上午举行了开业典礼。开业当天,由副校长浦跃朴代表学校向常州校友会授东南大学校旗,由校友总会向常州校友会授东南大学常州校友会会旗。校友总会还特别邀请书法家书写了"东南大学常州校友之家"牌匾,赠送给六朝松茶馆。上海校友会李华彪秘书长参加开业典礼并表示祝贺。

2015年9月20日,深圳校友会副会长携英国常州商会会长一行到访常州六朝松茶馆

9月20日,深圳校友会副会长欧阳谊明携英国常州商会会长以及深圳诸多企业家一行到访常州六朝松茶馆,受到东南大学常州校友会会长张跃、副会长宋平、秘书长葛维克以及常州本地著名企业家校友的热情接待。参加会谈的常州企业家校友有:中国中车集团常州戚研所所长王文虎,常州市政工程公司董事长赵昔生,常州鸣飞电气有限公司董事长蒋建亚,常州齐峰有限公司董事长梁志方,常州规划设计院建科一所李雪峰。

2015年9月20日,新加坡校友举行健身徒步活动

2015年9月27日,澳大利亚校友会举行庆中秋聚会,推选理事会成员

2015年9月27日,澳大利亚校友会举行庆中秋烧烤聚会,参加人数近百。在徐仪会长的主持下,校友们正式推选了理事会成员和各职能部门的负责人。聚会还由校友会出资举行了羽毛球、足球等体育活动。

2015年10月17日,盐城校友会召开重阳联谊会

2015年10月24日,大纽约地区校友会大熊山踏秋

2015年10月31日,香港校友会BBQ烧烤聚会活动举行

2015年10月31日下午,香港校友会组织年度BBQ烧烤活动。校友总会一行和东南大学深圳校友会满志会长等代表专程参会,与近30位东南大学香港校友共享秋日好风光,品尝美食,畅叙各自生活学习的情况。

2015年11月15日,美国大华府地区校友冬日欢聚

2015年11月15日,厦门校友代表队获当地高校校友会羽毛球联赛第6名

2015年12月23日,东大六朝松跑团南京跑友举行晨跑活动

附4:校友、员工在校设奖、捐赠情况

2015年3月25日,土木工程学院李启明教授捐赠10万元,设立"工程管理英才奖学金"

2015年3月25日,"工程管理英才奖学金"捐赠仪式举行。该奖设立者为校土木工程学院李启明教授。李教授捐出其所获得的2014年度"宝钢优秀教师特等奖"全部10万元奖金,奖掖优秀学子。副校长林萍华,发展委员会常务副主任刘松玉,土木工程学院院长吴刚、书记张星等领导和老师,李启明教授及其十余位学生参加了捐赠仪式。仪式由吴刚院长主持。林萍华副校长代表学校接受捐赠,并为李启明教授颁发了捐赠证书。

2015年4月3日,徐春校友捐资10万元助力东南大学"工程管理英才奖学金"

2015年4月3日,东南大学土木工程学院2001级工程硕士、卓越集团深圳公司总经

理徐春校友向东南大学教育基金会捐资 10 万元,助力其导师李启明教授设立的"工程管理英才奖学金"。

2015 年 4 月 30 日,原南京工学院自动控制系 81 级校友捐款设立助学基金

原南京工学院自动控制系 81 级校友在 4 月 30 日至 5 月 1 日返校纪念本科毕业 30 周年活动期间,向东南大学教育基金会捐款设立了"南京工学院自动控制系 81 级校友助学基金"。该项助学金将用于奖励自动化学院和仪器科学与工程学院在读的品学兼优、经济困难的本科生,帮助其完成学业。该基金计划每年资助 10 名本科生,历时 4 年。东南大学发展委员会常务副主任刘松玉代表学校接受了该奖学金项目首笔 20 万元人民币的捐赠。

2015 年 5 月,5181 级校友捐资 20 万元设立"5181 励志奖学金"

5181 级的校友在 2015 年 5 月 1 日~2 日返校庆祝本科毕业 30 周年活动期间,捐款在校设立"5181 励志奖学金"。该项奖学金将用于奖励土木工程专业在读的德、智、体全面发展、品学兼优、经济困难的本科生,激励其励志向上、勤奋学习;计划每年奖励 4 名学生,历时 10 年以上。5 月 2 日上午,校发展委员会常务副主任刘松玉、副主任李爽代表学校出席了捐赠仪式。

2015 年 5 月 16 日,交通学院 1995 届毕业生设立"21·95 届励志奖学金"

2015 年 5 月 16 日,交通学院 1995 届毕业生回母校团聚,捐资 15 万元在校设立"21·95 届励志奖学金",用于奖励交通学院品学兼优的本科生。

2015 年 5 月 20 日,途牛助力东大 EMBA 班学员征战"戈十"挑战赛

途牛旅游网捐资人民币 10 万元助力我校 EMBA 班学员征战第十届"玄奘之路"国际商学院戈壁挑战赛。途牛旅游网为我校数学系 2003 届于敦德校友和金融系 2004 届严海锋校友所创办。

2015 年 6 月,华生校友资助我校大学生科技创新成果陈列馆的建设

杰出校友、经济管理学院名誉院长、著名经济学家华生先生,捐赠 20 万元支持我校大学生科技创新成果陈列馆的建设。

2015 年 6 月 20 日,自动化学院 80911 班毕业 20 周年设立奖助学金

2015 年 6 月 20 日,自控 91 级 1 班校友们于毕业 20 周年返校聚会之际,在校设立"80911 校友奖助学金",总额 5 万元,主要用于奖励和资助自动化学院品学兼优、经济困难的本科生。捐赠签约仪式由自动化学院魏海坤副院长主持,发展委员会刘松玉常务副主任、院系相关领导及 8 系 91 级 1 班全体校友出席了仪式。

2015 年 7 月 10 日,两位 81 级校友捐资 30 万元在校设立"22811 铸才奖励基金"

2015 年 7 月 10 日,原南京工学院机械系铸造专业 81 级校友任京建、殷辉捐资 30 万元设立为期 3 年的"22811 铸才奖励基金",用于奖励材料科学与工程学院金属材料加工工程学科方向的优秀师生。

2015 年 9 月 29 日,"8091 校友奖助学金"捐赠签约仪式举行

2015 年 9 月 29 日,"8091 校友奖助学金"捐赠签约仪式举行,仪式由自动化学院党委袁晓辉书记主持,校发展委员会刘松玉常务副主任出席。

2015 年 9 月 28 日,方煜平校友设立东南大学"煜平公卫奖学金"

2015年9月28日,1981级校友、联邦制药公司副总裁方煜平捐赠30万元人民币设立"煜平公卫奖学金"。每年3.2万元,用于奖励5名公共卫生学院优秀本科生、2名研究生以及1名人文学院本科生,每人4 000元,持续十年。

捐赠签约仪式上,东南大学副校长浦跃朴代表学校接受捐赠并向方煜平校友颁发了捐赠证书,东南大学发展委员会常务副主任刘松玉与方煜平校友签署了捐赠协议,公共卫生学院及发展委员会的有关同志参加了捐赠仪式。

2015年9月28日,东南大学陈善年、佘颖禾教授夫妇捐赠100万元设立核电安全与创新奖学金

2015年9月28日,能源与环境学院年届八旬的陈善年教授携夫人、土木工程学院佘颖禾教授向学校捐赠100万元人民币,在东南大学教育基金会设立"陈善年、佘颖禾核电安全与创新奖学金"。奖学金捐赠签约仪式上,东南大学党委常务副书记刘京南代表学校接受了陈教授夫妇的捐赠支票并为他们颁发了捐赠证书及纪念牌,东南大学发展委员会常务副主任刘松玉与陈教授夫妇签署了捐赠协议。

"陈善年、佘颖禾核电安全与创新奖学金"将主要用于奖励东南大学能源与环境学院核电方向全日制在校本科生、研究生,每年颁发一次,由能源与环境学院确定奖助名额及金额。

2015年10月12日,东南大学退休教师张燕教授捐资10万元设"长北助学基金"

2015年10月12日艺术学院退休教授张燕老师捐款10万元设立"长北助学基金",每年用于帮助东南大学艺术学院家庭经济困难的一年级本科生。

2015年11月6日,学生职业发展协会往届成员在母校设立"职协笃行奖助学金"

2015年11月6日上午,"职协笃行奖助学金"捐赠仪式举行。东南大学教育基金会秘书长李爽、东南大学校友总会副秘书长曹军、东南大学就业指导中心主任王玲艳以及东南大学学生职业发展协会(SCDA)往届及现任会长等人参加了捐赠仪式。"职协笃行奖助学金"本次募集总额18 000元,发起人之一是SCDA往届成员韩立峰校友。首次募捐,就得到近了50位SCDA各届成员的捐赠和支持,以后每年都会募集捐款,用于奖励东南大学及东南大学学生职业发展协会的研究生、本科生。

附5:校友总会主办、协办的品牌活动及助力校园文化建设情况
品牌活动
2015年5月17日,校友总会等联合主办第九届暑期实习生招聘会

由东南大学学生处就业指导中心、东南大学校友总会主办,东南大学学生职业发展协会(SCDA)承办的东南大学第九届暑期实习生招聘会于5月17日上午在东南大学九龙湖校区体育馆举行。本届招聘会共邀请了华润置地、富士通等来自金融、土建、IT、电力、能环、生医、教育、材料众多领域的160余家企业参加暑期实习生招聘,福特汽车工程研究有限公司、三胞集团有限公司(校友企业)、艾欧史密斯热水器有限公司等13家企业与东南大学合作建立了学生就业实习实践基地。近4 000名东大学子入场寻找实习机会。

2015年6月12日,"他乡遇故知"系列活动之校友经验分享会成功举办

2015年6月12日晚,东南大学学生职业发展协会在东南大学校友总会的全程指导

及支持下成功举办了第七次"他乡遇故知"校友经验分享会。校友总会副秘书长曹军老师、张飒兵老师应邀参加,并为四十余位应届毕业生代表颁发校友工作联系人证书。2015届应届毕业生以及学生职业发展协会成员约70人参加了分享会。分享会特邀上海校友会秘书长李华彪、上海校友会医学分会秘书长郑萍、北京校友会动力电气分会副秘书长陆风华、常州校友会秘书处成员郑隽一、福建校友会谈龙、黄秀勇以及苏州校友会韩立峰参加并现场访谈。

2015年度"学长助新生,启航向东大"爱心活动举办

2015年8月14日,盐城校友会致信祝贺并勉励东南大学盐城籍2015年度新校友

2015年8月22日,深圳校友会2015年迎新生、新校友交流座谈会举行

2015年8月22日,深圳校友会老校友代表15人、2015届毕业来深就业的新校友代表8人、2015级即将前往南京入读东大的深圳高中毕业生代表5人举行交流活动。座谈会由常务副会长陈佩云和医学分会武南会长主持,满志会长和东南大学深圳研究院金江滨老师致了欢迎辞。

2015年8月25日,北京校友会欢送2015级北京籍新生座谈会召开

2015年8月25日下午,东南大学北京校友会举办欢送北京籍新生座谈会。东南大学2015年录取北京籍新生50余名,20余名新生应邀参加座谈会,分别来自人大附中、北师大附中、首师大附中、十一中学、八一中学、汇文中学等。北京校友会常务副会长马其祥、王凡,副会长娄宇、刘勇,副秘书长尹寿宝,东南大学发展委员会副主任米永强等参加了座谈会。北京校友会向新生们赠送了《走近院士》一书,王凡校友代表动力电气分会向新生们赠送《猫老师川藏骑行记》一书。座谈会中,东南大学刘波副书记、副校长还专门发来微信,对新生们表示祝贺。

2015年8月22日,常州校友会2015级新生欢送会圆满召开

2015年8月22日下午,东南大学常州校友会举行"学长助新生·启航向东大"2015级新生欢送会。东南大学副校长、校友总会常务副会长浦跃朴,校发展委员会副主任、校友总会秘书长姚志彪,校学生处处长孙莉玲,东南大学常州校友会会长张跃,副会长谢俊辉、戈亚琴,常务副秘书长葛维克以及常州五所重点高中校长出席会议。数十位常州校友和2015级新生欢聚一堂,热情交流。今年被东南大学录取的常州考生达77人。

校园文化建设

2015年5月4日,东南大学"五四表彰"大会召开,两位校友代表受邀现场分享交流

2015年5月4日下午,东南大学2015年"五四表彰"大会暨社会主义核心价值观主题教育活动在九龙湖校区举行。丁丁停车创始人兼CEO、吴健雄学院2010届毕业生申奥以《青春扬帆·创业起航》为题,回顾了自己在东大求学时的经历以及自己充满艰辛、迎难而上的创业历程。零号线创始人兼CEO吴皓校友讲述了大学时代在先声网站学习工作的故事,并表示东南大学的教育对自己如今的创新创业有非常大的帮助。

2015年6月9日,校友总会联手校团委,邀请杰出校友毛大庆、刘江峰回母校与东大学子分享创业经验

2015年6月9日下午,东南大学杰出校友、万科原副总裁毛大庆,华为荣耀原总裁刘江峰应邀回到母校,在九龙湖校区人文讲座报告厅与学弟学妹分享交流。东南大学副校

长林萍华出席活动并讲话。凤凰网江苏站总编辑关卫东及东南大学党委宣传部、校友总会、校团委、大学科技园总公司等部门负责同志以及学校部分青年创业精英代表参加了活动。本次活动由校团委、学生处就业工作办公室、校友总会联合主办,文化素质教育中心具体主办,活动也是东南大学113周年校庆系列活动之一。来自全校各院系的500多名同学聆听了分享交流。

附6：配合学校产学研工作和招生就业工作情况

2015年9月22日,校友黄其励院士来东南大学电气工程学院专题调研

2015年10月26日,华东勘测设计研究院王金锋校友一行访问母校

2015年10月26日上午,华东勘测设计研究院副总工程师、IT总监、浙江校友会秘书长王金锋校友一行访问母校,就BIM建筑信息模型技术的科研、人才培养与校企合作等问题与东南大学校友总会秘书长姚志彪、土木学院党委书记张星、建筑学院张宏教授、交通学院黄晓明副院长等进行了深入探讨,土木学院徐照老师、交通学院于斌老师、建筑学院张弦老师参加了座谈。

2015年11月5日,东南大学校友、微软亚洲研究院常务副院长芮勇一行访问母校

2015年11月5日,东南大学87级校友、微软亚洲研究院常务副院长芮勇博士和资深学术合作经理吴国斌博士一行到东南大学访问。

访问期间,芮勇校友一行分别与吴健雄学院、计算机学院有关负责人进行了交流。芮勇博士与两个学院的优秀本科生进行了圆桌座谈。当晚,芮勇博士在九龙湖校区为东大师生作了一场题为《从AI到AI》的学术报告。

附7：年度校友风采

2015年1月9日,微软亚洲研究院副院长芮勇校友受聘东南大学兼职博导并访问计算机学院

2015年1月9日,东南大学在九龙湖校区计算机、软件学院举行仪式,聘请知名校友、微软亚洲研究院副院长芮勇任兼职博导。计算机科学与工程学院、软件学院党委书记金远平教授主持仪式,院长罗军舟教授为芮勇博士颁发了兼职博导聘书并致辞,副院长曹玖新教授介绍了芮勇博士的简历。聘任仪式后,芮勇校友与计算机科学与工程学院、软件学院的青年教师进行了座谈。

2015年2月9日,东南大学杰出校友于敦德喜获"南京好市民"荣誉称号

2015年2月9日下午,"感动南京"2014年度人物暨第十三届"南京好市民"颁奖典礼在南京电视台演播厅隆重举行。东南大学研究生支教团成员、交通学院陶涛同学,东南大学杰出校友、途牛旅游网CEO于敦德荣获第十三届"南京好市民"荣誉称号。

2015年3月,东南大学26名校友出席APEC电力论坛,并有一批校友参与了论坛前期大量的筹备工作

2015年4月18日,"建筑新浪潮"东南大学专场在上海成功召开,众多建筑界校友参加

采集世界之光,用心始终如一——记杰出校友、光一科技股份有限公司董事长龙昌明

"走遍大地神州,醉美多彩贵州!"央视的广告语形象地展示了云贵高原上贵州山水的神奇。这里的山、这里的水、这里的人在贵州建省不到600年的历史里创造了多元的高原文化。从这里走出来的人质朴、善良而又热情、侠义,正如诗人艾青在《我爱这土地》中所说:"为什么我的眼里常含泪水?因为我对这土地爱得深沉……"多年来,我校杰出校友、光一科技股份有限公司董事长龙昌明在追寻事业梦想的道路上始终满怀着对学业、对事业、对母校、对家乡的热爱,演绎着自己靓丽多彩的青春。

2015年5月,张开元校友入选2014福布斯中国400富豪榜

中国电力行业脱硫设备供应商董事长张开元校友在2014福布斯中国富豪榜中排名第382位。

2015年6月8日,杰出校友、著名经济学家华生教授来校作"漫谈中国经济新常态"专题报告

2015年6月8日下午,著名经济学家、东南大学经济管理学院名誉院长、杰出校友华生教授在大礼堂作"漫谈中国经济新常态"的专题报告。报告会由校党委常务副书记刘京南主持,全校副处级以上领导干部、师生代表及校友等700余人听取了报告。

2015年7月25日,陈进行校友荣获"全国企业文化建设突出贡献人物"称号

7月25日,中国企业联合会、中国企业家协会召开2015年全国企业文化年会,对2014—2015年度全国企业文化建设突出贡献人物、全国企业文化优秀案例和全国企业文化优秀成果进行了表彰。大唐集团公司董事长、党组书记陈进行荣获"全国企业文化建设突出贡献人物"称号。

2015年9月,李文正校友荣获印尼国家一级勋章

2015年9月,力宝集团董事局主席、东南大学校友、荣誉博士李文正博士获颁印尼国家一级勋章,东南大学第一时间发去贺电。

2015年9月18日,裴岷山校友当选中国公路勘察设计协会第六届理事会理事长

2015年9月18日,中国公路勘察设计协会换届暨优秀公路勘察设计技术交流会议在云南召开。本次会议选举产生了中国公路勘察设计协会第六届理事会常务理事、理事长及副理事长。东南大学1992届本科毕业生、中交公路规划设计院有限公司总经理裴岷山当选为第六届理事会理事长。

2015年9月24日,东南大学校友、微软全球执行副总裁沈向洋向习近平主席演示科技产品

2015年9月24日,国家主席习近平在西雅图附近的雷德蒙德市参观美国微软公司总部,东南大学1980级校友、微软公司全球执行副总裁沈向洋全程陪同,并为习近平主席一行展示了美国气象数据可视化和全息眼镜等科技产品。

2015年10月,吴柯校友当选为2016年IEEE微波理论与技术协会主席

2015年10月,东南大学长江学者奖励计划特聘教授、国际电子和电气工程协会院士、加拿大两院院士吴柯校友,当选为2016年IEEE微波理论与技术协会主席(President)。吴柯教授是第一位具有大陆背景的华人MTT-S主席。

2015年10月19日,高翔校友当选为H模物理与输运垒国际会议委员

第15届H模物理与输运垒国际会议(15th International Workshop on H-mode

Physics and Transport Barriers)于 10 月 19 日~21 日在德国 Garching 马普等离子体物理研究所召开。高翔校友参加会议。高翔研究员经过国际 H 模委员会提名、筛选,当选为 H 模物理与输运垒国际会议委员会(IAC)的委员。这也是中国人第一次在这个国际 H 模学术组织中担任委员。

2015 年 10 月 20 日,收到习总书记回信的东南大学校友荣归母校讲述光辉历程

2015 年 10 月 20 日上午,东南大学四牌楼校区迎来了两位特殊的老人,一位是 80 岁的薛璋,一位是 74 岁的陆福仁,他们有两个身份,一个是收到习总书记回信的国测一大队的老队员、老党员,另一个则是东南大学校友总会地校分会的英雄校友。在母校为他们举行的座谈会上,他们讲述了他们以及他们所在的国测一大队 50 年来的奋斗历程。校友郁期青因故未能到达现场,其发言由东南大学校友总会秘书长姚志彪代读。

2015 年 10 月 29 日,陈矛校友获评"第二届核工业工程勘察设计大师"称号

2015 年 10 月 29~30 日,中国核工业勘察设计协会第七届会员代表大会召开,国核电力院规划设计研究院副院长陈矛校友获评"第二届核工业工程勘察设计大师"称号,并获颁荣誉证书。

2015 年 11 月 10 日,刘晓东校友兼职研究员授聘仪式暨学术报告会举行

2015 年 11 月 10 日,东南大学交通学院知名校友、港珠澳大桥岛隧工程设计总负责人刘晓东受聘为我校兼职研究员,并为研究生作主题为"港珠澳大桥总体设计与关键技术"的学术报告。授聘仪式由交通学院党委书记秦霞主持,东南大学副校长浦跃朴,东南大学发展委员会常务副主任、交通学院岩土学科负责人刘松玉,交通学院副院长丁建明、副院长程建川、副院长钱振东、副院长顾兴宇,交通学院党委副书记陈怡,桥梁学科负责人黄侨,以及学院桥梁、岩土学科部分老师出席。

刘晓东校友在回访母校之际,还专门向交通学院发展基金作出捐赠。

2015 年 11 月 13 日,余星火校友当选 IEEE 工业电子协会主席,成为第一位具有大陆背景的华人 IES 主席

2015 年 11 月 13 日,在日本横滨举行的 2015 年全球电气和电子工程师协会(IEEE)工业电子学会(IES)最高行政委员会秋季会议上,东南大学杰出校友、"千人计划"入选专家、"长江学者奖励计划"讲座教授余星火当选为 IEEE 工业电子协会主席(President-Elect)。自 IEEE 工业电子学会 1951 年成立以来,余星火教授是第一位具有大陆背景的华人 IES 主席。

2015 年 12 月 7 日,东南大学五位杰出校友当选"两院"院士

12 月 7 日,在中国工程院、中国科学院公布的 2015 年院士增选结果中,除东南大学王建国教授当选中国工程院院士外,东南大学另有五位校友当选"两院"院士,其中孟建民校友当选中国工程院院士,宣益民、常青、黄如、房建成四位校友当选中国科学院院士。王建国院士与孟建民、常青两位院士校友均出自东南大学建筑学科。

2015 年 12 月 15 日,陈进行、陆启洲校友当选中国能源研究会副理事长

中国能源研究会第七次全国会员大会于 2015 年 12 月 15 日在北京中国科技会堂隆重召开,陈进行、陆启洲校友当选中国能源研究会副理事长。

附 8:校友返校聚会情况

2015年5月1日,老土木系5181级、5381级校友返校庆祝毕业30周年并举行"5181感恩碑"揭幕仪式

2015年5月15日,土木学院工民建专业73级校友返校聚会

2015年5月16日,交通学院1995届毕业生毕业20周年聚会

2015年6月20日,自动化学院80911班毕业20周年返校聚会

2015年6月27日,土木学院2001级工程管理专业校友返校庆祝毕业10周年

2015年7月4日,工民建专业76届校友返校庆祝毕业40周年

2015年7月11日,计算机学院91级校友返校举行毕业20周年同学会

2015年8月7日,土木学院051911-2班校友返校聚会庆祝毕业20周年

2015年8月22日,土木学院建筑工程管理专业1995届校友返校庆祝毕业20周年

2015年10月6日,土木学院0592研究生班校友返校庆祝毕业20周年

2015年10月10日,土木学院力学专业1960级校友返校庆祝毕业50周年

2015年11月7日,土木学院WP05195级校友返校庆祝入学20周年

2015年11月8日,东南建筑11811班毕业30周年聚会,校友成绩斐然

附 9:缅怀校友

2015年12月2日,中央大学杰出校友陶哲甫先生因病辞世

2015年12月2日,中央大学杰出校友陶哲甫先生因病在香港辞世,享年93岁。告别仪式于8日在香港举行。香港校友会会长贾倍思代表东南大学校友参加了告别仪式。

校区与院系及其他

丁家桥校区

一、校区工作

1. 认真开展"三严三实"教育活动。按照学校党委的部署,校区党工委带领中层干部深入学习贯彻党的十八大和十八届三中、四中全会精神,深入学习贯彻习近平总书记系列重要讲话精神,紧紧围绕协调推进"四个全面"战略布局,对照要求,讲授党课,各支部联合院系开展党日共建活动。

2. 积极筹备校区"十三五"规划。加强"十三五"改革发展的顶层设计和战略谋划,认真总结"十二五"改革发展经验,征询驻区院系需要,积极借鉴世界一流大学的建设经验,认真做好"十三五"发展规划的编制工作,发挥好校区的协调服务功能。

3. 顺利完成校区党工委主要领导成员的调整工作。以2015年院系基层党组织换届为契机,校区管委会主任兼校区党工委书记、校区后勤办主任两个岗位进行了人员调整。协助审计处,做好离任审计工作。

4. 努力做好校园安全与稳定工作。针对校区老建筑多,实验室改造工程多,危化品实验室使用多,进出交通只有一个校门,常驻停车多,驻区师生物品安全意识薄弱,学生中女生比例高,驻区学院中留学生多、新疆与西藏生源比例高等特点,加强巡查、施工跟踪、组织师生实地进行消防演练、学生干部培训、强化院系联系、护送夜归独行女生,重点在消防、综合治理、维稳和车辆管理四个方面开展工作,取得了一定实效。保安日常巡查中,及时发现未锁自行车65辆、电动自行车12辆,保卫人员及时通报失主认领,共发还自行车46辆、电动自行车12辆。

5. 努力推动文化传承创新,利用校区主干道的宣传栏、校区网页等渠道将网络宣传和传统文化活动形式紧密结合,深入开展中国特色社会主义和中国梦、"九三国庆阅兵"、"十三届五中"、公祭日等内容的学习与宣传教育。积极创建"丁家桥校区"微信公众号,及时推送学校和校区信息,为驻区师生服务。

6. 召开学生座谈会,服务师生。校区高度重视驻区师生的舆情。召开学生座谈会,与教务、总务食堂与宿管、学生处等部处老师,保卫物业,后勤物业,校区党政主要干部进行了座谈。学生们提出的关于食堂餐饮、住宿管理、社团活动、课程学习、课余生活五个方面共25条意见,校区都一一答复,逐条落实。

7. 校园基础设施进一步完善。后勤办完成教育部修购专项120万元的重点项目,10余间大教室的桌椅等设备得到了更新。继续做好日常零星维修工作,加强对物业公司的指导、监管与考核。年内突发的水电气三次意外断路,得到了迅速处理,妥善解决了教学科研、食堂用餐的紧迫需要。

8. 积极完成学校各部门的专项检查工作。完成学校保卫、财务、总务等部门的专项检查工作,以及办公用房的调整,配合做好中层干部档案审核及党员组织关系排查,危化品专项检查,及时做好三公经费自查自纠及整改工作,修订校区各办公室的岗位工作职责,完善财务报销、公章使用、办公用品等公物购置领用的管理制度。

9. 领导退休协会做好换届工作。按照学校退协的整体部署和要求,领导部门教职工退休协会做好换届工作。

二、奖励与荣誉

1. 校区获评南京市鼓楼区2015年度综合治理暨平安建设先进单位。
2. 校区获评2015年度南京市爱国卫生先进单位。
3. 王亮同志获东南大学校友基金会"聚立"奖管金。
4. 范守德同志获评东南大学2014—2015年度"三育人"积极分子。

三、人事变动

1. 2015年4月,因工作需要,张立武同志任东南大学丁家桥校区管委会主任、丁家桥校区党工委书记、党校校长(兼)。
2. 2015年4月,因工作需要,原校区管委会主任、党工委书记、党校校长(兼)蒋波同志调任化学化工学院党委书记、党校校长(兼)。
3. 2015年8月,因工作需要,原校区后勤办主任胡建人同志调任党委老干部处副处长、老干部处丁家桥校区办公室主任(兼)、丁家桥校区离休干部党委副书记(兼)。
4. 2015年11月,因工作需要,丁乐同志任东南大学丁家桥校区管委会后勤办公室主任、总务处副处长(兼)。
5. 党政办李海涛同志晋升六级职员。

建 筑 学 院

建筑学院现有建筑学、城乡规划学、风景园林学三个一级学科博士点和美术学一级学科硕士点,建筑学、城乡规划学、风景园林学三个博士后流动站,建有城镇与建筑遗产保护教育部重点实验室、传统木构建筑营造技术研究国家文物局重点科研基地、当代城乡环境整合技术创新引智基地等学科平台。下设建筑系、城乡规划系、风景园林系、建筑历史与理论研究所、建筑科学与技术研究所、美术与设计研究所、建筑运算与应用研究所。截至2015年底,全院在职教工156人,专任教师132人。其中教授35人,副教授58人,28名博士生导师,具有博士学位的专任教师比例达77%。现有4名院士,2名教育部长江学者特聘教授,1名国家杰出青年基金获得者,5人入选教育部"新世纪优秀人才支持计划",17人入选省人才培养计划。

一、教学与教学改革

(一) 本科教学

基于"以学为中心"的教育观念和"宽基础、强主干、多方向"的指导思想,完成建筑学、城乡规划学、风景园林学三个专业本科培养方案的修订并开始实施,与之相适应的各系(所)教研室建设、教学组织与管理制度正在建设中;城乡规划专业教育评估工作顺利启动,已完成自评报告的撰写;建筑学专业获得江苏省品牌专业建设工程项目资助,城乡规划学和风景园林学专业成为东南大学品牌专业培育专业;"数字景观环境综合训练中心"获批江苏省高等学校实验教学与实践教育中心(学科综合训练中心);获江苏省教改项目(重中之重)1项,学校教改项目9项(其中1项重中之重,2项重点项目);2本教材被学校选出进入2015年江苏省"十二五"重点教材立项推荐;3个毕业设计团队获得省级优秀毕业设计团队称号,学生毕业设计成果在2016中国人居环境设计学年奖获得银奖1项、铜奖2项,学生课程设计作业在各专业专指委全国作业评优中获三等奖4项、优秀奖15项;徐宁老师获第二届全国高校微课教学比赛二等奖、江苏省高校微课教学比赛一等奖,汪晓茜老师获江苏省高校微课教学比赛二等奖。

(二) 研究生教学

从研究生招生、培养、管理、国际化等方面不断深化研究生教育综合改革。以构建"导师制+课程制"的体制为目标,完成四个学科(3种博士学位、3种硕博连读学位、7种硕士学位)研究生培养计划的调整制订,并开始全面实施;完成研究生招生简章的修订和招生制度改革;完成7个学位授予点的自评工作;突出国际化人才培养,推进国际双学位培养计划,与美国、欧洲、澳大利亚等知名院校的双学位培养正在洽谈中;不断扩大校外教学资源,新增12个设计企业作为研究生联合培养基地,新增企业导师90余名,新增研究生工作站4个;获江苏省研究生培养模式改革成果一等奖1项,江苏省研究生培养模式改革成果三等奖2项;获研究生教育教学改革研究课题2项,研究生科研创新计划项目9项。

二、学科建设

不断加强学科建设,优化学科布局,促进建筑学、城乡规划学、风景园林学三个学科的均衡发展及其互动和整合,根据学术发展趋势及学院的条件和特色,明确了各一级学科下设的学科方向。985工程和江苏省优势学科项目平稳推进,完成985工程经费140万元,实际执行率90.2%。江苏省优势学科全院经费共计870万元,按照建筑学、城乡规划学、风景园林学三个一级学科编制预算并执行。

"当代城乡环境整合技术学科创新引智基地"申报成功;"传统木构营造技艺国家文物局重点科研基地"顺利挂牌;国际合作科研基地"亚洲建筑研究中心"筹建顺利;受现代集团支持和参与的国际合作科研基地"建筑理论研究中心"的工作进展顺利。

三、科学研究

全年纵向经费到款1 610.10万元,横向经费到款8 718.51万元,经费总额位列全校第四。国家级重大科研项目包括3项"十二五"国家科技支撑计划课题和1项国家自然科学基金重点项目正在稳步推进;积极参加"绿色建筑与建筑工业化"重点专项的策划和筹备工作;获国家自然科学基金11项,国家社会科学基金1项,江苏省自然科学基金3项;发表SCI/SSCI/A&HCI三大检索论文9项,EI论文4项,5篇论文入选"表现不俗论文";获教育部科技进步二等奖1项;获教育部优秀勘察设计奖一等奖2项,二等奖1项,三等奖2项;获江苏省第十六届优秀工程设计奖一等奖9项,二等奖11项,三等奖9项;获江苏省城乡建设系统优秀勘察设计奖一等奖8项,二等奖4项;陈薇老师的专著《走在运河线上——大运河沿线历史城市及建筑研究(上下)》获中华优秀出版物奖图书提名奖。

四、师资队伍建设

积极推进人事考核机制的改革,制定完成《建筑学院教师岗位人事考核办法》并开始实施。1人入选中国工程院院士;1人获全国万人计划名师;1人入选江苏省六大人才高峰计划。建筑学博士后流动站在全国博士后流动站评估中被评为良好。本年度引进教师3名,其中正高职称1人,副高职称1人。

五、国际化办学

坚定不移走国际化办学道路,与澳大利亚新南威尔士大学的硕士双学位培养计划获得实质性进展;与美国、欧洲、亚洲等知名高校开展联合教学,其中本科外教课程6次、研究生联合教学8次;开设9门研究生全英文课程;教师出国(境)访问交流约75人次,国(境)外人士来院访问交流约150人次;学生出国(境)学习交流110余人,国(境)外学生来院学习交流70余人;本学院主编的英文刊物 Frontiers of Architectural Research 被SCOPUS检索,并获得高等学校特色期刊称号;举办重要学术会议9次,重大展览3次,国际合作工坊2次,重要的国际学术会议包括结构建筑学论坛、第一届东南建筑学人论坛、亚洲视野下的建筑历史与理论前沿国际研讨会、UFCF第四届城市建筑文化论坛、木构:保护·设计·研究——东南学人谈、中国第二届数字景观国际研讨会、景观——中美生态智慧论坛、FoAR第2届建筑学研究前沿论坛——建筑遗产保护技术、第一届水与历史城镇——互动及形态变迁国际研讨会,重大展览包括结构建筑学展中国巡展、东南学人作品展、概念思考和模型研究作品展 Christian Kerez。

六、学生教育与管理

以培养学生良好的学风为重点,树立育人意识、服务意识及创新意识,充分发挥学生管理工作在学院稳定发展中的积极作用,大力推动全员育人、全程育人氛围的形成。重视学生支部思想建设和组织建设,发挥党支部的战斗堡垒作用和党员的先锋模范作用,获得学校最佳党日活动一等奖1项,二等奖1项;结合专业特色开展丰富多彩的学生活动,逐渐形成了三大类、六大品牌、十六个社团的活动组织架构;社会实践活动获得校优秀团队特等奖1项,一等奖2项,二等奖2项;获批校"磐石计划"重点项目2项,普通项目1项;小西湖研究生志愿者团队卓有成效的工作受到南京市政府的肯定,并由中央电视台进行了报道宣传;纪念国家公祭日音乐会在大礼堂顺利举办;012121班获得江苏省先进班集体荣誉称号;学院招生和就业工作继续保持良好势头,建筑学、城乡规划、风景园林3个专业的本科录取分数线继续稳居学校前茅,2015届本科毕业生一次就业率100%,硕士和博士就业率98%。

七、党政工作

党政密切配合开展工作。顺利完成学院党委的换届选举工作,班子成员中的党员干部均进入新一届党委。坚持党对教育事业的领导,坚持党政联席会议制度,加强反腐倡廉各项工作,加强基层教工党支部对学院行政管理的支持和协同力度。

着力开展宣传窗口建设。建立学院官方微信平台"中大院",共发布原创信息100余条,可读性强,学术价值高,关注人数在短时间内达到8 000余人,单篇微文最高阅读量达到24 000人次。学院本科生官方微信平台"东大建院团学联"、研究生官方微信平台"东南建筑研究生会",以及学生人人网信息平台等高效运作,学生杂志《节点》《筑研》办刊质量不断提升。全面改版更新了学院网站,及时介绍学院动态,对内促进师生利用网络平台进行信息交换和日常工作,对外加强宣传,提升学院影响力。

推动单位内部综合管理改革。推动学院教师岗位人事考核制度改革,提高教师的责任意识和进取意识。不断增强学院机关服务意识,进行职员考核改革,引入师生对职员的评价机制。规范学院财务管理,制订学院公共经费使用报销流程。完成学院中文图书室和外文图书室编目工作,将图书纳入学校图书馆统一管理。

机械工程学院

一、人才培养

(一) 本科教学工作

1. 成立新一届机械工程学院教学指导委员会和教学工作委员会,委员一共10人,其中企业委员有5人。

2. 第一次按照两个专业(机械工程专业、工业工程专业)招生。所招收的新生第一年保持现有的大类培养方案,并在第二年的培养方案中两个专业的课程75%以上相同。

3. 机械工程专业与仪器科学与工程学院共同申报成功江苏省品牌专业,建设4年,获批1 000万元建设经费,其中机械工程专业获批333万元。

4. 教学计划进行大修订,经过学院评审、专家答辩、校友反馈、校长问辩等环节,历经一年的不断完善,2015年12月底机械工程专业和工业工程专业培养计划作为东南大学第一批审核通过的2015级本科生培养计划在线发布。

5. 获东南大学本科生优秀毕业设计6项,江苏省本科生优秀毕业设计1项。

6. 获东南大学"三类"课程建设12门。校级研讨课建设4门。

7. 薛澄岐、刘晓军获东南大学教学奖励金一等奖;毕可东、孙辉获东南大学教学奖励金二等奖。

8. 获东南大学4项国家级一等奖教师指导团队荣誉称号,全校一共17项。

9. 戴敏老师获东南大学十一届"吾爱吾师——我最喜爱的老师"荣誉称号。

10. 薛澄岐主编的《工业设计基础》教材获批2015年江苏省重点建设教材;郁建平、肖锋、林晓通、孙辉主编的4本教材获东南大学教材建设立项。

11. 获批6项校级教改项目,其中一项为重点建设项目。同时学院批准5项院级教改项目。

12. 本科生获校级SRTP立项数43项;江苏省高等学校大学生创新创业训练计划项目数6项;国家级大学生创新创业训练计划项目数7项;基于教师科研的SRTP项目立项数7项。

13. 2015年出国(境)(含赴台湾)交流学生数达到18人;邀请国外教授来学院授课2门;与美国凯斯西储大学签订机械工程专业3+1+1联合培养协议,与美国罗格斯大学初步商定机械工程专业与工业工程专业3+2联合培养协议。

14. 卓越工程师课程增加到5门,全部由企业高工授课;初步和泉峰集团商定共同建设卓越工程培养基地。

(二) 研究生培养工作

1. 抓住教育部推免制度改革的契机,精心策划组织,推免生的数量和质量有了很大的提高,来自985与211高校的推免生占硕士生总招生数的55%以上。

2. 推进博士生招生制度改革,顺利完成2016级博士生的招生工作。来自985和211高校的生源比例有所增加,博士研究生招生质量稳步提升。从2016年起,取消公开招考,生源有本科直博、硕博连读和申请考核三类。

3. 制定了《硕士生招生名额分配细则》,对导师招生资格进行年度审核,从在研项目、培养经费、近三年科研成果、师德表现等方面,明确导师招生名额。

4. 修订了学术型研究生培养方案,对专业型研究生培养方案作了微调。新的培养方案按机械工程一级学科编制,要求有所提高。硕士生从2015级开始实施,博士生从2016级开始实施。

5. 强化开题,推进硕士生集中开题与二次开题。切实推行研究生培养中期考核淘汰制度。

6. 改革硕士研究生学位论文的评审与答辩办法。制定了新的机械学院《硕士研究生论文评阅与答辩组织管理办法》,硕士研究生论文施行"双盲"评审与集中答辩。

7. 积极申报2015年"江苏省研究生培养创新工程"。薛澄岐教授的"国际化高层次工业设计人才培养与实践"获研究生培养模式改革成果二等奖。获批研究生教育教学改

革研究与实践课题 1 项,企业研究生工作站 2 个,研究生科研创新计划 6 项,研究生实践创新计划 4 项。

8. 我院申报的江苏省第三批产业教授（兼职）入选 5 名。

二、学生管理工作

2015 年 3 月 9 日	机械学院新一届团委组建,并任命新一届团委委员
2015 年 4 月	我院研究生获得轻运会季军
2015 年 4 月	NOVA 赛车俱乐部荣获"江苏最具影响力社团"称号
2015 年 6 月 12 日	2015 届本科毕业生毕业晚会在圆形报告厅举行
2015 年 6 月 21 日	机器人俱乐部在山东邹城全国大学生机器人大赛 Robocon 总决赛中获得全国二等奖
2015 年 7 月 19 日	机器人俱乐部在深圳全国大学生机器人大赛 RoboMasters 总决赛中获得一个全国二等奖和一个全国三等奖
2015 年 7 月 26 日	力魔车队获"2015 江苏省大学生科技创新成果展金奖"
2015 年 8 月 28 日	2015 级本科生到校报到
2015 年 8 月 30 日	2015 级研究生到校报到
2015 年 8 月 31 日	大三学生王珏鑫作为老生代表在全校新生开学典礼上发言
2015 年 9 月 8 日	台湾"中央大学"师生来我院交流访问
2015 年 9 月 21 日	本科新生军训圆满结束,机械学院所在六连成绩喜人
2015 年 9 月 23 日	蒋书运教授《"机情"与梦想》在新生文化季"初识东南"系列名家高层演讲活动开讲
2015 年 10 月 10 日	机械学院学生会主办"心跳"大型交谊舞会在圆形报告厅二楼成功举办
2015 年 10 月 29 日	校史知识竞赛中机械学院再夺桂冠
2015 年 11 月	力魔车队在大学生方程式比赛中获"车辆动力学仿真奖"第一名
2015 年 11 月 10 日	校运会中机械学院获得团体第六的佳绩
2015 年 11 月 11 日	"新生杯"落幕,机械学院在篮球、乒乓球、足球赛等比赛中均表现不俗
2015 年 11 月 16 日	研究生会成功主办"第七届纪念南京大屠杀遇难同胞系列活动"
2015 年 12 月 11 日	机械杯男篮比赛历时近四个月圆满落幕
2015 年 12 月 17 日	机械学院节目 I.ROBOT 参与新生文艺汇演大获好评
2015 年 12 月 27 日	"天机不可泄露"迎新晚会成功举办

三、科研工作

1. 2015 年学院科研经费 2 870.25 万元,其中纵向经费 1 460 万元,获批国家自然基金 11 项,其中王兴松、许飞云、殷国栋、毕可东、张艳、罗晨、顾兴中、窦建平老师获国家自然基金面上项目资助;陈科、项楠、王荣蓉老师获得国家青年基金资助。

2. 获得教育部自然科学一等奖 1 项,获奖项目:"能量在多层膜界面输运与耗散机理",获奖人:陈云飞、杨决宽、毕可东、倪中华、魏志勇。

3. 青年教师项楠、张艳分别在 *Lab on a Chip* 和 *Applied Physics Letters* 发表封面论文,博士生 Gueye Birahima 在 *Nano Letters* 期刊发表学术论文。

4. 易红教授牵头的国家重点基础研究计划"基于微纳制造的第三代基因测序系统的基础理论与关键技术"于 2015 年 11 月顺利通过科技部的验收。

5. 倪中华教授与企业联合申报的项目"非常规天然气深冷液化成套装备研发及产业化"获得中国机械工业协会二等奖、江苏省科技进步二等奖。

6. 薛澄岐教授的论文人"国际化高层次工业设计人才培养与实践"获得江苏省研究生培养模式改革成果奖。

四、人才培养

1. 引进具有博士学位的青年教师 5 人:阚亚鲸(东南大学),张宁(达姆斯塔特工业大学),石云德(哥伦比亚大学),巩峰(新加坡国立大学),李晓(清华大学)

2. 人才工程

获批国家青年千人计划 1 人:陈震(加州大学伯克利分校)

获批东南大学优秀青年教师教学科研资助计划 2 人:黄鹏、刘晓军

3. 职称晋升

晋升教授 2 人:殷国栋、杨决宽

晋升副教授 3 人:周一帆、张艳、戴敏

评定讲师 7 人:陆荣生、项楠、胡涛、魏志勇、周蕾、吴闻宇、牛亚峰

五、党委和行政工作

1. 成立了工业设计系及所属党支部。

2. 发展预备党员 91 人,预备党员转正 78 人。

3. 做好涉密管理工作,积极参加涉密教育及培训,新增涉密教师 1 人,脱密教师 2 人。

4. 组织代表团参加校教代会年会。

5. 组织教职工参加校乒乓球、网球比赛,获得乒乓球男子团体第四名、网球团体第二名、网球男女单打第一名。

6. 发放 15 名老党员生活困难补助,500 元/人。

六、工培中心工作

1. 在课程建设方面,完成对"工业系统认识实践"课程体系的完善,建设和增加了设计认知训练、机电产品拆装构建、五轴加工认知训练等新模块,教学实施后,深受学生欢迎,教学效果良好。

2. 在实验室建设方面,初步完成学校创客活动中心机械加工制作基地的建设,2016 年可以投入使用;完成 2015 年"改善基本教学条件"项目的申报和相关实验室建设的前期工作,为 2016 年项目实施做好准备。

3. 学生竞赛方面,2015年6月,华东第五届大学生CAD应用技术竞赛,我校学生获得一等奖7项、二等奖5项和三等奖3项;2015年4月,第三届江苏省大学生工程训练综合能力竞赛,一等奖3项和二等奖1项;2015年5月,第四届全国大学生工程训练综合能力竞赛,一等奖1项;2015年11月,受省教育厅委托,主持筹备江苏省工科院校第六届先进制造实习教学和创新制作比赛。

4. 教改方面,结题3项校级教改项目。

5. 在对外辐射方面,出色完成教育部职教师资培训任务,"数控技术及应用"教学带头人班27人,培训工作和教学质量深受学员好评。此外,还承担和完成学校科令营和港澳台交流项目学生共130多人,成贤学院等近500人教学实习等任务。

6. 在学术兼职方面,张远明教授作为江苏省高校金属工艺教学研究会理事长,主持筹备和举办2015年江苏省、北京市金工/工训学术年会,并在会上做了主题报告。

7. 师资队伍建设,晋升高级技师:诸月明;工程师:骆号;技师:尹利平、阮宁。

能源与环境学院

东南大学能源与环境学院独立建有动力工程及工程热物理、环境科学与工程2个一级学科博士点和博士后流动站,内含热能工程、动力机械及工程、工程热物理、制冷及低温工程、环境工程等10个二级学科。动力工程及工程热物理和环境科学与工程为江苏省一级学科重点学科,动力工程及工程热物理为江苏省优势学科,热能工程二级学科为国家重点学科。

学院现有专任教师133名,其中教授/研究员51人、副教授/副研究员51人、讲师31人,具有高级专业技术职务的教师人数107人,比例为80.45%。拥有中国工程院院士1名、新世纪"千百万人才工程"国家级人选1人、长江学者特聘教授2人、国家万人计划青年拔尖2人、国家杰出青年科学基金获得者2人、享受政府特殊津贴专家4人、教育部新世纪人才11人、江苏特聘教授2人、江苏省333工程培养对象7人、江苏省六大人才高峰6人、江苏省"青蓝工程"培养对象10人等。2015年引进4名具有博士学位的优秀青年人才,选派2名老师到海外进修1年以上,退休教职工3名。

一、党委工作

2015年是能源与环境学院"十二五"规划的收官之年,在学校党政统一部署下,学院党委认真组织、积极贯彻、有序安排中层干部、全体党员和师生员工的政治理论学习和组织活动。按照中央的统一部署和校党委的统一安排,领导班子开展了三次"三严三实"专题教育,进一步更新了观念、提高了班子成员的自身素质,为学院的开拓创新起到了重要的保证作用。

2015年6月12日,学院召开了全体党员大会,顺利完成了学院党委换届工作,新一届党委由朱小良同志任书记、司风琪同志任副书记。

在学生思想政治教育工作中,以党建为龙头,大力造就高素质的学生党员队伍,同时加强学生入党后的教育。现有博士生7个党支部,硕士生18个党支部,本科生6个党支部。全年培训入党积极分子176名,发展党员74名,预备党员转正62名。

二、学科建设

学科水平是学院整体实力的核心之一。学院把学科建设置于工作的首要地位,并将其作为根本任务贯彻始终。坚持学科建设是龙头,事业发展是硬道理,学科发展是硬任务的工作理念。2015年,江苏省重点学科"环境科学与工程"顺利通过了江苏省教育厅的验收考核全面启动;提前启动"动力工程及工程热物理""环境科学与工程"下一轮学科评估工作;EIS学科"环境学科与生态学"获学校专项经费资助,建设工作全面推进。

三、人才培养

2015年招收学术型博士研究生40名、专业型博士研究生1名、学术型硕士研究生128名、专业型硕士研究生91名、本科生248名,毕业学术型博士研究生35名、学术型硕士研究生125名、专业型硕士研究生63名、本科生213名,一次就业率大于99%。8位博士生获得国家公派博士生联合培养项目资助。

2015年学院研究生和本科生获省先进集体1个、省优干1名、省三好1名、校级三好等145名、校最佳当日活动二等奖1项。获江苏省优秀硕士学位论文2篇。研究生获校级以上科技竞赛奖项6项,本科生获校级以上科技竞赛奖项14项,其中肖睿、张会岩老师指导,13级本科生郭昊坤、杨帆、邵静怡同学完成的移动式秸秆热解制油设备的研发项目获第十四届"挑战杯"全国大学生课外学术作品竞赛"特等奖",帮助东南大学时隔八年,重回"挑战杯"竞赛排名第一方阵。韩冬获全国第二届"工程硕士实习实践优秀成果获得者"。学院团委获东南大学2015年度先进团委称号。

2015年,本学院入选国家万人计划青年拔尖人才1名、国家杰出青年科学基金1名、江苏特聘教授1名、江苏省杰出青年基金1名、江苏省"333高层次人才"3名、江苏省"六大人才高峰"3名、江苏省"青蓝工程"优秀青年骨干教师1名、南京市"321人才计划"8名、东南大学特聘/青年特聘教授等校级人才计划12名。新增2位博士生导师、5位硕士生导师。沈炯、陈晓平当选校新一届学术委员会委员,钟文琪任校机能材化学部主任,吕锡武、陈晓平任学部委员。新增第三批产业教授8名。新增东大—建屋智电科技联合研发中心,新增江苏省研究生工作站2个。

四、科学研究

科研一直都是学院的工作重心所在。2015年度,总科研到款7 173.77万元。2015年度,我院共获得20项国家自然科学基金资助,研究经费达3 000万元。命中基金项目类别、项目总数量、项目经费均创历史新高。其中,牵头重大国际合作与交流项目3项、钢铁联合基金重点项目1项、重大研究计划重点项目1项、杰出青年科学基金项目1项、面上项目13项、青年基金项目3项。

学院全年发表SCI论文135篇、EI论文207篇;发明专利申请200项、授权85项;实用新型专利申请37项、授权52项;计算机软件著作权申请4项。邓艾东牵头"大型发电机组故障检测与诊断技术研发及应用"获得江苏省科技进步一等奖。2名教授入选"Elsevier 2014年中国高被引学者名单"。

五、国际合作与交流

2015年学院将科研和教学逐步推向国际化方向。聘请澳大利亚两院院士、Monash大学的余艾冰为岗位教授，聘请乌克兰国家科学院院士 Снежкин Юрий Федорович、美国威斯康星麦迪逊大学 George Huber、英国诺丁汉大学刘浩为客座教授。2015年学院选送8位博士出国联合培养，授予外籍留学生博士学位1名、硕士学位1名。

2015年学院承办"中国工程热物理多相流年会暨国家自然科学基金进展交流会""热力系统动态特性、诊断及控制学科发展战略研讨会"；主办"第二届江苏欧洲新能源国际会议暨第十二届长三角能源论坛""第二届江苏—欧洲新能源国际会议""第三届南京（江宁）太阳能技术论坛——互联网条件下新能源技术发展与展望"。江苏省太阳能技术重点实验室与西班牙 CIC Energigune 签订合作协议。

在俄罗斯彼尔姆市举行的2015年中俄工科大学联盟创新能源设计大赛中学院石睿、杨晨晓和仪器科学与工程学院黄砺枭三位本科生设计的作品"压力发电系统及其在交通上的应用"以"新能源"组第一名的成绩获得了一等奖；本科生徐依钒、黄斯琪、董顺设计的作品"海岛用阵列浮子式抗风浪波浪能发电装置"获得了优秀奖。

六、其他

学院退休老师陈善年、余颖禾教授夫妇捐赠100万元设立核电安全与创新奖学金。学院校友宣益民当选中国科学院院士。学院获东南大学关心下一代工作先进集体，退休老师陆怡生获东南大学关心下一代工作先进个人。

信息科学与工程学院

一、概况

学院现有专职教师190人，其中教授57人，副教授91人，高级专业技术职务占教师比例为77.9％；具有博士学位人数159人，占教师比例为83.7％；具有六个月以上海外研修经历人数85人，占教师比例为44.7％。现有自然科学基金委创新群体2个，教育部创新团队3个。

二、学科建设

"信息与通信工程"和"电子科学与技术"两个国家一级重点学科继续保持良好的发展势头。学院与计算机学院、数学系联合成功申报了"网络空间安全"一级学科。

由东南大学领衔的"无线通信技术2011协同创新中心"建设工作稳步推进，在机制改革方面进行了探索性实践；在校领导和科研院等职能部门领导的指导下，积极做好"通信技术国家实验室"建设的申报工作，并以国家实验室建设为目标，努力构建信息通信技术领域的多学科交叉融合的大型研发平台,努力构建国际一流的无线通信与移动互联学术创新高地、基础新技术和共性新技术的研发基地、领航产业发展的核心知识产权发源地,支撑我国移动通信技术和产业引领发展的跨越目标,提供协同创新平台与高端工程人才培养环境。

三、科学研究

2015 年学院科研经费继续保持全校第一,科研到款总计 21 527.69 万元,其中纵向经费 11 782.19 万元,横向经费 9 745.5 万元,占全校科研到款额的 20.58%;与去年同期相比增长 3 836.34 万元,同期相比增长率为 21.68%。其中,国防技装项目年度科研到款首次超过 1 亿元。作为第一完成单位,全年 863 重大项目立项 3 项,重点项目 1 项,立项数与 2014 年相比翻了一倍;国家科技重大专项立项 1 项;国家自然科学基金立项 28 项,其中重点项目 2 项、面上项目 17 项、青年基金项目 8 项、优秀青年基金 1 项,立项经费 1 928 万元。

科研实力与科技成果产出指数明显增高。全年申请发明专利 228 项,授权发明专利 167 项,授权实用新型专利 13 项,授权国际专利 3 项,登记计算机软件著作权 2 项;收录 SCI 论文 184 篇(与 2014 年相比增长了 44.89%),EI 论文 191 篇,CPCI 论文 67 篇,表现不俗论文 68 篇(与去年相比增长了 70%)。涉密项目"×××"获教育部科技进步二等奖。

四、人才队伍

新增教育部"长江学者"讲座教授 1 人、"长江学者奖励计划"青年学者 1 人、"青年千人"2 人;新增江苏省"六大人才高峰"4 人;1 位老师获得自然科学基金优秀青年基金;1 位老师获得江苏省杰出青年基金;2 位老师获校青年教师教学科研资助计划;校特聘教授、校青年特聘教授正在评审中。

共引进各类人才 6 人,其中海外 5 人,上岗正职称 1 人,副高职称 4 人;电子科学与技术、信息与通信工程两个博士后科学流动站均获得 2015 年博士后综合评估优秀,获人力资源社会保障部和全国博士后管理委员会通报表扬;全年进站博士后 13 名,出站博士后 6 名,目前在站博士后 52 名。

五、人才培养

本科教学方面,"信息工程"专业获江苏高校品牌建设工程一期项目(A 类)资助,建设经费 1 400 万元。"信息工程"专业在全国率先高标准通过全国工程教育专业认证。全年新开由企业教师全程授课的企业课程 2 门、全英文课程 1 门、研讨课/专业选修课 7 门。出版国家规划教材 3 部、省重点教材 2 部,获校级教改项目 4 项。

研究生培养方面,完成了学术型硕士、学术型博士以及直博研究生培养方案的重新修订;1 人获 2015 年东南大学优秀博士论文奖;3 人获 2015 年东南大学校优秀硕士论文奖;4 位博士生获江苏省 2015 年度高校研究生科研创新计划项目资助。进一步加强与国外知名高校合作,全年公派 14 位博士生至英国、美国、澳大利亚、新加坡等国联合培养;选派

3名硕士生前往法国巴黎高科攻读双学位；全年资助26位博士生境外参加国际会议。

共录取16级全国免试硕士生154人，免试直博生12人，均为985、211等高校优质生源，其中985高校学生占总人数的58%。

学生参加各类学科竞赛获奖情况：国际一等奖17人次，二等奖29人次；国家特等奖1人次，一等奖9人次，二等奖9人次；省大区一等奖57人次，二等奖30人次，三等奖6人次。获全国大学生电子设计竞赛国家一等奖3组，二等奖1组，江苏省一等奖2组，二等奖5组。2015年全国研究生数学建模竞赛一等奖3人、二等奖80人、三等奖50人、成功参赛奖171人，获奖人数全校排名第一；2015年第五届全国大学生集成电路设计大赛决赛，研究生获一等奖2组，二等奖1组。2位硕士生获得IEEE SOC Outreach Workshop Grants；2位硕士生分别荣获第十五届图形化系统设计征文竞赛最高成就奖和应用创新奖；1位硕士生获IEEE ASICON 2015最佳学生论文奖；本科生王志远获2015年宝钢优秀学生特等奖。

六、学生工作

学院团委第二次获省五四红旗团委创建单位（2012年曾首获该荣誉称号）；学院团委综合考评全校第一，获校优秀院系团委称号；2个班集体荣获省高校"先进班集体"荣誉称号，2人荣获省"三好学生"荣誉称号，1人荣获省"优秀学生干部"称号；1个团支部荣获省"活力团支部"荣誉称号，1个团支书同时获"魅力团支书"和"活力团支书"的荣誉称号；研究生会获学年校"优秀研究生会"称号；1个团支部荣获校"国旗团支部"荣誉称号（全校唯一）；2个班荣获东南大学"先进班集体"称号；1人获省"高校辅导员年度人物"（共10名）；1人获省社会实践"优秀指导教师"称号；5名本科生获"普查先进个人"称号；2人荣获2015年"江苏省优秀青年志愿者"称号；1人荣获宝钢优秀学生特等奖。

成功举办"经典奥斯卡"美国好莱坞电影乐团，谱写视听盛宴——东南大学2015新年音乐会；承办"天翼飞Young校园好声音"江苏省总决赛；与中兴通讯联合举办第二届东南大学—中兴通讯卓越大赛。

在本科生宿舍区中投资2万余元建设了专用心理咨询室和减压培训室。今年1人通过国家二级心理咨询师资格认证，1人通过三级资格认证（目前学院二级持证2人，三级持证2人）。

利用暑期带领硕士生和博士生150余人次走访了中国工程物理研究院（绵阳），航天科技集团1院、5院、9院（北京），504所（西安），航天科工集团2院，中电集团14、28、55所（南京），10、29、30所（成都），华为技术，中兴通讯，阿里巴巴集团，美国国家仪器NI等重点用人单位。截至11月30日，应届毕业生就业率本科生100%，硕士生98.72%，博士生99.18%，本科生升学率64.43%（出国率21.82%）。

七、党建与行政工作

完成学院党委换届，选举产生了新一届学院党委委员。

认真开展"三严三实"专题教育活动，进行了专题党课教育，联系学院学科建设、科学研究和学生工作等实际分别召开了"三严三实"专题学习研讨会。组织党员收看党史教育影片《没有共产党，就没有新中国》和3D立体电影《冲锋号》以及电影《一生有爱》等教育片。

学院业余党校举办了一期入党积极分子党校培训班，共有129人参加培训；发展新党员79人，转正67人。

获江苏省高校最佳党日活动1项，校最佳党日活动特等奖1项；1支部被评为东南大学"十佳"研究生党支部；27人获"优秀研究生共产党员"称号；获本年度党建研究项目立项1项。

院党政领导班子严格执行"三重一大"决策制度，凡属"三重一大"规定的重大事宜均由党政联席会议决策，学院的各项工作更加科学规范、公开透明。完成十三五规划的制定。

成立了学院教师委员会，充分发挥教师在学院改革、建设和发展中的积极作用，学院民主管理水平进一步提升，促进了学院各项事业持续、和谐、健康发展。

认真做好保密教育和保密管理工作，1课题组被评为校保密工作先进集体，3人被评为校保密工作先进个人。开展了实验室安全专项检查活动，全面落实实验室安全责任制。

土木工程学院

一、党建工作

1. 本年度全院新发展85位优秀学生加入中国共产党，预备期满转正了79位学生党员。
2. 学生党支部落实"三自"教育，深入学习习近平总书记系列讲话。
3. 建筑工程系党支部开展江阴"又专又红"学习实践活动。
4. 试行我院《学生党员目标管理制度》《党支部工作考核制度》。
5. 研究生综合党支部开展关爱退休教职工的"暖巢"计划，被央视等媒体广泛报道。
6. 开展主题性党日活动数十项，依托胡耀邦同志100周年诞辰、国家公祭日等重大事件、重要纪念日开展形式多样的有教育意义的活动。
7. 因工作需要，根据学校要求，学院党委书记和副书记分别进行了调整。

二、学科建设

1. 江苏省优势学科一期建设顺利通过验收并被评为优秀；申报并获批江苏省优势学科二期资助。
2. 土木工程专业获江苏省品牌专业A类资助；工程管理硕士专业学位首批通过全国工程管理专业学位教育指导委员会评估。
3. 成立（调整）土木工程学院学术委员会、教学委员会、实验与设备管理委员会、发展委员会和校友工作委员会等5个委员会；试点学院改革进展顺利，土木学院教师评价新办法正式颁布试行。
4. 获批江苏省建筑产业现代化创新示范基地（设计研发类）；东南大学—莫纳什大学

海绵城市联合研究中心获准建设;成立PPP国家研究中心和民生保障研究中心。

三、队伍建设

1. 吴智深教授进入中国工程院院士增选第二轮评审。
2. 吴刚教授获得国家杰出青年基金资助、入选科技部中青年科技创新领军人才。
3. 吴刚、郭彤分别入选2015年度长江学者特聘教授、青年学者。
4. 吴刚、叶继红、徐赵东教授入选东南大学特聘教授,郭彤、王浩教授入选东南大学青年特聘教授。
5. 周臻入选江苏省六大人才计划,黄娟、王莹入选东南大学2015年度"优秀青年教师教学科研资助计划"。
6. 冯若强、范圣刚、周臻、王浩、徐明晋升正高级专业技术职务,马金霞、张培伟、王莹、秦庆东、张文明晋升副高级专业技术职务。
7. 引进汪昕研究员及秦颖、谈超群、成于思等三位博士,新增汪昕、万春风、袁竞峰3位博士生导师。

四、科学研究

1. 学院科研经费7 178.12万元,其中纵向经费4 225.56万元,横向经费2 952.56万元。
2. 郭彤教授牵头的"既有建筑结构性能提升关键技术与工程应用"获教育部科技进步一等奖;丁幼亮教授牵头的"复杂环境下桥梁安全性能监控与预警关键技术及其集成示范"获江苏省科技进步一等奖。
3. 获批国家自然科学基金25项,其中吴刚教授获得国家杰青1项、叶继红教授和何小元教授分别牵头获得重点项目,获批经费比上一年增长120%;获批江苏省自然科学基金项目7项、江苏省重点研发计划项目2项。
4. 被SCI收录文章93篇,被EI收录论文132篇。
5. 申请发明专利293项、实用新型专利15项,授权发明专利234项、实用新型专利25项。

五、本科教育

1. 374名本科生完成毕业设计并通过答辩,其中372人取得毕业证书,369人获得学士学位。
2. 顺利完成2014级246名学生大类分流的工作,其中,土木工程专业164人、工程管理专业50人、市政工程专业32人。
3. 67名本科毕业生被免试推荐攻读2015年硕士研究生。
4. 成虎教授主编《工程管理概论》(第二版),穆保岗副教授、陶津老师主编《地下结构工程》(第2版),邱洪兴教授主编《土木工程概论》,获批2015年江苏省重点教材立项建设。
5. 陆金钰副教授、童小东教授牵头的"基于'课堂—项目—竞赛'三维联动的土木工程创新人才培养模式研究与实践"获批2015年江苏省高等教育教改立项研究课题一般项目。

6. 获批校级教改立项建设项目 13 项、第二批"三类"课程建设项目 7 项、第一批校级研讨(seminar)课程建设项目 2 项。

7. 陶津获第五届江苏省高校土木工程专业青年教师讲课竞赛特等奖,王浩和孙泽阳获一等奖;袁竞峰和吴伟巍获首届江苏省工程管理专业青年教师讲课竞赛特等奖,李德智、陆莹、徐照获一等奖;张培伟获江苏省高校微课教学比赛二等奖。

8. 在校第 22 届青年教师授课竞赛中,敬登虎、王春林、徐照、孙泽阳等 4 位老师荣获三等奖,贺志启、邓温妮、杨才千等 3 位老师获提名奖。

9. 2015 年 9 月,2012 级丁大钧班 32 位同学整建制赴台湾"中央大学"土木工程系学习一学期。

10. 黄镇副教授指导的 2015 届本科生蒋丛笑的毕业设计(论文)《福州文化活动中心结构设计》获 2015 年度江苏省普通高等学校本专科优秀毕业设计(论文)二等奖。

11. 获得本科生优秀创新实践成果奖等国家级一等奖 5 项、二等奖 10 项,省级特等奖 18 项、一等奖 42 项。

12. 获批国家级大学生创新创业训练计划项目 15 项、获批江苏省大学生创新实验计划项目 14 项;本科生发表学术论文 20 余篇,申请国家发明专利近 10 项;获东南大学优秀课外科技创新(研学指导)团队金奖。

六、研究生教育

1. 共录取博士生 54 名、学术型硕士研究生 157 名、全日制专业学位硕士研究生 104 名;28 位博士研究生、241 位硕士研究生获得学位。

2. 完成了土木工程、市政、力学、建造与管理、管理科学与工程学科的博士生、硕博连读生、直博生、学术型硕士生的培养方案修订。完成了 2015 年研究生招生专业目录修订,对"土木工程"的复试科目、笔试科目进行了调整,优化了考试科目。

3. 成功承办了土木工程院士知名专家系列讲座暨第六届全国研究生暑期学校,学员人数较上一届增加了 50%。本期暑期学校分设了结构与防灾、桥梁与岩土、工程管理与房地产、力学四个专题班,其中,结构与防灾班有学员 252 位、桥梁与岩土班有学员 135 位、工程管理与房地产班有学员 94 位、力学班有学员 59 位。包括 3 位院士在内的 45 位来自美国、新加坡、中国香港和中国大陆等国家和地区的知名专家学者给暑期学校上课。本届暑期学校还继续延续去年成功举办的全英文网络课程,由远在美国的桥梁专家直接授课,并与学员实现远程互动。

4. 刘钊教授指导的博士生贺志启的学位论文《混凝土桥梁 D 区的力流传递机制及参数化设计理论》获 2015 年度江苏省优秀博士学位论文;陈锦祥教授指导的硕士生何成林的学位论文《一体化仿生蜂窝板的力学性能》、郭彤教授指导的硕士生徐伟杰的学位论文《实时混合模拟试验的频域评估方法研究》、黄镇副教授指导的硕士生刘峰的学位论文《新型防屈曲剪切钢板阻尼器性能研究》获 2015 年度江苏省优秀专业学位硕士学位论文。叶继红教授指导的博士生齐念、孙虎跃的论文获第二届全国空间结构博士生学术论坛优秀论文奖。

七、交流与合作

1. 主(承)办了第 203 场中国工程科技论坛暨第四届全国土木工程安全与防灾学术论坛、2015 长三角地区结构工程青年学者学术沙龙、海峡两岸工程项目管理经验交流与法规制度比较研讨会暨第三届工程商务与法律高层论坛、第十七届全国混凝土及预应力混凝土学术会议、海洋风电基础工程学术论坛联席国际会议、第 12 届纤维复合材料增强混凝土结构国际会议暨 2015 亚太纤维复合材料增强复合材料结构国际会议(FRPRCS-12&APFIS-2015)等大型学术会议 6 个,其中 FRPRCS-12 为该会议 1993 年创办以来首次在中国召开。

2. 各类注册学籍留学生在校人数增至 50 人;全年到海外访问教师 60 余人次,来访海外学者 40 余人次;在校博士生、硕士生、本科生出国出境交流、游学人数达 99 位,其中丁大钧班继续整建制赴台湾"中央大学"进行为期半年的学习;与瑞典吕勒奥工业大学等签署交流及科研合作协议。

3. 举办江苏省海绵城市设计研究生国际联合工作营暨第五届东南大学水科学与工程全英文暑期夏令营;举办学术讲座 42 场,其中外籍专家主讲 24 场。

4. 中国工程院院士、清华大学聂建国教授,中国工程院院士、石家庄铁道大学副校长杜彦良教授,全国工程勘察设计大师、上海市政工程设计研究总院(集团)有限公司总工程师张辰先生,香港理工大学建设与环境学院院长徐幼麟教授,日本名城大学葛汉彬教授受聘我校兼职/客座教授。

八、学生工作

1. 获得 2015 年度东南大学新生杯总冠军、男篮院系杯亚军、男排院系杯季军。

2. 我院代表队在校第 57 届学生田径运动会上获得甲组团体总分第二名的好成绩,在校第三届啦啦操大赛决赛获得三等奖和最佳人气奖。

3. 举办"新蓝天杯"第一届体育节,历时一个月,包括院运会、篮球全明星赛、足球回归挑战赛、环校长跑等活动。

4. 本科生刘业伟当选院学生会主席,硕士生孔祥羽当选院研究生会主席。

5. 13 级硕士生许德旺获评 2015 年"中国大学生自强之星标兵"称号,当年江苏省仅一位,也是我校首位获此荣誉的在校学生。许德旺同时还荣获 2015 年江苏省"十佳青年志愿者"称号,其个人事迹被《中国青年报》、中新网等媒体专题报道。

6. 13 级本科生孟畅被选为团中央三走典型并写入团中央《三走如何走》教科书;同时荣获江苏省优秀共青团员、东南大学自强之星标兵等荣誉称号,其事迹被《中国青年报》、江苏卫视等多家媒体报道。11 级本科生强翰林获 2015 年"宝钢优秀学生奖"。孙安龙被评为东南大学 2015 年"最具影响力毕业生"。

7. 我院团委获得年度院系团委评比大院组优秀,团委副书记孔祥羽被评为东南大学"优秀团务工作者"。

8. 我院党委副书记兼副院长张豪裕带队赴江西共青城举办第四届"爱在共青城"支教回访系列活动。期间,开展了拜谒胡耀邦同志陵墓、采访共青老垦荒队员、并向共青城西湖小学捐款捐物、开展笔友会等各项回访活动,被中新网、中国江苏网等多家媒体报道。

9. 我院 2 个团队获 2015 年暑期社会实践一等奖,1 个团队获二等奖,12 人获优秀个人一等奖,3 人获优秀个人二等奖。13 级本科生辅导员孔祥羽荣获东南大学 2015 年社会实践"优秀指导老师"称号。

10. 强翰霖、蒋丛笑、何冰冰 3 名同学获 2015 年江苏省土木工程学科"优秀本科毕业生"称号。刘籍蔚、刘中祥、马睿、朱智荣、丁里宁、成于思、施嘉伟 7 名同学获 2015 年江苏省土木工程学科"优秀毕业研究生"称号。徐红燕、周圣华同学获得 2015 年江苏省工程管理专业"优秀本科毕业生"称号。

九、其他重要活动

1. 工民建 1955 级、力学 1960 级、工民建 1973 级、老土木系 5181 级和 5381 级、土木工程 1991 级、建筑工程管理 1991 级、WP05195 级、研究生 0592 级等校友先后返校聚会,再叙师生情、同学缘。其中,返校参加入学 60 周年聚会的 18 位 1955 级校友中最年轻的 77 岁、最年长的 84 岁。

2. 李启明教授捐出其所获得的 2014 年度"宝钢优秀教师特等奖"奖金,设立"东南大学工程管理英才奖学金";卓越集团深圳公司总经理徐春校友、常州吴晓东夫妇、景瑞地产集团、5181 级校友等个人和单位在学院捐资助学。

3. 吕志涛院士荣获"全国先进工作者"荣誉称号;李启明教授荣获"民建全国参政议政先进个人"称号;成虎教授受聘江苏省政府参事;吴刚教授当选第十二届全国青联委员;沈杰、陆惠民、黄有亮等 3 位老师被江苏省高院聘为特邀调解员。

电子科学与工程学院、微电子学院

电子科学与工程学院、IC 学院共有教职工(含博士后)173 名,专任教师 116 名(含"千人计划"),其中教授(研究员)39 名,副教授(副研究员)45 名,具有博士学位的专任教师比例达到 91%。我院拥有"电子科学与技术""光学工程"2 个一级学科博士点和博士后流动站,3 个二级学科博士点和 5 个硕士点。

一、学科建设

1. 2015 年 7 月,东南大学获批建设国家示范性微电子学院。

2. 2015 年学院新增"国家杰出青年基金"获得者 1 人,中组部万人计划——"青年拔尖人才支持计划"1 人。

3. 2015 年获批"东南大学信息显示与可视化国际合作联合实验室"。

二、科研工作

2015 年电子学院一年期间在科研方面取得了很大的成绩。本年度科研到款纵向 9 786.61 万元、横向 889.76 万元,总计 10 676.37 万元。学院各学科组积极组织申报各类科研项目,2015 年获得国家自然科学基金项目 18 项(包括 1 项杰出青年基金项目、主持及参与重点项目各 1 项),获得资助直接费用 1 211.97 万元,新增省自然基金 6 项。SCI 论文收录 173 篇;共申请发明专利 344 项、实用新型专利 6 项,授权发明专利 216 项、实用新型专利 10 项,计算机软件著作登记 3 项。2015 年获得参与申报的国家技术发明二等奖 1 项。学院获我校 2015 年度国家自然基金组织工作先进单位称号。

1. 2015 年,国家专用集成电路系统工程技术研究中心围绕微电子学科领域集成电路重大学科问题及关键技术,在模拟集成电路、数字集成电路、功率集成电路与系统、器件与工艺、嵌入式系统与软件等 5 个研发方向上开展科学研究和人才培养等工作,取得了较好成绩。2015 年工程中心承担在研项目 53 项:其中,国家"863"计划项目 2 项,国家重大专项 2 项,国家自然科学基金项目 13 项,港澳台合作专项 1 项,工信部物联网专项 1 项,江苏省科技支撑计划、江苏省自然科学基金等省部级项目 6 项,军工项目 5 项,企业合作项目 23 项。2015 年完成国家自然科学基金项目 5 项,正在结题中。申请获得国家自然基金 3 项。发表学术论文 57 篇,其中 SCI 论文 28 篇、EI 论文 21 篇。获美国专利 3 件。中国授权发明专利 66 件。申请并受理发明专利 81 件。

研究生培养方面,研究课题从实战项目中挑选,集成电路设计都要经过正式投片验证,注重理论与实践的结合,使培养的学生成为既掌握理论知识又经历实际设计、测试和方案验证的集成电路产业急需的高层次人才。2015 年,工程中心承担 2 门博士课程、4 门硕士课程,培养硕士毕业生 52 人、博士毕业生 13 人、工程硕士 93 人。本科生培养方面,2015 年工程中心承担东南大学 21 门本科课程,指导本科毕业设计 33 人,有 2 人获东南大学优秀毕业设计论文。

建设江苏省产业技术研究院专用集成电路技术研究所,江苏省产业技术研究院专用集成电路技术研究所是国家 ASIC 工程中心产学研服务体系的重要组成部分,研究所以"一所两制"为立足点、项目经理制的团队建设为抓手,通过选拔专职人员、全球公开招聘重点选拔项目经理构建项目团队,构建以项目团队为主体的技术服务体系。研究所重点围绕江苏地方产业发展需求,结合工程中心研发成果和团队基础,构建了企业主导、海外技术转移、自主技术转移三类项目团队。

2. 东南大学信息显示与可视化国际合作联合实验室(显示技术研究中心)现有研发场地面积约 5 000 平方米,年末固定资产(设备)总额 13 390 万元,10 万元以上仪器设备 77 台套,年度新增科研经费到款 2 136 万元(注:扣除合作单位拨款,实际可支配到款 1 873 万元,其中,横向到款 342 万元,其他到款 20 万元),年度科研支出 1 736 万元,年度研发设备投入 475 万元。

2015 年新增项目共 34 项,其中:纵向 16 项,包括国家自然基金项目申报 13 项,获批立项 4 项,预研基金 1 项,航空基金 1 项,重大专项 1 项,质检公益性行业科研专项 1 项,参与国际标准化活动专项 1 项,江苏省博士后科研资助 1 项,省自然基金 2 项和 GF 横向 3 项;横向技术开发和技术服务 16 项;试点学院改革青年教师科研资助 2 项。2015 年承担的其他项目还有:外专千人计划项目 3 项(其中 1 项结题),教育部博士点基金 3 项(其中 2 项结题),863 计划 1 项(已验收),973 计划课题 2 项,国家自然科学基金 9 项(其中 3 项结题),GF 项目 11 项(其中,GF973 牵头项目 1 项,创新重大 1 项),省自然科学基金 4 项,省支撑 1 项,市产学研 1 项,横向课题约 8 项。除 2015 年新立项项目以外所承担的各类项目合计40多项。2015年中心出版著作3部,在学术刊物发表论文44篇(其中国外29篇,国内15篇),会议交流论文10篇,SCI收录55篇,EI收录15篇。发明专利申请16项,发明专利授权17项。

2015年在课程教学及人才培养方面,本学年中心承担本科生课程教学32门次,研究生课程教学硕士生课程6门次、博士生课程3门次。获批校级教改项目2项。2015年指导本科毕业设计44人(毕业)、49人(在读),在读硕士生123人,在读博士生48人,在站博士后5人,为企业培训35人次。郑姚生老师参与指导电子学院本科生参加全国大学生电子设计竞赛,累计获全国一等奖2组;汤勇明老师指导学生参加江苏省高校大学生物理实验创新设计竞赛获一等奖1组,同时获优秀指导教师奖;汤勇明老师还同时参加了2015年江苏省FPGA设计竞赛和2015年东南大学PLD竞赛的组织工作。

3. 先进光子学中心在人才培养方面,进一步完善了《新能源材料与器件》专业课程体系,并成功获得学位授权。2015年度新增5名博士生和34名硕士生,其中26名硕士生、3名博士生通过论文答辩,获得学位;2015年度指导本科生毕业设计21名。在科研方面,完成了两项"十二五"预研项目并顺利通过结题。中心积极参与国家各项科研项目申请,2015年新获得江苏省重点研发计划1项(120万元);国家自然基金项目4项,其中重点基金2项;青年基金2项;江苏省青年基金2项。其他各类在研项目共33项,其中国家自然科学基金13项,江苏省项目8项,横向项目5项,国防项目6项,973子项目1项,到款科研经费1 097万元。2015年发表科研论文被SCI收录42篇,其中影响因子最高9.1,影响因子超过5.0以上的共9篇;2015年新申请发明专利27项,获批14项。中心加强实验室基础设施和研究平台建设,购置了超分辨光学显微镜(Zeiss Elyra P.1)和原子力显微镜(Bruker Bioscope Resolve),大大加强了科研硬件条件。同时深化合作交流,中心积极支持教师和学生参加各类学术会议,2015年度派遣2名教师出国教学访问半年;共计16人次参加重要会议,其中国际会议7人次,国内会议9人次;发表会议论文13篇;国内特邀报告4个。

4. 光传感/通信综合网络国家地方联合工程研究中心继续坚持教学改革,努力探索新型教学模式,积极促进"电子科学与技术"专业进入江苏省品牌专业建设行列。"信息电子中的场与波"继续坚持课程梯队授课形式,建设教学团队。本学年选修学生数达到178人,开展教学法研究,探索多人数课堂管理与教学观念传播到位的问题。"高等电磁场与波"课程:本年度将理论与实验课程合并在一个学期内,变为5学分,针对高等理工班的特色开展教学。"电子信息类专业学习概论"课程建设取得较大的进展,发表IEEE教育教学论文1篇。继续建设省级双语课程"光网技术概论"及其他相关课程,本年度课程建设在深入进行,分别为信息科学与工程学院、电子科学与工程学院的高年级同学授课,获得很好的教学资料。在国际教学合作方面取得实质性进展,学校作为欧盟伊拉斯谟行动2计划"及时合作交流"项目(INTACT)的参加单位,本年度已派出1名博士生赴伦敦城市大学联合培养(1年)、1名博士生合作科研(半年)、吴健雄学院高等理工班及普通班5名应届本科生赴伦敦城市大学开展毕业设计(半年)。

本中心在科研工作方面也取得了很大的成绩。

(1) 中国(南京)软件谷"光传感/通信综合网络国家地方联合工程研究中心"基地

建成。

（2）东大资产经营有限公司、南京软件谷发展有限公司、南京春辉科技有限公司合作共建"南京曦光信息科技有限公司"正式成立。

（3）进一步孵化"分布式光纤振动传感系统"技术成果，取得各项成绩。

（4）2015 年度完成 GF 预研项目验收 2 项、江苏省产学研前瞻性项目 1 项以及 4 项企业委托项目。国防 973 项目二级课题（含 3 项子课题）中期考核通过；获省重大成果转化基金项目 1 项、省产学研前瞻性项目 3 项；共获得发明专利授权 14 件以上，提交发明专利申请 15 件以上，实现专利转化 8 件；发表学术期刊论文篇 19 篇、国际学术会议论文 27 余篇，其中 SCI 收录 14 篇、EI 收录 25 篇。

5. MEMS 教育部重点实验室 2015 年在教学、科研、人才培养及实验室管理等方面均取得了很大的成绩，获国家自然科学基金杰出青年基金 1 项、面上项目和青年基金项目 4 项，其他省部级各类基金、人才计划项目 5 项，横向课题 2 项，目前在研科研项目总计科研经费超过 1 800 万元。本年度实验室共发表 SCI 收录论文 25 篇。申请国家发明专利 76 项、获授权国家发明专利 48 项。

三、国际合作与学术交流

在学院各位老师和同学的共同努力下，电子学院较好地完成了 2015 年国家公派留学生计划，获联合培养资助 2 位，另攻读博士学位 2 位。

2015 年，工程中心积极参与国内外的学术交流活动。组织老师赴美国参加固态电路年会（ISSCC），师生组团参加第 27 届国际功率半导体器件与集成电路年会（ISPSD），是功率器件及集成电路领域的顶级国际会议，在会议上共发表 4 篇论文。同时工程中心师生赴英国、韩国、日本等国家参加 ICC、ICPE2015、CPESE 国际会议，在国际会议上共发表 15 篇论文。为促进国际的技术交流，工程中心邀请香港科技大学电子与计算机工程系陈敬教授作了题为 *Technology Challenges of GaN-on-Si Power-Electronics Devices* 的讲座，与工程中心的师生进行深入的交流。

2015 年 OSC 中心继续加大与校外（包括境外）相关科研机构的合作力度，本年度接待江苏省外专百人计划专家 2 人次，在校内开展工作 2 个月，取得很好的效果；接待外籍专家 4 人次；派出 2 名博士生在 UCSD、CUL 以及 1 名博士后在 CUL 进行合作研究，已取得一些进展。正在将多年积累的研究成果与学术前沿工作对接，大大提升了中心学术研究水平。

在落实《国家中长期教育改革和发展规划纲要（2010—2020）》的基础上，从加强与国外高水平大学合作角度，建立教学科研合作平台，深化教育改革、扩大教育开放，提升高校原始创新能力和国际学术声誉，加速世界一流学科和世界一流大学建设。显示技术研究中心牵头申报的"东南大学信息显示与可视化国际合作联合实验室"通过了教育部科技司的现场考察并获批，对学院学科建设的发展乃至学校整体的学术影响力具有特殊的意义。

四、本科教学工作

2015 年在全院教师的共同努力下，取得了一系列的教学成绩：

1. 电子学院整体教学工作量安排合理,并建有稳定的督导培训体系,教学秩序良好。2015年度电子学院教师承担具体课程教学合计共承担课堂教学任务累计5 292课时。学院全部大类基础课和专业主干课都由高级职称教师承担课程组负责人,多位教授直接参与大类基础课和专业主干课课堂教学工作。本年度电子学院青年教师积极参加学校组织青年教师授课竞赛,其中韩磊、张宇宁获得二等奖,樊兆雯、王磊、王莉莉、田茜、王琦龙获得三等奖,还有多人获得提名奖。

2. 电子科学与技术专业获批江苏省高校品牌专业建设工程一期项目。"电子科学与技术"专业通过方案讨论、校内评审、省内答辩等环节,获批江苏省高校品牌专业建设工程一期项目。项目的主要目标是到2020年,打造一批全国领先、具有国际影响的品牌专业;培养大批适应经济社会发展需求的高素质人才;形成富有弹性、充满活力的人才培养机制;产出一系列优秀教学成果和优质教学资源。项目建设的重点任务为建设一流专业、造就一流人才、打造一流平台、产出一流成果。电子科学与技术专业在未来将围绕品牌专业的建设目标在国际化、校企合作、课程与教材、教学团队等方面开展一系列工作。

3. 新能源材料与器件和物联网工程专业通过学士学位授权评审。电子学院对新能源材料与器件和物联网工程专业开展了学士学位授权专业的增列审核工作。评审专家通过申请专业自评情况汇报,集中评阅申报材料、抽检教育教学档案,实地考察专业实验室,毕业设计情况,教师、管理人员和应届毕业生代表座谈会等环节,根据《普通高等学校学士学位授权专业评审指标体系》要求,对两个专业的建设情况及是否通过学士学位授权评审形成了评审意见。新能源材料与器件和物联网工程专业均以"优秀"的成绩通过评审。

4. 完成2015级电子科学与技术、物联网工程、新能源材料与器件专业的人才培养方案的制定工作。2015级电子科学与技术、物联网工程、新能源材料与器件专业的人才培养方案经过学院内部意见征集、用人单位访谈、课程体系梳理形成初稿。在专家组下院系审核和集中汇报环节中,专家们在听取了三个专业人才培养方案修订情况汇报后,结合工程教育专业认证要求和专业发展,对人才培养方案的培养目标、毕业要求、课程体系等方面提出了中肯的建议,学院根据专家的建议对人才培养方案进行优化,形成终稿。

5. 在人才培养国际化方面持续开展推进工作。与美国加州大学耳湾分校、加拿大滑铁卢大学等新建了人才培养合作协议;与爱尔兰国立科克大学续签了科研与人才培养全面合作协议;参与美国凯斯西储大学工学院3+1+1项目国家留学基金委CSC优本资助项目申报。积极组织本科生参与国际学术和学习交流活动,牵头组织了东南大学与日本早稻田大学IPS学院的联合人才培养项目和国际联合学术报告会。另外,积极宣传和选拔同学参加东南大学多项境外交换生和联合培养项目。2015年累计超过20人参与了出国(境)各类交换生、联合培养及学术交流活动。邀请国外高水平大学教授及企业导师开设《视觉感知与统计基础》《电子器件可靠性设计》《微系统集成与封装基础》《集成电路制造基础》《数字信号处理》《电子器件》等全英文课程。于虹、朱利和张萌老师分别前往美国田纳西大学和美国里海大学进行为期一个学期的教学交流培训。樊鹤红等教师在IEEE教育协会组织的TALE 2015国际会议中发表教学研究论文并作口头报告。

6. 电子学院本科毕业设计论文持续获得江苏省高校优秀毕业设计(论文)。由孙小菡教授指导的06010527郑宇的毕业设计论文《面向电网业务的光数据流交换网节点设计与研制》获得 2014 年江苏省高校优秀毕业设计（论文）。由孙小菡教授指导的 06311127 黄新锐的毕业设计论文《光纤振动传感系统参数综合控制方法及实验研究》申报 2015 年江苏省高校优秀本科毕业设计（论文）。

7. 电子学院本科生参加学科竞赛获得优异成绩。2015 年全国大学生电子设计竞赛中，电子学院有 10 个参赛队，29 名本科生参赛。经过赛委会的专家测评，我院所有参赛队都获得奖励，获历史最好成绩，其中 5 个队获得国家一等奖、2 个队获得国家二等奖、2 个队获得省一等奖、1 个队获得省二等奖。电子学院参与了"2015 年江苏省 FPGA 设计邀请赛"的组织工作，电子学院本科生捧得唯一的"英威腾杯"，同时还获"最佳创意奖" 1 项（共 2 项），一、二等奖多项。

8. 电子学院教师积极参与本科人才培养教研工作。2015 年电子学院教师获批校级教改立项项目 5 项，校级教材立项建设项目 5 项。

五、研究生培养

1. 电子学院新申请并被获批研究生课程共计 30 门。此批新课程包含科研项目类、科研培训类、技能培训类课程；改变传统的单一讲课及考试模式，引入科研能力培养环节及相应考核，更加注重教学过程和科研训练过程相融合。

2. 2015 年度招收硕士研究生 155 名，博士研究生 27 名（含工程博士专业学位研究生 2 名），外国留学生 9 人；接收 2016 年度推荐免试研究生 59 名，其中推荐免试博士研究生 2 名。

3. 参加国际学术会议及国际学术交流活动的博士研究生 8 名，硕士研究生 2 名；我院参加公派研究生项目中 2 名硕士研究生赴国外攻读博士学位研究生，7 名博士研究生赴国外进行联合培养。

4. 新增硕士生指导教师 6 名，博士生指导教师 2 名。

5. 获江苏省优秀专业学位硕士学位论文 1 篇，东南大学优秀博士学位论文 2 篇，东南大学优秀学术学位硕士学位论文 1 篇，东南大学优秀专业学位硕士学位论文 1 篇。

6. 11 名博士研究生获批东南大学优秀博士学位论文基金项目，其中 1 名博士研究生获批为优秀博士学位论文培育对象基金。

7. 5 名博士研究生获批 2015 年度江苏省普通高校研究生科研创新计划（省立校助），获批研究生工作站 3 个，聘任我院产业教授 7 名。

六、学生工作

1. 学生培养

（1）学生就业率、就业质量

学院重视对学生的综合素质的全面培养，认真做好就业指导工作，就业质量总体较高。2015 届本科生继续升学以及出国率达 64.9%，就业率为 100%；2015 届研究生就业率为 100%。

（2）大学生参与社会实践情况

2015 年，学院 14 级在暑期开展社会实践工作并取得了一个校级特等奖、两个校级一等奖、一个校级二等奖的好成绩,并申报省级"四进四信"十佳风尚奖优秀项目及2015"强国杯"社会实践评选。14级本科生黄旭庭同学荣获省级社会实践先进个人称号,刘荟等21人获校级优秀个人称号,指导老师席维唯获省级先进工作者荣誉称号。

2015年,学院先后开展了东南大学欢送2013级流动助教晚会、"情满东南"东南大学第五届学生线师生趣味运动会、东南大学第五届"我的青春故事会"等大型全校性活动,取得了显著实效,深受师生们好评。学院学生工作及学生先后受到《江苏科技报》《凤凰网》《南京晨报》《金陵晚报》《山西青年报》等主流媒体的积极报道。

2. 学生奖惩

(1) 省级以上学生或学生集体获奖数

2015年,俞苗同学、王海东同学荣获江苏省优秀学生干部荣誉称号;翟悦同学荣获江苏省三好学生称号。本科062136班、13级ASIC实验室硕士生班获江苏省先进班集体荣誉。学院学生志愿者协会荣获江苏省青年志愿服务行动组织奖。由孙小菡教授团队指导,黄新锐等同学完成的作品《基于光/电综合信号处理技术的光纤散射载波振动传感系统》在第十四届"挑战杯"全国大学生课外学术科技作品竞赛中获全国二等奖。孙俊同学被评为"2015江苏好青年"百人榜之"最善创新好青年"称号。

(2) 学生违纪率

学院一直注重学生对于学校校纪校规的学习教育,学生整体积极向上、遵纪守法。2015年学生无违纪情况,并获得2015年校考风考纪工作优秀院系荣誉。

3. 学生管理

学办认真做好学生突发事件的预案,针对突发事件,处理有效,无重大安全责任事故;学生各类评奖评优资助始终坚持公开、公平、公正的原则,无投诉;对一些特殊类型学生采取积极的帮扶措施并取得良好的效果。

七、党务与行政工作

1. 学院新一届领导班子成员积极响应学校的号召,通过党政联席会、民主生活会的形式,认真开展"三严三实"专题教育活动,大家深刻认识到,"三严三实"最根本的是严以修身,最重要的是严于律己,最关键的是严以用权,严以修身和严以律己最终都体现在严以用权。大家一致认为,要把权力关进笼子,时刻站在学校及学院的立场上,为了学校的利益,为学院的建设发展说话、做事,带领全院教职员工,以学院制订的"十三五"发展规划为目标,不断提升学院的人才培养、学科建设、科学研究、国际化交流等工作。班子成员认真贯彻落实党的十八大、十八届三中、四中、五中全会精神,围绕"六大纪律",认真执行学校"三重一大"制度有关文件精神,贯彻落实中央"八项规定",反对"四风",加强党风廉政责任制建设。

2. 进一步加强学院机关作风建设,转变工作作风,深化服务内涵,提升服务质量。在学院党政领导的指导下,制定了《东南大学电子科学与工程学院、集成电路学员》工作手册,梳理、修订了学院的相关制度、条例,明确了机关人员的工作职责,规范工作流程,坚持"以人为本、以师生员工为中心"的服务理念,紧密围绕学院"十三五"发展规划的具体目标,做好各项服务保障工作。学院机关全体同志在学院及上级各职能部门的领导与业务指导下,充分发扬团队协作的精神,立足本职,认真履行自己的工作职责,顺利完成了本年度的各项工作。

3. 学院认真学习学校财务下发的各类文件、通知,认真执行学校的财务制度,规范化管理与操作,不设小金库。

4. 严格执行学校保密规定,认真做好学院保密工作。

数 学 系

2015年是"十二五"收官之年,是承前启后的一年,在学校的正确领导下,在学校各职能部门的大力支持下,数学系党政密切配合,全体教职员工奋发进取,在学科建设、科学研究、人才培养、队伍建设等各个方面取得了优秀的成绩,为学校的建设作出了应有的贡献。

一、在队伍建设方面

1. 新增 IEEE Fellow 1 人(曹进德)(全球 298 人当选,中国内地 15 人当选,东南大学 2 人当选),新增中组部"万人计划"青年拔尖人才 1 人(虞文武,东南大学共 4 人入选),新增宝钢教育基金会优秀教师奖获得者 1 人(周建华),江苏省"六大人才高峰"高层次人才计划获得者 2 人(卢剑权、梁金玲)。新增江苏省企业研究生工作站 1 个,江苏省产业教授 2 名。

2. 曹进德和虞文武教授再次入选汤森路透全球高被引科学家奖,覆盖数学、工程学和计算机科学三个学科领域[全球共有 2 975 名(3 125 人次)科学家入选,中国共有 148 位科学家(含港澳台地区)入选 168 人次,东南大学共 2 人入选 4 人次]。

二、在科学研究方面

1. 2015 年我系获国家自然科学基金资助项目 8 项(去年 4 项,增长明显)。江苏省自然科学基金项目 3 项,中国博士后科学基金特别资助 2 项。另外,成功举办了国际会议 1 次,国内学术会议 6 次。

2. 2015 年我系被 SCI、EI、CSSCI 收录的论文数稳定提升:2015 年 SCI 收录 132 篇;2014 年 SCI 收录 128 篇,EI 收录 20 篇,表现不俗论文 35 篇,有一定的提升(对比:2013 年 SCI 收录 100 篇,EI 收录 52 篇,表现不俗论文 32 篇)。

3. 曹进德教授和万颖博士的论文入选 2014 年度中国百篇最具影响国际学术论文,曹进德教授指导的研究生许文盈同学的学位论文入选 2015 年度江苏省优秀硕士论文。

三、在学科建设方面

1. 数学 ESI 学科稳定保持全球 100 名左右,国内高校中排名第 10 名,江苏省排名第一。

2. 2015 年我系应用统计专业硕士点参加并成功通过了国家的评估,两个省重点学科以较好的成绩通过省教育厅验收。2015 版中国大学分专业排名[中国科学评价研究中心(RCCSE)]统计学排名 16 名。此外还与兄弟院系共同成功申报了"网络空间安全"国家一级学科博士点。

四、在人才培养方面

1. 重视教学工作,2015年所有教授均在一线承担本科生或全校面上研究生各类核心数学课程的教学工作。数学系公共教学任务面广量大,教学工作有条不紊地进行。2015年1~12月一个自然年度,全系共承担全校本科生各类数学课程11 984课时、面上研究生各类课程1 594课时、数学系本科生各类课程2 256课时、数学系研究生各类课程2 358课时。同时还承担各类短期教学实践320课时。为面上的本科生开设了2门双语教学课程,为本系本科生开设了7门双语教学课程,为本系研究生开设了3门全英文课程。数学系2015年自然年度在岗教师87人,平均承担教学时数达213课时(该课时不含各类毕业论文、SRTP的工作量)。

2. 以高水平的科研带动高水平的教学。2015年我系教师成功申请省级教改项目1项和江苏省研究生教改项目1项,获江苏省2015年度研究生培养模式改革成果奖1项。发表教学论文1篇,出版了英文教材《高等数学(Ⅱ)》。三门国家资源共享课程完成了超过10%的更新与维护,并制订了未来5年的更新计划,开始有步骤地启动与实施。高数教学团队完成了全国大学数学中心的教学项目——释疑解难模块上册部分。我系全面修订了2015级本科生各专业教学计划和2015级研究生各方向教学计划。

3. 2015年,本科生课外研学(SRTP)方面,国创立项6项、省创立项7项、基于教师科研SRTP项目立项4项,依然保持立项的最高纪录。

4. 2015年,我系本科生课外学术科技作品再次获得全国"挑战杯"大学生课外科技学术作品竞赛二等奖,为东南大学再次回到"挑战杯"竞赛排名第一方阵作出重要贡献。另外,我系在国际大学生数学建模竞赛获特等奖提名2队、一等奖13队、二等奖31队。在全国大学生数学建模竞赛中,我校获得全国一等奖4项、全国二等奖6项,依然保持着全国领先的地位。

5. 2015年毕业的2015届本科生就业率为98.5%,其中升学率为52.6%,研究生就业率达到100%。建立了学生分类引导机制,搭建了系级创新拔尖人才培养机制和学习辅导中心,建立了优秀生导师制,着重培养学生创新能力。

五、在国际合作方面

1. 2015年,我系教师出国参加学术会议与合作交流的有41人,我系研究生出国联合培养的有3人,参加国际学术会议的有14人。

2. 2015年,我系"代数学学术专题讲座"这门课程聘请了外籍教师来校短期讲学(讲授了36学时)。

六、在综合管理方面

1. 2015年在认真总结"十二五"工作的基础上,进行广泛调研和座谈,找差距、定目标,研究切实可行的措施,确定了数学系"十三五"规划,为未来五年的发展奠定了坚实的基础。数学系规划得到学校相关部门的认可并在12月10日的校报上予以刊登。

2. 注重加强班子建设,班子成员间团结合作、互相支持、互相配合,共同谋划全系改革发展的大事。工作中认真贯彻执行党政联席会议制度和"三重一大"决策制度,决策程序规划严格,保证了决策的准确性。同时加强党风廉政建设,通过"三严三实"教育实践活动,提高党员干部的党性修养,营造风清气正的良好工作环境。加强基层组织建设、制度建设和作风建设,加强系内各项工作的制度化建设,提高系机关工作人员的服务意识和管理水平,得到了师生的广泛认可。

相信在学校党政的正确领导、我们数学系全体师生员工的共同努力下,一定能创造数学系更加美好的明天,为学校"双一流"大学的建设作出数学系应有的贡献!

自动化学院

自动化学院设有我国首批设立的控制科学与工程一级学科博士点和1992年批准建立的博士后流动站,该学科下设二级学科三个:控制理论与控制工程、模式识别与智能系统、检测技术与自动化装置,其中控制理论与控制工程为国家重点学科(1988年)。1998年设立教育部长江学者奖励计划特聘教授岗。自动化学院建有"复杂工程系统测量与控制"教育部重点实验室、"控制科学与工程"江苏省优势学科。

自动化学院现有教职工74名,专任教师57名,其中,国家教学名师1名,教育部长江学者特聘教授1名,国家杰出青年基金获得者3名,江苏省"333工程"培养对象3名,江苏省"青蓝工程"培养对象2名,博士生导师21名,教授21名,副教授25名。另有教育部长江学者特聘讲座教授1名,"千人计划"国家特聘专家1名,"青年千人"1名。今年学院招收学生283名,其中,博士研究生21名、硕士研究生129名、本科生133名。

一、党建、思想政治工作

1. 在学校党委的领导下,2015年5月顺利召开了全院党员大会,圆满完成了换届选举工作,产生了新一届党委会;党政密切配合,完成了"十三五"规划的编制工作,提出了学院"十三五"期间发展的指导思想、发展思路、总体目标和工作任务,为学院未来五年的发展指出了方向;积极开展"三严三实"专题教育活动,在学院举办了专题党课和专题学习研讨,持续巩固拓展作风建设新成效。

2. 加强基层组织建设,规范基层组织设置,按照要求完成了两年一次的党支部换届工作。硕士14级第1党支部的"牵手科技园,点燃创业梦"主题党日活动获东南大学2014—2015学年"最佳党日活动"奖。重视党员和入党积极分子培训,与仪科学院、生医学院联合举办党校,共培训入党积极分子68名、预备党员42名。严把党员发展质量关,发展学生党员33名。

二、教学和人才培养工作

1. 2015年7月,学院本科新专业"智能机器人"申报材料通过学校公示。2016年3月,新专业被教育部正式批准,并定名为"机器人工程",这是国内第一个被教育部正式批准的机器人领域本科专业。

2. 2015年11月,中国工程教育专业认证协会正式受理了自动化学院提交的自动化专业工程教育认证申请。学院随即全面开始了工程教育认证的相关准备工作。

3. 学院对 2015 级本科教学培养计划进行了大修订。自动化专业人才培养理念由原来的"通才"培养为主，到向"重基础、多方向、既通又专"转变。落实成立了 4 个基础课程组：电类基础知识课程组、控制基础知识课程组、硬件设计课程组、软件设计课程组。并根据行业需求和学院优势设置了 4 个专业方向：控制科学、控制工程、智能机器人、智能信息处理。

4. 2015 年学院在各类教改项目的申请方面均取得了突破。在东南大学校级教改项目方面，学院获批 9 项，包括一项最高级别的"重中之重"项目。在江苏省教改项目方面，学院获批 1 项。在教育部自动化教学指导委员会教改课题方面，学院获批 2 项（全国共 32 项，一个学校最多 2 项）。

5. 在学生竞赛方面，2015 年学院成绩斐然。2015 年 8 月学院本科生杨天阳（08012203）、黄志亮（08012317）在第十届全国大学生"飞思卡尔杯"智能汽车竞赛中获得创意组全国一等奖；2015 年 9 月，学院本科生戴忱（08012133）、陈晓涛（08012122）、俞毅（08012121）和陈涛（08012217）在 2015 年全国大学生电子设计竞赛中获得 2 项全国一等奖；2015 年 10 月，学院本科生陈峥（08013210）、陈泽森（08013109）和王彦然（08013124）在 2015 中国机器人大赛暨 RoboCup 中国公开赛中获得全国一等奖 1 项；2015 年 11 月，在第十四届"挑战杯"全国大学生课外学术科技作品竞赛终审决赛中由我院指导教师达飞鹏、盖绍彦等指导的"三维人脸测量与识别系统"获得全国二等奖；在第十二届全国研究生数模竞赛中喜获佳绩（一等奖 1 个，二等奖 19 个，三等奖 7 个）。

6. 在本科毕业设计方面，2015 年学院推荐校优 4 人、省优 1 人（省优答辩成绩排名全校第三）。

7. 在外教授课方面，2015 年本科生开设有四门外教全英文课程：数据挖掘、网络信息编程、自主移动机器人、硬件描述语言及实验。分别由来自加拿大的汪海和雒超民两位外教主讲。

三、学科建设和科研工作

1. 积极做好各类科研项目的组织与申报工作。2015 年国家基金申请数取得较大增长，申请基金数 36 项（比 2014 年增加了 9 项），获得资助 15 项，资助率为 41.67%，排名全校第一。其中获得 1 项重点国际合作（"多智能体事件驱动分布式优化控制"，294 万元，(孙长银)，1 项联合基金（陈从颜），7 项面上基金（田玉平，张凯锋，李新德，杨俊，房芳，钱堃，曹向辉），6 项青年基金（甘亚辉，王翔宇，王庆领，阎妍，黄永明，牛丹）。新批国际（瑞士）合作项目 1 项（"基于云计算的空间探测及数据处理技术的合作研究"，350 万元）。获批 3 项江苏省自然科学青年基金（甘亚辉，王翔宇，王庆领），1 项航空科学基金（杨俊）。2015 年学院共到款纵向经费 1 132.01 万元、横向经费 549.64 万元，科研经费合计 1 681.65万元，比去年同期增长 8.1%。

2. 2015 年学院统计奖励论文共计 193 篇，其中 SCI 检索论文 86 篇、EI 检索论文 107 篇、表现不俗论文 33 篇。共申请发明专利 31 项、实用新型 1 项；授权发明专利 24 项、实用新型 1 项；授权国际专利 1 项。

3. 学院体量过小,高层次人才偏少,一直是学院发展的痼疾。2015年学院在引进青年教师和高层次人才方面有了突破。学院新引进青年教师5人,是近几年来引进青年教师最多的一年。其中实验线引进了近20年来的首位有工作经验的青年教师,大大缓解了实验线员工严重老化的问题。

4. 高层次人才引进是学院2015年人才引进工作的重点。2015年,学院联系引进的希腊塞萨洛尼基亚里士多德大学Christos Papadoupolos教授申报"外专千人计划"已通过网评,引进美国卡耐基梅隆大学的马志刚博士通过了中组部组织的"青年千人计划"答辩并正式获批。"青年千人"和"外专千人"都是学院首次引进,人才队伍引进方面取得新突破。

5. 学科建设方面,"千人计划"入选专家、"长江学者奖励计划"讲座教授余星火当选为IEEE工业电子协会主席。控制科学与工程博士后流动站获全国"2015年度博士后综合评估优秀流动站"。江苏省优势学科建设进展顺利。成功举办了复杂系统先进控制及应用国际研讨会(The International Workshop on Advanced Control for Complex Systems and Its Application)。在IEEE CSS TCVSSMC的支持下,成功举办了"Summer School 2015 on Sliding－Mode Control and Observation"。和中国自动化学会联合主办了"控制理论前沿论坛暨冯纯伯院士学术思想研讨会"等等。

6. 2015年度:"鲁棒人脸视觉特征的提取、建模与识别的理论和方法研究"(杨万扣等)获得教育部自然科学奖二等奖。

7. 田玉平教授和李世华教授入选爱思唯尔2015年中国高被引学者榜单。

四、共青团、学生会、研究生会、工会、退休协会工作

加强和改进大学生思想政治教育,坚持与时俱进,积极探索学生思想政治教育工作的内容、形式和效果的内在统一,不断加强思想理论武装。紧紧抓住学生党建这个龙头,推动学生各项工作的顺利开展。充分发挥学生党支部、团支部和学生会、研究生会等组织的作用,积极开展多种具有我院特色、有益于学生健康成长的各种文体活动,促进学院文化建设,激发学生爱校、爱国、爱党的热情,提高了学生的综合素质。应江苏省盐城中学邀请,我院牵头联系东南大学大学生艺术团在该校举行了2015江苏省高雅艺术进校园"青春·梦"专场演出活动。学院研究生会牵头组织,联合南京师范大学等6所大学在兰园活动中心成功举办了"千年上上缘——牵手东大"第四届南京高校研究生派对活动。我院学生会成功承办"魅族杯"第七届似水流年校园歌手大赛。

积极开展以教书育人为中心的"三育人"活动。鼓励并在经费上支持工会和退休协会组织开展的各种活动,丰富了教职工的精神文化生活。重视离退休老同志在长期教学、科研等项工作中积累的宝贵经验,努力发挥他们的重要作用,鼓励并支持他们继续为学院的各项工作作出积极的贡献。

计算机科学与工程学院、软件学院

一、本科生培养

除日常教学任务，按照"卓越化、国际化、研究型"的教学改革要求，两个学院2015年度共开设17门校企共建课程、16门全英文课程、16门双语课程、8门新生研讨课和27门系列专题研讨课，其中聘请企业专家讲授的课程9门，聘请外教讲授的课程7门。2015年9月申请计算机学院工程教育认证，同年11月获批。

本年度的本科教改项目有：(1) 杨全胜老师获得省教改项目"计算机专业系统能力培养的实践类慕课建设研究"立项(2015JSJG119)；(2) 杨全胜正在建设省级MOOC平台"计算机系统综合设计"；(3) 杨全胜申报省部级Xilinx产学合作专业综合改革项目"计算机组成"。

本年度的专业教材有：(1) 程光老师编著《互联大数据挖掘与分类》(东南大学出版社,2015.12)；(2) 沈军老师编著出版专业教材《大学程序设计基础——系统化方法解析&Java描述》(东南大学出版社,2015.7)。

本科生论文获奖情况：软件学院学生黄迪(学号：71110112)的《机会网络链路预测技术研究及应用》获江苏省普通高等学校本专科优秀毕业设计(论文)一等奖(指导教师：张三峰)。

二、研究生培养

本年度共招收博士生24人(其中2个直博、1个硕博连读、8个留学生)，计算机学院招收硕士生140人(其中学术型83人，推免生62人，莫纳什班36人)，软件学院招收硕士生132人，本年度两院在职单证生79人。

针对软件学院(苏州)异地办学的特点，启动定期教授学术前沿讲座和博士学术论坛工作，加强学术氛围，提高研究生培养质量。本年度龚俭、吴国新、汪鹏等老师先后前往苏州研究院作讲座。

三位研究生获得江苏省2015年度普通高校研究生科研创新计划项目。申报2015年研究生工作站1个。江苏省第三批产业教授(兼职)申报并获批5位产业教授。

针对学科发展和研究生人才培养的需求，完成2个一级学科学术型硕士、博士和直博生6个培养方案的修订工作。

"中外联合计算机技术研究生创新培养机制与实践成果"获得江苏省2015年度研究生培养模式改革成果二等奖1项；"以导师为中心的研究生培养质量保障体系建设与实施"(JGLX15-006)教改课题获2015年度江苏省教育厅立项。国家级精品资源共享课"数据库原理"在教育部统一建设的"爱课程"网站已公示一年，2015年11月完成了第二轮资源整改，等待教育部2016年完成最终评审。

博士生王宇翔(导师罗军舟)获得2015年度ACM南京分会优秀博士论文奖；蒋嶷川指导的博士生所发表的学术论文获得国际人工智能著名会议ICTAI'14最佳学生论文

奖；张敏灵指导的研究生论文获第五届中国数据挖掘会议（CCDM'14）最佳学生论文奖。

与法国雷恩第一大学按"1+1"模式联合培养图像处理与科学可视化专业的研究生，2014年、2015年招收研究生22名，在此期间有23名学生顺利毕业并获得学位。程光、漆桂林等指导博士留学生4名。

三、学科建设和科学研究

计算机科学近年来一直保持在ESI（基本科学指标数据库）排名全球前1‰，2015年4月世界排名第102位，2015年11月最新排名升至96位（中国大陆高校第4位）；2014年US NEWS东南大学计算机学科排名在全球第50位，2015年最新排名升至全球第34位（中国大陆高校第5位）。

我院计算机科学与技术博士后流动站参加了2015年人社部和全国博士后管委会组织的全国博士后科研流动站评估，评估结果为良。

新增国家自然科学基金15项；新增国家863课题3项；其他国家和省部级项目近30项；军工及其他横向课题10余项。

本年度到款科研项目经费2 906万元，比2014年到款经费2 595万元增长了12%。发表高水平学术论文近200篇，其中SCI收录论文49篇、EI收录论文157篇、ISTP收录论文14篇。专利2015年申请36项、授权32项，出版学术专著4部，均比2014年有较大的增长。

四、对外合作

1. 2015年6月2～6日，组织省内外20名专家学者赴台湾参加"第十七届海峡两岸资讯技术研讨会"以及台湾"中央大学"100周年校庆。2016年第十八届在我校举办。
2. 2015年9月13～15日，在南京举办"东南大学—乌尔姆大学计算机科学与工程联合研讨会"，建立了长期合作交流机制。
3. 组织学术报告50余次。
4. 招收海外学生4名。
5. 根据卓工计划的要求，组织实施了10门完全由企业独立承担的课程。
6. 完成了两个学院本科生和研究生实训企业的遴选，组织实施了两个学院13、14级分别以提升技术素养和工程素养为目标的本科生实训工作。15级软件学院研究生的实训工作也于12月上旬启动。
7. 组织实施了计算机学院12级本科生120人为期一周的企业生产实习。新增企业实习合作单位5家，与学院保持深入合作关系的实习企业达到30余家。
8. 完成了软件学院12级本科生130人和计算机学院12级卓工班15人（共计145人）的实习企业双选，本科生企业实习率达到100%，89%的学生集中在阿里、SAP、NI、华为、趋势、亚信、途牛、上海渡维、育儿网、开鑫贷等10家企业。

五、师资队伍建设

共有教职员工151名，其中教授25名、副教授49名，博士学位教师86名，占专职教师 83.5%。本年度新引进博士人才 3 人(孔佑勇、熊润群、胡晓艳)。现有博导 27 人(兼职 2 人),本年度新增博导 2 人(张敏灵、杨明);现有硕导 64 人,本年度新增硕导 5 人(东方、郝勇生、胡轶宁、汪鹏、杨冠羽)。张敏灵 2015 年开始担任中国人工智能学会机器学习专委会秘书长。

六、党委工作

深入领会、实践党的十八大及十八届三中、四中全会精神和习近平总书记系列重要讲话精神,认真开展党员队伍建设,督促各支部开好三会一课。和吴健雄学院联合举办了 2015 年发展对象培训班,受发展党员计划限制,2015 年共发展预备党员 52 人,预备党员转正 46 人。

董永强、翟玉庆被评为东南大学三育人积极分子。研究生网络三支部开展的"'核心价值观'伴我行 &'三走'我们在行动系列活动"获得东南大学最佳党日活动二等奖。

现有党支部 23 个(其中教工党支部 7 个,学生党支部 15 个,退休人员党支部 1 个)。2015 年共支出党建费用 25 615.7 元。

"三严三实"专题教育情况:根据校党委的统一部署,开展了"三严三实"专题学习会、领导班子专题研讨会和专题民主生活会。

2015 年 5 月,金远平同志因年龄原因退二线,程光同志担任党委书记,同年 12 月完成了党委换届前期的酝酿提名工作。

七、学生工作及文化活动

全年围绕学校中心工作,在职能部门和学院党政的领导、关心、支持下,认真完成了各项工作任务。

做好党团共建工作。大一新生开展了"爱家乡"主题活动;桂林理工大学旅游管理专业 2011 级甘书杰来院分享交流,从而推动广大学生积极学习和践行社会主义核心价值观;学习践行社会主义核心价值观"文化讲堂"系列主题活动;邀请著名计算机科学家、我国计算机软件开创者之一、中国计算机学会"CCF 终身成就奖获得者"、92 岁高龄的徐家福教授前来演讲、交流;由软件学院承办了东南大学第十二届校史校情知识竞赛;在桃园体育场举办了第六届学院运动会;计算机科学与工程学院、软件学院举办了 2016 年以梦为码·即刻编译"Delete&New" 新年晚会等等丰富多彩的主题活动。获得第五届研究生乒乓球赛全校区总冠军。

开展形式多样的党团活动。学院目前共有 15 个学生党支部(其中 11 个研究生党支部,4 个本科生党支部)。本年度共发展学生党员 52 人。各支部党员带动团员,开展了丰富多彩的系列主题活动以及各种公益活动。

获得了各种集体荣誉称号:

090131 班、计算机 13 硕 1 班获得"江苏省先进班集体"称号;

090134 团支部获评校特级团支部;

计算机 14 硕 3 班获评校先进班级;

711131、711134 获评甲级团支部称号;

计算机软件排球队夺得"院系杯"排球比赛冠军；
获2015级新生杯男子足球队亚军；
获2015级新生杯女子篮球队总冠军；
徽风皖韵社会实践小分队获得东南大学暑期社会实践三等奖。

物 理 系

一、概况

物理系现有物理学"博士后流动站""物理学"一级学科博士点（涵盖理论物理、凝聚态物理、光学、粒子物理与原子核物理、原子与分子物理、等离子体物理、无线电物理、声学等8个二级学科）及"物理学"一级学科硕士点。本科生按"物理类"招生，设有"物理学"和"应用物理学"2个本科专业。我系拥有大学物理、物理实验、双语物理导论、新生引导性实验实践课程四门国家级精品课程，1个国家级实验教学示范中心（物理实验中心），1个国家级教学创新团队，已获国家级教学成果一等奖、二等奖各1项。物理系拥有校级科研基地"低维材料物理实验室"。物理系下设物理专业教研室、大学物理教研室、物理实验教研室。2015年在职教职工85人，其中专任教师60人，实验技术人员17人。师资队伍中有教授27人（其中博士生导师21人），副教授23人，具有博士学位的专任教师比例达90%。我系现有江苏省教学名师1人，教育部课程教学指导委员会委员1人，国家杰出青年基金项目获得者1人，国家优秀青年基金项目获得者2人，教育部新世纪优秀人才支持计划8人，江苏省杰出青年基金项目获得者1人，江苏省"333人才培养工程"4人，江苏省六大人才高峰资助计划5人，江苏省"青蓝工程"支持计划7人，东南大学特聘教授1人，东南大学青年特聘教授2人。

二、学科建设

1. 2015年1位教师晋升教授，2位教师晋升副教授。1位教师获得国家杰出青年基金项目，1位教师被聘为校特聘教授，2位老师被聘为校青年特聘教授。23位教师赴海外进行合作研究、博士后研究、学术交流等。

2. 今年我校物理学科继续进入ESI国际排名的前1%。

三、科研工作

1. 在科研院和系领导下，积极组织和配合老师完成国家自然科学基金项目、省自然科学基金项目的申报工作。2015年我系申报和获批项目如下：(1) 2015年我系申报国家自然科学基金30项，申请类别包括面上项目16项、杰青1项、优青3项、重点1项、青年6项、联合基金2项、国际（地区）合作与交流项目1项，申报基金项目总数比2014年增加30%；江苏省自然科学基金4项，包括省杰青1项、面上1项、青年2项；(2) 2015年我系纵向项目获批17项，包括国家自然科学基金9项（含杰青1项、国际合作和交流项目2项）、省基金2项、其他项目6项。

2. 2015年度批准科研经费总额871万元,科研到款经费达576.45万元,纵向资助总额为540.85万元。

3. 2015年以第一作者(或者通讯作者)为东南大学物理系教师共发表EI收录论文56篇,SCI收录论文133篇,其中国际一流高水平论文55篇、国际顶级期刊论文4篇(薛鹏教授课题组在Physical Review Letters物理学顶级期刊刊物上发表高水平论文2篇,周智勇副教授课题组在Physical Review Letters物理学顶级期刊刊物上发表高水平论文1篇,董帅教授课题组在国际顶级综述ADVANCES IN PHYSICS发表评论性论文1篇)。2014年表现不俗论文41篇。

4. 在优势学科的支持下,积极开展学术交流,组织学术报告31场,邀请了国内外著名教授来物理系讲学,鼓励教师积极参加各种学术会议。

5. 完成了"985"经费支持的物理系公用化学制备间改造工程。

四、本科教学

1. 日常教学

(1) 本年度物理系开出50门理论课程,19门实验课程,实验教学总人时数约25万(不含开放),日常教学及运行稳定、顺畅。

(2) 顺利完成了15级新生(63人)入学教育及14级学生(应用物理学专业33人、物理学16人)专业分流工作。

(3) 进一步贯彻落实导师制,加强对优秀本科生的培养与指导。

2. 督导工作

校、系两极教学督导工作正常有序开展,其中系领导、系督导、教研室主任共听课40多人次,总体情况良好。

3. 教师发展

教师素质和教学水平有了进一步提高。2015年我系获校教学奖励金一等奖2人,二等奖1人。

4. 课程建设

我系第一批"三类"课程(英文课程、新生研讨课程、系列研讨课程)建设项目顺利通过中期检查验收。

5. SRTP

国家(省)级SRTP:立项国家级SRTP项目7项,答辩结题国家级SRTP项目5项,省级SRTP项目1项;基于教师科研SRTP(校重点)立项6项,结题6项;校(系)级SRTP:校级立项15项(其中有一个为创业项目)、系级2项,校级结题14项,延期1项。

6. 本科生学术交流情况

(1) 2015年东南大学第八届大学生科技成果展示会,我系组织近20项学生作品参加展示会。

(2) 在2015年东南大学大学生学术报告会上,我系组织11位同学提交论文参会,其中4位同学的论文入选并获得2015年东南大学第四届大学生学术会"优秀报告",2位同学获校"十佳报告"荣誉。

7. 本科生以第一作者发表论文 2 篇,其中国际核心刊物论文 1 篇、国内刊物 1 篇,非第一作者国际核心刊物 2 篇。本科生以第一作者申请国家实用新型专利 1 份。

8. 2015 年,我系学生在江苏省高校第十二届大学生物理及实验科技作品创新竞赛中,荣获一等奖 1 项、二等奖 2 项、三等奖 1 项。

9. 毕业设计

2015—2016 学年毕业设计(论文)工作正在按计划进行,物理系共有 68 名同学做毕业设计,其中应用物理专业 29 人、光信息科学与技术专业 28 人、物理学专业 12 人。

10. 教学计划修订

根据学校规定,修订了物理系 2015 级应用物理学、物理学两个专业的培养方案。

五、研究生培养

1. 招生工作

2015 年物理系招生录取博士生 22 人和硕士生 35 人。拟录取 2016 级博士研究生 19 人,硕士研究生 38 人(含 6 名外校免研生)。

2. 培养工作

(1) 对 2014 级 29 位硕士研究生进行了中期考核工作,包括 17 位硕士研究生集体开题;对 13 级 11 位博士研究生进行了中期考核工作并全部通过。

(2) 2015 年我系 3 位研究生在国外联合培养,12 位博士研究生申请出国参加国际会议宣读论文,6 位研究生申请出国联合培养。

(3) 2015 年我系 15 名研究生在物理系研究生学术报告分会暨庆祝东南大学 113 校庆研究生学术科技节上宣讲了校庆报告论文,其中马翠、赵凡宇、黄洵、曹伟伟、徐振宇的校庆论文被评为优秀。

(4) 公正、公平、公开地完成了 2015 年研究生国家奖学金评选工作,其中王子路、毛文娟和汪萨克获得博士奖学金,张慧敏、范兴策和曹广霞获得硕士奖学金。

(5) 2015 年,我系将选听物理系学术报告系列讲座作为物理学研究生的必修环节。并要求在提交毕业论文答辩申请前,每位博士研究生(含直博生)至少选听 12 次本系组织的学术报告,每位硕士研究生至少选听 6 次本系组织的学术报告,方可通过答辩申请审核。

(6) 2015 年我系根据《东南大学关于修订学术学位研究生培养方案的指导意见》,全面开展物理学学术学位研究生培养方案的修订工作,即"物理学研究生直博培养方案""物理学博士生培养方案"和"物理学硕士生培养方案"的全面修订。本次修订加强了博士小班研讨课的授课方式,2015—2016 学年我系博士生课程开设 6 门研讨课,其中含 4 门学位研讨课。另我系硕士学位课增加到 6 门,此培养方案在 2015 级硕士研究生和 2016 级博士研究生中实施。

3. 研究生成果

(1) 2015 年我系研究生发表第一作者 SCI 论文 58 篇,比 2014 年增加 3 篇。

(2) 韩迪、李雄、李杰、王文辉、翁亚奎 5 人成功申请江苏省普通高校研究生科研创新计划项目。

(3) 黎秋航、姚晓静、孙萍萍、舒华兵、朱钟湖、李雄 6 人获东南大学优秀博士学位论文基金资助。

4. 学位

(1) 2015 年,共有 13 位研究生毕业并获得硕士学位、9 位博士生毕业并获得博士学位。

(2) 江苏省对我系 2014 年抽检的研究生学位论文反馈信息为良好,2015 年抽检 3 篇硕士论文,目前还在评审中。

(3) 2015 年由徐庆宇教授指导的盛燕的硕士论文《$BiFeO_3$ 薄膜的磁电性质研究》入选 2015 年江苏省级优秀硕士学位论文,同时被东南大学评为校级优秀硕士学位论文;由施智祥教授指导的孙悦的博士论文《$FeTe_{1-x}Se_x$ 的退火效应及超导电性研究》被评为校级优秀博士学位论文。

六、学生工作

1. 加强学生思想政治教育,时刻保持较高的政治敏锐性,密切关注学生思想动态,保持学生思想稳定。在重大政治事件、社会安全事件和部分地区自然灾害发生过程中及时掌握学生思想动态,及时做到安抚、引导和补助,学生中未出现任何异常现象或群体事件。

2. 以深化"中国梦"主题活动为契机,结合十八大、十八届五中全会精神的学习,做好学生支部建设工作。上半年低年级本科生党支部举办的"模拟两会"被评为东南大学最佳党日活动二等奖。

3. 以"三高两低一强化零违纪"为具体目标,强化专业思想教育,职业规划教育,狠抓学风建设。上半年,我系开展了就业进度推进工作,对每一个毕业生的就业去向进行梳理,并请优秀校友返校宣讲。继续发挥"物理系学生职业发展协会"作用,为同学们提供了大量资讯并举办多场技能培训和交流。在东南大学 2015 年最具影响力毕业生的评比中,我系 2015 届毕业生黄子文同学入围复赛。高年级同学实现了零退学,全系留级人数保持较低水平,学生整体凝聚力大幅度提升。

4. 稳健求进地开展团建工作。今年我系团委在校团委指导下,开展了许多系内外活动并取得良好成效,例如:我系暑期社会实践有 1 支团队获得校级一等奖,3 支团队获校级二等奖,1 篇调查报告获得省级表彰;我系成功举办了"科学脑·人文心"系列活动、物理系第二届大学生学术竞赛、经验分享会、军训送清凉活动、澳门回归 16 周年纪念活动、理化两院系联合运动会等。物理系团委获 2015 年度优秀院系团委。

5. 积极发挥研究生会作用,开展了各种研究生科创类及文体类活动。我系研究生会积极参与庆祝建校 113 周年研究生校庆学术报告会。我系研究生还举办了科技节系列活动,为研究生的交流和学习提供了良好的平台。此外,在校第十二届研究生轻运会上我系连续第二年获得亚军,极大地提高了研究生的凝聚力。

6. 扎实做好学生日常管理工作

(1) 坚持公平、公正、公开的原则做好奖、助、贷等工作,共有 55 人次获奖助学金。其中黄子文同学获宝钢优秀学生奖学金(全校本科生仅 3 人)。

(2) 郑顺被评为江苏省三好学生,高婷、赵中华被评为校优秀学生干部,崔健、黄逸婧、侯睿、魏永健、赖林琛、刘琬铃、孙慧敏、刘志鑫、章烨晖、尚成林、徐光照、倪琳郁、陈瑶、查佳佳、夏洋洋、徐峰、张真、裴敏强被评为校三好学生,杨龙、黄智深、胡史奇被评为校本科优秀毕业生。范兴策、王秀珍、曹伟伟、黎秋航、王美娟、陶伟伟被评为校优秀研究生干部,朱明洁、蔡伟民、李艳英、黄昊、于远方、张慧敏、曹广霞、朱钟湖、杜的洋、李珍珍、陈倩被评为校三好研究生。

7. 2015届本科生毕业61人,总就业率为96.7%,出国、保送和考取读研的29人,其中出国7人,升学录取率为47.5%,均在欧美、北京、上海等知名高校和中科院有关院所。2015届硕士研究生毕业16人,就业率93.75%,博士研究生毕业17人,就业率100%。

七、党建和思想政治工作

1. 按照校党委要求,做好党委常规工作。坚持党政联席会议制度,做到重大决策集体讨论决定。定期召开支部书记例会,认真组织党员学习党的理论及相关文件精神,过好组织生活,认真开展系领导班子民主生活会。进一步加强领导干部的党风廉政建设,加强班子成员服务意识和责任感,努力做好各项工作,以优质的服务和管理赢得全系教职工的信任和支持。

2. 按照校党委的部署和要求,围绕系里的中心工作,组织逐步实施,推动党支部建设,发挥各党支部的战斗堡垒作用和共产党员的先锋模范作用。活动形式多样,教育效果显著。积极开展党日活动,系党委和各支部围绕主旋律,结合重大纪念日,充分发挥革命历史纪念馆等红色教育资源的作用,开展党史教育、实践教育等活动,丰富了创先争优活动内容。

3. 扎实做好党建工作。认真完成全系党建及学生党建工作,坚持高标准、严要求,始终把好党员发展关。

4. 深入开展"三严三实"党员意见征集上报整改工作。按照上级党委要求,在全系党员中征求对学校、物理系领导班子及党委在工作中存在问题的意见和建议,认真总结,及时上报、整改。

5. 全面动员、认真开展系党委换届工作。顺利选举出中共东南大学物理系委员会新一届委员。

6. 全面开展党员组织关系排查工作。组织党员认真填写党员基本情况登记表,统一规范党员情况记载、党员名册。

生物科学与医学工程学院

2015年,学院紧紧围绕世界一流学科的建设目标,强化办学特色,加大改革和创新力度,各项工作扎实有序推进。

一、基本概况

2015年年末,全院教职员工102人,其中教授30人、副教授36人;博士后进站13

人,出站 6 人。聘请岗位教师 4 人,其中千人专家李文、吴小页为岗位教授,徐丹、曾凯为岗位副教授。

2015 年招收生物医学工程本科生 91 人(其中本硕连读 28 人),硕士生 108 人,博士生 35 人。截至 2015 年底在校本科生 393 人,硕士生 278 人,博士生 184 人。2015 届本科毕业生 87 人,一次就业率达 98.94%,其中升学占 70.21%,出国占 7.45%。授予博士学位 36 人,硕士学位 111 人。

本院教师的知名度大幅提高,取得了较多科研教学成果。吕晓迎教授等发明的"微电子神经肌电桥"获得第 43 届日内瓦国际发明展览会特别金奖,并入选"Elsevier 2014 年中国高被引学者名单";赵远锦教授获得国家优秀青年科学基金的资助;生物医学工程博士后科研流动站获评优秀;我院代表队荣获东南大学第二届教务学务工作知识竞赛冠军。

学生积极参加各类比赛活动,取得了优异成绩。累计有 23 人次获得各类科技竞赛奖项,其中国际二等奖 1 项,全国奖项 2 项,省级奖项 2 项,校级奖项 2 项;硕士 144 党支部《信仰与担当》党日活动获东南大学最佳党日活动三等奖。

二、人才培养

人才培养是学院工作的重中之重。通过邀请天津大学李刚教授交流生物医学电子学课程教学、开展 DCL 课程总结交流会等方式加强青年教师的培养。邀请英国东安格利亚大学巢毅敏老师讲授"纳米生物医学的热点研究与探索";马里兰大学病理系终身教授詹熙老师通过小班化方式讲授"分子肿瘤生物学"课程,拓宽学生的专业视野。派出 5 名同学分别至德国 ULM、美国约翰·霍普金斯大学、悉尼大学等高校境外交流。顺利通过教务处组织的期中教学检查以及卓工计划检查。江苏高校品牌专业建设工程(B)以及江苏省生物医学工程专业实践教育中心成功获批建设。

组织学生参加 2015 年东南大学第五届大学生学术报告会、2015 创新成果展、国际和国家建模竞赛及电子设计竞赛等比赛。累计有 23 人次获得各类科技竞赛奖项,其中国际二等奖 1 项、全国奖项 2 项、省级奖项 2 项、校级奖项 2 项。"基于 MSP430-F5529LaunchPad 医学电子教学实验套件"项目研制开发工作已经进入收尾阶段。完成 SRTP 国家级 4 项,省级 7 项,校级 28 项;基于教师科研的 SRTP 资格评审 14 项,初审 12 项。

精心构筑创新人才培养机制和平台,加大创新创业人才培养的力度。成功申报生物医学工程江苏省品牌专业及生物医学工程国家实践教育中心;策划成立生物医学工程专业全国"双创"联盟,积极推进学生创新创业实践中心及"双创"课程建设;成功举行 2015 年自主招生学科特长测试,吸引更多优质生源。

三、学科建设与研究生培养

我院针对省优势学科健全了相关制度及规范,制定或完善《生物科学与医学工程学院青年教师短期出国培训交流选派办法》《青年教师科研资助计划实施办法》《博士生出国参会资助计划规定》等规章制度。以省优势学科二期经费资助 6 名教师出国进行学术交流,21 名博士生出国参加国际会议;资助 5 个创新团队及 4 个教学团队的发展。我院学位评定分委会顺利换届,现委员 11 名;改选新的招生领导小组成员,修订 2016 年研究生招生简章。组织教师去西北农林科技大学、兰州大学、天津医科大学等高校进行研究生招生宣传,成功申办第四期暑期夏令营,招生效果显著。

2015年共招收硕士生102人,其中七年制47人;面上招考55人,其中保送生36人,专硕12人。招收博士生35人,其中1人为工程博士。完成2015年公派研究生报名选拔工作,资助21名博士生出国参加学术会议、5名研究生出国联合培养。全年江苏省学位办抽检硕博士论文全部通过;成功立项省创新计划4项;立项研究生工作站5项;入选东南大学优秀博士论文2篇;入选东南大学优秀硕士论文2篇;入选东南大学优博基金1人。张寅生、谢东、黄宝福、苏恩本等4人获批产业教授。

四、党建和思想政治工作

今年,在校党委正确领导下,院党委深入贯彻学习党的十八大及十八届三中、四中、五中全会精神,开展"三严三实"专题教育活动,顺利进行学院党委换届工作,完成了《东南大学生物科学与医学工程学院"十三五"发展规划》的编制工作。严格按照学校和上级指示精神,积极开展三公经费、办公用房的自查自纠工作。

加强组织发展工作。一年来共发展党员37人,其中本科生12人,研究生24人,博士生1人;加强预备党员的教育考察,组织32名预备党员参加培训班学习,共28名预备党员按期转正;选送67名积极分子参加发展对象培训班培训,平均成绩列全校第四;引导学生积极向上,力求上进,努力向党组织靠拢,目前本科一二年级学生中30%递交了入党申请书。现我院党委共有29个党支部,其中6个教工党支部;定期召开党支部书记会议共5次;转出党员109人,转进新党员51人;硕士144支部《信仰与担当》党日活动荣获2015年东南大学最佳党日活动三等奖。

五、科学研究

2015年,我院申报国家自然科学基金57项,获资助12项;优青培育项目和基础扶持项目(面上项目)各获助1项;江苏省自然科学基金获助3项。1~11月底,本院科研经费到账总数为2 374.86万元,其中国家纵向科研经费到账2 223.07万元;发表各类科研论文162篇,其中SCI论文150篇;表现不俗论文65篇,占学校表现不俗论文比重7.9%,其中顾宁教授团队周昕博士的分子诊断最新研究成果发表于顶级期刊 Nature 姐妹期刊 Nature Materials 上(影响因子36.5);申请专利47项,授权45项,其中发明专利授权37项,论文质量和授权专利数较上年进一步提升;全院师生近20篇论文为东南大学的生物化学与分子生物学进入ESI前1%作出了较大贡献。

积极推动产学研合作,推介学院科研成果。利用上海医博会契机,主办东南大学生物医学工程产学研合作论坛;江苏省生物材料与医疗器械产业技术研究所正式成立,参与省产业院苏州医疗器械产业技术创新中心的建设,顾忠泽及汪丰任第一届理事会理事;成立"东大—恒健妇幼健康微纳医疗技术联合研发中心",顾宁任中心主任。多项科研成果获奖,何农跃教授主持的项目"基于磁性纳米颗粒的生物和医学新技术"荣获教育部科学技术进步奖二等奖;徐春祥教授主持的项目"微纳米结构氧化锌的回音壁模紫外激光研究"荣获教育部自然科学奖二等奖;吕晓迎教授等发明的"微电子神经肌电桥"获得第43届日内瓦国际发明展览会特别金奖,并入选"Elsevier 2014年中国高被引学者名单"。

加强国际化和学术交流,成功举办2015年中德双边国际生物纳米材料论坛、细胞生物信息学(2015)血液肿瘤单细胞检测与分析国际研讨会、第二届全国微球/微胶囊与微流控技术学术交流会、2015年中国生物医学工程联合学术年会(CBME'2015)等大型会议,组织推动成立中国生物医学工程学会纳米医学与工程分会,成功举办第四届全国生物与医学纳米技术博士生论坛。

六、师资队伍建设

新增国家自然科学基金优秀青年1人;成功引进安科高技术有限公司CT千人团队加盟我院;诺奖得主Tim Hunt博士等4位专家受聘为东南大学名誉教授或客座教授;万遂人、顾宁、顾忠泽分别当选新一届中国生物医学工程学会副理事长、常务理事和理事;创新东南大学特聘教授考核方式,聘请吴培亨院士等5名专家担任评审专家;生物医学工程博士后科研流动站获评优秀,这是继2005年、2010年以后第三次获评优秀。

七、综合管理

加强领导班子建设。认真贯彻党政联席议事规则,坚持每半月一次例会制度,重大会议纪要制度。学院班子团结协作,战斗力强,无因决策失误造成重大损失。

加强网络建设与信息化工作。学院各类重要重大新闻上报党委宣传部,在学校新闻网发布或校报刊登,提高宣传性和实用性,增强对外宣传的实效。做好抗战胜利70年纪念活动期间学院网站网络安全工作。

为进一步加强实验室安全管理工作,规范危化品和易制爆易制毒化学品采购、使用和储存过程管理,严防事故发生,完善化学试剂采购管理系统;实行化学品网上购买审核管理制度;健全实验室安全管理体系。

为推动我院和校友事业共发展,加强校友和学院交流合作,广泛联络校友,成功召开深圳校友会年会、学院校友会首届一次理事会等校友会议,向校友及时通报学院学校发展情况,共同谋划学院发展大计。

学院领导广泛调研、走访长三角和珠三角等用人单位30余家,拜访联络校友和知名专家近200人次,进一步提升东南大学生物医学工程学科的知名度,为即将开展的第四轮学科评估精心谋划、积极准备。

材料科学与工程学院

一、概况

东南大学材料科学与工程学院共有教职工82人,其中专职教师56人、专业技术人员17人、院行政人员9人,分别占全院总人数的68.3%、20.7%、11.0%。其中,教师和专业技术人员占总人数89.0%。专职教师中有中国工程院院士2名,国家"千人计划"、教育部新世纪优秀人才、江苏省双创人才多名。全院教授26人,博导37人,硕导13人。在读全日制本科生 455 人,硕士研究生 302 人,博士研究生 113 人,在站博士后 17 人。

二、人事工作

(一) 人才引进

学院在 2014 年度引进了张培根博后、黄浩良博士和武胜萍硕士。

(二) 教师职称晋升工作

按照学校、学院教师考核制度,经过严格审核,方峰老师晋升为东南大学教授,周雪峰、戎志丹两位博士晋升为东南大学副教授,陈春博士晋升为东南大学副研究员。

(三) 获各级高层次人才计划

钱春香教授被评为江苏省特聘教授;沈宝龙教授被评为东南大学特聘教授;方峰教授、张耀教授、郭丽萍副教授和张友法副教授获得江苏省"六大人才高峰"资助。

三、教学工作

2015 年材料学院制定了"十三五"人才培养规划,同时,根据社会需求和工程教育认证的要求,对本科生和研究生教学大纲进行全面修订。中国工程教育专业认证工作也正式启动,材料学院的教学质量管理将进入第三方认证阶段。2015 年,我院出版教材 2 部,获教改项目 4 项;学生获得国家级、省级大学生创新创业训练计划 17 项。

四、科研工作

(一) 科研经费

2015 年学院科研经费到款 3 841.542 万元,其中纵向科研经费 2 529.2 万元,横向科研经费 1 312.342 万元,相比 2014 年增长 27.7%。

(二) 积极申请各类科技项目

2015 年学院获得国家"973"重点基础研究计划 3 项、国家自然科学基金计划资助 4 项、国际合作项目 2 项、国务院各部委项目 2 项、江苏省科技厅项目 9 项,另承担或参与其他省部级项目 13 项。

(三) 科技成果的鉴定、奖励

2015 年学院有多项科技成果通过鉴定,其中绝大多数达到国际先进水平,并获得教育部科技进步奖 1 项。孙伟院士牵头的"核电站牺牲混凝土制备原理与关键技术研究"项目获得 2015 年度教育部科技进步二等奖。

(四) 专利申请及授权,论文发表

2015 年学院共获得国家发明专利授权 60 项、实用新型专利 6 项;申请国家发明专利

64 项;发表 SCI 收录论文 69 篇、EI 收录论文 22 篇。

五、学生工作

(一) 学生规模

2015 年学院共有在读本科生 456 人,硕士研究生 302 人,博士研究生 113 人。

(二) 招生规模

2015 年学院招收本科生 124 人,硕士研究生 106 人,博士研究生 28 人。

(三) 升学就业

2015 年学院应届本科毕业生 103 人,41 人被录取为研究生,11 人出国深造,毕业生就业率达 99%以上。

(四) 奖助学金

除国家奖学金、励志奖学金等之外,学院还设有欧级奖助学金、苏博特奖助学金、缪昌文奖学金、章春梅奖学金、陈延年王劲松奖学金、焦廷标奖学金、金鼎奖学金、何德坪奖学金、光华奖学金等多项材料类专门奖学金,为学生的培养创造了良好的学习和发展空间。2015 年,学院本科生共计有 353 人次获得了各类奖助学金;2014 级、2015 级研究生全覆盖学业奖学金;另有研究生 57 人次获得各类校友奖、助学金,11 人获得国家奖学金,1 人获得省三好。

(五) 学生党建

材料学院设有本科低年级党支部、本科高年级党支部、14 级硕士第一党支部、14 级硕士第二党支部、13 级硕士第一党支部、13 级硕士第二党支部、12 级硕士第一党支部、12 级硕士第二党支部、博士生第一党支部、博士生第二党支部共 10 个学生党支部。2015 年新发展党员 24 名,转正党员 25 名,共计有 39 名同学参加了 2015 年第十六期联合党校。

(六) 学生活动

我院以各类科技创新、文化体育、社会实践、志愿者服务等活动为载体,努力为青年学生营造良好的大学学习和生活的氛围,让学生们在各类活动中得到锻炼和成长,为广大青年学生的成长成才服务。

我院开展了一系列群众喜闻乐见的活动,如微电影大赛、微视频大赛、"材暖东南"等在全校甚至是全市范围内产生了良好的影响。

科技创新方面,学院挑战杯项目有了突破,两个项目荣获第十四届挑战杯校级二等奖。学院开展了"学科展示日"活动,激发同学们对材料学科的兴趣,增强了对学院的认同感和归属感。

体育竞技方面,我院是东南大学群众体育先进院系,积极参加学校举办的各项赛事,取得了优秀的成绩：院系杯排球第三，院系杯台球第一，"大力杯"拔河比赛第六，"风筝节"二等奖，校师生趣味运动会三等奖，绑腿跑三等奖，新生杯排球第四，迎新年万人长跑第四，校运会团体总分第五等。

社会实践方面，我院"南京民国民人故居调研"团队获校级社会实践特等奖，"圆梦支教团队"获得校级社会实践一等奖，团队中6名同学获得"优秀个人"称号，材料学院获得了优秀组织奖。

人 文 学 院

2015年，东南大学人文学院全院师生员工在学校党委和行政的正确领导、关心支持下，凝心聚力、同心同德，在2014年已有成绩的基础上，教学、科研和其他各项工作都上了一个新的台阶，以优异的成绩展示了人文学院在教学、科研、学科建设、教师培养诸方面的风采，为人文学院和东南大学的进一步发展做出了新的贡献。

一、学院概况

人文学院拥有优良的办学资源和优美的办学环境。人文学院文科大楼坐落在美丽的九龙湖畔，有8 000余平方米的办公场所，建有文科图书馆、学术报告厅、高级国际学术活动室、文科实验中心、语音室、即时实播论文答辩室、档案室、体育训练中心等一系列比较完备的教学及活动设施，学院图书馆面积近千平方米，藏书6万余册。

人文学院是一个充满生机活力、不断激发创造力的学院。自2006年至今，在学校战略发展过程中，人文学院根据学校发展的需要一再分解：孵化出艺术学院、法学院、马克思主义学院等实体单位。

在发展中，人文学院以推动学校文科发展为己任，自强不息，不断推进自身的发展。目前，人文学院设有哲学与科学系、公共管理系、中文系、旅游学系、医学人文学系、社会学系以及MPA中心，有政治学与行政学、汉语言文学、旅游管理、社会学、哲学五个本科专业。人文学院同时承担了全校本科生和研究生公共政治理论课以及人文选修课的教学工作，先后为全校学生开设了百门人文社会科学类选修课程。

二、师资队伍

高校师资队伍建设是高等教育发展的基石。人文学院始终以建设一支结构合理、素质优良、高效精干的教师队伍作为学院改革与发展的一个重要任务。

（一）注意师资队伍国际化的推进

借助学校的招聘平台，学院通过全球招聘、向兄弟院校投寄书面招聘启事、他人引荐等多种途径，多方位引进高水平人才。在这个过程中，注重师资队伍的职称结构比例合理和引进来自海内外知名高校的优秀人才，以利于各学科教师整体知识结构的优化。截至2015年底学院教职员工共95人，其中具有海外博士学位的老师达24%。

（二）注重高层次教学科研团队的建设

至 2015 年底,人文学院拥有 2 名教育部长江学者特聘教授和讲座教授:樊和平、姚新中;国家高层次人才特殊支持计划(万人计划)1 人;江苏省 333 工程第一层次 1 人,第三层次 1 人;教育部新世纪人才 2 人;江苏省青蓝工程人才 1 人;省级以上各类人才数 9 人;具有六个月以上海外研修经历者达到 34%。

（三）重视教师队伍的梯队建设与青年教师的发展

在学校领导的关心和支持下,近年来,学院教师队伍梯队建设速度很快,博士化工程基本完成,博士化比例达到 91.6%。有海外背景的教师比例不断攀升,国际化程度最高的系达 73% 以上。为使新进教师迅速获得成长和发展,学院把关心青年教师的发展作为工作重点,通过教师发展促进协会、海归联谊会、青年教师发展论坛、人文社会科学研究作坊、青年教师读书会、博士沙龙、"哲人席"、"新学衡"、公共管理论坛等平台,促进专业交叉融合,重视青年教师发展诉求,为青年教师学术交流平台营造良好的学术氛围,从而为青年教师的成长、发展提供基础和条件。

三、人才培养

人文学院具备了一般院系所承担的大学本科及以上高层次专业人才培养任务的能力,同时,作为文科学院,在人才培养上还有着以下的特色和亮点:

（一）教学任务的繁重性和双重性

人文学院教学任务中,就本科生课程而言,除了为本院的 5 个专业本科生授课外,还为全校本科生开设了 46 门通识选修课程、40 门 seminar 课程、全英文课程、双语课程等。

除承担各专业、各层次学生的教学和指导工作外,学院还承担着全校研究生公共课(博士、硕士政治理论课)、人文选修课及医学院医学人文方面的课程。

（二）教学成果的创新性和开拓性

学院在完成学校教学及学生指导工作的同时,还在学校有关部门的支持和配合下,完成了人文学院本科生实验室系统的更新与改造工作。并新成立了东南大学智慧旅游研发中心、创意写作中心、文艺治疗中心等学生自主研发实验室(支持金额 80 余万元),为学院未来五年教学和科研的发展打下了物质基础。

通过老师们的努力,许多教学成果得以体现,具体表现在:

1. 参与江苏省高校微课大赛,获二等奖 3 项(乔光辉、张晓青、张娟)。
2. 申请校教改项目 3 项获批(杨煜、张晓青、贾鸿雁)。
3. 制作完成了"大学国文"与"大学语文"两门 mooc 课程并已经上网,东南大学共有 11 门 mooc 课程上网,我院有 2 门(负责人分别是王步高、张天来)。
4. 哲学本科专业通过了学士学位授权点评估。
5. 顺利完成研究生学科自评工作,顺利通过社会学全国研究生学科评估和心理学江苏省学科评估。

(三) 教学质量的国际性和前沿性

近年来,学院大力推进国际化战略,在课程设置、教育方法等方面注重与国际接轨,并且引进开设全英文课程、双语课程、研讨课程,在这些国际外推进程中,学生出国(境)交流比例大大提高。

四、科研成果

学院重视科研,强调以科研促进教学,注重摆正教学与科研的关系,在教师承担大量教学任务的情况下,努力拼搏,一年来,科研上继续取得成果与突破。

(一) 科研奖励、荣誉

1. 以樊和平教授为团队带头人的"道德国情与道德哲学前沿创新团队"获江苏高校优秀创新团队立项建设。
2. 樊和平教授领衔的"道德发展智库"获江苏省首批重点高端智库之一。
3. 刘敏获校优秀青年教师教学科研资助计划。

(二) 项目立项

1. 江苏省社科基金项目2项(许敏、卢爱华)。
2. 教育部青年项目3项(洪岩壁、胡伟、王化起)。
3. 国家社科基金项目(一般2项:乔光辉、何志宁)。
4. 青年项目6项(杨煜、高广旭、张学义、何浩平、刘作、张晶晶)。

(三) 项目结项

宣国富:国家自然科学基金项目"转型期中国大城市公共休憩空间分异、效应与形成机理研究"。

(四) 高级别论文

序号	第一作者	文章名称	发表刊物名称及期卷号	刊物影响因子	论文级别
1	李玫	新时期中国大陆生态写作的本土化路径	《文学评论》2015年第3期		最高级刊物
2	杨煜 YangYu	Quantity versus Quality in China's South-to-North Water Diversion Project: A System Dynamics Analysis	Water, 2015, 7(5)	1.428	SCI&EI
3	马雷	Traditional Inference and Its Versions in the Combined Calculus	The Philosophical Forum, VOL. XLVI, NO. 2, SUMMER 2015		A&HCI

(五) 著作

1. 尹洁：*I think , Self-awareness and Reflexivity——a Reconstructed Kantian Model of Self-awareness*（全英文专著），美国 UMI/Proquest 出版。

2. 马向真：《当代中国社会心态与道德生活状况研究报告》，中国社会科学出版社，2015。

3. 范志军：《尼采与现代道德哲学》，中国社会科学出版社，2015。

五、学生工作

(一) 基本情况

截至2015年底，人文学院共有全日制本科生566名，研究生404名（其中博士生80人、高校教师1人、硕士生323人）。院党委统筹全院学生管理，同时充分发挥各系管理的主体作用，各系主任建立学生班级联系点，与辅导员、班主任紧密配合，实行管理中心下移，加大全员育人、全方位育人力度，学生教育管理成效明显。学生突发事件有预案，处理有效。

2015年，学院团委在校新生文化季系列活动、毕业季系列活动、暑期社会实践中均有突出表现，春、秋季奖助学金获奖人数均高于往年。本科生学生会成功举办"一一不舍"欢送毕业生晚会、院运动会、第八届中华赞经典诵读大赛、首届院内篮球赛等活动。研究生会五次举办科学人文素养类讲座，并举办研究生辩论赛、人文知识大赛、校区论文报告会、第二届"醉新"酒会等活动。一年来，我院学生工作取得了良好的成绩，在创业创新大赛、各种体育赛事、文学活动、文艺活动、社会实践的得奖率也均有提升，彰显工作思路对头、措施务实、成效明显。

(二) 日常管理中的特色

为了构建一支政治素质好、结构合理、优势互补、吃苦耐劳、乐于奉献、善于做学生工作的"三化"学工队伍，在党委学工部的大力支持下，学院加大辅导员的培训力度，一年来多次选派辅导员到教育部、省教育厅的辅导员培训基地学习培训，全体辅导员均参加了学校举办的辅导员专题远程培训班；同时根据党委学工部实际制订考核办法，加大学工队伍的考核力度，辅导员、班主任工作责任心明显增强。

1. 定目标，定制度，定职责，规范管理。学院明确规定学生工作例会制度，坚持隔周召开辅导员工作会议，不定期召开学生工作务虚研讨会。院党委高度重视学生工作干部队伍建设，力争建设成"三型三化"型辅导员队伍，即学习型、创新型、合作型和职业化、专业化、专家化的队伍建设目标。坚持日常工作一天一落实，重要工作一周一安排，特殊工作一月一研究，重点工作一学期一总结，整体工作一年一评估的"五个一"的工作要求，使队伍建设更加科学规范。

2. 搭建平台，精心培养。学院按照上级统一要求，认真落实《教育部思想政治工作司关于举办全国高校辅导员职业技能竞赛的通知》等文件精神，通过各种途径搭建提升能力和素质的平台,以及建立辅导员技能大赛辅导、课题立项等自主学习平台。

3. 科学考核评价。根据《东南大学辅导员考核办法》《东南大学人文学院绩效考核办法》,科学设置辅导员工作考核指标,要求辅导员高效率完成各项学生思想教育、事务管理及服务工作。学院还将班级各类获奖、评优等直接与班主任考核挂钩,全面提升班主任工作的主动性和积极性。

4. 完善学生事务管理体系。学院结合自身特点,学科专业特色,从人格教育、行政管理、成长辅导、生活服务、素质拓展、时政教育、学生党建等七个方面开展工作,使得学生事务管理工作更加规范化、科学化,有力推动了学生管理工作迈上更高水平。

5. 加强团学干部的组织建设及队伍建设,强化对学生干部培养。为了加强全院团学干部的思想觉悟和政治理论水平,院团委每年为学生干部定期举办团学干部培训,提高了学生干部自身素质,增强了学生干部的学习、服务意识,做到理论与实践的有机结合,有力地推动了我院学生干部的队伍建设;健全学生组织机构,完善学生干部的工作机制,顺利完成团委、学生会干部的换届选举;修订相关工作机制和规章制度,建立了一支政治上可靠、思想上健康、工作上有序的学生骨干队伍,形成了学生自我管理、教育、发展的良好格局。

(三) 一年来开展的主要工作

1. 结合学生党组织的发展,稳步开展思想政治工作

按照"最有利于发挥战斗堡垒作用"的原则,在学生中设立学生党支部,本科生按年级设置,研究生按专业设置,共设立了3个本科生党支部、5个研究生党支部。使基层组织结构更为合理,更有利于活动的开展。坚持每年一次党员民主评议和党员民主生活会制度,坚持党支部联系班级、对口帮扶困难学生制度。有效地发挥了基层党组织的桥梁、纽带作用和党员的先锋模范作用。

按照"坚持标准、保证质量、改善结构、发挥作用"的原则,认真做好入党积极分子的培养和党员的发展工作,充分发挥学院党校教育培训职能,一年来举办了两期发展对象培训班,培训发展对象86人次。共选送80人次参加学校举办的两期支部委员培训班、两期预备党员培训班和一期新生党员培训班。坚持标准,严格要求,认真做好党员发展工作,保证党员发展在质和量上的统一。截至2013年11月共发展学生党员79人,转正党员30人,组织发展工作平稳有序进行,党员发展质量得到有力保障和提升。

2. 结合专业学习,积极实施文化育人工程

在学生工作中,实施"三个一"工程,即参加一次社会实践活动、开展一次社会调查研究、撰写一篇社会调查报告。通过活动的实施,使广大青年学子积极投身于社会中、投身于实践中,在广阔的天地中展示才能、增长才干,有力地拓展了育人途径,促进了院风和学风建设。

同时,本着"学院抓精品、班团抓普及"的工作思路,开展了"五个一"活动,即参加一次主题教育、研读一本经典著作、聆听一场人文讲座、欣赏一次高雅艺术、参与一项精品活动的文化育人工程。学院组织学生积极参与新生文化季、"中华赞"经典诵读比赛、毕业生文化季以及迎新、院庆各类文艺汇演等大学生喜闻乐见的校园文化活动,促进大学生科学精

神和人文素养的全面提升。

3. 启动人文社科精英人才培养工程

该工程是大众化教育背景下精英教育的一种有益探索,是深入推动我院学生综合素质全面发展的示范工程。从一年级抓起,通过"三自"(自我管理、自我教育、自我服务)能力培养提升,全院重点选拔、滚动培养50名学生骨干,并带动广大学生全面发展。

4. 发挥人文专业优势,扎实推进校园文化建设

(四) 评奖评优工作

1. 坚持公开公平公正的原则开展各类评奖评优,以评促建,促进学风建设。14-15-3学期学院共有1个党支部获评研究生十佳党支部,1个团支部获评校特级团支部,1个团支部获评校甲级团支部,6人被评为校级优秀毕业生,13人被评为校级优秀团员,3人被评为校级优秀团干。15-16-2学期学院共有14人获得国家奖学金,3人获得校长奖学金,38人被评为东南大学三好学生,4人被评为东南大学优秀学生干部,1人被评为东南大学三好学生标兵。通过各类评奖评优,学生的集体荣誉感和团结合作精神进一步增强,更好地营造了健康、积极、和谐、文明的文化氛围。

2. 所获荣誉情况汇总

(1) 李涛、何熠的工作案例"坚定信仰,玉汝于成"获东南大学2015辅导员优秀工作案例一等奖。

(2) "传承节日文化、传递人文情怀"党日活动荣获东南大学最佳党日活动二等奖。

(3) 五四表彰中,人文学院团委获东南大学五四红旗团委称号。

(4) 134121班获省先进班集体称号。

(5) 131131班获校先进班集体称号。

(6) 博士研究生129550潘锡杨、129549沈继睿获国家奖学金。

(7) 硕士研究生143038叶芳芳、132938高阳、143005王有凭、132917江刚获国家奖学金。

(8) 本科生13A14303周蓝青、13A14304翟蕊晗、13A14306李昕璐、13A14126黎万峡、13113107李亚兰、13213124夏雨、13313113黄晓萍获国家奖学金。

(9) 本科生13A14106张阳卉、13413131胡志远、13312113朱啸宇获校长奖学金。

(五) 少数民族学生教育管理工作

我院少数民族学生多,存在着语言交流不便、生活习惯不同、宗教信仰不同、地区文化差异等问题,需要同学、辅导员、班主任、学院领导的密切关注和帮助。我院根据与少数民族学生接触后的经验,总结了以下关于少数民族学生的教育管理方式:

1. 班主任、辅导员互相配合,双管齐下

在学校的教育管理工作体系中,班主任和辅导员都有着不可或缺的作用。班主任在少数民族学生的学科上可以给予最专业的帮助,辅导员对其在校期间的全面发展有着促进和监督的作用,两者缺一不可。少数民族学生需要班主任和辅导员更多的关心和帮助,从学业、生活、经济、文化融合等方面进行关注,帮助少数民族学生适应学校的生活和学

习。与少数民族学生建立良好的互动关系,有利于了解他们的思想动态和实际需求,避免矛盾和隔阂的产生。

2. 着眼于深化情感教育,把解决实际问题和解决思想问题结合起来

少数民族学生的实际问题主要是在学习、工作、生活等方面,遇到的实际困难和矛盾主要在学习吃力、成绩不佳、人际交往遇到障碍等方面,通过深入到少数民族学生中去,与他们对话、谈心,了解情况,发现问题及时研究,加以解决,使教育管理更具说服力和感染力。

3. 加强教育,严格管理,努力消除不利于安定的因素

努力培养优秀的少数民族学生干部,加强对少数民族学生的教育和管理。加强遵纪守法的教育,强化少数民族学生遵守校规校纪的教育,强化少数民族学生遵守校规校纪的意识,严禁打架斗殴、私自外住或留宿他人。严格按照校规校纪和有关法律法规处理,一视同仁,同时注意方式方法,做好耐心细致的思想工作。

警惕境内外敌对势力和民族分裂分子的渗透活动,实时关注,严格控制,如发现有情况及时通知有关部门。加强信息工作,对容易在少数民族学生中引发不安定事端的各种因素和迹象牢牢把握,深入了解情况,及时向少数民族工作领导小组反映。

六、党建工作

在学校党委的领导下,2015年主要做了以下几项工作:

1. 以"创先争优活动""三严三实"专题教育等活动开展专题党日活动和座谈会,集中观看主旋律教育影片,为学院科学发展营造了良好的思想基础和舆论环境。

2. 以"先进基层党组织""优秀共产党员""优秀党务工作者""最佳党日活动""创先争优先进集体"评比等活动加强组织建设,增强党组织的凝聚力和战斗力。配合学校党委组织部,完成了学院新一届党委的选举工作。

3. 通过召开师生代表座谈会、民主生活会等多种形式,多方听取意见,了解、关注师生反映的热点问题,加强作风建设,发挥院党委的政治核心作用和监督保证作用。

4. 加强党风廉政建设,贯彻落实党风廉政建设主体责任制。

5. 支持学院工会和退离休协会工作,关心群众生活,帮助解决实际困难。

2015年12月学院工会圆满举办了东南大学"人文杯"教职工健步走活动;闵卓老师主持完成了《关于金钱的道德与时间银行的建立》校级课题研究报告。对于生病住院或生活等方面有困难的师生员工,及时看望,并在条件允许的范围内尽力帮助解决实际困难;对失去亲人的教职工和因病去世的教职工遗属也都及时慰问。

6. 重视学生党建,党员发展质量得到有力保障和提升。在学生教育管理方面,实行管理中心下移,加大全员育人、全方位育人力度,成效明显。

14-15-3学期学院共有1个党支部获评研究生十佳党支部,1个团支部获评校特级团支部,1个团支部获评校甲级团支部,6人被评为校级优秀毕业生,13人被评为校级优秀团员,3人被评为校级优秀团干。15-16-2学期学院共有14人获得国家奖学金,3人获得校长奖学金,38人被评为东南大学三好学生,4人被评为东南大学优秀学生干部,1人被评为东南大学三好学生标兵。

通过学院党委和全院党员的共同努力,提高和加强了党员的理论水平、思想修养。院党委、行政领导班子成员能自觉遵守反腐倡廉规定和法律法规,加强党风廉政建设,使"一个党员就是一个榜样,一个支部就是一个堡垒"的作用在人文学院的教学、科研工作中得以凸显,从而使走过了二十多年风雨历程的东南大学人文学院的教学、科研展现了新的面貌。

艺 术 学 院

一、学院概况

2015年,艺术学院共有教职工61人,专任教师51位,其中教授16位、副教授18位、讲师16位、助教1位,新引进教授1位、博士2位。教职工党员27人。有3位教师晋升为教授,3位讲师晋升为副教授。本年度学生总人数为612人(含MFA学生114人),其中学生党员数为164人。在教育部学位与研究生教育中心发布的学科评估结果中,我院艺术学理论学科位列全国第一,是江苏省高校在本次学科评估中唯一的文科第一名,也是艺术学门类下属的5个一级学科中,北京之外的高校唯一排名第一的一级学科。

二、党建工作

艺术学院2015年共有7个党支部,其中学生党支部5个,教工党支部2个。本年度新增入党积极分子20人,发展党员28人(其中本科生党员17人,研究生党员11人),16名预备党员按时转正,36名同学参加了发展对象培训班,24名预备党员参加学校预备党员培训班。2015年5月15日召开了全院党员大会,选举产生了艺术学院党委新一届委员会,王廷信、王和平、李轶南、徐进、程万里5位同志当选为东南大学艺术学院新一届党委委员会委员。党员大会后召开了艺术学院党委会第一次会议,选举王和平同志为委员会书记,徐进同志为副书记。

本年度,院党委按照校党委《关于在处级以上领导干部中开展"三严三实"专题教育的方案》进行了部署和落实。学院党委书记王和平于6月1日作了题为《践行"三严三实",做合格党员领导干部》的专题党课。后又分别在9月11日、9月28日、11月18日学院处级以上领导开展了围绕"三严三实"三个主题的专题讨论。把"三严三实"教育按规定落到实处。2014级硕士生党支部报送的党日活动"构建和谐校园,促进身心发展系列党日活动"在东南大学2014—2015学年最佳党日活动中获得三等奖。2015年4月,本科生支部和结对支部保卫处支部一起组织了参观六朝松博物馆的党日活动。通过参观南京梅园新村、侵华日军南京大屠杀遇难同胞纪念馆、雨花台、南京博物院等南京近代史爱国主义场馆,对师生、对党员开展爱国主义教育。

三、学科建设与学术研究

2015年1月,刘道广教授的新著《中西艺术文化背景比较》由江苏美术出版社出版。该著作从一个新的角度对中西艺术文化演化历史、演化原理的探索,对艺术学理论学科的基础理论研究富有重要参考价值。该著作入选江苏凤凰美术出版社2015年度上半年"十大艺术好书"。

2015年1月,江苏省文联针对省内70岁以上、从艺50年以上并曾获得国家各类艺术奖励的人士以"江苏省艺术贡献奖"名义进行奖励,我院张燕教授获此殊荣。据悉,江苏省获得此项奖励者共124人。

2015年2月12日,我院党政班子成员前往张道一先生寓所看望张先生。张道一先生精神矍铄,以高昂的兴致与大家一道谈学科建设、专业建设以及他对中国梦的看法。张先生强调,艺术学理论学科要集中解决中国的艺术问题。中国的文化艺术资源十分丰富,需要投入精力进行研究。中国梦是要实现中华民族的伟大复兴,而艺术学理论学科当在其中起到重要作用。

2015年2月,我院青年教师郑德东动态艺术作品《星之光,空间之泪》(Star with Light, Tear in Universe)荣获"2015国际动态艺术大赛"(2015 KAO INTERNATIONAL KINETIC ART COMPETITION)荣耀奖(HONORABLE MENTION),并被正式吸纳为国际动态艺术组织(KAO)学术委员会委员。

2015年3月,我院院长王廷信教授当选为江苏省文艺评论家协会副主席。

2015年3月,李倍雷教授、赫云讲师合著的《艺术批评原理》由南京大学出版社出版。该著作内容涉及艺术批评的机制、指向、类型、视野与方法,如何理解艺术与艺术家,艺术批评的向导性、原则等问题,是有关艺术批评理论领域的最新成果。

2015年4月19日,中国大百科全书艺术学理论卷主编会议在北京大学燕南园召开。国务院发文立项决定重新修订中国大百科全书,由中宣部牵头修订编纂出版中国大百科全书第三版,我院凌继尧教授等人担任全卷副主编、王廷信教授担任艺术交叉分支学科主编、李倍雷教授担任艺术理论分支学科副主编。

2015年6月10日,我院全院教职员工,对自荐加入院教授委员会的人员进行了民主推举,产生了17位教授委员会成员。当日,教授委员会成员再经过民主推举,由徐子方教授担任我院教授委员会主席,由胡平教授、刘灿铭教授担任教授委员会副主席。教授委员会是艺术学院战略决策的最高学术机构,负责审议全院学科发展、人才培养、师资队伍建设等重大事项的决策规划。因教授委员会所涉职责已包含原学术委员会和教学委员会的职责,故教授委员会成立之后,原学术委员会、教学委员会自行撤销。教授委员会的成立也是我院精简机构、进一步完善管理体制的新的举措,将会对我院各项工作发挥重要作用。

2015年6月,我院倪进教授及其研究生何元春同学合著的《艺术品金融》一书由江苏凤凰美术出版社出版。该著作从艺术品基金、信托、保险、指数、投资种类、投资谋略、拍卖等方面全面论述了艺术品金融的相关问题,是该领域研究的最新成果。

2015年6月20日,由中国书法研究院、言恭达文化基金会主办的"第二届中国当代中青年书法精英研究展"在东南大学开幕。

2015年8月,"尹文京杭大运河写生画展"于扬州博物馆展出,展出作品86幅。作为扬州市2500周年城庆活动之一,画展于9月20日移至城庆广场展出。

2015年9月,在第31个教师节前夕,校党委书记郭广银同志走访看望我院张道一先生,送去了全校师生员工对张先生的关心和慰问。郭书记代表学校感谢张先生为东南大学特别是为学校艺术学科的建设发展所作出的杰出贡献,并和张先生就学校的发展、艺术学院的发展进行了交谈,认真听取了张先生的意见建议。

2015年10月,我院王廷信、徐子方、汪小洋、李倍雷等四位教授入选校东南大学第二届人文社会科学学部委员。

2015年10月20日,中国书法家协会副主席、东南大学书法研究院院长、艺术学院博士生导师言恭达获"汉字文化传播杰出贡献奖"。大会给言恭达先生的颁奖词为:他博学多闻,睿智广识,热心公益,德艺双馨。他是当今中国书坛最具影响力的代表性书家之一,是推动书法文化走向世界的艺术大家。

2015年11月,我院陶思炎、程万里、李鹏所著的《苏南傩面具研究》一书由江苏凤凰文艺出版社出版。该书系江苏省高校哲学社会科学重点研究基地重大项目,同时为江苏省高校优势学科建设工程资助项目。苏南的傩面具在学界鲜有研究,长期以来为外界所不知,作为有关苏南傩面具与傩文化研究的首部专著,《苏南傩面具研究》的出版具有研究领域的开拓性质。

2015年11月,陶思炎教授主编的《民俗艺术传承的调查与研究》一书,近日由江苏凤凰文艺出版社出版。该书系江苏省优势学科建设工程资助项目,着重以传承的视角透视民俗艺术,以田野调查的方法对其现状与趋向加以记录与整理。

2015年11月6日,艺术学院院长王廷信教授在东南大学文化素质教育中心作了一次"初识东南"名家系列高层讲座,讲座以"从艺术看大学,从大学看人生"为题,结合人生经历,以诙谐幽默的演讲风格令听众耳目一新。

2015年凌继尧教授成功申报了3个项目,分别是国家社会科学基金重点项目"东欧马克思主义美学研究"(该项目是自2006年以来凌继尧教授获得的第三个国家社会科学基金重点项目)、教育部社会科学研究普及读物项目"习近平话语体系风格研究"、北京外国语大学中国文化走出去协同创新中心项目"中国器物文化走出去内涵与路径研究"。同时,凌继尧教授今年出版了《凌继尧艺术学美学文集》(辽宁美术出版社)、《设计概论》(北京大学出版社)、《艺术设计这回事》(台湾五南图书出版有限公司)等三部学术著作。此外,凌继尧教授的《美学十五讲》今年累计第19次印刷。

2015年11月,我院章旭清副教授的研究成果《加快江苏动漫发展的对策与建议》被江苏省人民政府内参《调查研究报告》(2015年第67号)采用,印发。该研究成果为应用对策研究,显示了高校科研服务社会、服务政府的智库功能。

2015年12月17日,我院陶思炎教授被授予第三届南京"文化名人"荣誉称号,并由南京市委书记黄莉新颁发证书。

2015年12月,我院崔天剑副教授获得"2015年度中国工业设计十佳教育工作者"荣誉称号。

2015年12月,教育部发布《关于颁发第七届高等学校科学研究优秀成果奖(人文社会科学)的决定》(教社科〔2015〕4号),我院荣获二等奖1项(凌继尧:《中国艺术批评史》),三等奖2项(陶思炎:《民俗艺术学》,徐子方:《明杂剧通论》),共计3个奖项,创历史最好成绩。

2015年12月2日,由中共江苏省委宣传部、省文化厅、省文学艺术界联合会、中国民主同盟江苏省委员会、泰州市人民政府、现代快报社、东南大学主办,中国书法家协会艺术指导,民盟中央美术院、江苏省书法家协会、东南大学中国书法研究院承办的"心无挂碍——刘灿铭书法艺术展"在中国美术馆开展。

2015年12月21日下午,张广军校长在校办主任李鑫、副主任姜平波的陪同下到我院九龙湖艺术大楼调研,我院党政班子成员、教授委员会主席、副主席和教师代表参加了调研会。张广军校长认真聆听了大家的汇报和提出的意见,并对艺术学院在资源有限的情况下所取得的成绩给予了高度肯定,表示会对艺术学院提出的要求进行认真研究与回应。张校长希望艺术学院要继续发挥特色与优势,并从战略、谋划、培育三方面积极思考,要敢于提出新思路、新举措,敢于采用新手段,勇于尝试、大胆突破,争取更大的发展空间、取得更大的成就。

四、交流合作

2015年1月,中共江苏省委老干部局发来感谢信,感谢刘灿铭教授对省委老干部局组织部副省级以上老领导开展书法艺术交流活动的支持。刘灿铭教授以精湛的书法艺术、深厚的书法功底、精彩的书法讲解、严谨细致的作风赢得了省级老领导们的高度赞誉。东南大学党委书记郭广银对刘灿铭教授对于此次活动的支持也给予了高度肯定。

2015年3月17日,江苏卫视著名主持人孟非受聘我院兼职教授,东南大学易红校长代表学校向孟非先生颁发了东南大学兼职教授聘书并致辞,对孟非先生自2013年以来在东南大学捐资助学,帮助东大学子顺利完成学业的善举表示感谢。

2015年3月19日华大美术学院Ozubuko教授和林志教授访问我院并展开为期两周的Workshop教学活动。两位教授为同学们带来了科学的研究方法和前沿的设计信息,两校师生以"土(Earth)"为主题展开研究。

2015年4月26日,由我院与教育部高等教育出版社、南京艺术学院设计学院联合主办的全国设计学科建设与课程升级学术研讨会在东南大学榴园宾馆举行。本次大会针对设计学科建设与课程升级的新动向、新问题与解决方案,设计教学中的问题与对策,设计学科产学研的实现途径进行了研讨,来自全国各高等院校艺术院系负责人、学科带头人、骨干教师170余位代表参加了本次盛会。我院凌继尧教授、王廷信教授分别以《设计研究的两种方法》《设计学科建设标准的再思考》为题作了主题演讲。

2015年5月5日,我院部分博士生、硕士生在王廷信院长的带领下赴大贺文化金融集团考察,该集团董事长贺超兵还就建立东南大学研究生工作站的事宜与王廷信院长达成一致意见。

2015年5月13日上午,我院会同海外学院、经济管理学院与来访的澳大利亚格里菲斯大学艺术、教育与法律集团国际教育部主任Christopher Klopper教授和该校大中华区区域市场经理夏星先生,就双边学生(本、硕、博)和教师在美术、设计、动画、数字媒体、艺术理论与文化研究等领域的交流互访,特别是短期课程交流、研究生双语课程项目建设、1+1+1形式的研究生双学位项目合作、双方学者的交流互访机制、直博生项目共建、本科生双学位项目合作等六个方面谋求进一步的合作与发展,以期共同培育具有国际视野的艺术学科高端人才,促进双方在学术研究领域的深度密切合作。

2015年5月21日上午,我院会同校国际合作处与来访的加拿大数字媒体中心代表、加拿大不列颠哥伦比亚省政府国际贸易投资办公室华东区教育专员蒋佳音女士和刘茂艳经理,就双边学生(本、硕、博)和教师在影视动画、电子游戏、互动媒体、数字学习和虚拟现实等领域的交流互访,特别是短期课程交流、研究生双语课程项目建设、研究生双学位项目合作、双方学者的交流互访机制等四个方面谋求进一步的合作与发展进行了洽谈,拟共同致力于培养数字媒体领域的下一代业界领军人物。计划通过充满挑战的学术课程和项目实习,使学生在团队合作环境中积累和掌握适用于国际顶尖数字媒体企业项目相关的开发经验。毕业生将具备充足的创意方法、实践经验、国际视野和管理技能,提升在蓬勃发展行业中的竞争力。

2015年5月23~26日,我院邀请新加坡新跃大学教授蔡曙鹏先生在我院做艺术传播学术工作坊。蔡曙鹏长期从事戏剧、舞蹈的编导演工作,连年率领团队赴国际艺术节演出,具有广泛的国际影响。

2015年5月28日,东南大学刘波副书记代表东南大学接受了闵祥德教授捐赠的20件书法作品,并向闵祥德教授颁发了捐赠证书。刘波副书记在捐赠仪式上对闵祥德教授的学术成就给予了高度肯定,对他的慷慨捐赠表达了感谢,并表示这些书法作品将对东南大学的文化内涵建设发挥重要的作用。闵祥德教授阐释了他捐赠的作品对做人治学、求知的美好寓意,表达了对东南大学建校113周年的祝贺。

2015年7月,南京壹千零壹号自动化科技有限公司与东南大学教育基金会签订协议书,设立琢章奖学(教)金。该奖学(教)金总金额为21万元。南京壹千零壹号自动化科技有限公司本身也是未来的工业互联网和机器人公司。琢章奖学(教)金旨在支持东南大学艺术学院的新锐设计师们创作出更好的作品。

2015年10月,由江苏省哲学社会科学界联合会、东南大学主办,东南大学社会科学处和东南大学艺术学院、中国艺术国际传播战略协同创新中心承办的"中国艺术海外认知国际学术研讨会"在东南大学举办。来自韩国、中国、中国台湾等国家和地区的30余位专家参加了本次研讨会。

2015年10月16~18日,第十一届全国戏曲学术研讨会暨中国古代戏曲学会2015年年会在东南大学榴园宾馆召开,来自国内外的140余位专家参加了本次盛会。本次会议由中国古代戏曲学会、东南大学艺术学院、东南大学戏曲小说研究所、《艺术百家》杂志社、《东南大学学报》(社科版)联合主办。

2015年11月,由东南大学艺术学院、南京大学艺术研究院、南京艺术学院艺术学研究所共同主办,东南大学艺术学院承办的第二届南京三校研究生艺术学论坛在东南大学榴园宾馆举行。国务院艺术学理论学科评议组成员、南京大学艺术研究院院长周宪教授,国务院艺术学理论学科评议组成员、南京艺术学院艺术学研究所夏燕靖教授,国务院艺术学理论学科评议组成员、东南大学艺术学院院长王廷信教授出席开幕式并致辞。

2015年11月,我校教育基金会刘静、滕航老师到我院调研公益事业发展情况。学院党委王和平书记向基金会汇报了艺术学院近几年来在奖学金、奖教金募集方面所做的工作。基金会表示会一如既往支持艺术学院的公益事业,做好服务工作。

2015年11月,我院退休教师张燕教授与东南大学教育基金会签署了捐赠协议,捐资10万元人民币,设立"长北助学基金",每年用于资助艺术学院家庭经济困难的一年级本科生。

五、教学与人才培养

2015年3月,在第一届"东风梦想车"中国青年环保汽车创意设计大赛中,我院崔天剑、许继峰老师指导的产品设计专业2011级本科生汤景淳、张晓慈和2012级何沐同学团队作品"Pioneer"在众多入围作品中脱颖而出,荣获"最佳造型创绿设计奖"。

2015年3月,在江苏省南京市浦口区举办的"最浦口"文化创意大赛中,由许继峰、崔天剑老师指导的2011级产品设计专业李晓梅作品获得平面类金奖,张渲然获得银奖,黄超逸、李木子、邹沁、祖雪银、林佳彬、许俪丹等同学获得入围奖。

2015年5月17日,东南大学艺术学院2015届美术学毕业生"如逢花开"临沂展顺利开展。本次画展由2011级美术学班策划,依托临沂首届5·17首届艺术节而举办,共展出150余件来自东南大学艺术学院师生的作品。

2015年5月21日,"艺术学院2015届本科毕业作品展暨毕业生推介会"开幕式在东南大学九龙湖校区焦廷标馆一楼报告厅隆重举行。来自南京艺术学院、南京邮电大学、南京理工大学、南京林业大学、南京工业大学、南京信息工程大学、南京工程学院、三星电子(南京)研发中心、苏宁金融集团、途牛旅游网、南京洛可可文化发展有限公司、南京思德文化传媒有限公司、江苏原力电脑动画制作有限公司、江苏矽岸信息技术有限公司等兄弟院校、文化企业的专家和嘉宾,以及我院党政领导、各系指导教师、毕业生及家长代表出席开幕式。

2015年6月,我院动画系2010级本科生翁志伟、沈丹妮、诸玉琪、季晨宇同学在罗雪老师、张宏老师指导下创作完成的动画短片《查房》以及2009级本科生刘野、陈若曦同学在章孔畅老师、罗雪老师、张宏老师指导下创作完成的动画短片《这儿有人了》分别获得由国家新闻出版广电总局颁发的"少儿节目精品及国产动画发展专项资金项目""优秀学院动画短片奖"二等奖和三等奖,并分别获得3万元和1万元的专项资金奖励资助。

2015年6月,我院多个师生作品在2015年东南大学廉政文化作品征集活动中获奖。

2015年9月,我院周缨老师指导的设计系设计学15级硕士研究生赵斗斗同学的作品《濯水钟山》荣获"第五届艾景奖·2015国际园林景观规划设计大赛"园林景观规划设计大赛组金奖。

2015年9月13日,"画·婺语"江西婺源写生作品展在艺术学院3楼展厅顺利举行。展出了动画专业2012级、2013级同学在短学期前往江西婺源考察采风创作的100多幅作品。

2015年10月13日,来自巴基斯坦的玛丽姆同学通过博士论文答辩,她的博士论文题目是《针对适宜于多元文化的艺术教育的定量考察》。该同学2011年来到东南大学师从王廷信教授攻读艺术学理论学科的博士学位,是东南大学建校113年以来首位文科留学生博士毕业生。

2015年12月,我院2013级硕士研究生王建和朱玉同学的作品《在线·C2C生态街道》荣获第二届"紫金奖"文化创意设计大赛建筑及环境艺术设计专项赛学生组铜奖。

2015年12月,人力资源和社会保障部、全国博士后管理委员会对2012年前设立的博士后科研流动站和博士后科研工作站进行了综合评估。我院艺术学理论博士后科研流动站获评优秀,受到通报表扬。流动站设站至今,已培养出站博士后47人,在站博士后40人,近年来获得中国博士后科学基金资助5人,获得省博士后科研资助8人,发表的论文被SSCI收录3篇、CSSCI收录近百篇(其中数十篇发表于本学科最高级别刊物《文艺研究》《民族艺术》《装饰》等高水平期刊)、被EI收录5篇。

我院2015届本科毕业生有11人被普瑞特艺术学院、萨凡纳艺术与设计学院等境外名校录取,9人在国内名校继续深造。

六、学生活动

2015年3月27日,我院尹文、孙菁等老师率领大一部分学生前往牛首山,祭扫两江师范学堂监督(校长)李瑞清先生之墓,同学们用双手扫去墓地上的枯叶,列队鞠躬,向李瑞清先生致以深深的敬意。

2015年4月,艺术学院学生响应东南大学学工部、校团委号召,深入推进社会主义核心价值观教育的公益实践活动,粉刷桃七宿舍多年积留下来的墙壁涂鸦,改善宿舍环境,将艺术作品引入宿舍。

2015年5月18日,艺术学院女篮首次捧得东南大学"院系杯"女篮冠军奖杯。

2015年5月27日,我院举行校庆论文报告会,加强研究生之间的学术交流,增进了学术氛围,促进了研究生的培养。

2015年6月10日,由东南大学团委、东南大学教务处主办,我院承办的"青春·价值"主题艺术作品展暨"第二届校园艺术创新竞赛"闭幕式在焦廷标馆二楼展厅举行。

2015年6月15日,艺术学院团委在焦廷标馆二楼多功能厅举办"艺往情深"2015届毕业生酒会,艺术学院领导班子以及各系老师均出席了此次酒会,为2015届本科生和研究生全体毕业生送别。

2015年8月,我院暑期支教团成员赴云南永胜县永北镇小学举行艺术夏令营支教活动。12名支教团成员在云南省永胜县永北镇小学开展了艺术欣赏、艺术创作等一系列丰富多彩的活动,深得当地学生的喜爱。

2015年10月,艺术学院学办组织毕业生前往南京"我乐家居"股份有限公司实习考察,以推动我院毕业生就业工作,提升毕业生就业质量。

2015年10月24日,艺术学院与经管学院秋季田径运动会在梅园体育场举行。

2015年11月,在东南大学第57届运动会中我院2015级新生顾乃全同学获得了乙组男子100米金牌、乙组男子200米金牌;2014级马乐同学获得乙组女子掷铅球铜牌;2015级新生陈乐意同学获得乙组男子110米栏第五的佳绩。

2015年11月9日,艺术学院第三届"艺起去夜市"活动在大活西广场盛大开幕。活动以民间艺术、流浪猫募捐义卖、沙画、绿色心情等形式,吸引了校内外上万人次的参与。

2015年11月20日,我院动画系2014级学生邓慧在第六届香港金紫荆花奖世界东方舞大赛决赛中,喜获银奖和最佳人气奖。

2015年11月26日,梅庵学会选举产生出第八届梅庵学会委员,分别是会长吴彦颐,副会长朱磊、王诗晓,秘书长刘春。

2015年12月21日,在焦廷标馆举办了第九届艺术之夜——"艺顾倾城"迎新晚会,全院师生共迎新年。

法 学 院

一、学科与师资队伍建设

1. 组织编制了法学院"十三五"发展规划,制定了以"一个法学优势学科、一栋大楼、一本法学杂志"三个一为代表的"十三五"法学院发展规划。

2. 充分整合资源,完成法学一级学科博士点申报工作和法学硕士学位授权一级学科的省级评估。本年度,法学专业以优秀成绩通过江苏省重点建设专业验收,博点申报工作顺利完成。另外,完成了江苏省教育厅组织的法学硕士学位授权一级学科的评估(该评估5年一次)。

3. 学科平台建设取得新发展。在学科平台方面,新增一个省级基地——"反腐败法治研究中心"获批江苏省高校哲学社会科学重点研究基地,基地于2015年6月19日举行揭牌仪式。基地成立后,在学术研究、科研立项、学术会议等方面取得了一系列重大进展:获得国家级及省部级4个课题(刘艳红中国法学会重大课题、钱小平国家社科基金、欧阳本祺省社科重点、省教育厅重大)、已召开基地重大课题招标会议并完成课题招标。该基地与"交通法治与发展研究中心"(江苏省交通运输行业政策与法规重点研究基地)开展多项有影响力的活动,发挥了基地作为科学研究、政策研究、立法建议、社会服务等平台的作用。积极推进与南京师范大学等单位共同设立的"区域法治发展协同创新中心"及与土木工程学院合作的"新型建筑工业化协同创新中心"两个协同创新中心工作,开展"县(区)域法治国情调查",完成江宁卷撰写工作,对江苏法治发展进程中的重大现实问题、新型建筑工业化中出现的法律问题进行研究。

4. 新设立一个中心——东南大学中国法治发展评估研究中心,该中心于2015年9月19日挂牌成立。该中心将集理论研究、实证研究与评估研究三位一体,以建成全国最有影响力的权威指数发布智库为目标。中心将为未来研发若干套具有中国特色的覆盖全面、注重操作、兼顾民意的法治发展评估指标体系,如刑事法治指数、反腐败指数、交通法治指数等,并分步骤用于量化评估不同城市的法治水准和法律的实施状况,最终推动我国法治建设。

5. 在师资队伍建设方面,新增两个高层次人才项目——周佑勇教授当选中央宣传部、组织部"文化名家"暨"四个一批"人才("四个一批"人才培养工程为国家级专项计划,由中共中央宣传部办公厅、中央组织部办公厅选出,目的是加强领军人物和各类高层次专门人才培养,重点是加强理论、新闻、出版、文艺四个领域的中青年人才和高层次经营管理人才、专门技术人才的培养),刘艳红教授入选教育部"长江学者奖励计划"特聘教授、"南京市有突出贡献中青年专家"。周佑勇教授受聘为江苏省理论宣讲专家库首批专家、江苏省人民政府行政复议委员会委员。周佑勇、刘艳红、孟鸿志教授受聘为江苏省法官、检察官遴选委员会委员。

新进教师5人（其中副教授2人，海外博士2人）；通过职称评定，晋升教授2人、副教授3人。聘请江苏省人民检察院尹吉主任为我校兼职教授、刑事法研究所副主任；评聘江苏省高级人民法院院长许前飞（教授）为兼职博导。目前，我院专任教师50人，其中教授12人、副教授25人、讲师13人，高级职称教师比例为74%，45岁以下教师比例为78%，博士比例为98%，具有六个月以上海外研修经历者占教师比例为47%。单平基副教授、王禄生副教授入选2015年东南大学优秀青年教师教学科研资助计划，钱小平、王禄生副教授遴选为硕士生导师。

二、科学研究与学术交流

今年我院科研发展屡创新高，课题、获奖与论文等各项数据均处于全国法学界前列。

1. 科研项目总数达到新高。今年我院勇立8项国家社科基金、2项教育部课题、1项省教育厅重大、3项（1项重点、1项一般、1项自筹）省社科基金重点课题、中国法学会项目9项（其中重点专项课题3项、委托重点项目1项、一般项目5项）、5项司法部课题、1项最高人民法院重大课题、江苏省法学会项目10项、校基本科研业务费文科基础扶持项目3项、横向课题19项等。我院立项总数为68项（纵向49，横向19），经费共计753.0845万元，课题立项经费与课题立项数首次全校文科双第一。

2. 科研获奖创历史新高。在科研奖励上，获得4项教育部第七届全国高校人文社科优秀成果奖（其中二等奖1项、三等奖3项），获奖数在全国法学院排名居前。这是继我院2013年刘艳红教授获批教育部第六届全国高校人文社科优秀成果奖一等奖后取得的又一重大成绩。其他科研奖励有10余项，主要有：环境保护部、中国法学会"生态环境法治保障"大型主题征文一等奖3项，江苏省社科应用研究精品工程奖一等奖，中国法学会第十届中国法学家论坛征文奖一等奖，"2015年佟柔民商法发展基金青年优秀研究成果奖"等。

3. 高端成果总数达到新高。本年度，在研究成果方面，周佑勇教授专著《行政裁量基准研究》入选国家哲学社会科学成果文库。我院教师在权威期刊上发表论文首次达到3篇（欧阳本祺、熊樟林、李川）。本年度被CSSCI收录的论文数为51篇，其中CLSCI（法学类核心期刊）论文25篇、出版专著3部、参编著作教材4部。

4. 《东南法学》影响力逐步提升。2015年5月，《东南法学》杂志成功登录中国知网（CNKI），学界同行均可通过知网查看并引用本刊登载的学术论文；编辑部团队每期用稿启事均在中国法学创新网发布通知，这一举措有效提高了杂志的影响力。杂志每年筹集4万元社会资金办杂志。以王禄生副教授为首的编辑部团队工作投入辛苦、成效显著。

5. 学术交流活动频繁。本年度，学院积极举办、参加国内外重要学术会议，广泛开展对外学术交流。本年度，我院成功举办"第七届'应松年行政法学奖学金'颁奖典礼暨新《行政诉讼法》问题研讨会""'反腐败法治研究中心'基地揭牌仪式暨专家座谈会""法治发展量化评估研讨会""刑事法治指数的指标建构与修订研讨会""海峡两岸工程项目管理经验交流与法规制度比较研讨会暨第三届工程商务与法律高层论坛"，承办"江苏省法学会工程法学研究会 2015 年年会""江苏省法学会港澳台法律研究会换届大会暨 2015 年年会"(肖冰教授当选为会长),与江苏省高级人民法院联合举办第二期青年法官培训班,与泰州市中级人民法院联合举办疑难案例研讨会,与江苏博事达律师事务所联合举办论辩友谊赛暨博事达·刑事辩护中心 2015 年会,等等。

全院教师参加各种国内外学术活动 80 余人次,其中包括轨道交通领域 PPP 模式应用国际论坛、NIST 承办的全球智慧城市及物联网建设第 15 次会议、中国刑法学年会、中国行政法学年会、第五届法律与社会高端论坛、中国国际法学年会等。接待湖南理工学院等多个单位来院交流,举办专家学术讲座 20 余次,包括民法学大家梁慧星先生,中南财经政法大学前校长吴汉东教授,清华大学法学院张明楷教授,北京大学陈兴良教授、陈瑞华教授、梁根林教授,中国人民大学法学院冯军教授,中国政法大学马宏俊教授,南开大学法学院刘士心教授,南开大学法学院赵正群教授,中国青年政治学院副校长林维教授,烟台大学法学院房绍坤教授等等。

三、国际化办学合作与发展

本年度,我院积极举办国际性学术会议,积极邀请境外、国外学者来我院进行学术讲座,积极推动我院师生参加国际性学术会议,学院努力创造一切条件推动我院办学国际化。

1. 国际化合作项目卓有成效。本年度,法学院鼓励教师积极争取国际合作研究项目。2015 年 7 月,我院王禄生副教授成功获批美国律师协会(ABA)全球法治项目"中国特色刑事法治发展指数研究",立项经费 122 万元;我院孟鸿志教授获得亚基会项目"行政法治建设与实践",立项经费近 52 万元。

2. 创造条件推动 SSCI 期刊论文发表。如何打造高水平的国际学术论文,使我院师生能够实现 SSCI 零发表的突破,是本年度法学院工作重点,为此,学院展开了一系列活动推动此项工作的进行。6 月 10 日,法学院邀请学校图书馆李爱国研究馆员和程宏副教授,召开了 SSCI 论文发表动员暨经验介绍会;6 月 23 日邀请上海交通大学凯原法学院沈伟教授、武汉大学法学院张辉教授召开了"SSCI 刊物论文发表经验介绍会";邀请 SSCI 期刊主编来我院讲学。

3. 举办或参加国际性的学术会议。本年度,我院积极举办国际性学术会议,我院刑法学科点成功举办"海峡两岸暨第十届内地中青年刑法学者高级论坛",在学界产生了良好而广泛的影响。本年度,我院教师积极"走出去",参加各种国际性学术会议,参加 8 个不同主题的国际会议达 11 人次:张马林副教授在美国华盛顿参加"2015 年度美国联邦政府与社会资本合作峰会(National Public-Private-Partnership Summit,USA)",刘艳红教授、刘建利副教授应邀参加"中日刑事法学的现状与未来"国际学术研讨会,肖冰教授参加"Korea－China FTA:Legal Prospects and Jurisprudence"研讨会,钱小平副教授应邀参加第六届当代刑法国际论坛,刘艳红、周少华、刘建利三位教师应邀参加"第五届中日刑事法研讨会",叶树理教授参加"第五届海峡两岸民商法前沿论坛",王禄生副教授参加"中美刑事司法比较与实证研究研讨会"(2015.6.13),单平基副教授参加"第十三届海峡两岸及港澳地区民法典论坛"等国际性学术会议。

4. 邀请国外境外学者来我院讲学。邀请德国刑法学者、德国波恩大学刑法研究所所长、波恩大学法学院教授乌尔斯·金德霍伊泽尔（Prof. Dr. Dres. h. c. Urs Kindhäuser）莅临我院讲学，并作了题为《违法性的基础》的精彩演讲。邀请台湾政治大学刘宗德教授，台北大学法学院郑逸哲教授，台湾大学法学院林钰雄教授，台湾政治大学陈志辉教授，高雄大学法学院陈子平教授，香港城市大学法学院教授，SSCI 期刊 *Asia Pacific Law Review* 主编贺欣教授等先后来我院作学术讲座。

5. 本年度派出 7 名本科生、2 名研究生赴台湾交流学习。

四、教学教改与人才培养

我院根据高水平应用型人才培养需要，修订了本科人才培养方案。

1. 继续探索实施"卓越法律人才教育培养计划"，本科单设"工程法方向实验班"，今年又有 25 名学生选择进入该班学习。为 2013 级和 2014 级工程法班学生配备导师，指导学生学习；建立了导师考核机制。致邦合伙人沙永春和卞鹏萱律师为东南大学工程法学专业设立"朴衡奖学金"。

2. 进一步推动"学校—实践部门共同培养"办学模式，落实"双千计划"，派出熊樟林老师到江苏省法制办挂职，派来我院任教的无锡监狱法制办主任参与到刑事模拟法庭和刑事诉讼法专题的教学活动中。

3. 在教学质量工程建设方面，王禄生副教授获得江苏省微课竞赛二等奖、刘红老师荣获 2015 年度东南大学教学奖励金一等奖。获校级教学改革与研究项目立项 4 项，其中重点 2 项、一般 2 项。校级教材建设项目 2 部：周佑勇《行政诉讼法学》、龚向和《人权法学》。1 门课（法律诊所）入选校企共建课程。开设两期法律赋能诊所，42 名大三学生接受系统法律实务训练，探讨建立一种以学生为中心、以参与式为主要特征的新型教学模式。法学专业以优秀成绩通过江苏省重点建设专业验收。

4. 我院本科生与研究生创新质量工程成绩显著，共获得"江苏省研究生培养创新工程"项目 20 项，创历史新高，占全校人文社科获得总数的 38%。其中，江苏省 2015 年普通高校研究生科研创新计划 6 项（博士，其中省立省助 2 项，省立校助 4 项）、江苏省 2015 年度普通高校研究生实践创新计划项目 9 项（专硕，其中省立省助 4 项，省立校助 5 项）和江苏省 2015 年度研究生工作站 5 个。本科生中 2 个基于教师科研的 SRTP 项目获得立项，4 项校院级 SRTP 项目以优秀和良好结项，基于教师科研 3 项 SRTP 项目结项。本年度获校级优秀硕士论文 1 篇，研究生发表论文 26 篇，其中被 CSSCI 收录的论文 15 篇，发表在 CLSCI 上论文共 6 篇，创我院历史上博士生 CLSCI 期刊论文发表数量之最。

5. 我院有 43 名同学通过国家司法考试，其中法学硕士 8 人，法律硕士 24 人，本科生 11 人通过。

6. 法硕点工作成效显著。在全国法律专业学位研究生教学指导委员会首次评奖中，戴庆康副教授指导的学生周忠强的论文《高淳地区风俗习惯在法院处理民事纠纷中的适用》被评为"法律专业学位研究生优秀学位论文一等奖"（42 篇论文获奖，其中一等奖 18 名，二等奖 24 名），刘艳红教授获评"法律专业学位研究生教育优秀教师"，董国珍老师被评为"法律专业学位研究生教育优秀管理工作者"（全国法硕授权点单位有 186 家，本次获奖的 78 家单位,有11家单位同时获得优秀论文一等奖、优秀教师及优秀管理工作者,我校与北大、武大、人大、法大、清华、上海交大、海南大学、烟台大学、厦大一起进入第一梯队)。

五、学生思想政治工作

1. 学生思想政治教育开展情况:法学院的思想政治教育工作在围绕社会主义核心价值观开展的同时,紧紧抓住社会主义核心价值观中"自由""平等""公正""法治"的理念,凸显专业特色,以此为基础开展思想政治教育工作。学院借助社会主义核心价值观教育精品项目和校长文化专项基金活动的支持,开展首届校园法治文化节系列活动,学习十八届五中全会精神,践行社会主义核心价值观,开展诚信教育、资助育人教育和感恩教育等各类主题教育活动;在纪念抗日战争胜利70周年、纪念12·9运动80周年等重要时间节点引导和组织开展专门主题教育活动。开通和运营了"东南法学"微信公众平台,利用线上手段进行校内外大事要事的宣传报道和思想政治教育工作。

2. "小院系,大家庭"——暖暖的法学院,一直是学院在日常工作中坚持的重要理念之一。通过师生趣味运动会、"无法无天"迎新晚会等师生同台活动营造全院温馨氛围;通过学院中秋节发放节日月饼,营造学院如家的感觉;通过学生组织开展贴心生活服务,如生活小贴士、清洗空调等,切实解决学生日常生活困扰。

3. 社会实践和科技活动情况:"3·15"普法系列活动和首届校园法治文化节暨12·4宪法日宣传引起了广泛的关注;"县域法制国情调查"社会实践获优秀校级重点团队二等奖,"区域法治发展的评价指标体系研究"社会实践获优秀校级重点团队三等奖,"台湾公共交通文化探寻"社会实践获优秀校级重点团队三等奖,13级本科生吴博伦、李子安、王哲、鲍怡婕参加青年恒好创业大赛获全国十强;法学院夺得第二届南京四校(中虑杯)辩论赛冠军;12级本科生党易琛在"天衡"杯全国法律文书写作大赛中获得二等奖;在各类体育赛事、文体活动,参与的广度、深度均有所提升,活得第57届校运会团体乙组第八名、2014—2015学年全运会女子乙组排球亚军、2014—2015学年全运会女子甲组篮球亚军、2014—2015学年男子乙组篮球第四名;13级本科生吴博伦在江苏省大学生游泳锦标赛中,获得50米自由泳冠军、50米仰泳冠军、100米自由泳亚军,在第十五届全国大学生游泳锦标赛中荣获50米仰泳第七名、50米自由泳第六名;15级本科生张赟圣在第十五届全国大学生游泳锦标赛中荣获400米混合泳第五名;15级本科生陈秋实获得2015江苏省高校定向赛男子甲组中距离第四名。

4. 评优评奖开展情况:我院始终坚持公开公正公平的原则开展各类评优评奖工作,全程做到公开透明、有理有据,并借评优评奖工作的开展,进一步促进院风、学风建设。2015年,学院共有8人获得国家奖学金(其中研究生5人),2人获校长奖学金(首次突破1人),1人被评为校级三好学生标兵,2人被评为校级优秀学生干部,17人被评为校级三好学生,8人被评为校级优秀研究生干部,16人被评为三好研究生,2人被评为校优秀团员干部,13人被评为校优秀团员,15人获研究生学业奖一等奖学金。另外,2014级法学党支部荣获研究生十佳党支部称号和最佳党日活动三等奖,250132团支部荣获甲级团支部称号。

5. 资助育人工作情况:我院有特困生、比较贫困生、一般贫困生共45人,占本科生总数的18.5%,完成本科生国家助学金发放工作,其中一等7人、二等20人、三等7人。完成本科生教育基金会奖助学金评选21项,共有25人获得资助。针对少数民族学生人数众多、学习基础差、家庭贫困等情况,积极做好少数民族学生帮助工作。针对少数民族学生的困难,发放各类助学金36人。另外根据学生的突发困难给予临时困难补助,切实帮助少数民族学生解决了实际经济困难,为其学习生活提供便利,得到学生们的肯定和信任。

6. 就业情况:建立校友群,通过校友资源共享招聘咨询,为毕业生提供就业建议,为提高毕业学生就业能力和职业生涯规划能力,专门举办"学生就业能力提升沙龙"。学生就业率、就业质量情况好。截至12月底2015届本科生就业率为94.64%,硕士毕业生就业率为94.29%,博士毕业7人,就业率为100%。

7. 学生管理情况:学生无违纪情况,学生突发事件有预案,处理有效,无重大安全责任事故;学生各类评奖评优资助公平公正,无投诉。

六、党务党建工作与学院日常管理工作

1. 扎实开展"三严三实"专题教育活动。按照中央精神和学校党委的要求,认真完成1次专题党课、3次专题研讨的规定任务,还组织全院党员及非党员教师参观周恩来纪念馆,接受了一次深刻的党性教育,以榜样的力量带动党员发挥作用。强化了班子及成员的政治意识、规则意识、责任意识和担当意识。此外,利用全院教职工大会、青年教师沙龙及个别交流,征求老师对班子及其成员的意见,为学院领导班子的民主生活会做准备。

2. 主持制定学院"十三五规划"。成立了学院"十三五"规划领导小组,以各种方式进行调研,集中全院教师智慧,形成了《法学院"十三五"改革与发展规划(草案)》。且积极为学校"十三五规划"建言献策。

3. 顺利完成学院党委换届工作。按照党章和校党委要求,于2015年5月27日举行全体党员大会进行新一届委员会的选举。本党委共有正式党员145人,123人参加了大会,选举产生了学院新一届党委班子。

4. 履行反腐倡廉"一岗双责"。严格执行"三重一大"制度,严格执行学院党政联席会议事决策规则。学院重大决策都经过党政联席会集体讨论决定。始终高度重视廉政建设,始终将其与学院的其他工作同布置、同要求、同落实,班子成员也都能严格自我要求,坚持做好"一岗双责",在全院教职工大会上进行述职述廉。还建立了网络、电子邮件、橱窗、微信等渠道,加大党务公开、院务公开。自觉地按规定完成了因私护照统一保管、企业及社会团体个人兼职申报、个人重大事项报告、行政办公用房自查整改、公务开支自查整改等工作。

5. 加强服务型党组织建设,积极为教学科研、师生员工服务。参与讨论和决定本单位重要事项,密切配合行政领导班子的工作,积极发挥党委政治核心和保证监督作用;加强党支部建设。根据教师变动情况,及时调整教工党支部书记,保证党支部工作正常开展;要求教工支部围绕学院中心工作积极开展活动;每个支部每学期至少开展一次有特色的党日活动,开展最佳党日评比。学期初召开支部书记工作例会,了解师生支部工作情况,讨论支部工作计划。及时向班子成员和支部书记传达学校党政工作要求,加强支部组

织生活会。加强党员队伍建设和大学生及青年教师的思想政治教育工作。组织 51 人参加两期发展对象培训,50 人通过考试;党校主办一期文科学院预备党员培训班。与所有今年发展的 24 位党员进行了入党前谈话。认真完成新生党员转入材料审核和党员组织关系排查工作,排查后取得联系党员 16 人,无法联系党员 1 人,待下一步进行相应的处理。党员在学院教学、科研、人才培养等工作中发挥带头作用。党建工作为人才培养、科学研究和社会服务的顺利进行提供了保障。

6. 指导推进学院统一战线、工会、团学组织等工作。党委委员与学院民主党派成员、无党派人士加强沟通交流。支持工会开展活动,带头参加"12·4 宪法日"活动、师生趣味运动会、迎新晚会,慰问生病教师和退休教师,在东南大学"绽放九龙,多彩东大"女教职工健身操舞比赛中,学院获得最佳组织奖、最佳人气奖和三等奖。积极开展关心下一代工作,主持 1 项研究课题。认真抓好学院安全稳定工作,努力营造和谐的学院氛围。召开法学院校友会筹备会。法学院第一届学生卞鹏萱捐助 20 万元设立奖助学金。

7. 学院管理工作。学院日常管理有序进行:修订了《法学院宣传册》,分别编制了中英文本和中日文本;修订了《法学院教学课时工作量核定办法》、制定了《法学院 2015 年度综合考核与年度奖励性岗位绩效津贴分配工作实施办法》等文件;整理全年学院文字照片档案送至校档案馆存档;完成了会议室和模拟法庭设备更新改造;为教学科研提供良好的服务。

2015 年工作取得了显著成绩,但仍有些不足:学科发展还不平衡,办学的国际化没有突破,学生尤其是硕士研究生中还没有形成浓厚的学习研究氛围,学生培养模式,尤其是专业学位硕士培养还有待进一步完善。

经济管理学院

2015 年,学院深入贯彻党的十八大、十八届五中全会精神和习近平总书记系列讲话精神,秉承"创新才有未来"的理念,锐意进取、开拓创新。经广泛征集确定了"育胸怀天下英才,铸通达古今新知"的使命,以及"桃李天下皆有为"的愿景。持续推动学科建设、人才培养、科研研究、师资队伍建设和国际化办学等方面的跨越式发展。

一、学科建设

为了充分整合学科建设资源,以三个一级学科为单元组建了三个学科研究中心,并通过竞聘的方式任命三个中心主任助理,使其在学科带头人的领导下负责具体的学科建设工作。

在三个学科研究中心的精心组织下,积极整合材料,顺利通过了学校学位授权点的合格评估;组织应用经济学一级学科博士点和 5 个专业学位硕士点参加了国务院学位授权点的专项评估;开展第四轮学科评估自评工作,既要自我剖析,又要了解竞争对手的动向。组织完成 2016 年度博导、硕导以及专业学位校外导师资格申报、评审工作。为了推进"社会科学总论"早日进入 ESI,制定了《"社会科学总论"ESI 论文奖励办法》,鼓励教师发表高水平论文。

2015年获得东南大学"统筹支持一流大学和一流学科建设"中央专项经费235万元,其中高科技文明重点学科建设项目经费35万元,ESI学科建设费经费200万元。学院专款专用,用于学科建设仪器设备购置66.41万元,图书购置14.41万元,实验室修缮60万元,资助教师出版专著55.38万元,参加国际学术会议38.8万元,圆满完成预期建设任务。

二、人才培养

为了全面提高人才培养质量,学院继续推进研究生教育和本科生培养改革,全面修订了研究生培养方案和本科生教学大纲,完成了学校规定的各项教学任务、教材、课程建设与教学改革。以三个一级学科为单元,制定了硕士研究生学位论文盲审制度,设立专项经费支持建设10门本科生平台课程。为了更好地改善博士研究生和硕士研究生的学习环境,投资建设了30个可以容纳150名博士研究生的博士生工作室、可以容纳240名硕士研究生的8个多功能研讨室、可以容纳50名研究生的2个公共学习区。获得江苏省优博1项(全校6项)、优硕2项(全校20项)。

本科生申请的SRTP项目总数较2014年增长了54%,基于教师科研项目、省创、国创项目总数增长了62%。顺利承办第二届东南大学电子商务"创新、创意及创业"挑战赛及江苏省选拔赛,获全国赛一等奖1项,江苏省特等奖1项、一等奖2项、二等奖3项、三等奖2项。

学院教师获得宝钢优秀奖1名,校教学奖教金特等奖1名、一等奖1名、二等奖3名。成功组织"守望·2015"产学研合作论坛,邀请数十家企业的50余名产业教授、校外指导教师等产业界人士与学院师生共商发展。

三、科学研究

在35岁以下青年教师两项基金申报组织的基础上,以三个学科研究中心为单元邀请专家介绍申报经验,组织国家社会科学基金、国家自然科学基金申报培训4场、交流6场;以每周学术沙龙为基础,邀请国内外知名学者进行学术交流,共举办学术沙龙68场。

经过全院师生的共同努力,获得国家自然科学基金10项,包括杰青项目1项、重点项目1项;获得国家社会科学基金9项,其中重点项目3项,名列全国前十名;获得高校社科重大项目1项、重点项目2项、一般项目3项,教育部项目3项,以及其他省部级项目多项。出版学术专著24部,发表SCI和SSCI收录论文87篇。截至11月底,经费总额达到1 238万元,超过预期目标。

在第七届(2015年颁发)高等学校科学研究优秀成果奖(人文社会科学)评奖中,获著作奖2项(何建敏等二等奖、陈淑梅三等奖)、论文奖1项(舒嘉三等奖);陈淑梅教授的国家社科基金项目核心成果在《改革内参》2015年第十期刊登。

四、师资队伍建设

舒嘉教授入选哲学社会科学类"万人计划"拔尖人才、国家杰出青年基金项目资助;邱斌教授获2015年度江苏省第四期"333工程"科研项目资助立项;李四杰副教授入选

"Elsevier 2014 年中国高被引学者名单";冯伟副教授获评东南大学优秀青年教师教学科研资助计划 A 类资助。学院名誉院长华生教授受聘出任国务院深化医药卫生体制改革领导小组专家咨询委员会委员,徐康宁教授被聘为江苏省政府参事。

学院从海内外知名高校引进 7 名优秀青年博士,在职教职工人数达到 145 人,博士教师比例为 80%,较 2014 年进一步提高,高于学校平均水平。在各项经费支持下,学院教师赴国外进行学术交流 43 人次。与此同时,学院将传统的以系为单元的青年教师培养模式改变成由学院负责培养,给予青年教师更大的发展空间。

五、多层次、多样化开展国际化办学与合作交流

东南大学—莫纳什大学苏州联合研究生院国际商务专业共招收学生 43 人,来自 985、211 高校的学生显著增加,招生总数稳中有升。组织安排与法国雷恩一大合作双学位课程教学工作,16 名学生获得雷恩一大颁发的硕士学位。30 余名学生参加 Fordham 大学等国际交流项目,接收来自法国达芬奇大学等海外高校的 18 名交换生。招收 20 名全英文留学生国际贸易硕士生,接收插入中文班学习的硕士研究生 4 人、博士研究生 8 人。首届东南大学—莫纳什大学苏州联合研究生院国际商务专业 30 名硕士研究生顺利毕业。

六、学生教育管理

学院坚持"开拓创业之路,树立一流品牌"理念,积极开展经管"先锋"品牌建设和人才培养工作。围绕职业生涯发展和成长推进组织学生参加 9 个系列的"先锋"素质项目训练。面向全校组织第 11 届"春到九龙"大型体育竞赛暨风筝节、第 12 届"挑战 CEO"校园大赛、2015 年"创青春"创业计划竞赛等,千余学生参与受益。学生获得第 11 届"华为杯"全国研究生数学建模二、三等奖,2015 年全国大学生英语竞赛二、三等奖,TiC100 智慧城市与物联网创新创业大赛三等奖,第二届"大智慧杯"全国大学生金融精英挑战赛"优秀领队"和"金融操盘手"一、二、三等奖,"我的中国梦·第四届全国大学生艺术展演"舞蹈展演二等奖、声乐类甲组金奖,第一届江苏省"互联网+"创新创业大赛实践类二等奖等省级以上荣誉 27 项。

七、MBA 稳步发展、EDP 初步设立、EMBA 管理团队初步建立

初步建立经管商业领袖高级教育的管理与运营团队。创新了宣传推广模式,积极采用新媒体,建立 EMBA 和 EDP 微信号,启用 H5 微海报、线上互动、留言报名等新型传播方式,产生了良好的宣传效果。开发了多个专业方向型 EMBA 和切合时代脉搏的互联网+高端制造业的高端商业领袖培训项目,开拓了学院商业领袖高层次教育的新局面。

建设高水平师资队伍,积极延聘诸如清华、北大、复旦等国内外高水平师资提升商业领袖培训层次,并获得学校 MBA 高水平师资专项经费支持。加强案例开发和教学工作,鼓励全院老师积极参评"全国百篇优秀案例"并成功入选。组织学员参加戈壁滩越野赛、亚太地区商学院沙漠挑战赛等大型赛事,取得优异成绩。培养质量有一定提高,涌现出一批优秀学员,多人荣获优秀 MBA 创业奖、中国 MBA 新秀 100 等光荣称号。在学校商学院国际认证专项经费支持下,正式启动了 AACSB 等国际认证,推动学院进入国际化、规范化快速发展的轨道。

电气工程学院

电气工程学院在职教职工共81人,有教授21人、博士生导师34人(含兼职博导4人)、副教授和高级工程师29人。有国家优秀青年科学基金获得者1名,教育部"新世纪优秀人才支持计划"人选1名,省"333高层次人才培养工程"第二层次2名和第3层次4名,省"青蓝工程"学术带头人6名、优秀青年骨干教师4名,省"六大人才高峰"高层次人才12名,享受政府津贴1人。

一、党委工作

召开全院党员大会,明确学院今后五年的奋斗目标,选举产生新一届党委,增设了纪检委员、统战委员和学术委员;开展"三严三实"专题教育;顺利完成了全院党员的组织关系排查工作。全年新发展党员66人,其中本科生50人、研究生16人;预备党员按期转正69人。1个党支部获得东南大学"十佳"研究生党支部,9人获得东南大学优秀研究生共产党员称号。

学院坚持党政共同负责制,重大决策通过党政联席会讨论,修订并实施《东南大学电气工程学院党政联席会议事决策规则》。

加强干部队伍建设,选拔任用了3名院长助理,完成了3个学系行政班子换届调整工作。加强统战工作,推荐1名党外人士加入民主党派组织,选拔了1名党外人士担任院长助理。

加强宣传工作,设计了新的院标,建立了SEUEE16微信公众号。支持学院工会开展活动,在东南大学"绽放九龙,多彩东大"女教职工健身操舞比赛中,学院工会组队参赛,获得特等奖和最佳组织奖。支持学院退离休协会完成换届工作。学院关心下一代工作获得学校先进集体称号。

二、人才培养

教学任务:紧抓课程教学质量,共开设本科生课程55门次,专任教师年度人均1.02门,教授、副教授均承担了1门以上本科生课程,所有核心课程均由教授领衔主讲。

教学成果:完成2015级本科培养方案修订,进一步理顺课程关系,加强创新实践能力培养,新建4门综合课程设计/实验课程。承办了第九届三菱电机杯全国大学生电气与自动化大赛。申请校级教改项目3项。在2015年国际未来能源挑战赛(International Future Energy Challenge,IFEC)中,2011级本科生张博闻、任翼菲作为主要成员,随密歇根大学迪尔伯恩分校(University of Michigan-Dearborn)代表队闯入A组决赛,以总分第三名荣获"最佳创新设计奖(Best Innovative Design)"。在2015年全国大学生电子设计竞赛中,4名学生获全国一等奖,4名学生获全国二等奖,12名学生获江苏赛区省一等奖。

本科生跨境学习:向美国派出5名本科生学习交流;1人从美国、2人从中国台湾地区知名大学交流学成归来。

三、学科建设

平台建设：申报"江苏省能源互联网"产业研究所和工程技术中心。完成了东南大学—三菱电机自动化实验室和东南大学—国电南自数字化变电站实验室建设并投入使用。加强了现有"国家级工程实践教育中心""伺服控制技术教育部工程研究中心"等5个省部级重点实验室/中心的内涵建设。

研究生培养：授予29位全日制博士研究生、121位全日制硕士研究生、53位在职研究生学位；获2015年度江苏高校研究生科研创新计划项目16项，创历史新高。获2015年度江苏省优秀博士论文1篇、江苏省优秀硕士论文1篇、优秀专业学位硕士论文3篇。开设4门实践类课程和2门企业导师课程，适应专业学位研究生培养特点和要求。开设10门全英文课程，构成了完整的全英文课程结构，招收留学研究生11人。与英国伯明翰大学签订了硕士研究生联合培养协议，并获CSC资助。派出9名研究生赴境外联合培养。推荐全日制工程硕士毕业研究生参评全国专业学位教育指导委员会组织的活动，王琦、王维获得第二届"工程硕士实习实践优秀成果获得者"荣誉。推荐合作企业4位专家获得江苏省第三批产业教授（兼职），新增6个研究生企业工作站。2015年全国研究生数学建模竞赛，参与人数170人，获二等奖30人，三等奖48人。

四、科学研究

科研项目：立项国家自然科学基金项目13项，资助率连续5年超过30%；获批江苏省重点研发计划项目3项，江苏省科技成果转化专项资金项目3项，江苏省产学研前瞻性联合研究项目6项。全年科研经费到款5 598.41万元，经费总量较上年度增长15.9%，人均科研经费达87.5万元，连续8年高速增长。纵横向项目均衡发展。新承担国家级科研项目15项，部省级科研项目15项，其他来自国家电网公司等企业项目共112项。

学术论文：2015年，全院SCI收录论文90篇，其中26篇SCI论文入选2015年度表现不俗论文，较上年度增长100%；ESI高被引论文6篇；EI收录论文154篇。

科研成果：获国家发明专利授权113项，实现专利转让6项。新申请国家发明专利195项，获中国机械工业科学技术奖一等奖1项，江苏省科学技术奖三等奖（参与）2项，中国电工技术学会科技进步奖1项（参与），电力建设科学技术进步三等奖（参与）1项。

学术交流：邀请英国皇家工程院院士Michael Sterling爵士、英国谢菲尔德大学Z. Q. Zhu教授、意大利帕多瓦大学Giuseppe Buja教授、"千人计划"专家王海风等专家学者来院做学术报告24场。

五、师资队伍建设

高层次人才：授予英国皇家工程院院士Richard A. Williams、美国国家工程院院士Thomos M. Jahns、伊利诺伊理工大学Robert W. Galvin中心主任Mohammad Shahidehpour等为客座教授，聘请"千人计划"专家胡红星等为兼职教授。2015年新增2名江苏省"六大人才高峰"高层次人才项目资助，校级优秀青年骨干教师教学科研资助计划2名。

师资队伍结构：新增教授3人（戴帽教授1人），副教授2人。现有65位专任教师，85%

具有高级职称,47.7%为40岁以下,83.1%具有博士学位,具有半年及以上海外研修经历者占专任教师的56.9%。引进讲师1人;进站博士后6人,出站3人,现在站博士后共27人。

青年教师的国际交流:2位教师赴国外高校学习访问,3位教师如期回国。

六、学生工作

就业率:2015届整体就业率为100%,其中,博士生、硕士生以及本科生就业率均为100%。

重要荣誉:学院有1个支部获得全国高校践行社会主义核心价值观"示范团支部"。2个班级获江苏省先进班级,3个班级获东南大学先进班级。2名学生获江苏省优秀学生干部,1名学生获江苏省三好学生。

七、其他方面工作

加强教授治院,制定了学院《教授委员会暂行办法》,选举产生了学院第一届教授委员会并正常运行。

召开学院第十三届发展战略研讨会,听取"十三五"发展规划情况汇报和动模实验室现状及发展规划。

继续举办东南大学优秀大学生暑期夏令营,2015年共招收免试研究生90人,其中52人来自"985工程"高校。

举行陈珩教授学术思想研讨会和纪念陈珩教授学术报告会,募集120万元设立"陈珩教授奖励发展基金"。

外国语学院

一、学院概况

外国语学院拥有教职工130人,其中专任教师115人(教授11人,副教授48人)专任教师中34人具有博士学位。全日制本科生370人,硕士研究生160人。一年来,外国语学院党政密切配合,上下一心,以编制"十三五"改革发展规划为主线,以学科博士点建设为抓手,各项工作取得较大进展。

二、党建与思想政治工作

1. 班子建设

根据学校党委统一部署,严格按照程序顺利完成党委换届,年轻干部加入班子,班子活力得到加强。切实开展"三严三实"专题教育,书记带头讲党课,党员干部在认真调研、形成研究报告的基础上,围绕"严以修身""严以律己""严以用权"三个主题分别召开专题研讨会,并召开了"三严三实"专题民主生活会,制作整改清单。

2. 党风廉政建设

签订了《东南大学中层党组织负责人党风廉政建设责任书》;公务接待、办公用房整改过程中,严格遵守学校规定,实事求是、自查自纠、积极整改。

3. 组织建设

一是严格党员发展程序,全年发展党员 30 人。二是做好党员组织关系排查工作,成立工作组认真排查、建立台账,及时解决问题。三是通过集体学习、多媒体多渠道加强党员教育,比如在中国人民抗日战争胜利 70 周年之际,组织参观南京军区军史馆。13 级学术硕士党支部获评 2015 年学校"十佳"研究生党支部;14 级学硕党支部获 2015 年度"最佳党日活动"三等奖。

4. 制度建设

健全了党员学习制度:有计划、有考勤、有记录、有检查;健全了支部书记例会制度。每月两次例会,一次分享各支部工作特色,另一次学习最新理论成果,共同研究支部工作新思路。

三、学科及科研工作

1. 科研经费显著增长,高层次项目立项实现突破

科研经费到款达 182.9 万元,比 2014 年增长 91%。荣获国家社科基金项目 2 项,创历史新高;荣获江苏省社科基金项目 4 项,其中重点项目 1 项,立项总数为建院以来最好成绩,在学校文科院系中名列第一。荣获江苏省高校哲学社科重点项目 1 项,是我校三项重点项目之一(2015 年首次具有申报资格)。

2. 学术研讨规格更高,影响扩大

4 月 3~5 日,主办第五届国际语言教育政策学术研讨会。来自美国应用语言学中心、美国威斯康星大学麦迪逊分校国际语言教育政策研究会、澳大利亚南昆士兰大学、哈萨克斯坦纳扎尔巴耶夫大学、北京语言大学、上海外国语大学、复旦大学、南京大学等国内外三十余所知名大学的专家学者、师生代表 100 余人参加了研讨会。我院教师积极与中外知名学者探讨学术,提交的研究成果不仅引起同行关注,也被《新华日报》等十余家媒体采纳或转载,对学校及学院的国际知名度的提升起到积极作用。

11 月 14 日,主办首届"卓越联盟"高校外国语学院院长高层论坛。来自"卓越联盟"九所高校外国语学院的院长、副院长、院长助理等 30 人参加了此次论坛,不仅分享了各兄弟院校在抓改革、抓管理等方面的经验和特色,共同研讨了外国语学院改革发展大计,也为进一步合作交流奠定了基础,取得了良好成效。

四、人才培养

1. 教学任务重,培养质量优秀

本院教师在认真进行科研工作的同时,承担学校所有院系、各个年级、从本科生到博士生的外语教学工作以及东南大学—莫纳什大学联合研究生院"英语桥"项目,始终坚持质量为生命线的教学宗旨,2015 年完成 36 000 余课时授课。英语专业 8 级一次通过率高达 90.03%,超过理工类高校平均通过率 44 个百分点,超过全国高校平均通过率 51 个百分点。"英语桥"项目学生通过率 100%。获评江苏省优秀硕士学位论文 1 篇(打破零纪录),东南大学优秀硕士学位论文 2 篇。

2. 为学校国际化人才培养再添砖

7月6~18日,首次举行东南大学—美国田纳西大学暑期英语夏令营,田纳西大学师生代表团及本校选拔英语专业和非英语专业的150余名师生参加,对本校学生英语能力的提高和今后两校保持合作关系具有重要意义。7月21日,东南大学与日本爱知大学正式签订合作交流协议,我院日语专业与日本爱知大学现代中国学部之间实现学生的交换留学。6月5日,韩国(株)爱博特兰向学院捐赠了价值80万元的计算机辅助软件等,并在本校建立翻译实习基地,对本校翻译人才的培养和今后双方合作的深化而言意义重大。

3. 第二课堂蓬勃开展

5月11日,邀请演讲学领域国际权威专家、美国威斯康星大学斯蒂文·卢卡斯教授为本校学生讲学。全年举办全国大学生英语竞赛、"21世纪杯"全国英语演讲比赛、"外研社杯"全国大学生英语演讲大赛等语言技能大赛十余场,展示了过硬的教学质量:我校学生荣获全国大学生英语竞赛国家级特等奖12人,国家级一、二、三等奖123人;本院学生参加全国性语言类竞赛获国家级奖9项,省级奖10项;成功申报SRTP国家级项目6项,省级项目8项;我院教师获学科竞赛国家级奖指导团队专项奖2项。

五、师资队伍建设

高水平人才队伍再扩大,青年教师培养有成效。引进教授(杨莉)和海外博士(黄绿萍)各1名,晋升教授1名(吴兰香)、博导1名(陈美华)。青年教师在职攻读博士毕业2人(吴婷、胡永辉),获东南大学优秀青年教师资助计划1人(张静宁),获国家级授课竞赛奖2项(陈峥嵘、鲍敏)、省级授课竞赛奖4项(陈峥嵘、鲍敏、曹育珍、李黎)。1人(郑玉琪)获评东南大学"我最喜欢的研究生导师"。

六、学生工作

2015年招收本科生100人,其中保送生42名、统考生58名;招收研究生70人,其中学术型硕士36人、专业硕士34人。本科生、研究生一次性就业率均为100%,其中本科生出国出境21人、读研17人、就业35人;研究生读博3人、就业73人。

进一步完善了思想政治网络教育工作平台,在新媒体网络阵地中也着力建设"SEU外院"微信公众号和学院微博公众号。目前,"SEU外院"公众号累计关注人数达到2 838人,我院学生总数仅460余人,关注人数是学生总数的六倍多,这对于一个小院系来说,意义重大,每天的新闻和活动推送都取得了很好的宣传和教育效果。

做好文化传承,将新生家长开放日、华彩绽放话剧比赛、英语演讲比赛、迎新晚会、圣诞晚会、红白歌会、日语配音比赛、毕业酒会、外国文化艺术节、日语忘年会等传统项目发扬光大,打造外国语学院品牌活动。

举办辅导员沙龙,提升职业能力。在2015年12月举办的东南大学第四届辅导员职业能力大赛中,我院辅导员尉思懿获得了三等奖。

七、管理服务工作

严格执行"三重一大决策制度"以及"党政联席会议事规则",全年召开党政联席会22次,编印《党政联席会议纪要》12期。完善了《外国语学院科研经费使用管理办法》。继续推行党务、院务公开,坚持每周一次班子碰头会、每两周一次党政联席会、每两周一次支部书记例会、每月一次院务扩大会、每学期两次全体教职工大会。

编制学院"十三五"改革发展规划是2015年工作重点。学院党政及时成立领导小组,4次召开专题研讨会,广泛调研,数易其稿,完成终稿并提交学校。

筹建外国语学院教授委员会,编制了《东南大学外国语学院教授委员会章程(试行)》。

体 育 系

体育系有在职教职工78人,其中专任教师70人,行政及工勤人员8人。专任教师中有教授2人、副教授46人、讲师16人、助教6人、博士学位教师4人、硕士学位教师26人、20余人修完或在读硕士课程。2015年新引进教师1人(杨文刚)、管理人员1人(杨阳)。

一、学科建设与师资队伍

2015年招收体育学一级学科硕士生4人(郭蟠、李晓晨、谢峥嵘、陈佩),在校研究生11人;完成了成功申报为体育学一级学科硕士点后的首批3名(李浩、唐婷婷、张韬磊)硕士研究生的培养任务,在就业竞争激烈、形势紧张的环境下,2名硕士毕业生分别在学校就业,1人(张韬磊)攻读博士。体育系现有硕士生导师6人(蔡晓波、张惠红、章迅、刘龙柱、陈东良、韩军生)。

2015年11月5名硕士研究生参加在南京师范大学举行的江苏省第三届体育学硕士研究生创新学术论坛,并分获一、二等奖。

2015年11月邀请美国总统健康顾问、东南大学客座教授朱为模教授到我校讲学并与人文学院、经济管理学院、法学院、公共卫生学院的教授专家探讨体育与其他学科的交叉融合。

师资队伍的整体素质继续得到优化,有2名教师(胡艳、张永宏)晋升副教授职称;张文静老师作为访问学者赴美国韦恩州立大学进行为期一年的学习,8月归国。

二、教学工作

借助《大学体育》国家精品资源共享课程上线,强化了"东南大学体育系"公共微信平台在体育课程学习中的作用,制作了《篮球——行进间投篮》《羽毛球——正手高远球》《五禽戏——鹿戏》《网球——手感培养与练习》等六个门类20余个微课,其中李晓智的《五禽戏——鹿戏》和陆素文的《羽毛球-正手高远球》的微课获得江苏省教育厅微课竞赛一、三等奖,李晓智的《五禽戏——鹿戏》还获得全国微课竞赛优秀奖。不仅为广大学生提供了自我学习、自我提高的平台,而且也让广大学生置身于校园体育氛围中,目前拥有关注人数达1万余人,关注对象除学生以外还有兄弟院校的同行。无论在学校和社会都有着良好的声誉和关注度。

2015年在省教育厅对全省高校体育课程随机督查中,我校教师严格的课堂常规、规范的教学过程、良好的教学效果、饱满的精神状态得到了专家组的一致好评和省教育厅的高度赞扬,体育课程网上评教继续保持在全校的前列。

三、群众体育

积极开展体育名人名队名赛进校园活动,通过高水平的比赛在校园内形成热爱体育、崇尚运动、健康向上的良好风气和浓厚氛围。我们先后邀请了美国总统健康顾问朱为模教授来校讲学、交流;承办了江苏两支CBA球队(江苏肯帝亚篮球俱乐部和江苏同曦篮球俱乐部)的同城德比;江苏、福建男排的交流赛;邀请乒乓球大满贯得主李晓霞、乒乓球世界冠军丁松与学生面对面;承办国际剑联世界杯女子重剑比赛。通过这些体育名人、优秀运动队和优秀运动员举办讲座、比赛、面对面互动交流等形式,既欣赏了高水平体育比赛,又营造了良好的体育氛围,更能让我们的学生体验成功的不易和拼搏的重要。

继续以共青团中央、教育部、国家体育总局、全国学联等单位下发的"三走"活动为契机,整合学校已有做法,开创性地提出东南大学"三六三"群体竞赛体系,即以每年三次运动会(校学生田径运动会、校研究生轻运动会、各院系运动会)为龙头、六个特色项目(春季的全校性定向比赛、趣味运动会、阳光伙伴集体绑腿跑、秋季的拔河比赛、环九龙湖自行车赛、冬季的全校万人长跑比赛)为主线、三个层面活动[校、院(系)、学生社团的各项比赛和活动,每年100多项次比赛,参加人次20万左右]为补充,形成了具有东南大学特色的课外竞赛体系,极大地丰富了学生的课外生活,让每个学生体验运动带来的快乐,在锻炼身体、磨炼意志的同时传递青春正能量。

继续强化管理坚持了近40年的学生早操制度,加强了对早操不合格学生过程管理的预警工作;积极探索开展三四年级学生的课外体育活动和辅导,形成了一二年级学生早锻炼、三四年级学生课外活动的学生课外体育新体系,为落实每天锻炼一小时提供了保障。

社团活动丰富多彩且特色鲜明,继龙舟社团2014年被团中央学校部、全国学联秘书处评为"全国百佳体育公益社团"后,由体育系负责业务指导和训练,在我校有着悠久历史、开展普及并在各级各类比赛中取得优异成绩的我校学生定向越野社团,从全国高校众多优秀社团中脱颖而出,成为我校又一个获得"全国百佳体育公益社团"的体育社团。

四、运动竞赛

2015年我校人文学院的周翌霖、王育青、郝运,法学院的吴博伦4名同学以及教练员倪小焰老师参加在韩国光州举行的第28届世界大学生运动会游泳比赛,周翌霖同学获得女子200米蝶泳第一名、4×200米自由泳第二名和女子100米蝶泳第四名,这是我校运动员连续六次参加世界大学生运动会。

2015年6月,我校接受了江苏省教育厅对我校进行的高水平运动队建设的调研,专家组在听取了我校高水平运动队建设的汇报、参观训练场馆、观摩运动队训练、组织部分教练和队员访谈的基础上,肯定了近年来我校高水平运动队建设工作和取得的成绩并提出了宝贵的建议。

2015年校男女排球、乒乓球、定向越野、田径、游泳等高水平运动队参加省和全国大学生锦标赛均取得不俗成绩,在中国大学生体育协会首次公布的全国普通高校体育竞赛榜上名列第十六名(江苏第一)。

校女子篮球、排球、足球、龙舟、乒乓球、跆拳道等项目普通代表队在参加市、省、全国大学生的相关比赛都取得了优异的成绩。

五、科研与学生体质

作为全国学生体质监测点,组织了我校2 500余名学生参加全国学生体质健康监测工作,学生体质全面提升,全校学生《国家学生体质健康标准》合格率继续保持在95%左右,达到95.4%。

张惠红教授主持的国家社科基金项目"青少年体育锻炼习惯形成内在因素的跨文化研究"于2015年2月通过成果验收并获批结项。2015年共立项校级以上课题4个,共计公开发表论文11篇,其中EI收录2篇、CSSCI引源1篇和CSCD引源1篇。为提高我系科研水平,2015年首设体育系系级课题研究项目6项。

六、党建工作

2015年系总支带领班子成员认真履行职责,本着"工作思路抓创新、基础工作抓规范、重点工作抓特色、责任机制抓完善"的原则,扎实推进各项工作。

学习贯彻党的十八届四中、五中全会文献和习近平总书记系列重要讲话精神作为教育学习的首要任务;认真开展"三严三实"专题学习教育活动,持续深入推进思想建设和作风建设。

不断强化党总支工作目标的管理,强化党员管理工作,以党的群众路线教育实践活动和"三严三实"专题学习教育活动为契机,抓好服务型党组织建设。

严格执行校党委有关领导干部廉洁自律行为规范的要求,坚持制度与教育相结合,以制度防范为主的原则,担负好反腐倡廉建设的责任。以系领导干部为重点,切实加强班子建设;严格执行"三重一大"制度,建立健全民主科学的决策机制;坚持知行合一,巩固群众路线教育实践活动成果,扎实开展"三严三实"专题教育工作。

坚持以学生为本,大力开展学生群众体育活动,丰富校园体育文化。

七、其他工作

积极配合和承担省教育厅及相关部门开展的服务社会的活动,2015年先后组织了:
江苏省高校第30届体育论文报告会的论文评审工作;
全省《国家学生体质健康标准》测试动员和培训工作会议;
教育部督查江苏省《国家学生体质健康标准》的动员及检查工作会议;
江苏省高校健身气功培训班及比赛;
全国大学生军事课识图用图比赛;
江苏省大一新生身体素质测试及全省督查工作会议。

附:
东南大学体育系国际级、国家级裁判员名录
2015年东南大学学生参加省级以上体育竞赛成绩一览表
2015年东南大学体育系十大新闻

东南大学体育系国际级、国家级裁判员名录

田　径	陆建明	国际级
	张建宁	国际级
	江　菊	国家级
	刘龙柱	国家级
	王　勤	国家级
	方　元	国家级
	沈　辉	国家级
	丁　亮	国家级
游　泳	倪小焰	国家级
排　球	钱景虹	国家级
沙滩排球	赵　衡	国家级
乒乓球	蔡晓波	国际级
	张学山	国际级
	方　志	国家级
定向越野	方信荣	国家级
	尹红松	国家级
武　术	徐红旗	国家级
啦啦操	杨文刚	国际级

2015年东南大学学生参加省级以上体育竞赛成绩一览表

大项	小项	比赛名称	姓名	名次	地点	时间
游泳	女子200米蝶泳	世界大学生运动会	周翌霖	第一名	韩国光州	6-10/7
游泳	女子100米蝶泳	世界大学生运动会	周翌霖	第四名	韩国光州	6-10/7
游泳	女子4×200米自由泳接力	世界大学生运动会	周翌霖等	第二名	韩国光州	6-10/7
游泳	女子甲组A50米自由泳	全国大学生游泳锦标赛	王博远	第七名	浙江宁波	15-20/11
游泳	男子甲组A100米仰泳	全国大学生游泳锦标赛	杨　壮	第八名	浙江宁波	15-20/11
游泳	男子甲组A400米个人混合泳	全国大学生游泳锦标赛	张赟圣	第五名	浙江宁波	15-20/11
游泳	男子甲组A50米自由泳	全国大学生游泳锦标赛	吴博伦	第六名	浙江宁波	15-20/11
游泳	男子甲组A50米仰泳	全国大学生游泳锦标赛	吴博伦	第七名	浙江宁波	15-20/11
游泳	男子乙组B100米蝶泳	全国大学生游泳锦标赛	汤　澄	第六名	浙江宁波	15-20/11

（续　表）

大项	小项	比赛名称	姓名	名次	地点	时间
游泳	男子乙组 B 50 米蝶泳	全国大学生游泳锦标赛	汤澄	第七名	浙江宁波	15-20/11
游泳	男子乙组 B200 米仰泳	全国大学生游泳锦标赛	王竟成	第五名	浙江宁波	15-20/11
游泳	男子乙组 B100 米仰泳	全国大学生游泳锦标赛	王竟成	第八名	浙江宁波	15-20/11
游泳	女子甲组 A50 米仰泳	全国大学生游泳锦标赛	金璐	第八名	浙江宁波	15-20/11
游泳	男子甲组 A50 米仰泳	全国大学生游泳锦标赛	王牧	第四名	浙江宁波	15-20/11
游泳	男子乙组 B 50 米仰泳	全国大学生游泳锦标赛	陆宇航	第八名	浙江宁波	15-20/11
游泳	男子乙组 B4×200 米自由泳接力	全国大学生游泳锦标赛	韩冲 汤澄 王竟成 陆宇航	第七名	浙江宁波	15-20/11
乒乓球	男子团体	第二十届全国大学生乒乓球锦标赛	杨亮 纪鹏森 范无忌 张经纬	第五名	昆明	21-26/9
乒乓球	男子团体	江苏省大学生乒乓球比赛	张超 杨亮 纪鹏森 范无忌 方皓	第三名	南航大	25-27/12
乒乓球	女子团体	江苏省大学生乒乓球比赛	林俐芳 王晓晨 高红梅 翟王颖 邵文	第五名	南航大	25-27/12
乒乓球	男子单打	江苏省大学生乒乓球比赛	张超	第五名	南航大	25-27/12
乒乓球	女子单打	江苏省大学生乒乓球比赛	王晓晨	第二名	南航大	25-27/12
定向越野	M21ES 百米	江苏省定向越野锦标赛	欧阳莞锋	第四名	南京高淳	10月
定向越野	M18A 百米	江苏省定向越野锦标赛	邢超	第二名	南京高淳	10月
定向越野	M18A 百米团体	江苏省定向越野锦标赛	邢超 何旭飞 李金洲	第六名	南京高淳	10月
定向越野	M18A 接力	江苏省定向越野锦标赛	李金洲 赵子乾 邢超	第三名	南京高淳	10月

(续 表)

大项	小项	比赛名称	姓名	名次	地点	时间
定向越野	W18A 中距离团体	江苏省定向越野锦标赛	傅瑞盈 陈俊兰 张秋敏	第六名	南京高淳	10月
定向越野	M18A 短距离	江苏省定向越野锦标赛	邢 超	第四名	南京高淳	10月
定向越野	M18A 短距离	江苏省定向越野锦标赛	李金洲	第六名	南京高淳	10月
定向越野	M21ES 短距离	江苏省定向越野锦标赛	欧阳莞锋	第五名	南京高淳	10月
定向越野	W18A 短距离	江苏省定向越野锦标赛	傅瑞盈	第三名	南京高淳	10月
定向越野	OPEN5 百米	全国定向越野冠军赛	陈秋实	第八名	南京高淳	10月
定向越野	OPEN1 中距离	全国定向越野冠军赛	陈秋实	第一名	南京高淳	10月
定向越野	OPEN5 短距离	全国定向越野冠军赛	陈秋实	第五名	南京高淳	10月
排球	专业组	第十一届全国大学生沙滩排球锦标赛	黄 鹏 孟凌宇	第六名	内蒙古鄂尔多斯	18-25/7
排球	高水平组	第十一届全国大学生沙滩排球锦标赛	邓希德 瞿业洋	第二名	内蒙古鄂尔多斯	18-25/7
排球	高水平组(女)	第十一届全国大学生沙滩排球锦标赛	胡宇璇 卢静文 石磬瑶	第三名	内蒙古鄂尔多斯	18-25/7
排球	专业B组(女)	第十一届全国大学生沙滩排球锦标赛	叶昭彤 金晨晨 杜凌菲	第二名	内蒙古鄂尔多斯	18-25/7
排球	南方赛区	2015—2016 中国大学生排球联赛	男 排	第七名	江苏南京	4-12/11
排球	高水平组	江苏省大学生排球联赛	男 排	第三名	江苏南京	3-6/12
田径	400 米栏	全国大学生田径锦标赛	张 亮	第六名	广西师范大学	18/7
田径	400 米栏	江苏省大学生田径锦标赛	张 亮	第一名	南京理工大学	1-4/5
田径	400 米	江苏省大学生田径锦标赛	张 亮	第三名	南京理工大学	1-4/5
田径	100 米	江苏省大学生田径锦标赛	黄 伟	第三名	南京理工大学	1-4/5
田径	800 米	江苏省大学生田径锦标赛	吴冠鹤	第二名	南京理工大学	1-4/5
田径	1 500 米	江苏省大学生田径锦标赛	吴冠鹤	第二名	南京理工大学	1-4/5
田径	1 500 米	江苏省大学生田径锦标赛	王 晓	第五名	南京理工大学	1-4/5

(续 表)

大项	小项	比赛名称	姓名	名次	地点	时间
田径	3 000 米	江苏省大学生田径锦标赛	王 晓	第二名	南京理工大学	1-4/5
田径	1 500 米	江苏省大学生田径锦标赛	黄雪梅	第六名	南京理工大学	1-4/5
田径	3 000 米	江苏省大学生田径锦标赛	黄雪梅	第五名	南京理工大学	1-4/5
田径	跳高	江苏省大学生田径锦标赛	丁 天	第五名	南京理工大学	1-4/5
田径	100 米	江苏省大学生田径锦标赛	张乔镇	第六名	南京理工大学	1-4/5
田径	200 米	江苏省大学生田径锦标赛	张乔镇	第五名	南京理工大学	1-4/5
田径	100 米	江苏省大学生田径锦标赛	刘业伟	第八名	南京理工大学	1-4/5
田径	100 米	江苏省大学生田径锦标赛	王子彤	第七名	南京理工大学	1-4/5
田径	5 000 米	江苏省大学生田径锦标赛	王宝柱	第三名	南京理工大学	1-4/5
田径	1 500 米	江苏省大学生田径锦标赛	赵子乾	第八名	南京理工大学	1-4/5
田径	5 000 米	江苏省大学生田径锦标赛	欧阳莞锋	第六名	南京理工大学	1-4/5
田径	800 米	江苏省大学生田径锦标赛	赵德明	第八名	南京理工大学	1-4/5
田径	200 米	江苏省大学生田径锦标赛	陶 楠	第八名	南京理工大学	1-4/5
田径	4×100 米接力	江苏省大学生田径锦标赛	张乔镇 谷一弘 刘业伟 黄 伟	第五名	南京理工大学	1-4/5
田径	4×400 米接力	江苏省大学生田径锦标赛	黄 伟 谷一弘 赵德明 张 亮	第五名	南京理工大学	1-4/5
篮球	女子	南京市大学生篮球比赛		第二名	南京农业大学	11.14-11.25
啦啦操	集体技巧啦啦操自选	江苏省大学生健美操、啦啦操比赛		第一名	中国药科大学	7-8/11
啦啦操	花球啦啦操规定	江苏省大学生健美操、啦啦操比赛		第三名	中国药科大学	7-8/11

2015 年东南大学体育系十大新闻

1. 为营造良好体育氛围、丰富师生课余文化生活,举办了体育名人名队进校园系列活动,全年先后有江苏、福建男排邀请赛,CBA江苏男篮德比,乒乓球世界冠军李晓霞、丁松与东大学子面对面,美国总统科学顾问朱为模教授作学术讲座等形式,让广大学生既欣赏了高水平体育比赛,又营造了良好的体育氛围,更能让我们的学生体验成功的不易和拼搏的重要。

2. 第28届世界大学生运动会7月在韩国光州结束,我校人文学院周翌霖同学获得女子200米蝶泳冠军、女子100米蝶泳第四名,并与队友合作获得4×200米自由泳银牌,这是我校运动员连续第五次参加世界大学生运动会并取得的最好成绩。另来自人文学院的郝运、王育青,法学院的吴博伦以及教练体育系倪小焰老师参加了本届大学生运动会。

3. 江苏省教育厅高水平运动队建设工作调研专家组一行6月8～9日到我校开展调研、指导工作,专家组在听取了我校高水平运动队建设的汇报、参观训练场馆、观摩运动队训练、组织部分教练和队员访谈的基础上,肯定了近年来我校高水平运动队建设工作和取得的成绩并提出了宝贵的建议。在中国大学生体育协会首次公布的全国普通高校体育竞赛榜上名列第十六名(江苏第一)。

4. 2015年国际剑联女子重剑世界杯赛(南京站)11月13～15日在我校九龙湖校区体育馆举行。这是我校九龙湖校区体育馆落成后第一次承接国际性赛事。此次重剑比赛是世界女子击剑单项比赛的最高级别赛事(国际A级),也是2016年里约热内卢奥运会的资格赛。

5. 2015年江苏省高校微课竞赛结果揭晓,我系李晓智老师的《健身气功五禽戏鹿戏学习》和陆素文老师的《学好羽毛球正手击高远球》分获得一、三等奖。

6. 2015年全国大、中学生军事训练营识图用图比赛,7月5～6日,在我校九龙湖校区成功举行,来自全国9个省、市的128名大、中学生参加了比赛,由东南大学和江宁高级中学组成的江苏省代表团以团体第一获得一等奖。本次活动由教育部国防教育办公室主办,东南大学承办,江苏省教育厅和江苏省军区学生军训工作办公室、国防大学学生军训工作办公室、中国高等教育学会国防教育工作委员会共同协办。

7. 12月29日上午,新任校长张广军在校办主任李鑫和校办副主任姜平波的陪同下来我系进行调研。体育系党政领导班子成员、教研室主任、支部书记、工会主席及民主党派、青年教师代表参加了调研会议。蔡晓波主任从体育系基本概况、"十二五"期间取得的成绩与不足、"十三五"的目标、任务及举措,目前亟待解决的问题等四个方面向张校长作了汇报。张广军校长非常关心体育系的发展,对我系所取得的成绩给予了充分肯定,并勉励我系积极开拓进取,争取在"十三五"期间我校体育工作取得更大的成绩。

8. 由校工会组织的"绽放九龙、多彩东大"女教职工健身操舞比赛3月18日在新落成的九龙湖校区体育馆进行,来自全校26个单位的教职工参加了表演比赛。由19名女教师和5名男教师组成体育系代表队,以其柔和、舒展、刚劲、动感的运动之美喜获特等奖,向全校师生展示了体育教师的风采。

9. 由张惠红教授主持的国家社科基金项目"青少年体育锻炼习惯形成内在因素的跨

文化研究"于2015年2月通过成果验收并获批结项。该项目以运动行为的"生态学模型"为理论基础,以高中和大学在读的青少年体育锻炼行为研究对象,通过文献资料、问卷调查、身体测量、跟踪调查、对比分析等研究方法,分析影响青少年体育锻炼习惯形成的内在因素,以及各因素与体育锻炼行为之间的关系;探讨体育锻炼习惯形成与巩固变化规律,并研究其内在机制,在此基础上对青少年体育锻炼习惯形成的内部因素进行跨文化(中国、美国)比较研究,分析在不同文化背景下,青少年自我身体认知与体育锻炼行为关系的异同,提出改善青少年体育习惯形成的措施和建议。该研究成果为我国青少年更好地开展体育活动,促进身心健康提供了一份依据。

10. 2015年6月3日,体育系党总支召开换届选举大会,大会选举产生王强、金凯、张来明、徐红旗、蔡晓波为新一届体育系党总支委员会委员,王强同志为书记。

化学化工学院

一、主要概况

2015年,在学校职能部门的大力支持下,学院党政紧密团结,一心一意谋发展,通过加强学科建设,推进学术团队建设,结合社会需求,将原有的化学系、化学工程系整合成现在的化学系、化学工程系、化学生物与制药工程系。不断增强化学化工学院的核心竞争力和综合实力,实现学院的快速发展、特色发展和内涵发展,在教学、科研等方面取得了化院历史上最好成绩。

2015年底,化工学院共有教职工110人,包含专任教师85人(其中教授35人、副教授33人)、实验技术17人、机关管理8人。教工中有教育部长江学者特聘教授1名,中组部青年千人计划专家2名,国家杰出青年科学基金获得者1名,国家优秀青年科学基金获得者3名,国家青年"973"项目首席科学家1名,教育部新世纪优秀人才6名,江苏省"333"工程、"六大人才高峰"8名。

化学化工学院党委组织结构及研究机构

化学化工学院党委组织结构						
学院党委	党委书记	党委副书记	党委委员			党委秘书/人事秘书(兼)
负责人	蒋波	陆娟	周建成	周钰明	姜勇	徐兆飞
教工各党支部、工会	化学党支部	化工党支部	机关党支部		退休党支部	工会主席
支部书记	马全红	潘晓梅	徐兆飞		乔冠儒	周建成

(续 表)

化学化工学院行政组织结构

职务	院长	科研副院长	教学副院长	研究生培养副院长	副院长	院长助理	院长助理	院长助理	院长助理
负责人	林保平	周建成	杨洪	刘松琴	熊仁根	王国力	骆培成	蒋伟	代云茜

化学化工学院各系

名称	化学系	化学工程系	化学生物与制药工程系
系主任	孙柏旺	张一卫	姜勇

二、教学工作

1. 2015年,化工学院在教学管理方面进行了很多探索,正式发文公布了《本科教学实验室管理规范》(分学生和教师规范)、《本科生导师制》,并对《东南大学化学化工学院教师年度考核积分》中教师在教学方面的积分系数和本科生实验竞赛培训工作量进行了补充规定。成立了有机、无机、分析-物化、化工和制药五个教研室,将大类学科基础课中的四大基础化学(分析化学、无机化学、有机化学、物理化学)的学生合班上大课,选配优秀的师资分别讲授不同的章节,提高教学质量。

2. 教学硬件完善方面。学院向教务处争取经费60万元,用于本科教学实验设备的维修、购置和升级改造,使本科教学实验室的设备更加齐全。

3. 教学研究和改革方面。2项校级教改项目成功通过结题验收,2个校级教改项目成功立项,第一批校级研讨课立项4项,第二批英文(双语)课程、系列研讨课程和校企共建课程项目获得学校立项10项的支持。学院推行微课慕课授课形式,1位老师荣获江苏省"第一届本科教学微课竞赛"二等奖。另外,按照学校要求和专业认证标准,通过对国内外标杆学校的研究比较,广泛听取校内外专家、师生、企业专家的意见和建议,经过数十次评审和修订,完成了2015级本科生培养方案修订的工作,为以后的专业认证打下了坚实的基础。

4. 教学成果方面。2015年,完成校(院)级SRTP项目立项和结题13项,组织完成国家级、省级和基于教师科研的SRTP项目等14项的结题验收。2015年国家级项目立项5项,省级项目立项4项,2016年基于教师科研的SRTP项目立项8项,立项数量和项目结题质量较往年有较大的提升。2015年本科毕业设计中,两位同学获得校级优秀。在第二届卓越联盟学校"卓越杯"化学实验竞赛(国家级)中荣获一等奖1项,二等奖2项,三等奖1项;在"陶氏化学杯"华东高校化学化工联盟大学生实验竞赛(省级)中荣获特等奖2名,二等奖4名;在第十四届"挑战杯"全国大学生课外学术科技作品竞赛中荣获二等奖。

三、研究生培养

1. 学院对化学工程专业学位授予标准进行修订,并从2015级化学工程专业硕士开始实施。通过多次征求意见及研讨,对硕士、博士培养方案进行全面调整,并对研究生毕业要求作出相应调整。与此同时,根据培养方案的调整情况,结合校研究生手册,重新制定化学化工学院研究生开题、答辩步骤,进一步规范、强化研究生开题、考核、答辩、毕业等管理流程,让全院师生对研究生培养和管理有了更加明确的认识。为更规范、合理地把握研究生的学习节奏和科研工作,2015年我院设计、定制了一批统一规格的实验记录本,发放给全院学生,供学生在校期间做笔记、记录科研数据,并要求学生毕业前将实验记录本交还给导师或课题组。

2. 对本年度学业奖的评奖标准、名额分配等细则内容进行了讨论和调整,顺利评选和奖学金发放工作,本次学业奖参评硕士301人,博士49人。因近年来国家奖学金竞争愈发激烈,2015年我院根据学生的培养情况和成果提交情况,在往年评奖细则的基础上,进一步调整、细化国奖评选标准,并提出以DOI号为文章发布依据、以2015年中科院大类分区为额外加分标准的评奖办法,在此标准下,顺利完成本年度国奖的评选和奖学金发放工作。本年度国家奖学金获奖者硕士10人,博士5人。

四、学科建设及人才工作

1. 化学学科进入世界ESI排名前1%,且排名由2010年的第745位(共923)位显著上升至2015年第364位(共1 103)。结合社会需求及学科建设需要,新成立了"化学生物与制药工程系"。

2. 注重高水平人才引进与培育。2015年引进教师3名(含1名"青年千人"、1名上岗教授)。教师中获得省"六大人才高峰"项目资助2人,省"双创博士"项目资助1人,校优青项目资助1人。

五、科学研究

1. 2015年科研经费到款2 540.61万元,其中纵向经费1 993.53万元、横向经费547.08万元,比2014年全年经费(2 108万元)增长18%。全院承担国家自然科学基金、科技部重大专项、国际合作项目、省高技术和企业等各类科研项目45项。其中国家基金12项(1项国家重大研究计划,1项优秀青年,6项面上,3项青年,1项国际合作交流)、科技部重大专项1项、国防预研基金重点项目1项、国际合作项目1项、其他省部级10多项(其中,江苏省科技厅科技创新与成果转化专项项目1项、省产学研前瞻性项目1项和省自然科学基金6项)。

2. 2015年全院以东大第一单位论文发表SCI论文333篇,连续多年排名全校第一。发明专利授权56件,申请专利80件(专利截至11月20日)。全院在 $Nat.\ Phys.$、$Nat.\ Commun.$、$J.\ Am.\ Chem.\ Soc.$、$Angew.\ Chem.\ Int.\ Ed.$、$Adv.\ Mater.$、$ACS.\ Nano$ 等国际顶尖杂志上发表多篇高水平学术论文,其中SCI一区文章25篇,SCI二区以上文章(影响因子大于3.0)146篇。

六、党建及学生工作

1. 根据学校党委和组织部的工作布置,顺利完成了学院行政领导班子换届工作,保证了相关工作平稳过渡。同时配合行政对学院内部各系负责人进行了调整。

2. 配合学校做好学院的党委换届工作,为学院的长远、可持续发展奠定良好的基础。

3. 加强基层党支部建设,在各基层党支部开展各类党日活动,2015年开展的"最佳党日活动"中荣获学校研究生党日活动一等奖1项、二等奖2项。同时学院团委积极开展各方面工作和组织各种形式的文体活动,鼓励学生积极参与校内外各项科研和社会实践活动,1个本科生团队开展的"女大学生就业性别歧视"调研项目荣获江苏省大学生暑期社会实践优秀调研报告。在刚结束的全国"挑战杯"决赛中,我院代表队最后以优异的成绩荣获二等奖,获得历史性突破,为东南大学时隔八年后再次捧得"优胜杯"作出了重要贡献。

4. 学生日常管理方面无突发和违规违纪事件发生,安全有序。2015年获评学校"优秀考风考纪"院系。认真指导学生就业,2015年本科生、研究生就业率均达100%。

交 通 学 院

一、学院概况

东南大学交通学院以二级学科为基本建设单元开展工作,在学科内实现教学、科研、科技产业服务的一体化。交通学院以二级学科为单位设置机构,原则上一个二级学科设一个系、一个研究所,并实行系所合一的体制。交通学院目前设有八个系,即道路工程系、交通工程系、桥梁工程系、地下工程系、运输与物流工程系、港航工程系、测绘工程系、地理信息工程系。交通学院目前设有八个研究所、四个研究中心,即道路与铁道工程研究所、交通工程研究所、岩土工程研究所、桥梁与隧道工程研究所、载运工具运用工程研究所、港口航道与水利工程研究所、测绘工程研究所、地理信息工程研究所、国家道路交通管理工程技术研究中心东南大学分中心、东南大学城市地下空间研究中心、东南大学物联网交通应用研究中心、现代城市交通技术江苏高校协同创新中心。

交通学院设有交通实验中心(以服务于各学科为主,兼顾科技服务)、交通规划与管理江苏省重点实验室、城市智能交通江苏省重点实验室、交通基础设施安全风险管理交通部重点实验室、城市地下工程与环境安全江苏省重点实验室、新型道路材料国家工程实验室(与江苏省交科院共建)、道路交通工程国家实验教学示范中心、国家级道路交通工程虚拟仿真实验教学中心、道路养护技术江苏省工程技术中心、交通规划设计研究院、南京北极测绘研究院有限公司。

交通学院目前有教职工265人(不含ITS,ITS人事单列),在编教职工202人,人事代理及聘用人员63人。专任教师166人,其中,中国工程院院士1人、国家教学名师1人、"千人计划"专家5人、长江学者特聘教授3人、博士生导师54人、教授46人、副教授75人;有博士学位的教师128人,有硕士学位的教师25人。

二、学科建设

交通学院一直秉承"重播种、抓收获、促发展"的发展思路,以"学科建设上层次,科学研究上水平,人才培养抓质量""建立创新基地、提出创新成果、传播创新知识"为工作思路及工作目标,通过建立同一个平台、同一支队伍、同一个基地,实现高水准队伍建设、高素质人才培养、高水平科学研究、高层次学科建设的一体化与无缝连接。2015年,交通学院在学科建设方面取得的成绩主要表现在以下几个方面:

(一) 党政换届顺利完成,综合改革和"十三五"规划稳步推进

2015年1月,学院新一届行政领导班子正式成立。经过交通学院全体教职工大会推荐、新一届院长提名人工作思路汇报以及书面征求全体教职工对新任院长人选的层层考验,最后经校党委常委会研究决定,刘攀教授任交通学院新一届院长。根据学校东大委〔2015〕18号文件精神,在广泛听取党内外群众意见的基础上,根据换届选举工作计划,确定了新一届委员会委员候选人预备人选名单,如期召开党员大会,完成了相关议程。经校党委同意,学院新一届党委由丁建明、王炜、刘攀、陈怡、秦霞、黄晓明、程建川7人组成,秦霞任书记、陈怡任副书记。

为了使学院的学科建设、科学研究与实验基地建设以及学生工作建设能实现更合理、更系统地发展,学院于今年成立了包括学术委员会、教学委员会、学位委员会、实验室与设备管理委员会以及校友工作委员会在内的多个学术机构。各机构职责明确、分工有序,由学院主要领导牵头负责,聚集了学院骨干力量作为中流砥柱,成为学院各方面发展的中坚力量。为呼应东南大学交通学院"建设世界一流交通运输学科群"的战略目标,经学院党政联席会议讨论决定,设立"东南大学交通学院教师教学科研资助计划"。"资助计划"设立了包含优秀青年教师培育计划、研讨型课程建设、本科教学实践环节综合建设、本科课堂教学质量提升工程、本科课程教学资源综合建设以及东南大学ESI社会科学排名提升计划等在内的6类资助项目。"资助计划"的设立将进一步提高大额学科建设经费使用效率,有效提升教学、科研、队伍建设的整体水平并扶助青年教师更快更好成长。

深入贯彻落实"十三五"规划既是对学院未来五年工作提出的挑战,也为学院未来取得更大的发展提供了机遇。今年学院开始逐步落实"十三五"的各项规划要求,确立了以"完善机制、搭建平台、开拓方向"为核心的未来五年的发展思路和工作重点,并在此基础上提出了学科整体水平保持国内第一,2020年前后建成国际一流交通运输工程学科的发展目标。为此,学院将会从健全内部治理机制、完善制度建设、优化学科布局、培养创新型人才、狠抓重点项目、建设高水平试验中心等方面全面落实学院"十三五"规划的各项任务,为"十三五"目标的实现提供有力的保障。学院"十三五"规划明确指出未来五年将是学院转变发展方式,着力加强内涵式建设的关键阶段;是抓住交通运输行业重大发展机遇实现学科新一轮跨越式发展的关键阶段;是创新人才培养模式,显著提升人才培养质量的关键阶段;是瞄准交通运输行业未来发展方向,拓宽学科内涵,建设多学科交叉融合的交通运输学科群的关键阶段;是夯实基础、保障创建世界一流交通运输工程学科的战略目标最终顺利实现的关键阶段。

(二) 学术声誉持续巩固,专业建设勇攀新高峰

根据《国务院学位委员会学科评议组组织章程》的有关规定,经国务院学位委员会批准,交通学科带头人王炜教授荣膺全国第七届全国学科评议组(交通运输工程组)第一召集人,东南大学担任本届学科评议组秘书处单位,积极为我国学位与研究生教育的发展作出贡献。我院交通运输工程学科在学术队伍、科学研究、人才培养、学术声誉等方面继续在同类高校中保持领先地位,学术成就、学术影响力和学科整体水平势头强劲。

东南大学作为牵头单位,联合同济大学、北京航空航天大学、武汉理工大学、浙江大学、北京交通大学等高校承担2015年度教育部战略研究任务。本次战略研究面向国家经济社会发展的重大需求,特别是"新型城镇化""一带一路""京津冀协同发展""长江经济带"等国家发展战略,加快科技创新,服务于"十三五"国家重点研发计划"综合交通运输与智能交通"专项实施方案中提出的"智能监管与高效运行""运输协同与智能服务"两条技术创新主线,发挥国内交通领域主要高校科研和人才优势,重点围绕实施方案中提出的"交通基础设施服役能力保持与提升、车路协同环境下的驾驶行为机理、多模式交通系统供需平衡与动态协同"三方面的基础理论,联合高校优势力量进行谋划,凝练申请项目的科学问题、技术路线、研究内容、实施方案,建立项目攻关所需的人才配备、经费使用、实验设备研制、数据共享等方面的长效机制,加强多学科交叉和校际优势互补,基于国家战略需求构建高校联合进行交通领域科技创新的新模式和协同创新机制。大力提升国内交通领域主要高校的创新能力和交通类重大科技项目组织能力,为突破重点研发计划重点专项"综合交通运输与智能交通"所需重大共性关键技术提供支撑。

交通工程专业成功入选江苏高校品牌专业建设工程一期项目,成为东南大学入选该项目的八个优势专业之一。江苏高校品牌专业建设工程是省委、省政府着眼我省经济社会发展全局作出的重大决策部署,对实施创新驱动发展、建设教育强省具有十分重要的意义。入选此次品牌专业建设工程,彰显了我院交通工程专业在同类专业中的领先地位,也为在新一轮综合改革中突出学科优势、优化人才培养、产出教学成果等方面增强了新动力。

此外,我院交通运输工程博士后科研流动站被人力资源和社会保障部评为优秀工作站。

(三) 基地建设取得可喜成绩,高水平学术成果呈现新亮点

7月19日,交通运输部组织专家对我校申请的"交通基础设施安全风险管理交通运输行业重点实验室(南京)"进行了现场评审。交通运输部科技司邢凡胜、交通行业重点实验室主任联席会议秘书处樊东方,江苏省交通厅副厅长金凌、科技处处长王绍坤、东南大学副校长王保平及校科研院和交通学院的领导、老师参加了本次评审。专家组由6位行业内知名专家学者组成,分别由交通运输部公路科学研究院陈国靖教授级高工、中国公路学会刘家镇教授级高工担任组长和副组长。出席评审会的邢凡胜对交通行业重点实验室应发挥的作用、交通科技计划调整情况、今后实验室发展方向等方面提出了指导性建议。交通学院副院长钱振东教授作为实验室主任,从实验室研究方向与重点研究内容、实验室

既有研究能力与水平和未来发展规划、实验室组织管理架构、实验室人员组成及相关规章制度建设、实验室管理机制和运行机制、实验室工作计划与目标等六个方面进行了汇报。汇报结束后,专家组对九龙湖实验室进行了现场考察,并听取了实验室相关人员的解答。专家组集中审阅了实验室提供的评审材料,充分肯定了实验室既有研究能力和水平以及为行业发展作出的贡献,对实验室今后的建设与发展提出了希望与建议。"交通基础设施安全风险管理"实验室以优秀成绩高标准通过了交通运输部组织的现场评审。

我院岩土学科杜延军教授牵头,刘松玉教授、朱志铎教授、章定文教授等参与申报的"基于工业废弃物的土壤固化剂系列研发与工程应用"项目荣获2015年度教育部技术发明奖二等奖。该项目针对我国环境友好型社会建设面临的工业污染场地污染土壤修复和工程建设土地资源节约两大技术难题,提出了基于工业废弃物处理污染土、改良土质的技术原理,在国家和省部级等多个项目资助下,经过多年研究,研发了基于工业废弃物的系列新型土壤固化剂,建立了施工工艺和环境安全评价技术体系,形成了土壤固化稳定的成套新技术。主要发明包括:(1)发明了基于磷矿废石、粒化高炉矿渣等的高浓度重金属污染土固化剂及其施工技术,实现了我国高浓度重金属污染土固化技术的突破。(2)发明了基于组合工业矿渣与氯化亚铁、废弃木质素等的粉土固化剂,与传统固化剂相比,力学性能显著改善。(3)发明了基于电石渣的过湿土固化改良技术,与生石灰固化相比,路用工程性能显著提高。上述成果已获授权专利22项,其中发明专利16项、实用新型专利6项;在国内和国际权威学术期刊发表SCI检索论文42篇、EI论文47篇、SCI引用304次。教育部组织的科技成果鉴定认为该项成果总体处于国际领先水平。项目发明技术已在多个省市污染场地处治工程、高速公路粉土和过湿土路基稳定工程建设中得到成功推广应用。

我院道路学科马涛副教授和黄晓明教授连同苏交科等八家单位完成的"公路改扩建废弃物高效循环利用关键技术与应用"项目荣获2015年度江苏省科技进步二等奖。该项目基于我国公路建设大规模养护维修的亟须,针对沥青路面和水泥路面改扩建产生的废料高效循环利用,从理论创新到技术创新再到成果转化进行了系统深入的研究,突破了公路改扩建废弃物高效循环利用的关键技术瓶颈,针对水泥路面开发了先进的旧水泥路面碎石化技术与装备,针对沥青路面建立了系统的热再生理论基础与技术体系,创建了系统的冷再生理论基础与设计体系,取得了具有自主知识产权和国际领先水平的核心技术。项目研究历时十余年,进行过程中获得了国家"863"计划、国家自然科学基金以及多项省部级科研项目的资助,建成了"新型道路材料国家工程实验室"等一批研发基地,编制了一系列规范专著,并开展了大量工程应用转化项目。研究成果在江苏省二十余条有影响的高速公路中得到了推广应用,对江苏省高速公路养护质量连续全国第一起到了重要支撑,并在全国其他十多个省区1 000余公里的高等级公路中得到了推广应用,有力推动了公路建设循环再利用理念的发展,有效提升了行业整体水平。

(四)举办高层论坛,国际合作取得新突破

由中国工程院土木水利与建筑工程学部、国家自然科学基金委员会工程与材料科学部、东南大学等单位共同主办,我校土建交通学部承办的"城市发展与城市交通工程前沿技术研究论坛"于11月27日至28日在南京隆重举行。参加论坛的包括中国工程院钱七虎、王梦恕、宁津生、张祖勋、王景全、张建云、缪昌文、王超、杜彦良、王建国、郑建龙等院士,原建设部部长汪光焘先生及来自科研机构、高校院所的专家学者和师生共计300余人。本次论坛的主旨是通过高层次的专家交流研讨,凝聚共识,形成"低碳、高效、安全的生态城市建设"的总体思路,论坛汇集了城市与城市交通各领域在政策、规划、建设、管理、科技创新层面的宝贵经验与共同智慧,将为更好地推进我国城市与城市交通的健康、快速可持续发展提供新动能。

2015年12月19日,国务院学位委员会第七届学科评议组(交通运输工程组)会议在东南大学召开。国务院学位委员会交通运输工程学科评议组召集人我校交通学院王炜教授、北京交通大学校长宁滨教授以及评议组成员翟婉明院士、田红旗院士、严新平教授、赵祥模教授、刘寒冰教授、孙立军教授、杨忠振教授、胡明华教授、李铁虎教授等参加了会议。我校易红书记出席会议并讲话,肯定了交通运输学科作为我校重中之重发展学科所起到的带头作用。

我院在国际合作项目方面取得新突破,刘攀教授主持了国家自然科学基金委员会与英国工程与自然科学研究理事会合作研究项目"低碳化进程中城市多模式交通系统运营关键问题研究"。英方合作单位纽卡斯尔大学交通工程研究组是被英国科学研究委员会认定的英国最优秀的交通研究中心之一,伦敦帝国理工学院交通研究中心是世界领先的交通科学研究机构,过去二十年一直在英国学科专业排名中名列交通学科第一。本项目拟面向中英两国城市发展过程中共同存在的瓶颈性问题,聚焦城市多模式交通需求预测、面向低碳运营的城市交通系统资源配置与智能优化、城市交通低碳运营模式的综合效能分析等关键问题展开研究。通过研究,发展基础理论,突破关键技术,形成有效支撑城市交通运营低碳化的理论、方法。同时,通过中英两国科研团队的紧密合作,取长补短,交流学习,取得具有国际影响力的科研成果,凝聚一支在城市低碳交通领域具有国际竞争力的科研团队,为未来进一步的深度科研合作奠定坚实的基础。

本年度我院邀请了美国堪萨斯大学的韩杰教授、美国特拉华大学的DOV LESH-CHINSKY教授、美国普渡大学的John Haddock教授等一批国内外知名学者为我院本科生、研究生授课,拓展学生国际视野,提升国际化办学水平。与此同时,我院积极举办高层次学术论坛,大力开展多层次、多渠道的国际交流合作项目,在学术交流、国际合作方面取得新进展、新突破。此外本年度学院邀请了多名国内外著名学者来我院访问和讲学,同时继续与英国南安普顿大学交通研究所、德国波鸿鲁尔大学交通研究所、德国亚琛工业大学、美国德州农工大学、荷兰代尔夫特理工大学交通运输研究中心等国外学术机构保持着密切的学术联系,互派人员往来。全年共邀请境外专家来学院做讲座20多人次,出境访问讲学的教师10多人次,70多人次参加国际会议并宣读论文。

三、科研工作

2015年,交通学院围绕"十二五"科研规划和本年度的科研工作,开展了全面深入的科研工作,取得了显著成绩。

经过全体教师的共同努力,全院2015年获得省部级科研奖励各类科技进步奖15项,其中省部级一等奖1项、二等奖5项。学院新增国家自然科学基金共计16项1 250.94万元。全年在研科研项目300多项，科研经费到款达1.260 8亿元，其中纵向经费近3 309万元，重点学科纵向科研经费比例稳定，科研水平获得较大提升。

继续参与国家重大工程项目建设与科学研究。我院继续担任全国城市交通"畅通工程"专家组组长单位，并在"沿海大通道"等国家重大工程中以及"国家道路交通安全科技行动计划"等国家重大科学研究计划中承担相关科技攻关与技术服务工作。2015年共获发明专利、软件著作权授权140项，主编出版教材、专著17部，发表论文300余篇。

四、交通学院2015年大事记

2015年1月

1月10日至15日，以黄晓明教授为领队的东南大学交通学院学术代表团一行20余人参加在美国华盛顿召开的第94届TRB会议。TRB会议是国际交通领域最负盛名的国际学术会议，交通学院有40多人次在本次TRB会议作学术演讲，在国际交通界引起强烈反响。

刘松玉教授等发表的论文《双向水泥土搅拌桩加固软土地基试验研究》被评选为2012年度中国精品科技期刊顶尖学术论文。

东南大学—苏州规划设计研究院股份有限公司江苏省研究生工作站揭牌仪式在苏州举行。

2015年3月

3月25日，我校举行仪式，聘请TU DELFT土木与岩土科学学院Micro－lab实验室主任Erik Schlangen教授为东南大学客座教授。授聘仪式后，Schlangen教授作多场有关自愈合材料为主题的学术报告，并参加了26、27日举行的自愈合沥青路面研讨会。

2015年4月

第十四届亚太智能交通论坛"SEU-Technical Tour"中外青年联谊会在东南大学隆重召开。来自国内外60多名青年学者参加了联谊会，本次青年论坛成为第十四届亚太智能交通论坛的亮点活动。

2012级茅以升班获得东南大学国旗团支部称号，这是交通学院六年第五次获得国旗团支部称号，并被评为全国高校践行社会主义核心价值观"示范团支部"。

道路学科申报的国家外专局高端外国专家项目获批，东南大学共计3项。

4月18～19日，由我院岩土工程学科（参编单位）承办的全文强制性国家标准《建筑地基基础技术规范》地基与处理地基专题组、检测与监测专题组会议在南京举行，来自全国各地设计、勘察、科研领域的近50名专家参加了会议。

2015年5月

王炜教授当选科技部国家重点研发计划"综合交通运输与智能交通"重点专项实施方

案编制专家组专家。

5月26日,东南大学交通学院青年教师发展委员会2015年年会召开。长江学者、杰青获得者刘加平教授,千人计划特聘专家牛艳辉博士,科研院费庆国教授,交通学院党委书记秦霞,交通学院院长刘攀教授,学院全体青年教师出席会议。

东南大学"城市地下空间工程"本科专业学士学位授予权顺利通过申请。

5月17日,交通学院第九届激情四射大型露天舞会圆满成功举行。此活动自2003年开始至今已坚持举办12年,逐渐成为东南大学最具影响力的大型活动之一。

我院1995届毕业生为纪念毕业20周年,共同捐资15万元,设立"21·95届励志奖学金",用于奖励我院品学兼优的本科生。

2015年6月

交通学院党委换届大会成功召开,选举产生新一届党委委员。秦霞同志被任命为交通学院党委书记。

为进一步拓展办学资源,推动交通学院的建设与发展,建立"东南大学交通学院发展基金"。

交通学院推荐的刘志远教授、谢远长教授入选第十一批国家"千人计划"青年千人。

交通工程专业获批江苏高校品牌专业建设工程一期项目。

东南大学—莫纳什大学苏州联合研究生院2015年研究生毕业典礼暨学位授予仪式在苏州举行。交通运输工程专业首届21名学生顺利毕业,分别获得了东南大学、莫纳什大学(澳大利亚)颁发的硕士学位,就业升学率100%。

交通学院陶涛同学荣获"江苏省大学生年度人物"称号。陶涛同学还获得江苏省大学生"校园青春榜样""江苏最美人物""南京好市民"等荣誉称号。

6月26日,我校举行仪式,聘请美国田纳西大学金明洲教授为东南大学客座教授。授聘仪式后,金明洲教授作题为"OR Application in Transportation"的学术报告。

6月14日,我院在九龙湖校区焦廷标馆剧场隆重举行2015届本科生毕业典礼。学院党政领导、教师代表、交通学院全体2015届本科毕业生以及200多位学生家长出席典礼。

2015年7月

7月19日,我院申报的"交通基础设施安全风险管理"交通运输行业重点实验室以优秀成绩高标准通过由交通运输部组织的现场评审。

7月28日,交通学院"基于公交卫星定位数据的城市交通运行状态识别与发布系统"代表队以第一名成绩在香港科技大学举行的第十四届"挑战杯"竞赛"智慧城市"专项赛中获得最高奖项:境内组特等奖(全国3个)和境内外组特别奖(仅此1个)。共青团中央书记处书记傅振邦为我院代表队颁奖,高度评价了我院代表队的科研成果。

我院代表队荣获"首届全国大学生岩土工程竞赛"二等奖。

2015 年 8 月

本年度学院新增国家自然科学基金项目 16 项。

王炜教授当选国务院学位委员会第七届学科评议组成员,并连任交通运输工程学科评议组召集人,学科评议组秘书处设在东南大学,陈峻教授任交通运输工程学科评议组秘书。

2015 年 9 月

交通学院组织并参与国家十三五"综合交通运输与智能交通"重大专项实施方案的编制工作,为今后介入国家重大专项等高水平项目的研究奠定了基础。

王炜教授当选新一届东南大学学术委员会成员,并连任第二届土建交通学部主任。

2015 年 10 月

交通学院应邀参加如皋科技·人才洽谈会,与江苏中铁山桥重工有限公司签署了全面产学研合作的框架协议。

10 月 30 日,我校举行仪式,聘请 TU DELFT 土木与岩土科学学院道路与铁道工程系主任 Tom Scarpas 教授为东南大学客座教授。授聘仪式后,Scarpas 教授作题为"*State of the Art of Pavement Engineering in Netherlands*"和"*Issues in the Design of Open Graded Asphalt Mixes*"的学术报告。

蔡国军副教授、杨明副教授入选江苏省"六大人才高峰"项目资助计划。

10 月 25～27 日,由我院岩土工程学科主办的中国建筑学会地基基础分会 2015 年理事会在南京召开。

2015 年 11 月

11 月 27～28 日,由中国工程院、国家自然科学基金委员会、东南大学共同主办,东南大学土建交通学部承办的 2015 年中国工程院土木水利与建筑工程学部——城市发展与城市交通工程前沿技术研究论坛隆重召开。数十位国内久负盛名的院士、专家受邀担任主讲嘉宾,来自全国各大专院校、行业领军企业的长江学者、"千人计划"特聘专家、国家杰青、知名专家、教授、研究生 300 余人参加了此次论坛。

11 月 19 日,我院刘攀院长与首尔市立大学(The University of Seoul)城市科学学院(Institute of Urban Sciences)Lee Seungjae 院长签订了合作协议(MOU),加强双方在学术与教学方面的全面合作。

交通运输工程博士后科研流动站在全国博士后科研流动站和博士后科研工作站综合评估中获得优秀。是全校六个优秀之一。

11 月 10 日,我院杰出校友、港珠澳大桥岛隧工程设计总负责人刘晓东受聘为东南大学兼职研究员。授聘仪式后,刘晓东校友作题为"港珠澳大桥总体设计与关键技术"的学术报告,并为交通学院第五届 JOIN 学生素养养成论坛作开场讲座"从工程实践看工程师素养培育"。

陈峻教授获得 2015 年度宝钢优秀教师奖。

李志斌（导师王炜教授）、金诚杰（导师王炜教授）两位博士研究生的学位论文被评为"2015 中国智能交通协会（首届）优秀博士学位论文"。本年度共有来自东南大学、北京交通大学、同济大学、北京航空航天大学、武汉理工大学、西南交通大学、清华大学的 9 位博士研究生获奖。

陆建教授被评为 2015 中国智能交通协会突出贡献专家。

交通设计院牵头设计的昆山市中环快速路获得 2014—2015 年度中国建设工程鲁班奖（国家优质工程）。该项目全线 44 公里，投资规模达 120 亿元，是苏州市重大城建工程，也是昆山基础设施建设史上最大的单体项目。

11 月 5 日，交通设计院承办中国勘察设计协会高等院校勘察设计分会交通设计专业委员会成立大会暨首届交通市政设计与研究学术交流会，丁建明教授当选为主任委员。

11 月 8 日，我院以总分 373 分的超高分蝉联东南大学第 57 届田径运动会甲组团体总冠军，以绝对优势分获甲组男女团体总分第一。2015 年我院还连续第七次捧得"大力杯"拔河比赛冠军、蝉联东南大学啦啦操比赛冠军、环湖自行车赛冠军、迎新长跑总冠军和院系杯总成绩第一名等佳绩。

2015 年 12 月

12 月 19 日，国务院学位委员会第七届学科评议组（交通运输工程组）会议在东南大学召开。

12 月 28 日，新任东南大学校长张广军院士到交通学院调研。

国家级道路交通虚拟仿真实验教学中心获批建设，黄晓明教授担任中心主任。这是我校第三个获准建设的国家级仿真实验教学中心。

研究生培养创新工程取得新成绩，2015 年获得全国"工程硕士实习实践优秀成果获得者"1 人，中国智能交通协会优秀博士学位论文 2 篇，江苏省优秀硕士学位论文 4 篇；新增江苏省产业教授 5 人；入选国家公派研究生项目（CSC）17 人。

JOIN 艺术团十周年庆典隆重举行。JOIN 艺术团目前已成为东南大学建制最全、影响力最大的院级艺术团体。

东南大学"向阳花"相伴成长爱心实践团入选首批全国创新创业实践育人基地（全国 50 个），获得全国最佳实践团队（全国 10 个，排名第一）、中国青年志愿服务项目大赛金奖、全国"三下乡"活动优秀团队、江苏省社会实践"十佳团队"、江苏省优秀青年志愿者服务项目等荣誉。

12 月 2 日，我校举行仪式，聘请英国皇家工程院院士、剑桥大学 Kenichi Soga 教授为东南大学客座教授。授聘仪式后，Kenichi Soga 教授作题为"分布式传感器在土木工程地下基础设施工作性能评估中的应用"的学术报告。

12 月 5 日，我校交通学院浙江校友座谈会在杭州举行。100 余名交通学院浙江校友出席座谈会。

12 月 14 日，南京多伦科技股份有限公司与我校教育基金会签署协议，在我院设立"多伦科技奖学金"。"多伦科技奖学金"每年总额为 66 000 元，奖励 20 名我院优秀的本科生和研究生。

12月20日,我校交通学院广东校友座谈会在广州举行。50余名交通学院广东校友出席座谈会。

12月22日,由交通设计院设计的深圳前海7号景观桥主体合拢,标志着该项目按照施工计划正在有序推进中。

12月26日,我校交通学院苏州校友座谈会在苏州举行。80余名交通学院苏州校友出席座谈会。

仪器科学与工程学院

一、学院概况

(一) 学院历史沿革

仪器科学与工程学院所属学科专业创建于1960年,原名"陀螺仪及导航仪器",于1961年开始招收研究生。1981年和1984年被国务院学位委员会先后批准设立"精密仪器及机械"和"测试计量技术及仪器"两个硕士学位授权点。1990年被批准设立"精密仪器及机械"博士学位授权点。

1992年5月为了适应学科发展需要,从自动控制系分出成立了仪器科学与工程系。2006年9月成立仪器科学与工程学院。

(二) 学院机构设置

1. 教学、科研机构

学院现设有七个研究所,一个教学实验研究中心,即先进导航技术研究所、微惯性系统及器件研究所、信息导航与智能测控研究所、伽利略系统欧亚教育与应用开发中心、机器人传感与控制技术研究所、汽车安全技术与虚拟现实研究所、智能网络及测控系统研究所、测控技术教学实验研究中心。

2. 平台建设

学院现有"微惯性仪表与先进导航技术"教育部重点实验室、"远程测控技术"江苏省重点实验室和"土地实地调查监测技术"国土资源部重点实验室。参与建设"火电机组振动国家工程中心"。

(三) 学院学科设置

目前,学院已拥有1个博士后流动站、1个一级学科博士点、4个二级学科博士点。

学科分布		学科性质	本科专业名称
一级学科名称	二级学科名称	博士点	
仪器科学与技术(一级学科博士点、博士后流动站、一级学科江苏省重点学科)	精密仪器及机械	博士点	测控技术及仪器
	测试计量技术及仪器	博士点	
	导航、制导与控制	博士点	
	微系统与测控技术	博士点	

(四)学院人员配置

1. 人员结构现状

学院现有教职工73人,其中专任教师63人、管理人员10人。专任教师队伍中,教授(含重大项目岗)22人、副教授28人、讲师13人。具有国内外博士学位教师56人,占专任教师的88.89%。博士生导师(含兼职)27人,硕士生导师(含兼职)49人。新增教授1人(刘锡祥),副教授2人(徐宝国、祝燕华)。

2. 高层次人才

国家杰出青年基金获得者1人、国家万人计划首批"科技创新领军人才"1人、新世纪百千万人才工程国家级人选1人、教育部"高校青年教师奖"获得者1人、教育部"新世纪优秀人才"3人、霍英东青年教师基金获得者1人、江苏省特聘教授1人、江苏省"333高层次人才培养工程"中青年科技领军人才2人、江苏省"333高层次人才培养工程"中青年学术带头人4人、江苏省"青蓝工程"学术带头人3人、江苏省"六大高峰人才"8人、东南大学特聘教授2人、东南大学优秀青年教师9人。

二、党政工作

1. 认真开展"三严三实"专题教育活动。针对问题,结合学院人才培养、学科建设等中心工作,班子成员认真开展批评与自我批评,进一步统一思想、坚定信念。

2. 完成学院党委换届工作。2015年12月,召开了全院党员大会暨换届选举大会,新一届党委由王军、王立辉、宋爱国、严如强、陈熙源等五人组成,党委书记王军。

3. 党风廉政建设和安全保密工作常抓不懈。做到"收支两条线"、无"小金库"行为,各类经费专项专用。严格遵守学院"三重一大"决策制度实施办法。安全工作、保密工作的管理常态化,获2014年度东南大学安全保卫先进集体。

4. 切实推进机关作风建设、工会和校友工作。学院工会开展"送温暖、献爱心"以及多项文体活动,院女教工代表队在东南大学健身操舞比赛中荣获特等奖和最佳组织奖。建立校友信息库,接待91级校友返校欢聚,参加82级校友聚会活动。

三、学科建设

1. 我院"仪器科学与技术"一级学科为江苏省一级重点学科,也是江苏省优势学科建设单位和"985"工程建设单位。2015年,本学科得到江苏省优势学科建设经费150万元、教育部"985"工程绩效奖励建设经费68.34万元,以及江苏省一级重点学科建设经费48万元等学科建设经费。

2. 我院"仪器科学与技术"一级学科 2015 年 12 月以"优秀"成绩通过江苏省"十二五"重点学科考核验收。

四、科研工作

(一) 基础研究平稳推进

2015 年,全院获批国家自然科学基金项目 7 项(其中面上基金 5 项、青年基金 2 项)、江苏省青年基金项目 1 项、总装预研基金项目 1 项、中航工业航空预研基金 1 项。获批江苏省科技支撑计划重点项目 1 项、面上项目 1 项。截至 12 月底,全院科研经费到款 3 695 万元。

(二) 论文、专利成果丰硕

全院发表 SCI 论文 60 篇,发表 EI 论文 35 篇,申报国家发明专利 110 项,获发明专利授权 60 项,获实用新型专利授权 6 项。

五、教学工作

(一) 2015 年本科生工作概况

"测控技术与仪器"本科专业被确立为江苏省高校品牌专业建设项目。顺利完成了"测控技术与仪器"本科专业人才培养方案、教学大纲的修订工作。在东南大学第二十二届青年教师授课竞赛中,我院教师获三等奖 3 项(王立辉、赵立业、梁金星),提名奖 3 项(徐宝国、孙立博、刘锡祥)。2014—2015 学年东南大学教学奖励一等奖一项(祝雪芬)。学院承担 2015 年度教改项目 8 项,其中重点项目 1 项、一般项目 7 项。2015 年度校级教材立项建设项目 1 项。我院承办了 2015 FTC 科技挑战赛华东地区选拔赛,牵头组织了东南大学第四届"北斗杯"青少年科技创新大赛。

(二) 2015 年研究生工作概况

选出了第十四届仪器科学与技术学科学位委员会,由陈熙源、程向红、李宏生、李旭、倪江生、秦文虎、宋爱国、王军、王立辉、王庆、徐晓苏、严如强、赵立业共 13 人组成。共授予博士学位 17 人,工学硕士 57 人,专业硕士学位 29 人。2015 年研究生创新工程项目中,我院获批江苏省研究生科研创新计划项目 3 项,江苏省研究生教育教学改革研究与实践课题 1 项,获省级、校级优秀学位论文 3 篇,新增研究生工作站 2 个。新增硕士生指导教师 2 名(徐宝国、祝雪芬),新增校外企业研究生导师 8 名;依托学院入选江苏省第 3 批产业教授 2 人(赵国普、周志颖)。

六、学生工作

我院 2015 年本科生新生共录取 114 人,其中省内 15 人、省外 99 人;新生中,国家贫困专项计划 11 人,占比 9.9%;农村单招 2 人,自主招生 1 人。

2015年硕士研究生招生106名(保留入学资格1人),其中学术型硕士63名,专业硕士43名;博士研究生招生17名(1人未报到,其中春季入学9名,秋季入学7名)。

截至2015年12月底,在校学生总数801人,2015届本科生、硕士及博士毕业生年终就业率均达100%。

截至2015年12月底,学院有学生党支部13个,学生党员266人,其中本科生25人、硕士生186人、博士生55人。2015年度新发展学生党员16人,转正学生党员19人。完成预备党员培训18人,发展对象培训39人。毕业生党组织转出99人,2015年转入党员60人。

仪科学院在校生人数

年级	12级	13级	14级	15级	合计	总人数
本科生	96	103	93	116	408	
硕士研究生		94	96	105	295	801
博士研究生	—	—	—	—	98	

医 学 院

一、学科专业建设

(一) 医学院招生专业与学位授权点

设有7个专业:拔尖创新人才试点班(5+3+X)、临床医学(5+3一体化)、临床医学(5年制)、医学影像、医学检验、护理学、生物工程。在校本科生1 400人,研究生656人,留学生675人。共有一级学科博士点2个(临床医学、生物学),二级学科博士点9个(内科学、外科学、免疫学、妇产科学、神经病学、肿瘤学、儿科学、影像医学与核医学、临床检验诊断学),一级学科硕士点4个(基础医学、临床医学、生物学、护理学),一级学科专业学位硕士授权点2个(临床医学、护理学),博士后流动站2个(临床医学、生物学)。

(二) 学科建设

继临床医学ESI排名2011年进入世界科研机构的前1%后,生物学和生物化学2015年度进入前1%,较前一年度增加1个学科。完成了基础医学、临床医学、药理学、护理学以及中医学等学科学术学位硕士点以及临床医学、护理学等学科专业硕士学位点的自评估;完成了免疫学、临床医学博士学位点的自评估。完成基础医学一级学科博士点以及临床医学一级学科专业学位博士点的申报工作。

(三) 平台建设

对医学院电镜中心、综合楼公共平台进行了改造,为引进的人才进行了实验室改造。

利用"985"以及ESI学科建设经费添置了大型仪器设备:流式细胞仪、荧光显微镜以及实时定量PCR仪等。为各学系添置了各种小型仪器设备:全自动化学发光图像分析系统、核酸蛋白测定仪、凝胶成像仪、超低温冰箱等,为学科发展和科学研究提供保障。

二、科学研究

(一) 科研项目

获国家自然科学基金医学院11项(青年基金4项、面上项目6项、管理1项,经费512.9万元);中大医院38项(其中面上18项、青年18项、国际合作1项、杰出青年1项,经费2 198.22万元)。医学院获江苏省自然基金1项(面上项目1项,经费10万元);中大医院12项(面上5项、青年7项,经费311万元)。科技部支撑计划项目中大医院1项,经费62万元。

总计科研经费到款(截至2015年12月)3 917.66万元(医学院919.75万元,其中纵向经费908.75万元、横向经费11万元;中大医院2 997.91万元,全部为纵向经费)。

(二) 论文与专著

医学院共发表SCI收录论文49篇,EI 12篇;2015年发布2014年发表的论文中"表现不俗"为35篇(截至2015年11月);授权发明专利4项;参与出版教材及专著3部;出席国际学术会议46人次,国际学术会议交流论文70篇。中大医院共发表SCI收录论文232篇(截至2016年1月),授权发明专利3项。

三、师资队伍建设

2015年新增江苏"六大人才高峰"1名,共引进新教师7名,其中3名教师有海外经历、1名教师申报学校高级职称获批准。现有5名博士正向学校申请入职,其中2名申报高级职称。

目前医学院现有国家杰出青年基金获得者3名,国家自然科学基金优秀青年基金获得者1名,"973"首席科学家2名,江苏省特聘教授2名,"新世纪百千万人才工程"国家级人选1人,中组部"千人计划"1人(2012年,第七批企业千人),江苏省"333工程"中青年科技领军人才4人,教育部跨世纪人才1名。今年新增中组部"青年千人计划"1人(2015年,第十一批青年千人),国家杰出青年基金获得者1名,国家卫生计生突出贡献中青年专家1名(第七届),江苏省双创团队,获得优秀青年教师教学科研资助计划1人。2015年参加国家人力资源部全国博士后管理委员会综合评估,医学院博士后工作站被评为良好。2015年医学院积极推进人事改革,落实定编定岗工作,目前已经取得一定进展。

四、本科教学

(一) 教学任务

修订完成2016级本科生培养方案,建立了包括PBL、CBL、RBL的研讨型教学体系。

继续加强临床与教学的联系,强化临床技能训练。本年度,我院完成各专业本科教学工作量共计 25 000 余学时,留学生教学工作量 3 500 余学时。全年新完成 PBL 案例 40 个,组织培训校内外 TUTOR 145 人。目前,医学院共开设全英文课程 54 门、双语课程 15 门。全院学生 SRTP 申报校级一般项目 31 项,校级重点项目 6 项,省级学生创新型实验项目 2 项,国家级学生创新型实验项目 14 项,基于教师科研的学生创新型实验项目 10 项。

(二) 教学成果

医学院代表队分获 2016 第七届全国高等医学院校大学生临床技能竞赛华东分赛区团体特等奖和第七届全国高等医学院校大学生临床技能竞赛总决赛团体二等奖;尹清、谢健、韩丽飞、宋佳磊四位同学同时获第七届全国高等医学院校大学生临床技能竞赛华东分赛区个人特等奖和第七届全国高等医学院校大学生临床技能竞赛总决赛个人二等奖。医学院代表队参加第四届全国大学生基础医学创新论坛暨实验设计大赛,获得二等奖 3 项,三等奖 1 项。2016 届本科生毕业率、学位获得率均达 100%。

(三) 教学质量保证

我院高度注重教学质量,坚持全体教授必须为本科生授课。在提高师资水平的同时,共组织教学督导组成员听课 400 余人次,起到了教学监督作用。学院申请了 2016 年教育部临床医学专业认证,目前已顺利完成了自评及专家现场考核阶段。此次认证不但是对我院既往办学的论证,更为我院的发展奠定了基础。

(四) 教学平台建设

完成 2016 年度解剖实验室空气净化改造项目,计 256 万元。

(五) 实习基地建设

以临床医学专业认证为契机,根据需要 2016 年修订了临床医学实习计划。加强实习、见习基地的交流、管理。新增南京市溧水区人民医院为教学医院。

五、研究生教学

2015 年招收硕士 85 人(其中专业学位 31 人),七年制本硕连读 102 人(转 5+3 规培人数 23 人),招收博士 48 人。修订完成了 2016 年博/硕士招生简章。2015 年授予博士学位 43 人,硕士学位 173 人(含留学生 17 人)。

开设课程 57 门(博士 23 门、硕士 34 门)。2015 年医学院开设全英文课程 3 门(免疫学基础与应用、医学前沿 B、神经病学进展)。

按照大学要求对各学科点科学学位硕士、博士及直博生培养方案进行修订,调整了研究生课程库。

教学改革项目与成果:省级研究生教育教学改革研究与实践课题 2 项(省立省助 1 项,省立校助 1 项);省级研究生科研创新计划项目名单 20 项(省立省助 7 项、省立校助 13 项);实践创新计划项目名单 8 项(省立省助 4 项、省立校助 4 项);(上半年)校级优秀博士学位论文基金候选人3人；江苏省第三批产业教授（兼职）入选2人；获得省级优秀硕士论文1人，校级优秀博士论文1人，校级优秀硕士论文1人。

专业学位硕士研究生中期及终末综合能力考核：根据教学工作安排，由学院牵头抽调各基地医院专家对09级七年制学生和14级专业学位学生共155人进行临床技能中期考核；对08级七年制及12级专业学位研究生共107人进行临床综合能力考核。

集中开题：邀请校外基础和临床学科、本校公卫临床流行病学、统计学、院内各学科专家作为开题审议小组成员，同时邀请研究生院督导老师全程参与。开题学生：09级临床医学本硕连读七年制研究生、13级硕士研究生（包括科研型硕士、专业学位型硕士和留学生），共计188人，其中专业学位型硕士134人，分为9个组；科研型硕士54人，分为4个组，共计13个小组，每组均邀请5~7名专家参与开题，其中校外专家为18人次、公共卫生学院专家为9人次、院内专家为47人次。

博士中期考核：邀请校外和校内相关学院专家，对13级春秋季51名博士进行中期考核，48人通过，3人未通过，通过率为94.1%。

导师遴选：2015年新增硕导7人、博导7人、兼职专业学位硕导71人。协助申报基础医学一级学科博士点和临床医学一级学科专业学位博士点；协助完成临床医学、基础医学等一级学科的评估工作。执业医师报名人数共计121人，包括08级七年制、14级专硕、12级三年制及在读博士。

六、学生教育管理

2015年1月，我院与校招办组织全校各院系齐赴江苏省淮阴中学，进行宣传活动，为今年招生工作打下坚实基础。淮阴中学本年度招生人数再次位居我校各录取中学之冠。2015年我院本科各专业共录取新生268人，实际报到266人。2015年医学院最终就业率97.21%，其中本科毕业生就业率为96.45%、硕士研究生毕业就业率为97.55%、博士研究生毕业就业率为100%。

以社会主义核心价值观教育为重点，加强学生干部队伍的政治教育，抓好学生的政治理论学习、校纪校规教育。在新生入学教育工作中，与校党委老干部处合作，开展了我校抗战老兵报告会，进一步加强新生的爱国爱校情怀。组织新生参观四牌楼校区和丁家桥校区，部分新生还参加了南京市政府国庆开放日活动。

进一步完善我院团委各项规章制度，完成我院第六届学代会相关工作；对新成立的学生会和团支部主要干部进行培训，并开展素质拓展活动；同时协助学校完成新任团支书记培训。指导团支部开展针对团支部建设的"磐石计划"、团日活动以及"百里挑一"团支部风采展等。积极配合校团委科创部做好创新科技馆医学院布展工作，完成校第十八届大学生课外学术科技作品竞赛相关组织工作。完成2015年暑期社会实践组织工作和相关指导工作，组织了300余名同学参加社会实践，我院项目获得校级一等奖1项、校级二等奖1项。

2015年度我院获国家级学生个人奖88人次，获省级学生集体奖1项，省三好学生等省级学生个人奖3人次，校级学生集体奖1项。此外，我院还获得2015年度校运会总团体第七、女子团体第二的好成绩，我院女篮获得"院系杯"和"新生杯"两项比赛冠军，男足获得"院系杯"冠军。在江苏省教育厅组织开展的第二届以"他们——我身边的资助"为主题的大学生资助成效微电影创作活动中,我院学生创作的微电影文本获得了优秀文本奖,这是我校唯一获奖作品,并帮助学校获得创作组织奖。2010届本科生徐鸿博以排名第二的成绩荣获"东南大学2015届最具影响力毕业生"称号,他的成长故事在媒体上得到广泛报道。

七、国际合作与交流

积极开展国内外学术交流,与德国汉堡大学医学院、德国乌尔姆大学医学院、德国慕尼黑工业大学医学院等国际著名大学医学院在人才培养及科学研究开展合作交流,2015年通过国家留学基金委高水平大学公派研究生出国进行联合培养或攻读博士学位17人,东南大学研究生院专项基金资助研究生出国参加国际会议或短期科研培养25人次。邀请海外专家全英文授课6人次,讲学32人次。2015年暑期,我院向德国乌尔姆大学、德国汉堡大学及德国慕尼黑工业大学三个院校共计派出12名学生参与1~3个月时长的国际交流活动,在学校国际化发展的背景下率先为学生搭建了国际交流平台。今年接受德国乌尔姆和汉堡大学学生在我院1月的临床实习共计8人次,另接受赞比亚大学医学院4名医生在我院为期1个月的短访临床实习。今年成功申报国家留学基金委研究生创新人才培养项目——中德合作临床医学专业学位硕士研究生拔尖创新人才培养,为我院培养拔尖创新医学人才迈出了关键一步。今年又进一步和瑞典乌普萨拉大学、加拿大阿尔伯特大学、澳大利亚纽卡斯尔大学和阿德莱德大学开始磋商,计划在人才培养和科学研究方面展开合作。

八、党建与综合管理

贯彻落实全面从严治党要求,巩固和拓展党的群众路线教育实践活动成果,持续深入推进党的思想政治建设和作风建设,认真开展"三严三实"专题教育活动。学院党委书记谭东伟讲题为"学习'三严三实'、践行'三严三实'"的专题党课,学院领导班子针对"严以修身""严以用权""严以律己"开展专题研讨。通过召开座谈会等形式听取各方面意见,主动查找学院领导班子在"不严不实"方面的表现以及工作中存在的问题,并列出整改清单。

坚持党政联席会议事规则和"三重一大"决策制度,完善内部监管制度,强化监督,健全预算管理,变事后监督为事前、事中监督,把财务风险控制在最低程度。每周召开党政联席会,每次党政联席会议均有记录。

认真落实党风廉政建设责任制。在工程改造、仪器设备招标采购、招生、科研经费使用、对外业务交往中严格按政策法规办事。科研经费管理有效,班子成员无信访和违纪违规行为。财务管理规范有序,杜绝小金库。

坚持落实中央八项规定和学校的九项贯彻要求以及有关公务接待的各项要求,厉行勤俭节约,反对铺张浪费。严格控制公务接待范围;严格控制接待地点,公务接待确需安排用餐的,一般安排在校内食堂;严格控制接待标准和陪餐人数,禁止院内部门之间以各种名义相互宴请。认真开展领导干部个人事项报告、党风廉政建设责任制检查考核、办公用房清理、出入境证件管理、企业及社会团体兼职的申报等工作。

庆祝建院八十周年。5月18日，东南大学医学院、附属中大医院在丁家桥校区联合举行了跨越八十年院庆大会。杰出校友代表、中国科学院院士贺林教授，中国科学院院士侯凡凡教授，东南大学党委常务副书记刘京南、副校长林萍华、浦跃朴以及医院上级主管部门有关负责同志、东南大学医学院及中大医院部分老领导、老教授，教学基地、兄弟单位、医疗集团代表以及院党政班子成员、部分教职工及师生代表400余人参加了活动。

完成医学院党委换届选举工作，产生新一届中共东南大学医学院委员会委员和书记、副书记。将原医学院基础医学退离休分会和原医学院临床医学退离休分会，合并为医学院退离休分会。新的退离休分会于2015年5月完成换届选举，产生理事长、副理事长、理事。学院关心下一代委员会围绕立德树人的根本任务，卓有成效地开展各项活动，受到学校表彰，也是第一批参加我校院系关工委常态化建设验收的两个单位之一。院工会、退协积极组织各种文体活动，关爱职工，坚持送温暖，对重大疾病、困难职工、90岁以上高寿的教师开展慰问活动。

对安全工作开展全面检查。要求全院各单位严格落实安全责任制，健全和完善安全工作规章制度，对照《东南大学医学院实验室、办公室安全管理办法》等要求，认真排查所辖实验室、准备室、标本室、办公室和学生宿舍等是否存在安全隐患；重申危化品、有毒有害生物试剂等必须有专人管理，实验室、教室、楼道等严禁饲养实验动物，必须按规定在动物房饲养。

公共卫生学院

2015年，学院在校党政的领导支持下，经过全院师生的不懈努力，教学、科研、党建及学生管理各方面工作都取得了较好成绩，为制定"十三五"规划奠定了较好基础。

一、基本院情

学院现设有预防医学（五年制）和劳动与社会保障（医疗保险专业方向，四年制）2个本科专业，在校生700余名，本科生人数和研究生人数各占一半。

劳动卫生与环境卫生学、营养与食品卫生学、流行病与卫生统计学、医疗保险学为学院的主干学科，涵盖公共卫生和医疗保险二级学科中的主要专业。公共卫生与预防医学学科已成为学校"985工程"和"211工程"重点建设学科之一，在全国学科排名中名列第七，进入全国强势学科之列。

学院现有教职工61名，教授18名（其中博士生导师14名）、副教授19名、讲师13名。在50名专业教师中，具有博士学位的占85%，50%的教师具有海外留学或研修的背景。

2016年5月28日，学院将迎来建院四十周年。目前，全院围绕"感恩、回家、共享"的主题，积极准备院庆的各项活动。

二、完成各层次的教学任务

（一）本科生教学

7 873学时，这是学院完成的本年度教学总课时。学院17位教授按要求，全部参加核心课程的授课，使本科生能聆听到教授的授课。灵活、生动、互动的讲课形式，重点章节和鲜活实例的结合，深受同学们的欢迎，也为年轻教师上好一堂课作了示范。此外，5门双语课程的开设，聘请的4名外籍老师授课，开拓了学生所学专业的视野，也提高了学生们外语的听说能力。

学院鼓励在校学生积极参加科研和社会实践。学生参与申报的国家、省级和校级（SRTP项目）课题共有18项。值得一提的是，"在全面深化改革中构建中国特色的'共同参与型'老年人健康管理新模式——基于南京市社区老年人健康管理实践"课题，进入第十四届"挑战杯"全国大学生课外学术科技作品竞赛决赛，最终获全国一等奖，为学校争了光，也是学院大学生参加各级各类校外活动获得的级别最高、奖项最高的一次。另外，一名本科生论文获东南大学优秀本科生论文奖。

（二）研究生培养

2015年毕业的研究生通过了论文答辩，其中一篇博士论文获学校优秀论文奖、一篇硕士论文获学校优秀学位论文，研究生学位论文抽查结果优良。

研究生培养另一个显著特点：学院在全国首批开设了英文授课的公共卫生硕士（全球健康）留学生班，已招收留学生10人。与此同时，学院也派出3名学生赴境外大学交流学习，通过联合培养完成其学业。

（三）其他教学工作

参加教材编写情况：参编国家规划教材3部，其中主编1部；部委规划教材3部，其中主编1部。

在江苏省2015年省级留学生英文授课精品课程评奖获奖中，学院榜上有名，1人获奖。除此以外，在学校教改课申报中，今年成绩较为喜人，获立项8项。

三、学科建设及科研工作

在全国一级学科评估中，在公共卫生与预防医学位列第七，与此同时，公共卫生与预防医学成为江苏省一级学科重点学科，学院的医疗保险专业被评为江苏省重点建设的品牌特色专业。

学院现有公共卫生与预防医学一级学科博士点、公共卫生与预防医学博士后科研流动站、公共卫生与预防医学一级硕士点、社会保障学硕士点。

实验室建设是学院重点工作之一，成绩不断有所突破。环境医学工程已成为教育部重点实验室，提升了实验档次，为老师们发表高水平的论文提供了优质的实验条件。学院中心实验室大型仪器设备全部进入大学的公用平台，真正实现了仪器设备在校内的共享，提高了仪器设备的使用率,受到外院老师的欢迎。

对校外实习基地的建设,学院高度重视,走出去、请进来积极联系有关单位,增加新的实习基地。目前,在省内外有南京市鼓楼医院、江苏、上海、新疆、西藏疾病预防与控制中心等实习基地,各实习点带教运作正常。

科研经费到位:学院科研项目新立项32项,其中国家自然基金9项;科研经费到款数888.07万元,经费到位和同期相比增长26%。

学术论文发表:SCI、SSCI收录的论文数57篇;被ESI收录的论文数47篇。被SCI、EI、Medline收录的代表性论文他引次数约为68次。

流行病与卫生统计学系张徐军教授课题组在国际上首次报道了中国农民农药中毒对神经行为功能的影响,在农药中毒对神经行为功能研究方面取得重要进展,其研究论文在行为学国际权威期刊 *Cortex* 上在线发表。

科研成果和专利申请:"纳米材料毒理学评价及环境医学应用的基础研究"获2015年度高等学校科学研究成果奖自然科学一等奖;申请专利8项,其中授权专利6项。

教师培训:学院新增中组部"青年千人计划"特聘专家1人、江苏省双创人才1人、江苏省杰青1人和江苏省"六大人才高峰"1人。学院高级专业技术职务占教师比例为79.5%,具有海外博士学位教师比例为5.5%。

四、学生管理工作

毕业生就业是学院关注的重点和难点工作,为此,学院鼓励和提倡全院关心该项工作。经过全院的不懈努力,各类毕业生就业形势比较乐观,本科生、博士研究生、硕士研究生就业率均达到100%。毕业生就业质量也较高,其中进入事业单位工作的也占50%以上。

建立相关制度来规范学生日常管理工作,为此,学院制定了《公共卫生学院学生突发事件应急预案》《东南大学公共卫生学院学生专项奖学金评定暂行办法》《东南大学公共卫生学院学生荣誉称号评定暂行办法》等一系列管理文件,使学生工作逐步走上有序和规范。如对各类奖学金、荣誉的评定,学院及时公布评比条件、公示评比结果,消除了学生中存在的暗箱操作的嫌疑,全年各类评比无投诉。

五、校友对学院的关心

9月28日,1981级校友、联邦制药公司副总裁方煜平为支持母校发展、勉励后学,捐赠30万元设立"煜平公卫奖学金";10月10日,点米网络科技股份有限公司捐赠30万元设立"点米奖学(教)金、助学金",奖励取得优异工作业绩和获得优异学习成绩的学院师生,同时,点米网络科技股份有限公司另捐赠6万元设立"东南大学点米俱乐部",资助学院学生开展公益活动。

六、党委工作

学院党委在校党委的统一部署和领导下,深入学习贯彻落实党的十八届三中、四中、五中全会和习近平总书记系列重要讲话精神,以中国特色社会主义理论体系为指导,以切实抓好基层党建为主线,以深入开展"三严三实"专题教育、编制"十三五"事业发展规划为抓手,团结全院师生员工,振奋精神,开拓创新,扎实工作,不断推进学院事业稳步发展。

(一)周密部署、力求实效,深入开展"三严三实"教育

党委制订了专题教育方案,从专题党课、专题学习研讨、专题民主生活会、整改落实和立规执纪等4个关键内容作出了具体安排,确保专题教育与推动学院工作紧密结合。学院党委书记为全院职工讲授专题党课2次;学院党政领导班子严肃认真召开了专题民主生活会,认真开展批评和自我批评,认真查摆解决"不严不实"问题;学院班子所有成员以普通党员身份参加了所在教工党支部的组织生活会,直接听取党员群众的批评和建议。使班子成员真正从思想上、工作上、作风上严起来、实起来,增强了班子的凝聚力、战斗力。

(二)强化制度、创新举措,切实加强基层党建工作

党委坚持把党建工作放在首要位置来抓,以"三严三实"专题教育为平台,推动党支部"三会一课"制度常态化执行;深入实行制度建设工程,定制了学院党委、教学、科研、党政联席会等各类会议,制作了专题工作记录本。党委重视学习,强调认真阅读原著,为此,给全体党员发放《为人民服务》《愚公移山》《纪念白求恩》等经典著作,引导广大党员提升理论学习,加强党性和理论修养。党委还开展了为每位党员赠送"政治生日贺卡"活动,以温馨的方式提醒党员牢记党员身份。学院党委认真落实党风廉政建设目标责任的要求,坚持执行述职述廉制度,定期召开全院教师会议,自觉接受全院教职员工监督。党委严格按照高校发展学生党员工作实施细则,加大学生党员素质提升力度,举办党校一期,培训入党积极分子90人,发展预备党员23人。

(三)广泛调研、群策群力,全面编制"十三五"规划

按照学校统一部署,学院党政密切配合认真做好"十二五"发展规划总结,结合学院现状和当前国际国内公共卫生学科发展态势,提出了学院"十三五"期间的发展思路、目标及主要举措。在规划草案完成后,以各学系为单位,充分听取意见建议,广泛凝聚共识,几易其稿。经学院党政联席会审定,正式通过《东南大学公共卫生学院"十三五"事业发展规划纲要》。

(四)立德树人、关心成长,努力提升学生的品行教育

以"中国梦"为主题开展一系列丰富多彩的教育活动,使学生在实践与交流的过程中,潜移默化地接受思想政治教育,领会了中央精神和"中国梦"的深刻内涵。针对低年级本科生专业思想不稳定的现状,学院党政领导和广大教师积极参与各类各项学生活动,参加共青团、学生会、研究生会换届选举,提升了学生的专业认同感和学习动力;发挥学院劳动与社会保障专业优势,指导院团委组织同学参与第十四届"挑战杯"大学生课外学术科技作品竞赛并获得一等奖。发挥预防医学专业特长,常年组织志愿者深入社区、医院和乡镇基层进行志愿服务等活动,弘扬志愿精神,培养社会责任感,提升思想政治教育工作实效。

(五) 关爱师生、注重沟通，全面深化和谐学院建设

坚持定期召开党政联席会，严格执行"三重一大"决策制度，稳步推进学院党务政务信息公开；举行"我与院长面对面"座谈会，定期听取学生的意见和建议；召开各学系工作总结交流会，由各学系主任做汇报，各学系党支部书记做纪要，使得学院班子成员充分与老师们交流，同探讨、谋发展；举办重阳节活动，邀请在宁退休老教师回学院团聚交流并指导工作；重建学院公共主页，加强信息发布和内容更新；针对少数民族学生较多的实际情况，加强法制和民族团结等方面的教育，做好安全稳定工作。

认真贯彻党政联席议事规则，重大决策由党政联席会议决定，均有会议记录。党政班子团结协作，工作效率高，无因决策失误造成任何损失。

(六) 党风廉政建设

重点开展了"三重一大"制度落实情况的自查工作，进一步完善了贯彻"三重一大"制度的实施细则，并认真执行。凡涉及"三重一大"事项，一律经过党政联席会议集体研究决定，学院的经费由院长一支笔掌控，学院不设会计，一切经费来往均由财务处管理，没有小金库。

为了严格管理科研经费的使用，学院出台了针对科研经费使用的管理条例，本年度科研经费管理正常，未出现违规使用情况。

一年来，学院领导班子成员无信访和违纪违规行为，未发现违反党风廉政纪律和中央八条规定的情况。

马克思主义学院

2015年，我院按照"教学为本、科研为基、立德为先、争创一流"的建院理念，在校党政领导的支持下，扎实开展各项工作，顺利举行了院党委换届，认真开展"三严三实"教育，在思想政治理论课教学改革与建设、学科建设与科学研究等方面取得了丰硕成果。

一、思想政治理论课教学改革与建设

2015年，我院主要承担了全校本科生《中国近现代史纲要》(32课时)、《毛泽东思想与中国特色社会主义理论体系概论》(48课时)、《马克思主义基本原理概论》(48课时)、《思想道德修养与法律基础》(48课时)四门思想政治理论课的本科教学工作，平均每位教师承担3.3个教学大班的本科教学任务。另有14位老师开设了22门研究生课程。

继2013年我院获批省级示范点建设项目之后，2015年8月，袁久红、叶海涛牵头申报的"大学生社会主义核心价值观'四化'教学模式建构探索"成功获批江苏省高等教育改革"重中之重"项目。2015年叶海涛主持的"思政课教学中的社会主义核心价值观与生态文明教育探索——以《马克思主义基本原理概论》为例"获批校级重点教改课题，朱菊生主持的"建构式教育理念下的思政课教学改革与实践研究"、刘波主持的"社会主义核心价值观引领《思想道德修养与法律基础》课专题式教学改革研究"、翁寒冰主持的"以社会主义

核心价值观引领《马克思主义基本原理概论》教学改革参考意见"获批校级青年教改项目。此外,袁久红主持的1项省级示范点建设项目以及2项校级重点教改课题顺利结题。

2015年9月,在第三届全国微课程大赛中,朱菊生微课作品《社会学视域中的环境问题》荣获全国一等奖,另有两位教师分获东南大学教学奖励金一等奖和二等奖,两位教师获东南大学教育基金会奖教金等各类教学奖项。

以社会主义核心价值观为引领,以省级教改"重中之重"项目为抓手,我院以科研促进教学质效提升,进一步深化教学改革。关于社会主义核心价值观示范教学的视频共12篇已全部录制完毕。视频包括社会主义核心价值观之"自由"篇、"平等"篇、"公正"篇、"法治"篇、"富强"篇、"民主"篇、"文明"篇、"和谐"篇、"爱国"篇、"敬业"篇、"诚信"篇、"友善"篇。

2015年,我院出版培育和践行社会主义核心价值观的教辅专著4部(《社会主义核心价值观教学案例精编》《社会主义核心价值观大学生读本》《创新思维》《从富强到正义:现代性重构与中国现代化发展的价值取向》),发表相关高水平教研论文多篇。

二、马克思主义理论学科建设与科学研究

(一)建立省级重点智库"中国特色社会主义发展研究院"

由我院牵头筹建的"中国特色社会主义发展研究院"获得了省委宣传部的批准,成为省内9家重点高端智库之一。该重点智库,省里每年投入经费200万元,连续投入5年。该智库获得批准成为我校人文社会科学发展的一个重要增长点。

12月20日,东南大学"中国特色社会主义发展研究院"首届高层论坛在东南大学举行。论坛由东南大学与《光明日报》社联合主办,中国城市规划学会城市规划历史与理论学术委员会协办,东南大学中国特色社会主义发展研究院、《光明日报》智库研究与发布中心和《光明日报》新闻报道策划部共同承办,论坛以"马克思主义空间理论与中国新型城镇化"为主题。来自中央编译局、清华大学、人民大学、南京大学、浙江大学等研究院所的110多位专家与会,《光明日报》、江苏卫视、《扬子晚报》、《新华日报》等多家媒体进行了报道,产生了较大社会影响。

(二)马克思主义理论学科获批省级重点学科

在学校领导支持下,今年我校马克思主义理论学科建设获得了新的突破,根据《省教育厅关于做好马克思主义理论省重点学科申报工作的通知》,我院马克思主义理论学科经专家评审,获得省重点学科立项资助。

(三)省级"江苏省中国特色社会主义理论体系研究基地"获批

根据中共江苏省委宣传部下发《关于命名首批江苏省中国特色社会主义理论体系研究基地的决定》(苏宣发〔2015〕9号),我院入选首批江苏省中国特色社会主义理论体系研究基地。该研究基地注重基础理论研究和应用对策研究,在社会主义核心价值观研究的特色成果基础上,进一步推进我院社会主义核心价值观、马克思主义城市理论与中国新城

镇化道路等方面的研究。同时,该基地关于"中国特色社会主义发展道路"研究获得省社科规划办重大委托课题立项,课题经费30万元,经过多次的课题研讨,该研究工作稳步进行。

（四）以智库和基地为依托,学术氛围浓郁,科研成果丰硕

新立项各类项目计31项,其中牵头中宣部重大投标课题1项,教育部课题立项3项,省级规划和委托课题8项,省社科联项目1项,厅局级项目6项,获得学校资助项目12项,横向课题1项,科研立项经费328.8万元,科研立项经费创历史新高。出版专著5部,包括《大学生社会主义核心价值观读本》《创新思维》《社会主义核心价值观教育教学案例精编》《承认哲学的历史逻辑:黑格尔、马克思与当代左翼政治思潮》《重构人的精神生活》等。发表论文82篇,其中CSSCI论文54篇,一般期刊论文28篇,部分论文在本学科权威期刊《马克思主义与现实》《思想理论教育导刊》等刊发或被《人大复印资料》转载。另有两位老师论文获得江苏省思想政治工作研究会优秀成果二等奖,一位教师获得省社科大会论文一等奖。

由社会科学处主办,马克思主义学院和中国特色社会主义与建设性后现代研究中心承办的"生态马克思主义与中国发展"学术沙龙于10月30日成功举行。该沙龙汇聚了美国人文科学院院士、中美后现代发展研究院院长小约翰·柯布教授,美国过程研究中心中国部主任、中国后现代发展研究院常务副院长王治河教授以及东南大学、南京师范大学、南京农业大学等省内高校和研究机构的专家学者,共同就"有机马克思主义"、生态建设与中国发展等问题进行了热烈且卓有成效的理论研讨。

三、研究生培养与管理工作

2015年有7位博士研究生毕业,13位硕士研究生通过毕业论文答辩,2013级博士研究生就业方向基本为高校教师。2016年新招收8位博士。2015年10月有2位硕士、1位博士荣获国家奖学金。发展预备党员5人,转正党员3人。硕士研究生积极参加导师课题项目,发表论文水平不断提升。学院加强研究生规范管理,按期完成考核工作。

2015年6月6日,由东南大学马克思主义学院研究生会主办,马克思主义学院研究生党支部和东南大学湖思读书会协办的首届南京高校马克思主义理论学科研究生论坛,在东南大学九龙湖校区人文学院报告厅顺利举行。本届论坛主题为"新青年·新思维·新发展",来自南京大学、东南大学等8所在宁高校40余名代表围绕马克思主义与当代政治哲学、依法治国与国家治理体系和治理能力现代化、社会主义核心价值观与历史进程中的民族复兴等三个议题进行了热烈的交流和讨论。首届论坛的召开为南京高校广大研究生进行马克思主义理论学科的学术探讨和交流提供了良好的平台,引发了新形势下广大新青年的新思维,推动了马克思主义在当代的新发展。

四、队伍建设与学院管理

根据《关于做好基层党委、党总支、直属党支部换届选举工作的通知》(东大委〔2015〕18号)的文件要求,按照《中国共产党章程》的相关规定,2015年5月22日我院进行了新一届党委换届选举工作,根据无记名投票结果统计,大会选举产生了叶海涛、杨洋、袁久红、袁健红、盛凌振等五位为新一届党委委员。同时,新一届委员召开了第一次会议,根据无记名投票结果统计,大会选举袁久红为新一届党委书记,袁健红为新一届党委副书记。2015年6月1日,中共东南大学委员会文件(东大委〔2015〕40号)公布了马克思主义学院新一届委员会由叶海涛、杨洋、袁久红、袁健红、盛凌振等5人组成,袁久红任书记,袁健红任副书记。在加强组织建设的同时,注重教师队伍建设,2015年我院还引进2位教师,学院的师资结构进一步完善,为高质量的教学提供了有力的保障。另外,我院1位老师参加了全省高校哲社科骨干研修之第46期思政课专任教师研修班,3位老师参加了2015年高校思想政治理论课骨干教师研修班等。

吴健雄学院

截至2015年12月,吴健雄学院在校学生453人,其中电子信息类强化班258人、机械动力类强化班81人、高等理工实验班114人。在学校各级党政领导的关心和指导下,学院坚持以科学发展观和党的十八大精神为指导,紧密围绕学校综合改革部署,积极推进学院的转型发展,探索荣誉学院拔尖人才培养的新模式与新机制,大力加强在新常态下学生工作的思想建设和组织建设,注重培育和践行社会主义核心价值观,完善学院各项工作。

一、党建和思想政治教育工作

学院紧紧围绕荣誉学院人才培养目标,加强党员队伍建设,发挥基层党组织的战斗堡垒作用。第一,加强对入党积极分子和党员发展对象的引导和要求,建设一支高素质的学生党员队伍。学院与计算机软件学院联合举办了2015年党员发展对象培训班,我院有49名积极分子参加了培训,共发展预备党员26名。第二,加强对学生党员的日常管理和教育。截至12月底,完成了全院所有学生党员的排查工作,并对2名已毕业、组织关系还挂靠在我院的党员进行了联络和后续管理。2015年第二学生党支部组织了"回顾抗战中的东大"主题党日活动,第一学生党支部组织了"分享读书的快乐"主题党日活动。第三,结合"四进四信"系列教育活动,加强和改进大学生思想政治教育。我院"童心共飞翔——社会主义核心价值观故事进校园"大学生志愿服务活动被校团委推荐为江苏省"四进四信"重点项目。

坚持以党建带团建,将团建融入党建中,加强班级、团支部建设。学院团委开展了传统的第19届"真善美"读书活动、第九届英语风采大赛、第二届"机甲帝国"智能体编程大赛、第三届"探秘九龙湖"趣味定向越野比赛。此外,还组织了"东南印象,创意青春"毕业生创意合影大赛、"奔跑吧,青春"户外拓展、"健雄梦、鸿鹄志"吴健雄学院分享交流会等创新活动,在丰富多彩的共青团文化中加强社会主义核心价值观的教育和引领。2015年,我院613131团支部获校"国旗团支部"提名奖、校"活力团支部"称号,参选江苏省"示范团支部";610142班被评为校级先进班集体,613131班被评为江苏省先进班集体。

二、学院工作

1. 制定学院"十三五"规划。学院紧紧围绕学校建设世界一流大学的总体目标和综合改革方案,探索开创多样化拔尖创新人才培养的新模式和新机制,树立吴健雄学院优秀人才培养基地与教学改革、管理改革示范区的特色品牌。在借鉴世界知名荣誉学院培养模式和总结我校三十年来优秀人才培养经验的基础上,制定了"十三五"规划。

2. 2015年4月因工作需要常务副院长李爱群教授调任北京建筑大学担任副校长,学校任命教务处处长雷威教授担任我院常务副院长兼党总支书记。

三、人才培养与教学改革

1. 探索人才培养模式改革,基本完成2015年人才培养方案修订。针对吴健雄学院近年来发展与资源建设遇到的瓶颈,重新梳理学院的定位与特色,计划对整个拔尖人才培养的体系构架进行突破性调整,包括进一步优化高等理工班培养方案,增强其满足学生个性化发展需要的灵活性与适应性,并整合优质资源构建荣誉课程和荣誉项目,形成可组合的模块化资源平台。目前局部优化调整的基本情况是:(1)高等理工实验班数学系列课进程调整,课程内容再次梳理,以更有利于后续课程学习。(2)电子信息类强化班根据相关电类专业计划调整作适应性调整,以保证专业分流时接口顺利。主要包括:大二下学期课程设置组选方案,增加"电磁场与波"(部分专业选),部分课程进程调整。

培养方案已经过2轮答辩评审,根据专家意见再作局部修改。研究项目"吴健雄学院个性化、开放性拔尖人才培养平台建设"已申请立项江苏省教改项目。

2. 论证"生命科学精英计划"培养方案,落实资源建设。组织校内外专家对该计划进行多轮论证研讨,明确了专业相关的课程体系构架和基于导师制的精英化、个性化、国际化、研究型培养模式,并与莫纳什大学生命科学院签署学生研究访问协议,将开启基于研究的课程学习模式。

3. 完成校级教改项目的结题验收。2013年申报立项的"面向吴健雄学院的人文通识系列研讨课建设"经过2年建设,首批建设9门特色课程。在结合教师研究所长,引导学生深入学习思考、完成一定量的课外阅读、过程考核、灵活考核等方面形成明显特色,并由学生开发了课程管理系统。项目已通过学校验收。平台使用和资源扩充将继续进行,2016年将新增2门课程。

4. 完善导师制工作。首先,面向2011—2014级开展学习导师制满意度问卷调查工作,根据调查结果、导师综合评价等多方因素,拟定学习导师制推荐名单并提供2015级学生参考。其次,开展系列沙龙活动,搭建导师制交流平台,为学生开展导师制工作提供信息来源,同时整合我校教师扩充科研团队的需求,为双方需求的实现搭建了良好的对接平台。

5. 有序完成各类课外研学工作。2015年学生立项国创、省创、基于教师科研的SRTP项目(简称三类项目)20项,立项校、院级SRTP 32项。结题验收三类项目17项,优良率58.8%(优5、良5、通过7);校院级SRTP 32项,优良率56.3%(优8、良10、通过10);发表各级学术论文20篇,申请发明专利10项。

四、国际化工作

1. 拓展国际化合作平台,今年新增与莫纳什大学生命科学院签署协议,接纳本科生赴莫纳什大学生命科学院实验室进行为期3~12个月的实验研究,签署的国际交流项目已增至6项。

2. 有序开展2014年已签订项目。其中:2名学生入选"香港科技大学电子与计算机系博士优先录取项目","吴健雄学院&悉尼大学电子与信息工程学院3+2联合培养项目"3名学生首次成行,5名学生成功入选"欧盟INTACT本科生交换学习项目"。

3. 国际交流人数显著上升。本年度共有53人次赴国(境)外交流学习或文化交流,较去年增加20人次。选拔9名同学参加学术年会,其中日本早稻田IPS国际会议我院3名学生参加,白岚与陈同广分别斩获优秀海报展示奖(Excellent Poster Presentation Award)及优秀论文奖(Excellent Paper Award);25名同学交换学习;16名学生暑期游学。

4. 增进海外高校交流互访,打开国际化建设新局面。赴英国参加SAFPDP国际会议及欧洲国际教育协会(EAIE)年会,与诸所英国高校建立联络,并促成曼彻斯特大学代表来访;参加了首届卓越联盟荣誉学院论坛;接待意大利帕多瓦大学、美国荣誉学院NCHC一行等多方代表访问,为国际化工作打开新的局面。

五、学生服务与成长

1. 认真做好学生各类奖助学金及荣誉称号评选工作。全年我院共评出校级及以上个人荣誉130人次;各类奖学金77人次、各类助学金32人次,资助金额达11万元。

2. 注重对学生职业生涯规划的引导。我院2015届毕业生就业率达100%,其中升学率76.42%,国内升学率为52.84%,出国升学率为23.58%。在本届毕业生和推免研究生中,分别有1名同学入选研究生西部支教团,赴甘肃天水参加支教;1名同学入选镇江地区村官,深入基层服务民生。

3. 课外科技活动方面,学院共举办4场大学生课外研学讲座,有14件学生课外研学作品被校大学生创新成果展览室收展。学生参加各类课外科技竞赛活动获省级以上奖49项109人次,其中获国际级奖12项28人次、国家级奖12项31人次、省部级奖25项50人次。

4. 学生志愿服务及社会实践方面,我院今年分别联合南京春江学校及游府西街小学开展了第十九届"真善美"读书活动和社会主义核心价值观进小学的活动。参加南京民间抗日战争博物馆相关活动,并派学生代表参加了中国作协副主席何建明先生《南京大屠杀全纪实》手稿捐赠仪式。此外,我院还组织了17支小分队参加今年暑期的社会实践活动。经最终评定,其中一支小分队获省优秀小分队,三支小分队获校级优秀小分队荣誉。

5. 2015年第五十七届校运会上,学院再次包揽乙组男子、女子和团体总分第一名,在东南大学秋季运动会上,取得乙组男子七连冠和团体总分六连冠的辉煌战绩,并获得优秀组织奖和群众体育先进院系等荣誉。

海外教育学院

2015年是我校实施"十二五"规划战略的最后一年,海外教育学院在2014年工作的基础上,深入贯彻落实习近平总书记对全国留学工作会议的重要指示和我国教育外事工作"扩大规模、提高层次、保证质量、规范管理"的十六字方针,积极配合"一带一路"建设,以大数据、全渠道、多形式的招生方式和改革创新的培养模式进一步扩大学校留学生规模、提高留学生培养质量,为学校建设世界一流大学和一流学科的研究型大学作出贡献。

一、招生工作

(一) 概况

2015年,在校学习的来华留学生人数达到1 813人。其中学历留学生1 313人,占总人数的72.4%,在江苏省排名第一;留学研究生495人,占学历生比例37.7%,在江苏省名列前茅;非学历生106人,其中交流生45人、孔子学院奖学金生22人;短期团组310人。2015年,医学院、经济管理学院、建筑学院的新入学留学生仍保持显著增长。

(二) 参加教育展会

2015年我院参加了美国(NAFSA教育展)、比利时、蒙古、泰国、印度尼西亚、赞比亚、毛里求斯、苏丹等国教育展和美国、白俄罗斯三所孔子学院教育推广。

(三) 奖学金生招生

积极配合留学基金委来华部的工作,做好自主招收留学研究生的招生和上报,中欧、中美学分生奖学金的申报,巴西科学无国界项目的持续推进;充分发挥南京市政府奖学金和江苏省茉莉花奖学金在招生中的作用;进一步扩大校长奖学金的录取规模。2015年增加录取研究生42名。

(四) 自费生留学生

进一步优化在线申请系统。

(五) 交流生招生

2015年我校招收交流生与学分生45人,主要集中在经济管理学院、海外教育学院(汉语交流生)和医学院等院系;进一步加强了与本校国际合作处、有关院系和国外友好院校的合作;规范了交流生的申请流程。

短期团组项目 2015年短期团组(全校)共计310人,来源国主要包括日本、美国、德国、白俄罗斯和澳大利亚等国。

二、教学教务工作

2015年度我校共有130名留学生顺利完成学业,获得专业学位,其中90人获学士学位、31人获硕士学位、9人获博士学位。

2015年3月至5月,我院会同医学院对即将进入临床医院实习的本科英文班和中文班留学生进行了实习大会动员,重点宣讲临床实习要求及规定,明确实习目标。

2015年度全校两门课程"临床流行病学""给排水系统规划与管理"获选当年度江苏省外国留学生精品课程。

2015年首届"东南大学校级外国留学生精品课程"评选成功举办。

三、留学生管理工作

(一) 建章立制,完善管理

我院进一步修订完善了《留学生生活指南》和《留学生管理规定》,2015年秋学期开学前将新版《留学生生活指南》刊印并及时发放给留学生;讨论、确定和落实了中国政府奖学金生校外住宿补贴管理办法,有效地推动了留学生校外自主解决住宿事项的进程;引进了叫号设备,进一步优化报到流程,提高工作效率;8月至11月,先后完成了2015学年300多名新生的报到和档案整编工作。

(二) 优化各类奖学金的管理与发放工作

完成了我校上年度南京市政府外国留学生奖学金和2015年全年中国政府奖学金(CSC)的发放工作;完成了校外住宿公费生奖学金补发工作;完成了2015年度"中国政府奖学金"年审和评审结果的上报工作;9月,完成了2015年"中国政府奖学金"年度注册及上报工作;完成了2015年度省政府茉莉花奖学金管理发放工作;配合校教育基金会,完成了"东南大学教育基金会奖学金"评选上报和获奖证书颁发工作。

(三) 提升服务学生质量,提高满意度

完成了2015年度留学生学费应收账款建立和信息录入工作;配合财务部门,进一步做好校园卡和银行卡关联工作;尝试引进学生宿舍门禁系统,加强学生宿舍区安全管理。

进一步丰富外国留学生校园文化活动。2015年,我院组织学生参加了"光影印象在江苏——常住江苏外籍人士摄影大赛"并获奖;5月,赴华南理工大学参加"全国来华留学生教育管理论坛暨第四届留学生朗诵比赛",我校师生获得三等奖;6月,组织学生参加了建校113周年校庆主题活动之——第一届"我为东大代言"国际学生大使聘任仪式和相关活动;9月,带领学生参加了"同乐金陵"首届南京青年文化周——中外民间体育嘉年华活动;10月,带领部分学生参加了国家留学基金委主办的"巴西科学无国界项目学生与企业交流活动";11月,组织学生参加了"书情画意在江苏——江苏省常住外籍人士书画大赛",学生作品两获三等奖,我校获最佳组织奖;组织部分有文艺特长的留学生参加了2015年"同乐江苏"外国人才艺大赛,学生分别获最佳才艺奖和优秀演唱奖,我校获最佳

组织奖;组织留学生参加"2015同乐江苏外国人汉语大赛",分获江苏省二等奖、南京赛区三等奖。

四、对外汉语教学和科研工作

(一) 教学工作

1. 建立并完善多层次汉语课程体系:在面向留学生的汉语教学中,促进具有我校专业特色的多层次汉语课程体系不断优化,以适应各类留学生学习汉语的需求。同时增设"中国经济""中国书法""中国绘画""中国民间工艺""中国历史""中国艺术赏析"等选修课。

2. 组织多种形式社会语言实践和文化体验活动,如参观博物馆、古琴社、茶艺馆、手工艺作坊,现场观摩昆曲和京剧等中国传统戏曲表演;组织语言实习与考察活动,丰富留学生的课余生活。

3. 加强与学校人文学院的合作,共同建设汉语国际教育硕士点,全面提高教师在教学、科研方面的能力。

(二) 科研成果

发表学术专著1部,学术论文1篇;获得科研基金立项5项,其中国家重点立项1项、国家立项1项、其他立项3项。

(三) 学术活动

2015年6月,成功主办"来华留学生教育与中国文化的国际传播"社科沙龙;2015年11月,成功主办"留学教育产业与我国经济长期发展"主题沙龙。

五、孔子学院工作

2015年,我院认真落实国家《孔子学院发展规划(2012—2020年)》,积极、努力推进我校孔子学院工作。

(一) 工作举措

加大孔子学院奖学金招生宣传力度,积极为孔子学院奖学金生组织中国文化考察活动,增进他们对中国传统文化的了解和认识,促进他们的汉语学习热情。同时组织学生参加汉语水平考试(HSK)、汉语水平口语(HSKK)考试。

规范中方院长、汉语教师和志愿者校园初选,及时储备院长、教师和志愿者资源。

做好孔子学院暑假来华夏令营、来访团组的活动组织工作。针对不同团组的差异化需求,制订相应的接待方案,积极开展汉语教学和文化交流活动。

(二) 工作实绩

2015年2月25日,在国家汉办、东南大学和明斯克语言大学的共同支持下,东南大学—明斯克国立语言大学孔子学院中国语言文化中心隆重揭牌。

2015年3月18日，美国田纳西大学副校长兼教务长Susan Martin、副教务长Pia Wood、文理学院院长Theresa Lee、孔子学院外方院长萧世伦四人到访我校，浦跃朴副校长会见了代表团一行。在两校年度孔子学院理事会上，浦跃朴副校长与Susan Martin教务长回顾了上一年的工作并部署了当年的工作，还就两校教师发展、英语夏令营、图书馆人员交流以及中美合作机制交流等项目进行了磋商。最后，浦跃朴副校长与Susan Martin教务长签署了"东南大学与田纳西大学2+2合作项目执行协议"。

2015年6月27日，为期12天的美国田纳西中学生夏令营圆满结束，此为田纳西大学孔子学院首次组织夏令营。

2015年7月13日，明斯克国立语言大学孔子学院的19名学生以及带队老师一行20人参加了在南京举办汉语言文学体验夏令营。

2015年7月26日，明斯克国立语言大学孔子学院学生夏令营圆满落幕。本次夏令营为期两周，涵盖汉语和中国文化课程以及南京文化风俗。活动旨在传播中华传统文化，增进两校交流，促进彼此友谊。

2015年11月，白俄罗斯教育工作者团访问我校。11月10日海外教育学院院长邱斌教授、人文学院书记李涛教授和中文系主任田兆耀教授受邀参加欢迎仪式，并与代表团就人文学科领域可开展的合作进行了讨论。

2015年12月6日至7日，第十届孔子学院大会在上海世博会议中心举行，由我校与美国达拉斯德州大学合作共建的美国田纳西大学副校长兼教务长Susan Martin与明斯克国立语言大学孔子学院的外方院长Larysa Tryhubava获得"2015年度孔子学院先进个人"奖。

东南大学无锡分校

在学校整体工作部署的框架下，结合学校2015年工作要点和"十三五"深化教学改革的要求，在分校分管校长的直接领导与指导下，积极开展各项工作。

一、人才培养工作

（一）本科生培养

在常规工作基础上，修订完成了2015级无锡分校本科生培养方案和教学计划，对专业课程的教学内容和组织形式进行了适当调整与完善。开展短学期的"科研与工程实践"教学活动，组织学生走访无锡华润上华科技有限公司等内涵丰富的学术科研和实践活动，并特别邀请了企业工程师为同学们进行了案例交流，提高了学生的工程实践认识。

（二）研究生培养

在日常教学规范运行的基础上，企业课程得到进一步加强。通过邀请专家到分校开设论文写作讲座和论文报告会等环节，加强学生的论文环节训练。积极举办嵌入式竞赛、

IC设计竞赛等活动,为分校所有培养方向的学生都提供科技竞赛的机会。

(三)继续教育培养

本学年开设了电子科学与技术、土木工程、工程管理三个成人专升本专业。精心组织了学位英语考试和学位课考试,有苏锡常三地近两百多名考生参加。本学年还与新区政府签订了"校企合作项目协议",为今后专升本自主招生创造了条件。

(四)加强国际交流

分校资助本科生参加了"2015年早稻田IPS学院研讨会",并参加了Poster Section展示了自己的项目。继续选派青年教师出国进修。

二、学生管理工作

1. 日常管理工作有序进行。进一步规范了各项管理制度,定期召开学生干部例会,并建立"师生联络"QQ群,及时了解学生诉求。

2. 营造良好校园氛围。继续实施研究生人文与科学素养系列讲座。定期邀请企业家、科研专家、教授专家等为学生作报告,年度累计讲座20多场。举办包括学科竞赛、学术报告会和学术讲座在内的分校第二届学术节。组织开展系列文体活动,丰富学生们的课余文化生活。

3. 重视学生就业工作。聘请专家和已经毕业的校友来校作讲座,帮助同学们了解专业现状和就业形势,做好应聘准备。并对毕业生进行跟踪调查。

三、科研与科技成果转化工作

(一)积极组织项目申报

组织申报国家及地方项目总计63项,包括国家自然科学基金3项、省基金10项等。批准立项江苏省科技成果转化项目4项,总经费2 500万元;国家自然科学基金1项,省自然科学基金面上项目3项,江苏省工业和信息产业转型升级专项引导资金项目立项1项。在研项目到账经费总计3 538.057 5万元。

(二)加强基地建设与管理

组织完成在锡科研平台"生物芯片实验室""太湖水环境工程中心"项目的结题验收准备工作;完成无锡市对"东南大学无锡分校产学研合作专项"和"东南大学传感网技术研究中心"重大创新载体机构的季度检查和项目执行情况工作;组织完成对重大政产学研科技创新载体(东大无锡分校新校区产学研平台建设、国家专用集成电路系统工程技术研究中心、东南大学传感器网络技术研究中心)的绩效评价工作;协助完成江苏省产业技术研究所的建设工作。

(三) 加强产学研合作和成果转化

与江苏特检院无锡分院、无锡供电公司、江苏南瑞恒驰电气装备有限公司等建立产学研合作关系；加强与地方政府、企业的交流、沟通与协调，积极推进分校产学研合作和成果转化工作。2015年横向项目立项29项，合同金额595万元。

(四) 积极组织专利申报与资助申请

2015年，分校共申报发明申请专利68件。完成2015年市、区资助申报，共有专利255件，其中发明申请199件、发明授权44件、实用新型申请8件、国外专利4件。总计申请各类专利资助到账79.25万元。

(五) 进一步完善设备与资产管理

设备及工程管理方面严格按照学校规范，采取先审批、后购置的方案。2万～10万元的要求进行议标，10万元以上的要求回学校招标。对于单价超过1 500元的设备建立固定资产后确保每台设备有专人管理，做到物、卡、账三者相符。对于闲置设备进行集中管理，以提高设备的使用效率。对于确实已无法使用的设备组织专家鉴定后进行报废处理。

四、党建与行政管理工作

(一) 重视党建工作

一是上半年完成了无锡分校党委换届工作。二是围绕贯彻十八大会议精神进行党员教育工作。开设了无锡分校预备党员培训班和发展对象培训班。三是重视党员发展工作，本年度分校共发展新党员9名，预备党员转正36名。四是组织开展丰富多彩的党日活动。

(二) 完善分校基础设施建设

完成了图书馆电子阅览室的建设工程、传感楼和前工院光纤互通工程、校园监控安装调试工程、录播教室的建设、工程实验室成果展厅建设工程等工作。

(三) 重视支撑保障工作

分校重视图书馆建设，不断满足师生的需求。分校重视安全稳定工作，配合物业公司完善校园治安防控体系和突发事件应急处理机制，扎实做好防火、防盗、防诈骗、防事故的安全排查和教育，切实维护校园安全稳定。本学年分校工会小组积极开展丰富多彩的职工活动。

五、2016年工作计划

2016年是"十三五"的开局之年，是东南大学和无锡市政府进行新一轮深入合作的起始之年。围绕我校2016年工作总体要求，结合无锡市对高等教育发展的需求，无锡分校将深入贯彻落实党的十八大和十八届三中、四中、五中全会精神,全面贯彻党的教育方针和"五大发展理念",扎根地方办大学,围绕推进"双一流"建设和"双创"教育改革,在做好各项常规工作的同时,重点开展以下工作。

(一)坚持"立德树人",切实提高人才培养质量

1. 配合示范性微电子学院的筹建,尝试本硕博贯通培养

根据教育部示范性微电子学院的宗旨和推进会精神,无锡分校主动配合相关院系,积极推进国家示范性微电子学院的建设工作,现已完成初步建设方案稿。采用"政校企"合作模式,结合无锡分校现有的本科生、集成电路工程专业硕士培养方式,建立更适合集成电路产业需求的人才培养机制,拓展本硕博一贯制培养,打通本硕培养计划,鼓励优秀本科生优先选修硕士研究生课程,提高专业培养水平,突出无锡分校的培养特色,努力将其建设成为"高层次人才培养"基地。

2. 加强学生创新实践能力的培养,建设示范性培养基地

结合人才培养方案的修订,进一步优化整合课程结构,充分发挥无锡分校结合集成电路产业发展的特色,使课程体系更为科学,更突出专业特点。选择一门专业课程进行慕课建设,让学生能够更深入地掌握专业知识,夯实其理论基础。

持续推进卓越工程师计划,新建一批企业实习基地,将企业工程师引入校内课堂,将工程项目带入课程教学中,积极推进校企共建课程,让学生深入企业实践,能够参与工程实践,解决工程问题,培养出卓越的工程师。

紧紧围绕无锡分校的发展定位、地方产业的发展,进一步加强校企合作,不断提高校企合作的内涵和水平。与无锡相关企业共同新建一批联合研发中心、省级企业研究生工作站等,努力建成"示范性研究生实习基地"。积极探索企业发布课题、企业/学生双向选择、企业负责论文研究、校内导师负责论文质量的研究生联合培养机制,高专业学位硕士研究生培养水平。

积极承办各类学术科技活动并组织学生参与;鼓励、支持学生参加各类学科竞赛,鼓励、支持授课教师举办课程竞赛;结合集成电路专业硕士研究生的培养计划,继续承办嵌入式竞赛与集成电路设计竞赛;加强与地方沟通,争取机会承办相关产业的科技竞赛。通过参与和举办各类学术活动和科技竞赛,锻炼学生创新实践能力。

3. 拓展国际化教育

聘请国际高水平教授主讲学术报告和全英文课程,支持教师出国、出境研修;鼓励和资助学生参加国际学术交流与国际游学、访学等活动,拓展学生国际视野;进一步加强与日本早稻田大学等国外高校的合作与交流;配备校内高水平专职教师、实践能力强企业专家以及有先进国际水平的海外杰出教师,培养出具有国际视野的高层次人才。同时,按照校地双方共识,积极创造条件推进与国外一流大学的国际合作办学项目,增强国际化水平。

(二)结合产业优势,继续提升科学研究实力

1. 围绕学校和地方要求,提高科研总体水平

根据学校"科学谋划、战略布局、目标导向、敢为人先"科研工作整体要求,紧密围绕无

锡市产业发展和社会发展需求,大力引进东南大学相关优势学科入驻无锡分校,开展高水平科学研究。2016年实现到账科研经费超160万元,申请发明专利40项以上,培育高端专利1项,发表SCI论文4篇。

2. 结合地方产业优势,加强政产学研合作

面向微电子产业发展国际化、高端化的需求,开展相关的国际前沿技术研究、国家基础研究、国家科技支撑和关键技术研究,以及企业发展、转型等高新技术研究。加强政校企合作,形成良好的政产学研用产业环境,努力推进高水平研究成果转化,提升产业发展水平。

结合无锡地方优势产业,促进分校各平台及自动化、仪科、能环、化工等学院科研人员与无锡企业的充分交流,新成立2~3家分校一级的校企联合研发中心,并在此基础上针对无锡战略性新兴产业建设1~2家产业技术研究院。

加强与无锡及周边地区龙头企业的交流。2016年,通过与长电集团的合作,及国家示范性微电子学院的建设,探索从人才培养到科学研究一体化的战略合作模式。通过与大桥院的合作,力争在分校建立重大工程健康监测平台,充分体现无锡感知中国中心的特色。

促成东南大学和德国菲尼克斯牵头,联合多家一流大学和行业龙头企业组建"无锡中德工业4.0产业研究院"落户无锡分校。该项目将创建国际领先的具有教育培训和研发功能的工业4.0示范线、实验室和创客中心等公共平台与载体,并使其成为无锡创新驱动智造体系的重要组成部分,直接为无锡实现2025中国制造提供有力的科技支撑和不竭的发展动力,以及培训培育大批的高端人才资源,全面提升地方企业产品质量、生产效率和产业整体水平。

3. 强化科研组织与管理

针对在无锡分校建设的各级各类科研和实验平台,建立健全各类管理办法,规范平台的准入及退出机制。同时,引进建设更多科研平台,进一步完善相关管理办法和激励政策,创造优越的科研环境,做好服务与管理,吸引更多的优势学科和知名教授在无锡分校建设科研平台。同时,建立科研平台可持续发展模式,依托以上平台更多争取大项目、培育大成果。在积极争取和承担相关国家重点研发计划、国家重大专项和省市级科研项目的同时,推动现有科研平台与企业互动,面向无锡企业需求开展相关核心技术和关键技术研发。

4. 建设东南大学国家大学科技园无锡分园

注册成立东南大学国家大学科技园公司(无锡),理顺科技园运营机制,实现良性运营。探索学校、政府、校友等多方共建科技园公司的新模式。

(三)突出思想引领,扎实做好学生教育管理工作

1. 重视学风建设,加强日常管理

充分抓住研究生新生入学、大四学生从南京搬迁至无锡等契机,对新进分校的学生进行入学教育和动员,以帮助其尽快适应新环境、树立新的学习目标;同时,针对不同年级学生的特点,通过年级大会、个别谈心、选拔优秀学生担任班干部等方式,抓两头,带中间,努力改善学风班风,提高学位通过率。

2. 加强学习型基层组织和管理骨干队伍建设

继续开展社会主义核心价值观等主题教育活动,结合地方特色和各年级学生特点,精心组织、认真开展主题党日活动。

组织新任学生党支部书记参加培训等活动;举办党校发展对象培训班、预备党员培训班等,对培训对象进行集中式专题思想政治教育,以提升党支部书记、学生党员和积极分子们的政治理论水平和素养,端正他们的入党动机,增强党员意识。严格按照《中共东南大学委员会发展党员工作细则》,严把党员发展质量关,坚持成熟一个发展一个。认真执行《江苏省大学生党员发展工作"三投票三公示一答辩"实施办法》,继续探索、完善和规范发展党员的过程。

继续做好辅导员和学生干部队伍建设。鼓励学生辅导员积极参加各类业务学习、培训、职业技能比赛,提高职业素养,努力朝着专业化、理论化的方向发展。选拔责任心强、乐于奉献、综合能力强的学生担任学生会干部和党团班干部,指导学生会、学生党支部更加规范化、正常化地开展工作,强化基层党团班组织的作用。继续举办学生干部素质拓展训练活动,定期开展学习讨论等活动,增强其团队合作精神,锻炼其组织协调能力,提升其综合素质。

3. 不断加强和改进学生日常管理工作

严格遵照学校的管理规定,结合分校的特点,制定、完善《东南大学无锡分校学生宿舍管理暂行办法》《东南大学无锡分校学生勤工助学办法》《研究生国家奖学金评审暂行办法》《研究生学业奖学金评审暂行办法》等规章制度及其实施细则,进一步规范学生事务内部管理;完善学生奖助体系,加强学生感恩教育。

针对异地学生管理特点,结合教学培养、日常管理的需求,建立学生信息共享平台,打通教学和学生工作的信息通道,提高学生事务处理的及时性和准确性。与园区、物业建立长效沟通机制,及时反馈和跟踪学生诉求。

4. 开展丰富多彩的校园文化活动,做好群团工作

以党建带团建促群建,指导分校团委按照计划和部署做好团建工作,通过团支部、研究生会、学生会等各级团组织开展丰富多彩的团日活动和各项文体、科技等主题实践活动,努力营造和谐、稳定的环境,丰富师生的文化生活,提高学生科学与文化素养。定期邀请企业家、科研专家、教授等开设讲座,每年 20 场次以上;每年举办包括研究生学术报告会、嵌入式设计竞赛、IC 设计竞赛、毕业生返校学术交流会、走进知名企业参观学习等活动在内的分校科技节。

5. 加强创新创业教育,鼓励和引导学生创业和在锡就业

通过课程、讲座、报告、项目、政策等引导和扶持,优选一批项目,引导、指导学生开展实质性的创新创业实践活动,鼓励学生创新创业;与无锡地方孵化器结合建设大学科技园,一方面为学生创业提供场所,一方面引入发展型企业,为学生提供创新项目训练的平台。同时通过各种形式宣传和在锡企业专场招聘会,鼓励和引导毕业生在锡就业。

(四)强化学习提升,健全和规范内部管理

1. 认真做好"两学一做"学习教育活动,巩固拓展"三严三实"专题教育成果,进一步完善学习制度,提高学习实效。重视廉洁教育,加强廉政建设。强化班子成员"一岗双责"意识,加强党员干部廉洁从政和教师廉洁从业教育。

2. 深化内部改革,稳步推进分校人事制度改革工作,建立健全绩效评价和考核激励机制,积极探索适合分校发展的管理队伍建设改革的途径和措施。

3. 支持教师积极参加学校组织的各类培训、专家讲座、境外课程进修等。鼓励教师走出校门,多参加一些高水平教学会议,提升教学认知水平。借助筹建示范性微电子学院的契机,通过校企合作、中外合作项目,提升师资水平。

4. 抓好宣传工作和校园文化建设工作,不断扩大东南大学无锡分校的影响,开展丰富多彩的校园文化活动。

5. 凝聚各方力量,抓好和谐平安校园建设,不断完善校园治安防控体系和突发事件应急处理机制,对可能影响校园安全稳定的矛盾和问题进行排查,扎实做好防火、防盗、防诈骗、防事故的安全排查和教育,切实维护校园安全稳定。

6. 积极与学校招标办、设备处、资产管理处等部门以及地方政府沟通协调,进一步完善设备采购、工程招标和验收等流程,完成羽毛球室、篮球场、教室和办公室的改造、招待所的验收、校园监控的更新维护、各科研平台的建设和改造等工程,完成招待所的空调、电视、热水器以及家具的采购工作。

7. 进一步完善图书采购流程,继续规范图书资产管理。

(五)其他工作

1. 加强与无锡校友会的交流,积极支持校友会的各项活动,促进无锡校友会青年分会的成立。

2. 做好统战工作,关心困难师生,关心退休老同志,发挥老同志在"关心下一代"方面的作用。

3. 积极推进继续教育培训工作,为地方企事业单位提供继续教育培训服务平台。

4. 启动无锡分校成立30周年纪念活动的筹备工作。

东南大学成贤学院

一、概况

全院教职工总计751人,其中,专任教师558人、行政人员155人、教辅人员35人、工勤人员3人。另外,聘请校外兼职教师38人。专任教师中,具有正高级职称的79人、副高级职称的261人、中级职称的335人、初级职称的70人。

全院共设有8个党政管理部门:党政办公室(纪检监察室)、组织人事部、教学部、学工部(人民武装部)、财务与资产管理部、后勤管理部、质量保障部、对外合作部;7个直属单

位:教育技术中心、图书档案馆、电工电子实验中心、高等教育研究室、保卫办、招生与就业办公室、教师发展中心;8个系和1个部:计算机工程系、电气工程系、电子工程系、土木工程系、经济管理系、机械工程系、建筑与艺术系、化工与制药工程系和基础部。开设专业33个,在校生9 966名。

二、党建工作

(一)党的组织建设

根据东南大学党委要求,学院召开了以"严格党内生活,严守党的纪律,深化作风建设"为主题的院领导班子民主生活会。

加强组织机构和干部队伍建设,合理调整基层党组织建制和配备基层党组织负责人,设立了纪检监察室、人民武装部、质量保障部、对外合作部。对任期届满的8个基层党总支进行换届(除电气工程系党总支延期换届外)。完成对3个系(部)4名(次)干部配备任免,完成5个中层副职干部职位和4个主任助理职位的选聘、考察和任命工作。

(二)党的思想政治建设

深入贯彻落实党的十八大精神,积极组织学习党的十八届三中、四中、五中全会和全国两会精神,认真学习贯彻习近平总书记系列重要讲话精神。积极开展"三严三实"教育,党委书记李和渝带头讲"三严三实"专题党课。党政领导班子开展"三严三实"专题学习研讨。在学院基层党组织中实行主题教育"最佳党日活动"长效制度。

(三)党员队伍建设

落实东南大学党委《关于开展党员组织关系排查工作的通知》,全年发展新党员276名、预备党员转正172名、延期转正3名,2名不合格党员被取消预备党员资格。举办入党积极分子培训班2期,培训入党积极分子724人,合格率95.86%。举办预备党员培训班1期209人,成绩合格结业率为100%。

(四)完善纪检监察工作

根据新时期、新形势、新任务对纪检监察工作的要求,强化纪检监察工作。积极迎接教育部巡视组,做好各项整改落实工作。机关党总支组织全体党员赴南京监狱开展警示教育活动,组织召开机关廉政工作座谈会。获得东南大学2015年"校园廉洁文化周"廉政文化作品征集活动网络新媒体类三等奖1项。做好信访工作,及时回复院长信箱来信396条。

(五)加强宣传阵地建设

实现传统媒体与新媒体的融合发展,学院官方微信平台正式启用,充分发挥新媒体的宣传优势。全年学院对外宣传发稿30余篇,以《成贤报》、《成贤快讯》、校园网作为宣传窗口,进一步增强信息透明度和公开化。全年共刊发《成贤报》7期、《成贤快讯》29期。

(六) 工会工作

学院工会围绕学院中心工作,履行工会职能,举办新年教职工联欢会、"一二·九"健康长跑活动、三八妇女节赏花游园活动;在东南大学女教职工健身操舞比赛中荣获一等奖,展现了成贤学院教职工积极进取、团结一致、奋发有为的精神面貌。

(七) 共青团工作

坚持以党建带团建,成功召开共青团东南大学成贤学院第三次代表大会。开展了"纪念抗日战争暨世界反法西斯战争胜利70周年"等系列主题教育活动。全年共推出683名积极分子参加党校培训。加强创新创业工作建设,加强学生信息员的队伍建设。

三、行政工作

1. 完成2015年教育发展基金会和民办高校等年检工作,完成教育部高等教育事业统计报表上报工作。

2. 召开东南大学成贤学院第二届董事会第十四次和第十五次会议。

3. 成立"十三五"规划编制领导小组,召开"十三五"改革与发展规划研讨会,制定完成《东南大学成贤学院"十三五"改革与发展规划》。

4. 完成《东南大学成贤学院专业综合改革试点方案》,开展专业综合改革试点工作。

5. 在东南大学国际合作处的大力支持下,学院领导赴台湾中原大学、东华大学和铭传大学等高校交流访问,并签署了学术交流备忘录和学生交流备忘录。与澳门城市大学签署了合作交流协议。现有境外合作高校20余所,累计参加学生200多人次。

6. 学院党政主要领导历时两个月先后赴各系(部)和机关职能部门、直属单位共17家单位进行了走访和调研,与各系、部门领导和教职工座谈交流,深入了解学院各项工作。

7. 成立东南大学成贤学院校园规划领导小组。

四、师资队伍建设工作

1. 向江苏省教育厅提出学院高级职务评议授权申请报告。

2. 进一步修改完善《东南大学成贤学院专业技术职务评审量化计分办法》《关于专业技术职务申报条件的补充规定》,调整东南大学成贤学院职称评审委员会成员。14位同志通过中级专业技术职务任职资格评审认定,6名教师获副教授职称。

3. 出台《关于〈东南大学成贤学院教职工考勤暂行规定〉女职工产假补充规定》。

4. 加强劳动合同管理,对具备条件的121人签订无固定期限劳动合同。

5. 完成了全院人事代理人员的社会保险及住房公积金的转移、缴纳、基数调整及公积金提取等相关工作。

6. 截至2015年12月31日,全院共有全职人员347人,2015年新进人员18人。

7. 调整教学督导专家队伍,督导组开展各类听课工作。加强对教师的培训,对12名首次开课教师开展了系统培训,组织教学沙龙9期,选拔3名访问学者到东南大学访学培训,30名教师暑期赴企业参加工程实践培训,8名教师参加校外专业方向课程培训。

8. 学院教师荣获江苏省高校第九届基础物理教师上好一堂课教学竞赛一等奖 1 名，荣获全国和江苏省各类奖项 31 个。27 位同志获学院 2014—2015 学年考核优秀。

五、教学工作

1. 电气工程及其自动化专业参加江苏省教育评估院专业抽检工作，获得高度好评。
2. 修订学院《纵向科研配套资助及突出成果奖励暂行条例》《"青年教师科研发展基金"项目管理办法》和《科研经费管理暂行办法》。
3. 获批 2015 年省教育厅高校自然科学研究项目 1 项、高校哲学社会科学研究基金项目 13 项，2014 年度江苏省现代教育技术研究课题 2 项、江苏省社科应用研究精品工程课题 1 项。
4. 获批 2015 年江苏省高等教育教改研究重点立项课题 1 项、2015 年江苏省高等学校重点教材 1 部。
5. 建筑与艺术系主任高祥生教授主编的《住宅室内装饰装修设计规范》于 2015 年 12 月 1 日起开始在全国实施。
6. 继续执行《关于选拔优秀大一新生到东南大学学习一年的实施方案》，选拔出 13 名学生到东南大学学习一年。
7. 调整《东南大学成贤学院学位评定委员会名单》《东南大学成贤学院各系学位评定分委会名单》。2015 届毕业生中共有 20 个专业 2 342 人获得了学士学位，为 19 名往届生补授学位。
8. 出台《东南大学成贤学院指导毕业设计（论文）工作量或酬金调整规定》，1 篇毕业论文获省级优秀毕业设计（论文）二等奖，1 个团队获优秀毕业设计（论文）团队。
9. 完成 2015 级人才培养方案制订工作。
10. 现有校企合作企业 26 家，校外实训基地 151 个，2015 年新增 9 个。
11. 确定江苏省高等学校大学生实践创新训练计划项目立项 30 项，省级校企合作基金项目 4 项，院级立项 40 项。
12. 组织举办院级竞赛 12 项，获奖人数 445 名，获奖团队 63 个；组织学生参加省（市）级或国家级竞赛共有 203 人、28 个团队获奖。学生在 2015 年第三届全国高等院校建筑与环境设计专业学生美术作品大奖赛、第八届（2015）全国大学生网络商务创新应用大赛和 2015 年全国大学生英语竞赛中获得国家级一等奖。

六、学生工作

1. 2015 年录取新生 2 922 人，其中"高起本"考生共 2 500 人，"专转本"考生 422 人。
2. 加强辅导员队伍建设，选派 21 人次参加各类省部级专题培训。举办院级培训 6 次，院内沙龙研讨 2 次。
3. 荣获江苏省先进集体 5 个、优秀学生干部 6 名、三好学生 6 名，评出国家奖学金 3 名、国家励志奖学金 150 名、国家助学金 789 人。
4. 全年共举办专场招聘会 40 余次。2015 届毕业生年终就业率为 96.94%，国内考研升学人数 224 人，出国学习 56 人，考研升学率为 10.88%。创业学生 5 名，占毕业生总数的0.2%。与五星电器签订合作协议,南京地铁共录用我院2015届毕业生126名。

5. 调整《东南大学成贤学院征兵工作领导小组成员名单》,成立东南大学成贤学院征兵工作小组,有21名学生从学校所在地入伍,14名学生通过生源地人武部入伍。

6. 2014—2015学年门诊医疗费用报销共计1 867人,占参保总人数的19.48%,全年共计报销费用为30.83万元。

7. 心理咨询室共计接待来访学生233人次,学生家长10人次,心理危机干预4人次。

七、其他工作

1. 做好财务管理、会计核算、资产管理、校园"一卡通"管理、招投标管理、物资设备采购、工程审计等工作。制定《东南大学成贤学院科研经费管理暂行办法》。引进全国高校网上竞价采购系统并开始试运行。完成各类工程审计项目35个,学院工程审计从原来的工程竣工结算审计向工程项目全过程审计拓展。

2. 成立东南大学成贤学院校园规划领导小组,进一步明确了学院下一步发展建设规划。

3. 完成学院老篮球场、排球场、网球场硅PU铺设,新建混凝土篮球场5片。完成校园主干道改造和路灯改造安装工程、工培中心及机械加工车间土建、水电改造工程和电工电子实验大楼二楼封闭及建筑与艺术系展厅的装饰装修和电改造工程。完成对桃园1、6、7、8舍的改造工程,新建后勤附属用房及改造原车队用房。植树节新植高杆女贞、银杏等苗木共计400余株,重点改造图书馆鱼塘西侧山坡。出台《东南大学成贤学院学生宿舍用电管理办法》。

4. 图书档案馆共完成1.37万种2.71万册图书的预订,以及2.89万册图书的采购、加工、典藏入库图书工作。完成接待读者47.71万人次,借还书量6.69万册。举办第三届读书节,创建图书馆微信公众平台。

5. 建立健全安全保卫工作责任制。创建"平安成贤"微信公众平台。开展消防安全讲座2次,消防安全技能培训4次。共接报治安案件22起,协助公安机关破获14起。完善监控工程建设,新增监控探头21个。

东南大学成贤学院专业设置一览表

系名称	专业代码及名称	学科类别	学制(年)
计算机工程系	080901 计算机科学与技术	工学	4
	080902 软件工程	工学	4
电子工程系	080801 自动化	工学	4
	080702 电子科学与技术	工学	4
	080701 电子信息工程	工学	4

(续 表)

系名称	专业代码及名称	学科类别	学制(年)
电气工程系	080601 电气工程及其自动化(电力系统方向)	工学	4
	080601 电气工程及其自动化(继电保护方向)	工学	4
	080601 电气工程及其自动化(输配电工程方向)	工学	4
土木工程系	081001 土木工程(建筑工程方向)	工学	4
	081001 土木工程(道路与桥梁方向)	工学	4
	120103 工程管理	管理学	4
	081801 交通运输	工学	4
	081801 交通运输(城市轨道交通运营管理方向)	工学	4
经济管理系	020401 国际经济与贸易	经济学	4
	120601 物流管理	管理学	4
	120801 电子商务	管理学	4
	120202 市场营销	管理学	4
	120203K 会计学	管理学	4
	020202 税收学	经济学	4
	120204 财务管理	管理学	4
机械工程系	080202 机械设计制造及其自动化(机电一体化方向)	工学	4
	080202 机械设计制造及其自动化(汽车工程方向)	工学	4
	080201 机械工程	工学	4
建筑与艺术系	130503 环境设计	艺术学	4
	130310 动画	艺术学	4
	082801 建筑学	工学	4
化工与制药工程系	081301 化学工程与工艺	工学	4
	081301 化学工程与工艺(化工自动化方向)	工学	4
	081302 制药工程	工学	4
	100704T 药事管理	理学	4

东南大学成贤学院在籍学生人数统计

(单位:人)

毕业生数	招生数	在校生数	预计毕业生数	
总数	2 464	2 730	9 966	2 631
本科生	2 464	2 730	9 966	2 631

东南大学苏州研究院

一、概况

2015年,软件学院(苏州)录取硕士研究生133名,为软件工程、微电子技术两个专业方向;207人获得硕士学位,初次就业率95%,其中在苏州地区就业22人。东南大学—莫纳什大学苏州联合研究生院录取硕士研究生187名,其中,工业设计工程35人、计算机技术35人、国际商务42人、英语笔译31人、交通运输工程44人;122人获得硕士学位,初次就业率100%,其中在苏州地区就业16人。

在学校党政领导和苏州地方政府支持下,苏州研究院认真贯彻落实学校党政各项决定、部署和任务,圆满完成党委换届、"十三五"规划编制、"十年"系列活动,以师生为本做好各项管理服务工作,精心组织各类科技计划项目申报与实施,国际合作人才培养和科学研究及大平台建设不断取得新进展。

二、党建与思想政治工作

组织师生员工学习和贯彻落实党的十八大及十八届四中、五中全会精神,贯彻落实学校全面深化综合改革精神和要求以及党政各项决定、部署和任务。按照学校部署和要求,结合本单位实际,精心组织"三严三实"教育活动,其中"严以律己"专题的学习研讨与科技创新区机关党支部联合举办。及时做好网站维护,发布信息80多条,充分发挥网站的宣传、信息公开和交流、管理服务等作用。

上半年,按照学校党委统一部署和要求,在学校第八工作组的悉心指导和参与下,精心部署和组织党委换届工作,于5月23日召开换届选举大会,新一届委员会由于向军、王文宁、张为公、李成明、顾芳组成,顾芳任书记,于向军任副书记。

根据学校对"十三五"规划编制工作的通知和要求,苏州研究院结合党委换届工作和"十年"系列活动,多次召开会议专题研讨,全面回顾学校在苏州办学的建设发展和"十二五"规划执行情况,深入思考和剖析存在的问题和不足,完成"十三五"规划编制工作,提出今后可持续发展和特色发展目标与战略。

自2005年学校和苏州市政府签署全面合作协议暨苏州研究院揭牌成立以来,东南大学在苏州办学"高层次人才培养、高水平科学研究、高科技成果转化、面向区域经济社会发展综合平台"的各项工作不断取得新进展,值办学十年之际,开展了校报专刊、画册、征文、摄影、logo设计等系列活动,总结凝练办学成果和特色,凝聚发展共识。

指导学生支部做好70余名入党积极分子培养考察工作,全年共发展党员45名,32名预备党员按期转正,规范做好党员组织关系接转和组织管理信息系统维护。指导各支部开展多种形式的党日活动,2014级国际商务党支部1项活动获得校2014—2015年度最佳党日活动三等奖。2014级工业设计党支部、教工党支部与独墅湖科教创新区机关党支部开展结对共建活动。

因地制宜组织开展工会活动,蝉联校机关龙舟赛乙组一等奖,成功举办3次与科技园企业联谊活动。我院工会小组被评为校工会先进集体、王文宁同志获评校工会工作先进个人。

三、学生工作

不断强化"以学生为本"理念,细致做好学生教育管理和各项事务工作,关心学生心理健康。在国家奖学金、学业奖学金及其他评优评奖工作中,细化评定办法和积分细则,充分发挥评优评奖的树标杆、促成长作用。加强对学生实习期间的管理和服务,积极参与和实习企业联系交流。

指导研究生会组织了10场人文科学与素养文化讲座,研会和社团开展了英语角、创意风筝节、篮球赛、四校乒乓球联谊赛、"百团大战"、晒书会、迎新晚会等文体活动。

开拓创新,支持学生创新创业能力培养和实践,与腾讯公司联合举办的首届创意大赛获得圆满成功,以创意孵化讲座、创意比赛、创客空间等方式,为学生创意创业进行引导和提供帮助。与博世汽车零部件(苏州)联合开展在物联网、车联网、智能家居和运输工具等方面的专项应用创新比赛。

积极筹措资源和资金,建设"比由创客空间",为学生创新创业提供平台和环境,室内装修已初步完成,运行办法在思考和探索中。

四、科技服务与产学研合作

以"整合资源、构建服务平台、促进成果转化应用"思路,积极创造条件大力推进各级各类科技计划项目申报与实施。本年度纵向项目科研经费到账1 305万元,组织申报各类科技计划项目24项,其中国家自然科学基金5项(依托校本部)、省级项目2项、市级项目17项;配合做好苏州市科技计划中期检查和各级结题验收工作,组织结题验收省市级项目26个。

进一步拓展科研平台建设,"东南大学中国区域发展战略研究中心"与苏州市发改委签订了5个技术服务合同,合同总额100余万元。"中国现代健康科学协同创新中心"与上海恒健生物科技有限公司开展合作,建立了东大—恒健智能健康联合研发中心和东大—恒健妇幼健康微纳医疗技术联合研发中心,合同总额600万元。

依托东南大学国家技术转移(苏州)中心,与苏州市科技局、园区科技局等部门通力协作,积极开拓区域技术转移工作,促进高校成果在苏州当地转化。与多家企业商讨联合研发平台事宜,签订了东大—云城物联网联合研发中心、东大—建屋智电科技联合研发中心,合同总额800万元。

五、国际科研合作工作

在江苏省政府和地方政府支持、东南大学和莫纳什大学双方共同努力下,首批7个联合研究中心(海绵城市、先进材料与制造、能源清洁利用、纳米生物技术、生物信息与系统生物学、颗粒系统仿真、智能健康管理系统工程技术)的建设计划进展顺利,并开始运行,在国家自然科学基金重点项目、苏州独墅湖国际知名领军人才建设平台项目等多项高水平重大项目取得突破。

东大—恒健妇幼健康微纳医疗技术联合研究中心、东大—恒健智能健康联合研究中心等多个校企联合研究中心和联合项目启动。

积极开展国际学术交流,成功举办"现代健康"中澳科技交流会。

六、其他工作

按照科教创新区的通知和要求,完成对我院所有设备与资产的再次核验工作,涉及资产共 7 000 多万元。做好研究院校园安全稳定工作,调整了安全领导小组和工作小组成员及职能。密切与地方公安、消防、交通管理、物业服务等部门联系,做好水电、空调、监控、消防、电梯、房屋等维保工作。

积极参与学校对异地办学体制机制的思考与实践,在职能部门指导下,初步完成属地化管理队伍定岗定编工作,启动工作人员招聘、考核、录用等工作。

严格执行学校关于办公用房、公务用车、公务接待的相关规定。持续推进作风建设和资源整合等工作,在相关单位支持和配合下,调整用房近 600 平方米,完成教学楼开水炉更换、网球场地更新及施工方案和手续。

加强校地共建,根据 2014 年学校与苏州工业园区联合工作会议及《东南大学苏州工业园区管委会深化全面合作协议书》相关精神,完成两个与苏州工业园区新一轮合作共建分类协议的签订。

承担东南大学苏州校友会办公室相关工作,完成年审,组织校友开展了羽毛球联赛、年会等活动,发布官方微博 400 余条。

东南大学建筑研究所

一、人才培养

1. 齐康院士和一名青年教师每年都给建筑学院一年级本科生上课。
2. 学生每学期全部通过了公共课考试。
3. 齐康院士获江苏省突出贡献奖。
4. 齐康院士获民族建筑事业终身成就奖。
5. 培养的学生 2 名获中国工程院院士,1 名获中国科学院院士。

二、学科建设

1. 一级学科全国排第二名,重点学科有 2 个(建筑设计及其理论、建筑历史与理论)。
2. 博士点有 2 个、硕士点有 2 个。
3. 部分仪器设备与建筑学院共享。
4. 1 名博士赴英国联合培养按期回国,同时又选派 2 名博士赴美国联合培养。

三、科学研究

1. 在研国家自然科学基金 4 项、省部级基金项目 5 项,横向课题 12 项。
2. 科研经费到款 1 000 余万元。

3. 出版专著 5 本。
4. 发表文章 8 篇。

四、师资队伍建设

1. 平时注重高层次人才培养,高级专业技术职务占教师比例 55.6%,具有海外留学经历的教师占教师比例 44.5%。
2. 近三年引进博士 1 名,占教师比例 11.11%。

五、学生教育管理

1. 学生就业率和就业质量良好,得到用人单位好评。
2. 平时注重培养学生参与科研和社会实践,提高了学生的能力。
3. 做好学生思想工作,做到学生突发事件有预案,无重大安全责任事故。
4. 学生各类评奖做到公开、公平、公正,无投诉现象,并且能够做好特殊类型学生帮扶工作,成效显著。

六、综合管理

1. 抓好领导班子建设,认真贯彻党政联席议事规则,领导班子团结协作,战斗力强,无因决策失误造成重大损失。
2. 获省级以上设计奖 2 项。
3. 落实党风廉政建设责任制,"三重一大"制度执行到位,无违反"八项规定"现象。
4. 科研经费管理有效,领导班子成员无信访和违纪违规行为。
5. 因长期对外交流,服务对象满意,并得到服务对象的一致好评。
6. 财务管理严格执行国家的财经纪律和学校的各项财务制度,做到财务规范有序,不设小金库。

七、其他特色亮点

1. 应用本专业知识,充分利用、结合当地的文化,创作出符合地方特色的新建筑,为学校赢得了荣誉。
2. 不断改革、创新,提高办事效率。在齐康院士的带领下研究所在教学、科研、生产、人才培养方面都有一定的提高,圆满完成学校交给的各项任务。

学习科学研究中心

学习科学研究中心是东南大学直属单位,在职教职工 28 人,其中专任教师 24 人、行政管理 1 人、实验专技 2 人、工勤 1 人。目前中心在读学生人数为 187 人,其中本科生 64 人、研究生 123 人(硕士生 79 人、博士生 44 人)。

一、科学研究

2015年中心新立项的科研项目18项,到款经费800万元。

经过学校认定2015年学习科学研究中心师生发表的SCI、SSCI、EI、CSSCI等论文42篇,比去年增加10篇,其中SCI论文18篇、SSCI论文1篇、EI论文5篇。

新增专利受理9项,新增专利授权4项。

本年度译著1部(《神经教育学:学习、艺术与脑》)。

出版了《儿童早期发展前沿研究国际研讨会》国际会议论文集。

二、教学任务

本年度开设与主讲的本科生专业基础课9门,专业主干课8门,专业方向及跨学科选修课8门,合计25门。硕士研究生和博士研究生课程10余门。

三、学科建设

学习科学研究中心加强了2个二级学科(学习科学和神经信息工程)的公共服务平台的建设,提升高性能科研平台仪器升级、改造、维修与开放共享。实验室在国际前沿的神经教育学领域里,围绕儿童发展与学习科学开展跨学科的转化研究,建立一个从基因、神经递质、生理、心理、脑功能到行为的多层次的儿童发展与学习科学转化研究平台,有力地推动了学习科学和神经信息工程学科建设。

中心现有40万元以上的大型设备17台(件),价值总计1 783.5万元。对于开放共享的设备目前有5台,服务于教学、科研和社会工作。

四、人才培养与学术交流

学习中心注重对年轻教师的培养,青年教师发展取得了突出成绩。有2位教授申报了江苏省杰出青年科学基金、1人申报了江苏省六大人才高峰高层次选拔。

邓慧华教授指导的一篇本科生毕业论文获得"东南大学优秀本科毕业论文"奖。4位博士生获得项目资助出国参加国际会议并作口头报告或发表会议论文。

郑文明教授受邀参加墨西哥举办的第八届国际探究式科学教育论坛,并在大会上作特邀报告。

梁宗保副教授和杨元魁博士受邀参加巴西科学院主办的"巴西STEM教育的挑战"论坛,并分别在大会上作特邀报告。

郑文明教授赴澳大利亚悉尼大学电子工程系和教育学院进行学术访问交流,并作学术报告。

本年度承办了中国工程院"脑与信息系统交互"学术研讨会。

邀请澳大利亚科技大学李三江教授、新加坡南洋理工大学Shushanto教授、中科院自动化所陶建华研究员、百度公司贾磊研究员等国际、国内知名专家前来交流访问。

五、社会服务

"做中学"科学教育改革实验项目教学中心(东南大学)作为中国科协和东南大学合作共建单位,依托学习科学研究中心和儿童发展与学习科学教育部重点实验室,得到了中国科协青少年科技中心、教育部基础教育司等多方政府机构的支持。

教师培训是"做中学"教学中心的日常工作,2015年期间我们协助学习中心承担了教育部教师工作司的"国培计划"项目,以及承担并完成了中国科协设立的骨干教师、科技辅导员等的培训项目。本年度共组织培训18场,培训教师1 763人。

智能运输系统(ITS)研究中心

一、概况

东南大学智能运输系统(ITS)研究中心是直属于东南大学的二级科研机构,建有教育部智能运输系统工程研究中心,是东南大学为了适应国民经济的飞速发展及我国综合交通运输体系的建设和管理信息化需求而成立的,也是我国最早成立的智能运输系统科研机构之一,在国家一级重点学科交通运输工程下设有交通信息工程与控制和道路与铁道工程两个二级学科,具有博士和硕士学位授予权。中心组建了跨专业、多学科的综合科研队伍,集中了智能交通、道路工程、桥梁工程、轨道交通、电子电工、工业控制等多方向研究人员,团结协作从事中心的科研与教学工作。当前中心有专职教师15人,拥有中国工程院院士1人,长江学者特聘教授1人,江苏省"333"工程首批中青年科技领军人才1人,教育部新世纪科技领军人才1人,东南大学青年特聘教授1人,教授4人,副教授8人,博士生导师6人,全部教师都具有博士学位,80%的教师具有在国外科研机构从事科研工作的经历,中心主任由中国工程院黄卫院士担任。

二、学科建设和科研

东南大学智能运输系统研究中心属于一级国家重点学科交通运输工程,包括交通信息工程与控制和道路与铁道工程两个二级学科。交通信息工程与控制是智能运输系统最重要的研究领域之一,是一门多学科交叉的新兴学科,通过多年努力,中心在该学科方向有了很快的发展。"211工程"二期建设项目投入近100万元购置视频交通检测系统、TransCAD软件、动态称重等设备和软件;"985工程"二期建设项目投入200多万元购置交通虚拟现实仿真系统、智能公交信息交互系统、三维空间跟踪定位系统、智能交通IC卡开发系统、智能交通车载平台等设备,建成了完备的科研支撑环境,并在基础研究和工程应用领域取得了一系列的研究成果,涵盖交通信息采集技术、道路交通智能管理和控制、轨道交通运营与管理、3S/汽车检测技术等方向;同时,在交通工程专业开设了交通信息工程与控制本科专业方向。道路与铁道工程是国家重点二级学科,在路基路面结构设计理论与方法、路面结构新材料与新工艺的研究与开发、道路排水技术等方面处于国内领先地位,特别是钢桥面铺装技术已达国际领先水准。中心建立了道桥创新材料开发实验室,配置了整套的国产环氧沥青试验仪器设备。

纵向科研是提升中心研究水平的重要支撑。在纵向科研方向,中心承接了国家自然科学基金项目10余项,承接973项目1项、国家科技支撑计划课题1项、863计划研究项目2项、其他省部级纵向科研课题20余项。

中心积极参与产学研相结合的协作研究,推动基础理论研究成果的产业化转化。近年来,中心参与了多项国家级重点、重大工程,其中,中心的大跨径钢桥面铺装研究成果在我国80%的跨长江和黄河大跨径钢桥面铺装工程中得到了应用。

中心通过团体协作,主持或参与获得国家科技进步奖4项、交通部科技进步特等奖1项、教育部技术发明奖一等奖1项、教育部自然科学一等奖2项、江苏省科技进步二等奖4项,主编中华人民共和国国家标准1项,发明专利10余项。

三、教学与学生培养管理

研究生的招生和培养教育是中心的重要与核心工作之一。在研究生招生方面,在严格遵守东南大学研究生招生制度的同时,加大中心招生的宣传力度,充分调动各方面的积极性,2015年招收博士、硕士研究生34人,为中心建设高水平的科研机构奠定了基础。

在研究生培养方面,充分依托中心承接的国家和省部级纵向科研课题研究以及国家重点工程建设项目,充分实现课堂教学和科研实践的结合,理论联系实际,在提高研究生基础理论水平的同时,提升研究生参与工程实践、解决实际工程问题的能力;同时,为了培养具有国际视野的高水平科研人才,中心充分重视研究生培养教育的国际化,2015年,中心共派出5位博士研究生到美国高等学校联合培养。

在研究生培养的考核方面,在统一制定中心的研究生培养计划和管理制度的同时,充分发挥和调动中心指导教师的作用,以博导和硕导为核心,落实中心的研究生教育工作,按时完成学校规定的研究生培养环节考核。2015年,中心组织完成了2013级博士、硕士研究生的开题报告工作,2012级硕士研究生以及博士研究生的毕业答辩工作。

四、师资培养

师资培养,特别是青年教师的培养是稳定中心科研队伍、创建可持续发展的高水平科研机构的基础,是中心一直以来的关键工作之一。在教学能力培养方面,中心鼓励教师积极申请或参与学校或其他机构的教学改革项目,参加教学竞赛,撰写教改论文,全面提升中心教师的教学水平和视野。同时,一支稳定的研究生导师队伍是维持中心高水平科研和教学工作的保障,中心积极支持并鼓励中心教师出国进修或再深造。

2015年,中心有1名教师获得东南大学教学竞赛三等奖。

五、国际合作与交流

充分的国际合作和交流对培养具有国际视野的高水平研究队伍和研究生具有重要的、不可替代的作用。长期以来,中心和国外的相关科研机构保持了密切的联系和合作,有关高校和研究机构有美国国家沥青技术试验中心、美国加利福尼亚大学伯克利分校、美国弗吉尼亚大学、美国得克萨斯大学奥斯汀分校、美国北卡罗来纳州立大学、美国肯塔基大学、日本茨城大学、瑞士苏黎世高工、日本 OMRON 公司等。同时中心积极参与相关领域的国际会议,增强国际交流力度。

2015年,中心组织参加了在美国华盛顿举办的美国交通运输协会年会,交流会议论文5篇,邀请并接待来访国际交流学者4人次,派出国际联合培养博士生2名。

生命科学研究院

2015年,在学校党委和行政的正确领导下,在全院师生的共同努力下,生命科学研究院克服了实验空间短缺的困难,发扬了团结协作、高效扎实和勇于创新的优良传统,圆满地完成了各项工作,并在人才培养、学科建设、科学研究、学生教育管理和研究院内部综合管理等方面均取得优异的成绩。现总结如下:

一、人才培养

(一) 本科生教学

生命科学研究院本科生教学目前主要是承担吴健雄学院"生命科学导论(通识)"和"生命科学进展"课程教学和医学院生物工程本科专业的"模式生物学"。

自2014年暑假开始,我院与吴健雄学院正式就共同培养生命科学英才达成共识并完成了培养计划。2015年,我院与吴健雄学院共同组建了生命科学英才班,并正式与澳洲 Monash 大学签订了生命科学英才计划——生科英才班学生去 Monash 大学交流的交换生计划。本学期我院给第一批生科英才班的本科生单独开设了生命科学进展的课程,每月固定安排了不同的学术活动,包括学术性讲座、参观实验室、与学习导师的一对一交流等等。同时我院主办了第二届东南大学——Monash 大学学术研讨会,本次会议促进了双方教师的学术交流,使双方教师可以进一步在申请课题、项目合作、学生培养等方面加深合作。

(二) 研究生培养

生命科学研究院今年在研究生培养中继续深化改革:(1)加强了免试研究生的招生宣传力度,同时也加大了面上招生宣传力度,扩大了招生宣传的覆盖面,效果良好。(2)完善和规范了研究生轮转的制度建设。(3)强调了研究生课程的教学质量,重点建设了2~3门研究生全英文教学课程。(4)稳步推进生物学全英文课程教学项目建设。

我们还积极加强科学文化建设,通过日常的各类学术活动和激励机制,培养研究生从事科学研究的兴趣和追求真理的使命感。日常活动包括:旨在加强全院研究生之间交流的每周科研进展报告会,课题组的 Lab Meeting 和 Journal Club 活动,支持研究生参加国际、国内各级学会的学术会议,定期与不定期邀请国内外同行来学院进行学术报告,鼓励和组织学生参加竞争性的学术活动,招收外国留学生和本国学生共同合作研究,聘请国外知名大学的教授合作指导研究生等。

二、学科建设

学科建设的核心是人才。生命科学研究院密切配合学校人事制度的改革，推进了机制创新，加强人才引进的力度和人才培养的力度。采取的主要措施有：试行研究院高层次人才的全球招聘和聘用管理制度；完善和优化考核制度，推行多形式的考核办法；完善人才工作领导机制和工作机制，营造良好的工作氛围。通过这些举措，使学科整体水平有了很大的提高，生物学一级学科硕士点、博士点和博士后流动站得到了充实。

（一）师资队伍建设

作为东南大学生命科学研究的特区，生命科学研究院始终将人才队伍的建设放在首位。研究院通过培养、引进以及"双聘"等途径提高师资队伍的水平。研究院现有教职工33名，其中教授10名、副教授4名，中、初级科技人员16名，行政管理人员3名。2015年全年，生命科学研究院共面试海内外人才近20人；全年申报"青年千人"5名，申报教育部长江学者2名，长江学者青年计划2名。新引进海内外高层次人才3人（罗卓娟、郝睿、李默怡），博士2人（尉迟一星、杨鑫），应届硕士学位技术员2名。新增"青年千人"2名（柴人杰、潘玉峰），"外专千人"1名，江苏省双创2名（柴人杰、陈礼明），六大高峰人才1名。

除面向海外引进高水平人员外，研究院非常重视青年骨干教师的培养，鼓励青年教师赴国外一流大学进行学术交流访问。2015年在国外访学的青年教师多名，青年教师史兴娟赴加拿大开展短期进修，田垚赴美国进修。目前研究院的高层次人才总体数量和质量相比成立之初已经得到了极大的提高，大大加强了师资队伍整体竞争力。

（二）平台建设

目前实验室聚集了一批高水平的研究人才，造就了一支年富力强、朝气蓬勃的高水平研究队伍，形成了"神经发育与精神疾病""发育，干细胞与肿瘤"等特色研究方向，在国内外已经形成广泛的影响。2015年经费重点用于进一步完善依托于生命科学研究院和"发育与疾病相关基因"教育部重点实验室的公共研究平台的建设。目前，我们已经建立了生物图像分析、蛋白质与抗体分析、生物化学与分子生物学、动物行为分析等诸多研究平台，特别是确定了基于重点研究方向和特色研究方向优先发展的思路。

管理机制的核心创新在于建立平台共享机制。平台实行专人管理，每台设备均有一名责任老师和一名责任实验员共同负责管理，学生使用复杂设备须经过规定的培训（由公司工程师授课）方可获得使用许可，实行先预约先使用的原则，所有大型设备均拟面向社会有偿开放使用。每台仪器的使用均建立了完备的使用登记制度。

三、科学研究

2015年生命科学研究院在科学研究领域中取得丰硕成果。为了提高科研项目申报成功率，一方面没有达到项目限制的教师尤其新进青年教师必须提交项目标书，另一方面我院召集院内外有关专家，提前3个月集中听取申报人的标书方案并提出建议，提交标书前2周建立一对一专家审核制度。为了保证各课题组的项目进程和解决项目进行中的一些科学难题,每月全院举办一次课题组长的学术汇报活动(PI Meeting)。2015年学院共申报国家自然基金23项,获得9项,申报成功率为39.13%;获得省科技厅科技项目7项,计划科研经费达848.38万元。在 *Nature Communications*、*PLoS Biology*、*JBC* 等国际著名期刊上发表SCI论文14篇。

国际交流与合作是研究院科研工作的重要组成部分,本年度邀请了包括加拿大皇家科学院院士、英属哥伦比亚大学的王玉田教授,美国麻省医学院 Emery Patrick 教授在内的许多国内外著名专家进行讲学、合作研究,并建立良好的伙伴关系。

2015年,生命科学研究院在南京主办了几场有较大影响力的国内外学术会议:2015年6月脑卒中机制及康复治疗国际研讨会,2015年9月长三角神经科学论坛,2015年11月东南大学—莫纳什大学生物医学与生物医学工程联合学术报告会,2015年11月东南大学—中国科技大学学术研讨会。

四、学生教育管理

(一) 学生奖惩

2015年共有9人获得校三好研究生,5人获得了校优秀研究生干部,2人获得了校单项奖,9人获得院三好研究生,5人获得了院优秀研究生干部荣誉。2014级硕士研究生班级获得院先进班集体。2015年共有6人获得国家奖学金,其中博士生3人、硕士生3人。

(二) 学生管理

完成了一年一度的新生接待工作、班干部改选工作、研会改选工作,奖助学金的评定,毕业生就业指导,毕业生工作;进一步完善了学生管理机制,完善和强化了生命科学研究院研究生综合考评细则、生命科学研究院研究生国家奖学金实施细则、生命科学研究院研究生评优细则;发展党员程序,民主生活会制度,班干部改选细则,团委、研会改选细则。同时,研究生管理重点是抓好党建工作,通过党建带动团建和班级建设。加强党员培养工作,在培养中推进发展工作,2015年共有7位预备党员参加了预备党员党校培训,有21名同学吸收为入党积极分子,6名积极分子进入党校参加发展对象培训班,11名同学发展为中共预备党员,4名同学按时转正为中共正式党员。及时组织各党支部开展了两会学习汇报活动、十八届五中全会的学习汇报活动和最佳党日活动,坚定了大家对社会主义的理想信念。团委及研会积极策划各种活动,通过活动培养提高学生的情商:开展了国家奖学金获得者汇报交流会,文明宿舍建设,为"生命科学"奖助金接力注资,新老生座谈,院研究生轻运动会,迎新联欢活动,兄弟院系交流活动,各种学术讲座等同学喜闻乐见的活动,活跃了研究生业余文化生活,提高了大家的生活情趣和生活能力,让更多的研究生内心充满阳光。

五、单位内部综合管理

(一) 院"十三五"发展规划制定

今年以来,研究院根据东南大学关于"十三五"规划编制工作的安排,积极推进院"十三五"发展规划的制定,并为此专门邀请学校专家为全院教师解读学校"十三五"发展规划纲要的主要精神,在征求全院教师意见的基础上,反复修改院"十三五"发展规划,最终制定出符合我院发展实际的"十三五"发展规划。

(二) 领导班子建设

2015年,研究院领导班子统一思想认识,严格执行院"三重一大"规定,在坚持每月一次的党政联席会议的基础上,继续实行课题组长参与的党政联席扩大会议制度,讨论研究院发展的重大事项,强化民主决策与专家治理,为学科建设、科学研究、人才培养和社会服务等工作提供强有力的政治保证和组织保证。

2015年上半年顺利完成了院直属党支部换届工作,进一步凝聚了党员力量。院直属党支部充分发挥党组织的政治核心作用、党支部的战斗堡垒作用和党员的先锋模范作用,重视党风廉政建设工作,利用每月举行的党政联席会议和党政联席扩大会议、专题民主生活会、政治理论学习等形式开展廉政教育,强调规范各类科研经费使用管理。对研究院干部及相关人员严格要求,努力把院领导班子建成廉洁高效、团结协调的领导集体。

(三) 服务管理情况

为确保研究院日常工作的有效开展,研究院行政办公室本着为科研教学和学生成长服务的宗旨,认真做好全院教职工和研究生的后勤保障工作,规范办公室财务管理制度,积极为新职工解决日常生活和工作中的困难,积极高效地为研究生提供服务,顺利完成了五五楼新增实验室的改造工程。积极加强工会工作和民主党派工作,院工会积极关心生病和困难教职工生活,开展丰富多彩的各类群众活动:对每位教职工的生日当天微信祝贺和慰问关心活动,院舞蹈队在学校健身操舞比赛中荣获最佳组织奖及表演二等奖;院乒乓球队获得校乒乓球比赛女团第五名。开展一年一度的师生轻运动会,积极做好教代会提案工作。2015年11月,全院教师赴江宁郊游,这次活动不仅加强了教师们的相互交流,而且提高了全院教师的凝聚力,促进了大家的身心健康,提升了对研究院的归属感。

奖励与表彰

2015年获上级表彰的先进集体、先进个人名单

先进集体

2014年全国教育系统先进集体
　　东南大学交通学院
2014年全国大中专学生志愿者暑期"三下乡"社会实践活动"全国先进单位"
　　共青团东南大学委员会
2014年度江苏省高校毕业生就业工作先进集体
　　东南大学
2014年江苏省教育宣传工作先进单位
　　东南大学
2015年江苏省统一战线工作先进集体
　　东南大学党委统战部
2014年民进中央"全国组织建设先进基层组织"
　　民进东南大学基层委员会
2014年九三学社江苏省委"先进集体"
　　九三学社东南大学委员会
2014年江苏省共青团工作先进单位
　　共青团东南大学委员会
2015年江苏省巾帼文明岗
　　东南大学数学系大学数学教研室

先进个人

2015年"千人计划"入选者
  James Charles Whisstock

2014年"百千万人才工程"获得者
  肖　睿

2014年"长江学者"入选者
  特聘教授：陈云飞　刘加平　周佑勇　讲座教授：颜　安　陈志宁

2015年国家基金委杰出青年科学基金
  肖　睿　吴　刚　王金兰　舒　嘉　孙立涛　居胜红

2014年第二批"万人计划"青年拔尖人才入选者
  虞文武　孙伟锋　殷勇高　舒　嘉

2015年"青年千人计划"入选者
  潘玉峰　谢远长　刘志远　胡三明　姚红红　陈　瑞　柴人杰

2014年国家科技进步奖
 一等奖
 现代预应力混凝土结构关键技术创新与应用
  吕志涛(1)　孟少平(6)　贺志启(10)　王景全(12)　刘　钊(13)　郭正兴(14)
  冯　健(15)

2014年国家自然科学奖
 二等奖
 新型人工电磁媒质对电磁波的调控研究
  崔铁军(1)　马慧锋(2)　蒋卫祥(3)　程　强(4)

2014年国家技术发明奖
 二等奖
 高稳定高耗散减振材料制备关键技术与装置开发及工程应用
  徐赵东(1)　韩玉林(3)　费树岷(4)　杨建刚(5)

2014年国家科技进步奖
 二等奖
 服务三农的安全可信金融电子交易关键技术和应用
  时龙兴(1)　杨　军(2)　李　杰(3)　王　超(4)　卜爱国(5)　曹　鹏(6)
  胡　晨(7)　单伟伟(9)　刘新宁(10)
 超高性能混凝土抗爆材料成套制备技术、结构设计及其应用
  孙　伟(1)　刘加平(3)　张云升(4)　戎志丹(6)　秦鸿根(9)　陈惠苏(10)
 高水压浅覆土复杂地形地质超大直径长江盾构隧道成套工程技术
  钱春香(7)

2014年高等教育国家级教学成果奖
  一等奖
  创新课程体系，突出自主研学的电工电子实践课程改革与成效
      胡仁杰　堵国樑　黄慧春　管秋梅　王凤华　顾玉军　顾晓洁　傅淑霞
      赵　扬　赵良法
  二等奖
  大学英语探究式教学模式研究与实践
      李霄翔　陈美华　朱善华　吴之昕　郭锋萍　刘　蓉　杨茂霞　程俊瑜　石　玲
      朱宏清　侯　岩　金　晶　徐晓燕　郑玉琪　邹长征
  基于全体学生参与的大学生自主研学体系的创建与实践
      郑家茂　熊宏齐　方　霞　徐　悦　张继文　张　胤　戴玉蓉　邱文教　潘晓卉
  现代道路交通类人才专业知识构建和核心能力提升的改革与实践
      王　炜　黄晓明　陈　峻　程建川　陈　怡　陈学武　胡伍生　陆　建　黄　侨
      高　英　张　航
  以提升执业能力为核心的医学影像学人才培养研究与实践
      滕皋军　杨小庆　刘　斌　邓　钢　谢　波　居胜红　杨　明　靳激扬　王慧萍
      张俊琴
  现代工程管理人才"一体两翼"型专业核心能力培养的研究与实践
      李启明　成　虎　沈　杰　郭正兴　周佑勇　杜　静　陆惠民　黄有亮　刘家彬
      陆　彦　吴　刚
2014年江苏省优秀博士论文指导教师
      肖　睿　陈永平　洪　伟　时龙兴　刘继军　陈　扬　仲伟俊　熊仁根　路小波
      宋爱国　浦跃朴
2014年江苏省优秀硕士学位论文指导教师
      吴　晓　易　红　陈晓平　丁幼亮　唐洁影　赵志伟　张　雄　梁金玲　李世华
      耿　新　邱　腾　顾　宁　贾鸿雁　谢吉华　王　炜　邓　卫　崔天剑　仲德崑
      薛　力　王景全　张志强　汤　奕　樊　英　袁晓宁　程　琳　吴建辉
2014年江苏省本科优秀毕业设计（论文）一等奖指导教师
      吴富根　董　帅　费庆国　张三峰　金　石
2015年东南大学教学奖
  特等奖
      徐康宁　周建华　陈　峻　堵国樑
江苏省人民政府第十三届哲学社会科学优秀成果奖
  一等奖
  《社会主义核心价值体系的中国灵根：中华民族精神新论》　袁久红　甘文华等
  《汉墓壁画的宗教信仰与图像表现》　汪小洋
  《裁量基准司法审查研究》　周佑勇
  《金融市场中传染风险建模与分析》　何建敏　李守伟　周伟

二等奖
　　《民俗艺术学》　陶思炎等
　　《注意规范保护目的与交通过失犯的成立》　刘艳红
　　《父母元情绪理念、情绪表达与儿童社会能力的关系》　梁宗保　张光珍等
　　《欧盟单一市场政策调整对我国商品出口的影响及对策研究》　陈淑梅
　　《出口学习抑或自选择：基于中国制造业微观企业的倍差匹配检验》　邱　斌
　　　刘修岩　赵　伟
　　《出口专业化、出口多样化与地区经济增长——来自中国省级面板数据的实证研究》
　　　刘修岩　吴　燕
　　《加快江苏网络经济发展》　徐盈之等
　　《当前我国伦理道德与意识形态互动规律的研究》　樊和平
三等奖
　　《集体主义价值观的当代阐释》　刘　波
　　《意义批判的逻辑——马克思辩证法的存在论阐释》　高广旭
　　《论联合演算》　马　雷
　　《基于PCA—DEA的英语有效学习过程评价模型研究》　陈美华
　　《艺术策划学》　倪　进
　　《论社会权的经济发展价值》　龚向和
　　《法律洞的司法跨越——关系密切群体法律治理的社会网络分析》　张洪涛
　　《社会失信行为的法律规制——基于外部性内在化的法经济学分析》　胡朝阳
　　《中外高等工程教育课程研究》　崔　军
　　《国家竞争论——富国的遏制与穷国的赶超》　杜　凯　周　勤
　　《论中国政府会计概念框架的选择》　陈志斌
　　《基础设施特许经营PPP项目的绩效管理与评估》　袁竞峰　李启明　邓小鹏
　　《企业创新能力研究——基于江苏省工业企业创新调查结果分析》　袁健红　孙建祥
　　《双边激励、融资方式与风险企业控制权配置：理论与实证研究》　吴　斌
　　《转型背景下的中国企业组织复杂性：动因、成长与应对》　吕鸿江
2015年度全国先进工作者
　　　吕志涛
2014年全国杰出专业技术人才
　　　尤肖虎
2014年享受政府特殊津贴专家
　　　胡仁杰　刘必成　刘继军　刘松玉　钱春香　钟文琪
2014年江苏省特聘教授
　　　尚金堂　陈　瑞
2014年江苏省有突出贡献的中青年专家
　　　张小松

2014年江苏省双创人才
　　刘　宏　　张袁健
2015年国家基金委优秀青年科学基金获得者
　　蒋卫祥　赵远锦　张　毅
2014年江苏省"六大人才高峰"入选人员
　　曹玖新　邓永峰　高丙团　耿　新　胡爱群　李新德　梁彩华　刘　宏　邵应娟
　　沈艳飞　万克树　王景全　王增梅　卫平民　吴文清　谢春明　徐翠荣　杨　波
　　姚红红　殷国栋　尹　宁　于　虹　余海涛　虞文武　翟军勇　钟文琪
首批江苏省中国特色社会主义理论体系研究基地
　　负责人：郭广银
江苏省高校哲学社会科学优秀创新团队、重点研究基地
　　樊和平团队　刘艳红团队
2015年江苏省社科名家
　　樊和平
2014年江苏省青年社科英才
　　邵　军
2015年江苏省五一劳动奖章
　　熊仁根
2014年致公党中央"优秀党员"
　　薛　涛
2014年民革江苏省委"优秀党员"
　　马向真　李　伟
2014年九三学社江苏省委"先进个人"
　　王修信　钱　华
第二届夏季青年奥林匹克运动会先进个人
　　张　璐
2015年江苏省优秀共青团干部
　　邱　峰
2015年江苏省五四青年奖章
　　郭　彤
新疆维吾尔自治区第七批中央和国家机关、中央企业优秀援疆干部人才
　　张敬东　王　飞　吴国球　芦慧霞　李　丽
第十四届"挑战杯"全国大学生课外学术科技作品竞赛"智慧城市"专项赛
　　特等奖指导教师：过秀成　王　卫
2014年第四届中国教育机器人大赛国家级特等奖、一等奖指导教师
　　张文锦等
2014年"外研社杯"全国英语写作大赛国家级特等奖指导教师
　　郑玉琪等

2015年第十届全国周培源大学生力学竞赛国家级特等奖指导教师
  董萼良等
2014年中国大学生方程式汽车大赛国家级一等奖指导教师
  张志胜等
2014年全国大学生数学建模竞赛国家级一等奖指导教师
  陈恩水等
2014年第39届ACM国际大学生程序设计竞赛（ACM/ICPC）亚洲区预选赛国际级一等奖指导教师
  倪庆剑等
2014年第九届"飞思卡尔"杯大学生智能汽车竞赛国家级一等奖指导教师
  谈英姿等
2014年中国机器人大赛暨RoboCup公开赛国家级一等奖指导教师
  许映秋等
2014年"蔡司杯"第三届全国大学生金相技能大赛国家级一等奖指导教师
  梅建平等
2014年全国大学生电子设计竞赛信息安全技术专题邀请赛国家级一等奖指导教师
  宋宇波等
2015年美国大学生数学建模竞赛国际级一等奖指导教师
  陈恩水等
2015年全国大学生英语竞赛国家级一等奖指导教师
  陈美华等
2015年第七届"英特尔杯"全国大学生软件创新大赛国家级一等奖指导教师
  张三峰等
2015年第五届全国大学生电子商务"创新、创意及创业"挑战赛国家级一等奖指导教师
  张玉林等
2015年第八届全国大学生计算机设计大赛国家级一等奖指导教师
  陈 伟等
2014年第六届全国大学生节能减排社会实践与科技竞赛国家级一等奖指导教师
  张小松等
2014年第四届全国大学生工程训练综合能力竞赛国家级一等奖指导教师
  张远明等
第三届全国微课程大赛一等奖
  《呼吸运动的化学感受性反射》 刘莉洁
  《社会学视域中的环境问题》 朱菊生
  《投资者要求的报酬率的决定因素》 陈菊花
  《血栓形成机制》 陈平圣
  《税负转嫁》 吴 斌
  《护理学五项技能操作示范》 东南大学护理系

全国第四届大学生艺术展演优秀指导教师奖
  洪海军 方 方 曹菲菲
2014年江苏省辅导员年度人物
  王婧菲

东南大学校级荣誉名单

一、工会工作先进集体(8个)

图书馆工会
附属中大医院工会
交通学院工会测绘学科工会小组
产业工会建筑设计研究院有限公司工会小组
丁家桥综合工会党政办公会工会小组
校机关工会人事处工会小组
校机关工会苏州研究院工会小组
校机关工会保卫处工会小组

二、优秀工会积极分子(81人,按姓氏笔画排序)

弓玉祥	马达	马超	马志虎	马素霞	王琳	王翔	王磊	王文宁
王永平	王亚青	尹偕	孔晖	左玉生	申远	冉洪涛	权亚玲	朱宁
朱光宇	朱晓慧	华永明	华蓉蓉	刘江	刘莹	汤蓓	许进	孙景卫
李涛	李海涛	李黎藜	杨竹慧	肖驰	肖媛	吴霞	何宁	沈刚
沈辰立	张宁	张航	张雨飞	张蔼玲	张慧慧	陆莉	陆可人	陈鸣宇
陈益民	陈海平	陈祥雨	范晖	林辛	林晓辉	罗亮	周旭东	房芳
孟美娟	赵红梅	郝勇生	郝艳娟	柏毅	顾群	倪巍伟	徐伟炜	徐迎晓
徐晓燕	徐淑宏	殷磊	高庆华	涂亚峰	姬红	黄奕立	黄镜怡	曹菲菲
盛力晶	葛沪飞	傅敢峰	鲁安顺	游浩	熊文	樊鹤红	薛忠俊	戴挺

2015年科研成果获奖情况

2015年教育部自然科学奖
 一等奖
 新型分子基铁电体的基础研究
  熊仁根(1) 叶琼(2) 付大伟(3) 张闻(4)
 能量在多层膜界面的输运与耗散机理
  陈云飞(1) 杨决宽(2) 毕可东(3) 倪中华(4) 魏志勇(5)
 纳米材料毒理学评价及环境医学应用的基础研究

　　　　浦跃朴(1)　　刘松琴(2)　　王大勇(3)　　唐　萌(4)　　尹立红(5)　　梁戈玉(6)
　　　　武秋立(7)　　卫　伟(8)　　刘　冉(9)　　张小强(10)　　张　婷(11)　　张　娟(12)
　　　　薛玉英(13)　　李晓波(14)
　二等奖
　鲁棒人脸视觉特征的提取、建模与识别的理论和方法研究
　　　　郑文明(1)　　杨万扣(3)　　赵　力(4)　　夏思宇(5)　　黄晓华(7)
　新型纳米载药体系研究
　　　　何农跃(1)　　王　婷(4)

2015年教育部技术发明奖
　二等奖
　基于工业废弃物的土壤固化剂系列研发与工程应用
　　　　杜延军(1)　　刘松玉(2)　　朱志铎(3)　　章定文(4)　　魏明俐(5)　　范日东(6)

2015年教育部科技进步奖
　一等奖
　既有建筑结构性能提升关键技术与工程应用
　　　　郭　彤(1)　　张志强(3)　　敬登虎(6)　　黄　镇(8)　　穆保岗(9)　　缪志伟(12)
　二等奖
　核电站牺牲混凝土制备原理与关键技术研究
　　　　蒋金洋(1)　　孙　伟(3)　　佘　伟(4)　　于英俊(6)　　李杰青(10)　　褚洪岩(11)
　多制式被动式×××（内部公布）
　　　　王霄峻(1)　　王　刚(2)　　陈晓曙(3)　　陈国华(5)

2015年江苏省科学技术奖
　一等奖
　工业智能超声检测理论与应用关键技术
　　　　丁　辉(1)　　张　萍(9)
　复杂环境下桥梁安全性能监控与预警关键技术及其集成示范
　　　　丁幼亮(1)　　李爱群(2)　　王　浩(3)　　缪长青(8)　　王高新(10)　　陶天友(11)
　大型发电机组故障检测与诊断技术研发及应用
　　　　邓艾东(1)　　傅行军(2)　　杨建刚(3)　　刘振祥(4)　　郭　瑞(7)　　田新启(8)
　　　　黄石红(10)
　高精度多功能岩土工程原位测试技术研发与工程应用体系
　　　　刘松玉(1)　　蔡国军(2)　　童立元(3)　　秦文虎(4)　　邹海峰(5)　　刘志彬(6)
　　　　杜广印(7)　　方　磊(8)　　孙立博(10)　　林　军(11)
　二等奖
　高耐磨及高强韧粉末冶金制品的关键技术与应用
　　　　潘　冶(1)　　陆　韬(3)　　吴建全(5)　　秦清华(7)
　CRTS Ⅱ型板式无砟轨道水泥沥青砂浆制备、耐久性与施工技术研究
　　　　孙　伟(1)　　刘加平(2)　　陈惠苏(3)　　蒋金洋(8)

三等奖
组织激肽释放酶缓激肽系统与 Akt-eNOS 通路在冠心病中的作用及相关机制研究
  姚玉宇(1) 马根山(4) 刘乃丰(5) 盛祖龙(6) 傅 聪(7)

2014—2015 学年教学奖励金获奖名单

一、个人奖

特等奖 4 人

周建华 徐康宁 陈 峻 堵国樑

一等奖 31 人

王承慧	薛澄岐	刘晓军	杨建明	王 蓉	黄 镇	沈 杰	董志芳	钱 堃
鲍旭东	金远平	刘 甦	陈 乾	张旭海	季玉群	张玉林	徐晓燕	王学华
黄忠辉	方云峰	郭玲香	邓永锋	祝雪芬	刘 红	刘 桦	赵枫姝	余小金
黄慧春	吴 金	毛艳明	陈 伟					

二等奖 55 人

朱 雷	汪晓茜	毕可东	孙 辉	徐国英	宋海亮	张圣清	宋宇波	陶 津
许 妍	乔 玲	徐 申	张宇宁	查日军	王 静	张敏珠	吴宏伟	符影杰
周德宇	李慧颖	袁士俊	周 平	万 旭	胡 伟	黄 婷	董 斌	冯 伟
汤 薇	黄 磊	周 赣	胡庭山	郭 庆	汤 斌	赵 杨	鲍 敏	智永红
陆素文	郭丰平	郑颖平	熊 文	陈先华	张宏斌	许继峰	叶 明	于 红
俞 婷	乔立兴	马 超	陈大林	田 野	游 博	陆 娟	张小国	何铁军
朱菊生								

二、专项奖

1. 教学督导组   20 000 元
2. 各类学科竞赛

(1) 2015 年美国大学生数学建模竞赛国际级一等奖教师指导团队(陈恩水等)
  10 000 元

(2) 2015 年第十届全国周培源大学生力学竞赛国家级特等奖教师指导团队(董萼良等) 5 000 元

(3) 2014 年第四届中国教育机器人大赛国家级特等奖、一等奖教师指导团队(张文锦等) 5 000 元

(4) 2014 年中国大学生方程式汽车大赛国家级一等奖教师指导团队(张志胜等)
  5 000 元

(5) 2015 年全国大学生英语竞赛国家级一等奖教师指导团队(陈美华等) 5 000 元

(6) 2014 年全国大学生数学建模竞赛国家级一等奖教师指导团队(陈恩水等)
  5 000 元

(7) 2014年第39届ACM国际大学生程序设计竞赛(ACM/ICPC)亚洲区预选赛国际级一等奖教师指导团队(倪庆剑等)　　　　　　　　　　　　　　　　　　　5 000元

　　(8) 2014年第九届"飞思卡尔"杯大学生智能汽车竞赛国家级一等奖教师指导团队(谈英姿等)　　　　　　　　　　　　　　　　　　　　　　　　5 000元

　　(9) 2014年中国机器人大赛暨RoboCup公开赛国家级一等奖教师指导团队(许映秋等)　　　　　　　　　　　　　　　　　　　　　　　　　　5 000元

　　(10) 2015年第七届"英特尔杯"全国大学生软件创新大赛国家级一等奖教师指导团队(张三峰等)　　　　　　　　　　　　　　　　　　　　　5 000元

　　(11) 2014年"外研社杯"全国英语写作大赛国家级特等奖教师指导团队(郑玉琪等)
　　　　　　　　　　　　　　　　　　　　　　　　　　　　　　　　　　　5 000元

　　(12) 2014年第四届全国大学生工程训练综合能力竞赛国家级一等奖教师指导团队(张远明等)　　　　　　　　　　　　　　　　　　　　　　　5 000元

　　(13) 2015年第五届全国大学生电子商务"创新、创意及创业"挑战赛国家级一等奖教师指导团队(张玉林等)　　　　　　　　　　　　　　　　5 000元

　　(14) 2015年第八届全国大学生计算机设计大赛国家级一等奖教师指导团队(陈伟等)　　　　　　　　　　　　　　　　　　　　　　　　　　5 000元

　　(15) 2014年第六届全国大学生节能减排社会实践与科技竞赛国家级一等奖教师指导团队(张小松等)　　　　　　　　　　　　　　　　　　　5 000元

　　(16) 2014年"蔡司杯"第三届全国大学生金相技能大赛国家级一等奖教师指导团队(梅建平等)　　　　　　　　　　　　　　　　　　　　　　5 000元

　　(17) 2014年全国大学生电子设计竞赛信息安全技术专题邀请赛国家级一等奖教师指导团队(宋宇波等)　　　　　　　　　　　　　　　　　　5 000元

本科生2014—2015学年各级各类学科竞赛获奖名单

一、2015年美国大学生数学建模竞赛

国际级一等奖

刘　明 03012421	徐　乐 61013123	胡春璇 61013102	徐　军 04012640
孙佳琛 04012605	祖剑君 04012635	杨补园 22012326	王凯健 09012317
孙　哲 22012308	张凌晗 04012536	印友进 04012540	李焕波 04012541
贾　凯 08012310	刘力铨 08012328	胡啸天 08013311	周杰灵 04012125
韩　彬 04012143	王华玮 04013513	肖舒涛 04012524	胡彦丰 21A12130
彭　欣 04012440	汤慧赟 04012538	张　琦 22012206	喻国芳 06012222
何功垠 04012527	陈　馨 22012109	杨远益 04012216	蔡戎彧 03012229
潘颖庭 61112106	潘杭萍 03012402	李羿静 07312106	任　普 05112303

俞　苗 06212606	刘　涵 61012108	骆一扬 61312109	许　阳 61012105
邵建南 61312114	虞正平 61312117	徐宇辉 61312125	陶　雷 04012213
廖如天 04012237	胡尊丽 04012238	胡铭觊 16012517	黄仁志 16012119
李梦雅 16012608			

国际级二等奖

方良骥 22012218	毕　成 07112126	沈含俊 22012211	韩永康 03012220
林　彤 61112103	刘一江 03012225	王　钦 06A12135	蒋小凡 06112102
闫隆鑫 71112132	蔡爽爽 61012206	申怡飞 61012320	邰　伟 61312115
马沈骐 04012508	李　溪 04012503	胡振国 04012514	熊　蕾 04012401
徐　亮 04012441	李卓倩 04012506	乔　志 61012217	杨　超 61012218
曾雨旻 04012608	杨　逍 61013121	马文焱 61013136	杨　易 61013129
王怡心 05212101	方龙宇 12012326	高万里 06112111	刘艺璇 61012304
宋　昌 61312118	杨　丽 61012306	蔡　均 21812103	梁晓洁 07312108
范英辉 06A12425	郝　頔 08012301	韩方园 07012216	李凡子 07112128
李　缘 10012226	黄华林 22012323	彭　潜 04012121	陈　涛 08012217
梅　俊 08012126	陈　旋 07312109	方天琦 06A12526	刘逸聪 04012621
褚　翘 04012308	陈石开 61013110	陈同广 61012317	王文宇 61013113
蒋永康 04012634	余　禾 03112624	柯希玮 03012127	李天助 04012639
宋文婷 04212709	高璇璇 04012208	郭建珠 21512121	刘子洋 21212101
赵佳曼 21512107	顾晓卉 11A12207	蒋　雯 11112149	周　睿 61013128
张　苑 04012306	陈逸云 04012301	朱文捷 04012339	刘　磊 08012325
崔　晨 08012308	李朋伟 08012110	宋　潇 08012323	张德明 08012321
乔鹏宇 08012315	吴颖真 04012201	刘　明 04012332	郭子衡 04013331
江　磊 04012138	游雁天 04012104	李度洋 04012116	秦玉磊 08012234
王兆嘉 08012111	肖子豪 08012227	张　沛 08012232	李　艺 08012105
高　峰 08012211	刘海协 04012407	贺子航 04012406	郭　冲 04012416
郭启炜 04012414	张雯豪 04012443	李骁敏 04012404	

二、2014年第39届ACM国际大学生程序设计竞赛(ACM/ICPC)亚洲区预选赛

国际级一等奖

| 辛维钊 09012324 | 解曙方 09012436 | 朱铖恺 22011327 | |

国际级二等奖

| 朱铖恺 22011327 | 辛维钊 09012324 | 解曙方 09012436 | |

国际级优秀奖

| 吴　涛 71113318 | 钱　鑫 09013413 | 崔致瀚 09012413 | 赵隐达 04012626 |
| 袁　嘉 22013223 | 李天宇 12011115 | | |

三、2014 年 RoboCup 机器人国际比赛

国际级三等奖

张炜森 08011223　　高海丹 08010432　　张宋扬 09011214　　亢执中 06012115
吴　浩 08011215

四、2014 年亚太医疗设备设计竞赛

国家级一等奖

孔向晖 61310111　　王月成 11210123　　李润泽 61311124

五、第九届全国大学生化学实验邀请赛

国家级二等奖

胡　暄 19311116

国家级三等奖

甘　萍 19311111　　王　飞 19311101

六、第十届全国周培源大学生力学竞赛

国家级一等奖

王风范 05112112　　焦亚基 05112403

国家级二等奖

王伟立 21A13831　　张　竞 05313110　　李　峥 05312128　　李殿亮 05113306
陈怡林 21012203　　王旭祥 05112120　　张俊平 05113321

七、第三届全国高等学校大学生测绘技能大赛

国家级三等奖

谢金丞 21312113　　张瑞成 21312122　　杨雪晴 21311121　　冯琪竣 21311109

八、2014 年全国大学生电子设计竞赛 Intel 杯嵌入式邀请赛

国家级二等奖

林　波 04011430　　倪路遥 04011448　　黄志超 61011311　　翟邦昭 61011117
查海强 61311128　　何文剑 61011221

九、第七届全国大学生节能减排社会实践与科技竞赛

国家级三等奖

王　健 12011318　　刘晓彤 12011316　　杨斯涵 03011230　　李　想 03212719
刘　明 03012421　　石耀光 03012120　　朱疆宁 03212706　　崔文琪 16012508

十、2014 年第 7 届中国大学生计算机设计大赛

国家级二等奖

吴姝悦 21012102　　邓　翎 21012107　　董　翔 71111308　　徐　湘 71111115
张　睿 71111306　　蓝　翔 71111313　　林羽从 16012603　　李苓源 71112204
郭耿瑞 10211105　　文　轶 61112109　　邵　帅 61311115

国家级三等奖

谢翱羽 16012314　　瞿祎程 16012321　　胡铭觐 16012517　　曹文龙 71111122
王　量 71111404　　欧列川 71111425　　韩　杰 08013214　　卢长胜 08013218
王子峣 08013328　　吕家乐 16013117　　程天石 16013515

十一、2014 年全国大学生电子设计竞赛模拟电子系统设计专题邀请赛(TI 杯)

国家级二等奖

林　波 04011430　　倪路遥 04011448　　黄志超 61011311　　瞿邦昭 61011117
查海强 61311128　　何文剑 61011221

十二、第九届"飞思卡尔"杯大学生智能汽车竞赛全国总决赛

国家级一等奖

王天宜 16012307　　马文涛 08012210　　徐乃阳 04010118　　智向阳 08011325

国家级二等奖

徐晴雯 61011110　　刘泽恒 06011315　　曾雨旻 04012608

十三、"蔡司杯"第三届全国大学生金相技能大赛

国家级一等奖

郑　鑫 02012309

国家级三等奖

张　蓓 12012424

十四、首届"卓越杯"大学生化学新实验设计及化学实验技能竞赛

国家级一等奖

王　芳 19311107

国家级二等奖

缪智辉 19311105　　胡　暄 19311116　　陈　力 19311102　　王　飞 19311101

国家级三等奖

李思超 19011113

十五、2014年中国大学生方程式汽车大赛

国家级一等奖

章　月 14111114	陈郁蕾 04012636	郑晶莹 02012401	吴成博 02A12612
姜晓文 02011509	霍　飞 02012403	陈　晨 14111115	周　舰 19312102
郭东东 02011403	唐卓人 61112114	张海川 61112113	夏江浩 02012318
安舒扬 02012317	史昀珂 02011402	王亚明 02013317	袁绍杰 03111607
吴志勇 02011412	刘　煜 02013528	燕鹏飞 02A12626	张　伦 02012405
吴瀛东 02011503	彭光耀 04012323		

十六、第三届全国大学生基础医学创新论坛暨实验设计大赛

国家级一等奖

刘海雁 43210213	倪淑婷 43210210	李　娜 43210212	庞　思 43210211
李雪琳 43210201			

国家级二等奖

顾大川 43110216	张伟韬 43111130	孙乐家 43111131	景　丹 43111114
李红霞 43110218	董思岐 43A10304	罗二飞 43110213	古明博 43110204
蒋亚波 43110220	沈　肖 43A10308	李　颖 43111212	宋睿泽 43111236
保靖夫 43111235	王兆沛 43111237		

国家级三等奖

梁　赛 43A11217	吴　航 43211103	郭　丹 43211107	谢佳敏 43111206
马　骏 43111225	江多斯·帕依孜吾拉 43111216		王梦宸 43311125

国家级优秀奖

单世豪 41111115	李雪琼 41111110	黄继青 41111103	陈奕含 41111107
丁　双 43210405			

十七、2014年中国机器人大赛暨RoboCup公开赛

国家级特等奖

万杭州 22012333	袁昌旺 22012316	王开恺 22012329	臧　坤 08012424
李树森 02012303			

国家级一等奖

张炜森 08011223	张宋扬 09011214	亢执中 06012115	吴　浩 08011215
沈霈霖 08012411			

十八、第七届"英特尔杯"全国大学生软件创新大赛

国家级一等奖

杨启凡 71112331	赵雪冰 71112421	李　茵 71112301	汤　颢 71112329

国家级二等奖

杜惠民 71112220　　王　琦 71112402　　解曙方 09012436　　高绮文 09012106

十九、2014年第四届中国教育机器人大赛

国家级特等奖

黄华林 22012323　　张维哲 06012119　　肖中洲 03213733　　冷明鑫 22012311
洪灏灏 16012128　　史林煊 21013208　　孙海翔 16012120　　郭春生 09012228
石　珂 22012225

国家级一等奖

曹　仪 24011101　　黄华林 22012323　　周　双 02011413　　孙海翔 16012120
刘腾业 06A12436　　刘英杰 22012327　　肖中洲 03213733　　石　珂 22012225
陈若童 02011429　　史林煊 21013208　　张维哲 06012119

国家级二等奖

洪灏灏 16012128　　郭春生 09012228

二十、2014年"外研社杯"全国英语写作大赛总决赛

国家级特等奖

张一楠 17111315

二十一、"创青春"全国大学生创业(小挑)大赛

国家级二等奖

徐辰皓 02612123　　李　婷 02A12303　　蒲云峤 14311110　　朱赛丹 14B11521
詹　嵘 14C11331　　毕校伟 22011131　　乔　楠 22011331　　邱　泽 43111203
史飞飞 43311121　　沈　刚 43A11421　　于鸿洋 71112224　　姜　舒 22011308

二十二、第二十届中国日报社"21世纪·可口可乐杯"全国英语演讲比赛总决赛

国家级二等奖

赵启眉 17112210

二十三、第一届全国高校云计算应用创新大赛

国家级三等奖

冯伟东 71112229　　李延东 71112111　　段逸轩 71112103

国家级优秀奖

王　秀 71112404　　蒋志远 71112420　　陈冰阳 71Y12126　　罗丹青 71112403

二十四、第四届全国大学生工程训练综合能力竞赛

国家级一等奖

陈春水 02012109　　沈小朋 02012113　　朱　杰 02012101

二十五、第十届全国大学生交通科技大赛

国家级二等奖

汪宇轩 21012104　　孙潇昊 21011202　　方黄磊 21012210　　徐亚楠 21111136
辛　磊 21A12318

二十六、2015 年全国大学生英语竞赛

国家级特等奖

黄天星 04013301　　涂雨璇 01112209　　季啸白 42214216　　敖颖雪 01114202
曹沐繁 19014204　　李　燚 21A14326　　奚小童 03213718　　陈　泱 13313106
潘佳惠 17113103　　旻　绛 43A14218　　马懿元 21A13301　　廖　丹 43A11213
芦琛琛 43A11211

国家级一等奖

韩春霖 71113419　　傅　宇 21B14104　　纪德杰 02013620　　徐　力 04013543
李馥杉 09012203　　戴伯威 01113116

国家级二等奖

邵韵芸 17112113　　李　瑶 17112209　　商宁悦 01514108　　何　珂 21713101
黄励强 21112203　　邓舒文 14C13703　　朱文捷 04012339　　汪宇轩 21012104
周仕铭 61014231　　高萍萍 14B14519　　吴静叶 14B14519　　王泽轩 14C12220
贾　玥 14513221　　贾　玥 14513221　　徐子涵 71Y13105　　钟雨果 21013204
徐允昊 61314129　　吴一可 16014301　　徐　笋 16013603　　李　晗 03A14601
李　青 12013101　　廖星伟 14C13421　　章　越 26113102　　刘　鹤 71114421
郭美婷 21A14907　　董书洋 21113101　　张婧钰 21A14401　　钟佳宇 25014123
商宁悦 01514108　　张雨诺 14B14522　　侯姝彧 01510106　　金子程 04014416
叶加炜 43414116　　邵韵芸 17112113　　杨茗暄 14B13609　　沈　多 71112202
费　斐 14B13107　　马源源 43311109　　唐　旎 16012201　　胡　羿 21A13424
童科贤 43A13227　　刘子曦 21A14228　　辛佳磊 03012319　　张之杰 14B14503

国家级三等奖

张霁莹 13A12201　　夏　冬 21712201　　周　敏 14B13401　　安　杏 71Y13103
霍晓东 03012112　　胡帅奇 04012222　　刘　胤 21A14215　　李　琦 16014204
杨希梅 06A13505　　史　越 42214107　　严　怡 14412106　　陈沄沄 14C12217
徐冰妍 04013402　　钮文君 17214207　　肖　尧 21013120　　简晓芳 07014301
戴文嘉 01514124　　林若瑜 09014204　　朱　雨 21A14702　　柏　硕 02013221
李昊旻 16012529　　王　烁 71112330　　石　田 03012316　　崔丹钰 12013205

孙一唯 61313101	杨 舒 13A14308	吕 成 21A14113	许 悦 17113204
陈怡帆 43213219	戴广立 09013312	刘奕琳 04214701	吴 昊 14C13510
李可卉 71112401	孙忆菡 43214213	马超逸 22012132	钱思伟 43213422
黄伟杰 71114318	顾 帅 04013532	富楚轩 61014214	江咏涵 71114304
李梅清 17112202	石 可 05A14527	马思佳 14113109	崔耀允 14C13405
王 菁 12014107	孙 羿 04013341	刘影竹 01114201	施 雯 43214302
陈路瑜 08014201	冯 晶 05313123	方钱安 09014320	罗津宇 21114103
刘 毅 04013442	徐云逸 04014624	王闻箫 61011203	沈梓原 04014509
李英昊 22014419			

二十七、2014年全国大学生数学建模竞赛

国家级一等奖

吉张鹤轩 61012109	杨 升 61012112	陈同广 61012317	陶 雷 04012213
胡尊丽 04012238	廖如天 04012237	戴 忱 43A12104	蒋小凡 06112102
江 磊 04012138			

国家级二等奖

王嘉时 09012214	刘海协 04012407	温雅静 07012204	蒋永康 04012634
柯希玮 03012127	程 翀 08012220	蔡戎彧 03012229	潘杭萍 03012402
潘颖庭 61112106	薛弘毅 61312120	彭义炜 61312121	沈 圣 61312112
张 沛 08012232	李 艺 08012105	高 峰 08012211	陈石开 61013110
王文宇 61013113	李子园 61013202	张 苑 04012306	陈逸云 04012301
朱文捷 04012339			

二十八、第八届"三菱电机杯"全国大学生电气与自动化大赛

国家级二等奖

郭东东 02011403	褚军涛 61111114	邵恩泽 03011432

国家级三等奖

吴振龙 03011316	黄莹广 03011320	许 扬 03011328

二十九、第一届大学生生物医学电子创新设计竞赛

国家级一等奖

杨 越 11211110	周泽冀 11211122	韩中骁 11211119	李 昊 11211220
骆 爽 11211120	李 媛 11A11107	孔向晖 61310111	李润泽 61311124
王月成 11210123			

国家级二等奖

曾胜澜 11210203	莫 丹 11210205	张凤玲 11210103	杜立寰 04011249
张方宇 04011246	张大旭 04011251		

国家级三等奖

王　欣 11111123	韩　霜 11111105	杨　丹 06A11406	翟邦昭 61011117
张建飞 61011115	胡江南 61011111	李烨寰 06211616	张　蓉 06A11534
潘倩倩 04011149	王　鹏 11312113	吴　昊 22011114	乔　楠 22011331
徐　湘 71111115	蓝　翔 71111313	张　睿 71111306	石　珂 22012225
刘英杰 22012327	李欣怡 22012107	杨　升 61012112	吉张鹤轩 61012109
沈泽阳 61012116	彭志刚 61011322	黄志超 61011311	李隆胜 61011211
李巳晴 11111109	林凌云 11111117	刘洪迪 11A11112	王亚露 11112157
周琳绯 03012308	刘鹏程 16012426	霍梦科 11111116	吴子谦 11111108
王伟霞 11111106			

三十、第六届全国大学生机械创新设计大赛

国家级二等奖

耿垭洲 02011119	王　超 02011118	吴　景 02011209	雷鹏坤 02011105
赵子卿 02011421	李悠扬 02010423	唐雯珍 02010408	谢许宁 02010425
姜　充 02010311			

三十一、2015年"北斗杯"青少年科技创新大赛

国家级一等奖

陈　宬 22013328	宋　茜 22013311	朱雅玫 22013308	秦　阳 22013430

国家级二等奖

赵正扬 22011212	章　颖 22011109	何雨寒 14413101	王　璞 22012313
姚晨雨 22012310	冷明鑫 22012311		

国家级三等奖

郑冰清 22013209	王培宇 22013420	廖佳运 22013213

国家级优秀奖

胡素芸 22013307	李　钒 22013424	刘显源 22012121	闫　晰 22012317
朱雨婷 22012207	黄华林 22012323	袁昌旺 22012316	

三十二、第十届全国周培源大学生力学竞赛

省(部、地区)级特等奖

储长青 05113518	王　凯 05312127	沈　浩 05112506	赖光书 05113316
丁润民 05113402			

省(部、地区)级一等奖

李　浩 03013017	宋开明 21012213	孟　畅 05113630	孙宝江 05312109
邓涵宇 21713229	王　冲 21012216	蔺志一 05313115	龚来凯 05112601
汪　珍 05313108	王　森 05312130	吴　宁 05312129	盛　伟 05113623
赵振宇 05112125	华一唯 05313134	周　警 05112621	谢鹏飞 05112628

周　达 05112422	刘　兴 05113624	陆维杰 05113403	吴　胜 05112526
王卫昌 05113609	杨　湛 61312128	程　瑜 21713209	姜　煜 05313132
谢　磊 21713140	袁嘉伟 21713221	朱熔清 05113622	杨心怡 05113124
章锦洋 05113103	王　康 05112603	王　攀 05312137	魏笑尘 05713109

省（部、地区）级二等奖

张旻权 05A13323	沈　圣 61312112	陈营利 05313129	梁　童 21A13818
端木祥永 21013211	何　珂 21713101	刘雍翡 21A13907	李扬飞 05113405
陈　坦 21113203	李　剑 05113317	任逸哲 05113201	杨基舟 05312125
张　创 21113202	车　瑞 21713141	张伯琴 05113411	徐　刚 21712218
杜则行健 21A12227	顾　晟 05312120	周震鑫 05113618	王伟达 02013623
江春源 21013220	项　程 05113615	李雪晨 05313101	杜林璞 05312138
石亚文 05312103	何西西 21713207	潘薇薇 21712101	李玉鑫 05313143
杨振宇 61312122	刘　杨 05112101	雷　良 05312135	袁正刚 05312134
赵　阳 05713107	唐志伟 21712219	罗保宏 05113219	牛　畅 61312111
殷家宁 05313147	尹方舟 05112513	张　磊 05113212	孙树文 21713131
殷宇翔 21A13810			

三十三、第九届"飞思卡尔"杯全国大学生智能汽车竞赛（华东赛区）

省（部、地区）级一等奖

王　雷 04011433	朱梦瑞 02011538	徐帮元 04212717	徐晴雯 61011110
曾雨旻 04012608	刘泽恒 06011315	朱荣华 61111113	俞　毅 08012121
朱启扬 08011217	王天宜 16012307	马文涛 08012210	

省（部、地区）级优秀奖

黄泽宇 06A11536	施嘉察 02011113	王子晔 10212119	智向阳 08011325
杨天阳 08012203	殷智慧 08011212		

三十四、江苏省高校第十二届大学生物理及实验科技作品创新竞赛

省（部、地区）级一等奖

欧阳艺昕 10011116

省（部、地区）级二等奖

谢剑欣 10212101	张　熬 10212124	杨　佳 10212114	鲁　冰 05111122
夏天阳 05111418	顾大伟 05111609	夏正昊 05111535	唐健峰 05111113
张师斌 06A11335	杨　力 06A11325	王辅强 06A11334	庞　通 10312107
黄艺荣 10012311	周大利 06A11133	李昱岐 06A11122	王　煜 06A11128

省（部、地区）级三等奖

李雅然 61013103	黄子文 10012206	谢　淳 10312105	

三十五、第三届江苏省大学生化学化工实验竞赛

省(部、地区)级一等奖
朱　恺 19111111

省(部、地区)级二等奖
王泉高 19011317　　崔文俊 19311113

省(部、地区)级三等奖
韩明辰 19011213　　王　健 19011214

省(部、地区)级优秀奖
夏彭仁 19211101

三十六、2014年江苏省大学生电子设计竞赛

省(部、地区)级一等奖

杨　江 04211723	姚　艳 04211707	王晓羽 04211736	张大旭 04011251
潘倩倩 04011149	张方宇 04011246	许　龚 04011348	丁远哲 06A11303
顾喆旭 04011327	范　傲 06A11517	陈　晨 06A11508	黄新锐 06A11515
李浩天 06012313	周　越 09012220	王凯健 09012317	徐媛媛 06011207
张　帅 06A12314	赵玉豪 06011226	周培根 04011234	葛鹏飞 04011223
杜立寰 04011249	王旭哲 04011550	刘芳硕 04011214	胡　彬 04011535
吴文谦 04011438	褚炜雯 04011412	卢欣桐 04011413	陆倩云 61012305
程　聪 61012316	王子晔 10212119	林　波 04011430	倪路遥 04011448
邓榆钦 04011421	徐颖群 04011113	王　苏 04011146	沈　浩 04011136
蔡韫奇 04011224	吴　昊 22011114	郎　纾 04011244	佘烨超 04011510
杨慧文 04011503	杨丽娟 04011549	孙佳琛 04012605	黄文欢 04012507
柯逸凡 04012239	许　涵 04011231	胡威漪 06211603	武晨旭 04011230
马志伟 08011416	扈　霁 08011406	李志清 08011314	朱荣华 61111113
丁思娴 08011404	朱启扬 08011217	梁　霄 61011102	申怡飞 61012320
吴　迪 61011314	罗　平 61011309	陆天翼 06A11531	陈　倩 61011104
吴长虹 08011102	刘保帅 22011127	尹哲浩 22011214	陶　鹏 08011120
汪　野 08011125	胡　悦 08011205	李烨寰 06211616	张　蓉 06A11534
张春旭 06A11438	廖如天 04012237	胡尊丽 04012238	齐　济 16012429
翟邦昭 61011117	李隆胜 61011211	刘　畅 61011222	陈同广 61012317
申　畅 61012309	徐宇辉 61312125	朱庆明 61011217	何文剑 61011221
都之夏 61011215	黄志超 61011311	吴天益 04011009	刘　翔 04011422

省(部、地区)级二等奖

查海强 61311128	曹正庭 61311118	李建宇 61311119	杨雪旗 08011410
何　磊 08011421	刘安国 08011420	张　琪 22011301	周思雨 22011208
陈贻国 22011318	施鳕淞 04012144	束　俊 04012240	徐略钧 04012129

张晓燕 08011303	蔡 敏 08011306	刘玉卿 08011106	朱麒文 06A12228
王黎明 06012219	陈 琼 61012101	李 臻 61011118	王 晨 04011344
龚 宓 04011247	汤桂璇 08011103	石 琦 06A11331	段 煜 08011133
朱诚诚 06A12225	夏志鹏 06A12215	侍海峰 06012221	张 行 04011447
顾钊宁 04011417	张 珊 04011407	杨 蒙 04012340	马文钰 04012305
李月朝 04012214	陶 雷 04012213	林宇星 04012218	范文泉 04012113

三十七、2014年第四届中国教育机器人大赛华东赛区赛

省(部、地区)级特等奖

黄华林 22012323	周 双 02011413	石 珂 22012225	肖中洲 03213733
史林煊 21013208	刘腾业 06A12436	洪灏灏 16012128	刘英杰 22012327
郭春生 09012228	张维哲 06012119	陈若童 02011429	曹 仪 24011101
孙海翔 16012120	冷明鑫 22012311	洪灏灏 16012128	

省(部、地区)级一等奖

刘英杰 22012327	刘腾业 06A12436	洪灏灏 16012128	曹 仪 24011101
周 双 02011413	冷明鑫 22012311	史林煊 21013208	陈若童 02011429
肖中洲 03213733	郭春生 09012228	孙海翔 16012120	石 珂 22012225

三十八、"外研社杯"全国英语写作大赛江苏赛区复赛

省(部、地区)级特等奖

张一楠 17111315

省(部、地区)级二等奖

邵韵芸 17112113

省(部、地区)级三等奖

吕秋晨 17213213

三十九、第五届江苏省高校测绘技能大赛

省(部、地区)级一等奖

张瑞成 21312122

省(部、地区)级二等奖

张 亮 21B12122	刘 琪 21312116	谢金丞 21312113

四十、2014年"外研社杯"全国英语演讲大赛江苏赛区复赛

省(部、地区)级三等奖

徐焱飞 06A13532	马懿元 21A13301

省(部、地区)级优秀奖

金媛媛 17113201

四十一、第二十届中国日报社"21世纪·可口可乐杯"全国英语演讲比赛江苏地区决赛

省(部、地区)级一等奖

赵启眉 17112210

四十二、2014年江苏省大学生土木工程结构创新竞赛

省(部、地区)级一等奖

王　闻 05112507	臧一鹏 05112524	金　城 05112615	张宗凯 05113525
王仲衡 05113626	苏　越 05113502		

四十三、第三届江苏省大学生工程训练综合能力竞赛

省(部、地区)级一等奖

李树森 02012303	刘文俊 02A12410	安舒扬 02012317	陈春水 02012109
沈小朋 02012113	朱　杰 02012101	陈营利 05313129	仲　春 05313122
陈宇轮 05313130			

省(部、地区)级二等奖

吕剑乔 02012104	武琦琦 02012117	秦博豪 02012115	陈远志 02A12718
曾俊铭 02A12734	张　恒 02012523		

四十四、全国高等医学院校大学生临床技能竞赛华东分区赛

省(部、地区)级二等奖

王海丽 43210308	王健鑫 43110141	徐　颖 43210107	高圆圆 43210505

四十五、第五届全国大学生电子商务"创新、创意及创业"挑战赛江苏省赛

省(部、地区)级特等奖

梁焕用 14612126	徐鑫纯 14612127	范孟华 14612115	代晓靖 14612118
顾雪恒 14312138			

省(部、地区)级一等奖

罗诗然 14Y12121	倪弘沣 24A13118	张　哲 09012426	杨骏逸 09012315
滕　翔 14712122	刘沛阳 14B12317	郭文斌 71112326	王伟楠 71112327
李林青 14612101			

省(部、地区)级二等奖

王　鹏 11312113	袁世东 16012413	戴　忱 43A12104	曾心怡 14B12319
张　瑞 14B12122	浦希婷 14112114	李卓然 02A12202	沈竹琦 02612109
陈斯祺 02612104	张文婷 14B12427	王　旭 14112115	张煜斐 14B12117
陆　萍 02612110	张俊芙 04012543		

省(部、地区)级三等奖

李 东 14B12332	朱 冰 14B12216	朱俊雅 14B12109	朱兆琦 14B12309
胡诗晔 14B12306	陈朝阳 24112101	唐 宗 24A12125	田小红 14B14626
端 豪 09012318			

四十六、2015年中国大学生计算机设计大赛江苏省级赛

省(部、地区)级特等奖

李延东 71112111　　李 前 71114123　　李嘉文 71114124

省(部、地区)级一等奖

常 慧 71112106	李延东 71112111	郭政吉 71112321	赵壮文 71112125
陈冰阳 71Y12126	刘 盾 71112335	谢 楠 71113406	宁静珲 71113303
温 婧 71112101	常海潮 71112102	李明晴 71112201	朱彦雯 01113108
张祺媛 01113107	王 玥 01113104		

省(部、地区)级二等奖

| 李 超 02A14634 | 于 乐 08014227 | 黄文超 08014111 | 沈煜佳 08014203 |
| 孙佳慧 71112104 | 任 旸 71112108 | | |

省(部、地区)级优秀奖

| 王 康 01A11319 | 张雨竹 01111207 | 王 烁 71112330 | 徐 军 04012640 |
| 王东东 71112131 | | | |

四十七、第五届"浩辰杯"华东区大学生CAD应用技能竞赛

省(部、地区)级一等奖

| 吕 薇 01111212 | 余文斌 02012211 | 李宇峰 02012230 | 武琦琦 02012117 |
| 姚志学 02A12206 | 孙世浩 14B10134 | 韩远立 02012106 | |

省(部、地区)级二等奖

何 洋 02012502　　陈欣涛 01112323　　刘文俊 02A12410

省(部、地区)级三等奖

| 施剑波 01A11321 | 吴 宁 05312129 | 王旭祥 05112120 | 谢枝芃 05112527 |
| 蔡适然 01111312 | | | |

四十八、2014年江苏省大学生数学建模竞赛

省(部、地区)级一等奖

吴颖真 04012201	刘 明 04012332	郭子衡 04013331	许云珊 04212711
李 享 04212727	王杰杰 04212710	黄子文 10012206	张 宇 04012142
李 缘 10012226	张艺璇 08012106	梅 俊 08012126	陈 涛 08012217
邱正泽 06212628	万佳彧 07012206	吴 逸 06A12221	熊 蕾 04012401
李卓倩 04012506	肖舒涛 04012524	刘 涵 61012108	骆一扬 61312109
许 阳 61012105	周杰灵 04012125	韩 彬 04012143	王华玮 04013513

喻国芳 06012222	姜程程 06A12304	李光乐 19012319	何功垠 04012527
赵　良 04012525	陈　馨 22012109	郭建珠 21512121	刘子洋 21212101
赵佳曼 21512107	林俊浩 61012307	蒋　励 61112102	甘庆雨 61112110

省（部、地区）级二等奖

杨　燕 22012106	李欣怡 22012107	支康仪 22012235	乔　志 61012217
杨　超 61012218	王文杰 61012211	李天助 04012639	宋文婷 04212709
高璇璇 04012208	李　璟 04012531	肖　迪 04012501	端　豪 09012318
顾晓卉 11A12207	陈　姗 11112145	蒋　雯 11112149	张仕超 22013427
惠文珊 22013306	戴　兵 11A13212	赵煜健 61312126	陶　浏 61312129
牛　畅 61312111	刘　赛 16012216	陆夕蒙 16012127	刘光程 16012115
张凌翔 61112108	万　意 61112105	洪梦姣 03012001	梁晓洁 07312108
梁　山 07312130	范英辉 06A12425	胡铭觐 16012517	王兆斐 07012208
王亚敏 07112109	蔡爽爽 61012206	陈玉辰 61012203	邰　伟 61312115
谢雨婷 22012309	王　也 22012105	戚思雨 22012111	刘　明 03012421
林兴源 61013122	胡春璇 61013102	杨补园 22012326	曹林浩 06212621
田　润 71112208	张　澍 11112101	秦玉磊 08012234	周家驹 06A12434
王　莹 07312101	杨　蒙 04012340	尹海安 07113111	杨宇尘 61013120
吴旭东 61013130	李雅然 61013103	钱宇超 04012438	李　严 04012437
徐　昊 04212729			

省（部、地区）级三等奖

刘艺璇 61012304	杨　丽 61012306	宋　昌 61312118	闫隆鑫 71112132
王　钦 06A12135	赵含芝 06A12133	范云龙 09012225	吴　璇 09012102
柯翔宇 09012123	苏　壮 02012536	杨　欣 61112104	朱成德 61112116
李骁敏 04012404	王宇成 04012444	郭启炜 04012414	颜亚雄 08012228
王兆嘉 08012111	黄　林 08012128	韩永康 03012220	林　彤 61112103
马昕宇 03112613	宋　潇 08012323	贾　凯 08012310	刘力铨 08012328
张凌晗 04012536	印友进 04012540	李焕波 04012541	刘　袁 61012118
车松阳 61012114	史博文 61012121	方良骥 22012218	沈含俊 22012211
毕　成 07112126			

四十九、东南大学第三届金相技能竞赛（校机教〔2015〕137号）

校级一等奖	陶强兵 12012426	等3人
校级二等奖	王志江 12012210	等6人
校级三等奖	闵　剑 02A12516	等9人
校级优秀奖	王　尹 02A12111	等13人

五十、东南大学本科生第五届交通科技竞赛（校机教〔2015〕7号）

校级一等奖	张煜恒 21712233	等5人

校级二等奖	刘子洋 21212101	等 10 人
校级三等奖	卢慕洁 21012110	等 14 人
校级优秀奖	孙　悦 21712213	等 20 人

五十一、东南大学本科生第七届大学英语研究型课程优秀团队竞赛（校机教〔2015〕9 号）

校级一等奖	朱诚诚 06A12225	等 6 人
校级二等奖	张馨云 03A13409	等 11 人
校级三等奖	利嘉恒 14913114	等 32 人

五十二、东南大学第七届节能减排社会实践与科技创新竞赛（校机教〔2015〕35 号）

校级一等奖	李　昕 03212722	等 15 人
校级二等奖	王司晨 03013201	等 32 人
校级三等奖	张正华 03012215	等 43 人
校级优秀奖	周琳绯 03012308	等 65 人

五十三、东南大学第五届本科生创新体验竞赛（校机教〔2015〕52 号）

校级一等奖	宋依欣 04013102	等 56 人
校级二等奖	刘　野 43214110	等 110 人
校级三等奖	周震鑫 05113618	等 169 人
校级优秀奖	张芸婷 10014102	等 220 人

五十四、东南大学第十四届结构创新竞赛（校机教〔2015〕77 号）

校级一等奖	蔡适然 01111312	等 72 人
校级二等奖	吴智星 14B14507	等 144 人
校级三等奖	朱佳韵 21713210	等 219 人
校级优秀奖	严　恒 01512120	等 264 人

五十五、东南大学第五届大学生 CAD 技术应用竞赛（校机教〔2015〕78 号）

校级一等奖	何　洋 02012502	等 15 人
校级二等奖	卢玥明 03113605	等 31 人
校级三等奖	夏晓瑜 01A12508	等 46 人
校级优秀奖	韩　震 03213741	等 61 人

五十六、东南大学第十三届机械创新设计竞赛（校机教〔2015〕79 号）

| 校级一等奖 | 黄林新 02012518 | 等 3 人 |
| 校级二等奖 | 王立伟 02012508 | 等 18 人 |

校级三等奖	王亚明 02013317	等 18 人

五十七、第九届东南大学数学建模竞赛(校机教〔2015〕80号)

校级一等奖	王艺炜 04013539	等 57 人
校级二等奖	胡宛青 07313108	等 117 人
校级优秀奖	孙昊鑫 06A13519	等 186 人

五十八、东南大学第十七届大学生课外学术科技作品竞赛(校发〔2015〕84号)

校级特等奖	郭昊坤 03A13636	等 7 人
校级一等奖	张　璞 08012108	等 6 人
校级二等奖	邵博文 12012302	等 35 人
校级三等奖	方良骥 22012218	等 41 人

五十九、东南大学第九届大学生智能车竞赛(校机教〔2015〕89号)

校级一等奖	宋世强 06A12309	等 18 人
校级二等奖	何起明 08012120	等 36 人
校级三等奖	景树森 04013527	等 53 人
校级优秀奖	王少云 61013209	等 32 人

六十、东南大学第十一届RoboCup机器人竞赛(校机教〔2015〕90号)

校级一等奖	邢思凯 09012411	等 9 人
校级二等奖	陈天昊 08013209	等 18 人
校级三等奖	冯　炽 08012109	等 19 人
校级优秀奖	李泽浩 16013323	等 39 人

六十一、东南大学第七届大学生计算机设计竞赛(校机教〔2015〕91号)

校级一等奖	于　乐 08014227	等 9 人
校级二等奖	李　前 71114123	等 13 人
校级三等奖	王　康 01A11319	等 22 人
校级优秀奖	刘　磊 08012325	等 38 人

六十二、东南大学第二届"大学生健康素养"竞赛(校机教〔2015〕92号)

校级一等奖	郑露晓 21713107	等 51 人
校级二等奖	李运锋 42113225	等 111 人
校级三等奖	李　昕 03212722	等 143 人
校级优秀奖	陈　欣 06A14106	等 126 人

六十三、东南大学 2015 年第十七届电子设计竞赛（校机教〔2015〕98 号）

校级一等奖	高天翔 61012315	等 33 人
校级二等奖	侍海峰 06012221	等 51 人
校级三等奖	汪　敏 04012519	等 66 人
校级优秀奖	张航通 16012527	等 72 人

六十四、东南大学第七届英语演讲竞赛（校机教〔2015〕106 号）

校级一等奖	张雪晴 13A14219	等 1 人
校级二等奖	周潇滢 43214108	等 2 人
校级三等奖	赵雅宽 43214422	等 8 人

六十五、2015 年东南大学第四届英语写作竞赛（校机教〔2015〕107 号）

校级一等奖	田鲁琦 16013103	等 8 人
校级二等奖	李灵瑄 61014303	等 12 人
校级三等奖	胡晓磊 22013226	等 22 人

六十六、2015 年东南大学大学生英语竞赛（校机教〔2015〕108 号）

校级一等奖	韩雨轩 17112212	等 21 人
校级二等奖	闻　潇 04214715	等 57 人
校级三等奖	张瑶霖 06013310	等 91 人

六十七、东南大学第二届电子商务创新、创意及创业挑战赛（校机教〔2015〕120 号）

校级一等奖	李卓然 02A12202	等 16 人
校级二等奖	张煜斐 14B12117	等 3 人
校级优秀奖	滕　翔 14712122	等 6 人

六十八、东南大学第四届本科生工程训练综合能力竞赛（校机教〔2015〕122 号）

校级一等奖	陈营利 05313129	等 2 人
校级二等奖	吕剑乔 02012104	等 5 人
校级三等奖	安舒扬 02012317	等 6 人
校级优秀奖	韩远立 02012106	等 5 人

六十九、东南大学第三届（NI）虚拟仪器设计竞赛（校机教〔2015〕123 号）

校级一等奖	侯国睿 08013413	等 12 人
校级二等奖	莫　斐 04012439	等 26 人

七十、东南大学第十二届视觉制导机器人竞赛(校机教〔2015〕124号)

校级一等奖	黄林新 02012518	等 10 人
校级二等奖	宋　扬 22014211	等 23 人
校级三等奖	舒万韬 16012117	等 34 人
校级优秀奖	蔡雨君 04013337	等 78 人

七十一、东南大学本科生 2015 年高等数学竞赛(校机教〔2015〕132号)

校级一等奖	徐茹宁 08014304	等 11 人
校级二等奖	潘粮今 05A14211	等 23 人
校级三等奖	申靖轩 06A14407	等 75 人

七十二、东南大学第八届 IEEE 标准电脑鼠走迷宫竞赛(校机教〔2015〕148号)

校级一等奖	厉凌飞 08014318	等 12 人
校级二等奖	陈飞阳 12013312	等 33 人
校级三等奖	王鑫鑫 07013320	等 44 人
校级优秀奖	卢世昕 22014326	等 66 人

七十三、东南大学第八届力学竞赛(校机教〔2015〕149号)

校级一等奖	沈　浩 05112506	等 10 人
校级二等奖	杜　利 05112408	等 22 人
校级三等奖	车　瑞 21713141	等 39 人
校级优秀奖	吴立群 21713115	等 31 人

七十四、东南大学第八届 PLD 设计竞赛(校机教〔2015〕151号)

校级一等奖	陈　瑶 10113103	等 11 人
校级二等奖	王天鹏 06A13321	等 15 人
校级三等奖	徐　睿 06A12107	等 35 人
校级优秀奖	钟天辰 04013630	等 26 人

七十五、东南大学第二届"向经典致敬"诵读竞赛(校机教〔2015〕153号)

校级一等奖	管　菲 01114307	等 16 人
校级二等奖	陆　勇 05A14370	等 32 人
校级三等奖	胡建楠 43A14306	等 57 人
校级优秀奖	钟　钰 02A14624	等 71 人

七十六、东南大学第三届大学生物理实验竞赛(校机教〔2015〕154号)

| 校级一等奖 | 覃忠余 21A14814 | 等 3 人 |

校级二等奖	杨盼慧 10113105	等 5 人
校级三等奖	郝佩佩 10313101	等 8 人

七十七、东南大学第四届金相技能竞赛(校机教〔2015〕155号)

校级一等奖	郑　鑫 02012309	等 4 人
校级二等奖	赵　斌 02013435	等 8 人
校级三等奖	樊增隆 02013517	等 10 人
校级优秀奖	马　超 12012130	等 14 人

七十八、东南大学第十一届大学生程序设计竞赛(校机教〔2015〕156号)

校级一等奖	钱　鑫 09013413	等 3 人
校级二等奖	姚逸云 71112123	等 6 人
校级三等奖	曹翊宸 06A14438	等 7 人
校级优秀奖	郭大魁 71112218	等 16 人

七十九、东南大学第五届医学生临床技能竞赛(校机教〔2015〕160号)

校级一等奖	郁媛媛 43210404	等 4 人
校级二等奖	赵　闻 43210319	等 8 人
校级三等奖	曹欣华 43210106	等 12 人
校级优秀奖	胡义立 43210217	等 15 人

八十、2014年东南大学第七届"华彩绽放"英语话剧大赛(校机教〔2015〕162号)

校级一等奖	亢执中 06012115	等 12 人
校级二等奖	黄诗雅 17113112	等 16 人
校级三等奖	张　琰 13213117	等 26 人

八十一、东南大学第七届"中华赞"经典诵读竞赛

校级一等奖	何凌潇 12013332	等 12 人
校级二等奖	祝金怡 13413128	等 24 人
校级三等奖	周　定 02012530	等 36 人
校级优秀奖	韦孝诚 12013128	等 57 人

八十二、东南大学第一届云计算应用创新大赛暨第一届全国高校云计算应用创新大赛选拔赛

院(系)级一等奖	郑炜方 71112235	等 3 人
院(系)级二等奖	张欢欢 71112225	等 5 人

八十三、东南大学第十一届挑战 CEO 校园菁英大赛

院(系)级一等奖　　许　悦 17113204　　　等 4 人
院(系)级二等奖　　李凯师 09014409　　　等 13 人

八十四、东南大学第一届创意设计竞赛

院(系)级一等奖　　张芸怡 02013524　　　等 11 人
院(系)级二等奖　　潘佳正 19014213　　　等 8 人

八十五、东南大学第四届"北斗杯"青少年科技创新大赛

院(系)级一等奖　　许奇梦 22012112　　　等 8 人
院(系)级二等奖　　许广富 22013332　　　等 5 人

八十六、东南大学第一届制冷空调行业大学生科技竞赛

院(系)级一等奖　　湛长丰 03112620　　　等 2 人
院(系)级二等奖　　卢雅林 03112605　　　等 2 人

八十七、东南大学第一届机器人大赛

院(系)级一等奖　　郭启炜 04012414　　　等 5 人
院(系)级二等奖　　黄林新 02012518　　　等 4 人

八十八、东南大学第二届制弓竞赛——反曲层压弓的设计与制作

院(系)级一等奖　　肖元友 02612111　　　等 11 人
院(系)级二等奖　　吴　桐 12012415　　　等 31 人

八十九、东南大学第二届方程式汽车设计竞赛

院(系)级一等奖　　雷思杰 61314115　　　等 3 人
院(系)级二等奖　　荆　鑫 051131015　　　等 5 人

九十、东南大学第二届校园艺术创新竞赛

院(系)级一等奖　　倪雪婷 24A14218　　　等 6 人
院(系)级二等奖　　薛冠华 24112115　　　等 9 人

九十一、东南大学第二届短码竞赛

院(系)级一等奖　　王　姗 09012201　　　等 5 人
院(系)级二等奖　　李昌懋 71114312　　　等 10 人

九十二、东南大学第二届"机甲帝国"C++智能体编程争霸赛

院(系)级一等奖　邢永陈 08014124　　　等 3 人
院(系)级二等奖　魏晓婧 16012303　　　等 5 人

九十三、东南大学第一届电子装配竞赛

院(系)级一等奖　袁璋诣 06012223　　　等 4 人
院(系)级二等奖　曾鹏源 06A13425　　　等 8 人

注：
1. 本汇总名单来自"学科竞赛管理系统"；
2. 没有在学科竞赛管理系统中申报的竞赛不在此统计范围内；
3. 没有在学科竞赛管理系统中注册和报名的参赛学生不在此统计范围内；
4. 本次统计的竞赛时间为 2014 年 7 月 1 日至 2015 年 6 月 30 日。

2016年度学习优秀名单

建筑学院（共7人）

宗袁月 01912103　　张皓翔 01512111　　曹蔚祎 01113508　　钱　鑫 01212148
沈　忱 01912113　　余梓梁 01113502　　冷先强 01112328

机械工程学院（共5人）

金珊珊 02012103　　李宇峰 02012230　　陈春水 02012109　　彭泽坤 02013313
许国树 02013424

能源与环境学院（共7人）

刘　明 03012421　　叶　蓉 03213701　　柯希玮 03012127　　马昕宇 03112613
葛　浩 03113404　　车泽南 03313504　　张　艺 03113602

信息科学与工程学院（共7人）

王华玮 04013513　　蔡雨君 04013337　　李　享 04212721　　钟天辰 04013630
沈星欣 04013617　　廖如天 04012237　　涂　欣 04013637

土木工程学院（共10人）

刘　兴 05113624　　华一唯 05313134　　冯　晶 05313123　　王仲衡 05113626
刘　杨 05112101　　吴宣泽 05112401　　孟　畅 05113630　　唐美玲 05212201
李　峥 05312128　　张　梦 05213205

电子科学与工程学院（共5人）

陈垚鑫 06A13217　　周杨浩 06A13226　　武　斌 06112101　　翟　悦 06012106
姜程程 06012202

数学系（共1人）

刘国成 07112112

自动化学院（共2人）

陈　峥 08013210　　丁　刚 08013111

计算机科学与工程学院（共3人）

张莹莹 09013106　　谭春阳 09013407　　徐威鸿 09013316

物理系（共1人）

陈　瑶 10113103

生物科学与医学工程学院（共2人）

陈　怡 11213121　　陈卓钥 11112152

材料科学与工程学院（共3人）

崔丹钰 12013205　　刘主豪 12013230　　邹思茗 12013401

经管学院（共4人）

张　潇 14513224　　刘诗雯 14Y13116　　王雨竹 14512105　　张嘉润 14913118

电气工程学院(共6人)

程天石 16013515　　李梦雅 16012608　　许　珊 16012306　　徐　筝 16013603
詹惠瑜 16012507　　崔文琪 16012508

外国语学院(共1人)

潘佳惠 17113103

化学化工学院(共1人)

黄天宇 19313110

交通学院(共9人)

钟敏儿 21213106　　吴丽霞 21013104　　钟雨果 21013204　　王　茹 21313103
马懿元 21013101　　王　冰 21013201　　陈宏燕 21412106　　陈怡林 21012203
殷宇翔 21013212

仪器科学与工程学院(共3人)

方良骥 22012218　　张仕超 22013427　　陈　宬 22013328

艺术学院(共1人)

张　真 24113101

法学院(共1人)

赵文华 25012217

学习科学研究中心(共1人)

李梦怡 26113105

公共卫生学院(共4人)

洪　翔 42111119　　陈剑双 42113210　　赵心语 42213204　　王照光 42212215

医学院(共7人)

孟祥盼 43312101　　胡昕滢 43212212　　宋志颖 43212106　　周　铨 43112112
马　楠 43113213　　杨洁凤 43513103　　冒晨昱 43211307

吴健雄学院(共26人)

王文宇 09013140　　曹梦迪 06013003　　鞠炜煜 04013001　　周　睿 04013014
陈石开 09013143　　宋雨遥 02013637　　李子园 04013018　　陈　旭 04013021
凌　晨 03013013　　朱宇潇 04013005　　杨　逍 04013009　　王　贺 03013014
段尚甫 09013142　　杨杰能 06013005　　华　杰 61313122　　金玉龙 03013006
薛　烨 61313103　　文君涵 61313105　　王　锴 03013016　　夏康立 02013635
黄灵莹 61313102　　李彦博 03013015　　林兴源 04013010　　徐孝宇 61313110
王　茜 61313104　　徐　乐 04013011

软件学院(共4人)

沈　多 71112202　　杨启凡 71112331　　邹　悦 71113307　　谢　楠 71113406

建筑学院(10人)

吕颖洁 01113411　　高小涵 01114229　　徐　忆 01114311　　胡　樱 01513126
刘　星 01114110　　冯可欣 01214126　　周海瑶 01213122　　黄子睿 01114327
李心恬 01214101　　薛雯瑜 01514128

机械工程学院(16人)

陈明惠 02014407	汤玮韬 02014510	闵　剑 02013422	赵　恒 02014316
段福鑫 02014502	杨文彦 02013532	严文强 02014225	张祎霖 02014205
鲁秀楠 02012408	邹雅琳 02014201	王伟达 02013623	张赢杰 02012218
汪　其 02014423	蔡道清 02013430	沈竹琦 02612109	曹　璨 02613101

能源与环境学院(12人)

陈子聿 03014323	王　宇 03014112	郑伟佳 03013414	姚依晨 03014404
段梦凡 03114601	杨协和 03013127	田康宁 03014316	金　默 03014215
戴　领 03013426	王丽坤 03214717	曾令超 03014313	胡华军 03014229

信息科学与工程学院(11人)

徐　力 04013543	杨宇峰 04014324	刘　祺 04214719	王艺炜 04013539
黄梦宇 04014146	钟　凯 04214730	宛超逸 04014628	汪佳玮 04014410
张婧媛 04014609	陈明正 04014448	尹　超 04014348	

土木工程学院(18人)

石　可 05114407	李谈词 05114615	陈佳枫 05514111	张　颖 05114618
张宸浩 05114631	王佳宁 05513117	杨　乾 05114424	马俊伟 05214122
姚舒阳 05213202	王月峰 05114616	邵世轩 05314108	陆维杰 05113403
唐　昆 05114617	孙亦欧 05314135	李　剑 05113317	练　强 05114614
钟毅杰 05514101	方　超 05113603		

电子科学与工程学院(12人)

钱咨廷 06214607	刘　荟 06A14502	曾庆翔 06013226	何京苒 06A14504
张宇宸 06A14514	辛均浩 06113111	陈　凯 06A14117	宣城镇 06A14115
张翌晨 06213617	宋逸群 06A14104	李　帆 06013238	曹政坤 06313111

数学系(5人)

| 洪　韬 07114107 | 史云霞 07314106 | 安少坤 07314117 | 沈嘉琪 07113107 |
| 孙　丽 07313111 | | | |

自动化学院(5人)

| 朱毅成 08014430 | 林云智 08014115 | 夏定鹏 08014122 | 吕思源 08014202 |
| 郑　峰 08014427 | | | |

计算机科学与工程学院(7人)

| 任杰文 09013430 | 王逸然 09014118 | 刘云鹏 09014314 | 王　铎 09014222 |
| 骆　颖 09014203 | 林若瑜 09014204 | 於泽邦 09014427 | |

物理系(4人)

| 郝佩佩 10313101 | 赵　涛 10213126 | 黄逸婧 10114104 | 沈傅欢 10314105 |

生物科学与医学工程学院(7人)

| 李子劢 11113101 | 郭佳慧 11214210 | 刘　锦 11114107 | 张　运 11213118 |
| 文星罂 11214212 | 张艺馨 11113106 | 许成韬 11214217 | |

材料科学与工程学院(5人)

李文卓 12014205　　王　菁 12014107　　沈奕阳 12014211　　古震琦 12014204
陈　阳 12014213

人文学院(9人)

李亚兰 13113107　　陈　泱 13313106　　周蓝青 13114113　　夏　雨 13213124
胡志远 13413131　　翟蕊晗 13414118　　李昕璐 13614103　　张阳卉 13214104
洪　琼 13314102

经管学院(19人)

焦竹晗 14113102　　张　峥 14813117　　李一楠 14514208　　王翠翠 14213106
严　晗 14914119　　汤丽娜 14514114　　孙雨亭 14313110　　黄振妍 14Y14103
崔佳慧 14414210　　袁晓芸 14413107　　许蒙蒙 14814103　　周忆扬 14414204
修　艺 14613111　　李田杰 14714114　　俞弘倩 14314107　　曾　悦 14713101
戴　玥 14614112　　郑士捷 14114130　　李飔希 14214105

电气工程学院(8人)

李昊洋 16013114　　胡子健 16014121　　邹风华 16014106　　史文博 16013102
许利通 16014510　　王　伟 16014314　　郭昆健 16014320　　桑林卫 16014217

外国语学院(4人)

张　黎 17113206　　张天琦 17214116　　石雪颖 17114203　　高　岑 17213211

化学化工学院(5人)

黄诚谦 19113220　　马榕蔚 19014302　　房　地 19014321　　丁　婷 19213102
韩　策 19014117

交通学院(18人)

杨钧剑 21113120　　范　成 21414123　　马柏杨 21014214　　马盛南 21813139
李梦瑶 21514108　　张　愉 21014216　　梁　钰 21513112　　孟　嘉 21814132
顾冠男 21014210　　何　珂 21713101　　杨名远 21014115　　任隽丰 21014205
蒋　欢 21413124　　罗小康 21014110　　任　萍 21214113　　谢佼宏 21014105
朋子涵 21314117　　刘子曦 21014111

仪器科学与工程学院(5人)

许广富 22013332　　邵斌澄 22014425　　刘希婧 22014105　　李　坤 22014209
胡山山 22014322

艺术学院(4人)

刘佳倩 24313210　　徐将依 24314205　　王雪苗 24114107　　赵雨心 24214115

法学院(4人)

项会云 25013120　　丁金钰 25014225　　陈　璟 25014103　　王　琪 25013215

学习科学研究中心(1人)

支伯川 26114111

医学院(8人)

孙亚亚 43214124　　陈依然 43214515　　刘锦强 43A14419　　付玉琪 43214216

旻　绛 43A14218　　罗远志 43A14222　　黄　珊 43214209　　吕　铖 43A14221

公共卫生学院(4人)

龚怡静 42114111　　倪　倩 42112203　　赵文轩 42114205　　龚　雪 42214108

吴健雄学院(50人)

葛荧萌 61014209　　朱名扬 61014218　　徐允昊 61314129　　李明昊 61014223
张武鹏 61014127　　方祖琦 61314122　　徐良缘 61014118　　洪剑龙 61014221
唐晓荷 61314101　　张天忆 61014120　　徐梓康 61014219　　孙　凯 61314112
李怡宁 61014302　　陈含璐 61014102　　崔舒欣 61314123　　蒋心造 61014123
阎志恒 61014115　　郭家琦 61314120　　邓金易 61014107　　王天阳 61014109
周昕童 61314128　　杨　赟 61014215　　周宇昕 61114118　　马文焱 04013016
张连炜 61014301　　郑　毅 61114125　　董智杰 04013025　　杜朝明 61014128
张宇峰 61114122　　刘赐翀 04013015　　富楚轩 61014214　　张　鹏 61114126
陈　鑫 04013023　　李迪威 61014130　　江志杰 61114103　　李　浩 03013017
李灵瑄 61014303　　刘家铭 61114124　　唐炜洁 03013005　　程　威 61014114
邢天阳 61114106　　岳晨涛 61313113　　叶子玮 61014125　　万志伟 61114119
陆　鼎 61313127　　石　丁 61014312　　李乐天 61314116　　程　非 61313106
胡　宇 61014233　　黄启圣 61314117

软件学院(8人)

徐　犇 71Y14129　　徐方进 71114418　　孙照月 71113309　　陶　冶 71Y14115
焦暄雅 71114103　　宁静珲 71Y13112　　王　鑫 71114430　　吕　炀 71114336

2016届本科毕业生免试攻读研究生的推荐名单

建筑学院(32人)

吴昌亮 01111117　　李鸿渐 01911102　　曹　迪 01211123　　罗文博 01111329
刘　巧 01111119　　巫　义 01211111　　王君美 01911116　　乔炯辰 01911105
郭宜仪 01211117　　李平原 01911111　　赵　硕 01911104　　王李丽 01211109
方浩宇 01911103　　刘佩鑫 01111116　　米　雪 01211124　　唐　松 01111307
张浩然 01111228　　卢　喆 01511105　　孙世浩 01111326　　肖　芳 01111328
束　芸 01511116　　姚严奇 01911107　　吴泽宇 01211118　　谢相怡 01511117
傅文武 01111201　　金探花 01211134　　张　杰 01511103　　商琪然 01911113
廖　航 01211113　　张　浩 01111211　　张幸怡 01911114　　刘碧玉 01211130

机械工程学院(40人)

张　恒 02012523　　叶　亦 02012515　　蒋　琴 02012526　　黄林新 02012518
武琦琦 02012117　　沈小朋 02012113　　陈春水 02012109　　李　创 02012213
陈　建 02012425　　李宇峰 02012230　　余传运 02012506　　秦博豪 02012115
金珊珊 02012103　　郑　宇 02012505　　吕　晨 02612103　　李树森 02012303

陈　逸 02012203	沈竹琦 02612109	陈雪莲 02012102	张　伦 02012405
王幼真 02612107	鲁秀楠 02012408	王　昶 02012311	陈斯祺 02612104
华海涛 02012516	韩　硕 02012209	李卓然 02612102	张赢杰 02012218
王　洋 02012131	吴丛磊 02012207	柳友志 02012411	吕剑乔 02012104
吴飞翔 02012112	吕　鹏 02012220	闫赛赛 02012126	姜　恒 02012114
陈远志 02012514	朱国振 02012511	王　敏 02612106	余文斌 02012211

能源与环境学院(49人)

刘　明 03012421	石　田 03012316	林凯威 03112632	柯希玮 03012127
李　巧 03012105	郭　珊 03112603	陈霞雯 03012302	谢玮祎 03012303
宋潞云 03112609	蔡戎彧 03012229	顾家辉 03012312	张晓东 03212727
闫　珂 03012306	杨得金 03012128	李　想 03212719	董　顺 03012318
王钱超 03012125	陈舟凯 03212709	夏志鹏 03012231	潘天尧 03012430
李蓓蓓 03212714	杨子玄 03012431	程　志 03012401	叶广宇 03212726
许志康 03012232	谌伊竺 03012307	李　通 03212721	王昌朔 03012411
巩超宇 03012118	宋　鑫 03212725	闫景春 03012426	马宇娜 03012208
李　昕 03212722	张　将 03012234	汪　杨 03012410	王瑾芝 03312501
冯　璇 03012113	马昕宇 03112613	贾东晓 03312511	霍晓东 03012112
卢雅林 03112605	蔡雯雯 03312504	张正华 03012215	湛长丰 03112620
周琳绯 03012308	吕　浩 03012432	诸葛阳 03112608	刘　文 03112622
潘杭萍 03012402			

信息科学与工程学院(50人)

徐倩怡 04012111	束　俊 04012240	任东明 04012242	胡尊丽 04012238
黄谢田 04012637	柯逸凡 04012239	廖如天 04012237	孙佳琛 04012605
施鳕淞 04012144	印友进 04012540	徐　亮 04012441	赵清玄 04012610
卞　慧 04012101	张俊芙 04012543	马文钰 04012305	李焕波 04012541
江　磊 04012138	李菡蔚 04012102	李骁敏 04012404	林宇星 04012218
陈逸云 04012301	朱文捷 04012339	张　宇 04012142	李度洋 04012116
张凌晗 04012536	魏震楠 04012127	於　凌 04012504	曾雨旻 04012608
王宇成 04012444	李　严 04012437	高璇璇 04012208	彭　欣 04012440
陈　岩 04012140	陶　雷 04012213	黄文欢 04012507	马沈骐 04012508
祖剑君 04012635	胡彦丰 04012542	张少卿 04012228	徐　昊 04012442
凌森银 04012415	王　莹 04012402	徐　军 04012640	杨　蒙 04012340
李月朝 04012214	李天助 04012639	韩　彬 04012143	李　静 04012302
吴伏宝 04012128	卢增全 04012613		

土木工程学院(66人)

王　康 05112603	刘雅凡 05112610	刘　颖 05212124	王风范 05112112
沈　浩 05112506	韦语涵 05212205	龚来凯 05112601	肖文超 05112305
唐　诗 05212109	焦亚基 05112403	刘远之 05112214	李　峥 05312128

夏烨楠 05112609	周　警 05112621	王　凯 05312127	王旭祥 05112120
黄丽媛 05112606	吴　宁 05312129	刘　杨 05112101	王　琦 05112608
刘志友 05312126	谢鹏飞 05112628	尹方舟 05112513	刘　睿 05312132
陈　烨 05112405	谢枝苊 05112527	王旻睿 05312122	赵振宇 05112125
张　宇 05112521	孙宝江 05312109	卢　千 05112631	刘凯旋 05112327
聂文伟 05312112	王　伟 05112204	杨超一 05112302	谢小东 05512117
王嘉昌 05112602	沈　翀 05112616	郭　驭 05512101	金　鑫 05112203
郑逸轩 05112301	王　蕊 05512104	杜　利 05112408	王怡心 05212101
陈　达 05512128	林　津 05112605	唐美玲 05212201	陈进臻 05512127
李　坤 05112130	肖　雅 05212110	张志浩 05512124	姚程渊 05112409
樊舒舒 05212102	施天龙 05512131	孙春丽 05112410	吴洪樾 05212103
林华泉 05112103	刘晨昱 05112632	郭霁月 05212202	韦保靖 05212115
吴胜平 05112526	严琳希 05212206	石亚文 05312103	吴宣泽 05112401
肖天琦 05212207	何乔祎 05512123		

电子科学与工程学院(32人)

翟　悦 06012103	范英辉 06012307	武　斌 06112101	侍海峰 06012221
陈春妃 06012203	王　鹏 06112108	姜程程 06012202	周珊珊 06012108
陈正发 06112119	闫隆鑫 06012209	王俊轶 06012304	陈　斯 06112107
张　帅 06012217	王甫锋 06012224	石晶晶 06112104	朱诚诚 06012132
王晓晗 06012102	王颖瀛 06312106	方龙宇 06012210	邱凌云 06012129
潘凤梅 06312105	周　越 06012118	李　帅 06012326	朱　渊 06312122
夏志鹏 06012127	张维哲 06012119	钱进优 06312109	袁璋谐 06012223
朱麒文 06112110	耿　迪 06012323	徐　睿 06012109	陈润琦 06012120

数学系(16人)

金臻涛 07112115	周从根 07112116	温雅静 07312107	刘国成 07112112
潘冯超 07212115	袁　硕 07312116	田方正 07112123	许卓颐 07212105
丁嘉沼 07312129	刘洪喆 07112127	吕星龙 07212112	梁晓洁 07312108
张向向 07112124	陈　旋 07312109	王　莹 07312101	万佳彧 07112107

自动化学院(26人)

戴　忱 08012133	李　艺 08012105	冯　炽 08012109	秦玉磊 08012234
王　玲 08012204	乔鹏宇 08012315	陈晓涛 08012122	杨天阳 08012203
臧　坤 08012424	梅　俊 08012126	沈霈霖 08012411	李晨曦 08012104
宋　潇 08012323	黄志亮 08012317	沈子莹 08012333	陈　涛 08012217
王兆嘉 08012111	程　翀 08012220	刘力铨 08012328	张德明 08012321
黄　林 08012128	彭培真 08012135	郑亚君 08012205	李陈熙 08012103
俞　毅 08012121	张　璞 08012108		

计算机科学与工程学院(24人)

张　辉 09012126	尚文杰 09012420	张　杰 09012433	郭春生 09012228
罗　骞 09012107	王炳权 09012428	王嘉时 09012214	吴　俣 09012206
徐旻昱 09012204	董　坚 09012312	端　豪 09012318	范云龙 09012225
王　姗 09012201	邢思凯 09012411	施书静 09012405	叶华健 09012419
郭　佳 09012302	贾　硕 09012137	刘金晶 09012404	陈　晨 09012308
丁　翔 09012334	吴　璇 09012102	邵瑞枫 09012134	程婷婷 09012306

软件学院(17人)

李　茵 71Y12105	周国兴 71112328	宋文博 71112122	张欢欢 71Y12115
李延东 71112111	夏　薇 71112302	陈静雯 71Y12106	郭大魁 71112218
王苏振 71112128	郭文斌 71Y12119	田　润 71112208	许鸿翔 71112118
邱　雨 71Y12117	缪海飞 71112120	乔　枫 71112223	杨启凡 71112331
宋　玉 71112414			

物理系(11人)

黄艺荣 10112123	黄宗琳 10112102	王子晔 10212119	郑　顺 10112112
涂　鉴 10212117	甘庆雨 10312101	刘　奇 10112103	张　熬 10212124
赛　娜 10312102	吴　浩 10112120	张　真 10212116	

生物科学与医学工程学院(9人)

王亚露 11112157	李思雨 11112160	刘羽霄 11112151	顾晓卉 11112158
陈　姗 11112145	冷静泽 11312102	陈卓玥 11112152	常　宁 11112150
盛梦颖 11312103			

材料科学与工程学院(20人)

陶强兵 12012426	董承浩 12012323	施思婷 12012101	叶少雄 12012312
卞　仙 12012308	张雪梅 12012302	陈佳熠 12012211	崔志强 12012322
刘乃东 12012227	傅　聪 12012410	陈诗婷 12012102	王　宇 12012109
孙玉鑫 12012325	董聪聪 12012401	王　英 12012406	凌　灏 12012223
孙　超 12012222	袁孟琪 12012402	聂乐文 12012122	刘粒祥 12012328

人文学院(29人)

王　怡 13112105	周静娴 13212121	邱芳芳 13412118	李　汀 13112108
陈雅萍 13212116	王旭丹 13412122	吴秋怡 13112115	张　虹 13312102
李　莹 13412109	吕玉洁 13112116	吴　强 13312101	郭瑞芬 13412112
司雨桐 13112123	朱啸宇 13312113	王洁琳 13412113	杨万里 13112128
黄　磊 13312115	蒋愔澄 13412101	巫慧敏 13212115	桑晴晴 13312111
杜静宇 13612105	刘　慧 13212125	王　倩 13312114	李平安 13612110
万婷婷 13212111	李烨婧 13412111	过雨辰 13412123	仓　楠 13212114
柳　飔 13412119			

经济管理学院(69人)

石　煜 14Y12119	张　睿 14412218	李苏南 14612106	史泽宇 14Y12122
金　婕 14412101	李林青 14612101	陈　琪 14Y12109	黄婉莹 14412114
芮　宁 14612112	王颖明 14Y12115	胡文溪 14412102	朱雨婷 14612108
刘雪羽 14112113	姜　岩 14412220	严梦蕊 14612110	孙筱霞 14112104
褚　扬 14412214	杨　萌 14612109	倪方君 14112103	金雅怡 14412117
王雨嘉 14712101	陈佳洁 14112116	姜媛媛 14412118	沈　月 14712114
王　蓉 14112118	郭文丹 14512213	李　昕 14712107	刘雅琦 14112107
王雨竹 14512105	史文瑾 14712104	朱　磊 14212102	陈　韬 14512101
王　杰 14812122	贾　茹 14212103	王　睿 14512210	曹佳敏 14812103
杨　如 14212104	徐唯一 14512125	汤美薇 14812118	胥　婷 14212116
吴　巧 14512217	张　静 14812114	李　明 14212120	刘　慧 14512112
张　羽 14812128	何慧冬 14212114	张欣音 14512212	周莉君 14812104
陈静然 14312104	冯　敏 14512129	陈宗琴 14812109	王　锐 14312103
陈　睿 14512133	张　钒 14812127	张　健 14312118	孙诗瑶 14512224
陈梦赟 14912105	罗　莹 14312107	陶　桅 14512211	寇海洁 14912104
林文璟 14312111	苏煜霖 14512106	吕一帆 14912102	孙嘉欣 14312105
张　英 14512128	缪宗钰 14112105	王　英 14412216	朱婧瑜 14512124
吴英吉 14312113			

电气工程学院(39人)

崔文琪 16012508	李昊旻 16012529	宋　卉 16012130	李梦雅 16012608
余开亮 16012424	段　然 16012528	洪灏灏 16012128	刘　赛 16012216
李云倩 16012207	许　珊 16012306	唐　旎 16012201	陈富扬 16012617
游　帅 16012326	陈　鹏 16012123	刘　颖 16012606	詹惠瑜 16012507
樊安洁 16012104	陆　舆 16012315	李　晖 16012226	魏晓婧 16012303
刘　瑶 16012407	刘梦佳 16012602	朱　妍 16012208	马世然 16012103
文宏辉 16012317	段向梅 16012329	陈虹妃 16012209	曹　智 16012611
齐　济 16012429	黄仁志 16012119	姚　宇 16012628	唐浩然 16012114
刘增稷 16012221	孙海翔 16012120	刘亚斐 16012402	陶前程 16012228
姜子卿 16012521	杨济如 16012610	王武森 16012417	

外国语学院(15人)

李　瑶 17112209	李梅清 17112202	钱　津 17112215	韩雨轩 17112212
许梦颖 17112117	吴　琴 17112216	张伊佳 17112106	刘　萍 17112310
何　森 17212106	顾　菁 17112207	张秋敏 17112118	戴梦琦 17212202
伍　青 17112116	王晓丽 17112301	张　晨 17212219	

化学化工学院(12人)

缪亚男 19112102	汪　洋 19112116	董洪霜 19212104	杨海涌 19112209
周紫楣 19112105	王若柳 19212107	薄雅楠 19112101	王　婧 19112201

白婧怡 19312101	杨红美 19112204	肖　梁 19112213	程　然 19312111

交通学院(71人)

吴姝悦 21012102	王北辰 21212108	姚琳怡 21012219	白　洋 21012109
成　诚 21212111	姚泽恒 21012206	李雪琪 21012101	赵　庆 21312108
王　冲 21012216	汪宇轩 21012104	张瑞成 21312122	郑　涛 21012208
龙　漫 21012105	马昱肖 21312102	宋开明 21012213	王　方 21012108
谢金丞 21312113	徐　杰 21012204	洪　阳 21012111	曹一茹 21312101
赵丹阳 21712112	蔡韵雯 21112209	陈宏燕 21412106	韩　峰 21012215
卢慕洁 21012110	柯　兴 21412117	徐文胜 21012217	李欣凯 21012112
姜　宁 21412101	陈启强 21712202	吕　方 21012115	刘　硕 21412132
徐　刚 21712218	华明壮 21412117	侯梦琳 21412102	谢冠宇 21712220
邓　翎 21012107	唐　爽 21412103	汤赞成 21712134	孙　嘉 21012106
王嘉玲 21512103	蒋永茂 21712121	杜则行健 21112225	郭建珠 21512121
张孟环 21812106	欧阳鹏瑛 21012120	赵佳曼 21512107	王呈呈 21812112
李国强 21112232	吴悄然 21512105	刘　睿 21812115	陈　全 21012119
祁　星 21512101	牟　聪 21812116	顾　熠 21112215	辛　磊 21012205
郭淇文 21812101	黄励强 21112203	董夏鑫 21012202	田青云 21112107
郑　思 21112239	方黄磊 21012210	马　康 21012220	刘子洋 21212101
潘薇薇 21712101	靳　昕 21812120	李虹姗 21212104	陈菲儿 21012201
张爱佳 21212118	蒋常嘉 21212103	陈　忠 21012218	

仪器科学与工程学院(20人)

方良骥 22012218	李欣怡 22012107	方　阳 22012320	刘英杰 22012327
孙　哲 22012308	鲍小雨 22012208	石　珂 22012225	沈含俊 22012211
罗　颖 22012212	王　璞 22012313	支康仪 22012235	杨　燕 22012106
袁昌旺 22012316	谢雨婷 22012309	张梦尧 22012303	冷明鑫 22012311
闫　晰 22012317	霍耀璞 22012117	张　琦 22012206	许奇梦 22012112

艺术学院(7人)

袁　盈 24012110	黄敏婕 24012133	钱雨婕 24112107	董莹莹 24012120
谈丽娜 24012108	欧妍曼 24012105	高思妤 24012114	

法学院(12人)

赵文华 25012217	王书愉 25012109	郭小柳 25012102	刘康乐 25012128
鲁欣麟 25012210	鲍齐康 25012224	张思嘉 25012116	于佳鑫 25012113
王　琛 25012211	唐佳俊 25012130	魏婧婷 25012212	俞梦丹 25012214

学习科学研究中心(3人)

李超龙 26112112	权梦娅 26112108	王伟涛 26112115

医学院(30人)

张文慧 41112111	王梦溪 43111201	王　倩 43311108	赵　涛 41112126
姚　月 43111118	韦逸婷 43411105	聂　唱 41112106	宋　慧 43111112

徐鸿波 43411114　崔静谊 41112113　廖　丹 43111207　沈　刚 43411117
刘胜楠 41112109　张昕恬 43111109　朱笑笑 43511101　孙乐家 43111131
周奕杉 43111108　张甜甜 43511107　胡瑞玮 43111204　闵淑丹 43311114
杨　霞 43511112　景　丹 43111114　徐晓璇 43311117　周兰兰 43511102
张伟韬 43111130　马源源 43311109　宋睿泽 43111236　刘　旭 43111238
管文婷 43311116　芦琛琛 43111205

公共卫生学院(11人)

洪　翔 42111119　马　月 42111203　王格格 42111107　邵一珺 42111109
许思易 42111105　魏　超 42212216　常新蕾 42111108　蔡　烨 42111101
方能圆 42212109　高苏蒙 42111102　许　锴 42111118

吴健雄学院(39人)

王禹欣 06012009　乔　志 04012015　邵建南 61312114　陈　琼 16012133
车松阳 16012135　庄浩宇 61312127　申怡飞 04012032　陈玉辰 16012229
薛弘毅 61312120　申　畅 06012010　刘　袁 04012008　彭义炜 61312121
吕　涛 06012003　林　彤 03012003　宋　昌 61312118　陆倩云 04012019
刘志勇 03012010　杨振宇 61312122　杨　超 04012016　潘维鑫 03012006
邰　伟 61312115　程　聪 04012028　唐卓人 03012008　姜　琦 06012005
林俊浩 04012021　陈乾潢 02012535　杨　湛 61312128　杨　丽 04012020
徐宇辉 61312125　陶　浏 61312129　陈雨萌 04012002　周于浩 61312113
杨　鸣 61312105　叶建宇 04012023　沈　圣 61312112　钱逸飞 61312119
杨文超 04012004　虞正平 61312117　程　耘 04012007

无锡分校(11人)

李　享 04212727　秦顾正 04212732　熊雨薇 06212607　裴　璐 04212715
王　沁 06212626　陈逾璋 06212604　徐帮元 04212717　俞　苗 06212606
王杰杰 04212710　陈　颖 04212707　包天罡 06212618

2011级七年制生物医学工程专业本硕连读学生名单

序号	学号	学生姓名	导师姓名
1	11211101	陈晓凯	陈　战
2	11211102	王　慧	朱纪军
3	11211107	朱　珠	徐春祥
4	11211108	谢　凡	谢卓颖

(续 表)

序号	学号	学生姓名	导师姓名
5	11211109	辛丽斐	刘 宏
6	11211110	杨 越	汪 丰
7	11211111	彭 俊	李敏俐
8	11211112	孟 天	朱纪军
9	11211113	唐李天一	陈 战
10	11211114	刘 洋	杨 芳
11	11211115	高寒松	何农跃
12	11211116	黄宇翔	李志勇
13	11211117	陈 良	陆祖宏
14	11211118	周 鑫	姜 晖
15	11211119	韩中骁	徐丽娜
16	11211120	骆 爽	罗守华
17	11211121	吕 超	陆祖宏
18	11211122	周泽冀	李志勇
19	11211124	张 峰	黄宁平
20	11211125	华先武	吴富根
21	11211126	项建新	徐 华
22	11211127	韩培佩	万遂人
23	11211128	郑夏雯	熊 非
24	11211129	高之琳	顾忠泽
25	11211130	徐欢天	周 昕
26	11211201	王 柳	肖鹏峰
27	11211202	陈 玲	肖鹏峰
28	11211203	赵 君	万遂人
29	11211205	余筠如	赵远锦
30	11211206	王 琰	汪 丰
31	11211207	葛海琦	万遂人
32	11211208	包 镇	赵祥伟
33	11211209	刘梦漪	孙 啸
34	11211210	蔡国超	周 平
35	11211211	黄 朔	万遂人

(续 表)

序号	学号	学生姓名	导师姓名
36	11211212	赵冠宇	钱卫平
37	11211213	杨庆苒	钱卫平
38	11211214	蔡旭皓	万遂人
39	11211215	付光彬	顾忠泽
40	11211216	倪杨阳	罗守华
41	11211218	贾浩然	吴富根
42	11211220	李 昊	赵兴群
43	11211221	陈彬宇	刘全俊
44	11211222	孙 杰	钱卫平
45	11211223	贾晓冬	赵兴群
46	11211224	王天诺	戎 飞
47	11211225	陶 涛	刘 宏

2010级七年制临床医学专业本硕连读学生名单

序号	学号	学生姓名	学生性别	导师姓名
1	43210101	惠靖雯	女	栾 洁
2	43210102	张科科	女	蔡云朗
3	43210103	郝以姝	女	张志珺
4	43210104	刘 倩	女	张晓良
5	43210105	唐慧荣	女	胡娅莉
6	43210106	曹欣华	女	张亚男
7	43210107	徐 颖	女	蒋 犁
8	43210108	窦 婷	女	王 尧
9	43210110	沈燕珏	女	王少华
10	43210111	韦 琼	女	陈锦飞
11	43210112	杨宇宏	女	张志珺
12	43210113	侯 怡	女	熊 猛
13	43210114	陈 冲	女	姚永忠
14	43210115	徐 圣	男	滕皋军

（续　表）

序号	学号	学生姓名	学生性别	导师姓名
15	43210117	戴黎阳	男	张古田
16	43210123	杨宝林	男	张绍东
17	43210119	周　杰	男	刘　玲
18	43210120	成心锟	男	邱　勇
19	43210122	刘　飞	男	谢春明
20	43210124	唐　庚	男	马根山
21	43210201	李雪琳	女	彭丹红
22	43210203	陈圣妮	女	居胜红
23	43210204	贾贝贝	女	蒋　犁
24	43210205	孙白云	女	于　红
25	43210206	黄　洁	女	钱晓萍
26	43210207	丁　艺	女	周怀君
27	43210208	王履月	女	闫福岭
28	43210209	庄蕊萌	女	程　坚
29	43210210	倪淑婷	女	张志珺
30	43210211	庞　思	女	陈立娟
31	43210212	李　娜	女	马正良
32	43210213	刘海雁	女	顾小萍
33	43210216	李超杰	男	滕皋军
34	43210217	胡义立	男	吴小涛
35	43210220	杨乐天	男	闫福岭
36	43210221	王　洋	男	周家华
37	43210222	屈俊巧	男	孙喜太
38	43210223	姜　榆	男	汤文浩
39	43210224	钱　洪	男	李永刚
40	43210301	高亚婷	女	居胜红
41	43210302	陈　燕	女	朱晓莉
42	43210303	陈晓云	女	童嘉毅
43	43210304	陆李珺	女	蒋　犁
44	43210305	卞荣荣	女	袁勇贵
45	43210306	顾星逸	女	王　飞

(续　表)

序号	学号	学生姓名	学生性别	导师姓名
46	43210307	张佩丽	女	沈　杨
47	43210308	王海丽	女	沈　杨
48	43210309	林　敏	女	陈宝安
49	43210311	邵海磊	女	徐秋贞
50	43210312	徐　琴	女	柏　峰
51	43210313	张福侠	女	童嘉毅
52	43210314	孙代宇	男	孙宏斌
53	43210315	周　凡	男	王运涛
54	43210316	孙国鑫	男	马根山
55	43210317	马彬彬	男	芮云峰
56	43210319	赵　闻	男	梁维邦
57	43210321	邵陈宇	男	郭金和
58	43210322	宋松松	男	童嘉毅
59	43210323	张业鹏	男	汤文浩
60	43210324	谢　聪	男	张晓良
61	43210401	袁雪璐	女	李　玲
62	43210402	胥新平	女	王西华
63	43210403	刘　燕	女	蔡云朗
64	43210404	郁媛媛	女	邱海波
65	43210405	丁　双	女	张海军
66	43210407	金萧萧	女	王彩莲
67	43210408	宗　磊	女	诸葛宇征
68	43210409	金佳佳	女	王西华
69	43210410	韩　笑	女	谭　谦
70	43210411	杨　楠	女	栾　洁
71	43210412	薛碧珍	女	王　尧
72	43210413	祁　纳	女	滕皋军
73	43210414	杨　林	男	陈　洪
74	43210415	辜祖玄	男	贾瑞鹏
75	43210416	王景霖	男	徐庆祥
76	43210417	孙文爽	男	王　宸

（续　表）

序号	学号	学生姓名	学生性别	导师姓名
77	43210418	马良彧	男	王　宸
78	43210419	郭倚天	男	陈　明
79	43210420	高文强	男	李笑弓
80	43210421	刘一鸣	男	陈　鑫
81	43210422	胡琼源	男	汤文浩
82	43210423	彭　鹏	男	陈　洪
83	43210424	陈海峰	男	柏　峰
84	43210501	朱晓城	女	高　下
85	43210502	左　蕾	女	闫福岭
86	43210504	金　珍	女	于　红
87	43210505	高圆圆	女	徐　运
88	43210506	鲁　荐	女	马坤玲
89	43210507	肖利君	女	林　勇
90	43210508	笪美红	女	王　飞
91	43210509	赵　淼	女	陈　洪
92	43210510	侯春艳	女	杨永峰
93	43210511	周　晓	女	孙子林
94	43210512	苏　欢	男	陈　明
95	43210513	见春宇	男	熊　猛
96	43210514	李瑞峰	男	汤成春
97	43210516	马楼楼	男	周家华
98	43210517	熊　师	男	薛　涛
99	43210518	周　鹏	男	郭宏骞
100	43210519	俞佳斌	男	王　宸
101	43210520	刘剑书	男	吴小涛
102	43210116	丛国哲	男	陈平圣

2015年江苏省优秀本科毕业设计(论文)获奖名单

序号	院系	课题名称	学生姓名	指导教师姓名	获奖情况
1	信息科学与工程学院	面向第五代移动通信系统的D2D系统传输技术研究	王宇阳	金石	一等奖
2	生物科学与医学工程学院	基于多位点锚定策略的细胞膜修饰技术	贾浩然	吴富根	一等奖
3	自动化学院	基于图像分析的道路检测方法研究	卢凯悦	夏思宇	一等奖
4	软件学院	基于网络编码和SDN的无线Mesh网络关键技术研究	蓝翔	张三峰	一等奖
5	艺术学院	近未来沃尔沃大型通用挖掘机概念设计	黄超逸	李鹏	一等奖
6	机械工程学院	基于18650锂离子动力电池模块结构设计	王超	陈南	一等奖
7	土木工程学院	福州文化活动中心结构设计	蒋丛笑	黄镇	二等奖
8	电子科学与工程学院	光纤振动传感系统参数综合控制方法及实验研究	黄新锐	孙小菡	二等奖
9	经济管理学院	营改增、税收征管与上市公司盈余质量	徐雪飞	吴斌	二等奖
10	建筑学院	波士顿新区音乐广场设计	马斯文	鲍莉	二等奖
11	学习科学研究中心	工作应激与神经内分泌的关联性	朱郭纯	邓慧华	三等奖
12	物理系	三维拓扑绝缘体掺杂过渡金属原子的研究	欧阳艺昕	王金兰	三等奖
13	建筑学院	传统界域·现代生活——西安城墙沿线地段更新发展规划	刘洋 梅佳欢 吉倩妦 万里 黄玮琳 宁昱西	王承慧 殷铭 孙世界	团队优秀毕业设计(论文)
14	建筑学院	建筑学专业视野下历史文化名城保护与发展研究——以云南大理北水库地区为例	孙柏 王玲平 倪晓筠 杨洋 唐时月 陈乐 李哲健 翁金鑫 练玲玲 包捷 倪贤彬 冯硕静	张彤 李飚 夏兵 朱渊	团队优秀毕业设计(论文)
15	建筑学院	NEW BUND——上海南外滩更新地块城市设计与综合体设计	包宇喆 丁岩 马驰 李竹汀	杨明 汪晓茜	团队优秀毕业设计(论文)

2015届校级优秀毕业设计(论文)名单

序号	院(系)	学号	学生姓名	课题名称	指导老师姓名
1	建筑学院	01210111	蔚风	城市中心地区再开发与城市设计	阳建强
2		01910116	马斯文	波士顿新区音乐广场设计	鲍莉
3		01110311	冯硕静	语境——云南大理古城北水库区域城市更新设计	朱渊
4		01910103	温子申	多重复合功能体育馆设计及研究	赵晨,汪晓茜
5		01210149	宁昱西	传统界域·现代生活——西安城墙沿线地段更新发展规划	王承慧,殷铭
6	机械工程学院	02011538	朱梦瑞	多绳索协调驱动空间移动拍照机器人	王兴松
7		02011309	殷超	摊铺机熨平板装置的运动学分析与优化	张建润
8		02011209	吴景	智能轮椅设计	田梦倩
9		02011229	成城	曲面偏置算法研究	齐建昌
10		02011432	张严	轿车独立悬架系统建模与仿真分析	朱道军
11		02011118	王超	基于18650锂离子动力电池模块结构设计	陈南
12	能源与环境学院	03011316	吴振龙	分数阶PID控制器在热工过程控制中的应用研究	睢刚
13		03211714	付心迪	生物电化学系统协同降解水中挥发酚类物质特性研究	朱光灿
14		03111606	缪晨阳	热泵浓缩稀烧碱溶液过程的理论分析与设计计算	杜垲
15		03011328	许扬	准东煤燃烧过程中碱金属行为的实验研究	盛昌栋
16		03011008	褚军涛	千吨级生物质热解内循环串行流化床系统的设计与计算	张会岩
17		03011006	赵亮	月球车热控系统方案及其动态热特性研究	张程宾
18		03011431	江哲帆	汽轮发电机组滑动轴承CFD建模与分析	周克毅,杨建刚

（续　表）

序号	院(系)	学号	学生姓名	课题名称	指导老师姓名
19	信息科学与工程学院	04011246	张方宇	语音保密通信中的语音加解密及密钥流同步技术研究与实现	胡爱群
20		04011345	王宇阳	面向第五代移动通信系统的D2D系统传输技术研究	金　石
21		04011414	徐锦丹	无线可见光通信中高效传输方案设计研究	许　威
22		04011549	杨丽娟	基于0.13 μm CMOS工艺的13 GHz二分频器芯片设计	黄风义
23		04011213	徐　婧	无线传感器网络中无线通信信道建模的研究	黄　杰
24		04011209	郭明皓	群定位系统的设计与实现	张在琛
25		04011545	武展妮	可调控新型人工电磁材料的设计及应用	汤文轩
26		04011002	梁　霄	大规模MIMO高效检测器架构研究	张　川
27		04011647	朱　锐	移动平台人眼视线估计系统	陆　建,王　桥
28		04011112	王韵霞	基于PCB天线和PCB谐振电感的433 MHz超再生无线接收机设计	王志功,徐　建
29		04011025	段　然	信息系统认证协议安全性研究	胡爱群,李涛
30	土木工程学院	05211204	李　好	淮阴卫校食堂和浴室工程施工组织设计和投标报价编制	杜　静
31		05311118	唐一萌	骨料随机分布特性对混凝土宏观力学性能的影响	李兆霞
32		05311124	杨　轩	薄壁构件声振响应预示及试验验证	费庆国
33		05111403	刘振坤	常州和平美景基坑支护、施工、监测方案设计	黎　冰
34		05211136	贾斯佳	智慧城市中电动车充电基础设施选址布局与调度研究	袁竞峰
35		05111115	蒋丛笑	福州文化活动中心结构设计	黄　镇
36		05111615	杜永浩	某砂质土壤剪切特性及通过性能的试验研究	王景全,姜乐华
37		05111228	李小凡	南京江宁金融中心5号楼(A区)结构设计	孟少平,孙　逊
38		05111229	强翰霖	中国人民解放军某部队教学区二期工程框架结构设计	吴　刚,吴　栋
39		05111102	谢嘉义	"莘庄科技产业园孵化器及加速器"2#楼框架混凝土结构设计	舒赣平,夏　乐
40		05111220	黄贤斌	基于施工现场实测数据的岩体隧道稳定性动态分析方法	张　琦,周德成

（续　表）

序号	院(系)	学号	学生姓名	课题名称	指导老师姓名
41	电子科学与工程学院	06311127	黄新锐	光纤振动传感系统参数综合控制方法及实验研究	孙小菡
42		06111111	陈　晨	原位杂交SERS法测量细胞端粒长度	崔一平
43		06011207	徐媛媛	单电感四输出DC-DC变换器中主次级开关驱动电路设计	宋慧滨
44		06011309	张　蓉	低功耗宽带压控振荡器的设计	李　红
45		06011213	周依潮	高分辨车灯系统相关设计与制造技术研究	吴　忠
46	数学系	07111129	江天舒	一维半线性热方程爆破解的数值模拟	李玉祥
47		07311102	林方正	基于Copula理论的金融时间序列模型在股票中的应用	黎德元,黄性芳
48	自动化学院	08011120	陶　鹏	基于ZigBee/ARM的电热膜供暖无线智能控制系统开发	叶　桦
49		08011116	卢凯悦	基于图像分析的道路检测方法研究	夏思宇
50		08011125	汪　野	面向多种通信接口的软件示波器的开发与实现	仰燕兰
51		08011407	陈单商	行人检测算法研究	金立左,夏思宇
52	计算机科学与工程学院	09011117	司马强	基于多实例多标签学习的关系抽取方法研究	高志强
53		09011318	吴嘉楠	基于手指追踪的密码识别技术的研究与实现	杨　明
54		09011118	时　鹏	众包系统中用户能力状态的动态检测方法	蒋巍川
55		09011409	霍增炜	头部姿态估计原型系统	耿　新
56	物理系	10211106	杨　龙	磁性微小结构的磁各向异性研究	翟　亚
57		10111109	欧阳艺昕	三维拓扑绝缘体掺杂过渡金属原子的研究	王金兰
58	生物科学与医学工程学院	11311116	傅元元	三七基因组研究	孙　啸
59		11211218	贾浩然	基于多位点锚定策略的细胞膜修饰技术	吴富根
60		11211129	高之琳	基于MSP430单片机的医学传感检测系统设计	夏　兰,顾忠泽
61	材料科学与工程学院	12011108	锁晓静	AlSiCuMn耐热合金固溶处理工艺的研究	廖恒成
62		12011103	曹梦楠	泡沫石墨烯纳米复合材料的制备及应用研究	陈　坚
63		12011116	张　浩	纤维对超高性能混凝土早期塑性收缩开裂性能的影响	缪昌文

(续 表)

序号	院(系)	学号	学生姓名	课题名称	指导老师姓名
64	人文学院	13211115	徐航	乡村基层组织与农民的"共谋":一个无纠纷的土地转让实践	李林艳
65		13411101	周美辰	迟子建小说《群山之巅》的生命意识	李玫
66		13111106	江晨	在自由与平等之间:个人所有权与分配正义	张敏
67	经济管理学院	14Y11116	刘薇	中国高新技术产品的出口持续期及其影响因素分析	邵军
68		14211117	王利敏	城市蔓延对居住碳排放影响的理论和实证分析——来自中国南方城市的证据	刘修岩
69		14511145	孙世艳	管理者才能、自我服务与CEO薪酬激励分析	王宏
70		14911122	陈羽南	基于小波分析的沪港两地股市的动态相关机制研究	刘晓星
71		14511227	潘晴	房地产业系统性风险对银行业收益影响的实证研究	李守伟
72		14611115	户东	基于源头控制视角的江苏大气污染防治效应研究	徐盈之
73		14111122	王一粟	国有上市公司内控信息披露影响因素研究	庄亚明
74		14611129	金晓月	官员晋升激励、网络舆情压力与中国城市的环境污染治理	浦正宁
75		14511136	许佳馨	共同保险与再保险视角下的城乡居民大病保险补偿模式及基金平衡分析——基于中国家庭追踪调查(CFPS)的模拟测算	张颖
76		14411208	徐雪飞	营改增、税收征管与上市公司盈余质量	吴斌
77		14811104	夏新凯	东南大学九龙湖校区快递"最后一公里"成本结构分析	王海燕
78		14311115	杨振鹏	大数据挖掘技术在旅游管理中的应用研究	孔庆善
79	电气工程学院	16011624	冯志翔	智能站继电保护虚拟仿真建模与动模实验方案研究	陈歆技
80		16011501	宋杉	分布式电源接入配电网的综合风险评估	顾伟
81		16011512	邵雷	标准源控制接口程序的设计与开发	陈中
82		16011004	李天一	风力发电机组的变桨控制技术研究	张建忠

（续　表）

序号	院(系)	学号	学生姓名	课题名称	指导老师姓名
83	外国语学院	17111317	侯春硕	英语外交辞令中模糊语言的语用分析	郑玉琪
84		17211209	赵令君	村上春樹作品世界の孤独分析—『色彩を持たない多崎つくると彼の巡礼の年』を中心に	陶友公
85	软件学院	71111119	洪沿	NBOS中WEB和DNS服务器角色确认功能总控端的设计与实现	丁伟
86		71111231	王飞	具有硬件支撑的远程虚拟硬件实验平台中ARM端和客户端的设计与实现	杨全胜
87		71Y11127	蓝翔	基于网络编码和SDN的无线Mesh网络关键技术研究	张三峰
88		71111224	黄凯	一种基于网络拓扑结构的社交网络链接预测方法研究	汪鹏
89	化学化工学院	19111110	符婉琳	新型贵金属负载型催化剂的结构设计及其热稳定性能的探究	代云茜
90	交通学院	21711101	周昊	风载及不利线形组合对行车安全影响研究	程建川
91		21011202	孙潇昊	不同埋深土层盾构推进破坏机理研究	缪林昌
92		21111115	洪倩雯	基于ArcGIS的中心城区公交主观可达性评估	季彦婕
93		21011213	任政	大同御河桥连续拱梁协作体系钢桥设计研究	黄侨
94		21711115	马羊	沥青路面车辙发展规律数值模拟分析	马涛
95		21511119	胡卓良	高速公路路网信息可视化方法研究	蔡先华
96		21011102	林莉	常规公交和快速公交一体化站台设置阈值分析方法和组织方式	陈峻
97		21211121	闫雪彤	基于全生命周期的电动自行车成本分析	何杰
98		21411102	柳成林	深圳港赤湾港区15万吨级集装箱码头工程	谢耀峰
99		21311118	姜钧陶	基于SIFT算法的国产卫星影像配准技术研究	戚浩平,窦闻
100	仪器科学与工程学院	22011131	毕校伟	水面无人艇航迹控制研究及仿真设计	程向红
101		22011231	刘石勍	复杂随机网络有限时间内的识别、追踪方法研究	祝雪芬
102		22011227	黄安杰	基于机器视觉的人体运动类型识别	莫凌飞

(续 表)

序号	院(系)	学号	学生姓名	课题名称	指导老师姓名
103	艺术学院	24011141	黄超逸	近未来沃尔沃大型通用挖掘机概念设计	李 鹏
104		24211121	杨春林	《Reborn Over Dark》的分镜和人物造型设计	傅丽莉
105	法学院	25011114	于 琪	PPP模式中政府地位和责任研究	叶树理
106		25011203	昊沈洁	论GATT第10.2条在WTO争端解决中的适用——以中美GPX案为中心	肖 冰
107	公共卫生学院	42211222	常 胜	新农合支付方式的效果评价——基于江苏省农村卫生发展项目的实践	张 晓
108		42110108	殷玥琪	某市药物滥用者复吸行为调查研究	王 蓓
109	医学院	41111105	陈 欣	里氏木霉高效表达系统研究及应用	董志扬
110	学习科学研究中心	26111114	朱郭纯	工作应激与神经内分泌的关联性	邓慧华
111	吴健雄学院	61311127	沙 奔	大跨度三塔悬索桥地震响应分析和减震控制	王 浩
112		61311119	李建宇	基于FPGA的多参量高速同步采集与分析系统设计	王晓俊
113		61311125	陈凌蛟	可见光通信网络资源优化	王家恒
114	无锡分校	6211618	金弘晟	基于人体动作驱动的三维效果生成软件的设计	赵 霞
115		4211723	杨 江	GaN HEMT有源器件小信号等效电路模型建模技术研究	黄风义

2015东南大学第五届大学生学术报告会"优秀报告"

序号	论文题目	报告人	指导教师	所属学院	项目类别
1	硬球高分子链的统计学性质和动力学性质	黄子文	侯吉旋	物理系	基于教师科研项目
2	Fano干涉下非对称耦合双阱中的自诱导透明效应	刘 昂	杨文星	物理系	基于教师科研项目
3	大尺寸单晶石墨烯的生长	谢剑欣	倪振华	物理系	国家级SRTP项目
4	新型磁性水滑石类化合物的研究	卢贤伟	徐明祥	物理系	国家级SRTP项目
5	交换偏置效应的计算机模拟	颜 鹏	董 帅	物理系	国家级SRTP项目

(续 表)

序号	论文题目	报告人	指导教师	所属学院	项目类别
6	三线摆实验中摆角偏大产生的误差及修正方法	庞 通	陈 乾 戴玉蓉	物理系	竞赛(省)
7	关于拉开两本交叉重叠的书所需力的研究	吴旭东	侯吉旋	吴健雄学院	AAPT 国际会议
8	Time synchronization in wireless sensor networks under Energy-efficient Spanning Tree(EST) protocol	毕 成	虞文武 温广汇	数学系	国家级 SRTP 项目
9	The Optimal Chosen of Bandwidth of Local Linear Fitting Method	龙 宇	汪红霞	数学系	国家级 SRTP 项目
10	南京市大气污染与经济发展关系的统计研究	王 鹏	刘淑君	数学系	其他
11	新型膦氧类小分子电子传输材料的研究	解歆宇	蒋 伟	化学化工学院	国家级 SRTP 项目
12	纳米层状材料在水泥稳定碎石中的应用研究	张天宇	马全红	化学化工学院	省级 SRTP 项目
13	Pt/TiO$_2$ 纳米纤维的制备及其对甲醇的电催化氧化活性	王诗贤	郑颖平	化学化工学院	发表论文 2015 年《物理化学学报》第 2 期第 31 卷
14	纳米 WO3/石墨烯材料的制备及其可见光催化性能的研究	向 婷	吴东方	化学化工学院	省级 SRTP 项目
15	矿渣-稻壳灰基碱激发胶凝材料的制备	詹 兰	郭丽萍	土木工程学院	省级 SRTP 项目
16	基于玄武岩/钢纤维混杂增强混凝土性能研究	张 驰	刘建勋	土木工程学院	基于教师科研项目
17	自复位屈曲约束支撑框架的抗震性能分析	黄家豪	周 臻	土木工程学院	基于教师科研项目
18	关于南京市保障性住房混居模式的可行性研究	常 成	杜 静	土木工程学院	基于教师科研项目
19	基于 GIS 的风景园林场地分析与选址方法研究——以紫清湖风景区规划设计为例	卓百会	李 哲	建筑学院	基于教师科研项目
20	大都市新城快速发展背景下的家庭城镇化研究	胡雪倩	王兴平	建筑学院	省级 SRTP 项目
21	特大城市滨江地区的空间异化研究	金探花	杨俊宴	建筑学院	基于教师科研项目
22	城镇居民生活方式与住宅能耗的定性研究	杜佳赟	张 彧	建筑学院	基于教师科研项目
23	基于免疫例子群—齿行法的桁架结构分层优化研究	沈 圣	陆金钰	吴健雄学院	国家级 SRTP 项目
24	基于微观相的离聚物自愈合改性沥青设计	陈怡林	杨 军	交通学院	国家级 SRTP 项目
25	不确定性条件下多类型乘客公交路径选择费用函数研究及实例分析	罗斯达	杨 敏	交通学院	基于教师科研项目

(续　表)

序号	论文题目	报告人	指导教师	所属学院	项目类别
26	定制公交系统运营模式分析及适应性研究	曹先琦	季彦婕	交通学院	基于教师科研项目
27	船舶通信导航设备的市场调研及分析	李　婷	林晓通	机械工程学院	国家级 SRTP 项目
28	家庭环境守望者-记录生活的奇妙点滴	严仕林	张　萌	电子科学与工程学院	省级 SRTP 项目
29	智慧东大（创业）	刘梦歌	王　靖	数学系	国家级 SRTP 项目
30	大学生互助联盟	黄琳婧	陈雄辉 陈菊花	数学系	国家级 SRTP 项目
31	基于可穿戴式信息设备的运动社交及个人管理应用（创业类）	王　鹏	黄　超	生物科学与医学工程学院	国家级 SRTP 项目
32	基于电商模式下打造校园一站式形象服务平台的研究	黄燕菲	黄　超	经济管理学院	国家级 SRTP 项目
33	实用校园寻车器开发及市场推广	李孟祝	莫凌飞	经济管理学院	省级 SRTP 项目
34	在东南大学推广公用自行车的创业实践	张化林	何志宁	交通学院	省级 SRTP 项目
35	移动互联网医疗的创新机会和终端发展研究	王　茜	葛沪飞	经济管理学院	省级 SRTP 项目
36	BETTER 智能马桶商业计划书	邢鹤云	汤　薇	生物科学与医学工程学院	国家级 SRTP 项目
37	A Beam-Steerable Metamaterial Lens Using Varactor Diodes	武展妮	汤文轩	信息科学与工程学院	基于教师科研项目
38	Design a New Primary Side Feedback Flyback Digital Control LED Driver	顾星煜	孙伟峰	电子科学与工程学院	省级 SRTP 项目
39	基于双目视觉的增强现实模型系统设计	陈春妃	汤勇明	电子科学与工程学院	基于教师科研项目
40	A Unified Semi-supervised Framework for Author Disambiguation in Academic Social Network	李加俊	汪　鹏	计算机与软件学院	基于教师科研项目
41	A Fast Community Detecting Method on Social Network Based on Joint Clustering Coefficient	张伟旗	蒋嶷川	计算机与软件学院	国家级 SRTP 项目
42	基于 TGAM 模块和脑电波对音响音量的控制	肖　迪	吴镇扬	信息科学与工程学院	国家级 SRTP 项目
43	基于多级签名匹配算法的 Android 恶意应用检测	王志远	秦中元	信息科学与工程学院	基于教师科研项目
44	TEM 原位光电双功能样品杆改造及电源系统优化设计	杨　力	徐　峰	电子科学与工程学院	早稻田 IPS 会议论文
45	基于英特尔感知摄像头的体感操作系统的研究	李弈锟	姚　莉	计算机与软件学院	国家级 SRTP 项目

(续 表)

序号	论文题目	报告人	指导教师	所属学院	项目类别
46	基于窄带水平集算法的硅深反应离子刻蚀工艺模拟研究	徐亮	周再发	信息科学与工程学院	基于教师科研项目
47	基于视线追踪的眼控鼠标设计	朱麒文	杨兰兰	电子科学与工程学院	省级 SRTP 项目
48	NMDA 受体对戊四唑点燃癫痫模型诱导的海马 CA1 区星形胶质细胞活化的影响及其相关机制研究	高尔德	朱新建	医学院	国家级 SRTP 项目
49	eha 基因调控迟缓爱德华菌的毒力	盛安康	高大庆	医学院	基于教师科研项目
50	矽肺治疗新靶点 MCP-1 及 MCPIP1 的功能研究	刘雪婷	巢杰	医学院	国家级 SRTP 项目
51	中枢脑源性神经营养因子对咳嗽变异性哮喘豚鼠模型的调控机制	景丹	董榕	医学院	基于教师科研项目
52	基于脉搏波传导时间的血压测量智能手表设计	孔向晖	万遂人	生物科学与医学工程学院	竞赛（国家+国际）
53	新型等离激元效应纳米结构材料的制备与组装	林也晶	肖忠党	生物科学与医学工程学院	国家级 SRTP 项目
54	基于 Android 系统的孕期咨询与指导平台研究	王鹏	顾忠泽	吴健雄学院，生物科学与医学工程学院	基于教师科研项目
55	聚吡咯纳米纤维膜制备及对 Pb(Ⅱ) 吸附效能的研究	纪双斌	许茜	公共卫生学院	基于教师科研项目
56	基于混合模型的成人乙肝免疫策略研究	张耀匀	金辉	公共卫生学院	基于教师科研项目
57	学生科学素养及其评测体系的国际比较研究	杨基瑜	柏毅	学习科学研究中心	基于教师科研项目
58	碳基纳米材料润滑性能研究综述	苏壮	刘磊	吴健雄学院	基于教师科研项目
59	基于六足机器人的多功能机器人设计	石然	张文锦	机械工程学院	省级 SRTP 项目
60	Bi_2Se_3/GO 纳米复合材料制备及其电化学性能研究	陶强兵	王增梅	材料科学与工程学院	国家级 SRTP 项目
61	改良电沉积法制备硝酸根高敏传感铜簇	崔志强	曾宇乔	材料科学与工程学院	国家级 SRTP 项目
62	Cr 对 CoFeBSiNb 非晶合金非晶形成能力及耐蚀性的影响	王楚红	沈宝龙	材料科学与工程学院	国家级 SRTP 项目
63	生物医用镁合金 AZ31B 降解行为研究	锁晓静	储成林	材料科学与工程学院	国家级 SRTP 项目
64	保温-散热双模式水杯	田永清	徐啸虎	能源与环境学院	国家级 SRTP 项目
65	利用人体常规运动的发电储能装置及其应用	李华君	郭瑞	能源与环境学院	省级 SRTP 项目

(续 表)

序号	论文题目	报告人	指导教师	所属学院	项目类别
66	生物膜电极法处理印染废水的研究	李 昕	李先宁	能源与环境学院	基于教师科研项目
67	生物质制取高品质液体燃料的生命周期评价	洪梦姣	肖 军	吴健雄学院	校级优秀
68	公路旧三乱和新三乱——基于维权红人王金伍800件行政复议案件的类型化分析	王书愉	顾大松	法学院	国家级SRTP项目
69	地下空间权之完善	于佳鑫	单平基	法学院	国家级SRTP项目
70	基于物联网的乳制品冷链物流的实时监控研究	林 琳	赵林度	经济管理学院	国家级SRTP项目
71	智能医护背景下同仁医院内科就诊流程研究	张兰婷	赵林度	经济管理学院	基于教师科研项目
72	大型超市物品摆放原则简析	傅 雷	李 东	经济管理学院	省级SRTP项目
73	利用期权及违约金规避供应链违约风险	陆 晖	薛巍立	经济管理学院	基于教师科研项目
74	含混的母亲角色	任乐燚	吴兰香	外国语学院	其他
75	美国通俗小说《了不起的盖茨比》汉译接受与影响	张 晨	高圣兵	外国语学院	其他
76	关于艺术设计创业的商业模式创新初探	张子捷	陈 绘	艺术学院	国家级SRTP项目
77	医学社会学背景下的南京的临终关怀现状	魏圆源	周 琛	人文学院	省级SRTP项目
78	住房拆迁中交换条件合理性探析——以南京市评事街为例	吴秋怡	季玉群	人文学院	省级SRTP项目
79	从元曲四大家代表作看蒙式汉语的发展	柳 飓	许 丹	人文学院	其他
80	A Novel Public Key Image Cryptosystem Based on Elliptic Curve and Arnold Cat Map	陈凌蛟	沈傲东	吴健雄学院	《Advanced Materials Research》Vols. 989-994 (2014) pp 4183-4186
81	Development of Inertial Navigation Based Person Following Mobile Robots	王凯旋	林国余	吴健雄学院	日本IPS国际会议
82	基于人脸识别的智能安保系统设计与实现	李 臻	宋铁成	吴健雄学院	《信息化研究》ISSN 1647-4888
83	分子过孔数据处理方法的设计与实现	李文桢	宋铁成	吴健雄学院	《信息化研究》ISSN 1647-4888
84	一种保密性强的抗打印扫描数字图像水印方法	肖子豪	夏思宇	自动化学院	省级SRTP项目
85	面向冲击负荷的微电网储能容量优化配置研究	姜子卿	徐青山	电气工程学院	基于教师科研项目

(续 表)

序号	论文题目	报告人	指导教师	所属学院	项目类别
86	An Improved GAFSA Based on Chaos Search and Modified Simplex Method	彭培真	蒋珉	自动化学院	国家级 SRTP 项目
87	一种基于 JND 的数字视频水印关键帧显著性分析融合方法	陈单商	夏思宇	自动化学院	基于教师科研项目
88	基于超高频 RFID 的行走速度测量研究	黄华林	莫凌飞	仪器科学与工程学院	省级 SRTP 项目
89	高阻抗石英振梁谐振电路研究	董元	赵立业	仪器科学与工程学院	国家级 SRTP 项目

2015 东南大学第五届大学生学术报告会"十佳报告"

序号	论文题目	报告人	指导教师	所属学院	项目类别
1	硬球高分子链的统计学性质和动力学性质	黄子文	侯吉旋	物理系	基于教师科研项目
2	三线摆实验中摆角偏大产生的误差及修正方法	庞通	陈乾 戴玉蓉	物理系	竞赛(省)、发表论文 ISSN 1007-2934
3	基于免疫例子群—齿行法的桁架结构分层优化研究	沈圣	陆金钰	吴健雄学院	国家级 SRTP 项目
4	大学生互助联盟	黄琳婧	陈雄辉 陈菊花	数学系	国家级 SRTP 项目
5	基于视线追踪的眼控鼠标设计	朱麒文	杨兰兰	电子科学与工程学院	省级 SRTP 项目
6	矽肺治疗新靶点 MCP-1 及 MCPIP1 的功能研究	刘雪婷	巢杰	医学院	国家级 SRTP 项目
7	A Unified Semi-supervised Framework for Author Disambiguation in Academic Social Network	李加俊	汪鹏	软件学院	基于教师科研项目
8	Bi_2Se_3/GO 纳米复合材料制备及其电化学性能研究	陶强兵	王增梅	材料科学与工程学院	国家级 SRTP 项目
9	从元曲四大家代表作看蒙式汉语的发展	柳飚	许丹	人文学院	其他
10	A Novel Public Key Image Cryptosystem Based on Elliptic Curve and Arnold Cat Map	陈凌蛟	沈傲东	吴健雄学院	其他

2015年江苏省高校微课教学比赛本科组获奖名单

序号	教师姓名	微课名称	获奖等级
1	鲍 敏	人与自然的关系——基于两个创世纪故事（英文）	一等奖
2	陈峥嵘	How to borrow other people's ideas in writing	一等奖
3	华永明	空气预热器	一等奖
4	李晓智	健身气功中五禽戏的技术教学	一等奖
5	徐 宁	材料与空间意图	一等奖
6	曹育珍	An easy path to coherence and cohesion	二等奖
7	乔光辉	单刀会	二等奖
8	孙连友	电磁工程的数学方法	二等奖
9	汪晓茜	在自然中聆听古典：古希腊露天剧场	二等奖
10	王禄生	"排除合理怀疑"的起源与内涵——从电影《十二公民》谈起	二等奖
11	徐平平	协作通信与网络-技术与系统设计	二等奖
12	张 娟	鲁迅《在酒楼上》之解题与作品叙事线索分析	二等奖
13	张培伟	相对质心的动量矩守恒	二等奖
14	郑颖平	烷烃系统命名法	二等奖
15	江 泓	《考工记》与《管子》中的城市规划思想比较	三等奖
16	李 黎	如何写好论文标题	三等奖
17	陆素文	学好羽毛球正手击高远球	三等奖
18	王长松	幽默为何能养生	三等奖
19	张国柱	城市地下停车场规划与开发	三等奖
20	张晓青	性别的错位：唐代爱情诗中的政治意义	三等奖
21	周 平	DFT中的频谱泄漏分析	三等奖
22	朱菊生	走向生态文明新时代	三等奖

2014—2015学年三好研究生、优秀研究生干部、单项奖和先进班集体名单

东南大学2014—2015学年三好研究生名单

建筑学院(28人)

130007 李梦雯	130015 田梦晓	130016 王婧姝	130017 巫文超
130020 杨佳蓉	130021 姚 远	130023 翟 炼	130026 朱鹏程
130028 段伟文	130044 闫 楠	130054 沈宇驰	140008 刘静萍
140015 石刘睿恬	140020 赵芸婷	140083 姜 巍	140151 周兆前
140152 诸嘉巍	140156 常嘉欣	130060 郝凌佳	130061 孔 斌
130062 王里漾	130069 熊伟婷	140063 刘 佳	140078 袁 杰
140099 刘兆龙	140127 李珍珍	140139 张良钰	140171 张泽楠

机械工程学院(30人)

129040 刘金锋	130174 陈华宇	130178 林元载	140193 贾 雪
140198 尹奇峰	140199 张 诚	140224 贺从愿	140225 解正康
140248 吕良超	140250 巩永强	140251 张 琪	119044 吴青聪
140254 陈 辰	149309 陶 毅	140269 王睿烽	140272 郁秋荣
140274 杨 帆	129581 弥 甜	140337 彭宁玥	140338 秦 嫣
140277 张守雪	130282 邓 锟	130297 李健文	140286 邵灵芝
140287 史志娜	140289 王 虎	140290 杨冬萍	140303 袁宏洲
140313 黄 漪	130267 许 颖		

能源与环境学院(43人)

120343 王 婷	130329 林博群	130346 郭占伟	130352 刘 剑
130366 黄秀勇	130379 王明超	130385 章程明	130407 房久正
130410 姚书恒	130414 孟庆堃	130423 赵 静	130425 杨文超
139032 周 强	139579 许 波	140350 张 怡	140370 江承潮
140373 李 娇	140392 王远保	140401 赵伟强	140406 黄煜杰
140411 张明杰	140416 纪光菊	149017 佘 敏	149026 张 琳
129072 吴石亮	139338 马 欢	149316 于 燕	149317 蔡天意
149338 廖霈之	130433 高迎梅	130437 张 青	140444 高俊炜
140445 胡火岩	140452 颜 洁	149340 宋金蔚	140532 郭 强
140533 翟志东	140542 夏 岩	140474 何成洋	140483 沈子婧
140502 汪青青	140504 颜 云	140527 田 权	

信息科学与工程学院(70人)

120537 姜　军	130558 叶　鹏	130561 孙楚洋	140553 郭爱文
140569 宋春雨	130571 刘艳青	130572 史慧萍	130594 项　曦
130595 徐海健	130599 邓　阳	139352 范奎奎	140571 董昊逸
140575 李　鸿	140577 刘　超	140589 周晓慧	139349 张　茜
130630 李　倩	130633 梁凌轩	130636 陆　莹	130653 王亚青
130655 吴晨阳	130667 张　俊	130668 张立碧	130675 朱　万
130685 刘松吟	130717 冯　超	130725 官　伟	130731 薛儒麟
139076 范立行	139080 张昕然	140638 陆　晨	140641 强　勇
140645 唐　敏	140648 涂　晶	140652 吴　凯	140654 谢晓东
140689 张　凡	140696 魏明君	140708 陶乐文	140715 苏敏华
140717 夏　进	140736 欧飞飞	149049 林　艳	149054 张　铖
130778 夏　睿	149360 杨照辉	130762 成芬芬	130806 顾潇腾
130784 薛　妹	130798 聂礼通	130814 任　重	130808 孔瑞溪
130811 刘玉飞	140755 窦建青	130849 罗　卉	130858 程一帆
140796 张祝平	140763 张　宁	140790 肖果平	140808 沈佳佳
140797 郑黎丽	140807 程茹洁	140831 邢月秀	140810 薛春林
140818 王玉琼	130746 朱筱赟	140855 孙　瑶	140868 孙小东
140748 向一帆	130757 张　亮		

土木工程学院(60人)

149057 杭晓晨	131092 魏强龙	131093 徐　鑫	131097 麻景新
131100 张　磊	141109 李亚迪	141123 何　洁	149069 夏侯遐迩
149399 郑传军	130976 李润青	130862 于士甲	130864 廖　涛
130867 胡昊容	140878 宋正华	140882 束一铭	131000 龚康明
131001 桂鹤阳	131004 黄克虎	131020 赵明月	131025 李德猛
131026 付绍明	131038 周　翔	131042 陈　浩	131047 金云东
131069 梅明星	141009 丁智霞	141022 林文生	141025 陆　栋
141027 咸鹏飞	141031 王晓雯	141050 刘　茜	141059 唐佳男
141060 王　超	141066 俞昊然	141070 张　弘	141072 周　力
141077 邓文杰	130991 林　强	130887 郭小军	130895 刘凌锋
130899 祁永成	130914 夏　晨	130915 谢康宇	130934 陈　阳
130940 孙文隽	130961 江乾伟	130963 郑艺杰	130970 李小娟
139365 谢　钦	140896 陈国强	140905 贾文文	140906 江登峰
140907 蒋苏童	140916 刘　霞	140919 任　政	140927 魏一豪
140941 张　梅	140968 王玉斌	149384 夏志远	139380 王　潮

电子科学与工程学院(31人)

131185 陈萍萍	131187 周　洲	141198 王　韬	131148 蔡媛媛
131152 户玎岚	131162 于彩茹	131164 高小钦	131169 张　春

131175 王稼祎	141151 杜锦华	141174 张玉洁	141176 包佳宇
141184 张 教	131205 奚锦程	131200 林志伦	131204 王 强
131227 任力争	131223 李 硕	131226 秦 梅	141212 吴爱东
131229 王思慧	141202 陈怀昊	141225 丁 欣	141213 吴 蕾
141215 杨如倩	141259 薛尚嵘	141242 王 芳	141254 陈建芳
141133 汪 乾	109197 陈 蓓	131113 樊 恺	

数学系(10人)

131274 尹新鸽	131277 杨 盼	131285 吕玉砂	139124 李 燕
139395 鹿道伟	141311 赵润苗	141313 任予旸	131291 江晨阳
131298 张佩佩	141317 周鹏程		

自动化学院(30人)

131305 焦一平	131310 年雪洁	131327 吕士文	131348 刘俊权
139126 蒋燕美	141320 樊婧雯	141328 马陈强	141351 汤兰兰
131354 黄洲荣	131356 李 超	141373 韩 雪	141375 唐 涛
141377 叶庆仕	141378 赵蓉蓉	141381 卫 朋	141382 孔玮琦
131364 黄飞燕	131368 石停停	141370 谢 可	131379 李晓琴
131382 汪媛媛	141389 屈德涛	141391 杨争辉	141400 张满满
131384 陈含思	131389 王碧波	131403 李 聪	131405 吴 津
141406 葛颖森	141412 张 虹		

计算机科学与工程学院(33人)

141556 钱佳林	131429 陈 琪	131444 吕丹彦	131450 谭诚伟
131459 张凌峰	131469 金 磊	131478 章彬彬	131483 张成新
131490 严 峥	141449 陈肖嵋	141455 晋雅茹	141456 李晓云
141465 吴程熙	141467 邢 超	141473 赵力阳	141475 周 瑞
141476 唐孟萍	141486 蒋翠翠	141488 卢晨旭	141491 万 逸
141507 扈晓娜	141522 黄 超	131498 曹 岑	141528 陆雨晴
141530 张陈鹏	131509 姜 峰	131512 吴雪松	131514 赵 磊
131536 刘智勇	131539 张贵林	131540 苗意盎	131533 陈霁辰
141534 冯富琴			

物理系(10人)

131546 杜的洋	131567 张慧敏	139602 朱钟湖	141583 蔡伟民
141587 于远方	141589 李艳英	141595 陈 倩	141602 李珍珍
141606 朱明洁	141607 曹广霞		

生物科学与医学工程学院(21人)

131585 方 巧	131594 张 琳	131597 朱 蕊	131608 梁正辉
131629 张婉君	133708 贾正阳	133716 乔子晏	133729 郭 靖
139430 王 莹	141628 潘荣芳	141661 汪 慧	143705 黄筱筱
143709 廖俊龙	143715 田 磊	143717 陈中思	143724 谢宏梅

143730 谢　成	149114 李　里	149446 周悦媛	131579 王婉洁
131582 干　萍			

材料科学与工程学院(15 人)

141735 谭　曦	141736 王小武	141747 刁艳利	141748 耿然然
131646 丁燕青	131675 张玉玲	131680 彭　丹	131686 金　晶
139449 杨　林	141684 刘玉爽	141686 王凤娟	141695 孙丹丹
141716 田小云	141720 阮瑞杰	141721 王利利	

经济管理学院(40 人)

139190 隋　新	139468 姚登宝	131804 石大义	141842 范玉瑶
141845 周　吉	131749 陈　婕	141792 钱　锐	131754 孙柔嘉
141798 崔耀丹	141802 赵　雯	131763 潘国秀	139461 吴飞飞
141810 江倩雯	141815 董会敏	141816 王潇潇	131818 杜　滔
131834 薛　梅	131836 杨　宇	131840 江芬芬	141872 马钱挺
141873 史婉莹	141885 扈维浩	141898 初　骁	149482 吴　亮
131878 陈　圆	131882 张　欣	141925 周冰莲	141926 朱姗姗
141932 张　新	141783 陈佳祺	149139 张　欢	131861 施　瑶
141904 蔡佳丽	141908 董　瑶	141910 苏　歆	141913 许　颖
131729 胡姚雨	141780 王晶晶	142089 朱莉斯	141865 左娇娇

电气工程学院(37 人)

122083 杨　湘	132053 景无为	132061 唐沂媛	132062 王嘉楠
132065 王文帝	132087 梁欢利	132092 薛　帅	132102 杨雪纯
132107 陆增洁	132116 唐　楠	139482 杨辰星	142102 冯士睿
142112 任佳依	142130 宗鹏鹏	142137 季媛媛	142138 江溯帆
142141 聂颖惠	142151 周晓飞	142152 周雨奇	142156 姚新阳
149160 邵凌云	149162 王　维	149163 张　丽	129369 朱雪琼
139478 李晨昊	139483 曹敏健	132121 戴桂木	132122 丁小叶
132130 张文婷	132133 曹育硕	132138 任洪强	132157 胡　汉
142187 孙　帅	142191 徐敏姣	142216 赵国栋	142221 赵雪浩
142225 张　森			

外国语学院(6 人)

132188 卫美林	142260 黄　嫣	122198 宋园园	132175 倪梦蕾
142237 吉　倩	132183 王　帅		

体育系(1 人)

142268 陶源青青			

化学化工学院(28 人)

119412 徐　威	119413 王啸天	132249 马　昀	132254 杨晓青
139204 王忠霞	139622 周志新	132216 孟一帆	132217 杨丽静
132218 郭云霞	132245 赵　芳	142275 杜孟娟	142278 方　飞

142288 陆 迁	142369 钱东尔	142376 王苑婷	142378 丁 月
142384 秦一玮	142391 王鹏鹏	142397 黄庭远	142421 鲍怡法
132261 续元妹	132286 赵 硕	139217 夏 勇	142324 杜 曼
142337 张 伟	142342 孔志能	142343 毛辰钰	142366 许杭慧

交通学院(47人)

139225 杜银飞	139625 刘 为	139626 柏 璐	149530 魏雪延
149531 李 烨	132406 汪洪波	132410 徐 凯	132413 陈 程
142462 王 慧	142470 郭 鹏	142471 何嘉晨	142484 郑俊秋
132431 于丰泉	142495 赵圣娜	122481 陶 涛	132437 曹雪柠
132446 刘志广	132450 许 秀	142499 韩 婧	142517 张 引
142519 丁 悦	142523 王 斌	132472 刘 敏	132368 谢 伟
142422 董冬冬	142429 张正甫	142440 郭赵元	132383 唐月明
132386 杨 祥	132387 仲 洁	132392 庄 敏	149210 汪登辉
132478 李立业	142539 毛礼磊	132490 盖靖元	132495 马春景
132507 张 弛	132519 刘 俊	132526 向 磊	132539 陈珊珊
142555 劳叶春	142563 徐国山	142564 许映红	142570 刘 洋
142578 刘子铭	142594 陶雨濛	142600 夏雨雨	

仪器科学与工程学院(28人)

132598 施成功	132602 李 锦	139247 胡 杰	142668 闫 晶
149552 杨冬瑞	129630 吴常铖	132553 王 宇	132561 曹 宇
132563 丁 凯	132573 李 桢	132590 李程程	139242 冯李航
139527 纪 鹏	142616 李 昂	142619 刘 全	142621 邵安成
142642 孙 慧	142657 彭 璜	149215 徐启敏	132608 李 娜
132611 朱碧玉	132621 马 莉	132645 桑鹏程	142672 沈 飞
142684 龚 逸	142691 胡 静	142692 蒋晨瑶	142707 徐道鸿

法学院(16人)

132685 宋 佳	132691 何田川	132696 訾 隽	132702 陈 垚
132704 何丽丽	142745 刘晓静	142754 张 楠	142758 杨小青
142760 陶 沙	132647 方 豪	132652 孙提川	132654 张 新
132656 高 婷	142712 杜梦秋	142721 杭彧礽	142733 董玉泉

生命科学研究院(9人)

132733 李 敏	132735 吴晨曦	132748 蔡秀秀	139256 王 洁
139633 母亚雯	142791 李 萍	142800 鲍毅非	142803 杜加伟
142826 魏永杰			

公共卫生学院(10人)

132783 应佳丽	132758 宣 杨	132764 袁 瑞	142831 颜文娟
142832 黄 灏	142834 何杰宇	142836 邢 星	149558 杨嘉莹
132786 赵跃媛	142863 刘桂圆		

医学院(39人)

139636 岳莹莹	142919 高丽娟	142920 何灿灿	149244 孙君君
142934 赵峰峰	149254 常小峰	132807 金海振	132808 李 淼
132809 刘宏翔	132810 李晓娥	142894 郭 玫	139267 徐静媛
142908 瞿洋洋	142917 杨一琼	149568 吴 雪	149575 张 洋
132839 丁蓉蓉	139277 常 娣	149580 潘 涛	139279 张舒龙
139552 陶 陶	142935 鲁生林	142970 彭红新	132872 谢樱姿
142956 李 丹	132885 朱海雪	142969 刘玉婷	132881 唐林云
143764 郑 曦	143770 周海峰	143772 毛 幸	143783 卢 清
143784 虞大凡	143785 朱 琳	143808 崔 晶	143818 杨 辉
143827 卢 程	143837 姜 烨	143848 潘 驰	

马克思主义学院(5人)

142987 叶 旬	142991 吴常幸	142996 许 丽	142997 袁 玲
143002 陈亚慧			

人文学院(21人)

139563 胡 芮	139293 陈 娟	132947 侯凤娅	132949 彭健怡
143037 邱 悦	132939 李书杰	143031 余 力	132954 周柯全
132957 谢天添	132960 刘 颖	143045 张伟栋	143054 穆振娟
132982 王 岚	143023 张玲俐	132944 杭欣竹	143036 张立华
132927 赵英姿	143018 朱佳倩	132917 江 刚	132922 赵小丽
143015 崔雅斌			

艺术学院(14人)

112936 王 琳	133027 李 安	143133 许俪丹	143134 贾艳星
133042 周 珺	143143 李 晶	133012 宋艳玉	143120 张军营
133007 杨项讷	139299 李盼君	139567 周珩帮	143103 沈 婷
143110 华 丽	149273 徐子涵		

苏州联合研究生院(17人)

143209 黄 晨	143214 孙立平	143218 李顺雅	143163 潘 丹
143165 周哲骋	143183 顾婷婷	143227 沈 飞	143231 王懿雯
143235 陈敏敏	143238 严 静	143258 郭 柯	143260 彭亚成
143273 马尚萱	123030 袁丽静	143297 张 欣	143308 齐 浩
143311 王修越			

建筑研究所(2人)

143329 施鹏骅	143332 王 鑫

情报科学技术研究所(1人)

143348 陈明星

学习科学中心(8人)

133207 刘枳杉	133223 余 甜	133208 顾菲菲	143353 胡 瑞

143369 田　水　　149600 张思启　　143335 方梦佳　　143336 俞　晨

经济管理学院MBA中心(25人)

131905 顾爱峰　　131909 洪唯钟　　131920 贾唯伟　　131929 李金剑
131941 吕丽丽　　131942 罗嘉程　　131943 马靖坤　　131966 王　芳
131981 修宇昆　　131990 曾春福　　131997 张杏祥　　131999 张燕萍
141942 程　熙　　141946 丁希辰　　141956 胡　磊　　141964 靖荣华
141975 刘　杰　　141985 潘保全　　141998 孙大伟　　142022 谢建强
142032 杨　燃　　142045 张　涵　　142048 张敏燕　　142053 张思琴
142063 周文龙

软件学院(16人)

143376 冯　楠　　143381 唐　帅　　143388 丁佳丽　　143391 李　莎
143396 赵小燕　　143408 何洪宁　　143438 支连意　　143441 牛煜荣
143454 朱王彪　　143458 许　喆　　143487 冯雪艳　　143498 吴　杨
143508 李甜甜　　143513 戴　悦　　143525 程　都　　143535 张丽萍

继续教育学院(1人)

143537 黄君君

集成电路学院(32人)

133419 高建银　　143539 王宇明　　133434 杨　帆　　133438 张培培
133444 姜　伟　　133454 倪　蕤　　133463 徐天娇　　133480 孙金周
133494 张昆仑　　133507 史俊达　　133509 许其罗　　133512 顾春德
133526 何贵翔　　133530 卢致鹏　　133538 邹　萌　　133555 郑文杰
133556 卢家恺　　143546 蔡虹宇　　143547 丁雨晨　　143548 董春凤
143565 赵永星　　143586 李凤临　　143587 王晨昊　　143591 成亚云
143603 赵　欣　　143605 黄　超　　143622 朱文文　　143659 江　琦
143662 阎晓宁　　143664 苏晓露　　143678 李文波　　143680 王晏清

东南大学2014—2015学年优秀研究生干部名单

建筑学院(13人)

110026 吕明扬　　130050 王晨杨　　140037 齐文举　　130082 王雨晨
140084 陆　熹　　140147 刘一婷　　140065 徐奕然　　140066 杨　兵
140067 张涵昱　　140187 雷　雨　　140098 刘奕秋　　140103 肖严航
140134 张军军

机械工程学院(12人)

139021 张　辉　　140201 单亚军　　140222 方春富　　149296 潘明辉
149299 薛　飞　　140229 任晨曦　　140230 王姗姗　　140234 朱智勇
140267 黄正斌　　130257 王震宇　　140284 琚安建　　140288 汤继善

能源与环境学院(22人)

130330 刘凌沁	130337 杨 康	130341 赵 杰	130347 樊 双
130351 林 涛	130359 赵德材	130360 曹 政	130411 刘玉兰
130413 陶成飞	130420 张 林	130428 刘 腾	139038 陈岱琳
140382 王 奔	149024 李盼盼	130435 汤红铃	130438 赵赛男
130440 周 伟	149339 张舒阳	140506 刘娜娜	140508 尹国晔
140514 饶义本	140520 邵 洋		

信息科学与工程学院(35人)

110513 祁 磊	130541 陈 浩	140551 冯文华	120569 颉宇川
130570 蓝 骥	139348 汉 敏	140573 黄丽华	140578 刘兆栋
149037 刘 硕	149619 尹佳媛	120767 张云龙	130616 曹 磊
130627 贾子昱	130644 沙 俊	130647 苏 菲	130665 张皓月
130684 范 松	130702 吴 昊	130736 赵冬雪	139070 孔 磊
140620 曹言佳	140622 陈 平	140623 崔宇柯	140718 闫 东
130789 赵安晓	130833 束佳明	130839 彭 鹏	130847 朱传奇
140767 吴雪蕉	140769 陈笑雷	140783 郑伊翎	140843 王 杰
140858 郑 超	140859 祖俊婕	130753 高 元	

土木工程学院(28人)

131096 方隆祥	131098 邱作舟	141110 林 珒	141113 冉 然
141114 孙文捷	141033 修洪亮	141037 於 恒	120998 栗雨蒙
130984 陈 诚	130986 兰晶晶	140993 陈倩茹	141000 尹 航
130880 陈立栋	130888 侯士通	130893 李兴华	130900 阮杨捷
130903 孙 岩	130908 万鉴霄	130913 吴 涛	130929 朱松松
130936 谷 雨	130944 于 宙	139589 赵 颖	140895 卞 军
140930 徐奥麟	140931 徐鹏辉	140940 张丽媛	149060 管东芝

电子科学与工程学院(17人)

131180 李 晨	131188 郭 娜	129601 陈 鹏	131146 陆凤军
139593 孙 瀚	141153 夏心怡	141154 张 恒	149402 郑 宇
129200 任青颖	131195 黄 智	131202 倪 明	131230 王小虎
141230 金 月	141261 沈 乾	119227 李晓倩	131115 胡 琳
131125 薛 洁			

数学系(5人)

131269 成 飞	131278 崔文标	139400 赵彦勇	141315 蒋丽怡
141279 夏 泳			

自动化学院(11人)

131329 戴鲜强	131344 王小龙	141348 赵立伟	131353 贺国睿
131372 虞金花	141385 李 沛	141402 陈 超	141404 崔宏宇
141405 崔洪博	141408 黄永升	141424 李 磊	

计算机科学与工程学院(17人)

121442 陈云卿	131443 刘悦晨	131452 魏敏娜	131454 吴一娜
131477 吴自勉	141452 杜晓静	141453 何敬怡	141459 吕永涛
141463 王　帅	141464 魏　娜	141472 张幸芝	141485 郭　斐
141512 尹长昕	141521 张　欢	131511 史　亮	141535 侯　鹏
141579 司景霞			

物理系(6人)

131557 陶伟伟	131572 曹伟伟	141584 范兴策	141608 王秀珍
141610 王美娟	149100 黎秋航		

生物科学与医学工程学院(10人)

131617 王　乐	131626 柯瑞昌	133712 袁骏杰	133726 马腾飞
139605 赵春秋	141647 段　越	141662 赵永芳	143703 郭刘洋
143706 王　钰	143742 孙新晨		

材料科学与工程学院(9人)

141737 张　浩	141772 张可升	131640 吴　雨	131661 刘　杰
139447 陈怀成	141673 邓　川	141678 吴喆敏	141689 韩林原
141694 邵　咪			

经济管理学院(16人)

131742 刘军杰	139459 庄　雷	131760 卞海丽	141812 聂一欣
131828 刘　竹	131841 白　洁	141869 刘东威	131874 周　洁
141924 叶　馨	141930 王绪会	141784 沈梦姣	149140 郭　进
141905 陈颖超	141912 吴晓茹	131730 杨英超	141860 禹梦雅

电气工程学院(18人)

132050 李秋谣	132058 马　天	132067 王　瑜	132083 诸晓骏
139618 韩海腾	142100 陈　明	142106 季杭为	142120 徐怡悦
142169 徐菲菲	149170 刘康礼	129367 周　磊	149493 王煜奇
132128 袁　飞	142146 张良杰	132159 季永超	142184 倪春花
142186 孙玲玲	142211 吴健超		

外国语学院(3人)

142265 徐　珊	142235 高君实	122211 张　旸

化学化工学院(11人)

132250 李春梅	132252 顾　清	132230 刘俊秀	142273 邓琳琳
142274 高鹏程	142303 周　晴	142367 陈凌宇	142368 李世伟
142325 耿　怡	142329 周孖熹	142346 刘　明	

交通学院(24人)

139235 程　龙	139236 赵　颛	149193 朱晟泽	132399 龚　玄

132405 缪鹏辉	132416 娄深鑫	132425 周亚东	142469 丁　京
112399 奚振平	122482 乌　达	122483 吴圆圆	132475 郜　健
132477 谢覃禹	142425 王康达	149188 耿　威	132371 李沛丰
132372 宋晓东	132373 王晓春	142443 吴　炜	132381 高苏洋
142445 孔　庄	142446 李　锐	142550 洪媛媛	142605 刘　真

仪器科学与工程学院(11人)

142667 刘　钰	129465 张　颖	132552 孙若斌	142618 李珊珊
142623 苏嘉玮	132610 张俪园	132614 黄　骏	132615 李　亨
132620 胡　淼	132639 匡立刚	142673 滕　达	

法学院(8人)

132699 张　航	132705 李奕廷	142743 戴芷宣	142752 钱家元
132655 陈晓云	132659 林冰冰	142710 陈盼晴	142728 向晓庆

生命科学研究院(5人)

132736 夏明媚	142798 刘　娜	142819 赵欢欢	142823 王德凤
149231 杨翔宇			

公共卫生学院(6人)

132777 李晓晴	132778 杨碧漪	142856 刘静静	149682 祁菲菲
142848 吴申申	142886 徐春雨		

医学院(17人)

139262 王　伟	149683 白　莹	122840 栾成欣	132820 黄　蓉
132823 赵纪益	139542 曲青蓉	142911 田　赛	142937 周包壹
132873 周碧云	132884 杜瑞杰	142977 刘　璇	143753 王徐溢
143799 张云鹏	143807 韩晓清	143836 李　坦	143844 陈　露
142974 刘从兴			

马克思主义学院(3人)

142984 詹梦醒	142986 田　挺	142993 海四青

人文学院(11人)

143038 叶芳芳	143044 李　优	143062 顾一舟	132930 詹方园
132932 张　硕	143022 张　璇	132926 赵云凤	143017 张天舒
143020 刘　璐	132915 黄亚萍	143005 王有凭	

艺术学院(6人)

123026 戴　卓	143144 吉炳坤	143119 邹青宸	133008 杨　洋
133028 洪阳阳	149275 朱　磊		

苏州联合研究生院(8人)

143161 张　娟	143193 付小燕	143195 张　濛	143223 白　骏
143229 孙　洋	143272 华东升	143309 彭袁圆	143315 丁范卿

学习科学中心(2人)

143355 董　宇	133195 臧婷婷

经济管理学院 MBA 中心(8人)

131946 茅志浩	131967 王　冠	131971 王念祖	131998 张　雪
141949 高　超	141952 高姝珍	141990 乔延娟	142042 余彩虹

软件学院(7人)

133337 赵丹丹	143407 杨　扬	143424 张　雄	143462 闵绘宇
143464 张　扬	143496 唐　荣	143515 金　成	

集成电路学院(14人)

143542 周兴航	143544 潘申欣	133422 杜益成	133464 徐　寅
133471 张龙飞	133481 王　军	133520 刘　宁	133531 王　浩
143556 孙　轶	143580 李　易	143608 刘鑫海	143641 肖　霖
143646 周　峰	143670 张青松		

研会(25人)

120898 许德旺	132051 焦系泽	132180 唐　莉	133197 王　慧
130916 邢　拓	130796 余光识	130335 王　玺	131005 卢　硕
130876 邵凯凯	139504 万世成	131104 朱丽菲	130989 王默晗
130934 陈　阳	133206 王　鑫	139446 眭世玉	131738 潘　苗
130858 程一帆	133207 刘枳杉	130050 王晨杨	141007 陈　瑶
140383 王晗昀	131671 王　俊	132281 吴昉华	130568 洪希依
159499 祖雅菲			

东南大学 2014—2015 学年单项奖名单

建筑学院(5人)

140164 黄秋实	140118 徐正平	140177 周思瑶	140014 邵星宇
130064 杨　攀			

机械工程学院(9人)

140222 方春富	140234 朱智勇	140257 余静文	140313 黄　漪
140199 张　诚	140220 田　原	149301 卢　轶	119044 吴青聪
140224 贺从愿			

能源与环境学院(28人)

120343 王　婷	130330 刘凌沁	130337 杨　康	130339 张　弘
140345 索明琛	140352 赵　粟	140360 许　静	140362 曾台烨
140378 刘彦翔	140417 刘国富	140428 郑　阳	140436 夏亚磊
130435 汤红铃	130438 赵赛男	130440 周　伟	130441 范鹏杰
140445 胡火岩	140447 李亚楠	140450 闫　奔	140534 温涛源
140548 郭艳敏	140474 何成洋	140478 陆佳佳	140483 沈子婧
140498 刘　骏	140514 饶义本	140400 吴海洋	140527 田　权

信息科学与工程学院(26人)

130555 彭金龙	140552 付宇鹏	140596 翁圣晖	140603 王和阳
140604 熊佩颖	130704 徐成	140632 李静雪	140633 李姝
140691 姜波儿	140770 郭菁睿	140817 皮慧	130754 黎洁昕
140747 卫锦	140562 赵远	130579 袁云辉	140585 吴鑫
120640 朱峰	130649 陶于阳	130720 张陈梅	130681 李元稳
140758 韩晓青	130566 丁文其	140657 杨俊梅	130773 孙裕
130796 余光识	130852 吴祥龙		

土木工程学院(14人)

131096 方隆祥	141124 赵超越	140880 张镇	141032 谢莉
141034 杨路远	141002 吴嘉昊	120900 赵军	140953 史典鹏
141076 徐萌	140941 张梅	149393 曹宝雅	159068 刘中祥
131084 陈恺文	131095 张亚开		

电子科学与工程学院(13人)

131188 郭娜	131163 陈国华	141151 杜锦华	141167 汪俊鑫
131202 倪明	141261 沈乾	131125 薛洁	141184 张教
141202 陈怀昊	141198 王韬	141162 胡才雨	141227 封倩倩
131113 樊恺			

数学系(4人)

141276 陈天鹏	141278 孔佩	141283 夏一	141294 武熠龙

自动化学院(15人)

131323 徐余慧	141344 杨劲柯	141346 马申斌	141348 赵立伟
131354 黄洲荣	131359 王维	141424 李磊	131372 虞金花
141393 张俊康	141351 汤兰兰	141412 张虹	131385 陈洪骏
141377 叶庆仕	149421 伍学惠	131364 黄飞燕	

计算机科学与工程学院(12人)

121442 陈云卿	131452 魏敏娜	131454 吴一娜	141453 何敬怡
141579 司景霞	141467 邢超	141460 潘培龙	141486 蒋翠翠
141530 张陈鹏	121451 许艺凡	131444 吕丹彦	131498 曹岑

物理系(7人)

141596 史丽	141587 于远方	141607 曹广霞	141585 王文达
141606 朱明洁	141584 范兴策	141608 王秀珍	

生物科学与医学工程学院(11人)

133724 胡松涛	141647 段越	143700 唐淑颖	143706 王钰
143722 陈雷峰	143732 赵大地	141662 赵永芳	143742 孙新晨
143746 张晓东	131617 王乐	133712 袁骏杰	

材料科学与工程学院(4人)

141681 杨娴	141691 蒋俊	139447 陈怀成	131641 曾从远

经济管理学院(15人)

141791 李　妍	141800 葛春燕	141811 陆俊杰	141819 刘清肇
121833 白　洁	141927 管艳茹	141915 杨　楠	142076 刘鹏飞
141862 庞磊磊	141813 严复新	131744 马　燕	131865 范思萌
141810 江倩雯	131817 崔少东	142091 姚　菲	

电气工程学院(13人)

142111 秦成明	142140 孟建建	132159 季永超	142231 朱　栋
142180 蔡婷婷	142184 倪春花	122078 苏嘉彬	142115 苏　晨
132109 陈　健	132097 张文虎	132099 钱　超	142139 刘晓峰
132117 王　标			

外国语学院(7人)

132175 倪梦蕾	142236 韩　静	142239 皮晨瑶	142244 周小琳
132183 王　帅	142234 陈兆霞	132189 司静慧	

体育系(1人)

132212 江小牛

化学化工学院(10人)

142302 刘金霞	142330 李　璟	132290 张　超	142367 陈凌宇
142368 李世伟	142397 黄庭远	142324 杜　曼	132221 王芳芳
132229 耿　斌	132303 尚秋伟		

交通学院(17人)

122436 彭　龙	132429 赵晓晓	132473 孙佳然	142531 胡鸿飞
142546 丁婉婷	142565 颜建国	132400 郭怡绮	132442 蒋咏寒
142560 沙　迪	142464 闫天昊	132466 郑　元	142497 丁　剑
132471 江云剑	132362 于博伟	132389 靳晓东	132492 焦丽亚
142572 段伟宏			

仪器科学与工程学院(5人)

142627 杨　阳	142634 高　瞻	142647 王宁波	142625 魏广进
142709 余　乐			

艺术学院(7人)

143132 李小君	143150 席丙洋	143108 张怡可	133038 焦瑞雯
143112 张静静	133006 郭婧文	133012 宋艳玉	

法学院(5人)

132707 苏小妹	132711 王　婧	142759 周宇昕	132698 于燕娟
142725 沈敏敏			

生命科学研究院(3人)

142792 张　俊	142820 张　悦	132748 蔡秀秀

公共卫生学院(4人)

142851 姚文卓	142837 徐　敏	132785 王炎炎	132792 张丽娟

医学院(21人)

142922 王梅蕾	139542 曲青蓉	142913 王玉洁	142925 虞文辉
149249 王　琳	149580 潘　涛	132873 周碧云	143783 卢　清
143797 陈　彬	143799 张云鹏	143808 崔　晶	143816 缪　健
143831 李小雨	132824 韩熙琼	142935 鲁生林	149683 白　莹
132820 黄　蓉	139272 夏文清	149684 程振兴	139276 陈宇辰
143784 虞大凡			

马克思主义学院(3人)

132900 赵姗姗	142992 葛兴旺	142994 陈　阳

人文学院(12人)

132948 强大双	132938 高　阳	143027 蔡漫毓	132932 张　硕
132942 王凯莉	143035 卜星星	132923 孙文佳	132946 杨　忆
132935 孙爱琪	139563 胡　芮	139293 陈　娟	143024 江艾迪

苏州联合研究生院(2人)

143178 崔　锋	143232 刘　练

建筑研究所(1人)

133191 张胜亚

学习科学中心(4人)

143358 田　丹	143338 郭超军	143336 俞　晨	133222 邱金丽

软件学院(6人)

143436 高伟杰	143471 徐士程	143490 单长武	143520 沈天绪
143524 赵亚雄	143459 胡津瑞		

集成电路学院(16人)

143544 潘申欣	133524 蔡鹏程	143581 司向军	143585 姜天林
143647 简春福	143649 刘晓强	143546 蔡虹宇	143549 房　颢
143543 周　旸	133422 杜益成	133437 叶　然	133445 陶永鹏
133522 张　艺	133486 姚克奇	133489 陈海波	143576 胡路苹

学报(5人)

131226 秦　梅	141126 陈光冲	131106 王英豪	139329 陆存豪
141120 钱明伟			

2014—2015 年研究生先进班级

序号	院系名称	班级
1	能源与环境学院	14级直博班
2	土木工程学院	14级硕士4班
3	数学系	14级硕士班
4	计算机科学与工程学院	14级硕士3班
5	生物科学与医学工程学院	硕士144班
6	经济管理学院	14级硕士5班
7	电气工程学院	14级硕士2班
8	外国语学院	14级英语语言文学班
9	艺术学院	13级研究生设计班
10	集成电路学院	14级集成电路工程专业1班
11	苏州联合研究生院	14级交通运输工程班

2015届第一批优秀硕士毕业生名单

建筑学院(3人)

120009 韩雨晨　　120012 林　岩　　120050 刘　哲

机械工程学院(1人)

120210 李帮建

能源与环境学院(6人)

120334 伏启让　　120335 高　宇　　120414 邵志伟　　120444 李　颖
120459 王肖祎　　120462 王　霞

信息科学与工程学院(15人)

120541 叶　展　　120551 张　凯　　120565 褚颖颖　　120616 霍新平
120620 张小伟　　100766 张新帅　　120625 刘亦辰　　120634 吴华月
120636 郁美霜　　120637 袁　颖　　120658 潘云强　　120668 陈碧威
120687 韩　瑜　　120721 赵　芬　　120797 王加锋

土木工程学院(9人)

120990 李　森　　120991 史佳媛　　120992 周　洲　　121026 陈兵兵
121061 刘靖文　　121076 朱漫莉　　120924 薛　耀　　120959 颜江华
120975 张　蝶

电子科学与工程学院(1人)

121194 汤旭婷

数学系(4人)

121264 李俐芳　　121266 甘　甜　　121283 刘　姣　　121289 孙旭峥

物理系(1人)

121589 葛　兴

生物科学与医学工程学院(4人)

121605 钱晓婷　　121607 薛　莹　　121610 倪石磊　　123546 赵国栋

材料科学与工程学院(5人)

121660 徐晓艳　　121671 贾龙昌　　121686 张　吉　　121698 李会强
121699 林　忱

经济管理学院(12人)

121902 黄豪杰　　121904 纪　静　　101696 卢　建　　121753 刘俐妤
121773 国许安　　121780 闫志俊　　121786 周文君　　121897 徐　琴
121875 姜凯心　　121877 李晓玉　　121879 孟　石　　121819 李晓妮

化学化工学院(7人)

122263 王　丹　　122355 陈　嘉　　122366 车军强　　122379 曹凤朝
122307 郭威威　　122311 向三明　　122336 田庆文

交通学院(4人)

112350 李铉国　　122454 邵财泉　　122495 焦云涛　　122399 沈　杰

仪器科学与工程学院(1人)

122684 赵　玉

法学院(3人)

122691 陈　程　　122701 倪燕秋　　122707 洪逸涵

马克思主义学院(2人)

122933 黄冰清　　122934 陈铭霞

人文学院(5人)

122919 隋婷婷　　112861 孙利坤　　122963 储小丽　　122973 张恒宇
122981 谯亚洲

苏州联合研究生院(6人)

121563 方一曙　　122569 陈新元　　122581 张　纯　　120302 张　杏
120318 官　睿　　120325 李　扬

高等教育研究所(1人)

123062 王丽根

软件学院(1人)

123105 吴天星

集成电路学院(6人)

123258 林晓娟　　123266 朱碧辉　　123273 杨　磊　　123333 郭小强
123335 任　文　　123348 杨　军

2015届第二批优秀硕士毕业生名单

建筑学院(13人)

120005 修雨琛	120014 钱轶懿	120016 孙铭泽	120019 史凌微
120033 孙　晓	120043 何永乐	120049 窦瑞琪	120093 孙　嬿
120058 李佳静	120060 潘嘉虹	120066 郝辰杰	130092 邵　冰
130143 王雅妮			

机械工程学院(14人)

100195 焦　伟	120182 吴渗楠	120204 夏　磊	120231 东　梅
120241 陈　晨	120242 陈小飞	120243 李江湖	120246 李长林
120248 吕永健	120249 刘江华	120266 文　静	120276 李成龙
120280 明　添	120289 姜双杰		

能源与环境学院(11人)

120333 陶　璐	120337 韩朝兵	120396 王永贞	120423 王松鹤
120427 柴保桐	120439 李海燕	130458 何文强	130465 郑志豪
130496 郑宝军	120454 李　洁	120455 宋祖威	

信息科学与工程学院(16人)

120579 刘　泊	120580 刘成帅	120588 苑婷婷	120629 羌　波
120642 林圣超	120654 连腾腾	120695 温中凯	120713 李正波
120714 施妍如	120717 王　孜	120722 郑祖翔	120733 吴哲昊
120748 伏智超	120764 包佳敏	120766 黄夷芯	120816 钟文浩

土木工程学院(18人)

121000 陈艳超	121002 赵丽奇	121008 谢政民	120869 马　睿
121086 刘梦洁	121022 杨　康	121025 朱佳斌	121063 谈　龙
120889 江　超	120890 刘籍蔚	120891 刘　蔚	120901 郑肇鑫
120903 祖　峤	120904 袁林婷	120956 何泓男	120962 张　敏
120969 徐智敏	131011 陶天友		

电子科学与工程学院(2人)

121218 王海冬	121242 马梦颖

计算机科学与工程学院(11人)

121439 曹　旻	121445 胡耀丹	121450 王研昊	121468 董　羿
121478 陈亮宇	121481 胡　迪	121484 陈高君	121510 周华杨
121513 查叶飞	121519 陈少林	121527 钱雪娇	

生物科学与医学工程学院(3人)

121611 孙丹丹	121622 陆金阳	123525 石路遥

材料科学与工程学院(2人)

121661 杨凌艳	121683 左沛元

经济管理学院(7人)

121837 林　萍	121840 王　琳	121845 贾雅喆	121848 王璞玉
121864 伍万坤	131863 祖雅菲	132036 王诗雨	

电气工程学院(13人)

122059 莫　熙	122060 宋梦晨	122068 顾玲玲	122069 管永高
122073 陆婷婷	122079 苏　玮	122082 徐陈成	122096 储　凯
122151 柳庆东	122155 杨　凯	122156 杨庆胜	122165 倪玉玲
122175 姜　森			

外国语学院(5人)

122224 刘　辰	122203 郑听雨	132193 罗妙宝	132195 岳　颖
132208 张宏伟			

化学化工学院(6人)

122272 邢甜甜	122274 吴丽荣	122275 高春燕	122276 王仲杰
122331 吴　俊	122346 汪　俊		

交通学院(12人)

112351 王　永	122431 陈泽生	122432 崔露愉	122451 刘　灿
122460 王　征	122475 李家斌	122485 王妤炗	122513 张洪娟
122394 李　伟	122411 谢　洋	112471 潘　攀	122556 周　旭

仪器科学与工程学院(5人)

122607 万雪音	122617 霍元正	122635 郭圣焕	122643 黄　佳
122674 喻　伟			

法学院(4人)

122729 翟　冬	122756 吴炳辰	122695 王传国	122727 郭　蒙

生命科学研究院(3人)

122759 王璠璠	122773 潘星秀	122775 董　茗

公共卫生学院(2人)

122810 姚欣雅	122797 杨　天

医学院(15人)

102760 宋　鹏	122864 陈　颖	122853 钱叙辰	122862 陶　珊
122876 陈　敏	122903 王志鹏	122904 郝有丽	133734 薛　明
133743 张李玉	133774 何骏驰	133780 崔佳瞿	133783 刘艾佳
133787 顾雪芹	133806 蔡　英	133809 周　晶	

人文学院(4人)

122945 李慧敏	122951 朱　猛	122955 平　娜	122929 宋朋洋

艺术学院(4人)

123035 董甜甜	123055 魏梦姣	123014 王　春	123018 侯　力

情报科学技术研究所(1人)

123072 朱成林

经济管理学院 MBA 中心(13 人)

121909 陈 薇	121924 杭东霞	121935 黄学武	121941 蒋天静
121960 乔 振	121962 沈 凯	121965 史郭松	121973 王 娟
121979 王政涛	121984 吴 静	122013 张 茹	122028 周静妮
122031 朱 敬			

软件学院(11 人)

123137 王一帆	123197 刘锡仑	123203 欧阳拳均	123217 林振江
123238 胡 吉	123240 蔡 昂	123242 边弘宇	133237 尹徐珊
133267 徐祝庆	133314 毕 清	133323 吴 升	

集成电路学院(7 人)

123264 蔡 伟	123269 蒋富贵	123274 于 花	123282 傅胡叶
123293 汪 晨	123322 张明灏	123325 郭义龙	

苏州联合研究生院(5 人)

133087 沈广倩	133104 汪林珊	133077 郭 莹	133075 褚雪瓶
133058 张 肖			

2014—2015 年江苏省级三好学生、优秀学生干部和先进班集体名单

本科生

省三好学生

钱 鑫　陈春水　柯希玮　卞 慧　李晓敏　龚来凯　林 津　翟 悦　张 岸
杨天阳　郑 顺　鞠 安　王 怡　李牧原　金晓月　樊安洁　王晓丽　王 芳
陈怡林　方良骥　张田利　孟祥盼　王 烁

省优秀学生干部

孙世浩　徐倩怡　王嘉昌　俞 苗　吴 璇　孙 超　刘欢欢　刘亚斐　徐冠豪
张孟环　张浩田　于佳鑫　邵一珺　邱 钰　王禹欣

省先进班集体

建筑学院　012121 班
机械工程学院　020125 班
能源与环境学院　030124 班
信息科学与工程学院　042127 班
土木工程学院　051126 班
电子科学与工程学院　062136 班
数学系　070121 班
计算机科学与工程学院、软件学院　090131 班

生物科学与医学工程学院　111121 班
材料科学与工程学院　120123 班
人文学院　134121 班
电气工程学院　160134 班
交通学院　12 级茅以升班
医学院　43Y121 班
吴健雄学院　613131 班

2014—2015 学年先进班集体、三好学生标兵、优秀学生干部、三好学生表彰名单

先进班集体(22 个)

011135 班　020131 班　020134 班　040132 班　040136 班　051132 班　051142 班
06A135 班　06A145 班　080121 班　120133 班　131131 班　145122 班　144142 班
160136 班　160141 班　171123 班　217131 班　2013 级茅以升班　220133 班
433121 班　610142 班

三好学生标兵(34 人)

建筑学院　刘　星　徐　忆
机械工程学院　闵　剑　曹　璨
能源与环境学院　葛　浩　杜浩然
信息科学与工程学院　蔡雨君　宛超逸
土木工程学院　刘　兴　孟　畅
电子科学与工程学院　郭　钰　陈　凯
数学系　沈嘉琪
自动化学院　宋　尧
计算机科学与工程学院、软件学院　张莹莹　谢　楠
生物科学与医学工程学院　陈　怡
材料科学与工程学院　凌　灏
人文学院　赵一燊
经济管理学院　王雨竹　马天舒
电气工程学院　杨　硕
外国语学院　郑奕贤
化学化工学院　黄天宇
交通学院　赵鑫玮　马柏杨
仪器科学与工程学院　许广富
法学院　项会云
学习科学研究中心　张思慧

公共卫生学院 李佳琳
医学院 孙乐家 季振军
吴健雄学院 华 杰 宋雨遥

优秀学生干部(139人)

建筑学院(7人)
金 千 王奕阳 朱梦然 王 伟 丁金铭 潘昌伟 吴 韵

机械工程学院(6人)
黄林新 许国树 张道富 赵芃青 张卓然 沈竹琦

能源与环境学院(7人)
梅 简 戴 领 黄秉坤 吴 钊 孙 益 温 欣 高 欢

信息科学与工程学院(8人)
张少卿 孙佳琛 孟 帆 王华玮 曹 凡 谢 天 印 尼 钟 凯

土木工程学院(10人)
康 希 杨心怡 蒲森林 胡皓磊 朱熔清 李谈词 唐 昆 张 颖 王 蕊 王君娴

电子科学与工程学院(6人)
李晓敏 何 倩 朱嘉儒 杨 阔 宋逸群 韩 琨

数学系(3人)
王 炜 崔 晨 孙婉婧

自动化学院(5人)
蒋 田 王子峣 张娜威 郑宇柯 孙 豪

计算机科学与工程学院、软件学院(8人)
康 鑫 任杰文 鲍晓涵 葛丹薇 赵浩然 汪进成 吴万金 邹 悦

物理系(2人)
赵中华 高 婷

生物科学与医学工程学院(4人)
李思雨 郭育新 唐 健 谢晨曦

材料科学与工程学院(3人)
党林林 张 楠 朱 玉

人文学院(4人)
仲是达 张雪晴 李少金 黄晓萍

经济管理学院(10人)
杨雨杭 徐 鹏 褚 扬 杨之琳 王佳旎 吴 巧 邓舒文 沈 月 张 钒 王亮平

三峡学院交流生(1人)
舒 鑫

电气工程学院(5人)
严 画 王 颖 邵海雯 闫志鹏 焦 隆

外国语学院(3人)
张　黎　杨晓蕾　常若仪
化学化工学院(3人)
高　真　王伯军　骆季荣
交通学院(11人)
俞　俊　林子豪　杨沫枫　李　爽　郑　思　王泽民　李　婷　涂珊珊　吴曾晗
潘楷阳　杨正旺
仪器科学与工程学院(3人)
谢雨婷　陈自祁　高　烨
艺术学院(3人)
王少文　袁娅婧　吴世豪
法学院(2人)
宋子耕　鲍怡婕
学习科学研究中心(1人)
裴　聪
公共卫生学院(3人)
高翔宇　潘振宇　赵心语
医学院(11人)
卓一洲　肖润宇　未　明　殷婷婷　李　晓　史天一　陈金鹏　朱华琛　孟庆斌
王娅敏　朱以鹏
吴健雄学院(10人)
洪梦姣　赵正寻　徐　乐　李子园　姜　琦　王　益　沈　圣　王　锴　陈　晨
翁雨昊

三好学生(1 221人)

建筑学院(65人)
丁园白　祖丰楠　应　媛　张　炜　蔡适然　肖　芳　郁如意　陈加麒　郝子宏
索佳妮　涂雨璇　张　祺　曹　慧　唐浩铭　冷先强　刘苗苗　傅瑞盈　张　圆
梁　爽　张雅楠　邱　丰　李泳笛　高　益　曹　艳　陈宇龙　杨　清　高亦超
景林楷　柏韵树　施　旗　徐龙奇　管　菲　刘博伦　黄子睿　杨慕然　施一峰
徐雯雯　于雪娟　刘碧玉　李文玥　刘泽怡　孙茂然　边　博　钱　鑫　崔家宁
周海瑶　李伊格　张　淦　王敬宗　冯可欣　丁小雨　沈天意　卢　喆　谢相怡
杨怡然　徐慕蓉　马　琳　胡　樱　郑　娴　张　宁　张潇涵　赵　硕　乔炯辰
宗袁月　隋明明
机械工程学院(59人)
陈雪莲　金珊珊　韩　硕　余文斌　李　创　张赢杰　吕　鹏　李宇峰　张　乐
李树森　王　昶　郑晶莹　鲁秀楠　余传运　叶　亦　华海涛　杨周宇　钱逸程
吴宣勇　陈　龙　黄冬鸣　杨易嘉　仇　索　王子昂　何　旺　林　玮　吕　雪
汪　洋　赵周健　严佳园　张鹏宇　杨文彦　杨　磊　王　希　张剑秋　耿　闯

纪德杰 王伟达 王宝全 李昌远 邹雅琳 张祎霖 张嘉智 陈 楠 严文强
张立然 赵兴景 江 苏 罗伟强 赵 恒 朱清园 单 铭 段福鑫 汤玮韬
谈小铭 蒋丰韬 王幼真 陆 萍 诸葛鸿平

能源与环境学院(64人)

李平姣 蒲咏梅 冯 璇 王钱超 马宇娜 曹运佳 庄沁宇 陈霞雯 闫 珂
姚 旺 程 志 李雨轩 潘天尧 魏 莉 刘天池 杨协和 朱洁雯 刘鑫雅
赵圆圆 陈家颖 黄怡婷 程 茗 徐静文 赵文广 陈 康 郑伟佳 苍天欣
朱华昕 丁守一 孙守泰 李佳辰 陈怡睿 田康宁 陈子聿 杨 震 吉珣碧
姚依晨 宋潞云 刘 文 林凯威 张 艺 杨晨晓 段梦凡 张 超 朱亚著
陈子晗 朱 赤 洪天顺 顾 聪 季建周 查 戍 叶广宇 叶 蓉 董皓月
张庭秀 王丽坤 王瑾芝 贾东晓 肖叶胤郎 李雅君 孙先亮 杨 清 曹 玉
黄恩和

信息科学与工程学院(70人)

卞 慧 吴伏宝 江 磊 高璇璇 林宇星 陶 禹 李 静 张 远 杨 蒙
彭 欣 徐 亮 王宇成 黄文欢 印友进 张俊芙 曾雨旻 李天助 徐 军
宋依欣 庞宏俐 邓春燕 陈金华 范莹莹 潘桂鑫 陈柏霖 刘延栋 张梦娇
矣咏燃 顾志方 吕 钱 高君慧 宋浩川 李轶雪 王艺炜 何倩倩 班 浩
涂 欣 吴 彧 安宁伟 缪雨桐 吴 鹏 陈子敏 陈乐乐 来萧桐 周 睿
杨宇峰 杨长蓉 徐希庆 尹 超 俞安澜 钱宇辉 王 迪 乔文超 章 鹏
张 立 杨 洋 肖朝昆 肖 铭 方钱安 张婧媛 王 可 杨含知 袁 靓
何璐雅 周少卿 朱 珂 阮 梦 谭儒昕 刘 祺 华 远

土木工程学院(91人)

陈浩杰 王旭祥 陈珂璠 李宇晗 肖文超 肖 遥 焦亚基 陈 烨 梁宇成
陈 浩 刘雅凡 沈 翀 韦 明 朱明吉 孙明策 蒋天泽 刘治廷 高文沁
刘业伟 王 晗 张 磊 滕 飞 李 剑 张旻权 梁庆康 鄢雨生 潘 杰
张岁寒 司 怡 曾令贤 陈金桥 方 超 赵 阳 魏笑尘 王卫昌 陈 实
王浩霖 韩斯琪 邓先觉 陈 琦 宋来健 闫泽宇 潘粮今 翟梦超 苏意然
陈盛根 陆 岩 宋 乾 杨以国 石 可 林 夏 曹澄汐 李菲洋 范 熊
国宣哲 钱臻旭 潘亚豪 蓝旭璺 谢思聪 练 强 王月峰 孙 昱 胡炎浩
王怡心 李光耀 严琳希 刘熙源 郭云超 陈铮一 李 杰 王艳青 张 梦
韩 兆 马俊伟 余 芳 黄庆业 姜 煜 李玉鑫 邵世轩 谭荣球 李增聪
陆 磊 高 琦 李沁芮 向若兰 凌锦锋 钟毅杰 何雪峰 陈佳枫 沈佳成
黄 旭

三峡学院交流生(3人)

祝瑞麒 冯路遥 张 鑫

电子科学与工程学院(49人)

罗 旺 吴江平 范英辉 李秀娟 谭浩轩 朱培星 刘小嫚 崔崇伦 龚志鹏
朱志鸿 赵 易 马可悦 朱秋悦 陈垚鑫 车永越 史国强 刘文昭 田倍通

王天鹏	崔权	侯国睿	陈卿	朱麒文	梁琦	陈逾璋	王沁	严客雨
刘立	陆旻熠	葛政	刘康妮	曹政坤	孟凡喆	宣城镇	王运琦	马祥宇
吴成均	唐辛泉	俞峰	汪家喆	周佳凯	王涛	李梦潇	郭旭	任宇田
马妍	刘荟	张宇宸	曹闫鹏					

数学系(22人)

林子棠	金臻涛	徐伟强	刘洪喆	杨一行	尹海安	孙向前	林雨春	曾程
石砚舟	曹琪琪	洪韬	张屹	郝未玮	张焜	刘威	张嬙	孙国鹏
兰睿东	代姚	史云霞	安少坤					

自动化学院(34人)

谢芳陆	张璞	何起明	刘翰文	王玲	秦玉磊	张德明	刘磊	张娟
杨雨炜	曹起鸣	陈颖	丁刚	王聪	王彦然	邱梦婕	陈天昊	韩杰
李春露	黄晟	王超	马哲文	聂云聪	王天	赵伟	林云智	吕思源
黄亚飞	蒋晨	蒋光峰	王超然	王琪善	张紫璇	单硕		

计算机科学与工程学院、软件学院(75人)

张辉	范云龙	郭佳	董坚	赫思佐	刘金晶	周晓	张杰	吴天然
张晨妍	焦晨航	廖胜兰	刘恺铮	江仲鸣	崔效玮	汤子凡	许丹妮	赵佳珊
张晖	陈冷	俞豪敏	周婕	李娜	周宇池	杨阳	王逸然	郑锜
骆颖	利瑞	王铎	陈佳敏	仇昭焜	王朝阳	冯裕浩	金玉	高雨枫
於泽邦	肖彦	陈贤星	符舜	孙森泓	郭大魁	申健	夏薇	黄敏
杨永贵	杨凯	赵磊	林天乙	张伟栋	武雨田	黄伟聪	鲍悦	孙照月
李双	王璐	韩冰冰	王睿康	牛钰茜	焦暄雅	陈冬儿	兰威	徐方进
王鑫	高娟	陈铮	徐子涵	陈建蓉	王如梦	江咏涵	刘月琦	陶冶
吴小宝	吴志翔	金威						

物理系(18人)

| 裴敏强 | 倪琳郁 | 陈瑶 | 章烨晖 | 查佳佳 | 黄逸婧 | 孙慧敏 | 刘琬铃 | 侯睿 |
| 赖林琛 | 徐峰 | 张真 | 夏洋洋 | 尚成林 | 刘志鑫 | 徐光照 | 崔健 | 魏永健 |

生物科学与医学工程学院(25人)

陈姗	刘羽霄	陈卓玥	鞠安	王亚露	杨淑慈	金静	陈姝琳	娄国锋
郑良	韩书彦	郁晨阳	高歌	刘亚迪	王凯旋	张运	王月桐	邢鹤云
李浩	李毅	牟思豫	文星翌	许成韬	陈阳天	冷静泽		

材料科学与工程学院(31人)

许何婷	李亦婷	董恒迪	朱玉晗	郭俊楠	李羽西	叶少雄	白旭东	谭晓慧
傅聪	杨果瑞	李青	刘孟玮	潘浩	潘超	刘彦奇	崔丹钰	常栖晴
刘新来	胡梦丹	杨紫嫣	田晓升	尹蕾	刘继琦	关锡媚	王泽曦	王菁
陈成	张秋月	陈阳	刘新					

人文学院(38人)

| 夏怡婷 | 陈思雨 | 张祎 | 严珊珊 | 林姝 | 周蓝青 | 许墨洁 | 万婷婷 | 陈雅萍 |
| 栾嘉奕 | 苗艳艳 | 唐佳奇 | 左恺仙 | 夏雨 | 张阳卉 | 刘佳欢 | 崔玉娇 | 王博文 |

朱啸宇　黄佳佳　郝　硕　顾一石　殷黎辉　叶丹丹　陈　丹　丁　倩　周　然
牟丹凝　沙木西亚·艾克拜　胡志远　黎万峡　赵姝怡　翟蕊晗　何柔桑　袁朝凤
王艳萍　李昕璐　薛　飞

经济管理学院(88人)

刘雪羽　陈佳洁　曹　雪　张　琴　马思佳　肖　利　诸泽宇　杨佳益　贾　茹
陆佳晖　王翠翠　王　斌　陈静然　林文璟　张　健　孙雨亭　李建杏　伍当冠雄
胡晓翠　李牧原　何　珮　王　英　何雨寒　步佳莹　张申宏　周　敏　王　怡
孟　鹏　丁子云　周　瑜　陈吴越　王　婧　倪一博　崔佳慧　胡雪杨　况璐莎
俞丽琴　戴静宜　陈　韬　邵　茜　徐唯一　郭文丹　孙诗瑶　张玫瑜　潘文青
刘政伟　王蓓蓓　汤若冰　张　潇　赵　育　赵燕芳　汤丽娜　王　聪　翟　玲
赵美玲　葛逸云　王　浩　李苏南　朱雨婷　杨　萌　修　艺　赵　昕　张文杰
史文瑾　李　昕　蔡德勇　曾　悦　苏怡伟　黄毅菱　邵书昕　蔡　晓　陈宗琴
申飞阳　丁钰皎　张晓伟　吕一帆　陈梦赟　袁晓楠　张思雨　利嘉恒　严　晗
陈　琪　石　煜　史泽宇　刘诗雯　高　玥　方　哲　黄振妍

三峡学院交流生(2人)

刘　忆　刘欣茹

电气工程学院(42人)

刘光程　彭　旺　刘　赛　李　晖　陶前程　魏晓婧　杨　宽　王武森　余开亮
刘鹏程　莫倩筠　崔文琪　李昊旻　雷　云　陆徽晏　王宇辰　朱　旭　武令君
王志宇　曲俊先　印　月　张智宇　林明明　张一清　陈艺亭　胡　杰　徐　筝
高怡静　邹风华　胡子健　陈逸涵　王　文　吴　政　曹　阳　郭昆健　袁　泉
张令康　许利通　黄天谱　陈鹏程　张津栋　潘　珊

外国语学院(24人)

戴　薇　何雨宣　王良才　顾　菁　高慧洁　陈鹏鲲　杨　雪　徐　润　蒋晓露
王月婵　顾　婕　张楚悦　谢贝珊　何　淼　张月影　朱红霞　万　依　沈　卉
何伊文　王　超　李韵涵　王潘悦　龚雅琴　赵雅洁

化学化工学院(21人)

赵思奇　杨海涌　谢歆雯　李小恒　吴文婷　严　景　杨冲亚　王世梅　黄诚谦
黄芳芳　马榕蔚　万　祎　林芝晔　李先河　潘　强　解歆宇　安佩景　丁　婷
李　贞　夏　琳　房　地

交通学院(104人)

龙　漫　孙　嘉　洪　阳　李欣凯　陈菲儿　徐　杰　郭智善　王　冲　吴丽霞
孙国鼎　陆加健　王　冰　赵梦迪　童巨声　刘梦琦　王　楠　朱　梅　史　科
邵静华　吕　成　刘子曦　全民圣　张子墨　姜晓辉　郑　兴　张　愉　褚浩伦
刘　娟　张诗乐　屈靖耀　顾　宇　王寅朴　董书洋　吴　帆　张文倩　杨钧剑
张　创　冒培培　龙　振　徐　敏　张一豪　孟凌宇　傅　宇　陈俊兰　戴　铃
郭昊旻　吕　呈　郑永涛　蒋常嘉　王梦颖　成　诚　张　燕　钟敏儿　王喆正
刘　琪　吴华鑫　董彦锋　常晓宇　朋子涵　陈宏燕　葛玉鹏　刘　硕　谢亿秦

李盼盼	李祥炜	曾　馨	刘　万	易新宇	王俊涛	曲俊蓉	李梦瑶	叶承赟
张超群	祁颖智	马丽莉	高　航	何　苗	裴晓彤	唐志伟	邓　欢	吴咪艺
王　晨	武嘉斌	谢　磊	单彧诗	何西西	邓涵宇	王家豪	邹奕润	丁兆华
覃忠余	胡　韧	刘佳玲	刘曼毓	刘　胤	董　理	胡浩辰	张化林	杨子安
叶美锡	陆　阳	马盛南	李星圻	孟　嘉				

仪器科学与工程学院(28人)

王　瑞	李欣怡	许奇梦	季宇菲	沈含俊	姚晨雨	王　璞	袁昌旺	郑冰清
王骁宇	索传哲	朱雅玫	宋　茜	陈　宬	郭晓艺	李　钒	张仕超	刘希婧
高　菊	尚　昊	刘瑞琦	李　坤	宋　扬	胡山山	卢世昕	李松涛	邵斌澄
厉　叶								

艺术学院(21人)

李慧慧	张　蕾	张　真	蒋雨瑶	杨　赟	杨格格	俞　悦	徐　慧	赵雨心
倪　婷	李国锦	金　枫	李文心	李诗雯	刘　曼	陈书贤	段雨欣	汪雨笛
姜　苏	祁　琪	徐　鑫						

法学院(17人)

马薄乔	吴月月	马路遥	杜佳羽	方　佳	郝维肖	顾译予	黄依畑	刘　琪
王静芝	王宁妹	金　婷	李诗雯	华梓成	卜萌露	朱竹露	丁金钰	

学习科学研究中心(4人)

庞谦竺	郝　佩	黄馨雨	支伯川					

公共卫生学院(30人)

马　月	李甘云	花田甜	黄凯萍	倪　倩	姜　飞	钱依宁	宛雨佳	杨　贝
施乃扬	陈剑双	张　虎	石莎莎	陆　璇	龚怡静	赵文轩	丁慧琳	张恬静
刘　扬	陆维琦	蔡孟蓉	马睿吕	杨柳青	林瑞欣	焦　珉	史　越	龚　雪
王祖煜	王　杨	刘亚倩						

医学院(101人)

李文洁	叶亚威	李雪莹	胡慧祯	魏姝瑾	李　洋	王　怡	韦月灵	姚　月
郭芮吉	刘　颖	李贵芳	宋丽华	蒋奕舟	于　月	杨墨丹	刘清香	杭程程
徐梦游	喻曦子	崔　青	白文娟	马　楠	王牧一	马旭霞	马梦怀	王皓飞
周佳莹	刘　畅	林　欣	杨　洁	尹　清	冒晨昱	汪沭源	柏文华	马浩鑫
韩丽飞	李学祺	王亦杨	王　倩	华　欣	卓华威	张飞飞	曾　欣	潘高健
吕　妍	刘智鹏	薛　玉	马俊怡	高　洁	王　振	秦　怡	杨　鑫	易仁鑫
吴静叶	魏　宁	查明明	郭　敏	马沙俊	田家乐	孙　瑞	彭翊倩	周潇滢
吕　逍	王清霞	施　雯	张朔凡	顾资然	芦皓文	张梦洁	史　峥	管忆楠
陈依然	袁国栋	胡　强	马源源	徐晓璇	孟祥盼	陈建建	赵　珏	韦逸婷
王　璐	徐雪妮	邢　婕	吴梦滢	周　希	邱凯莉	马梦吟	朱笑笑	李鹏程
王文秀	杨洁凤	曹　蓉	陈怡帆	雷思雨	张露巍	袁钟姝	张有玉	李神怡
方　馨	伏　敏							

吴健雄学院(95人)

文 轶	胡珏铭	龙大凡	蒋 励	林 彤	万 意	刘志勇	付明月	刘明明
高 峥	王 贺	李彦博	陈雨萌	杨文超	王文杰	陆倩云	林俊浩	申怡飞
孙宇涵	林兴源	周 睿	董智杰	吕 涛	王禹欣	吕逸如	曹梦迪	郭祉嘉
杨宇尘	彭 涵	高小桐	方琳静	汤俊贤	陈 琼	崔 晗	吴旭东	汤海波
张从越	刘艺璇	胡晶石	邓金易	程 威	阎志恒	徐良缘	肖贻杰	张天忆
王少凯	蒋心造	张一荻	李依凡	杨孟儒	葛荧萌	富楚轩	杨 赟	洪剑龙
蒋东龙	李明昊	张连炜	李怡宁	李灵瑄	陈 萌	聂韵致	石 丁	江志杰
李朋原	周晨光	杨 旭	王小彤	万志伟	张宇峰	张 鹏	白 岚	王欣如
周于浩	宋 昌	赵煜健	庄浩宇	陶 浏	孙一唯	黄灵莹	薛 烨	王 茜
文君涵	程 非	刘必扬	蒋 伟	陆 鼎	唐晓荷	戴昀琦	方梦初	闫雪晗
刘天远	孙 凯	黄启圣	郭家琦	徐允昊				

2015届最具影响力毕业生表彰名单

机械工程学院(1人)
马 田

信息科学与工程学院(1人)
王宇阳

土木工程学院(1人)
孙安龙

电子科学与工程学院(1人)
颜静韬

经济管理学院(2人)
刘欢欢　周梦姣

电气工程学院(1人)
戴 熙

化学化工学院(1人)
胡 暄

交通学院(1人)
顾晨昊

医学院(1人)
徐鸿博

2015 届本科优秀毕业生名单

建筑学院(8人)
沈 宓　包宇喆　冯硕静　刘 洋　胡雪倩　刘子煜　张 琪　李哲健

机械工程学院(10人)
刘 歌　李梦芝　李星迪　徐 辉　徐晨琦　石 然　吴 景　王 兮　雷鹏坤　王 超

能源与环境学院(10人)
吴振龙　罗跃建　付心迪　杨小宇　吴 磊　缪晨阳　张 咪　熊 尾　许 扬　蔡莼莼

信息科学与工程学院(12人)
卢欣桐　褚炜雯　张 如　杨丽娟　许婉怡　陈 璐　朱 锐　王 晨　王宇阳　李晓兴　徐 婧　杜立寰

土木工程学院(18人)
王柳英　伍 艺　夏天阳　穆发利　何冰冰　蒋 咏　娄 凡　曹徐阳　杜永浩　周圣华　徐向阳　韩 磊　朱 峰　魏孝胜　徐红燕　黄瑞瑞　刘婉莹　骆 娟

电子科学与工程学院(7人)
陈 晨　徐媛媛　戴张印　黄新锐　吴晟琦　张 澄　陆天翼

数学系(3人)
江天舒　林方正　范 毅

自动化学院(6人)
吴长虹　吴 浩　陶 鹏　蔡 敏　扈 霁　阙宇翔

计算机科学与工程学院、软件学院(8人)
时 鹏　张雯露　霍增炜　司马强　蓝 翔　王 量　洪 沿　黄 凯

物理系(2人)
杨 龙　胡史奇

生物科学与医学工程学院(4人)
黄 朔　傅元元　刘佳明　刘 洋

材料科学与工程学院(5人)
锁晓静　刘 晗　曹霄宇　张 浩　安 顺

人文学院(6人)
傅莞乔　江 晨　李 婧　金 钰　徐 笑　艾安蓓

经济管理学院(19人)
顾诚嘉　慕文珺　蒲云峤　陈羽南　柏露露　陈雪雁　戴麒麟　张昕怡　徐雪飞　柳 瑾　张 楚　潘 晴　李 晓　金晓月　张 雯　欧阳娇　原 薇　吴 敏　周梦姣

电气工程学院(7人)
邵 雷　宋 杉　谢家昊　朱振宇　杨 瑾　冯志翔　郎伊紫禾
外国语学院(3人)
张可馨　张一楠　王 颖
化学化工学院(3人)
胡 暄　杨怡然　陈奕炫
交通学院(17人)
岳 阳　夏 峰　罗斯达　杨 鹏　邹 晨　尚 睿　孙潇昊　庄棱凯　任可心
曹青青　黎淘宁　陈奕璠　林 早　李居宸　朱星桦　沈涵瑕　杨清浩
仪器科学与工程学院(4人)
谢雨蒙　余玉卿　吕 正　刘保帅
艺术学院(4人)
毕云天　赵雨鑫　钱 晨　王 维
法学院(2人)
昊沈洁　于 琪
学习科学研究中心(1人)
杨筱苑
公共卫生学院(4人)
常 胜　胡晓茜　施若莲　张 颖
医学院(13人)
刘佳萱　曹国瑞　宋斐斐　郁媛媛　蔡 哲　刘雯雯　鲁 荞　王健鑫　高圆圆
郝以妹　徐晓敏　李小钊　笪美红
吴健雄学院(5人)
李天一　梁 霄　赵 亮　朱梦瑞　褚军涛
无锡分校(3人)
夏子琪　谢炜如　金弘晟

2015届到基层就业的本科生表彰名单

学院	学号	姓名	实际工作单位名称	实际所在地	单位名称	单位性质
能源与环境学院	3111613	蒋 立	中共镇江市委组织部	江苏省镇江市	中共镇江市委组织部	国家基层项目
外国语学院(研)	133087	沈广倩	中共盐城市委组织部	江苏省盐城市	中共盐城市委组织部	国家基层项目
能源与环境学院	3011230	杨斯涵	中共泰州市委组织部	江苏省泰州市	中共泰州市委组织部	国家基层项目
生命科学研究院(研)	122788	管相敏	中共泗洪县委组织部	江苏省泗洪县	中共泗洪县委组织部	机关

(续 表)

学院	学号	姓名	实际工作单位名称	实际所在地	单位名称	单位性质
生物科学与医学工程学院(研)	121600	侯传荣	中共沛县县委组织部村官	江苏省沛县	中共沛县县委组织部	地方基层项目
化学化工学院(研)	122258	梁 静	中共灵丘县委组织部	山西省大同市	中共大同市委组织部	国家基层项目
土木工程学院(研)	121094	宋子婧	镇江新区管委会	江苏省镇江市	镇江新区管委会	机关
能源与环境学院(研)	120386	李姗姗	镇江市大学生村官	江苏省镇江市	镇江新区大港街道办事处	地方基层项目
人文学院(研)	112853	何 玲	云南省少数民族骨干人才计划	云南省曲靖市	云南省曲靖市人社局	地方基层项目
外国语学院(研)	133083	孙 敏	盐城市亭湖区教育局	江苏省盐城市	盐城市亭湖区教育局	其他事业单位
艺术学院(研)	123034	吴亚莲	盐城村官	江苏省盐城市	盐城市盐都区新区管理委员会	地方基层项目
化学化工学院(研)	119406	王 玮	盱眙县凹土科技产业园区管理委员会	江苏省盱眙县	盱眙县凹土科技产业园区管理委员会	其他事业单位
经济管理学院	14911127	陈 楠	宿迁经济技术开发区管委会	江苏省宿迁市	宿迁经济技术开发区管委会	机关
经济管理学院(研)	121890	路文双	新乡经济技术开发区管理委员会	河南省新乡市	新乡经济技术开发区管理委员会	机关
自动化学院	8011434	甘 琦	西部计划	新疆库尔勒市	新疆库尔勒市人社局	地方基层项目
能源与环境学院(研)	120355	杜中玲	唐山市委组织部/村官	河北省唐山市	唐山市人力资源和社会保障局	其他事业单位
机械工程学院(研)	120196	杨 帆	泰州中青年储备中心	江苏省泰州市	泰州中青年人才储备中心	其他事业单位
人文学院(研)	122914	冒艳妮	泰州市青年储备中心	江苏省泰州市	泰州市青年人才储备中心	其他事业单位
交通学院(研)	122413	左甲鹏	泰州市青年储备中心	江苏省泰州市	泰州市青年人才储备中心	其他事业单位
化学化工学院(研)	122346	汪 俊	泰兴市青年储备中心	江苏省泰兴市	泰兴市青年人才储备中心	其他事业单位
吴健雄学院	4011029	汪云娟	泰兴市青年储备中心	江苏省泰兴市	泰兴市青年人才储备中心	其他事业单位
数学学院(研)	121264	李俐芳	太原市阳曲县教育局	山西省太原市	阳曲县教育局	其他事业单位
经济管理学院	14611118	叶斯波力·恰力甫汉	塔城公路管理局	新疆额敏县	新疆额敏县人社局	其他事业单位

(续　表)

学院	学号	姓名	实际工作单位名称	实际所在地	单位名称	单位性质
公共卫生学院	42211203	袁菁桃	苏北计划	江苏省南京市	国家东中西区域合作示范区党群工作部	地方基层项目
法学院	25011205	吉木梅妹	四川省凉山州美姑县委组织部	四川省西昌市	中共凉山州委组织部	机关
能源与环境学院(研)	130510	戴智超	省委选调生	江苏省无锡市	无锡市委组织部	机关
土木工程学院(研)	120864	张衡	省委选调生	江苏省常州市	常州市委组织部	机关
人文学院(研)	122970	李静文	省委选调生	江苏省扬州市	扬州市委组织部	机关
人文学院(研)	122974	冯洋洋	省委选调生	江苏省扬州市	扬州市委组织部	机关
人文学院(研)	122980	张锦虹	省委选调生	江苏省苏州市	苏州市委组织部	机关
经济管理学院(研)	121879	孟石	省委选调生	江苏省徐州市	徐州市委组织部	机关
经济管理学院(研)	132029	杨小凡	省委选调生	江苏省淮安市	淮安市委组织部青年干部处	机关
交通学院(研)	133152	朱庭	省委选调生	江苏省常州市	常州市委组织部	机关
法学院(研)	122738	吴昙	省委选调生	江苏省南京市	南京市委组织部	机关
土木工程学院	5211211	吴昊	省委选调生	江苏省连云港市	中共连云港市委组织部	机关
苏州研究院软院(研)	133363	缪雨润	省委选调生	江苏省泰州市	泰州市委组织部	机关
材料科学与工程学院	12011407	刘慧文	省委选调生	江苏省连云港市	中共连云港市委组织部	机关
软件学院	71111423	蔡倬众	南桥镇人民政府	湖南省东安县	湖南省东安县人民政府公务员管理办公室	其他事业单位
外国语学院(研)	132195	岳颖	洛阳市教育局	河南省洛阳市	洛阳市人才工作领导小组办公室	机关
法学院(研)	122727	郭蒙	临沂市罗庄区人民政府法制办	山东省临沂市	临沂市罗庄区人民政府法制办公室	其他事业单位
艺术学院	24011132	李培培	江苏沭阳中心	江苏省沭阳县	江苏沭阳人才中心	地方基层项目
化学化工学院(研)	122274	吴丽荣	基层特定岗位	安徽省淮南市	淮南市人力资源和社会保障局	地方基层项目
人文学院(研)	112852	梅叶	湖南省少数民族骨干人才计划	湖南省张家界市	湖南省张家界市人社局	地方基层项目
经济管理学院(研)	111690	赵天骄	湖北省武汉市江汉区发展和改革委员会	湖北省武汉市	武汉市毕办	机关

(续 表)

学院	学号	姓名	实际工作单位名称	实际所在地	单位名称	单位性质
人文学院	13211117	贾丰宇	邯郸市选调生	河北省邯郸市	邯郸市人力资源和社会保障局	机关
机械工程学院(研)	120159	戴卿	公务员	福建省南平市	中共南平市委组织部	机关
信息科学与工程学院(研)	119144	张鹏	公务员	四川省宜宾市	中共宜宾市委组织部	机关
土木工程学院(研)	120986	陈静源	公务员	四川省绵阳市	中共绵阳市委组织部	机关
交通学院(研)	122497	宋璐	公务员	江苏省苏州市	苏州市人才服务中心	机关
仪器科学与工程学院(研)	122683	宫淑萍	公务员	山东省莱芜市	中共莱芜市莱城区委组织部	机关
土木工程学院	5111206	张琳	公务员	江苏省靖江市	靖江市青年人才储备中心	其他事业单位
土木工程学院	5211138	杨洋	公务员	四川省乐山市	中共乐山市委组织部	机关
苏州研究院软院(研)	123122	罗朝乐	公务员	江苏省南京市	江苏省公安厅	机关
公共卫生学院	42211206	于睿	公务员	江苏省靖江市	靖江市青年人才储备中心	其他事业单位
高等教育研究所(研)	123065	李洋	公务员	江苏省泰兴市	泰兴市青年人才储备中心	其他事业单位
化学化工学院(研)	122373	吉云	高邮市委组织部	江苏省扬州市	高邮市委组织部	国家基层项目
化学化工学院	19211111	胡志军	甘肃省武威市人力资源和社会保障局	甘肃省武威市	甘肃省武威市人力资源和社会保障局	其他事业单位
法学院(研)	122716	赵玉梅	阜新市人力资源和社会保障局	辽宁省阜新市	阜新市人力资源和社会保障局	机关
土木工程学院(研)	121059	陈先亮	当涂县重点工程建设管理局	安徽省当涂县	当涂县重点工程建设管理局	其他事业单位
医学院	43510116	周方慧	大学生村官(吴江区村官)	江苏省苏州市	苏州市吴江区人才服务中心	地方基层项目
化学化工学院(研)	122268	吕友劲	大学生村官	江苏省海安县	江苏省海安县人才交流服务中心	地方基层项目
化学化工学院(研)	122328	孔尚尚	大学生村官	安徽省肥西县	中共肥西县委组织部	地方基层项目
艺术学院(研)	123041	张敏	大学生村官	江苏省常州市	常州市钟楼区人才服务中心	地方基层项目
经济管理学院	14611156	花崟耀	大学生村官	江苏省滨海县	滨海县人才服务中心	地方基层项目

(续 表)

学院	学号	姓名	实际工作单位名称	实际所在地	单位名称	单位性质
艺术学院	24111115	张子然	大学生村官	江苏省宿迁市	宿迁市宿豫区人才交流服务中心	地方基层项目
交通学院	21111141	沈诗珺	村官/青浦区夏阳街道	上海市	青浦区夏阳街道工作委员会	地方基层项目
人文学院(研)	122910	杨倩倩	村官	江苏省南京市	栖霞区委组织部	地方基层项目
人文学院(研)	122922	贠兆恒	村官	江苏省南京市	栖霞区人才交流服务中心	地方基层项目
法学院(研)	122726	肖龙	村官	江苏省南京市	南京市浦口区人才交流中心	地方基层项目
法学院(研)	122731	陈明	村官	江苏省南京市	南京市浦口区人才交流中心	地方基层项目
法学院(研)	122749	陈怡	村官	江苏省南京市	六合区委组织部	地方基层项目
公共卫生学院(研)	122800	李夏君	村官	江苏省南京市	南京市浦口区人才交流中心	地方基层项目
自动化学院	8011305	王丽	村官	江苏省宜兴市	宜兴市人社局	地方基层项目
生物科学与医学工程学院	11311103	王芯怡	村官	浙江省金华市	浙江省金华市人社局	地方基层项目
人文学院	13311109	李余芳	村官	江苏省盐城市	盐城市盐都区委组织部	国家基层项目
人文学院	13411103	王璨	村官	江苏省扬州市	扬州市生态科技新城区委组织部	国家基层项目
人文学院	13411123	马丽	村官	江苏省连云港市	连云港市连云区人才服务中心	地方基层项目
经济管理学院	14811116	殷健雄	村官	江苏省南京市	南京市浦口区人才交流中心	地方基层项目
外国语学院	17211207	倪旻昊	村官	江苏省南京市	南京市江宁区人才服务中心	地方基层项目
艺术学院	24011124	刘书苑	村官	江苏省南京市	栖霞区人才交流服务中心	地方基层项目
艺术学院	24011130	祖雪银	村官	江苏省南京市	六合区委组织部	地方基层项目
艺术学院	24111114	陈清竹	村官	江苏省南京市	南京市六合区人才服务中心	其他事业单位
公共卫生学院	42211204	姚瑶	村官	江苏省启东市	到村任职	地方基层项目
医学院	43510119	臧丽丹	村官	江苏省南京市	南京市江宁区人才服务中心	地方基层项目
吴健雄学院	61311111	王鸣轩	村官	江苏省扬中市	扬中市到村任职毕业生服务中心	其他事业单位

(续 表)

学院	学号	姓名	实际工作单位名称	实际所在地	单位名称	单位性质
生命科学研究院（研）	122769	张小昀	村官	江苏省南京市	栖霞区人才交流服务中心	地方基层项目
人文学院	13111122	马宏宇	毕节市威宁县小海镇办公室科员	贵州省毕节市	贵州省毕节市人才交流服务中心	机关
土木工程学院	5511134	丁宜	安徽无为县宜农农资服务中心	安徽省无为县	安徽省无为县人社局	其他事业单位
人文学院（研）	122977	王文静	安徽省选调生	安徽省合肥市	中共合肥市委组织部	国家基层项目
经济管理学院（研）	121857	刘婵	安徽省选调生	安徽省芜湖市	中共芜湖市委组织部	国家基层项目
法学院（研）	122709	陆远	安徽省选调生	安徽省马鞍山市	中共马鞍山市委组织部	机关
法学院（研）	122712	解维婷	安徽省选调生	安徽省滁州市	中共滁州市委组织部	国家基层项目
人文学院	13111104	王慧	安徽省选调生	安徽省蚌埠市	中共蚌埠市委组织部	国家基层项目
经济管理学院	14511211	汪鹂	安徽省选调生	安徽省合肥市	中共合肥市委组织部	机关
马克思主义学院（研）	122928	王月	安徽省选调生	安徽省芜湖市	中共芜湖市委组织部	国家基层项目
经济管理学院	14211118	徐蕾	985村官（无锡市北塘区北大街街道五河二社区）	江苏省无锡市	无锡市北塘区人才服务中心	地方基层项目
经济管理学院	14411115	沈菁	985村官（苏州市吴江区七都社区）	江苏省苏州市	吴江人才服务中心	地方基层项目

2014—2015学年校长奖学金表彰名单

建筑学院(7人)

学号	一卡通号	姓名	学号	一卡通号	姓名
01112111	213121562	郁如意	01112324	213121604	唐浩铭
01113211	213134088	王奕阳	01114307	213141868	管菲
01212148	213111862	钱鑫	01213209	213133887	李伊格
01214224	213141914	沈天意			

机械工程学院(6人)

学号	一卡通号	姓名	学号	一卡通号	姓名
02012109	213122689	陈春水	02013122	213132847	钱逸程
02013614	213132815	耿闯	02014226	213140514	张立然
02014510	213140773	汤玮韬	02612109	213121622	沈竹琦

能源与环境学院(7人)

学号	一卡通号	姓名	学号	一卡通号	姓名
03012226	213121156	庄沁宇	03112622	213123463	刘文
03013127	213130187	杨协和	03113612	213132526	杨晨晓
03014316	213143280	田康宁	03114612	213141127	张超
03213727	213133152	董皓月			

信息科学与工程学院(8人)

学号	一卡通号	姓名	学号	一卡通号	姓名
04012128	213122654	吴伏宝	04014136	213140996	吴鹏
04012441	213121657	徐亮	04014335	213143210	徐希庆
04013417	213133504	宋浩川	04014502	213140689	张立
04013542	213132298	曹凡	04213701	213132302	周少卿

土木工程学院(9人)

学号	一卡通号	姓名	学号	一卡通号	姓名
05112405	213121139	陈烨	05114615	213142894	李谈词
05113603	213131487	方超	05314108	213142087	邵世轩
05113607	213132395	魏笑尘	05512104	213120605	王蕊
05113628	213133403	王浩霖	05514101	213140877	钟毅杰
05113630	213133527	孟畅			

电子科学与工程学院(6人)

学号	一卡通号	姓名	学号	一卡通号	姓名
06012201	213122866	吴江平	06013305	213133410	刘文昭
06012307	213123846	范英辉	06A14115	213142221	宣城镇
06013204	213133407	马可悦	06A14522	213143221	韩琨

数学系(2人)

学号	一卡通号	姓名	学号	一卡通号	姓名
07113114	213131651	孙向前	07314117	213143278	安少坤

自动化学院(4人)

学号	一卡通号	姓名	学号	一卡通号	姓名
08012101	213120303	谢芳陆	08013209	213130938	陈天昊
08013124	213131685	王彦然	08014202	213142923	吕思源

计算机科学与工程学院(4人)

学号	一卡通号	姓名	学号	一卡通号	姓名
09012302	213120744	郭 佳	09013306	213131569	许丹妮
09013101	213132770	吴天然	09014427	213143427	於泽邦

软件学院(4人)

学号	一卡通号	姓名	学号	一卡通号	姓名
71112207	213120825	孙森泓	71Y13105	213132481	徐子涵
71113106	213130171	陈建蓉	71Y14107	213142649	江咏涵

物理系(2人)

学号	一卡通号	姓名	学号	一卡通号	姓名
10113116	213130654	章烨晖	10312107	213120997	庞 通

生物科学与医学工程学院(3人)

学号	一卡通号	姓名	学号	一卡通号	姓名
11112155	213122070	鞠 安	11214217	213141096	许成韬
11113114	213131665	郑 良			

材料科学与工程学院(3人)

学号	一卡通号	姓名	学号	一卡通号	姓名
12012128	213123888	董恒迪	12013205	213133007	崔丹钰
12012201	213120683	朱玉晗			

人文学院(3人)

学号	一卡通号	姓名	学号	一卡通号	姓名
13214104	213140519	张阳卉	13413131	213133694	胡志远
13312113	213122506	朱啸宇			

经济管理学院(10人)

学号	一卡通号	姓名	学号	一卡通号	姓名
14212101	213120954	杨佳益	14414218	213141527	况璐莎
14213106	213131924	王翠翠	14512217	213122550	吴 巧
14412111	213122100	李牧原	14612109	213122538	杨 萌
14414106	213142322	丁子云	14813118	213133471	丁钰皎
14414213	213142320	王佳旎	14913110	213131935	袁晓楠

电气工程学院(6人)

学号	一卡通号	姓名	学号	一卡通号	姓名
16012426	213122656	刘鹏程	16013624	213131503	杨 硕
16012508	213122171	崔文琪	16014106	213142359	邹风华
16013318	213131014	林明明	16014205	213142379	陈逸涵

外国语学院(2人)

学号	一卡通号	姓名	学号	一卡通号	姓名
17113206	213131746	张 黎	17114114	213140939	张楚悦

化学化工学院(2人)

学号	一卡通号	姓名	学号	一卡通号	姓名
19114103	213141384	马榕蔚	19313110	213130068	黄天宇

交通学院(10人)

学号	一卡通号	姓名	学号	一卡通号	姓名
21012112	213121146	季欣凯	21014217	213142455	李 爽
21013104	213131142	吴丽霞	21112239	213122249	郑 思
21013209	213131021	林子豪	21412106	213122226	陈宏燕
21014109	213142449	吕 成	21713140	213130469	谢 磊
21014112	213140246	杨沫枫	21713207	213131165	何西西

仪器科学与工程学院(3人)

学号	一卡通号	姓名	学号	一卡通号	姓名
22012107	213123671	李欣怡	22014209	213141129	李 坤
22013332	213131704	许广富			

艺术学院(2人)

学号	一卡通号	姓名	学号	一卡通号	姓名
24214115	213140037	赵雨心	24313108	213130250	金 枫

法学院(2人)

学号	一卡通号	姓名	学号	一卡通号	姓名
25013118	213131975	宋子耕	25013201	213130657	鲍怡婕

公共卫生学院(3人)

学号	一卡通号	姓名	学号	一卡通号	姓名
42112203	213122320	倪 倩	42214108	213143504	龚 雪
42213104	213131989	马睿吕			

医学院(11人)

学号	一卡通号	姓名	学号	一卡通号	姓名
41114115	213141053	李 洋	43214506	213141665	张梦洁
43111102	213112876	王 怡	43313113	213134213	赵 珏
43111208	213111330	郭芮吉	43412105	213122624	徐雪妮
43112214	213122429	刘清香	43813111	213131039	陈怡帆
43113329	213130517	王皓飞	43A14215	213142642	祁文俊
43212207	213122361	王 倩			

吴健雄学院(10人)

学号	一卡通号	姓名	学号	一卡通号	姓名
02013637	213133144	宋雨遥	16013005	213132976	吴旭东
03013012	213130772	高 峥	61014107	213141346	邓金易
03013015	213133816	李彦博	61313102	213132970	黄灵莹
04013025	213131152	董智杰	61314117	213142080	黄启圣
06013006	213132924	杨宇尘	61314120	213140526	郭家琦

2014—2015学年东南大学获国家奖学金本科学生名单

建筑学院

卢 喆 刘宁琳 丁金铭 边 博 隋明明 张雅楠 顾家铭 周海瑶 胡 樱
刘 星 高小涵 黄子睿 冯可欣 张潇涵

机械工程学院

李宇峰 王幼真 杨周宇 林 玮 闵 剑 许国树 杨 磊 曹 璨 邹雅琳
张祎霖 严文强 赵 恒

能源与环境学院

柯希玮 陈霞雯 闫 珂 王丽坤 郑伟佳 戴 领 张 艺 杜浩然 毛瑞鑫
陈子聿 姚依晨 段梦凡 俞 涛 肖叶胤郎

信息科学与工程学院

高璇璇 王华玮 李焕波 范莹莹 顾志方 吕 钱 王艺炜 王圣宇 杨宇峰
尹 超 张婧媛 宛超逸 刘 祺 柳贺冬靓

土木工程学院

王凤范 谢鹏飞 王怡心 李 峥 杨心怡 姜 煜 任逸哲 李 剑 王浩琛

朱熔清　刘　兴　石　可　练　强　王月峰　唐　昆　张　颖

电子科学与工程学院

王　钦　李晓敏　郭　钰　龚志鹏　陈垚鑫　李　帆　张翌晨　陈　凯　吴成均
张宇宸

数学系

沈嘉琪　石砚舟　孙　丽　洪　韬　史云霞

自动化学院

宋　尧　杜丽双　马哲文　林云智　夏定鹏　黄亚飞　朱毅成

计算机科学与工程学院、软件学院

张莹莹　徐威鸿　周　婕　任杰文　王逸然　骆　颖　王　铎　仇昭焜　邹　悦
孙照月　谢　楠　王　鑫　陶　冶　吴小宝　汪进成

物理系

刘　奇　倪琳郁　刘志鑫　黄逸婧

生物科学与医学工程学院

常　宁　李子劢　陈　怡　郭佳慧　文星曌

材料科学与工程学院

卞　仙　傅　聪　杨果瑞　潘　浩　尹　蕾　王　菁

人文学院

吴秋怡　李亚兰　夏　雨　黄晓萍　黎万峡　周蓝青　翟蕊晗　李昕璐

经济管理学院

王　英　陈　韬　朱雨婷　沈　月　张　钒　陈梦赟　焦竹晗　孙雨亭　张申宏
黄小庆　马天舒　黄毅菱　王亮平　刘诗雯　崔佳慧　汤丽娜　葛逸云　严　晗

电气工程学院

史文博　吕家乐　郭亚森　蒋浩然　胡经纬　徐　筝　顾晨骁　胡子健　袁　泉

外国语学院

郑奕贤　万　依　高　岑　姜国霞　沈诣成

化学化工学院

高 真 黄诚谦 丁 婷 房 地

交通学院

赵鑫玮 俞 俊 杨钧剑 钟敏儿 金俭俭 马梦顿 盛彩英 涂珊珊 武嘉斌
汤钧尧 叶美锡 马盛南 魏 薇 刘子曦 马柏杨 张 愉 傅 宇 朋子涵
覃忠余

仪器科学与工程学院

郑冰清 朱雅玫 陈 宓 高 烨 胡山山 邵斌澄

艺术学院

王少文 李文心 刘佳倩 段雨欣

法学院

黄依畑 项会云 丁金钰

学习科学研究中心

黄馨雨

公共卫生学院

付 妤 李佳琳 陈剑双 蔡孟蓉 龚怡静 赵文轩

医学院

张伟韬 黄金健 冒晨昱 徐晓璇 周 铨 华 欣 胡昕滢 吕 妍 金志成
王子瑜 马梦怀 薛 玉 季振军 仲之恒 曹 蓉 魏姝瑾 吕 逍 陈依然
罗远志 李神怡

吴健雄学院

王 锴 周 睿 华 杰 徐良缘 张天忆 葛荧萌 李明昊

2014—2015学年奖学金、奖教金获奖名单

1. **顾冠群、章玉琴奖助学金（顾冠群、章玉琴家属设立）　基金17万元**
   获奖名单
   张雅楠　惠文珊　温　婧　张艺馨　华　杰
2. **齐康基金（齐康院士设立）　奖金总额1.4万元**
   获奖名单
   贾亭立
   以上获奖者为建筑学院教师
   刘奕秋　宫　聪　唐　松
   以上获奖者为学生
3. **吕志涛院士奖励金（吕志涛院士、江苏苏尚工程技术有限公司设立）　基金10万元**
   获奖名单
   张建坤　陆惠民
   以上获奖者为土木工程学院教师
   邵新星　李德猛　孙文隽　鲁　冰　胡　宽
   以上获奖者为学生
4. **何振亚、王孝书奖学金（何振亚、王孝书设立）　基金12万元**
   获奖名单
   李海静
5. **缪昌文奖学金（缪昌文院士设立）　基金20万元**
   获奖名单
   肖雪芹　刘玉静　艾志勇　谭　爽　李　炜　鲁菁琳　严　宇　常栖晴
6. **顾毓琇、王婉靖奖学金（顾毓琇、王婉靖设立）　基金3万元**
   获奖名单
   潘丹萍
7. **东南大学建筑设计与理论研究中心——程泰宁奖励基金（程泰宁院士设立）**
   基金65万元
   获奖名单
   王舒啸　张　莹　胡志超　虞思靓　王子睿　肖　晔　戴思怡　沈　忱　钟奕芬
   张　炜　李鸿渐　陈　诚　邱　衍
8. **孙伟院士奖学基金（孙伟院士设立）　基金50万元**
   获奖名单
   孙柳霞　张庆宇　张　成　陈　玲　陆　冶　邵　怡　吴　雨　倪雅文　严潇潇
   唐　佳　宋涵威　曹瑞桦　潘　浩　祁　琪　宋冠洲　邱　洁　熊桑琪　陈飞阳
   潘文倩　汪鲁布　邓含露　狄思怡　李昀朋　郭俊楠　许光远　邵里良　高　源
   鲍　青　张恩铭　张杉琳　王　梦　李凤翔

9. 张耀明院士奖学金(江苏中圣高科技产业有限公司设立)　基金6万元

　　获奖名单

　　黄秀勇　郑志豪　仇秋玲　李　建　杨殷创　肖叶胤郎　孙先亮　陈玉婷　杨　帆

10. 朱斐、孙绎奖助学金(朱斐、孙绎设立)　基金20万元

　　获奖名单

　　陈　思　贺从愿　施杨梅　周　斌　鲁秀楠　陈春水　杨　磊　沈竹琦　王珏鑫

11. 陆氏学生奖学金(陆新达、石卫平设立)　基金2万元

　　获奖名单

　　李建邺

12. 周鹗奖学金(周鹗教授及夫人王慕藏教授、众高足设立)　基金16万元

　　获奖名单

　　孙　博　唐沂媛　钱　超　黄博然　李明策

13. 冯宇樵奖学金(冯绥安先生设立)　奖金总额2 500元

　　获奖名单

　　熊振峰

14. 陈圣勋奖学金(陈圣勋先生设立)　奖金总额2 000元

　　获奖名单

　　林　姝

15. 陈延年、王劲松奖学金(陈延年、王劲松设立)　奖金总额3万元

　　获奖名单

　　张太龙　王楚妍　曹天骥　叶瑾雯　吴屹凡

16. 李元坤奖学金(徐元善先生设立)　奖金总额2 000元

　　获奖名单

　　戴　浪

17. 陈达锋土木工程奖教金(陈达锋先生设立)　基金10万元

　　获奖名单

　　周志红　郭应征　田文菊

　　以上获奖者为土木工程学院教师

18. 韦博成奖学金(韦博成教授部分海内外学生设立)　奖金总额1万元

　　获奖名单　一等奖

　　赵彦勇　白苗君

　　二等奖

　　夏　泳　崔文凤

19. 张秋交通工程奖学金(张秋先生设立)　基金3.7万元

　　获奖名单

　　吴圆圆　顾　熠

20. 金宝桢奖教金、奖学金（南京栖霞建设股份有限公司设立）　基金50万元
    获奖名单
    欧晓星　土木工程学院　　　　　　　　戴国亮　土木工程学院
    乔　玲　土木工程学院　　　　　　　　王永华　财务处
    以上获奖者为教工
    宋　震　吴嘉昊　谢　钦　黄克虎　蔚　风　施彦博　张　竞　徐　犇　杨　起
    段斐然　杨　珊　钱希婕　吴炬弛　杨振宇
    以上获奖者为学生

21. 丁大钧教育基金奖助学金（丁大钧教育基金会设立）　基金96万元
    获奖名单
    茅建校　梁　娜　江力强　郑艺杰　贺　遥　肖文超　高文沁　张岁寒

22. 蒋永生奖学金（蒋永生教授家属及学生设立）　基金20万元
    获奖名单
    唐　诗　王　闻

23. 陈荣生教授创新奖学金（陈荣生教授的学生设立）　奖金总额1万元
    获奖名单
    刘　为　王飓奇　徐广超

24. 维俊奖教金（南京盘龙广告传媒集团设立）　基金5万元
    获奖名单
    罗　涛　王　梅　张明果　施晓军　杨冈令
    以上获奖者为图书馆员工

25. 洪范五奖教金、奖学金（南京盘龙广告传媒集团设立）　基金10万元
    获奖名单
    谭　瑛　陈东毅　隆新文　孟祥保
    以上获奖者为图书馆员工
    杜开敏
    以上获奖者为学生

26. 郝英立奖学基金（高嵩同志及沈锦华、郭金林、沙敏等校友设立）　基金19.2万元
    获奖名单
    葛晖骏　黄斐乔

27. 言恭达奖教金、奖学金（言恭达先生设立）　基金50万元
    获奖名单
    沈亚丹　徐习文　程万里　颜廷颂　宋　备　李轶南　崔天剑　许继峰　李　花
    苏景姣
    以上获奖者为艺术学院教师
    邹青宸　李林俐　周珩帮　杨　洋　童　迪　李国锦　庄婉仪　柳　菁　顾文婷
    徐　慧
    以上获奖者为学生

28. "张克恭"土力学奖学金(东南大学交通学院岩土工程研究所设立)　基金 3 万元
    获奖名单
    卢　干　季欣凯　付　豪

29. 东南大学工程管理英才奖学金(李启明教授设立)　基金 20 万元
    获奖名单
    陈恺文　杨一帆　李光耀　周　林

30. 黄林、郭养滋奖学金(黄林、郭养滋伉俪设立)　基金 10 万元
    获奖名单
    陈　涛　石　珂　刘英杰　刘　磊

31. 朱庆麻奖助学金(朱世平校友设立)　基金 10 万元
    获奖名单
    史雅娟　万　意　杨　逍

32. 高金衡奖助学金(高明女士设立)　基金 10 万元
    获奖名单
    关睿升　毕　成　林子棠　潘冯超　金臻涛　万佳或　王亚敏　许卓颐　陈　旋
    刘国成

33. 恽瑛奖助学金(恽瑛教授设立)　基金 18 万元
    获奖名单
    徐　旸　徐宇辉　周芙蓉　朱美程　孙一唯　李　丞

34. 程文瀼教授奖助学基金(程文瀼教授家属及其弟子设立)　基金 33 万元
    获奖名单
    闫春妮　许叶帅　许心怡　戴轩奥　叶　璇　王静远　伊　超　吴梧鸿

35. 施明恒奖学金(施明恒教授及其弟子设立)　基金 10 万元
    获奖名单
    余　帆　郑卫东　李鑫迪　李韧杰　梅　简

36. 徐百川 OVM 预应力奖学金、奖教金(柳州欧维姆机械股份有限公司设立)
    奖金总额 5 万元
    获奖名单
    郭正兴　张蔼玲
    以上获奖者为土木工程学院教师
    肖全东　仲济涛　金辰华　柳杨青　李毓龙　江　超　田　伟　王　强　褚　云
    以上获奖者为学生

37. 章春梅奖学金(章春梅教授家属及其弟子设立)　奖金总额 11.002 8 万元
    获奖名单
    邓晨皓　陈瑞兴　赵亚松　丁泽晨

38. 何德玶奖学金(何德玶教授家属设立)　基金 10.8 万元
    获奖名单
    陈诗婷

39. 徐南荣奖学金(桂莲基金会设立)　基金 50 万元
获奖名单
夏 丹　陈黎明　庄洋洋　戴 晨

40. 轩铭奖学金(杨轩铭校友设立)　奖金 3 000 元
获奖名单
李 渊

41. 吴健雄·生医奖学金(东南大学生物科学与医学工程学院发展基金设立)　奖金总额 16 万元
获奖名单　本科生特等奖
张于亚楠　傅元元　孙炜航　郭育新
本科生奖
李梦怡　常 宁　王 韬　赵 乐　邹 昕　郭慕依　蔡怡然　李 毅　李巳晴
陈 姗　闪紫阳　许成韬　张明月　崔梦瑶　孙灵钰　文星璺　王亚露　高 歌
孙文华　王瀚升
研究生特等奖
乔子晏　孔向晖　李艳玮
研究生奖
革 伟　马超龙　黄海诚　王 洁　石路遥　喻聪龙　薛诗静　陈鸿雁　浦 丹
贾正阳　张晓东　鲁孜恒　袁骏杰　李柏霖

42. 红光奖助学金(曹红光校友设立)　基金 30 万元
获奖名单
谢剑欣　陈雅筝　王皓飞　张梦洁　周世泽　寸振林　周 希　聂广帅　成心锟
冉 娇　薛 玉　马玥莹　孙白云　崔秋红　袁本银　伏 炎　张佩丽　尧亮华
吉晓凤　冉雪梅

43. 孟非奖助学金(孟非、南京龙瑞装饰设计工程公司、潘群、姜新设立)　基金 100 万元
获奖名单
刘佩鑫　吴振龙　何 倩　杨正旺　刘苗苗　许志康　赵 斌　姜 飞　程俊杰
宋雅梅　吕星龙　沈 刚　张道富　杨 蒙　张 娟　吕海宁　许国树　顾 鹏
范云龙　李兴建　仇 索　黄 宇　任杰文　轩文彬　周 婕　张立涵　张 熬
沈 圣　张 运　王荣荣　孙雨亭　薛弘毅　李 浩　郝 硕　刘鹏程　马 月
王 崧　林 璐　杨 宽　李朝华　王洁琳　曾 悦　郭 雨　钟玉祥　张月影
杨补园　王梦霞　安佩景　高 菊　张凤勤

44. 焦廷标奖学基金(南京华新有色金属有限公司设立)　基金 500 万元
获奖名单
田梦倩　机械工程学院　　　　　　钱瑞明　机械工程学院
陈 坚　材料科学与工程学院　　　　郭新立　材料科学与工程学院
田兆耀　人文学院　　　　　　　　贾鸿雁　人文学院
以上获奖者为教师

吴青聪　王韬涛　杨　忆　宋亚军　汤永田　王　骋　杨周宇　白明成　党维谦
曹　璨　刘彦奇　景雅茜　黄冬鸣　陆晋媛　王博文
以上获奖者为学生

45. **亿利达刘永龄奖学金(亿利达工业发展集团有限公司设立)　奖金总额 2.5 万元**
　　获奖名单
　　孙佳琛　董　坚　王炳超　张晨莹　崔　权

46. **许尚龙光彩事业贫困学生奖助学金(南京 21 世纪投资集团设立)　基金 50 万元**
　　获奖名单
　　黄馨雨　杨　雪　宋　茜　梅　俊　付体强　李明泽　王　珊　文　轶　王瑜祥
　　年思豫　罗　昕　李若媛　胡启龙　郭瑞芬　李文洁　吕冠岚　喻国芳　褚　扬
　　白玛曲珍　肖利君

47. **隈利实国际奖助学金(国际科学技术文化振兴会设立)　奖金总额 10 万元**
　　获奖名单
　　王　虎　许　超　岳　颖　陈凌宇　张　金　李　静　戴　斌　李世伟　安玉磊
　　张诗卉　李春梅　顾美萍　陆佳佳　张怡菲　周志新　常鸣华　王　飞　郑紫瑞
　　冯民昌　杜浩然　王广宏　林柏松　姬中祥
　　以上为新增获奖学生

48. **唐仲英德育奖学金[唐仲英基金会(中国)设立]　奖金总额 12 万元/年**
　　获奖名单
　　张潇涵　李星辉　孟　嘉　王　铎　汪　威　张秋月　赵雨心　彭　振　田植政
　　杨　洋　华梓成　赵　荣　汪佳玮　李冬梅　赵文轩　吴子馨　杨长蓉　赵美玲
　　伏　敏　黄梦宇　罗建文　许利通　黄　珊　刘　畅　宋来健　邱一诺　武芝敏
　　刘　荟　王志伟　王少凯

49. **叶晶奖学金(叶晶、刘芳夫妇设立)　奖金总额 6 万元**
　　获奖名单
　　付宇鹏　李碧草　曾　雪　朱统晶　刘兆栋　董　浩　高生平　王　松　沙　俊
　　周素珍　周冰聪　刘洁媛　崔宇柯　张成新　武昊安　杨文韬　赵杰裔　陈　鉴
　　王月成　刘　进　郑　超　杨　越　俞　倩　王月桐　鞠　安　娄国锋　丁　舟

50. **大连东岗奖教金、奖学金(大连信恒康医药科技有限公司设立)　基金 100 万元**
　　获奖名单
　　樊　红　医学院　　　　　　　　　吕海芹　医学院
　　吴志龙　医学院　　　　　　　　　张新民　医学院
　　张　华　公共卫生学院
　　以上获奖者为教师
　　祁菲菲　公卫刚　李　森　黄　蓉　赵纪益　曲青蓉　李慧娟　王崇旭　王子瑜
　　史奕奕　吴梦滢　付　好　惠靖雯　刘一鸣　周雨欣　杨柳青　胡琼源　宋佳磊
　　王皓飞　殷婷婷　宋志颖　李基健　刘智鹏　李明康　朱华琛
　　以上获奖者为学生

51. **杨志峰奖助学金(江苏港峰科技集团设立)** 奖金总额 10 万元
    获奖名单
    陈　琳　丁燕青　陈中显　李陈陈　熊小兵　马少福　陆远荣　刘　旭
    阿依江·库满那里　邹　维　张　庆　温　铭　李　瑶

52. **张志伟奖助学金(张志伟校友设立)** 奖金总额 30 万元
    获奖名单
    张思慧　王　凌　张　虹　江雪婷　张皓翔　周　丹　剌利青　何泓学　张　祺
    李　根　符译升　王格格　王　敏　邓紫薇　修　艺　王　烁　张　恒　吴天然
    邓舒文　计中青　钟勋平　黄智深　段　然　邱　泽　董皓月　倪琳郁　尹宏源
    王　倩　韩碧莹　丁晨静　朱　煜　董智杰　华明壮　王凯旋　丁　婷　宋文博
    黄华林　龚　雪　林俊浩　杜惠民

53. **龙昌明奖教金(龙昌明校友设立)** 基金 10 万元
    获奖名单
    臧　新　周路路　周　宇　陈伟达
    以上获奖者为经济管理学院教师

54. **东南大学周远奖学金(中国科学院理化技术研究所设立)** 奖金总额 3 万元
    获奖名单
    熊铭杰　赵润民　林乾宇　薛　栋　刘天池　顾家辉　谢玮祎　杨晨晓　石　岩
    石耀光

55. **东南大学"苏州工业园区奖学金"(苏州工业园区设立)** 奖金总额 15 万元
    获奖名单
    季　欣　孙楚洋　吴　斌　高帅锋　闫　楠　麻景新　戴鲜强　陈　婧　林元载
    李红兵　董　羿　胡以云　钮　伟　王飞霞　张大银　黄　箭　姜　军　肖哲飞
    王　嫚　郑晓萌　吴昌亮　黄谢田　马文涛　刘　翔　丁金铭　孙安龙　郭　佳
    盛宁悦　李星迪　孙凯奇　张　杰　杨子超　李卓然　袁璋诣　周　晓　张　楠
    柳友志　朱嘉儒　辛丽斐　李思雨

56. **太仓科教新城创新创业奖学金(太仓市科教新城管委会设立)** 基金 11 万元
    获奖名单
    马文钰　王　莹　袁　靓　鲍忆雯　李明轩　张俊芙　徐子超　郭启炜　吴颖真
    陈　阳

57. **社会团体(华藏)奖学金(新加坡净宗学会设立)** 奖金总额 1.5 万元
    获奖名单
    温雅静　司雨桐　杨思凡　祝金怡　黄子文　陈　丹　吴殷巧　闫雪枫　夏世城
    蒋悟澄　庆婷婷　赵怡思　许彧澜　黄天宇　沙木西亚·艾克拜

58. **东南大学教育基金会奖学金、奖教金、奖管金(东南大学教育基金会设立)**
    奖金总额 17 万元
    获奖名单
    　　刘国华　数学系　　　　　　　　金远平　计算机科学与工程学院、软件学院

范吉阳	物理系	曹 奕	电气工程学院
赵彦阳	外国语学院	葛志刚	体育系
罗 磊	交通学院	孙迎联	马克思主义学院
叶海涛	马克思主义学院	陆 华	军事教研室
刘 军	科研院	朱国锋	总务处
乔华云	保卫处	黄 进	档案馆
纪晓群	档案馆		

以上获奖者为教工

田 舰　罗妙宝　金盈盈　卞晶晶　杨方方　宋 佳　高 阳　黄 嫣　黄 蓉
王 鑫　印明亮　江 畅　伍 青　黄诚谦　李舁静　李少金　周传瑞　钱 骞
谷 雨　曾笑雨　萨 拉(也门)　童 格(蒙古)　孟 玫(蒙古)　可 米(巴林)
巴希尔(约旦)

以上获奖者为学生

59. 宝钢教育奖（宝钢教育基金会设立） 奖金总额18.5万元

获奖名单　宝钢优秀教师特等奖

李启明　土木工程学院

宝钢优秀教师奖

黄 骏	数学系	陈美华	外国语学院
程建川	交通学院		

宝钢优秀学生特等奖

王金元

宝钢优秀学生奖

程 瑶　罗洋辉　强翰霖　姜 勖　罗斯达

60. 光华奖学金（光华教育基金会设立） 奖金总额40万元

获奖名单

陈 飞　洪声望　周 翔　赵宇飞　邱作舟　栗雨蒙　田静静　厉 虹　朱丽菲
卢 璐　李宗京　李小帅　汪 逊　王 俊　吴 涛　眭世玉　陈 阳　徐 鲍
冯 宇　蔡中兰　梁止水　李晓松　张迎盈　何 菲　谢德擎　贾龙昌　宗 晗
王 谭　马明宇　傅 聪　姚 迪　尉迟彬　刘远之　崔丹钰　周 警　刘雅凡
谭 焜　尹 蕾　韦 明　荆 鑫　任逸哲　杨诗彧　李 剑　梁庆康　王宁康
邹思茗　王浩琛　祁志远　冯程程　刘继琦　王卫昌　胡皓磊　陈 熹　李 青
王仲衡　陈娇娇　黄慧敏　张嘉敏　吴洪樾　王晶宇　仇亚睿　李羽西　马天昊
石亚文　华一唯　邵博文　王佳宁　黄 振　严 宇　纪冬硕　陈沙然　王 凯
张郑宇　严 姝　张旻翌　徐佳乐

61. 国盛奖学金（江苏省科学技术协会设立） 奖金总额6万元

获奖名单

沈学可　王碧波　陈 鑫　蔡志成　于戍岭　卢晨钺　马可悦　李陈熙　陆馨杭
聂钢柔

62. **南京安徽商会·同曦集团东南大学奖助学金**(江苏同曦集团有限公司、南京安徽商会设立) 奖金总额20万元

获奖名单 A级奖助学金

曹明宇 秦雅芳 陈 坦 张欢欢 花日馨 何雨寒 张田利 廖胜兰 王静怡 方琳静

B级奖助学金

胥孝舟 周家驹 蒋 雯 王 彪 王 昶 汪 翔 郑 良 周 晴 张 康 周从根 胡梦丹 王开恺 程 志 杨 忞 孙梦琪 吴尔慧 彭 欣 张阳阳 田 瞻 石 浩 李 响 鲍晓涵 冯 敏 陈静雯 刘金玉 程 品 李筱筠 章 鹏 陈俊兰 叶亚威

63. **新鸿基地产郭氏基金东南大学奖学金**(新鸿基地产郭氏基金设立)

奖金总额1.5万元

获奖名单

高寒玉 孟 鹏 赵圆圆 余 俊 朱凯莉 王泽曦

64. **金鼎奖学金**(严志隆教授设立) 基金6万元

获奖名单

付明华 王 凯

65. **"自动化工程师"奖学金**(戴先中教授设立) 基金10万元

获奖名单

扈 霁 马志伟 智向阳 卢凯悦 陈单商

66. **外语英才奖学金**(李霄翔教授设立) 基金10万元

获奖名单

苏佳茜 吉 倩 金梦超 胡雅娴

67. **励志成功奖学金**(王志功教授设立) 基金10万元

获奖名单

郎 纾 牛传同 申 畅 周杨浩

68. **外院奖教金**(陈美华教授设立) 奖金总额1万元

获奖名单

高 健 葛培玲

以上获奖者为外国语学院教师

69. **文教羽翼奖学金**(孙淼校友设立) 基金6 000元

获奖名单

林双喆

70. **铭恩奖助学金**(李翼成校友设立) 基金10万元

获奖名单

姜卓昕 李甘云 洪 翔 王旭亮 晋美曲珍 扎 桑 覃丽娜 郑依萌 加德拉·阿斯别克 古丽沙那提·哈衣尔汗

71. 文枢奖学金(刘锴校友设立)　奖金总额1万元
   获奖名单
   张　硕　汪楚红
72. SMART奖学金(辛怡女士设立)　奖金总额1.1万元
   获奖名单
   雷　蕾　王亮平
73. "生命科学"奖助学金(吴乐乐、王洁、王玉芝、严俊荣、朱敏、吴晓菁同学设立)
   奖金总额8 000元
   获奖名单
   吴晨曦　李　萍
74. 8480奖学金(东南大学80801、84802班设立)　基金不低于10万元
   获奖名单
   谢雨婷　闫　晰　陈　宬
75. 16287奖学金(东南大学16287班设立)　基金11万元
   获奖名单
   彭　旺　段向梅　茆　峰　唐胜飞　李　晖　许　珊　左　威　蔡子文　胡　杰
   余开亮
76. 686奖助学金(电子科学与工程学院86级校友设立)　基金8万元
   获奖名单
   胡静洁　李浩天　钱咨廷　杨文鑫　徐媛媛　叶景植　陈　凯　张　煜
77. 5187级奖学金(5187级校友设立)　基金11万元
   获奖名单　一等奖
   潘梦馨
   二等奖
   蒋丛笑　黄周皓
78. 71871奖教金(71871级校友设立)　基金13万元
   获奖名单　一等奖
   王　周　杨　明
   二等奖
   杜　睿　吕小俊　沈辰立　庞小莉　李铁香　何　薇
   以上获奖者为数学系教师
79. 5281奖助学金(江苏东南交通工程咨询监理有限公司设立)　奖金总额5万元
   获奖名单
   戚泽万　孙新晨　林　浩　石琦玉　王　乐　王婉洁　施　敏　潘尚启　谷德健
   蒋梦雅　陈永潮　赵永芳　吴子谦　张　程　刘梦琦　万逸铭　鲍琰雯　李　敏
   郑　兴　朱佳韵　邹玉洁　陆加健　任隽丰　张子墨
80. 常州校友会龙城奖助学金、奖教金(东南大学常州校友会设立)　基金35万元
   获奖名单

杜 垲　能源与环境学院　　　　　谢 骁　电子科学与工程学院
牛 丹　自动化学院　　　　　　　吕建华　计算机科学与工程学院、软件学院
李会军　仪器科学与工程学院
以上获奖者为教师

施昱阳　戴晶晶　钱 杰　史泽清　张 欣　陈欣涛　钱臻旭　李 婷　张玖瑜
丁 赟　张宇宸　陆志丽　高 岑　储一帆　张晨妍　王雪苗　张心怡　潘 颖
屈钰欢　童科贤
以上获奖者为学生

81. 无线电系七八级同学奖教金、奖学金（无线电系七八级同学设立）　基金500万元
获奖名单
张 倩　建筑学院　　　　　　　　余旭涛　信息科学与工程学院
陈 阳　信息科学与工程学院　　　王海明　信息科学与工程学院
王霄峻　信息科学与工程学院　　　宋 喆　信息科学与工程学院
许 威　信息科学与工程学院　　　潘金龙　土木工程学院
张宇宁　电子科学与工程学院　　　钟思佳　数学系
杨 明　计算机科学与工程学院、软件学院　侯吉旋　物理系
谢卓颖　生物科学与医学工程学院　杨 芳　生物科学与医学工程学院
曾宇乔　材料科学与工程学院　　　舒 嘉　经济管理学院
吴 熙　电气工程学院　　　　　　张丽萍　外国语学院
金 凯　体育系　　　　　　　　　张雪勤　化学化工学院
李铁柱　交通学院　　　　　　　　曾 伟　艺术学院
刘建利　法学院　　　　　　　　　孙玲美　医学院
郑 磊　电工电子实验中心
以上获奖者为教师

肖严航　李 浩　王诗雨　张陈梅　吴 杰　孙文捷　徐鸣飞　赵丹丹　吴梁玉
李若舟　吴小刚　孟繁璞　王程遥　张晓辉　许跃如　赵锦程　丁 宽　胡松涛
杨 阳　曹 磊　陈 婕　胡芬芬　卢 喆　王嘉时　冷明鑫　顾冠男　宗袁月
顾灵童　张浩田　俞晓云　余梓梁　徐光照　鲍怡婕　俞 毅　李宇峰　杨淑慈
常新蕾　梁 爽　陈博闻　杨果瑞　马安然　周 翀　卢欣桐　高曼婧　虞正平
李晓敏　徐 军　孙诗瑶　陈同广　王 斐　夏烨楠　曹 雪　徐 乐　姚逸云
俞 苗　刘亚斐　王文宇
以上获奖者为学生

82. 仪科校友奖学（教）金（仪器科学与工程学院校友设立）　基金5万元
获奖名单
吴剑锋　王 蓉
以上获奖者为仪器科学与工程学院教师
朱碧玉　朱雅玫
以上获奖者为学生

83. 广西校友会奖助学金(东南大学广西校友会设立)　基金13.5万元
    获奖名单
    李丽翟　文世航　罗海鹏　王海萍　陈楚天　钟　洁　王志宇　覃忠余　何柏宜
    潘宁波　赵克娜威　潘东元　王　涛　李　贞　钟云向

84. 徐州校友会奖助学金(东南大学徐州校友会设立)　基金9万元
    获奖名单
    纪光菊　张　正　李哲健　周万通　史芳宇　崔正阳　王杰杰　高　旭　尤　鑫
    杨　阔　许　笑　胡梓菡

85. 盐城校友会奖助学金(东南大学盐城校友会设立)　基金8万元
    获奖名单
    李　寒　吴海龙　潘国秀　杨以国　曹　越　邵滨滨　沈　洲　张　磊　胡浩辰
    顾　楠

86. 天之交子奖助学金(东南大学交通学院21098级校友设立)　基金3万元
    获奖名单
    王泽民　高　航　袁明昱　张诗乐　徐文胜

87. 广东校友会奖助学基金(东南大学广东校友会设立)　奖金总额3.5万元
    获奖名单
    白海琦　朱彦雯　韩远立　杨昊明　吴丛磊　张敏勤　杨协和　陈家威　刘巧婷
    汪　魁

88. 143991班校友奖学金(143991班校友设立)　基金3万元
    获奖名单
    张　雯　张　莹　王　锐　杨　湛　孙雨亭

89. 东南大学六系79级校友奖助学金(东南大学六系79级校友设立)　基金16.8万元
    获奖名单
    郭　娜　林　军　薛　洁　黄　智　陈国华　胡　琳　周　婷　张玉浩　张铎迈
    陈垚鑫　史韫杨　王皓然　龚志鹏　秦　豪

90. 251991奖助学金(东南大学法学院251991班设立)　基金5万元
    获奖名单
    周芸慧　李　默

91. 259991奖助学金(东南大学法学院259991班设立)　基金5万元
    获奖名单
    方　佳　项会云

92. 3180诚信奖助学金(东南大学电气工程学院3180班设立)　奖金总额5万元
    获奖名单
    李昊旻　白金新　陆夕蒙　黄仁志　谢翱羽　朱　妍　孙海翔　赵欣宇　朱安雯
    汪格璇

93. 5181励志奖学金(东南大学5181级校友设立)　基金20万元
    获奖名单

夏正昊　王　琦　郁美琪　章锦洋

94. **菲利浦奖教金、奖学金**（LG.荷兰飞利浦显示公司设立）　奖金总额 2.1 万元

    获奖名单

恽斌峰　电子科学与工程学院	黄　成　电子科学与工程学院
贺　丹　数学系	

    以上获奖者为教师

    陈燕达　吴念尘　周星宇　杨希梅

    以上获奖者为学生

95. **南瑞继保奖教金、奖学金**（南京南瑞继保电气有限公司设立）　奖金总额 12.7 万元

    获奖名单

王　磊　电气工程学院	洪芦诚　电气工程学院
杨建明　能源与环境学院	顾　璠　能源与环境学院

    以上获奖者为教师

    邵志伟　祖倩倩　高　君　王　标　匡文剑　包宇庆　王志贺　韩洪豆　胡　迪
    邓　凯　张文婷　陈亮宇　王　玺　梁大桥　陈　健　蒋　健　阳　辉　叶　飞
    史文博　林明明　杨　硕　董家鑫　王志宇　顾晨骁　朱明成　陈虹妃　陈　偲
    刘　瑶

    以上获奖者为学生

96. **"东大设计院"奖教金、奖管金、奖学金**（东南大学建筑设计研究院设立）

    奖金总额 15 万元

    获奖名单

李　飚　建筑学院	李海清　建筑学院
王海华　建筑学院	邓　浩　建筑学院
沈建化　建筑学院	陈锦祥　土木工程学院
付广龙　土木工程学院	高海鹰　土木工程学院
徐　明　土木工程学院	钱　谊　土木工程学院
张　宏　总务处	徐晓红　总务处
王　玲　总务处	梁　洁　总务处
沈洪洁　总务处	胡　敏　总务处
钱　莉　总务处	何　青　总务处
归　梅　总务处	孙冬卉　总务处
赵晓丽　总务处	陶　玲　总务处
王成联　总务处	周　平　总务处
朱伊琼　总务处	林少春　总务处
林　梅　总务处	徐子全　总务处
陶玉山　总务处	曹皖诚　总务处
武天纵　图书馆	刘跃群　图书馆
许家慧　图书馆	侯一民　图书馆

常学泳	图书馆				房建湘	图书馆		
郭匡平	图书馆				周　勇	图书馆		
林　斌	图书馆							

以上获奖者为教工

陈　振	常嘉欣	王孝洋	张丽媛	高　楠	周艺晶	廖　杰	仲早立	邵星宇
张泽楠	王　磊	苏仁东	殷　玥	刘　俊	王晓雯	侯士通	李佳雨	曹　迪
申浩雷	于　炯	胡雪倩	杨梦溪	朱坦迪	陈浩杰	吴泽宇	刘　浏	张皓月
张　颖								

以上获奖者为学生

97. 栖霞建设奖教金、奖学金(南京栖霞建设股份有限公司设立)　奖金总额6万元

获奖名单　一等奖

徐　照

二等奖

孔祥羽　张文明　马金霞　殷献来

以上获奖者为土木工程学院教师

范　洁	徐夏炎	王光达	付帅锋	邱亚猛	魏程峰	丁倩文	刘熙源	王艳青
黄　剑	周　正	焦亚基	初　洵	韩　兆	臧一鹏	董逸轩	毕　玮	周震鑫
韦语涵	吴可书	乔子璇	邹仲钦					

以上获奖者为学生

98. 鼎泰奖学金(江苏鼎泰工程材料有限公司设立)　基金2万元

获奖名单

张福群

99. 东南大学—英达奖学金(英达热再生有限公司设立)　奖金总额3万元

获奖名单　一等奖

邓涵宇

二等奖

霍　敏　施向东

三等奖

朱海洋	郑俊秋	施　炎	王　慧	胡海晓	韩雨钦	王　晨	周逸松	肖　宏

100. 东南大学交通设计院奖学(教)金(东南大学建筑设计研究院交通分院设立)

基金50万元

获奖名单

蔡国军　李天明　严　钰　高成发

以上获奖者为交通学院教师

尹　科	于　强	乌　达	贡　玮	陈　浩	汪洪波	曹雪柠	董长印	武啸龙
张　垚	崔　莹	高达文	徐　茜	谢　伟	陶雨濛	韩　婧	何乔祎	吕　方
韩　峰	覃悦涵	郑逸轩	靳　昕	谢金丞	徐亚峰	曾　昊	孙　嘉	刘　硕
吴胤翔	蒋天泽	郑　涛	郭建珠	刘　力	庄棱凯	徐冠豪	罗逸墀	

以上获奖者为学生

101. CASC 公益奖学金(中国航天科技集团公司设立) 奖金总额 5 万元

获奖名单

吕　进　李　峥　刘　波　郑维高　徐雪宁　韩晔珍　王子睿　张建飞　张新知
朱　航

102. 金智奖教金、奖学金(江苏金智科技股份有限公司设立) 奖金总额 8 万元

获奖名单

裴　锋　计算机科学与工程学院、软件学院
辛　蓓　计算机科学与工程学院、软件学院
沈　军　计算机科学与工程学院、软件学院
张三峰　计算机科学与工程学院、软件学院
缪　江　电气工程学院
付小鸥　电气工程学院
梅　云　电气工程学院
林鹤云　电气工程学院

以上获奖者为教师

胡耀丹　孟高军　张宸宇　郑小明　辛维钊　黄子尧　马世然　郑　锜　胡慧婷
张　翔　张李奇　顾代杰

以上获奖者为学生

103. 江苏电力奖助学金(江苏省电力集团设立) 基金 100 万元

获奖名单

张　方　吴庆楠　李　聪　周　洁　何成洋　袁泽嵘　白浚楼　闫　丽　高成才
时欣利　刘晶洁　张明波　许　月　杜　眯　李　娜　周建涛　范兴策　马　天
刘　真　黄亚萍　张思嘉　张向阳　李　松　童华威　陈红红　杨筱苑　骆　颖
冷钊莹　李　浩　周海瑶　张　真　张琪儿　段逸轩　林　玮　谢静怡　丁金钰
陈晓涛　李雅君　刘雪羽　李佳琳　吴　琴　朱媛媛　王圣萱　翟修文　王宇鹏

104. 中浩地产人才发展奖教金、奖学金(江苏中浩房地产有限公司设立)

奖金总额 3 万元

获奖名单

冒明山　戴　敏　杨延清　王海燕　陈敏华　李　普　刘晓军　吴　泽

以上获奖者为机械工程学院教师

杨　帆　史志娜　邓　欣　张守雪　余亚男

以上获奖者为学生

105. 联创国际奖学金(上海创联建筑设计有限公司设立) 奖金总额 1 万美元

获奖学生名单

钱世奇　丁宇飞

106. BSH 奖学金[博西家用电器(中国)有限公司设立] 奖金总额 4.8 万元

获奖名单

黄林新　夏江浩　刘文俊　于诗莹　石晶晶　张维哲　陈友明　郑志鹏　刘　勋

107. 雷克奖学金、奖教金(庄昆杰、范国平伉俪设立)　奖金总额4万元

获奖名单

李智群　张　源　黄永明　李　涛　张剑锋　张树林　裘文霞　董　烨

以上获奖者为信息科学与工程学院教师

翁圣晖　范　松　陈先棒　吴　宪　王云罡　陈　赟　杨宇峰　徐怡笑

以上获奖者为学生

108. "微软小学者"奖学金[微软(中国)有限公司亚洲研究院设立]　奖金总额1.5万元

获奖名单

梁　霄　刘念泽　陈凌蛟

109. 会丰奖助学金(厦门会丰拍卖有限责任公司设立)　奖金总额2万元

获奖名单

郭宜仪　张申宏　陆书恒　黄晓萍　孔令恺　杨　俣　张　霓　章　坚　苏雪晴

安　杏

110. 三菱电机奖学金[三菱电机机电(上海)有限公司设立]　奖金总额5万元

获奖名单

蒋纯杰　李峰灯　刘玉飞　李　姝　项　宁　束佳明　段晓霞　赵真灵　朱传奇

李萬蔚　廖如天　张孙名言　张　苑　陈　颖　张嘉俊　陈逸云　潘天杨　朱　珂

111. 威立雅水务奖学金(南京瀚略商贸有限公司设立)　奖金总额1万元

获奖名单

杨明川

112. 东南大学中泰国立奖教金(江苏中泰集团有限公司设立)　奖金总额30万元

获奖名单　一等奖

贾民平	机械工程学院	梁金玲	数学系
张志珺	医学院		

二等奖

江　泓	建筑学院	成　虎	土木工程学院
邱　腾	物理系	陈　扬	生物科学与医学工程学院
聂春雷	人文学院	张　颖	经济管理学院
林明耀	电气工程学院	周少红	化学化工学院
孙桂菊	公共卫生学院	堵国樑	电工电子实验中心

三等奖

李　哲	建筑学院	黄　鹏	机械工程学院
吴云建	数学系	翟军勇	自动化学院
解希顺	物理系	王瑞兴	材料科学与工程学院
李　瑶	仪器科学与工程学院	浦正宁	经济管理学院
冯　伟	经济管理学院	黄　凯	化学化工学院
耿艳芬	交通学院	李　川	法学院

石丽娟　医学院　　　　　　　　　徐翠荣　医学院
封海霞　附属中大医院
四等奖
徐　宁　建筑学院　　　　　　　　沈　颖　建筑学院
廖东斌　土木工程学院　　　　　　柴　琳　自动化学院
杨　波　仪器科学与工程学院　　　宋善花　外国语学院
王　玲　医学院

113. 坚朗奖学金(广东坚朗五金制品股份有限公司设立)　奖金总额5万元
获奖名单
李梦雯　张涵昱　张良钰　姜　巍　陈宏胜　张维一　亚　义　许力文　程可昕
陈鹏举　姚严奇　彭雨佳　蔡李智　李姝睿　钱志达

114. 锦华装饰奖教金、奖学金(江苏锦华建筑装饰设计工程股份有限公司设立)
奖金总额6万元
获奖名单
洪　俊　贺志启　李朝静　张　甜　冯　健
以上获奖者为土木工程学院教师
陈思彬　曹　天　潘胜军　吴瑞尧　郭继清　刘振坤　李本宁　姚思羽　张麟昊
杨　睿　刘　颖　高一民　陆　帅　刘敏洁　于一洋
以上获奖者为学生

115. 聚立科技奖教金、奖学金、奖管金(南京聚立工程技术公司设立)　奖金总额7万元
获奖名单
邓　新　电气工程学院　　　　　　蒋　浩　电气工程学院
顾　伟　电气工程学院　　　　　　房淑华　电气工程学院
陶思炎　艺术学院　　　　　　　　周　渝　艺术学院
孙　菁　艺术学院　　　　　　　　皮志伟　艺术学院
高建国　东南大学成贤学院　　　　唐小平　东南大学成贤学院
陆　玲　党委组织部　　　　　　　刘　静　纪委监察处
徐迎晓　党委老干部处　　　　　　傅敢峰　校工会
王　亮　丁家桥校区
以上获奖者为教工
高　蕾　潘樟惠　王文帝　张　磊　许博弘　朱天仪　刘　颖　陆　舆　吴　桐
以上获奖者为学生

116. 龙腾奖学金(江苏龙腾工程设计有限公司设立)　奖金总额6 000元
获奖名单
谢枝苋　陈其洲　王　晗

117. 东方威思顿奖教金、奖学金(烟台东方威思顿电气有限公司设立)　基金10万元
获奖名单
李　周　魏　彬　时　斌　张建忠　楼　雪

以上获奖者为电气工程学院教师

荆 彧　何智强　宋秋晓　游　帅

以上获奖者为学生

118. 光一科技奖教金、奖学金（光一科技股份有限公司设立）　基金10万元

获奖名单

刘杰君　窦晓波　蒋　玮　余海涛　张炎平

以上获奖者为电气工程学院教师

景无为　毕奇凤　陈　鹏　瞿仁杰

以上获奖者为学生

119. 深圳中天装饰奖学金（深圳中天装饰工程有限公司设立）　奖金总额9万元

获奖名单

李佳雨　柳贺冬靓　吴宣泽　刘芯驿　徐晨琦　尚　元　王怡心　王宇琦　孙　益
姚志霖　严琳希　杨宇航　李玉鑫　谢芳陆　刘一鸣　申怡飞　梁　琦　庞　通
黄艾婧　于　睿　丁嘉沼　冷静泽　陈思雨　梁　界　陈羽南　刘　赛　蒋晓露
高　真　张　楠　惠文珊

120. 南京长江都市奖助学金（南京长江都市建筑设计股份有限公司设立）

奖金总额2.4万元

获奖名单

戚鹏飞　卞　军　刘　朋　彭　程　张永正　方　超　张洛铭　谷一弘　张宗凯

121. 东大智能奖励金（南京东大智能化系统有限公司设立）　奖金总额3万元

获奖名单

凌继尧　郁火星　邱　军　王　颖　方跃武

以上获奖者为艺术学院教师

焦瑞雯　张庚洁　王　妍　吴世豪

以上获奖者为学生

122. 浙江永利奖教金、奖学金（浙江永利实业集团有限公司设立）　基金20万元

获奖名单

汪小洋　徐子方　尹　文　章孔畅　陈靖雨　王和平

以上获奖者为艺术学院教师

汪欣元　周　珺　吴庆烨　罗羽岑　姜　苏　鲁思言

以上获奖者为学生

123. 55所电科奖学金（中国电子科技集团公司第五十五研究所设立）　奖金总额20万元

获奖名单　一等奖

叶　然　张龙飞　王　军　徐　寅　宋　科　顾春德

二等奖

叶　鹏　单　锋　吴静远　刘达辉　张云龙　瞿雨生　张允武　杜益成　余登高
杨洪权　张　龙　胡志扬　许金乐　贾立秀　韩居正　倪丹丹　王赵冲　许丹凤
王　侃　韩婷婷　吴承恩

三等奖
严　静　王　翼　邢朝进　梁天慧　程　超　吉　宇　于彩茹　于天骥　戚志鹏

124. 亚东奖学金(南京亚东建设发展集团有限公司设立)　奖金总额5万元
获奖名单
郭梓峰　郑天宇　殷　茹　徐奕然　张鹤然　智钰婷　郁如意　丁润民　张　悦
吴　迪　金　千　陈一凡　王一帆　冯硕静　杨怡然　雷华新　赵星云　于　涵
曾令贤　陈竟峰

125. 科远自动化奖学金(南京科远自动化集团股份有限公司设立)　奖金总额5万元
获奖名单　一等奖
林博群
二等奖
崔冰波　季赛平
三等奖
戴智超　李居康　朱　旭　张文虎　苏　凯　徐　民　胡驾纬　张　涛　年雪洁
刘金花　谢　可　沙　鹏　戴　忱　咸思雨　潘天尧　刘亚楠　朱雨婷

126. 海拉奖学金[海拉(上海)汽车工业服务有限责任公司设立]　奖金总额13万元
获奖名单
蔡兆文　王　浩　户玎岚　黄洲荣　李　倩　徐志丽　瞿　晓　李健文　陈萍萍
贺国睿　张　乐　周　越　王　鹏　贾　凯　华海涛　闫隆鑫　王　沁　陈斯祺
范英辉　秦玉磊

127. 东南大学博世奖学金[博世(中国)投资有限公司设立]　奖金总额13.5万元
获奖名单
章　寅　王　伟　牛　欣　张　远　金贤建　祝　靖　张春伟　高建银　李成龙
杨　磊　胡建强　刘春雪　韩会朝　刘碧玉　丁继为　于　乐　林瑞雪　李冬冬
王兆嘉　陆海涛　褚军涛　卞绍华　胡铭觐　瞿邦昭　何煜坤　罗　平　李　臻

128. 金昇奖励基金(江苏金昇实业股份有限公司设立)　奖金总额50万元
获奖名单
高西奇　信息科学与工程学院　　　张　雄　电子科学与工程学院
虞文武　数学系　　　　　　　　　姚晓燕　物理系
许建良　人文学院　　　　　　　　孙爱珍　外国语学院
程　林　化学化工学院　　　　　　宋光明　仪器科学与工程学院
王海贤　学习科学研究中心　　　　柴人杰　生命科学研究院
以上获奖者为教师
徐孟飞　吴其胜　赵　亮　张俪园　何文强　黄　昊　杨英超　李光辉　周颖倩
郭　靖　李安娜　郑士亚　陈　浩　干　萍　袁　飞　徐　燕　闫　文　李　琦
蒋继望　刘　勇　皮　慧　张夜雨　张　勐　郭　昱　丁　玎　汪文洁　赵圣娜
吕才平　赵峰峰　钱宇宁　顾家铭　任　静　王少文　李　娜　刘韵晗　张霁莹
董亚男　刘　奇　王　希　谢俐萨　沈伶佳　傅　宇　张晓东　高颖丽　徐震东

孔德博　蔡睿聪　莫倩筠　季振军　赵壮文　陈　斯　杨红霞　滕莉红　王东东
曹起鸣　张　黎　郭若鸿　赫思佐　赵万隆　马德婧
以上获奖者为学生

129. 创能电力奖学金、奖教金(南京创能电力科技开发有限公司设立)　基金10万元
获奖名单
王明春
以上获奖者为能源与环境学院教师
郭占伟　王泽宇　赵　凯　鲁洁明　张　理　陈梦晗　李平姣　解立坤
以上获奖者为学生

130. 苏博特基金(江苏苏博特新材料股份有限公司设立)　奖金总额38万元
获奖名单
张云升
以上获奖者为材料科学与工程学院教师
万鉴霄　王　欣　李　旋　王欢欢　於孝牛　安　栋　任立夫　周立初　韩　飞
曹渐寒　赵勇强　陶强兵　徐丹丹　孟　斌　曹霄宇　关　怀　吴志涛　张　岸
施思婷　李豆豆　丁永富　曾　程　聂乐文　刘新来　尚成林　潘　东　王晓丽
夏晓燕　党林林　童巨声
以上获奖者为学生

131. 中交一公院奖学金(中交第一公路勘察设计研究院有限公司设立)　基金20万元
获奖名单
郭　鹏　宋俊莹　尤　佺　殷　锴　于丰泉　吴义阳　吴　炜　尹婷婷　王康达
李立业　王美懿　杨子安　葛玉鹏　何　苗　程　阔　汤赞成　欧阳滢爽　郑逸飞
祁　星　伍　锦

132. 苏交科奖学金(江苏省交通科学研究院股份有限公司设立)　基金50万元
获奖名单
孔　斌　郭怡绮　李苗华　方隆祥　杨　祥　胡　波　邢　拓　张照俊　彭雨佳
李文玥　张宇丰　马　康

133. 江苏交通院奖学(教)金(江苏省交通规划设计院股份有限公司设立)　基金50万元
获奖名单
季彦婕　交通学院　　　　　　　　　　高　英　交通学院
朱　渊　建筑学院
以上获奖者为教师
诸嘉巍　丁　京　郑　元　许映红　汪　艳　蒋咏寒　张　倩　强欢欢　刘志广
杨　迪　郝子宏　刘　娟　夏怀谷　刘　艺　郑振婷　杨沫枫　马柏杨　吕　成
杨一鸣　刘子曦　孟凌宇　王博昆　涂雨璇　王润东　罗小康　陈渝婷　吴曾晗
曲俊蓉
以上获奖者为学生

134. **三联奖学金(江苏三联生物工程有限公司设立)** 奖金总额6 000元

　　获奖名单

　　张文慧　卓一洲　陈冬冬

　　以上获奖者为学生

135. **至善奖学金(原东南大学后勤集团设立设立)** 基金10万元

　　获奖名单

　　孟　洁　翟若竣　陆徽晏　姜华越　邹湘宁　李桓靖　钱晓宁　石　慧　袁　湉
　　赵　昕　王颖灵　朱恒硕

136. **雨润奖教金,祝义材奖助学金(雨润控股集团有限公司设立)** 奖金总额50万元

　　获奖名单

　　许　妍　李德智　吴邵庆　周　臻

　　以上获奖者为土木工程学院教师

　　吕明扬　王玉琼　宫长娥　李英豪　陆　熹　丁智霞　宋园园　贾苗苗　王　奔
　　刘森林　唐　建　彭健怡　郑　阳　朱钟湖　宋　锐　王　洲　闫　奔　岳金金
　　李　娜　董昊逸　崔少东　孙提川　郭菁睿　谈柯宏　高丽娟　张亦然　刘　胜
　　许奇梦　陈宁宁　赵　恒　姚甲甲　张溶强　张爱佳　周　娣　郭佳慧　王春七
　　房　地　潘倩倩　严珊珊　刘胜楠　张伟栋　侯国睿　卢宏发　蒙沼鞣　梁晓洁
　　张韶文　杨　霞　熊剑平　黄千玳　巨少龙

　　以上获奖者为学生

137. **汉桑奖学金[汉桑(南京)科技有限公司设立]** 奖金总额2万元

　　获奖名单

　　孟　凡　梁凌轩　马士民　杨　帆　尹佳媛　马春华　林　艳　杨　陈　张思琪
　　徐　力　吴　鹏　徐希庆　黄语辰　徐余浩　尹　超　张梦娇　顾燕如　于佳阳
　　钟　凯　凌森银

138. **汇鸿股份奖教金、奖学金(江苏汇鸿股份有限公司设立)** 奖金总额10万元

　　获奖名单

　　王　云　李　珣　侯合银　何　勇　武　忠

　　以上获奖者为经济管理学院教师

　　夏　霁　江倩雯　祖雅菲　张盛丹　卞海丽　朱　莹　褚雪瓶　刘　茜
　　白　洁　施　瑶　潘　晴　朱　磊　刘诗雯　高红梅　徐　蕾　罗诗然
　　刁艺昕　张　健　王翠翠　朱乐愉

　　以上获奖者为学生

139. **江苏大秦奖学金(江苏大秦电气集团设立)** 基金20万元

　　获奖名单

　　闫天昊　王晓春　宁　丹　杨　靓　陶　涛　李　锐　兰　欢　邢淋丽　庄　敏
　　王晓怡　杨东南　谭　豪　郭晓东　刘宜昭　刘玉轩　裴　兴　常晓宇　马盛南
　　季文韬　王维宇

140. 宝供物流奖学金(宝供物流企业集团有限公司设立) 奖金总额 6 000 元
获奖名单
张 鹏 拜小霞

141. 蓝风国际奖学金、奖教金(江苏蓝风国际投资发展有限公司设立) 奖金总额 10 万元
获奖名单

张 彤	建筑学院	李 华	建筑学院
孟少平	土木工程学院	李守伟	经济管理学院
喻 丽	医学院	王晓燕	附属中大医院

以上获奖者为教师
陈子健 林 津 王 英 黄中泽 廖 航 刘业伟 翟 玉 金 城 刘玲希
张 姝
以上获奖者为学生

142. 欧级奖助学金(江苏欧级节能科技有限公司设立) 奖金总额 10 万元
获奖名单
陈怀成 罗 勉 孙艳华 张 旸 吕长月 庄向阳 王丹芊 钱琳灵 张惠敏
殷刘钢 王 健 唐诗浩 董承浩 秦紫筠 崔国健 纪冬硕 袁孟琪 诸钧政
李亦婷 谭晓慧

143. 泰宁雨水奖助学金(北京泰宁科创雨水利用技术股份有限公司设立)
奖金总额 5 万元
获奖名单 研究生一等奖
夏铭谦
研究生二等奖
熊江磊 张骏彧 韦定兵 熊永磊 周亚子 杨玉立 闫冠伍
本科生
郭 驭 施天龙 向若兰 谢小东 希尔扎提·阿尼娃

144. 中交路桥建设奖学金、奖教金(中交路桥建设有限公司设立) 奖金总额 20 万元
获奖名单
吴文清 刘志彬
以上获奖者为交通学院教师
张建同 唐 皓 沙 迪 胡晨媛 李沛丰 夏品苹 李 冰 邓 翎 周 洋
徐小童 周 洁 魏煜坤 王成晨 张 慧 刘迪一 谢冠宇 邹霞宇 易新宇
刘欣楠 屈靖耀 刘雍翡 叶美锡 陆轶材 朱瑞琪 汤钧尧 季一羽 陈菲儿
陈奕辛 吴运腾 郑 思 王雯钰 胡 飞 王婷婷 姜 宁 蒋 欢 李盼盼
以上获奖者为学生

145. 江苏金陵科技集团公司奖教金、研究生奖学金(江苏金陵科技集团公司设立)
奖金总额 1 万元
获奖名单
董永强 刘胥影

以上获奖者为计算机科学与工程学院、软件学院教师

朱礼智　陈笑梅

以上获奖者为学生

146. 创远微波奖学金(上海创远仪器技术股份有限公司设立)　奖金总额10万元

获奖名单

颉宇川　丁文其　孙精文　王　健　陈海兵　季　松　徐　俊　袁　全　陈天一
刘艳青　张志宏　黄　菲　朱颖申　杜　璟　周　晓　刘　硕　朱月月　张梦妮
牟　星　许恒飞　戴俊彦　王　晔　刘　刚

147. 科雄奖学金(南京科雄科技有限公司设立)　基金10万元

获奖名单

顾爱峰　马靖坤　张　雪　罗嘉程　李金剑　王　冠　张燕萍

148. 罗德与施瓦茨研究生奖学金(罗德与施瓦茨公司设立)　奖金总额10万元

获奖名单

廖　臻　游检卫　谢　力　方来旺　庄建兴　成　立　范奎奎　王　想　李　垚
李　腾　唐小芳　古伟辉　蓝　骥　袁云辉　项　曦　孔故生　史慧萍　陆慧颖
徐海健　黄爱华　夏晓岳　汪　明　邓　阳

149. 丹阳市飓风物流奖助学基金(丹阳市飓风物流有限公司设立)　奖金总额12万元

获奖名单

王　敏　李培庆　孙佳然　左娇娇　张　羽　梁艺馨　吴冠鹤　陈宗琴　张　钒
成　诚　赵　磊　杨宇辰

150. 正保教育奖学金(北京东大正保科技有限公司设立)　奖金总额10万元

获奖名单　一等奖

王　晨　宋浩川　王文杰　谭儒昕　徐　亮　王晓晗　王　锴　王旭悦　孙　哲
徐孝宇

二等奖

朱芳枚　王艺炜　段雪薇　胡帅奇　樊　浩　赵苏木　杨文超　顾志方　吴文谦
李　杨　杨　超　陈　旭　范文泉　吴　彧　彭义炜　王广祯　陈郁蕾　张婧媛
岳晨涛　徐嘉铭　魏震楠　熊　恬　王　茜　孙宇涵　陈石开

151. 东南大学建筑设计与理论研究中心·杭州中联筑境建筑设计有限公司基金(杭州中联筑境建筑设计有限公司设立)　基金20万元

获奖名单　一等奖

黄卿云

二等奖

张杰亮　周亚盛　朱小明

152. 英泰立奖教金(南京英泰立软件开发有限公司设立)　基金5万元

获奖名单

苗慧贤　信息科学与工程学院　　　　　王迪亚　电子科学与工程学院
王静霞　物理系　　　　　　　　　　　张　立　交通学院

傅淑霞　电工电子实验中心

153. 菲尼克斯电气—东南大学奖励金（菲尼克斯电气中国公司设立）　奖金总额12万元
获奖名单　一等奖
张　亚
二等奖
孙　琳　胡菊红
以上获奖者为自动化学院教师
王军晓　邵海见　吴　津　赵丹丹　李晓琴　陈　康　乔鹏宇　张德明　隋　尧
刘翰文　李　艺　李朋伟　高　峰　郑亚君　彭培真
以上获奖者为学生

154. 苏州中诚奖教金、奖学金（苏州市中诚工程建设造价事务所有限公司设立）
　奖金总额30万元
获奖名单
缪志伟　虞　华
以上获奖者为土木工程学院教师
葛天媛　陈　诚　尹　航　林文生　王旭祥　樊舒舒　王浩霖　赵　超
以上获奖者为学生

155. 新蓝天钢结构奖学金（江苏新蓝天钢结构有限公司设立）　奖金总额6万元
获奖名单
王　飞　张　奎　赵　军　张号浩　刘　飞　周　超　李　坤　张开源　张旻权
翟王颖　成　帅　盛　伟

156. 禾创集团奖学金、奖教金（江苏禾创电力集团设立）　基金14.5万元
获奖名单
陈　镭
以上获奖者为土木工程学院教师
林　煜　王俊桦　沈一聪　祁继武　梅　方　姜　煜　潘亚豪　夏婉秋　董雅坤
蒲森林　韩方园　黄逸婧
以上获奖者为学生

157. 中南助学圆梦奖学金（中南控股集团有限公司设立）　奖金总额25万元
获奖名单　一等奖
傅文武　李　帆　周　凝　袁　冶　夏志鹏　顾晓卉　曹卫鑫　陈　岩　陆　阳
吉张鹤轩
二等奖
陈雪莲　黄艾婧　王荣贵　刘志鑫　张先汉　邱芳芳　翁铖铖　许梦颖　胡　磊
焦竹晗　刘　荣　武雨田　赵佳珊　刘光程　芦琛琛
三等奖
李树森　解曙方　郭淇文　袁天然　张赢杰　王慕瑶　高思妤　胡皓然　邓希得
李金钰琳　宋子耕　徐伟强　俞　江　寇海洁　倪　倩　黄美优　任　普　高晓琛

金志成　董　磊

158. **东南大学森德兰舍奖学金（上海兰舍空气技术有限公司设立）　奖金总额 8 万元**
    获奖名单
    徐燕燕　崔　蕾　庄沁宇　江哲帆　叶　瑾　卢雅林　潘杭萍　余　禾　缪晨阳
    贾东晓　石　田　林凯威

159. **金智教育奖教金（江苏金智教育信息技术有限公司设立）　奖金总额 2.5 万元**
    获奖名单
    房　芳　信息科学与工程学院　　　　　舒春玲　电子科学与工程学院
    林海音　生物科学与医学工程学院　　　赵志远　经济管理学院
    潘　伟　仪器科学与工程学院

160. **东大电子——德州仪器奖学金〔德州仪器半导体技术（上海）有限公司设立〕**
    奖金总额 22.5 万元
    获奖名单
    李焕波　蒋　鹏　朱麒文　魏晓婧　周杰灵　蔡雨君　徐晓芬　沈子莹　徐帮元
    王　安　顾　博　王武森　张　睿　张　翔　刘力铨　舒万韬　周珊珊　王圣宇
    王　玲　夏志鹏　王华玮　张　璞　张　沛　黄　洋　李云倩

161. **江苏一开奖学金、奖管金（江苏一开电气有限公司设立）　奖金总额 20 万元**
    获奖名单
    周　虹　党委办公室　　　　　赵会泽　校长办公室
    胡　强　党委宣传部　　　　　洪海军　团委
    吴　荣　人事处　　　　　　　殷　磊　国际合作处
    仇维昌　财务处　　　　　　　周　利　财务处
    李兴华　研究生院　　　　　　王　尧　科研院
    段梅娟　社科处　　　　　　　李永华　审计处
    邹　琳　学生处　　　　　　　蒋春露　教务处
    滕　航　发展委员会　　　　　刘加彬　实验室与设备管理处
    许万明　资产经营管理处　　　周建华　总务处
    袁海涛　基本建设处　　　　　李大琨　保卫处
    以上获奖者为教工
    商琪然　裴敏强　王书愉　於泽邦　唐　林　万婷婷　鲁　荐　鲁学成　孙　益
    赵异娜　赵福英　沈含俊　张凌晗　郭文丹　马文焱　钱　威
    以上获奖者为学生

162. **特高压奖学金（国家电网公益基金会设立）　奖金总额 10 万元**
    获奖名单
    刘增稷　宋　卉　姚　宇　王天宜　阚　敏　陈富扬　唐浩然　严　画　陶前程
    齐　济

163. 大连化物所奖学金(中国科学院大连化学物理研究所设立)　奖金总额20万元

获奖名单

尤南乔　柴胤光　王　健　程　然　孙　超　孙玉鑫　冯恩锋　杨红美　霍萌萌
白婧怡　温智理　卞　仙　肖　梁　汤倩玉　锁晓静　王若柳　霍柏如　董聪聪
杨海涌　缪亚男

164. 江苏软件奖学金(江苏软件产业人才发展基金会设立)　奖金总额4 000元

获奖名单

于　波

165. 夏普奖学金(南京夏普电子有限公司设立)　奖金总额18 000元

获奖名单

胡鉴恺　殷从月　周少卿　燕鹏飞　戴梦琦　黄倩然

166. 一卡通奖助学金(招商银行南京分行设立)　奖金总额10万元

获奖名单

王怡鹤　王杰杰　胡　强　邓小夕　张　祎　汪　栋　吕星龙　张梦瑶　田　鹭
江　堂　鲍晓涵　王　珊　沈傅欢　郑婉璐　韩卓娅　郝维肖　刺利青　邵书昕
宁新福　王良才　陈金财　杨怀林　艾尼瓦尔·阿卜杜杜喀迪尔　莫沙·罗相
艾迪拜·司马义

167. 矗龙奖学金(泗阳星美置业有限公司设立)　奖金总额13万元

获奖名单

周文娜　李玉宝

以上获奖者为交通学院教师

杨宇明　尚　旻　曾　霞　曹菁菁　陈　程　高　旺　汪登辉　张美慧　郭易木
卢慕洁　周思岙　武嘉斌　陈　忠　赵鑫玮　俞　俊　朱云鹏　赵润民　林子豪
徐姝祺　刘泓佚　谭晨曦　汤凯博　李　月　张煜恒

以上获奖者为学生

168. "协鑫奖"奖学金[协鑫(集团)控股有限公司设立]　奖金总额25万元

获奖名单

郑宝军　贺　凯　乔贵方　史晓蕊　付心迪　李　想　张　楠　蔡戎彧　杨子玄

169. 东大能源奖学金、奖教金(南京东大能源环保科技有限公司设立)　奖金总额3万元

获奖名单

沈来宏　许传龙　吴　磊　张　军　余　冉　魏家泰　唐慕萱　龙如明　茅　佩
王　沛

以上获奖者为能源与环境学院教师

查健锐　刘宗鑫　高　欢　李雨轩　戴　领

以上获奖者为学生

170. 东南大学——华为奖学金、奖教金(华为技术有限公司设立)　奖金总额10万元

获奖名单

孙　威　信息科学与工程学院　　　　　　金立左　自动化学院

宋健刚　学生处　　　　　　　　崔　凯　学生处

以上获奖者为教师

张亚萍　陈　鹏　王春艳　王书昶　顾何平　饶　立　欧阳军林　许　涵　陈逾璋
徐威鸿　杨寒嘉

以上获奖者为学生

171. 华电光大奖教金、奖学金（北京华电光大环保技术有限公司设立）　奖金总额5万元

获奖名单

黄亚继

以上获奖者为能源与环境学院教师

张清凤　陈谢磊　蔡　森　刘　腾　刘玉兰　张　青　苏银海　杨文超　徐游波
赵佳骏　金　圣　杨　勇　张　艺　汪　杨　徐　弘　李　昕　徐媛媛　杨李玲

以上获奖者为学生

172. 梅花奖学金（南京梅花餐饮管理有限公司设立）　奖金总额10万元

获奖名单

周艳华　谭春阳　花田甜　王幼真　王　伟　林若瑜　马浩鑫　余传运　罗文博
黄　磊　张　梅　谢歆雯　赵楠楠　胡文溪　李思琪　王宁姝　胡　樱　王雨嘉
仲之恒　夏　薇　刘宁琳　徐唯一　邵建南　张湛秋　吕颖洁　陈佳洁　陈雨萌
陆　萍　戴　薇　金玉龙

173. 外运长江奖学金（中国外运长江有限公司设立）　奖金总额2万元

获奖名单

石大义　马保雨　曾奕玲　吴　迪　王　杰　蔡　晓

174. 正信光伏奖学金、奖教金（正信光伏有限公司设立）　基金10万元

殷勇高　王　军　陈晓平

以上获奖者为能源与环境学院教师

曹　政　周　驰　赵赛男　莫浩浩　王　超　聂凤翔　唐海宇　朱洁雯　谌伊竺
黄怡婷

以上获奖者为学生

175. 西门子中国奖学金（西门子电力自动化有限公司设立）　奖金总额2万元

获奖名单

袁　简　梁欢利　唐　旎　曹　智

176. 中快奖助学金（中快餐饮集团南京博硕餐饮有限公司设立）　奖金总额10万元

获奖名单

沙小仕　李宇琨　赵　娜　任　玲　张　珂　周笑超　陈希云　徐冠男　吕玉砂
林玲芳　季秋谣　夏　伟　王雪莲　杜　滔　刘浪宇　陈骏峰　吴　琴　王　维
高君实　刘枳杉

177. 联众奖学金（杭州联众医疗科技有限公司设立）　奖金总额3万元

获奖名单

胡冀苏　许天姝　黄筱筱　朱　蕊　赵春秋　王　欢　黄　朔　孙晓梦　申云鹏

季　璐　刘洪迪　王若涵　谢晨曦

178. **无线电系77、78级校友奖学基金(信息科学与工程学院77、78级校友设立)**

基金32.5万元

获奖名单

朱　峰　丁文其　刘建伟　鲁宁宁　彭振宁　张志宏　傅随道　朱传奇　邹媛媛
蒋　浩

179. **阿特拉斯科普柯竞赛奖学金[阿特拉斯科普柯(南京)建筑矿山设备有限公司设立]**

奖金总额3.3万元

获奖名单

张　欢　徐乾荣　王震宇　郑　鑫　陈春水　朱　杰　黄林新　李经纬

大 事 记

1月5日 我校聘请英国皇家工程院副院长、伯明翰大学副校长 Richard A. Williams 教授为客座教授。

1月7日 中共东南大学第十三届代表大会2014年年会、东南大学第七届教职工代表大会第四次全体会议在九龙湖校区润良报告厅召开。这次会议的主题是：认真学习贯彻党的十八届四中全会精神，凝心聚力、开拓创新，积极投身新一轮全面深化综合改革，全面推进依法依规治校，全面加强从严治党，全面推进学校治理体系和治理能力现代化，为加快建设国际知名高水平研究型大学和世界一流大学而团结奋斗。

1月8日 东南大学荣获全国"助学·筑梦·铸人"主题征文系列活动组织奖，能源与环境学院2014级李蝶同学的文章——《寻梦，撑一支长篙》获得全国二等奖。东南大学是江苏省唯一连续两年获得此项活动组织奖和个人奖的高校。

1月9日 东南大学作为第一完成单位共摘取五项国家科技大奖，通用类项目获奖数在全国高校中名列第三，同时，获奖数蝉联全省冠军，并且刷新了江苏省高校的获奖纪录。吕志涛院士领衔的"现代预应力混凝土结构关键技术创新与应用"项目获得国家科技进步一等奖，是继尤肖虎团队获得2011年度国家技术发明一等奖之后东南大学在国家科技一等奖上的又一次突破，同时，这也是2014年度江苏省获得的唯一的一等奖。此外，东南大学还获得自然科学二等奖1项，技术发明二等奖1项，科技进步二等奖2项，创历史最好成绩。

1月10日 东南大学总务处获得全国教育后勤系统信息宣传工作2013—2014年度先进单位。

1月12日 江苏省教育纪工委检查组到东南大学检查纪检监察信访举报工作。

1月13日 江苏省委书记罗志军与东南大学吕志涛院士、崔铁军教授等出席2014年度国家科技奖获奖代表座谈。罗志军书记指出要实施协同创新，让"预应力"服务江苏建设。

1月13日 东南大学中国书法研究院常务副院长、艺术学院教授刘灿铭当选2014年敦煌国际文化旅游名城建设十大影响力人物。

1月14日 法国国家健康与医学研究院负责人、雷恩一大 Bernard Jegou 教授一行访问我校。

1月15日 中国工程院院士、清华大学聂建国教授受聘东南大学兼职教授仪式暨学术报告会在四牌楼校区逸夫科技馆报告厅举行。

1月15日 我校牵头的江苏省新型建筑工业化协同创新中心2015年第一次会议在南京举行。

1月21日 东南大学附属中大医院心血管内科主任马根山教授获评第二届江苏省"医德之星"。

1月21日 土木工程学院王浩副研究员作为第一发明人完成的专利"基于神经网络技术的大体积混凝土综合强度测试法"获得了第十六届中国专利优秀奖;仪器科学与工程学院宋爱国教授获评江苏省第六届"十大优秀专利发明人"。

1月21日 我校研究生支教团成员、交通学院研究生陶涛同学因在南京青奥会志愿服务以及西部支教工作中的出色表现,荣获2014年江苏省大学生"校园青春榜样"荣誉称号。

1月16日至17日 东南大学两位教授分别当选新一届江苏省土木工程学会工程管理专业委员会、建筑与房地产经济专业委员会主任委员。

1月21日 德国阿伦大学校长 Gerhard Schneider 教授一行4人和德国采埃孚公司代表王会女士等一同到东南大学访问。

1月22日 瑞士驻上海总领馆总领事霍力轩到东南大学访问。

1月22日 东南大学附属中大医院在由南京医院协会与南京广电集团共同举办的"医患互信 服务改进"系列活动总结表彰大会上被评为"医患互信 服务改进"活动先进单位,并被授予医院文化风采奖和优秀组织协调奖。

1月26日 我校2014年校领导班子和领导干部年度考核及干部选拔任用"一报告两评议"工作大会在四牌楼校区召开。

1月26日 我校团委在共青团江苏省委十四届三次全体会议荣获了"2014年度全省共青团工作先进单位"称号。

1月27日 东南大学附属中大医院与欧洲临床微生物学与感染性疾病学会共建合作中心。

1月27日 欧洲临床微生物学与感染性疾病学会(ESCMID)主席 Giuseppe Cornaglia 到东南大学附属中大医院重症医学科访问,中大医院副院长、重症医学科主任邱海波教授会见了 Giuseppe Cornaglia 主席,双方就建立合作中心达成了共识。

1月27日 东南大学附属中大医院院长、著名介入放射专家滕皋军教授获得了第十二届南京市科技功臣奖,他是受到表彰的4位科技功臣中唯一的医疗卫生界代表。

1月27日 东南大学研究生支教团成员、土木工程学院研究生许德旺同学高票当选"全国大学生自强之星标兵",成为东南大学历史上第一位获此殊荣的同学,也是此次江苏省唯一获得"全国大学生自强之星标兵"荣誉称号的大学生。

1月29日 东南大学医学院副院长、东南大学附属中大医院内分泌科主任医师孙子林教授在新疆医科大学受聘为新疆维吾尔自治区"天山学者"讲座教授。

1月30日 我校法学院刘艳红教授为机构负责人的"反腐败法治研究中心"入选江

苏高校哲学社会科学重点研究基地。

2月1日 我校人文学院就申报国家级"公民道德与社会风尚协同创新中心"的相关准备工作召开动员筹备大会,就"2011协同创新中心"的建设和学科发展提出了进行战略性调整的建议。

2月2日 我校20位教授入选"Elsevier 2014年中国高被引学者名单"。

2月6日 我校选送的专题新闻报道《把苦难砌成成长的台阶》(刊载于《中国青年报》,作者:唐瑭 李润文)成功入选2014年度"十佳江苏共青团好新闻"。这是我校共青团首次获此殊荣。

2月8日 我校团队设计的中国国学中心项目结构封顶仪式在京举行。

2月9日 东南大学研究生支教团成员、交通学院陶涛同学,东南大学杰出校友、途牛旅游网CEO于敦德荣获第十三届"南京好市民"荣誉称号。陶涛同学还作为南京青奥志愿者群体的杰出代表获颁"感动南京2014年度人物"荣誉称号。

2月10日 我校生命科学研究院推荐的James Charles Whisstock教授入选第十一批"千人计划"的外专长期项目,至此东南大学"外专千人计划"入选人数增至6位。

2月15日 我校获批3项"深入研究党的十八届四中全会精神"重点专项课题,立项数位列全国第二。3项重点专项课题分别为汪进元教授主持的"中国基本权利规范的宪法解释基准研究",刘艳红教授主持的"加快推进反腐败国家立法研究",周佑勇教授主持的"建立健全行政裁量权基准制度研究"。

2月25日 东南大学——明斯克国立语言大学孔子学院中国语言文化中心揭牌。

2月25日至3月2日 我校艺术团在全国第四届大学生艺术展演中,作品《烟花·三月》荣获了一等奖、优秀创作奖和优秀指导教师奖,舞蹈团的作品《青·春》荣获了二等奖、优秀指导教师奖。此次展演是东南大学在历届展演中参演队伍最多、规模人次最大的一次,也是取得成绩最好的一次。

2月26日 我校土木工程学院院长吴刚教授入选科技部"中青年科技创新领军人才"。

3月5日 我校在2014年度江苏省青年志愿者表彰中喜获丰收。研究生支教团成员、土木工程学院研究生许德旺荣获了"江苏省十佳青年志愿者"称号。信息科学与工程学院研究生沙俊、国防生李明轩被评为"江苏省优秀青年志愿者"。人文学院本科生蒋烨琳、研究生张锦虹、成贤学院张曙捷3位同学被评为"江苏省大型赛会优秀青年志愿者"。建筑学院团委"小小建筑师"志愿者活动被评为"江苏省优秀青年志愿服务项目"。电子科学与工程学院"志青春"志愿者协会获得了"江苏省青年志愿服务行动组织奖"。

3月9日 我校建筑设计研究院有限公司荣获"江苏省勘察设计协会优秀企业"称号,葛爱荣总经理以出色的企业管理才能和管理创新举措,荣获"优秀企业家"称号。

3月10日至11日 我校在江苏省教育厅主办的2015年全省教育系统新媒体建设培训会上荣获江苏省教育系统官方微博创新奖。

3月11日 由德国弗里德里希·艾伯特基金会资助的"转型时代中德社会与政治"小型研讨会在我校举行。

3月16日 我校在四牌楼校区群贤楼三楼报告厅举行"两会"精神学习传达报告会

3月17日 我校聘请著名节目主持人孟非为兼职教授。

3月18日 瑞典东约特兰省省长伊丽莎白·尼尔森率代表团一行14人到我校访问交流。

3月21日 团中央书记处书记傅振邦到东南大学调研共青团工作,江苏团省委书记万闻华、团中央学校部学联办主任柏贞尧、江苏团省委办公室主任张迎春、学校部部长陈文娟等陪同调研。

3月24日 "全国十大杰出青年法学家"、东南大学社科处处长、法学院周佑勇教授受聘为江苏省人民政府行政复议委员会非常任委员。

3月26日 南京市委书记黄莉新、副市长黄澜在南京市人才办、发改委、经信委、人社局等单位领导的陪同下到东南大学国家大学科技园长江后街园区考察调研。

我校举行党外代表人士座谈会,党委书记郭广银与各民主党派、侨联及知联会负责人,部分人大代表、政协委员进行了座谈。

3月27日 民革东南大学总支部获江苏省级先进支部表彰。

3月28日 我校四川校友会成立大会暨于俊崇院士珍贵档案捐赠仪式在成都举行。

3月30日 我校周佑勇教授受聘江苏省人民政府行政复议委员会委员。

3月31日 我校郑炘教授作品"空中庭院——常州青果巷历史文化街区城市设计"(Hanging Courtyards—The Urban Design of Qingguoxiang Historical Cultural Block in Changzhou)荣获了"2015年度AR MIPIM未来建筑奖"(2015 Architectural Review MIPIM Future Project Awards)大奖(The Overall Winner)及"旧与新"类别单项优胜奖(The Winner of the Old and New Category),是中国建筑师在历年来该项国际设计竞赛中取得的最好成绩。

东南大学附属中大医院喜获南京民生服务业满意度调查"质量明星"称号。

3月26日至27日 江苏省文艺评论家协会第三次代表大会在南京召开,我校艺术学院王廷信教授当选江苏文艺评论家协会副主席。

4月2日 东南大学马克思主义学院入选首批江苏省中国特色社会主义理论体系研究基地。

4月3日至5日 由我校外国语学院、上海外国语大学中国外语战略研究中心、美国威斯康星大学麦迪逊分校国际语言教育政策研究会联合主办的第五届国际语言教育政策学术研讨会在东南大学四牌楼校区举行。

4月3日 我校与南京江宁经济技术开发区共建江苏省产业技术研究院生物材料与医疗器械研究所签字仪式在南京"无线谷"举行。

4月9日 我校聘请美国约翰霍普金斯大学生物医学工程系和电子与计算机工程系联合终身教授李兴德博士为客座教授。

4月10日 我校被南京市委、市政府授予"第二届夏季青年奥林匹克运动会先进集体"荣誉称号。

4月10日至12日 由我校主办的教育部社科基金重点项目《面向新工业革命的工程教育体系研究》第三次工作会议在扬州举行。

4月11日 我校哲学社会科学联合会成立暨第一次代表大会在四牌楼校区举行,东南大学也成为江苏第一个成立社科联组织的高校。

4月13日 东南大学——无锡专用集成电路技术研究所(江苏省产业技术研究院专用集成电路技术研究所)第一届理事会第一次会议在我校召开。

4月14日 江苏省高等学校后勤协会第一次会长办公会在我校举行。

4月15日 由全国政协教科文卫体委员会副主任陈小娅、程津培任组长的全国政协考察组在江苏省政协副主席、党组副书记罗一民的陪同下到我校就"国家科技重大专项"进行专题调研。

4月16日 我校化学化工学院熊仁根教授荣获了"江苏省五一劳动奖章"。

4月16日至17日 澳大利亚莫纳什大学新任校长加德纳教授率代表团来东南大学访问交流。

4月17日 "台湾中央大学"营建管理所所长、校友服务中心主任陈介豪、历史研究所所长李力庸、校友总会理事长林裕伟等一行7人到访东南大学档案馆。

4月18日 我校"外专千人计划"专家 Olivier Bonnaud 教授出席第十三届中国国际人才交流大会并被授予《国家特聘专家证书》。

4月20日 我校在第六届"北斗杯"全国青少年科技创新大赛中获得了大学组一等奖1项、二等奖2项、三等奖1项、优秀奖2项、竞赛奖5项,学校获优秀组织奖。

4月21日至22日 首届全国高校云计算应用创新大赛决赛暨云计算创新创业论坛在我校举行。东南大学 AMS-SOC 在第一轮和第二轮实验中,处理和分析的数据总量在全球六个地区(中国、德国、意大利、西班牙、法国、中国台湾)的数据处理中心中排名第一。

4月22日 意大利帕多瓦大学副校长 Lucia Regolin 率代表团访问我校。

4月22日 德国巴符州和 DHBW 双元制大学代表团一行12人访问我校。

4月23日至24日 "2014江苏省大学生年度人物暨高校辅导员年度人物"提名人选风采展评在我校润良报告厅举行。

4月24日 我校党委理论学习中心组在四牌楼校区举行"三严三实"专题学习会。

4月25日 中国高等教育学会美育专业委员会2015年度学术研讨会暨理事会工作会议在我校四牌楼校区举行。

4月26日 我校聘请诺贝尔生理学或医学奖获得者 Tim Hunt 博士为名誉教授。

4月24日 江苏省教育厅发布了《省教育厅关于公布"2014年度江苏省教育宣传工作先进单位"的通知》,我校再次获评"江苏省教育宣传工作先进单位"。

4月28日 第十四届亚太智能交通论坛之中外青年联谊会在东南大学举行。

4月30日 我校在"江苏省优秀共青团员""江苏省优秀共青团干部""江苏省五四红旗团委(团支部)"评选表彰活动中共获得四项荣誉。土木工程学院孟畅同学、仪器科学与工程学院方良骥同学被评为"江苏省优秀共青团员";电子科学与工程学院邱峰老师被评为"江苏省优秀共青团干部";电气工程学院160121班团支部被评为"江苏省五四红旗团支部"。

5月4日 我校青年学者、研究生院学科建设办公室主任、土木工程学院博士生导师郭彤教授荣获了第十届"江苏青年五四奖章"。

5月5日 东南大学——中科创客学院联合创客中心在深圳签约成立。

5月9日 东南大学——湖北省黄冈中学"优质生源基地"签约授牌仪式在黄冈中学

报告厅举行。

5月10日 东南大学主持的国家973计划"严酷环境下混凝土材料与结构长寿命的基础研究"项目启动。

5月11日 美国威斯康星大学麦迪逊总校交流艺术系教授斯蒂文·E.卢卡斯（Prof. Stephen E. Lucas）访问我校。

5月18日 我校吴刚教授在第九届全国建设工程FRP应用学术交流会上荣获全国"建设工程FRP材料及结构杰出青年学者奖"。

5月21日 我校马克思主义理论学科获批江苏省重点学科。

5月27日 我校聘请英国剑桥大学工程系光电子与传感器研究组主任初大平为客座教授。

5月28日 "东南大学—力汇振控减震技术联合研发中心"揭牌成立。

5月29日 江苏省产业技术研究院副院长李世收一行到"东南大学—南京生物材料与医疗器械研究所"调研。

6月2日 由"长江学者奖励计划"特聘教授樊和平领衔的东南大学"道德国情与道德哲学前沿"创新团队获得江苏省教育厅批准立项。在公示的所有团队中，人文学院"道德国情与道德哲学前沿创新团队"综合排名第一。

6月4日 我校党委党建工作创新项目"创建四个平台完善一项机制，构建社会主义核心价值观教育体系"获江苏省委教育工委"2013—2014年度高校党建工作创新奖"一等奖。

6月6日 我校与新华社江苏分社正式签署《东南大学与新华社江苏分社综合合作备忘录》。

6月8日 我校土木工程学院工程管理专业2015届本科毕业生徐红燕、周圣华两位同学荣获2015年度江苏省工程管理专业优秀本科毕业生称号。

6月9日 2015年度江苏省高校哲学社会科学重大重点项目立项名单公布，我校立项数再创历史新高，共获批6项重大重点项目，立项总数及重大项目立项数均居全省第一。

6月11日 我校主建运营的"九龙5G创业谷"作为新型孵化器，入选江苏省级众创空间，被纳入江苏省科技厅省级科技企业孵化器的管理服务体系，是南京市唯一一家由高校大学科技园作为运营主体运作的众创空间。

6月15日 江苏省侨办主任王华一行就"侨务工作进校区"到东南大学调研。

6月16日 我校艺术学院两部动画作品获国家新闻出版广电总局大奖。2010级本科生翁志伟、沈丹妮、诸玉琪、季晨宇同学（指导教师：罗雪、张宏）创作完成的动画短片《查房》以及2009级本科生刘野、陈若曦同学（指导教师：章孔畅、罗雪、张宏）创作完成的动画短片《这儿有人了》分别获得由国家新闻出版广电总局颁发的"少儿节目精品及国产动画发展专项资金项目""优秀学院动画短片奖"二等奖和三等奖。

6月17日 我校机关党委在四牌楼校区举行庆祝中国共产党建党94周年党日活动。

6月19日 江苏省高校哲学社会科学重点研究基地"反腐败法治研究中心"揭牌启

动仪式在我校举行,这标志着全国高校唯一一家官方批准设立的反腐败法治研究机构落户我校。

6月25日 2015年国家社科基金年度项目和青年项目立项名单正式公布。我校共获得国家社科基金32项,创下历史新高,跻身全国高校前列,与南京大学并列江苏第一。

6月26日至28日 我校主办2015年国际生命伦理学高峰会议暨全国第二届老龄生命伦理学与老龄科学论坛。会上,东南大学"老龄化国际研究中心"揭牌成立。

6月29日至7月2日 我校学生团队自主设计的作品"压力发电系统及其在交通上的应用"以"新能源"组第一名的成绩在中俄工科大学联盟创新能源设计大赛中获一等奖。

7月5日 "互联网+众创环境下YOCSEF的发展"论坛在我校九龙湖校区举行。

7月7日 传统木构建筑营造技艺研究国家文物局重点科研基地(东南大学)揭牌仪式暨学术研讨会在我校举行。

7月10日 我校人文学院学生周翌霖在第28届世界大学生运动会游泳比赛中获得金牌。

7月13日 我校顾宁教授当选为纳米医学与工程分会第一届主任委员。

7月14日 南京市栖霞区常务副区长曹海连一行到东南大学国家大学科技园栖霞园区考察调研。

7月16日 江苏省大学科技园联盟研讨会推广东南大学国家大学科技园汇创空间平台。

7月20日 南京市市长缪瑞林、副市长黄澜一行到东南大学国家大学科技园长江后街园区考察调研。

7月21日 我校与日本爱知大学合作交流协议签约仪式在四牌楼校区举行。

7月23日 我国首例涉外捐献造血干细胞京外采集出境交接仪式在东南大学附属中大医院举行。

7月24日 我校土木工程学院院长吴刚教授当选第十二届全国青联委员。

7月28日 我校在第十四届"挑战杯"全国大学生课外学术科技作品竞赛"智慧城市"专项赛中荣获最高奖项。

7月30日至31日 我校入选50家首批"全国高校实践育人创新创业基地"。

7月 我校在第十届全国周培源大学生力学竞赛个人赛获得2个一等奖、7个二等奖、21个三等奖和52个优秀奖,同时在第九届江苏省大学生力学竞赛获得本科组团体特等奖和优秀组织奖,以及个人奖项的14个特等奖、33个一等奖和40个二等奖。

8月7日至28日 德国DHBW大学学生在我校海外教育学院进行修学访问。

8月16日 我校获第十全国周培源大学生力学竞赛"基础力学实验"团体赛一等奖及江苏省赛特等奖。

8月17日 我校在2015年度国家自然科学基金项目评审中共获资助304项,与去年同期相比增加93项,增幅位列全国第一,获资助项目数全国排名第18位,杰出青年科学基金项目数全国高校排名第5位。

8月20日至21日 中国民族建筑研究会第十八届学术年会暨中国民族及传统村落保护与建设峰会在山西太原召开。我校齐康院士荣膺"中国民族建筑事业终身成就奖"。

8月27日至28日 我校"'向阳花'相伴成长爱心实践活动"在第二届江苏省青年志愿服务项目大赛优秀项目评选中获省级优秀项目。

8月 我校医学院、附属中大医院与南京市中心医院合作办院签约揭牌。

9月1日 我校党委统战部在江苏省统战工作会议上荣获"江苏省统一战线工作先进集体"称号。

9月2日 江苏省互联网产业园、众创园共建协议签署仪式暨江苏省互联网众创联盟成立大会在南京举行。东南大学与江苏省经信委共建"东南大学互联网众创园"。

9月3日 我校组织师生收看"纪念中国人民抗日战争暨世界反法西斯战争胜利70周年"大阅兵并举行座谈会。

9月6日 我校在2015年全国大学生电子设计竞赛中共获得10个全国一等奖和8个全国二等奖,一等奖获奖数并列全国高校第一,创下了参赛历史最好纪录。

9月10日 我校聘请日本名城大学葛汉彬教授为兼职教授。

9月13日 德国乌尔姆大学副校长Ulrich Stadtmuller教授、外办主任Reinhold Lucker博士率代表团来我校交流访问。

9月14日 我校在首届江苏省"互联网+"大学生创新创业大赛暨首届中国"互联网+"大学生创新创业大赛推荐的6个项目全部获奖。其中沈盟、潘日劲、皇甫昕团队的实践类项目"优医(BesDoc)"和陆熹、岳珐宇、薛紫霄、张伟栋、刘金晶团队的创意类项目"景天居——基于互联网+的多肉植物创意定制"获得了一等奖。我校获得本次大赛的优秀组织奖。

9月15日 苏丹喀土穆大学代表团在其校长Ahmed Mohamed Suliman教授的率领下访问我校。

9月17日 我校民建总支部主委、土木工程学院李启明教授获民建全国参政议政先进个人光荣称号。

9月18日 我校校友裴岷山当选中国公路勘察设计协会第六届理事会理事长。
东南大学——明斯克国立语言大学孔子学院建院四周年。

9月22日 我校在2015"台达杯"国际太阳能建筑设计竞赛中喜获佳绩。

9月24日 英国驻上海领事馆教育文化处领事Matt Knowles一行到我校访问交流。

9月26日 我校附属中大医院院长、著名介入医学专家滕皋军教授获欧洲介入放射学会杰出贡献奖(Distinguished Fellow)。

9月29日 瑞典皇家理工学院副校长RamonWyss教授、瑞典乌普萨拉大学校长助理Mats Larhed教授、瑞典驻上海总领馆Viktoria女士一行访问我校。

9月30日 我校举行2015年"国家烈士纪念日"主题教育活动。

9月 我校邱海波教授成为《中华重症医学电子杂志》首任总编。

10月3日 我校入选教育部网络文化建设专项试点工作高校。

10月7日 在美国教育院校分析和排名方面具有权威地位的美国出版商《美国新闻与世界报道》(U. S. News & World Report)公布的全球最佳大学排行榜(Best Global Universities)及各学科排行榜(Subject Rankings)上,我校工程专业以总分82.9的成绩位列全球第22位(较2014年上升9位),在中国大陆高校中位列第6。该项排名是指包括机械工程、电气工程、土木工程等专业在内的综合工程学排名。

10月10日 "点米公益奖励金"捐赠签约及"东南大学医疗保险与社会保障研究中心"揭牌仪式在我校四牌楼校区举行。

10月11日 我校当选为中国工业设计协会副会长单位,机械工程学院院长倪中华教授当选为中国工业设计协会副会长。

10月14日 东南大学附属中大医院举行"973"项目临床应用研究启动会,急性脑卒中区域诊疗联盟签约揭牌仪式同时举行。

10月15日 我校在2015年度江苏省社科基金立项中共获17项江苏省社会科学基金项目,位居全省第二。

10月20日 "东大—朗峰纳米磁性材料与器件联合研发中心"在江苏省启东市揭牌成立。

10月21日 江苏省科技期刊学会数字化工作委员会成立暨"互联网＋时代下的数字出版"研讨会在东南大学举行。

10月22日 以色列高等教育代表团访问东南大学。

10月30日 我校青年学者张淑娟荣获德国"绿色精英"奖。

10月 我校经济管理学院当选省互联网金融专业委员会主任单位。

11月3日 英国兰克奖(The Rank Prize)获得者王国裕教授访问我校无锡分校。

11月3日至7日 在"2015中国国际工业博览会"上,我校建筑工业化研究所张宏教授团队研发的"新型建筑工业化装备与其产品系列"项目获特等奖;能源与环境学院葛仕福教授团队研发的"新型内置旋转蒸发浓缩器"项目获一等奖;东南大学获"优秀组织奖"。

11月5日 我校荣获2015年江苏省学生资助成效微电影优秀文本和创作组织奖。

11月6日 国际应用科技开发协作网创网二十周年全体会员大会暨高校科技创新发展论坛在我校举行。

11月6日至9日 我校主办2015年中德双边国际生物纳米材料论坛。

11月9日 我校周佑勇、刘艳红、孟鸿志三位教授获聘江苏省法官、检察官遴选委员会委员。

11月10日 我校聘请欧洲科学院院士、德国马克思普朗克协会胶体与界面研究所Helmuth Möhwald教授为客座教授。

11月11日 厄瓜多尔驻上海领事馆总领事Karina Morales Herrera女士一行访问我校。

11月11日至12日 我校主办的"高等教育质量保障与教学评价国际研讨会"在四牌楼校区举行。

11月13日 美国工程院院士、哥伦比亚大学生物医学工程系梁锦荣(Kam W. Leong)教授到我校访问交流。

11月13日至15日 2015年国际剑联女子重剑世界杯赛(南京站)在我校九龙湖校区体育馆举行,这是东南大学九龙湖校区体育馆落成后第一次承接国际性赛事。

11月14日 首届"卓越联盟"高校外国语学院院长高层论坛在我校举行。

11月14日至15日 第五届中国教育机器人大赛总决赛在我校九龙湖校区举行。

11月15日 我校"中国特色社会主义发展研究院""道德发展智库"揭牌启动。

11月16日 我校与NI全资子公司Digilent中国有限公司合作建立的"数字系统设计联合实验室"在东大九龙湖校区电工电子实验中心揭牌。

11月20日 我校在第十四届"挑战杯"全国大学生课外学术科技作品竞赛中勇夺"优胜杯"。

11月23日 中共中央国务院任命易红为东南大学党委书记、张广军为东南大学校长。

11月26日至28日 我校举行第十七届全国混凝土及预应力混凝土学术会议。

11月28日 卓越大学联盟高校宣传部长联席会议在我校无锡分校举行。

11月30日 我校校团委在2015年全国大中专学生志愿者暑期"三下乡"社会实践活动评比中荣获2015年"全国优秀单位","向阳花"爱心实践团获评2015年"全国优秀团队"。

11月 我校2014年度科技论文统计SCI和EI排名上升,SCIE收录论文2 160篇,排名第19位;EI收录论文2 170篇,排名第10位。

12月1日 我校获9项2015年度高校科学研究优秀成果奖(科学技术),其中自然科学一等奖3项、科技进步一等奖1项、自然科学二等奖2项、技术发明二等奖1项、科技进步二等奖2项,排名全国并列第六。

12月2日 英国皇家工程院院士Kenichi Soga教授受聘为我校客座教授。

12月4日 我校博士研究生孙俊被评为"2015江苏好青年"百人榜之"最善创新好青年"称号。东南大学成为省内仅有的连续三年获得该奖项的高校。

12月4日至7日 我校生物科学与医学工程学院万遂人教授、顾宁教授、顾忠泽教授当选新一届中国生物医学工程学会理事。

12月5日 我校在"瑞萨杯"2015年全国大学生电子设计竞赛中共获10个一等奖,电子科学与工程学院朱诚诚、方龙宇、王沁三位同学多旋翼自主飞行器作品还获得了全国唯一的瑞萨最佳应用奖。

12月7日 我校五位校友同时当选"两院"院士,其中孟建民校友当选中国工程院院士,宣益民、常青、黄如、房建成四位校友当选中国科学院院士。

12月8日 我校获11项教育部第七届全国高校人文社科优秀成果奖,获奖数位列全国前20。

12月9日 我校举行纪念"一二·九"运动80周年座谈会。

12月12日 "中关村青联杯"第十二届全国研究生数学建模竞赛颁奖大会在北京交通大学举行,我校共有3个团队获得了一等奖(电子科学与工程学院朱荣华、张玉浩、周健洋团队,信息科学与工程学院郭爱文、周晓慧、强勇团队,自动化学院叶庆仕、赵蓉蓉、张虹团队)。

12月13日 我校聘请中国工程院院士、石家庄铁道大学副校长杜彦良教授为兼职教授。

12月16日 我校民建总支部副主委、附属中大医院院长滕皋军教授在中国民主建国会成立 70 周年纪念大会上荣获全国民建优秀会员称号。

12 月 17 日 在第三届南京"文化名人"颁奖仪式上,我校艺术学院陶思炎教授被授予第三届南京"文化名人"荣誉称号。

12 月 18 日 深圳安科高技术股份有限公司南京分公司医用 CT 千人专家团队东南大学岗位教授签约聘任仪式在我校举行。

12 月 19 日 国务院学位委员会第七届学科评议组(交通运输工程组)工作会议在我校举行。校总务处荣获了中国校园物业服务后勤实体 50 强。

12 月 20 日 我校"中国特色社会主义发展研究院"首届高层论坛在四牌楼校区举行。

12 月 11 日至 20 日 我校艺术学院副院长崔天剑副教授荣获"2015 年度中国工业设计十佳教育工作者"荣誉称号。

12 月 20 日 《东南大学报》编辑部郑立琪老师荣获中国高校校报协会"突出贡献奖"。

12 月 31 日 我校生物科学与医学工程学院赵远锦研究员获得了中国化学会青年化学奖。

12 月 我校董帅教授受邀在物理顶级综述期刊 *Advances in Physics* 上发表长篇评论文章